제4판

재무관리

김영규 · 감형규

博 英 社

제4판 머리말

10년이면 강산도 변한다는 말이 있는데, 본서의 초판을 출간한 지 벌써 12년이나 되었다. 그동안 국내외 재무환경도 많은 변화가 있었으며, 이에 따라 재무이론도 다양한 분야에서 발전을 계속하고 있다. 재무관리 이론의 학문적 유용성은 현실세계의 적용을 전제로 쉽게 이론화되어 있을 때 그 빛을 발할 수 있을 것이다.

본서에서 재무관리의 많은 내용을 소개하고 싶은 저자의 욕심 때문에 학부과정에서 다루기 어렵다고 판단되는 내용이 포함되어 있다는 의견도 많이 있었다. 이와 같은 의견 등을 받아들여 제4판에서는 다음과 같은 사항들을 추가 또는 보완하였다.

첫째, 기업가치의 극대화라는 하나의 큰 흐름 아래 재무관리의 전체적인 내용을 일관성 있게 유지하되, 학부과정에서 다루기 어렵다고 판단되는 일부 내용을 보론으로 처리하거나 제외하였다. 또한 재무이론을 배우고자 하는 학생 또는 실무자들이 짧은 시간 내 핵심적인 재무이론을 습득할 수 있도록 하기 위하여 다소 어렵다고 느껴졌던 부분들을 최대한 쉽게 이해할 수 있도록 수정·보완하였다.

둘째, 새로운 경영환경에 따라 각 장의 내용을 수정 또는 새로이 추가하였으며, 최근에 개정된 기업회계기준 등을 반영하였다. 특히 제21장 재무분석은 사례기업의 최근자료를 이용하여 전면 개정하였다.

셋째, 공인회계사, 증권분석사, 선물중개사 등 각종 시험을 준비하는 수험생들을 배려하여 연습문제를 체계적으로 분류하고, 새로운 다양한 문제들을 추가하였다. 특히 2007년도까지 출제된 공인회계사 2차 시험의 출제경향을 체계적으로 분석하여 새로운 연습문제를 대폭 추가하였으며, 연습문제 중 다소 어렵다고 판단되는 문제를 「고급」으로 분류하여 독자의 편의를 도왔다.

넷째, 본서는 방대한 분량의 내용을 담고 있기 때문에 두 학기 동안 이용하는 것이 바람직하다고 생각된다. 그러나 한 학기 과정으로 강의할 경우 다소 난이도가 높다고 생각되거나, 투자론, 경영분석, 파생상품, 국제재무관리 등 다른 교과목에서 다루는 일부 내용을 생략할 수 있을 것이다. 다른 한편, 재무관리를 처음 배우거나 보다 높은 수준의 재무이론을 원하는 학생에게는 본서의 자매서인「에센스 재무관리」또는「고급재무관리」를 권하고 싶다. 독자의 수준 및 목적에 따라 본서, 즉「재무관리」또는「에센스 재무관리」,「고급재무관리」중 취사선택할 수 있을 것이다.

이와 같은 노력에도 불구하고 아직 여러 가지 부족한 점이 있을 것으로 생각된다. 그동안 본서를 교재로 채택해 주신 교수님과 독자 여러분의 격려 및 애정 어린 비평에 감사드린다. 독자들의 기탄없는 비판과 조언을 통하여 향후 보다 완벽하게 수정·보완할 수 있기를 기대해 본다.

본서가 출판되기까지 적극적으로 도와준 박영사의 이구만 부장과 마찬옥 부장께 다시 한번 감사를 드린다. 끝으로 본서를 개정하는 동안 고통을 분담하면서 격려와 성원을 아끼지 않았던 양가의 가족 모두에게 충심으로 고마움을 표한다.

2008년 3월

저자 씀

제3판 머리말

초판에 이어 개정판을 출간한 지도 약 5년이 지났다. 1997년 말 외환위기 이후 우리나라는 상당히 많은 변화를 겪었으며, 우리나라 기업들도 이제 성장 일변도의 경영에서 벗어나 본격적으로 기본에 충실한 경영, 즉 가치에 근거한 경영을 시작하고 있다. 그러나 이와 같은 노력에도 불구하고 급변하는 경영환경에 잘 적응하지 못한 기업 또는 개인들이 상당한 어려움을 겪고 있는 것도 사실이다.

그동안 국내외 재무환경도 많은 변화가 있었으며, 이에 따라 재무이론도 다양한 분야에서 발전을 계속하고 있다. 이와 같은 경향을 반영하여 제3판에서는 다음과 같은 사항들을 추가 또는 보완하였다.

첫째, 기업가치의 극대화(순현가의 극대화)라는 하나의 큰 흐름 아래 재무관리의 전체적인 내용을 일관성 있게 구성하여, 재무관리의 기본개념에 대한 확실한 이해를 바탕으로 응용력을 높일 수 있도록 노력하였다. 기존 재무관리에서 다루던 내용뿐만 아니라 투자론, 파생상품, 국제재무관리 등에서 다루어지던 내용 중 중요부분을 모두 포함시킴으로써 공인회계사 시험 등을 준비하는데 부족함이 없도록 하였다.

둘째, 최근의 재무환경의 변화를 반영하여 '제5편 파생상품과 위험관리'를 2개의 장에서 3개의 장으로 대폭 수정·보완하였다. 특히 파생상품에 대한 기존내용을 수정·보완하였으며, 선물옵션, 자산부채종합관리(ALM), VaR 등 새로운 내용을 추가하여 파생상품에 대한 기초부터 수준이 높은 내용까지 체계적으로 습득할 수 있도록 배려하였다. 그리고 '제7편 재무관리의 특수분야'에서는 최근에 관심이 높아지고 있는 기업가치평가를 독립된 장으로 추가하여 잉여현금흐름(FCF), 기업DCF모형, EVA모형 등을 자세히 설명하였다.

셋째, 2003년도까지 출제된 공인회계사 2차 시험의 출제경향을 체계적으로 분석하여 새로운 연습문제를 대폭 추가하였다. 또한「연습문제 해설서」를 동시에 발간함으로써 기본서로서뿐만 아니라 공인회계사, 증권분석사 등 각종 시험에 대비한 수험서로서도 손색이 없도록 하였다.

넷째, 본서는 방대한 분량의 내용을 담고 있기 때문에 두 학기 동안 이용하는 것이 바람직하다고 생각된다. 그러나 한 학기 과정으로 강의할 경우 다소 난이도가 높다고 생각되거나, 투자론, 경영분석, 파생상품, 국제재무관리 등 다른 교과목에서 다루는 일부 내용을 생략할 수 있을 것이다. 다른 한편, 재무관리를 처음 배우는 학생 또는 실무자들에게는 본서의 자매서인「에센스 재무관리」를 권하고 싶다. 독자의 수준 및 목적에 따라 본서, 즉「재무관리」 또는 「에센스 재무관리」 중 취사선택할 수 있을 것이다.

본서는 많은 내용의 이론 및 연습문제를 포함하고 있다. 그러므로 처음 재무관리를 시작하는 경우 먼저 본서의 각 장에서 다루고 있는 주제들에 대한 기본적 개념을 체계적으로 이해하도록 노력한 후, 습득한 기본개념과 연결시켜 연습문제를 다루는 것이 바람직할 것이다. 기본개념의 정확한 이해 없이 연습문제만을 반복해서 풀어보는 것은 사상누각의 오류를 범하는 것임을 명심해야 한다.

그동안 본서를 교재로 채택해 주신 교수님과 독자 여러분의 격려 및 애정어린 비평에 감사드린다. 독자들의 기탄 없는 비판과 조언을 통하여 향후 보다 완벽하게 수정·보완할 수 있기를 기대해 본다.

본서가 나오기까지 많은 사람들의 시간과 노력이 투자되었다. 먼저 교정작업에 도움을 준 신용재 교수(숭의여자대학)에게 특별히 고맙게 생각하며, 본서가 출판되기까지 적극적으로 도와준 박영사의 이구만 부장과 마찬옥 부장께 감사를 드린다. 끝으로 본서를 쓰는 동안 고통을 분담하면서 격려와 성원을 아끼지 않았던 양가의 가족 모두에게 충심으로 고마움을 표한다.

2004년 3월

저자 씀

제2판 머리말

오랜 진통 끝에 본서의 초판을 선보인 지 벌써 3년이 지나, 이제 새로운 2000년대를 눈앞에 두고 있다. 그동안 우리나라는 상당히 많은 변화를 겪었다. 1997년 말부터 시작된 IMF 관리체제하에서 대부분의 기업들이 구조조정의 격랑을 겪는 등 우리나라 경제 전체가 어려움에 처하였다. 이는 기업의 재무의사결정(투자결정과 자본조달결정)은 가치창출에 근거하여 이루어져야 한다는 기본적인 원칙을 무시하고, 과다한 차입에 의한 외형성장의 추구에 몰두한 결과라 할 수 있다. 세계 유수의 기업들과 치열한 경쟁을 해야 하는 현실에서 과거와 같은 경영관행에 의해서는 생존 자체도 보장받을 수 없는 것이 현실이다. 이와 같은 현실을 바탕으로 우리나라 기업들도 이제 성장일변도의 경영에서 벗어나 기본에 충실한 경영, 즉 가치에 근거한 경영에 관심을 보이기 시작하고 있다. 그 노력의 결과 최근 우리나라 경제는 완연한 회복세를 보이고 있다.

최근에 달라진 경영환경을 반영하여 제2판에서는 다음과 같은 사항들을 추가 또는 보완하였다.

첫째, 초판과 마찬가지로 기업가치의 극대화(순현가의 극대화)라는 하나의 큰 흐름 아래 재무관리의 전체적인 내용을 일관성 있게 구성하려고 노력하였다. 특히 각 편을 시작할 때마다 본서의 각 내용을 전체적인 관점에서 조망할 수 있도록 전체 흐름도를 제시하였다.

둘째, IMF 직전의 금융위기에서 나타났듯이 기업 및 금융기관의 위험관리는 이제 선택이 아닌 필수이다. 또한 KOSPI 200 선물 및 옵션시장이 먼저 개설된 이후, 부산의 한국선물거래소(KOFEX)에서 미국달러선물, 정기양도성예금증서(CD) 금리선물, 금(gold)선물, 미국달러옵션 등 4개 종목이 추가로 거래되기 시작하여 파생상품시장은 본격적인 발전의 전기를 맞이하고 있다. 이와 같은 현실을 반영하여 「제5편 파생상품과 위험관리」를 독립된 편으로 새로이 추가하였다. 여기서는 파생상품에 대한 기초부터 비교적 수준이 높은 내용까지 체계적으로 습득할 수 있도록 배려하였다.

셋째, 새로운 경영환경에 따라 각 장의 내용을 수정 또는 새로이 추가하였으며, 최근에 개정된 기업회계기준 및 개정상법을 반영하였다. 특히 공인회계사, 증권분석사, 선물중개사 등 각종 시험을 준비하는 수험생들을 배려하여 연습문제를 체계적으로 분류하고, 새로운 유형의 다양한 문제들을 추가하였다. 또한「연습문제 해설서」를 동시에 발간함으로써 기본서로서뿐만 아니라 각종 시험에 대비한 수험서로서도 손색이 없도록 하였다.

넷째, 본서는 방대한 분량의 내용을 담고 있기 때문에 두 학기 동안 이용하는 것이 바람직하다고 생각된다. 그러나 한 학기 과정으로 강의할 경우 다소 난이도가 높다고 생각되거나, 투자론, 경영분석, 파생상품론, 국제재무관리 등 다른 교과목에서 다루는 일부 내용을 생략할 수 있을 것이다. 다른 한편, 재무관리를 처음 배우는 학생 또는 실무자들에게는 본서의 자매서인「에센스 재무관리」를 권하고 싶다. 독자의 수준 및 목적에 따라 본서, 즉「재무관리」 또는 「에센스 재무관리」 중 취사선택할 수 있을 것이다.

그동안 본서를 교재로 채택해 주신 교수님과 독자 여러분의 격려 및 애정어린 비평에 감사드린다. 오랜 기간 동안의 준비에도 불구하고 초판에서의 부족한 점이 내내 마음에 걸렸는데, 이번 개정판에서 상당부분 보완하게 되어 마음이 홀가분하다. 그러나 아직 여러 가지 부족한 점이 있을 것으로 생각된다. 독자들의 기탄 없는 비판과 조언을 통하여 향후 보다 완벽하게 수정 · 보완할 수 있기를 기대해 본다.

본서가 나오기까지 많은 사람들의 시간과 노력이 투자되었다. 먼저 교정작업에 도움을 준 신용재 교수(혜전대학), 박형중 선생(성균관대학교 대학원 박사과정)에게 특별히 고맙게 생각하며, 본서가 출판되기까지 적극적으로 도와준 박영사의 이구만 차장과 마찬옥 차장께 감사를 드린다. 끝으로 본서를 쓰는 동안 고통을 분담하면서 격려와 성원을 아끼지 않았던 양가의 가족 모두에게 충심으로 고마움을 표한다.

1999년 7월

저자 씀

머 리 말

급변하는 금융환경의 변화는 재무관리가 기업의 성장·발전은 물론 유지·존속에 있어서 얼마나 중요한 관리영역인지 일깨워주고 있다. 기업의 경영자가 자금의 흐름과 관련된 제반 재무적 의사결정을 효율적으로 시행하기 위해서는 재무관리의 광범위한 이론분야를 잘 이해하고 있어야 한다. 재무관리이론의 학문적 유용성은 현실세계의 적용을 전제로 쉽게 이론화되어 있을 때 비로소 그 빛을 발할 수 있는 것이다. 따라서 재무관리의 교재도 이런 점을 염두에 두어 저술되어야 한다. 본서는 재무관리이론을 실무와 조화시키는 관점에서 서술하였으며 다음과 같은 몇 가지 특징을 가지고 있다.

첫째, 재무관리의 전체적인 내용을 일관성 있게 구성하려고 노력하였다. 재무관리의 제반 내용은 기업가치의 극대화(순현가의 극대화)라는 하나의 큰 흐름 아래 연결되어 있다. 따라서 본서에서는 먼저 가장 단순한 가정인 확실성을 전제로 투자결정이론을 설명한 후, 위험개념을 도입한 불확실성하의 투자결정, 자본조달 결정이론 등을 차례로 설명함으로써 독자가 체계적으로 현대재무이론을 습득할 수 있도록 배려하였다. 특히 독자들이 숲을 보지 못하고 나무만 보는 오류를 범하지 않도록 하기 위하여 본서의 각 내용을 전체적인 관점에서 조망할 수 있도록 노력하였다. 이와 같은 관점하에서 본서는 다음과 같이 7편(23장)으로 구성되어 있다.

제1편 서론
제2편 확실성하의 투자결정
제3편 불확실성하의 투자결정
제4편 자본구조와 배당정책
제5편 운전자본관리
제6편 재무분석 및 계획
제7편 재무관리의 특수분야

둘째, 본서는 가능한 한 어렵고 복잡한 수식을 피하고, 많은 예제와 연습문제를 통해서 재무이론의 기본적인 개념을 쉽게 습득할 수 있도록 노력하였다. 재무이론에서 언급되는 많은 공식들은 복잡한 현실을 단순화시키기 위한 여러 가지 가정을 전제로 도출된 것이다. 따라서 그 공식들이 도출된 과정 및 함축적인 의미를 이해하지 않고 단순히 공식만 암기하는 방식으로는 재무이론의 습득과 활용에는 많은 어려움이 따를 것이다. 특히 독자들은 본서 각 장의 본문내용을 상기하면서 각 장의 연습문제들을 스스로 풀어 보아야 한다. 이는 재무관리를 체계적으로 이해하는 지름길이라 할 수 있다.

셋째, 본서의 각 장의 뒤에 주요 내용을 요약한 요약표를 제시함으로써 그 동안 배웠던 내용을 정리할 수 있도록 하였다. 특히 각 장의 요약표는 공인회계사, 취직시험 등 각종 시험에 대비하여 최종적으로 재무관리의 내용을 요약하여 정리하고자 하는 경우 유용하게 이용될 수 있을 것으로 생각한다.

넷째, 본서는 재무관리에 관한 기초적인 지식을 가지고 있는 사람들에게 유용한 지침서가 될 수 있도록 현대재무관리의 기초적인 개념에서부터 비교적 높은 수준의 이론까지 폭넓게 다루고 있다. 특히 본서에서는 현대재무이론에서 가장 중요한 이론이라 할 수 있는 포트폴리오이론, 자본자산가격결정모형(CAPM), 차익거래가격결정모형(APM), 옵션가격결정모형(OPM) 등을 깊이 있게 다루고 있다. 따라서 본서의 내용을 한 학기에 소화하기는 어려울 것이다. 재무관리강좌가 한 학기로 제한되어 있는 경우에는 이 책에서 기본적인 내용만 다루어야 할 것이다. 특히 재무관리이론을 포괄적으로 이해하기 위해 수록된 「보론」부분이나, 다소 난이도가 높은 본문의 특정 분야는 독자의 재량에 따라 생략될 수 있을 것이다.

본서는 이상과 같은 네 가지 특징을 살리는 데 주안점을 두고 쓰여졌다. 그러나 이와 같은 의욕적인 노력에도 불구하고 여러 가지 부족한 점이 있을 것으로 생각된다. 독자들의 기탄 없는 비판과 조언을 통하여 향후 완벽하게 수정·보완할 수 있기를 기대해 본다. 그리고 본서는 국내외 많은 문헌들을 참조하여 쓰여졌다. 이 자리를 빌어 국내외 학자들의 양해를 구하며, 그들에게 깊은 감사의 뜻을 표한다.

본서가 나오기까지 많은 사람들의 시간과 노력이 투자되었다. 원고작성과 교정과정에서 헌신적인 도움을 준 성균관대 박사과정의 김영혜, 신연수, 신용재 선생, 석사과정의 서기원 군, 그리고 박영사의 우석진 선생께 깊은 감사를 드린다. 끝으로 책을 쓰는 동안 고통을 분담하면서도 격려와 성원을 아끼지 않았던 양가의 가족 모두에게 충심으로 고마움을 표한다.

1996년 8월

저자 씀

목　　차

세부목차

제 1 편 서　론

제 2 편 확실성하의 투자결정

제 5 장 자본예산: 투자안의 평가방법

제 6 장 자본예산의 실제

제 3 편 불확실성하의 투자결정

제 4 편 자본구조와 배당정책

제14장 배 당 정 책

제 5 편 파생상품과 위험관리

제15장 옵션의 평가와 그 응용

제 7 편 재무관리의 특수분야

제22장 리 스

제23장 기업의 합병과 매수

제24장 기업가치평가

제25장 국제재무관리

제 1 편 서 론

제 1 장

재무관리의 기초개념

제 2 장

화폐의 시간적 가치

제 3 장

증권의 가치평가

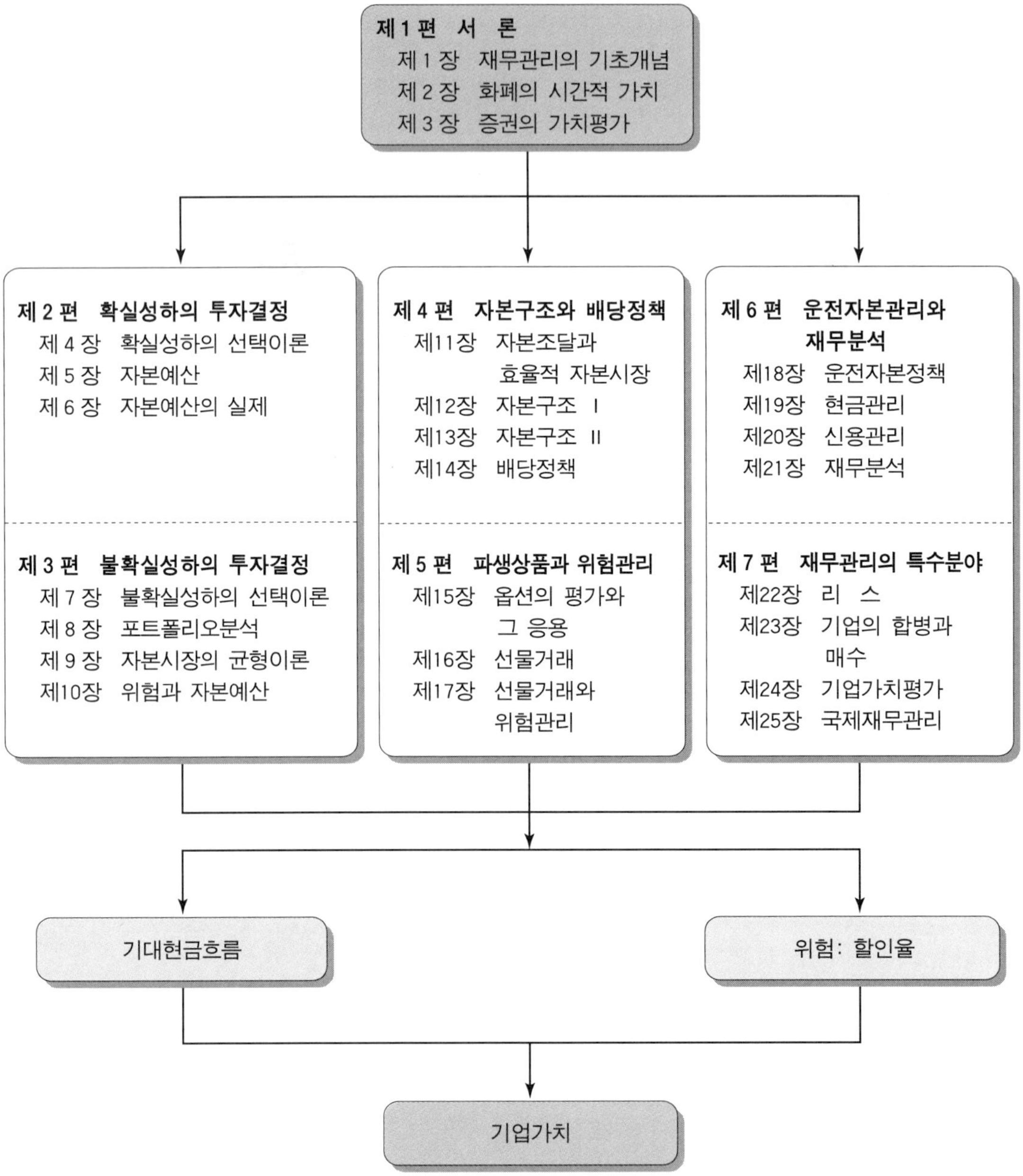
제 1 편 서 론
제 1 장 재무관리의 기초개념
제 2 장 화폐의 시간적 가치
제 3 장 증권의 가치평가
제 2 편 확실성하의 투자결정
제 4 장 확실성하의 선택이론
제 5 장 자본예산
제 6 장 자본예산의 실제
제 3 편 불확실성하의 투자결정
제 7 장 불확실성하의 선택이론
제 8 장 포트폴리오분석
제 9 장 자본시장의 균형이론
제10장 위험과 자본예산
제 4 편 자본구조와 배당정책
제11장 자본조달과 효율적 자본시장
제12장 자본구조 I
제13장 자본구조 II
제14장 배당정책
제 5 편 파생상품과 위험관리
제15장 옵션의 평가와 그 응용
제16장 선물거래
제17장 선물거래와 위험관리
제 6 편 운전자본관리와 재무분석
제18장 운전자본정책
제19장 현금관리
제20장 신용관리
제21장 재무분석
제 7 편 재무관리의 특수분야
제22장 리 스
제23장 기업의 합병과 매수
제24장 기업가치평가
제25장 국제재무관리
기대현금흐름
위험: 할인율
기업가치

제 1 장

재무관리의 기초개념

1. 재무담당자의 역할
2. 재무관리의 목표

재무관리(financial management)는 기업의 자금조달 및 운용을 다룬 학문으로서 그 궁극적인 목표는 기업의 가치를 극대화하는 데 있다.

본장에서는 재무관리의 기초개념으로서 재무담당자의 역할과 재무관리의 목표를 설명하고자 한다.

1 재무담당자의 역할

기업의 활동은 재화와 용역을 생산하고 판매하는 일련의 순환과정으로 요약될 수 있다. 재화와 용역을 생산하기 위해서 기업은 많은 실물자산(real assets)을 필요로 한다. 여기서 실물자산은 기계설비, 공장, 사무실 등의 유형자산(tangible assets)과 전문적 기술, 상표권, 특허권 등의 무형자산(intangible assets)을 의미한다. 그리고 기업이 생산활동에 필요한 실물자산을 구입하려면 많은 자금이 소요되는데, 이와 같은 자금은 주식, 채권 등을 발행하여 조달된다.

재무관리는 자금과 관련된 기업활동을 다루는 학문으로서 주요 연구분야는 자금의 조달과 운용이다. 즉 재무관리는 합리적인 투자활동과 자금조달활동을 연구하는 학문이라 할 수 있다. 재무관리 측면에서 기업의 활동과정, 즉 재무활동과정을 살펴보면 <그림 1-1>과 같다. <그림 1-1>에서 볼 수 있는 바와 같이 기업의 재무담당자(financial manager)는 금융시장(financial market)을 통하여 필요한 자금을 조달한 후, 그 자금을 실물자산에 투자한다. 이와 같은 투자의 결과 생성되는 성과(현금흐름)는 자금제공자인 투자자(주주 또는 채권자)에게 배당 또는 이자의 형태로 지불되거나 재투자를 위하여 사내에 유보된다.[1] 기업은 투자자가 제공하는 자금보다 더 많은 현금흐름을 투자자에게 제공하여야 한다. 다시 말해서 새로운 부가가치(value added)를 창출할 수 있어야 한다.

기업의 재무담당자가 수행하여야 하는 재무의사결정(financial decision making)은 다음의 두 가지 기본적 의사결정문제로 요약될 수 있다.

첫째, 얼마만큼의 자금을 어느 자산에 투자할 것인가를 결정하는 투자결정

그림 1-1 기업의 재무활동과정

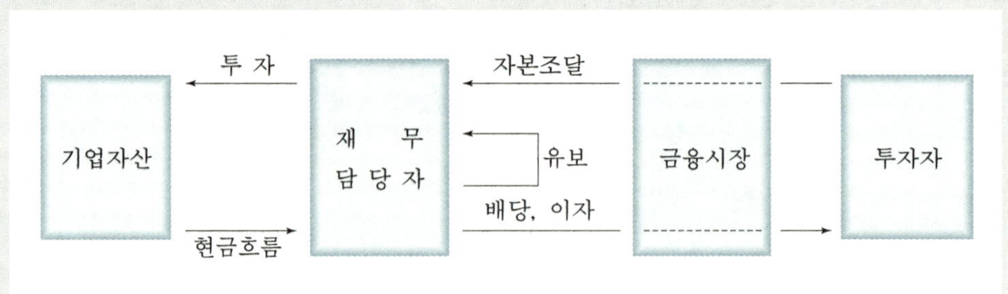

1) 물론 그 성과의 일부는 세금으로 유출될 수 있다.

그림 1-2 재무의사결정과 대차대조표

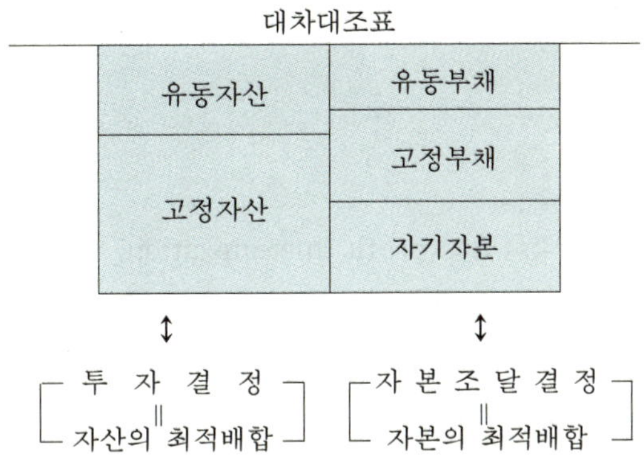

(investment decision)이다.[2] 투자결정에 의해서 자산의 규모와 구성이 결정되며, 그 결과는 대차대조표상의 차변에 나타난다.

둘째, 투자에 필요한 자금을 어떻게 조달할 것인가에 관한 결정인 자본조달결정(financing decision)이다. 자본조달결정에 의해서 부채 및 자기자본의 규모와 구성이 결정되며, 그 결과는 대차대조표상의 대변에 나타난다. 그리고 기업의 이익을 배당과 유보이익으로 구분하는 배당결정은 사내자금조달과 관련된 의사결정으로서 자본조달결정의 한 형태라 할 수 있다.

이상과 같은 기업의 재무의사결정과 대차대조표의 관계를 나타내면 〈그림 1-2〉와 같다.

2 재무관리의 목표

전절에서 재무담당자의 역할인 투자결정과 자본조달결정을 살펴보았다. 그러면 재무담당자가 이와 같은 재무의사결정을 실행할 때 지향하는 목표는 무엇일까? 다시 말하면, 재무담당자가 구체적으로 투자를 결정하고 자본조달계획을 수립할 때 궁극적으로 추구하는 목표는 무엇일까?

2) 특히 투자의 효과가 1년 이상에 걸쳐 나타나는 자본적 지출, 즉 고정자산에 관한 투자결정을 자본예산이라 한다.

기업의 재무의사결정은 기업 내의 모든 부문활동과 유기적인 관계를 가지고 이루어지기 때문에 재무관리의 목표는 궁극적으로 기업의 경영목표와 동일한 의미를 갖는다.[3] 재무관리의 목표, 즉 기업의 경영목표를 설명하면 다음과 같다.

2.1 이익의 극대화

전통적으로 이익극대화(profit maximization)가 기업의 목표로 간주되어 왔으며, 현재에도 많은 사람들이 이를 기업의 목표로 인식하고 있다. 그러나 이익극대화가 기업의 목표로서 과연 타당한가에 대해서는 논란의 여지가 있으며, 대부분의 학자들은 이익극대화를 기업의 목표로 보기에는 곤란하다는 데 의견을 같이하고 있다. 그 이유는 이익극대화가 다음과 같은 문제점을 가지고 있기 때문이다.

첫째, 이익극대화라 할 때 이익은 회계적 측정치로서 기업의 경제적 성과를 정확하게 나타내지 못한다. 이익은 일정한 회계절차에 따라 기록·정리된 장부상의 이익으로서 기업의 실제 현금흐름(cash flow)을 나타내는 것이 아니다. 이익은 감가상각방법, 재고자산평가방법 등에 대한 회계처리방법의 선택에 따라 그 크기가 달라질 수 있는 자의적인 수치이다.

둘째, 이익극대화 목표는 이익의 발생시기를 무시하고 있다. 그러므로 이익극대화 목표에 의해서는 서로 다른 시점에서 발생되는 이익을 정확하게 평가할 수 없다. 예를 들어 현재 1억원의 수익이 있으나 10년 후에 1억 1천만원의 비용이 발생하는 대안 A와, 현재 2억원의 비용을 지출하여 10년 후에 2억 2천만원의 수익을 얻을 수 있는 대안 B가 있다고 하자. 만약 단순히 이익극대화 목표에 의해서 두 대안을 평가한다면 대안 B는 2천만원의 순이익을 얻을 수 있는 반면, 대안 A는 1천만원의 손실이 발생하게 되므로 대안 B를 선택하여야 할 것이다. 그러나 이와 같은 평가는 현금흐름의 발생시기에 따라서 그 가치가 달라지는 현실을 고려할 때 타당하지 못하다.

셋째, 이익극대화 목표는 미래이익의 불확실성(위험)의 정도에 따른 이익의 질적가치를 무시한다. 그러므로 이익극대화 목표에 의해서는 불확실성의 정도가 서로 다른 미래이익을 정확하게 평가할 수 없다. 예를 들어 현재 1억원을 투자하여 1년 후에 1억 2천만원을 얻을 수 있다고 예상되는 두 개의 투자기회가 있다고

3) 일반적인 기업의 형태로는 개인기업(sole proprietorship), 합명회사(general partnership) 또는 합자회사(limited partnership), 유한책임회사(limited liability company: LLC), 주식회사(corporation) 등이 있다. 그러나 본서에서의 기업은 주식회사를 의미한다.

하자. 한 투자기회는 위험이 거의 없는 정기예금이고 다른 하나는 미래결과가 불확실한 첨단제품의 개발일 경우, 위험을 싫어하는 이성적인 투자자라면 당연히 정기예금을 더 선호하게 된다. 그러나 이 두 투자안의 기대이익이 동일하기 때문에 이익극대화 목표에 의해서는 우열을 가릴 수 없을 것이다.

2.2 기업가치의 극대화

전통적인 이익극대화 목표는 앞에서 지적한 문제점들 때문에 기업목표로서 적절하지 못하다. 현대 재무관리에서는 기업가치의 극대화(firm value maximization)를 보다 타당한 기업의 목표로 받아들이고 있다.

기업가치는 기업이 벌어들일 미래 현금흐름을 그 발생시기와 불확실성에 따라 적절하게 할인한 현재가치의 총합을 의미한다. 이와 같이 측정되는 기업가치는 투자결정, 자본조달결정 등에 의해 영향을 받는다. 고정자산에 대한 투자를 늘릴수록 미래 현금흐름이 증가하는 한편 경영위험(business risk)이 증가하며, 부채의존도가 높을수록 재무위험(financial risk)이 증가하게 된다. 재무의사결정과 기업가치의 관계를 그림으로 나타내면 〈그림 1-3〉과 같다.

이상에서 설명한 이론적인 기업의 가치는 다음과 같이 나타낼 수 있다.[4)]

그림 1-3 재무의사결정과 기업가치의 관계

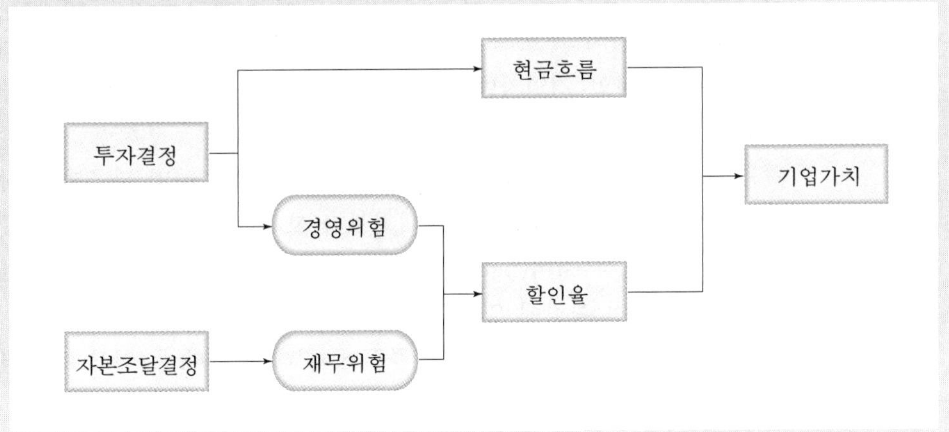

4) 기업의 수명이 영속적이라고 가정한다.

$$V=\frac{CF_1}{1+r}+\frac{CF_2}{(1+r)^2}+\frac{CF_3}{(1+r)^3}+\cdots=\sum_{t=1}^{\infty}\frac{CF_t}{(1+r)^t} \quad (1\text{-}1)$$

여기서 V : 기업가치
CF_t : t시점에서의 현금흐름
r : 현금흐름의 위험 정도를 반영한 할인율

기업가치는 기업이 보유하고 있는 총자산가치 또는 주식의 총시장가치와 부채의 총시장가치를 합한 것으로 볼 수 있다. 여기에서 부채의 시장가치가 거의 일정하기 때문에 기업가치를 극대화한다는 것은 곧 주식의 총시장가치(주주 부)를 극대화한다는 것을 의미한다. 즉 기업가치의 극대화는 주주 富의 극대화(stockholder wealth maximization)와 동일한 개념이라 할 수 있다.[5] 그러므로 본서에서는 앞으로 기업의 경영목표를 주주(소유주) 부의 극대화라 가정하고 이론을 전개해 나갈 것이다.

2.3 주주 부의 극대화와 대리인문제

기업의 경영목표, 즉 주주 富의 극대화는 항상 달성가능한가? 대규모 기업에서는 주주들이 필요한 모든 의사결정을 직접 할 수는 없다. 대신에 주주들은 그들의 대리인으로서 기업을 경영할 수 있는 경영자를 고용한다. 그래서 주주가 아닌 경영자가 일상적으로 기업을 통제하게 되며, 경영자는 주주의 부가 아닌 자신의 이익에 보다 많은 관심을 가질 수 있다. 다시 말하면 기업의 소유와 경영의 분리로 인하여 주주와 경영자의 목표가 서로 달라질 수 있다. 경영의 주체(principal)인 주주가 대리인(agent)인 경영자에게 의사결정권한을 위임함으로써 발생하는 주체와 대리인의 갈등을 대리인문제(agency problem)라 한다.[6]

주주와 경영자 사이에 발생할 수 있는 갈등을 요약하면 다음과 같다.

첫째, 경영자들은 주주 부의 극대화보다 호화스러운 사무실, 최고급승용차 구입 등 자신의 특권적 소비(perquisite consumption)를 위하여 기업재산을 사용하거나, 기업의 외형적 확장에 열중할 수 있다.

둘째, 경영자들의 재임기간은 주주들에 비해서 짧다. 그러므로 경영자들은 장

---

5) 주주 부(발행주식수×주가)의 극대화는 궁극적으로 주가의 극대화를 의미한다.

6) 주주와 경영자 이외에도 기업과 이해관계를 가지는 다른 많은 집단, 즉 채권자, 종업원, 정부, 소비자 등이 있으며, 이들의 이해관계도 서로 상충될 수 있다. 다양한 이해관계자집단들의 갈등으로부터 발생하는 모든 문제들을 광의의 대리인문제로 생각할 수 있다.

기적인 이익보다 단기적인 이익에 더 치중하는 경향이 있다.

셋째, 경영자와 주주의 위험에 대한 주관적인 평가가 서로 다를 수 있다. 경영자는 위험을 초래할 수 있는 투자안에 대해서 과민할 정도로 회피하려는 경향이 있다. 즉 경영자는 무사안일주의에 빠져 자신의 직위에만 연연하는 경향이 있다.

그러나 이상과 같은 대리인문제를 다음의 여러 가지 제도적 장치에 의해서 사전에 상당히 완화시킬 수 있다.

첫째, 주주들은 주주총회에서 이사회의 구성원을 선출한다. 그리고 이사회에서 경영자들이 선출되므로 이사회는 경영자들을 직접적으로 통제할 수 있다. 그러므로 주주들은 이사회를 통하여 경영자들을 간접적으로 통제할 수 있게 된다.

둘째, 주식가격이 상승할 때는 가치를 가지나 주식가격이 하락할 때는 가치가 없어지는 스톡옵션(stock option), 또는 기업성과에 따라 그 보상으로 경영자에게 지급되는 주식인 성과주(performance share) 등과 같은 유인제도를 이용함으로써 경영자들로 하여금 주주의 이익을 위해 노력을 하도록 할 수 있다.

셋째, 만약 무능한 경영자로 인하여 주식가격이 큰 폭으로 하락한다면, 주주집단, 다른 기업, 또는 개인에 의해서 기업이 인수될 수 있다. 이와 같은 기업인수(takeover)가 실행된다면, 피인수기업의 경영자는 직위를 상실하게 된다. 그러므로 경영자들은 기업인수에 대한 불안 때문에 주식가격을 높이려는 노력을 할 것이다.

넷째, 경영자 인력시장에서의 경쟁 때문에 경영자들은 주주의 이익을 위해서 노력할 것이다. 그렇지 않으면 그들은 새로운 경영자에 의해서 교체될 것이기 때문이다.

그러나 현실적으로 이상과 같은 제도적 장치에 의해서도 대리인문제를 완전히 해결할 수는 없을 것이다. 그러므로 주주와 경영자 사이에 존재하는 이해상충의 문제, 즉 대리인문제를 적절하게 해결하는 데 비용이 필요하며, 이러한 비용을 대리인비용(agency costs)이라 한다. 대리인비용에는 경영자의 활동을 감시하는 데 소요되는 비용과 주주들을 위하여 경영자가 행동하도록 유인하기 위해 지급하는 보상 등이 포함된다. 대리인문제는 경영자가 주주의 이익을 위해서 최선을 다하지 않는다는 것을 의미하는 것이 아니라 그렇게 하는 데 비용이 든다는 것을 의미하는 것이다. 그러나 주주들이 이용할 수 있는 모든 방법을 동원한다 하더라도 경영자들이 항상 주주의 이익을 위해서 최선을 다하는 것은 아닐 것이다. 이와 같은 경우 주주의 이익에 벗어나는 경영자들의 행동에 의해서 발생하게 되는 주주 富의 손실, 즉 대리인비용을 잔여손실(residual losses)이라 한다.

주 요 용 어

재무의사결정(4)
투자결정(4)
자본조달결정(5)
재무관리의 목표(6)
이익극대화(6)
기업가치의 극대화(7)
기업가치(7)
주체(8)
대리인(8)
대리인문제(8)
대리인비용(9)

연 습 문 제

1 기업의 재무의사결정에 대하여 설명하라.

2 이익극대화보다 기업가치의 극대화가 더 적절한 재무관리의 목표라 할 수 있다. 그 이유를 들어 보라.

3 주주와 경영자 사이에 발생할 수 있는 대리인문제의 실제사례를 조사해 보고, 그 해결 방안을 제시하라.

4 이익극대화 목표의 문제점

탄광업을 하고 있는 K씨는 현재 다음과 같은 두 가지 대안을 고려하고 있다.

- 대안 1: 2년 동안의 석탄의 채굴권을 P씨에게 현금 1억원을 받고 대여할 수 있다. 그러나 석탄의 채굴권이 소멸하는 2년도 말에 K씨는 2년 동안의 석탄채굴로 인하여 손상된 환경을 복구하는 데 1억 1천만원이 소요된다.
- 대안 2: 현재 K씨가 2억원 하는 석탄채굴장비를 구입하여 2년 동안 직접 석탄을 채굴할 수 있다. 이 경우 석탄채굴로 인하여 손상된 환경을 복구한 후 2년도 말에 2억 2천만원의 현금수입을 얻을 수 있다.

(1) K씨의 목표가 이익극대화라면, 그는 어느 대안을 선택하겠는가?

(2) K씨는 현재 연 10%의 투자수익률을 얻을 수 있는 투자기회를 가지고 있다. 이 경우 그는 어느 대안을 선택하겠는가?

(3) 위의 물음 (1)과 물음 (2)의 결과에서 나타나는 이익극대화 목표의 문제점은 무엇인가?

제 2 장

화폐의 시간적 가치

1. 화폐의 시간적 가치와 이자율
2. 미래가치와 현재가치
3. 복리계산기간
4. 영구연금과 연금

화폐는 동일한 금액이라 하더라도 발생시기에 따라 그 가치가 달라진다. 즉 오늘의 1원과 내일의 1원의 가치는 서로 다르다. 일반적으로 기업의 재무의사결정은 현재시점에서 이루어지나 이로부터 발생하는 현금흐름은 미래시점에서 실현된다. 그러므로 서로 다른 시점에 발생하는 현금흐름을 서로 비교하기 위해서는 오늘의 1원과 내일의 1원 사이의 관계, 즉 화폐의 시간적 가치(time value of money)개념을 알아야 한다.

본장에서는 각 시점에 발생하는 현금흐름을 현재가치(present value: PV) 또는 미래가치(future value: FV)로 전환하는 방법에 대하여 자세히 설명하고자 한다.

1 화폐의 시간적 가치와 이자율

일반적으로 사람들은 동일한 금액인 경우 미래의 현금흐름보다는 현재의 현금흐름을 더 선호한다. 즉 오늘의 1원은 내일의 1원보다 더 가치가 있다. 그 이유로는 여러 가지가 있을 수 있으나, 여기서는 다음과 같은 두 가지만 설명하고자 한다.

첫째, 일반적으로 사람들이 미래의 소비보다 현재의 소비를 더 선호하는 시차선호(time preference)의 경향을 가지고 있기 때문이다. 시차선호는 사람들의 일반적인 행동적 특성에 기인한 것으로서 사회 또는 사람에 따라 미래의 소비보다 현재의 소비를 더 선호하는 강도는 달라질 수 있다.

둘째, 사람들은 현재의 현금을 가지고 주어진 생산기회를 이용하여 미래에 그 이상의 가치를 창출할 수 있기 때문이다. 즉 자본화되어 새로운 가치를 창출할 수 있는 현재의 현금흐름을 동일한 금액의 미래 현금흐름보다 더 선호하게 된다. 이는 자본의 생산성(productivity of capital)이라는 기술적 특성에 기인한다.

이상의 이유들에 의해서 사람들은 동일한 금액일 경우 현재의 현금흐름을 미래의 현금흐름보다 더 선호하게 된다.[1] 그러므로 사람들이 선호하는 현재의 현금흐름을 포기하게 하기 위해서는 미래의 현금흐름을 보다 많이 제공해야 하는데, 이와 같이 추가적으로 지불하는 금액(이자)을 현재의 현금흐름(원금)에 대한 일정한 비율로 나타낸 것이 이자율(interest rate)이다. 요약하면 이자율은 화폐의 가격으로서 화폐의 시간적 가치를 반영하는 척도라 할 수 있다.

2 미래가치와 현재가치

2.1 미래가치와 복리계산과정

미래가치란 현재의 일정금액을 미래의 일정시점의 화폐가치로 환산한 것을 말하며, 미래가치를 구하는 과정을 복리계산과정(compounding process)이라 한다.[2]

1) 오늘의 현금흐름을 더 선호하는 또 하나의 중요한 이유는 미래의 불확실성(uncertainty) 때문이다. 사람들은 위험을 싫어하기 때문에 적절한 보상 없이는 불확실한 미래 현금흐름을 선택하지 않을 것이다. 이와 같은 불확실성 또는 위험은 제3편에서 자세히 설명된다.

2) 이자의 계산방법에는 단리(simple interest)와 복리(compound interest)의 두 가지가 있다. 단리에 의해서 이자를 계산하면 원금에 대한 이자만 계산되나, 복리의 경우에는 원금뿐만 아니라 이자에 대한 이자도 계산된다. 일반적으로 단리에 의한 이자계산방법은 거의 사용되지 않는다. 그러므로

어떤 사람이 현재 100원을 연리 10%로 매년 복리계산되는 정기예금에 예금한다면, 그는 1년도 말에 원금 100원과 이자 10원(100원×0.1)을 합한 원리합계 110원을 받을 수 있다. 다시 말하면 현재가치 100원을 1년도 말의 미래가치로 환산하면 110원이 된다는 것이다.

$$FV_1 = PV + PV \times r = PV(1+r)$$
$$= 100 + 100 \times 0.1 = 100(1+0.1) = 110\text{원}$$

여기서 PV : 원금, 즉 현재가치
FV_1 : 1년도 말의 원리합계, 즉 미래가치
r : 연리

1년도 말에 110원을 회수하지 않고 1년 더 예금한다면, 2년도 말에 받을 수 있는 원리합계, 즉 미래가치 FV_2는 다음과 같다.

$$FV_2 = FV_1 + FV_1 \times r = FV_1(1+r) = PV(1+r)^2$$
$$= 110 + 110 \times 0.1 = 110(1+0.1) = 100(1+0.1)^2$$
$$= 121\text{원}$$

이와 같은 방법으로 n년도 말의 미래가치 FV_n을 구하면 다음과 같다.

$$FV_n = PV(1+r)^n = PV \times CVIF_{r,\,n} \tag{2-1}$$

식 (2-1)에서 $(1+r)^n$은 현재 1원에 대한 n기간 말에서의 미래가치를 나타내며, 이를 복리이자요소(compound value interest factor: CVIF)라 한다.[3] 본서의 부록에 제시된 복리표(〈부표-1〉 참조)를 이용하면 이자율 r과 기간 n에 상응하는 복리이자요소 $CVIF_{r,\,n}$을 간편하게 구할 수 있다.

예제 2-1 미래가치

현금 100만원을 연리 7%로 매년 복리계산되는 정기예금에 예금하는 경우 3년도 말의 미래가치는 얼마인가?

☞ 해설

식 (2-1)을 이용하여 3년도 말의 미래가치 FV_3을 구하면 다음과 같다.

특별한 언급이 없는 한 복리에 의해서 이자가 계산된다고 이해하기 바란다.

3) CVIF와 동일한 개념으로 미래가치이자요소(future value interest factor : FVIF)가 사용되기도 한다.

$$FV_3 = 100(1+0.07)^3 = 122.5\text{만원}$$

또한 본서 뒤에 있는 〈부표-1〉의 복리표를 이용하여도 동일한 결과를 얻을 수 있다.

기 간	이 자 율		
	6%	7%	8%
1	1.0600	1.0700	1.0800
2	1.1236	1.1449	1.1664
3	1.1910	1.2250	1.2597
4	1.2625	1.3108	1.3605

〈부표-1〉의 복리표 중 일부를 나타낸 위의 표에 의하면 연리 7%, 기간 3년인 복리이자요소 $CVIF_{.07,\ 3}$은 1.2250(표에서 직사각형으로 표시된 값)이다. 그러므로

$$FV_3 = 100 \times CVIF_{.07,\ 3} = 100 \times 1.2250 = 122.5\text{만원}$$

예제 2-2 이자율 계산

현재 600만원을 가지고 있는 사람이 3년 후 자동차를 구입하려고 한다. 그리고 3년 후 자동차의 구입가격은 777만원으로 예상된다. 이 사람이 현재 가지고 있는 돈을 3년간 정기예금하여 자동차를 구입할 수 있으려면, 정기예금의 연리는 얼마가 되어야 하는가?

☞ 해설

3년도 말에 자동차를 구입하기 위해서는 현재 600만원을 3년 동안 정기예금하여 얻을 수 있는 3년도 말의 가치가 777만원이 되어야 한다.

$$600(1+r)^3 = 777$$

$$(1+r)^3 = CVIF_{r,\ 3} = \frac{777}{600} = 1.2950$$

그러므로 〈부표-1〉의 복리표에 의해서 연리 r을 구하면,

$$\therefore\ r = 0.09 \text{ 또는 } 9\%$$

또는 위 식을 직접 풀어서 구해도 동일한 결과를 얻을 수 있다.

$$r = \sqrt[3]{1.2950} - 1 = 0.09 \text{ 또는 } 9\%$$

예제 2-3 투자기간의 계산: 72의 규칙

현금 100만원을 연리 10%로 매년 복리계산되는 정기예금에 예금하는 경우 몇 년 후에 원금의 2배인 200만원이 되겠는가?

☞ 해설

원금의 2배가 되는 기간을 다음과 같이 구할 수 있으며, 이를 72의 규칙(rule of 72)이라 한다.[4)]

$$\text{원금의 2배가 되는 기간} = \frac{72}{\text{이자율}(\%)} = \frac{72}{10} = 7.2\text{년}$$

2.2 현재가치와 할인계산과정

현재가치란 미래에 발생할 일정금액을 현재시점의 화폐가치로 환산한 것을 말하며, 현재가치를 구하는 과정을 할인계산과정(discounting process)이라 한다.

연리 10%로 매년 복리계산되는 정기예금에 현재 얼마를 예금하여야 2년도 말에 100원이 되겠는가? 이 물음에 대한 답은 다음의 식에서 찾을 수 있다.

$$PV(1+0.1)^2 = 100\text{원}$$

그러므로

$$PV = \frac{100}{(1+0.1)^2} = 82.64\text{원}$$

즉 오늘 82.64원을 연리 10%로 매년 복리계산되는 정기예금에 예금하면 2년도 말에 100원이 된다. 그러므로 현재의 82.64원과 2년도 말의 100원의 가치는 동일하다고 할 수 있다. 이 경우 2년도 말 100원의 현재가치는 82.64원이다.

n년도 말의 미래가치 FV_n을 현재가치 PV로 환산하는 공식은 앞의 식 (2-1)을 변형하여 다음과 같이 나타낼 수 있다.

---

4) 원금의 2배가 되는 기간(n)을 보다 정확하게 구하려면 $100(1+0.1)^n=200$, 즉 $(1+0.1)^n=2$를 풀면 된다. 로그함수를 이용하면 $n \times \ln 1.1 = \ln 2$이므로 $n = \frac{\ln 2}{\ln 1.1} = 7.27$년이 된다.
즉 7.27년을 예금해야 원금의 2배로 만들 수 있음을 알 수 있다. 이는 72의 규칙에 의해 구한 7.2년과 약간의 차이가 있다.

$$PV = \frac{FV_n}{(1+r)^n} = FV_n(1+r)^{-n} = FV_n \times PVIF_{r,\,n} \tag{2-2}$$

식 (2-2)에서 $(1+r)^{-n}$은 n기간 말 1원의 현재가치를 나타내며, 이를 현가이자요소(present value interest factor: PVIF)라 한다. 본서의 부록에 제시된 현가표(〈부표-3〉 참조)를 이용하면 이자율 r과 기간 n에 상응하는 현가이자요소 $PVIF_{r,\,n}$을 간편하게 구할 수 있다.[5]

이상에서 살펴본 바와 같이 미래가치를 구하는 복리계산과정과 현재가치를 구하는 할인계산과정은 서로 상반되는 개념이며, 현가이자요소는 복리이자요소의 역수라 할 수 있다.

$$PVIF_{r,\,n} = \frac{1}{CVIF_{r,\,n}} \tag{2-3}$$

예제 2-4 현재가치

K씨는 지금으로부터 3년 후에 100만원을 받을 수 있다. 그리고 그는 투자로부터 매년 8%씩 벌 수 있다. 이 경우 K씨가 받을 미래 현금흐름의 현재가치는 얼마인가?

☞ 해설

식 (2-2)를 이용하여 현재가치 PV를 구하면 다음과 같다.

$PV = 100(1+0.08)^{-3} = 79.38$만원

또한 본서 뒤에 있는 〈부표-3〉의 현가표를 이용하여도 동일한 결과를 얻을 수 있다.

기 간	이 자 율		
	7%	8%	9%
1	0.9346	0.9259	0.9174
2	0.8734	0.8573	0.8417
3	0.8163	0.7938	0.7722
4	0.7629	0.7350	0.7084

〈부표-3〉의 현가표 중 일부를 나타낸 위의 표에 의하면 이자율 8%, 기간 3년인 현가이자요소 $PVIF_{.08,\,3}$은 0.7938(표에서 직사각형으로 표시된 값)이다. 그러므로

$PV = 100 \times PVIF_{.08,\,3} = 100 \times 0.7938 = 79.38$만원

5) 일반적으로 현재가치를 계산할 때 사용되는 이자율을 할인율(discount rate)이라 한다.

3 복리계산기간

지금까지는 이자가 매년, 즉 1년에 한 번 복리계산된다고 가정하였으나, 많은 경우에 1년에 두 번 이상 복리계산될 수 있다.[6] 그러므로 여기서는 1년에 두 번 이상 복리계산되는 경우에 미래가치와 현재가치를 계산하는 방법에 대해서 설명하고자 한다.

3.1 미래가치와 복리계산기간

현재 100원을 연리 10%로 6개월마다, 즉 1년에 두 번 복리계산되는 정기예금에 예금한다면, 현재의 100원은 6개월 후 105원[100(1+0.05)]이 되며, 1년도 말에는 110.25원[$105(1+0.05)=100(1+0.05)^2$]이 될 것이다.[7] 1년도 말의 미래가치 FV_1은 다음과 같이 계산된다.

$$FV_1 = 100\left(1+\frac{0.1}{2}\right)^2 = 100(1+0.05)^2 = 110.25\text{원}$$

그리고 연리 10%로 6개월마다 복리계산된다는 것은 결과적으로 연리 10.25%[$(1+0.05)^2-1$]로 매년 복리계산된다는 것과 동일하다.

$$FV_1 = 100(1+0.1025) = 110.25\text{원}$$

여기서 복리계산기간(compounding periods)을 고려하지 않은 연리 10%를 연간 표면이자율(stated annual interest rate)이라 하며, 복리계산기간을 고려하여 환산된 실질적인 연리 10.25%를 연간 실효이자율(effective annual interest rate)이라 한다.

연리 r로 연간 m번 복리계산되는 경우에 n년도 말의 미래가치는 다음과 같다.

$$FV_n = PV\left(1+\frac{r}{m}\right)^{mn} = PV \times CVIF_{r/m,\ mn} \qquad (2\text{-}4a)$$

6) 우리나라에서 대부분의 금융기관들은 이자를 3개월마다 지급하고 있으며, 기업이 사채를 발행하여 자금을 조달하는 경우에도 역시 3개월마다 이자를 지급하고 있다. 이와 같은 경우 3개월마다 한 번, 즉 1년에 4번 복리계산된다.

7) 연간 이자율이 10%이므로 6개월간 이자율은 그 절반인 5%가 된다.

또는

$$FV_n = PV(1+r_e)^n = PV \times CVIF_{r_e,\, n} \tag{2-4b}$$

여기서 r_e는 연간 실효이자율로서 다음과 같이 계산된다.

$$r_e = \left(1+\frac{r}{m}\right)^m - 1 \tag{2-5}$$

이상에서 살펴본 바와 같이 1년에 두 번 이상 복리계산되는 경우에는 복리계산기간을 고려하여 기간 또는 이자율을 조정하여야 한다는 사실을 명심하여야 한다.[8)]

위의 식 (2-4a)에서 연간 복리계산횟수 m을 점점 늘려 m이 무한에 가깝도록 하면, 즉 연속복리계산(continuous compounding)하면, FV_n을 다음과 같이 나타낼 수 있다.[9)]

$$FV_n = PV \cdot e^{rn} \tag{2-6a}$$

여기서 $e = 2.71828\cdots$

또는

$$FV_n = PV(1+r_e)^n = PV \times CVIF_{r_e,\, n} \tag{2-6b}$$

여기서 연간 표면이자율 r을 연속복리이자율(continuously compounded rate)이라고도 하며, 이 경우 연간 실효이자율 r_e는 다음과 같다.

$$r_e = e^r - 1 \tag{2-7}$$

예제 2-5 복리계산기간과 미래가치

연리 12%로 (1) 매년 (2) 매6개월 (3) 매분기 (4) 매월 (5) 연속적으로 복리

---

8) 이때 사용되는 이자율은 항상 기간당 실효이자율이다.

9) $FV_n = \lim_{m\to\infty} PV\left(1+\frac{r}{m}\right)^{mn} = PV \lim_{m\to\infty}\left(1+\frac{r}{m}\right)^{mn} = PV\lim_{m\to\infty}\left(1+\frac{1}{m/r}\right)^{(m/r)rn}$

여기서 $m/r = x$로 치환하고, 자연지수 e의 정의, 즉 $e = \lim_{x\to\infty}\left(1+\frac{1}{x}\right)^x$를 이용하여 정리하면, FV_n을 다음과 같이 나타낼 수 있다.

$$FV_n = PV\left[\lim_{x\to\infty}\left(1+\frac{1}{x}\right)^x\right]^{rn} = PV \cdot e^{rn}$$

계산될 때, 각각의 경우에 따라 현재 100만원의 2년도 말 미래가치와 연간 실효이자율을 구하라.

☞ 해설

(1) 매년 복리계산되는 경우($m=1$)

$FV_2=100(1+0.12)^2=100\times CVIF_{.12,\ 2}=125.44$만원

$r_e=0.12$ 또는 12%

(2) 6개월마다 복리계산되는 경우(m=2)

$$FV_2=100\left(1+\frac{0.12}{2}\right)^{2\times2}=100\times CVIF_{.06,\ 4}=126.25\text{만원}$$

$$r_e=\left(1+\frac{0.12}{2}\right)^{2}-1=0.1236 \text{ 또는 } 12.36\%$$

(3) 매분기, 즉 3개월마다 복리계산되는 경우($m=4$)

$$FV_2=100\left(1+\frac{0.12}{4}\right)^{4\times2}=100\times CVIF_{.03,\ 8}=126.68\text{만원}$$

$$r_e=\left(1+\frac{0.12}{4}\right)^{4}-1=0.1255 \text{ 또는 } 12.55\%$$

(4) 매월 복리계산되는 경우($m=12$)

$$FV_2=100\left(1+\frac{0.12}{12}\right)^{12\times2}=100\times CVIF_{.01,\ 24}=126.97\text{만원}$$

$$r_e=\left(1+\frac{0.12}{12}\right)^{12}-1=0.1268 \text{ 또는 } 12.68\%$$

(5) 연속복리계산되는 경우($m\rightarrow\infty$)[10)]

$FV_2=100(e^{0.12\times2})=100\times1.2712=127.12$만원

$r_e=e^{0.12}-1=1.1275-1=0.1275$ 또는 12.75%

3.2 현재가치와 할인계산기간

여기서는 1년에 두 번 이상 할인계산되는 경우에 일정시점의 미래가치를 할인하여 현재가치로 환산하는 방법을 살펴보기로 하자. 연리 r로 연간 m번 할인계산되는 경우 n년도 말의 미래가치 FV_n을 현재가치 PV로 환산하는 공식은 앞의 식 (2-4a) 또는 식 (2-4b)를 변형하여 다음과 같이 나타낼 수 있다.

10) 지수함수표 또는 재무계산기 등을 이용하면 $e^{0.24}$와 $e^{0.12}$의 값을 계산할 수 있다.

$$PV = FV_n\left(1+\frac{r}{m}\right)^{-mn} = FV_n \times PVIF_{r/m,\ mn} \qquad (2\text{-}8a)$$

또는

$$PV = FV_n(1+r_e)^{-n} = FV_n \times PVIF_{r_e,\ n} \qquad (2\text{-}8b)$$

여기서 $r_e = \left(1+\frac{r}{m}\right)^m - 1$

그리고 연속할인계산(continuous discounting)된다면(즉 $m \rightarrow \infty$이라면), 앞의 식 (2-6a) 또는 식 (2-6b)를 변형하여 PV를 다음과 같이 나타낼 수 있다.

$$PV = FV_n \cdot e^{-rn} \qquad (2\text{-}9a)$$

또는

$$PV = FV_n(1+r_e)^{-n} = FV_n \times PVIF_{r_e,\ n} \qquad (2\text{-}9b)$$

여기서 $r_e = e^r - 1$

예제 2-6 할인계산기간과 현재가치

연리 12%로 (1) 매년 (2) 매6개월 (3) 매분기 (4) 매월 (5) 연속적으로 할인계산될 때, 각각의 경우에 따라 2년도 말의 100만원에 대한 현재가치를 구하라.

☞ 해설

(1) 매년 할인계산되는 경우($m=1$)

$$PV = 100(1+0.12)^{-2} = 100 \times PVIF_{.12,\ 2} = 79.72\text{만원}$$

(2) 6개월마다 할인계산되는 경우($m=2$)

$$PV = 100\left(1+\frac{0.12}{2}\right)^{-2\times 2} = 100 \times PVIF_{.06,\ 4} = 79.21\text{만원}$$

(3) 매분기, 즉 3개월마다 할인계산되는 경우($m=4$)

$$PV = 100\left(1+\frac{0.12}{4}\right)^{-4\times 2} = 100 \times PVIF_{.03,\ 8} = 78.94\text{만원}$$

(4) 매월 할인계산되는 경우($m=12$)

$$PV = 100\left(1+\frac{0.12}{12}\right)^{-12\times 2} = 100 \times PVIF_{.01,\ 24} = 78.76\text{만원}$$

(5) 연속할인계산되는 경우($m \to \infty$)

$$PV = 100(e^{-0.12 \times 2}) = 100 \times 0.7866 = 78.66\text{만원}$$

4 영구연금과 연금

지금까지는 일정시점에서 한 번 발생하는 일정금액의 현금에 대한 현재가치 또는 미래가치를 계산하는 방법에 관해서 설명하였다. 그러나 일반적으로 현금은 여러 기간에 걸쳐서 일련의 흐름으로 발생되는 것이 보통이다. 이때 현금흐름의 총미래가치를 구하려면 각 시점별 현금흐름을 앞에서 설명한 과정에 따라 일정시점의 미래가치로 환산한 다음 이를 모두 합하면 된다. 마찬가지로 현금흐름의 총현재가치를 구하려면 각 시점별 현금흐름을 현재가치로 환산한 다음 이를 모두 합하면 된다.

4.1 영구연금

영구연금(perpetuity)은 매기간 말에 일정금액이 무한히 생성되는 일련의 현금흐름을 의미한다. 이와 같은 영구연금의 대표적인 형태로서 영국정부에 의해서 발행되어 온 영구채권(consols)이 있다. 영구채권을 구입한 투자자는 영국정부로부터 영구적으로 매년 말에 일정금액의 이자를 받을 수 있는 권리를 부여받는다.

매기간 말 일정금액 C가 무한히 발생하는 영구연금의 현금흐름유형은 〈그림 2-1〉과 같다.

그림 2-1 영구연금의 현금흐름유형

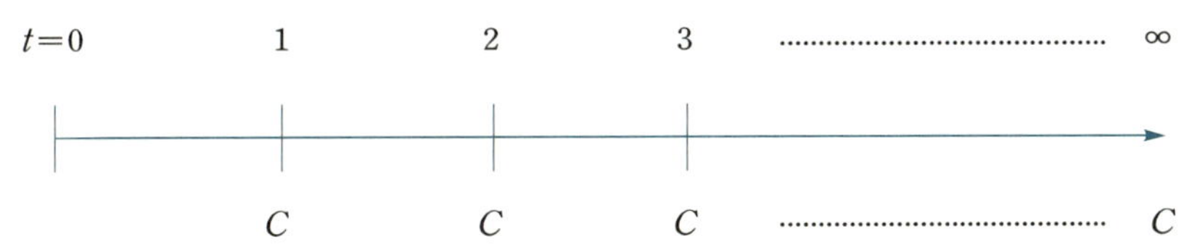

이와 같은 영구연금의 현재가치는 다음과 같이 구할 수 있다.[11)]

$$PV(\text{영구연금}) = \frac{C}{1+r} + \frac{C}{(1+r)^2} + \frac{C}{(1+r)^3} + \cdots = \frac{C}{r} \qquad (2\text{-}10)$$

위의 식 (2-10)은 항상 1기간 말, 즉 1시점부터 현금이 발생하는 영구연금의 현재가치를 구하는 공식임을 유의하기 바란다.

예제 2-7 영구연금의 현재가치

매년 말에 10만원을 영구적으로 지급하는 영구채권의 현재가치를 구하라.(단, 연간 이자율은 10%이다.)

☞ 해설

$$PV(\text{영구채권}) = \frac{10}{0.1} = 100\text{만원}$$

4.2 연　금

연금(annuity)이란 일정기간 동안 일정금액의 현금흐름이 계속적으로 생성되는 일련의 현금흐름을 의미한다.

매기간 말 일정금액 C가 n기간 동안 발생하는 연금의 현금흐름유형은 〈그림 2-2〉와 같다.

그림 2-2 연금의 현금흐름유형

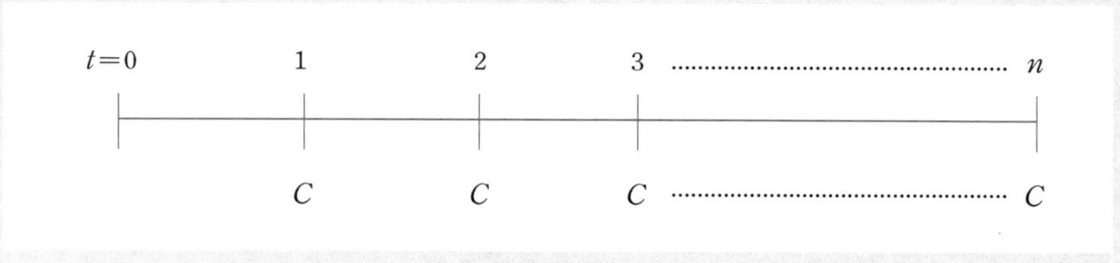

11) 영구연금의 현재가치는 무한등비수열의 합을 구하는 공식을 이용하여 다음과 같이 구할 수 있다.

$$PV(\text{영구연금}) = \frac{\text{초항}}{1-\text{공비}} = \frac{\left(\frac{C}{1+r}\right)}{1-\left(\frac{1}{1+r}\right)} = \frac{C}{r}$$

〈그림 2-2〉와 같은 연금의 현재가치를 구하는 공식을 도출하기 위하여 다음과 같은 세 가지 유형의 현금흐름을 생각해 보자.

	$t=0$	1	2	3	……	n	$n+1$	$n+2$	……
영구연금 A :		C	C	C	……	C	C	C	……
영구연금 B :							C	C	……
연　금 :		C	C	C	……	C			

여기서 볼 수 있는 바와 같이 연금은 영구연금 A에서 영구연금 B를 차감한 현금흐름이라 할 수 있다. 그러므로 연금의 현재가치는 영구연금 A의 현재가치에서 영구연금 B의 현재가치를 차감하여 다음과 같이 나타낼 수 있다.[12)]

$$\begin{aligned} PV(\text{연금}) &= \frac{C}{1+r} + \frac{C}{(1+r)^2} + \frac{C}{(1+r)^3} + \cdots + \frac{C}{(1+r)^n} \\ &= PV(\text{영구연금 A}) - PV(\text{영구연금 B}) \\ &= \frac{C}{r} - \left(\frac{C}{r}\right)\frac{1}{(1+r)^n} \\ &= C\left[\frac{1}{r} - \frac{1}{r(1+r)^n}\right] = C \times PVIFA_{r,\,n} \end{aligned} \tag{2-11}$$

식 (2-11)에서 $\left[\frac{1}{r} - \frac{1}{r(1+r)^n}\right]$은 1기간 말부터 시작하여 n기간 동안 매기간 말에 1원씩 발생하는 연금의 현재가치를 나타내며, 이를 연금의 현가이자요소(present value interest factor for an annuity: PVIFA)라 한다. 본서의 부록에 제시된 연금의 현가표(〈부표-4〉 참조)를 이용하면 이자율 r과 기간 n에 상응하는 연금의 현가이자요소 $PVIFA_{r,\,n}$을 간편하게 구할 수 있다.

그리고 연금의 미래가치, 즉 n시점에서의 연금의 총가치는 식 (2-11)에 복리이자요소인 $(1+r)^n$을 곱하여 구할 수 있다.

$$FV_n(\text{연금}) = C(1+r)^{n-1} + C(1+r)^{n-2} + C(1+r)^{n-3} + \cdots + C$$

12) 영구연금 B는 일정금액 C가 $(n+1)$시점부터 시작하여 매기간 무한히 생성되는 현금흐름이므로 영구연금의 현재가치를 구하는 공식을 이용하여 n시점에서의 가치를 구하면 C/r가 된다. 그러므로 영구연금 B의 현재가치는 n시점에서의 가치를 할인하여 다음과 같이 구할 수 있다.

$$PV(\text{영구연금 B}) = \left(\frac{C}{r}\right)\frac{1}{(1+r)^n}$$

$$= PV(\text{연금})(1+r)^n = C\left[\frac{1}{r} - \frac{1}{r(1+r)^n}\right](1+r)^n$$

$$= C\left[\frac{(1+r)^n}{r} - \frac{1}{r}\right] = C \times CVIFA_{r,\,n} \quad (2\text{-}12)$$

식 (2-12)에서 $\left[\frac{(1+r)^n}{r} - \frac{1}{r}\right]$은 1기간 말부터 시작하여 n기간 동안 매기간 말에 1원씩 발생하는 연금의 n시점에서의 총가치를 나타내며, 이를 연금의 복리이자요소(compound value interest factor for an annuity: CVIFA)라 한다. 본서의 부록에 제시된 연금의 복리표(〈부표-2〉 참조)를 이용하면 이자율 r과 기간 n에 상응하는 연금의 복리이자요소 $CVIFA_{r,\,n}$을 간편하게 구할 수 있다.[13)]

예제 2-8 연금의 현재가치

1년도 말부터 5년 동안 매년 100만원씩을 지급받을 수 있는 연금의 현재가치는 얼마인가?(단, 연간 이자율은 10%이다.)

☞ 해설

연금의 현재가치는 공식을 이용하여 직접 계산하거나, 또는 본서 뒤에 있는 〈부표-4〉 연금의 현가표를 이용하여 계산할 수 있다.

$$PV(\text{연금}) = \frac{100}{1+0.1} + \frac{100}{(1+0.1)^2} + \frac{100}{(1+0.1)^3} + \frac{100}{(1+0.1)^4} + \frac{100}{(1+0.1)^5}$$

$$= 100\left[\frac{1}{0.1} - \frac{1}{0.1(1+0.1)^5}\right] = 100 \times 3.7908 = 379.08\text{만원}$$

또는

$$PV(\text{연금}) = 100 \times PVIFA_{.1,\,5} = 100 \times 3.7908 = 379.08\text{만원}$$

예제 2-9 연금의 미래가치

1년도 말부터 5년 동안 매년 100만원씩 연금을 지급받아서 연리 10%로 매년 복리계산되는 정기예금에 예금한다면, 연금지급이 끝나는 5년도 말에 그 총액은 얼마가 되겠는가?

---

13) 일반적으로 연금은 기간 말에 지급된다. 이러한 이유로 연금의 현가표와 복리표는 그 현금흐름이 1기간 말, 즉 1시점부터 시작된다고 가정하여 작성되었음을 유의하여야 한다. 만약 기초에 연금이 지급되는 경우에는 기말기준으로 계산된 각 값에 $(1+r)$을 곱하여 각각 $PVIFA_{r,\,n}(1+r)$과 $CVIFA_{r,\,n}(1+r)$로 수정하여야 한다.

☞ 해설

연금의 미래가치는 공식을 이용하여 직접 계산하거나, 또는 본서 뒤에 있는 〈부표-2〉 연금의 복리표를 이용하여 계산할 수 있다.

$$\begin{aligned} FV_5(\text{연금}) &= 100(1+0.1)^4 + 100(1+0.1)^3 + 100(1+0.1)^2 \\ &\quad + 100(1+0.1) + 100 \\ &= 100\left[\frac{(1+0.1)^5}{0.1} - \frac{1}{0.1}\right] = 100 \times 6.1051 = 610.51\text{만원} \end{aligned}$$

또는

$$FV_5(\text{연금}) = 100 \times CVIFA_{.1,\,5} = 100 \times 6.1051 = 610.51\text{만원}$$

예제 2-10 연금의 현재가치 응용

K씨는 6년도 말부터 시작하여 4년 동안 매년 100만원씩 연금을 받을 수 있다. 연간 이자율이 10%일 경우, 이 사람이 가지고 있는 연금의 현재가치는 얼마인가?

☞ 해설

연금의 현금흐름유형을 그림으로 나타내면 다음과 같다.

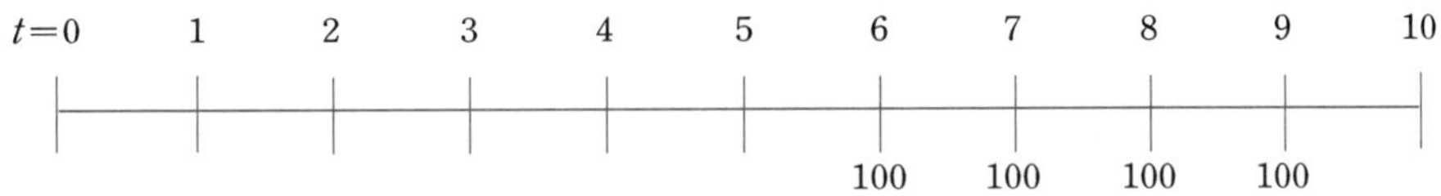

먼저 연금의 현재가치를 구하는 공식, 즉 식 (2-11)을 이용하여 5년도 말에서의 연금의 가치를 구하면 다음과 같다.

$$\begin{aligned} PV(\text{연금, 5년도 말}) &= \frac{100}{1+0.1} + \frac{100}{(1+0.1)^2} + \frac{100}{(1+0.1)^3} + \frac{100}{(1+0.1)^4} \\ &= 100\left[\frac{1}{0.1} - \frac{1}{0.1(1+0.1)^4}\right] \\ &= 100 \times PVIFA_{.1,\,4} = 100 \times 3.1699 = 316.99\text{만원} \end{aligned}$$

위에서 구한 연금의 가치는 5년도 말 시점에서의 가치이므로 이를 다시 할인하여 연금의 현재가치를 구하면 다음과 같다.

$$PV(\text{연금}) = \frac{316.99}{(1+0.1)^5} = 316.99 \times PVIF_{.1,\,5} = 316.99 \times 0.6209 = 196.82\text{만원}$$

이와 같은 계산과정을 그림으로 나타내면 다음과 같다.

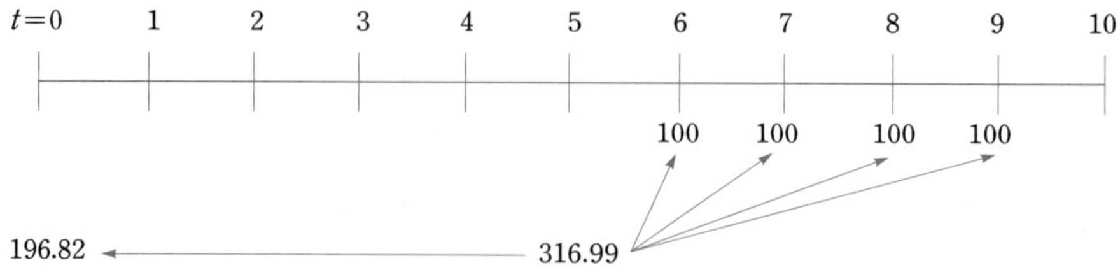

예제 2-11 균등상환채무

1년도 말부터 3년 동안 매년 일정한 금액을 상환할 조건으로 1,000만원을 차입하였다. 시장이자율이 연 6%일 경우 이와 같은 균등상환채무(amortized loan)에 대한 다음의 물음에 답하라.

(1) 매년도 말 균등상환액은?

(2) 매년도 말 이자지급액 및 원금상환액을 각각 추정하라.

☞ 해설

(1) 매년도 말 균등상환액(C)은 연금개념을 이용하여 구할 수 있다.

$$1{,}000\text{만원} = C\left[\frac{1}{0.06} - \frac{1}{0.06(1+0.06)^3}\right] = C \times 2.6730$$

그러므로

$$C = \frac{1{,}000\text{만원}}{2.6730} = 374.11\text{만원}$$

(2) 채무의 균등상환계획에 의한 매년도 말 이자지급액 및 원금상환액은 다음과 같다.

(단위: 만원)

연도	연도 초 금액 ①	균등상환액 ②	이자지급액 ③=①×0.06	원금상환액 ④=②-③	연도 말 잔액 ⑤=①-④
1	1,000.00	374.11	60.00	314.11	685.89
2	685.89	374.11	41.15	332.96	352.93
3	352.93	374.11	21.18	352.93	0.00
합계		1,122.33	122.33	1,000.00	

주 요 용 어

화폐의 시간적 가치(13)
시차선호(14)
자본의 생산성(14)
이자율(14)
미래가치(14)
복리계산과정(14)
복리이자요소(15)
현재가치(17)
할인계산과정(17)
현가이자요소(18)
연간 표면이자율(19)
연간 실효이자율(19)
연속복리계산(20)
연속할인계산(22)
영구연금(23)
연금(24)
연금의 현가이자요소(25)
연금의 복리이자요소(26)

연 습 문 제

1 현재가치 비교

재무관리 교과서를 저술한 K씨는 4개의 출판사로부터 각각 다음과 같은 저작료를 제시받았다.

- 출판사 1: 5년도 말에 1,800만원을 지급한다.
- 출판사 2: 매년 말에 120만원씩 영구히 지급한다.
- 출판사 3: 매년 말에 190만원씩 10년간 지급.
- 출판사 4: 1년도 말에 60만원을 지급하고, 그 후 매년 말에 130만원씩 영구적으로 지급한다.

연간 할인율이 12%일 경우, K씨는 어느 출판사를 선택하여야 가장 유리하겠는가?

2 미래가치와 복리계산기간

K씨는 지금 연리 8%의 정기예금에 200만원을 예금하였다.

(1) 매년 복리계산될 경우 3년도 말에 K씨의 은행계좌에는 얼마가 있겠는가?

(2) 매분기 복리계산될 경우 3년도 말에 K씨의 은행계좌에는 얼마가 있겠는가?

(3) 연속복리계산될 경우 3년도 말에 K씨의 은행계좌에는 얼마가 있겠는가?

3 연금적립액의 산출

앞으로 10년 후 당신은 1억원의 현금이 필요하게 되므로, 이에 대비하여 향후 10년간 일정금액을 매년 적립하려고 한다. 연간 이자율이 10%이다.

(1) 당신은 매년 초에 얼마씩 적립하여야 하는가?

(2) 당신은 매년 말에 얼마씩 적립하여야 하는가?

4 연금의 현재가치

K씨는 2년마다 한 번씩 450만원을 지급하는 연금을 받고 있다. 그 연금은 10년 동안 지속된다. 그리고 그 연금은 지금으로부터 2년 후, 즉 2년도 말에 처음으로 지급된다고 한다. 연간 이자율이 6%일 때, 연금의 현재가치는 얼마인가?

5 대출이자율의 계산

K씨는 집을 담보로 하여 주택은행으로부터 20,000,000원을 대출받고, 그 돈을 매년 말

2,980,582원씩 10년에 걸쳐 분할상환하기로 하였다. 이 경우 K씨가 부담하는 연간 이자율은 얼마인가?

6 대출금의 분할상환액

K씨는 1억원하는 아파트를 매입하고, 그 자금 중 절반을 은행에서 대출받기로 하였다. 이때 은행에서는 연간 실효이자율이 10.25%가 되도록 매 6개월 말에 일정액을 10년에 걸쳐서 상환하도록 요구하였다. K씨는 6개월마다 얼마씩 은행에 상환하여야 하는가?

7 고급 보험료의 계산

현재 6살인 아들의 대학입학을 대비할 목적으로 반년마다 일정액을 불입하는 보험을 계약하려고 한다. 이 보험은 연리 10%로 반년마다 복리계산되며, 6개월 후부터 시작하여 아들이 19세가 될 때까지 계속 불입해야 한다. 아들이 대학생이 되는 20세부터 4년 동안 매년 초 200만원의 학비가 필요하리라 예상된다. 이 보험의 1회 불입액은 얼마인가?

8 보험상품의 이자율

㈜보람생명은 매년 말에 10만원씩 10년 동안 보험료를 불입할 경우 그 이후부터 가입자에게 보험금을 매년 10만원씩 영구히 지급하는 상품을 개발하였다. 이 경우 보험상품에 적용되는 연간 이자율은 얼마인가?

제 3 장

증권의 가치평가

기업은 금융시장에서 주식이나 채권 등의 증권을 발행하여 투자에 필요한 자금을 조달한다. 주식과 채권은 기업이 보유하고 있는 자산에 대한 청구권을 나타내며, 이들의 가치에 의해서 재무의사결정의 기준이 되는 기업의 가치가 결정된다. 그러므로 주식과 채권의 가치평가는 재무관리의 가장 기본적인 문제라 할 수 있다. 증권의 미래 현금흐름과 적절한 할인율을 알 수 있다면, 전장에서 설명한 현재가치 계산방법을 이용하여 증권의 가치를 구할 수 있다. 일반적으로 채권의 미래 현금흐름은 알려져 있기 때문에 쉽게 채권의 가치를 구할 수 있다. 그러나 미래 현금흐름이 불확실한 주식의 가치를 구하는 과정은 보다 복잡하게 된다.

본장에서는 채권과 주식의 가치가 어떻게 평가되는지를 살펴보고자 한다.

1 채권의 가치평가

채권(bond)은 일정한 기간 동안 정기적으로 약정된 이자를 지급하고 만기일에 원금, 즉 채권의 액면가를 상환할 것을 약속한 증서이다.[1] 채권을 발행할 때는 채권의 액면가(face value), 액면이자율(coupon rate) 그리고 만기(maturity)의 세 가지가 반드시 표시되어야 한다.

1.1 채권평가모형

채권은 이자지급방법에 따라서 순수할인채권과 확정이자부채권 등으로 구분될 수 있다. 순수할인채권(pure discount bond or zero-coupon bond)은 이자를 지급하지 않고 만기일에 원금(액면가)만을 상환하는 채권이며, 확정이자부채권(level-coupon bond)은 만기까지 확정된 액면이자(coupon)를 매기간 말에 지급하고 만기일에는 원금이 상환되는 채권이다. n기간 말에 액면가 F만을 상환하는 순수할인채권과 n기간 말까지 매기간 말에 액면이자 C를 지급하고 만기일인 n기간 말에 액면가 F를 상환하는 확정이자부채권의 현금흐름유형을 각각 나타내면 〈그림 3-1〉과 같다.

채권의 가치는 그 채권을 소유함으로써 얻을 수 있는 미래 현금흐름을 적절한 할인율(시장이자율)로 할인하여 현재가치로 환산한 값이다. 그러므로 만기일인 n기

그림 3-1 채권의 현금흐름유형

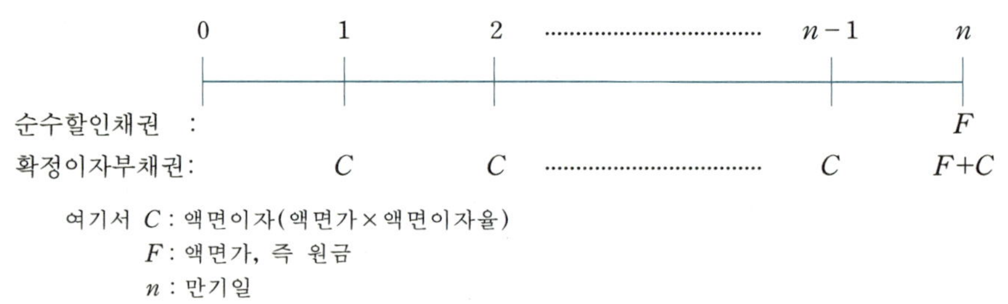

1) 채권은 그 발행주체에 따라 국공채(정부나 지방자치단체, 공공기관), 특수채(특별법에 의해서 설립된 특별법인) 그리고 사채(기업)로 구분될 수 있다.

간 말에 액면가 F만을 상환하는 순수할인채권의 현재가치는 다음과 같이 구할 수 있다.

$$PV(\text{순수할인채권}) = \frac{F}{(1+r)^n} = F \times PVIF_{r,\,n} \tag{3-1}$$

여기서 r : 시장이자율[2]

그리고 n기간 말까지 매기간 말에 액면이자 C를 지급하고 만기일인 n기간 말에 액면가 F를 상환하는 확정이자부채권의 현재가치는 다음과 같다.

$$\begin{aligned} PV(\text{확정이자부채권}) &= \frac{C}{1+r} + \frac{C}{(1+r)^2} + \cdots + \frac{C}{(1+r)^n} + \frac{F}{(1+r)^n} \\ &= C \times PVIFA_{r,\,n} + F \times PVIF_{r,\,n} \end{aligned} \tag{3-2}$$

예제 3-1 순수할인채권의 가치평가

만기는 20년 후이며, 액면가는 100만원인 순수할인채권의 현재가치는 얼마인가? (단, 시장이자율은 10%이다.)

☞ 해설

$$PV(\text{순수할인채권}) = \frac{100}{(1+0.1)^{20}} = 14.86\text{만원}$$

예제 3-2 확정이자부채권의 가치평가

희망주식회사는 액면가 10,000원, 만기 5년 그리고 액면이자율 12%(단, 이자는 매분기 말에 지급됨)인 사채를 발행하였다. 시장이자율이 16%라면, 투자자가 이 사채에 대하여 현재 얼마를 지불하여야 하는가?

☞ 해설

현금흐름(액면이자)이 발생하는 시점을 기준으로 기간과 이자율을 조정하여야 한다. 여기서는 액면이자가 매분기, 즉 연간 4회 지급되므로 1기간은 3개월, 기간당 시장이자율은 $\frac{0.16}{4} = 0.04$, 즉 4%로 조정되어야 한다. 그리고 매분기 말에 지급되는 액면이자는 300원($= 10{,}000 \times 0.12 \div 4$)이 된다.

---

2) 현재 시장에서 형성되어 있는 이자율, 즉 시장이자율은 채권투자자가 요구하는 최소한의 수익률로서 채권투자에 대한 기회비용이라 할 수 있다.

$$PV(\text{사채}) = \frac{300}{1+0.04} + \frac{300}{(1+0.04)^2} + \cdots + \frac{300}{(1+0.04)^{20}} + \frac{10,000}{(1+0.04)^{20}}$$
$$= 300 \times PVIFA_{.04,\ 20} + 10,000 \times PVIF_{.04,\ 20}$$
$$= 300 \times 13.5903 + 10,000 \times 0.4564 = 8,641.09\text{원}$$

예제 3-3 시장이자율과 채권가격

한라주식회사는 지금 다음과 같은 사채를 발행하려고 한다.

- 액 면 가 : 1,000원
- 만 기 : 2년
- 액면이자율 : 10% (매년 말 이자지급)

(1) 시장이자율이 10%인 경우, 사채의 발행가격은?
(2) 시장이자율이 12%인 경우, 사채의 발행가격은?
(3) 시장이자율이 8%인 경우, 사채의 발행가격은?
(4) 시장이자율과 사채의 발행가격 사이의 관계는?

☞ 해설

사채의 현재가치가 바로 발행가격이다.

(1) $PV = \frac{100}{1+0.1} + \frac{100}{(1+0.1)^2} + \frac{1,000}{(1+0.1)^2} = 1,000\text{원}$

(2) $PV = \frac{100}{1+0.12} + \frac{100}{(1+0.12)^2} + \frac{1,000}{(1+0.12)^2} = 966.20\text{원}$

(3) $PV = \frac{100}{1+0.08} + \frac{100}{(1+0.08)^2} + \frac{1,000}{(1+0.08)^2} = 1,035.67\text{원}$

(4) 시장이자율과 사채의 발행가격 사이의 관계는 다음과 같다.
① 시장이자율 = 액면이자율 : 액면발행
② 시장이자율 > 액면이자율 : 할인발행
③ 시장이자율 < 액면이자율 : 할증발행

1.2 현물이자율과 만기수익률

지금까지는 모든 기간에 걸쳐 시장이자율이 일정하다고 가정하여 각 시점에서의 현금흐름을 할인할 때 모두 동일한 할인율을 사용하였다. 그러나 실제로는 시장이자율이 기간에 따라 변할 수 있다. 그 이유는 주로 인플레이션율(inflation rate)이 기간에 따라 다르게 예상되기 때문이다.

이와 같은 관계를 설명하기 위하여 다음과 같은 두 개의 순수할인채권을 고려해 보자.

> · 채권 A: 만기 = 1년, 액면가 = 1,000원
> · 채권 B: 만기 = 2년, 액면가 = 1,000원

그리고 현재시점부터 1년도 말까지의 이자율 r_1은 8%이며, 현재시점부터 2년도 말까지의 이자율 r_2는 10%라고 하자. 이와 같은 이자율을 현물이자율(spot interest rate)이라 한다. 여기서 이자율이 서로 다른 이유 중 하나는 인플레이션이 첫번째 연도보다 두 번째 연도에서 더 높아질 것으로 예상되기 때문일 것이다. 두 채권의 현금흐름유형은 다음과 같다.

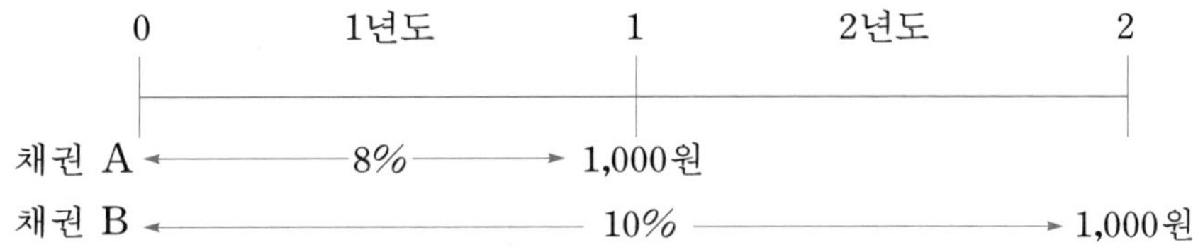

이와 같은 경우 채권 A와 채권 B의 현재가치는 각각 다음과 같이 계산된다.

$$PV_A = \frac{1,000}{1+0.08} = 925.93\text{원}$$

$$PV_B = \frac{1,000}{(1+0.10)^2} = 826.45\text{원}$$

한편 PV_A와 PV_B를 관찰할 수 있으나 현물이자율을 알지 못한다면, 순수할인채권의 현재가치공식을 이용하여 현물이자율을 구할 수 있다.

$$PV_A = 925.93\text{원} = \frac{1,000}{1+r_1} \quad \rightarrow \quad r_1 = 8\%$$

$$PV_B = 826.45\text{원} = \frac{1{,}000}{(1+r_2)^2} \quad \rightarrow \quad r_2 = 10\%$$

현물이자율은 현재시점에서 순수할인채권을 매입하여 만기까지 보유하는 경우에 투자자가 얻을 수 있는 기간당 평균수익률을 의미하는 한편, 이것은 순수할인채권의 현재가치와 그 채권을 소유할 경우 얻을 수 있는 미래 현금흐름의 현재가치를 일치시켜 주는 할인율로 정의된다.

$$PV(\text{순수할인채권}) = \frac{F}{(1+r_n)^n} \tag{3-3}$$

여기서 r_n : 현재시점부터 n년도 말시점 사이에 적용될 현물이자율

순수할인채권의 현재가치를 관찰할 수 있다면, 위의 식 (3-3)을 풀어서 현물이자율 r_n을 구할 수 있다.

이제 현물이자율과 만기수익률의 관계를 살펴보기 위하여 다음과 같은 예를 생각해 보자. 현물이자율 $r_1 = 8\%$, $r_2 = 10\%$이며, 액면가가 1,000원이고 액면이자율이 5%인 2년 만기의 채권이 있다. 이 채권을 구입하는 경우 1년도 말에 50원의 액면이자를 얻을 수 있으며, 만기일인 2년도 말에는 액면이자 50원과 원금 1,000원을 합한 1,050원을 얻을 수 있다. 그 현금흐름유형은 다음과 같다.

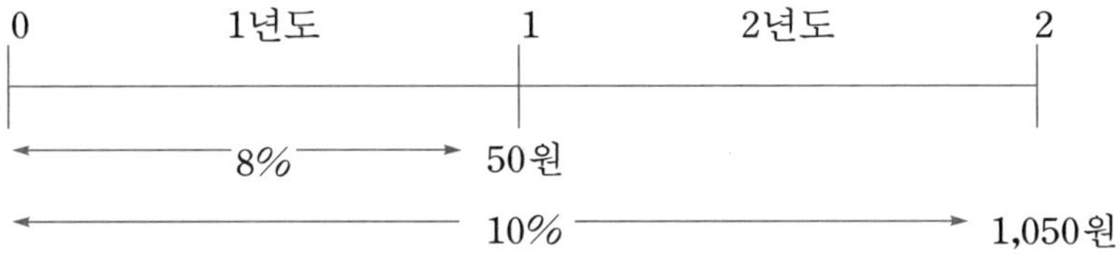

이 채권은 액면가가 50원인 1년 만기의 순수할인채권과 액면가가 1,050원인 2년 만기의 순수할인채권을 합한 것으로 생각할 수 있다. 그러므로 이 채권의 현재가치는 다음과 같이 구할 수 있다.

$$PV = \frac{50}{1+0.08} + \frac{1{,}050}{(1+0.10)^2} = 914.06\text{원}$$

채권의 현재가치가 주어지면 만기수익률(yield to maturity: YTM)은 다음의 식을 풀어서 구할 수 있다.[3]

3) 만기수익률은 제5장에서 설명할 내부수익률(internal rate of return: IRR)과 동일한 의미를 가진다.

$$914.06원 = \frac{50}{1+r} + \frac{1,050}{(1+r)^2}$$

위 식을 풀어서 만기수익률 r을 구하면 9.95%가 된다.

이상에서 살펴본 바와 같이 먼저 현물이자율을 이용하여 채권의 현재가치를 계산한 후, 이에 의해 만기수익률을 구할 수 있음을 알 수 있다. 이 과정에서 두 개의 현물이자율이 하나의 만기수익률로 전환되었기 때문에 만기수익률을 두 현물이자율의 평균으로 생각할 수 있다.[4)]

앞의 현물이자율을 그대로 사용하면, 액면가가 1,000원이며 액면이자율이 12%인 2년 만기 채권의 만기수익률은 다음과 같이 계산될 수 있다.

먼저 주어진 현물이자율을 이용하여 이 채권의 현재가치를 구하면 다음과 같다.

$$PV = \frac{120}{1+0.08} + \frac{1,120}{(1+0.10)^2} = 1,036.73원$$

그러므로

$$1,036.73원 = \frac{120}{1+r} + \frac{1,120}{(1+r)^2} \quad \rightarrow \quad r = 9.89\%$$

이상의 예에서 볼 수 있듯이 만기가 동일하더라도 액면이자가 다른 두 채권은 서로 다른 만기수익률을 가질 수 있다.

이와 같은 결과를 일반화하면 먼저 각 기간 동안의 현물이자율을 알고 있는 경우 확정이자부채권의 현재가치를 다음과 같이 계산할 수 있다.[5)]

$$PV(확정이자부채권) = \frac{C}{1+r_1} + \frac{C}{(1+r_2)^2} + \cdots + \frac{C}{(1+r_n)^n} + \frac{F}{(1+r_n)^n} \quad (3\text{-}4)$$

그리고 만기수익률은 현재시점에서 확정이자부채권을 매입하여 만기까지 보유하는 경우에 투자자가 얻을 수 있는 기간당 평균수익률을 의미하는 한편, 이것은

4) 여기서 만기수익률은 현물이자율 r_1과 r_2의 단순평균이 아니라 시점별 현금흐름에 따라 가중평균된 것으로 해석해야 한다.

5) 각 기간 동안의 현물이자율이 항상 일정하다고 가정하고 있는 앞의 식 (3-2)와 비교해 볼 때, 식 (3-4)는 각 기간 동안의 현물이자율이 다를 수 있는 상황까지 고려하고 있는 보다 일반화된 식이다.

확정이자부채권의 현재가치와 그 채권을 소유할 경우 얻을 수 있는 미래 현금흐름의 현재가치를 일치시켜 주는 할인율로 정의된다.[6)]

$$PV(\text{확정이자부채권}) = \frac{C}{1+r} + \frac{C}{(1+r)^2} + \cdots + \frac{C}{(1+r)^n} + \frac{F}{(1+r)^n} \qquad (3\text{-}5)$$

여기서 r : 만기수익률

확정이자부채권의 현재가치를 관찰할 수 있다면, 위의 식 (3-5)를 풀어서 만기수익률 r을 구할 수 있다.[7)] 각 기간 동안의 현물이자율이 일정하다면, 현물이자율과 만기수익률은 같아진다.

예제 3-4 현물이자율과 만기수익률

청솔주식회사는 액면가 1,000원, 만기 2년 그리고 액면이자율 10%(단, 이자는 매년 말에 지급됨)인 사채를 발행하려고 한다. 시장이자율에 관한 자료를 얻기 위하여 이 회사의 재무담당자는 현재 시장에서 유통되고 있는 1년 만기 순수할인채권과 2년 만기 순수할인채권의 가격을 조사하였다. 그 결과 다음과 같은 자료를 얻을 수 있었다.

- 1년 만기 순수할인채권: 액면가 = 1,000원, 현재 시장가격 = 909.09원
- 2년 만기 순수할인채권: 액면가 = 2,000원, 현재 시장가격 = 1,594.39원

(1) 현물이자율 r_1과 r_2를 구하라.

(2) 이 회사는 사채를 얼마에 발행할 수 있는가?

(3) 투자자가 이 사채를 매입하는 경우 얻을 수 있는 평균투자수익률, 즉 만기수익률을 구하라.

☞ 해설

(1) $909.09 = \frac{1{,}000}{1+r_1} \quad \rightarrow \quad r_1 = 10\%$

---

6) 현물이자율을 순수할인채권의 만기수익률로 생각할 수 있다.

7) 일반적으로 확정이자부채권의 만기가 긴 경우(예를 들어 3년 이상일 경우)에는 식 (3-5)가 성립할 때까지 r의 값을 계속해서 대입하는 시행착오법(trial and error method)에 의해서 만기수익률을 구할 수 있다. 그러나 이 과정은 많은 시간이 소요되기 때문에 실제로는 EXCEL 등을 이용하여 구하는 것이 좋다.

$$1{,}594.39 = \frac{2{,}000}{(1+r_2)^2} \quad \rightarrow \quad r_2 = 12\%$$

(2) 물음 (1)에서 구한 현물이자율을 이용하여 사채의 현재 발행가격을 구하면 다음과 같다.

$$PV = \frac{100}{1+0.1} + \frac{100+1{,}000}{(1+0.12)^2} = 967.82\text{원}$$

(3) 이 사채의 만기수익률 r은 다음의 식을 풀어 구할 수 있다.

$$967.82 = \frac{100}{1+r} + \frac{100+1{,}000}{(1+r)^2} \quad \rightarrow \quad r = 11.90\%$$

2 주식의 가치평가

2.1 기본적인 주식평가모형

이미 설명한 바와 같이 자산의 가치는 그 미래 현금흐름의 현재가치에 의해서 결정된다. 주식(stock)을 보유하는 경우 두 가지 종류의 현금흐름, 즉 대부분의 주식들이 정기적으로 지급하는 배당금과 주식을 처분하였을 때의 매도금액을 얻을 수 있다. 그러므로 먼저 주식에 1년 동안만 투자한다고 가정한다면, 주식의 현재가치를 다음과 같이 구할 수 있다.

$$P_0 = \frac{D_1}{1+r} + \frac{P_1}{1+r}$$

여기서 P_0 : 주식의 현재가치
P_1 : 1년도 말의 주식가격
D_1 : 1년도 말의 배당금
r : 주식의 할인율

이 경우 1년도 말의 주식가격 P_1은 그 시점에서 주식을 매입하려는 투자자가 기꺼이 지불하려고 하는 가격으로서 2년도 말의 배당금 D_2와 주식가격 P_2에 의해서 결정된다.

$$P_1 = \frac{D_2}{1+r} + \frac{P_2}{1+r}$$

이상의 두 식에 의해서 다음과 같은 식을 도출할 수 있다.

$$P_0 = \frac{D_1}{1+r} + \frac{1}{1+r}\left[\frac{D_2}{1+r} + \frac{P_2}{1+r}\right]$$
$$= \frac{D_1}{1+r} + \frac{D_2}{(1+r)^2} + \frac{P_2}{(1+r)^2}$$

또한 위 식에서 P_2는 2년도 말의 주식가격으로서 3년도 말의 배당금 D_3와 주식가격 P_3에 의해서 결정된다.

이와 같은 논리를 계속적으로 적용해 나가면 다음과 같은 기본적인 주식평가모형을 얻을 수 있다.

$$P_0 = \frac{D_1}{1+r} + \frac{D_2}{(1+r)^2} + \frac{D_3}{(1+r)^3} + \cdots = \sum_{t=1}^{\infty} \frac{D_t}{(1+r)^t} \qquad (3\text{-}6)$$

그러므로 주식의 현재가치는 미래에 기대되는 배당금의 현재가치와 동일하다. 비록 투자자가 영구적으로 주식을 소유하지 않고 일정한 기간이 지난 후에 매도한다 하더라도 그 판매가격은 매도시점 이후에 발생하는 배당금에 의해서 결정되므로 결국 주식의 가치는 그 보유기간에 관계없이 식 (3-6)에 의해서 결정된다.

2.2 단순화된 배당평가모형

이상에서 설명한 바와 같이 주가는 미래배당금에 의해서 결정된다. 그러면 이와 같은 개념을 실제에 있어서 어떻게 적용할 수 있겠는가? 앞에서 도출한 식 (3-6)은 기대배당금의 수준이 어떻게 변하더라도 적용가능한 가장 기본적인 모형이다. 이와 같은 기본적인 주식평가모형은 기업의 배당금이 일정한 형태를 따른다고 가정한다면 보다 단순화될 수 있을 것이다.

1) 성장 없는 주식의 평가모형

배당금이 매년 일정할 것으로, 즉 성장이 없다고 기대되는 주식(zero growth stock)의 현재가치는 다음과 같이 결정될 수 있다.[8)]

$$P_0 = \frac{D_1}{1+r} + \frac{D_1}{(1+r)^2} + \frac{D_1}{(1+r)^3} + \cdots = \frac{D_1}{r} \qquad (3\text{-}7)$$

8) 이는 영구연금의 현재가치를 구하는 공식과 동일하다.

예제 3-5 성장 없는 주식의 가치

투자자들은 미래주식회사가 매년 주당 3,000원씩의 배당금을 영구적으로 지급할 것으로 기대하고 있다. 만약 투자자들이 이 주식에 대하여 15%의 수익률을 요구한다면, 이 주식의 주당가격은 얼마인가?

☞ 해설

$$P_0 = \frac{D_1}{r} = \frac{3{,}000}{0.15} = 20{,}000\text{원}$$

2) 항상성장모형

만약 주식에 대한 배당금이 매년 일정한 비율 g로 성장한다고 가정한다면, 이 주식에 대한 각 연도 말의 배당금은 <그림 3-2>와 같이 나타낼 수 있다.

그러므로 배당금이 매년 일정한 비율로 성장하는 주식, 즉 항상성장주식(constant growth stock)의 가치는 다음과 같이 구할 수 있다.[9)]

$$P_0 = \frac{D_1}{1+r} + \frac{D_1(1+g)}{(1+r)^2} + \frac{D_1(1+g)^2}{(1+r)^3} + \cdots = \frac{D_1}{r-g} \qquad (3\text{-}8)$$

단, $r > g$

식 (3-8)을 항상성장모형(constant growth valuation model)이라 한다.

그림 3-2 항상성장주식의 배당금

연도 말:	0	1	2	3	4	....
배당금 :		D_1	$D_1(1+g)$	$D_1(1+g)^2$	$D_1(1+g)^3$	....

9) 항상성장주식의 가치는 공비가 $\left(\frac{1+g}{1+r}\right)$인 무한등비수열의 합이므로 다음과 같이 구할 수 있다.

$$P_0 = \frac{\text{초항}}{1-\text{공비}} = \frac{\left(\frac{D_1}{1+r}\right)}{1-\left(\frac{1+g}{1+r}\right)} = \frac{D_1}{r-g}$$

무한등비수열의 합은 공비가 1보다 작은 경우에만 수렴하므로 위의 식은 항상 $r > g$인 경우에 성립되는 식임을 유의하여야 한다.

예제 3-6 항상성장주식의 가치

미래주식회사는 금년도에 주당 1,000원씩 배당하였다. 이 회사의 배당금은 매년 10%씩 증가하고 있으며, 이러한 증가율은 앞으로도 계속될 전망이다. 이 주식에 대한 요구수익률이 15%일 경우, 이 주식의 현재가치는 얼마인가?

☞ 해설

$$D_1 = D_0(1+g) = 1{,}000(1+0.1) = 1{,}100\text{원}$$

그러므로

$$P_0 = \frac{D_1}{r-g} = \frac{1{,}100}{0.15-0.1} = 22{,}000\text{원}$$

예제 3-7 항상성장모형의 응용

현재 고속성장을 하고 있는 가나전자주식회사는 1년도 말에 주당 1,150원을 배당한 후, 그 다음 4년 동안에는 매년 15%씩 그리고 그 이후부터는 매년 10%씩 배당금을 계속 증가시키려고 한다. 이 주식의 요구수익률이 15%라면, 이 주식의 현재가치는 얼마인가?

☞ 해설

① 처음 5년 동안 배당금의 현재가치 계산:

1년도 말부터 5년도 말까지의 배당금의 현재가치는 다음과 같다.

연도 말	성장률	기대배당금		현재가치
1	-	1,150원		1,000원
2	0.15	1,323		1,000
3	0.15	1,521		1,000
4	0.15	1,749		1,000
5	0.15	2,011		1,000
1년~5년 사이의 배당의 현재가치			=	5,000원

② 6년도 말부터 시작되는 배당금의 현재가치 계산:

먼저 5년도 말의 주식가격 P_5를 구하면 다음과 같다.

$$P_5 = \frac{D_6}{r-g} = \frac{2{,}011(1+0.10)}{0.15-0.10} = 44{,}242\text{원}$$

그러므로 6년도 말부터 시작되는 배당금의 현재가치는 다음과 같다.

$$\frac{P_5}{(1+r)^5}=\frac{44{,}242}{(1.15)^5}=21{,}996\text{원}$$

③ 가나주식회사 주식의 현재가치는 모든 배당금의 현재가치로서 다음과 같다.

$$P_0=\text{①}+\text{②}=5{,}000+21{,}996=26{,}996\text{원}$$

2.3 성장률과 할인율의 추정

배당평가모형을 이용하여 주식의 가치를 평가하기 위해서는 먼저 성장률 g와 할인율 r을 추정하여야 한다.

1) 성장률의 추정

항상성장모형에서는 배당금이 매년 일정한 비율로 성장한다고 가정하였다. 이와 같은 경우에 그 성장률 g를 추정하는 문제를 생각해 보자. 만약 기업이 순투자(net investment)(총투자－감가상각비)를 하지 않는다면, 그 기업의 다음연도의 순이익은 당해연도와 동일하게 될 것이다. 다시 말하면 총투자가 감가상각비와 동일한 경우에는 기업의 현재 생산능력이 변하지 않고 계속 유지되기 때문에 순이익은 변하지 않게 된다.

그러나 기업이 순투자를 하는 경우, 즉 당기순이익을 모두 배당하지 않고 그 중 일부를 유보하여 투자를 하는 경우에 다음연도의 순이익을 다음과 같이 나타낼 수 있다.[10)]

$$\begin{aligned}\text{차기순이익}&=\text{당기순이익}+\text{순이익의 증가액}\\&=\text{당기순이익}+\text{당기유보액}\times\text{투자수익률}\end{aligned}$$

위 식의 양변을 당기순이익으로 나누면 다음과 같다.

$$1+\frac{\text{순이익의 증가액}}{\text{당기순이익}}=1+\frac{\text{당기유보액}}{\text{당기순이익}}\times\text{투자수익률}$$

위 식을 다시 정리하면 다음과 같다.

$$1+\text{순이익성장률}=1+\text{유보비율}\times\text{투자수익률}$$

10) 여기에서 사채나 주식발행을 통한 자본조달의 가능성은 없다고 가정한다. 그리고 순이익은 감가상각비를 차감하여 계산된 금액이므로, 순이익의 유보액만큼 순투자가 이루어지는 것으로 생각할 수 있다.

여기에서 기업이 순이익에 대한 배당비율, 즉 배당성향(payout ratio)(1 - 유보비율)을 항상 일정하게 유지한다면, 순이익성장률과 배당성장률은 같아지게 된다. 그러므로 배당성장률 g는 다음과 같이 추정될 수 있다.

$$g = \text{유보비율} \times \text{투자수익률} \tag{3-9}$$

새로운 투자안에 대한 정보는 공개적으로 이용가능한 정보가 아니기 때문에 투자수익률을 정확하게 추정하는 것은 어려운 일이다. 그러므로 현재 실시하려고 하는 투자안이 과거 투자안들과 동일한 수익률을 올릴 수 있다고 가정하여 일반적으로 기업이 과거에 실시한 투자의 총합에 대한 수익률인 자기자본순이익률(return on equity: ROE)을 그 대용치로 사용한다.

예제 3-8 성장률의 추정

새나라주식회사의 금년도 당기순이익은 2억원이다. 이 기업은 당기순이익 중 40%를 유보하려고 한다. 그리고 이 기업의 과거 자기자본순이익률(ROE)은 16%였으며, 이것은 미래에도 계속될 것으로 예상된다. 이 기업의 배당성장률을 계산하라.

☞ 해설

이 기업은 8,000만원(= 2억원 × 0.4)을 유보할 것이다. 과거의 ROE가 미래 투자수익률의 적절한 추정치라고 가정한다면, 다음연도의 순이익의 증가는 다음과 같이 기대할 수 있다.

$$\text{순이익의 증가액} = 8{,}000 \times 0.16 = 1{,}280\text{만원}$$

그러므로

$$g = \frac{\text{순이익의 증가액}}{\text{당기순이익}} = \frac{1{,}280}{20{,}000} = 0.064$$

또는 식 (3-9)를 사용하여 g를 구하여도 동일한 결론을 얻을 수 있다.

$$g = \text{유보비율} \times \text{투자수익률} = 0.4 \times 0.16 = 0.064$$

2) 할인율의 추정

특정주식의 현금흐름을 할인하기 위하여 사용되는 할인율 r을 추정하는 방법에는 여러 가지 방법이 있으나, 여기서는 가장 단순한 형태로 항상성장모형을 이

용하여 추정하는 방법을 설명하기로 한다.[11]

항상성장모형 식 (3-8)을 r에 관해서 풀면 다음과 같다.

$$r = \frac{D_1}{P_0} + g \tag{3-10}$$

식 (3-10)에서 볼 수 있는 바와 같이 할인율은 배당수익률(dividend yield) D_1/P_0과 배당성장률 g의 두 항목으로 분해될 수 있다. 현재의 주가와 다음연도 배당금의 추정치 자료를 이용하여 식 (3-10)의 오른쪽 첫번째 항목 $\left(\frac{D_1}{P_0}\right)$을 구할 수 있다.[12] 그리고 오른쪽 두 번째 항목(g)은 앞의 식 (3-9)에 의해서 추정될 수 있다.

예제 3-9 할인율의 추정

앞의 [예제 3-8]에서 새나라주식회사의 현재 발행주식수는 10만주이며, 그 주식의 현재가격은 10,000원이다. 이와 같은 경우 이 주식의 할인율, 즉 요구수익률은 얼마인가?

☞ 해설

- 배당성향 = 1 - 유보비율 = 0.6
- 차기순이익 = 당기순이익 + 순이익증가액 = 21,280만원
- 다음연도의 배당금총액 = 배당성향 × 차기순이익 = 12,768만원
- 주당배당금(D_1) = $\frac{12{,}768\text{만원}}{10\text{만주}}$ = 1,276.8원
- 배당성장률(g) = 0.064

$$\therefore\ r = \frac{D_1}{P_0} + g = \frac{1{,}276.8}{10{,}000} + 0.064 = 0.192$$

2.4 성장기회와 주식평가모형

미래의 성장가능성이 높은 기업의 주식은 성장가능성이 낮은 기업에 비해 상대적으로 높게 평가될 수 있다. 그 이유는 기업의 미래 성장기회가 현재의 주가에 반영된 결과라 할 수 있다. 지금까지 설명한 배당평가모형과는 다른 관점에서 기업

11) 할인율 r을 추정하는 다른 방법은 제9장에서 설명될 것이다.

12) 다음연도 배당금을 추정하기 어려운 경우에는 현재 발표된 당기의 배당금(D_0)을 사용할 수도 있다.

의 성장기회를 분리하여 그 가치를 평가한 후, 그것을 이용하여 주식의 가치를 평가할 수도 있다.

1) 성장 없는 주식의 평가모형

기업이 순이익을 모두 배당을 한다면, 유보비율(retention ratio)이 영(0)이므로 성장률은 영(0)이 된다. 이 경우 주주들은 매년 일정한 주당배당금(=주당순이익)을 받게 된다. 이와 같은 주식의 가치는 다음과 같이 평가될 수 있다.

$$P_0 = \frac{D_1}{r} = \frac{EPS_1}{r} \tag{3-11}$$

여기서 EPS_1 : 1년도 말의 주당순이익

2) 성장주식의 평가모형 : NPVGO모형

기업이 높은 수익을 얻을 수 있는 투자기회를 가지고 있는 경우, 순이익 중 일부를 유보하여 투자함으로써 성장기회를 가질 수 있다. 이 경우 주식의 가치는 투자의 순현가, 즉 성장기회의 순현가(net present value of the growth opportunity: NPVGO)만큼 증가하게 된다.[13] 즉 새로운 투자안을 선택함으로써 성장기회를 가질 수 있는 기업의 주가는 다음과 같이 나타낼 수 있다.

$$\begin{aligned} P_0 &= \text{성장 없는 주식의 현재가치} + \text{성장기회의 순현가} \\ &= \frac{EPS_1}{r} + NPVGO \end{aligned} \tag{3-12}$$

예제 3-10 성장주식의 가치

참치통조림을 생산하고 있는 ㈜바다식품은 새로운 투자기회를 가지지 못한다면 영구적으로 매년 1억원을 벌 수 있다고 기대한다. 이 기업의 총발행주식수는 100,000주이다. 이 기업은 다음연도에 1천만원이 소요되는 새로운 광고를 계획하고 있다. 이 새로운 광고로 인하여 참치통조림의 수요가 증대되어 광고를 실시한 이후 연도부터 매년 210만원의 영구적인 순이익증가가 기대된다. 이 주식의 요구수익률은 10%이다.

(1) 새로운 광고를 실시하지 않는 경우, 주가는 얼마인가?

(2) 새로운 광고를 실시하는 경우, 주가는 얼마인가?

---

13) 투자의 순현가는 현금유입(투자성과)의 현가에서 현금유출(투자지출액)의 현가를 차감한 것으로서 투자에 의해서 창출되는 새로운 가치, 즉 가치의 증분을 나타낸다.

☞ 해설

(1) 새로운 광고를 실시하지 않는 경우, 성장기회를 가지지 못하게 된다. 이와 같은 성장 없는 주식의 가치를 구하기 위하여 먼저 주당순이익(EPS_1)을 구하면 다음과 같다.

$$EPS_1 = \frac{100,000,000}{100,000} = 1,000\text{원}$$

그러므로

$$P_0 = \frac{EPS_1}{r} = \frac{1,000}{0.1} = 10,000\text{원}$$

(2) 새로운 광고를 실시하는 경우, 성장기회를 가질 수 있다. 이 경우 광고는 1년도 말에 실시되므로 먼저 그 시점에서의 순현가를 구한 후, 다시 현재시점의 가치로 할인하면 성장기회의 순현가 NPVGO를 구할 수 있다.

· 1년도 말에서의 광고의 순현가:

$$-10,000,000 + \frac{2,100,000}{0.1} = 11,000,000\text{원}$$

· 현재시점에서의 광고의 순현가:

$$\frac{11,000,000}{1+0.1} = 10,000,000\text{원}$$

그러므로 광고의 주당 순현재가치(NPVGO)는 다음과 같다.

$$NPVGO = \frac{10,000,000}{100,000} = 100\text{원}$$

이제 주당 주식가격을 구하면,

$$P_0 = \frac{EPS_1}{r} + NPVGO = 10,000 + 100 = 10,100\text{원}$$

※ 배당평가모형에 의해서 직접 구하여도 동일한 결과를 얻을 수 있다.

1년도 말에 얻게 되는 순이익 1억원 중 광고에 1천만원을 사용하고, 그 나머지 9천만원을 주주들에게 배당할 것이다. 그러므로 1년도 말의 주당배당금은 다음과 같다.

$$1\text{년도 말의 주당배당금}(D_1) = \frac{90,000,000}{100,000} = 900\text{원}$$

그리고 2년도 말부터 새로운 광고의 효과에 힘입어 영구적으로 매년 210만원씩 증가하므로 주주들은 2년도 말 이후부터 영구적으로 매년 다음과 같은 주당배당금을 받을 수 있다.

$$2\text{년도 말 이후의 매년 주당배당금} = \frac{100{,}000{,}000 + 2{,}100{,}000}{100{,}000} = 1{,}021\text{원}$$

이상의 결과에 의해서 각 연도 말의 배당금을 나타내면 다음과 같다.

0	1	2	3	4	······	∞
	900	1,021	1,021	1,021	······	1,021

그러므로

$$P_0 = \left[900 + \frac{1{,}021}{0.1} \right] \frac{1}{(1+0.1)} = 10{,}100\text{원}$$

예제 3-11 항상성장모형과 NPVGO모형

한마당주식회사의 1년 후의 주당순이익은 1,000원으로 기대된다. 그리고 이 기업의 배당성향은 60%이며, 요구수익률은 16%, 자기자본순이익률은 25%로 항상 일정하다. 이 경우 한마당주식회사의 현재주가는 얼마인가?

☞ 해설

배당금 및 순이익 성장률 g는 다음과 같다.

$$g = (1 - \text{배당성향}) \times ROE = (1-0.6) \times 0.25 = 0.10$$

투자가 지속적으로 이루어지는 경우, 항상성장모형 또는 NPVGO모형을 이용하여 주가를 구할 수 있다. 어느 모형을 사용하든 그 결과는 동일하다.[14)]

(1) 항상성장모형에 의한 평가

$$P_0 = \frac{D_1}{r-g} = \frac{1{,}000(0.6)}{0.16-0.10} = 10{,}000\text{원}$$

(2) NPVGO모형에 의한 평가

① 성장 없는 주식의 가치:

$$\frac{EPS_1}{r} = \frac{1{,}000}{0.16} = 6{,}250\text{원}$$

14) [예제 3-10]은 투자를 단 한번만 하므로 성장기회도 단 한번 가지는 문제이다. 그러나 [예제 3-11]은 [예제 3-10]과는 다르게 매년 지속적으로 투자를 행하므로 그에 따라 성장기회도 지속적으로 발생하는 문제이다.

② 성장기회의 순현가(NPVGO):

· 1년도 말 시점에서의 투자에 의해 발생되는 성장기회의 순현가:

$$NPVGO_1 = -(1{,}000)(1-0.6) + \frac{(1{,}000)(1-0.6)(0.25)}{0.16} = 225\text{원}$$

· 2년도 말 시점에서의 투자에 의해 발생되는 성장기회의 순현가[15]:

$$NPVGO_2 = -(1{,}100)(1-0.6) + \frac{(1{,}100)(1-0.6)(0.25)}{0.16} = 247.5\text{원}$$
$$= NPVGO_1(1+0.1)$$

· 3년도 말 시점에서의 투자에 의해 발생되는 성장기회의 순현가:

$$NPVGO_3 = -(1{,}210)(1-0.6) + \frac{(1{,}210)(1-0.6)(0.25)}{0.16} = 272.25\text{원}$$
$$= NPVGO_2(1+0.1) = NPVGO_1(1+0.1)^2$$

이상의 결과에 의해서 각 연도 말에서의 성장기회의 순현가는 매년 10%의 성장률로 증가함을 알 수 있다.

배당성장률 g가 매년 일정한 경우, 성장기회에 의해서 얻을 수 있는 현금흐름을 다음과 같이 나타낼 수 있다.

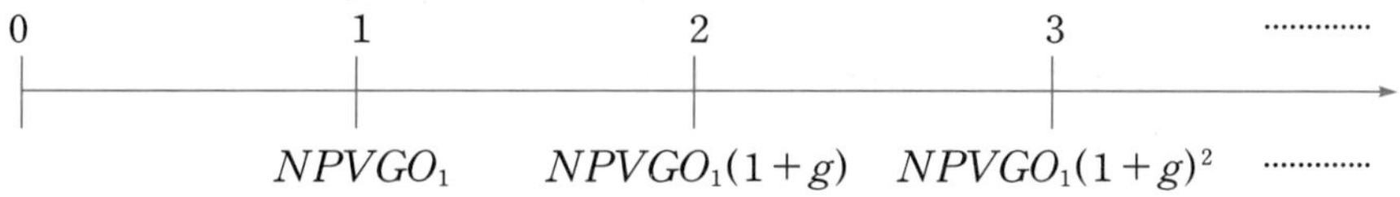

그러므로 모든 성장기회의 순현가 NPVGO는 다음과 같이 구할 수 있다.

$$NPVGO = \frac{NPVGO_1}{1+r} + \frac{NPVGO_1(1+g)}{(1+r)^2} + \frac{NPVGO_1(1+g)^2}{(1+r)^3} + \cdots$$
$$= \frac{NPVGO_1}{r-g} = \frac{225}{0.16-0.1} = 3{,}750\text{원}$$

이제 주식의 현재가치를 구하면 다음과 같다.

$$P_0 = \frac{EPS_1}{r} + NPVGO = 6{,}250 + 3{,}750 = 10{,}000\text{원}$$

15) 2년도 말의 주당순이익 = 전기 주당순이익 + 주당순이익의 증가액
= 1,000 + (1,000)(1 − 0.6)(0.25) = 1,100원

2.5 주가수익비율

앞의 식 (3-12)에 의해서 주식의 현재가치는 다음과 같이 나타낼 수 있다.

$$P_0 = \frac{EPS_1}{r} + NPVGO$$

위 식의 양변을 EPS_1으로 나누면 다음과 같다.

$$\frac{P_0}{EPS_1} = \frac{1}{r} + \frac{NPVGO}{EPS_1} \tag{3-13}$$

식 (3-13)의 왼쪽 부분은 현재의 주가 P_0를 다음연도의 주당순이익 EPS_1으로 나눈 것으로 주가수익비율(price-earnings ratio: PER)이라 한다.[16] 이는 주가가 주당순이익의 몇 배나 되는가를 나타내는 것으로서, 주당순이익 1원의 질적가치를 의미한다. 식 (3-13)에서 볼 수 있는 바와 같이 PER은 성장기회의 순현가 NPVGO와 정(+)의 관계를 가지며, 할인율 r과는 부(−)의 관계를 가진다. 즉 성장기회가 크거나 할인율이 낮은 주식은 그렇지 않은 주식과 비교하여 주당순이익이 동일하다 하더라도 PER은 커지게 된다. 또한 회계처리방법에 의해서도 PER은 영향을 받을 수 있다. 즉 보수적인 회계처리를 하는 기업의 주식은 주당순이익이 상대적으로 작아져서 PER이 크게 나타날 수 있다.

주 요 용 어

채권(34)
순수할인채권(34)
확정이자부채권(34)
현물이자율(38)
만기수익률(39)
주식(41)
항상성장모형(43)
배당성장률(46)
할인율(46)
성장기회의 순현가(48)
주가수익비율(52)

16) 실무에서는 PER을 계산할 때 다음연도의 주당순이익대신 현재 발표된 당기의 주당순이익을 이용하기도 한다.

연 습 문 제

1 시장이자율과 채권가격

여의도주식회사는 만기 5년, 액면가 10,000원, 액면이자율 12%인 사채를 2년 전에 액면발행하였다. 이 사채는 1년에 두 번 이자를 지급하고 있다.

(1) 이 사채의 발행당시 시장이자율은?

(2) 현재 시장이자율이 10%라면, 이 사채의 가격은?

(3) 현재 시장이자율이 14%라면, 이 사채의 가격은?

2 채권의 가치평가

K씨는 지금 만기 5년, 액면가 10,000원인 ㈜태양전자의 신규발행사채를 액면가로 구입하였다. 이 5년 만기 사채는 6개월마다 600원의 이자를 지급한다. 또한 K씨는 6개월마다 300원의 이자를 지급하며, 만기까지 6년이 남아 있는 ㈜태양전자의 다른 사채의 구입을 고려중이다. 이 사채의 액면가는 10,000원이다.

(1) 5년 만기 사채의 연간 실효수익률은 얼마인가?

(2) 물음 (1)에서 계산한 이자율이 만기까지 6년 남아 있는 채권을 평가하는 데 적절한 이자율이라면, K씨는 그 채권을 얼마에 구입하여야 하는가?

(3) 5년 만기 사채가 6개월마다 400원의 이자를 지급하나 그 판매가격은 여전히 10,000원이라면, 물음 (2)의 결과는 어떻게 달라지는가?

3 현물이자율과 만기수익률

지금으로부터 1년 후에 받을 수 있는 현금흐름의 적절한 할인율은 7.5%이다. 그리고 지금으로부터 2년 후에 받을 수 있는 현금흐름의 적절한 할인율은 11%이다.

(1) 액면이자율 6%, 액면가 10,000원인 2년 만기 채권의 현재가격은?

(2) 물음 (1) 채권의 만기수익률은?

4 항상성장모형

㈜한샘가구는 올해 초 주당 100원씩 배당을 지급하였다. 그리고 배당금은 앞으로 3년 동안 연 14%씩 증가하며, 그 이후부터는 영구적으로 5%씩 증가할 것으로 기대된다. 이 주식의 적절한 할인율은 15%이다. 이 주식의 가격은 얼마인가?

5

항상성장모형

시계를 생산하고 있는 정확주식회사의 당해연도 말 세후 순이익은 5천만원으로 예상된다. 이 기업은 향후 6년 동안 배당을 하지 않으며, 그 이후부터는 계속적으로 순이익의 60%를 배당하려고 한다. 이 경우 다음연도 말부터 6년 동안 이 기업의 세후 순이익은 연 25%씩 증가하며, 그 이후부터(8년도 말부터)는 증가율이 감소하여 영구적으로 5%가 될 것이라고 한다. 단, 이 기업은 부채가 없고 배당 등 모든 현금흐름은 연도 말에 이루어지며, 최저필수수익률은 10%라고 가정한다. 이 기업의 현재가치는 얼마인가?

6

할인율의 추정

K씨는 지금 ㈜늘푸름완구의 주식을 주당 20,000원의 가격으로 구입하였다. 그 주식은 다음연도에 주당 100원을 배당할 것이며, 그 이후부터는 배당금이 연 10%씩 영구적으로 증가하리라 기대된다. K씨는 자신이 지불한 주식의 가격이 적절한 것이라고 믿는다. 이 주식에 대한 K씨의 요구수익률은 얼마인가?

7

항상성장모형과 NPVGO

문구류를 생산하고 있는 새나라주식회사는 다음연도에 주당 1,000원씩의 배당을 하고, 그 이후부터는 매년 영구적으로 주당배당금을 5%씩 증가시킬 수 있다고 예상하고 있다. 그러나 만일 이 기업이 이익의 전부를 배당으로 지급한다면, 다음연도에 주당 1,500원을 배당할 수 있다고 한다. 이 회사의 자본환원율이 10%라면, 이 회사가 이익 중 일부를 유보하여 투자함으로써 얻게 되는 주당 성장기회의 순현재가치(NPVGO)를 구하라.

8

NPVGO 모형

㈜맛나라제과는 과자류를 판매하고 있다. 지난해의 총매출액은 50억원이며, 총비용은 30억원이었다. ㈜맛나라제과는 부채를 사용하고 있지 않으며, 현재 이 회사의 총발행주식수는 100만주이다. 매출액과 비용은 매년 5%씩 증가할 것으로 기대된다. 이 회사는 세금을 납부하지 않으며, 모든 이익은 배당금으로 지급된다.(단, 적절한 할인율이 15%이고, 모든 현금흐름은 연말에 발생한다고 가정한다.)

(1) 이 회사의 주당 주식가격은 얼마인가?

(2) ㈜맛나라제과의 사장은 음료수의 생산을 고려중이다. 이 투자안을 실시하는 경우에 지금 즉시 40억원을 지출하여야 하며, 1년 후에 추가적으로 20억원을 지출하여야 한다. 그리고 이 투자안에 의해서 2년도 말부터 매년 10억원의 수입이 영구적으로

기대된다. 이 투자안을 채택하는 경우에 ㈜맛나라제과의 주당 주식가격은 얼마나 되겠는가?

9

NPVGO 모형

오디오를 생산하고 있는 ㈜소리전자는 당해연도 말 5억원의 순이익을 기대하고 있다. 이 회사가 새로운 투자를 하지 않는다면, 순이익은 매년 3%씩 증가될 것이다. 이 회사는 지금 비디오사업을 고려중이다. 이 사업의 투자비용 10억원을 지금 즉시 지출하여야 하나, 그 이익은 1년 후부터 발생하기 시작한다. 이 사업을 실시하는 경우 추가적인 3억 2천만원의 이익을 얻을 수 있으며, 이것도 역시 매년 3%씩 증가할 것이다. 기업의 할인율은 13%이고, 이 회사의 현재 발행주식수는 20만주이다.

(1) 비디오사업에 진출하지 않을 경우, ㈜소리전자의 주당 주식가격은 얼마인가?

(2) 비디오사업으로 인하여 발생하는 성장기회의 가치는 얼마인가?

(3) 비디오사업에 진출하는 경우, ㈜소리전자의 주당 주식가격은 얼마인가?

10

고급 성장기회와 주식가치 (CPA 2001 수정)

㈜서해의 기획실은 새해를 맞이하여 1년간의 예산과 예상영업이익에 대한 회의를 열었다. 현재 ㈜서해의 대차대조표를 살펴보면 자기자본(장부가액 기준) 50억원과 무위험이자율 10%로 차입한 부채 20억원이 있다. 향후 새로운 투자기회를 포착하지 못할 경우 이 기업은 매년 동일한 영업이익 17억원을 영구히 얻을 수 있을 것으로 기대된다. 이 기업의 자기자본에 대한 적절한 할인율은 16%이고, 40만주의 보통주를 발행하고 있으며, 법인세율은 20%이다.

(1) ㈜서해의 자기자본순이익률(ROE), 주당순이익(EPS)을 구하라.

(2) ㈜서해의 1주당 주식가치를 구하라

(3) ㈜서해가 새로운 투자기회를 포착할 경우, 순이익의 60%를 매년 유보하여 자기자본순이익률(ROE)과 동일한 투자수익률을 얻을 수 있을 것으로 기대된다. 이와 같은 경우 ㈜서해의 1주당 주식가치 및 성장기회의 현재가치를 구하라.

(4) 유보비율을 증가시킬 경우 주당 내재가치가 줄어들 수 있는가? 만약 그렇다면 그런 상황이 발생하는 경우에 대해서 설명하라.

(5) 위의 물음과 독립적으로 ㈜서해는 향후 3년간 순이익 80%를 매년 유보하여 고속성장을 할 것으로 기대된다. 그리고 그 후로는 순이익의 50%를 영구히 유보하여 꾸준히 성장할 것으로 기대된다. 이 경우 ㈜서해의 1주당 주식가치를 구하라.

11

주가수익비율(PER)과 NPVGO (CPA 2007 기출)

기업 X의 회계연도 초($t=0$)의 발행주식수는 1,000주이며, 회계연도 말($t=1$)에 예상되는 순이익은 200만원이다. 기업 X는 회계연도 말($t=1$)에 총 80만원을 주주에게 배당금으로 지급하고 나머지는 재투자를 위해 내부에 유보할 계획이다. 기업 X는 매 회계연도마다 평균적으로 자기자본이익률(ROE)을 20%로 유지하고 있다.(단, 자기자본이익률 = 회계연도 당기순이익 ÷ 회계연도 초 자기자본) 기업 X의 배당정책과 자기자본이익률은 회계연도 말 이후 계속적으로 유지될 것이며, 기업 X의 주주의 연간 요구수익률은 16%이다.

(1) 배당할인모형(dividend discount model)에 근거한 기업 X의 내재가치가 시장가치와 동일하다면, 기업 X의 회계연도 초의 PER(price earnings ratio)은 얼마인가? (단, PER = 회계연도 초 주가 ÷ 회계연도 말 주당순이익)

(2) 일부 투자자들은 PER이 낮은 주식(저 PER주)을 선호하는 경향이 있다. 저 PER주에 투자하는 전략이 이론적으로 타당한 투자전략인지를 PER을 결정하는 요인에 근거해서 세 줄 이내로 설명하시오.

(3) 기업 X의 재투자 정책에 따른 성장기회의 현재가치(NPVGO)를 계산하시오. 기업 X의 주가가 당기순이익을 전액 배당금으로 지급하는 정책에 따른 주가보다 높기 위해서는 어떤 조건이 충족되어야 하는가?

보론 1

이자율의 기간구조

1. 이자율의 기간구조의 개념

이자율의 기간구조(term structure of interest rates)는 현물이자율과 만기의 관계를 설명하는 곡선을 의미한다. 다음의 〈그림 3A-1〉에 이자율의 기간구조의 한 형태를 예시하였다. 〈그림 3A-1〉에서는 만기가 길어질수록 현물이자율이 증가하고 있는 이자율의 기간구조를 보여 준다. 즉 $r_1 < r_2 < r_3$이다.

현물이자율을 관찰할 수 있다면 이자율의 기간구조를 쉽게 그릴 수 있다. 그러나 이것은 순수할인채권이 충분히 존재할 경우에만 가능한 것이다.[17] 만약 순수할인채권이 충분하지 않은 경우에는 그 대안으로서 만기수익률과 만기의 관계를

그림 3A-1 **이자율의 기간구조**

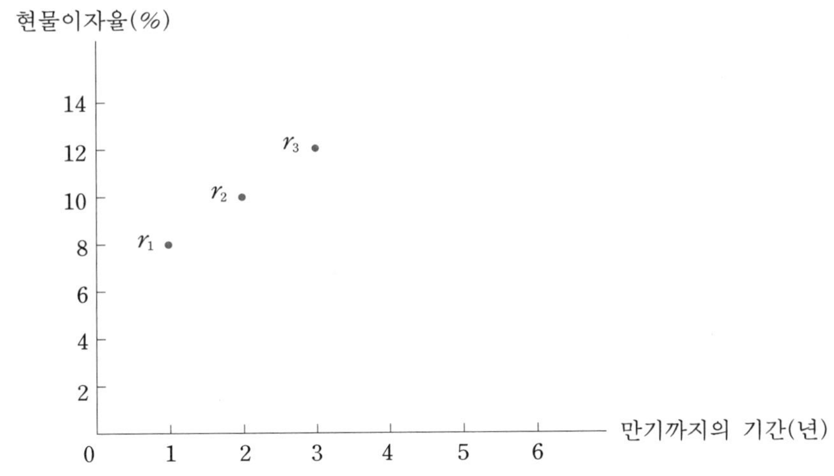

17) 이자율의 기간구조를 그릴 때, 위험에 따른 영향을 제거하기 위하여 일반적으로 순수할인채권 중 채무불이행위험이 없는 국공채를 이용한다.

그릴 수 있으며, 이 곡선을 수익률곡선(yield curve)이라 한다.

〈그림 3A-1〉과 같이 주어진 이자율의 기간구조는 단지 특정시점(예를 들어 20×1년 4월 1일 AM 10:00)에만 존재하는 것이다. 극단적으로 만약 시간이 약간만 지나가도 그 기간구조는 바뀌게 된다. 즉 20×1년 4월 1일 AM 10:01에는 또 다른 이자율의 기간구조가 존재하게 된다.

2. 선도이자율과 미래의 현물이자율

1) 선도이자율

만약 현재시점부터 1년도 말시점 사이에 적용될 현물이자율 r_1이 8%이고 현재시점부터 2년도 말시점 사이에 적용될 현물이자율 r_2가 10%라고 하면, 2년 만기의 순수할인채권에 1원을 투자한 사람은 2년도 말에 1원×$(1+0.1)^2$을 얻을 수 있다.

그리고 1원×$(1+0.1)^2$을 분해하면 다음과 같이 나타낼 수 있다.[18)]

$$1원\times(1+0.1)^2 = 1원\times(1+0.08)\times(1+0.1204)$$

그러므로 10%의 수익률을 제공하는 2년 만기 순수할인채권에 투자하는 경우에 투자자가 얻을 수 있는 2년도 말의 투자수익은 첫번째 연도에서 8%의 수익률을 얻고 두 번째 연도에서 12.04%의 수익률을 얻는 경우와 동일하게 된다. 현재시점에서 이미 확정된 두 번째 연도의 가설적인 이자율 12.04%를 선도이자율(forward interest rate)이라 하며 $f_{1,2}$로 표기한다. 이와 같은 관계를 그림으로 나타내면 〈그림 3A-2〉와 같다.

그림 3A-2 현물이자율과 선도이자율의 관계

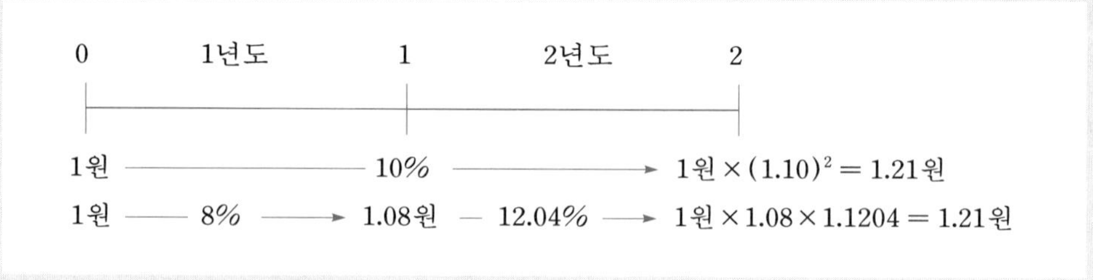

18) $\frac{(1+0.1)^2}{1+0.08} - 1 = 0.1204$ 또는 12.04%

현재시점부터 1년도 말시점 사이에 적용될 현물이자율 r_1과 현재시점부터 2년도 말시점 사이에 적용될 현물이자율 r_2가 현재시점(0시점)에서 이미 알려져 있기 때문에 현재시점에서 두 번째 연도의 선도이자율 $f_{1,\,2}$를 계산할 수 있다. 즉 선도이자율은 현재시점에서 측정가능하다. 현물이자율 r_1과 r_2가 주어져 있다면, 1년도 말부터 2년도 말까지, 즉 두 번째 연도의 선도이자율 $f_{1,\,2}$는 다음의 식을 이용하여 구할 수 있다.

$$(1+r_2)^2 = (1+r_1)\times(1+f_{1,\,2}) \tag{3A-1}$$

그러므로 식 (3A-1)을 풀어서 $f_{1,\,2}$를 구하면 다음과 같다.

$$f_{1,\,2} = \frac{(1+r_2)^2}{1+r_1} - 1 \tag{3A-2}$$

그리고 식 (3A-2)를 보다 일반화시키면 다음과 같은 일반식을 얻을 수 있다.

$$f_{n\text{-}1,\,n} = \frac{(1+r_n)^n}{(1+r_{n-1})^{n-1}} - 1 \tag{3A-3}$$

여기서 $f_{n\text{-}1,\,n}$: n번째 연도의 선도이자율

예제 3A-1 선도이자율의 측정

현물이자율이 다음과 같을 경우 각 연도의 선도이자율을 계산하라.

연도	현물이자율
1	5%
2	6%
3	7%
4	6%

☞ 해설

첫번째 연도의 선도이자율은 정의에 의해서 현재시점부터 1년도 말까지, 즉 첫번째 연도의 현물이자율과 동일하다.

$$f_{0,\,1} = r_1 = 5\%$$

그리고 나머지 연도의 선도이자율을 구하면 다음과 같다.

$$f_{1,\,2} = \frac{(1+r_2)^2}{1+r_1} - 1 = \frac{(1.06)^2}{1.05} - 1 = 7.01\%$$

$$f_{2,\,3} = \frac{(1+r_3)^3}{(1+r_2)^2} - 1 = \frac{(1.07)^3}{(1.06)^2} - 1 = 9.03\%$$

$$f_{3,\,4} = \frac{(1+r_4)^4}{(1+r_3)^3} - 1 = \frac{(1.06)^4}{(1.07)^3} - 1 = 3.06\%$$

2) 미래의 현물이자율

다음과 같은 두 개의 순수할인채권을 생각해 보자.

· 채권 A: 만기 = 1년, 액면가 = 1,080원
· 채권 B: 만기 = 2년, 액면가 = 1,210원

그리고 $r_1 = 8\%$, $r_2 = 10\%$라면, 채권 A와 B는 각각 다음과 같이 나타낼 수 있다.

0 1년도 1 2년도 2

채권 A: 1,000원 —— 8% —— 1,080원
(구입가격) (만기의 상환액)

채권 B: 1,000원 —— 10% —— 1,210원
(구입가격) (만기의 상환액)

미래의 현물이자율 : —— $r_{1,\,2}$ = ? ——

1년 만기 채권 A와 2년 만기 채권 B의 현재가치, 즉 초기의 구입가격은 모두 1,000원이다.

$$PV_A = \frac{1{,}080}{1.08} = 1{,}000\text{원}$$

$$PV_B = \frac{1{,}210}{(1.10)^2} = 1{,}000\text{원}$$

시간이 지나 1년도 말(1시점)이 될 때, 1년도 말부터 2년도 말까지의 새로운 현물이자율이 존재하게 될 것이다. 이것을 1년도 말부터 2년도 말까지, 즉 두 번째 연도의 현물이자율이라 하며 $r_{1,\,2}$로 표기한다.

미래의 현물이자율은 현재시점에서 관찰할 수 없다. 예를 들어 만약 현재시점과 1년도 말 사이에 인플레이션율이 상승한다면, 두 번째 연도의 현물이자율은 높게 형성될 것이다. 그러나 만약 현재시점과 1년도 말 사이에 인플레이션율이 하락한다면, 두 번째 연도의 현물이자율은 낮게 형성될 수도 있는 것이다.

이제 1년도 말에서의 각 채권의 가치를 알아보자. 1년 만기의 채권 A는 1년도 말에 상환되기 때문에 그 때의 가치는 1,080원임에 틀림없다. 그러나 이와는 달리 2년 만기의 채권 B의 가치가 1년도 말에 얼마가 될 것인지를 결정하는 것은 어려운 일이다. 시간이 지나 1년도 말이 되어야만 두 번째 연도의 현물이자율을 알 수 있으며, 그것을 이용하여 1년도 말에서의 채권 B의 가치를 결정할 수 있을 것이다. 예를 들어 두 번째 연도의 현물이자율이 6%, 7% 또는 14%라고 가정하는 경우에 1년도 말에서의 가능한 채권 B의 가격은 각각 다음과 같이 구할 수 있다.

· $r_{1,2} = 6\% \quad \rightarrow \quad PV_B = \dfrac{1{,}210}{1.06} = 1{,}141.51$원

· $r_{1,2} = 7\% \quad \rightarrow \quad PV_B = \dfrac{1{,}210}{1.07} = 1{,}130.84$원

· $r_{1,2} = 14\% \quad \rightarrow \quad PV_B = \dfrac{1{,}210}{1.14} = 1{,}061.40$원

현재시점에서 선도이자율 $f_{1,2}$는 알려져 있으나, 미래의 현물이자율 $r_{1,2}$는 알려져 있지 않다는 사실을 유의하여야 한다. 그러므로 1년도 말에서의 채권 B의 가격은 1년도 말 이전에는 알 수 없는 것이다. 1년도 말 이전에는 단지 1년도 말에 기대되는 가격만을 말할 수 있을 뿐이다.

$$\text{1년도 말에서의 채권 B의 기대가격} = \frac{1{,}210\text{원}}{1 + E(r_{1,2})} \qquad (3A\text{-}4)$$

여기서 $E(r_{1,2})$: 두 번째 연도의 기대현물이자율

여기서 다음과 같은 두 가지점을 유의해야 한다. 첫째, 개인에 따라 1년도 말에서의 채권 B의 기대가격이 서로 달라질 수 있다. 둘째, 식 (3A-4)는 채권이 1년도 말에 판매될 가격에 대한 개인의 예상을 나타내는 것이며, 그 예상은 1년도 말 이전, 즉 현재시점에서 만들어진 것이다.

3. 이자율의 기간구조이론

이자율의 기간구조를 설명하기 위하여 제시된 대표적인 가설로는 기대이론, 유동성선호이론, 시장분할이론 등이 있다.

1) 기대이론

현재 1,000원을 가지고 1년 동안 투자하는 경우, 다음과 같은 두 가지 전략을 생각해 볼 수 있다.

· 전략 1: 1년 만기의 채권 A를 구입한다.
· 전략 2: 2년 만기의 채권 B를 구입하여 1년도 말에 매각한다.

그리고 1년도 말에 얻을 수 있는 각 전략의 성과는 다음과 같다.

· 전략 1의 성과 = 1,080원 = 1,000원 × 1.08

· 전략 2의 성과 $= \dfrac{1{,}210\text{원}}{1+E(r_{1,\,2})} = \dfrac{1{,}000\text{원} \times (1.10)^2}{1+E(r_{1,\,2})}$

$$= \frac{1{,}000\text{원} \times 1.08 \times 1.1204}{1+E(r_{1,\,2})}$$

만약 투자자들이 위험을 고려하지 않는다면, 균형상태하에서 두 전략의 성과는 같아야 한다.[19] 그러므로 기대현물이자율 $E(r_{1,\,2})$는 선도이자율과 같은 12.04%가 된다. 즉

$$f_{1,\,2} = E(r_{1,\,2}) \tag{3A-5}$$

기대이론(expectation theory)은 이상과 같은 논리에 의해서 선도이자율이 미래에 기대되는 현물이자율과 동일해지도록 현재시점에서 현물이자율이 결정된다는 이론이다. 다시 말하면 이 이론은 이자율의 기간구조가 미래이자율에 대한 투자자들의 평균적인 기대를 정확히 반영하여 결정된다는 것을 의미한다. 예를 들어 미래이자율이 높아질 것으로 예상되면 이자율의 기간구조는 우상향하는 형태가 되며, 미래이자율이 낮아질 것으로 예상되면 이자율의 기간구조는 우하향하는 형태가 된다. 그리고 미래이자율이 일정할 것으로 예상되면 이자율의 기간구조는 수평의 형태가 된다. 이와 같은 기간구조들을 그림으로 나타내면 〈그림 3A-3〉과 같다.

19) 균형상태라는 것은 각 채권의 구입가격이 적정하게 평가되어 어느 전략을 선택하더라도 무차별하다는 것을 의미한다.

그림 3A-3 기대이론과 이자율의 기간구조

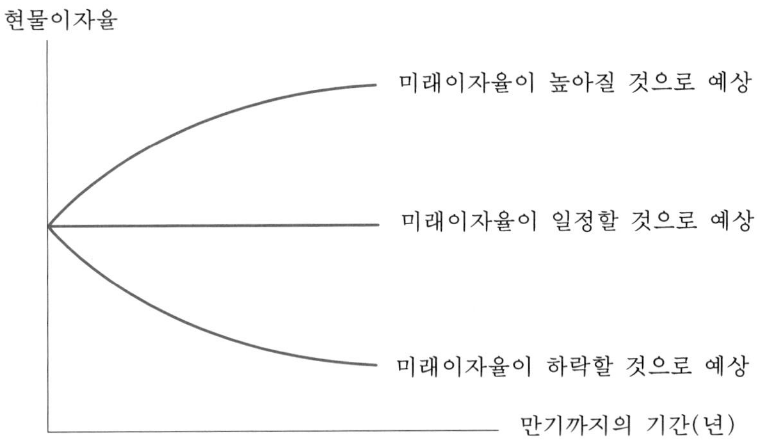

2) 유동성선호이론

기대이론에서는 위험을 고려하지 않는 위험중립형 투자자를 가정하고 있다. 그러나 이와는 달리 위험을 싫어하는 위험회피형 투자자를 생각해 보자. 1년 동안 투자하는 경우, 앞의 예에서 1년 만기 채권 A에 투자하는 전략 1의 성과는 확실하나, 2년 만기 채권 B에 투자하고 1년도 말에 매각하는 전략 2의 성과는 두 번째 연도의 현물이자율이 어떻게 되느냐에 따라서 달라질 수 있기 때문에 불확실한 것이다. 그러므로 전략 2의 성과가 그 위험에 대한 보상으로 전략 1의 성과보다 높아져야 위험회피형 투자자들은 두 전략을 무차별하게 생각할 것이다. 이와 같은 사실은 선도이자율이 기대현물이자율보다 높아져야 한다는 것을 의미한다. 즉

$$f_{1,2} > E(r_{1,2}) \tag{3A-6}$$

이제 2년 동안 투자하는 경우를 생각해 보자. 이 경우 다음과 같은 두 가지 전략을 생각해 볼 수 있다.

- 전략 3: 2년 만기 채권 B를 매입한다.
- 전략 4: 1년 만기 채권 A를 매입하고 그 채권의 만기, 즉 1년도 말에 다른 1년 만기 채권에 재투자한다.

이 경우 전략 3은 2년도 말에 받을 수 있는 성과를 현재시점에서 알 수 있기 때문에 위험이 없으나, 전략 4는 두 번째 연도의 현물이자율이 현재시점에서 알려져 있지 않기 때문에 위험을 내포하고 있다.[20] 그러므로 전략 4의 성과가 그 위험에 대한 보상으로 전략 3의 성과보다 높아져야 위험회피형 투자자들은 두 전략을 무차별하게 생각할 것이다. 이와 같은 사실은 선도이자율이 기대현물이자율보다 낮아져야 한다는 것을 의미한다.

$$f_{1,2} < E(r_{1,2}) \tag{3A-7}$$

위험회피형 투자자의 가정은 서로 상반되는 결과를 보여주고 있음을 유의하라. 식 (3A-6)은 1년 동안 투자하려는 투자자들에 의해서 시장이 지배당하는 경우에 성립한다. 한편 식 (3A-7)은 2년 동안 투자하려는 투자자들에 의해서 시장이 지배당하는 경우에 성립한다. 일반적으로 재무학자들은 대부분의 경우 투자자들의 투자기간이 시장에서 거래되는 채권의 만기보다 훨씬 짧다고 주장한다. 그래서 재무학자들은 위험회피형 투자자들로 구성된 채권시장에서는 식 (3A-6)이 성립한다고 주장한다.

유동성선호이론(liquidity preference theory)은 이와 같은 논리에 의해서 선도이자율이 기대현물이자율보다 높게 형성되도록 현재시점에서 현물이자율이 결정된다는 이론이다. 이 이론에 의하면 이자율의 기간구조는 기대이론에 의한 경우보다 상향으로 조정되어 나타난다.

일반적으로 위험회피형의 가정이 현실적이므로 유동성선호이론이 기대이론에 비하여 보다 현실적인 이론이라 할 수 있다.[21]

예제 3A-2 이자율 기간구조이론: 유동성선호이론 (CPA 2005 기출)

유동성프리미엄가설(또는 유동성선호가설)이 성립한다고 가정하자. 1년 만기 현물이자율(spot rate)은 6%이다. 그리고 1년 후 기준 1년 만기 현물이자율은 8%로 예상된다.(6%와 8%는 명목이자율임) 만기가 2년이고 액면이자율이 8%인 채권(연 1회 이자지급, 원금 10,000원)을 1년 보유하는 경우 보유수익률(holding return)이 6.8%로 예상된다.(가격은 정수로 계산하고 수익률은 %기준으로 소수점 둘째 자리까지만 표시한다.)

---

20) 2년도 말에 얻을 수 있는 각 전략의 성과는 다음과 같다.
- 전략 3의 성과 = 1,210원 = 1,000원 × 1.08 × 1.1204
- 전략 4의 성과 = 1,000원 × 1.08 × $(1 + E(r_{1,2}))$

21) 개인의 위험에 대한 태도는 제7장에서 자세히 설명된다.

(1) 채권의 1년 후 기대가격과 현재가격을 계산하라.

(2) 가격에 반영된 유동성프리미엄은 몇 퍼센트인가?

(3) 실질수익률(real yield)이 3%로 일정하다고 가정하자. 물가상승률이 2년 동안 어떻게 변할 것으로 기대되는가?

☞ 해설

(1) $E(P_1) = \dfrac{10{,}800}{1+E(r_{1,\,2})} = \dfrac{10{,}800}{1.08} = 10{,}000$원

$$E(r) = \frac{E(P_1)-P_0+800}{P_0} = 0.068$$

$\therefore\ P_0 = 10{,}112$원

(2) $10{,}112 = \dfrac{800}{1+0.06} + \dfrac{10{,}800}{(1+r_2)^2} \ \rightarrow\ r_2 = 0.0743$

$$f_{1,\,2} = \frac{(1+r_2)^2}{1+r_1} - 1 = \frac{1.0743^2}{1.06} - 1 = 0.0888$$

$\therefore$ 유동성 프리미엄 $= f_{1,\,2} - E(r_{1,\,2}) = 8.88\% - 8\% = 0.88\%$

(3) 피셔효과(Fisher effect) : 1+명목이자율＝(1+실질이자율)(1+물가상승률)

1+0.06＝(1+0.03)(1+물가상승률)

→ 1년도의 물가상승률 $= \dfrac{1.06}{1.03} - 1 = 2.91\%$

1+0.08＝(1+0.03)(1+물가상승률)

→ 2년도의 물가상승률 $= \dfrac{1.08}{1.03} - 1 = 4.85\%$

3) 시장분할이론

시장분할이론(market segmentation theory)은 투자계층이 서로 다른 단기채권과 장기채권의 수익률은 각각 분할된 시장에서 독립적으로 결정된다는 이론이다. 즉 단기채권의 수익률은 단기자금의 수요와 공급에 의해서 결정되고, 장기채권의 수익률은 장기자금의 수요와 공급에 의해서 결정된다는 것이다. 이 이론은 투자자들이 완전한 위험회피성향을 가지고 있으며 또한 제도적인 요인에 의해 특정만기를 선호하기 때문에 단기채권과 장기채권은 상호 대체투자수단이 될 수 없다고 가정하고 있다. 예를 들어 단기채무가 많은 개별기업이나 상업은행 등은 단기채권에 주로 투자하는 반면, 보험회사나 연기금 등은 장기채권에 투자하는 것을

선호한다는 것이다. 시장분할이론에 의한 이자율의 기간구조는 〈그림 3A-4〉와 같이 나타낼 수 있다.

시장분할이론에 의하면 이자율의 기간구조는 미래이자율에 대한 기대나 유동성프리미엄 등에 의해서 결정되는 것이 아니라, 채권만기의 선호도에 따라 분할된 단기채권시장 또는 장기채권시장에서의 수요·공급의 원리에 의해서 결정된다는 것이다. 그러나 이 이론은 시장의 효율성과 차익거래의 기회를 무시하고 있기 때문에 현실적인 설득력이 약하다고 할 수 있다.[22)]

그림 3A-4　시장분할이론과 이자율의 기간구조

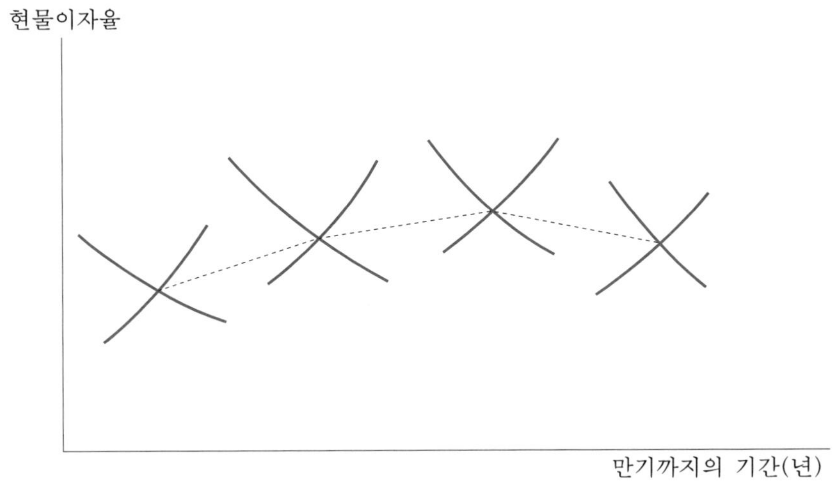

22) 이와 같은 문제점을 보완한 이론으로서 투자자들이 특정만기를 선호하지만, 충분한 대가(위험프리미엄)만 주어진다면 다른 만기의 채권에도 투자할 수 있다는 선호영역이론(preferred habitat theory)이 있다.

보 론 2

이자율의 위험구조와 채권등급평가

1. 채무불이행위험과 이자율의 위험구조

채무불이행위험(default risk)이란 채권의 발행자가 이자와 원금을 약속한 대로 지급하지 못할 가능성을 말하며, 이와 같은 채무불이행위험과 채권의 만기수익률간의 체계적인 관계(다른 조건이 일정할 경우 채무불이행위험이 높을수록 채권의 만기수익률은 높아짐)를 이자율의 위험구조(risk structure of interest rates)라 한다.

채무불이행이 발생하지 않는다고 가정하여 계산된 위험채권의 만기수익률인 약속수익률(promised yield)과 국공채 등 무위험채권의 만기수익률인 무위험수익률(default-free yield)의 차이를 채권의 수익률스프레드(yield spread)라 한다. 그리고 약속수익률과 채무불이행가능성을 고려하여 계산된 수익률의 기대값인 기대수익률(expected yield)의 차이를 채무불이행프리미엄(default premium)이라 하며, 기대수익률과 무위험수익률의 차이를 위험프리미엄(risk premium)이라 한다.[23] 그러므로 수익률스프레드는 채무불이행프리미엄과 위험프리미엄을 합한 것과 같다.

수익률스프레드 = 약속수익률 − 무위험수익률
= (약속수익률 − 기대수익률) + (기대수익률 − 무위험수익률)
= 채무불이행프리미엄 + 위험프리미엄

위험채권의 약속된 만기수익률은 무위험수익률에 채무불이행프리미엄과 위험프리미엄을 합한 값으로서 〈그림 3A-5〉와 같이 구성된다. 결론적으로 다른 조건이 일정할 경우 채무불이행위험이 높을수록 채권의 만기수익률은 높아진다.

23) 채권의 기대수익률은 실현가능한 수익률의 확률분포에 의해 계산될 수 있다.

그림 3A-5 위험채권의 수익률구성

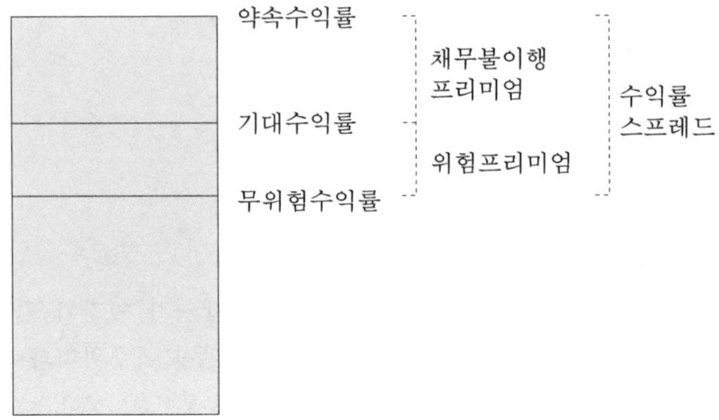

2. 채권등급평가

채권등급평가(bond rating)는 신용평가기관(bond rating agency)이 채권의 원리금 상환에 대한 발행회사의 능력을 평가하여, 이를 이해하기 쉬운 기호나 문장으로 등급을 매겨 투자자에게 전달하는 제도를 말한다. 채권등급평가의 목적은 특정채권의 채무불이행위험에 관한 정보를 투자자에게 전달함으로써 투자자를 보호하는데 있다.

세계적으로 가장 권위 있는 신용평가기관은 미국의 S&P(Standard and Poor' s Corporation)와 무디스(Moody' s Investors Service)이다. S&P와 무디스의 평가기준, 평가방식, 평가결과는 거의 비슷하지만 신용등급의 부호에 다소 차이가 있다.

S&P와 무디스의 회사채 등 장기채권의 등급은 〈표 3A-1〉에서 볼 수 있는 것과 같이 최상급(S&P : AAA, 무디스 : Aaa)에서 최하급(S&P : D, 무디스 : C)으로 크게 9~10등급으로 나누어, 각 등급을 다시 3등급으로 구분(S&P : 기본등급에 +, − 부여, 무디스 : 기본등급에 1, 2, 3 기호 부여)하고 있다. S&P의 BBB− 또는 무디스의 Baa3 등급 이상의 채권은 투자적격채권으로 볼 수 있으나, S&P의 BB+ 또는 무디스의 Ba1 등급 이하의 채권은 채무불이행위험이 높은 투기적 성격의 채권으로 정크본드(junk bond)라 불린다.

표 3A-1 S&P와 무디스의 회사채등급의 분류와 그 의미

S&P	무디스	의 미
AAA	Aaa	최상급채권으로 원리금지급능력이 극히 강함
AA+ AA AA−	Aa1 Aa2 Aa3	상급채권으로 원리금지급능력이 매우 강함
A+ A A−	A1 A2 A3	중상급채권으로 원리금지급능력은 강하지만, 경제적 상황의 변화에 따라 문제가 발생할 가능성도 약간 있음
BBB+ BBB BBB−	Baa1 Baa2 Baa3	중급채권으로 원리금지급능력은 충분하지만, 경제적 상황의 변화에 따라 문제가 발생할 가능성이 다소 높음
BB+ BB BB−	Ba1 Ba2 Ba3	저급채권으로 미래의 원리금지급능력이 불확실하고, 약간의 투기적 요소가 있음
B+ B B−	B1 B2 B3	투자에 적합하지 않은 채권으로 원리금지급능력 또는 계약조건의 유지가능성이 낮음
CCC	Caa	채무불이행 가능성이 높음
CC	Ca	매우 투기적이고 채무불이행 가능성이 매우 높음
C D	C	최하급채권으로 극히 투기적이며, 채무불이행 상태에 있음

우리나라의 경우 신용평가제도가 도입된 것은 한국산업은행의 출자로 한국기업평가㈜가 설립된 1983년부터이다. 본격적인 도입은 1985년 2월 26일 투자금융회사를 중심으로 한 제2금융권의 출자로 한국신용평가㈜가 설립되면서 시작되었다. 그 후 1986년 9월 시중은행의 출자로 한국신용정보㈜가 설립되면서 3개의 전문신용평가회사를 중심으로 한 현재의 신용평가체제가 확립되었다. 우리나라의 채권등급평가도 S&P 또는 무디스와 유사하다.

3. 채권등급과 만기수익률

채권의 만기수익률은 채무불이행위험에 의해서 결정된다. 따라서 채권등급이 채무불이행을 대변하는 가장 좋은 측정치라면, 채권등급이 높을수록 채권의 만기수익

률이 낮아질 것이다. 채권시장에서 채권등급에 의해 만기수익률이 결정되는 경우 등급평가결과가 채권발행회사의 자금조달비용에 큰 영향을 미치게 된다. 그러므로 채권발행회사가 좋은 등급을 받기 위하여 평가에 필요한 내부자료 등을 신용평가기관에 적극적으로 제공하게 되고, 이에 따라 등급평가가 훨씬 정확하게 이루어질 수 있다.

제 2 편 확실성하의 투자결정

제 4 장

확실성하의 선택이론

제 5 장

자본예산: 투자안의 평가방법

제 6 장

자본예산의 실제

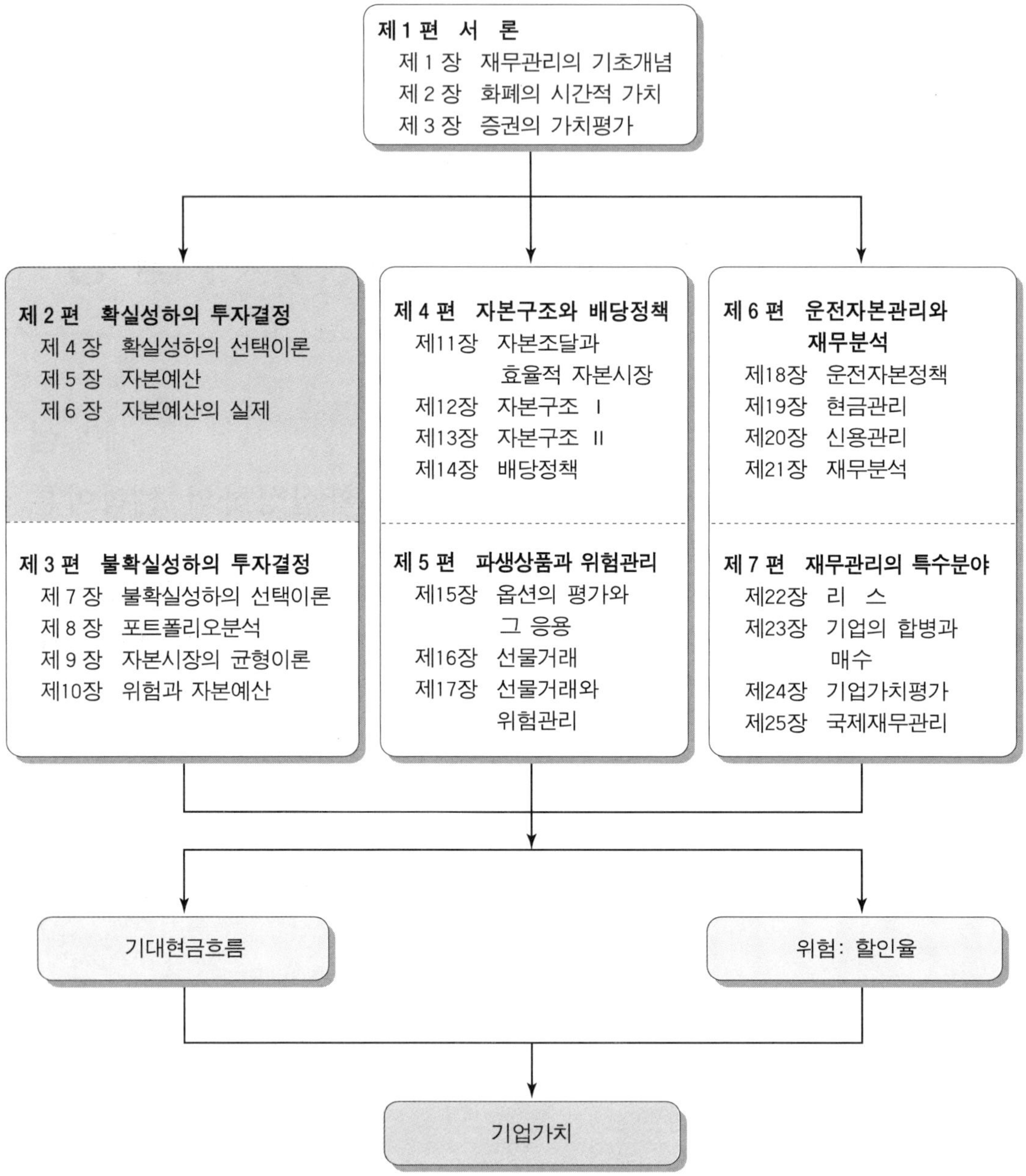

제 1 편 서 론
제 1 장 재무관리의 기초개념
제 2 장 화폐의 시간적 가치
제 3 장 증권의 가치평가
제 2 편 확실성하의 투자결정
제 4 장 확실성하의 선택이론
제 5 장 자본예산
제 6 장 자본예산의 실제
제 3 편 불확실성하의 투자결정
제 7 장 불확실성하의 선택이론
제 8 장 포트폴리오분석
제 9 장 자본시장의 균형이론
제10장 위험과 자본예산
제 4 편 자본구조와 배당정책
제11장 자본조달과 효율적 자본시장
제12장 자본구조 I
제13장 자본구조 II
제14장 배당정책
제 5 편 파생상품과 위험관리
제15장 옵션의 평가와 그 응용
제16장 선물거래
제17장 선물거래와 위험관리
제 6 편 운전자본관리와 재무분석
제18장 운전자본정책
제19장 현금관리
제20장 신용관리
제21장 재무분석
제 7 편 재무관리의 특수분야
제22장 리 스
제23장 기업의 합병과 매수
제24장 기업가치평가
제25장 국제재무관리
기대현금흐름
위험: 할인율
기업가치

제 4 장

확실성하의 선택이론

1. 선택이론 : 무차별곡선
2. 생산기회집합과 시장기회선
3. 소비와 투자

금융시장(financial market)을 통해서 사람들은 현재의 소득 중 일부를 저축하여 미래의 소비에 사용하거나, 미래의 소득을 담보로 미리 자금을 차입하여 현재의 소비를 늘림으로써 소비지출을 각자의 욕구 또는 필요에 따라 현재 또는 미래로 이전시킬 수 있다.

본장에서는 금융시장이 개인과 기업의 소비/투자결정에 어떤 영향을 미치는지를 살펴보고자 한다. 설명의 단순화를 위하여 미래의 모든 투자성과를 확실하게 알 수 있고, 거래비용과 세금이 존재하지 않으며, 모든 의사결정(소비와 투자)은 현재(0시점)와 미래(1시점) 사이의 단일기간하에서 이루어진다고 가정한다.

1 선택이론 : 무차별곡선

1.1 확실성하의 선택공리

확실성하에서 합리적 선택이론을 도출하기 위하여 개인의 행동에 대한 다음과 같은 기본적인 가정(공리)이 필요하다.

1) 비교가능성

비교가능성(comparability)은 사람들이 모든 재화를 서로 비교하여 선호관계를 정할 수 있다는 것을 의미한다. 예를 들어 어떤 X재화와 Y재화의 두 재화가 있는 경우, 사람들은 두 재화를 비교하여 다음과 같은 선호관계 중 한 가지 선호관계를 말할 수 있다.

· X재화를 Y재화보다 더 선호한다. 이를 수학적 기호를 사용하여 표시하면, $X > Y$로 표시된다.
· Y재화를 X재화보다 더 선호한다. 이를 수학적 기호를 사용하여 표시하면, $X < Y$로 표시된다.
· X재화와 Y재화의 선호관계를 말할 수 없다. 즉 두 재화는 무차별하다. 이를 수학적 기호를 사용하여 표시하면, $X \sim Y$로 표시된다.

2) 이 행 성

이행성(transitivity)은 어떤 사람이 Y재화보다 X재화를 더 선호하고, Z재화보다 Y재화를 더 선호한다면, 그는 Z재화보다 X재화를 더 선호해야 한다는 것을 의미한다. 이와 같은 관계를 기호로 표시하면 다음과 같다.

$$X > Y,\ Y > Z \rightarrow X > Z$$

3) 불포화성

불포화성(nonsatiation)은 사람들이 어떤 재화를 많이 가질수록(소비가 증가할수록) 그의 총효용(또는 만족도)은 증가한다는 것을 의미한다. 다시 말하면 최종소비 한 단위의 증가에 따른 총효용의 증가, 즉 소비의 한계효용(marginal utility: MU)은 항상 영(0)보다 크다는 것으로서 이를 기호로 표시하면 다음과 같다.

$$MU(= \partial U / \partial C) > 0$$

4) 한계효용체감

한계효용체감(diminishing marginal utility)은 어떤 재화의 소비량이 증가할수록 그 재화의 한계효용이 감소한다는 것을 의미한다. 다시 말하면 소비량이 증가할수록 한계효용이 체감한다는 것은 소비량이 증가함에 따라 총효용이 점점 작게 증가한다는 것이다. 이를 기호로 표시하면 다음과 같다.

$$\partial MU/\partial C(=\partial^2 U/\partial C^2) < 0$$

1.2 무차별곡선

앞에서 설명한 공리에 의해서 미래소비(C_1)가 일정할 때, 현재소비(C_0)의 총효용 $U(C_0)$를 〈그림 4-1〉과 같이 나타낼 수 있다.

〈그림 4-1〉에서 소비의 증가에 따라서 총효용은 계속 증가하지만(불포화성), 그 증가규모가 점점 작아진다는(한계효용체감) 것을 알 수 있다. 동일한 방법으로 미래소비(C_1)의 총효용 $U(C_1)$을 나타낼 수 있을 것이다.

이제 현재소비의 효용곡선 $U(C_0)$와 미래소비의 효용곡선 $U(C_1)$을 결합하면, 다음의 〈그림 4-2〉에서 볼 수 있는 바와 같이 효용평면 $U(C_0, C_1)$을 얻을 수 있다.

〈그림 4-2〉에서 효용평면상의 점선들은 동일한 총효용 $U(C_0, C_1)$을 제공하는

그림 4-1 소비의 총효용

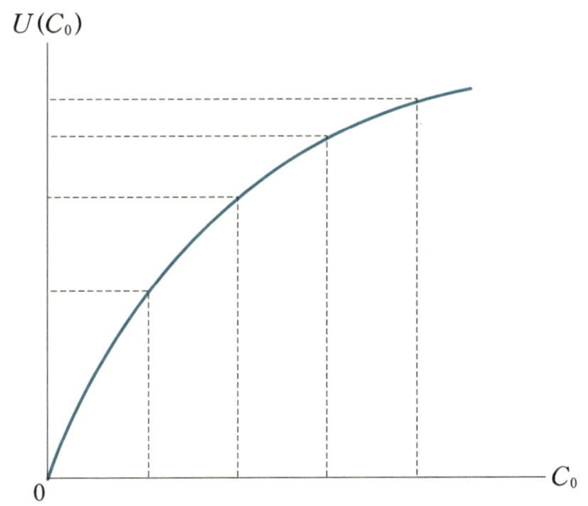

그림 4-2 **효용평면**

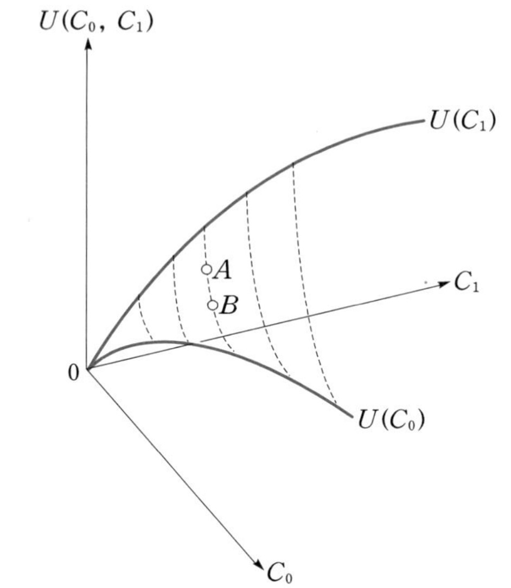

그림 4-3 **소비의 시차선호를 나타내는 무차별곡선**

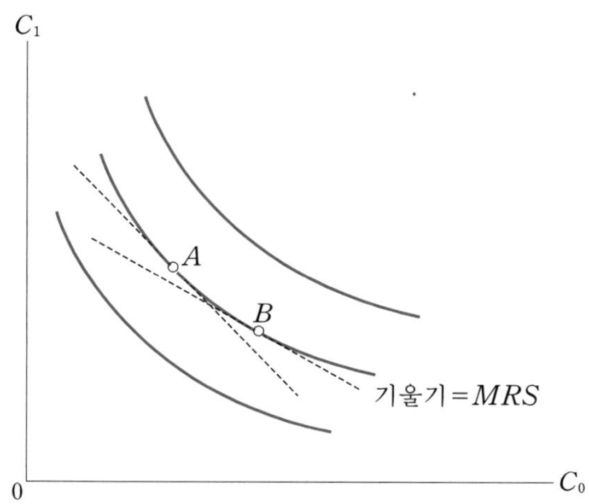

현재소비 C_0와 미래소비 C_1의 여러 가지 조합을 나타낸다. 동일한 점선상의 모든 점(예를 들어 점 A와 B)은 동일한 총효용을 갖기 때문에 개인은 이와 같은 점들에

대해서 무차별할 것이다. 〈그림 4-2〉의 점선들을 위에서 (C_0, C_1) 평면상에 투사하면, 〈그림 4-3〉과 같은 무차별곡선(indifference curve: ID curve)을 얻을 수 있다.

무차별곡선의 한 점에서 그은 접선의 기울기를 한계대체율(marginal rate of substitution: MRS)이라 하며, 이는 개인이 현재재화(C_0) 한 단위를 증가(감소)시킬 때 종전과 같은 효용을 유지하기 위하여 감소(증가)시켜야 하는 미래재화(C_1)의 단위를 나타낸다. 다시 말하면, 한계대체율은 개인이 주관적으로 생각하는 현재재화(C_0)와 미래재화(C_1)의 교환비율로서 소비의 주관적인 시차선호를 나타낸다. 한계대체율을 수학적으로 정의하면 다음과 같다.

$$MRS_{C_0,\,C_1} = \frac{\partial C_1}{\partial C_0}\Bigg|_{U=\text{일정}} = -\frac{MU_{C_0}}{MU_{C_1}} = -(1+r_i) \qquad (4\text{-}1)$$

여기서 r_i : 개인의 시차선호도를 반영하는 주관적 이자율

예를 들어 어느 개인의 MRS가 −1.2라면, 그는 현재재화 1단위를 포기할 경우 미래재화 1.2단위를 얻어야 동일한 효용수준을 유지할 수 있다. 이것은 그가 현재재화를 포기하는 대가로서 20%의 이자율을 요구한다는 것을 의미한다.

그리고 무차별곡선은 다음과 같은 몇 가지 성질을 가지고 있다. 첫째, 무차별곡선은 원점에서 멀리 떨어질수록 높은 만족수준을 나타낸다. 둘째, 무차별곡선은 우하향하면서 원점을 향해서 볼록한 형태를 취한다.[1] 셋째, 무차별곡선은 서로 겹치거나 교차할 수 없다.

2 생산기회집합과 시장기회선

2.1 생산기회집합

생산기회를 이용할 수 있는 경우 소득의 일부를 생산활동에 투자하여 원하는 시점에서의 소비의 양을 조절할 수 있다. 즉 생산기회를 이용함으로써 개인은 자신의 소비기회를 보다 크게 확장시킬 수 있을 것이다.

일반적으로 총투자액이 증가할수록 최종투자 한 단위에 대한 투자수익률, 즉

1) 무차별곡선이 원점에 대하여 볼록한 형태를 가지는 것은 C_0가 증가함에 따라 한계효용이 체감하는 성질에 의해 한계대체율(무차별곡선의 기울기)의 절대값이 감소되기 때문이다.

그림 4-4 생산기회집합

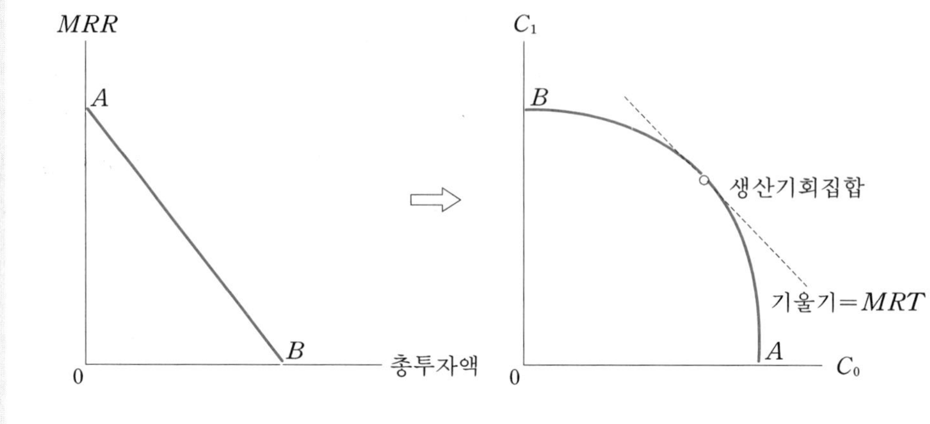

한계투자수익률(marginal rate of return: MRR)은 감소한다. 왜냐하면 경쟁적인 시장에서는 높은 수익률을 올릴 수 있는 투자기회가 제한되기 때문이다. 이와 같이 감소하는 한계투자수익률을 고려하여 생산기회집합(production opportunity set)을 그림으로 나타내면 〈그림 4-4〉와 같다.

생산기회집합(또는 투자기회집합)의 한 점에서 그은 접선의 기울기를 한계변환율(marginal rate of transformation: MRT)이라 하며, 이는 생산기회를 이용하여 현재재화(C_0)의 최종적인 1단위를 투자함으로써 얻을 수 있는 미래재화(C_1)의 단위를 나타낸다. 한계변환율을 수학적으로 정의하면 다음과 같다.

$$MRT_{C_0,\,C_1} = \frac{\partial C_1}{\partial C_0} = -\frac{MP_{C_0}}{MP_{C_1}} = -(1 + MRR) \qquad (4\text{-}2)$$

여기서 MP_{C_0} : 현재재화의 한계생산액
MP_{C_1} : 미래재화의 한계생산액

예를 들어 MRT가 −1.25라면, 현재재화 1단위를 생산활동에 투자할 경우 미래재화 1.25단위를 얻을 수 있으며, 이때의 한계투자수익률은 25%임을 알 수 있다.

2.2 시장기회선

금융시장에서 시장이자율 r로 얼마든지 빌리거나 빌려 줄 수 있는 경우, 개인은

그림 4-5 시장기회선

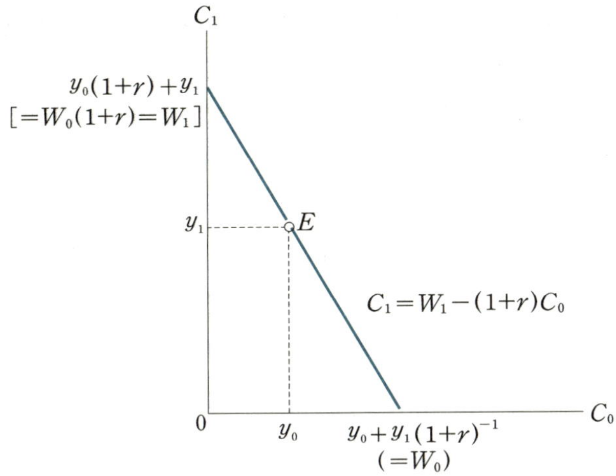

차입 또는 대출을 통하여 현재재화와 미래재화에 대한 자신의 소비계획을 조정할 수 있게 된다. 즉 생산기회와 마찬가지로 금융시장도 개인의 소비기회를 보다 크게 확장시켜 줄 수 있다. 현재소득 y_0와 미래소득 y_1을 가지고 있는 개인이 금융시장을 이용하여 선택할 수 있는 현재재화와 미래재화에 대한 소비기회를 모두 나타낸 직선인 시장기회선(market opportunity line)은 〈그림 4-5〉와 같다. 개인이 금융시장을 통하여 대출을 하거나 차입을 할 수 있는 경우 현재와 미래의 소비는 〈그림 4-5〉의 시장기회선상의 어느 점에서도 가능하게 된다.[2] 그리고 개인이 시장기회선상의 어떤 점을 선택하여도 소비(또는 소득)의 총현재가치는 W_0로 동일하게 된다. 따라서 시장기회선을 등현가선(iso-present value line)이라고도 한다.

3 소비와 투자

금융시장이 개인과 기업의 소비/투자결정에 어떻게 영향을 미치는지를 금융시장이 존재하는 경우와 존재하지 않는 경우로 구분하여 살펴보고자 한다. 그렇게 함으로써 금융시장의 효과를 명백히 확인할 수 있을 것이다.

2) 시장기회선이 직선으로 나타난 이유는 투자금액에 관계없이 동일한 시장이자율 r로 차입 또는 대출이 가능하다고 가정하였기 때문이다.

3.1 소비와 투자 : 금융시장이 존재하지 않는 경우

금융시장이 존재하지 않을 경우 개개인이 현재의 재화를 미래의 재화로 변환할 수 있는 방법은 생산기회를 이용하는 방법밖에 없게 된다. 다시 말하면 생산기회를 이용하여 얻게 되는 현재재화와 미래재화의 조합을 그대로 소비해야만 한다. 그러므로 개개인이 이용할 수 있는 생산기회집합이 곧 그들의 소비기회집합이 된다. 이와 같은 경우 개개인의 효용을 가장 높여 주는 최적소비점(=최적생산점)은 〈그림 4-6〉에서 볼 수 있듯이 각 개인의 무차별곡선의 기울기(한계대체율)와 생산기회집합의 기울기(한계변환율)가 일치하는 점에서 결정된다.

〈그림 4-6〉에서 $MRS < MRT$인 A점의 경우에는, 개인이 요구하는 투자액에 대한 보상(MRS)보다 생산기회를 이용하면 더 많은 보상(MRT)을 얻을 수 있으므로 현재의 소득을 생산활동에 더 투자하려고 할 것이다.[3] 이와 같은 과정은 MRS가 MRT와 같아지는 B점에 도달할 때까지 계속된다. 그러므로 B점이 최적생산점이자 곧 최적소비점이 된다.

금융시장이 존재하지 않는 경우 최적소비점(=최적생산점)을 얻기 위해서는 다

그림 4-6 소비와 투자: 금융시장이 존재하지 않는 경우

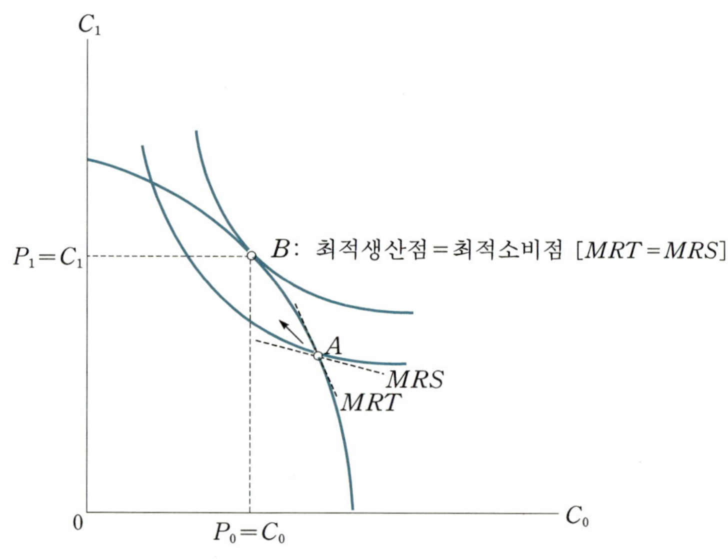

3) MRS와 MRT의 부호는 음(−)이나 여기서는 부호를 무시한 절대값을 비교한 것이다.

그림 4-7 상이한 무차별곡선을 갖는 개개인들의 소비/투자결정

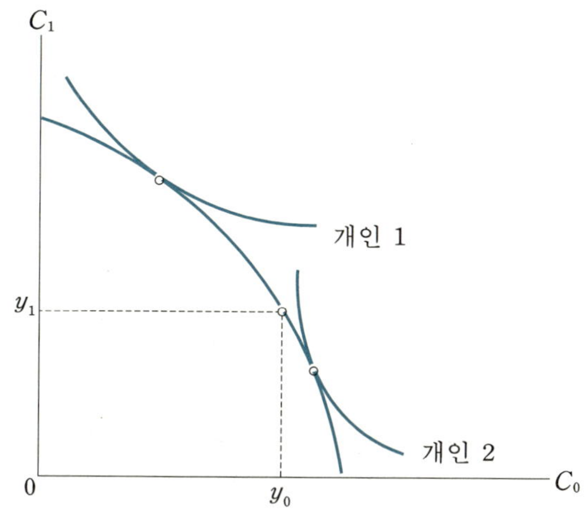

음의 조건을 만족하는 현재재화와 미래재화의 조합을 구하면 된다.

> 금융시장이 존재하지 않는 경우 생산과 소비결정(최적생산점 = 최적소비점):
> $MRT = MRS$

그리고 금융시장이 존재하지 않는다면 모든 개인이 동일한 소득과 생산기회 집합을 갖고 있다 하더라도, 무차별곡선이 서로 다른 경우 그들은 서로 다른 소비/투자조합을 선택할 수 있다. 〈그림 4-7〉은 이러한 상황을 보여 준다.

3.2 소비와 투자 : 금융시장이 존재하는 경우

금융시장이 존재하는 경우 개인이 현재의 재화를 미래의 재화로 변환시킬 수 있는 방법은 생산기회를 이용하는 방법과 금융시장을 이용하는 방법(시장이자율로 차입 또는 대출하는 방법) 두 가지가 있다. 먼저 개인은 자본사용의 기회비용인 시장이자율보다 높은 수익률을 제공하는 생산 또는 투자기회를 모두 이용하여 현재재화를 미래재화로 변환시킬 것이다. 즉 한계변환율이 시장기회선의 기울기와 일치하는 점까지 생산을 확대할 것이다. 이와 같이 결정되는 최적생산점은 동일한 생산기회 집합을 갖고 있는 모든 개인에 대해서 동일하게 된다.

그리고 상이한 무차별곡선을 가지고 있는 각 개인은 주어진 최적생산점을 가지고 금융시장을 이용하여, 즉 시장이자율로 차입 또는 대출을 함으로써 자신의 효용을 극대화할 수 있는 최적소비계획을 선택할 것이다. 이와 같은 최적소비점은 시장기회선의 기울기와 각 개인의 한계대체율이 일치하는 점에서 결정된다. 이상의 생산/투자와 소비결정을 요약하면 다음과 같다.

금융시장이 존재하는 경우의 생산과 소비결정(최적생산점 ≠ 최적소비점) :

$$MRT = -(1+r) = MRS_i = MRS_j$$

(생산결정) (소비결정)

이와 같은 소비와 투자의 결정과정을 그림으로 나타내면 〈그림 4-8〉과 같다. 〈그림 4-8〉에서 볼 수 있는 바와 같이 개인 i와 개인 j는 모두 금융시장이 존재하지 않았을 때보다 더 높은 수준의 효용을 얻을 수 있다. 즉 금융시장이 사회전체

그림 4-8 소비와 투자: 금융시장이 존재하는 경우

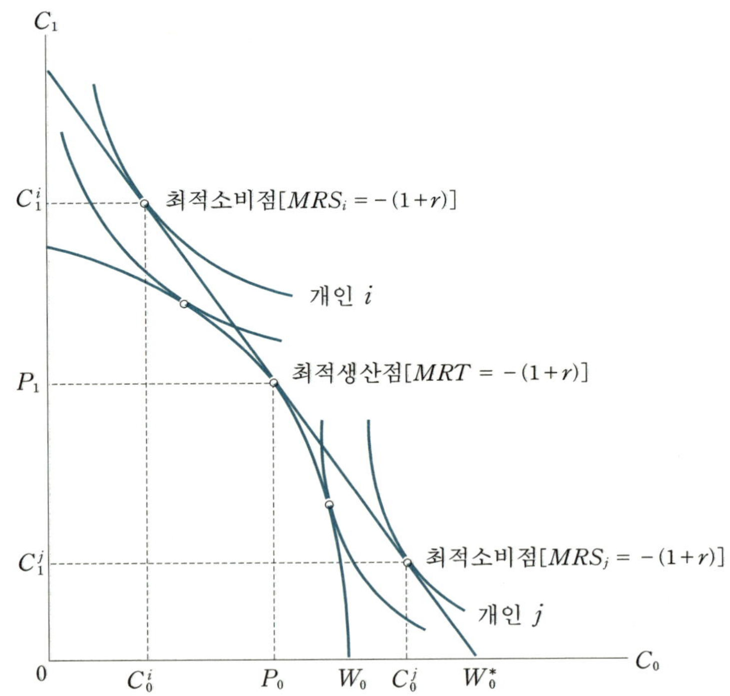

표 4-1 개인 i와 개인 j의 시점별 현금흐름

(1) 개인 i (대출자)의 현금흐름:

현재시점(시점 0)		미래시점(시점 1)	
주어진 부	W_0		
생산에 투자	$-(W_0-P_0)$	투자수익	P_1
대출	$-(P_0-C_0^i)$	원리금회수	$C_1^i-P_1$
소비액	C_0^i	소비액	C_1^i

→ 최적생산점$=(P_0, P_1)$, 최적소비점$=(C_0^i, C_1^i)$

(2) 개인 j (차입자)의 현금흐름:

현재시점(시점 0)		미래시점(시점 1)	
주어진 부	W_0		
생산에 투자	$-(W_0-P_0)$	투자수익	P_1
차입	$C_0^j-P_0$	원리금상환	$-(P_1-C_1^j)$
소비액	C_0^j	소비액	C_1^j

→ 최적생산점$=(P_0, P_1)$, 최적소비점$=(C_0^j, C_1^j)$

에 아주 유용한 역할을 수행하고 있음을 의미한다. 〈그림 4-8〉에서 개인 i와 개인 j의 시점별 현금흐름을 요약하면 〈표 4-1〉과 같다.

MRT와 $-(1+r)$이 같아지는 점에서 항상 생산투자의 순현가(net present value: NPV)가 극대화되므로 최적생산은 순현가가 극대화되는 점에서 결정된다고 할 수 있다. 여기에서 순현가는 투자에 의해서 발생되는 현금유입(투자수익)의 현가에서 현금유출(투자지출액)의 현가를 차감한 것으로 정의된다.

$$\begin{aligned} \text{순현가} &= PV(\text{현금유입}) - PV(\text{현금유출}) = P_1(1+r)^{-1} - (W_0 - P_0) \\ &= (W_0^* - P_0) - (W_0 - P_0) = W_0^* - W_0 \end{aligned}$$

이상에서 살펴본 바와 같이 최적생산의 결정은 개인의 주관적인 선호와 무관하게 객관적인 시장이자율(순현가극대화 기준)에 의해서 결정되는데, 이를 피셔의 분리이론(Fisher separation theorem)이라 한다.[4] 다시 말하면 소비/투자 결정과

4) 그러나 금융시장이 불완전한 경우(예를 들어, 대출이자율과 차입이자율이 상이한 경우 등)에는 피셔의 분리이론이 성립하지 않는다는 사실을 유의하기 바란다.

정은 다음과 같은 두 개의 독립적인 단계로 이루어진다는 것을 의미한다.

> · 제 1 단계: 최적투자결정
> $MRT = -(1+r)$, 또는 한계투자수익률 = 시장이자율
> · 제 2 단계: 최적소비결정
> $MRS = -(1+r)$, 또는 주관적 시차선호율 = 시장이자율

이와 같은 분리이론에 의해서 경영자는 수많은 주주들의 상이한 주관적인 시차선호도를 고려할 필요없이 생산/투자결정을 할 수 있기 때문에 주식회사의 경우 소유와 경영의 분리가 가능하게 된다.

예제 4-1 소비와 투자결정

기업 A는 현재 2,600만원의 현금을 가지고 있으며, 다음의 그림과 같은 금융시장과 실물시장에의 투자기회를 이용할 수 있다고 한다.

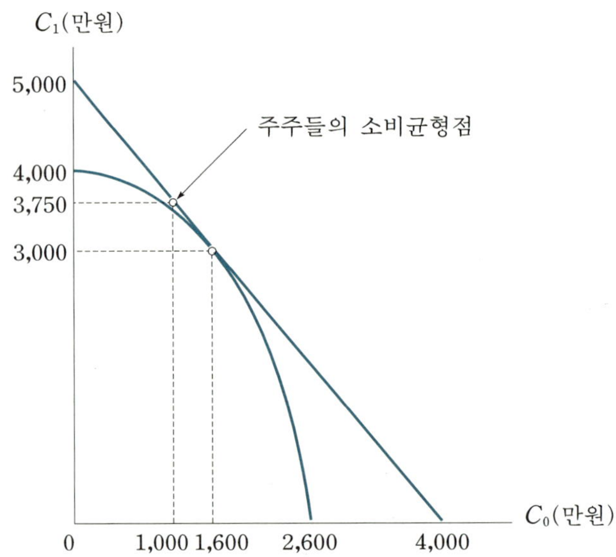

(1) 시장이자율은 얼마인가?
(2) 기업 A의 경영자는 현재 실물자산에 얼마를 투자하여야 하는가?
(3) 실물자산의 투자로부터 얻을 수 있는 1 시점에서의 투자수익은?
(4) 실물자산에 투자하는 경우 평균투자수익률과 한계투자수익률은?

I. Fisher, *The Theory of Interest*, New York, Macmillan, 1930.

(5) 주주들은 현재와 1 시점에 각각 얼마를 소비하려고 하는가?
(6) 실물자산투자의 순현가는?
(7) 실물자산에 투자하는 경우 이 회사의 富의 현재가치는?

☞ 해설

각 시점의 자금흐름은 다음과 같다.

현재시점(시점 0)		미래시점(시점 1)	
주어진 부	2,600		
생산에 투자	−(2,600−1,600)	투자수익	3,000
대출	−(1,600−1,000)	원리금회수	3,750−3,000
소비액	1,000만원	소비액	3,750만원

(1) 시장기회선의 기울기 $= -(1+r) = -\dfrac{5,000}{4,000} = -1.25 \quad \therefore\ r = 25\%$

(2) 실물자산투자액 = 2,600 − 1,600 = 1,000만원

(3) 1시점에서의 투자수익 = 3,000만원

(4) 실물자산의 평균투자수익률 $= \dfrac{3,000-1,000}{1,000} = 2$ 또는 200%

실물자산의 한계투자수익률 = 25%

(5) $C_0 = 1,000$만원, $C_1 = 3,750$만원

(6) $NPV = 3,000(1+0.25)^{-1} - 1,000 = 1,400$만원

(7) 기업 부의 총현재가치 = 4,000만원

주 요 용 어

비교가능성(74)
이행성(74)
불포화성(74)
한계효용체감(75)
무차별곡선(77)
한계대체율(77)
한계투자수익률(78)
생산기회집합(78)
한계변환율(78)
시장기회선(79)
순현가(83)
피셔의 분리이론(83)

연 습 문 제

1

생산기회집합

서로 다른 선호형태를 가진 여러 주주들로 구성된 효용주식회사는 다음과 같은 투자기회를 가지고 있다.

투 자 안	투 자 비 용	투자수익률
A	2,000만원	20%
B	2,000만원	30%
C	1,000만원	8%

단일기간 구조하에서 다음의 물음에 답하라.

(1) 효용주식회사의 생산기회집합을 그림으로 나타내라.

(2) 시장이자율이 10%일 때 효용주식회사의 최적생산점은? 그 때의 순현가(NPV)와 평균투자수익률은?

(3) 만약 금융시장이 존재하지 않는다면, 효용주식회사가 단일의 최적생산점을 결정할 수 있는가? 그렇지 않다면 그 이유를 간단히 설명하라.

2

소비와 투자결정

현재 1,000만원을 가지고 있는 투자자에게 다음과 같은 단일기간의 독립적인 투자기회가 주어져 있다.

(단위: 만원)

시 점	현 금 흐 름			
	투자안 A	투자안 B	투자안 C	투자안 D
0	−100	−500	−300	−100
1	200	600	315	150

(1) 투자자의 생산기회집합을 그림으로 나타내라.

(2) 투자자가 현재재화 1단위의 감소에 대해서 미래재화 1.25의 보상을 요구하고 차입 또는 대출의 기회가 주어져 있지 않을 경우, 이 투자자의 최적생산점과 최적소비점을 구하라.

(3) 투자자가 15%의 이자율로 차입 또는 대출을 할 수 있는 경우, 이 투자자의 최적생산점과 현재시점에서의 총소비가능액을 구하라.

3

소비와 투자결정

현재 1,000원을 가지고 있는 소비자의 효용함수와 생산함수는 각각 다음과 같다.

$U(C_0,\ C_1) = C_0 \cdot C_1$ 　여기서 C_0 : 현재의 소비량, C_1 : 미래의 소비량

$P_1 = 1{,}000 - 0.001\,P_0^2$ 　여기서 P_0 : 현재의 생산량, P_1 : 미래의 생산량

위의 자료를 이용하여 다음의 물음에 답하라.

(1) 금융시장이 존재하지 않을 경우, 위 소비자의 소비와 투자형태를 설명하라.

(2) 금융시장을 이용하여 시장이자율 $r = 5\%$로 차입 또는 대출이 가능할 경우, 위 소비자의 소비와 투자형태를 설명하고 물음 (1)의 결과와 비교하라.

4

투자결정

현재 100만원을 가지고 있는 투자자의 효용함수는 다음과 같다.

$$U(C_0,\ C_1) = 20\,C_0^2 + 100\,C_0 \cdot C_1$$

여기서 C_0 : 현재의 소비금액
　　　C_1 : 미래의 소비금액

그리고 주식시장에는 주당가격이 10,000원인 단 하나의 주식만 존재하며, 이 주식의 수익률은 20%이다. 단일기간의 확실성사회를 가정하여 다음의 물음에 답하라.

(1) 투자자가 주식에 투자할 때 직면하게 되는 투자기회집합을 그림으로 나타내라.

(2) 투자자는 주식에 얼마나 투자하겠는가? 이 경우 투자자는 현재(C_0)와 미래(C_1)에 각각 얼마나 소비할 수 있는가?

(3) 투자자가 25%의 무위험이자율로 얼마든지 차입 또는 대출을 할 수 있다면, 그는 주식에 얼마나 투자하겠는가?

(4) 이 투자자와 주관적 시차선호가 서로 다른 투자자의 경우, 물음 (2)와 (3)의 결과가 각각 어떻게 달라지는지를 설명하라.

(5) 물음 (3)의 결과에 따라서 현재의 주식가격이 변할 수 있다. 만약 주식가격이 변한다면, 그것은 결국 얼마로 되겠는가?

5

투자안의 현재가치와 순현재가치

투자주식회사는 현재 20,000만원을 투자하여 1년 후 23,000만원의 현금흐름을 가져올 수 있는 투자안을 고려하고 있다.

(1) 이 투자안의 투자수익률은 얼마인가?

(2) 시장이자율이 20%라면 이 투자안의 현재가치(PV)와 순현재가치(NPV)는 각각 얼마인가? 이 경우 이 투자안을 채택하여야 하는가?

(3) 시장이자율이 10%라면 이 투자안의 현재가치(PV)와 순현재가치(NPV)는 각각 얼마인가? 이 경우 이 투자안을 채택하여야 하는가?

(4) 만약 투자주식회사가 현재 투자에 필요한 현금을 가지고 있지 않다면, 위의 물음 (2)와 (3)의 결과는 어떻게 되겠는가?

(5) 투자주식회사의 일부 주주가 1년 후보다 현재에 훨씬 많은 소비를 원하고 있다면, 위의 물음 (2)와 (3)의 결과는 어떻게 되겠는가?

6 고급 투자결정과 기업가치 (CPA 1999 수정)

무부채기업인 ㈜동해는 50%의 지분을 가지고 있는 대주주 김씨와 나머지 50%의 소액주주들로 구성되어 있으며, 총발행주식수는 100만주이다. 현재 ㈜동해의 자산은 현금 339억원과 유가증권 161억원으로 구성되어 있으며, 이 기업이 고려중인 투자기회는 다음과 같다.

투자안	투자기회	투자한도액
A	$C_1 = 1.03C_0$	113억원
B	$C_1 = 1.15C_0$	113억원
C	$C_1 = 1.20C_0$	113억원

그리고 대주주인 김씨의 효용함수가 「$U(C_0,\ C_1) = 10C_0 + C_1$」이라고 할 때, 확실성하의 단일기간을 가정하여 아래의 물음에 답하라.

(1) 시장이자율이 13%일 때 ㈜동해의 최적투자금액은 얼마인가? 그리고 만약 시장이자율이 17%로 상승한다면 ㈜동해의 최적투자금액은 얼마인가?

(2) 대주주 김씨의 효용함수가 「$U(C_0,\ C_1) = C_0 + 10C_1$」으로 변한다면 최적투자금액은 어떻게 되겠는가?

(3) 시장이자율이 13%일 때 최적투자 후 ㈜동해의 기업가치와 1주당 주식가치는 얼마인가?

(4) 대주주 김씨가 기업의 확장정책을 무리하게 추진하여 현금 339억원을 모두 투자하는 경우 ㈜동해의 기업가치와 1주당 주식가치를 구하라.(단, 시장이자율은 13%이다.)

(5) ㈜동해의 주식 중 50%를 소유하고 있는 소액주주들이 시민연대와 공동으로 대주주 김씨의 무리한 사업확장에 대한 손해배상소송을 제기한다면 승소할 확률은 90%이다. 소액주주들이 소송을 제기하기 위해서는 소송비용은 얼마 이하이어야 하는가?

제 5 장

자본예산 : 투자안의 평가방법

1. 합리적인 투자안의 평가기준: 순현가법
2. 회수기간법과 평균회계이익률법
3. 내부수익률법
4. 수익성지수법

자본예산(capital budgeting)이란 1년 이상 장기적으로 그 효과가 지속되는 투자결정을 의미하는 것으로서, 이와 같은 투자결정의 합리성 여부가 기업의 가치에 미치는 영향은 매우 크다. 그러므로 합리적인 투자안의 평가방법을 개발하는 것은 재무담당자의 중요한 임무이다.

전장에서 설명한 피셔의 분리이론에 의해서 경영자는 다양한 주주들의 주관적 선호도에 관계없이 투자결정을 할 수 있게 된다. 이 경우 기업의 목표인 주주 부의 극대화는 투자활동을 통하여 얻을 수 있는 순현가를 극대화함으로써 달성될 수 있을 것이다. 즉 기업의 목표와 부합되는 합리적인 투자안의 평가기준은 순현가의 극대화라 할 수 있다. 그러나 실제로는 투자안을 평가할 때 순현가법 이외에 여러 가지 대체적인 평가방법도 사용되고 있기 때문에, 대체적인 투자안 평가방법의 타당성 여부를 검토해 보아야 한다. 그러므로 본장에서는 순현가법과 여러 가지 대체적인 평가방법들 ―회수기간법, 평균회계이익률법, 내부수익률법, 수익성지수법 등― 의 의미와 그 타당성 여부를 살펴보고자 한다.

1 합리적인 투자안의 평가기준: 순현가법

순현가법은 기업의 목표인 주주 부의 극대화와 일치하는 투자안 평가방법이다. 그러므로 순현가법은 다른 대체적인 투자안 평가방법들의 타당성 여부를 가늠할 수 있는 판단기준(benchmark)으로 이용될 수 있다.

1.1 순현가의 의의

순현가(net present value: NPV)는 투자의 결과 발생하는 현금유입의 현가(present value of cash inflow)에서 현금유출의 현가(present value of cash outflow)를 차감한 것을 의미한다. 순현가를 수식으로 표현하기 위하여 다음의 〈그림 5-1〉과 같은 현금흐름이 예상되는 투자안을 고려해 보자.[1)]

〈그림 5-1〉과 같은 현금흐름을 가지는 투자안의 순현가를 구하면 다음과 같다.

$$
\begin{aligned}
NPV &= \text{현금유입의 현가} - \text{현금유출의 현가} \\
&= \frac{C_1}{1+r} + \frac{C_2}{(1+r)^2} + \cdots + \frac{C_n}{(1+r)^n} - I_0 \\
&= \sum_{t=1}^{n} \frac{C_t}{(1+r)^t} - I_0 \qquad (5\text{-}1)
\end{aligned}
$$

여기서 r : 할인율

식 (5-1)에서 적절한 할인율 r은 투자안을 채택하기 위하여 그 투자안이 벌어들여야 하는 최소한의 수익률로서 소요자본의 기회비용(opportunity cost)을 의미한다. 그리고 이것을 요구수익률(required rate of return) 또는 자본비용(cost

그림 5-1 투자안의 현금흐름

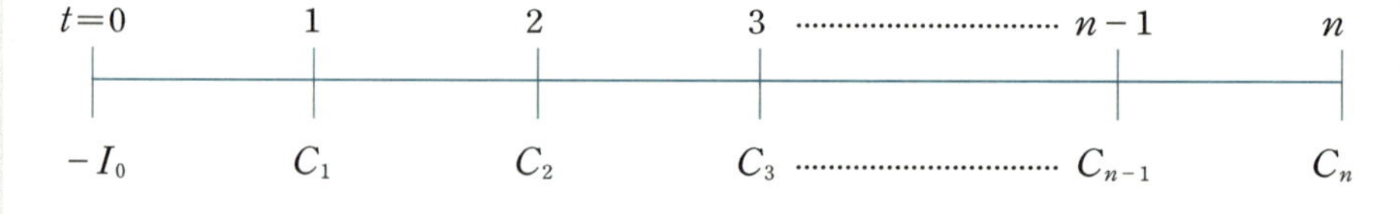

---

1) 투자안의 현금흐름을 추정하는 방법에 대해서는 제6장에서 자세히 설명된다.

of capital)이라고도 한다.[2)]

식 (5-1)에 의해 계산되는 순현가는 투자로 인해 얻게 되는 기업가치의 증가분(투자비용을 모두 회수한 후, 새로이 창출된 가치)을 나타내며, 순현가가 높은 투자안을 선택함으로써 기업가치를 보다 증가시킬 수 있다. 따라서 순현가를 극대화하는 방향으로 자본예산을 실시함으로써 기업의 목표인 기업가치의 극대화를 달성할 수 있을 것이다.

1.2 투자안의 평가기준

투자안의 평가기준을 어느 한 투자안의 선택 여부가 다른 투자안의 선택 여부에 의해서 영향을 받지 않는 독립적 투자안(independent investments)과 특정 투자안이 선택되면 다른 투자안들은 자동적으로 기각되는 상호배타적 투자안(mutually exclusive investments)으로 구분하여 살펴보면 다음과 같다.

1) 독립적인 투자안

순현가가 0보다 큰 투자안을 채택(accept)하고, 순현가가 0보다 작은 투자안을 기각(reject)한다.

· $NPV > 0$ → 투자안 채택
· $NPV < 0$ → 투자안 기각

2) 상호배타적인 투자안

「$NPV > 0$」인 투자안들 중에서 NPV가 가장 높은 투자안을 선택한다.

1.3 순현가법의 특성

순현가법은 주주 부의 극대화라는 기업의 목표에 부합되는 가장 합리적인 투자안 평가방법으로서 다음과 같은 특성을 가지고 있다.

---

2) 확실성을 가정하는 경우 할인율 r은 시장이자율을 의미한다. 그러나 위험이 존재하는 경우에는 적절한 할인율을 결정하는 것은 용이한 일이 아니다. 이와 같이 위험이 존재하는 경우 그 위험을 적절히 반영하는 할인율을 어떻게 결정하느냐에 관한 내용은 제9장에서 자세히 설명된다.

첫째, NPV는 현금흐름을 사용한다.

둘째, NPV는 투자안의 모든 현금흐름을 사용한다.

셋째, NPV는 현금흐름을 적절한 할인율로 할인한다. 즉 NPV는 화폐의 시간적 가치를 고려한다.

넷째, 각 투자안의 NPV는 모두 동일시점, 즉 현재시점의 가치를 의미하므로 그것들을 합할 수 있다. 즉 NPV는 가치의 가산원칙(value additivity principle)이 성립한다. 예를 들어 A와 B의 두 투자안에 모두 투자할 경우의 순현가는 각 투자안의 순현가를 합한 것과 동일하다.

$$NPV(\text{A}+\text{B}) = NPV(\text{A}) + NPV(\text{B}) \tag{5-2}$$

식 (5-2)와 같은 가치의 가산원칙이 성립하는 경우, 모든 개별 투자안을 독립적으로 평가할 수 있게 된다.

이상과 같은 순현가법의 특성은 다음에 설명할 대체적인 투자안 평가방법들의 합리성 여부를 판단하는 기준으로서 사용될 수 있다.

예제 5-1 순현가법에 의한 투자안 평가

바다주식회사는 현재 1,000만원의 투자자금이 소요되는 새로운 투자안을 고려하고 있다. 그리고 새로운 투자로 인해 기대되는 현금흐름은 다음과 같다.(단, 이 투자안의 할인율은 10%이다.)

(단위: 만원)

연 도 말	현금흐름
1	300
2	200
3	300
4	400

순현가법에 의해서 이 투자안을 평가하라.

☞ 해설

$NPV =$ 현금유입의 현가 − 현금유출의 현가

$$= \frac{300}{1+0.1} + \frac{200}{(1+0.1)^2} + \frac{300}{(1+0.1)^3} + \frac{400}{(1+0.1)^4} - 1{,}000 = -63.4\text{만원}$$

$NPV < 0$이므로 이 투자안은 기각되어야 한다.

2 회수기간법과 평균회계이익률법

여기서는 실무에서 주로 사용되고 있는 전통적 투자안의 평가방법인 회수기간법과 평균회계이익률법을 설명하고 그 문제점을 지적하고자 한다.

2.1 회수기간법

1) 회수기간의 의의

회수기간(payback period)은 투자에 소요된 모든 비용을 회수하는 데 걸리는 기간을 의미한다. 예를 들어 현재 5,000만원의 투자비용이 소요되는 투자안을 고려해 보자. 그리고 이 투자안으로 인하여 앞으로 3년에 걸쳐서 각 연도 말에 순서대로 각각 3,000만원, 2,000만원 그리고 1,000만원의 현금유입이 기대되는 경우, 그 현금흐름을 나타내면 다음과 같다.

현재	1년도 말	2년도 말	3년도 말
−5,000만원	3,000만원	2,000만원	1,000만원

이 투자안의 경우 투자비용 5,000만원을 모두 회수하는 데 걸리는 기간, 즉 회수기간은 2년이 된다.

2) 투자안 평가기준

(1) 독립적인 투자안

투자안의 회수기간이 기업 자체에서 설정한 목표 회수기간보다 짧을 경우 투자안을 채택하고, 투자안의 회수기간이 목표 회수기간보다 길 경우 투자안을 기각한다.

> · 투자안의 회수기간 < 목표 회수기간 → 투자안 채택
> · 투자안의 회수기간 > 목표 회수기간 → 투자안 기각

앞의 예에서 투자안의 회수기간이 2년이다. 그러므로 기업이 설정한 목표 회

수기간이 2년 이상인 경우에 투자안을 채택할 수 있으나, 목표 회수기간이 2년 이내인 경우에는 투자안을 기각하여야 한다.

(2) 상호배타적인 투자안

투자안의 회수기간이 목표 회수기간보다 짧은 투자안들 중에서 회수기간이 가장 짧은 투자안을 선택한다.

3) 회수기간법의 문제점

회수기간법은 최소한 다음과 같은 세 가지 문제점을 가지고 있다.

첫째, 회수기간 내 현금흐름에 대한 화폐의 시간적 가치를 무시한다.

둘째, 회수기간 이후의 현금흐름을 무시한다.

셋째, 적절한 목표 회수기간의 선정이 자의적이다. 어떤 회수기간을 기준으로 하여 투자안을 평가하여야 하는지에 대한 합리적인 근거를 찾기가 어렵다.

화폐의 시간적 가치를 무시한 회수기간법의 문제점을 보완하기 위하여 먼저 미래의 현금흐름들을 자본비용으로 각각 할인하여 현재가치를 계산한 후, 투자에 소요된 모든 비용을 회수하는 데 걸리는 기간을 계산하여 평가하는 할인회수기간법(discounted payback period method)이 있다. 그러나 이 방법 역시 회수기간 이후의 현금흐름을 무시하고 또한 목표 회수기간의 선정이 자의적이라는 문제점을 여전히 가지고 있으므로 합리적인 평가방법이라고는 할 수 없다.

그러나 이와 같은 문제점에도 불구하고 실무에서 회수기간법이 가끔 사용되고 있는데, 그 이유는 회수기간법이 다음과 같은 몇 가지 장점을 가지고 있기 때문이다.

첫째, 회수기간의 계산이 간편하므로 쉽게 사용할 수 있다.

둘째, 위험지표(risk indicator)로서의 정보를 제공할 수 있다. 회수기간이 짧은 투자안을 선택함으로써 미래의 불확실성을 어느 정도 감소시킬 수 있다.

셋째, 회수기간이 짧은 투자안을 선택하게 함으로써 기업의 유동성을 향상시켜 준다.

회수기간법을 다른 합리적인 투자안의 평가방법과 병행하여 사용하면 투자안에 대해서 보완적인 정보를 제공할 수는 있을 것이다. 그러나 회수기간법은 순현가법과 달리 앞에서 설명한 여러 가지 문제점들을 가지고 있기 때문에, 전적으로 회수기간법을 이용하여 투자안을 평가하는 경우 잘못된 평가결과가 나올 수 있다.

예제 5-2 회수기간법의 문제점

다음의 상호배타적인 세 투자안을 회수기간법에 의해서 평가하고, 그 결과 나타난 회수기간법의 문제점을 지적하라.

(단위: 만원)

연 도 말	현금흐름		
	투자안 A	투자안 B	투자안 C
0	−5,000	−5,000	−5,000
1	3,000	1,000	3,000
2	1,000	1,000	1,000
3	1,000	3,000	1,000
4	2,000	2,000	0

단, 기업의 목표 회수기간은 4년이다.

☞ 해설

투자안의 회수기간은 모두 목표 회수기간 4년보다 짧은 3년으로 동일하므로 회수기간법에 의하면 세 투자안 중 어느 투자안을 선택하여도 상관이 없다. 그러나 회수기간 내 현금흐름의 시간적 가치를 고려하면, 투자안 A가 투자안 B보다 더 좋은 투자안이다. 또한 투자안 A와 투자안 C는 비록 회수기간 내 현금흐름의 시간적 가치가 동일할지라도 투자안 A는 회수기간 이후, 즉 4년도 말에 2,000만원의 현금흐름이 있으나 투자안 C는 없기 때문에 투자안 A가 투자안 C보다 더 좋은 투자안이다. 결론적으로 회수기간 내 현금흐름의 시간적 가치와 회수기간 이후의 현금흐름을 모두 고려하면, 투자안 A가 가장 좋은 투자안이다.

이상과 같이 회수기간법은 회수기간 내 현금흐름의 시간적 가치와 회수기간 이후의 현금흐름을 무시하는 문제점을 가지고 있기 때문에 회수기간법에 의한 투자안의 평가결과는 잘못된 것이다. 또한 회수기간법은 목표 회수기간의 선정이 자의적이라는 문제점도 가지고 있다.

2.2 평균회계이익률법

1) 평균회계이익률의 의의

평균회계이익률(average accounting return: AAR)은 투자안의 내용연수 동

표 5-1 투자안의 추정 손익계산서 (단위: 만원)

	1년도	2년도	3년도
매출액	40,000	45,000	30,000
현금지출비용	20,000	30,000	16,250
세전 현금흐름	20,000	15,000	13,750
감가상각비*	10,000	10,000	10,000
세전 순이익	10,000	5,000	3,750
법인세(세율=40%)	4,000	2,000	1,500
세후 순이익	6,000	3,000	2,250

* 감가상각비는 비용으로서 순이익을 계산할 때 차감되어야 하나 현금유출은 아니다. 이에 관한 내용은 제6장에서 자세히 설명될 것이다.

안의 세후 평균순이익을 투자의 평균장부가치, 즉 평균투자액으로 나눈 것이다. 평균회계이익률은 다음과 같이 정의된다.

$$AAR = \frac{\text{세후 평균순이익}}{\text{평균투자액}} \qquad (5\text{-}3)$$

예를 들어 새로운 제품을 생산하기 위하여 새 기계를 구입하려는 기업을 생각해 보자. 새 기계의 구입가격은 3억원이다. 이 기계는 3년 동안 사용할 수 있으며, 3년 후의 잔존가치는 없다고 추정된다. 그리고 투자기간 동안 투자안에 대한 추정 손익계산서는 〈표 5-1〉과 같이 주어져 있다.

먼저 〈표 5-1〉의 자료를 이용하여 세후 평균순이익을 구하면 다음과 같다.

$$\text{세후 평균순이익} = \frac{6{,}000 + 3{,}000 + 2{,}250}{3} = 3{,}750\text{만원}$$

그리고 총투자액, 즉 투자의 총장부가치가 3억원이고 매년 일정액을 상각하는 정액법(straight line depreciation method)에 따라 감가상각하는 경우 각 연도 말 투자의 순장부가치(투자의 총장부가치 – 감가상각누계액)는 다음과 같게 된다.

(단위: 만원)

연 도 말	0	1	2	3
투자의 총장부가치	30,000	30,000	30,000	30,000
감가상각누계액	0	10,000	20,000	30,000
투자의 순장부가치	30,000	20,000	10,000	0

그러므로 연간 평균투자액은 다음과 같다.[3)]

$$\text{평균투자액} = \frac{30{,}000 + 20{,}000 + 10{,}000 + 0}{4} = 15{,}000\text{만원}$$

이상의 결과를 이용하여 평균회계이익률을 계산하면 다음과 같다.

$$AAR = \frac{3{,}750}{15{,}000} = 0.25 \text{ 또는 } 25\%$$

2) 투자안 평가기준

(1) 독립적인 투자안

투자안의 평균회계이익률이 기업의 목표 평균회계이익률보다 클 경우 투자안을 채택하고, 투자안의 평균회계이익률이 목표 평균회계이익률보다 작을 경우 투자안을 기각한다.

· 투자안의 $AAR >$ 목표 AAR → 투자안 채택
· 투자안의 $AAR <$ 목표 AAR → 투자안 기각

앞의 예에서 투자안의 AAR이 25%이므로 기업이 설정한 목표 AAR이 25%보다 클 경우에는 투자안을 기각하고, 목표 AAR이 25%보다 작을 경우에는 투자안을 채택할 것이다.

(2) 상호배타적인 투자안

투자안의 AAR이 목표 AAR보다 높은 투자안들 중에서 AAR이 가장 높은 투자안을 선택한다.

3) 정액법에 의해서 상각하고 잔존가치가 없는 경우 평균투자액을 다음과 같이 계산할 수도 있다.

$$\text{평균투자액} = \frac{\text{투자의 총장부가치}}{2} = \frac{30{,}000}{2} = 15{,}000\text{만원}$$

3) 평균회계이익률법의 문제점

평균회계이익률법은 다음과 같은 문제점을 가지고 있다.

첫째, 현금흐름이 아닌 회계적 이익을 이용한다. 회계이익은 단지 장부상의 이익을 나타내는 인위적인 수치로서 현금흐름을 나타내는 것이 아니다. 그러므로 회계이익을 사용하는 평가방법은 합리적인 평가방법이라 할 수 없다.

둘째, 화폐의 시간적 가치를 무시한다. 예를 들어 평균회계이익률법에서는 1년 후의 순이익 1원과 2년 후의 순이익 1원이 동일한 가치를 가지는 것으로 평가된다.

셋째, 적절한 목표 평균회계이익률의 설정이 어렵다. 기업에 따라서는 기존 투자안의 이익률 또는 동업계 타사의 이익률을 목표 평균회계이익률로 선정하는 경우가 있으나 어느 경우도 그 정당성을 입증하기는 어렵다.

평균회계이익률법은 간단하고 이해하기 쉬우며, 예산편성 때 작성될 회계자료를 바로 이용할 수 있다는 점에서 실무에서는 많이 사용되고 있다. 그러나 평균회계이익률법은 순현가법과 달리 앞에서 설명한 여러 가지 문제점들을 가지고 있기 때문에 합리적인 투자안 평가방법이라고는 볼 수 없다.

예제 5-3 평균회계이익률법의 문제점

현재의 투자액이 2억원으로 모두 동일한 상호배타적인 세 투자안의 각 연도별 세후 순이익은 다음과 같다.

(단위: 만원)

연 도	세후 순이익		
	투자안 A	투자안 B	투자안 C
1	5,000	3,000	1,000
2	3,000	3,000	3,000
3	1,000	3,000	5,000

위 투자안을 평균회계이익률법에 의해서 평가하고, 그 결과 나타난 평균회계이익률법의 문제점을 지적하라.(단, 투자액은 정액법으로 투자안의 내용연수 3년 동안 전액상각되며, 목표 평균회계이익률은 20%이다.)

☞ 해설

각 투자안의 평균회계이익률은 다음과 같은 세 단계를 거쳐서 계산된다.

(1) 제1단계: 연간 세후 평균순이익의 계산

· 투자안 $A = \dfrac{5{,}000 + 3{,}000 + 1{,}000}{3} = 3{,}000$만원

· 투자안 $B = \dfrac{3{,}000 + 3{,}000 + 3{,}000}{3} = 3{,}000$만원

· 투자안 $C = \dfrac{1{,}000 + 3{,}000 + 5{,}000}{3} = 3{,}000$만원

(2) 제2단계: 연간 평균투자액의 계산

정액법에 의해서 완전상각되기 때문에 평균투자액은 다음과 같이 계산될 수 있다.

· 투자안 $A = 20{,}000/2 = 10{,}000$만원

· 투자안 $B = 20{,}000/2 = 10{,}000$만원

· 투자안 $C = 20{,}000/2 = 10{,}000$만원

(3) 제3단계: 평균회계이익률의 계산

· 투자안 $A = 3{,}000/10{,}000 = 0.3$ 또는 30%

· 투자안 $B = 3{,}000/10{,}000 = 0.3$ 또는 30%

· 투자안 $C = 3{,}000/10{,}000 = 0.3$ 또는 30%

위의 계산결과에 의하면 세 투자안의 평균회계이익률은 모두 동일한 30%로 목표 평균회계이익률 20%보다 높기 때문에 평균회계이익률법에 의하면 세 투자안 중 어느 투자안을 선택하더라도 무차별할 것이다. 그러나 투자안 A의 경우 초기의 세후 순이익이 다른 투자안에 비해 더 많기 때문에 화폐의 시간적 가치를 고려하면 투자안 A가 가장 좋은 투자안이라 할 수 있다.

그러므로 화폐의 시간적 가치를 고려하지 않는 평균회계이익률법의 평가결과는 잘못된 것이다. 또한 평균회계이익률법에서는 현금흐름이 아닌 장부상의 인위적인 수치인 순이익을 사용한다는 문제점과 목표 ARR의 설정이 어렵다는 문제점을 동시에 가지고 있다.

3 내부수익률법

3.1 내부수익률의 의의

내부수익률(internal rate of return: IRR)은 투자의 결과 발생하는 현금유입의 현가와 현금유출의 현가를 같아지게 하는 할인율로서 평균투자수익률의 의미를 가진

다.[4] 앞의 〈그림 5-1〉과 같은 현금흐름을 가지는 투자안의 내부수익률은 다음의 식에 의해서 구할 수 있다.

$$NPV=\sum_{t=1}^{n}\frac{C_t}{(1+IRR)^t}-I_0=0 \tag{5-4}$$

내부수익률은 투자안의 특성을 요약하는 단일의 수치(평균투자수익률)로서 자본비용과 관계없이 계산된다.[5] 내부수익률은 단지 투자안의 내부적 특성, 즉 그 투자안의 현금흐름에 의해서 결정된다. 그러나 비록 내부수익률을 계산하는 데는 자본비용이 필요없지만, 그것에 의해 투자안을 평가하기 위해서는 자본비용이 필요하게 된다는 사실에 유의해야 한다.

예를 들어 현재 200만원을 투자하면, 다음 3년 동안 매년 말 100만원씩을 얻을 수 있는 투자안의 내부수익률을 계산해 보자. 이 투자안의 현금흐름을 나타내면 다음과 같다.

0	1	2	3
−200만원	100만원	100만원	100만원

이와 같은 투자안의 내부수익률을 다음의 식에 의해서 구할 수 있다.

$$\frac{100}{1+IRR}+\frac{100}{(1+IRR)^2}+\frac{100}{(1+IRR)^3}-200=0$$

위의 식을 만족할 때까지, 즉 $NPV=0$이 될 때까지 계속해서 임의의 할인율을 대입하여 내부수익률을 구하는 방법인 시행착오법에 의해서 IRR을 구하는 과정은 다음과 같다.[6]

할인율	NPV
20%	10.65만원
⋮	⋮
23.37%	0원
⋮	⋮
30%	−18.39만원

4) 내부수익률은 제3장에서 설명한 채권의 만기수익률과 동일한 개념이다.

5) 내부수익률과는 달리 순현가를 계산하기 위해서는 반드시 투자안의 자본비용이 필요하게 된다.

6) 재무계산기 또는 EXCEL 등을 이용하면 쉽게 내부수익률을 구할 수 있다.

그림 5-2 할인율에 따른 순현가의 변화

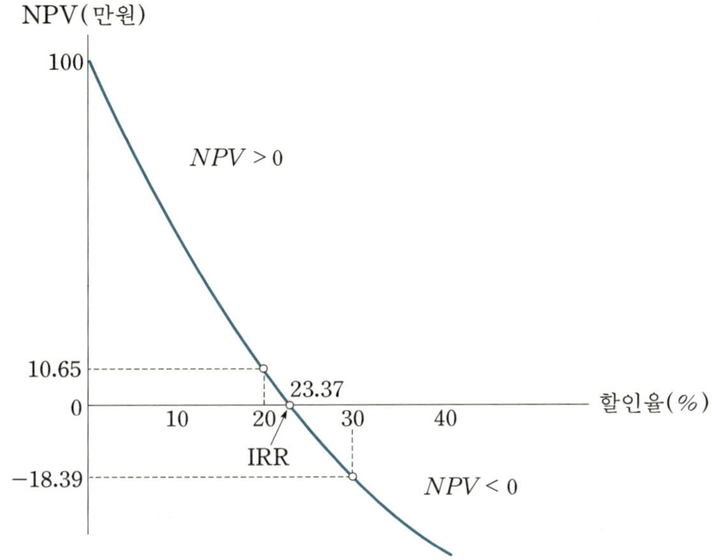

즉 순현가를 0으로 만드는 할인율인 내부수익률은 23.37%이다. 할인율에 따른 순현가의 변화를 나타내면 〈그림 5-2〉와 같다. 〈그림 5-2〉에서 볼 수 있듯이 투자안의 순현가는 할인율이 증가할수록 감소한다. 그러므로 할인율 r이 내부수익률보다 작은 영역에서는 NPV가 0보다 크며, 할인율 r이 내부수익률보다 큰 영역에서는 NPV가 0보다 작아진다.

3.2 투자안 평가기준

1) 독립적인 투자안

내부수익률이 자본비용 r보다 높을 경우 투자안을 채택하고, 내부수익률이 자본비용 r보다 낮을 경우 경우 투자안을 기각한다.

· $IRR > r$ (: $NPV > 0$) → 투자안 채택
· $IRR < r$ (: $NPV < 0$) → 투자안 기각

앞의 예에서 자본비용이 20%라고 가정한다면, 투자안의 내부수익률은 23.37%로서 투자자금의 기회비용인 자본비용 20%보다 높기 때문에 이 투자안을 채택하여야 한다.[7] 이와 같은 평가결과는 순현가법($NPV = 10.65$만원: 투자안 채택)과 동일하다.

2) 상호배타적인 투자안

> 「$IRR > r$」인 투자안들 중에서 IRR이 가장 높은 투자안을 선택한다.

예제 5-4 내부수익률법에 의한 투자안 평가

앞의 [예제 5-1]을 내부수익률법에 의해서 평가하라.

☞ 해설

$NPV = 0$이 되게 하는 할인율, 즉 내부수익률은 다음의 식에 의해서 구할 수 있다.

$$\frac{300}{1+IRR} + \frac{200}{(1+IRR)^2} + \frac{300}{(1+IRR)^3} + \frac{400}{(1+IRR)^4} - 1{,}000 = 0$$

내부수익률 IRR을 시행착오법에 의해서 구하기 위해 위의 식에 임의의 할인율을 계속 대입하여 살펴보면 다음과 같다.[8]

· $r = 7\% \rightarrow NPV = 5.11$만원

· $r = 7.5\% \rightarrow NPV = -6.86$만원

순현가를 0으로 만드는 할인율은 7%와 7.5% 사이에 있을 것이다. 그러므로 보간법에 의해서 내부수익률을 구하면 다음과 같다.

$$(IRR - 0.07) : 0.005 = -5.11 : -11.97$$

$$\therefore IRR = 0.07 + \frac{5.11}{11.97}(0.005) = 0.072 \text{ 또는 } 7.2\%$$

---

7) 20%의 자본비용으로 조달된 자금 200만원을 투자하여 그것보다 높은 23.37%의 투자수익률을 얻을 수 있기 때문에 이 투자안은 가치가 있다고 할 수 있다.

8) 위의 등식을 양변에 $(1+IRR)^4$을 곱하고 정리하면 4차방정식이 된다. IRR을 구하기 위하여 이와 같은 4차 방정식을 풀어야 하나 실제로 이와 같은 고차방정식을 풀어서 IRR을 구하는 데는 많은 어려움이 따른다. 그러므로 일반적으로는 대체적인 방법으로서 시행착오법을 이용한다.

		r	NPV		
		0.07	5.11만원		
	$(IRR-0.07)$			−5.11	
0.005		IRR	0		−11.97
		0.075	−6.86만원		

그러므로 내부수익률 IRR(7.2%)이 자본비용 r(10%)보다 작기 때문에 이 투자안을 기각하여야 한다. 이 결과는 순현가법의 결과와 일치한다.

3.3 내부수익률법의 문제점

내부수익률법의 문제점을 독립적인 투자안 또는 상호배타적인 투자안을 평가할 때 모두 영향을 미치는 일반적인 문제와, 상호배타적인 투자안을 평가하는 경우에만 나타나는 문제로 구분하여 설명하면 다음과 같다.

1) 일반적인 문제

앞에서 설명한 내부수익률법의 투자안 평가기준은 모든 현금흐름유형에 적용될 수 있는 기준은 아니다. 이를 설명하기 위하여 다음의 〈표 5-2〉와 같은 현금흐름을 가지는 3개의 투자안을 고려하자.

〈표 5-2〉에서 예시된 각 투자안의 현금흐름 유형을 분류하면 다음과 같다.

첫째, 투자안 A는 현재(0시점)에 1,000만원의 현금유출(투자지출)이 발생하고 1시점에 1,300만원의 현금유입(투자수익)이 발생하는 투자안으로서, 이와 같은 현금흐름을 투자형(investing) 현금흐름이라 할 수 있다.

둘째, 투자안 A와 정반대의 현금흐름 유형을 가지는 투자안 B는 현재에 1,000만원의 현금유입(차입)이 발생하고 1시점에 1,300만원의 현금유출(차입금의 상환)이 발생하는 투자안으로서, 이와 같은 현금흐름을 차입형(borrowing) 현금흐름이라 할 수 있다.

셋째, 투자(0시점)와 차입(1시점)이 혼합된 현금흐름 유형을 가지는 투자안 C의 현금흐름은 혼합형(mixture) 현금흐름이라 할 수 있다. 이와 같은 현금흐름 유형은 광산에 투자하는 경우에 흔히 발생한다. 현재시점에 광석의 채굴장비를 구입함으로써 현금유출이 발생하고 다음연도(1시점)에는 광석채굴에 의한 수입이 발생

표 5-2 내부수익률과 순현가 (단위: 만원)

시 점	현 금 흐 름		
	투자안 A	투자안 B	투자안 C
0	−1,000	1,000	−1,000
1	1,300	−1,300	2,300
2			−1,320
IRR *	30%	30%	10%, 20%
NPV ($r=10\%$)	182	−182	0
현금흐름 유형	투자형	차입형	혼합형

* 각 투자안의 내부수익률은 다음의 계산식을 풀어서 구할 수 있다.

· 투자안 A: $-1{,}000+\dfrac{1{,}300}{1+IRR}=0$ ∴ $IRR=30\%$

· 투자안 B: $1{,}000-\dfrac{1{,}300}{1+IRR}=0$ ∴ $IRR=30\%$

· 투자안 C: $-1{,}000+\dfrac{2{,}300}{1+IRR}-\dfrac{1{,}320}{(1+IRR)^2}=0$ ∴ $IRR=10\%,\ 20\%$

그림 5-3 할인율과 순현가의 관계

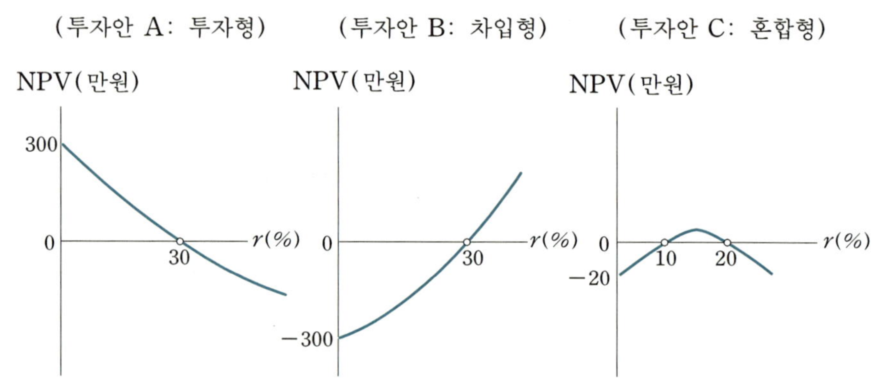

하며, 그리고 마지막연도(2시점)에는 채굴 후 환경을 원상회복시키는 데 비용이 지출되는 경우를 생각할 수 있다.

그리고 〈표 5-2〉에서 예시된 각 투자안의 순현가와 할인율 r의 관계를 나타내면 〈그림 5-3〉과 같다.

(1) **투자형 또는 차입형**

처음의 현금흐름이 음(−)이고 그 후의 모든 현금흐름이 양(+)인 투자안의 경우(예를 들면, 투자안 A의 경우) 내부수익률법의 투자안 평가기준은 앞에서 설명한 평가기준과 동일하다.[9]

투자안의 평가기준 : 투자형
· $IRR > r$ (: $NPV > 0$) → 투자안 채택
· $IRR < r$ (: $NPV < 0$) → 투자안 기각

위의 투자안 평가기준에 의해서 투자형 현금흐름을 가지고 있는 투자안 A를 평가하면 다음과 같다. 내부수익률(30%)은 자본비용(10%)보다 더 크므로 이 투자안은 채택되어야 한다. 즉 투자안 A를 이용하여 얻을 수 있는 투자수익률 30%는 투자자가 현재의 부를 변화시키지 않기 위해서 얻기를 희망하는 최소한의 수익률(자본비용) 10%보다 더 크므로 이 투자안은 가치를 가지고 있는 것으로 해석할 수 있다. 또한 투자안 A의 순현가는 182만원이므로 순현가법에 의해서도 이 투자안이 채택되어야 한다는 동일한 결과를 얻을 수 있다.

그러나 처음의 현금흐름이 양(+)이고 그 후의 현금흐름이 모두 음(−)인 투자안의 경우(예를 들면, 투자안 B의 경우) 내부수익률법에 의해서 평가될 때, 그 평가기준은 앞의 투자형 현금흐름 유형의 투자안의 경우와 상반된다.[10]

투자안의 평가기준 : 차입형[11]
· $IRR < r$ (: $NPV > 0$) → 투자안 채택
· $IRR > r$ (: $NPV < 0$) → 투자안 기각

이와 같은 투자안 평가기준에 의해서 차입형 현금흐름을 가지고 있는 투자안 B를 평가하면 다음과 같다. 내부수익률(30%)이 자본비용(10%)보다 더 크므로 이 투자안은 기각되어야 한다. 즉 금융시장을 이용하는 경우 10%의 자본비용으로 1,000만원을 빌려올 수 있으나, 투자안 B를 이용하여 1,000만원을 빌려오는 경우

9) 투자형 현금흐름인 경우 내부수익률은 투자수익률을 의미한다.

10) 이 경우 내부수익률은 차입이자율의 의미로 해석될 수 있다.

11) 상호배타적인 투자안의 경우 「$IRR < r$」인 투자안 중에서 가장 작은 IRR을 가지는 투자안을 선택한다.

30%의 높은 차입이자율을 지급해야 하기 때문에 투자안 B를 기각하고 금융시장을 이용하는 것으로 해석할 수 있다. 그리고 투자안 B의 순현가는 −182만원이므로 순현가법에 의해서도 이 투자안은 기각된다.

이상에서 살펴본 바와 같이 내부수익률법의 경우 투자안의 현금흐름 유형에 따라서 투자안의 평가기준이 달라진다는 문제점이 있다. 그러나 순현가법의 경우 투자안의 현금흐름 유형에 따라 투자안 평가기준이 달라지지 않는다.

(2) 복수의 내부수익률

현금흐름의 부호가 1회 이상 변할 때 (투자안 C와 같은 혼합형 현금흐름 유형을 가질 때) 복수의 내부수익률이 존재할 수 있다.[12] 이와 같은 경우 내부수익률법은 적절한 투자안의 평가기준을 제시하지 못한다. 그러므로 내부수익률법에 의해서 투자안 평가기준을 설정하기 위해서는 현금흐름 유형을 고려하여 진정한 의미의 내부수익률 IRR*를 계산하여야 한다. 이때 음(−)의 현금흐름은 내부수익률로 투자한 것으로, 양(+)의 현금흐름은 자본비용에 의해서 차입한 것으로 생각하여 IRR*를 계산할 수 있다.

투자안 C의 경우 IRR*를 구하면 다음과 같다. 현재시점에서 1,000만원을 내부수익률(투자수익률) IRR*로 투자하는 경우 1시점에서의 투자성과는 다음과 같다.

$$1\text{시점의 투자성과} = 1{,}000(1+IRR^*)$$

1시점의 총현금흐름 2,300만원 중 1시점의 투자성과[$1{,}000(1+IRR^*)$]를 제외한 나머지 부분은 1시점에서의 순차입액으로 생각할 수 있다. 즉

$$1\text{시점의 순차입액} = 2{,}300 - 1{,}000(1+IRR^*)$$

1시점의 순차입액은 2시점에서 1,320만원을 지불한다는 조건으로 차입한 것인데, 이때의 차입이자율(자본비용)은 10%이다. 그러므로 1시점의 순차입액을 이자율 10%로 복리계산하여 2시점의 가치로 환산하면 1,320만원이 되어야 한다.

---

12) 혼합형의 경우 내부수익률이 계산되지 않는 경우도 있다. 예를 들어 다음과 같은 혼합형 현금흐름 유형을 가지는 투자안의 내부수익률은 존재하지 않는다.

0	1	2
100만원	−300만원	250만원

$NPV(r=10\%)$ = 33.9만원, IRR = 존재 않음(허근존재)

$$[2{,}300 - 1{,}000(1 + IRR^*)](1 + 0.1) = 1{,}320$$
$$\therefore\ IRR^* = 10\%$$

진정한 내부수익률 IRR*(10%)와 자본비용 r(10%)이 동일하므로 이 투자안을 채택하든 또는 기각하든 무차별하다. 이 평가결과는 순현가법(NPV=0)과 동일한 것이다.

혼합형 현금흐름 유형을 가지는 투자안에 대한 투자안 평가기준은 다음과 같다.

> 투자안의 평가기준 : 혼합형
> · $IRR^* > r$ (: $NPV > 0$) → 투자안 채택
> · $IRR^* < r$ (: $NPV < 0$) → 투자안 기각

결론적으로 혼합형 현금흐름 유형을 가지는 투자안의 경우 복수의 내부수익률이 나타날 수 있기 때문에 내부수익률법에 의해서 평가하기 어렵다는 문제가 발생한다. 이와 같은 경우 내부수익률법에 의해서 평가하기 위해서는 진정한 내부수익률 IRR*를 계산하여야 하나 이것은 아주 번거로운 일이다.

2) 상호배타적인 투자안의 문제

투자기간 내 현금흐름과 투자규모의 차이에 대한 묵시적인 재투자수익률(reinvestment rate)의 가정이 순현가법과 내부수익률법에 있어서 서로 다르다. 그러므로 내부수익률법의 평가결과는 순현가법과 상반될 수 있다.

(1) 현금흐름의 발생시점

투자기간 내 현금흐름에 대해서 순현가법은 자본비용으로 재투자할 수 있다고 가정하는 반면에, 내부수익률법은 내부수익률로 재투자할 수 있다고 가정한다.[13] 그러므로 현금흐름의 발생시점이 서로 상이한 상호배타적인 투자안의 경우

13) 내부수익률법과 순현가법의 재투자수익률가정은 각 공식을 미래가치로 환산하여 확인할 수 있다.

· 내부수익률법의 재투자수익률 = IRR

$$C_0 = \frac{C_1}{1+IRR} + \frac{C_2}{(1+IRR)^2} + \cdots + \frac{C_n}{(1+IRR)^n} \rightarrow (\text{양변}) \times (1+IRR)^n$$
$$C_0(1+IRR)^n = C_1(1+IRR)^{n-1} + C_2(1+IRR)^{n-2} + \cdots + C_n$$

· 순현가법의 재투자수익률 = r

표 5-3 상이한 현금흐름의 발생시점 — 상호배타적인 투자안 D와 E (단위: 만원)

시 점	현금흐름		
	투자안 D	투자안 E	E-D
0	-10,000	-10,000	0
1	10,000	1,000	-9,000
2	1,000	1,000	0
3	1,000	12,000	11,000
IRR	16.04%	12.94%	10.55%
NPV (r=10%)	669	751	82

내부수익률법에 의한 투자안의 평가결과는 순현가법과 상반될 수 있다. 예를 들어 〈표 5-3〉과 같은 상호배타적인 투자안 D와 투자안 E를 생각해 보자. 자본비용이 10%일 때 투자안 D와 투자안 E를 순현가법과 내부수익률법에 의해서 평가하면 다음과 같다.

· 순현가법에 의한 평가:
투자안 D의 순현가(669만원) < 투자안 E의 순현가(751만원)
→ 투자안 E 선택

· 내부수익률법에 의한 평가:
투자안 D의 내부수익률(16.04%) > 투자안 E의 내부수익률(12.94%)
→ 투자안 D 선택

이와 같은 상반된 평가는 항상 발생하는 것은 아니라 자본비용의 크기에 따라 나타난다. 이를 살펴보기 위하여 각 투자안에 대해서 할인율과 순현가의 관계를 나타내면 〈그림 5-4〉와 같다.

투자안 E는 투자안 D에 비해 상대적으로 투자기간의 후기에 현금유입이 많으므로 투자안 E의 순현가는 투자안 D의 순현가보다 할인율의 영향을 더 많이 받을 것이다. 그러므로 〈그림 5-4〉에서 볼 수 있는 바와 같이, 할인율의 증가에 따라 투자안 E의 순현가는 투자안 D의 순현가보다 더 빨리 감소하는 양상을 띤다. 여기에서 할인율이 10.55%일 때는 두 투자안의 순현가는 604만원으로서 동일하다.

$$NPV = \frac{C_1}{1+r} + \frac{C_2}{(1+r)^2} + \cdots + \frac{C_n}{(1+r)^n} - C_0 \rightarrow (\text{양변}) \times (1+r)^n$$

$$NPV(1+r)^n + C_0(1+r)^n = C_1(1+r)^{n-1} + C_2(1+r)^{n-2} + \cdots + C_n$$

그림 5-4 할인율과 순현가의 관계 — 상호배타적인 투자안 D와 E

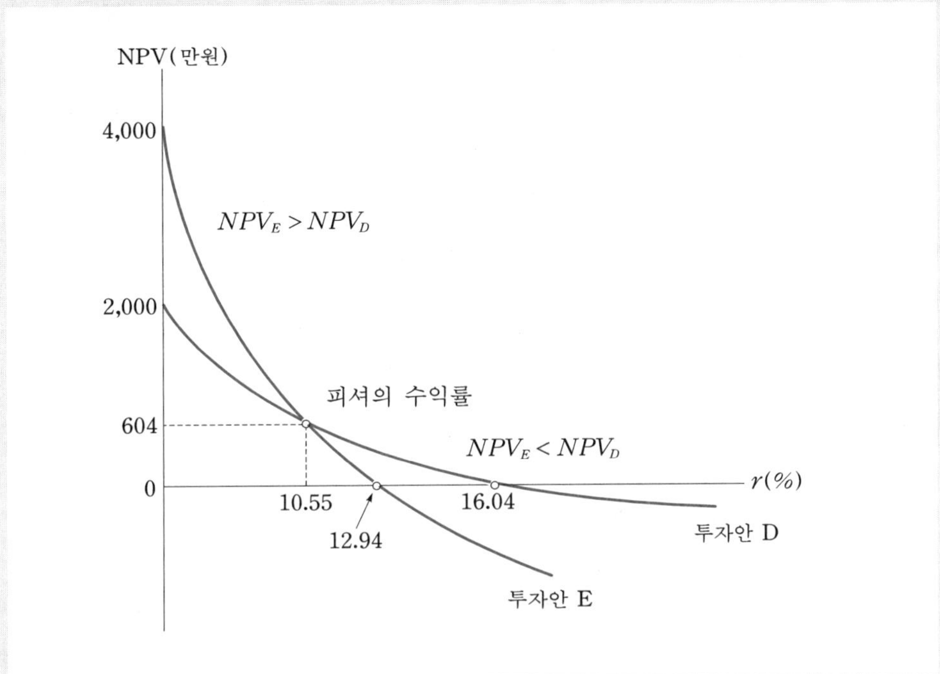

이와 같이 두 투자안의 순현가를 같게 하는 할인율을 피셔의 수익률(Fisher's rate of return) 또는 교차율(crossover rate)이라고 한다.[14)]

자본비용이 피셔의 수익률보다 작을 경우 순현가법과 내부수익률법의 평가는 서로 상반된다. 즉 순현가법에 의하면 투자안 E를 선택하나 내부수익률법에 의하면 투자안 D를 선택하게 된다. 그러나 자본비용이 피셔의 수익률보다 클 경우 순현가법과 내부수익률법의 평가는 동일하다. 즉 모두 투자안 D를 선택한다. 자본비용이 피셔의 수익률보다 작을 경우 순현가법과 내부수익률법의 평가가 서로 상이한 이유는 각 방법의 재투자수익률의 가정이 서로 다르기 때문이다. 자본비용이 피셔의 수익률보다 작을 경우 순현가법에서는 내부수익률법에 비해 투자안의 후기 현금유입을 훨씬 높게 평가한다.

결론적으로 투자기간 내 현금흐름에 대해서 내부수익률, 즉 현재의 투자안과 동일한 투자수익률로 재투자할 수 있다는 내부수익률법의 재투자수익률 가정은 투

14) 증분현금흐름의 내부수익률은 피셔의 수익률과 동일하다. 왜냐하면 증분현금흐름의 내부수익률은 $NPV(\mathrm{E}-\mathrm{D})=0$, 즉 $NPV(\mathrm{E})=NPV(\mathrm{D})$를 만족시키는 할인율이기 때문이다.

자의 한계수익률이 체감하는 현실에 비추어 볼 때 비현실적이다.[15] 그러므로 상반된 결과가 나타날 때, 순현가법에 의해서 평가하는 것이 합리적이다.

한편 투자기간 내 현금흐름에 대한 비현실적인 재투자수익률가정에 따른 내부수익률법의 문제는 NPV법과 동일하게 자본비용을 재투자수익률로 사용하면 해결될 수 있을 것이다. 이와 같은 논리에 따라 투자기간 내 현금흐름에 대한 재투자수익률로 자본비용을 사용하여 내부수익률을 구할 수 있는데, 이를 수정내부수익률(modified internal rate of return: MIRR)이라 한다.[16] 수정내부수익률(MIRR)은 투자기간 내 현금유입을 자본비용으로 재투자한다는 가정하에서 산출된 투자기간 말의 미래가치(terminal value)의 현가와 현금유출(투자비용)의 현가를 같아지게 하는 할인율이다. 앞의 〈그림 5-1〉과 같은 현금흐름을 가지는 투자안의 MIRR은 다음의 식에 의해서 구할 수 있다.

$$\frac{TV_n}{(1+MIRR)^n} - I_0 = 0 \tag{5-5}$$

여기서 $TV_n = C_1(1+r)^{n-1} + C_2(1+r)^{n-2} + \cdots + C_n = \sum_{t=1}^{n} C_t(1+r)^{n-t}$
r : 자본비용

식 (5-5)에 의해서 〈표 5-3〉의 상호배타적인 투자안 D와 투자안 E의 MIRR을 각각 구하면 다음과 같다.

· $\dfrac{10,000(1+0.1)^2+1,000(1+0.1)+1,000}{(1+MIRR)^3} - 10,000 = 0$

→ 투자안 D의 MIRR = 12.40%

· $\dfrac{1,000(1+0.1)^2+1,000(1+0.1)+12,000}{(1+MIRR)^3} - 10,000 = 0$

→ 투자안 E의 MIRR = 12.69%

수정내부수익률법에 의해 평가하면, 투자안 E의 MIRR(12.69%)이 투자안 D의 MIRR(12.40%)보다 더 높기 때문에 투자안 E를 선택하여야 한다. 이와 같은 결과는 순현가법과 동일하다.

---

15) 경쟁적인 사회에서 높은 투자수익률을 얻을 수 있는 기회는 빠른 속도로 사라지기 때문에 투자규모가 증가함에 따라 한계투자수익률이 체감하게 된다.

16) 수정내부수익률법을 사용하더라도 다음에 설명할 투자규모의 차이에 의해 발생되는 문제는 해결될 수 없음을 유의해야 한다.

(2) 투자규모

투자안의 투자규모가 상이한 경우에도 상호배타적인 투자안에 대한 순현가법과 내부수익률법의 평가가 서로 다를 수 있다. 이것은 투자규모 차이에 대한 묵시적인 투자수익률의 가정이 서로 다르기 때문이다.

이와 같은 경우를 살펴보기 위하여 〈표 5-4〉와 같은 상호배타적인 투자안 F와 투자안 G를 생각해 보자. 자본비용이 10%일 때 투자안 F와 투자안 G를 순현가법과 내부수익률법에 의해서 평가하면 다음과 같다.

· 순현가법에 의한 평가:
투자안 F의 순현가(82만원) < 투자안 G의 순현가(3,636만원)
→ 투자안 G 선택

· 내부수익률법에 의한 평가:
투자안 F의 내부수익률(100%) > 투자안 G의 내부수익률(50%)
→ 투자안 F 선택

이와 같은 상반된 결과는 투자규모의 차이, 즉 9,900만원(10,000만원 - 100만원)에 대한 투자수익률의 가정이 서로 다르기 때문이다.[17)]

내부수익률법에서는 투자안 F를 선택하는 경우 규모의 차이에 대해서 역시 동일한 내부수익률(100%)로 투자할 수 있다고 묵시적으로 가정하고 있다. 다시 말하면 내부수익률법에서는 언제든지 현재 선택한 투자안과 동일한 투자수익률을 얻을 수 있는 투자안에 투자할 수 있다는 가정을 하고 있는데, 이는 한계투자수익률이 체감하는 현실에 비추어 볼 때 비현실적인 가정이라 할 수 있다.

표 5-4 상이한 투자규모 — 상호배타적인 투자안 F와 G (단위: 만원)

시 점	현 금 흐 름		
	투자안 F	투자안 G	G-F
0	-100	-10,000	-9,900
1	200	15,000	14,800
IRR	100%	50%	49%
NPV (r=10%)	82	3,636	3,554

17) 물론 두 평가방법의 투자기간 내 현금흐름에 대한 재투자수익률 가정도 다르다. 그러나 이 문제에서는 투자기간 내 현금흐름에 대한 재투자수익률 가정의 상이성이 두 방법의 평가에 미치는 영향은 작으므로 무시한다.

이와 다르게 순현가법에서는 규모의 차이에 대해서 단지 자본비용으로 투자할 수 있다고 가정한다. 이 경우에는 투자안 F를 선택한 후 규모의 차이만큼 추가적으로 투자한다 하더라도 추가적인 투자안의 투자수익률이 자본비용이므로 이러한 추가적 투자로 인한 순현가의 증가는 없다.

결론적으로 내부수익률법은 투자안의 투자규모를 무시하는(합리적으로 고려하지 않는) 투자안 평가방법이다. 그러나 순현가법은 투자안의 투자규모를 합리적으로 고려하는 평가방법이라 할 수 있다.

(3) 증분내부수익률법

상호배타적인 투자안의 평가에서 순현가법과 내부수익률법이 상이한 결과를 제시하는 경우, 두 투자안의 증분현금흐름을 이용하여 평가하는 증분내부수익률법(incremental IRR method)을 사용한다면 순현가법과 동일한 결과를 도출할 수 있다.[18]

앞에서 제시한 상호배타적인 투자안들을 증분내부수익률법에 의해서 평가하면 다음과 같다.

· 투자안 E와 투자안 D의 평가(〈표 5-3〉 참조):
투자안 E와 투자안 D의 증분(E－D) IRR은 10.55%로서 자본비용(10%)보다 크다. 그러므로 투자안 E를 선택한다.

· 투자안 F와 투자안 G의 평가(〈표 5-4〉 참조):
투자안 F와 투자안 G의 증분(G－F) IRR은 49%로서 자본비용(10%)보다 크다. 그러므로 투자안 G를 선택한다.

증분내부수익률법을 사용하는 경우 순현가법과 동일한 평가결과를 얻을 수 있다. 즉 상호배타적인 투자안을 평가하는 경우 증분내부수익률법을 사용하면 내부수익률법이 가지고 있는 문제를 해결할 수 있다. 그러나 증분내부수익률법을 사용할 때, 앞에서 설명한 일반적인 문제는 여전히 존재한다. 그러므로 증분내부수익률법에 의해서 투자안을 평가할 때, 현금흐름 유형에 따라 투자안의 평가기준이 달라짐을 유의하여야 한다.

18) 일반적으로 투자형 현금흐름에 대한 내부수익률법의 투자안 평가기준에 익숙해 있기 때문에 증분현금흐름을 투자형 현금흐름 유형이 되도록 만들어 분석하는 것이 편리하다.

3) 가치의 가산원칙의 성립문제

순현가법은 가치의 가산원칙이 성립하나 내부수익률법은 그렇지 못하다. 이를 설명하기 위하여 다음의 <표 5-5>와 같은 3개의 투자안(투자안 H, 투자안 I, 투자안 J)과 그 투자안들로 구성된 두 개의 투자조합(투자안 (H+J), 투자안 (I+J))을 생각해 보자. <표 5-5>에서 볼 수 있는 바와 같이 선택가능한 각 투자안의 조합은 다음과 같은 관계를 가진다.

- $NPV(\mathrm{H}+\mathrm{J}) = NPV(\mathrm{H}) + NPV(\mathrm{J})$,
  $NPV(\mathrm{I}+\mathrm{J}) = NPV(\mathrm{I}) + NPV(\mathrm{J})$
- $IRR(\mathrm{H}+\mathrm{J}) \neq IRR(\mathrm{H}) + IRR(\mathrm{J})$,
  $IRR(\mathrm{I}+\mathrm{J}) \neq IRR(\mathrm{I}) + IRR(\mathrm{J})$

내부수익률법은 가치의 가산원칙이 성립하지 않으므로 선택가능한 각 투자조합에 대한 내부수익률을 새로이 계산해야 하는 번거로움이 따른다. 그러나 가치가산원칙이 성립하는 순현가법은 많은 독립적인 투자안을 평가하는 경우 무한히 많은 투자안 조합을 검토할 필요없이, 개별 투자안 자체의 성과에 기초하여 투자분석을 할 수 있게 한다.

또한 내부수익률법에 의해서 투자조합을 평가하는 경우 모순된 평가결과가 나타날 수 있다. 앞의 예를 살펴보면 투자안 H의 내부수익률은 투자안 I보다 더 높다. 그러나 독립적인 투자안 J를 합할 경우 투자조합 (H+J)의 내부수익률이 투자조합 (I+J)보다 더 작아지는 모순된 상황이 발생한다.

표 5-5 가치의 가산원칙문제 — 투자안 H, I, J (단위: 만원)

시 점	현금흐름				
	투자안 H	투자안 I	투자안 J	H+J	I+J
0	−100	−100	−100	−200	−200
1	0	225	450	450	675
2	550	0	0	550	0
IRR	134.5%	125.0%	350.0%	212.8%	237.5%
NPV(r=10%)	354.30	104.53	309.05	663.35	413.58

단, 투자안 H와 투자안 I는 상호배타적이고, 투자안 J는 투자안 H와 투자안 I에 대해서 독립적이다.

4 수익성지수법

4.1 수익성지수의 의의

수익성지수(profitability index: PI)는 투자로 인하여 발생하는 현금유입의 현가를 현금유출의 현가로 나눈 비율이다.

$$PI = \frac{\text{현금유입의 현가}}{\text{현금유출의 현가} } \tag{5-6}$$

수익성지수는 순현가와 유사한 정보를 제공한다. 순현가는 투자안의 경제적 공헌을 금액으로 나타내고 있으나, 수익성지수는 투자안의 상대적인 수익성을 비율로써 나타내고 있다는 점을 유의하여야 한다.

수익성지수법에 의해서 투자안을 평가하는 문제를 설명하기 위하여 〈표 5-6〉과 같은 예를 생각해 보자. 〈표 5-6〉에서 투자안 K와 투자안 L의 수익성지수는 각각 다음과 같이 구할 수 있다.

$$\cdot\ PI(\mathrm{K}) = \frac{200(1+0.1)^{-1}}{100} = 1.82$$

$$\cdot\ PI(\mathrm{L}) = \frac{15{,}000(1+0.1)^{-1}}{10{,}000} = 1.36$$

표 5-6 수익성지수법의 예 (단위: 만원)

시 점	현 금 흐 름		
	투자안 K	투자안 L	L－K
0	－100	－10,000	－9,900
1	200	15,000	14,800
NPV (r=10%)	82	3,636	3,554
PI (r=10%)	1.82	1.36	1.36

4.2 투자안 평가기준

1) 독립적인 투자안

수익성지수가 1보다 큰 투자안은 채택하고, 수익성지수가 1보다 작은 투자안은 기각한다.

> · $PI > 1$ (: $NPV > 0$) → 투자안 채택
> · $PI < 1$ (: $NPV < 0$) → 투자안 기각

독립적인 투자안을 평가하는 경우에는 투자안의 현금흐름 유형과 관계없이 수익성지수법과 순현가법에 의한 평가결과는 항상 일치한다.

앞의 예에서 투자안 K와 투자안 L을 각각 평가하면 다음과 같다.

· $PI(\mathrm{K}) = 1.82 > 1$: $NPV(\mathrm{K}) =$ 82만원 > 0 →투자안 K 채택
· $PI(\mathrm{L}) = 1.36 > 1$: $NPV(\mathrm{L}) =$ 3,636만원 > 0 →투자안 L 채택

그러므로 독립적인 투자안을 평가하는 경우, 수익성지수법과 순현가법에 의한 평가결과는 항상 일치함을 알 수 있다.

2) 상호배타적인 투자안

> 「$PI > 1$」 인 투자안 중에서 PI가 가장 높은 투자안을 선택한다.

4.3 수익성지수법의 문제점

1) 상호배타적인 투자안의 문제 — 투자규모

투자규모가 상이한 상호배타적인 투자안들을 평가할 때 수익성지수법과 순현가법에 의한 평가결과는 서로 다를 수 있다. 앞의 예에서 만약 투자안 K 와 투자안 L이 상호배타적인 투자안이라면, 수익성지수법과 순현가법에 의한 평가결과는 각각 다음과 같다.

· 수익성지수법: $PI(\mathrm{K})(1.82) > PI(\mathrm{L})(1.36)$ → 투자안 K 선택

· 순현가법: NPV(K)(82만원) < NPV(L)(3,636만원) → 투자안 L 선택

이상의 예에서 볼 수 있는 바와 같이 상호배타적인 투자안들을 평가할 경우에는 수익성지수법과 순현가법에 의한 평가결과가 서로 다를 수 있다. 그 이유는 투자규모의 차이에 대한 묵시적인 투자수익률의 가정이 서로 다르기 때문이다. 두 방법의 여유자금의 투자수익률에 대한 묵시적인 가정을 살펴보면 다음과 같다.

· PI법: 상대적으로 투자규모가 작은 투자안에 투자하고 남은 여유자금(투자규모의 차이)을 그 투자안과 동일한 투자수익률을 얻을 수 있는 투자안에 투자할 수 있다고 가정한다. 앞의 예에서 투자안 K에 투자하고 남는 여유자금 9,900만원(10,000만원 - 100만원)을 투자하는 경우 기존의 투자안 K와 동일한 수익성지수 1.82를 얻을 수 있는 투자안에 투자할 수 있다고 가정하고 있다.

· NPV법: 여유자금을 자본비용과 동일한 투자수익률을 주는 투자안, 즉 $NPV=0(PI=1)$인 투자안에 투자한다고 가정한다. 앞의 예에서 투자안 K에 투자하고 남는 여유자금 9,900만원(10,000만원 - 100만원)을 자본비용과 동일한 투자수익률 10%에 투자, 즉 $NPV=0$인 투자안에 투자한다고 가정하고 있다.

수익성지수법은 상대적으로 투자규모가 작은 투자안에 투자하고 남은 여유자금을 현재 선택한 투자안과 동일한 투자수익률을 얻을 수 있는 투자안에 투자할 수 있다는 가정을 하고 있는데, 이는 한계투자수익률이 체감하는 현실에 비추어 볼 때 비현실적인 가정이라 할 수 있다. 즉 내부수익률법과 같이 수익성지수법은 투자안의 투자규모를 합리적으로 고려하지 않는 투자안 평가방법이라 할 수 있다. 이와 같은 수익성지수법의 묵시적인 가정이 비현실적이기 때문에 순현가법이 수익성지수법보다 우수한 방법이라고 할 수 있다.[19)]

2) 수익성지수법의 수정

투자규모가 상이한 상호배타적인 투자안들을 평가할 때, 비현실적인 가정을 가진 수익성지수법을 순현가법과 동일한 평가결과를 가져올 수 있도록 수정하는 방법에는 다음의 두 가지 방법이 있다.

---

19) 또한 수익성지수법은 내부수익률법과 마찬가지로 가치의 가산원칙이 성립하지 않는다는 단점을 가지고 있다.

(1) 증분수익성지수법

상호배타적인 투자안의 평가에서 순현가법과 수익성지수법이 상이한 결과를 제시하는 경우, 두 투자안의 증분현금흐름을 이용하여 평가하는 증분수익성지수법(incremental PI method)을 사용한다면 순현가법과 동일한 결과를 도출할 수 있다. 앞의 예에서 투자안 K와 투자안 L의 증분(L－K) 수익성지수, 즉 $PI(\mathrm{L-K})$는 1.36으로서 1보다 크다. 그러므로 투자안 L을 선택한다. 이는 순현가법의 평가결과와 일치한다.

(2) 가중평균수익성지수법

가중평균수익성지수법(weighted average PI method: WAPI method)은 NPV법과 같이 여유자금을 자본비용과 동일한 투자수익률을 주는 투자안, 즉 $PI=1(NPV=0)$인 투자안에 투자한다고 가정한다. 투자안 K와 투자안 L의 가중평균수익성지수를 구하면 다음과 같다.

$$\cdot\ WAPI(\mathrm{K})=\frac{100}{10{,}000}(1.82)+\frac{9{,}900}{10{,}000}(1.00)=1.0082$$

$$\cdot\ WAPI(\mathrm{L})=1.36$$

투자안 L의 WAPI가 투자안 K의 WAPI보다 더 크므로 투자안 L을 선택하여야 한다. 이와 같은 가중평균수익성지수법의 평가결과는 순현가법의 평가결과와 항상 일치한다.

주요용어

자본예산(89)
순현가(90)
요구수익률(90)
자본비용(90)
독립적 투자안(91)
상호배타적 투자안(91)
가치의 가산원칙(92)
회수기간(93)
할인회수기간법(94)
평균회계이익률(95)
내부수익률(99)
투자형 현금흐름(103)
차입형 현금흐름(103)
혼합형 현금흐름(103)
수정내부수익률(110)
증분내부수익률법(112)
수익성지수(114)
증분수익성지수법(117)
가중평균수익성지수법(117)

연 습 문 제

1

투자안 평가방법의 비교

상호배타적인 4개 투자안의 현금흐름은 다음과 같다.

(단위: 만원)

연 도 말	현 금 흐 름				$PVIF_{.1,n}$
	투자안 1	투자안 2	투자안 3	투자안 4	
0	−1,500	−1,500	−1,500	−1,500	1.0000
1	150	0	150	300	.9091
2	1,350	0	300	450	.8264
3	150	450	450	750	.7513
4	−150	1,050	600	750	.6830
5	−600	1,950	1,875	900	.6209

단, 자본비용 = 10%

(1) 회수기간법에 의해서 투자안을 평가하고, 그 문제점을 지적하라.

(2) 평균회계이익률법에 의해서 투자안을 평가하고, 그 문제점을 지적하라.

(3) 순현가법에 의해서 투자안을 평가하라.

(4) 내부수익률법에 의해서 투자안을 평가하라.

(5) 위의 물음 (3)과 (4)의 결과가 다르다면 그 이유를 설명하라.

2

순현가법과 내부수익률법

상호배타적인 두 투자안의 현금흐름은 다음과 같다.

(단위: 만원)

연 도 말	현 금 흐 름	
	투자안 1	투자안 2
0	−100	−250
1	400	650

단, 투자안의 자본비용은 25%라고 가정한다.

(1) 투자안의 내부수익률을 계산하고, 그것에 의해 투자안을 평가하라.

(2) 투자안 평가시 내부수익률법이 가지고 있는 문제점을 지적하고, 그 해결방안을 제시하라.

(3) 투자안의 순현가를 구하고, 그것에 의해 투자안을 평가하라.
(4) 투자안의 증분내부수익률을 계산하고, 그것에 의해서 투자안을 평가하라.
(5) 투자안의 증분현금흐름의 순현가를 구하고, 그것에 의해 투자안을 평가하라.
(6) 물음 (3), (4), (5)의 결과를 비교하라.

3 차입형 현금흐름의 평가

다음의 현금흐름 A와 B가 있다. 현금흐름 A는 90만원의 현금유입이 시점 1부터 무한히 발생하는 현금흐름이다. 그리고 현금흐름 B는 110만원의 현금유출이 시점 2부터 무한히 발생하는 현금흐름이다. 자본비용이 10%일 때 다음의 물음에 답하라.

(1) 각 현금흐름의 현재가치를 계산하라.
(2) 현금흐름 A와 B의 합으로 구성된 투자안 C의 내부수익률을 구하라.
(3) 투자안 C를 평가할 때 순현가법과 동일한 결과를 주는 내부수익률법의 평가기준을 제시하고, 그것에 의해서 투자안 C를 평가하라.

4 순현가법과 수익성지수법

다음과 같은 상호배타적인 두 투자안이 주어져 있다.

(단위: 만원)

연 도 말	현 금 흐 름	
	투자안 1	투자안 2
0	−156	−19,500
1	390	31,270

단, 적절한 할인율은 13%이다.

(1) 각 투자안의 수익성지수를 계산하라.
(2) 물음 (1)의 결과에 의해서 투자안을 평가하라.
(3) 순현가법에 의해서 투자안을 평가하라.
(4) 물음 (2)와 (3)의 결과를 비교하라.

5 고급 투자안의 경제성분석 응용 (CPA 2002 수정)

㈜남해는 매년 말 1억원씩 10년을 투자하면 11년도 말부터 매년 영구적으로 1억원의 순현금흐름이 발생하는 투자안을 개발하였다. 이 투자안을 위해 1억원의 개발비가 과거 3년간 지출되었는데 전액 회수 불가능하다. 매년의 투자금액 1억원에는 기회비용 5,000만원이 포함되어 있다. ㈜남해의 자기자본과 부채의 비율은 5:5이고, 주주의 요구수익률은 12%, 채권자의 요구수익률은 8%, 법인세율은 50%로 매년 일정하게 유지되

며, 이 투자안의 수행으로 ㈜남해의 영업위험과 재무위험은 영향을 받지 않는다고 가정하여 다음 물음에 답하라.(단, $A+Ag+Ag^2+\cdots+Ag^{n-1}=A(1-g^n)/(1-g)$이고, $1.10^{10}=2.5937$, $1.09^{10}=2.3674$, $1.08^{10}=2.1589$, $1.07^{10}=1.9672$, $1.06^{10}=1.7908$이다.)

(1) 투자안의 회수기간은 몇 년인지 계산하라.

(2) 투자안의 내부수익률을 계산하고, 그 결과에 근거해 이 투자안의 채택여부를 결정하라.(단, 내부수익률은 %로 표현하되 정수자리까지 구해서 가장 근사치를 택하라.)

(3) 투자안의 순현가를 계산하고, 그 결과에 근거해 투자안의 채택여부를 결정하라.

(4) 만일 이 투자안의 수행을 위해 독립법인인 ㈜남산을 설립하며, 이때 ㈜남산 주주의 요구수익률이 10%, 자기자본과 부채의 구성비율이 6:4라고 한다. 투자안을 채택하기 위해서는 채권자의 요구수익률이 얼마가 되어야 하는가?(단, 투자안의 현금흐름은 동일하고, 독립법인 설립에 따른 비용은 없으며, 법인세율은 변화가 없다고 가정한다.)

(5) 물음 (4)에서 거래은행으로부터 연 이자율 4.95%, 분기별 이자지급조건으로 투자안의 수행을 위해 필요한 부채전액을 조달할 수 있다면 투자안을 채택하겠는가?(단, 이자율은 %로 소수점 둘째 자리까지 구하라.)

제 6 장

자본예산의 실제

1. 현금흐름의 추정
2. 인플레이션과 자본예산
3. 자본예산의 특수문제

전장에서 순현가법과 여러 가지 대체적인 투자안의 평가방법들의 의미 및 그 타당성 여부에 대해서 살펴보고, 합리적인 투자안의 평가방법으로서 순현가법의 타당성을 강조하였다. 이와 같은 투자안의 평가방법을 실제로 적용할 때는 앞에서 설명하지 않은 여러 가지 복잡한 현실적인 문제들을 고려하여야 할 것이다.

그러므로 본장에서는 투자안의 목적적합한 현금흐름을 추정하는 방법과 투자안을 평가할 때 현실적으로 직면할 수 있는 몇 가지 문제들 ―인플레이션, 내용연수가 상이한 상호배타적인 투자안의 평가, 자본제약 등― 에 관하여 설명하고자 한다.

1 현금흐름의 추정

현금흐름(cash flow)은 투자의 결과로서 발생하는 모든 현금을 의미하며, 이것은 현금유입(투자에 의해 들어오는 현금)과 현금유출(투자에 의해 나가는 현금)로 구분된다. 그리고 투자안을 분석할 때 고려되는 현금흐름은 현금유입에서 현금유출을 차감한 순현금흐름이다. 이와 같은 현금흐름은 회계적 이익과 다르다. 왜냐하면 회계적 이익은 현금의 유입과 유출에 관계없이 수익과 비용이 실제로 발생하였다는 구체적인 사실에 의해서 측정되기 때문이다.[1] 즉 회계적 이익은 기업회계기준에 의하여 추정되는 인위적 수치이므로 투자에 의해 발생하는 현금흐름을 정확히 나타내지 못한다. 그러므로 투자안 또는 자산을 평가할 때 회계적 이익이 아닌 현금흐름에 의해서 평가하여야 한다.

1.1 현금흐름 추정시 유의사항

투자안은 세후기준의 증분현금흐름에 의해서 평가되어야 한다. 즉 투자안을 평가할 때 회계적 이익이 아닌 현금흐름을 사용하여야 하며, 그 현금흐름은 증분기준(incremental basis)에 의해서 측정되고 세금을 차감한 것이어야 한다는 것이다.

1) 현금흐름과 회계적 이익의 상이성

현금흐름은 회계적 이익과 서로 다르다. 그러므로 현금흐름을 추정할 때 다음과 같은 몇 가지 사항을 유의하여야 한다.

(1) 감가상각비 등 비현금지출비용의 제외

감가상각비 등 비현금지출비용(non-cash expense)은 회계적 이익을 계산할 때 비용으로 차감된다. 그러나 감가상각비는 인위적으로 배분된 회계적 비용으로서 기업이 실제로 지출하는 것은 아니기 때문에 현금유출에 포함시키지 않아야 한다. 예를 들어 기업이 현재 2억원의 현금을 지급하여 내용연수가 10년인 새로운 기계를 구입한다고 하자. 이 경우 현재시점에서 2억원의 현금유출이 발생한다. 그러나 회계적으로는 실제로 현금이 지출되는 현재시점에서 비용으로 인식하지 않고 기계의 구입비용, 즉 취득원가 2억원을 그 기계의 내용연수 10년에 걸쳐 일정한

1) 기업회계기준에서 취하고 있는 이와 같은 수익과 비용의 인식기준을 발생주의라고 한다. 이와 같은 발생주의 회계기준에서는 수익은 실현주의 원칙, 비용은 수익 · 비용 대응의 원칙에 의해서 결정된다.

그림 6-1 현금유출과 회계적 비용의 차이

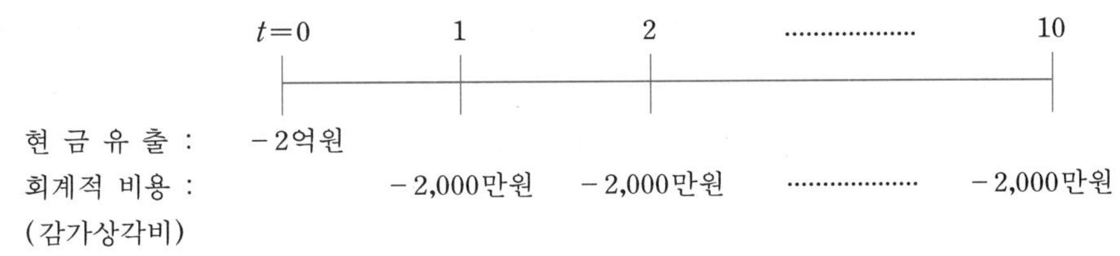

방법으로 배분하여 각 기간의 비용으로 처리하게 된다. 기계를 정액법에 의해서 완전상각한다면, 10년 동안 매년 말에 2,000만원(2억원/10년)의 회계적 비용이 발생하게 된다.[2] 이와 같은 경우 실제로 발생하게 되는 현금유출과 회계적 비용을 비교하여 나타내면 〈그림 6-1〉과 같다.

이상에서 살펴본 바와 같이 현금흐름을 측정할 때 기계 등 고정자산의 구입비용은 실제로 현금이 지출되는 시점에서 이미 현금유출로 전액 인식되기 때문에 내용연수 동안 각 기간에 인위적으로 배분한 회계적 비용, 즉 감가상각비를 현금유출에 포함시켜서는 안 된다.

(2) 이자비용과 배당금 등 금융비용의 제외

이자비용과 배당금은 기업의 입장에서 보면 명백한 현금유출이다.[3] 그러나 기업이 투자자금을 사용하는 대가로서 그 자금을 제공한 채권자와 주주에게 지급하는 이자비용과 배당금은 투자안을 평가하기 위하여 미래 현금흐름을 할인하는 과정에서 할인율(자본비용)에 적절하게 반영되어 차감되기 때문에 이들을 또다시 현금유출에 포함시켜서는 안 된다. 즉 미래 현금흐름을 할인한다는 것은 투자자에게 지급해야 하는 이자비용과 배당금을 공제한다는 것을 의미한다. 따라서 이자비용과 배당금을 현금유출에 포함시켜 할인하는 경우에는 이중계산이 된다.

(3) 운전자본과 자본적 지출의 포함

새로운 투자안에 의해서 재고자산, 매출채권 등이 증가하여 기업의 순운전자본(유동자산－유동부채)이 증가할 수 있다. 그리고 순운전자본의 증가로 인하여 추가적인 자금이 더 필요하게 된다. 이와 같은 순운전자본의 증가로 인하여 추가적

2) 여러 가지 감가상각방법에 대해서는 본장의 보론에서 자세히 설명할 것이다.
3) 이자비용은 회계적 비용이나, 배당금은 회계적 비용이 아닌 순이익의 처분항목이다.

으로 소요되는 자금은 투자안의 내용연수 내에 동일 금액이 회수되므로 회계적 비용은 아니다. 그러나 투자안의 평가시 소모성 비용이 아닌 순운전자본을 현금흐름에 포함시켜야 하는 이유는 화폐의 시간적 가치를 고려해야 하기 때문이다. 예를 들어 현재 새로운 투자로 인하여 재고자산이 100만원 증가하여 현재시점에 100만원의 추가적인 현금유출이 발생한다고 하자. 만약 이러한 재고자산이 다음기에 모두 판매되어 감소한다면 100만원의 현금이 들어올 것이다. 결과적으로 현재시점에 100만원이 지출되어 다음 기에 100만원이 회수된다. 그러나 현재의 100만원과 다음 기의 100만원은 화폐의 시간적 가치로 인하여 그 가치가 서로 다를 것이다. 그러므로 현금흐름을 측정할 때 반드시 순운전자본의 변동을 포함시켜야 한다.

그리고 기업회계기준에 의하면 자본적 지출은 현재의 비용이 아니라 투자자산의 원가에 가산하여 감가상각함으로써 미래의 수익에 대응된다.[4] 그러나 현금흐름기준에 의하면 자본적 지출은 현금유출을 수반하므로 자본적 지출이 발생하는 시점의 현금유출에 포함시켜야 한다. 물론 앞에서 설명한 바와 같이 자본적 지출로 인하여 증가하게 되는 감가상각비는 현금유출에 포함시켜서는 안 된다.

2) 증분현금흐름

투자안을 평가할 때 그 투자안으로 인해 발생되는 증분현금흐름을 사용하여야 한다. 증분현금흐름은 새로운 투자안으로 인하여 발생하게 되는 기업전체 현금흐름의 변화, 즉 투자안을 채택할 때(with project)와 투자안을 채택하지 않을 때(without project)의 기업전체 현금흐름의 차이를 의미한다. 이와 같은 증분현금흐름을 추정할 때 유의해야 하는 사항은 다음과 같다.

(1) 매몰원가의 제외

매몰원가(sunk costs)는 이미 발생한 과거의 원가로서 현재 투자안의 채택 여부와 상관이 없는 비용을 말한다. 그러므로 현재 투자안의 증분현금흐름을 추정할 때 매몰원가는 제외되어야 한다. 예를 들어 어떤 음료회사가 지난해에 3천만원의 시장조사비용을 들여서 새로운 건강음료의 시장성을 조사한 결과, 충분한 시장성이 있다고 생각하여 현재 건강음료의 생산설비에 관한 투자안을 고려하고 있다고 하자. 이 경우 지난해에 지출된 3천만원의 시장조사비용은 현재의 생산설비에 관한 투자안의 채택 여부와 관련이 없는 이미 발생된 과거의 원가, 즉 매몰원가이다.

4) 자본적 지출은 자산의 경제적 편익(economic benefit)을 증가시키기 위하여 지출된 비용으로서 유형자산의 신규투자, 대체투자, 개량 및 증설 등을 위한 투자를 포함한다.

그러므로 현재의 생산설비에 관한 투자안을 평가할 때 매몰원가인 시장조사비용을 투자지출액(현금유출)에 포함시키지 않아야 한다.

(2) 기회비용의 포함

기업은 판매, 임대, 또는 다른 사업에 사용할 수 있는 자산을 보유할 수 있다. 만약 기업이 이러한 자산을 새로운 투자에 사용한다면, 자산의 대체적인 사용으로부터 발생될 수 있는 잠재적인 수입을 잃게 된다. 이와 같이 새로운 투자안을 채택할 때 자산사용의 다른 기회를 포기함으로써 잃게 되는 수입, 즉 손실을 기회비용(opportunity costs)이라 한다. 기회비용은 새로운 투자안에 의해 발생되는 비용이므로 투자안의 증분현금흐름을 추정할 때 현금유출에 포함시켜야 한다. 예를 들어 기업이 현재 보유하고 있는 임대가 가능한 창고를 새로운 투자안에 이용하려고 하는 경우에 이 창고의 임대수입은 새로운 투자안의 기회비용이 된다. 즉 새로운 투자안의 채택으로 인하여 포기하여야 하는 창고의 임대수입은 기회비용으로서 증분현금흐름을 추정할 때 현금유출에 포함시켜야 한다.

(3) 부수적 효과의 포함

고려중인 새로운 투자안은 기업의 다른 부분들에게 영향을 줄 수 있다. 그 결과 발생하는 효과를 투자안의 부수적 효과(side effect)라 한다. 이와 같은 부수적 효과는 증분현금흐름을 추정할 때 고려해 주어야 한다. 가장 대표적인 부수적 효과는 잠식비용(erosion costs)이다. 잠식비용은 새로운 투자안에 의해서 생산된 제품 때문에 그 기업의 기존 제품시장이 잠식되는 경우(예를 들어 기존 제품의 매출이 감소되는 경우) 발생하는 손실을 말한다. 예를 들어 어떤 자동차회사가 새로운 레저용 자동차를 생산하려는 투자안을 고려하고 있다. 만약 이 회사가 새로운 레저용 자동차를 생산한다면 그 회사 기존 자동차의 고객 중 일부는 새로운 레저용 자동차를 구입하려 할 것이다. 그러므로 새로운 레저용 자동차의 생산으로 인하여 그 회사 기존 자동차의 판매가 감소될 수 있다. 이 경우 기존 자동차의 매출감소에 따른 손실이 잠식비용이다. 이와 같은 잠식비용은 새로운 투자안의 증분현금흐름을 추정할 때 현금유출에 포함시켜야 한다.

3) 법인세 효과

감가상각비와 이자비용 등은 현금유출에 포함되지 않는다. 그러나 이들은 기업의 과세대상이익을 줄여 기업이 납부해야 하는 세금(현금유출)을 감소시켜 준다.

그러므로 현금흐름을 추정할 때 이와 같은 세금절감효과(tax shield effect)를 현금유입에 포함시켜야 한다. 세금절감효과를 고려하는 방법에는 다음과 같은 두 가지 방법이 있다. 첫째는 현금흐름을 증가시켜 주는 직접적인 방법이 있다. 감가상각비의 경우에는 이 방법에 의해서 현금흐름을 추정할 때 그 세금절감효과를 현금유입에 포함시켜 준다. 둘째는 현금흐름을 증가시켜 주는 대신에 할인율을 줄임으로써 세금절감효과를 간접적으로 고려하는 방법이 있다. 일반적으로 이자비용의 경우에는 그 세금절감효과를 현금흐름에 직접적으로 고려하지 않고 할인율을 줄임으로써 간접적으로 고려해 준다.[5] 즉 할인율을 줄임으로써 간접적인 현금유입의 효과를 얻을 수 있다. 이와 같은 이유 때문에 일반적으로 이자비용의 경우에는 현금흐름을 측정할 때 감가상각비와는 달리 그 세금절감효과를 현금유입에 포함시키지 않는다는 것을 유의하여야 한다.

1.2 현금흐름의 추정

이제 앞에서 설명한 현금흐름 추정시 유의사항을 고려하여 현금흐름을 추정하는 일반적인 공식을 도출해 보기로 하자.

1) 영업현금흐름

투자안에 대한 추정손익계산서(pro-forma income statement)가 〈표 6-1〉과 같이 주어져 있다고 가정하여 정상적인 영업활동의 결과 발생하는 영업현금흐름을 추정해 보자. 이 경우 추정손익계산서의 각 항목은 증분개념으로서 투자안을 채택할 경우 기업의 손익계산서와 투자안을 채택하지 않을 경우 기업의 손익계산서를 각각 작성한 후 전자에서 후자를 차감하여 구해진 것이다.

영업현금흐름(operating cash flow)은 매출액의 증분에서 현금지출비용의 증분(변동영업비용의 증분과 고정현금지출비용의 증분)과 법인세비용의 증분을 차감하여 다음과 같이 구할 수 있다.[6]

---

5) 이자비용의 세금절감효과를 할인율(자본비용)에 고려해 주는 방법에 대해서는 제12장에서 설명할 것이다.

6) 여기서 법인세비용을 계산하는 기준이 되는 과세대상이익에는 이자비용이 차감되지 않았음을 유의하기 바란다. 그 이유는 앞에서 설명한 바와 같이 이자비용의 세금절감효과는 할인율에 고려해 주기 때문이다.

표 6-1 추정손익계산서[7)] (단위: 천원)

매출액의 증분	ΔR	145,000
변동영업비용의 증분	ΔVC	90,000
고정현금지출비용의 증분	ΔFCC	10,000
감가상각비의 증분	Δdep	15,000
이자비용 및 법인세비용차감전 순이익의 증분	$\Delta EBIT$	30,000
이자비용의 증분	ΔInt	5,000
법인세비용차감전 순이익의 증분	ΔEBT	25,000
법인세비용(법인세율, $T_C=40\%$)의 증분	ΔT	10,000
순이익의 증분	ΔNI	15,000

$$\begin{aligned}&\text{영업현금흐름}\\&=(\Delta R-\Delta VC-\Delta FCC)-T_C(\Delta R-\Delta VC-\Delta FCC-\Delta dep)\\&=(145{,}000-90{,}000-10{,}000)-(0.4)(145{,}000-90{,}000-10{,}000-15{,}000)\\&=33{,}000\text{천원}\end{aligned} \tag{6-1}$$

식 (6-1)을 변형하여 다음과 같이 나타낼 수 있다.

$$\begin{aligned}&\text{영업현금흐름}\\&=(\Delta R-\Delta VC-\Delta FCC)-T_C(\Delta R-\Delta VC-\Delta FCC)+T_C\Delta dep\\&=(\Delta R-\Delta VC-\Delta FCC)(1-T_C)+T_C\Delta dep\\&=(145{,}000-90{,}000-10{,}000)(1-0.4)+(0.4)(15{,}000)\\&=33{,}000\text{천원}\end{aligned} \tag{6-2}$$

여기서 $T_C\Delta dep$: 감가상각비의 세금절감액

또는 식 (6-1)의 우변에 Δdep를 가감하여 정리하면 다음과 같다.[8)]

$$\begin{aligned}&\text{영업현금흐름}\\&=(\Delta R-\Delta VC-\Delta FCC-\Delta dep)-T_C(\Delta R-\Delta VC-\Delta FCC-\Delta dep)+\Delta dep\\&=(\Delta R-\Delta VC-\Delta FCC-\Delta dep)(1-T_C)+\Delta dep\end{aligned}$$

---

7) 본서에서는 이자비용 및 법인세비용차감전 순이익(earning before interest and taxes: EBIT)을 영업이익(net operating income: NOI)과 동일한 개념으로 사용한다.

8) 또한 식 (6-3)의 우변에 $(1-T_C)\Delta Int$를 가감하여 정리하면 다음과 같다.

$$\begin{aligned}\text{영업현금흐름}&=(\Delta R-\Delta VC-\Delta FCC-\Delta dep)(1-T_C)+\Delta dep-(1-T_C)\Delta Int+(1-T_C)\Delta Int\\&=(\Delta R-\Delta VC-\Delta FCC-\Delta dep-\Delta Int)(1-T_C)+\Delta dep+(1-T_C)\Delta Int\\&=\Delta NI+\Delta dep+(1-T_C)\Delta Int\\&=15{,}000+15{,}000+(1-0.4)(5{,}000)=33{,}000\text{천원}\end{aligned}$$

$$
\begin{aligned}
&= \Delta EBIT(1-T_C) + \Delta dep \\
&= (145{,}000-90{,}000-10{,}000-15{,}000)(1-0.4) + 15{,}000 \\
&= 33{,}000\text{천원} \qquad (6\text{-}3)
\end{aligned}
$$

이상에서 볼 수 있는 바와 같이 영업현금흐름을 측정할 때 식 (6-1), 식 (6-2) 또는 식 (6-3)의 어느 식을 이용하여도 동일한 결과를 얻을 수 있을 것이다. 그리고 앞의 세 식을 살펴보면, 어떠한 식에도 부채사용으로 인하여 지급하여야 하는 이자비용 등이 포함되지 않고 있음을 알 수 있다. 이것은 투자안의 영업현금흐름이 부채사용 여부, 즉 자본조달방법과 관계없이 투자안 자체의 수익력에 의해서 결정된다는 것을 의미한다.[9] 그러므로 투자안의 영업현금흐름을 측정할 때 부채사용에 관련된 정보(이자비용과 원금상환)를 무시할 수 있다.

2) 잉여현금흐름

투자안을 평가할 때 목적적합한 현금흐름은 실제로 처분가능한 현금흐름이다. 그러므로 현금흐름을 계산할 때 투자안으로 인하여 소요될 수 있는 운전자본과 자본적 지출 등의 소요자본(capital requirements)을 포함시켜야 한다. 이와 같이 투자안의 평가에 목적적합한 현금흐름(증분현금흐름)은 투자의 소요자본을 모두 포함시킨 잉여현금흐름(free cash flow)이며 이것을 구하는 일반식은 다음과 같다.[10]

$$
\Delta CF = \underbrace{(\Delta R - \Delta VC - \Delta FCC)(1-T_C) + T_C \Delta dep}_{\text{영업현금흐름}} \underbrace{- \Delta WC - \Delta CI}_{\text{소요자본}} \qquad (6\text{-}4)
$$

여기서 ΔWC : 순운전자본의 증분
ΔCI : 자본적 지출의 증분

현재 사용하고 자산(구자산)이 수명을 다하였거나 그 효율이 떨어질 때 새로운 자산으로 교체하는 투자를 대체투자(replacement investment)라 하며, 이에 대한 현금흐름의 추정은 현재 사용하고 있는 구자산의 처분 등을 고려하여야 하기 때문에 신규투자의 경우보다 복잡하게 된다. 이와 같이 복잡한 대체투자에 대한 현금흐름을 추정하는 일반식을 알고 있으면 여러 가지 상황에 쉽게 적용할 수 있다는 장점이 있다. 그러므로 여기서는 대체투자를 가정하여 각 기간별 현금흐름을

---

9) 자본조달에 따른 효과는 자본조달의 비용인 할인율(자본비용)에서 고려된다. 이것에 대한 자세한 내용은 제12장에서 설명된다.

10) Δ는 증분을 나타내는 기호로서 증가할 때 양(+), 감소할 때 음(−)이 된다는 것을 유의하여야 한다.

추정하는 일반식을 살펴보고자 한다.

투자안의 현금흐름을 추정할 때 고려해야 하는 요인들은 투자안을 시작하는 시점(현재시점), 정상적인 영업활동을 하는 기간, 영업을 종료하는 시점 등에 따라 달라질 수 있다. 이와 같은 점을 고려하여 대체투자의 경우 각 기간별 현금흐름의 일반적인 공식을 구하면 다음과 같다.

(1) 현재시점($t=0$)의 현금흐름

투자가 시작되는 현재시점에서는 아직 영업활동을 착수하지 않았기 때문에 영업활동으로 인한 현금흐름은 발생되지 않고 소요자본, 즉 자본투자에 의한 현금유출만 고려해 주면 된다. 그러므로 현재시점의 현금흐름 ΔCF_0는 다음과 같이 결정될 수 있다.

$$\Delta CF_0 = -\Delta CI_0 + S_0 - (S_0 - B_0)T_C + ITC - \Delta WC_0 \qquad (6\text{-}5)$$

여기서 S_0 : 현재시점에서 구자산의 처분가치
B_0 : 현재시점에서 구자산의 장부가치
ITC : 투자세액공제

식 (6-5)에서 투자세액공제(investment tax credit)란 정부에서 투자를 촉진시키기 위하여 설비투자에 대해 투자액의 일부 또는 일정비율을 세액에서 직접 공제해 주는 것을 의미한다. 투자세액공제는 법인세에서 직접 공제되어 세금을 줄여주기 때문에 현금유입에 포함시켜야 한다. 그리고 「$S_0-(S_0-B_0)T_C$」는 새로운 투자안을 채택함으로써 필요없어진 구자산의 처분으로 인한 현금흐름을 나타낸다. 이것은 구자산의 처분가치에서 고정자산처분이익에 대한 세금지출액을 차감한 것이다.

(2) 영업기간($t=1\sim n-1$)의 현금흐름

정상적인 영업활동이 시작된 경우 영업기간 내 임의의 t시점에서의 현금흐름 ΔCF_t는 다음과 같이 결정될 수 있다.

$$\Delta CF_t = (\Delta R_t - \Delta VC_t - \Delta FCC_t)(1-T_C) + T_C \Delta dep_t - \Delta CI_t - \Delta WC_t \qquad (6\text{-}6)$$

식 (6-6)에서 각 기호의 아래첨자(subscripts) t는 시점을 나타낸다.

(3) 내용연도 말($t=n$)의 현금흐름

투자기간이 종료되는 내용연도 말의 현금흐름 ΔCF_n은 다음과 같다.

$$\Delta CF_n = (\Delta R_n - \Delta VC_n - \Delta FCC_n)(1-T_C) + T_C \Delta dep_n - \Delta CI_n + \Delta S_n - (\Delta S_n - \Delta B_n)T_C - \Delta WC_n \qquad (6\text{-}7)$$

여기서 ΔS_n : 내용연도 말 자산처분가치의 증분
(신자산의 처분가치－구자산의 처분가치)
ΔB_n : 내용연도 말 자산장부가치의 증분
(신자산의 장부가치－구자산의 장부가치)

내용연도 말에는 모든 영업활동이 종료되기 때문에 그 시점에 아직 남아 있는 운전자본은 모두 회수될 것이다. 이때 운전자본이 회수(감소)되므로 ΔWC_n의 부호는 음(－)이 된다. 그러나 식 (6-7)에서 운전자본의 증분 앞에 음(－)의 부호가 있으므로(즉 $-\Delta WC_n$이므로) 운전자본을 회수하는 경우에는 전체 부호가 양(+)이 된다. 즉 내용연도 말에서의 운전자본의 회수는 현금유입으로 나타나게 된다는 것을 유의해야 한다.

예제 6-1 현금흐름의 추정

개인용 컴퓨터를 생산하고 있는 ㈜첨단컴퓨터는 휴대용 컴퓨터인 노트북을 생산하려고 한다. 노트북의 마케팅 가능성을 파악하기 위하여 국내 4개 대도시지역을 대상으로 시장조사를 실시하였다. 그 결과 예상보다 성공가능성이 클 것으로 전망되었다. 시장조사에 소요되었던 비용은 1,500만원이며, 노트북을 생산할 경우 필요한 기계설비는 새로 구입하여야 하고, 생산공장은 이 회사 소유의 부천소재 공장을 이용할 수 있다. 현재 이 공장은 연간 1,500만원씩 받고 임대하고 있다.

기획팀은 노트북 투자안에 관한 평가의 기초자료를 다음과 같이 마련하였다. 노트북생산에 필요한 기계의 구입가격은 200,000만원이고 최초의 운전자본은 10,000만원이 필요하다. 이 기계에 대한 감가상각은 잔존가치가 없는 것으로 보고 정액법으로 회계처리한다. 그러나 기계의 5년 후 실제 시장가치는 30,000만원으로 추정된다.

노트북의 향후 5년간에 걸친 수요량은 각각 500, 800, 1,000, 1,200, 1,000대로 추정되며, 대당 판매가격은 첫해에는 200만원이나 그 이후는 연간 5%의 가격하락이 예상되고 있다. 한편 노트북생산에 소요되는 현금지출비용은 인건비의 급격한 상승으로 인하여 첫해의 제조비용은 대당 100만원이지만 그 후에는 매년 10%씩 증가되리라고 전망하였다. 이 밖에는 현금, 매출채권, 재고자산 등과 같은 운전자본이 매년 말에 매출액의 10%가 될 것으로 추정된다. 그리고 새로운 노트북의 판매로 인하여 기존 컴퓨

터의 판매가 감소되며, 그 손실은 매년 1,000만원으로 추정된다. 이 회사의 법인세율은 40%이며, 이 투자안의 자본비용이 10%이다.

이 경우 ㈜첨단컴퓨터는 새로운 노트북을 생산하여야 하는가?

☞ 해설

(1) 현금흐름 추정

a) 영업현금흐름$[(\Delta R_t-\Delta VC_t-\Delta FCC_t)(1-T_C)+T_C\Delta dep_t]$ 추정

(단위: 만원)

항목 \ 연도 말	1	2	3	4	5
① 수요량(생산량)	500	800	1,000	1,200	1,000
② 판매가격	200	190	180.5	171.5	162.9
③ 매출액(ΔR_t)	100,000	152,000	180,500	205,800	162,900
④ 단위당비용	100	110	121	133.1	146.4
⑤ 현금지출비용 ($\Delta VC_t+\Delta FCC_t$)	50,000	88,000	121,000	159,720	146,400
⑥ 감가상각비(Δdep_t)	40,000	40,000	40,000	40,000	40,000
영업현금흐름 [(③ − ⑤)(1 − T_C) + T_C⑥]	46,000	54,400	51,700	43,648	25,900

단, 감가상각비$=\dfrac{200,000-0}{5}=40,000$만원

b) 소요자본$[-\Delta CI_t+\Delta S_t-(\Delta S_t-\Delta B_t)T_C-\Delta WC_t]$ 추정

증분현금흐름을 추정하기 위하여 노트북의 생산으로 인해서 발생하게 되는 다음과 같은 소요자본을 고려하여야 한다.

· 새 기계설비의 구입비용(200,000만원) 및 내용연도 말의 세후 처분가치[11)]
$[\Delta S_n-(\Delta S_n-\Delta B_n)T_C=30,000-(30,000-0)(0.4)=18,000$만원$]$

· 기회비용: 부천소재공장을 사용함으로써 포기해야 하는 연간 세후 임대료수입 ($1,500\times(1-0.4)=900$만원)

· 잠식비용: 새로운 노트북의 판매로 인하여 발생되는 기존 컴퓨터의 연간 세후 판매감소 손실액($1,000\times(1-0.4)=600$만원)

· 소요운전자본: 운전자본(매출액의 10%)에 대한 추가 소요액

그러나 과거에 이미 지출된 시장조사비용 1,500만원은 현재시점에서의 노트북투자안의 채택 여부와 관계없는 과거의 원가, 즉 매몰원가이므로 현금흐름을 측정할 때 제

11) 이 경우는 대체투자가 아닌 신규투자이므로 구기계가 존재하지 않는다. 그러므로 구기계의 처분으로 인한 현금흐름은 발생되지 않는다.

외하여야 한다.

이상의 자료에 의해서 노트북생산으로 인한 소요자본을 계산하면 다음과 같다.

(단위: 만원)

항목 \ 연도 말	0	1	2	3	4	5
① 기계설비	−200,000					18,000
② 기회비용		−900	−900	−900	−900	−900
③ 잠식비용		−600	−600	−600	−600	−600
④ 운전자본(연도 말)	10,000	10,000	15,200	18,050	20,580	0*
⑤ 소요운전자본	−10,000	0	−5,200**	−2,850	−2,530	20,580
소요자본 [①+②+③+⑤]	−210,000	−1,500	−6,700	−4,350	−4,030	37,080

* 내용연도 말에는 운전자본이 모두 회수되므로 내용연도 말의 운전자본액은 0이 된다.

** 소요운전자본[12] $=-\Delta WC_2=-$(2년도 말 운전자본−1년도 말 운전자본)

$=-(15{,}200-10{,}000)=-5{,}200$만원

c) 현금흐름(증분현금흐름) = 영업현금흐름 + 소요자본

(단위: 만원)

항목 \ 연도 말	0	1	2	3	4	5
① 영업현금흐름		46,000	54,400	51,700	43,648	25,900
② 소요자본	−210,000	−1,500	−6,700	−4,350	−4,030	37,080
현금흐름[①+②]	−210,000	44,500	47,700	47,350	39,618	62,980

(2) **현금흐름의 평가**(순현가법에 의한 평가)

$$NPV=-210{,}000+\frac{44{,}500}{1+0.1}+\frac{47{,}700}{(1+0.1)^2}+\frac{47{,}350}{(1+0.1)^3}+\frac{39{,}618}{(1+0.1)^4}+\frac{62{,}980}{(1+0.1)^5}=-28{,}383.96\text{만원}$$

노트북 투자안의 순현가는 −28,383.96만원으로서 0보다 작으므로 이 투자안은 기각되어야 한다.

12) 운전자본은 소멸되는 비용이 아니므로 한번 지출된 운전자본은 회수되지 않는다면 기업 내에 계속 남아 있게 된다. 그러므로 당년도 말의 운전자본에 대한 추가소요액은 당년도 말 운전자본액에서 전년도 말 운전자본액을 차감한 금액이 될 것이다. 여기에서 당년도 말 운전자본액이 전년도 말 운전자본액보다 많은 경우는 운전자본에 대한 추가지출(현금유출)을 의미하며, 그 반대의 경우는 운전자본에 대한 회수액(현금유입)을 의미한다.

2 인플레이션과 자본예산

우리가 살고 있는 사회에서는 인플레이션(inflation)이 일반적인 현상이며, 그것은 자본예산에서 반드시 고려되어야 한다. 그러므로 여기서는 자본예산에서 인플레이션을 어떻게 반영하여야 하는지를 설명하고자 한다.

2.1 이자율과 인플레이션

은행의 연간 이자율이 10%라고 가정하자. 이것은 현재시점에서 1,000원을 예금하는 개인이 1년 후에 1,100원(1,000원×1.10)을 얻을 수 있다는 것을 의미한다. 이와 같은 10%는 상당히 높은 수익률인 것처럼 보일 수 있으나, 그것을 올바르게 평가하기 위해서는 먼저 인플레이션율을 조사해야 할 것이다.

인플레이션율이 연간 6%로 예상되며, 모든 제품에 동일하게 영향을 미친다고 가정하자. 예를 들어 사탕을 현재 개당 1원씩 팔고 있는 상점은 1년도 말에 동일한 사탕을 개당 1.06원씩 팔 것이다. 현재 1,000원을 가지고 있는 사람은 사탕을 1,000개 구입할 수 있다. 그 대신 이 사람이 그 돈을 은행에 예금한다면, 그는 1년도 말에 1,038개(1,100원/1.06원)의 사탕을 살 수 있을 것이다. 즉 이 사람은 은행에 돈을 예금함으로써 사탕의 소비를 3.8%만큼 증가시킬 수 있게 된다. 모든 상품의 가격이 6%만큼 증가하기 때문에 돈을 예금하는 것은 단지 3.8%만큼의 제품에 대한 소비를 증가시켜 줄 것이다. 그러므로 은행에 예금하는 경우 인플레이션을 조정한 후 실질적으로 얻을 수 있는 수익률은 3.8%라 할 수 있다. 이와 같이 인플레이션이 조정된 3.8%를 실질이자율(real interest rate)이라 하며, 인플레이션이 조정되지 않은 10%를 명목이자율(nominal interest rate)이라 한다. 이상에서 설명한 내용을 요약하여 나타내면 〈그림 6-2〉와 같다.

일반적으로 명목이자율과 실질이자율 그리고 인플레이션율 사이에는 다음과 같은 관계가 성립한다.[13)]

$$1 + \text{명목이자율} = (1 + \text{실질이자율})(1 + \text{인플레이션율}) \qquad (6\text{-}8)$$

식 (6-8)에 의해서 실질이자율을 구하면 다음과 같다.

13) 이와 같은 관계를 피셔효과(Fisher effect)라고 한다.

그림 6-2 이자율과 인플레이션

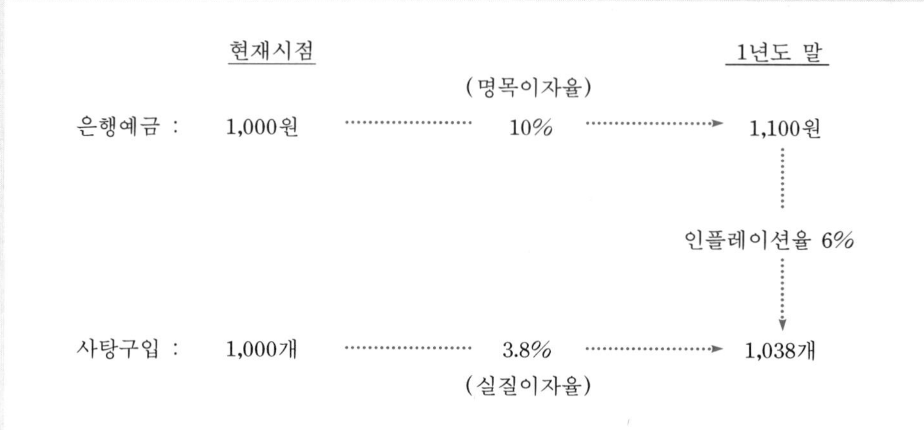

$$실질이자율 = \frac{1 + 명목이자율}{1 + 인플레이션율} - 1 \qquad (6\text{-}9)$$

식 (6-9)를 이용하여 앞의 예에서의 실질이자율이 3.8%가 됨을 확인할 수 있다.

$$실질이자율 = \frac{1 + 0.1}{1 + 0.06} - 1 = 0.038 \text{ 또는 } 3.8\%$$

그러나 식 (6-8)에서 (실질이자율×인플레이션율)이 무시할 수 있을 정도로 아주 작은 경우 실질이자율을 다음과 같이 나타낼 수 있다.

$$실질이자율 \cong 명목이자율 - 인플레이션율 \qquad (6\text{-}10)$$

식 (6-10)에서 부호 "≅"는 근사치(approximation)를 의미한다. 이 식에 의해서 앞의 예에 대한 실질이자율을 구하면 다음과 같다.

$$실질이자율 \cong 명목이자율 - 인플레이션율 = 10\% - 6\% = 4\%$$

그러나 식 (6-10)은 (실질이자율×인플레이션율)이 아주 작은 경우에 사용할 수 있는 근사식임을 명심하여야 한다.

2.2 현금흐름과 인플레이션

이자율과 같이 현금흐름도 명목현금흐름 또는 실질현금흐름으로 구분할 수 있다. 명목현금흐름은 미래에 실제로 발생하는 현금흐름을 의미한다. 그러나 실질현금흐름은 명목현금흐름에서 인플레이션효과를 제거한(명목현금흐름을 인플레이션율로 디플레이트(deflate)한) 현금흐름으로서 현재시점의 구매력(purchasing power)으로 환산된 현금흐름이다. 예를 들어 현재 개당 10,000원인 케이크를 팔고 있는 제과점이 있다. 이 제과점의 주인은 앞으로 2년 동안 매년 인플레이션율이 8%이며, 케이크의 가격상승률이 인플레이션율보다 2%포인트 더 높은 10%라고 예상하고 있다. 이 경우 2년 후 이 제과점의 케이크의 매출량이 100개라고 한다면, 이 제과점의 2년 후 명목현금흐름과 실질현금흐름은 다음과 같다.

- 명목현금흐름 $=$ (10,000원)$(1+0.1)^2(100)=$ 121만원
- 실질현금흐름 $=$ 121만원$/(1+0.08)^2=$ 103.74만원

그러므로 제과점 주인이 2년 후에 실제로 받을 수 있는 명목현금흐름 121만원을 인플레이션효과가 제거된 실질현금흐름, 즉 현재의 구매력으로 환산하면 103.74만원이 된다.

2.3 인플레이션하의 투자안 평가방법

투자안을 평가할 때 인플레이션을 현금흐름과 할인율에 일관성 있게 반영하여야 한다. 즉 명목현금흐름은 명목이자율로 할인하여야 하고, 실질현금흐름은 실질이자율로 할인하여야 한다.

예제 6-2 인플레이션하의 투자안 평가

하늘주식회사는 내용연수가 5년인 100억원 규모의 투자안을 고려하고 있는데, 이 투자안의 매년말 실질현금흐름은 다음과 같이 추정된다.

(단위 : 억원)

	연 도 말				
	1	2	3	4	5
수익	30	40	50	50	30
현금지출비용	10	10	10	10	10

투자액은 정액법에 의해서 완전상각되며 법인세율은 50%이다. 또한 명목이자율은 13%이며, 인플레이션율은 5년 동안 매년 10%로 일정하다고 기대된다. 하늘주식회사는 이 투자안을 채택하여야 하는가?

☞ 해설

이 문제는 다음과 같은 두 가지 방법에 의해서 풀 수 있다.

(1) 실질현금흐름과 실질이자율을 사용하는 방법

먼저 각 연도 말의 실질현금흐름을 구하면 다음과 같다.

(단위: 억원)

	연도말				
	1	2	3	4	5
① 수익	30	40	50	50	30
② 현금지출비용	10	10	10	10	10
③ 순현금이익 [①−②]	20	30	40	40	20
④ 감가상각비	20	20	20	20	20
⑤ 실질감가상각비[14)] [④×$(1+0.1)^{-t}$]	18.18	16.53	15.03	13.66	12.42
실질현금흐름 [③×(1−0.5)+⑤×0.5]	19.09	23.27	27.52	26.83	16.21

그리고 실질이자율은 다음과 같이 구할 수 있다.

$$\text{실질이자율} = \frac{1+0.13}{1+0.1} - 1 = 0.0273$$

그러므로 위에서 구한 실질현금흐름을 실질이자율 2.73%로 할인하여 투자안의 순현가를 구하면 다음과 같다.

$$NPV = \frac{19.09}{1+0.0273} + \frac{23.27}{(1+0.0273)^2} + \frac{27.52}{(1+0.0273)^3} + \frac{26.83}{(1+0.0273)^4} + \frac{16.21}{(1+0.0273)^5} - 100 = 4.27\text{억원}$$

14) 감가상각비는 취득원가에 의해서 계산되는 명목금액이라는 사실을 유의하여야 한다. 그러므로 실질감가상각비를 구하기 위해서는 인플레이션율로 디플레이트시켜 주어야 한다.

(2) 명목현금흐름과 명목이자율을 사용하는 방법

각 연도 말의 명목현금흐름을 구하면 다음과 같다.

(단위: 억원)

	연 도 말				
	1	2	3	4	5
① 수익	30	40	50	50	30
② 현금지출비용	10	10	10	10	10
③ 순현금이익 [①−②]	20	30	40	40	20
④ 명목순현금이익 [③×$(1+0.1)^t$]	22.00	36.30	53.24	58.56	32.21
⑤ 감가상각비	20	20	20	20	20
명목현금흐름 [④×(1−0.5)+⑤×0.5]	21	28.15	36.62	39.28	26.11

위에서 구한 명목현금흐름을 명목이자율 13%로 할인하여 투자안의 순현가를 구하면 다음과 같다.

$$NPV = \frac{21}{1+0.13} + \frac{28.15}{(1+0.13)^2} + \frac{36.62}{(1+0.13)^3} + \frac{39.28}{(1+0.13)^4} + \frac{26.11}{(1+0.13)^5} - 100$$

$$= 4.27\text{억원}$$

(3) 위의 두 방법 중 어느 방법을 사용하더라도 투자안 순현가는 동일하게 4.27억원이 되며, 이것은 0보다 크므로 하늘주식회사는 이 투자안을 채택하여야 한다.

3 자본예산의 특수문제

3.1 내용연수가 다른 투자안 평가

상호배타적인 투자안을 평가할 때 고려되는 투자안들의 내용연수가 서로 다를 수 있다. 예를 들어 〈표 6-2〉와 같은 상호배타적인 투자안 A와 투자안 B를 고려해 보자.

〈표 6-2〉에서 볼 수 있는 바와 같이 자본비용이 10%일 때 투자안 B의 순현가는 투자안 A보다 더 크다. 이 경우 투자안 B를 선택하여야 하는가?

표 6-2 내용연수가 다른 투자안 A와 B의 현금흐름 (단위: 만원)

시 점	현 금 흐 름	
	투자안 A	투자안 B
0	−1,000	−1,000
1	600	400
2	600	400
3		475
NPV($r=10\%$)	41	50

투자안 A의 내용연수(2년)와 투자안 B의 내용연수(3년)가 서로 다르기 때문에 위의 물음에 대한 해답을 구하기 위해서는 추가적인 분석이 요구된다. 투자안의 내용연수가 서로 상이한 경우 단순한 순현가법에 의한 평가는 잘못된 결과를 초래할 수도 있다. 예를 들어 투자안 A의 순현가(41만원)는 2년 동안의 투자를 통하여 벌어들이는 순현가이므로 만약 반복투자가 가능하다면 투자안 A가 투자안 B보다 더 좋을 수 있다. 이러한 문제를 해결하기 위해서는 현실상황에 대한 전제를 확인한 후, 그 상황에 따라 상이한 내용연수를 가진 투자안들의 내용연수를 일치시켜서 평가하여야 한다. 결론적으로 투자안을 평가할 때 주어진 현실상황이 무엇인지를 확인하고, 그 상황과 일치하는 묵시적인 가정을 가진 투자안 평가방법을 선택하여야 할 것이다.

내용연수가 상이할 경우에 다음과 같은 두 가지 상황을 고려할 수 있다.

1) 반복투자가 불가능한 경우

투자안이 종료된 후 그와 동일한 투자안에 반복하여 투자할 수 없다는 것은 한 번 투자하면 그 투자안과 동일한 투자기회가 사라진다는 것이다. 그러므로 투자자가 상이한 내용연수의 차이를 맞추기 위하여 반복하여 투자한다 하더라도 단지 자본비용과 동일한 투자수익률을 주는 투자안($NPV=0$인 투자안)에 투자할 수 있을 뿐이다. 즉 반복투자로 인하여 투자자는 추가적인 순현가를 얻을 수 없다는 것을 의미한다.

이와 같이 반복투자가 불가능한 경우에는 각 투자안을 선택함으로써 얻을 수 있는 순현가는 그 투자안을 한 번 투자하는 경우의 순현가와 일치하기 때문에 투자안은 단순한 순현가법에 의해서 평가되어야 한다. 그러므로 앞의 예에서 투자안 B의 순현가(50만원)가 투자안 A의 순현가(41만원)보다 크기 때문에 투자안 B를 선택하여야 한다.

2) 반복투자가 가능한 경우

투자안이 종료된 후 그와 동일한 투자안에 반복하여 투자할 수 있다는 것은 한 번 투자한 후에도 그 투자안과 동일한 투자기회가 계속 존재한다는 것이다. 그러므로 투자자가 상이한 내용연수의 차이를 맞추기 위하여 반복하여 투자하는 경우에 처음 선택한 투자안과 동일한 투자수익률을 주는 투자안(NPV가 동일한 투자안)에 계속 투자할 수 있다는 것을 의미한다. 반복투자로 인하여 투자자는 처음 투자안과 동일한 순현가를 추가적으로 계속 얻을 수 있다는 것이다.

이와 같은 경우 투자안 평가방법을 개발하기 위하여 투자안의 내용연수는 n년이고, 그 투자안의 투자시점에서의 순현가는 $NPV(n)$인 반복투자가 가능한 어떤 투자안이 있다고 하자. 이 투자안을 내용연도 말에 무한히 반복투자하는 경우, 그 반복투자에 의해서 발생하는 현금흐름을 나타내면 〈그림 6-3〉과 같다. 〈그림 6-3〉의 현금흐름은 매 n기간 초에 $NPV(n)$의 현금흐름을 얻을 수 있는 영구연금의 현금흐름과 동일하다. 그러므로 무한히 반복투자하는 경우 투자안의 순현가 $NPV(n, \infty)$를 구하면 다음과 같다.[15)]

$$NPV(n, \infty) = NPV(n) + \frac{NPV(n)}{(1+r)^n} + \frac{NPV(n)}{(1+r)^{2n}} + \frac{NPV(n)}{(1+r)^{3n}} + \cdots$$

$$= NPV(n)\left[\frac{(1+r)^n}{(1+r)^n - 1}\right] \qquad (6\text{-}11)$$

그림 6-3 무한히 반복투자하는 경우의 현금흐름

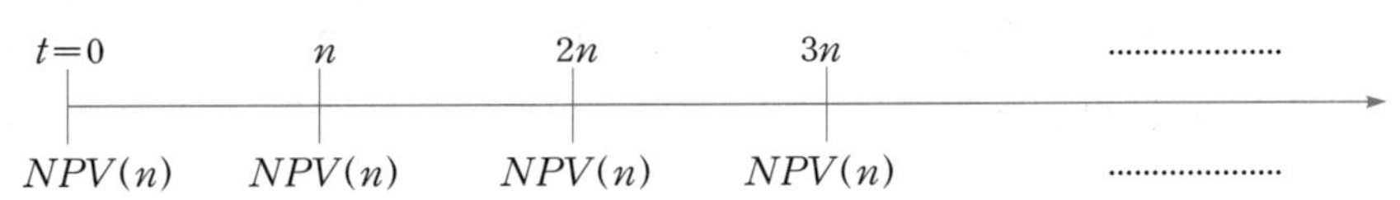

15) 무한등비급수를 구하는 공식을 이용하여 간단히 하면 다음과 같다.

$$NPV(n, \infty) = \frac{\text{초항}}{1-\text{공비}} = \frac{NPV(n)}{1-\dfrac{1}{(1+r)^n}} = NPV(n)\left[\frac{(1+r)^n}{(1+r)^n - 1}\right]$$

식 (6-11)은 일정한 규모로 무한히 반복투자한 경우 투자안의 순현가를 구하는 식이다. 따라서 위의 식을 이용한다면, 내용연수가 서로 다른 투자안을 상호비교할 수 있다. 왜냐하면 이들 투자안의 현금흐름이 연속적으로 영구히 반복될 때, 그들 투자안은 결국에 동일한 내용연수(무한)를 갖는 투자안이 되기 때문이다.[16)] 그리고 영구적 현금흐름의 순현가는 그 투자안으로 인한 기업가치의 증가(주주 부의 증가)를 나타낸다.

앞의 예에서 반복투자가 가능할 경우 투자안 A와 투자안 B의 순현가를 구하면 다음과 같다.

· 투자안 A의 $NPV(2,\ \infty)=NPV(2)\left[\dfrac{(1+0.1)^2}{(1+0.1)^2-1}\right]=236.24$만원

· 투자안 B의 $NPV(3,\ \infty)=NPV(3)\left[\dfrac{(1+0.1)^3}{(1+0.1)^3-1}\right]=201.52$만원

결과적으로 반복투자가 가능한 경우에는 투자안 A의 순현가(236.24만원)가 투자안 B의 순현가(201.52만원)보다 더 크므로 투자안 A를 선택하여야 한다.

투자안을 비교하는 또 다른 하나의 방법은 무한 반복적인 투자안의 현재가치에 투자안의 자본비용 r을 곱하여 구한 다음과 같은 연간 등가가치(annual equivalent value: AEV)에 의해서 평가하는 방법이다.

$$\begin{aligned} r\cdot NPV(n,\ \infty) &= NPV(n)\left[\frac{r(1+r)^n}{(1+r)^n-1}\right] \\ &= \frac{NPV(n)}{PVIFA_{r,\ n}} = AEV \end{aligned} \qquad (6\text{-}12)$$

식 (6-12)에서 AEV의 의미를 살펴보기 위하여 이 식의 양변을 자본비용 r로 나누면 다음과 같다.

$$NPV(n,\ \infty)=\frac{AEV}{r} \qquad (6\text{-}13)$$

식 (6-13)을 제3장에서 설명한 영구연금의 현재가치를 구하는 공식과 비교하면 AEV의 의미가 명백해질 것이다. 즉 AEV는 $NPV(n,\ \infty)$와 동일한 가치를

16) 각 투자안들의 내용연수의 최소공배수에 해당하는 기간만큼 반복투자를 가정하여 내용연수를 일치시키는 방법도 있다. 즉 예에서 두 투자안의 내용연수의 최소공배수는 6년이므로 투자안 A는 세 번, 투자안 B는 두 번 반복투자를 한다면 내용연수가 6년으로 일치하게 된다.

그림 6-4 연간 등가가치의 의미

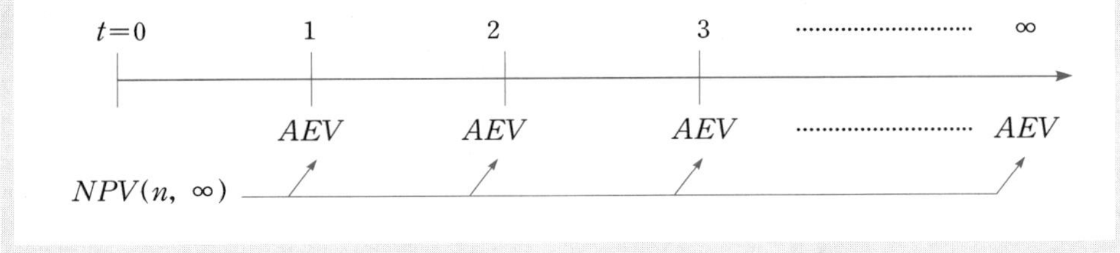

가지는 영구연금의 매년말 현금흐름을 의미한다. 이와 같은 관계를 그림으로 나타내면 〈그림 6-4〉와 같다.

AEV가 큰 투자안일수록 그 투자안의 $NPV(n, \infty)$는 크게 되므로 반복투자가 가능할 경우 AEV가 가장 큰 투자안을 선택하면 된다. 투자안 A와 투자안 B의 AEV를 구하면 다음과 같다.

· 투자안 A의 $AEV = \dfrac{NPV(2)}{PVIFA_{.1,\ 2}} = \dfrac{41}{1.7355} = 23.62$만원

· 투자안 B의 $AEV = \dfrac{NPV(3)}{PVIFA_{.1,\ 3}} = \dfrac{50}{2.4869} = 20.11$만원

결과적으로 반복투자가 가능한 경우, 투자안 A의 AEV(23.62만원)가 투자안 B의 AEV(20.11만원)보다 더 크므로 투자안 A가 선택된다. 이러한 평가결과는 $NPV(n, \infty)$에 의한 평가결과와 동일하다.[17)]

예제 6-3 내용연수가 다른 투자안 평가

스포츠용품을 생산하고 있는 ㈜백두산스포츠는 테니스공을 생산하는 데 필요한 기계를 구입하려고 한다. 이 회사가 선택할 수 있는 기계들과 그것들의 현재시점의 구입비용 및 연도 말에 지출해야 하는 연간 유지비용은 다음과 같다.

17) 상호배타적인 투자안을 평가할 때 AEV(즉 $r \cdot NPV(n, \infty)$)에 의한 평가결과가 $NPV(n, \infty)$에 의한 평가결과와 일치하기 위해서는 두 투자안의 위험, 즉 자본비용이 동일하여야 함을 유의하여야 한다.

(단위: 만원)

연 도 말	비용(현금유출)	
	기 계 A	기 계 B
0	5,000	6,000
1	1,200	1,000
2	1,200	1,000
3	1,200	1,000
4		1,000

기계에 관계없이 이 회사의 연간 수입은 항상 일정하며, 자본비용은 10%이다.

(1) 각 기계의 수명이 다할 경우 동일한 비용으로 그 기계를 계속하여 교체할 수 있다고 한다면, 이 회사는 어느 기계를 선택하여야 하는가?

(2) 5년도 말 시점에서 아주 적은 비용이 소요되는 새로운 기계가 개발된다고 한다. 그러므로 5년도 말 시점에서 회사는 상대적으로 많은 비용이 소요되는 기계 A 또는 기계 B를 잔존가치 없이 즉각 폐기하고 새로운 기계를 구입할 것이다. 이 경우 현재시점에서 어느 기계를 선택하여야 하는가?

☞ 해설

기계에 관계없이 이 회사의 연간 수입은 항상 일정하므로 수입(현금유입)을 고려할 필요없이 비용(현금유출)만 비교하면 된다. 그러므로 기계로 인하여 발생되는 비용의 현재가치가 적은 기계를 선택해야 한다.

(1) 각 기계의 구입으로 인한 비용의 현재가치를 구하면 다음과 같다.

· 기계 A: 비용의 현재가치 $= 5{,}000 + 1{,}200 \times PVIFA_{.1,\,3}$

$= 5{,}000 + 1{,}200 \times 2.4869 = 7{,}984.28$만원

· 기계 B: 비용의 현재가치 $= 6{,}000 + 1{,}000 \times PVIFA_{.1,\,4}$

$= 6{,}000 + 1{,}000 \times 3.1699 = 9{,}169.90$만원

위에서 계산된 단순한 비용의 현재가치는 기계 B보다 기계 A가 더 적다. 그러나 이것에 의해서 기계 A를 선택하면 안 된다. 왜냐하면 기계 B의 수명이 더 길므로 연간 비용이 더 적을 수 있기 때문이다. 그러므로 기계의 선택은 비용의 연간 등가가치, 즉 연간 등가비용(annual equivalent cost: AEC)에 의해서 평가되어야 한다. 각 기계의 연간 등가비용을 구하면 다음과 같다.

· 기계 A의 $AEC = \dfrac{7{,}984.28}{PVIFA_{.1,\,3}} = \dfrac{7{,}984.28}{2.4869} = 3{,}210.54$만원

· 기계 B의 $AEC = \dfrac{9{,}169.90}{PVIFA_{.1,\,4}} = \dfrac{9{,}169.90}{3.1699} = 2{,}892.80$만원

기계 B의 AEC(2,892.80만원)가 기계 A의 AEC(3,210.54만원)보다 더 적으므로 백두산스포츠는 연간 비용이 적게 드는 기계 B를 선택하여야 한다.

(2) 5년도 말 시점에 두 기계를 폐기처분시킬 경우 각 기계의 목적적합한 비용을 시점별로 나타내면 다음과 같다.

(단위: 만원)

연도말	0	1	2	3	4	5
기계 A	5,000	1,200	1,200	1,200+5,000	1,200	1,200
기계 B	6,000	1,000	1,000	1,000	1,000+6,000	1,000

단, 기계 A는 3년도 말에, 기계 B는 4년도 말에 각각 대체된다.

각 기계의 시점별 비용을 자본비용 10%로 할인하여 현재가치를 구하면 다음과 같다.

· 기계 A의 비용의 현재가치 = 13,305.46만원

· 기계 B의 비용의 현재가치 = 13,888.80만원

5년도 말 시점에 두 기계를 폐기처분시킬 경우, 새 기계로 대체하기 전까지의 총 발생비용의 현가는 기계 A가 더 적다. 그러므로 이 경우 기계 A를 선택하여야 한다.

3.2 생산설비의 교체시기 결정

일반적으로 기업에서 현재 사용하고 있는 기계를 언제 교체하여야 하는지를 결정해야 하는 경우가 자주 발생하게 된다. 따라서 새로운 기계의 교체로 인한 수입이 동일하다고 가정한다면, 교체시기의 결정문제는 다음과 같은 몇 가지 단계에 의해서 해결될 수 있다. 첫째, 새 기계의 연간 등가비용을 계산한다. 둘째, 구기계의 연간 비용을 계산한다. 일반적으로 이 비용은 시간에 따라 증가할 것이다. 왜냐하면 구기계는 시간이 지나감에 따라 노후화하여 연간 유지비용이 증가할 것이기 때문이다. 셋째, 새 기계의 연간 등가비용과 구기계의 연간 비용을 비교하여 적절한 교체시기를 결정한다. 즉 구기계의 연간 비용이 새 기계의 연간 등가비용을 초과하기 전에 구기계를 새 기계로 교체하여야 한다.

예제 6-4 생산설비의 교체시기 결정

가구를 생산하는 소망주식회사는 현재의 생산설비를 교체하는 문제를 고려하고 있다. 이 회사가 교체하려는 새 생산설비의 현재 구입가격은 9,000만원이며, 그것의 유지비용은 8년 동안 매년 말 1,000만원이 소요된다고 한다. 또한 8년도 말에 새 생산설비의 잔존가치(처분가치)는 2,000만원으로 추정된다. 그리고 현재 사용하고 있는 생산설비의 각 연도별 유지비용과 잔존가치는 다음과 같다.

(단위: 만원)

연 도 말	유지비용	잔존가치
0	0	4,000
1	1,000	2,500
2	2,000	1,500
3	3,000	1,000
4	4,000	0

소망주식회사는 세금을 납부하지 않으며, 자본비용은 15%이다. 그리고 새 생산설비는 매 8년마다 계속하여 동일한 생산설비로 교체된다고 한다.

소망주식회사는 언제 생산설비를 교체하여야 하는가?

☞ 해설

(1) 새 생산설비의 연간 등가비용(AEC)

새로운 생산설비의 총비용의 현재가치를 구하면 다음과 같다.

$$PV(\text{새 생산설비의 비용}) = 9{,}000 + 1{,}000 \times PVIFA_{.15,\ 8} - 2{,}000 \times PVIF_{.15,\ 8}$$
$$= 9{,}000 + 1{,}000 \times 4.4873 - 2{,}000 \times 0.3269 = 12{,}833.5\text{만원}$$

여기에서 새 생산설비의 잔존가치 2,000만원은 현금유입이다. 이것은 비용을 감소시키기 때문에 비용의 현가를 구하는 위 식에서 차감하였다.

그러므로 새 생산설비의 연간 등가비용을 구하면 다음과 같다.

$$AEC = \frac{PV(\text{새 생산설비의 비용})}{PVIFA_{.15,\ 8}} = \frac{12{,}833.5}{4.4873} = 2{,}859.96\text{만원}$$

(2) 구생산설비의 연간 비용

구생산설비를 앞으로 1년 더 사용하는 경우 소요되는 비용은 다음과 같은 사항들을 고려하여 결정된다.

첫째, 현재 구생산설비를 매각하지 못함으로써 포기해야 하는 기회비용(4,000만원)

둘째, 추가적인 유지비용(1,000만원)

셋째, 잔존가치(2,500만원)

그러므로 1년 더 현재의 생산설비를 사용한 후 처분할 경우 소요되는 비용의 현가는 다음과 같다.

$$PV(\text{구생산설비의 연간 비용}) = 4{,}000 + \frac{1{,}000}{1+0.15} - \frac{2{,}500}{1+0.15} = 2{,}695.65\text{만원}$$

앞에서 구한 새 생산설비의 연간 등가비용과 비교하기 위하여 구생산설비의 연간 비용의 현가를 1년 후의 미래가치로 환산하면 다음과 같다.

$$\text{구생산설비의 연간 비용} = 2{,}695.65(1+0.15) = 3{,}100\text{만원}$$

(3) 두 비용의 비교: 교체시기의 결정

현재시점에서 새 생산설비로 교체한다면, 이 회사에서 다음연도의 연간 비용은 2,859.96만원이 된다. 그리고 새 생산설비의 교체가 매 8년마다 계속하여 이루어지므로 연간 비용은 2,859.96만원씩 매년 영원히 발생한다. 이러한 현금흐름을 나타내면 다음과 같다.

(단위: 만원)

연 도 말	1	2	3	4	…………
연간 비용(현재 교체시)	2,859.96	2,859.96	2,859.96	2,859.96	…………

그러나 만약 구생산설비를 1년 더 사용한다면, 이 회사의 다음연도 연간 비용은 3,100만원이 소요된다. 그리고 1년 후 새 생산설비로 교체한다면, 2년도 말부터 2,859.96만원의 연간 등가비용이 매년 영원히 발생할 것이다. 이러한 현금흐름을 나타내면 다음과 같다.

(단위: 만원)

연 도 말	1	2	3	4	…………
연간 비용(1년 후 교체시)	3,100	2,859.96	2,859.96	2,859.96	…………

그러므로 이 회사는 1년도 말의 비용을 최소화하기 위하여 현재시점에서 생산설비를 교체하여야 한다.

구생산설비의 연간 비용이 1년도 말에는 높았다가 그 후에 감소할 경우 현재시점에서 생산설비의 교체는 시기상조일 수 있다. 이러한 가능성을 검토하기 위하여 1년도 말 이후 구생산설비의 연간 비용을 살펴보아야 한다.

2년도 말까지 구생산설비를 사용하는 경우 소요되는 2년도의 연간 비용을 1년도 말 시점의 가치(PV_1)로 측정하면 다음과 같다.

$$PV_1(\text{구생산설비의 연간 비용}) = 2{,}500 + \frac{2{,}000}{1+0.15} - \frac{1{,}500}{1+0.15} = 2{,}934.78\text{만원}$$

그리고 이것의 2년도 말 시점의 미래가치는 3,375만원(= 2,934.78 × 1.15)이다. 그러므로 이것은 새 생산설비로 교체할 경우 소요되는 2년도 말 시점의 연간 등가비용(2,859.96만원)보다 크다. 또한 구생산설비를 사용하는 경우 소요되는 3년도 말, 4년도 말 시점의 연간 비용도 역시 새 생산설비로 교체할 경우 동일시점의 연간 등가비용(AEC)보다 클 것이다. 그러므로 현재시점에서 새 생산설비로 교체한다는 의사결정은 타당한 것이다.

3.3 자본할당

투자할 자금에 제한이 없다면 「$NPV > 0$」인 모든 투자안에 투자함으로써 기업의 목표인 주주 부를 극대화할 수 있다. 그러나 현실적으로 기업이 이용가능한 자본은 제한적일 수 있다. 그 이유로서 다음과 같은 몇 가지 경우를 들 수 있다. 첫째로 사업부 경영자가 자신의 입지를 높이기 위해 자본을 끌어들이는 데에만 너무 열중해 있다고 느끼는 기업은 특정 사업부에 자본제약을 가할 수 있다. 둘째로 경영자가 자신이 통제할 수 없는 수준의 투자안을 받아들이기 어렵다고 생각하여 적정한 투자한도를 정해 그 범위 내에서 투자안을 채택할 수 있다. 셋째로 경영자는 투자안의 자금을 장기부채 또는 새로운 주식을 발행하여 조달할 수 있다. 이와 같은 경우 과다한 부채로 인해 파산위험이 증가하거나, 소유권이 약화될 수 있기 때문에 경영자(특히 폐쇄적인 소유경영자)는 내부자금만으로 자금을 조달하려는 경향이 있다.

자본제약(capital constraints)이 존재하는 경우 기업은 모든 매력적인 투자기회(「$NPV > 0$」인 모든 투자안)를 채택할 수 없기 때문에 제한된 범위 내에서 기업가치를 가장 증가시켜 주는 투자조합을 선택할 것이다. 이와 같이 제한된 자본을 합리적으로 투자안에 배분하는 과정을 자본할당(capital rationing)이라 한다.

일반적으로 투자안 중에는 부분선택이 가능한 경우와 불가능한 경우가 있다. 예를 들어 항공회사가 새 여객기를 구입하는 투자안을 고려하고 있는 경우, 이 회사는 투자안 전체를 채택(여객기의 구입)하든가 기각하여야 한다. 투자안의 일부를 채택하는 것은 고려될 수 없을 것이다. 한편 운송회사가 자사의 화물차에 대한 타이어를 교체하는 투자안을 고려하는 경우, 이 회사는 투자안의 일부분을 선택할 수 있을 것이다. 일부 화물차에 대해서만 타이어를 교체할 수 있다. 이와 같은 각 경우의 자본할당문제를 살펴보기 위하여 다음과 같은 예를 생각해 보자. 현재 새로운 투자안에 최대 3억원을 투자할 수 있는 어떤 기업이 고려하고 있는 상호독립

표 6-3 자본할당의 예: 투자안 C, D, E, F (단위: 만원)

투 자 안	초기의 투자액	NPV	PI
C	15,000	1,970	1.13
D	8,000	1,130	1.14
E	12,000	6,840	1.57
F	30,000	6,900	1.23

적인 네 개의 투자안에 관한 정보는 〈표 6-3〉과 같다.[18)]

1) 부분선택이 불가능한 경우

투자안을 부분적으로 선택할 수 없는 경우에는 먼저 선택가능한 투자조합을 구성한 후 그 중에서 가장 가치가 큰 투자조합, 즉 NPV가 가장 큰 투자조합을 선택한다. 투자자금 3억원으로 선택가능한 투자조합과 그것의 순현가를 구하면 다음과 같다.

(단위: 만원)

투 자 안	초기의 투자액	NPV
C	15,000	1,970
D	8,000	1,130
E	12,000	6,840
F	30,000	6,900
C + D	23,000	3,100
C + E	27,000	8,810
D + E	20,000	7,970

18) 여러 기간에 걸쳐 자본할당이 이루어지는 경우 다음과 같은 수리계획법(mathematical programming)을 이용할 수 있다.

최대화 $NPV = \sum_{j=1}^{n} NPV_j X_j$

제약조건 $\sum_{j=1}^{n} C_{tj} X_j \leq C_t$

$0 \leq X_j \leq 1$

여기서 X_j : 투자안 j의 채택비율 ($j = 1,\ 2,\ \cdots,\ n$)

NPV_j : 투자안 j의 순현가

C_{tj} : t 시점에서 투자안 j의 투자비용(현금유출)

C_t : t 시점에서 자본제약액

특히 부분선택이 불가능한 경우 $X_j = 0$ 또는 1이 되며, 이 경우 정수계획법(integer programming)을 이용할 수 있다.

그러므로 기업은 투자안 C와 투자안 E를 선택하여야 한다. 이 경우 기업의 가치는 8,810만원 증가할 것이다. 그러나 이와 같은 기업가치의 증가액은 자본제약이 없는 경우의 증가액[NPV(C+D+E+F)=16,840만원]보다 작다.

2) 부분선택이 가능한 경우

투자안을 부분적으로 선택할 수 있는 경우에는 수익성지수법을 이용하여 보다 쉽게 투자안을 선택할 수 있다. 먼저 각 투자안을 PI에 의해서 순위를 정한 후, 자본제약을 초과하지 않는 범위 내에서 가장 높은 PI를 가지는 투자안부터 순서대로 선택하면 된다.[19] 먼저 각 투자안을 PI에 의해서 순위를 정하면 다음과 같다.

(단위: 만원)

투자안	초기의 투자액	NPV	PI	순 위
C	15,000	1,970	1.13	4
D	8,000	1,130	1.14	3
E	12,000	6,840	1.57	1
F	30,000	6,900	1.23	2

그러므로 이 기업은 가장 높은 PI를 가지는 투자안 E를 먼저 선택하고 남은 자금 18,000원을 가지고 투자안 F의 60%(18,000/30,000)를 선택한다. 즉 이 기업은 투자안 F의 60%에 해당되는 부분과 투자안 E를 선택한다.

이와 같이 수익성지수는 투자안의 부분적인 선택이 가능한 자본할당의 경우에 유용하게 사용될 수 있다. 자본제약 없는 경우에는 기업의 궁극적인 목표가 부를 증가시키는($NPV>0$인) 모든 투자안을 선택하는 것이기 때문에 투자결정은 순현가에 의해서 이루어진다. 그러나 자본제약이 있는 경우 기업의 목표는 투자된 자금 1원에 대한 富의 증가를 최대화하는 것이다. 즉 자본할당에 직면한 재무담당자는 투자자금 1원에 대한 수익의 현재가치가 가장 높은 투자안을 선택하여야 한다. 이와 같은 목표를 수익성지수법에 의해서 달성할 수 있다.

---

19) 수익성지수법은 여러 기간에 걸쳐 자본제약이 발생하는 경우나 투자안의 선택에 관해서 다른 제약(예를 들어 상호배타적인 투자안의 경우)이 있는 경우 적용될 수 없다.

주요용어

현금흐름(122)
세후기준의 증분현금흐름(122)
매몰원가(124)
기회비용(125)
부수적 효과(125)
잠식비용(125)
세금절감효과(126)
영업현금흐름(126)
소요자본(128)
잉여현금흐름(128)
실질이자율(133)
명목이자율(133)
명목현금흐름(135)
실질현금흐름(135)
연간 등가가치(140)
자본제약(146)
자본할당(146)

연 습 문 제

1 대체투자안의 평가

태양상사는 현재 사용중인 기계설비의 대체를 고려하고 있다. 이 회사가 현재 사용하고 있는 기계의 성능이 매우 불량하여 계속 사용하려면 대수리가 요구되며, 이때 수리비용은 200만원이 소요될 것으로 보인다. 이 기계의 현재(수리 전) 시장가치는 1,000만원이고, 장부가치는 400만원으로 앞으로 10년에 걸쳐 완전상각된다. 그러나 10년 후의 잔존시장가치는 50만원이 될 것으로 추정된다. 만약 기계를 대체한다면 새 기계의 구입비용은 2,000만원이며, 추가로 300만원의 설치비용이 소요된다. 또한 원재료 등 재고자산의 증가로 인한 추가 운전자금이 100만원 소요될 것으로 예상된다. 새 기계로 대체할 경우 앞으로 10년 동안 매출액은 매년 100만원씩 늘어나고, 영업비용은 매년 100만원씩 줄어들며, 새 기계의 10년 후 잔존가치는 100만원으로 예상된다. 이 회사의 감가상각방법은 정액법이며, 법인세율은 40%이다.

(1) 투자안의 현금흐름을 추정하라.

(2) 최저필수수익률이 10%일 경우 투자안을 평가하라.

2 생산설비의 선택

한솔공업사는 현재 사용중인 기계를 새로운 모델과 대체하려고 한다. 현재 시중에서 판매되고 있는 기계는 A사 제품과 B사 제품의 두 모델이 있다. A사 제품의 가격은 5,000만원으로 매년 2,000만원의 유지비용이 들고, B사 제품의 가격은 7,500만원으로 매년 1,500만원의 유지비용이 든다. 두 제품의 수명은 모두 10년으로 10년 후 잔존가치는 없다고 한다. 한솔공업사는 정액법에 의해 감가상각을 하고 있으며, 법인세율은 50%이다. 이 공업사의 요구수익률은 10%이다. 한솔공업사는 어느 회사제품을 선택하여야 하는가?

3 설비 구입가격의 결정

나주주식회사는 노후한 현재의 기계를 대체하여 생산비용을 절감하려고 한다. 이러한 투자와 관련된 자료는 다음과 같다.

(i) 현재 사용중인 기계는 5년 전에 4,000만원을 주고 구입하였으며, 그것의 잔존내용연수는 5년이다. 또한 이 기계는 정액법에 의해서 완전상각되며, 잔존시장가치는 없는 것으로 추정된다.

(ii) 현재 사용중인 기계는 새 기계를 구입할 때 2,000만원의 가치로 교환될 수 있다.
(iii) 새 기계로 인하여 앞으로 5년 동안 매년 1,000만원의 비용이 절감될 수 있다.
(iv) 새 기계는 5년 동안 정액법으로 완전상각되며, 이 기계의 5년 후 잔존시장가치는 500만원으로 추정된다.
(v) 법인세율은 40%, 요구수익률은 10%이며 인플레이션은 없다고 가정한다.

이상의 자료를 이용하여 나주주식회사가 최대한 지불할 수 있는 새 기계의 가격을 구하라. (힌트: $NPV = 0$일 때의 새 기계의 가격을 구하면 된다.)

4

NPV와 판매량 (CPA 2004 수정)

다음과 같은 투자계획이 주어졌다. 총투자액은 10,000만원으로 투자시작 시점에서 모두 투자되며, 10년에 걸쳐 사업이 진행된다. 투자액은 10년에 걸쳐 정액법으로 감가상각되며, 투자종료 시점에서의 잔존가치 및 매각가치는 없다. 또한 매년 동일한 연간 판매 대수를 가정한다.
제품생산과 판매에 관하여 다음의 사항이 주어졌다.

대당 판매가격(sales price per unit)	70만원
대당 변동비(variable cost per unit)	30만원
연간 총고정비(total fixed cost) (감가상각비 제외)	1,500만원
세율	40%
자본비용	12%

1년 후부터 10년 동안 매년 1의 현금흐름을 제공하는 연금을 연 12%의 할인율로 할인했을 때의 현가는 5.65임.(즉 $\sum_{t=1}^{10} \frac{1}{1.12^t} = 5.65$)

(1) 연간 예상판매대수가 120대일 경우 이러한 투자계획의 순현가(NPV)는 3,447만원임을 보이라. 답안에는 연간 순이익과 연간 영업현금흐름을 분명히 밝혀야 한다.
(2) 순현가를 0으로 만드는 연간 판매대수는 몇 대인가? 반올림하여 소수점 둘째 자리까지 나타낼 것.

5

인플레이션과 자본예산

㈜푸른우유는 우유탄산음료수를 생산하는 기계를 구입하려 한다. 이 기계의 구입가격은 10,000만원이며, 내용연수 5년 동안의 추정생산량은 각각 500,000, 800,000, 1,200,000, 1,000,000, 600,000개라 한다. 사업 첫해의 우유탄산음료수의 가격은 200원

이다. 그리고 향후의 평균 인플레이션율은 5%인 데 비해, 치열한 판매경쟁과 불황으로 인하여 우유탄산음료수 가격의 인상률은 연 2%에 불과하리라고 판단된다.

한편 생산단가는 사업 첫해 100원이나 인건비 등의 급격한 상승으로 인하여 매년 10%씩 증가할 것으로 예상된다. 감가상각은 정액법으로 실시하고, 잔존가치는 없으며, 법인세율은 40%, 인플레이션이 반영된 명목자본비용은 15%이다. ㈜푸른우유는 이 기계를 구입하여야 하는가?

6 인플레이션과 자본예산

자동차세척을 전문으로 하는 빛나라세척회사가 5,000만원 하는 새로운 자동차세척기의 구입을 고려하고 있다. 이 기계의 수명은 5년으로 5년 후 잔존가치는 없다고 한다. 이 기계로부터 얻을 수 있는 수익과 현금지출비용은 첫 연도 말에 각각 2,500만원과 700만원이 될 것으로 기대된다. 그리고 수익과 현금지출비용은 매년 인플레이션율과 동일하게 증가될 것으로 기대되며, 매년 6%씩의 인플레이션이 예상되고 있다. 위험현금흐름에 대한 실질할인율은 12%이다. 그리고 무위험 명목이자율은 10%이다. 법인세율이 40%이며, 정액법에 의해서 감가상각한다고 할 때, 이 회사는 새로운 자동차세척기를 구입하여야 하는가?

7 고급 인플레이션과 자본예산 응용

대기오염상태가 점점 심각해짐에 따라 신선한 공기를 갈망하는 사람이 증가하고 있다. 이와 같은 현실에 착안하여 ㈜푸른나라는 무공해산소의 생산을 고려중이다. 대기오염상태가 나아질 가능성이 거의 없기 때문에 이 회사는 이와 같은 사업이 영구적으로 계속될 수 있을 것으로 기대한다. 이 사업의 착수비용(start-up costs)은 거의 없으며, 첫째 연도 말에 다음과 같은 명목현금흐름이 발생된다고 추정된다.

수 익	8,000만원
노 무 비	4,000만원
기타비용	3,000만원

이 회사는 무공해산소의 생산에 필요한 기계를 리스(lease)할 예정이며, 그 리스료는 매년 말에 고정적으로 2,000만원씩 지급된다. 그리고 수익과 노무비는 실질적으로 매년 각각 5%, 3%씩 증가하나, 기타 비용은 실질적으로 매년 1%씩 감소할 것으로 예상된다. 매년 인플레이션율은 6%로 기대되며, 매출액과 비용에 대한 실질할인율은 10%이다. 리스료의 지급에 대한 위험은 없기 때문에 이것은 무위험이자율로 할인되어

야 한다. 무위험 실질이자율은 7%이며 법인세율은 40%이다. ㈜푸른나라는 무공해산소를 생산하여야 하는가?

8 재투자수익률 가정과 투자안 평가방법

상호배타적인 투자안의 각 연도 말 현금흐름은 다음과 같다.

(단위: 만원)

연 도 말	현 금 흐 름	
	투자안 1	투자안 2
0	−17,500	−20,000
1	10,300	8,000
2	10,300	8,000
3		8,800

자본비용은 10%이며 내용연수 내의 현금흐름은 자본비용으로 재투자된다고 가정할 때, 다음의 각 상황에 따라 적절한 투자안 평가방법을 선택하여 투자안을 평가하라.

(1) 투자자들은 투자안의 규모 차이인 여유자금을 자본비용으로 재투자할 수 있으며, 동시에 내용연수 차이에 대해서도 자본비용으로 재투자할 수 있다.

(2) 투자자들은 투자안의 규모 차이인 여유자금을 자본비용으로 재투자할 수 있으나, 내용연수 차이에 대해서는 IRR로 재투자할 수 있다.

(3) 투자자들은 투자안의 규모 차이인 여유자금을 IRR로 재투자할 수 있으며, 동시에 내용연수 차이에 대해서도 IRR로 재투자할 수 있다.

9 내용연수가 다른 투자안 평가

목포주식회사는 다음과 같은 상호배타적인 투자안을 고려하고 있다(단, 최저필수수익률 = 16%).

(단위: 만원)

	투 자 액	연간 현금흐름	투자기간
투자안 1	48,000	20,000	5년
투자안 2	36,000	10,000	15년

위 투자안을 평가하라.

10 고급 내용연수가 다른 생산설비의 대체 (CPA 2007 기출)

신제품 생산라인을 도입할 예정인 P사는 동일한 성능을 지닌 두 기계 A와 B 중 하나를 선택하는 상호배타적 투자안을 평가중이다. 기계 A는 내용연수가 2년이고, 구입 및 설치비용이 100원이며, 매년 말 유지비용이 20원 소요된다. 내용연수 만료시 10원에 매각이 가능할 것으로 예상된다. 한편 기계 B는 내용연수가 3년이고, 구입 및 설치비용이 100원이며, 매년 말 유지비용이 30원 소요된다. 기계 B는 잔존가치가 없다. 모든 투자안 가치평가에 10%의 할인율이 적용된다. 법인세는 없다. (모든 수치는 소수점 셋째 자리에서 반올림하라.)

연간할인율, 연수	10%, 2년	10%, 3년	10%, 4년
현가이자요소(PVIF)	0.8264	0.7513	0.6830
연금의 현가이자요소(PVIFA)	1.7355	2.4868	3.1699

(1) 두 기계 A와 B 모두 내용연수 만기와 동시에 동일한 조건의 동종기계로 지속적으로 대체한다는 가정하에 최적 투자안을 선택하라.

(2) 현재 외부업체가 기계 C를 개발하고 있으며 상용화가 될 확률이 50%이다. P사가 최초에 기계 A를 도입한 경우에 한해서 2년 후 시점($t=2$)에 기계 A 혹은 기계 C로 대체할 수 있다. 일단 대체할 기계가 결정되면 계속해서 동일 기계를 사용해야 한다. 기계 C의 성능은 기계 A와 동일하다. 내용연수 2년간 소요되는 기계 C의 비용의 현가는 2년 후 시점($t=2$)을 기준으로 100원이다. 물음 (1)과 동일한 가정하에 $t=0$시점에서 기계 A와 기계 B의 도입 안을 비교하여 최적투자안을 선택하라.

11 생산설비의 교체시기 결정

한국대학교는 지금 사용하고 있는 대형 컴퓨터를 언제 교체하여야 하는지를 결정하여야 한다. 현재의 컴퓨터의 유지비용은 매년 증가하고, 그 처분가치는 매년 감소할 것이다. 이 대학이 현재 사용하고 있는 컴퓨터에 대한 각 연도별 유지비용과 처분가치는 다음과 같다.

(단위: 만원)

연 도 말	유지비용	처분가치
0	0	9,000
1	2,000	8,500
2	2,750	7,750
3	3,250	7,000
4	4,500	6,000
5	5,000	5,000

한국대학교가 교체하려는 새 컴퓨터의 구입가격은 3억원이며, 그것의 유지비용은 6년

동안 매년 말에 200만원씩 소요될 것으로 예상된다. 그리고 이 컴퓨터는 6년 후에 1억 2천만원을 받고 처분될 수 있다. 한국대학교는 세금을 납부하지 않으며, 이 투자결정에 적절한 할인율은 10%이다. 한국대학교는 언제 컴퓨터를 교체하여야 하는가?

12 자본할당

㈜한국건설은 여러 도시에 상가를 지어 분양할 예정이다. 각 도시에서 상가를 짓는데 소요되는 건축비용과 노동시간 그리고 각 투자안의 NPV는 다음과 같다.

(단위: 천만원)

도 시	초기투자액	노동시간(천시간)	NPV
서 울	200	80	30
부 산	150	70	26
대 구	150	60	25
대 전	100	60	23
광 주	100	50	20

이 회사가 현재 조달할 수 있는 자금은 40억원이며, 이용가능한 총 노동시간은 18만시간이다. ㈜한국건설은 어느 도시에 상가를 지어야 하겠는가?

보 론

감가상각과 현금흐름

감가상각비는 비현금지출비용으로서 현금유출에 포함되지 않는다. 그러나 감가상각비로 인해 과세대상이익이 줄기 때문에 세금이 감소하게 된다. 이와 같은 감가상각비의 감세효과는 현금유입에 포함되므로 감가상각방법에 따라 현금흐름의 양상이 달라질 수 있다. 여기서는 먼저 여러 가지 감가상각방법에 대해서 살펴본 후, 각 방법에 의해서 나타나게 되는 감세효과를 비교해 보고자 한다. 설명을 위하여 다음과 같은 고정자산을 생각해 보자.

- 취득원가 = 2,000만원
- 내용연수 = 4년
- 잔존가치 = 200만원

1. 감가상각방법

1) 정 액 법

정액법(straight-line method)은 매기간 동일한 금액을 상각하는 방법으로 균등상각법 또는 직선법이라고도 한다.

정액법하에서의 매기 감가상각액은 다음의 공식에 의해서 결정된다.

$$\text{감가상각액} = \frac{\text{취득원가} - \text{잔존가치}}{\text{내용연수}} \qquad (6A\text{-}1)$$

앞의 예에 대한 매년도 말 감가상각액을 계산하면 〈표 6A-1〉과 같다.

표 6A-1 정액법에 의한 감가상각 (단위: 만원)

연 도 말	계 산	감가상각비	감가상각누계액	장부가액[20]
0				2,000
1	(2,000−200)/4	450	450	1,550
2	(2,000−200)/4	450	900	1,100
3	(2,000−200)/4	450	1,350	650
4	(2,000−200)/4	450	1,800	200
		1,800		

2) 정 률 법

정률법(fixed-rate method)은 고정자산의 장부가액에 매기간 동일한 상각률을 곱하여 감가상각액을 구하는 방법이다. 정률법에 의하면 기간이 경과함에 따라 장부가액이 매년 감가상각률만큼 감소하게 되므로 초기에 많은 금액이 상각되고 기간이 경과함에 따라 상각액이 점차 감소하게 된다.

정률법하에서의 매년도 말 감가상각액은 다음의 공식에 의해서 결정된다.

$$\text{감가상각액} = \text{장부가액} \times \text{감가상각률} \tag{6A-2}$$

여기서 $\text{감가상각률} = 1 - \sqrt[n]{\dfrac{\text{잔존가치}}{\text{취득원가}}}$

n : 내용연수

표 6A-2 정률법에 의한 감가상각 (단위: 만원)

연 도 말	계 산	감가상각비	감가상각누계액	장부가액
0				2,000
1	2,000 ×0.438*	876	876	1,124
2	1,124 ×0.438	492.3	1,368.3	631.7
3	631.7×0.438	276.7	1,645	355
4	355 ×0.438	155**	1,800	200
		1,800		

* $\text{감가상각률} = 1 - \sqrt[4]{\dfrac{200}{2{,}000}} = 0.438$

** 잔존가치가 200만원이 되도록 마지막 연도에는 반올림 등으로 인한 오차를 모두 조정해 준다.

20) 장부가액 = 취득원가 − 감가상각누계액

식 (6A-2)에서 장부가액은 잔존가치를 차감하지 않은 금액이라는 점에 유의할 필요가 있다. 잔존가치는 상각률을 계산할 때 고려된다. 앞의 예에 대한 매기 감가상각액을 계산하면 〈표 6A-2〉와 같다.

정률법과 유사한 방법으로 이중체감법(double declining balance method)이 있다. 이중체감법은 정률법과 마찬가지로 매년 장부가액의 일정비율을 상각해 나가는 방법이나, 그 상각률이 정액법의 2배로 결정된다는 점에서 특색이 있다. 이중체감법하에서의 매기 감가상각액은 다음의 공식에 의해서 결정된다.

$$감가상각액 = 장부가액 \times \frac{2}{내용연수} \tag{6A-3}$$

3) 연수합계법

연수합계법(sum-of-the-years'-digits method)은 잔여내용연수를 내용연수의 합으로 나누어 구한 상각률을 감가상각대상액(취득원가－잔존가치)에 곱하여 감가상각액을 계산하는 방법이다. 이 방법에 의하면 정률법과 마찬가지로 초기에 많은 금액이 상각되나, 정률법에 비해 매기 감가상각액이 체감되는 속도가 다소 완만하다.

연수합계법에서의 매년도 말 감가상각액은 다음의 공식에 의해 결정된다.

$$감가상각액 = (취득원가 - 잔존가치) \times \frac{잔여내용연수}{내용연수합계} \tag{6A-4}$$

앞의 예에 대한 매기 감가상각액을 계산하면 〈표 6A-3〉과 같다.

표 6A-3 연수합계법에 의한 감가상각 (단위: 만원)

연도말	계 산	감가상각비	감가상각누계액	장부가액
0				2,000
1	1,800×(4/10)	720	720	1,280
2	1,800×(3/10)	540	1,260	740
3	1,800×(2/10)	360	1,620	380
4	1,800×(1/10)	180	1,800	200
		1,800		

2. 감가상각방법과 감세효과

앞의 예의 경우에 감세효과가 각 감가상각방법에 따라 어떻게 달라지는지를 살펴보기로 하자. 여기서 법인세율은 40%라고 가정한다. 이와 같은 경우 각 감가상각방법에 따른 세금절감액을 계산하면 〈표 6A-4〉와 같다. 〈표 6A-4〉에서 매년도말 감세액은 「상각액×법인세율」에 의해 산출된다.

표 6A-4 감가상각방법과 감세효과 (단위: 만원)

연 도 말	정액법		정률법		연수합계법	
	상각액	감세액	상각액	감세액	상각액	감세액
1	450	180	876	350.4	720	288
2	450	180	492.3	196.9	540	216
3	450	180	276.7	110.7	360	144
4	450	180	155	62	180	72
PV(감세액) ($r=10\%$)		570.6		606.8		597.7

〈표 6A-4〉에서 감세액의 단순합은 모두 720만원으로 동일하나, 감세액의 현재가치를 비교해 보면 정률법이 가장 크고, 그 다음으로 연수합계법이며, 정액법의 경우 가장 적게 나타난다. 따라서 화폐의 시간적 가치를 고려할 때 투자초기에 감가상각을 많이 할 수 있는 정률법을 사용하면 가장 큰 감세효과를 얻을 수 있을 것이다.[21)]

21) 우리나라의 법인세법에서는 정액법 또는 정률법에 의한 감가상각을 인정하고 있다.

제 3 편 불확실성하의 투자결정

제 7 장

불확실성하의 선택이론

제 8 장

포트폴리오분석

제 9 장

자본시장의 균형이론

제 10 장

위험과 자본예산

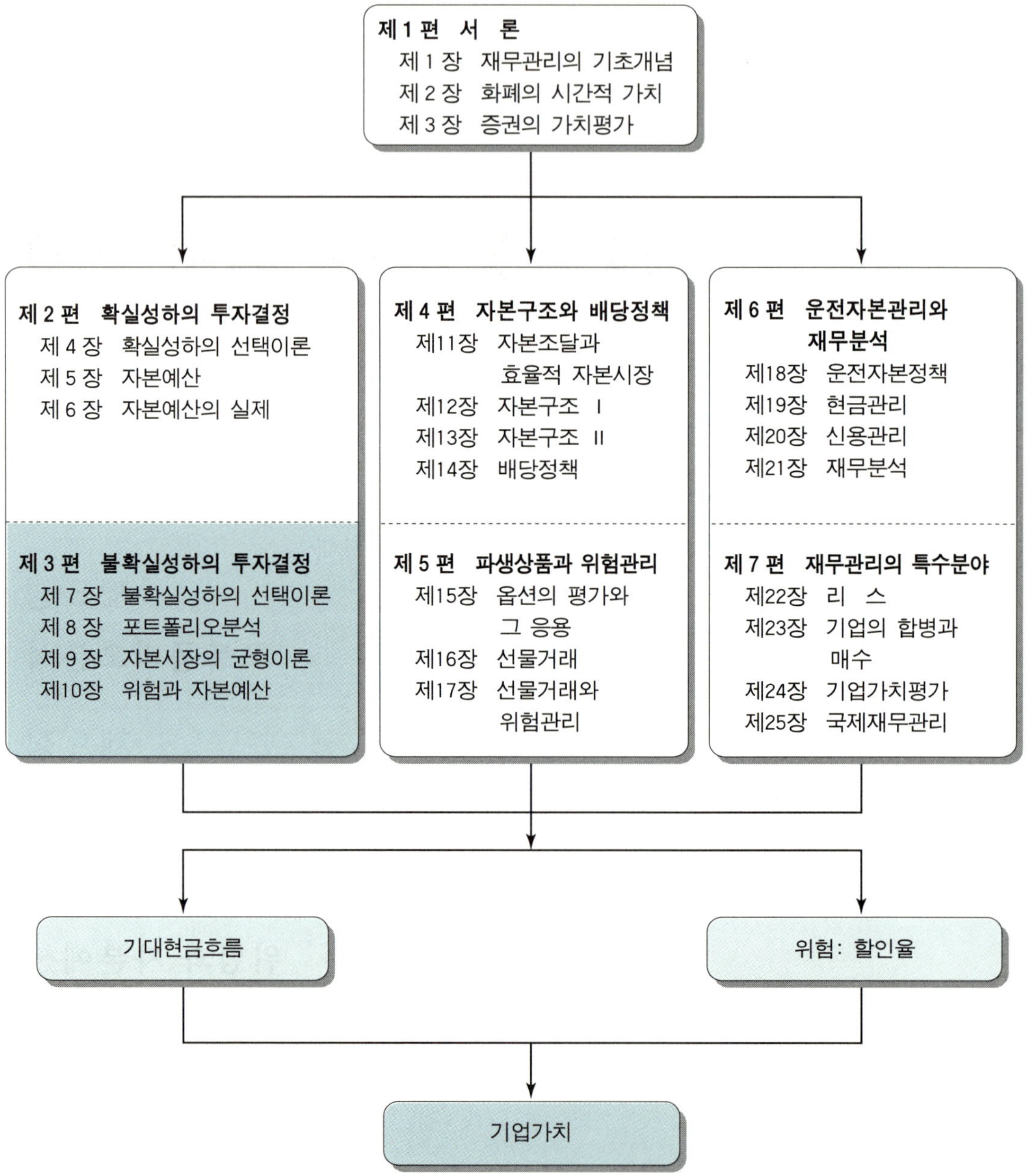
제 1 편 서 론
제 1 장 재무관리의 기초개념
제 2 장 화폐의 시간적 가치
제 3 장 증권의 가치평가
제 2 편 확실성하의 투자결정
제 4 장 확실성하의 선택이론
제 5 장 자본예산
제 6 장 자본예산의 실제
제 3 편 불확실성하의 투자결정
제 7 장 불확실성하의 선택이론
제 8 장 포트폴리오분석
제 9 장 자본시장의 균형이론
제10장 위험과 자본예산
제 4 편 자본구조와 배당정책
제11장 자본조달과 효율적 자본시장
제12장 자본구조 I
제13장 자본구조 II
제14장 배당정책
제 5 편 파생상품과 위험관리
제15장 옵션의 평가와 그 응용
제16장 선물거래
제17장 선물거래와 위험관리
제 6 편 운전자본관리와 재무분석
제18장 운전자본정책
제19장 현금관리
제20장 신용관리
제21장 재무분석
제 7 편 재무관리의 특수분야
제22장 리 스
제23장 기업의 합병과 매수
제24장 기업가치평가
제25장 국제재무관리
기대현금흐름
위험: 할인율
기업가치

제 7 장

불확실성하의 선택이론

1. 기대효용이론과 효용함수
2. 평균-분산 이론
3. 기대수익률과 위험의 측정

지금까지는 자산 또는 투자로부터 실현되는 미래 현금흐름을 확실하게 예측할 수 있다는 전제하에서 자산의 가치평가 또는 투자결정문제를 설명하였다. 그러나 실제로 미래 현금흐름은 확실하게 주어지지 않는다. 이와 같이 현존하는 불확실성을 어떻게 반영하여야 하는가? 지금부터는 이 질문에 대한 답을 찾기 위하여 노력할 것이다.

먼저 본장에서는 불확실성하에서 여러 가지 선택대상에 대한 개개인의 선택행위를 설명하는 이론—기대효용이론, 평균-분산이론 등—에 대해서 살펴보고자 한다.

1 기대효용이론과 효용함수

1.1 기대효용이론

불확실한 투자안의 미래 발생가능한 성과에 대해서 각각 효용지수를 부여한 후 구한 기대치를 기대효용(expected utility)이라 한다. 일반적으로 어떤 투자안을 선택함으로써 얻을 수 있는 미래 불확실한 부(wealth)의 기대효용은 다음과 같이 나타낼 수 있다.

$$E[U(W)] = \sum_{s=1}^{m} P_s U(W_s) \qquad (7\text{-}1)$$

여기서 $U(W_s)$: 상황 s가 발생했을 때 얻게 되는 부의 효용지수
P_s: 상황 s가 발생할 확률($s = 1, 2, \cdots, m$)

이와 같이 구한 기대효용은 불확실한 투자안에 대한 선호 정도를 나타내는 측정치로 사용될 수 있다. 그러므로 불확실성하에서 합리적인 투자자는 언제나 자신의 기대효용을 극대화하는 행동을 하게 된다. 다시 말하면, 투자자들은 모든 선택가능한 투자안들에 대해서 부의 기대효용을 계산하여, 그것을 극대화시켜 주는 투자안을 선택한다. 결론적으로 불확실성하의 선택기준은 부의 기대효용극대화이다.

예제 7-1 기대현금흐름극대화와 기대효용극대화의 비교

동일한 투자비용이 소요되는 상호배타적인 두 투자안의 현금흐름의 확률분포는 다음과 같다.

투자안 A		투자안 B	
현금흐름	확 률	현금흐름	확 률
100만원	0.3	300만원	0.3
400만원	0.4	400만원	0.4
700만원	0.3	500만원	0.3

(1) 투자안의 선택기준이 '기대현금흐름의 극대화'라면 어떤 투자안을 선택하여야 하는가?

(2) 투자자가 다음과 같은 효용함수를 가지고 있고, '기대효용의 극대화'가 투자결정기준이라면 어떤 투자안을 선택하여야 하는가?

(단위: 만원)

현금흐름	0	100	200	300	400	500	600	700
효 용	0	20	39	57	73	87	98	105

(3) 위의 물음 (1)과 (2)의 결과에 의해 불확실성하의 선택기준으로서 '기대현금흐름의 극대화'와 '기대효용의 극대화'를 비교설명하라.

☞ 해설

(1) 투자안 A의 기대현금흐름 $= 100 \times 0.3 + 400 \times 0.4 + 700 \times 0.3 = 400$만원
투자안 B의 기대현금흐름 $= 300 \times 0.3 + 400 \times 0.4 + 500 \times 0.3 = 400$만원
두 투자안의 기대현금흐름이 동일하므로 두 투자안은 무차별하다.

(2) 투자안 A의 기대효용 $= U(100) \times 0.3 + U(400) \times 0.4 + U(700) \times 0.3$
$= 20 \times 0.3 + 73 \times 0.4 + 105 \times 0.3 = 66.7$효용
투자안 B의 기대효용 $= U(300) \times 0.3 + U(400) \times 0.4 + U(500) \times 0.3$
$= 57 \times 0.3 + 73 \times 0.4 + 87 \times 0.3 = 72.4$효용

투자안 B의 기대효용(72.4효용)이 투자안 A의 기대효용(66.7효용)보다 크므로 투자안 B를 선택하여야 한다.

(3) 각 투자안 현금흐름의 확률분포에 의해서 투자안의 위험을 나타내는 분산을 구하면 다음과 같다.

투자안 A의 분산 $= (100-400)^2(0.3) + (400-400)^2(0.4) + (700-400)^2(0.3)$
$= 54{,}000$(만원)^2

투자안 B의 분산 $= (300-400)^2(0.3) + (400-400)^2(0.4) + (500-400)^2(0.3)$
$= 6{,}000$(만원)^2

그러므로 투자안 A는 투자안 B보다 더 위험한 투자안이다. 두 투자안의 기대현금흐름은 동일하나 분산(위험)은 서로 다르다. 이 경우 사람들의 위험에 대한 선호행태에 따라서 두 투자안 중 한 투자안이 선택될 수 있을 것이다. 위험을 좋아하는 모험적인 투자자는 위험이 큰 투자안 A를 선택하고, 위험에 대하여 중립적인 투자자는 두 투자안에 대해서 무차별할 것이며, 위험을 싫어하는(회피하려는) 보수적인 투자자는 투자안 B를 선택하게 될 것이다. 물음 (2)에서 제시된 효용함수는 위험회피형 투자자를 가정하고 있다. 그러므로 이 투자자는 위험이 적은(기대효용이 큰) 투자안 B를 선택하였다. 물음 (1)의 결과와 물음 (2)의 결과가 서로 다른 이유는 기대현금흐름의 극대화 기준은 투자자의 위험을 고려하지 못하는 선택기준인 반면, 기대효용의 극대화 기준은 투자안의 위험까지 고려하는 선택기준이기 때문이다. 결론적으로 불확실성하에서 위험투자안을 평가할 때, 기대현금흐름과 위험을 동시에 고려하는 기대효용극대화 기준이

보다 합리적인 선택기준이라 할 수 있다. 왜냐하면 위험을 고려하지 않고 기대현금흐름에 의해서만 투자안을 평가하는 기대현금흐름의 극대화 기준에 의해서는 투자자의 위험에 대한 선호행태를 반영할 수 없기 때문이다.

1.2 효용함수의 형태

투자자의 효용함수(utility function) 형태를 설명하기 위하여 다음과 같은 예를 생각해 보자. 현재 W_0의 부를 가지고 있는 개인에게 동전을 던져서 앞면이 나오면 h를 얻고 뒷면이 나오면 h만큼 손해를 보는 공정한 갬블(fair gamble) $G(h, -h: 1/2)$을 제시하였다.[1] 만약 개인이 갬블에 참가할 경우, 그의 부의 확률분포는 다음의 〈표 7-1〉과 같다.

그러므로 갬블에 참가하는 개인의 기대부(expected wealth) $E(W)$와 분산 $\sigma^2(W)$를 구하면 각각 다음과 같다.

$$E(W)=(W_0+h)\left(\frac{1}{2}\right)+(W_0-h)\left(\frac{1}{2}\right)=W_0$$

$$\sigma^2(W)=[(W_0+h)-W_0]^2\left(\frac{1}{2}\right)+[(W_0-h)-W_0]^2\left(\frac{1}{2}\right)=h^2$$

즉 개인이 갬블에 참가하는 경우, 기대부는 현재의 부(W_0)와 동일하지만 위험($\sigma^2(W)=h^2$)이 추가적으로 발생하게 된다. 이와 같은 공정한 갬블에 대한 참가여부에 의해서 개인을 다음과 같은 세 가지 유형으로 분류할 수 있다.

1) 위험회피형

공정한 갬블에 참가하지 않는 투자자를 위험회피형(risk averse) 투자자라 한

표 7-1 부의 확률분포—갬블에 참가하는 경우

상 황	부(W)	확 률
앞 면	W_0+h	$\frac{1}{2}$
뒷 면	W_0-h	$\frac{1}{2}$

1) 기대값이 영인 갬블을 공정한 갬블이라고 한다.

다. 위험을 싫어하는 위험회피형 투자자는 추가적인 보상(기대부의 증가)없이 위험만 발생시키는 공정한 갬블에 참가하지 않는다. 그러므로 갬블에 참가하지 않을 경우 얻게 되는 확실한 현재부(W_0)의 효용 $U[W_0]$가 갬블에 참가할 경우 얻을 수 있는 불확실한 부(W)의 기대효용 $E[U(W)]$보다 더 크다.

$$U[W_0] > E[U(W)] = U(W_0 + h)\left(\frac{1}{2}\right) + U(W_0 - h)\left(\frac{1}{2}\right) \quad (7\text{-}2)$$

이와 같은 위험회피형 투자자의 효용함수를 나타내면 〈그림 7-1〉과 같다. 〈그림 7-1〉에서 볼 수 있는 바와 같이 위험회피형 투자자의 효용함수는 원점에 대하여 오목(concave)한 형태를 가진다. 즉 부가 증가함에 따라 총효용은 체감적으로 증가한다.[2)]

개인이 갬블에 참가함으로써 얻을 수 있는 부의 기대효용과 동일한 효용가치를 제공하는 확실한 부를 확실성등가부(certainty equivalent wealth: CEW)라고 한다. 만약 어떤 개인이 갬블을 가지고 있다면, 그가 갬블에 의해서 발생하게 되는 불확실성(위험)을 회피하기 위하여 기꺼이 포기할 수 있는 부의 최대액, 즉 위험프

그림 7-1 위험회피형 투자자의 효용함수

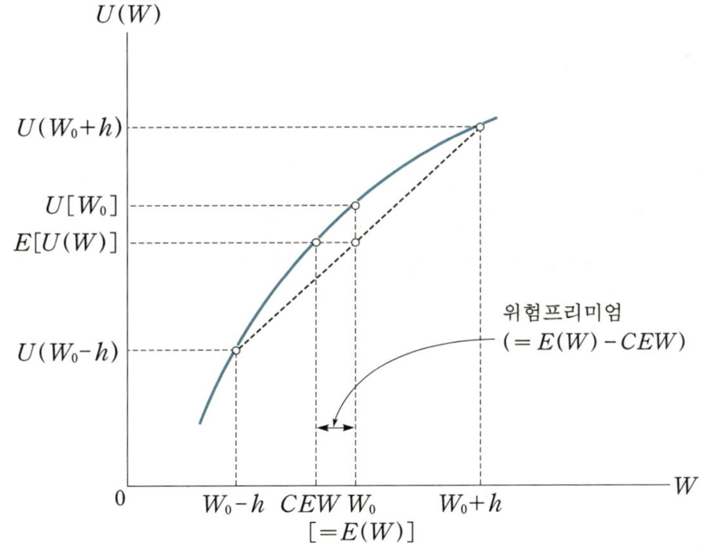

2) 이를 수학적으로 표시하면, $MU(=\partial U/\partial W)>0$, $MU'(=\partial^2 U/\partial W^2)<0$이다.

리미엄(risk premium)은 다음과 같이 정의된다.

$$\text{위험프리미엄} = \text{기대부} - \text{확실성등가부} = E(W) - CEW \quad (7\text{-}3)$$

그리고 개인이 갬블에 참가함으로써 발생하게 되는 현재부의 감소액을 갬블의 비용(cost of gamble)이라 하며, 이는 다음과 같이 정의된다.

$$\text{갬블의 비용} = \text{현재부} - \text{확실성등가부} = W_0 - CEW \quad (7\text{-}4)$$

공정한 갬블일 경우 현재부가 갬블에 참가할 경우 얻을 수 있는 확실성등가부보다 항상 크므로 갬블의 비용은 양(+)의 값을 가진다. 만약 개인이 공정한 갬블에 참가한다면, 그는 갬블의 비용만큼 손실을 입게 된다.

공정한 갬블일 경우 기대부와 현재부가 동일하므로 위험프리미엄과 갬블의 비용이 같아지나, 공정한 갬블이 아닌 경우는 위험프리미엄과 갬블의 비용은 서로 다를 수 있다는 사실에 유의하여야 한다. 위험회피형 투자자인 경우 위험프리미엄은 항상 양(+)의 값을 가지나, 갬블의 비용은 음(−)의 값을 가질 수 있다. 만약 갬블의 비용이 음(−)의 값을 가진다면(즉 현재부보다 확실성등가부가 더 크다면), 개인은 갬블에 참가함으로써 이익을 볼 수 있다. 그러므로 그는 갬블에 참가하기 위하여 양(+)의 금액을 기꺼이 지불하고자 할 것이다.[3)]

2) 위험중립형

공정한 갬블에 대한 참가 여부에 무차별한 투자자를 위험중립형(risk neutral) 투자자라 한다. 위험중립형 투자자는 위험의 크기에 관계없이 기대부에 의해서 의사결정을 한다. 그러므로 갬블에 참가하지 않을 경우 얻게 되는 확실한 현재부(W_0)의 효용 $U[W_0]$와 갬블에 참가할 경우 얻을 수 있는 불확실한 부(W)의 기대효용 $E[U(W)]$는 동일하다.

$$U[W_0] = E[U(W)] \quad (7\text{-}5)$$

이와 같은 위험중립 투자자의 효용함수를 나타내면 〈그림 7-2〉와 같다.

〈그림 7-2〉에서 볼 수 있는 바와 같이 위험중립형 투자자의 효용함수는 일정한 기울기를 가진 직선이 된다. 즉 부가 증가함에 따라 총효용은 일정하게 증가한다.[4)]

---

3) 갬블에 대해 그가 지불할 수 있는 최대의 금액은 갬블 비용의 절대값에 해당하는 금액이다.

4) 이를 수학적으로 표시하면, $MU(=\partial U/\partial W) > 0$, $MU'\ (=\partial^2 U/\partial W^2) = 0$이다.

그림 7-2 위험중립형 투자자의 효용함수

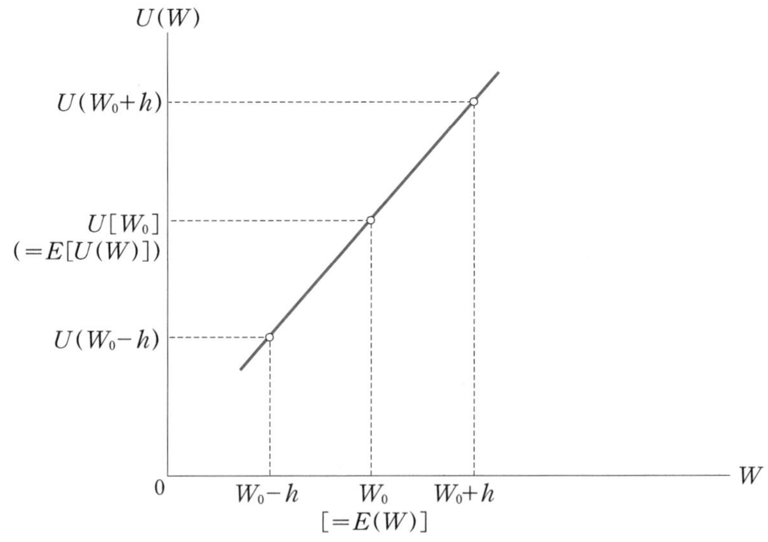

3) 위험선호형

공정한 갬블에 참가하는 투자자를 위험선호형(risk seeking) 투자자라 한다. 갬블에 참가함으로써 얻을 수 있는 기대부는 현재부(W_0)와 동일하지만 위험이 발생하게 되므로, 위험을 좋아하는 위험선호형 투자자는 공정한 갬블에 참가한다. 그러므로 갬블에 참가할 경우 얻을 수 있는 불확실한부(W)의 기대효용 $E[U(W)]$가 갬블에 참가하지 않을 경우 얻게 되는 확실한 현재부(W_0)의 효용 $U[W_0]$보다 더 크다.

$$U[W_0] < E[U(W)] \tag{7-6}$$

이와 같은 위험선호형 투자자의 효용함수를 나타내면 〈그림 7-3〉과 같다.

〈그림 7-3〉에서 볼 수 있는 바와 같이 위험선호형 투자자의 효용함수는 원점에 대하여 볼록(convex)한 형태를 가진다. 즉 부가 증가함에 따라 총효용은 체증적으로 증가한다.[5]

이상에서 개인의 위험에 대한 태도를 세 가지 유형으로 구분하여 살펴보았다.

---

5) 이를 수학적으로 표시하면, $MU(=\partial U/\partial W)>0$, $MU'(=\partial^2 U/\partial W^2)>0$이다.

그림 7-3 위험선호형 투자자의 효용함수

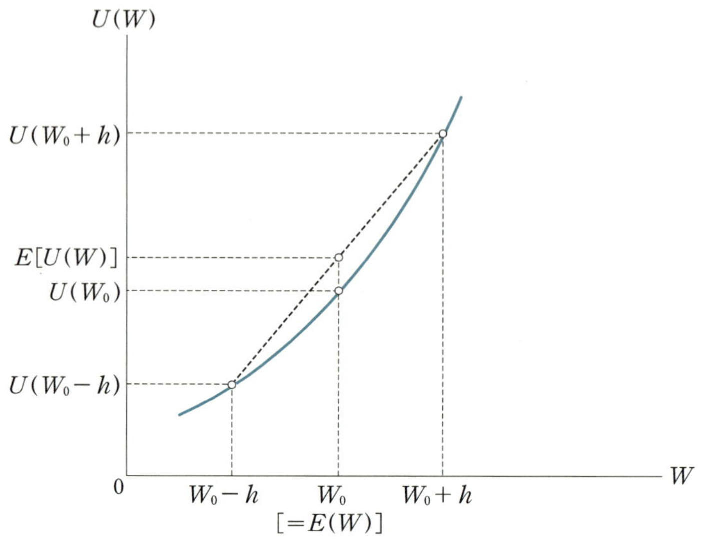

그러나 일반적으로 위험선호형이나 위험중립형은 이성적인 인간의 행동으로 볼 수 없다. 왜냐하면 이성적인 인간인 경우, 추가적인 보상에 대한 기대없이 위험을 감수하려 하지 않을 것이기 때문이다. 위험을 회피하려는 인간의 속성은 보험산업의 번창에서도 찾아볼 수 있을 것이다.

예제 7-2 효용함수

현재 100만원을 가지고 있는 K씨의 효용함수는 다음과 같다.

$$U(W)=\sqrt{W}$$

단, W의 단위는 만원이다.

(1) K씨의 효용함수를 그림으로 나타내고, 위험에 대한 태도를 판단하라.

(2) 10만원을 얻거나, 잃을 가능성이 각각 $\frac{1}{2}$인 공정한 갬블이 있다.

① K씨는 이 갬블에 참가하겠는가?

② ①의 결과에 관계없이 K씨는 이 갬블에 반드시 참가하여야 한다고 하자. 이와 같은 상황에서 만약 갬블에 참가함으로써 발생하는 위험을 제거할 수 있는 보험이 존재한다면, K씨는 그 보험에 대해서 얼마까지 지불할 수 있겠는가?

③ 갬블의 비용을 구하고 그것의 의미를 ①의 결과와 연결하여 설명하라.

(3) 30만원을 얻을 확률이 $\frac{1}{3}$, 10만원을 잃을 확률이 $\frac{2}{3}$인 갬블이 있다.

① K씨는 이 갬블에 참가하겠는가?

② ①의 결과에 관계없이 K씨는 이 갬블에 반드시 참가하여야 한다고 하자. 이와 같은 상황에서 만약 갬블에 참가함으로써 발생하는 위험을 제거할 수 있는 보험이 존재한다면, K씨는 그 보험에 대해서 얼마까지 지불할 수 있겠는가?

③ 갬블의 비용을 구하고 그것의 의미를 ①의 결과와 연결하여 설명하라.

☞ 해설

(1) K씨의 효용함수를 그림으로 나타내면 다음과 같다.

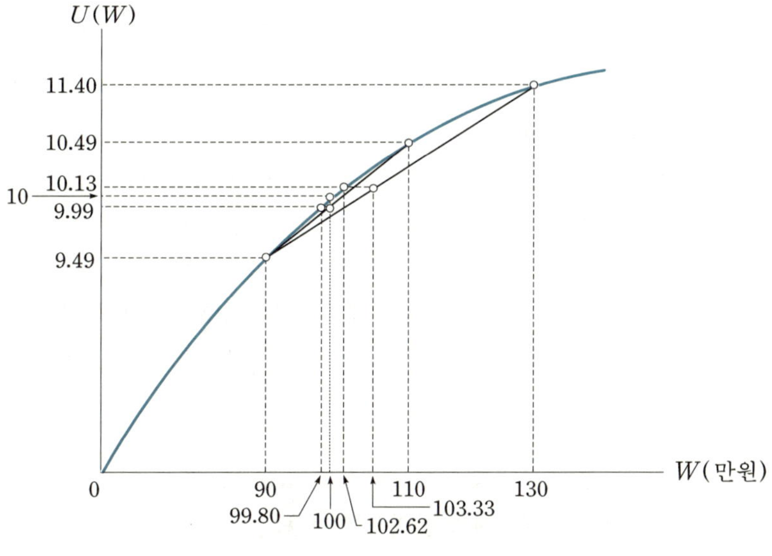

효용함수의 형태가 원점에 대하여 오목한 형태를 가지므로, K씨는 위험회피형 투자자이다.

(2)

①

· 현재부의 효용: $U(100) = \sqrt{100} = 10$효용

· 갬블에 참가하였을 경우의 효용:

$$E[U(W)] = U(100+10)\left(\frac{1}{2}\right) + U(100-10)\left(\frac{1}{2}\right)$$

$$= \sqrt{110}\left(\frac{1}{2}\right) + \sqrt{90}\left(\frac{1}{2}\right) = 9.99\text{효용}$$

현재의 효용이 갬블에 참가하였을 경우의 효용보다 크므로, K씨는 이 갬블에 참가하지 않을 것이다. 즉 위험회피형 투자자는 공정한 갬블에 참가하지 않는다.

② 위험을 회피하기 위하여 지불할 수 있는 최대의 금액은 위험프리미엄을 의미한다. 갬블에 참가하였을 경우의 기대부[$E(W)$]와 그것의 확실성등가부(CEW)를 각각 구하면 다음과 같다.

· $E(W) = 110\left(\frac{1}{2}\right) + 90\left(\frac{1}{2}\right) = 100$만원

· 확실성등가부는 갬블에 참가하였을 경우에 얻을 수 있는 부의 기대효용과 동일한 효용을 제공하는 확실한 부의 수준을 의미한다.

$E[U(W)] = U(CEW)$, 즉 $9.99 = \sqrt{CEW}$

$\therefore\ CEW = (9.99)^2 = 99.80$만원

그러므로 위험프리미엄은 다음과 같다.

$$\text{위험프리미엄} = E(W) - CEW = 100 - 99.80 = 0.20\text{만원}$$

보험의 가격이 0.20만원 이하이면, K씨는 위험을 제거하기 위하여 보험에 가입할 것이다. 다시 말하면 K씨가 갬블의 위험을 회피하기 위하여 보험에 가입할 경우, 그 보험에 대해서 지불할 수 있는 최대의 금액은 0.20만원이다.

③ 갬블의 비용 $= W_0 - CEW = 100 - 99.80 = 0.20$만원

즉 K씨가 갬블에 참가할 경우, 그의 현재부는 0.20만원만큼 감소하게 된다. 그러므로 K씨는 현재부를 감소시키는 공정한 갬블에 참가하지 않을 것이다.

(3)

①

· 현재부의 효용: $U(100) = \sqrt{100} = 10$효용

· 갬블에 참가하였을 경우의 효용:

$$E[U(W)] = U(100+30)\left(\frac{1}{3}\right) + U(100-10)\left(\frac{2}{3}\right)$$

$$= \sqrt{130}\left(\frac{1}{3}\right) + \sqrt{90}\left(\frac{2}{3}\right) = 10.13\text{효용}$$

갬블에 참가하였을 경우의 효용이 현재의 효용보다 크므로, K씨는 이 갬블에 참가한다.

② 위험을 회피하기 위하여 지불할 수 있는 최대의 금액은 위험프리미엄을 의미한다. 갬블에 참가하였을 경우의 기대부[$E(W)$]와 그것의 확실성등가부(CEW)를 각각 구하면 다음과 같다.

· $E(W) = 130\left(\frac{1}{3}\right) + 90\left(\frac{2}{3}\right) = 103.33$만원

· $E[U(W)] = U(CEW)$, 즉 $10.13 = \sqrt{CEW}$

$\therefore\ CEW = (10.13)^2 = 102.62$만원

그러므로 위험프리미엄은 다음과 같다.

$$\text{위험프리미엄} = E(W) - CEW = 103.33 - 102.62 = 0.71\text{만원}$$

보험의 가격이 0.71만원 이하이면, K씨는 위험을 제거하기 위하여 보험에 가입할 것이다. 다시 말하면 K씨가 갬블의 위험을 회피하기 위하여 보험에 가입할 경우, 그 보험에 대해서 지불할 수 있는 최대의 금액은 0.71만원이다.

③ 갬블의 비용 $= W_0 - CEW = 100 - 102.62 = -2.62$만원

즉 K씨가 갬블에 참가할 경우, 그의 현재부는 2.62만원만큼 증가하게 된다. 그러므로 K씨는 현재부를 증가시키는 갬블에 참가한다. 이 경우 K씨는 갬블에 참가하기 위하여 2.62만원까지 비용을 지불할 수 있다.

2 평균-분산 이론

기대효용극대화 기준에 의해서 의사결정을 하기 위해서는 투자자의 효용함수가 주어지고, 투자로부터 예상되는 현금흐름의 확률분포를 알고 있어야 한다. 그러나 개별투자자의 주관적인 효용함수를 확인한다는 것은 거의 불가능하다. 따라서 기대효용극대화 기준을 대체할 수 있는 현실적으로 적용가능한 새로운 기준이 필요하게 된다. 이와 같은 대표적인 기준으로서 평균-분산 기준(mean-variance criterion)이 있다.

2.1 무차별곡선: 평균-표준편차 평면

추상적인 기대효용극대화 기준대신 평균-분산 기준을 사용하기 위해서는 자산 수익률의 확률분포가 결합정규분포를 이루거나, 또는 투자자의 효용함수가 2차함수의 형태를 가진다는 전제가 필요하다. 이와 같은 전제하에서 다음과 같은 함수관계를 도출할 수 있다.[6)]

---

6) 일반적으로 평균-분산 기준에서는 현금흐름 또는 부의 개념대신에 수익률의 개념을 사용한다.

$$E[U(W)] = f[E(r),\ \sigma(r)] \qquad (7\text{-}7)$$

식 (7-7)은 투자자의 기대효용이 기대수익률과 분산 또는 표준편차에 의해서 결정될 수 있다는 것을 의미한다. 위험회피형 투자자의 경우 기대수익률이 높을수록, 위험이 낮을수록 기대효용은 증가한다. 이와 같은 관계에 의해서 위험회피형 투자자의 무차별곡선을 평균-표준편차 평면상에 나타내면 〈그림 7-4〉와 같다.[7]

무차별곡선은 동일한 기대효용을 제공하는 위험(표준편차 또는 분산)과 기대수익률의 모든 조합을 연결한 곡선이다. 다시 말하면 동일한 무차별곡선상에 있는 모든 점은 동일한 기대효용을 제공한다. 예를 들어 〈그림 7-4〉에서 무차별곡선 ID_1 상에 있는 A점, B점, C점은 모두 동일한 기대효용을 제공한다. 이와 같은 무차별곡선은 다음과 같은 성질을 가진다.

첫째, 무차별곡선은 위로 올라갈수록 보다 높은 기대효용을 가진다. 〈그림 7-

그림 7-4 위험회피형 투자자의 무차별곡선

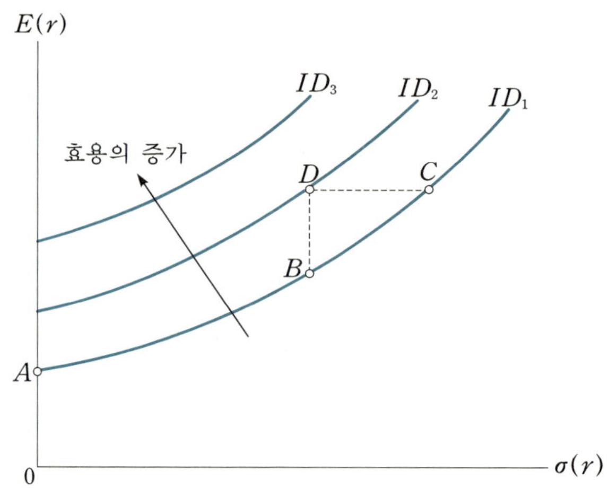

7) 위험선호형과 위험중립형 투자자의 무차별곡선을 나타내면 다음과 같다.

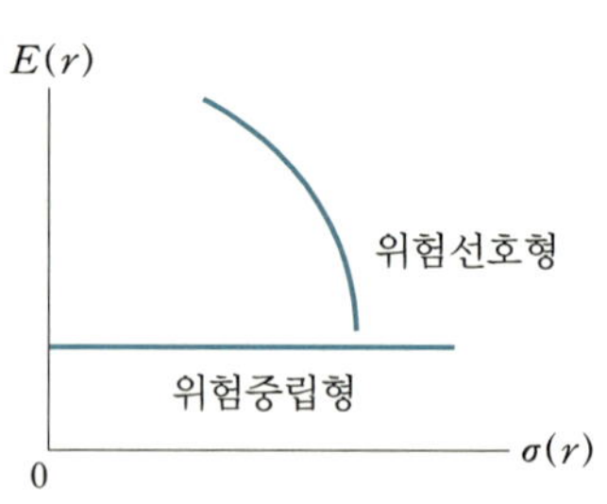

4)에서 ID_2선상에 있는 D점은 ID_1선상에 있는 B점 또는 C점보다 기대효용이 더 높다. 그 이유는 D점은 B점에 비해 위험은 같으나 기대수익률이 높으며, C점에 비해 기대수익률은 같으나 위험이 작기 때문이다.

둘째, 무차별곡선은 우상향하면서 원점을 향해서 볼록한 형태를 취한다. 위험회피형 투자자의 경우 위험이 증가하면 그 보상으로서 기대수익률이 증가하여야 전과 동일한 기대효용을 유지할 수 있다는 것을 의미한다.[8] 그리고 무차별곡선이 원점을 향해서 볼록하다는 것은 위험이 한 단위 증가할 때마다 동일한 기대효용을 유지하기 위하여 추가로 요구되는 기대수익률의 크기는 점차로 증가한다는 것을 의미한다.

셋째, 무차별곡선은 서로 겹치거나 교차할 수 없다.

2.2 평균-분산 기준에 의한 위험자산의 선택

평균-분산 기준에 의해 위험자산(또는 위험투자안)을 선택하는 방법은 다음과 같은 절차에 의해서 이루어진다.

첫째, 위험자산들간의 지배관계를 살펴 지배당하는 자산들을 제거한다. 위험자산들간의 지배관계는 다음과 같은 지배원리(dominance principles)에 의해서 결정된다.

지배원리:

- 동일한 기대수익률을 가지는 투자대상 중에서는 위험이 작은 것이 큰 것을 지배한다.
- 동일한 위험을 가지는 투자대상 중에서는 기대수익률이 큰 것이 작은 것을 지배한다.

지배원리에 의해서 지배관계를 말할 수 없는, 즉 그 우월성을 구분할 수 없는 자산들을 효율적인 자산이라 한다.

8) 무차별곡선의 한 점에서 그은 접선의 기울기인 한계대체율 MRS가 양(+)의 값을 가진다는 것을 의미한다. 여기서 MRS는 투자자가 싫어하는 위험 한 단위를 추가적으로 취할 경우에 전과 동일한 기대효용을 가질 수 있도록 요구하게 되는 추가적인 기대수익률의 단위를 의미하며 다음과 같이 나타낼 수 있다.

$$MRS = \left.\frac{\partial E(r)}{\partial \sigma(r)}\right|_{U=\text{일정}}$$

그림 7-5 보수적 투자자와 공격적 투자자의 무차별곡선

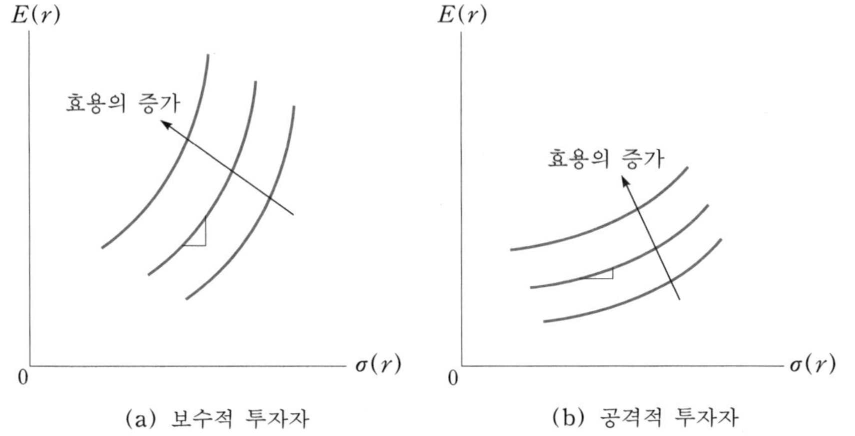

둘째, 투자자들의 주관적인 무차별곡선에 의해서 효율적인 자산 중 가장 높은 기대효용을 주는 자산, 즉 최적자산을 선택한다. 효율적인 자산 중 어느 자산을 선택할 것인가는 투자자들의 주관적인 무차별곡선에 의해서 결정된다. 투자자들은 자신의 상대적인 위험회피 정도에 따라 서로 다른 자산을 선택할 수 있다. 상대적으로 위험을 아주 싫어하는 보수적인 투자자와 상대적으로 위험을 덜 싫어하는 공격적인 투자자의 무차별곡선을 예시하면 〈그림 7-5〉와 같다.

〈그림 7-5〉에서 볼 수 있는 바와 같이 보수적 투자자는 위험을 아주 싫어하므로 추가적인 위험의 증가에 대해서 아주 높은 기대수익률의 보상을 요구할 것이다. 그러므로 보수적 투자자의 무차별곡선은 아주 가파른 기울기를 가진다. 반면에 공격적 투자자는 위험을 비교적 덜 싫어하므로 추가적인 위험의 증가에 대해서 다소 작은 기대수익률의 보상을 요구할 것이다. 그러므로 공격적 투자자의 무차별곡선은 상대적으로 완만한 기울기를 가진다.

예제 7-3 평균-분산 기준에 의한 위험자산의 선택

다음과 같은 상호배타적인 투자안이 있다.

투자안	기대수익률(%)	표준편차(%)
A	10	1.0
B	15	1.0

C	10	0.6
D	15	1.5
E	12	1.2

(1) 각 투자안을 평균-표준편차 평면상에 나타내고, 지배원리에 의해서 효율적인 투자대상을 지적하라.

(2) 물음 (1)에서 결정된 효율적 투자대상 중 최적투자안을 선택하고, 그 선택이유를 당신의 위험회피성향 측면에서 설명하라.

☞ 해설

(1)

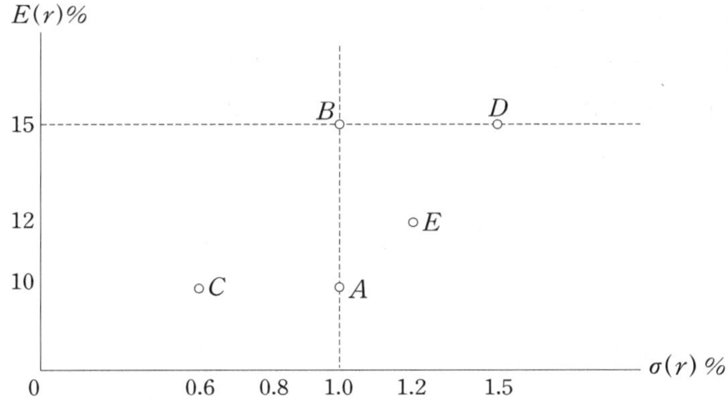

위의 그림에서 볼 수 있는 바와 같이 투자안 A, D, E는 투자안 B에 의해서 지배당한다. 그러므로 지배원리에 의해서 지배관계를 말할 수 없는 투자안 B와 C만이 효율적인 투자대상이다.

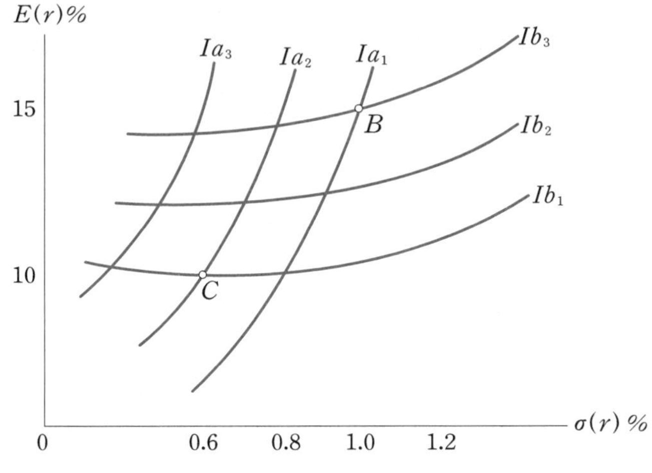

(2) 효율적인 투자안 B와 C 중 어느 투자안을 선택하느냐는 투자자의 상대적인 위험회피 정도(무차별곡선의 형태)에 달려 있다. 예를 들어 다음의 그림에서 볼 수 있는 바와 같이 Ia의 무차별곡선을 가지는 보수적 투자자는 투자안 C를 선택할 것이며, Ib의 무차별곡선을 가지는 공격적인 투자자는 투자안 B를 선택할 것이다.

3 기대수익률과 위험의 측정

평균-분산 기준에 의해서 의사결정을 하기 위해서는 투자대상이 되는 자산의 수익률에 대한 기대치와 분산(또는 표준편차)을 측정하여야 한다. 여기서는 대표적인 위험자산인 주식을 중심으로 기대수익률과 위험을 측정하는 방법에 대해서 설명한다. 투자자가 주식에 투자하여 단일기간 동안 보유하였을 때의 수익률 r은 단일기간 동안의 자본차익(기말의 주가 − 기초의 주가)과 배당소득을 기초의 주가로 나눈 것이다.

$$r = \frac{(\text{기말의 주가} - \text{기초의 주가}) + \text{배당금}}{\text{기초의 주가}} \tag{7-8}$$

투자시점(기초)에서 기초의 주가는 확실한 값이나, 기말의 주가와 배당금은 미래의 값, 즉 불확실한 값이다. 그러므로 주식수익률은 미래의 상황에 따라 변할 수 있는 확률변수(random variables)이다.[9] 그리고 확률변수(여기서는 주식수익률)가 취할 수 있는 모든 값과 그것들의 발생확률을 나타낸 것을 확률분포(probability distribution)라 한다. 불확실성하의 의사결정에 필요한 기대수익률과 분산(또는 표준편차)은 확률분포에 의해서 구할 수 있다. 기대수익률과 분산은 미래수익률의 확률분포, 즉 모집단(population)의 특성을 나타내므로 모수(parameters)라 한다.

3.1 모집단의 기대수익률과 분산

일반적으로 임의의 주식 j의 미래수익률의 확률분포는 〈표 7-2〉와 같이 나타낼 수

9) 확률변수는 미래의 발생가능한 상황에 일정한 수치를 부여한 값이다. 예를 들어 동전던지기를 시행하여 앞면이 나오면 1,000원을 받고 뒷면이 나오면 1,000원을 잃게 되는 게임이 있다면, 그것은 앞면과 뒷면이라는 발생가능한 상황에 각각 1,000원과 −1,000원이라는 수치를 부여하여 게임을 구성한 것이다. 즉 1,000원과 −1,000원은 발생확률이 각각 1/2인 확률변수이다. 마찬가지로 투자성과를 살펴보기 위하여 발생가능한 미래의 상황(예를 들면, 경제의 호황, 보통, 불황)에 일정한 수치(수익률)를 부여하여 확률변수를 만들 수 있다.

표 7-2 주식 j의 미래수익률의 확률분포

상 황	수 익 률	확 률
1	r_{j1}	P_1
2	r_{j2}	P_2
⋮	⋮	⋮
m	r_{jm}	P_m
		$\sum_{s=1}^{m} P_s = 1$

있다.

주식 j의 미래수익률의 확률분포가 〈표 7-2〉와 같이 주어져 있는 경우 그 기대수익률과 분산(또는 표준편차)은 다음과 같이 구할 수 있다.

1) 기대수익률

기대수익률(expected return)은 미래에 평균적으로 예상되는 수익률로서, 각 상황별로 발생가능한 수익률에 그 상황이 발생할 확률을 곱한 다음 이를 모두 합하여 구한다.

$$E(r_j) = \sum_{s=1}^{m} P_s r_{js} \tag{7-9}$$

여기서 $E(r_j)$: 주식 j의 기대수익률
P_s : 상황 s가 발생할 확률($s = 1, 2, \cdots, m$)
r_{js} : 상황 s에서의 주식 j의 수익률(확률변수)

2) 분 산

수익률의 분산(variance)은 기대수익률이 실현되지 않을 가능성을 나타내는 척도로서, 발생가능한 수익률과 기대수익률의 차이인 편차(deviation)를 제곱한 후 그것의 기대치를 구한 것이다.

$$Var(r_j) = E[r_j - E(r_j)]^2 = \sum_{s=1}^{m} P_s[r_{js} - E(r_j)]^2 \tag{7-10}$$

식 (7-10)에서 주식 j 수익률의 분산 $Var(r_j)$는 σ_j^2으로 표기하기도 한다. 그리고 분산의 제곱근을 표준편차(standard deviation)라 한다. 표준편차 σ_j는 다음과 같다.

$$\sigma_j = \sqrt{Var(r_j)} \tag{7-11}$$

이와 같은 수익률의 분산 또는 표준편차가 크면 클수록 미래수익률이 기대수익률로부터 이탈할 가능성, 즉 투자위험이 높아지게 된다.[10)]

예제 7-4 모집단의 기대수익률과 분산

목포주식회사 주식의 미래수익률의 확률분포는 다음과 같이 예상된다.

상 황	수 익 률	확 률
호 황	0.40	0.3
보 통	0.12	0.4
불 황	0.01	0.3

이 회사 주식의 기대수익률과 분산, 표준편차를 구하라.

☞ 해설

- 기대수익률 $= 0.3 \times 0.4 + 0.4 \times 0.12 + 0.3 \times 0.01 = 0.171$
- 분산 $= (0.3)(0.4-0.171)^2 + (0.4)(0.12-0.171)^2 + (0.3)(0.01-0.171)^2 = 0.024549$
- 표준편차 $= \sqrt{0.024549} = 0.156681$

3.2 표본의 평균수익률과 분산

기대수익률과 분산을 측정하기 위해서는 미래수익률의 확률분포(모집단)를 정확하게 예측할 수 있어야 한다. 그러나 실제로 미래수익률의 확률분포를 정확히 예측하는 것은 거의 불가능한 일이다. 따라서 일반적으로 기대수익률과 분산은 미래수익률의 확률분포 대신에 과거 일정기간 동안의 실제수익률자료, 즉 표본(sample)

표 7-3 주식 j의 실제수익률자료

기 간	수익률
1	r_{j1}
2	r_{j2}
⋮	⋮
N	r_{jN}

10) 다음과 같은 몇 가지 기대치의 특성을 기억할 필요가 있다.
$E(k)=k$, $Var(k)=0$, $E(kr_j)=kE(r_j)$, $Var(kr_j)=k^2Var(r_j)$ (단, k는 상수)

을 이용하여 추정(estimation)된다. 표본의 평균수익률과 분산은 각각 모집단(미래 수익률의 확률분포)의 기대수익률과 분산의 추정치로서 이용된다.[11] 주식 j에 대한 과거 일정기간(예를 들어 N기간) 동안의 실제수익률자료는 〈표 7-3〉과 같이 나타낼 수 있다.

1) 평균수익률

표본의 평균수익률은 표본기간 동안의 평균적인 수익률로서, 표본기간 동안의 모든 수익률을 합한 후 표본기간의 수로 나누어 구한다. 〈표 7-3〉과 같은 표본수익률자료를 이용하여 주식 j의 평균수익률을 측정하면 다음과 같다.

$$\bar{r}_j = \frac{\sum_{t=1}^{N} r_{jt}}{N} \qquad (7\text{-}12)$$

여기서 r_{jt} : t-1시점부터 t시점까지 단일기간 동안의 주식 j의 수익률[12]

2) 분 산

〈표 7-3〉과 같은 표본수익률자료를 이용하여 표본의 분산 S_j^2을 구하면 다음과 같다.

$$S_j^2 = \frac{\sum_{t=1}^{N} [r_{jt} - \bar{r}_j]^2}{N-1} \qquad (7\text{-}13)$$

표본수익률의 분산은 표본수익률의 편차를 제곱하여 합한 값을 자유도(degree of freedom), 즉 $N-1$로 나누어 산출함을 유의하여야 한다. 자유도는 독립적인 변수의 수 또는 자유로이 취할 수 있는 변수의 총수로 정의되며, 총관측치의 수에서 미지의 모수대신 사용한 추정치의 수를 제외한 값이다. 그러므로 표본의 분산을 구할 때 모수인 기대수익률대신에 표본의 평균수익률을 추정치로 사용하므로 자유도는 다음과 같이 계산된다.

$$\text{자유도} = \text{표본의 수} - \text{추정치의 수} = N - 1$$

---

11) 표본수익률자료를 이용하여 측정한 평균수익률과 분산은 각각 모집단의 기대수익률과 분산의 추정치이므로 표본오차(sampling errors)가 발생할 수 있음을 유의해야 한다.

12) $r_{jt} = \dfrac{P_{jt} - P_{j,\,t-1} + D_{jt}}{P_{j,\,t-1}}$

여기서 P_{jt} : t시점의 주식 j의 가격

$P_{j,\,t-1}$: t-1시점의 주식 j의 가격

D_{jt} : t-1시점부터 t시점까지의 단일기간 동안의 주식 j의 배당금

예제 7-5 표본의 평균수익률과 분산

다음은 주식 A의 기대수익률과 분산을 추정하기 위하여 수집한 과거 일정기간 동안의 실제수익률 자료이다.

기 간	수 익 률
1	12.0%
2	1.5
3	−8.6
4	−5.0
5	6.0

이 주식의 기대수익률과 분산, 표준편차를 추정하라.

☞ 해설

· 기대수익률 $= \dfrac{0.12 + 0.015 - 0.086 - 0.05 + 0.06}{5} = 0.0118$

· 분산 $= \dfrac{(0.12 - 0.0118)^2 + (0.015 - 0.0118)^2 + (-0.086 - 0.0118)^2 + (-0.05 - 0.0118)^2 + (0.06 - 0.0118)^2}{5 - 1} = 0.006856$

· 표준편차 $= \sqrt{0.006856} = 0.082802$

주 요 용 어

기대효용(164)
효용함수(166)
공정한 갬블(166)
위험회피형(166)
확실성등가부(167)
위험프리미엄(167)
갬블의 비용(168)
위험중립형(168)
위험선호형(169)
무차별곡선(174)
평균-분산 기준(175)
지배원리(175)
확률변수(178)
확률분포(178)
모집단(178)
모수(178)
기대수익률(179)
분산(179)
표준편차(179)
표본(180)
표본의 평균수익률(181)
표본의 분산(181)
자유도(181)

연 습 문 제

1 기대수익극대화 기준과 기대효용극대화 기준의 비교

현재 100만원을 가지고 있는 투자자에게 다음과 같은 상호배타적인 3개의 투자안이 주어져 있다.

투자안 1		투자안 2		투자안 3	
수 익	확 률	수 익	확 률	수 익	확 률
20만원	$\frac{1}{2}$	10만원	$\frac{1}{4}$	20만원	$\frac{1}{4}$
40만원	$\frac{1}{2}$	20만원	$\frac{1}{2}$	30만원	$\frac{1}{2}$
		70만원	$\frac{1}{4}$	40만원	$\frac{1}{4}$

(1) 만약 투자자가 기대수익극대화 기준에 의해서 선택을 한다면, 어느 투자안을 선택하여야 하는가? 그리고 이 선택기준의 문제점을 지적하라.

(2) 다음과 같은 효용함수 $U(W)$(단, W는 부의 수준으로서 단위는 만원이다)를 가지고 있는 각 투자자는 어느 투자안을 선택하여야 하는가?

① $U(W)=W$인 위험중립형 투자자의 경우

② $U(W)=W^2$인 위험선호형 투자자의 경우

③ $U(W)=\sqrt{W}$인 위험회피형 투자자의 경우

2 효용함수와 위험프리미엄

$U(X)=\sqrt{X}$(단, X는 투자수익이며, 단위는 만원이다)의 효용함수를 갖는 투자자에게 지금 다음과 같은 상호배타적인 투자안이 주어져 있다.

투자안 1		투자안 2	
수 익	확 률	수 익	확 률
16만원	0.5	81만원	0.5
196만원	0.5	121만원	0.5

(1) 어느 투자안을 선택하여야 하는가?

(2) 이 투자자가 각 투자안의 위험을 회피하기 위하여 지불할 수 있는 최대금액은 각각 얼마인가?

3

효용함수 응용

$U(X)=(X/10)^2$(단, X는 상금액으로서 단위는 만원이다)의 효용함수를 갖는 투자자에게 다음과 같은 상금을 주는 두 개의 복권은 무차별하다고 한다.

복 권 1		복 권 2	
상 금	확 률	상 금	확 률
110만원	0.5	90만원	P
130만원	0.5	150만원	$1-P$

이 경우 P는 얼마인가?

4

고급 효용함수를 이용한 보험료의 산정

갑은 현재 시가 1,000만원인 자동차를 보유하고 있으며, 차량파손에 따른 손실에 대비하기 위하여 보험가입을 고려중이다. 현재 사고 등으로 인해 차량이 파손될 확률은 10%로 추정되며, 이 경우 차량가치가 500만원이 될 가능성은 60%이고, 20만원이 될 가능성은 40%이다. ㈜동해보험은 사고 등에 따른 차량파손시 그 손실액을 전액 보상해 주는 보험상품을 갑에게 제시하였으며, 그 보험료로 100만원을 요구하였다. 갑이 $U(W)=\sqrt{W}$(단, W는 자동차의 가치로서 단위는 만원임)의 효용함수를 가질 경우 다음의 물음에 답하라.

(1) 갑이 지불할 수 있는 최대보험료는 얼마인가?

(2) 갑은 ㈜동해보험이 제시한 보험상품에 가입하겠는가?

5

평균-분산 기준

다음은 미래의 기대수익률과 분산을 추정하기 위하여 수집한 상호배타적인 투자안들의 20×1년~20×5년 동안의 실제 연간 수익률 자료이다.

연 도	A	B	C	D
20×1	0.20	0.22	0.06	0.10
20×2	0.40	0.21	0.08	0.12
20×3	0.30	0.18	0.05	0.18
20×4	0.22	0.16	0.04	0.20
20×5	0.36	0.20	0.06	0.15

(1) 위의 과거자료를 이용하여 각 투자안의 기대수익률과 표준편차를 추정하라.

(2) 평균-분산 기준에 의해서 효율적인 투자안과 비효율적인 투자안을 구분하라.

제 8 장

포트폴리오분석

1. 포트폴리오의 기대수익률과 위험의 측정
2. 포트폴리오의 선택
3. 분산효과와 개별증권의 위험

전장에서는 여러 투자대상(예를 들어 투자안 또는 증권 등 위험자산)이 동시에 선택될 수 없는 상호배타적인 경우를 가정하여 개별 투자대상의 선택이론, 즉 평균-분산 이론을 살펴보았다. 그러나 실제로는 투자대상들이 상호배타적이지 않은 경우가 오히려 일반적이다. 따라서 투자자는 동시에 여러 종류의 증권 또는 부동산 등을 소유할 수 있을 것이다. 이 경우 투자자가 보유하는 두 개 이상의 자산으로 구성된 자산조합을 포트폴리오(portfolio)라 한다.

본장에서는 투자자가 둘 이상의 자산으로 구성된 포트폴리오를 선택할 수 있는 경우, 평균-분산 이론에 의해서 포트폴리오의 선택문제를 살펴보고자 한다. 기본적인 분석방법은 전장과 동일하다. 포트폴리오 수익률의 확률분포로부터 기대수익률과 위험(분산 또는 표준편차)을 측정하고 지배원리에 의해서 효율적 포트폴리오(efficient portfolio)를 결정한 후, 투자자의 위험회피성향을 나타내는 무차별곡선에 의해서 최적포트폴리오(optimal portfolio)를 선택하면 된다.

1 포트폴리오의 기대수익률과 위험의 측정

포트폴리오분석을 실시하기 전에 먼저 포트폴리오의 기대수익률과 표준편차를 추정해야 한다. 설명을 위하여 N개의 자산으로 구성된 임의의 포트폴리오를 생각해 보자. 이와 같은 포트폴리오의 수익률 r_p는 그 포트폴리오를 구성하고 있는 증권들의 수익률을 가중평균하여 다음과 같이 나타낼 수 있다.

$$r_p = W_1 r_1 + W_2 r_2 + \cdots + W_N r_N = \sum_{j=1}^{N} W_j r_j \qquad (8\text{-}1)$$

여기서 W_j: 포트폴리오에서의 증권 j의 구성비율(증권 j에 대한 투자액/총투자액)

식 (8-1)에서 구성비율의 총합은 항상 1이다.

$$W_1 + W_2 + \cdots + W_N = \sum_{j=1}^{N} W_j = 1$$

여기서 식 (8-1)과 같은 포트폴리오의 기대수익률과 위험을 측정하는 방법을 차례로 설명하기로 한다.

1.1 포트폴리오의 기대수익률

포트폴리오의 기대수익률을 구하면 다음과 같다.

$$\begin{aligned} E(r_p) &= E(W_1 r_1 + W_2 r_2 + \cdots + W_N r_N) \\ &= W_1 E(r_1) + W_2 E(r_2) + \cdots + W_N E(r_N) = \sum_{j=1}^{N} W_j E(r_j) \end{aligned} \qquad (8\text{-}2)$$

식 (8-2)에서 볼 수 있는 바와 같이 포트폴리오의 기대수익률은 개별증권의 기대수익률을 각각의 구성비율에 의해서 가중평균하여 쉽게 구할 수 있다.

1.2 포트폴리오의 위험

포트폴리오의 위험을 나타내는 포트폴리오 수익률의 분산(또는 표준편차)은 개별증권들의 수익률 사이에 존재하는 상호관련성에 의해서 영향을 받게 된다. 그러므로 먼저 이와 같은 상호관련성을 측정하는 수단인 공분산(또는 상관계수)을 설명하면 다음과 같다.

1) 공 분 산

공분산(covariance)은 두 증권수익률이 평균적으로 어떠한 관계를 가지고 움직이는가를 설명하는 것으로서 다음과 같이 정의된다.

$$\begin{aligned} Cov(r_i, r_j) &= E[(r_i - E(r_i))(r_j - E(r_j))] \\ &= \sum_{s=1}^{m}\sum_{k=1}^{n} P(r_{is}, r_{jk})[(r_{is} - E(r_i))(r_{jk} - E(r_j))] \end{aligned} \tag{8-3}$$

여기서 $Cov(r_i, r_j)$: 공분산을 나타내는 기호로서 σ_{ij}로도 표시된다.
$P(r_{is}, r_{jk})$: 증권 i의 수익률이 r_{is}이고 동시에 증권 j의 수익률이 r_{jk}가 될 확률, 즉 결합확률이다.

만약 두 증권수익률간의 미래의 결합확률분포(joint probability distribution)를 얻을 수 없는 경우에는 과거 일정기간 동안의 두 증권수익률자료(표본)에 의해서 공분산을 추정해야 한다. 이와 같은 경우 표본의 공분산은 다음과 같이 측정될 수 있다.

$$Cov(r_i, r_j) = \frac{\sum_{t=1}^{N}(r_{it} - \overline{r}_i)(r_{jt} - \overline{r}_j)}{N-1} \tag{8-4}$$

식 (8-4)에서 표본자료를 이용하여 공분산을 계산할 때, 분산을 추정하는 경우와 마찬가지로 모집단의 기대수익률 대신 그것의 추정치인 표본의 평균수익률을 사용하였기 때문에 자유도가 $N-1$이라는 사실을 유의하여야 한다.

공분산은 두 증권수익률의 편차(수익률 - 기대수익률)를 서로 곱한 값의 기대치(평균)로서 양(+) 또는 음(-)의 값을 가질 수 있다. 만약 $Cov(r_i, r_j)$가 양(+)의 값을 가진다면, 이는 평균적으로 두 증권수익률이 서로 같은 방향으로 움직이고 있음을 의미한다. 그러나 만약 $Cov(r_i, r_j)$가 음(-)의 값을 가진다면, 이는 평균적으로 두 증권수익률이 서로 다른 방향으로 움직이고 있음을 의미한다.

두 증권수익률간의 관계를 나타내는 공분산은 증권수익률의 크기에 따라 영향을 받기 때문에 공분산에 의해서 두 증권수익률간의 관계를 정확히 설명할 수 없다. 그러므로 두 증권수익률간의 관계를 정확히 설명하기 위해서는 증권수익률의 크기에 따라 발생할 수 있는 영향을 제거하여야 한다. 이와 같은 목적을 위하여 공분산을 각 증권수익률의 표준편차에 의해서 표준화시킨 것을 상관계수(correlation coefficient)라 하며, 이는 다음과 같이 정의된다.

$$\rho_{ij} = \frac{Cov(r_i, r_j)}{\sigma_i \sigma_j} \tag{8-5}$$

그림 8-1 **상관계수의 예시**

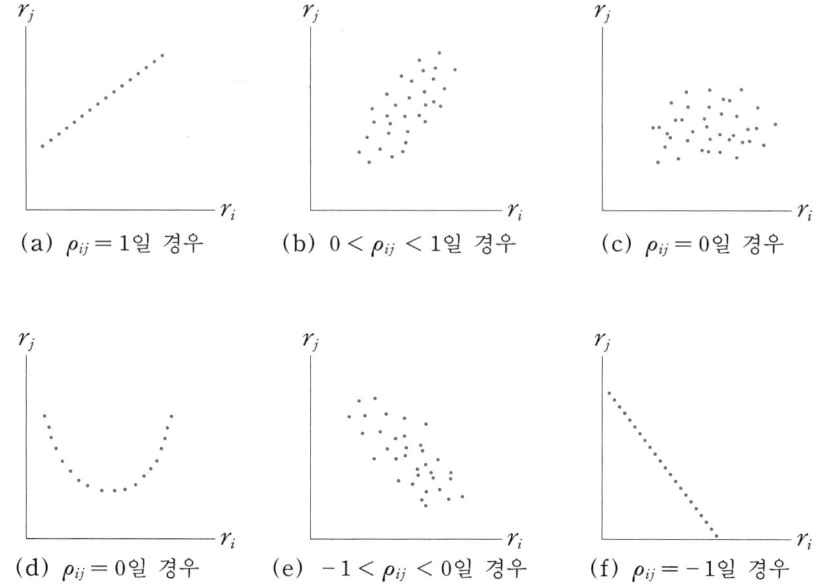

(a) $\rho_{ij}=1$일 경우 (b) $0<\rho_{ij}<1$일 경우 (c) $\rho_{ij}=0$일 경우

(d) $\rho_{ij}=0$일 경우 (e) $-1<\rho_{ij}<0$일 경우 (f) $\rho_{ij}=-1$일 경우

상관계수 ρ_{ij}는 두 증권수익률 r_i와 r_j가 얼마나 밀접한 선형관계를 가지고 있는지를 나타내며, 그것은 -1과 1 사이의 값을 가진다. 두 증권수익률이 정비례하는 직선관계를 가지고 움직일 때는 $\rho_{ij}=1$이 되며, 반비례하는 직선관계를 가지고 움직일 때는 $\rho_{ij}=-1$이 된다. 그리고 두 수익률간에 선형적인 관계가 없는 경우에는 $\rho_{ij}=0$이 된다. 이와 같은 상관관계를 예시하면 〈그림 8-1〉과 같다.[1)]

예제 8-1 공분산과 상관계수 측정

증권 i와 j의 미래수익률의 결합확률분포는 다음과 같이 예상된다.

r_i	r_j	$P(r_i, r_j)$
0.16	0.16	0.10
0.16	0.18	0.06
0.16	0.22	0.04
0.18	0.18	0.12

1) $\rho_{ij}=0$이라는 사실은 증권 i와 증권 j의 수익률간에 선형관계가 존재하지 않는다는 것을 의미하는 것이지, 다른 관계(예를 들어 2차함수관계 등)도 존재하지 않는다는 것을 의미하는 것은 아니다. 즉 상관계수는 선형관계의 정도만을 나타내는 통계값임을 유의해야 한다.

0.18	0.20	0.36
0.18	0.22	0.12
0.20	0.18	0.02
0.20	0.20	0.04
0.20	0.22	0.04
0.20	0.24	0.10

위의 자료를 이용하여 다음의 물음에 답하라.

(1) 결합확률분포표를 작성하라.

(2) r_i와 r_j의 기대수익률과 분산, 표준편차를 구하라.

(3) r_i와 r_j의 공분산과 상관계수를 구하라.

☞ 해설

(1) 두 증권수익률간의 결합확률에 의해서 결합확률분포표를 작성하면 다음과 같다.

r_i \ r_j	0.16	0.18	0.20	0.22	0.24	$P(r_i)$
0.16	0.10	0.06	0.00	0.04	0.00	0.20
0.18	0.00	0.12	0.36	0.12	0.00	0.60
0.20	0.00	0.02	0.04	0.04	0.10	0.20
$P(r_j)$	0.10	0.20	0.40	0.20	0.10	1.00

(2) · $E(r_i) = (0.16)(0.20) + (0.18)(0.60) + (0.20)(0.20) = 0.18$

$$Var(r_i) = (0.16-0.18)^2(0.20) + (0.18-0.18)^2(0.60) + (0.20-0.18)^2(0.20) = 0.00016$$

$$\sigma_i = \sqrt{0.00016} = 0.01265$$

· $E(r_j) = (0.16)(0.10) + (0.18)(0.20) + (0.20)(0.40) + (0.22)(0.20) + (0.24)(0.10) = 0.20$

$$Var(r_j) = (0.16-0.20)^2(0.10) + (0.18-0.20)^2(0.20) + (0.20-0.20)^2(0.40) + (0.22-0.20)^2(0.20) + (0.24-0.20)^2(0.10) = 0.00048$$

$$\sigma_j = \sqrt{0.00048} = 0.02191$$

(3) $Cov(r_i, r_j)$

$$= (0.16-0.18)(0.16-0.20)(0.10) + (0.16-0.18)(0.18-0.20)(0.06) + (0.16-0.18)(0.22-0.20)(0.04) + (0.18-0.18)(0.18-0.20)(0.12) + (0.18-0.18)(0.20-0.20)(0.36) + (0.18-0.18)(0.22-0.20)(0.12)$$

$$+(0.20-0.18)(0.18-0.20)(0.02)+(0.20-0.18)(0.20-0.20)(0.04)$$
$$+(0.20-0.18)(0.22-0.20)(0.04)+(0.20-0.18)(0.24-0.20)(0.10)$$
$$=0.000176$$

$$\rho_{ij}=\frac{Cov(r_i,\ r_j)}{\sigma_i\ \sigma_j}=\frac{0.000176}{0.01265\times 0.02191}=0.635$$

예제 8-2. 표본을 이용한 공분산과 상관계수의 추정

다음은 증권 i와 j의 1월부터 4월까지의 실제 월별수익률 자료이다.

월	r_i	r_j
1	0.10	0.02
2	0.14	-0.02
3	0.12	0.08
4	0.08	0.17

위의 자료를 이용하여 다음의 물음에 답하라.

(1) r_i와 r_j의 기대수익률과 분산, 표준편차를 추정하라.

(2) r_i와 r_j의 공분산과 상관계수를 추정하라.

☞ 해설

(1) $$E(r_i)=\frac{0.10+0.14+0.12+0.08}{4}=0.11$$

$$Var(r_i)=\frac{(0.10-0.11)^2+(0.14-0.11)^2+(0.12-0.11)+(0.08-0.11)^2}{4-1}=0.00067$$

$$\sigma_i=\sqrt{0.00067}=0.02588$$

동일한 방법으로 증권 j의 기대수익률, 분산, 표준편차를 추정하면 다음과 같다.

$$E(r_j)=0.0625,\quad Var(r_j)=0.00683,\quad \sigma_j=0.8261$$

(2)

$$Cov(r_i,\ r_j)=\frac{\begin{array}{c}(0.10-0.11)(0.02-0.0625)+(0.14-0.11)(-0.02-0.0625)\\+(0.12-0.11)(0.08-0.0625)+(0.08-0.11)(0.17-0.0625)\end{array}}{4-1}$$
$$=-0.0017$$

$$\rho_{ij} = \frac{Cov(r_i,\ r_j)}{\sigma_i\ \sigma_j} = \frac{-0.0017}{0.02588 \times 0.08261} = -0.7952$$

2) 포트폴리오의 분산

먼저 투자자가 다음과 같이 두 개의 증권으로 구성된 포트폴리오 수익률의 분산을 구한다고 하자.

$$r_p = W_1 r_1 + W_2 r_2 \ (\text{단, } W_1 + W_2 = 1)$$

이와 같은 포트폴리오 수익률의 분산은 다음과 같이 나타낼 수 있다.[2)]

$$\begin{aligned} Var(r_p) &= E[(r_p - E(r_p))^2] \\ &= W_1^2 Var(r_1) + W_2^2 Var(r_2) + 2W_1 W_2 Cov(r_1,\ r_2) \end{aligned} \tag{8-6}$$

일반적으로 분산과 공분산에 관한 수학적 기호는 다음과 같이 여러 가지 형태로 사용될 수 있다.[3)]

$$\begin{aligned} &Var(r_1) = \sigma_1^2 = \sigma_{11},\ Var(r_2) = \sigma_2^2 = \sigma_{22}, \\ &Cov(r_1,\ r_2) = \sigma_{12} = \sigma_{21} = Cov(r_2,\ r_1) \end{aligned} \tag{8-7}$$

식 (8-7)을 이용하여 식 (8-6)을 변형하면 다음과 같다.

$$\begin{aligned} Var(r_p) &= W_1^2 Var(r_1) + W_2^2 Var(r_2) + 2W_1 W_2 Cov(r_1,\ r_2) \\ &= W_1^2 \sigma_1^2 + W_2^2 \sigma_2^2 + 2W_1 W_2 \sigma_{12} \\ &= W_1 W_1 \sigma_{11} + W_1 W_2 \sigma_{12} + W_2 W_1 \sigma_{21} + W_2 W_2 \sigma_{22} \\ &= W_1 (W_1 \sigma_{11} + W_2 \sigma_{12}) + W_2 (W_1 \sigma_{21} + W_2 \sigma_{22}) \\ &= W_1 \sum_{j=1}^{2} W_j \sigma_{1j} + W_2 \sum_{j=1}^{2} W_j \sigma_{2j} = \sum_{i=1}^{2} \sum_{j=1}^{2} W_i W_j \sigma_{ij} \end{aligned} \tag{8-6$'$}$$

---

2) $$\begin{aligned} Var(r_p) &= E[r_p - E(r_p)]^2 \\ &= E[W_1 r_1 + W_2 r_2 - E(W_1 r_1 + W_2 r_2)]^2 \\ &= E[W_1(r_1 - E(r_1)) + W_2(r_2 - E(r_2))]^2 \\ &= E[W_1^2(r_1 - E(r_1))^2 + W_2^2(r_2 - E(r_2))^2 + 2W_1 W_2 (r_1 - E(r_1))(r_2 - E(r_2))] \\ &= W_1^2 E[r_1 - E(r_1)]^2 + W_2^2 E[r_2 - E(r_2)]^2 + 2W_1 W_2 E[(r_1 - E(r_1))(r_2 - E(r_2))] \\ &= W_1^2 Var(r_1) + W_2^2 Var(r_2) + 2W_1 W_2 Cov(r_1,\ r_2) \end{aligned}$$

3) · $$\begin{aligned} Var(r_1) &= \sigma_1^2 = E[r_1 - E(r_1)]^2 \\ &= E[(r_1 - E(r_1))(r_1 - E(r_1))] = Cov(r_1,\ r_1) = \sigma_{11} \end{aligned}$$

· $\sigma_{12} = E[(r_1 - E(r_1))(r_2 - E(r_2))] = E[(r_2 - E(r_2))(r_1 - E(r_1))] = \sigma_{21}$

표 8-1 분산-공분산 행렬에 의한 2 종목 포트폴리오의 분산계산

	증권 1	증권 2
증권 1	$W_1^2\sigma_1^2$ $(=W_1W_1\sigma_{11})$	$W_1W_2\sigma_{12}$
증권 2	$W_2W_1\sigma_{21}$	$W_2^2\sigma_2^2$ $(=W_2W_2\sigma_{22})$

식 (8-6)′와 같은 포트폴리오 분산에 대한 계산식을 보다 쉽게 기억할 수 있도록 포트폴리오 분산의 각항을 분산-공분산 행렬(variance-covariance matrix)에 의해서 나열하면 〈표 8-1〉과 같다.

〈표 8-1〉을 살펴보면, 두 개의 증권으로 구성된 포트폴리오 분산은 행렬의 대각선 부분에 있는 두 개의 분산항($W_1^2\sigma_1^2$, $W_2^2\sigma_2^2$)과 대각선을 벗어난 부분에 있는 두 개의 공분산항($W_1W_2\sigma_{12}$, $W_2W_1\sigma_{21}$)의 합으로 구성된다.

이제 식 (8-6)′를 일반화시켜서, 식 (8-1)과 같이 N개의 증권으로 구성된 포트폴리오 수익률의 분산을 구하면 다음과 같이 나타낼 수 있다.

$$Var(r_p) = \sum_{i=1}^{N}\sum_{j=1}^{N} W_iW_j\sigma_{ij} \tag{8-8}$$

식 (8-8)의 각항을 분산-공분산 행렬에 표시하면 〈표 8-2〉와 같다. 〈표 8-2〉에서 살펴볼 수 있듯이, N개의 증권으로 구성된 포트폴리오 분산은 행렬의 대각선 부분에 있는 N개의 분산항과 대각선을 벗어난 부분에 있는 $N(N-1)$개의 공분산항의 합으로 구성되어 있다. 그리고 공분산의 대칭되는 항은 항상 동일한 값을 가진다.[4] 예를 들어 분산-공분산 행렬의 1행 2열($W_1W_2\sigma_{12}$)과 그것에 대칭되는 2행 1열($W_2W_1\sigma_{21}$)은 서로 동일한 값을 가진다. 이와 같은 사실에 의해서 식 (8-8)을 다음과 같이 변형시킬 수 있다.

$$Var(r_p) = \sum_{i=1}^{N} W_i^2\sigma_i^2 + \sum_{\substack{i=1 \\ (i\neq j)}}^{N}\sum_{j=1}^{N} W_iW_j\sigma_{ij} = \sum_{i=1}^{N} W_i^2\sigma_i^2 + 2\sum_{i=1}^{N}\sum_{j=i+1}^{N} W_iW_j\sigma_{ij} \tag{8-8$'$}$$

그리고 식 (8-8)을 이용하여 포트폴리오 수익률의 표준편차를 구하면 다음과 같다.

4) 〈표 8-2〉와 같은 행렬을 대칭행렬(symmetric matrix)이라 한다.

표 8-2 분산-공분산 행렬에 의한 N 종목 포트폴리오의 분산계산

증 권	1	2	3	…………	N
1	$W_1^2\sigma_1^2$	$W_1W_2\sigma_{12}$	$W_1W_3\sigma_{13}$		$W_1W_N\sigma_{1N}$
2	$W_2W_1\sigma_{21}$	$W_2^2\sigma_2^2$	$W_2W_3\sigma_{23}$		$W_2W_N\sigma_{2N}$
3	$W_3W_1\sigma_{31}$	$W_3W_2\sigma_{32}$	$W_3^2\sigma_3^2$		$W_3W_N\sigma_{3N}$
⋮					
N	$W_NW_1\sigma_{N1}$	$W_NW_2\sigma_{N2}$	$W_NW_3\sigma_{N3}$		$W_N^2\sigma_N^2$

$$\sigma_p = \sqrt{Var(r_p)} = \sqrt{\sum_{i=1}^{N}\sum_{j=1}^{N} W_iW_j\sigma_{ij}} \tag{8-9}$$

이와 같이 포트폴리오 분산(또는 표준편차)은 구성증권 수익률의 분산뿐만 아니라 구성증권 수익률간의 공분산(또는 상관계수)에 의해서도 영향을 받음을 알 수 있다.

예제 8-3 포트폴리오의 기대수익률과 표준편차

다음과 같이 세 개의 증권으로 구성되는 포트폴리오의 기대수익률과 표준편차를 구하여라.

증 권	구성비율	기대수익률	표준편차	상관계수		
				증권 1	증권 2	증권 3
증권 1	50%	10%	20%	1.0	0.5	0.3
증권 2	30	15	30	0.5	1.0	0.1
증권 3	20	20	40	0.3	0.1	1.0

☞ 해설

· $E(r_p) = W_1E(r_1) + W_2E(r_2) + W_3E(r_3)$
$= (0.5)(0.1) + (0.3)(0.15) + (0.2)(0.2) = 0.135$

$$\begin{aligned}\cdot\ Var(r_p) &= W_1^2\sigma_1^2 + W_2^2\sigma_2{}^2 + W_3^2\sigma_3^2 + 2W_1W_2\sigma_{12} + 2W_1W_3\sigma_{13} + 2W_2W_3\sigma_{23} \\ &= W_1^2\sigma_1^2 + W_2^2\sigma_2^2 + W_3^2\sigma_3^2 + 2W_1W_2\sigma_1\sigma_2\rho_{12} + 2W_1W_3\sigma_1\sigma_3\rho_{13} \\ &\quad + 2W_2W_3\sigma_2\sigma_3\rho_{23} \\ &= (0.5)^2(0.2)^2 + (0.3)^2(0.3)^2 + (0.2)^2(0.4)^2 \\ &\quad + 2(0.5)(0.3)(0.2)(0.3)(0.5) + 2(0.5)(0.2)(0.2)(0.4)(0.3) \\ &\quad + 2(0.3)(0.2)(0.3)(0.4)(0.1) \\ &= 0.03974\end{aligned}$$

$$\cdot\ \sigma_p = \sqrt{0.03974} = 0.19935$$

2 포트폴리오의 선택

포트폴리오의 기대수익률과 위험(분산 또는 표준편차)을 측정함으로써 선택가능한 모든 투자기회집합을 구성할 수 있다. 여기서는 투자자가 선택가능한 투자기회집합 중에서 어느 포트폴리오를 선택하여야 하는지에 대해서 설명하고자 한다.

2.1 상관계수와 분산효과

투자자가 포트폴리오를 구성하려는 이유는 일정한 기대수익률하에서 투자위험을 최소화시킬 수 있는 포트폴리오의 위험분산효과(diversification effect)에 의해서 설명될 수 있다. 일반적으로 구성증권들간의 관계를 나타내는 상관계수가 작을수록, 포트폴리오의 위험분산효과가 크게 나타난다. 이와 같은 상관계수와 위험분산효과의 관계를 설명하기 위하여 두 증권으로 포트폴리오를 구성하는 경우를 생각해 보자.

증권 1의 구성비율이 W_1이며 증권 2의 구성비율이 $W_2(=1-W_1)$인 포트폴리오를 구성하는 경우, 그 포트폴리오의 기대수익률과 표준편차는 각각 다음과 같다.

$$E(r_p) = W_1E(r_1) + W_2E(r_2) = W_1E(r_1) + (1-W_1)E(r_2) \tag{8-10}$$

$$\begin{aligned}\sigma_p &= \sqrt{Var(r_p)} = \sqrt{W_1^2\sigma_1^2 + W_2^2\sigma_2^2 + 2W_1W_2\sigma_{12}} \\ &= \sqrt{W_1^2\sigma_1^2 + (1-W_1)^2\sigma_2^2 + 2W_1(1-W_1)\sigma_1\sigma_2\rho_{12}}\end{aligned} \tag{8-11}$$

위 식에서 포트폴리오의 기대수익률은 개별증권들의 기대수익률을 단순히 가중평균한 값이다. 그러나 포트폴리오 수익률의 표준편차는 개별증권 수익률 사이

표 8-3 증권 1, 2의 기대수익률과 표준편차

주 식	기대수익률	표준편차
1	14%	6%
2	8%	3%

의 상관계수인 ρ_{12}에 의해서 영향을 받으며, $\rho_{12}=1$인 경우를 제외하고는(즉 $\rho_{12}<1$인 경우에는) 포트폴리오 수익률의 표준편차는 두 증권의 표준편차를 구성비율에 의해서 가중평균한 값보다 항상 작기 때문에 분산효과가 존재한다.[5] 즉 ρ_{12}가 작을수록, 포트폴리오의 기대수익률은 일정한 반면에 포트폴리오 수익률의 표준편차는 가중평균한 값보다 작아져서 위험이 감소되는 분산효과가 더 크게 나타난다. 이와 같은 사실은 증권수익률간의 상관계수가 1보다 작은 증권들을 결합함으로써 기대수익률을 감소시키지 않고서 위험을 감소시킬 수 있는 분산효과가 발생될 수 있음을 의미한다.

이러한 사실을 보다 구체적으로 살펴보기 위하여 〈표 8-3〉과 같은 두 개의 증권으로 구성된 포트폴리오의 기대수익률과 표준편차를 생각해 보자. 주어진 상관계수에 따라 포트폴리오의 기대수익률과 표준편차를 식 (8-10)과 식 (8-11)에 의해서 구하면 각각 다음과 같다.

1) 완전 정(+)의 상관관계를 이룰 경우($\rho_{12}=1$)

$$\cdot\ E(r_p)=W_1E(r_1)+(1-W_1)E(r_2)$$
$$=W_1(0.14)+(1-W_1)(0.08)=0.08+0.06W_1$$

$$\cdot\ \sigma_p=\sqrt{W_1^2\sigma_1^2+(1-W_1)^2\sigma_2^2+2W_1(1-W_1)\sigma_1\sigma_2}$$
$$=\sqrt{(W_1\sigma_1+(1-W_1)\sigma_2)^2}=W_1\sigma_1+(1-W_1)\sigma_2$$
$$=W_1(0.06)+(1-W_1)(0.03)=0.03+0.03W_1$$

기대수익률과 표준편차는 구성비율에 따라서 변하기 때문에 위의 두 관계식에서 매개변수인 구성비율(W_1)을 소거하면, 포트폴리오의 기대수익률과 표준편차

5) $\rho_{12}=1$일 경우, 포트폴리오 수익률의 표준편차가 개별증권 수익률의 표준편차를 단순히 가중평균한 값이라는 사실은 다음과 같이 쉽게 볼 수 있다.

$$\sigma_p=\sqrt{W_1^2\sigma_1^2+(1-W_1)^2\sigma_2^2+2W_1(1-W_1)\sigma_1\sigma_2}$$
$$=\sqrt{(W_1\sigma_1+(1-W_1)\sigma_2)^2}=W_1\sigma_1+(1-W_1)\sigma_2$$

의 관계를 직접적으로 살펴볼 수 있다.

$$E(r_p) = 0.02 + 2\sigma_p$$

그러므로 기대수익률과 표준편차는 선형의 관계를 가지고 있음을 알 수 있다.

2) 완전 부(-)의 상관관계를 이룰 경우($\rho_{12} = -1$)

$$\cdot\ E(r_p) = W_1E(r_1) + (1-W_1)E(r_2)$$
$$= W_1(0.14) + (1-W_1)(0.08) = 0.08 + 0.06W_1$$

$$\cdot\ \sigma_p = \sqrt{W_1^2\sigma_1^2 + (1-W_1)^2\sigma_2^2 - 2W_1(1-W_1)\sigma_1\sigma_2}$$
$$= \sqrt{(W_1\sigma_1 - (1-W_1)\sigma_2)^2} = |W_1\sigma_1 - (1-W_1)\sigma_2|$$
$$= |W_1(0.06) - (1-W_1)(0.03)| = |-0.03 + 0.09W_1|$$

위의 두 식에서 W_1을 소거하여 기대수익률과 표준편차의 관계식을 구하면 다음과 같다.

첫째, $W_1 \geq \frac{1}{3}$일 경우, $E(r_p) = 0.1 + \frac{2}{3}\sigma_p$

둘째, $W_1 < \frac{1}{3}$일 경우, $E(r_p) = 0.1 - \frac{2}{3}\sigma_p$

3) 상관관계가 어느 정도 있는 경우($-1 < \rho_{12} < 1$)

$$\cdot\ E(r_p) = W_1E(r_1) + (1-W_1)E(r_2)$$
$$= W_1(0.14) + (1-W_1)(0.08) = 0.08 + 0.06W_1$$

$$\cdot\ \sigma_p = \sqrt{W_1^2\sigma_1^2 + (1-W_1)^2\sigma_2^2 + 2W_1(1-W_1)\sigma_1\sigma_2\rho_{12}}$$
$$= \sqrt{W_1^2(0.06)^2 + (1-W_1)^2(0.03)^2 + 2W_1(1-W_1)(0.06)(0.03)\rho_{12}}$$

두 증권으로 구성된 포트폴리오들 중 위험(분산 또는 표준편차)이 가장 작은 포트폴리오를 최소분산포트폴리오(minimum variance portfolio)라 하며, 이는 σ_p^2을 W_1에 관해서 미분하여 구할 수 있다. 즉

$$\frac{d\sigma_p^2}{dW_1} = 0$$

인 W_1을 구하면 다음과 같다.

$$W_1 = \frac{\sigma_2^2 - \sigma_1\sigma_2\rho_{12}}{\sigma_1^2 + \sigma_2^2 - 2\sigma_1\sigma_2\rho_{12}} \quad (8\text{-}12)$$

예를 들어 $\rho_{12} = 0$일 경우, 최소분산포트폴리오를 구하면 다음과 같다.

$$W_1 = \frac{\sigma_2^2 - \sigma_1\sigma_2\rho_{12}}{\sigma_1^2 + \sigma_2^2 - 2\sigma_1\sigma_2\rho_{12}}$$
$$= \frac{(0.03)^2 - (0.06)(0.03)(0)}{(0.06)^2 + (0.03)^2 - 2(0.06)(0.03)(0)} = 0.2$$

따라서 상관계수가 0일 경우 증권 1의 구성비율을 20%, 증권 2의 구성비율을 80%로 포트폴리오를 구성할 때 위험이 가장 작아진다. 이 포트폴리오의 기대수익률과 표준편차는 각각 0.092와 0.027이다.

구성비율의 변화에 따른 기대수익률과 표준편차를 주어진 상관계수에 의해서 구하면 〈표 8-4〉와 같다. 그리고 주어진 상관계수에 따라 기대수익률과 표준편차의 관계를 나타내는 포트폴리오의 결합선을 〈표 8-4〉의 자료를 이용하여 나타내면 〈그림 8-2〉와 같다.

〈그림 8-2〉에서 분산효과는 상관계수가 -1에 접근할수록 점점 커진다는 사실을 확인할 수 있다. 상관계수가 작을수록 분산투자의 이점이 점점 크게 나타난다. 그러므로 포트폴리오를 구성할 때 다른 조건이 동일하다면, 위험을 감소시키기 위하여 상관관계가 낮은 자산을 가지고 포트폴리오를 구성하여야 함을 알 수 있다.

표 8-4 포트폴리오의 기대수익률과 표준편차

W_1	$E(r_p)$	σ_p			
		$\rho_{12}=1$	$\rho_{12}=0.5$	$\rho_{12}=0$	$\rho_{12}=-1$
0.0	0.080	0.030	0.030	0.030	0.030
0.2	0.092	0.036	0.032	0.027	0.012
0.4	0.104	0.042	0.037	0.030	0.006
0.6	0.116	0.048	0.043	0.038	0.024
0.8	0.128	0.054	0.051	0.048	0.042
1.0	0.140	0.060	0.060	0.060	0.060

그림 8-2 포트폴리오의 결합선

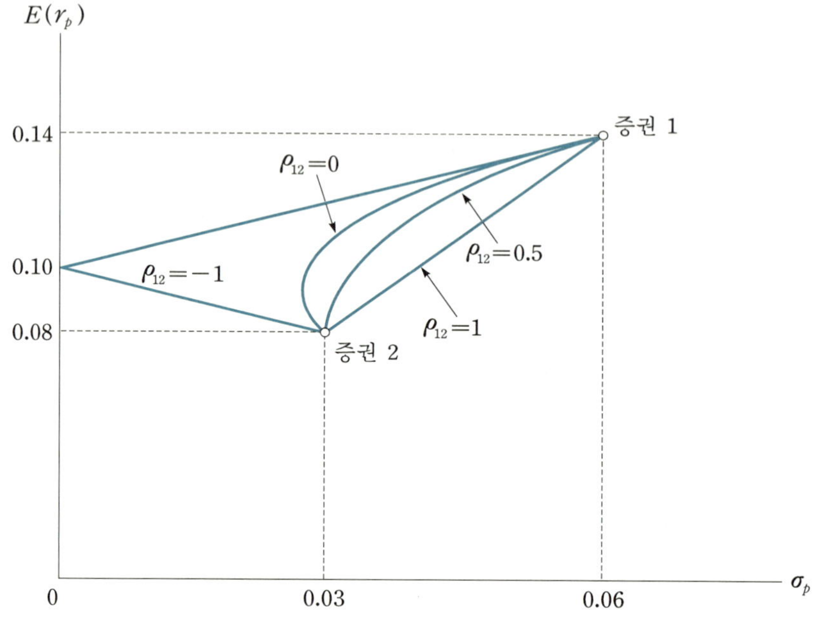

2.2 최적포트폴리오의 선택: 무위험자산이 존재하지 않는 경우

1) 효율적 포트폴리오 집합

두 개 이상의 위험자산들로 구성된 포트폴리오의 기대수익률과 표준편차를 측정하여 기대수익률-표준편차 평면상에 표시하면 〈그림 8-3〉과 같은 선택가능한 투자기회집합(investment opportunity set)을 얻을 수 있다. 투자기회집합 내에 포함된 포트폴리오는 어떤 증권을 어떤 비율로 투자하는가에 따라 수없이 많이 존재할 것이다. 그러나 투자기회집합 내에 있는 수많은 포트폴리오를 모두 고려하여야 하는 것은 아니다. 지배원리에 의해서 투자기회집합 내에 있는 포트폴리오 중 비효율적 포트폴리오를 제거한 후, 최종적으로 남는 효율적 포트폴리오만 고려하면 된다. 효율적 포트폴리오집합을 구하는 방법에는 다음과 같은 두 가지 방법이 있다.[6)]

6) 마코위츠는 다음의 논문에서 포트폴리오분석에 대한 개념적인 틀을 최초로 제시하였다. H. M. Markowitz, "Portfolio Selection," *Journal of Finance*, Vol. 8 (Mar. 1952),

그림 8-3 효율적 포트폴리오집합

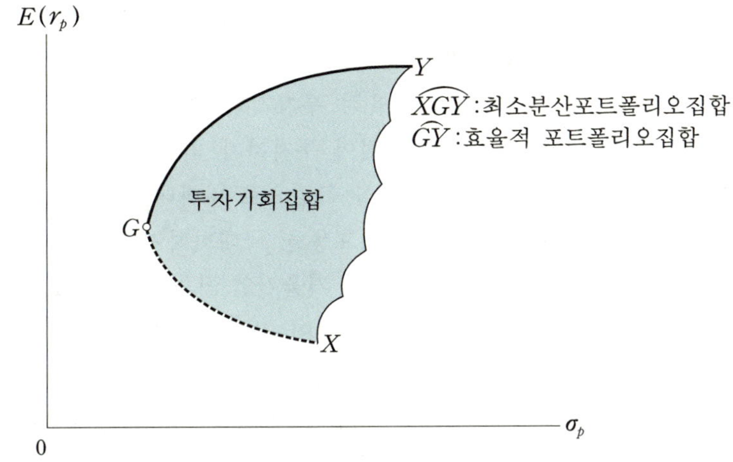

첫째, 먼저 주어진 기대수익률하에서 가장 작은 위험을 갖는 포트폴리오들의 집합을 구한다. 이러한 포트폴리오들의 집합을 최소분산포트폴리오집합(minimum variance portfolio set)이라 하며, 이것은 <그림 8-3>에서 $\widehat{XGY}$에 해당된다.

최소분산포트폴리오집합 중 분산(또는 표준편차)이 가장 작은 포트폴리오를 최소분산포트폴리오집합의 최저점(global minimum variance portfolio: GMV portfolio)이라 하며, 이것은 <그림 8-3>에서 G점에 해당한다. 최소분산포트폴리오집합 중 그 최저점 위에 있는 포트폴리오들($\widehat{GY}$)은 그 최저점 아래에 있는 포트폴리오들($\widehat{GX}$)보다 주어진 위험하에서 기대수익률이 더 크기 때문에, 전자는 후자를 지배한다. 그러므로 최소분산포트폴리오집합 중 그 최저점 위에 있는 포트폴리오집합($\widehat{GY}$)만이 효율적 포트폴리오집합(efficient portfolio set)이 된다. 이와 같이 위험자산만으로 구성된 효율적 포트폴리오집합 $\widehat{GY}$를 마코위츠의 효율적 투자선(Markowitz's efficient frontier)이라고도 한다.[7)]

둘째, 주어진 분산(또는 표준편차)하에서 가장 높은 기대수익률을 갖는 포트폴리오들의 집합을 구하면, 그것이 효율적 포트폴리오집합이다.

---

pp. 77～91.

7) 마코위츠는 효율적 포트폴리오집합을 도출할 때 무위험자산을 고려하지 않았다.

2) 최적포트폴리오의 선택

위험자산들의 효율적 포트폴리오집합이 찾아지면, 투자자는 자신의 기대효용을 가장 극대화시켜 주는 최적포트폴리오(optimal portfolio)를 선택할 수 있다. 투자자의 무차별곡선과 효율적 투자기회집합이 만나는 접점에서 투자자의 기대효용이 가장 커지므로, 그 접점이 투자자가 최종적으로 선택하게 되는 최적포트폴리오이다. 이와 같은 선택행위를 그림으로 나타내면 〈그림 8-4〉와 같다.

투자자가 자신의 기대효용을 극대화하기 위하여 선택하는 최적포트폴리오의 중요한 특징은 무차별곡선의 기울기인 한계대체율(MRS)과 효율적 포트폴리오집합의 기울기인 한계변환율(MRT)이 일치하여야 한다는 것이다.

최적포트폴리오: $MRS = MRT$

MRS는 투자자의 위험회피성향을 나타내는 주관적인 비율로서 투자자가 싫어하는 위험 한 단위를 추가적으로 얻을 경우에 전과 동일한 기대효용을 가지기 위하여 요구하게 되는 추가적인 기대수익률의 단위를 의미한다. 그리고 MRT는 위험이 한 단위 더 높은 투자대상(또는 포트폴리오)을 선택하는 경우 시장에서 그

그림 8-4 **최적포트폴리오의 선택: 무위험자산이 존재하지 않는 경우**

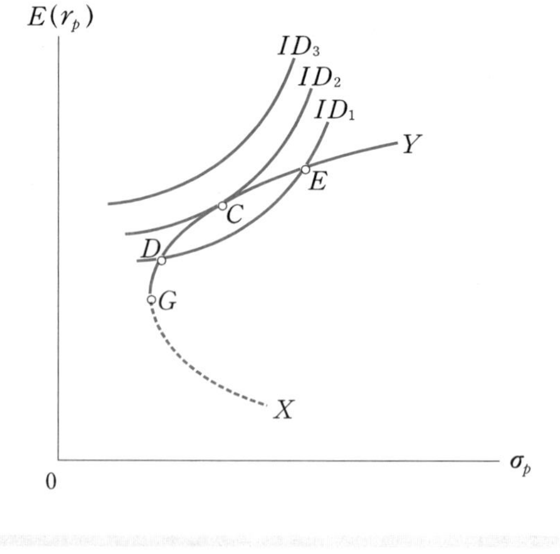

대가로 제공할 수 있는 추가적인 기대수익률의 단위를 의미한다. 여기에서 MRT는 시장에서의 위험 한 단위에 대한 기대수익률의 보상을 나타내는 비율로서 위험의 단위당 시장가격을 나타낸다. 예를 들어 $MRS < MRT$인 〈그림 8-4〉의 점 D에서는 투자가가 요구하는 추가적인 위험 한 단위에 대한 보상(기대수익률)보다 시장에서 더 많은 보상을 해주기 때문에 투자자는 위험을 더 취함으로써 그의 기대효용을 향상시킬 수 있을 것이다. 그러므로 점 D는 최적포트폴리오가 되지 못하고 $MRS = MRT$인 점 C가 최적포트폴리오이다. 그리고 점 E가 최적포트폴리오가 되지 못하는 이유를 동일한 방법으로 설명할 수 있을 것이다.

그리고 동일한 투자기회집합을 가지고 있는 투자자들이라 하더라도 〈그림 8-5〉에서 볼 수 있는 바와 같이 투자자들의 위험에 대한 태도(기대수익률과 위험에 대한 주관적 선호도를 나타내는 무차별곡선의 형태)가 서로 상이하기 때문에 각각의 투자자들이 서로 다른 위험자산포트폴리오를 선택할 수 있음을 유의하여야 한다. 예를 들어 Ia의 무차별곡선을 가지는 보수적 투자자는 포트폴리오 A를 선택하며, Ib의 무차별곡선을 가지는 공격적 투자자는 포트폴리오 B를 선택할 것이다.

그림 8-5 상이한 무차별곡선을 갖는 투자자들의 포트폴리오 선택

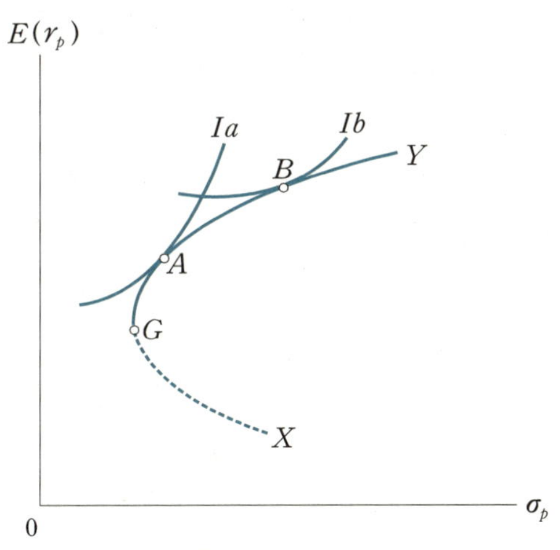

2.3 최적포트폴리오의 선택: 무위험자산이 존재하는 경우

1) 효율적 포트폴리오집합: 자본시장선

일반적으로 투자자의 투자대상에는 위험자산만이 아니라 정부가 발행하는 국공채 등의 무위험자산도 포함된다.[8] 이와 같은 무위험자산을 투자대상에 포함시킬 경우, 효율적 포트폴리오집합은 위험자산만을 투자대상으로 하는 경우와 달라지게 된다.

위험자산만으로 구성된 효율적 포트폴리오집합 중 하나인 포트폴리오 A와 무위험이자율이 r_f인 무위험자산을 결합하여 새로운 포트폴리오를 구성한다면, 그 기대수익률과 표준편차는 다음과 같다.

$$E(r_p) = WE(r_A) + (1-W)r_f \qquad (8\text{-}13)$$

$$\begin{aligned}\sigma_p &= \sqrt{W^2\sigma_A^2 + (1-W)^2\sigma_{r_f}^2 + 2W(1-W)\rho_{Ar_f}\sigma_A\sigma_{r_f}} \\ &= \sqrt{W^2\sigma_A^2} \qquad (\because \sigma_{r_f} = 0) \\ &= W\sigma_A \ (\text{단, } W \geq 0) \qquad (8\text{-}14)\end{aligned}$$

여기서 W: 위험자산포트폴리오 A의 구성비율

위의 식에서 $W > 1$인 경우 무위험자산의 구성비율인 $1-W$는 음(−)의 값을 갖게 되는데, 이것은 무위험이자율로 차입한 자금과 현재 투자자금을 합하여 모두 위험자산포트폴리오에 투자한다는 것을 의미한다.

식 (8-14)를 W에 관하여 정리한 후 이를 식 (8-13)에 대입하면, 기대수익률과 표준편차의 관계를 나타내는 다음과 같은 포트폴리오결합선을 얻을 수 있다.

$$E(r_p) = r_f + \left[\frac{E(r_A) - r_f}{\sigma_A}\right]\sigma_p \qquad (8\text{-}15)$$

식 (8-15)에서의 무위험자산과 포트폴리오 A를 결합한 새로운 포트폴리오들은 〈그림 8-6〉의 기대수익률-표준편차 평면에서 r_f와 A를 연결한 직선상에 존재한다. 즉 새로운 포트폴리오는 위험자산포트폴리오의 구성비율인 W에 따라 $\overline{r_fA}$ 선상의 한 점이 될 것이다.

그리고 식 (8-15)는 투자자가 선택할 수 있는 위험자산과 무위험자산의 조합

8) 무위험자산이 존재한다는 것은 동일한 무위험이자율로 언제든지 자금을 빌려 오거나 빌려줄 수 있다는 것을 의미한다.

그림 8-6 효율적 포트폴리오집합: 자본시장선

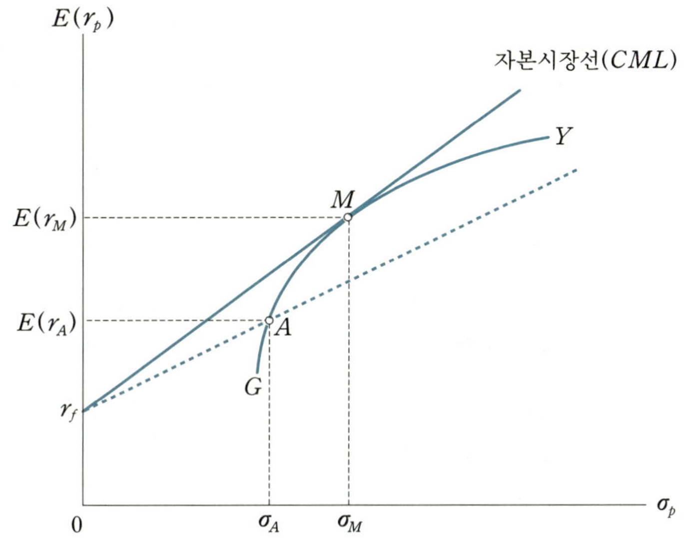

을 나타내는 투자기회집합으로서 자본배분선(capital allocation line : CAL)이라고도 한다. 그리고 이 식의 기울기는 위험자산포트폴리오의 위험보상률(reward-to-variability ratio)로서 위험자산을 선택할 경우 얻을 수 있는 위험 한 단위에 대한 보상, 즉 위험의 단위당 가격을 나타낸다.

이와 같은 방법으로 위험자산들만에 의해서 구성된 마코위츠의 효율적 포트폴리오집합($\widehat{GY}$)상에 있는 한 점과 무위험자산을 결합하여 수많은 새로운 포트폴리오결합선, 즉 자본배분선(CAL)을 구할 수 있을 것이다. 자본배분선 중 기울기가 가장 높은 직선, 즉 위험자산만으로 구성된 효율적 포트폴리오집합인 $\widehat{GY}$상에 접하는 직선(r_f와 M을 연결한 직선)은 다른 모든 직선들보다 주어진 위험하에 기대수익률이 가장 높기 때문에 새로운 효율적 포트폴리오집합이 된다. 따라서 무위험자산이 존재하는 경우 투자자들은 항상 위험자산포트폴리오 M과 무위험자산으로 구성된 직선의 효율적 포트폴리오집합을 가진다. 이와 같이 무위험자산과 위험자산 등 모든 자산들로 구성된 새로운 효율적 포트폴리오집합을 자본시장선(capital market line: CML)이라 하며, 이를 수식으로 표현하면 다음과 같다.[9)]

9) 자본시장선(CML)은 선택 가능한 자본배분선(CAL) 중 기울기(S_p)가 가장 높은 직선으로서 그것의 접점포트폴리오(tangency portfolio), 즉 포트폴리오 M은 다음과 같은 수학적 모형에

$$E(r_p) = r_f + \left[\frac{E(r_M) - r_f}{\sigma_M}\right]\sigma_p \qquad (8\text{-}16)$$

자본시장선은 무위험자산이 존재하는 경우 효율적 포트폴리오의 위험(표준편차)과 기대수익률의 선형관계를 나타내는 직선을 의미한다.[10] 이와 같은 자본시장선의 의미를 살펴보면 다음과 같다.

효율적 포트폴리오의 기대수익률 = 무위험이자율 + 위험프리미엄 = 무위험이자율 + (위험의 균형가격) × (위험량)

식 (8-16)에서 자본시장선의 기울기는 추가적인 위험 한 단위에 대한 자본시장에서의 보상액인 위험의 균형가격(equilibrium price of risk: EPR)을 나타낸다는 것을 알 수 있다.[11]

$$EPR = \frac{E(r_M) - r_f}{\sigma_M} \qquad (8\text{-}17)$$

2) 최적포트폴리오 선택

모든 자산들(무위험자산과 위험자산)로 구성된 효율적 포트폴리오집합(자본시장선) 중 어느 포트폴리오를 선택하느냐는 투자자의 주관적인 위험회피성향(무차별곡선의 형태)에 의해서 결정된다. 이러한 선택행위를 그림으로 나타내면 〈그림 8-7〉과 같다.

일반적으로 높은 위험회피성향을 가지고 있는 보수적 투자자는 $\overline{r_f M}$ 사이의 포트폴리오(기대수익률과 위험이 모두 낮은 포트폴리오)를 선택하며, 위험회피성향이 낮은 공격적 투자자는 $\overline{MQ}$ 사이의 포트폴리오(위험은 상당히 높으나, 그 기대수익률도 높은 포트폴리오)를 선택할 것이다. 여기에서 $\overline{r_f M}$ 사이의 포트폴리오는 현재 소

의해 구할 수 있다.

최대화 $S_p = \dfrac{E(r_p) - r_f}{\sigma_p}$

제약조건 : $\sum_{j=1}^{N} W_j = 1$

10) 자본시장선에 의해 개별자산 등 비효율적 포트폴리오의 위험과 기대수익률의 관계를 설명할 수 없다.

11) 효율적 포트폴리오의 위험은 표준편차에 의해서 측정될 수 있다.

그림 8-7 최적포트폴리오의 선택: 무위험자산이 존재하는 경우

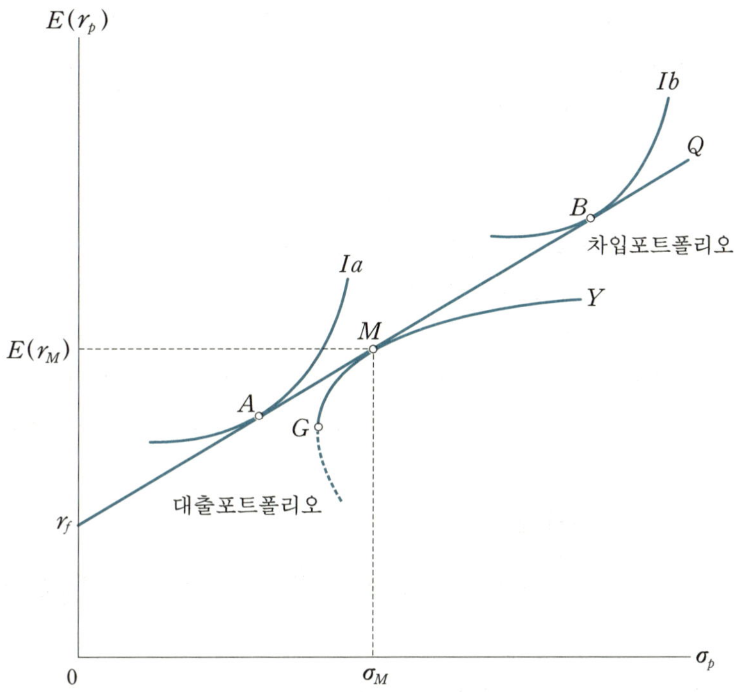

유하고 있는 자금 중 일부를 무위험자산에 투자하고(무위험이자율로 돈을 빌려 주고) 나머지를 포트폴리오 M에 투자하는 경우 만들 수 있는 포트폴리오로서 대출포트폴리오(lending portfolio)라 한다. 그리고 $\overline{MQ}$ 사이의 포트폴리오는 무위험이자율로 차입한 자금과 현재 보유하고 있는 자금을 합하여 포트폴리오 M에 모두 투자하는 경우 만들 수 있는 포트폴리오로서 차입포트폴리오(borrowing portfolio)라 한다. 예를 들어 Ia와 같은 무차별곡선을 가진 보수적 투자자는 대출포트폴리오인 포트폴리오 A를 선택하며, Ib와 같은 무차별곡선을 가진 공격적 투자자는 차입포트폴리오인 포트폴리오 B를 선택할 것이다. 보수적 투자자의 무위험자산에 대한 투자(대출)비율은 $\overline{AM}$ / $\overline{r_fM}$이다.

포트폴리오 선택행위는 분리된 다음의 두 단계를 거쳐서 이루어진다.

첫째, 투자자는 개별 위험자산들의 기대수익률, 분산 그리고 공분산을 추정하여 위험자산들로 구성된 효율적 포트폴리오집합($\widehat{GMY}$)을 계산한 후, 무위험이자율 r_f에서 위험자산들로 구성된 효율적 포트폴리오집합에 접선을 그어 포트폴리오

M을 결정한다. 포트폴리오 M은 투자자가 선택하려는 위험자산들로 구성된 포트폴리오를 나타낸다. 이러한 포트폴리오 M은 전적으로 개별 위험자산들의 기대수익률, 분산 그리고 공분산에 대한 투자자의 추정치에 의해서 결정된다. 즉 투자자의 개인적 특성(투자자의 주관적인 위험회피성향)은 이 단계에서 고려되지 않는다.

둘째, 이제 투자자는 위험자산들로 구성된 포트폴리오 M과 무위험자산을 어떻게 결합해야 하는지를 결정하여야 한다. 이는 투자자들의 개인적 특성인 주관적인 위험회피성향에 의해서 결정된다. 즉 투자자들은 자신의 위험회피성향에 따라 차입 또는 대출의 비율을 조정함으로써 최적포트폴리오를 선택한다.

이와 같이 포트폴리오의 선택행위는 분리된 두 개의 단계에 의해서 이루어지며, 이를 토빈(J. Tobin)의 분리이론(separation theorem)이라 한다.[12] 한편 모든 투자자들은 무위험자산과 시장포트폴리오의 두 자산에 의해 최적 포트폴리오를 구성하게 되므로 이를 2-기금 분리이론(two-fund separation theorem)이라고도 한다.

토빈의 분리이론:

$$MRT = EPR\left[=\frac{E(r_M)-r_f}{\sigma_M}\right] = MRS_a = MRS_b$$

(1) 위험자산의 투자결정 (2) 투자자의 차입 또는 대출결정

토빈의 분리이론의 함축적인 의미는 경영자가 주주들의 위험에 대한 주관적 선호를 고려할 필요없이 시장에서 결정되는 위험의 균형가격(EPR)을 이용하여 위험자산에 대한 투자결정을 할 수 있다는 것이다.[13]

3) 시장균형과 시장포트폴리오

자본시장에 어떠한 장애요인도 존재하지 않는다는 사실을 의미하는 차입이자율과 대출이자율이 동일하다는 가정 이외에, 모든 투자자들이 자산의 수익률, 분산 그리고 공분산에 대해서 동일한 기대치를 가지고 있다는 동질적 기대(homogeneous expectation)의 가정을 추가한다면, 모든 투자자들은 각각의 위험

12) J. Tobin, "Liquidity Preference as Behavior toward Risk," *Review of Economic Studies*, Vol. 25(Feb. 1958), pp. 65~86.

13) 금융시장에서의 현재재화와 미래재화의 교환비율을 나타내는 시장기회선의 기울기, 즉 $-(1+r)$ 대신에 위험의 균형가격(EPR)을 사용한 것을 제외하면 제4장에서 설명한 피셔의 분리이론과 동일한 논리라 할 수 있다.

회피성향에 관계없이 항상 위험자산의 포트폴리오 M을 선택하게 된다.[14] 그리고 위험자산의 수요와 공급이 일치하는 시장균형하에서는 모든 자산은 누군가에 의해서 소유되어야 한다. 즉 모든 투자자가 동일한 위험자산의 포트폴리오 M만을 선택하는 균형상태하에서는 위험자산의 포트폴리오 M에 포함되지 못하는 위험자산은 어떤 투자자도 소유하려 하지 않기 때문에 존재할 수 없다. 그러므로 균형시장하에서 위험자산의 포트폴리오 M은 현재 시장에서 거래되는 모든 위험자산을 포함하는 포트폴리오이며, 이와 같은 포트폴리오 M을 시장포트폴리오(market portfolio)라고 한다. 모든 투자자들이 위험자산포트폴리오 중 포트폴리오 M에만 투자한다면, 시장포트폴리오에서의 위험자산 j의 구성비율 W_j^M은 다음과 같다.

$$W_j^M = \frac{\text{위험자산 } j\text{의 총시장가치}}{\text{시장전체 위험자산의 총시장가치}} = \frac{P_jQ_j}{\sum_{j=1}^{N} P_jQ_j} \tag{8-18}$$

여기서 P_j: 위험자산 j의 단위당 시장가격
Q_j: 위험자산 j의 총수량

투자자가 시장포트폴리오를 선택한다는 것은 시장포트폴리오와 동일한 구성비율을 가지는 위험자산포트폴리오를 구성한다는 것을 의미한다. 그러므로 투자자들의 위험자산에 대한 투자가능금액에 따라 위험자산포트폴리오의 총가치는 각각 다르지만, 투자자들이 선택하는 위험자산포트폴리오의 구성비율은 모든 투자자에 대해서 동일하며 그것은 시장포트폴리오의 구성비율과 같다.

$$W_{1j} = W_{2j} = \cdots = W_{Kj} = W_j^M \tag{8-19}$$

여기서 W_{kj} = 투자자 k가 구성한 위험자산포트폴리오에서의 위험자산 j의 구성비율

$$= \frac{\text{투자자 } k\text{의 위험자산 } j\text{에 대한 투자액}}{\text{투자자 } k\text{의 위험자산에 대한 총투자액}}$$

(단, $k = 1, \cdots, K$: $j = 1, \cdots, N$)

예제 8-4 시장포트폴리오의 구성

단지 3개의 증권으로 구성된 주식시장이 있으며, 그 시장에 있는 주식을 소유하려는 투자자는 2명만 존재한다고 하자. 그리고 차입이자율과 대출이자율이 동일하며, 두 투자자는 주식수익률의 미래 확률분포에 대해서 동질적인 기대를 가지고 있다고 한다. 주식시장과 투자자에 관한 자료가 다음과 같을 경우 아래의 물음에 답하라.

14) 동질적 기대의 가정은 모든 투자자가 직면하는 투자기회집합이 동일하다는 것을 의미한다.

주식시장의 구성

주 식	주당 시장가격	발행주식수	총시장가치	시장의 구성비율
A	20,000원	100만주	200억원	20%
B	30,000원	100만주	300억원	30%
C	10,000원	500만주	500억원	50%
합 계			1,000억원	100%

투자자의 총투자액

투자자	주식시장에서의 총투자액
1	400억원
2	600억원
합 계	1,000억원

각 투자자는 각각의 주식에 얼마씩 투자하겠는가?

☞ 해설

무위험자산이 존재하고 동질적 기대를 가지고 있는 경우, 두 투자자는 모두 위험자산으로 구성된 포트폴리오 중 시장포트폴리오에 투자한다. 그러므로 투자자 k의 개별주식 j에 대한 투자금액은 다음과 같이 구할 수 있다.

투자금액 = 주식 j의 시장구성비율 × 투자자 k의 주식투자액

이에 의해서 각 투자자의 개별주식에 대한 투자금액을 구하면 다음과 같다.

주 식	투자자 1		투자자 2	
	구성비율	투자액	구성비율	투자액
A	20%	80억원*	20%	120억원
B	30%	120억원	30%	180억원
C	50%	200억원	50%	300억원
합 계	100%	400억원	100%	600억원

* 투자자 1의 주식 A에 대한 투자액 = 0.2 × 400 = 80억원

3 분산효과와 개별증권의 위험

3.1 분산효과

포트폴리오의 구성증권수를 증가시킬 때, 포트폴리오 수익률의 분산이 어떻게 변하는가를 살펴보기로 하자.

N개의 증권으로 구성된 포트폴리오 수익률의 분산은 앞의 식 (8-8)′에 의하면 다음과 같다.

$$Var(r_p) = \sum_{i=1}^{N} W_i^2 \sigma_i^2 + \sum_{\substack{i=1 \\ (i \neq j)}}^{N} \sum_{j=1}^{N} W_i W_j \sigma_{ij} \qquad (8\text{-}8)'$$

포트폴리오 수익률의 분산은 N개의 분산항과 $N(N-1)$개의 공분산항으로 구성되어 있다. 증권들의 구성비율이 동일한($W_1 = W_2 = \cdots = W_N = 1/N$) 동일가중 포트폴리오(equally weighted portfolio)를 구성한다고 가정하면, 식 (8-8)′를 다음과 같이 변형시킬 수 있다.

$$\begin{aligned} Var(r_p) &= (1/N)^2 \sum_{i=1}^{N} \sigma_i^2 + (1/N)^2 \sum_{\substack{i=1 \\ (i \neq j)}}^{N} \sum_{j=1}^{N} \sigma_{ij} \\ &= \left(\frac{1}{N}\right) \sum_{i=1}^{N} \frac{\sigma_i^2}{N} + \left(\frac{N-1}{N}\right) \sum_{\substack{i=1 \\ (i \neq j)}}^{N} \sum_{j=1}^{N} \frac{\sigma_{ij}}{N(N-1)} \\ &= \left(\frac{1}{N}\right) \overline{Var} + \left(\frac{N-1}{N}\right) \overline{Cov} \\ &= \left(\frac{1}{N}\right) (\overline{Var} - \overline{Cov}) + \overline{Cov} \end{aligned} \qquad (8\text{-}20)$$

여기서 $\overline{Var}$: 증권수익률의 평균분산
$\overline{Cov}$: 증권수익률간의 평균공분산[15)]

식 (8-20)에서 만약 포트폴리오의 구성증권 수를 무한히 증가시킨다면 ($N \to \infty$), 포트폴리오 수익률의 분산 $Var(r_p)$는 다음과 같다.

$$N \to \infty \text{ 일 때, } Var(r_p) \cong \overline{Cov} \qquad (8\text{-}21)$$

15) 평균공분산은 $N(N-1)$개의 공분산항을 모두 합한 후, 그것을 항의 수인 $N(N-1)$로 나누어 구한 공분산의 평균값이다.

그림 8-8 구성증권의 수와 포트폴리오 위험

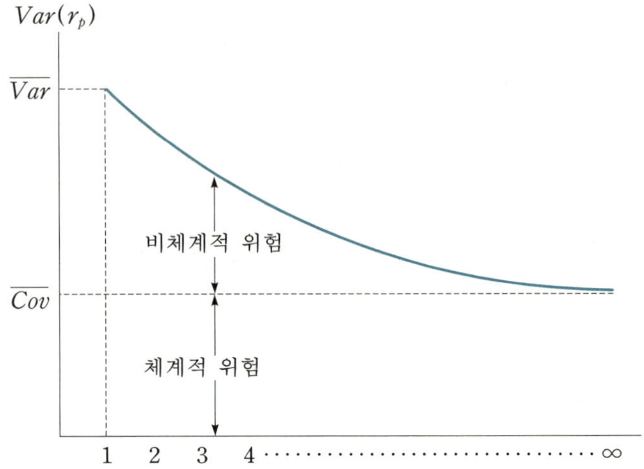

구성증권의 수가 증가함에 따라 포트폴리오의 위험은 점점 감소하여 점근적으로(asymptotically) 평균공분산 $\overline{Cov}$에 접근한다.[16] 이와 같은 관계를 나타내면 〈그림 8-8〉과 같다.

〈그림 8-8〉에서 개별증권 수익률의 분산, 즉 총위험(total risk)은 완전분산된 포트폴리오(completely diversified portfolio)를 구성함으로써 제거할 수 있는 부분, 즉 비체계적 위험(unsystematic risk)과 완전분산된 포트폴리오를 구성하여도 제거할 수 없는 부분, 즉 체계적 위험(systematic risk)으로 구성되어 있다.[17]

개별증권의 총위험 = 체계적 위험 + 비체계적 위험

완전분산된 포트폴리오를 선택하는 투자자에게는 개별증권의 총위험은 중요하지 않다. 즉 완전분산된 포트폴리오를 가지고 있는 투자자가 그 포트폴리오에 새로운 하나의 증권을 추가할 때, 그는 추가된 증권의 위험 중 분산투자에 의해서

16) 이와 같은 분산투자의 이점을 강조한 것으로서 "계란을 한 바구니에 담지 마라"라는 전통적인 투자격언이 있다.

17) 체계적 위험 대신에 분산불가능한 위험(undiversifiable risk) 또는 시장위험(market risk), 그리고 비체계적 위험 대신에 분산가능한 위험(diversifiable risk) 또는 고유위험(unique risk)이라는 용어를 사용하기도 한다.

제거되지 않는 체계적 위험에만 관심을 가진다. 그러므로 투자자가 관심을 가지는 것은 포트폴리오위험에 대한 개별증권의 공헌(contribution)이며, 이것에 의해서 개별증권의 체계적 위험이 측정될 수 있다.

3.2 개별증권의 위험: 모든 투자자가 시장포트폴리오를 소유하는 경우

앞 절에서 설명하였던 바와 같이 무위험자산이 존재하고 동질적 기대의 가정이 성립하는 경우, 합리적인 모든 투자자들은 항상 시장포트폴리오를 선택하게 된다. 그리고 시장포트폴리오는 시장에 존재하는 모든 위험자산을 포함하는 포트폴리오이므로 완전분산된 포트폴리오이다. 그러므로 합리적인 투자자가 관심을 가지는 개별증권의 위험은 시장포트폴리오의 위험에 대한 개별증권의 공헌, 즉 체계적 위험이라 할 수 있다.

N개의 증권으로 구성된 시장포트폴리오의 위험에 대한 각 개별증권의 공헌을 측정하기 위하여 시장포트폴리오의 위험 $Var(r_M)$을 분해하면 〈표 8-5〉와 같다. 〈표 8-5〉에서 증권 1이 시장포트폴리오의 위험에 미치는 영향, 즉 증권 1의 공헌은 다음과 같다.[18)]

표 8-5 시장포트폴리오의 위험분해

증권	1	2	3	…………	N	
1	$W_1^2\sigma_1^2$	$W_1W_2\sigma_{12}$	$W_1W_3\sigma_{13}$		$W_1W_N\sigma_{1N}$	증권1의 공헌 $= W_1\sigma_{1M}$
2	$W_2W_1\sigma_{21}$	$W_2^2\sigma_2^2$	$W_2W_3\sigma_{23}$		$W_2W_N\sigma_{2N}$	증권2의 공헌 $= W_2\sigma_{2M}$
3	$W_3W_1\sigma_{31}$	$W_3W_2\sigma_{32}$	$W_3^2\sigma_3^2$		$W_3W_N\sigma_{3N}$	증권3의 공헌 $= W_3\sigma_{3M}$
⋮						⋮
N	$W_NW_1\sigma_{N1}$	$W_NW_2\sigma_{N2}$	$W_NW_3\sigma_{N3}$		$W_N^2\sigma_N^2$	증권N의 공헌 $= W_N\sigma_{NM}$
						$Var(r_M)=\sum_{j=1}^{N}W_j\sigma_{jM}$

18) 공분산은 다음과 같은 성질을 가진다.

$$Cov(r_1,\ W_1r_1+W_2r_2+W_3r_3+\cdots+W_Nr_N)$$
$$=Cov(r_1,\ W_1r_1)+Cov(r_1,\ W_2r_2)+Cov(r_1,\ W_3r_3)+\cdots+Cov(r_1,\ W_Nr_N)$$
$$=W_1Cov(r_1,\ r_1)+W_2Cov(r_1,\ r_2)+W_3Cov(r_1,\ r_3)+\cdots+W_NCov(r_1,\ r_N)$$

$$
\begin{aligned}
\text{증권 1의 공헌} &= W_1^2\sigma_1^2 + W_1W_2\sigma_{12} + W_1W_3\sigma_{13} + \cdots + W_1W_N\sigma_{1N} \\
&= W_1(W_1\sigma_{11} + W_2\sigma_{12} + W_3\sigma_{13} + \cdots + W_N\sigma_{1N}) \\
&= W_1Cov(r_1,\ W_1r_1 + W_2r_2 + W_3r_3 + \cdots + W_Nr_N) \\
&= W_1Cov(r_1,\ r_M) \qquad (8\text{-}22)
\end{aligned}
$$

여기서 $r_M = W_1r_1 + W_2r_2 + W_3r_3 + \cdots + W_Nr_N$

$Cov(r_1, r_M)$ = 증권 1의 수익률 r_1과 시장포트폴리오의 수익률 r_M 사이의 공분산

그러므로 시장포트폴리오의 위험에 대한 임의의 증권 j의 공헌은 다음과 같이 표현될 수 있다.

$$
\begin{aligned}
\text{증권 } j\text{의 공헌} &= W_jCov(r_j,\ r_M) \qquad (8\text{-}23) \\
&= (\text{증권 } j\text{의 구성비율}) \times (r_j\text{와 } r_M \text{ 사이의 공분산})
\end{aligned}
$$

식 (8-23)에서 개별증권의 공헌은 구성비율과 시장과의 공분산에 의해서 결정된다. 그러나 개별증권의 공헌 중 구성비율은 개별증권의 특성과는 관계가 없기 때문에, 개별증권의 공헌에 의해서 체계적 위험을 측정할 때 구성비율의 효과를 제거하여야 한다. 그러므로 개별증권의 체계적 위험에 대한 적합한 측정치는 개별증권 수익률과 시장포트폴리오 수익률간의 공분산이다.[19)]

$$
\text{증권 } j\text{의 체계적 위험} = Cov(r_j,\ r_M) \qquad (8\text{-}24)
$$

결론적으로 합리적인 투자자는 개별증권의 총위험 중 체계적 위험, 즉 시장과의 공분산만을 적합한 위험의 측정치로 생각한다. 여기서 체계적 위험은 시장과 관련된 위험이다. 시장과 상관관계가 높은 증권(시장의 움직임에 대해서 민감한 증권)은 시장과의 공분산이 크게 나타나므로 위험이 큰 증권이라 할 수 있다. 한편 시장과 상관관계가 낮은 증권(시장의 움직임에 대해서 민감하지 않은 증권)은 시장과의 공분산이 작게 나타나므로 위험이 작은 증권이라 할 수 있다.

일반적으로 합리적인 위험회피형 투자자는 위험이 높은 투자대상에 대해서 그 보상으로 높은 기대수익률을 요구하게 된다. 효율적 포트폴리오의 위험과 기대수익률의 관계는 전절에서 설명한 자본시장선에 의해서 설명될 수 있다. 그러나 자본시장선은 개별증권의 위험(체계적 위험)과 기대수익률의 관계를 설명하지는 못

19) 위험의 단위당 균형가격을 얼마로 하느냐에 따라 체계적 위험의 측정치는 달라질 수도 있다. 이에 관한 자세한 내용은 다음 장에서 설명된다.

한다.[20] 그러므로 개별증권의 위험과 기대수익률에 대한 구체적인 관계를 설명하기 위해서는 새로운 모형이 필요하게 되며, 이는 다음 장에서 설명된다.

주 요 용 어

포트폴리오의 기대수익률(186)
공분산(187)
결합확률분포(187)
상관계수(187)
포트폴리오 수익률의 분산(191)
분산-공분산 행렬(192)
위험분산효과(194)
최소분산포트폴리오(196)
투자기회집합(198)
최소분산포트폴리오집합(199)
최소분산포트폴리오집합의 최저점(199)
효율적 포트폴리오집합(199)
최적포트폴리오(200)
한계대체율(200)
한계변환율(200)
자본배분선(203)
위험보상률(203)
자본시장선(203)
위험의 균형가격(204)
대출포트폴리오(205)
차입포트폴리오(205)
토빈의 분리이론(206)
2-기금 분리이론(206)
동질적 기대(206)
시장포트폴리오(207)
총위험(210)
비체계적 위험(210)
체계적 위험(210)

20) 분산투자로써 제거할 수 있는 비체계적 위험에 대해서는 보상이 필요없다.

연 습 문 제

1

기대수익률, 분산, 표준편차의 측정과 포트폴리오 선택

200만원의 투자자금을 가지고 있는 투자자가 투자할 수 있는 주식 X와 Y의 미래수익률에 관한 자료는 다음과 같다.

상 황	확 률	주식 X의 수익률	주식 Y의 수익률
1	0.2	18%	0%
2	0.2	5	−3
3	0.2	12	15
4	0.2	4	12
5	0.2	6	1

(1) 각 주식의 기대수익률, 분산 그리고 표준편차를 구하라.

(2) 두 주식간의 공분산, 상관계수를 구하라.

(3) 위의 두 주식으로 구성된 다음과 같은 포트폴리오의 기대수익률과 표준편차를 각각 구하라.

포트폴리오	X의 구성비율	Y의 구성비율
A	100%	0%
B	75	25
C	50	50
D	25	75
E	0	100

(4) 위의 두 주식으로 구성할 수 있는 포트폴리오 중 위험이 가장 작은 최소분산포트폴리오의 기대수익률과 표준편차를 구하라.

(5) 물음 (3)과 (4)의 결과를 이용하여 위 투자자가 직면하게 되는 투자기회집합, 최소분산포트폴리오집합 그리고 효율적 투자기회집합을 기대수익률-표준편차 평면상에 그림으로 각각 나타내라.

(6) 물음 (5)에서 구한 효율적 포트폴리오 중에서 위 투자자가 선택하게 되는 최적포트폴리오의 조건을 제시하라.

2

표본에 의한 포트폴리오의 평균수익률과 분산 측정

다음은 주식 A와 B의 과거 일정기간 동안의 실제수익률에 관한 표본자료이다. 이것을 이용하여 다음의 물음에 답하라.

기 간	주식 A의 수익률	주식 B의 수익률
1	0.15	0.20
2	0.22	0.16
3	−0.05	0.09
4	0.00	−0.06
5	0.02	−0.08
6	0.12	0.12
7	−0.08	−0.05

(1) 각 주식의 평균수익률, 분산 그리고 표준편차를 구하라.

(2) 두 주식간의 공분산, 상관계수를 구하라.

(3) 두 주식에 동일한 금액을 투자하여 포트폴리오를 구성할 경우, 그 포트폴리오의 평균수익률과 분산을 구하라.

3

상관계수와 포트폴리오의 위험

주식 A와 주식 B의 기대수익률과 분산은 각각 다음과 같다.

$$E(r_A) = 0.2,\ \sigma_A^2 = 0.1$$
$$E(r_B) = 0.3,\ \sigma_B^2 = 0.2$$

(1) 두 주식 사이의 상관계수가 −0.5일 때, 총투자자금 중 60%를 주식 A에 투자하고 그 나머지 40%를 주식 B에 투자하여 구성한 포트폴리오의 기대수익률과 분산을 계산하라.

(2) 두 주식 사이의 상관계수가 −0.6일 때, 총투자자금 중 60%를 주식 A에 투자하고 그 나머지 40%를 주식 B에 투자하여 구성한 포트폴리오의 기대수익률과 분산을 계산하라.

(3) 상관계수가 포트폴리오의 분산에 미치는 영향을 설명하라.

4 포트폴리오의 기대수익률과 분산 측정

수익률이 서로 독립적인 주식 A와 B가 있다. 주식 A의 경우, 그 수익률이 60%일 가능성은 1/3, 15%일 가능성은 1/3 그리고 −60%일 가능성은 1/3이다. 주식 B의 경우, 그 수익률이 40%일 가능성은 1/2, −20%일 가능성은 1/2이다.

(1) 발생가능한 모든 상황과 그 확률을 기술하라.

(2) 각 주식의 기대수익률, 분산 그리고 표준편차를 구하라.

(3) 두 주식수익률간의 공분산, 상관계수를 구하라.

(4) 주식 A와 주식 B에 각각 투자자금의 50%를 투자하여 구성한 포트폴리오의 기대수익률과 분산을 구하라.

5 자본시장선(CML)

무위험이자율이 10%이고, 시장포트폴리오의 기대수익률과 표준편차는 각각 20%라고 할 때 다음의 물음에 답하라.

(1) 자본시장선을 구하고, 그것을 기대수익률-표준편차 평면상에 나타내라.

(2) 위험의 단위당 균형가격(EPR)을 구하고, 그것의 의미를 설명하라.

(3) 15%의 기대수익률을 얻기 위하여 투자자는 무위험자산과 시장포트폴리오에 총투자자금의 몇 %를 각각 투자하여야 하는가?

(4) 물음 (3)에서 구한 포트폴리오의 분산과 표준편차는 각각 얼마인가?

(5) 물음 (3)에서 구한 포트폴리오와 시장포트폴리오간의 공분산과 상관계수는 각각 얼마인가?

6 고급 자본시장선(CML)과 최적포트폴리오 선택

지금 시장에는 다음과 같은 두 주식과 무위험자산만 존재한다고 가정한다.

(단위: %)

주 식	기대수익률	표준편차
1	13	20
2	8	12

두 주식의 수익률의 상관계수는 0.3이며, 무위험이자율이 5%일 경우 다음의 물음에 답하라.

(1) 위험자산의 최적포트폴리오, 즉 시장포트폴리오의 기대수익률과 표준편차를 구하라.

(2) 자본시장선과 시장포트폴리오의 위험보상률(reward-to-variability ratio)을 구하라.

(3) 투자자의 효용함수는 다음과 같다고 가정한다.

$$U = E(r) - 0.005A \cdot \sigma^2$$

여기서 $E(r)$: 투자자가 구성한 포트폴리오의 기대수익률(%)
σ : 투자자가 구성한 포트폴리오의 표준편차(%)
A : 위험회피계수

① 투자가 갑은 위험을 아주 싫어하는 보수적 투자자로서 위험회피계수는 4이다. 투자자 갑의 최적포트폴리오를 구하라.

② 투자자 을은 위험을 상대적으로 덜 싫어하는 공격적 투자자로서 위험회피계수는 2이다. 투자자 을의 최적포트폴리오를 구하라.

(4) 이상의 결과에 의해서 토빈의 분리이론을 설명하라.

7 시장포트폴리오의 구성

다음과 같은 3개의 주식과 무위험자산만 존재하는 자본시장을 가정하여 아래의 물음에 답하라.

(단위: 억원)

자 산	자산의 시장가치
주식 A	300
주식 B	500
주식 C	200
무위험자산	100

(1) 시장포트폴리오의 구성비율을 구하라.

(2) 동질적 기대를 가지고 있는 다음과 같은 세 투자자만 존재한다고 할 때, 각 투자자의 주식 A, B, C에 대한 투자금액을 구하라.

(단위: 억원)

투자자	총투자액	무위험자산 투자액
1	300	150
2	600	-100
3	200	50

8 분산효과와 개별증권의 위험

현재 시장에는 N개의 증권이 존재한다. 모든 증권의 기대수익률은 0.1이며, 모든 증권의 분산은 0.02이다. 그리고 증권간의 공분산은 증권에 관계없이 모두 0.007이다.

(1) 시장에 존재하는 N개의 증권을 모두 포함하는 동일가중 포트폴리오의 기대수익률과 분산을 구하라.(이 경우 각 증권의 구성비율은 모두 $1/N$로서 동일하다.)

(2) N이 점차 커짐에 따라 물음 (1)에서 구한 분산은 어떻게 되겠는가?

(3) 적절하게 분산투자된 포트폴리오의 분산을 결정할 때 가장 중요한 증권의 특성은 무엇이냐?

(4) 무위험자산이 존재하고 동질적 기대가정이 성립하는 경우 합리적인 모든 투자자들은 항상 시장포트폴리오를 선택하게 된다. 이와 같은 경우 투자자가 고려해야 하는 개별증권의 위험은 무엇이냐?

보 론

단일지수모형

앞에서 설명한 마코위츠모형은 선택가능한 수많은 포트포리오들의 기대수익률과 위험(분산 또는 표준편차)을 측정한 후, 주어진 위험하에서 가장 높은 기대수익률을 갖는 포트폴리오들의 집합, 즉 효율적 포트폴리오집합을 찾아내는 기법이다. 그러므로 마코위츠모형은 포트폴리오들의 기대수익률과 분산을 정확히 측정할 수 있다는 것을 전제하고 있다. 특히 포트폴리오의 분산은 앞의 〈표 8-2〉와 같은 분산-공분산 행렬의 각 항들을 모두 측정한 후, 이들을 모두 합하여 구한다. 이와 같이 마코위츠모형에서는 어떠한 제한적 가정없이 분산-공분산 행렬에 의해서 포트폴리오 수익률의 분산을 계산하기 때문에 이를 완전공분산모형이라고도 한다. 만약 분산-공분산 행렬의 각항을 정확히 측정할 수만 있다면, 이와 같은 절차는 정확한 것이다. 그러나 실제로 포트폴리오 수익률의 분산을 측정하기 위하여 사용되는 분산-공분산 행렬은 증권수익률의 미래 확률분포(모집단)에 의해서 측정되는 것이 아니고, 과거 일정기간 동안의 실제 수익률자료(표본)에 의해서 추정되므로 표본오차(sampling errors)가 발생될 수 있다는 사실을 유의하여야 한다.

1. 마코위츠모형의 문제점

마코위츠모형과 같이 분산-공분산 행렬에 의해서 포트폴리오 수익률의 분산을 계산하는 데는 문제가 있다. 이는 포트폴리오의 구성증권수가 아주 많을 때 명백해진다. 즉 N개의 증권으로 구성된 포트폴리오 수익률의 분산을 앞의 〈표 8-2〉와 같은 분산-공분산 행렬에 의해서 구한다면, 다음과 같은 수의 개별증권 수익률에 대한 분산과 공분산의 측정치가 필요하게 된다.

개별증권 수익률의 분산	$= N$ 개
개별증권 수익률간의 공분산	$= N(N-1)/2$ 개
합 계	$N(N+1)/2$ 개

예를 들어 900개의 주식으로 구성되는 포트폴리오 수익률의 분산을 구하기 위해서는 405,450개[900(900+1)/2]나 되는 분산과 공분산을 측정하여야 할 것이다. 구성증권 수가 증가할수록, 측정해야 할 분산과 공분산의 수는 급속적으로 증가할 것이다. 그러므로 대용량의 컴퓨터를 사용한다 하더라도, 이와 같이 방대한 계산을 하는 데는 상당한 시간과 비용이 소요된다.

따라서 마코위츠모형은 이론적으로 분산-공분산 행렬만 정확히 추정할 수 있다면 효율적 포트폴리오집합을 찾아낼 수 있는 가장 완벽한 방법이지만, 현실적으로 적용하기에는 많은 기술적인 문제점을 갖고 있다. 이와 같은 마코위츠모형이 가지고 있는 문제점을 해결하기 위하여 샤프(W.F. Sharpe)에 의해서 개발된 모형을 단일지수모형(single index model)이라 한다.[21)]

2. 단일지수모형과 그 가정

단일지수모형은 포트폴리오 수익률의 분산에 대한 보다 단순한 계산 식을 제공하는 반면에 증권들의 수익률생성과정(return generating process)에 관해 몇 가지 가정을 하고 있다. 그러므로 단일지수모형에 의해서 계산된 포트폴리오 수익률의 분산이 정확한지 여부는 그 가정의 정확성에 달려 있을 것이다.

단일지수모형의 기본적인 가정은 모든 증권수익률에 공통적으로 영향을 미치는 단 하나의 공통적 요인이 존재하며, 그 요인이 시장지수(시장포트폴리오)라는 것이다.[22)] 다시 말하면 시장 전체의 움직임을 나타내는 시장포트폴리오의 변동에 의해서 개별증권들 사이에서 나타나는 모든 공통적인 움직임이 설명될 수 있다고 가정한다. 정도의 차이는 있지만, 시장포트폴리오의 변동에 따라 거의 모든 증권이 동시에 변동한다는 것이다. 이와 같은 가정에 의해서 도출된 증권의 수익률생성과정을 단일지수모형이라 하며, 이는 다음과 같다.

$$r_j = \alpha_j + \beta_j r_M + \varepsilon_j \qquad (8A\text{-}1)$$

여기서 r_j : 증권(또는 포트폴리오) j의 수익률
r_M: 시장포트폴리오의 수익률
α_j : 회귀식의 절편

21) W.F. Sharpe, "A Simplified Model for Portfolio Analysis," *Management Science*, Vol. 9 (Jan. 1963), pp. 277~293.

22) 엄밀하게 말하면 단일지수모형에서는 지수가 반드시 시장포트폴리오이어야 하는 것은 아니다. 예를 들어 지수로서 시장전체의 움직임을 대변할 수 있는 GNP, 이자율, 인플레이션 등의 경제변수를 사용할 수도 있다.

β_j : 회귀식의 기울기
ε_j : 오차항(error terms)

단일지수모형인 식 (8A-1)의 가정을 정리하면 다음과 같다.

첫째, $E(\varepsilon_j)=0$이다. 즉 특정 기업의 개별적 사건은 긍정적 사건과 부정적 사건이 모두 발생할 수 있기 때문에 그 평균치는 영(0)이 될 것이다.

둘째, $Cov(\varepsilon_j, r_M)=0$이다. 즉 오차항들은 시장전체가 상승국면일 때 정(+)의 추세를 보이거나, 하락국면일 때 부(-)의 추세를 보이는 것과 같은 특정적인 양상을 보이지 않는다.

셋째, $Cov(\varepsilon_i, \varepsilon_j)=0$ $(i, j=1, 2, \cdots, N)$이다. 이는 특정 증권의 개별적 사건들(예를 들어 신제품의 개발, 노사분규, 갑작스런 경영자의 사임 등 개별기업에 특이한 사건들)은 다른 증권에 영향을 미치지 않는다는 것을 의미한다. 즉 시장포트폴리오 이외에는 개별증권들간의 공통적인 움직임을 설명할 만한 다른 요인이 존재하지 않는다는 것이다.

위의 세 가정 중 첫째, 둘째 가정은 회귀식을 추정하기 위한 일반적인 가정이나, 셋째 가정은 단일지수모형의 가장 기본적인 가정으로서 포트폴리오의 분산을 보다 단순하게 추정하는 데 필요한 가정이다. 반면에 마코위츠모형은 $Cov(\varepsilon_i, \varepsilon_j)=0$이라는 가정을 하지 않는다. 이 점에서 단일지수모형과 마코위츠모형이 서로 다르다.

이와 같은 가정들에 의해서 두 증권수익률간의 공분산을 구하면 다음과 같다.[23)]

$$Cov(r_i, r_j)=\beta_i\beta_j Var(r_M) \tag{8A-2}$$

식 (8A-2)에서 두 증권수익률 사이의 공분산은 각 증권의 시장에 대한 민감도를 나타내는 베타계수와 시장의 분산에 의해서 결정된다는 것을 알 수 있다.

---

23) $Cov(r_i, r_j)=Cov(\alpha_i+\beta_i r_M+\varepsilon_i, \alpha_j+\beta_j r_M+\varepsilon_j)$
$=Cov(\beta_i r_M+\varepsilon_i, \beta_j r_M+\varepsilon_j)$ $(\because \alpha_i, \alpha_j$: 상수)
$=Cov(\beta_i r_M, \beta_j r_M)+Cov(\beta_i r_M, \varepsilon_j)+Cov(\varepsilon_i, \beta_j r_M)+Cov(\varepsilon_i, \varepsilon_j)$
$=\beta_i\beta_j Cov(r_M, r_M)+\beta_i Cov(r_M, \varepsilon_j)+\beta_j Cov(\varepsilon_i, r_M)+Cov(\varepsilon_i, \varepsilon_j)$
이 식에서 $Cov(r_M, r_M)=Var(r_M)$이며, 단일지수모형의 정의에 의해서 $Cov(r_M, \varepsilon_j)=Cov(\varepsilon_i, r_M)=Cov(\varepsilon_i, \varepsilon_j)=0$이다. 그러므로 $Cov(r_i, r_j)=\beta_i\beta_j Var(r_M)$이 된다.

예제 8A-1 단일지수모형에 의한 베타추정

단일지수모형의 가정이 성립하는 경우, 다음의 자료를 이용하여 주식 1의 베타를 구하라.

$\beta_2 = 1.20,\ \sigma(r_M) = 0.3162,\ Cov(r_1,\ r_2) = 0.09$

☞ 해설

단일지수모형의 가정이 성립하는 경우, 두 주식수익률 사이의 공분산은 다음과 같이 나타낼 수 있다.

$$Cov(r_1,\ r_2) = \beta_1\beta_2\sigma^2(r_M)$$

그러므로 위의 식을 정리하여 β_1을 구하면 다음과 같다.

$$\beta_1 = \frac{Cov(r_1,\ r_2)}{\beta_2\sigma^2(r_M)} = \frac{0.09}{1.20(0.3162)^2} = 0.7501$$

3. 단일지수모형에 의한 포트폴리오 수익률의 분산측정

1) 개별증권 수익률의 분산

단일지수모형인 식 (8A-1)을 이용하여 개별증권 수익률의 분산을 구하면 다음과 같다.[24)]

$$Var(r_j) = \beta_j^2 Var(r_M) + Var(\varepsilon_j) \qquad (8A\text{-}3)$$

식 (8A-3)에서 개별증권 수익률의 분산(총위험)은 두 개의 항으로 구성되어 있다. 첫째항 $\beta_j^2 Var(r_M)$은 시장수익률의 변동가능성(variability)에 의해서 발생하는 위험으로서 분산투자를 통하여 제거할 수 없는 체계적 위험이다. 둘째항 $Var(\varepsilon_j)$는 시장수익률의 변동과 무관하게 기업고유의 요인에 의해서 발생하는 위험으로서 분산투자를 통하여 제거할 수 있는 비체계적 위험이다.

2) 포트폴리오 수익률의 분산

식 (8A-3)은 개별증권뿐만 아니라 포트폴리오의 경우에도 역시 성립하므로

24) $Var(r_j) = Var(\alpha_j + \beta_j r_M + \varepsilon_j)$
$= \beta_j^2 Var(r_M) + Var(\varepsilon_j) + 2\beta_j Cov(r_M,\ \varepsilon_j)$ ($\because$ $\alpha_j,\ \beta_j$: 상수)
$= \beta_j^2 Var(r_M) + Var(\varepsilon_j)$ ($\because$ $Cov(r_M,\ \varepsilon_j) = 0$)

N개의 증권으로 구성된 포트폴리오 수익률의 분산은 다음과 같다.

$$Var(r_p) = \beta_p^2 Var(r_M) + Var(\varepsilon_p) \qquad (8A\text{-}4)$$

식 (8A-4)에 의해서 포트폴리오 수익률의 분산을 측정하기 위해서는 포트폴리오의 베타 β_p와 잔차의 분산 $Var(\varepsilon_p)$를 구해야 한다.

먼저 포트폴리오의 베타는 포트폴리오를 구성하는 개별증권의 베타를 각각의 구성비율에 의해서 가중평균하여 다음과 같이 구할 수 있다.[25)]

$$\beta_p = \sum_{j=1}^{N} W_j \beta_j \qquad (8A\text{-}5)$$

예를 들어 총투자자금의 70%를 $\beta_1 = 1.0$인 증권 1에 투자하고, 나머지 30%를 $\beta_2 = 0.5$인 증권 2에 투자하여 포트폴리오를 구성하는 경우, 그 포트폴리오의 베타는 다음과 같이 구할 수 있다.

$$\beta_p = W_1\beta_1 + W_2\beta_2 = 0.7 \times 1.0 + 0.3 \times 0.5 = 0.85$$

그리고 포트폴리오의 잔차분산은 다음과 같다.[26)]

$$Var(\varepsilon_p) = \sum_{j=1}^{N} W_j^2 Var(\varepsilon_j) \qquad (8A\text{-}6)$$

식 (8A-5)와 식 (8A-6)을 식(8A-4)에 대입하여 포트폴리오의 분산을 구하면 다음과 같다.

$$Var(r_p) = \left[\sum_{j=1}^{N} W_j\beta_j\right]^2 Var(r_M) + \sum_{j=1}^{N} W_j^2 Var(\varepsilon_j) \qquad (8A\text{-}7)$$

---

25)
$$\begin{aligned}
\beta_p &= \frac{Cov(r_p,\ r_M)}{Var(r_M)} \\
&= \frac{Cov(W_1r_1 + W_2r_2 + W_3r_3 + \cdots + W_Nr_N,\ r_M)}{Var(r_M)} \\
&= \frac{Cov(W_1r_1,\ r_M) + Cov(W_2r_2,\ r_M) + Cov(W_3r_3,\ r_M) + \cdots + Cov(W_Nr_N,\ r_M)}{Var(r_M)} \\
&= \frac{W_1Cov(r_1,\ r_M) + W_2Cov(r_2,\ r_M) + W_3Cov(r_3,\ r_M) + \cdots + W_NCov(r_N,\ r_M)}{Var(r_M)} \\
&= \frac{\sum_{j=1}^{N} W_jCov(r_j,\ r_M)}{Var(r_M)} = \sum_{j=1}^{N} W_j\beta_j
\end{aligned}$$

26)
$$\begin{aligned}
Var(\varepsilon_p) &= Var(W_1\varepsilon_1 + W_2\varepsilon_2 + W_3\varepsilon_3 + \cdots + W_N\varepsilon_N) \\
&= \sum_{j=1}^{N} W_j^2 Var(\varepsilon_j) + \sum_{\substack{i=1 \\ (i \neq j)}}^{N}\sum_{j=1}^{N} W_iW_jCov(\varepsilon_i,\ \varepsilon_j) \\
&= \sum_{j=1}^{N} W_j^2 Var(\varepsilon_j) \qquad (\because\ Cov(\varepsilon_i,\ \varepsilon_j) = 0)
\end{aligned}$$

단일지수모형의 가정이 성립하는 경우, 포트폴리오 수익률의 분산은 식 (8A-7)을 이용하여 구할 수 있다. 따라서 포트폴리오 수익률의 분산을 구하려면, 다음과 같은 수의 정보가 필요하게 된다.

시장수익률의 분산	= 1 개
개별증권의 β	$= N$ 개
개별증권의 잔차분산	$= N$ 개
합 계	$2N+1$ 개

예를 들어 900개의 주식으로 구성되는 포트폴리오 수익률의 분산을 구하기 위해서는 단지 1,801개[2(900)+1]의 정보만 있으면 된다. 이 경우 마코위츠모형에서는 405,450개의 정보가 필요하였던 사실을 상기하면 단일지수모형에 의한 계산의 단순성을 잘 이해할 수 있을 것이다.

3) 포트폴리오의 위험분산효과

포트폴리오의 위험분산효과를 살펴보기 위하여 증권들의 구성비율이 동일한 ($W_1 = W_2 = \cdots = W_N = 1/N$) 동일가중 포트폴리오를 구성한다고 가정하자. 이 경우 식 (8A-7)은 다음과 같이 변형된다.

$$Var(r_p) = \left[\frac{1}{N}\sum_{j=1}^{N}\beta_j\right]^2 Var(r_M) + \frac{1}{N^2}\sum_{j=1}^{N}Var(\varepsilon_j)$$

$$= \beta_p^2 Var(r_M) + \frac{1}{N}\overline{Var}(\varepsilon) \qquad (8A\text{-}8)$$

여기서 $\beta_p = \frac{1}{N}\sum_{j=1}^{N}\beta_j$, 즉 베타의 평균 또는 포트폴리오 베타

$\overline{Var}(\varepsilon) = \frac{1}{N}\sum_{j=1}^{N}Var(\varepsilon_j)$, 즉 잔차분산의 평균

식 (8A-8)에서 만약 포트폴리오의 구성증권의 수를 무한히 증가시킨다면 ($N \to \infty$), 포트폴리오 수익률의 분산 $Var(r_p)$는 다음과 같다.

$$N \to \infty \text{일 때, } Var(r_p) \cong \beta_p^2 Var(r_M) \qquad (8A\text{-}9)$$

식 (8A-9)에서 구성증권의 수가 증가함에 따라 포트폴리오의 위험은 점점 감소하여 점근적으로(asymptotically) 체계적 위험 $\beta_p^2 Var(r_M)$에 접근한다. 즉 다수의 증권으로 포트폴리오를 구성한다면, 비체계적 위험인 잔차분산이 제거되어

포트폴리오의 분산효과를 얻을 수 있다.

예제 8A-2 마코위츠모형과 단일지수모형의 비교

다음의 세 주식으로 포트폴리오를 구성하려 한다.

주 식	포트폴리오의 구성비율	베 타	기대수익률	분 산
A	0.25	0.50	0.40	0.07
B	0.25	0.50	0.25	0.05
C	0.50	1.00	0.21	0.07

단, 시장수익률의 분산 = 0.06

위에서 주어진 자료를 이용하여 아래의 물음에 답하라.

(1) 단일지수모형을 이용하여 다음을 구하라.

① 각 주식수익률의 잔차분산

② 포트폴리오의 베타

③ 포트폴리오 수익률의 분산

④ 포트폴리오의 기대수익률

(2) 주식수익률 사이의 실제 공분산은 다음과 같다.

$Cov(r_A, r_B) = 0.020$

$Cov(r_A, r_C) = 0.035$

$Cov(r_B, r_C) = 0.035$

이 경우 마코위츠모형을 이용하여 포트폴리오 수익률의 실제 분산을 구하라.

(3) 물음 (1)의 ③과 물음 (2)의 결과를 비교하여, 만약 각각의 결과가 서로 다르다면 그 이유를 설명하라.

☞ 해설

(1)

① $Var(r_j) = \beta_j^2 Var(r_M) + Var(\varepsilon_j) \rightarrow Var(\varepsilon_j) = Var(r_j) - \beta_j^2 Var(r_M)$

그러므로 위 식을 이용하여 각각의 잔차분산을 구하면 다음과 같다.

· $Var(\varepsilon_A) = Var(r_A) - \beta_A^2 Var(r_M) = 0.07 - (0.50)^2(0.06) = 0.055$

· $Var(\varepsilon_B) = Var(r_B) - \beta_B^2 Var(r_M) = 0.05 - (0.50)^2(0.06) = 0.035$

· $Var(\varepsilon_C) = Var(r_C) - \beta_C^2 Var(r_M) = 0.07 - (1.00)^2(0.06) = 0.010$

② 포트폴리오의 베타는 세 주식 베타를 구성비율에 의해서 가중평균한 값이다.

$$\beta_p = W_A\beta_A + W_B\beta_B + W_C\beta_C$$
$$= 0.25 \times 0.50 + 0.25 \times 0.50 + 0.50 \times 1.00$$
$$= 0.75$$

③ 먼저 포트폴리오의 체계적 위험과 잔차분산(비체계적 위험)을 앞의 ①과 ②의 결과를 이용하여 각각 구하면 다음과 같다.

· 체계적 위험 $= \beta_p^2 Var(r_M) = (0.75)^2(0.06) = 0.0338$

· 잔차분산 $= Var(\varepsilon_p) = \sum_{j=1}^{N} W_j^2 Var(\varepsilon_j)$

$$= W_A^2 Var(\varepsilon_A) + W_B^2 Var(\varepsilon_B) + W_C^2 Var(\varepsilon_C)$$
$$= (0.25)^2(0.055) + (0.25)^2(0.035) + (0.50)^2(0.010)$$
$$= 0.0081$$

그러므로 포트폴리오 수익률의 분산은 다음과 같다.

$$Var(r_p) = \beta_p^2 Var(r_M) + Var(\varepsilon_p) = 0.0338 + 0.0081 = 0.0419$$

④ 포트폴리오의 기대수익률은 다음과 같다.

$$E(r_p) = W_A E(r_A) + W_B E(r_B) + W_C E(r_C)$$
$$= 0.25 \times 0.40 + 0.25 \times 0.25 + 0.50 \times 0.21$$
$$= 0.2675$$

(2) 마코위츠모형에 의해서 포트폴리오 수익률의 분산을 구하면 다음과 같다.

$$Var(r_p) = \sum_{i=1}^{N}\sum_{j=1}^{N} W_i W_j \sigma_{ij}$$
$$= W_A^2 Var(r_A) + W_B^2 Var(r_B) + W_C^2 Var(r_C)$$
$$+ 2W_A W_B Cov(r_A, r_B) + 2W_A W_C Cov(r_A, r_C)$$
$$+ 2W_B W_C Cov(r_B, r_C)$$
$$= (0.25)^2(0.07) + (0.25)^2(0.05) + (0.50)^2(0.07)$$
$$+ 2(0.25)(0.25)(0.020) + 2(0.25)(0.50)(0.035)$$
$$+ 2(0.25)(0.50)(0.035)$$
$$= 0.0450$$

(3) 포트폴리오 수익률의 분산을 구할 때, 단일지수모형은 계산의 단순화를 위하여 주식의 잔차들간의 공분산이 0이라고 가정하고 있다. 그러나 이 문제에서는 잔차들간의 공분산이 실제로 0이 아니다. 그러므로 단일지수모형에 의해서 구한 포트폴리오 수익률의 분산(0.0419)과 마코위츠모형에 의해서 구한 포트폴리오수익률의 실제 분산(0.0450)은 다소 차이가 난다.

제 9 장

자본시장의 균형이론

균형상태하에서 위험자산의 기대수익률을 설명하는 대표적인 모형으로서 자본자산가격결정모형(capital asset pricing model: CAPM)과 차익거래가격결정이론(arbitrage pricing theory: APT)이 있다. 두 모형은 서로 다른 가정하에서 도출된 대체적인 모형이다. 이와 같은 모형들을 검정할 때, 각 모형이 지니고 있는 가정의 합리성 여부보다는 주어진 모형이 실제현상을 얼마나 잘 설명하고 있느냐에 초점을 맞추어야 한다. 본장에서는 이와 같은 모형들에 대해서 구체적으로 설명하고자 한다.

1 자본자산가격결정모형: CAPM

전장에서 이미 살펴본 바와 같이 모든 투자자들이 합리적인 분산투자의 원리에 따라 행동하는 경우, 투자자들에게 적합한 위험은 시장포트폴리오에의 공헌으로 측정되는 체계적 위험이라 할 수 있다. 이와 같은 사실에 기초하여 샤프(W. F. Sharpe) 등은 개별증권을 비롯한 모든 자본자산의 적합한 위험(체계적 위험)과 기대수익률 사이에 존재하는 균형관계를 설명하는 모형, 즉 자본자산가격결정모형(CAPM)을 개발하였다.[1)]

1.1 기본적 가정

현대 자본시장은 수많은 의사결정변수가 결합된 복잡한 구조를 가지고 있다. 이와 같이 복잡한 구조를 가지고 있는 시장의 모든 현상을 설명할 수 있는 모형을 개발하려면 시장에 영향을 미칠 수 있는 수많은 요인들을 동시에 고려하여야 하는데, 이는 거의 불가능한 일이다. 그리고 복잡한 요인들을 동시에 고려하는 경우, 여러 요인들의 상호작용에 의해서 가장 중요한 요인의 효과가 희석되어 그것의 직접적인 효과를 살펴보기 어렵게 된다. 따라서 일반적으로 모형을 개발할 때 가장 단순화된 가상의 세계를 가정하여 기본적인 모형을 개발한 후, 점점 가정들을 완화시켜서 현실을 보다 잘 설명할 수 있도록 모형을 발전시켜 나가는 방법을 사용한다.[2)]

CAPM은 투자자들과 투자기회집합에 대해서 다음과 같이 가정하고 있다.

첫째, 투자자들은 위험회피형이며, 평균-분산 기준에 의해서 포트폴리오를 선택한다.[3)]

둘째, 모든 투자자는 단일의 투자기간을 가지며, 미래 증권수익률의 확률분포에 대하여 동질적 기대(homogeneous expectation)를 가진다. 즉 모든 투자자들은 증권의 기대수익률, 표준편차 그리고 공분산에 대하여 동일한 추정치를 가진다.

---

1) W. F. Sharpe, "Capital Asset Prices: A Theory of Market Equilibrium Under Conditions of Risk," *Journal of Finance*, Vol. 19 (Sep. 1964), pp. 425~442.

2) 자연과학에서는 실험을 할 때 중요한 요인의 효과를 살펴보기 위하여 어떠한 마찰적 요인도 존재하지 않는 가장 기본적인 상황, 즉 진공상태 등을 만들어 실험을 한다. 이와 유사하게 사회과학에서는 가정에 의해서 진공상태와 같은 가상의 세계를 만들어 모형을 개발한다.

3) 투자자의 효용함수가 2차함수이거나 또는 수익률의 확률분포가 정규분포를 이룬다는 것을 의미한다.

셋째, 자본이나 정보의 흐름을 방해하는 어떠한 장애도 존재하지 않는다. 이와 같은 시장을 완전자본시장(perfect capital market)이라 하며, 그것의 구체적인 필요조건은 다음과 같다.

① 무위험자산이 존재한다. 그리고 모든 투자자들은 무위험이자율로 얼마든지 자금을 차입하거나 대출할 수 있으며, 차입이자율과 대출이자율은 동일하다.

② 증권투자이익(배당, 이자 그리고 자본소득 등)에 대한 개인소득세, 거래비용 및 기타 증권거래를 방해하는 어떠한 장애요인도 존재하지 않으며, 모든 투자자들은 아무런 장애와 비용 없이 이용가능한 모든 정보를 이용할 수 있다.

③ 모든 투자자들은 모두 가격순응자(price taker)이다. 즉 완전경쟁이 이루어져 소수의 투자자가 증권가격에 영향을 줄 수 없다.

이상의 가정들은 다소 비현실적이지만 균형상태하에서 위험과 기대수익률의 직접적인 관계를 도출할 수 있도록 설정된 것이다.

1.2 시장모형과 체계적 위험

개별증권의 총위험은 분산 또는 표준편차로 측정될 수 있으며, 총위험은 분산투자에 의해서 제거될 수 없는 체계적 위험과 분산투자를 통해서 제거될 수 있는 비체계적 위험으로 분해된다.

총위험 = 체계적 위험 + 비체계적 위험

전장에서 살펴본 바와 같이 동질적 기대의 가정이 성립하는 완전자본시장하에서 모든 투자자들은 완전분산투자된 시장포트폴리오를 항상 선택하며, 이와 같은 분산투자를 통하여 비체계적 위험은 제거될 수 있다. 그러므로 분산투자를 통해서도 제거될 수 없는 체계적 위험만이 투자자에게 적합한 위험이다.

1) 시장모형

시장모형(market model)은 시장을 대표하는 시장포트폴리오의 수익률과 개별

증권의 수익률간의 관계를 설명하는 모형으로서 다음과 같이 나타낼 수 있다.[4)]

$$r_{jt} = \alpha_j + \beta_j r_{Mt} + \varepsilon_{jt} \qquad (9\text{-}1)$$

여기서 r_{jt} : 증권(또는 포트폴리오) j의 수익률
r_{Mt}: 시장포트폴리오의 수익률
α_j : 회귀모형의 절편
β_j : 회귀모형의 기울기(베타계수)
ε_{jt} : 오차항(error terms)

식 (9-1)에서 모든 위험자산을 포함하고 있는 시장포트폴리오를 확인한다는 것은 현실적으로 거의 불가능하기 때문에 시장포트폴리오의 변화양상을 비교적 잘 나타낸다고 추정되는 코스피지수(Korea stock price index: KOSPI)를 그 대용치(proxy)로서 이용하는 것이 일반적이다.

$$r_{Mt} = \frac{KOSPI_t - KOSPI_{t-1}}{KOSPI_{t-1}} + d_{Mt} \qquad (9\text{-}2)$$

여기서 $KOSPI_t$: t기간 말의 코스피지수
$KOSPI_{t-1}$: $t-1$기간 말의 코스피지수
d_{Mt} : t기간 시장의 배당수익률

식 (9-1)의 시장모형을 그림으로 나타내면 〈그림 9-1〉과 같다. 〈그림 9-1〉의 각 점들은 시장포트폴리오 수익률 r_M의 각각에 대응하여 증권 j의 수익률 r_j를 좌표에 나타낸 것이다. 이와 같이 나타난 각 좌표들을 가장 잘 설명할 수 있는 다음과 같은 단순회귀식(simple regression line)을 추정할 수 있다.

$$\hat{r}_{jt} = \hat{\alpha}_j + \hat{\beta}_j r_{Mt} \qquad (9\text{-}3)$$

여기서 ^: 추정치를 의미하는 기호

회귀선의 절편 α_j와 기울기 β_j는 모든 좌표들로부터 회귀선까지의 수직거리(편차)를 각각 제곱한 후 모두 합한 값이 최소가 되도록 하는 최소자승법(ordinary least square method: OLS)을 이용하여 추정한다. 이와 같은 방법에 의해서 추정된 절편과 기울기는 다음과 같다.[5)]

---

4) 일반적으로 시장모형과 제8장 보론에서 설명한 단일지수모형은 서로 유사한 모형으로서 구별하지 않고 사용하는 경향이 있으나, 두 모형은 이론상 약간의 차이가 있다. 즉 개별증권들의 체계적 위험의 추정과 CAPM의 실증적 타당성을 검정하기 위한 모형으로 출발한 시장모형은, 오차간의 공분산 $Cov(\varepsilon_i, \varepsilon_j) = 0$이라는 가정을 하지 않으며, 지수로서 반드시 시장수익률을 사용한다는 점에서 단일지수모형과 구분된다.

5) 최소화 $\sum \hat{\varepsilon}_{jt}^2 = \sum (r_{jt} - \hat{r}_{jt})^2 = \sum (r_{jt} - \hat{\alpha}_j - \hat{\beta}_j r_{Mt})^2$
위의 식을 $\hat{\alpha}_j$, $\hat{\beta}_j$에 대해서 각각 편미분하여 0으로 놓은 후 정리하면, 다음과 같은 두 식을 얻을

그림 9-1 시장모형: 증권특성선

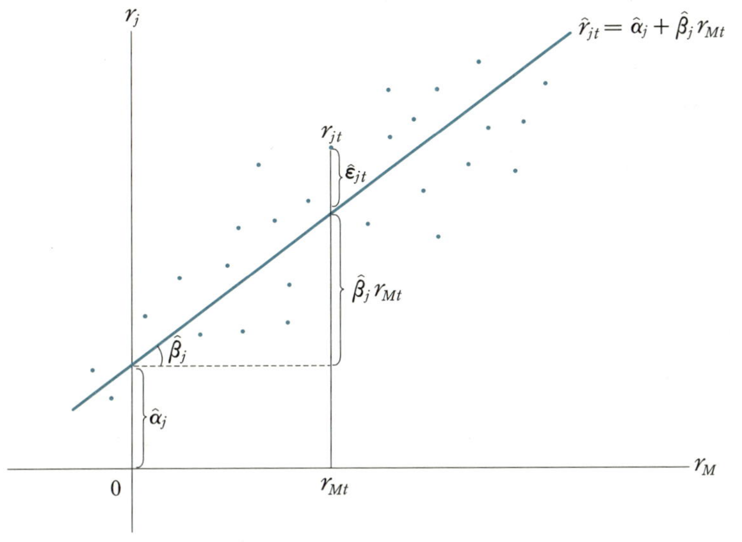

$$\hat{\beta}_j = Cov(r_j,\ r_M)\,/\,Var(r_M) \tag{9-4}$$
$$\hat{\alpha}_j = \bar{r}_j - \hat{\beta}_j\ \bar{r}_M$$

앞의 식 (9-3)과 같은 단순회귀식은 개별증권 수익률의 변동에 대한 기본적인 특성을 요약하고 있으므로 흔히 증권특성선(characteristic line: CL)이라 부른다.

증권특성선의 기울기, 즉 β_j는 시장수익률의 변동에 대한 개별주식의 민감도(sensitivity)를 나타낸다. 이 베타계수(beta coefficient)가 큰 증권일수록 시장수익률의 변동(시장전체의 경기변동)에 대하여 보다 민감하게 반응한다고 할 수 있다. 예를 들어 베타계수가 2인 증권 A와 0.5인 증권 B가 있다고 할 때, 시장수익률이 1%포인트 변동한다면 증권 A의 수익률은 2%포인트 변동하고 증권 B의 수익률

수 있다.

$$\sum r_{jt} = \hat{\alpha}_j N + \hat{\beta}_j \sum r_{Mt}$$
$$\sum r_{Mt} r_{jt} = \hat{\alpha}_j \sum r_{Mt} + \hat{\beta}_j \sum r_{Mt}^2$$

위의 두 식을 연립하여 풀면,

$$\hat{\beta}_j = \frac{N\sum r_{Mt} r_{jt} - \sum r_{Mt} \sum r_{jt}}{N\sum r_{Mt}^2 - (\sum r_{Mt})^2} = \frac{\sum r_{Mt} r_{jt} - N\bar{r}_M \bar{r}_j}{\sum r_{Mt}^2 - N(\bar{r}_M)^2}$$
$$= \frac{\sum (r_{Mt} - \bar{r}_M)(r_{jt} - \bar{r}_j)}{\sum (r_{Mt} - \bar{r}_M)^2} = \frac{Cov(r_j,\ r_M)}{Var(r_M)}$$
$$\hat{\alpha}_j = \frac{\sum r_{jt}}{N} - \hat{\beta}_j \frac{\sum r_{Mt}}{N} = \bar{r}_j - \hat{\beta}_j \bar{r}_M$$

은 0.5%포인트 변동하게 된다. 이러한 점에서 베타계수가 1.0 보다 큰 주식을 공격적 주식(aggressive stock)이라 하며, 1.0 보다 작은 주식을 방어적 주식(defensive stock)이라 한다.

〈그림 9-1〉에서 볼 수 있는 바와 같이 증권의 실제수익률 r_{jt}를 구성하는 다른 한 부분은 증권들의 실제수익률로부터 회귀선까지의 수직거리(편차)로 측정되는 잔차(residuals)(오차항 ε_{jt}의 추정치)이다. 잔차는 다음과 같이 표시될 수 있다.

$$\hat{\varepsilon}_{jt} = r_{jt} - \hat{r}_{jt} = r_{jt} - \hat{\alpha}_j - \hat{\beta}_j r_{Mt} \tag{9-5}$$

잔차는 시장전체의 변동과는 관계없이 특정 기업에 고유한 개별적 사건에 의해서 발생하게 된다. 즉 개별증권 수익률 중 시장수익률로써 설명할 수 없는 부분을 의미한다.

그리고 이와 같은 잔차의 분산을 구하면 다음과 같다.[6]

$$\sigma^2(\hat{\varepsilon}_j) = \frac{\sum_{t=1}^{N} \hat{\varepsilon}_{jt}^2}{N-2} \qquad (\because \ E(\varepsilon_j) = 0)$$

$$= \frac{\sum_{t=1}^{N} (r_{jt} - \hat{\alpha}_j - \hat{\beta}_j r_{Mt})^2}{N-2} \tag{9-6}$$

예제 9-1 증권특성선(CL)의 추정

과거 5년간의 주식 j의 수익률 r_j와 시장수익률 r_M에 관한 자료는 다음과 같다.

기 간	r_j	r_M
1	0.30	0.30
2	0.60	0.40
3	0.50	0.20
4	0.45	0.35
5	0.15	0.25

주어진 자료를 이용하여 다음의 물음에 답하라.

(1) 증권특성선을 추정하고, 그것을 그림으로 나타내라.

(2) 주식 j의 수익률의 잔차분산을 구하라.

6) 잔차의 분산을 구하기 위하여 2개의 추정치를 사용하였다. 그러므로 잔차의 분산을 계산할 때 자유도는 $(N-2)$가 된다는 사실을 유의하기 바란다.

☞ 해설

(1)

기간	r_j	$r_j-\bar{r}_j$	r_M	$r_M-\bar{r}_M$	$(r_M-\bar{r}_M)^2$	$(r_j-\bar{r}_j)(r_M-\bar{r}_M)$
1	0.30	−0.10	0.30	0.00	0.0000	0.0000
2	0.60	0.20	0.40	0.10	0.0100	0.0200
3	0.50	0.10	0.20	−0.10	0.0100	−0.0100
4	0.45	0.05	0.35	0.05	0.0025	0.0025
5	0.15	−0.25	0.25	−0.05	0.0025	0.0125
$\sum$	2.00		1.50		0.0250	0.0250

$$\cdot\ \bar{r}_j=\frac{\sum r_j}{5}=\frac{2.00}{5}=0.40,\ \bar{r}_M=\frac{\sum r_M}{5}=\frac{1.50}{5}=0.30$$

$$\cdot\ Var(r_M)=\frac{\sum(r_M-\bar{r}_M)^2}{5-1}=\frac{0.0250}{4}=0.00625$$

$$\cdot\ Cov(r_j,\ r_M)=\frac{\sum(r_j-\bar{r}_j)(r_M-\bar{r}_M)}{5-1}=\frac{0.0250}{4}=0.00625$$

$$\rightarrow \hat{\beta}_j=\frac{Cov(r_j,\ r_M)}{Var(r_M)}=\frac{0.00625}{0.00625}=1.00,\ \hat{\alpha}_j=\bar{r}_j-\hat{\beta}_j\bar{r}_M=0.40-1(0.30)=0.10$$

그러므로 증권특성선은 다음과 같다.

$$\hat{r}_{jt}=\hat{\alpha}_j+\hat{\beta}_j r_{Mt}=0.10+r_{Mt}$$

증권 j의 증권특성선을 그림으로 나타내면 다음과 같다.

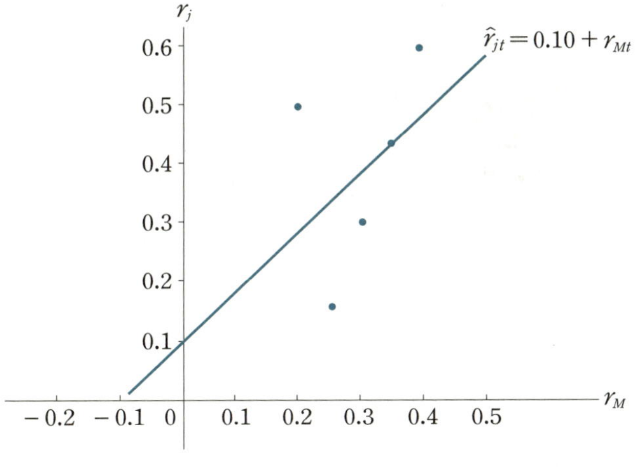

(2) 먼저 각 기간의 잔차를 구하면 다음과 같다.

$$\hat{\varepsilon}_{jt}=r_{jt}-(\hat{\alpha}_j+\hat{\beta}_j r_{Mt})=r_{jt}-(0.1+r_{Mt})$$

기 간	잔 차
1	0.30−(0.10+0.30)=−0.10
2	0.60−(0.10+0.40)= 0.10
3	0.50−(0.10+0.20)= 0.20
4	0.45−(0.10+0.35)= 0.00
5	0.15−(0.10+0.25)=−0.20

그리고 이와 같은 잔차의 분산을 계산하면 다음과 같다.

$$\sigma^2(\hat{\varepsilon}_j)=\frac{\sum_{t=1}^{N}\hat{\varepsilon}_{jt}^2}{N-2}$$

$$=\frac{(-0.10)^2+(0.10)^2+(0.20)^2+(0.00)^2+(-0.20)^2}{5-2}=0.0333$$

2) 체계적 위험의 측정

위험자산에 대한 기대수익률과 위험의 균형관계를 도출하기 위해서는 먼저 투자자들에게 적합한 위험인 체계적 위험을 측정하여야 한다. 이와 같은 체계적 위험은 분산 또는 표준편차를 분해하여 구할 수 있다.

(1) 분산의 분해

시장모형인 식 (9-1)을 이용하여 개별증권 수익률의 분산을 구하면 다음과 같다.[7)]

$$Var(r_j)=\beta_j^2 Var(r_M) \quad + \quad Var(\varepsilon_j) \qquad (9\text{-}7)$$

$$\Updownarrow \qquad\qquad \Updownarrow \qquad\qquad \Updownarrow$$

총위험 = 체계적 위험 + 비체계적 위험

식 (9-7)에서 개별증권 수익률의 분산(총위험)은 두 개의 항으로 구성되어 있다. 첫째항 $\beta_j^2 Var(r_M)$은 시장수익률의 변동가능성(variability)에 의해서 발생되는 위험부분이다. 이는 개별증권의 위험 중 시장전체와 연동된 위험의 크기를 나타낸 것으로서 증권특성선을 따라 움직이는 수익률의 변동부분을 의미한다. 그리

7) $Var(r_j)=Var(\alpha_j+\beta_j r_M+\varepsilon_j)$

$=\beta_j^2 Var(r_M)+Var(\varepsilon_j)+2\beta_j Cov(r_M,\ \varepsilon_j)$ ($\because$ α_j, β_j: 상수)

$=\beta_j^2 Var(r_M)+Var(\varepsilon_j)$ ($\because$ $Cov(r_M,\ \varepsilon_j)=0$)

고 이와 같은 위험은 분산투자를 통하여 제거할 수 없는 체계적 위험이다. 둘째항 $Var(\varepsilon_j)$는 시장수익률의 변동과 무관하게 기업고유의 요인에 의해서 발생되는 위험부분이다. 이는 개별증권의 위험 중 증권특성선으로부터의 편차에 의해서 발생되는 위험부분을 의미한다. 그리고 이와 같은 위험은 분산투자를 통하여 제거할 수 있는 비체계적 위험이라 할 수 있다.

식 (9-7)의 양변을 총위험 $Var(r_j)$로 나누면 다음과 같다.

$$1 = \frac{\beta_j^2 Var(r_M)}{Var(r_j)} + \frac{Var(\varepsilon_j)}{Var(r_j)}$$

위 식 우변의 첫째 항은 다음과 같이 정의된다.

$$\rho_{jM}^2 = \frac{\beta_j^2 Var(r_M)}{Var(r_j)} \tag{9-8}$$

여기에서 ρ_{jM}^2은 시장수익률과 증권 j 수익률 사이의 상관계수를 제곱한 것으로서 결정계수(coefficient of determination)라 하며, 이는 증권특성선의 설명력을 나타내는 계수이다. 다시 말하면 결정계수는 시장수익률(독립변수)의 변동이 증권 j의 수익률(종속변수)의 변동을 증권특성선에 의해서 얼마나 잘 설명하고 있는지를 나타내는 척도라 할 수 있다. 예를 들어 $\rho_{jM}^2 = 0.6$은 시장수익률의 변동이 증권 j의 수익률의 변동을 증권특성선에 의해서 60% 정도 설명할 수 있다는 것을 의미한다.

이와 같이 분산을 분해하여 체계적 위험을 측정하는 경우에 β_j의 부호가 설명되지 않는 문제가 발생한다. 예를 들어 $\beta_1 = 1/2$, $\beta_2 = -1/2$일 경우 $\beta_1^2 = \beta_2^2 = 1/4$이므로 두 주식의 체계적 위험[$\beta_j^2 Var(r_M)$]이 동일하게 되는 문제가 있다. 이 경우 분명히 주식 1의 체계적 위험은 주식 2의 체계적 위험보다 크다.[8)]

(2) 표준편차의 분해

위험을 표준편차로 측정하는 경우, 개별증권의 총위험(표준편차)을 분해하면 다음과 같다.

---

8) 베타가 음(−)의 값을 가지는 자산으로는 보험 등이 있다.

$$\begin{array}{ccccc} \sigma(r_j) & = & \beta_j\sigma(r_M) & + & \sigma(r_j)^{NS} \\ \Updownarrow & & \Updownarrow & & \Updownarrow \\ \text{총위험} & = & \text{체계적 위험} & + & \text{비체계적 위험} \end{array} \tag{9-9}$$

식 (9-9)에서 비체계적 위험 $\sigma(r_j)^{NS}$는 항상 다음과 같이 간접적으로 측정된다.[9)]

$$\sigma(r_j)^{NS} = \sigma(r_j) - \beta_j\sigma(r_M) \tag{9-10}$$

식 (9-9)에서 개별증권의 체계적 위험은 $\beta_j\sigma(r_M)$으로서 측정될 수 있다. 그리고 시장수익률의 표준편차 $\sigma(r_M)$은 모든 증권에 동일하므로 체계적 위험의 상대적 측정치로서 β_j를 사용하기도 한다.

1.3 CAPM: 증권시장선

효율적 포트폴리오에 대한 기대수익률과 위험(표준편차)의 관계를 나타내는 직선인 자본시장선을 분해하면 다음과 같다.

$$\begin{array}{ccccccc} E(r_p) & = & r_f & + & \left(\dfrac{E(r_M)-r_f}{\sigma(r_M)}\right) & \times & \sigma(r_p) \\ \Updownarrow & & \Updownarrow & & \Updownarrow & & \Updownarrow \end{array} \tag{9-11}$$

기대수익률 = 무위험이자율 + (위험의 균형가격) × (위험)

식 (9-11)에서 효율적 포트폴리오는 비체계적 위험을 가지고 있지 않으므로 적절한 위험의 측정치로서 표준편차(총위험=체계적 위험)를 사용할 수 있다. 그러나 비체계적 위험도 포함하고 있는 개별증권의 경우 적절한 위험의 측정치로 표준편차가 아닌 체계적 위험을 사용하여야 한다. 이와 같은 논리에 의해서 식 (9-11)의 위험 $\sigma(r_p)$대신 개별증권의 적절한 위험측정치인 체계적 위험 $\beta_j\sigma(r_M)$을 사용하여 이 식을 변형하면, 개별증권의 균형기대수익률과 체계적 위험의 관계를 다음과 같이 나타낼 수 있다.

---

9) $\sigma(r_j)^{NS}$는 잔차분산 $\sigma^2(\varepsilon_j)$의 제곱근이 아님을 유의하여야 한다.

$$E(r_j) \quad = \quad r_f \quad + \quad \left(\frac{E(r_M)-r_f}{\sigma(r_M)}\right) \quad \times \quad (\beta_j\sigma(r_M)) \qquad (9\text{-}12)$$

$$\Updownarrow \qquad\qquad \Updownarrow \qquad\qquad \Updownarrow \qquad\qquad \Updownarrow$$

기대수익률 = 무위험이자율 + (위험의 균형가격) × (체계적 위험)

식 (9-12)에서 우변의 둘째 항 중 $\sigma(r_M)$을 서로 상쇄시켜 간단히 하면 다음과 같다.

$$E(r_j)=r_f+[E(r_M)-r_f]\beta_j \qquad (9\text{-}13)$$

여기서 $\beta_j=\dfrac{Cov(r_j,\ r_M)}{Var(r_M)}$

식 (9-13)에서 체계적 위험의 크기를 β_j로 측정하는 경우, 베타의 단위당 균형가격은 $[E(r_M)-r_f]$가 된다.

또한 식 (9-13)에서 β_j의 값을 대입하여 정리하면 다음과 같다.

$$\begin{aligned} E(r_j) &= r_f+\left[\frac{E(r_M)-r_f}{Var(r_M)}\right] Cov(r_j,\ r_M) \\ &= r_f+\lambda Cov(r_j,\ r_M) \end{aligned} \qquad (9\text{-}14)$$

여기서 $\lambda=\dfrac{E(r_M)-r_f}{Var(r_M)}$

식 (9-14)에서 증권 j 수익률과 시장수익률간의 공분산 $Cov(r_j,\ r_M)$을 체계적 위험의 측정치로 사용하는 경우, 공분산 한 단위에 대한 위험의 균형가격은 λ이다.

식 (9-12), 식 (9-13) 그리고 식 (9-14)는 각각 체계적 위험을 무엇으로 측정하느냐에 따라 위험의 균형가격(직선의 기울기)이 달라져서 서로 다른 형태를 취하고 있다. 그러나 체계적 위험과 그 위험의 균형가격을 곱한 위험프리미엄은 이 세 식에서 항상 동일하다. 그러므로 이 세 식은 서로 다른 표현형태를 취하고 있을 뿐이지 모두 동일한 식이다. 이와 같이 모든 위험자산의 체계적 위험과 기대수익률의 선형관계를 나타내는 직선의 식을 CAPM 또는 증권시장선(security market line: SML)이라 한다.[10] 일반적으로 위의 세 식 중 증권시장선으로서 가장 많이 사용하는 식은 식 (9-13)이다. 그러므로 앞으로 식 (9-13)을 증권시장선

10) CAPM과 SML은 보통 같은 의미로 사용하지만 엄밀하게 구분하면, CAPM은 식 (9-13)과 같은 등식을 의미하며 SML은 이 등식을 그래프로서 나타낸 것을 의미한다. 그러나 본서에서는 두 용어를 구분 없이 사용할 것이다.

그림 9-2 증권시장선의 도출[11)]

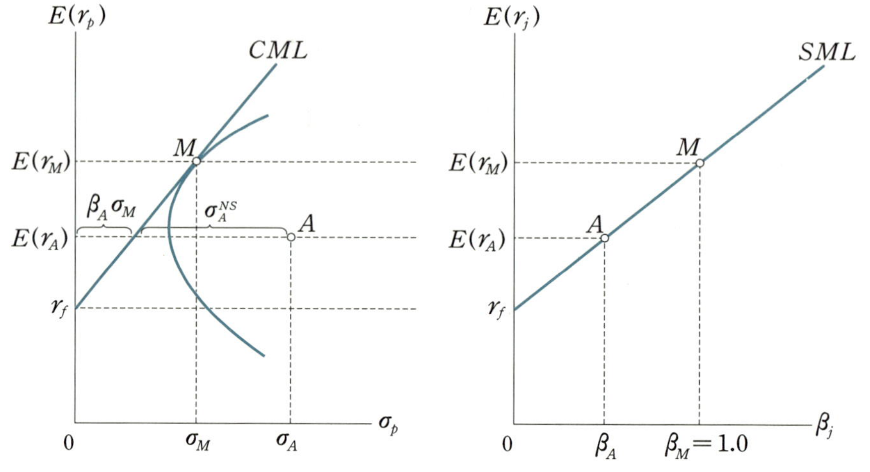

(a) 자본시장선 (b) 증권시장선

으로 사용할 것이다. 이상과 같은 증권시장선의 도출과정을 그림으로 나타내면 〈그림 9-2〉와 같다.

기대수익률-표준편차 평면상에 존재하는 자본시장선은 효율적 포트폴리오의 위험과 기대수익률의 관계를 나타낼 수 있으나, 개별증권과 같은 비효율적인 투자기회의 위험과 기대수익률의 관계를 나타내지 못한다. 예를 들어 자본시장선은 체계적 위험($\beta_A \sigma_M$)과 비체계적 위험(σ_A^{NS})을 모두 가지고 있는 개별증권 A의 위험과 기대수익률의 관계를 나타내지 못한다. 그러므로 적절한 위험의 측정치로서 표준편차가 아닌 체계적 위험(베타)을 사용해야만 효율적 포트폴리오뿐만 아니라 개별증권의 위험과 기대수익률의 관계를 설명할 수 있을 것이다. 즉 기대수익률-베타 평면상에 존재하는 증권시장선으로 모든 위험자산에 대한 위험과 기대수익률의 관계를 설명할 수 있다.[12)]

---

11) 무위험자산과 시장포트폴리오의 베타는 각각 다음과 같다.

$$\beta_{r_f} = \frac{Cov(r_f,\ r_M)}{Var(r_M)} = 0, \quad \beta_M = \frac{Cov(r_M,\ r_M)}{Var(r_M)} = 1$$

12) 효율적 포트폴리오의 기대수익률과 위험의 관계를 설명할 때는 자본시장선(CML)과 증권시장선(SML)이 동일하게 된다.

SML : $E(r_j) = r_f + [E(r_M) - r_f]\beta_j$

예제 9-2 증권시장선과 기대수익률

무위험이자율이 8%이며, 시장수익률이 10%로 기대된다.

(1) 증권시장선을 구하라.

(2) 베타가 1.5인 증권 A의 기대수익률을 구하라.

☞ 해설

(1) 증권시장선은 다음과 같다.

$$E(r_j)=r_f+[E(r_M)-r_f]\beta_j=0.08+(0.10-0.08)\beta_j=0.08+0.02\beta_j$$

(2) 물음 (1)에서 구한 증권시장선에 의해 베타가 1.5인 증권 A의 기대수익률을 구하면 다음과 같다.

$$E(r_A)=0.08+0.02\beta_A=0.08+0.02\times1.5=0.11 \quad \text{또는 } 11\%$$

1.4 CAPM의 함축적 의미

1) 균형기대수익률

증권시장선은 균형시장(수요＝공급)에서 증권의 체계적 위험(베타)과 기대수익률의 선형관계를 나타내는 직선이다. 균형시장하에서 모든 증권의 기대수익률은 증권시장선에 의해서 결정되므로, 각 증권들은 정확히 증권시장선상에 위치하게 된다. 만약 〈그림 9-3〉에서의 증권 a 또는 증권 b와 같이 증권시장선을 이탈한 증권이 존재하는 경우, 시장은 증권에 대한 수요와 공급이 일치하지 않는 불균형상태가 된다. 그러나 완전자본시장하에서는 이와 같은 불균형상태가 투자자들의 가격조정활동에 의해서 오래 지속되지 못한다.[13)]

예를 들어 증권시장선 아래에 있는 증권 a의 경우, 그것의 체계적 위험수준(β_A)에서 적절한 기대수익률인 $E(r_A)$보다 낮은 기대수익률 $E(r_a)$를 제공하므로 (과대평가되어 있으므로) 이성적인 투자자라면 이와 같은 증권을 보유하려 하지 않

$$=r_f+[E(r_M)-r_f]\left[\frac{Cov(r_j,\ r_M)}{\sigma_M^2}\right]=r_f+\left[\frac{E(r_M)-r_f}{\sigma_M}\right]\rho_{jM}\sigma_j$$

만약 증권 j가 효율적이라면, $\rho_{jM}=1$이 된다.

$$\therefore \text{SML} : E(r_j)=r_f+\left[\frac{E(r_M)-r_f}{\sigma_M}\right]\sigma_j : \text{CML}$$

13) 이와 같은 가격조정활동을 차익거래과정(arbitrage process)이라 한다.

그림 9-3 증권시장선과 균형기대수익률

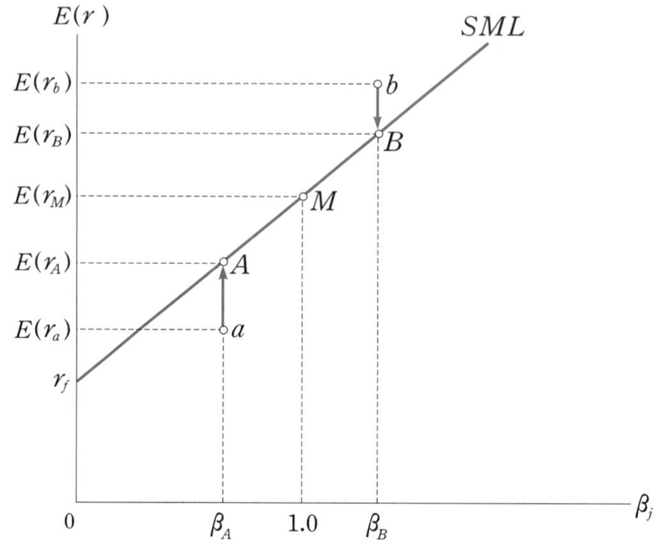

는다.[14] 그러므로 증권 a를 보유하고 있는 투자자는 이 증권을 매도(공급의 증가)할 것이며, 그 결과 그 증권의 가격은 하락하여 기대수익률이 증가하게 된다. 이와 같은 증권 a의 가격하락은 그 증권의 기대수익률이 $E(r_A)$로 상승할 때까지 지속된다. 반대로 증권시장선 위에 있는 증권 b의 경우, 그것의 체계적 위험수준(β_B)에서 적절한 기대수익률 $E(r_B)$보다 높은 기대수익률 $E(r_b)$를 제공하므로(과소평가되어 있으므로) 이성적인 투자자라면 이와 같은 증권을 매입하려 할 것이다. 그러므로 증가된 수요에 의해서 증권 b의 가격이 상승하고 기대수익률은 하락하게 된다. 이와 같은 증권 b의 가격상승은 증권 b의 기대수익률이 $E(r_B)$로 떨어질 때까지 지속된다.

완전자본시장하에서 일시적인 불균형상태는 투자자들의 가격조정활동에 의해서 수요와 공급이 일치하는 균형상태로 곧 회귀하게 된다.[15] 그러므로 장기적으로

---

14) 증권의 기대수익률은 다음과 같다.

$$\text{기대수익률} = \frac{(\text{기말기대증권가격} - \text{기초증권가격}) + \text{기대배당금}}{\text{기초증권가격}}$$

그러므로 기대수익률과 현재의 증권가격(기초증권가격)은 역의 관계를 가진다. 즉 증권가격이 높으면(낮으면), 기대수익률은 낮아진다(높아진다).

15) 물론 개인소득세, 거래비용 등 거래를 방해하는 장애요인이 존재하는 경우, 즉 불완전자본시장

볼 때 균형상태가 유지되며, 이 경우 모든 증권들은 증권시장선상에 위치하게 된다. 이는 시장 내의 모든 증권은 동일한 위험보상률(reward-to-risk ratio), 즉 직선기울기를 가져야 함을 의미하며 다음과 같이 나타낼 수 있다.

$$\frac{E(r_A)-r_f}{\beta_A}=\frac{E(r_B)-r_f}{\beta_B}=E(r_M)-r_f \tag{9-15}$$

위험자산(또는 위험투자안)의 체계적 위험(베타)이 추정되면, 균형상태하에서 그 자산의 체계적 위험에 따른 적절한 보상인 기대수익률을 증권시장선에 의해서 측정할 수 있다. 증권시장선에 의해서 측정된 균형기대수익률은 투자자들이 체계적 위험에 대해서 요구하게 되는 최소한의 요구수익률(required rate of return) 또는 자본비용(cost of capital)이라 할 수 있다. 그러나 증권시장선에 의해서 구해진 균형기대수익률(요구수익률)과 자산의 실제 확률분포에 의해서 구해진 실제 기대수익률(예상 평균수익률)은 서로 구분되어져야 한다. 〈그림 9-3〉에서 볼 수 있는 바와 같이 불균형상태하에서는 자산이 과대평가(예를 들어 증권 a) 또는 과소평가(예를 들어 증권 b)되어 균형기대수익률과 실제 기대수익률이 서로 다를 수 있다. 그러나 균형상태에 도달하면 자산은 적정하게 평가되고, 실제 기대수익률은 균형기대수익률에 일치하게 된다.

예제 9-3 증권시장선과 주식평가

주식 j의 수익률과 시장수익률에 관한 자료는 다음과 같다.

상 황	확 률	r_j	r_M
1	0.1	−0.30	−0.15
2	0.3	0.00	0.05
3	0.4	0.20	0.15
4	0.2	0.50	0.20

단, 무위험이자율은 5%이다.

(1) 증권시장선을 도출하라.

(2) 주식 j를 평가하라.

☞ 해설

에서는 이와 같은 투자자들의 가격조정활동이 제약을 받게 된다. 그러므로 불완전자본시장에서는 불균형상태가 장기적으로 지속될 수도 있다.

P	r_j	Pr_j	$r_j-\bar{r}_j$	$P(r_j-\bar{r}_j)^2$	r_M	Pr_M	$r_M-\bar{r}_M$	$P(r_M-\bar{r}_M)^2$	$P(r_j-\bar{r}_j)(r_M-\bar{r}_M)$
0.1	−0.30	−0.03	−0.45	0.02025	−0.15	−0.015	−0.25	0.00625	0.01125
0.3	0.00	0.00	−0.15	0.00675	0.05	0.015	−0.05	0.00075	0.00225
0.4	0.20	0.08	0.05	0.00100	0.15	0.060	0.05	0.00100	0.00100
0.2	0.50	0.10	0.35	0.02450	0.20	0.040	0.10	0.00200	0.00700
		$E(r_j)=0.15$		$\sigma_j^2=0.05250$		$E(r_M)=0.100$		$\sigma_M^2=0.01000$	$\sigma_{jM}=0.02150$

(1) 위 자료에 의해 증권시장선을 구하면 다음과 같다.

$$E(r_j)=r_f+[E(r_M)-r_f]\beta_j=0.05+(0.10-0.05)\beta_j=0.05+0.05\beta_j$$

(2) $\beta_j=\dfrac{Cov(r_j,\ r_M)}{Var(r_M)}=\dfrac{0.0215}{0.01}=2.15$

그러므로 물음 (1)에서 구한 증권시장선에 의해 균형기대수익률(요구수익률)을 구하면 다음과 같다.

$$E(r_j)^e=0.05+0.05\beta_j=0.05+0.05\times2.15=0.1575 \quad \text{또는 } 15.75\%$$

확률분포에 의해서 구한 주식 j의 실제 기대수익률 $E(r_j)=15\%$로서 균형기대수익률(요구수익률) $E(r_j)^e=15.75\%$보다 작다. 이와 같은 경우 시장은 불균형상태에 있으며, 다음과 같은 투자자들의 가격조정활동이 일어나게 된다.

$E(r_j)=15\%<E(r_j)^e=15.75\%$ → 과대평가 → 매도 → 초과공급
→ 주식가격 하락 → 실제 기대수익률 상승

이와 같은 투자자들의 가격조정활동은 주식 j의 실제 기대수익률이 균형기대수익률과 같은 15.75%가 되어 균형상태에 도달할 때까지 계속된다.

2) CAPM에 의한 자산의 평가

일반적으로 위험자산의 가치는 자산을 소유하였을 때의 현금흐름과 적절한 할인율에 의해서 결정된다. 그리고 증권 또는 위험투자안 등의 위험자산을 평가할 때 필요한 할인율은 CAPM을 이용하여 구할 수 있다. 이와 같은 논리에 의해서 위험자산을 평가하는 과정을 나타내면 〈그림 9-4〉와 같다.

예를 들어 기말의 기대시장가격은 $E(P_1)$이고 기대배당이 $E(D)$인 증권 j의 현재가치 P_0는 다음과 같이 구할 수 있다.

$$P_0=\frac{\text{기대현금흐름}}{1+E(r_j)}=\frac{E(P_1)+E(D)}{1+[r_f+(E(r_M)-r_f)\beta_j]} \tag{9-16}$$

그림 9-4 CAPM에 의한 자산의 평가과정

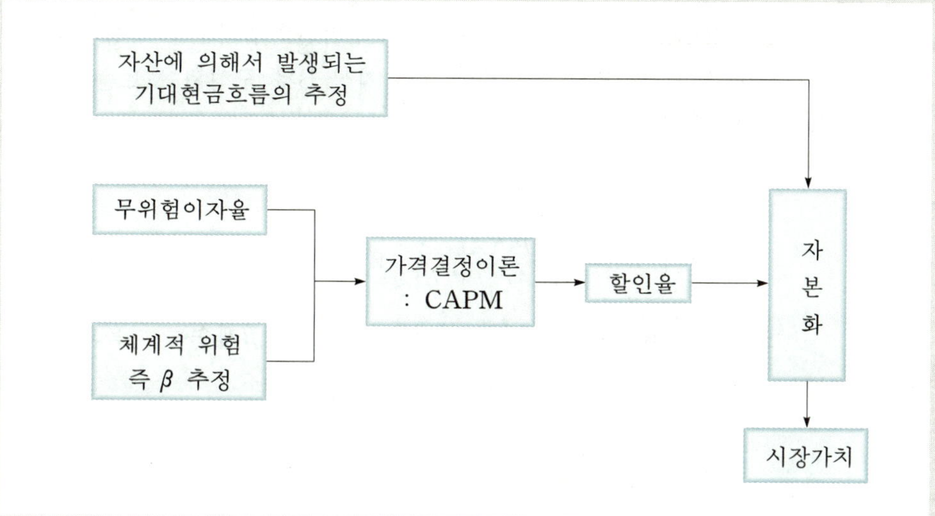

예제 9-4 CAPM에 의한 자산의 평가

A 기업의 기말 주식가격은 20,000원으로 기대되며, 이 주식의 베타는 1.5이다. 또한 시장의 기대수익률은 12%이며, 무위험이자율은 8%이다. A 기업의 현재 주식가치는 얼마인가?(단, 배당은 없다고 가정한다.)

☞ 해설

$$P_0 = \frac{20,000}{1+[0.08+(0.12-0.08)(1.5)]} = 17,544\text{원}$$

3) 가치의 가산원칙

CAPM에서는 개별자산의 위험 중 분산투자를 통하여 제거할 수 없는 체계적 위험만 고려한다. 그러므로 CAPM에 의해서 자산이 평가된다면, 개별투자자가 분산투자를 통하여 위험을 감소시켜서 자산의 가치를 증가시키려는 노력은 소용이 없게 된다. 따라서 여러 자산에 분산투자를 하는 경우, 그 포트폴리오의 가치는 구성자산의 개별가치를 단순히 합한 것과 같다는 가치의 가산원칙이 성립한다. 예를 들어 자산 A와 자산 B를 합한 포트폴리오의 가치 $PV(A+B)$는 다음과 같이 나타낼 수 있다.

$$PV(A+B)=PV(A)+PV(B)$$

그리고 포트폴리오의 β계수는 각 구성자산의 β계수를 구성비율에 의해서 가중평균하여 구할 수 있다. 즉 자산 A와 자산 B로 구성된 포트폴리오의 β계수는 다음과 같다.

$$\beta_p = W_A\beta_A + W_B\beta_B \tag{9-17}$$

여기서 $W_A = \dfrac{PV(A)}{PV(A)+PV(B)}$, $W_B = \dfrac{PV(B)}{PV(A)+PV(B)}$

또한 N개의 자산으로 구성된 포트폴리오의 β계수는 다음과 같이 구할 수 있다.[16]

$$\beta_p = \sum_{j=1}^{N} W_j\beta_j \tag{9-18}$$

그러므로 CAPM이 성립하는 경우에는 합병(merger)을 통한 위험분산효과가 존재하지 않는다.[17] 투자자들이 주식의 분산투자를 통하여 제거할 수 있는 비체계적 위험을 이미 제거하였기 때문에, 합병을 통하여 비체계적 위험을 제거하려는 기업의 노력은 소용이 없을 것이다.

예제 9-5 가치의 가산원칙

㈜백제전자는 다음과 같은 두 개의 자산을 가지고 있다.

(단위: 억원)

자 산	기대현금흐름		베 타
	0 시점	1 시점	
A	0	330	1.0
B	0	230	2.0

단, 무위험이자율 5%이며, 시장의 기대수익률이 10%라고 한다.

(1) 증권시장선을 구하라.
(2) 각 자산의 요구수익률을 계산하라.
(3) 각 자산의 현재가치 $PV(A)$와 $PV(B)$를 각각 구하라.

16) 이 식에 대한 증명은 제8장 보론을 참조하기 바란다.
17) 그러나 합병을 통해서 운영상의 시너지효과(synergy effect)는 존재할 수 있다.(예를 들어 생산공정의 합리적 연결, 규모의 경제에 의한 생산비의 절감, 인적 구성의 상호보완적 효과 등)

(4) ㈜백제전자의 요구수익률과 현재가치 $PV(A+B)$를 구하라.

(5) 물음 (3)과 (4)를 비교하여 가치의 가산원칙이 성립함을 보여라.

☞ 해설

(1) $E(r_j) = r_f + [E(r_M) - r_f]\beta_j = 0.05 + (0.10 - 0.05)\beta_j = 0.05 + 0.05\beta_j$

(2) 각 자산의 요구수익률을 문제 (1)에서 구한 증권시장선을 이용하여 구하면 다음과 같다.

· $E(r_A) = 0.05 + 0.05\beta_A = 0.05 + (0.05)(1.0) = 0.10$

· $E(r_B) = 0.05 + 0.05\beta_B = 0.05 + (0.05)(2.0) = 0.15$

(3)

· $PV(A) = \dfrac{\text{기대현금흐름}}{1 + E(r_A)} = \dfrac{330}{1 + 0.10} = 300\text{억원}$

· $PV(B) = \dfrac{\text{기대현금흐름}}{1 + E(r_B)} = \dfrac{230}{1 + 0.15} = 200\text{억원}$

(4) ㈜백제전자는 자산 A와 자산 B로 구성된 포트폴리오로 생각할 수 있다. 그러므로 ㈜백제전자의 베타는 각 자산의 구성비율에 의해서 가중평균하여 구할 수 있다.

$$\beta_p = W_A\beta_A + W_B\beta_B = \left[\frac{PV(A)}{PV(A)+PV(B)}\right]\beta_A + \left[\frac{PV(B)}{PV(A)+PV(B)}\right]\beta_B$$

$$= \left(\frac{300}{300+200}\right)(1.0) + \left(\frac{200}{300+200}\right)(2.0) = 1.4$$

그러므로 ㈜백제전자의 요구수익률은 다음과 같다.

$$E(r_p) = 0.05 + 0.05\beta_p = 0.05 + 0.05 \times 1.4 = 0.12$$

따라서 ㈜백제전자의 현재가치는 다음과 같다.

$$PV(A+B) = \frac{\text{기대현금흐름}}{1 + E(r_p)} = \frac{330 + 230}{1 + 0.12} = 500\text{억원}$$

(5) $PV(A) + PV(B) = 300 + 200 = 500 = PV(A+B)$

그러므로 가치의 가산원칙이 성립한다.

2 차익거래가격결정이론: APT

로스(S. A. Ross)는 CAPM의 대체적인 모형으로서 차익거래가격결정이론(arbitrage pricing theory: APT)을 개발하였다.[18] APT와 CAPM의 기본적 차이점은 증권수익률 사이에 존재하는 상호관련성(interrelationship)의 처리에 있다. APT는 증권수익률이 일련의 산업과 시장전반 요인들(factors)에 의해 생성된다고 가정한다. 즉 두 증권 사이의 상관관계는 그 증권들이 공통적 요인들에 의해서 영향을 받을 때 발생한다는 것이다. 그러나 이와는 달리 CAPM은 비록 증권들 사이의 상호관계를 인정한다 하더라도 상호관계를 야기시키는 기본적인 요인들을 자세히 열거하지는 않는다.

APT와 CAPM은 모두 체계적 위험과 기대수익률 사이에 정(+)의 관계가 있음을 나타내지만, APT는 이러한 관계를 매우 직관적인 방법으로 개발하였다. 또한 APT는 시장포트폴리오에 대한 베타보다 더 일반적으로 위험을 고려한다. 그러므로 APT는 CAPM에 대한 대체적인 모형이라 할 수 있다.

2.1 요인모형

자본시장에서 거래되는 어떤 주식의 미래수익률은 다음과 같은 두 부분으로 구성된다.[19] 첫번째 부분은 주식의 기대수익률로서 시장에서 주주가 예측 또는 기대하는 수익률의 부분이다. 이것은 주식에 영향을 미칠 수 있는 이용가능한 모든 정보와 그 정보들에 대한 주주들의 인식을 모두 반영하여 결정된다. 두 번째 부분은 주식에 내포된 불확실성 또는 위험에 의해 발생되는 수익률의 예상하지 못한 변동부분이다. 이것은 앞으로 발표될 정보로부터 나타나는 부분이다. 이와 같은 정보는 무수히 많으나 여기서 몇 가지 예를 들면 다음과 같다.

· 기업의 신제품개발에 관한 뉴스
· GNP에 대해서 발표된 정부수치
· 경쟁상품의 변화

18) S. A. Ross, "The Arbitrage Theory of Capital Asset Pricing," *Journal of Economic Theory*, Vol. 13 (Dec. 1976), pp. 341～360.
19) S. A. Ross, R. W. Westerfield, and J. F. Jaffe, *Corporate Finance*, 4th ed.(Irwin, 1996), pp. 292～298.

· 갑작스러운 이자율의 하락
· 기대보다 높은 기업의 매출액에 대한 뉴스
· 예상하지 못한 기업의 창립자인 사장의 퇴임

그러므로 임의의 주식 j의 미래수익률은 다음과 같이 나타낼 수 있다.

$$r_j = E(r_j) + U_j \tag{9-19}$$

여기서 $E(r_j)$: 수익률의 기대치
U_j : 수익률의 예상하지 못한 변동

다양한 정보들이 수익률에 미치는 효과를 살펴보는 데는 약간의 주의가 필요하다. 예를 들어 정부가 월말에 GNP 또는 실업에 관한 수치를 발표한다고 하자. 틀림없이 주주들은 월초에 월 GNP가 얼마나 되겠는가에 대한 나름대로의 생각 또는 예측을 할 것이다. 이 경우 주주들의 GNP에 대한 예측은 수익률의 기대치 $E(r_j)$에 반영된다. 한편 정부의 발표 중 예상하지 못했던 부분이 있다면, 그것은 수익률의 예상하지 못한 변동 U_j에 영향을 미칠 것이다. 예를 들어 시장에서 주주들이 이번 달 GNP의 증가가 0.5%일 것으로 예측하였다고 하자. 만약 GNP가 기업의 주식에 영향을 미친다면, 그 예측은 월별 수익률의 기대치 $E(r_j)$를 구하기 위하여 주주들이 사용하는 정보의 일부분이 된다. 만약 이번 달의 실제 발표가 예측과 일치하는 0.5%이라면, 주주들이 새롭게 알게 된 것은 하나도 없으며 그 발표는 뉴스가 아니다. 이것은 당신이 친구에 관한 이미 알고 있는 소문을 듣는 것과 같은 것이다. 이것을 표현하는 다른 방법은 주주들이 이미 그 발표를 '할인'(discount)했다는 것이다. 여기서 사용된 '할인'이란 용어는 현재가치를 계산할 때와 다른 것이지만, 그 기본적 의미는 유사하다. 즉 미래의 1원을 할인하는 경우에 화폐의 시간적 가치 때문에 그 가치가 작아지는 것과 같이 미래의 발표 또는 뉴스를 할인한다는 것은 시장이 이미 알고 있기 때문에 그 영향이 감소된다는 것을 의미한다.

한편 정부가 이번 달 동안의 실제 GNP 증가를 1.5%로 발표한다고 가정하자. 지금 주주는 그 증가가 그들이 기대했던 것보다 1%포인트 높다는 새로운 사실을 알게 되었다. 이와 같은 실제치와 예측치 사이의 차이(예에서 1%포인트)는 예상하지 못한 정보(innovation or surprise)이다.

어떤 공시된 정보는 다음과 같이 두 부분으로 구성된다.

공시된 정보 = 기대된 부분 + 예상하지 못한 정보

이떤 공시된 정보의 기대부분은 시장이 주식수익률의 기대치 $E(r_j)$를 구하기 위하여 사용하는 정보의 부분이다. 그리고 예상하지 못한 정보는 예상하지 못한 주식수익률의 변동 U_j에 영향을 미치는 새로운 뉴스이다.

다른 예로서 기업의 사장이 사임하려 한다는 것을 주주들이 1월에 알고 있다면, 2월의 공식적인 발표는 충분히 예상되었던 것으로서 시장에 의해서 할인될 것이다. 그 발표가 2월 이전에 이미 예상되었기 때문에 주식에 대한 그것의 영향은 2월 이전에 반영된다. 그러므로 2월의 발표 그 자체는 예상하지 못한 정보를 포함하고 있지 않기 때문에 2월의 발표에 의해서 주식의 가격이 변하지는 않는다. 새로운 뉴스란 어떤 발표의 예상하지 못한 부분으로서 시장에서 이미 할인된 부분이 아니다.

예상하지 못한 정보들에 의해서 나타나는 수익률의 예상하지 못한 변동이 투자에 포함된 진정한 위험이다. 기대하였던 것은 사전에 반영되기 때문에 위험 또는 불확실성이 없을 것이다. 그러나 다양한 위험의 원천들 사이에는 중요한 차이가 있다. 예상하지 못한 정보 중에는 시장의 거의 모든 기업에 영향을 미칠 수 있는 체계적 요인과 특정 기업에만 영향을 미치는 비체계적 요인이 있다. 앞에서 나열한 예에서 GNP, 이자율 등과 같은 경제상황에 관한 정보는 분명히 거의 모든 기업에 영향을 미치는 체계적 요인인 반면에, 특정 기업의 신제품의 개발, 매출액, 사장의 사임 또는 경쟁상품 등에 관한 정보는 특정 기업에만 영향을 미치는 비체계적 요인이라 할 수 있다.

이와 같은 사실에 의해서 주식의 미래수익률을 다음과 같이 나타낼 수 있다.

$$r_j = E(r_j) + m_j + \varepsilon_j \tag{9-20}$$

여기서 m_j : 체계적 요인에 의한 주식 j의 수익률의 변동
ε_j : 비체계적 요인에 의한 주식 j의 수익률의 변동

체계적 요인들이 각각의 개별주식에 미치는 영향은 서로 다를 수 있다. 즉 체계적 요인들에 대한 주식수익률의 반응 정도를 나타내는 민감도(sensitivity)는 주식에 따라 달라질 수 있다.[20] 예를 들어 어떤 주식의 예상하지 못한 인플레이션에 대한 민감도가 1.5라는 것은 예상하지 못한 인플레이션이 1%일 때, 그 주식의 수익률은 1.5%만큼 영향을 받는다는 것을 의미한다. 그러므로 체계적 요인에 의한 주식 j의 수익률의 변동 m_j는 각각의 체계적 요인에 그 민감도를 곱한 후, 이들을 모두 합하여 구할 수 있다. 만약 K개의 체계적 요인이 존재한다면 m_j는 다음과

20) 이와 같은 민감도는 CAPM에서의 베타와 그 의미에 있어서 동일한 것이다.

같이 나타낼 수 있다.

$$m_j = b_{j1}F_1 + b_{j2}F_2 + \cdots + b_{jK}F_K$$

여기서 F_k(단, $k=1, 2, \cdots, K$)는 모든 주식에 영향을 미치는 예상하지 못한 정보, 즉 체계적 요인 k를 나타내는 것으로서 공시된 정보에서 기대된 부분을 차감한 것이다. 그리고 b_{jk}는 체계적 요인 k에 대한 주식 j의 민감도를 나타낸다.

그러므로 이제 주식수익률을 다음과 같이 나타낼 수 있다.

$$r_j = E(r_j) + b_{j1}F_1 + b_{j2}F_2 + \cdots + b_{jK}F_K + \varepsilon_j \tag{9-21}$$

여기서 비체계적 요인에 의한 주식 j의 수익률의 변화 ε_j는 어느 한 기업에 특수한 것으로서 다른 기업과 관련이 없다.[21)]

$$Cov(\varepsilon_i,\ \varepsilon_j) = 0 \quad (\text{단, } i \neq j)$$

만약 $Cov(\varepsilon_i,\ \varepsilon_j) \neq 0$이라면, 모든 체계적 요인이 고려되지 않았다고 말할 수 있다. 이 경우 주식수익률에 영향을 미칠 수 있는 추가적인 체계적 요인을 더 고려해 주어야 한다.

식 (9-21)과 같은 K-요인모형(K-factor model)에서 비체계적 요인의 변동가능성, 즉 비체계적 위험은 분산투자를 통하여 제거할 수 있는 분산가능한 위험이다. 투자자가 위험자산에 대하여 관심을 가지는 부분은 분산투자를 통하여 제거할 수 없는 체계적 위험이다. 이는 모든 개별증권에 공통적으로 영향을 미치는 예상하지 못한 공통요인, 즉 체계적 요인들에 대한 그 증권의 민감도 b_{jk}에 의해서 측정된다.[22)]

예제 9-6 3-요인모형

주식의 수익률을 설명하기 위하여 3-요인모형이 적절하며, 이러한 3개의 요인에 관한 정보는 다음과 같이 주어져 있다.

---

21) 또한 $E(F_k)=0$, $E(\varepsilon_j)=0$, $Cov(F_l,\ F_k)=0$(단, $l \neq k$), $Cov(F_k,\ \varepsilon_j)=0$이라고 가정한다. 이와 같은 요인모형의 가정들은 제8장 보론에서 설명한 지수모형의 가정과 동일한 것이다. 따라서 요인모형과 지수모형은 거의 유사한 것으로 구분하지 않고 사용된다.

22) 각 요인에 대한 민감도는 다중회귀분석(multiple regression analysis)을 통하여 추정될 수 있다.

요 인	민 감 도	기대가치	실제가치
GNP의 변화	1	2%	1%
인플레이션	2	5%	7%
이자율의 변화	−1.8	0%	−2%

그리고 A기업의 예상하지 못한 신제품 개발로 인하여 그 주식수익률은 5%포인트 증가한다. 만약 A기업의 주식에 대한 기대수익률이 4%였다면, 이 주식의 총수익률은 얼마가 되겠는가?

☞ 해설

(1) 주식 A의 기대수익률: $E(r_A)$

$E(r_A)=4\%$

(2) 체계적 요인에 의한 주식 A의 수익률의 변화: m_A

먼저 체계적 요인들을 각각 구하면 다음과 같다.

· F_G = 예상하지 못한 GNP의 변화
 = 실제의 GNP의 변화 − 기대된 GNP의 변화
 $= 1\% - 2\% = -1\%$

· F_I = 예상하지 못한 인플레이션
 = 실제인플레이션 − 기대인플레이션
 $= 7\% - 5\% = 2\%$

· F_r = 예상하지 못한 이자율의 변화
 = 실제의 이자율의 변화 − 기대된 이자율의 변화
 $= -2\% - 0\% = -2\%$

그러므로

$$m_A = b_{AG}F_G + b_{AI}F_I + b_{Ar}F_r$$
$$= [1\times(-1\%)] + [2\times 2\%] + [(-1.8)\times(-2\%)] = 6.6\%$$

(3) 비체계적 요인에 의한 주식 A의 수익률의 변화: ε_A

$\varepsilon_A = 5\%$

그러므로 주식 A의 총수익률은 위에서 구한 (1), (2) 그리고 (3)을 모두 합하여 다음과 같이 구할 수 있다.

$$r_A = E(r_A) + m_A + \varepsilon_A = 4\% + 6.6\% + 5\% = 15.6\%$$

2.2 APT: 위험과 기대수익률

주식수익률이 식 (9-21)과 같은 요인모형에 의해서 생성되는 경우, 차익거래이익(arbitrage profit)이 존재하지 않는 균형조건하에서 APT를 도출할 수 있다. 차익거래이익을 기대할 수 없다는 것은 균형상태하에서 추가적인 자금을 투자하지 않고 또한 추가적인 체계적 위험이나 비체계적 위험도 역시 부담하지 않는 어떤 새로운 차익거래포트폴리오(arbitrage portfolio)를 구성할 경우, 그러한 포트폴리오의 구성에 의해서 추가적인 기대수익률을 얻을 수 없다는 것을 의미한다. 여기에서 차익거래포트폴리오를 구성할 때 비체계적 위험을 부담하지 않는다는 것은, 포트폴리오의 분산효과에 의해 비체계적 위험이 제거될 수 있음을 의미한다. 즉 포트폴리오를 구성하는 증권수 N을 무한대로 증가시킬 경우 비체계적 위험은 사라진다는 것이다. 따라서 APT를 유도하기 위해서는 자본시장에서 존재하는 증권의 수가 무한히 많아야 한다는 가정이 필요하다.

APT에 의해 개별증권 j의 기대수익률 $E(r_j)$를 나타내면 다음과 같다.

$$E(r_j) = \lambda_0 + \lambda_1 b_{j1} + \cdots + \lambda_K b_{jK} \tag{9-22}$$

차익거래가격결정이론(APT), 즉 식 (9-22)에 의하면, 증권 j의 기대수익률은 각 공통적 요인들에 대한 j 증권의 민감도 또는 체계적 위험의 선형결합으로 표시된다.

만약 수익률이 r_f인 무위험자산이 존재한다면, 식 (9-22)에서 각 체계적 요인에 대한 무위험자산의 민감도는 모두 0이 되어 무위험자산의 수익률 r_f는 λ_0가 된다.[23] 그리고 δ_k를 요인 k에 대한 민감도 b_{jk}는 1이고 기타 다른 요인들에 대한 민감도가 모두 0인 요인포트폴리오(factor portfolio)의 기대수익률이라고 한다면, δ_k는 다음과 같이 나타낼 수 있다.

$$\delta_k = r_f + \lambda_k \rightarrow \lambda_k = \delta_k - r_f$$

이상의 결과에 의해서 식 (9-22)를 다음과 같이 나타낼 수 있다.

$$E(r_j) = r_f + (\delta_1 - r_f) b_{j1} + \cdots + (\delta_K - r_f) b_{jK} \tag{9-23}$$

---

23) 무위험자산이 존재하지 않는 경우 λ_0는 각 체계적 요인에 대한 민감도가 모두 0인 포트폴리오, 즉 제로베타 포트폴리오의 기대수익률 $E(r_Z)$이다.

여기서 $\lambda_k(=\delta_k-r_f)$는 요인 k의 위험 1단위에 대한 균형가격, 즉 요인 k의 위험프리미엄이라 할 수 있다. 따라서 요인 k로 인한 증권 j의 위험프리미엄은 $\lambda_k b_{jk}$이다.

2.3 CAPM과 APT의 비교

모든 자산의 수익률을 설명할 수 있는 체계적 요인이 시장포트폴리오 M 하나뿐이라면 위의 식 (9-23)은 다음과 같이 될 것이다.

$$E(r_j)=r_f+(\delta_M-r_f)b_{jM} \tag{9-24}$$

그런데 시장포트폴리오 M과의 민감도가 1인 자산은 시장포트폴리오를 의미하기 때문에 δ_M은 시장포트폴리오의 기대수익률 $E(r_M)$이 되며, 또한 시장포트폴리오에 대한 민감도 b_{jM}은 시장포트폴리오에 대한 베타계수 β_j가 된다. 그러므로 식 (9-24)를 CAPM과 동일한 형태로 다음과 같이 나타낼 수 있다.

$$E(r_j)=r_f+[E(r_M)-r_f]\beta_j \tag{9-24$'$}$$

따라서 CAPM은 APT에서 요인이 시장포트폴리오 하나뿐인 특수한 경우라 할 수 있다. CAPM과 APT는 모두 완전자본시장과 동질적 기대의 가정하에서 도출된 균형시장모형이다. 시장포트폴리오라는 단 하나의 공통요인에 의해서 위험자산의 수익률을 설명하려는 CAPM과 다수의 공통요인에 의해서 위험자산의 수익률을 설명하려는 APT는 각각의 공통요인의 수에서 차이가 나지만 각 모형이 주장하고 있는 기본적인 의미는 유사하다. 즉 투자자들이 관심을 가지는 것은 분산투자를 통해서도 제거할 수 없는 체계적 위험이라는 것이다.

이론적으로 CAPM은 위험자산의 수익률이 다변량 정규분포를 이루든가 또는 투자자들의 효용함수가 2차함수라는 엄격한 전제가 필요하다. 그러나 이러한 기본적 가정은 너무 엄격한 것으로서 현실적인 성립가능성에 많은 의문이 제기되고 있다.[24] 그리고 CAPM의 실증가능성에 대해서도 의문이 제기되었다. 롤(R. Roll)은 모든 위험자산을 포함하고 있는 시장포트폴리오를 현실적으로 관찰할

---

24) 정규분포의 가정은 주주들의 유한책임(limited liability)과 누진과세제도의 현실에 비추어 볼 때 비현실적인 가정이라 할 수 있다. 그리고 2차 효용함수는 富가 일정한 수준을 넘을 경우 오히려 효용이 감소하고, 또한 부가 증가할수록 위험회피성향이 높아진다는 증가절대위험회피(increasing absolute risk aversion)의 성질을 갖고 있기 때문에 역시 비현실적인 가정이다.

수 없기 때문에 효율적 시장포트폴리오의 존재에 의해서 도출된 CAPM은 원칙적으로 검정될 수 없는 것이라고 주장함으로써 CAPM의 실증가능성을 비판하였다.[25] 결론적으로 CAPM은 이론적인 측면과 실증적인 측면에서 모두 문제를 내포하고 있다.

이러한 CAPM에 비하여 APT는 다른 시각에서 전개된다. APT는 투자자의 효용함수나 증권수익률의 확률분포에 대한 가정없이, 개별증권의 수익률이 K개의 요인에 의해 선형으로 표현될 수 있다는 가정과 차익거래이익이 존재하지 않는다는 균형조건에 의해서 모형을 도출한다. 그리고 또한 APT에서는 시장포트폴리오의 존재가 필요없다.

이상에서 살펴본 바와 같이 APT를 도출하기 위하여 사용된 기본적 가정은 CAPM에 비하여 덜 제한적이며, 또한 APT에서는 CAPM과 달리 시장포트폴리오의 존재가 필요없으므로 그 모형의 실증적인 검정이 가능하다. 그러므로 APT는 CAPM에 비하여 보다 일반화된 모형이라 할 수 있다. 그러나 APT에서는 요인의 수가 몇 개인지, 그리고 그 요인이 무엇을 의미하는지가 명확하지 않다는 문제점이 있다. 이에 대하여 첸, 롤 그리고 로스(Chen, Roll and Ross)는 다음과 같은 4개의 거시경제변수가 공통요인으로 사용될 수 있다고 주장하였다.[26]

① 산업생산의 월별성장률
② 위험프리미엄: Baa등급 이하의 장기사채와 Aaa등급의 장기사채의 수익률 차이
③ 이자율의 기간구조: 장기정부채권과 단기재무성증권의 수익률 차이
④ 예상하지 못한 인플레이션

예제 9-7 차익거래가격결정이론(APT)의 도출

완전분산된 포트폴리오 A, B, C에 관한 자료는 다음과 같다.

포트폴리오	기대수익률	b_{j1}	b_{j2}
A	15%	1.0	0.6
B	14	0.5	1.0
C	10	0.3	0.2

25) R. Roll, "A Critique of the Asset Pricing Theory's Tests," *Journal of Financial Economics*, Vol. 4 (Mar. 1977), pp. 129~176.

26) N. F. Chen, R. Roll, and S. A. Ross, "Economic Forces and the Stock Market," *Journal of Business*, Vol. 59 (Jul. 1986), pp. 383~403.

(1) APT의 균형식을 구하라.

(2) 다음과 같은 포트폴리오 D의 존재에 의해서 차익거래가 발생한다면, 그 차익거래과정을 설명하라.

포트폴리오 D: $E(r_D)=10\%$, $b_{D1}=0.6$, $b_{D2}=0.6$

☞ 해설

(1) 2개의 요인을 가지는 APT의 균형식은 다음과 같다.

$$E(r_j)=\lambda_0+\lambda_1 b_{j1}+\lambda_2 b_{j2}$$

그러므로 주어진 각 포트폴리오의 자료를 APT에 대입하면, 다음과 같은 3개의 연립방정식을 얻을 수 있다.

포트폴리오 A: $0.15=\lambda_0+\lambda_1+0.6\lambda_2$
포트폴리오 B: $0.14=\lambda_0+0.5\lambda_1+\lambda_2$
포트폴리오 C: $0.10=\lambda_0+0.3\lambda_1+0.2\lambda_2$

위의 연립방정식을 풀어서 해를 구하면 다음과 같다.

$$\therefore\ \lambda_0=0.0775,\ \lambda_1=0.05,\ \lambda_2=0.0375$$

그러므로 APT에 의하면 임의의 자산 j의 균형기대수익률을 다음과 같이 나타낼 수 있다.

$$E(r_j)=0.0775+0.05b_{j1}+0.0375b_{j2}$$

(2) 포트폴리오 A, B, C를 이용하여 각각의 구성비율이 W_A, W_B, W_C가 되는 새로운 포트폴리오 P를 구성한다고 하자. 이 경우 새로운 포트폴리오 P의 기대수익률과 위험은 다음과 같이 구할 수 있다.

$$E(r_P)=W_AE(r_A)+W_BE(r_B)+W_CE(r_C)$$
$$b_{P1}=W_Ab_{A1}+W_Bb_{B1}+W_Cb_{C1}$$
$$b_{P2}=W_Ab_{A2}+W_Bb_{B2}+W_Cb_{C2}$$

그리고 새로운 포트폴리오의 위험을 포트폴리오 D와 동일하게 만들 경우, 각 포트폴리오의 구성비율은 다음과 같이 구할 수 있다.

$$b_{P1}=W_A+0.5W_B+0.3W_C=0.6$$
$$b_{P2}=0.6W_A+W_B+0.2W_C=0.6$$

그리고 포트폴리오의 구성비율의 합은 항상 1이 되어야 한다.

$$W_A+W_B+W_C=1$$

위의 연립방정식을 풀어 해를 구하면 다음과 같다.

$$\therefore\ W_A = \frac{1}{3},\ W_B = \frac{1}{3},\ W_C = \frac{1}{3}$$

그러므로 새로운 포트폴리오 P의 기대수익률은 다음과 같다.

$$\begin{aligned} E(r_P) &= W_A E(r_A) + W_B E(r_B) + W_C E(r_C) \\ &= \left(\frac{1}{3}\right)(0.15) + \left(\frac{1}{3}\right)(0.14) + \left(\frac{1}{3}\right)(0.10) = 0.13 \end{aligned}$$

일물일가의 원칙에 의해서 위험이 동일한 포트폴리오 P와 포트폴리오 D의 기대수익률은 동일하여야 한다. 그러나 포트폴리오 D의 기대수익률(10%)은 포트폴리오 P의 기대수익률(13%)보다 작다. 이 경우 투자자들은 과대평가된 포트폴리오 D를 공매한 후, 그 자금을 가지고 포트폴리오 P를 매입(포토폴리오 A, B, C를 각각 1/3씩 매입)하는 차익거래포트폴리오를 구성하면, 차익거래이익(3%의 수익률)을 얻을 수 있다.[27)]

주요용어

27) 공매(short sale)는 주식 등을 빌려서 매도하는 것을 의미하는 것으로 우리나라의 대주(貸株)와 유사한 것이다.

연 습 문 제

1

시장모형과 체계적 위험

증권 A의 수익률과 시장포트폴리오의 수익률에 관한 과거 일정기간 동안의 자료는 다음과 같다.

기간	r_A	r_M
1	1.99%	5.50%
2	15.89	2.67
3	15.03	5.49
4	2.16	−1.02
5	10.33	3.36
6	5.25	4.89
7	1.34	2.23
8	7.71	3.13

(1) 다음의 값을 각각 구하라.

① $\bar{r}_A$, $\bar{r}_M$

② $Var(r_A)$, $Var(r_M)$

③ σ_A, σ_M

④ $Cov(r_{A,}\ r_M)$

(2) 증권 A의 증권특성선을 추정하라.

(3) 증권 A의 잔차분산을 구하라.

(4) 증권 A의 총위험(분산)을 분해하여 체계적 위험과 비체계적 위험을 각각 구하라.

(5) 시장수익률의 변동이 증권특성선에 의해서 증권 A 수익률의 변동을 어느 정도 설명하고 있는가?

2

자본시장선(CML)과 증권시장선(SML)

증권 1의 수익률 r_1, 증권 2의 수익률 r_2 그리고 증권 3의 수익률 r_3와 시장포트폴리오의 수익률 사이의 공분산은 각각 다음과 같다.

$$Cov(r_1,\ r_M) = 0.0108,\ Cov(r_2,\ r_M) = 0.0027,\ Cov(r_3,\ r_M) = 0.0054$$

또한 무위험이자율 $r_f = 0.04$, 시장포트폴리오의 기대수익률 $E(r_M) = 0.1$ 그리고 시장포트폴리오 수익률의 표준편차 $\sigma_M = 0.09$이다.(단, 자본시장은 균형상태에 있다고 가정한다.)

(1) 자본시장선(CML)을 구하라.

(2) 각 증권의 베타계수(β)를 구하라.

(3) 증권시장선(SML)을 구하여, 각 증권들의 기대수익률을 계산하라.

(4) 세 증권수익률의 표준편차는 각각 $\sigma_1 = 0.2$, $\sigma_2 = 0.05$ 그리고 $\sigma_3 = 0.16$이다. 이 경우 각 증권의 분산가능한 위험(비체계적 위험)을 계산하라.(단, 분산이 아닌 표준편차를 분해하여 답하라.)

3

체계적 위험과 비체계적 위험의 측정

다음과 같은 자료를 이용하여 물음에 답하라.

	기대수익률	시장수익률과의 상관계수	표준편차
주식 1	15.5%	0.90	20.0%
주식 2	10.0	0.80	9.0
시장포트폴리오	12.0	1.00	12.0
무위험자산	5.0	0.00	0.0

(1) 주식 1과 주식 2의 베타를 구하라.

(2) 주식 1과 주식 2의 표준편차를 분해하여 체계적 위험과 비체계적 위험을 구하라.

(3) 주식 1과 주식 2의 분산을 분해하여 체계적 위험과 비체계적 위험을 구하라.

(4) 자본시장선(CML)과 증권시장선(SML)을 구하고, 그것들이 위치한 각각의 평면상에 주식 1과 주식 2의 좌표를 나타내라.

(5) 주식 1과 주식 2를 각각 평가하라.

4

증권시장선과 투자안 평가

무위험이자율은 4%, 시장포트폴리오의 기대수익률은 12%이다. CAPM의 제 가정이 성립한다고 가정하여 다음의 물음에 답하라.

(1) 증권시장선을 구하고, 그것을 기대수익률-베타 평면상에 나타내라.

(2) 베타가 1.5인 투자안의 요구수익률을 구하라.

(3) 만약 베타가 0.8인 투자안에 대해서 9.8%의 기대수익률을 얻을 수 있다면, 이 투자안을 채택하여야 하는가?

(4) 만약 시장에서 주식 X의 수익률이 11.2%로 기대된다면, 이 주식의 베타는 얼마인가?

5

시장포트폴리오와 효율적 포트폴리오의 관계

무위험자산과 시장포트폴리오로 구성된 포트폴리오 P의 기대수익률은 25%이다. 그 기대수익률은 다음과 같은 가정하에서 계산되었다.

- 무위험이자율 = 5%
- 시장포트폴리오의 기대수익률 = 20%
- 포트폴리오 P의 표준편차 = 4%

이와 같은 상황하에서 다음의 물음에 답하라.

(1) 포트폴리오 P와 시장포트폴리오 사이의 상관계수를 구하라.

(2) 포트폴리오 P의 베타를 구하라.

(3) 시장과의 상관계수가 0.5이고 표준편차가 2%인 증권의 기대수익률을 구하라.

6

고급 CAPM 종합

자본시장에는 다음과 같은 세 자산만 존재하며, 그것들의 미래수익률에 관한 자료는 다음과 같다.

상 황	확 률	주식 A	주식 B	무위험자산
1	0.2	0.04	0.02	0.05
2	0.3	0.06	0.07	0.05
3	0.4	0.09	0.10	0.05
4	0.1	0.04	0.12	0.05

그리고 각 자산의 시장가치는 다음과 같다.

(단위: 억원)

자 산	자산의 시장가치
주식 A	500
주식 B	500
무위험자산	200

CAPM의 제가정이 성립한다고 가정하여 다음의 물음에 답하라.

(1) 주식 A와 주식 B의 기대수익률, 분산 그리고 표준편차를 구하라.

(2) 주식 A와 주식 B의 공분산, 상관계수를 구하라.

(3) CAPM의 제가정이 성립하는 경우, 모든 투자들은 각자의 위험회피성향과 관계없

이 항상 동일한 위험자산의 포트폴리오, 즉 시장포트폴리오를 선택하게 된다. 주어진 자료를 이용하여 시장포트폴리오의 기대수익률, 분산 그리고 표준편차를 구하라.

(4) 자본시장선(CML)을 구하고, 그 의미를 간단히 설명하라.

(5) 각 주식과 시장포트폴리오의 공분산을 각각 구하라.
(힌트: $Cov(W_1r_1, W_2r_2+W_3r_3)=W_1W_2Cov(r_1, r_2)+W_1W_3Cov(r_1, r_3)$)

(6) 주식 A와 주식 B의 베타계수를 구하라.

(7) 개별자산의 총위험은 분산투자를 통하여 제거할 수 없는 체계적 위험과 분산투자를 통하여 제거할 수 있는 비체계적 위험으로 구분될 수 있다. 주식 A와 주식 B의 총위험(표준편차)을 분해하여 체계적 위험과 비체계적 위험을 구하라.

(8) 체계적 위험과 비체계적 위험 중 어느 것이 개별증권의 적절한 위험인가? 그 이유는?

(9) 증권시장선(SML)을 구하고, 그 의미를 간단히 설명하라.

(10) 이상의 결과를 이용하여 자본시장선과 증권시장선을 그림으로 각각 나타내라.

7

베타, 잔차분산, 포트폴리오 베타

다음의 그림을 보고 물음에 답하라.(단, 자본시장은 균형을 이루고 있다.)

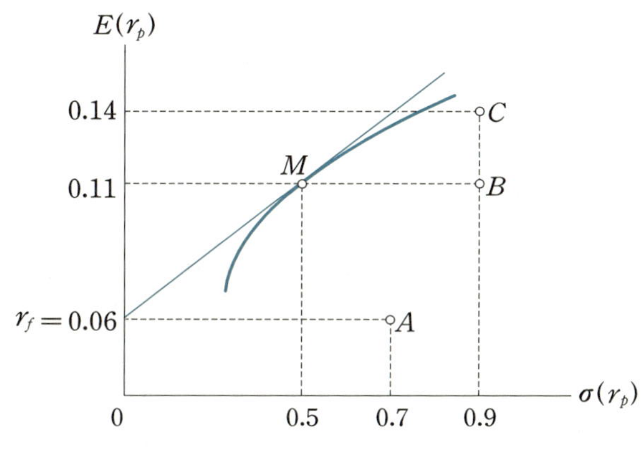

(1) 주식 A, B, C의 베타는 얼마인가?

(2) 주식 A, B, C의 잔차분산은 각각 얼마인가?

(3) 주식 A, B, C에 동일한 금액을 투자하여 구성한 포트폴리오의 베타와 균형기대수익률을 구하라.

(4) 어떤 투자자가 "주식 B와 C는 동일한 표준편차를 가지므로 투자위험이 동일하다"라는 주장을 한다. 이 주장을 논평하라.

8

상관계수, 표준편차, 베타의 관계

두 개의 주식에 대한 과거자료는 다음과 같다.

	평균수익률	시장수익률과의 상관계수	표준편차	베 타
주식 1	12.0%	( )	6.0%	1.5
주식 2	10.0	0.8	( )	0.5
시장포트폴리오	10.0	1.0	4.0	( )
무위험자산	5.0	( )	( )	( )

(1) 위 표의 빈칸을 채워라.

(2) 각 주식에 대하여 투자자들이 취할 행동을 설명하라.

9

포트폴리오 베타와 가치의 가산원칙

교원공제회는 총 400억원의 기금을 조성하여 다음과 같은 5개의 주식에 투자하고 있다.

주 식	투자액(억원)	주식의 베타
A	120	0.5
B	100	2.0
C	60	4.0
D	80	1.0
E	40	3.0

현재 무위험이자율은 7%이고, 시장수익률에 관한 자료는 다음과 같다.

확 률	시장수익률
0.1	8%
0.2	10
0.4	12
0.2	14
0.1	16

(1) 증권시장선을 구하라.

(2) 교원공제회의 기금에 대한 요구수익률을 계산하라.

(3) 교원공제회의 기금관리자는 새로운 주식을 매입하려고 한다. 투자에 필요한 자금은 50억원이며, 그 기대수익률은 16% 그리고 추정된 베타는 2.5이다. 새로운 주식을 매입하여야 하는가?

10 CAPM과 음의 베타 (CPA 2004 기출)

주식시장의 모든 투자자들은 주식 A와 주식 B의 1년 후 주가의 확률분포를 다음과 같이 예상하고 있으며, 이는 아래의 물음 (1), (2) 및 (3)에 모두 적용된다.

(주가 단위: 원)

구 분	상황 1	상황 2	상황 3
주식 A	11,881	9,801	7,921
주식 B	8,281	10,000	11,881
확 률	1/3	1/3	1/3

이외에 투자자 및 시장에 관한 추가적인 사항은 다음과 같다. 아래 사항들은 물음 (2)와 (3)에 공통적으로 적용된다.

(가) 현재 주식시장에는 주식 A, B를 포함하여 10,000개 이상의 주식회사의 보통주가 거래되고 있으며, 어떤 회사 주식의 시가총액도 전체 주식시장의 시가총액의 0.1%를 넘지 않아 개별 주식이 전체 주식시장 혹은 시장포트폴리오(market portfolio)에서 차지하는 비중은 미미하다.

(나) 주식시장의 투자자들은 주식과 무위험자산에만 투자할 수 있고 그 외의 자산은 투자하지도 않고 보유하지도 않는다.

(다) 1년 만기 무위험자산의 이자율은 5%이다.

(라) 향후 1년간 시장포트폴리오의 기대수익률은 10%로 추정된다.

(1) 투자자 김정석의 효용함수는 $U(W)=\sqrt{W}$이고, 그의 투자 원칙은 자신의 기대효용을 극대화하는 주식에 투자하는 것이다. 현재 주식 A, B의 가격이 8,000원으로 동일하고, 김정석은 두 주식 A, B 중 하나에만 투자하여야 하며, 주식 투자를 위한 8,000원 이외의 자산을 가지고 있지 않다고 가정한다. 이때 김정석은 어느 주식에 투자할 것인가? 계산 과정을 보이며, 이 물음에 답하라.

(2) 이제 자본자산가격결정모형(CAPM)이 주식시장에서 유효하게 성립하여, 주식 A, B의 가격도 CAPM에 의하여 결정된다고 하자. 주식 A의 가격이 주식 B의 가격보다 높을 가능성이 있는가? "가능성이 있다" 혹은 "가능성이 없다" 중의 하나로 답하고, 그 이유를 반드시 CAPM에 근거하여 3줄 이내로 서술하라. 단, 구체적인 계산을 포함할 필요는 없다.

(3) 자본자산가격결정모형(CAPM)이 주식시장에서 유효하게 성립하여 주식 A의 가격도 CAPM에 의하여 결정된다고 하자. 주식 A의 현재 가격이 9,398원보다 높을 가

능성이 있는가? "가능성이 있다" 혹은 "가능성이 없다" 중의 하나로 답하고, 그 이유를 반드시 CAPM에 근거하여 3줄 이내로 서술하라.

11 CAPM과 차익거래 (CPA 2007 수정)

자본자산가격결정모형(CAPM)이 성립하는 세계에서 완전히 분산된 포트폴리오 A와 B가 증권시장에서 거래되고 있다. 각 포트폴리오의 현재 시가총액과 시장포트폴리오 대비 시가총액 비중, 1기간 후 기대 시가총액과 시장포트폴리오 대비 기대시가총액비중은 다음과 같다.

포트폴리오	현 재		1기간 후	
	시가총액	시가총액비중	기대시가총액	기대시가총액비중
A	20,000원	1%	25,300원	1.1%
B	80,000원	4%	96,600원	4.2%

시장포트폴리오(market portfolio) 수익률의 표준편차는 15%이며, 위험 프리미엄은 10%이다.

(1) 포트폴리오 A와 포트폴리오 B의 베타를 각각 구하라.

(2) 포트폴리오 B의 기대수익률과 동일한 기대수익률을 가진 개별 주식 C의 총위험(분산)이 포트폴리오 B의 총위험보다 낮을 수 있는가? "그렇다" 혹은 "그렇지 않다" 중 하나로 답하고 그 이유를 설명하라.

(3) 투자자 갑이 현재 보유하고 있는 포트폴리오의 총금액은 6만원이며, 표준편차는 18%이다. 무위험이자율로 차입하거나 대출하는 데 아무런 제약이 없다. 투자자 갑의 고유자본의 1기간 후 가치를 계산하라.

(4) 베타가 0.9인 완전히 분산된 포트폴리오 D의 기대수익률이 19%이다. 이 포트폴리오의 기대수익률이 CAPM에 의해 적절하게 결정되었는지를 평가하라. 만일 그렇지 않다면 포트폴리오 A, B, D를 이용해서 어떻게 이익을 얻을 수 있을지를 설명하고, 구체적인 이익(%)을 계산하라.

12 APT와 주식의 평가

잘 분산된 포트폴리오 A, B에 관한 자료는 다음과 같다.(단, 무위험이자율은 5%이다.)

포트폴리오	기대수익률	b_{i1}	b_{i2}
A	15%	1.0	0.5
B	18	0.6	1.0

단, 포트폴리오 A, B의 기대수익률은 균형수익률이라고 가정한다.

(1) APT의 균형식을 구하라.

(2) ㈜한라 주식의 실제수익률은 다음과 같은 2-요인모형에 의해서 생성되고 있다.

$$r = 0.16 + 0.6F_1 + 0.6F_2 + \varepsilon$$

이 주식을 평가하라.

13 고급 2-요인모형과 차익거래과정

자본시장에 다음과 같은 4개의 증권이 있다.

증 권	기대수익률	b_{i1}	b_{i2}
A	20%	1.0	1.5
B	20	0.5	2.0
C	10	1.0	0.5
D	10	1.5	0.75

거래비용이 없고 공매가 허용되며, 개별증권의 수익률은 다음과 같은 2-요인모형(two-factor model)에 의해서 생성된다고 가정한다.

$$r_j = E(r_j) + b_{j1}F_1 + b_{j2}F_2$$

여기서 $E(F_1) = E(F_2) = 0$

$Cov(F_1,\ F_2) = 0$

(1) A와 B를 이용하여 요인 F_1에 영향을 받지 않는 포트폴리오 G를 구성하고, 그 포트폴리오의 기대수익률과 두 번째 요인에 대한 민감도 b_{G2}를 구하라.

(2) 증권 C와 D를 이용하여 요인 F_1에 영향을 받지 않는 포트폴리오 H를 구성하고, 그 포트폴리오의 기대수익률과 두 번째 요인에 대한 민감도 b_{H2}를 구하라.

(3) 무위험채권의 이자율이 6%일 경우에 차익거래기회가 존재한다면, 그 차익거래과정을 자세히 설명하라.

14

CAPM과 APT

연금기금의 관리자인 K씨는 그 기금을 충분히 분산투자하여 기금포트폴리오의 CAPM 베타를 1.0으로 만들었다. 무위험이자율은 8%이고 시장포트폴리오의 기대수익률은 14.2%이다. 그리고 K씨는 APT에 대해서도 알고 있으며, 산업생산지수(요인 1)와 예상하지 못한 인플레이션(요인 2)의 두 개의 요인에 의해서 다음과 같은 APT 등식을 도출하였다.

$$E(r_j) = 0.08 + 0.05b_{j1} + 0.11b_{j2}$$

(1) 현재 기금포트폴리오의 산업생산지수요인에 대한 민감도 계수 $b_{p1} = -0.5$라면, 그 포트폴리오의 예상하지 못한 인플레이션에 대한 민감도 계수 b_{p2}는 얼마인가?

(2) 만일 그가 인플레이션에 대한 민감도 $b_{p2} = 0$으로 만들면서 현재와 동일한 기대수익률을 얻을 수 있도록 포트폴리오를 수정한다면, 수정된 포트폴리오의 산업생산지수요인에 대한 민감도 계수 b_{p1}은 얼마가 되는가?

보 론

자본자산가격결정모형의 현실성

CAPM은 체계적 위험과 기대수익률의 관계를 직접적이고 단순하게 설명하고 있다. 그러나 CAPM을 도출하기 위하여 설정한 가정이 실제로 현실세계와 일치하는 것은 아니다. 그러므로 다음과 같은 두 가지 측면에서 CAPM의 현실성을 살펴보고자 한다.

1. CAPM 가정의 완화

1) 무위험자산이 존재하지 않을 경우: 제로베타 CAPM

무위험자산으로 간주되는 국·공채나 정기예금 등도 시장의 자금사정 또는 인플레이션 등에 따라 가격이 변동할 수 있으므로 그 투자수익률은 불확실하다고 할 수 있다. 그러므로 엄밀한 의미에서 무위험자산은 존재하지 않을 수 있다. 무위험자산이 존재하지 않을 경우, CAPM의 도출과정을 그림으로 나타내면 〈그림 9A-1〉과 같다.

〈그림 9A-1〉 (a)에서 무위험자산이 존재하지 않을 경우, 효율적 투자선은 $\widehat{GY}$ 이다.[28] 투자자들은 자신의 위험회피성향에 따라 효율적 투자선상의 한 점(효율적 포트폴리오)을 선택하게 된다. 이 경우 각 투자자들이 선택한 모든 효율적 포트폴리오들을 총합하면 효율적 투자선상에 있는 시장포트폴리오 M을 얻을 수 있다.[29] 그리고 시장포트폴리오 M에서 가상의 접선을 그어 수직축과 만나는 점을 구하고

28) 차입이자율(r_{fB})이 대출이자율(r_{fL})보다 클 경우, 효율적 투자선은 우측의 그림에서 볼 수 있는 바와 같이 「$r_{fL}-T_L-T_B-B$」를 연결한 선이다.

29) 시장포트폴리오는 효율적 포트폴리오들의 총합이므로 역시 효율적 포트폴리오가 된다.

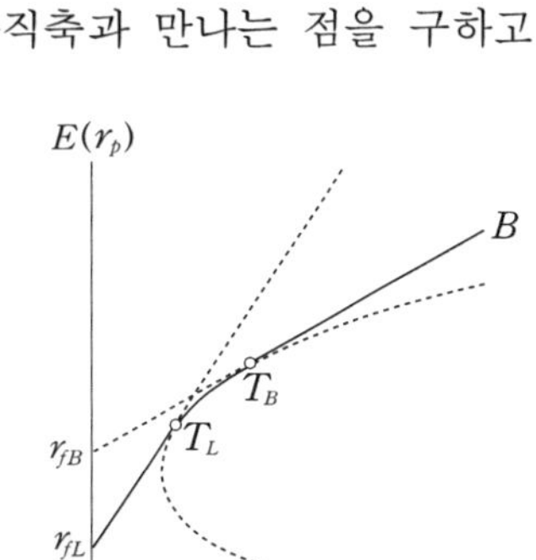

그림 9A-1 제로베타 CAPM: 무위험자산이 존재하지 않을 경우

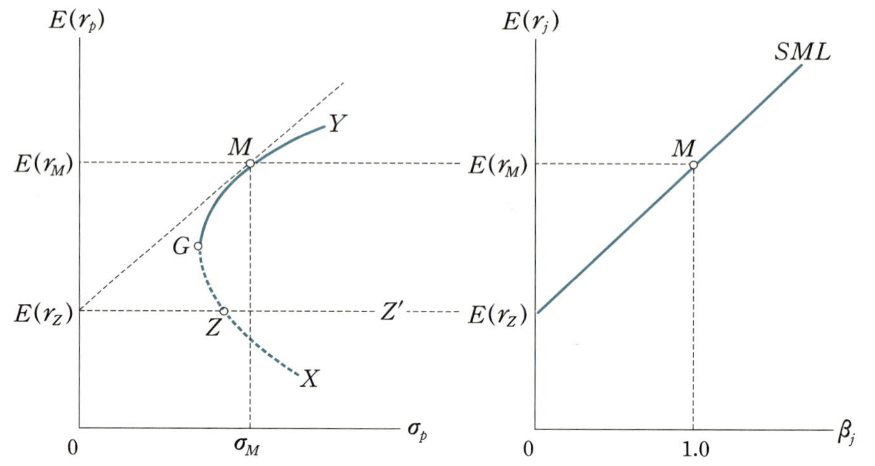

(a) 효율적 투자선　　(b) 증권시장선

이 점에서 수평선을 그으면, 시장포트폴리오 M과 상관관계가 없는 제로베타 포트폴리오(zero beta portfolio)들, 즉 ZZ' 선상에 있는 포트폴리오들을 구할 수 있다.[30)]

〈그림 9A-1〉 (b)에서 볼 수 있는 바와 같이 제로베타 포트폴리오를 이용하면 기대수익률-베타 평면상에 모든 위험자산들의 기대수익률과 체계적 위험의 관계를 나타내는 직선, 즉 증권시장선을 얻을 수 있다. 이와 같은 증권시장선을 식으로 나타내면 다음과 같다.

$$E(r_j) = E(r_z) + [E(r_M) - E(r_z)]\beta_j \tag{9A-1}$$

무위험자산이 존재하지 않는 경우의 증권시장선을 나타내는 식 (9A-1)을 제로베타 CAPM이라 한다.[31)] 식 (9A-1)에서 무위험자산이 존재하지 않는 경우에도

30) ZZ' 선상에 있는 포트폴리오들은 시장포트폴리오와 상관관계가 없으므로 시장수익률과의 공분산은 0이 되며, 동시에 0의 베타값을 가진다. 그리고 이들 중에서 포트폴리오 Z는 최소분산 포트폴리오집합 $\widehat{XGY}$ 상에 위치하는 분산이 가장 작은 포트폴리오이므로 최소분산 제로베타 포트폴리오라고 한다.

31) 무위험자산이 존재하나 차입이자율이 대출이자율보다 클 경우, 또는 차입이 제한되는 경우에 효율적 투자선은 다르지만, 동일한 논리를 적용하여 식 (9A-1)과 같은 제로베타 CAPM을 도출할 수 있다.

기대수익률과 체계적 위험(베타)은 직선관계를 유지한다는 사실을 확인할 수 있다. 즉 무위험자산의 존재 여부와 관계없이 CAPM의 기본적인 논리가 성립됨을 의미한다. 그러나 일반적으로 비체계적 위험을 가지고 있는 제로베타 포트폴리오의 기대수익률 $E(r_z)$가 무위험이자율 r_f보다 크기 때문에, 식 (9A-1)은 앞의 식 (9-13)에 비하여 상대적으로 완만한(절편은 크고, 기울기는 작은) 직선이라 할 수 있다.

2) 이질적 기대가 존재하는 경우

현실적으로 투자자들은 증권의 기대수익률, 표준편차 그리고 공분산에 대하여 서로 다른 기대를 가질 수 있다. 이와 같은 경우 투자자들은 서로 다른 자본시장선에 직면하게 되며, 자본시장선과 마코위츠의 효율적 투자선이 접하는 점, 즉 접점포트폴리오(tangency portfolio)들도 서로 달라지게 된다. 예를 들어 증권의 기대수익률, 표준편차 그리고 공분산에 대하여 이질적 기대를 가지고 있는 투자자 A와 투자자 B의 경우에 〈그림 9A-2〉에서 볼 수 있는 바와 같이 투자자 A의 자본시장선과 그 접점포트폴리오는 각각 CML_A와 T_A이며, 투자자 B의 자본시장선과 그 접점포트폴리오는 각각 CML_B와 T_B로서 서로 달라짐을 알 수 있다.

이질적 기대(heterogeneous expectation)를 가진 모든 투자자의 접점포트폴리오들을 총합함으로써 시장포트폴리오를 얻을 수 있으며, 이와 같은 시장포트폴리

그림 9A-2 자본시장선과 접점포트폴리오 : 이질적 기대가 존재하는 경우

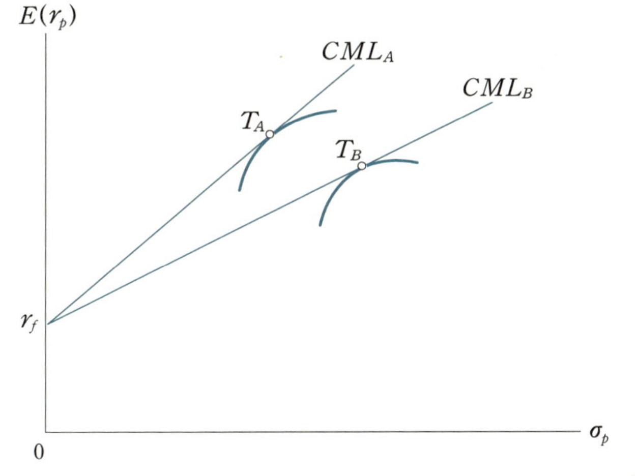

오가 효율적 포트폴리오라면 투자자들의 평균적인 기대를 반영하는 증권시장선을 도출할 수 있을 것이다. 그러나 각 증권의 균형기대수익률은 각 증권에 대한 모든 투자자들의 기대치를 복잡한 가중치에 의해서 가중평균한 것이다.

3) 거래비용이 존재하는 경우

CAPM은 거래비용이 존재하지 않는 완전자본시장을 가정하고 있다. 그러나 현실적으로는 주식의 매매에 따른 수수료 등의 거래비용이 발생한다.

이와 같은 거래비용은 시장균형에 영향을 미치게 된다. 거래비용이 크면 클수록, 투자자들은 자신의 포트폴리오를 효율적으로 만들기 위한 거래(분산투자)를 보다 적게 한다.[32] 거래비용이 효율적 포트폴리오 구성에 따른 분산투자의 이점을 상쇄하기 때문에 이성적인 투자자라 하더라도 자본시장선(효율적 투자선)상의 효율적 포트폴리오가 아닌 다른 포트폴리오를 선택할 수 있다. 그러므로 〈그림 9A-3〉에서 볼 수 있는 바와 같이 CML과 SML은 직선이 아닌 띠(band) 형태가 된다. 거래비용이 크면 클수록, 띠의 폭도 넓어지게 된다.

그림 9A-3 자본시장선과 증권시장선: 거래비용이 존재하는 경우

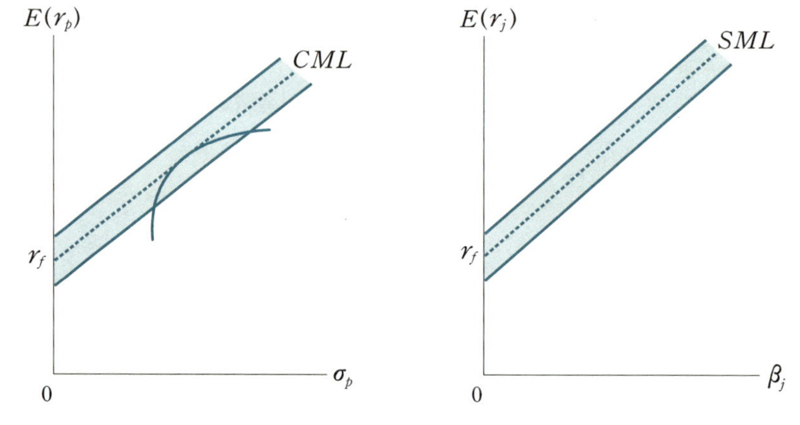

(a) 자본시장선 (b) 증권시장선

32) 거래비용 등 시장의 불완전요인이 존재하는 경우, 완전분산투자를 하지 못하므로 비체계적 위험이 중요하게 된다고 할 수 있다.

2. CAPM의 현실적 타당성

1) 검정방법과 내용

CAPM의 검정(test)은 일반적으로 다음과 같은 두 단계의 회귀분석절차를 밟게 된다.

(1) 시계열회귀분석

일정기간 동안의 과거 시계열자료를 이용하여 다음과 같은 시장모형에 의해서 각 증권의 베타계수 β_j를 각각 추정한다.

$$r_{jt} = \alpha_j + \beta_j r_{Mt} + \varepsilon_{jt} \tag{9A-2}$$

(2) 횡단면회귀분석

각 증권의 평균수익률 $\bar{r}_j$와, 시계열회귀분석(time series regression)에 의해서 구해진 베타계수의 추정치 $\hat{\beta}_j$를 이용하여, 다음과 같이 횡단면회귀분석(cross-sectional regression)함으로써 CAPM을 검정할 수 있다.

$$\bar{r}_j = \gamma_0 + \gamma_1 \hat{\beta}_j + u_j \tag{9A-3}$$

CAPM을 검정하는 것은 식 (9A-3)에서 다음의 관계가 성립하는지를 밝히는 것이 된다.

- $\gamma_0 = r_f$
- $\gamma_1 = \bar{r}_M - r_f$

많은 학자들에 의해서 CAPM이 검정되었으나, CAPM의 타당성에 관한 일관된 결론은 아직 제시되지 못하고 있는 실정이다.

2) 검정상의 문제점

이론적으로 CAPM은 미래의 기대수익률과 체계적 위험의 선형관계를 나타내는 사전적(ex-ante) 모형이다. 사전적인 CAPM에서는 기울기, 즉 위험의 균형가격[$E(r_M) - r_f$]은 항상 양(+)의 값을 가진다. 만약 위험을 내포하고 있는 시장포트폴리오의 기대수익률이 무위험이자율보다 작다면(CAPM의 기울기가 음(−)의 기울기를 가진다면), 이성적인 투자자는 시장포트폴리오에 투자하지 않는다. 이와 같은 경우에 시장이 형성되지 않기 때문에 사전적으로 위험의 균형가격은 항상 양(+)의 값을 가져야 한다. 그러나 실제로 투자가 실행된 후, 즉 사후적(ex-post)으로 시장이 약세국면에 있는 경우에는 실제 시장수익률이 무위험이자율보다 작을 수도 있다. 사후적인 위험의 균형가격은 음(−)의 값을 가질 수 있음을 의미한다. 그러므로 정확하게 CAPM을 검정하기 위해서는 증권의 미래수익률의 확률분포에 의해서 기대수익률과 체계적 위험을 추정하여 그것들이 직선관계를 가지고 있는지를 살펴보아야 한다. 그러나 이와 같은 미래의 사전적 자료를 구하는 것은 어려운 일이다. 그러므로 CAPM을 검정할 때 과거와 미래는 크게 다르지 않다는 전제하에 과거의 역사적 자료(사후적 자료)를 사용하는 것이 일반적이다.

또한 CAPM을 검정할 때 시장의 모든 위험자산(주식, 위험채권, 부동산, 귀금속, 인적자본 등)을 포함하는 진정한 시장포트폴리오(true market portfolio)를 사용하여야 하는데, 실제로 이와 같이 진정한 시장포트폴리오를 구성하는 것은 거의 불가능하다. 그러므로 대부분의 실증분석은 그 대용치로서 종합주가지수를 사용한다. 그러나 진정한 시장포트폴리오가 아닌 대용치로서 종합주가지수를 사용한다면, 통계상의 변수오차(errors in variables)문제가 발생될 수 있다.

제 10 장

위험과 자본예산

다음과 같은 두 가지 이유에 의해서 현재의 1원이 미래의 1원보다 더 가치가 있다. 첫째, 위험이 없는 상황하에서는 단순한 화폐의 시간적 가치가 존재한다. 예를 들어 당신이 현재 1원을 은행에 예금하는 경우 미래시점에 1원 이상을 얻을 수 있다. 둘째, 위험이 없는 오늘의 1원이 위험을 내포하고 있는 미래의 1원보다 더 가치가 있다.

미래의 현금흐름을 평가할 때, 위의 두 가지 사항을 적절히 반영하여야 한다. 앞에서 설명한 자본예산에서는 확실성을 가정하여 단순한 화폐의 시간적 가치만을 고려하였다. 즉 미래 현금흐름을 무위험이자율로 할인하여 구한 순현가(NPV)에 의해서 투자안을 평가하였다. 그러나 미래 현금흐름이 불확실한 위험투자안의 경우에는 순현가를 구할 때, 위험을 적절히 반영하여야 할 것이다. 본장에서는 지금까지 설명하였던 내용들을 종합하여 위험투자안을 평가하는 절차에 대해서 자세히 설명하고자 한다.

1 위험과 자본비용

일반적으로 투자자들은 위험이 내포된 자산에 투자할 때 그 보상으로서 적절한 위험프리미엄을 요구한다. 투자안의 위험이 높을수록 그 요구수익률은 증가할 것이다. 따라서 투자안을 평가할 때, 먼저 투자안의 위험에 상응하는 적절한 요구수익률, 즉 자본비용을 추정하여야 할 것이다. 여기서는 전장에서 설명한 CAPM을 이용하여 위험투자안의 자본비용을 추정하는 방법에 대해서 설명한다. 이 경우 위험자산을 평가하는 데 적절한 위험은 분산불가능한 체계적 위험이다.

1.1 자본비용의 기본적 개념

기업이 잉여자금을 가지고 있을 때, 다음의 두 가지 행동 중 한 가지를 선택할 수 있다. 첫째, 기업은 잉여자금을 현재 배당으로 지급할 수 있다. 둘째, 기업은 잉여자금을 새로운 투자안에 투자할 수 있다. 이 경우 투자안으로 인하여 생성되는 미래의 현금흐름을 배당으로 지급할 수 있을 것이다. 이와 같은 두 대안 중 주주들은 어느 대안을 선호하겠는가? 만약 주주들이 현재의 배당금을 기업이 고려하고 있는 투자안과 동일한 위험을 가지는 금융자산(예를 들어 주식 또는 채권)에 투자할 수 있다면, 주주들은 보다 높은 기대수익률을 제공하는 대안을 선호할 것이다. 즉 주주들은 투자안의 기대수익률이 최소한 그것과 동일한 위험을 가지는 금융자산의 기대수익률보다 더 높을 경우에만 기업이 투자안을 선택하기를 원한다. 이와 같은

그림 10-1 잉여자금을 가진 기업의 선택

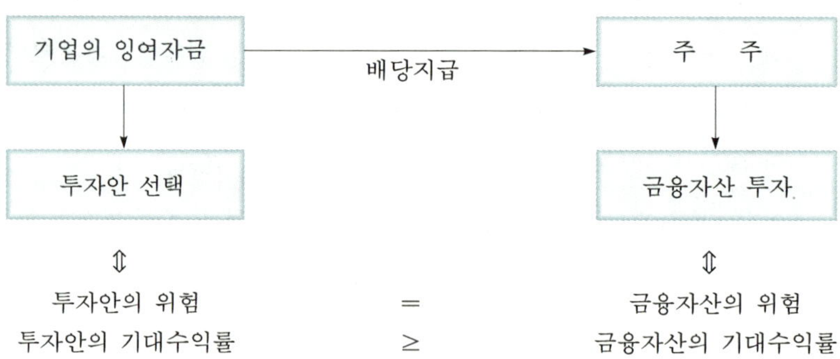

관계를 나타내면 〈그림 10-1〉과 같다.

이상에서 설명한 내용은 매우 단순한 자본예산의 원칙을 암시한다. 투자자금의 기회비용은 할인율을 의미하며, 이는 투자안과 동일한 위험을 가지는 금융자산의 기대수익률로 측정될 수 있다. 할인율을 자본비용, 요구수익률, 최저필수수익률, 또는 장애율(hurdle rate)이라고도 한다.

1.2 기업의 자본비용과 투자안의 자본비용

기업이 기존의 사업과 전혀 다른 새로운 사업을 시작하는 경우, 새로운 사업에 대한 체계적 위험은 기존 사업의 체계적 위험과 다를 것이다. 이와 같은 경우에 기업의 자본비용을 사용하여 투자안을 평가한다면, 잘못된 평가결과가 나올 수 있다. 기업의 자본비용에 의해서 투자안을 평가하는 경우, 위험이 낮은 투자안은 기각되는 반면에 위험이 높은 투자안은 채택될 가능성이 커진다. 예를 들어 만약 기업의

그림 10-2 기업의 자본비용과 투자안의 자본비용

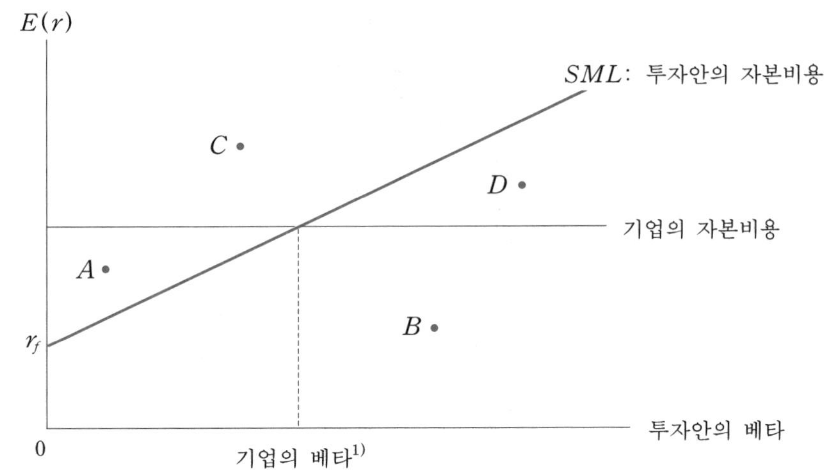

1) 기업을 모든 개별자산으로 구성된 포트폴리오로 생각할 수 있다. 그러므로 기업의 베타는 기업이 투자하고 있는 모든 개별자산의 베타를 가중평균한 것과 같다.

$$\beta_F = \sum_{j=1}^{N} W_j \beta_j$$

여기서 β_F : 기업의 베타

W_j : 자산 j의 구성비율(자산 j의 가치/총자산가치)

β_j : 자산 j의 베타

자본비용으로 투자안을 평가한다면, 〈그림 10-2〉에서 볼 수 있는 바와 같이 투자안 A와 B는 그 기대수익률이 기업의 자본비용보다 낮기 때문에 기각되나, 투자안 C와 D는 그 기대수익률이 기업의 자본비용보다 더 높기 때문에 채택된다. 그러나 이와 같은 평가결과는 각 투자안의 위험을 정확히 반영한 것이 아니기 때문에 잘못된 평가결과라 할 수 있다.

투자안의 자본비용은 반드시 그 투자안 자체의 체계적 위험에 의해서 측정되어야 한다. 이는 가치의 가산원칙에 의해서 투자안이 독립적으로 평가되어야 한다는 것을 의미한다. 기업의 자본비용이 아닌 투자안의 자본비용에 의해서 평가한다면, 투자안의 자본비용을 나타내는 증권시장선(SML) 위에 있는 투자안 A와 C를 채택하고, 증권시장선 아래에 있는 투자안 B와 D는 기각되어야 한다. 결론적으로 기업의 위험과 투자안의 위험이 상이할 경우, 투자안의 자본비용으로서 기업의 자본비용을 사용할 수 없다. 이와 같은 경우 투자안의 자본비용은 반드시 그 투자안 자체의 체계적 위험에 의해서 측정되어야 한다.

투자안의 자본비용은 체계적 위험을 나타내는 투자안의 베타를 추정한 후, CAPM을 이용하여 계산할 수 있다.

$$E(r_k) = r_f + [E(r_M) - r_f]\beta_k \tag{10-1}$$

여기서 $E(r_k)$: 투자안 k의 자본비용
r_f : 무위험이자율
$E(r_M)$: 시장의 기대수익률
$\beta_k\left[=\dfrac{Cov(r_k, r_M)}{Var(r_M)}\right]$: 투자안 k의 베타

식 (10-1)에서 체계적 위험을 나타내는 β_k는 근본적으로 투자안의 미래 수익률자료에 의해서 추정되어야 한다. 그러나 현실적으로 투자안의 미래 수익률자료를 얻기란 매우 어려운 일이다. 또한 새로운 투자안일 경우 과거자료도 존재하지 않을 것이다. 이와 같은 경우, 일반적으로 투자안과 동일한 위험을 가지고 있다고 생각되는 대용기업(proxy company)을 선정하여 그 기업의 과거자료에 의해서 베타계수를 측정한 후, 그것을 사용하기도 한다. 그러나 이 경우 상당한 측정오차가 발생할 수 있는데, 이 문제는 동종 산업에 속해 있는 기업들의 평균베타계수를 사용함으로써 어느 정도 완화될 수 있다.

예제 10-1 투자안의 자본비용

가정용 청소기구를 생산하고 있는 청결주식회사의 주식베타는 1.3이다. 이 회사는 현재 부채를 사용하고 있지 않으며, 앞으로도 부채를 사용하지 않을 예정이다. 이 회사는 현재 기존의 사업을 두 배로 확장하는 새로운 투자안을 고려하고 있다. 새로운 투자안은 기존의 사업과 유사하기 때문에 새로운 투자안의 베타는 이 회사의 기존 주식베타와 동일한 것으로 추정된다.(단, 무위험이자율과 시장의 기대수익률은 각각 7%, 10%로 예상된다.)

새로운 투자안의 적절한 할인율은 얼마인가?

☞ 해설

$$E(r)=r_f+[E(r_M)-r_f]\beta=0.07+(0.10-0.07)(1.3)=0.109 \text{ 또는 } 10.9\%$$

예제 10-2 기업의 자본비용과 투자안의 자본비용

신라주식회사는 다음과 같은 독립적인 투자안들을 고려하고 있다.

투자안	베 타	기대수익률
A	0.5	12%
B	0.6	14
C	1.2	16
D	2.0	20

무위험이자율은 7%이며, 시장의 기대수익률은 15%이다. 그리고 이 기업의 자본비용은 15%라고 한다. 이 자료를 이용하여 다음의 물음에 답하라.

(1) 위 투자안들의 자본비용을 구하라.

(2) 물음 (1)의 결과에 의해서 각 투자안을 평가하라.

(3) 위 투자안들을 기업의 자본비용에 의해서 평가하고, 그것의 문제점을 지적하라.

☞ 해설

(1) 증권시장선에 의해서 각 투자안의 자본비용을 구하면 다음과 같다.

$$E(r_k)=r_f+[E(r_M)-r_f]\beta_k=0.07+(0.15-0.07)\beta_k=0.07+0.08\beta_k$$

· 투자안 A: $E(r_A)=0.07+0.08\beta_A=0.07+0.08\times0.5=0.11$

· 투자안 B: $E(r_B)=0.07+0.08\beta_B=0.07+0.08\times0.6=0.118$

· 투자안 C: $E(r_C)=0.07+0.08\beta_C=0.07+0.08\times1.2=0.166$

· 투자안 D: $E(r_D) = 0.07 + 0.08\beta_D = 0.07 + 0.08 \times 2.0 = 0.23$

(2) 독립적 투자안의 평가기준을 요약하면 다음과 같다.

· 투자안의 실제 기대수익률 > 투자안의 자본비용 (∴ $NPV > 0$) → 투자안 채택
· 투자안의 실제 기대수익률 < 투자안의 자본비용 (∴ $NPV < 0$) → 투자안 기각

그러므로 앞의 물음 (1)에서 구한 각 투자안의 자본비용과 실제 기대수익률을 비교하여 투자안을 평가하면 다음과 같다.

투자안	실제 기대수익률		투자안의 자본비용	평 가
A	12%	>	11.0%	채 택
B	14	>	11.8	채 택
C	16	<	16.6	기 각
D	20	<	23.0	기 각

(3) 기업의 자본비용과 투자안의 실제 기대수익률을 비교하여 투자안을 평가하면 다음과 같다.

투자안	실제 기대수익률		기업의 자본비용	평 가
A	12%	<	15%	기 각
B	14	<	15	기 각
C	16	>	15	채 택
D	20	>	15	채 택

이상의 결과는 투자안의 자본비용에 의해서 평가된 물음 (2)의 평가결과와 정반대의 결과를 나타내고 있다. 이는 투자안의 체계적 위험과 기업의 체계적 위험이 서로 다르기 때문이다. 이와 같은 경우 기업의 자본비용은 투자안의 체계적 위험을 정확히 반영하지 못한다. 그러므로 기업의 체계적 위험과 투자안의 체계적 위험이 서로 상이한 경우에, 투자안은 그 자체의 체계적 위험을 정확히 반영하여 측정된 투자안의 자본비용에 의해서 평가되어야 한다.

1.3 주식베타의 결정요인 : 경영위험과 재무위험

주식베타는 경영위험(또는 영업위험)과 재무위험에 의해서 결정된다고 할 수 있다. 경영위험과 재무위험에 대해서 구체적으로 살펴보기 전에 먼저 그것들의 중요한 결정요인인 영업레버리지와 재무레버리지의 개념을 살펴보면 다음과 같다.

1) 영업레버리지와 재무레버리지

레버리지(leverage)는 지레장치 또는 지렛대 작용을 의미하는 개념으로 이용되고 있다. 지레장치는 힘들이지 않고 무거운 물건을 끌어올리는 데 이용되는 도구를 말한다. 지렛대의 원리를 이용하면 무거운 물건을 힘들이지 않고 쉽게 들어올릴 수 있다. 이와 같은 지렛대의 원리가 기업경영에도 적용된다.

기업경영에서 지레장치의 역할을 하는 것이 고정영업비용과 고정재무비용이다. 총비용 중에서 고정영업비용이 차지하는 비중을 높게 조정함으로써 매출액의 변화에 따라 그보다 높은 비율로 영업이익이 변화하는 효과를 얻을 수 있으며, 고정재무비용의 비중을 높게 조정함으로써 영업이익의 변화에 따라 주당 순이익이 그보다 높은 비율로 변화하는 효과를 얻을 수 있다. 이와 같이 고정영업비용과 고정재무비용이 지렛대 작용을 하기 때문에 매출액이 작은 비율로 변동하더라도 영업이익이나 주당순이익이 그보다 높은 비율로 변동하는 현상이 일어나는데, 이와 같은 효과를 레버리지효과라고 한다.

레버리지는 다음과 같이 영업레버리지와 재무레버리지로 구분된다.

> 레버리지 = 영업레버리지 + 재무레버리지

영업레버리지(operating leverage)는 총비용 중에서 고정영업비용이 차지하는 비중으로 측정되며, 고정영업비용이 발생되는 고정자산을 이용하는 것을 의미한다. 그리고 재무레버리지(financial leverage)는 총비용 중에서 고정재무비용(이자비용 등)이 차지하는 비중으로 측정되며, 고정재무비용이 발생되는 부채를 이용하는 것을 의미한다. 한편 레버리지는 총비용 중에서 고정영업비용과 고정재무비용이 차지하는 비중으로 측정될 수 있다.

영업레버리지와 재무레버리지의 개념을 살펴보기 위하여 〈표 10-1〉과 같은 손익계산서를 생각해 보자.

표 10-1 손익계산서의 구성요인

손익계산서			
매 출 액	R		
변동영업비용	VC		
고정영업비용	FC	DOL	
영 업 이 익	$EBIT$		
이 자 비 용	Int		DCL
법인세비용차감전 순이익	EBT		
법인세비용(법인세율 $= T_C$)	T	DFL	
순 이 익	NI		
÷ 총발행주식수	$\div N$		
주당순이익	EPS		

(1) **영업레버리지**

영업레버리지는 기업이 고정영업비용을 발생시키는 고정자산을 보유하는 것을 의미한다. 영업레버리지에 의해서 매출액의 변화율보다 영업이익의 변화율이 커지게 되며, 이와 같은 현상을 영업레버리지효과라 한다. 영업레버리지효과의 정도는 다음의 영업레버리지도(degree of operating leverage: DOL)에 의해서 측정될 수 있다.

$$DOL = \frac{\text{영업이익의 변화율}}{\text{매출액의 변화율}} = \frac{\Delta EBIT / EBIT}{\Delta R / R} \tag{10-2}$$

정의에 의해서 식 (10-2)의 EBIT는 다음과 같이 나타낼 수 있다.

$$EBIT = R - VC - FC = (P - V)Q - FC \tag{10-3}$$

여기서 Q: 매출량
P: 단위당 판매가격
V: 단위당 변동비

그리고 매출량이 Q에서 $(Q + \Delta Q)$로 변할 때 EBIT의 변화액, 즉 $\Delta EBIT$는 다음과 같다.[2)]

$$\begin{aligned}\Delta EBIT &= [(P - V)(Q + \Delta Q) - FC] - [(P - V)Q - FC] \\ &= (P - V)\Delta Q\end{aligned} \tag{10-4}$$

2) 단위당 판매가격 P와 단위당 변동비 V는 일정하다고 가정한다.

그러므로 식 (10-3)과 식 (10-4)를 식 (10-2)에 대입하여 정리하면, DOL은 다음과 같다.

$$DOL = \frac{\Delta EBIT/EBIT}{\Delta R/R} = \frac{\dfrac{(P-V)\Delta Q}{(P-V)Q-FC}}{\dfrac{P\Delta Q}{PQ}}$$

$$= \frac{(P-V)Q}{(P-V)Q-FC} = \frac{R-VC}{R-VC-FC} \qquad (10\text{-}5)$$

식 (10-5)에서 볼 수 있는 바와 같이 고정영업비용 FC가 클수록, DOL이 크게 나타남을 알 수 있다. 즉 고정영업비용에 의해서 매출액의 변화율보다 영업이익의 변화율(변동폭)이 커지는 것을 의미한다. 예를 들어 DOL이 1.5라면, 매출액이 10% 증가(또는 감소)하는 경우 영업이익은 15% 증가(또는 감소)한다.

예제 10-3 영업레버리지도(DOL)

전구를 생산하는 반짝주식회사에 관한 자료는 다음과 같다.

- 단위당 판매가격 = 200원
- 단위당 변동비 = 100원
- 고정영업비용 = 20,000,000원

(1) 250,000개의 전구를 생산하는 경우, 이 회사의 DOL은 얼마인가?
(2) 매출액이 5% 증가할 경우, 이 회사의 영업이익은 몇 % 증가하는가?

☞ 해설

(1) $DOL = \frac{(P-V)Q}{(P-V)Q-FC} = \frac{(200-100)(250{,}000)}{(200-100)(250{,}000)-20{,}000{,}000} = 5.0$

(2) DOL의 정의에 의해서, 영업이익의 증가율을 구하면 다음과 같다.

$$\Delta EBIT/EBIT = (DOL)(\Delta R/R) = 5.0 \times 5\% = 25\%$$

그러므로 매출액이 5% 증가할 경우, 영업이익은 25% 증가하게 된다.

(2) 재무레버리지

재무레버리지는 기업이 고정재무비용(이자비용 등)을 발생시키는 부채를 사용하는 것을 의미한다. 재무레버리지에 의해서 영업이익의 변화율보다 주당순이익(earning per share: EPS)의 변화율이 커지게 되며, 이와 같은 현상을 재무레버리지효과라 한다. 재무레버리지효과의 정도는 다음의 재무레버리지도(degree of financial leverage: DFL)에 의해서 측정될 수 있다.

$$DFL = \frac{\text{주당순이익의 변화율}}{\text{영업이익의 변화율}} = \frac{\Delta EPS/EPS}{\Delta EBIT/EBIT} \tag{10-6}$$

정의에 의해서 식 (10-6)의 EPS는 다음과 같이 나타낼 수 있다.

$$EPS = (EBIT - Int)(1 - T_C)/N \tag{10-7}$$

그리고 영업이익이 EBIT에서 $(EBIT + \Delta EBIT)$로 변할 때 EPS의 변화액, 즉 ΔEPS는 다음과 같다.

$$\begin{aligned} \Delta EPS &= \frac{(EBIT + \Delta EBIT - Int)(1 - T_C)}{N} - \frac{(EBIT - Int)(1 - T_C)}{N} \\ &= \frac{\Delta EBIT(1 - T_C)}{N} \end{aligned} \tag{10-8}$$

그러므로 식(10-7)과 식(10-8)을 식(10-6)에 대입하여 정리하면, DFL은 다음과 같다.[3)]

$$\begin{aligned} DFL &= \frac{\Delta EPS/EPS}{\Delta EBIT/EBIT} = \frac{\dfrac{\Delta EBIT(1-T_C)/N}{(EBIT-Int)(1-T_C)/N}}{\dfrac{\Delta EBIT}{EBIT}} \\ &= \frac{EBIT}{EBIT - Int} = \frac{R - VC - FC}{R - VC - FC - Int} \end{aligned} \tag{10-9}$$

---

3) 일반적으로 우선주에 대한 배당금 D_p는 보통주주의 입장에서 볼 때, 고정적으로 지급해야 하는 고정재무비용으로 생각할 수 있다. 이 경우 우선주에 대한 배당금은 세금을 지급한 후에 지급되므로 보통주의 EPS와 ΔEPS는 다음과 같다.

$$EPS = [(EBIT - Int)(1 - T_C) - D_p]/N$$

$$\Delta EPS = \Delta EBIT(1 - T_C)/N$$

위의 식들을 식 (10-6)에 대입하여 우선주에 대한 배당금 D_p까지 고려한 DFL을 구하면 다음과 같다.

$$DFL = \frac{R - VC - FC}{R - VC - FC - Int - \dfrac{D_p}{1 - T_C}}$$

식 (10-9)에서 기업의 고정재무비용이 많을수록 DFL은 증가한다는 것을 알 수 있다. 이는 고정재무비용이 클 경우, 영업이익의 변화에 따른 주당순이익의 변화 폭이 크게 확대된다는 것을 의미한다.

예제 10-4 재무레버리지도(DFL)

백두주식회사는 자사의 다음연도 영업이익이 10% 감소하여, 그 결과 주당순이익이 20% 감소할 것으로 예상하고 있다. 만약 이와 같은 추정이 옳다면, 이 회사의 DFL은 얼마인가?

☞ 해설

$$DFL = \frac{\Delta EPS/EPS}{\Delta EBIT/EBIT} = \frac{-20\%}{-10\%} = 2.0$$

(3) 결합레버리지

결합레버리지(combined leverage)는 기업이 고정영업비용을 발생시키는 고정자산을 보유하고, 동시에 고정재무비용을 발생시키는 부채를 사용하는 것을 의미한다. 영업레버리지와 재무레버리지가 동시에 존재함으로써 매출액의 변화율보다 EPS의 변화율이 커지게 되며, 이와 같은 현상을 결합레버리지효과라고 한다. 결합레버리지효과의 정도는 다음의 결합레버리지도(degree of combined leverage: DCL)에 의해서 측정될 수 있다.

$$\begin{aligned} DCL &= \frac{\text{주당순이익의 변화율}}{\text{매출액의 변화율}} = \frac{\Delta EPS/EPS}{\Delta R/R} \\ &= \frac{\Delta EBIT/EBIT}{\Delta R/R} \times \frac{\Delta EPS/EPS}{\Delta EBIT/EBIT} \\ &= DOL \times DFL = \frac{R-VC}{R-VC-FC-Int} \end{aligned} \qquad (10\text{-}10)$$

식 (10-10)에서 기업의 고정영업비용 또는 고정재무비용이 증가할수록 DCL은 증가한다는 것을 알 수 있다. DCL은 영업레버리지의 효과와 재무레버리지의 효과를 모두 고려하는 것으로서 영업레버리지도(DOL)와 재무레버리지도(DFL)를 곱하여 측정될 수 있다.

이상에서 설명한 레버리지효과를 그림으로 타나내면 〈그림 10-3〉과 같다.

그림 10-3 레버리지효과

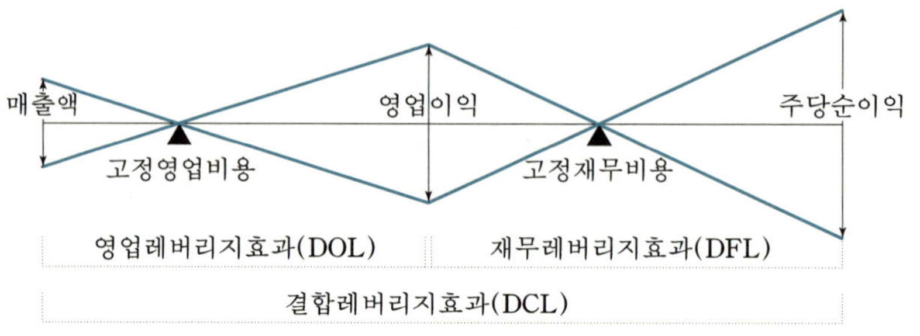

예제 10-5 결합레버리지도(DCL)

전자부품을 생산하는 한라주식회사의 경영자는 매출액이 10% 증가할 경우, 주당순이익은 40% 증가한다고 생각하고 있다. 이 회사의 DFL은 2.0이다. 단위당 공헌이익(단위당 판매가격－단위당 변동비)이 500원이고 생산량이 1,000개일 경우, 이 회사의 고정영업비용은 얼마인가?

☞ 해설

$$DCL = \frac{\Delta EPS/EPS}{\Delta R/R} = \frac{40\%}{10\%} = 4.0$$

그러므로 DOL은 다음과 같이 구할 수 있다.

$$DCL = DOL \times DFL \rightarrow 4.0 = DOL \times 2.0, \ DOL = 2.0$$

DOL을 구하는 공식에 의해서 고정영업비용 FC를 구하면 다음과 같다.

$$DOL = \frac{(P-V)Q}{(P-V)Q-FC} = \frac{500 \times 1{,}000}{500 \times 1{,}000 - FC} = 2.0$$

$\therefore$ 고정영업비용$(FC) = 250{,}000$원

2) 영업레버리지와 경영위험

세금이 없으며 매년 감가상각비만큼 계속 재투자한다고 가정하는 경우, 투자안의 연간 현금흐름은 다음과 같다.

$$CF = (R - VC - FC) + dep - CI = R - VC - FC \qquad (10\text{-}11)$$

여기서 $CI(=dep)$: 자본적 지출액

식 (10-11)에 의해서 투자안(자산)의 현재가치 $PV(A)$를 다음과 같이 나타낼 수 있다.

$$PV(A)=PV(R)-PV(VC)-PV(FC) \tag{10-12}$$

여기서 $PV(R)$: 매출액의 현재가치
$PV(VC)$: 변동영업비용의 현재가치
$PV(FC)$: 고정영업비용의 현재가치

그러므로

$$PV(R)=PV(A)+PV(VC)+PV(FC) \tag{10-12}'$$

투자안의 현재가치는 각 연도의 현금흐름을 적절한 할인율로 할인하여 현재가치로 환산한 후, 모두 합함으로써 구할 수 있다. 그리고 이와 같은 방법으로 매출액, 변동영업비용 그리고 고정영업비용의 현재가치도 구할 수 있을 것이다.

식 (10-12)′에서 볼 수 있는 바와 같이 $PV(R)$은 $PV(A)$, $PV(VC)$ 그리고 $PV(FC)$로 구성된 포트폴리오로 생각할 수 있다. 그러므로 매출액의 베타는 그 구성항목의 가치에 의해서 가중평균하여 다음과 같이 구할 수 있다.

$$\beta_R=\beta_A\left[\frac{PV(A)}{PV(R)}\right]+\beta_{VC}\left[\frac{PV(VC)}{PV(R)}\right]+\beta_{FC}\left[\frac{PV(FC)}{PV(R)}\right] \tag{10-13}$$

여기서 β_R : 매출액의 베타
β_A : 자산베타
β_{VC}: 변동영업비용의 베타
β_{FC}: 고정영업비용의 베타

그리고 매출량이 변동함에 따라 매출액과 변동영업비용은 거의 같은 비율로 변동하고, 고정영업비용은 항상 일정하기 때문에 $\beta_R=\beta_{VC}$, $\beta_{FC}=0$이라 할 수 있다. 그러므로 식 (10-13)을 β_A에 관하여 풀면 다음과 같다.

$$\beta_A=\beta_R\left[1+\frac{PV(FC)}{PV(A)}\right] \tag{10-14}$$

식 (10-14)에 의해서 경영위험(business risk)을 나타내는 β_A는 다음의 두 가지 요인에 의해서 결정됨을 알 수 있다.

① 매출액의 베타(β_R): 이것은 경제 전체의 경기상황에 따라 매출액이 변동하는 정도, 즉 매출액의 경기변동성(cyclicality)에 의해서 결정된다.[4] 매출액의 경

4) 매출액의 베타는 다음과 같이 측정될 수 있다.

기변동성이 높은 경우, 매출액의 베타는 높아진다. 그러나 경기변동성은 표준편차에 의해서 측정되는 변동가능성(variability)과는 다르다는 사실을 유의하여야 한다. 예를 들어 영화산업의 매출액은 매우 불확실하므로 그 변동가능성은 아주 크다고 할 수 있다. 그러나 영화산업의 매출액은 영화의 질과 관련된 것으로서 경기변동에 크게 좌우되지는 않기 때문에 영화산업의 매출액베타는 낮다고 할 수 있다. 즉 높은 표준편차가 항상 높은 베타를 의미하는 것은 아니다.

② 투자안의 현재가치(자산의 현재가치) 중 고정영업비용의 현재가치가 차지하는 비율 $[PV(FC)/PV(A)]$: 이것은 영업레버리지를 의미한다. 고정영업비용이 많이 소요되는 투자안 또는 고정자산이 존재하는 경우 영업레버리지가 높다고 말할 수 있다.

그러므로 매출액의 경기변동성이 높거나 영업레버리지가 클수록, 경영위험은 증가한다.

3) 재무레버리지와 재무위험

기업의 가치(자산의 총가치)는 부채의 가치와 자기자본의 가치를 합한 것과 같기 때문에 기업의 자산을 부채와 자기자본으로 구성된 가상의 포트폴리오로 생각할 수 있다. 그러므로 자산베타(asset beta) β_A는 주식베타(stock beta) β_S와 부채베타(debt beta) β_B를 가중평균하여 다음과 같이 구할 수 있다.[5]

$$\beta_A = \left(\frac{S}{S+B}\right)\beta_S + \left(\frac{B}{S+B}\right)\beta_B \tag{10-15}$$

여기서 S: 주식의 총시장가치
B: 부채의 총시장가치

식 (10-15)를 주식베타 β_S에 관해서 풀면 다음과 같다.

$$\beta_S = \beta_A + (\beta_A - \beta_B)\left(\frac{B}{S}\right) \tag{10-16}$$

그리고 부채의 위험(파산으로 인한 지급불능위험)이 거의 없다고 가정한다면, 부채의 체계적 위험 $\beta_B = 0$이라 할 수 있다. 그러므로 식 (10-16)은 다음과 같이

$$\beta_R = \frac{Cov(r_R,\ r_M)}{Var(r_M)}$$

여기서 r_R: 매출액의 변화율

5) 주식베타를 자기자본베타 또는 지분베타(equity beta)라고도 한다.

그림 10-4 재무레버리지와 주식베타의 관계

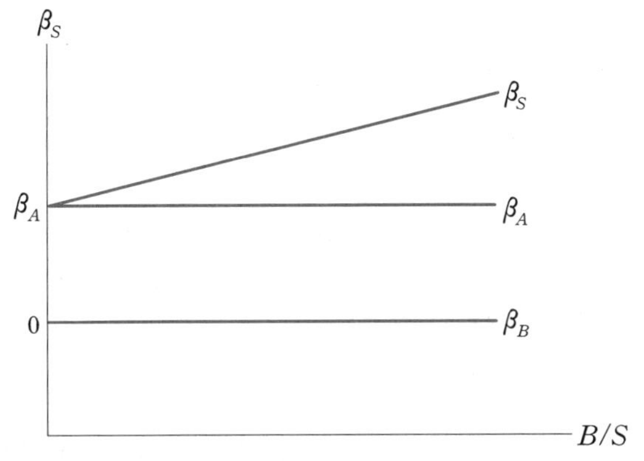

나타낼 수 있다.

$$\beta_S = \beta_A + \beta_A\left(\frac{B}{S}\right) = \beta_A\left(1 + \frac{B}{S}\right) \tag{10-17}$$

식 (10-16) 또는 식 (10-17)에서 볼 수 있는 바와 같이 부채비율, 즉 재무레버리지가 증가함에 따라 주식베타가 증가함을 알 수 있다. 이는 부채사용으로 인한 재무위험(financial risk)이 주주들에게 전가되어 주식의 체계적 위험이 증가된다는 것을 의미한다. 재무레버리지와 주식베타의 관계를 나타내면 〈그림 10-4〉와 같다.

〈그림 10-4〉에서 부채비율이 증가함에 따라 상대적으로 아주 작은 부채베타로 인한 위험의 감소효과는 주식베타가 증가함으로써 완전히 상쇄되어, 주식베타와 부채베타의 가중평균인 자산베타는 항상 일정하게 된다.[6)]

1.4 자본구조와 기업의 자본비용

기업이 자기자본과 부채로 자본을 조달하는 경우, 기업을 자기자본과 부채로 구성된 하나의 포트폴리오로 생각할 수 있다. 그러므로 기업의 자본비용은 자본조달의

6) 법인세가 없는 완전자본시장이라는 가정하에서만 이와 같은 해석이 가능하다는 점을 유의하기 바란다.

원천인 부채와 자기자본에 대한 비용을 각각의 시장가치에 의해서 가중평균한 가중평균자본비용(weighted average cost of capital: WACC)이라 할 수 있다.[7)]

$$WACC = \left(\frac{S}{S+B}\right)r_S + \left(\frac{B}{S+B}\right)r_B \tag{10-18}$$

식 (10-18)에서 자기자본비용(cost of equity) r_S와 부채의 자본비용(cost of debt) r_B는 CAPM을 이용하여 각각 다음과 같이 구할 수 있다.

$$r_S = r_f + [E(r_M) - r_f]\beta_S \tag{10-19}$$

$$r_B = r_f + [E(r_M) - r_f]\beta_B \tag{10-20}$$

위의 식 (10-19)와 식 (10-20)을 식 (10-18)에 대입하여 정리하면, WACC를 다음과 같이 나타낼 수 있다.

$$\begin{aligned} WACC &= r_f + [E(r_M) - r_f]\left[\left(\frac{S}{S+B}\right)\beta_S + \left(\frac{B}{S+B}\right)\beta_B\right] \\ &= r_f + [E(r_M) - r_f]\beta_A \end{aligned} \tag{10-21}$$

여기서 $\beta_A = \left(\frac{S}{S+B}\right)\beta_S + \left(\frac{B}{S+B}\right)\beta_B$

식 (10-21)에서 기업의 자본비용이 부채베타와 주식베타를 가중평균하여 구한 자산베타에 의해서도 측정될 수 있음을 알 수 있다.

세금이 없다는 전제하에서 지금까지 설명한 내용 중 몇 가지 유의사항을 요약하면 다음과 같다.

첫째, 자본예산에 목적적합한 것은 자기자본비용이 아니라 기업의 자본비용이다.

둘째, 기업의 자본비용은 투자자금의 조달원천인 주식, 부채 등 각각의 자본비용을 가중평균한 것이다.

셋째, 기업의 자본비용은 주식베타가 아닌 자산베타에 의해서 결정된다.

넷째, 자산베타는 기업의 자금조달원천인 주식, 부채 등의 베타를 가중평균한 것이다.

다섯째, 기업이 자본조달방법(자본구조)을 변경할 때, 주식, 부채 등의 위험과 자본비용은 변할 수 있으나 자산베타와 기업의 자본비용은 변하지 않는다.

---

7) 법인세 등이 없다고 가정한다. 세금이 존재하는 경우에 대해서는 제12장에서 설명할 것이다.

여섯째, 기업의 자본비용은 기업이 현재 가지고 있는 자산에 대한 기회자본비용을 의미한다. 그러므로 기업이 고려하고 있는 새로운 투자안의 위험이 기존 기업의 위험과 동일한 경우에만 그 투자안을 평가하기 위해서 기업의 자본비용을 사용할 수 있다.

예제 10-6 자본구조와 기업의 자본비용

현재 남해주식회사의 시장가치로 표시된 대차대조표는 다음과 같다.

대차대조표 (단위: 억원)

자산	100	부채	60
		자기자본	40

그리고 현재 이 회사의 주식베타와 부채베타는 각각 2.0과 0.2이다.

시장의 기대수익률과 무위험이자율은 각각 15%와 8%이라고 할 때, 이상의 자료를 이용하여 다음의 물음에 답하라(단, 세금이 없다고 가정한다).

(1) 이 회사의 자기자본비용과 부채비용을 각각 계산하라.

(2) 이 회사의 자본비용을 계산하라.

(3) 이 회사의 자산베타를 계산하라.

(4) 이 회사의 자본비용을 물음 (3)에서 구한 자산베타를 이용하여 계산하고, 그 결과를 물음 (2)의 결과와 비교하라.

(5) 이 회사가 추가적인 채권 20억원을 발행하여 그 자금으로 자사의 주식을 재매입하는 경우, 부채베타는 0.3으로 증가한다고 한다. 이 경우 주식베타를 구하라. 그리고 이 회사의 자본비용은 어떻게 되는가?

☞ 해설

(1) 증권시장선을 이용하여 자기자본비용 r_S와 부채의 자본비용 r_B를 각각 구하면 다음과 같다.

- $r_S = 0.08 + (0.15 - 0.08)\beta_S = 0.08 + 0.07 \times 2.0 = 0.22$
- $r_B = 0.08 + (0.15 - 0.08)\beta_B = 0.08 + 0.07 \times 0.2 = 0.094$

(2) 이 회사의 자본비용 WACC를 구하면 다음과 같다.

$$WACC = \left(\frac{S}{S+B}\right)r_S + \left(\frac{B}{S+B}\right)r_B = \left(\frac{40}{40+60}\right)r_S + \left(\frac{60}{40+60}\right)r_B$$

$$= 0.4 \times 0.22 + 0.6 \times 0.094 = 0.1444$$

(3) 자산베타 β_A는 주식베타와 부채베타를 가중평균하여 구할 수 있다.

$$\beta_A = \left(\frac{S}{S+B}\right)\beta_S + \left(\frac{B}{S+B}\right)\beta_B = 0.4 \times 2.0 + 0.6 \times 0.2 = 0.92$$

(4) 자산베타를 이용하여 이 회사의 자본비용을 구하면 다음과 같다.

$$WACC = 0.08 + (0.15 - 0.08)\beta_A = 0.08 + 0.07 \times 0.92 = 0.1444$$

그리고 자산베타를 이용하여 이 회사의 자본비용은 14.44%로서 물음 (2)에서 구한 자본비용과 일치한다.

(5) 대차대조표는 다음과 같이 변한다.

대차대조표 (단위 : 억원)

자산	100	부채	80
		자기자본	20

세금이 존재하지 않을 경우 부채비율이 증가함에 따라 상대적으로 작은 부채베타로 인한 위험의 감소효과는 주식베타가 증가함으로써 완전히 상쇄되어, 주식베타와 부채베타의 가중평균인 자산베타는 항상 일정하게 된다. 그러므로 주식베타는 다음과 같이 구할 수 있다.

$$\beta_A = \left(\frac{S}{S+B}\right)\beta_S + \left(\frac{B}{S+B}\right)\beta_B = 0.2 \times \beta_S + 0.8 \times 0.3 = 0.92$$

$$\therefore \ \beta_S = 3.4$$

이 회사의 자산베타는 자본구조와 관계없이 항상 일정하므로 이 회사의 자본비용은 변하지 않는다. 결론적으로 기업이 자본구조를 변화시킬 때, 주식, 부채 등의 체계적 위험과 자본비용은 변할 수 있으나, 자산베타와 기업의 자본비용은 변하지 않는다.

2 위험과 투자안 평가

2.1 위험조정할인율법과 확실성등가법

위험투자안을 평가하는 방법을 살펴보기 위하여 다음과 같은 현금흐름을 가지는 임의의 투자안을 생각해 보자.

$t=0$	1	2	…………	$n-1$	n
$-I_0$	$E(CF_1)$	$E(CF_2)$	…………	$E(CF_{n-1})$	$E(CF_n)$

여기서 투자안에 대한 미래 각 기간의 현금흐름은 그 확률분포에 의해서 계산된 기대현금흐름을 의미한다. 이와 같이 투자안의 현금흐름에 위험이 내포된 경우, 그 위험을 적절히 반영하여 투자안을 평가하여야 한다. 위험투자안을 평가할 때, 현금흐름에 내포된 위험을 조정해 주는 방법으로 다음과 같은 두 가지 방법이 있다.

첫째, 할인율에 위험을 반영하는 방법, 즉 위험조정할인율법(risk adjusted discount rate method: RADR method)이 있다. 위험조정할인율은 체계적 위험을 나타내는 투자안의 베타(자산베타)를 추정한 후, CAPM을 이용하여 다음과 같이 계산된다.

$$E(r) = r_f + [E(r_M) - r_f]\beta_A \tag{10-22}$$

식 (10-22)에 의해서 측정된 위험조정할인율, 즉 투자안의 자본비용이 매 기간 일정하다고 가정하는 경우, 투자안의 순현가를 다음과 같이 계산할 수 있다.

$$NPV = \sum_{t=1}^{n} \frac{E(CF_t)}{[1+E(r)]^t} - I_0 \tag{10-23}$$

둘째, 미래의 기대현금흐름에 직접 위험을 반영하는 방법, 즉 확실성등가법(certainty equivalent method: CEQ method)이 있다. 이는 현금흐름의 위험도에 따라 현금흐름 자체를 확실성등가로 전환시켜서 투자안을 평가하는 방법이다. 확실성등가란 불확실한 현금흐름과 동일한 효용을 제공하는 확실한 현금의 크기를 말한다. 확실성등가는 기대현금흐름에 확실성등가계수를 곱한 것과 같다. 이 경우 확실성등가계수는 기대현금흐름 1원과 동일한 효용을 제공하는 확실한 현금의 크기를 나타내는 것으로서 일반적으로 1.0보다 작은 양(+)의 값을 가진다.

$$CEQ_t = \alpha_t E(CF_t) \tag{10-24}$$

여기서 α_t: t시점의 확실성등가계수각 기간의 확실성등가계수가 주어져 있는 경우, 각 기간의 기대현금흐름을 확실성등가로 전환하면 다음과 같다.

$t=0$	1	2	………	$n-1$	n
$-I_0$	CEQ_1	CEQ_2	………	CEQ_{n-1}	CEQ_n

확실성등가는 위험이 없는 확실한 현금흐름이기 때문에 그것은 무위험이자율 r_f에 의해서 할인되어야 한다. 그러므로 투자안의 순현가를 다음과 같이 계산할 수 있다.

$$NPV = \sum_{t=1}^{n} \frac{CEQ_t}{(1+r_f)^t} - I_0 = \sum_{t=1}^{n} \frac{\alpha_t E(CF_t)}{(1+r_f)^t} - I_0 \qquad (10\text{-}25)$$

이상의 두 방법에 의해서 투자안의 순현가를 구하는 과정을 그림으로 요약하면 〈그림 10-5〉와 같다.

위험조정할인율법과 확실성등가법에 의해서 구한 순현가는 항상 같아야 한다. 그러므로 식 (10-23)과 식 (10-25)를 같게 놓으면 다음과 같다.

$$\sum_{t=1}^{n} \frac{E(CF_t)}{[1+E(r)]^t} - I_0 = \sum_{t=1}^{n} \frac{\alpha_t E(CF_t)}{(1+r_f)^t} - I_0$$

따라서

그림 10-5 위험조정할인율법과 확실성등가법

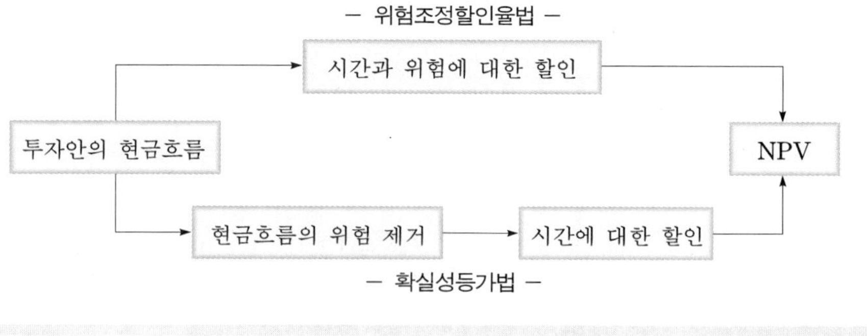

$$\frac{E(CF_1)}{1+E(r)}=\frac{\alpha_1 E(CF_1)}{1+r_f},\quad \text{즉 } \alpha_1=\frac{1+r_f}{1+E(r)}$$

$$\frac{E(CF_2)}{[1+E(r)]^2}=\frac{\alpha_2 E(CF_2)}{(1+r_f)^2},\ \text{즉 } \alpha_2=\left[\frac{1+r_f}{1+E(r)}\right]^2=(\alpha_1)^2$$

$$\vdots \qquad\qquad \vdots$$

$$\frac{E(CF_n)}{[1+E(r)]^n}=\frac{\alpha_n E(CF_n)}{(1+r_f)^n},\ \text{즉 } \alpha_n=\left[\frac{1+r_f}{1+E(r)}\right]^n=(\alpha_1)^n$$

이상의 결과에 의해서 t시점에서의 확실성등가계수 α_t를 다음과 같이 나타낼 수 있다.

$$\alpha_t=\left[\frac{1+r_f}{1+E(r)}\right]^t=(\alpha_1)^t \tag{10-26}$$

그러나 위험조정할인율이 매기간 일정할 경우에만 식 (10-26)이 성립됨을 유의하여야 한다. 위험조정할인율이 매기간 일정할 경우, 식 (10-26)을 이용하여 $(t-1)$에서 t사이의 확실성등가계수의 변화율을 살펴보면 다음과 같다.

$$\frac{\alpha_t-\alpha_{t-1}}{\alpha_{t-1}}=\frac{(\alpha_1)^t-(\alpha_1)^{t-1}}{(\alpha_1)^{t-1}}=\alpha_1-1=-(1-\alpha_1) \tag{10-27}$$

식 (10-27)에서 확실성등가계수는 시간이 경과함에 따라서 매기간 일정률 $(1-\alpha_1)$씩 감소됨을 알 수 있다. 이는 시간이 경과함에 따라 각 기간의 현금흐름에 대한 불확실성이 일정률로 증가한다는 것을 의미한다. 즉 각 기간의 위험조정할인율이 일정한 경우, 시간이 경과함에 따라 누적적 위험은 일정률로 증가하게 된다. 그러므로 각 기간의 위험조정할인율이 일정하다는 것은 투자안의 미래베타, 즉 단위 기간에 대한 위험(risk borne per period)이 일정하다는 것을 의미하는 것이지 1년 후 현금흐름의 불확실성과 10년 후 현금흐름의 불확실성이 동일하다는 것을 의미하는 것은 아니다.[8)]

---

8) 보다 먼 미래의 현금흐름일수록, 기간 수가 점점 증가하여 전체 위험에 대한 조정(total risk adjustment)은 점점 커지게 된다. 따라서 10년 후 현금흐름의 불확실성(누적적 위험)은 1년 후 현금흐름에 비해 훨씬 높을 것이다.

예제 10-7 위험조정할인율법과 확실성등가법

투자안의 기대현금흐름은 다음과 같다.

(단위: 만원)

시 점	기대현금흐름
0	−200
1	100
2	100
3	100

이 투자안의 $\beta = 0.75$이며, 무위험이자율과 시장의 기대수익률은 각각 6%와 14%이다.

(1) 위험조정할인율법에 의해서 투자안을 평가하라.

(2) 각 기간의 확실성등가계수를 구하라.

(3) 확실성등가법에 의해서 투자안을 평가하라.

☞ 해설

(1) 투자안의 위험조정할인율을 구하면 다음과 같다.

$$E(r) = r_f + [E(r_M) - r_f]\beta_A = 0.06 + (0.14 - 0.06)(0.75) = 0.12$$

위험조정할인율 12%로 할인하여 순현가를 구하면 다음과 같다.

$$NPV = -200 + \frac{100}{1+0.12} + \frac{100}{1+0.12^2} + \frac{100}{1+0.12^3} = 40.2\text{만원}$$

투자안의 순현가는 40.2만원으로서 0보다 크기 때문에 이 투자안을 채택하여야 한다.

(2) 각 기간의 확실성등가계수를 다음과 같이 구할 수 있다.

$$\alpha_1 = \frac{1+r_f}{1+E(r)} = \frac{1+0.06}{1+0.12} = 0.9464$$

$$\alpha_2 = (\alpha_1)^2 = (0.9464)^2 = 0.8957$$

$$\alpha_3 = (\alpha_1)^3 = (0.9464)^3 = 0.8477$$

그러므로 확실성등가계수는 매기간 5.36%(= 1 − 0.9464)씩 일정률로 감소됨을 알 수 있다.

(3) 물음 (2)에서 구한 확실성등가계수를 이용하여 각 기간의 기대현금흐름에 대한 확실성등가를 구하면 다음과 같다.

(단위: 만원)

시 점	기대현금흐름	확실성등가
0	-200	-200.00
1	100	94.64
2	100	89.57
3	100	84.77

각 기간의 확실성등가를 무위험이자율 6%로 할인하여 투자안의 순현가를 구하면 다음과 같다.

$$NPV = -200 + \frac{94.64}{1+0.06} + \frac{89.57}{(1+0.06)^2} + \frac{84.77}{(1+0.06)^3} = 40.2\text{만원}$$

투자안의 순현가는 40.2만원으로서 0보다 크기 때문에 이 투자안을 채택하여야 한다. 그러므로 위험조정할인율법과 확실성등가법이 일치함을 알 수 있다.

2.2 CAPM을 이용한 확실성등가의 측정

1년 후 현금흐름이 CF_1이며, 내용연수가 1년인 자산 K의 현재가치를 $PV(K)$라고 할 때, 그 자산의 미래수익률 r_K는 다음과 같다.

$$r_K = \frac{CF_1 - PV(K)}{PV(K)} = \frac{CF_1}{PV(K)} - 1 \tag{10-28}$$

그리고 CAPM에 의해서 자산 K에 대한 위험조정할인율을 구하면 다음과 같다.

$$\begin{aligned} E(r_K) &= r_f + [E(r_M) - r_f]\beta_K \\ &= r_f + [E(r_M) - r_f]\left[\frac{Cov(r_K, r_M)}{Var(r_M)}\right] \\ &= r_f + \lambda Cov(r_K, r_M) \end{aligned} \tag{10-29}$$

여기서 $\lambda = \frac{E(r_M) - r_f}{Var(r_M)}$, 즉 위험 한 단위에 대한 시장가격

식 (10-28)에서 CF_1은 미래 현금흐름이므로 불확실한 확률변수이다. 그러나 $PV(K)$는 자산의 현재가치이므로 확실한 값, 즉 상수라 할 수 있다. 그러므로

$$\cdot\ E(r_K) = \frac{E(CF_1)}{PV(K)} - 1$$

$$\cdot\ Cov(r_K,\ r_M) = Cov\left[\frac{CF_1}{PV(K)} - 1,\ r_M\right] = \frac{Cov(CF_1,\ r_M)}{PV(K)}$$

이것들을 식 (10-29)에 대입한 후, $PV(K)$에 관하여 정리하면 다음과 같다. 즉

$$PV(K) = \frac{E(CF_1) - \lambda Cov(CF_1,\ r_M)}{1 + r_f} \tag{10-30}$$

식 (10-30)에서 미래의 기대현금흐름 $E(CF_1)$에 대한 확실성등가 CEQ_1은 다음과 같음을 알 수 있다.

$$CEQ_1 = E(CF_1) - \lambda Cov(CF_1,\ r_M) \tag{10-31}$$

식 (10-31)에서 볼 수 있는 바와 같이 CAPM에 의해서 측정된 확실성등가는 자산의 기대현금흐름, 위험의 단위당 시장가격 그리고 자산의 현금흐름과 시장수익률 사이의 공분산(체계적 위험)에 의해서 객관적으로 결정된다. 결론적으로 자산의 가치는 개별투자자의 주관적 위험회피성향과는 무관하게 결정됨을 알 수 있다.

예제 10-8 CAPM을 이용한 가치평가

다음은 1년의 내용연수를 가지는 투자안의 현금흐름(CF_1)과 시장수익률(r_M)에 관한 자료이다.

> $E(CF_1) = 6{,}000$만원, $E(r_M) = 0.15$, $Var(r_M) = 0.01$,
> $Cov(CF_1,\ r_M) = 100$, $r_f = 0.07$

(1) 이 투자안의 현재가치를 구하라.

(2) 이 투자안의 베타와 요구수익률을 구하라.

☞ 해설

(1) 투자안의 현재가치는 다음과 같다.

$$PV(\text{투자안}) = \frac{E(CF_1) - \lambda Cov(CF_1,\ r_M)}{1 + r_f}$$

$$= \frac{6{,}000 - (8)(100)}{1 + 0.07} = 4{,}859.81\text{만원}$$

여기서 $\lambda = \dfrac{E(r_M) - r_f}{Var(r_M)} = \dfrac{0.15 - 0.07}{0.01} = 8$

(2) 정의에 의해서 투자안의 베타 β_K는 다음과 같다.

$$\beta_K = \frac{Cov(r_K,\ r_M)}{Var(r_M)} = \frac{Cov(CF_1,\ r_M)}{PV(K)Var(r_M)} = \frac{100}{4{,}859.81 \times 0.01} = 2.06$$

그러므로 투자안의 요구수익률 $E(r_K)$는 CAPM을 이용하여 다음과 같이 구할 수 있다.

$$E(r_K) = r_f + [E(r_M) - r_f]\beta_K = 0.07 + (0.15 - 0.07)(2.06) = 0.2348$$

3 현금흐름 예측의 불확실성

투자에 있어서 때때로 예측하지 못한 돌발적인 상황이 전개되어 예상하지 못한 결과가 나타날 수 있다. 그러므로 기업의 재무담당자는 항상 투자결정에 내포된 불확실성에 적절하게 대처할 수 있는 방안을 강구하여야 한다. 즉 투자안에 있어서 중요한 변수들을 파악한 후, 그 변수들이 예상하지 못한 방향으로 변화함으로써 투자안에 미칠 수 있는 영향을 면밀히 검토하여야 한다. 여기서는 미래 현금흐름의 불확실성에 대처하기 위하여 개발된 여러 가지 기법에 대해서 설명하고자 한다.

3.1 의사결정수

투자안을 평가할 때, 일련의 연속적인 의사결정이 필요한 경우가 있다. 이와 같은 연속적인 의사결정이 요구되는 투자안의 평가에는 의사결정수(decision trees)를 이용하는 것이 효과적이다.

이를 설명하기 위하여 다음과 같은 예를 생각해 보자. ㈜새나라기계의 엔지니어링그룹은 최근에 보다 강력한 승용차용 터보엔진에 대한 기술을 개발하였다. 마케팅스탭은 이 회사가 몇 가지 모델을 개발하여 그 엔진의 시험마케팅(test-marketing)을 실시하도록 제안하였다. 그러므로 생산이사, 마케팅이사 그리고 엔지니어링이사로 구성된 기획팀은 제품개발과 시험마케팅단계를 먼저 진행하도록 권고하였다. 그들은 이러한 예비적 단계에 1년의 기간과 100백만원의 비용이 소요될 것으로 추정하고, 더 나아가 개발과 시험결과가 성공적일 가능성은 75%라고 믿는다.

기업의 경험에 비추어 개발과 시험에 소요되는 비용은 꽤 정확하게 추정된다. 그러나 터보엔진의 매출은 미래의 승용차수요에 대한 불확실성, 미래유가의 불확실성, 승용차 엔진시장에서 ㈜새나라기계의 시장점유율에 대한 불확실성 등에 달려 있다. 터보엔진은 기존의 엔진에 비해 기름이 훨씬 많이 소요되기 때문에 미래유가는 특히 많은 영향을 미칠 것이다.

만약 시험마케팅의 결과가 성공적이라면, ㈜새나라기계는 추가적인 대지를 구입하고, 몇 개의 지역에 새로운 공장을 지어서 본격적인 생산에 착수할 수 있다. 이와 같은 투자단계에서는 1,500백만원의 비용이 소요될 것이다. 그리고 생산은 다음 5년 동안 계속될 것이다. 이 경우에 기대되는 현금흐름은 〈표 10-2〉와 같다.

만약 ㈜새나라기계가 터보엔진에 투자하여 그것을 생산하려고 결정한다면, 할인율 15%에서 투자안의 순현가는 다음과 같이 구할 수 있다.

표 10-2 ㈜새나라기계의 터보엔진생산에 대한 현금흐름 추정 (단위: 백만원)

	1년도	2년도~6년도
① 매출액		6,000
② 변동비		3,000
③ 고정현금지출비용		1,791
④ 감가상각비*		300
⑤ 세전 순이익		909
⑥ 법인세($T_C = 0.34$)		309
⑦ 순이익		600
(1) 영업현금흐름(①-②-③-⑥)		900
(2) 투자비용	−1,500	
현금흐름[(1)+(2)]	−1,500	900

* 투자액은 정액법으로 완전상각된다.

$$NPV = -1{,}500 + \sum_{t=1}^{5} \frac{900}{(1.15)^t}$$
$$= -1{,}500 + 900 \times PVIFA_{.15,\ 5} = 1{,}517\text{백만원}$$

여기서 계산된 순현가는 투자가 시작되는 시점인 1년도 말 시점의 가치로 계산된 것임을 유의하기 바란다. 나중에 이것을 현재시점(0시점)의 가치로 환산할 것이다.

그리고 만약 처음의 시험결과가 성공적이지 못하다면, ㈜새나라기계의 1,500백만원에 대한 투자의 순현가는 −3,611백만원이 된다고 가정하자. 이 수치도 역시 1년도 말 시점의 가치로 계산된 것이다.

〈그림 10-6〉은 터보엔진에 관련된 문제를 의사결정수로 나타낸 것이다. 이 그림에서 ■는 의사결정을 내려야 하는 시점, 즉 의사결정마디(decision node)를 나타내며, ●는 확률적 상황이 분기되는 시점, 즉 상황마디(chance node)를 나타낸다. 만약 ㈜새나라기계가 시험마케팅을 실시한다면, 그 시험결과가 성공할 확률은 75%이다. 그리고 그 시험결과가 성공적이라면, 기업은 두 번째 의사결정(NPV

그림 10-6 ㈜새나라기계에 대한 의사결정수

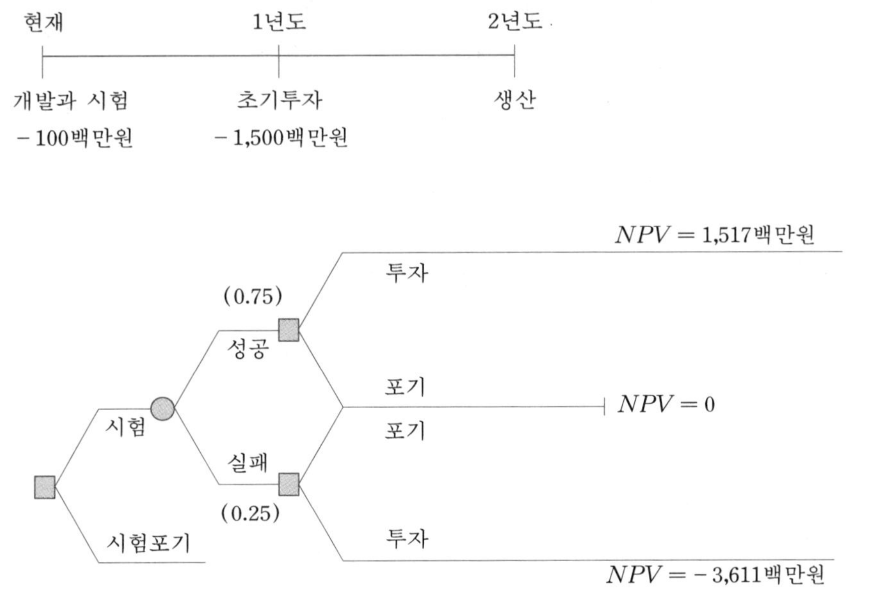

가 1,517백만원인 투자안에 1,500백만원을 투자하여야 하느냐?)에 직면하게 된다. 그러나 만약 그 시험결과가 성공적이지 못하다면, 기업은 다른 의사결정(NPV가 −3,611백만원인 투자안에 1,500백만원을 투자하여야 하느냐?)에 직면하게 된다.

〈그림 10-6〉에서 볼 수 있는 바와 같이 ㈜새나라기계는 다음과 같은 두 개의 의사결정을 하여야 한다.

첫째, 터보엔진을 시험하고 개발해야 하는지를 결정하여야 한다.

둘째, 시험의 결과에 따라서 본격적인 생산을 위한 투자를 하여야 하는지를 결정하여야 한다.

의사결정수에서는 항상 역순으로 의사결정을 한다. 그래서 먼저 1,500백만원이 소요되는 두 번째 단계의 투자를 분석해 보자. 만약 시험결과가 성공적이라면, ㈜새나라기계는 투자를 하여야 한다. 왜냐하면 그 투자의 순현가는 1,517백만원으로서 0보다 크기 때문이다. 그러나 만약 시험이 성공적이지 못하다면, ㈜새나라기계는 투자를 하지 않아야 한다. 왜냐하면 그 투자의 순현가는 −3,611백만원으로서 0보다 작기 때문이다.

이제 의사결정이 단순한 문제(㈜새나라기계는 1년 후 1,517백만원에 대한 75%의 기회를 얻기 위하여 현재 100백만원을 투자하여야 하는가?)로 요약되는 첫번째 단계로 돌아가 보자. 1년도 말의 가치로 평가된 기대성과는 다음과 같다.

$$\begin{aligned}\text{기대성과} &= (\text{성공확률} \times \text{성공의 성과}) + (\text{실패확률} \times \text{실패의 성과}) \\ &= (0.75 \times 1{,}517) + (0.25 \times 0) = 1{,}138\text{백만원}\end{aligned}$$

그러므로 현재시점에서 계산된 시험마케팅의 순현가는 다음과 같다.

$$NPV = -100 + \frac{1{,}138}{1.15} = 890\text{백만원}$$

즉 기업은 터보엔진에 대한 시험마케팅을 실시하여야 한다.[9)]

3.2 민감도분석

현금흐름의 추정치는 미래의 예상하지 못한 상황변동에 따라 달라질 수 있다. 그러므로 투자안을 분석할 때는 미래의 여러 가지 상황들을 고려하여 이와 같은 상

9) 이 문제에서 시험마케팅과 투자의 경우에 모두 15%의 동일한 할인율을 사용하였다. 그러나 아마 투자보다 위험이 높을 가능성이 많은 처음의 시험마케팅에서는 보다 높은 할인율을 사용하여야 할 것이다.

황변동이 투자결정에 어떠한 영향을 미치는가를 사전에 검토해 볼 필요가 있다. 민감도분석(sensitivity analysis)은 투자안의 현금흐름에 영향을 미치는 변수 중 어느 한 변수의 변화에 의해서 투자안의 NPV가 어느 정도 영향을 받는가를 분석하는 기법이다. 민감도분석을 설명하기 위하여 앞의 〈표 10-2〉의 예를 그대로 사용할 것이다. 먼저 이 표에서 제시된 매출액, 비용 그리고 현금흐름을 계산하는 데 사용된 가정들을 고려해 보자.

① 매출액: 터보엔진에 대한 매출액은 마케팅부서에 의해서 다음과 같이 추정된 것이다.

· 터보엔진의 매출량 = 시장점유율 × 터보엔진시장의 규모
= 0.30 × 10,000 = 3,000개

· 매출액 = 터보엔진의 매출량 × 단위당 판매가격
= 3,000 × 2백만원 = 6,000백만원

그러므로 매출액의 추정치는 시장점유율, 터보엔진시장의 규모 그리고 단위당 판매가격 등에 대한 가정에 의존하고 있음을 알 수 있다.

② 비 용: 재무분석가는 빈번하게 비용을 변동비와 고정비의 두 형태로 나눈다. 변동비(variable costs)는 생산량(조업도)에 따라 변하는 비용으로서 생산이 없을 때는 0이 된다. 직접노무비와 원재료비 등은 항상 변동적이다. 일반적으로 변동비는 생산량에 따라 비례적으로 변한다고 가정한다. 전형적인 변동비는 생산량 1개당 비용이 일정한 비용이다. 예를 들어 최종생산량 1개에 10원의 직접노무비가 발생된다면, 최종생산량 100개에 대해서 1,000원의 직접노무비가 소요될 것이다.

고정비(fixed costs)는 일정한 기간 동안에 생산된 재화나 서비스의 양에 따라 변하지 않는 비용이다. 이와 같은 고정비는 1개월간 임대료, 관리직 사원의 연간 봉급 등과 같이 항상 일정한 기간에 대한 비용으로 측정된다. 그러나 고정비는 단지 사전에 정해진 기간 동안의 일정 생산량 범위 내에서만 고정되며, 영구적으로 고정되지는 않는다는 점을 유의하여야 한다.

생산된 제품의 단위당 변동비는 엔지니어링부서에 의해서 1백만원으로 추정되었다. 그리고 고정현금지출비용은 연간 1,791백만원이다.[10] 이와 같은 비용들을 분석하면 다음과 같다.

---

10) 고정비 = 고정현금지출비용 + 감가상각비

· 변동비 = 터보엔진의 매출량 × 단위당 변동비
= 3,000 × 1백만원 = 3,000백만원

· 총비용 = 변동비 + 고정현금지출비용
= 3,000백만원 + 1,791백만원 = 4,791백만원

초기의 투자액뿐만 아니라 시장규모, 시장점유율, 판매가격, 변동비 그리고 고정현금지출비용 등에 대한 추정치들은 〈표 10-3〉의 중간 열에 나타나 있다. 이러한 수치는 여러 가지 매개변수(parameter)에 대한 기업의 기대치 또는 최선의 추정치를 나타낸다. 비교를 위하여 기업의 분석가는 여러 가지 변수들에 대한 낙관적인 예측치와 비관적인 예측치도 역시 준비하였다. 이러한 것들도 역시 그 표에 나타나 있다.

표 10-3 ㈜새나라기계의 터보엔진에 대한 다양한 추정치

변 수	비 관 적	기대 또는 최선	낙 관 적
시장규모(연간)	5,000개	10,000개	20,000개
시장점유율	20%	30%	50%
판매가격(단위당)	1.9백만원	2백만원	2.2백만원
변동비(단위당)	1.2백만원	1백만원	0.8백만원
고정현금지출비용(연간)	1,891백만원	1,791백만원	1,741백만원
투자액	1,900백만원	1,500백만원	1,000백만원

표 10-4 민감도분석을 사용하여 계산된 ㈜새나라기계의 터보엔진에 대한 1년도 말 시점의 순현가 (단위: 백만원)

변 수	비 관 적	기대 또는 최선	낙 관 적
시장규모(연간)	−1,802*	1,517	8,154
시장점유율	−696*	1,517	5,942
판매가격(단위당)	853	1,517	2,844
변동비(단위당)	189	1,517	2,844
고정현금지출비용(연간)	1,295	1,517	1,628
투자액	1,208	1,517	1,903

* 손실이 발생하는 경우에 충분한 세금절감효과를 얻을 수 있을 정도로 기존 기업의 이익이 발생한다고 가정하여 계산되었다.

표준적인 민감도분석은 다른 모든 변수들에 대해서는 기대된 예측치를 가정한 후, 하나의 변수에 대해서 주어진 상황에 따라 NPV를 계산하는 것이다. 그 결과는 〈표 10-4〉에 나타나 있다.

〈표 10-4〉는 다음과 같은 여러 가지 목적을 위해서 사용될 수 있다.

첫째, 전체적으로 볼 때, 이 표는 NPV분석의 신뢰성을 나타내 준다. 즉 기대된 추정치에 의해서 계산된 순현가에 의해서 투자안을 평가할 경우, 그 평가가 잘못될 가능성이 어느 정도인지를 보여준다. 예를 들어 〈표 10-4〉에서는 음(-)의 순현가를 가질 가능성이 두 가지 경우밖에 없으므로 ㈜새나라기계의 순현가에 의한 투자안 평가는 유용한 것으로 평가할 수 있다.

둘째, 이 표는 투자안의 순현가에 결정적으로 영향을 미치는 변수를 확인하여 그 변수에 대한 추가적인 정보가 필요한지를 검토할 수 있다. 예를 들어 투자액의 경우에는 비관적인 상황에서도 정(+)의 순현가가 나타나므로 투자안을 평가할 때 투자액에 대한 오차는 상대적으로 중요하지 않음을 알 수 있다. 이와는 달리 시장규모와 시장점유율이 비관적일 경우 음(-)의 순현가가 나타날 가능성이 있으며, 특히 시장규모가 비관적인 상황에서 순현가가 아주 큰 음(-)의 값을 가지게 되어 기업에 치명적인 손실을 입힐 수 있다. 그러므로 이 투자안을 평가하기 위하여 시장규모와 시장점유율에 대해서 보다 정확한 추가적인 정보를 수집하여야 할 것이다.

결론적으로 민감도분석은 NPV에 결정적인 영향을 미치는 변수를 확인하여 그 변수에 대한 추가적인 정보가 필요한가를 검토하는 데 유용한 기법이다. 그러나 민감도분석에는 다음과 같은 한계점이 있다.

첫째, 민감도분석은 주관적인 상황판단에 의해서 경영자들에게 잘못된 결과를 제공할 수 있다. 예를 들어 모든 비관적 예측치에 대해서 정(+)의 순현가가 나타나는 경우에 경영자는 그 투자안에서 손실이 발생되지 않을 것으로 믿게 된다. 그러나 이와 같은 경우는 단순히 비관적 예측치에 대한 낙관적인 전망에 의해서 나타날 수 있음을 유의하여야 한다. 상황에 대한 객관적인 판단은 아주 어려운 일이다.

둘째, 민감도분석은 실제로 여러 변수들이 관련되어 있을 가능성이 높음에도 불구하고 독립적으로 각 변수를 처리한다는 문제점을 가지고 있다. 예를 들어 만약 비효율적인 관리에 의해 통제불가능한 비용이 허용된다면, 변동비, 고정현금지출비용 그리고 투자액은 모두 동시에 기대 이상으로 상승할 것이다. 그리고 승용차시장에서 새로운 터보엔진이 잘 수용되지 못한다면, 시장점유율과 판매가격은

표 10-5 유가가 상승한다는 시나리오하에서 ㈜새나라기계의 터보엔진생산에 대한 현금흐름 추정 (단위: 백만원)

	1년도	2년도~6년도
① 매출액		2,800
② 변동비		1,400
③ 고정현금지출비용		1,791
④ 감가상각비		300
⑤ 세전 순이익		−691
⑥ 법인세($T_C=0.34$)		−235*
⑦ 순이익		−456
(1) 영업현금흐름(①-②-③-⑥)		−156
(2) 투자비용	−1,500	
현금흐름[(1)+(2)]	−1,500	−156

* 손실에 의한 세금절감액.

함께 하락할 것이다.

이와 같은 문제점을 해결하기 위하여 발생가능한 여러 가지 다른 시나리오를 검토하는 시나리오분석(scenario analysis)을 이용할 수 있다. 예를 들어 급격한 유가의 상승효과를 고려해 보자. 유가의 상승은 승용차시장의 규모, 시장점유율, 판매가격 등에 영향을 미칠 것이다. 예를 들어 유가상승으로 인하여 시장규모(연간)는 기대치의 70% 수준인 7,000개, 시장점유율은 기대치의 2/3 수준인 20%가 된다고 하자. 이 경우 각 변수의 추정치와 그것에 의해서 산출된 현금흐름은 〈표 10-5〉에 주어져 있다.

그러므로 〈표 10-5〉에서 주어진 현금흐름에 의해 투자안의 순현가(1년도 말 시점의 가치)를 구하면 다음과 같다.

$$NPV = -1{,}500 + \sum_{t=1}^{5}\frac{-156}{(1.15)^t}$$
$$= -1{,}500 - 156\times PVIFA_{.15,\,5} = -2{,}023\text{백만원}$$

이와 같은 시나리오분석은 민감도분석보다 훨씬 효과적으로 투자안과 관련된 문제들을 밝혀 줄 수 있다.

3.3 손익분기점분석

민감도분석과 시나리오분석은 예측에서의 변동가능성을 검토하는 데 다양한 방법이 존재함을 제시한다. 이와 관련된 또 다른 접근법에는 손익분기점분석(break-even point analysis)이 있다. 그 이름이 의미하듯이 이 접근법은 수입과 지출을 동일하게 하는(이익도 손실도 없는) 매출량 또는 매출액을 결정하는 것이다. 이 접근법은 정확하지 못한 예측의 심각성을 밝히는 것으로서 민감도분석을 보완해 주는 유용한 기법이다. 손익분기점은 회계적 이익 또는 현재가치의 개념을 이용하여 계산될 수 있다. 설명을 위하여 ㈜새나라기계의 터보엔진에 대한 예를 그대로 사용한다.

1) 회계적 손익분기점

다음과 같은 네 가지의 다른 매출량의 예측치에 의하여 순이익을 계산하면 각각 다음과 같다.

매출량(개)	순이익(백만원)
0	−1,380
1,000	−720
3,000	600
10,000	5,220

수익과 비용에 대한 보다 자세한 내용은 〈표 10-6〉에 주어져 있다.[11)]

매출량에 관한 다른 가정하에서 수익(매출액), 비용 그리고 이익을 각각 나타내면 〈그림 10-7〉과 같다. 매출량이 2,091개인 점에서 수익과 비용이 일치한다. 이것이 이익도 손실도 발생하지 않는 손익분기점이다. 이 경우 매출량이 2,091개 이상되면 이익이 발생하게 된다.

이와 같은 손익분기점은 매우 쉽게 계산될 수 있을 것이다. 단위당 판매가격이 2백만원이고 단위당 변동비가 1백만원이기 때문에 그것들의 단위당 세후차이액은 다음과 같다.

$$(\text{단위당 판매가격} - \text{단위당 변동비}) \times (1 - T_C)$$
$$= (2\text{백만원} - 1\text{백만원}) \times (1 - 0.34) = 0.66\text{백만원}$$

11) 손익분기점분석에서는 매출량을 제외한 모든 다른 변수에 대해서 기대치 또는 최선의 추정치를 사용한다.

표 10-6 매출량에 따른 투자안의 순이익과 순현가의 계산 (단위: 백만원)

	1년도	2년도~6년도			
매출량		0	1,000	3,000	10,000
매출액		0	2,000	6,000	20,000
변동비		0	1,000	3,000	10,000
고정현금지출비용		1,791	1,791	1,791	1,791
감가상각비		300	300	300	300
세전 순이익		−2,091	−1,091	909	7,909
법인세($T_C=0.34$)		−711*	−371*	309	2,689
순이익		−1,380	−720	600	5,220
영업현금흐름		−1,080	−420	900	5,520
투자비용	−1,500				
NPV(1년도 말의 가치)		−5,120	−2,908	1,517	17,004

* 손실에 의한 세금절감액.

그림 10-7 회계적 손익분기점

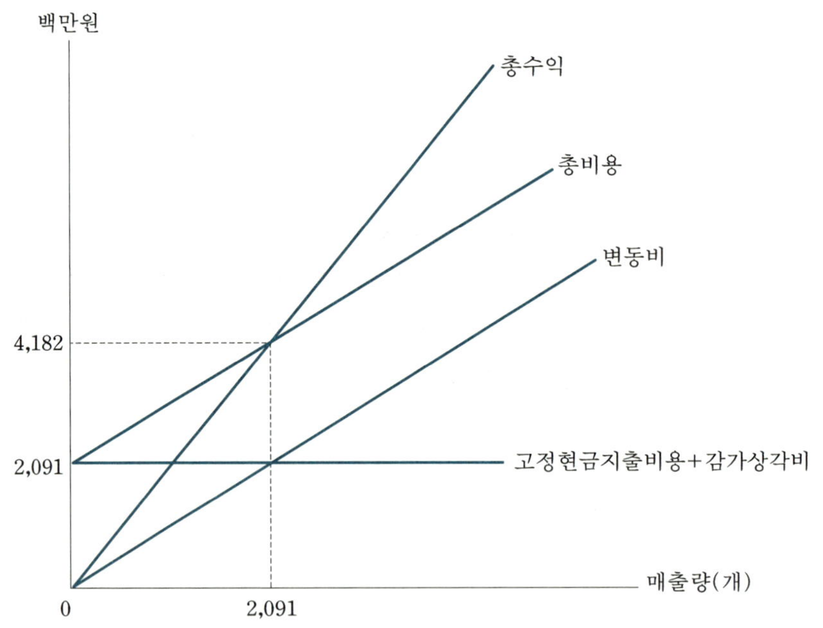

단위당 판매가격과 단위당 변동비의 세후 차이는 추가적인 터보엔진 1개가 세후 이익에 기여하는 금액으로서 공헌이익(contribution margin)이라 한다.

고정현금지출비용은 1,791백만원 그리고 감가상각비는 300백만원이므로 이러한 비용들의 세후 합계는 다음과 같다.

$$(\text{고정현금지출비용} + \text{감가상각비}) \times (1 - T_C)$$
$$= (1{,}791\text{백만원} + 300\text{백만원}) \times (1 - 0.34) = 1{,}380\text{백만원}$$

즉 기업은 매출량에 관계없이 항상 1,380백만원의 세후 고정비용을 지출하여야 한다. 각 엔진 1개는 0.66백만원만큼 세후 이익에 공헌하기 때문에 비용을 완전히 상쇄할 수 있는 매출량은 다음과 같이 구할 수 있다.

$$\frac{(\text{고정현금지출비용} + \text{감가상각비}) \times (1 - T_C)}{(\text{단위당 판매가격} - \text{단위당 변동비}) \times (1 - T_C)}$$
$$= \frac{1{,}380\text{백만원}}{0.66\text{백만원}} = 2{,}091\text{개}$$

그러므로 회계적 손익분기점(accounting break-even point)에 도달하는 매출량은 2,091개이다.

2) 재무적 손익분기점

앞에서 이미 여러 번 지적하였지만 회계적 이익개념은 여러 가지 점에서 문제를 안고 있다. 그러므로 현금흐름에 기초하여 계산된 재무적 손익분기점(financial break-even point)을 계산하는 것이 보다 타당하다. 재무적 손익분기점은 순현가를 0으로 만드는 매출량을 의미한다. 다시 말하면 현금유입의 현가와 현금유출의 현가를 같게 만드는 매출량이 재무적 손익분기점이다. 주어진 할인율 15%에 의해서 투자안의 순현가를 구하면 다음과 같다.

매출량(개)	순현가(백만원)
0	−5,120
1,000	−2,908
3,000	1,517
10,000	17,004

여기서 ㈜새나라기계의 재무적 손익분기점은 1,000개와 3,000개 사이에 있음을 알 수 있다.

재무적 손익분기점은 다음과 같이 계산될 수 있다. 기업의 원래 투자액은 1,500백만원이다. 이러한 초기의 투자액은 다음 5년 동안의 연간 등가비용(AEC)으로 환산될 수 있다.

$$AEC = \frac{\text{초기의 투자액}}{\text{연금의 현가이자요소}} = \frac{\text{초기의 투자액}}{PVIFA_{.15,\ 5}}$$
$$= \frac{1{,}500\text{백만원}}{3.3522} = 447.5\text{백만원}$$

447.5백만원의 AEC는 매년의 감가상각비 300백만원보다 큼을 유의하라. AEC에서는 1,500백만원의 투자액이 15%로 투자될 수 있다는 가정을 하기 때문에 AEC는 항상 감가상각비보다 커지게 된다. AEC와 감가상각비는 모두 초기의 투자액을 연간 비용으로 배분하기 위하여 사용된다는 점에서 유사하나, 감가상각비는 투자액의 기회비용을 고려하지 않는 반면, AEC는 투자액의 기회비용까지 고려하여 계산된 연간 비용이라는 점에서 서로 다르다. 즉 AEC는 화폐의 시간적 가치를 고려한 개념이나, 감가상각비는 화폐의 시간적 가치를 무시한 개념이라 할 수 있다.

생산량과 관계없이 항상 일정한 세후 고정비는 다음과 같다.

$$\text{고정현금지출비용} \times (1 - T_C) + AEC - \text{감가상각비} \times T_C$$
$$= 1{,}791(1 - 0.34) + 447.5 - 300 \times 0.34 = 1{,}528\text{백만원}$$

여기서 「감가상각비×T_C」는 감가상각비의 세금절감액으로서 현금유입에 해당되기 때문에 세후 고정비, 즉 고정적인 현금유출액을 계산할 때는 빼준다. 각 엔진 1개는 0.66백만원만큼 세후 이익에 공헌하기 때문에 비용(고정적 현금유출액)을 완전히 상쇄할 수 있는 매출량은 다음과 같이 구할 수 있다.

$$\frac{\text{고정현금지출비용} \times (1 - T_C) + AEC - \text{감가상각비} \times T_C}{(\text{단위당 판매가격} - \text{단위당 변동비}) \times (1 - T_C)}$$
$$= \frac{1{,}528\text{백만원}}{0.66\text{백만원}} = 2{,}315\text{개}$$

그러므로 재무적 손익분기점에 도달하는 매출량은 2,315개이다.

회계적 손익분기점과 재무적 손익분기점이 서로 다른 이유는 무엇일까? 손익분기점을 계산하는 기초로서 회계적 이익을 사용할 때는 감가상각비를 차감한다. 터보엔진에 대한 투자안의 감가상각비는 300백만원이었다. 만약 2,091개의 터보엔진이 팔린다면, ㈜새나라기계는 300백만원의 감가상각비와 다른 비용(변동비와 고정현금지출비용)을 합한 금액을 모두 회수할 수 있다. 그러나 불행하게도 이와 같은 매출량수준에서는 ㈜새나라기계는 투자로 인하여 지출된 1,500백만원에 대한 기회비용을 보상받지 못한다. 만약 1,500백만원을 15%로 투자할 수 있다는 것을 고려한다면, 투자의 진실한 연간 비용은 300백만원이 아니라 447.5백만원이다. 감가상각비는 초기의 투자액을 회수하는 데 소요되는 진실한 비용을 과소계상하고 있다. 그러므로 실제적으로 볼 때 회계적 손익분기점에서는 초기의 투자에 대한 기회비용만큼 손실이 발생한다고 할 수 있다.

3.4 시뮬레이션분석

시뮬레이션분석(simulation analysis)은 민감도분석과는 달리 여러 변수가 동시에 변할 경우에 투자안의 순현가가 어떻게 되는지를 살펴보는 방법이다. 이는 추정하고자 하는 특정 투자안의 각 변수에 대한 확률분포를 전제로 하여 실제 그 확률분포에 따라 변수를 실현시켜 그 결과를 분석하는 방법으로서, 일반적으로 다음과 같은 4단계를 거쳐 이루어진다.

- 단계 1: 투자분석모형을 정형화한다.
- 단계 2: 각 변수의 확률분포를 추정하여 난수(random number)를 부여한다.
- 단계 3: 난수표를 이용하여 각 변수에 대한 난수를 뽑고, 뽑힌 난수에 대응하는 각 변수의 값을 이용하여 현금흐름을 계산한다.
- 단계 4: 앞의 단계 2와 단계 3을 반복 실시하여 현금흐름의 확률분포를 추정한 후, 순현가를 구하여 투자안을 평가한다.

이와 같은 시뮬레이션분석은 비용이 많이 소요되며, 모형을 설계하는 데 시간이 많이 걸린다는 단점은 있으나, 각 변수들의 복잡한 상호관계를 충분히 고려함으로써 복잡한 현실에 대한 적응력을 높일 수 있다는 장점이 있다.

주 요 용 어

기업의 자본비용(273)
투자안의 자본비용(274)
대용기업(274)
주식베타(277)
영업레버리지도(278)
재무레버리지도(280)
결합레버리지도(281)
경영위험(283)
자산베타(284)
재무위험(285)
가중평균자본비용(286)
위험조정할인율법(289)
위험조정할인율(289)
확실성등가법(289)
확실성등가계수(289)
의사결정수(295)
민감도분석(299)
시나리오분석(302)
손익분기점분석(303)
공헌이익(305)
회계적 손익분기점(305)
재무적 손익분기점(305)
시뮬레이션 분석(307)

연 습 문 제

1 CAPM에 의한 위험투자안 평가

한솔주식회사는 독립적인 4개의 투자안을 고려하고 있으며, 그 투자안들과 시장포트폴리오의 미래수익률 확률분포는 각각 다음과 같다.

상 황	확 률	시장수익률	투자안의 수익률			
			투자안 A	투자안 B	투자안 C	투자안 D
1	0.1	−0.15	−0.30	−0.30	−0.09	−0.05
2	0.3	0.05	0.10	−0.10	0.01	0.05
3	0.4	0.15	0.30	0.30	0.05	0.10
4	0.2	0.20	0.40	0.40	0.08	0.15

단, 무위험이자율은 5%이다.

위의 자료를 이용하여 다음의 물음에 답하라.

(1) 시장포트폴리오의 기대수익률, 분산 그리고 표준편차를 구하라.

(2) 각 투자안의 실제 기대수익률, 그리고 시장수익률과의 공분산을 구하라.

(3) 각 투자안의 베타와 요구수익률을 구하라.

(4) 각 투자안을 평가하라.

2 영업레버리지도(DOL), 재무레버리지도(DFL), 결합레버리지도(DCL)

팩시밀리 단일품목만 생산하고 있는 ㈜청운전자는 20×1년도에 대당 20만원 하는 팩시밀리를 10,000대 판매하였다. 보통주 10만주를 발행하고 있는 이 회사의 20×1년도 손익계산서는 다음과 같다.

손익계산서

㈜청운전자	(20×1. 1. 1 ~20×1. 12. 31)	(단위: 만원)
	매출액	200,000
	변동영업비용	100,000
	고정영업비용	50,000
	영업이익(EBIT)	50,000
	이자비용	10,000
	법인세비용차감전 순이익	40,000
	법인세비용(법인세율 = 40 %)	16,000
	순이익	24,000
	÷총발행주식수	÷10만주
	주당순이익(EPS)	2,400원

(1) ㈜청운전자의 20×1년도 매출액수준에서 영업레버리지도, 재무레버리지도 그리고 결합레버리지도를 구하라.

(2) ㈜청운전자의 20×2년도 매출액이 전년도에 비해 10% 증가할 경우, 이 회사의 20×2년도의 추정손익계산서를 작성하라.

3 자산베타

명랑주식회사의 자본구조는 다음과 같다.

증 권	베 타	총시장가치
부 채	0.00	100억원
우 선 주	0.20	40억원
보 통 주	1.20	200억원

(1) 이 회사의 자산베타를 구하라.

(2) 이 회사는 보통주를 발행하여 140억원의 자금을 조달한 후, 그 자금으로 모든 부채와 우선주를 재매입하려고 한다. 이 경우 자산베타는 어떻게 변하는가?

4 자산베타와 사업부의 자본비용

소주와 맥주를 생산하는 매화주조는 다음과 같은 2개의 사업부를 가지고 있다.

(단위: 억원)

사 업 부	시장가치
소주사업부	60
맥주사업부	40

사업부의 자본비용을 추정하기 위하여, 매화주조는 소주사업부에 대해서는 진로, 그리고 맥주사업부에 대해서는 OB맥주를 각각 사업부에 대한 대용기업으로 선정하였다. 각 대용기업에 관한 자료는 다음과 같다.

대용기업	주식베타	$B/(S+B)$
진 로	0.8	0.3
OB맥주	1.2	0.4

단, 무위험이자율은 7%, 시장의 기대수익률은 15%이다.

위의 자료를 이용하여 다음의 요구사항에 답하라.

(1) 무위험부채를 가정하여, 매화주조의 각 사업부에 대한 자산베타를 추정하라.

(2) 현재 매화주조의 부채구성비율이 0.4일 때, 매화주조의 주식베타를 구하라.

(3) 매화주조의 각 사업부의 자본비용을 추정하라.

(4) 부채베타가 0.2인 경우 매화주조의 각 사업부의 자본비용을 추정하라.

5 사업부의 가치평가 (CPA 2003 수정)

무부채기업인 ㈜남북은 A, B 두 개의 사업부를 가지고 있다. 각 사업부의 기대현금흐름은 다음 표와 같다. (−)는 현금유출을, (+)는 현금유입을 의미한다.

(단위: 억원)

사업부 \ 시점	0	1년도 말
A	−100	+160.5
B	−100	+282.5

사업부 A의 베타는 0.5, 사업부 B의 베타는 1.5이다. 무위험수익률은 4%, 시장포트폴리오의 기대수익률은 10%이다. 이상의 자료를 이용하여 다음의 물음에 답하라.

(1) 각 사업부의 순현재가치를 구하라.

(2) ㈜남북의 베타를 이용하여 ㈜남북의 시장가치를 구하라.

6 투자안의 자본비용과 투자안 평가

와룡주식회사는 현재 4,800만원을 투자하면 1년도 말에 500만원의 현금흐름이 들어오고, 그 후 매년 5%씩 증가된 현금흐름이 영구적으로 들어올 수 있는 새로운 투자안을 고려하고 있다. 이 회사의 총자본은 부채와 자기자본으로 구성되어 있으며, 총자본에 대한 부채의 구성비율은 50%를 유지하고 있다. 이와 같은 자본구조는 이 회사가 생각할 때 가장 이상적인 자본구조로서 새로운 투자안에 소요되는 자금도 동일한 자본구조를 유지할 수 있도록 조달할 것이다. 그리고 이 회사가 현재 고려하고 있는 투자안은 기존 기업의 체계적 위험과 동일한 위험을 가지고 있다고 한다. 현재 이 회사의 주식 베타는 2.0이며, 부채의 위험은 없다고 한다. 시장의 기대수익률과 무위험이자율이 각각 15%, 8%일 경우, 다음의 물음에 답하라.

(1) 투자안의 자기자본비용과 부채의 자본비용을 각각 구하라.
(2) 물음 (1)의 결과를 이용하여 투자안의 자본비용을 구하라.
(3) 투자안의 베타(자산베타)를 구하라.
(4) 물음 (3)의 결과를 이용하여 투자안의 자본비용을 구하라.
(5) 물음 (2)와 (4)의 결과를 서로 비교하라.
(6) 투자안을 평가하라.

7 위험조정할인율법과 확실성등가법 (CPA 1994 수정)

다음과 같은 현금흐름이 예상되는 투자안이 있다.

(단위: 만원)

연 도 말	기대현금흐름
0	−100
1	40
2	60
3	70

이 투자안의 베타는 1.5이다. 그리고 무위험이자율과 시장의 기대수익률은 각각 8%와 16%이다.(단, 투자안의 베타, 무위험이자율 그리고 시장의 기대수익률은 시간에 따라 항상 일정하다고 가정한다.)

(1) 투자안의 기회비용을 추정하고 순현가를 구하라.
(2) 각 연도 말에 기대되는 현금흐름의 확실성등가계수를 추정하라.
(3) 확실성등가계수가 매년 감소되는 이유를 설명하라.
(4) 투자자의 위험에 대한 태도가 달라진다면, 물음 (2)에서 추정한 확실성등가계수는 어떻게 되겠는가?

8 고급 효용함수와 확실성등가법 (CPA 2003 수정)

새로 설립될 ㈜충남은 무부채기업으로서 사업을 시작하면서 두 개의 상호배타적인 무위험투자안 A와 위험투자안 B를 놓고 투자여부를 검토중이다. 두 투자안의 투자금액은 같지만 투자기간은 2년과 1년으로 서로 다르며, 각 투자안의 경우 투자종료 후에도 동일한 투자기회가 계속 반복될 수 있다고 가정한다. 한편 ㈜충남과 유사한 사업위험을 갖고 있는 ㈜대전은 부채(무위험) 3,000만원, 자기자본 6,000만원이며, 자기자본베타는 1.5이다. 그리고 법인세는 없으며, 시장의 무위험수익률은 5%, 시장포트폴리오의 기대수익률은 10%이고, 이는 이후의 모든 기간에도 계속 적용된다고 가정한다.(금액은 원단위 미만 절사, 즉 만원단위 기준으로 계산하는 경우에는 소수점 넷째 자리 미만 절사, 금액 이외의 경우에도 소수점 넷째 자리 미만 절사함.)

무위험투자안 A	
시점	현금흐름(만원)
0	-5,000
1	2,600
2	3,200

위험투자안 B		
시점	확률	현금흐름(만원)
0	1.0	-5,000
1	0.5	3,500
	0.5	8,000

(1) 효용함수가 $U(X)=\sqrt{X}$(단, X는 현금흐름으로 단위는 만원임)로 알려져 있는 갑이 ㈜충남의 소유경영자(1인 소유기업)가 된다면, 어느 투자안을 선택할 것인지 갑의 위험태도를 반영한 확실성등가법을 이용하여 투자안을 평가하라.

(2) 효용함수가 $U(X)=\sqrt[4]{X}=\sqrt{\sqrt{X}}$(단, X는 현금흐름으로 단위는 만원임)로 알려져 있는 을이 ㈜충남의 소유경영자(1인 소유기업)가 된다면, 어느 투자안을 선택할 것인지 을의 위험태도를 반영한 확실성등가법을 이용하여 투자안을 평가하라. 그리고 시장에서 평가하는 투자안 B의 1년 후 현금흐름에 대한 확실성등가계수와 갑, 을 각 개인이 평가하는 확실성등가계수를 계산하고 비교하라.

(3) 갑과 을은 ㈜충남의 주주로만 참여하고 경영은 전문경영자에게 맡기기로 하였다고 하자. 이 경영자 입장에서 모든 주주가 동의하는 만장일치의 투자결정을 하기 위해서는 ① 어떤 시장조건이 필요한지 그 내용을 기술하고, ② 이 시장조건하에서 자본예산과 관련하여 경제적으로 중요한 의미를 갖는 내용이 무엇인지 간단히 설명하라(①, ②의 설명은 각각 2줄 이내). ③ 또한 이러한 시장조건하에서 투자안을 평가하라.

(4) 위험투자안 B에 내포되어 있는 위험을 회피할 수 있는 어떤 제도적 방법이 도입된다고 하면, 갑과 을은 이 제도에 대해 어느 정도의 비용까지 부담할 의사가 있다고 보는가?

9

고급 CAPM을 이용한 가치평가

내용연수(1년)와 투자비용(1,000만원)이 동일한 상호배타적인 두 투자안에 관한 자료는 다음과 같다.

상 황	확 률	1년후 현금흐름		시장수익률
		투자안 A	투자안 B	
1	1/3	2,000만원	1,800만원	30%
2	1/3	2,200	2,200	15
3	1/3	2,400	2,600	45

어느 투자안을 선택하여야 하는가?

10

의사결정수를 이용한 투자안 평가

㈜종로는 지금 전자산업에 진출할 예정이다. 이 회사는 먼저 시제품을 생산하여 시험마케팅을 실시한 후, 그 결과에 따라 본격적인 생산에 들어가려고 한다. 시험마케팅에 소요되는 기간은 1년, 그 투자비용은 1,250만원 그리고 시험마케팅의 성공확률은 50%로 추정된다. 시험마케팅이 성공적인 경우 전자제품 생산에 투자하면 매년 영구적으로 2,500만원의 현금흐름이 기대되고, 시험마케팅이 실패하는 경우 전자제품 생산에 투자하면 매년 영구적으로 750만원의 현금흐름이 기대된다. 전자제품 생산에 소요되는 투자비용은 10,000만원으로 예상된다. 자본비용이 10%일 때 이 투자안을 평가하라.

11

고급 의사결정수, 투자안 연기의 가치 (CPA 2005 수정)

㈜에어테크는 ㈜스카이항공으로부터 다음과 같은 제안을 받았다.

"비행기용 특수부품의 성능이 보통이면 연간 70개를 개당 20억원에 매입하고, 성능이 우수하면 연간 100개를 개당 30억원에 매입하겠다."

㈜에어테크가 특수부품을 개발하는 데 1년이 소요되며, 500억원을 즉시 지출해야 한다.(단, 개발비용 500억원에 대해서는 세금을 고려하지 않는다.) 개발된 부품의 성능이 보통일 확률은 70%이고, 우수할 확률은 30%이다. 부품개발 완료 즉시 부품생산을 위해 1,500억원을 투자해야 하며, 잔존가치 없이 정액법으로 3년간 감가상각된다. 부품의 성능에 관계없이 변동비용은 개당 10억원, 감가상각비를 제외한 고정비용은 연간 200억원이 들 것으로 예상된다. 이를 정리하면 다음과 같다.(t는 시점을 나타냄.)

(단위: %, 억원, 개)

부품성능	확률	투자금액 (t=1)	3년간(t=2, 3, 4)				
			판매수량	판매단가	변동비용	총고정비용	감가상각비
보통	70	1,500	70	20	10	200	500
우수	30	1,500	100	30	10	200	500

자기자본만으로 구성된 ㈜에어테크의 적절한 할인율은 10%이고, 법인세율은 34%이다. 할인율 10%, 기간 3년인 연금의 현가이자요소($PVIFA_{.1,3}$)는 2.4869이다.(모든 금액은 억원 단위로 소수점 둘째 자리까지만 표시한다.)

(1) 부품의 성능이 보통일 경우와 우수할 경우의 연간 영업현금흐름(OCF)은 각각 얼마인가?

(2) 부품의 성능이 보통일 경우와 우수할 경우의 개발완료 시점(t=1)에서의 순현가(NPV)는 각각 얼마인가?

(3) ㈜에어테크가 ㈜스카이항공이 제안한 내용대로 부품개발 전에 계약을 체결한다면 현재시점(t=0)에서의 순현가(NPV)는 얼마인가?

(4) 당장 계약을 체결하는 대신 부품개발 완료시점(t=1)에서 ㈜스카이항공이 제시한 내용대로 계약을 체결할 수 있는 권한이 ㈜에어테크에게 주어진다면 현재 시점(t=0)에서의 순현가(NPV)는 얼마인가?

(5) 당장 계약을 체결하지 않고 부품개발 완료 시점에서 생산 및 판매여부를 결정할 수 있는 프로젝트의 순현가(NPV)는 당장 부품을 개발·생산·판매하기로 하는 계약을 체결하는 프로젝트의 순현가(NPV)와 얼마나 차이가 나는가? 이 차이를 "무엇"의 가치라고 부르는가?

12 민감도분석과 손익분기점 분석

성인용 의류를 생산하고 있는 ㈜명동패션은 지금 아동용 의류시장에 진출하는 것을 고려하고 있다. 이 회사가 아동용 의류시장에 진출하는 경우에 소요되는 초기의 투자비용은 1억 5천만원이다. 이 경우 향후 10년 동안의 시장규모, 시장점유율, 판매가격, 변동비 그리고 고정현금지출비용 등은 주어진 세 가지 상황에 따라 각각 다음과 같이 추정된다.

변 수	비 관 적	기대 또는 최선	낙 관 적
시장규모(연간)	9,000,000개	10,000,000개	11,000,000개
시장점유율	0.4%	1%	1.6%
판매가격(단위당)	3,500원	3,750원	3,800원
변동비(단위당)	3,600원	3,000원	2,750원
고정현금지출비용(연간)	40백만원	30백만원	20백만원

초기의 투자비용은 10년에 걸쳐 정액법에 의해 완전상각되고, 법인세율은 50%이며, 투자안에 대한 기회자본비용은 10%라고 한다.

(1) 기대되는 상황하에서의 순현가를 구하라.

(2) 민감도분석에 의해서 순현가에 결정적으로 영향을 미칠 수 있는 변수를 확인하라.

(3) 회계적 손익분기점과 재무적 손익분기점을 각각 구하고, 그것들이 서로 다른 이유를 설명하라.

제 4 편 자본구조와 배당정책

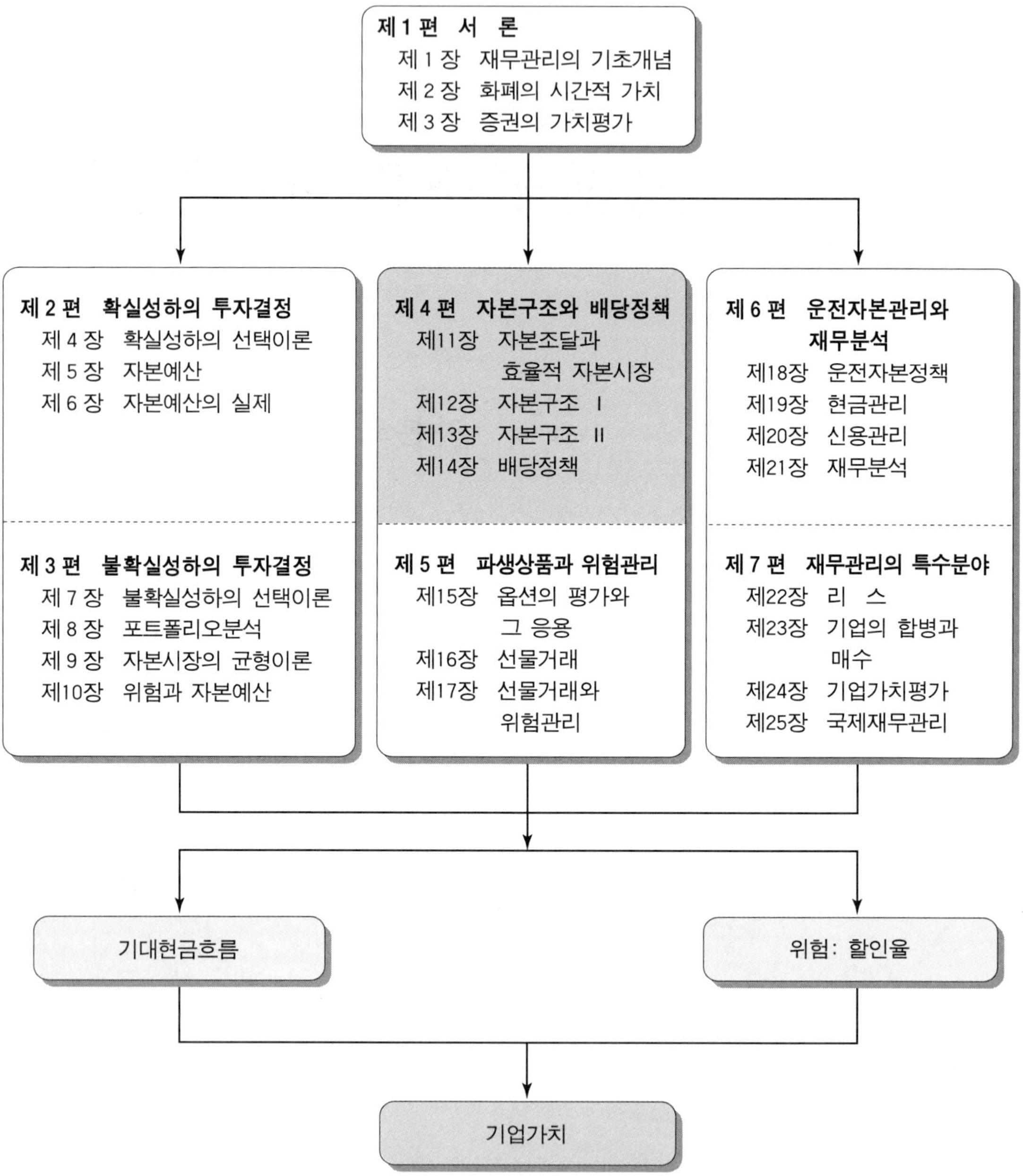
제 1 편 서 론
제 1 장 재무관리의 기초개념
제 2 장 화폐의 시간적 가치
제 3 장 증권의 가치평가
제 2 편 확실성하의 투자결정
제 4 장 확실성하의 선택이론
제 5 장 자본예산
제 6 장 자본예산의 실제
제 3 편 불확실성하의 투자결정
제 7 장 불확실성하의 선택이론
제 8 장 포트폴리오분석
제 9 장 자본시장의 균형이론
제10장 위험과 자본예산
제 4 편 자본구조와 배당정책
제11장 자본조달과 효율적 자본시장
제12장 자본구조 I
제13장 자본구조 II
제14장 배당정책
제 5 편 파생상품과 위험관리
제15장 옵션의 평가와 그 응용
제16장 선물거래
제17장 선물거래와 위험관리
제 6 편 운전자본관리와 재무분석
제18장 운전자본정책
제19장 현금관리
제20장 신용관리
제21장 재무분석
제 7 편 재무관리의 특수분야
제22장 리 스
제23장 기업의 합병과 매수
제24장 기업가치평가
제25장 국제재무관리
기대현금흐름
위험: 할인율
기업가치

제 11 장

자본조달과 효율적 자본시장

지금까지는 대차대조표의 차변과 관련된 내용, 즉 투자결정문제를 설명하였다. 이제부터는 대차대조표의 대변과 관련된 내용, 즉 자본조달결정문제를 다루고자 한다. 자본조달결정문제는 투자결정에 관계없이 단순히 자본구조만 변경함으로써 기업가치를 변화시킬 수 있는가에 관한 문제이다. 이와 같은 자본조달결정과 기업가치간의 관계를 정확히 파악하기 위하여 이제부터는 기업의 투자결정이 고정되어 있다고 가정한다.

자본조달결정문제를 본격적으로 설명하기 전에 자본시장과 자본조달수단들에 대한 개괄적인 개념을 이해할 필요가 있다. 그러므로 본장에서는 먼저 현대 자본시장이론에서 중요한 위치를 차지하고 있는 효율적 자본시장에 대해서 살펴본 후, 기업이 선택할 수 있는 장기적 자본조달수단들을 개괄적으로 소개하기로 한다.

1 자본조달결정과 가치창출

기업은 두 가지 주요한 재무의사결정, 즉 투자결정과 자본조달결정에 의해 새로운 가치를 창출하여야 한다. 지금까지 설명한 투자결정문제의 결론은 정(+)의 순현가를 가지는 투자안을 채택함으로써 새로운 가치를 창출할 수 있다는 것이다.[1] 그러면 자본조달결정에 의해서도 기업가치를 증가시킬 수 있는가? 이에 대한 결론은 본편의 다음 3개의 장에서 구체적으로 도출해 보겠지만, 여기서는 현실적으로 가능한 다음의 세 가지 방법을 생각해 보자.

1.1 비합리적 투자자

기업이 전환사채와 같은 복합증권(complex security)을 발행하려 한다고 가정해 보자. 일반투자자들은 전환사채에 부과된 권리와 특성에 대해서 정확히 이해하기 어렵다. 그러므로 투자자들은 전환사채에 부과된 전환권에 대해 과대하게 평가하여 높은 가격으로 전환사채를 매입할지 모른다. 이와 같은 경우 기업은 비합리적인 투자자들에게 전환사채를 발행하여 새로운 가치를 창출할 수 있다. 따라서 재무담당자는 투자자들을 현혹시켜서 새로운 가치를 창출할 수 있는 복합적인 증권을 구성하려는 노력을 할 것이다.

그러나 실증적인 연구결과에 의하면 투자자들은 쉽게 현혹되지 않는다. 그러므로 비합리적인 투자자들을 이용하여 새로운 가치를 창출하는 것은 현실적으로 어려운 일이다. 특히 다음에 설명할 효율적 자본시장하에서의 투자자는 매우 합리적이기 때문에 모든 증권가격은 공정하게 평가된다. 따라서 기업은 비합리적인 투자자들을 이용하여 새로운 가치를 창출할 수 없다. 대신 기업은 다른 방법으로 새로운 가치를 창출해야 한다.

---

1) 투자결정에 의한 새로운 가치 창출의 구체적 사례
① 특정 제품이나 서비스에 대한 미충족된 수요를 확인함.
② 다른 기업들이 경쟁하기 어렵도록 하는 장벽(품질, 가격, 서비스 등)을 만듦.
③ 경쟁업체보다 낮은 원가로 제품이나 서비스를 생산함.
④ 가장 먼저 신제품을 개발함.

1.2 비용감소 또는 보조금

자본조달수단에 따라 세금혜택이 달라지게 된다.[2] 그러므로 기업은 세금을 최소화하는 자본조달수단을 선택함으로써 기업의 가치를 증가시킬 수 있다. 또한 어떠한 자본조달수단도 여러 가지 발행비용을 발생시킨다. 예를 들어 증권을 발행할 때 증권회사, 변호사, 회계사 등에 대한 수수료를 지불해야 한다. 따라서 기업은 이러한 비용을 최소화시키는 증권들로 자본을 조달함으로써 역시 기업의 가치를 증가시킬 수 있다. 마지막으로 보조금을 제공하는 자본조달 수단, 즉 특혜금융을 이용함으로써 기업의 가치를 증가시킬 수 있을 것이다.[3]

1.3 새로운 증권창출

최근 20년간 급속한 금융혁신(financial innovation)이 이루어져 왔다. 이는 한편으로 금융거래의 혁신 또는 투자기법의 혁신을 의미하기도 하지만, 다른 한편으로는 다양한 새로운 종류의 증권이 개발되었다는 것을 의미한다. 다양한 새로운 종류의 증권이 급속히 개발되어 이용되는 현상을 특히 '증권화'(securitization)현상이라 한다.

과거에는 일반 회사채와 보통주만을 발행하던 기업들이 우선주, 할인채권, 옵션부 채권, 전환증권 등을 발행하여 일반화시켰다. 그리고 최근 우리나라의 경우 신주인수권부채권, 풋옵션부채권, 금리변동부채권, 부동산담보부채권 등을 도입하기 시작하였다.

새로운 종류의 증권은 기존의 증권에 만족하지 못하는 투자자층에게 보다 비싼 가격으로 그 증권을 팔기 위해서 만들어진다. 그러나 기업이 새로운 종류의 증권을 높은 가격으로 발행하여 얻는 이득은 장기간 지속될 수 없다. 왜냐하면 다른 기업 역시 그와 같은 종류의 증권을 발행하려 할 것이고, 그 결과 공급이 증가하여 가격이 하락할 것이기 때문이다. 그러므로 새로운 증권의 창출에 의한 가치의 증가는 금융혁신에 앞장 선 기업만이 얻을 수 있을 것이다.

---

2) 예를 들어 사채를 발행하는 경우 그 이자비용에 의해 법인세가 절감될 수 있다. 이에 대해서는 제12장에서 자세히 설명할 것이다.

3) 우리나라의 대표적인 특혜금융은 각종의 기금—국민주택기금, 에너지비축기금 등—으로 주어지는 낮은 금리의 대출금 또는 지원금을 받는 것이다.

2 효율적 자본시장

2.1 효율적 자본시장의 개념

효율적 자본시장(efficient capital market)은 주가에 영향을 미칠 수 있는 모든 정보가 주가에 '신속하게' 그리고 '충분히' 영향을 미치고 있는 시장을 의미한다.[4] 이는 시장이 정보를 다루고 반영시키는 데 있어 효율적이라는 것이다. 시장에서의 주가는 그 시점에서 이용가능한 모든 정보에 대한 정확한 평가에 의해 결정된다. 즉 효율적 자본시장하에서의 주가는 이용가능한 모든 정보를 충분히 반영하게 된다. 효율적 자본시장하에서는 기업이 증권을 발행할 때나 또는 투자자들이 증권투자를 할 때에 공정한 가격(내재가치 또는 본질적 가치)을 전제로 한다.

효율적 자본시장은 투자자와 기업에 대해 다음과 같은 의미를 가진다.

첫째, 정보가 즉각적으로 가격에 반영되기 때문에 투자자들은 정상적인 수익률만을 기대할 수 있다. 정보가 공시될 때 투자자들이 그 정보를 이용하여 비정상적인 초과수익을 얻을 수 없다. 왜냐하면 투자자가 공시된 정보를 이용하여 거래하기 전에 이미 그 정보를 반영하여 증권가격이 수정되기 때문이다.

둘째, 증권을 발행할 때 기업은 공정한 가격으로 발행하게 된다. 다시 말하면, 투자자들의 비합리성을 이용하여 정상적인 가격보다 높은 가격으로 증권을 발행할 수 없음을 의미한다.

〈그림 11-1〉은 자본시장에서 주가가 새로운 정보에 대하여 어떤 반응을 보이게 될 것인가를 나타낸 것이다. 이 그림에서 볼 수 있는 바와 같이 자본시장이 효율적이라면, 새로운 정보가 주어짐과 동시에 주가는 주어진 정보를 즉각적으로 충분하게 반영할 것이다. 따라서 효율적 자본시장하에서는 새로운 정보의 생성과 주가의 반응이 동시에 이루어지며, 그 후 어느 누구도 새로운 정보를 이용하여 균형

4) 효율적 자본시장은 앞에서 설명한 완전자본시장보다 넓은 개념이다.

그림 11-1 **효율적 자본시장과 비효율적 자본시장에서의 새로운 정보에 대한 주가의 반응**

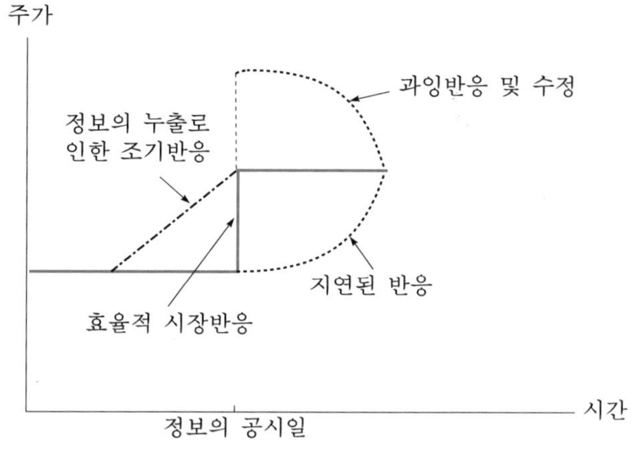

기대수익률 이상의 비정상적인 초과수익을 얻을 수 없다. 그러나 기업에 관한 내부정보(inside information)가 공시 전에 누출될 경우, 주가는 조기반응(early response)을 보일 수도 있을 것이다. 한편 자본시장이 비효율적이라면 주가는 새로운 정보에 대하여 지연된 반응을 보이거나, 일시적 과잉반응(overreaction)을 보일 수 있다.

2.2 효율적 시장가설

주가에 영향을 미칠 수 있는 모든 정보가 주가에 '신속하게' 그리고 '충분히' 반영되고 있는가 하는 것은 하나의 실증적인 문제이다. 그러므로 효율적 시장의 개념은 현실적으로 성립하는가를 검정(test)하여야 하는 하나의 가설이며, 이를 효율적 시장가설(efficient market hypothesis: EMH)이라 한다.

자본시장에서 어떤 정보는 다른 정보에 비해 보다 신속하게 주가에 영향을 미친다. 파마(E. F. Fama)는 주가에 반영되는 정보의 유형에 따라 효율적 시장가설을 〈그림 11-2〉에서 볼 수 있는 바와 같이 세 가지로 구분하였다.[5]

5) E. F. Fama, "Efficient Capital Market: A Review of Theory and Empirical Work," *Journal of Finance*, Vol. 25 (May 1970), pp. 383~417.

그림 11-2 **효율적 시장가설**

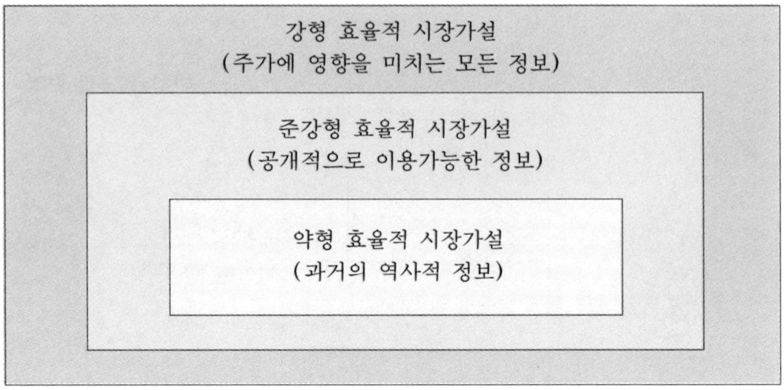

1) 약형 효율적 시장가설

약형 효율적 시장가설(weak form EMH)은 과거의 주가움직임이나 거래량 등과 같은 역사적 정보가 주가에 충분히 반영된다는 가설이다. 약형 효율적 시장가설이 성립한다면 투자자들은 단순히 주가의 과거변동양상만을 관찰하여서는 평균적으로 볼 때 비정상적 초과수익을 얻을 수 없다.

증권분석에서 기술적 분석(technical analysis)은 주가가 어떤 특정 형태를 취하면서 움직인다는 것을 가정하여, 차트(chart)분석 등을 통해서 과거 시계열상의 주가움직임을 관찰함으로써 향후의 주가를 예측하려는 작업이다. 그러나 약형 효율적 시장가설이 성립하는 증권시장에서는 과거의 주가정보가 이미 반영되어 과거 주가변동과 미래 주가변동이 독립적이므로 과거의 주가정보를 이용하는 기술적 분석은 무의미해진다.

2) 준강형 효율적 시장가설

준강형 효율적 시장가설(semi-strong form EMH)은 과거의 주가움직임 등에 관한 정보뿐만 아니라 공개적으로 이용가능한 모든 정보(예를 들면, 이익, 배당, 주식분할, 자사주 매입 등)가 주가에 충분히 반영된다는 가설이다. 준강형 효율적 시장가설이 성립한다면, 투자자들은 과거 정보 또는 공개적으로 이용가능한 정보를 이용하여 비정상적 초과수익을 얻을 수 없다.

기본적 분석(fundamental analysis)은 주식의 내재가치에 영향을 미치는 기업의 이익, 배당, 재무구조, 사업전망 등의 요인을 분석하여 과소평가 또는 과대평가된 주식을 식별해냄으로써 초과수익을 얻으려는 것이다. 공개된 정보라 하더라도 시장이 간과하고 있는 것이 있고, 증권가격에 반영되는 속도가 다르다는 가정하에서 재무정보를 이용한다. 그러나 시장이 준강형 효율적이라면 현재 주가는 기업회계보고서에서 분석될 수 있는 정보, 주요 경제분석정보 등을 모두 반영한 것이기 때문에 이들 공개된 정보에 기초하여 투자전략을 수립하는 기본적 분석은 무의미해진다.

3) 강형 효율적 시장가설

강형 효율적 시장가설(strong form EMH)은 과거의 주가에 대한 정보 그리고 공개적으로 이용가능한 공시된 정보뿐만 아니라 비공개적인 내부정보까지도 주가에 충분히 반영된다는 가설이다. 강형 효율적 시장가설이 성립한다면 투자자들은 과거 정보, 공개적으로 이용가능한 정보, 내부정보 등 어떠한 정보를 이용하더라도 비정상적 초과수익을 얻을 수 없다.[6)]

2.3 효율적 시장과 재무관리

자본시장이 효율적이냐에 대해서는 논란의 여지가 있으나, 효율적 자본시장이 기업의 재무담당자에게 어떠한 의미를 주고 있는가를 살펴보도록 하자.

1) 회계처리와 효율적 시장

기업회계원칙에서는 여러 가지 회계처리방법 중 특정 방법을 선택하여 재무제표를 작성하도록 허용하고 있다.[7)] 이처럼 기업 내 발생하는 경제적 상황에 대한 회계처리에 있어 다양한 재량권이 주어지는 경우, 기업의 기본적 경제상황은 불변인데 단순히 회계처리방법만 변경하였다고 해서 주가에 영향을 미칠 수 있는가? 준강형 효율적 자본시장하에서는 공개된 회계처리방법의 변경에 의해 주가가 영향을 받지 않는다. 그러므로 준강형 효율적 자본시장하에서 단순히 회계처리방법을 변경하여 회계적 이익을 높인다 하더라도 이는 주가에 긍정적인 영향을 미치지 못

---

6) 강형 효율적 시장가설은 가장 이상적인 효율적 시장을 나타내는 극단적인 가설이므로 현실의 증권시장이 강형 효율적이라고 주장하는 사람은 많지 않다.

7) 예를 들어 재고자산평가시 선입선출법(FIFO) 또는 후입선출법(LIFO) 등을 선택할 수 있으며, 감가상각방법으로 정액법, 정률법 또는 가속상각법 등을 선택할 수 있다.

할 것이다.

2) 자본조달시기

채권가격이나 주식가격은 항상 변동하기 때문에 기업이 자본시장에서 자금을 조달할 경우 그 시기를 잘 선택하면 좋은 조건으로 자금을 조달할 수 있다는 생각을 하기 쉽다.[8] 그러나 약형 효율적 자본시장하에서는 단순히 과거 주가추세를 관찰하여 적절한 조달시기를 결정한다는 것은 의미가 없다.

일반적으로 많은 경영자들은 장부가치보다 주가가 낮을 때 주가가 과소평가되었다고 생각하여 자본조달시기를 늦추는 경우가 많다. 그러나 준강형 효율적 시장하에서는 이와 같은 생각은 잘못된 것이다. 왜냐하면 자본시장이 준강형 효율적이라면 장부가치보다 주가가 낮은 것은 향후 기대되는 미래 현금흐름이 적은 것이지 주가가 저평가된 것으로 볼 수 없기 때문이다.

그리고 경영자가 주가에 긍정적인 영향을 미칠 수 있는 공개되지 않은 내부정보를 가지고 있는 경우 자본조달시기를 늦출 수 있다. 그러나 강형 효율적 자본시장하라면 미공개된 내부정보까지도 주가에 반영되기 때문에 내부정보를 고려하여 자본조달시기를 결정하는 것은 무의미할 것이다.

3) 가격압박효과

기업이 많은 양의 주식을 발행하는 경우 기업의 내재적 가치와 무관하게 주가가 하락할 것인가? 시장이 효율적이라면 기업이 주식의 공급량을 늘리더라도 단순히 공급증가에 따른 가격압박요인에 의해 주가가 하락하지 않을 것이다.

3 기업의 장기자본조달

기업의 장기자본조달방법으로는 보통주의 추가발행을 위한 유상증자나 사채 또는 우선주의 발행, 은행에서의 장기차입, 리스 등의 외부금융(external financing)을 이용하는 방법과, 순이익의 일부를 사내에 유보하여 적립한 잉여금 등의 내부금융(internal financing)을 이용하는 방법이 있다. 여기서는 기업의 가장 기본적인 장기자본조달수단인 보통주, 사채, 우선주 등에 대하여 살펴보고자 한다.

8) 일반적으로 기업의 자본조달은 약세장(bear market)보다 강세장(bull market)에서 보다 증가하는 경향이 있다.

3.1 보 통 주

1) 보통주의 의의와 종류

보통주(common stock)는 주식회사가 출자의 증거로 주주에게 발행한 증권을 뜻하며, 보통주 주주는 그 기업의 실질적 주인으로서 상법과 해당기업의 정관이 정한 권리 · 의무의 주체가 된다.

보통주의 주주는 기업의 소유주이므로 경영참가권 및 이익분배권을 갖고 있는 반면, 그 기업의 위험을 부담해야 한다. 보통주의 주주는 기업경영에 직접 참가할 임원을 선출하는 의결권을 가짐으로써 기업경영에 간접적으로 참가하게 된다. 그러나 오늘날 대기업에서는 주주의 수가 매우 많으며, 또한 지리적으로도 분산되어 있기 때문에 주주의 권리는 대체로 명목에 불과한 경우가 많다. 실제로 소액주주들은 이러한 권리를 행사하는 기회가 거의 없으며, 배당과 주식매매에 의한 자본이득에만 관심을 가지는 실정이다.

보통주는 주권에 액면가격이 표시되어 있느냐에 따라 액면주식(par value stock)과 무액면주식(no-par value stock)으로 구분되며, 주권에 주식소유자의 이름이 명시되어 있느냐의 여부에 따라 기명주식과 무기명주식으로 구분된다. 우리나라에서는 액면가 100원 이상의 액면주식을 발행하도록 하고 있다.[9] 또한 우리나라에서는 기명주식의 발행을 원칙으로 하고 있으나, 무기명주식의 경우 정관에 규정한 경우에 한하여 발행할 수 있고 무기명주식을 발행한 경우에는 권리행사자를 확정하기 위하여 그 주권을 회사에 공탁하도록 되어 있다.[10]

보통주에 의해 기업이 자금을 조달할 경우 다음과 같은 장·단점이 있다. 보통주의 장점은 다음과 같다.

첫째, 보통주는 회사채나 차입금에 대한 이자와 같이 고정적인 재무비용을 발생시키지 않는다. 보통주에 대한 배당은 이익이 발생할 경우 지급할 수 있지만, 반드시 지급하여야 하는 의무규정은 없다.

둘째, 보통주는 상환부담이 없는 영구자본으로서 안정적인 장기자금을 조달하는 수단이다.

---

9) 상법개정안(1998. 7)에서 액면가를 5,000원 이상에서 100원 이상으로 낮추었다. 그러나 미국, 일본 등 선진국에서는 무액면주식이 보편화되고 있는데, 이는 주식의 액면가가 현실적으로 무의미하기 때문이다.

10) 현실적으로 상장주식의 경우에 대부분의 주식은 주주가 주권을 직접 소유하기보다는 증권예탁결제원에 집중 예탁되어 있으며, 일반투자자가 주식을 매입하면 증권예탁결제원에서 자동으로 명의개서가 이루어진다.

셋째, 보통주로 조달한 자본은 자기자본에 속하므로 기업의 재무구조를 개선시키며 기업의 대외신용도와 차입능력을 증가시킨다.

그러나 보통주 발행에 의한 자본조달은 다음과 같은 단점도 갖고 있다.

첫째, 보통주 발행으로 인하여 기업의 소유권과 경영통제에 영향을 받을 수 있다.

둘째, 이자지급액은 세법상 비용으로 인정되어 법인세 절감효과를 얻을 수 있는 반면, 보통주의 배당금은 법인세 절감효과가 없다. 그러므로 보통주의 자본비용은 부채의 자본비용보다 높게 나타난다.

셋째, 일반적으로 보통주는 다수의 투자자를 대상으로 주주를 모집하기 때문에 그 발행비용은 부채의 발행비용보다 높게 나타난다.

2) 기업공개와 상장

기업공개(going public)는 일정한 요건을 갖춘 기업이 새로운 주식을 발행하여 일반투자자들에게 공모하거나, 이미 발행되어 기존의 대주주가 소유하고 있는 주식의 일부를 일반투자자에게 매출하여 주식소유를 분산시키는 것을 의미한다. 기업공개는 일부 주주가 소유하는 사적 기업(private firm)에서 다수의 일반투자자가 소유하는 공적 기업(public firm)으로 전환되는 과정으로서 증권선물거래소(Korea Exchange: KRX)에 주식을 상장하기 위한 사전단계로 이해할 수 있다.

상장(listing)이란 발행된 유가증권이 한국거래소에서 거래될 수 있는 자격을 부여받는 것을 의미한다. 기업공개가 반드시 상장을 전제로 하는 것은 아니지만 다수의 일반투자자로부터 자금을 조달하기 위해서는 주식이 원활하게 거래되는 유동성이 확보되어야 하므로 기업공개는 상장을 전제로 하는 것이 일반적이다. 기업공개를 통하여 주식을 상장함으로써 기업이 얻을 수 있는 가장 큰 효과는 주식의 시장성(marketability) 또는 유동성(liquidity)을 확보하여 증권시장에서의 자본조달을 용이하게 하는 것이다.

상장기업은 경영성과와 중요한 영업내용의 변화뿐만 아니라 주가에 영향을 미칠 수 있는 정보가 발생할 경우에 한국거래소를 통하여 일반투자자에게 알려주는 공시(disclosure)의무를 갖는다. 상장기업의 공시는 주식가격의 결정에 영향을 미칠 수 있는 정보를 주주뿐만 아니라 일반투자자에게 알려 줌으로써 증권시장에서 공정하고 정확한 가격이 형성될 수 있도록 하여, 투자자들이 원하는 경우에 언제든지 주식을 사거나 팔 수 있는 유동성을 확보해 주는 기능을 담당한다. 따라서 기업공개를 한 상장기업은 비상장기업보다 신용도와 유동성이 높기 때문에 일반투자자에게 주식을 발행하여 자금을 조달할 수 있을 뿐만 아니라 부채를 통한 자본조달에서도 낮은 자본비용으로 대규모자금을 조달할 수 있다.

3) 유상증자와 무상증자

증자는 회사의 자본금을 증가시키는 것으로서 신주의 발행이 수반된다. 기업이 증자할 때는 실질적으로 투자자들이 출자를 함으로써 자본금이 증가하는 유상증자와 형식적으로 회사의 자본금이 증가하여도 여기에 상당하는 실질적인 현금유입이 나타나지 않는 무상증자가 있다.

(1) 유상증자

기업이 유상증자를 통하여 필요한 자본을 조달할 경우, 발행되는 주식은 단순한 자금조달의 수단이란 차원을 넘어서 경영권의 재분배라는 중대한 부수적인 결과를 가져오게 된다. 그러므로 신주를 발행하는 경우 이를 누구에게 판매할 것인가 하는 문제는 매우 중요하다. 발행되는 신주를 인수할 수 있는 권리, 즉 신주인수권(preemptive right)을 기존 주주 또는 일반투자자에게 부여할 수 있다. 그러나 우리나라의 경우 신주발행에 있어서 가장 직접적인 이해관계자인 기존 주주에게 우선적으로 신주를 할당하고, 기존 주주가 배정된 주식을 인수하지 않아서 발생되는 실권주에 대해서만 일반공모를 실시한다. 이처럼 기존 주주에게 신주인수권을 우선적으로 부여하는 것은 그들의 의결권 및 재산권을 보호하는 데 그 목적이 있다.

유상증자를 전액 기존 주주에게 할당하는 경우 신주발행가격을 얼마로 정하느냐에 관계없이 주주의 부에는 전혀 영향을 미치지 않는다. 시가보다 낮은 가격으로 신주를 발행할 경우에 주당가격은 낮아지지만, 주주의 기존 투자액과 신주인수로 인한 투자액의 합은 유상증자 이후의 총투자가치와 일치하여 실질적인 富의 변화는 없다. 또한 신주의 발행가격을 현재의 시장가격과 동일하게 결정하는 완전시가발행의 경우에는 일반공모를 하더라도 기존 주주의 지분율이 희석되는 것 이외에 주주의 실질적인 부는 변하지 않는다.

예제 11-1 유상증자와 주주 부

㈜청솔은 기존 주주를 대상으로 20%의 유상증자를 계획하고 있다. ㈜청솔의 현재 주가는 17,000원이나, 증자시 신주의 발행가격은 그보다 낮은 14,000원이다.

(1) 증자시 권리락주가(ex-right price)는?

(2) 구주 1주에 할당된 신주인수권의 가치는?

(3) 현재 ㈜청솔의 주식 100주를 가지고 있는 주주의 부는 증자 전후에 어떻게 변하는가?

(4) 만약 ㈜청솔이 일반투자자를 대상으로 20%의 유상증자를 계획하고 있다면, 기존 주주의 부는 어떻게 되겠는가?

☞ 해설

(1) 신주발행에 의한 기존 주식 1주의 가치변화는 다음과 같다.

	증자 전	증자일	증자 후
투자액:	17,000원	2,800원*	19,800원
주식수:	(1주)	(0.2주)	(1.2주)

* 0.2주 × 14,000원 = 2,800원

위의 그림에서 볼 수 있는 바와 같이 현재 1주를 가진 주주는 증자 전 주식가치, 즉 권리부주가(17,000원)에다 유상증자에 따른 신주납입금액(2,800원)을 합한 19,800원을 투자하여 그 결과 1.2주로 주식수가 늘어난다. 그러므로 증자 후 권리락주가는 다음과 같다.

$$\text{권리락주가} = \frac{\text{권리부주가} + \text{신주발행가} \times \text{유상증자비율}}{1 + \text{유상증자비율}}$$

$$= \frac{17{,}000\text{원} + 14{,}000\text{원} \times 0.2}{1 + 0.2} = \frac{19{,}800\text{원}}{1.2} = 16{,}500\text{원}$$

(2) 먼저 신주 1주를 매입할 경우 얻게 되는 자본이득을 구하면 다음과 같다.

$$\text{신주 1주의 자본이득} = \text{신주의 가치(권리락주가)} - \text{신주의 발행가격}$$
$$= 16{,}500\text{원} - 14{,}000\text{원} = 2{,}500\text{원}$$

구주 1주에 부과된 신주청약비율은 0.2주이다. 그러므로 구주 1주에 배정된 신주인수권의 가치는 다음과 같다.[11)]

$$\text{신주인수권의 가치} = \text{신주 1주의 자본이득} \times \text{유상증자비율}$$
$$= 2{,}500\text{원} \times 0.2 = 500\text{원}$$

11) 신주인수권의 가치를 다음과 같이 구할 수도 있다.

권리부주가 = 권리락주가 + 신주인수권의 가치

17,000원 = 16,500원 + 신주인수권의 가치

∴ 신주인수권의 가치 = 17,000원 − 16,500원 = 500원

(3) 증자 전후의 주주의 부는 다음과 같다.

① 증자 전의 주주의 부 = 100주 × 17,000원 = 1,700,000원

② 증자 후의 주주의 부 = 증자 후의 주식가치 − 신주에 대한 투자액

= 16,500원 × 120주 − 14,000 × 20주

= 1,980,000원 − 280,000원 = 1,700,000원

그러므로 증자 전후의 주주의 부는 변하지 않는다.

(4) 기존 주주의 부는 소유하고 있는 주식 1주에 대하여 신주인수권의 가치만큼, 즉 주당 500원씩 감소하게 되며, 그 감소된 부는 일반투자자에게로 이전된다. 그러나 완전시가발행, 즉 주당 17,000에 신주를 발행하는 경우에는 신주인수권의 가치는 0이 되며, 이 경우에는 일반공모를 하더라도 기존 주주의 부는 변하지 않는다.[12)]

(2) 무상증자

무상증자는 기업이 자본잉여금을 자본금으로 전입할 때 기존 주주에게 무상으로 주식을 발행하는 것이다. 따라서 무상증자는 회계상 자본계정간의 변동만 있을 뿐 실질적인 자본조달이 이루어지는 것이 아니기 때문에 기업의 자산가치의 변동이 없고 발행주식수만 증가하는 것이다. 예를 들어 청솔주식회사가 자본잉여금 중 1억원을 자본금계정에 전입하기 위하여 무상증자를 실시하는 경우 자기자본구조의 변화를 살펴보면 다음과 같다.

청솔주식회사의 자기자본구조(무상증자 전) (단위: 원)

자본금(액면 5,000원, 발행주식수 10만주)	500,000,000
자본잉여금	120,000,000
유 보 이 익	80,000,000
자기자본합계	700,000,000

청솔주식회사의 자기자본구조(무상증자 후) (단위: 원)

자본금(액면 5,000원, 발행주식수 12만주)	600,000,000
자본잉여금	20,000,000
유 보 이 익	80,000,000
자기자본합계	700,000,000

12) 이 경우 권리락주가는 17,000원이다.

이상에서 보는 바와 같이 청솔주식회사는 무상증자로 인해 발행주식수가 2만주 늘어나고 자본금이 1억원 증가하였으나, 자본잉여금이 1억원 감소하여 결과적으로 볼 때 자기자본합계는 변하지 않으며, 또한 회사의 자산총액도 증가하지 않는다.

무상증자는 실질적인 기업가치의 변화없이 회계상의 자본계정만 변하기 때문에 주주의 부도 변하지 않는다.[13] 그러나 우리나라의 경우 액면가를 기준으로 배당을 결정하는 관행이 있기 때문에 주식수의 증가는 주주에게 실질적인 배당의 증가를 가져다 주며, 무상증자가 기업의 긍정적인 미래전망을 시장에 알리는 수단으로 사용되기도 하기 때문에 무상증자가 주가의 상승을 가져와 시장에서의 실제 권리락주가는 이론 권리락주가보다 더 높게 형성되는 경우가 있다. 그러나 이와 같은 결과는 무상증자 자체에 의한 것이 아니라 무상증자가 가지고 있는 기업에 대한 긍정적인 정보가치에 의한 것으로 해석될 수 있다.

3.2 사　　채

1) 사채발행의 의의

사채는 주식회사가 일반투자자로부터 비교적 장기간에 필요한 거액의 자금을 집단적·공개적으로 조달하기 위하여 발행하는 채무증서로서, 계약에 따라 일정한 이자를 지급하고 만기에 원금을 상환할 것을 약속한 것이다.[14] 사채를 나타내는 채무증서, 즉 사채권은 사채의 액면가(face value), 액면이자율(coupon rate), 만기(maturity)를 반드시 표시하도록 되어 있다.

사채발행을 통하여 조달된 자금은 대차대조표의 대변에 고정부채(타인자본)로 계상된다. 따라서 기업이 사채를 발행하는 경우 주주의 소유권 또는 경영권에 영향을 주지 않으면서 거액의 장기성 자금을 일시에 조달할 수 있다. 또한 사채의 지급이자는 세법상 비용으로 인정되어 법인세 절감효과를 얻을 수 있다는 점에서 보통주 또는 우선주에 비해 비용면에서 유리하다. 그러나 사채의 과도한 발행은 기업이 이자지급 및 원금상환 등 재무적 의무를 다하지 못할 가능성을 증가시켜

13) 무상증자시 주식수가 증가하는 만큼 주가도 하락하게 된다. 이 경우 이론 권리락주가는 다음과 같다.

$$\text{이론 권리락주가} = \frac{\text{권리부주가}}{1 + \text{무상증자비율}}$$

14) 사채는 이자 및 원금상환의 크기와 시기가 약정되어 있으므로 전형적인 확정소득부증권(fixed-income securities)이라 할 수 있다.

기업을 재무적 곤경에 빠뜨릴 수 있다. 또한 기업이 사채를 발행할 때 사채권자와 까다로운 사채약정을 체결하여야 하는데, 이는 기업의 경영활동을 제약하는 요인이 된다.[15)]

2) 사채발행조건과 주요 형태

사채는 이자지급방법, 담보와 보증유무, 상환방법 등의 발행조건에 따라 그 형태가 매우 다양하다. 사채를 발행조건에 따라 그 형태를 살펴보면 다음과 같다.

(1) 이자지급방법

· 확정이자부사채(level-coupon bond): 만기까지 약정된 액면이자를 매 기간 말에 지급하고 만기일에는 원금이 상환되는 채권.

· 순수할인채(pure discount bond or zero-coupon bond): 이자를 지급하지 않고 만기일에 원금만 상환되는 채권으로서 만기까지 지급하여야 하는 이자액을 미리 차감한 가격으로 발행되는 채권.

· 변동금리사채(floating rate bond): 표준금리를 기준으로 일정기간마다 이자율을 재조정하는 채권.

(2) 담보와 보증유무

· 담보채(secured bond): 발행회사 또는 제3자가 원리금의 상환을 보증하기 위하여 담보를 설정한 채권으로서 담보의 종류에 따라 부동산담보채(mortgage bond)와 유가증권담보채(collateral bond)로 구분됨.

· 무담보채(unsecured bond or debenture): 특정한 자산을 통해 보증이 되지 않는 채권.

· 보증사채(guaranteed bond): 원리금의 상환을 발행회사 이외의 제3자가 보증하는 채권으로서 우리나라에서는 주로 신용보증기금이나 은행에서 보증함.[16)]

· 무보증사채(non-guaranteed bond): 원리금의 상환이 발행회사 이외의 제3자에 의해서 보증되지 않는 채권.

---

15) 사채약정의 내용에는 일반적으로 사채권자를 보호하기 위하여 배당지급의 제한, 감채기금의 규정 및 일정수준의 유동성 유지 등이 포함된다.

16) 보증사채는 주로 위험이 높은 벤처기업이나 창업투자회사에 의해 많이 발행되나, 우리나라의 경우 기업의 대외신용도가 낮으며 채권시장이 발달하지 못했기 때문에 신용상태가 좋은 기업도 보증사채를 발행하는 것이 일반적이다.

(3) 상환방법

- 수의상환사채(callable bond): 사채의 발행회사가 일정한 기간이 경과한 후에 일정한 상환가격으로 채권의 만기일 이전 채권매입자의 의사에 관계없이 일방적으로 상환할 수 있는 권리를 가진 채권.
- 상환청구권부사채(putable bond): 수의상환사채와 반대로 채권투자자(채권매입자)가 사채의 만기일 이전에 미리 약정된 가격(상환청구가격)으로 사채의 상환을 청구할 수 있는 권리를 가진 채권.
- 감채기금부사채(sinking fund bond): 사채의 발행회사가 채권상환의 확실성을 보장하기 위하여 원금의 전액, 또는 일부를 사채상환기금으로서 연차적으로 적립하는 조건을 채권약정서에 명시하여 발행한 채권.
- 연속상환사채(serial bond): 채권을 하나의 약정하에서 발행하되 만기가 다른 여러 조로 나누어 발행한 다음, 각 채권의 만기가 도래할 때마다 해당채권을 상환해 나가는 채권.

(4) 기　타

- 전환사채(convertible bond): 만기 이전의 일정기간 내에 일정한 가격으로 발행회사의 보통주로 전환할 수 있는 권리가 부여된 채권.
- 신주인수권부사채(bond with warrant): 사채가 상환되기 전에 발행회사가 신주를 발행하는 경우, 사채권자에게 그 신주의 일정부분에 대해 주주와 함께 증자에 참가할 수 있는 권리가 부여된 채권.
- 이익사채(income bond): 발행회사의 이익수준에 따라 이자지급액이 달라지는 채권. 기업의 영업이익이 확정이자를 지급하기에 충분하지 않은 경우에는 확정된 이자를 지급하지 않을 수 있으나, 기업의 이익수준이 회복되었을 경우에는 미지급된 이자를 지급하여야 함.
- 교환사채(exchangeable bond): 채권발행 후 일정기간이 지나면 일정한 가격으로 채권을 발행한 기업이 보유하고 있는 주식이나 다른 유가증권과의 교환을 청구할 수 있는 권리가 부여된 채권.

3.3 우 선 주

우선주(preferred stock)는 배당 및 잔여재산분배에 있어서 그 청구권리가 보통주에 우선하는 주식을 말한다. 우선주에 의해 조달된 자본은 법적으로 자기자본을 형성하나 실질적으로 거의 타인자본과 유사한 성격을 갖는다. 왜냐하면 기업은 우선주 발행시 예정배당률을 미리 정하기 때문에 기업의 이익상태가 호전된다 하더라도 약속된 배당률 이상은 지급하지 않는다. 따라서 우선주의 배당은 고정재무비용인 채권의 이자와 그 성격이 유사하다. 그리고 기업정리 및 파산시에도 잔여재산분배의 청구는 우선주의 액면가에 한하도록 되어 있기 때문에 보통주와는 근본적으로 성격이 다르고 오히려 사채와 유사하다고 할 수 있다. 그러나 우선주가 사채와 다른 점은, 우선주는 법적으로 자기자본을 형성하고 약속된 배당률을 반드시 지급하지 않아도 법적인 책임을 부담하지 않으며, 이익배당 및 잔여재산분배에 대한 청구권이 사채보다 후순위라는 것이다.

우선주는 약정된 배당을 지급하지 못하는 경우 미지급된 배당금을 다음 해에 누적시켜 지급하는 누적적 우선주(cumulative preferred stock)와 당해연도에 미지급된 배당금을 다음 해에 누적시켜 지급하지 않는 비누적적 우선주(non-cumulative preferred stock)가 있다. 또한 우선주는 이익분배의 참가 여부에 따라 참가적 우선주(participating preferred stock)와 비참가적 우선주(non-participating preferred stock)로 구분된다. 그리고 전환사채와 마찬가지로 일정한 기간에 일정한 가격으로 우선주를 보통주로 전환할 수 있는 옵션(option)을 부여한 전환우선주(convertible preferred stock), 기업의 자금사정에 따라 기업이 상환할 수 있는 수의상환우선주(callable preferred stock) 등이 있다.

기업의 입장에서 우선주를 발행하여 얻을 수 있는 장점은 다음과 같다.

첫째, 우선주는 사채의 이자와는 달리 당기에 배당을 지급하지 않더라도 파산상태에 이르지 않는다.

둘째, 우선주는 일반적으로 의결권이 주어지지 않는 무의결권주이기 때문에 주주들이 경영권의 침해를 받지 않는다.

셋째, 일반적으로 우선주는 보통주와 마찬가지로 만기가 없는 영구자본으로서 기업의 재무구조를 건전하게 한다.

그러나 기업의 입장에서 볼 때 우선주는 자본비용이 높다는 단점을 가지고 있다. 사채의 이자는 감세효과가 있으나, 우선주의 배당은 납세후 순이익에서 지급되므로 세후 기준으로 볼 때 우선주의 자본비용은 사채의 자본비용보다 높은 것이 일반적이다. 또한 우선주는 잔여재산 또는 이익분배에 대한 청구권에 있어 사채보다 그 순위가 늦기 때문에 그것에 대한 보상차원에서 일반적으로 기업은 사채이자에 비해 우선주 배당을 높게 한다. 따라서 우선주의 자본비용은 사채의 자본비용보다 높다고 할 수 있다.

주 요 용 어

증권화(321)
효율적 자본시장(322)
효율적 시장가설(323)
약형 효율적 시장가설(324)
기술적 분석(324)
준강형 효율적 시장가설(324)
기본적 분석(324)
강형 효율적 시장가설(325)
보통주(327)
액면주식(327)
무액면주식(327)
기명주식(327)
무기명주식(327)
기업공개(328)
상장(328)
유상증자(329)
신주인수권(329)
무상증자(331)
사채(332)
확정이자부사채(333)
순수할인채(333)
변동금리사채(333)
담보채(333)
무담보채(333)
보증사채(333)
무보증사채(333)
수의상환사채(334)
상환청구권부사채(334)
감채기금부사채(334)
연속상환사채(334)
전환사채(334)
신주인수권부사채(334)
이익사채(334)
교환사채(334)
우선주(334)
누적적 우선주(335)
비누적적 우선주(335)
참가적 우선주(335)
비참가적 우선주(335)
전환우선주(335)
수의상환우선주(335)

연 습 문 제

1 기업이 자금조달결정에 의해 새로운 가치를 창출할 수 있는 방법에 대해 설명하라.

2 시장효율성의 세 가지 가설을 설명하라.

3 시장효율성의 의미

시장효율성에 관한 다음 설명들의 타당성 여부를 확인하라.

(1) 시장효율성은 증권가격에 대한 완전한 예측능력을 의미한다.

(2) 시장효율성은 주가가 이용가능한 모든 정보를 반영하고 있다는 것을 의미한다.

(3) 시장효율성은 비이성적인 시장을 의미한다.

(4) 시장효율성은 증권가격이 변동하지 않는다는 것을 의미한다.

(5) 시장효율성은 투자자들 사이의 치열한 경쟁의 결과이다.

4 효율적 자본시장과 주가반응

오늘 ㈜한국전자는 1기가 D-RAM을 개발하여 양산하는 데 성공하였다고 발표하였다. 어제 ㈜한국전자의 종가는 10만원이었다.

(1) 발표 후 ㈜한국전자의 주가는 어떻게 되겠는가?

(2) 다음과 같은 세 가지 상황을 나타날 수 있다고 할 때, 어떤 상황이 효율적 자본시장에 부합되는가?

① 발표 후 주가는 12만원으로 상승하였다. 그리고 다음 날 역시 상승하여 13만원이 되었다가 하락하여 11만 5천원이 되었다.

② 발표 후 주가는 11만 5천원으로 상승하여 변동이 없었다.

③ 발표 후 주가는 다음 주까지 조금씩 지속적으로 상승하여 11만 5천원이 되었다.

5 "시장이 효율적이라면 증권분석에 의해서 초과이익을 얻을 수 없다. 따라서 모든 투자자들은 증권분석을 그만두어야 한다"라는 주장을 논평하라.

6 유상증자와 주주 부

㈜충남산업은 구주 1주당 0.5주의 유상증자를 계획하고 있다. 그리고 신주는 할인율 0.2를 적용하여 발행될 예정이며, 현재의 주가는 27,500원이다.

(1) 신주의 발행가격은?

(2) 증자시 이론 권리락주가는?

(3) 구주 1주에 할당된 신주인수권의 가치는?

(4) 현재 ㈜충남산업의 주식 100주를 가지고 있는 주주의 부는 증자 전후에 어떻게 변하는가?

(5) ㈜충남산업의 실제 권리락주가가 26,000원으로 형성된다면, 이 회사의 주식 100주를 가지고 있는 주주의 부는 증자 전후에 어떻게 변하는가?

7 기업의 입장에서 우선주의 장단점을 설명하라.

제 12 장

자본구조 Ⅰ: 기본적 개념

1. MM의 무관련이론
2. MM의 수정이론
3. 재무레버리지와 베타

기업은 자금을 조달하기 위하여 보통주, 우선주, 사채, 전환사채 등 여러 가지 다양한 증권들을 발행할 수 있다. 그러나 여기서는 보통주와 사채만을 고려하는 단순한 자본구조문제를 생각할 것이다. 자본구조와 관련된 문제는 두 가지로 요약될 수 있다. 하나는 기업이 단순히 자본구조, 즉 자기자본과 부채의 구성만을 변경시킴으로써 기업의 가치(궁극적으로는 주주의 부)를 증가시킬 수 있는가에 대한 것이다. 그리고 다른 하나는 만약 자본구조에 따라 기업의 가치가 달라진다면, 기업의 가치를 극대화시킬 수 있는 최적자본구조(optimal capital structure)는 무엇이냐에 관한 것이다.

본장에서는 자본구조이론의 선구자라 할 수 있는 모디글리아니와 밀러(F. Modigliani and M. H. Miller: 이하 MM이라 약칭함)가 1958년과 1963년에 각각 발표하였던 자본구조이론을 차례로 설명하고자 한다.

1 MM의 무관련이론

모디글리아니와 밀러는 법인세가 없는 완전자본시장(perfect capital market)하에서 기업가치는 그 자본구조에 무관하다는 무관련이론(irrelevant theory)을 주장하였다.[1)]

1.1 기본적 가정

MM은 무관련이론을 전개하기 위하여 다음과 같은 몇 가지 가정을 하였다.

첫째, 자본시장은 완전하다.[2)]

둘째, 모든 기업은 경영위험에 따라 같은 위험집단, 즉 동질적 위험집단(homogeneous risk class)으로 분류될 수 있다.

셋째, 모든 투자자들은 기업의 미래 현금흐름의 확률분포에 대해서 동질적 기대(homogeneous expectation)를 가진다.

넷째, 기업의 모든 현금흐름은 매년도마다 항상 일정하며(성장률이 0이며) 영구적으로 발생된다. 이는 기업이 동일한 규모로 계속 영업을 지속하기 위하여 지난해의 영업으로 인해 감소된 부분(감가상각비)만 재투자한다는 것을 의미한다. 이와 같은 경우 기업의 연간 잉여현금흐름은 다음과 같다.

$$CF=(R-VC-FC)+dep-dep=NOI \tag{12-1}$$

여기서 R : 매출액
VC : 변동영업비용
FC : 고정영업비용(고정현금지출비용 + 감가상각비)
NOI : 영업이익(net operating income) ($=EBIT$)

결론적으로 기업의 연간 잉여현금흐름은 영업이익이며, 이것은 매년도마다 항상 일정하고 영구적으로 발생된다고 가정한다.

다섯째, 기업은 주식과 사채의 두 가지만 발행하여 자금을 조달하며, 사채는 위험이 없다고 가정한다.

1) F. Modigliani and M. H. Miller, "The Cost of Capital, Corporation Finance and the Theory of Investment," *American Economic Review*, Vol. 48 (June 1958), pp. 261～296.

2) CAPM의 기본적 가정 중 하나인 완전자본시장의 가정과 동일한 가정이다. 완전자본시장에 대한 자세한 설명은 제9장을 참조하기 바란다.

이와 같은 가정하에서 MM은 법인세가 존재하지 않는 경우, 기업가치와 자본구조의 관계에 대해서 다음과 같은 세 가지 명제를 발표하였다.

1.2 MM 명제 I

일반적으로 기업의 시장가치는 매년 기업이 벌어들일 기대현금흐름을 그 기업이 속하는 위험집단의 수준에 적절하다고 생각되는 할인율로 할인함으로써 계산된다.

부채(타인자본)가 없는 기업 U의 가치는 기업의 기대현금흐름, 즉 기대영업이익 $E(NOI)$를 할인하여 다음과 같이 구할 수 있다.

$$V_U(=S_U)=\sum_{t=1}^{\infty}\frac{E(NOI)}{(1+r_U)^t}=\frac{E(NOI)}{r_U} \tag{12-2}$$

여기서 V_U: 부채가 없는 기업의 총시장가치
S_U: 부채가 없는 기업의 자기자본의 총시장가치
r_U: 부채가 없는 기업의 자기자본비용

타인자본을 사용하는 기업 L의 연간 기대현금흐름 CF_L은 주주에게 지급될 수 있는 부분과 채권자에게 지급될 수 있는 부분을 합하여 다음과 같이 구할 수 있다.[3)]

$$\begin{aligned} CF_L &= \text{주주에게 지급되는 현금흐름} + \text{채권자에게 지급되는 현금흐름} \\ &= [E(NOI)-r_B B]+r_B B \\ &= E(NOI) \end{aligned}$$

여기서 r_B: 부채의 자본비용, 즉 이자율
B: 부채의 총시장가치

그러므로 이와 같은 현금흐름을 적절한 할인율, 즉 기업의 가중평균자본비용(weighted average cost of capital : WACC)으로 할인하여 부채가 있는 기업 L의 총시장가치를 구하면 다음과 같다.

$$V_L(=S_L+B)=\sum_{t=1}^{\infty}\frac{E(NOI)}{(1+WACC)^t}=\frac{E(NOI)}{WACC} \tag{12-3}$$

여기서 V_L: 부채가 있는 기업의 총시장가치
S_L: 부채가 있는 기업의 자기자본의 총시장가치
B: 부채의 총시장가치
$WACC$: 기업의 가중평균자본비용

3) 여기서 부채는 영구채권을 가정한다.

MM은 "기업의 가치는 기업이 벌어들일 영업이익에 의해서 결정되는 것이지, 부채사용의 유무와는 관계가 없다"고 주장하였다. 이와 같은 MM의 주장, 즉 명제 Ⅰ을 요약하면 다음과 같다.

> MM 명제 Ⅰ: 기업의 가치는 자본구조와 무관하다. 즉 $V_U = V_L$

MM 명제 Ⅰ은 자본구조만 서로 다르고 경영위험(또는 영업위험)과 영업이익이 동일한 두 기업의 가치는 동일하여야 한다는 것을 의미한다. 이와 같은 두 기업의 가치는 일시적으로 서로 다를 수 있지만, 차익거래이익(arbitrage profit)을 얻기 위한 투자자들의 차익거래과정(arbitrage process)을 통해서 결국 같아지게 된다. 차익거래이익은 추가적인 투자나 위험을 부담하지 않고서 얻을 수 있는 확실한 이익을 의미한다. 그리고 이와 같은 차익거래이익을 얻기 위해서 실시하는 거래를 차익거래라고 한다.

1) 차익거래과정

경영위험과 영업이익이 동일하나 자본구조가 서로 상이한 기업 U와 기업 L의 가치가 서로 다를 경우, 차익거래에 의한 가격조정이 어떻게 이루어지는지를 다음의 두 가지 경우로 나누어 살펴보기로 하자.

(1) $V_U > V_L$

만약 $V_U > V_L$이라면, 투자자는 추가적인 투자나 위험을 부담하지 않고서도 수익을 증가시킬 수 있는 새로운 포트폴리오를 구성할 수 있다. 먼저 다음과 같은 거래 Ⅰ과 거래 Ⅱ를 생각해 보자. 거래 Ⅰ은 기업 U의 주식 중 α에 해당하는 부분을 매입하는 거래로서 그 투자액은 $\alpha V_U(=\alpha S_U)$이며, 이 투자로부터 벌어들이는 연간 수익은 αNOI가 될 것이다. 그리고 거래 Ⅱ는 기업 L의 주식 중 α에 해당하는 부분을 매입하고 동시에 기업 L의 부채 중 α에 해당하는 부분을 매입(대출)하는 거래로서 그 투자액은 $\alpha V_L(=\alpha S_L+\alpha B)$이며, 이 투자로부터 벌어들이는 연간 수익은 αNOI가 될 것이다. 이와 같은 두 거래를 요약하면 〈표 12-1〉과 같다.

이상의 두 거래로부터 발생되는 투자액과 연간 수익을 각각 비교하면 다음과 같다.

표 12-1 거래 Ⅰ, Ⅱ의 투자액과 연간 수익

거래		투자액	연간 수익
Ⅰ	기업 U의 주식 α 매입	$\alpha S_U = \alpha V_U$	αNOI
Ⅱ	ⓐ 기업 L의 주식 α 매입 ⓑ 기업 L의 부채 α 매입	$\alpha S_L = \alpha(V_L - B)$ αB	$\alpha(NOI - r_B B)$ $\alpha r_B B$
	ⓐ+ⓑ	αV_L	αNOI

단, $\alpha = \text{지분비율} = \dfrac{\text{주식(또는 부채)의 매입액}}{\text{주식(또는 부채)의 총시장가치}}$

> · 거래 Ⅰ의 투자액 $[\alpha V_U]$ > 거래 Ⅱ의 투자액 $[\alpha V_L]$
> · 거래 Ⅰ의 연간 수익 $[\alpha NOI]$ = 거래 Ⅱ의 연간 수익 $[\alpha NOI]$

거래 Ⅰ의 투자액이 거래 Ⅱ의 투자액보다 크지만, 각각의 거래로 인하여 얻을 수 있는 연간 수익은 동일하다. 즉 거래 Ⅱ는 거래 Ⅰ에 비해 적은 금액을 투자하지만 항상 거래 Ⅰ과 동일한 연간 수익을 얻을 수 있음을 알 수 있다.

그러므로 현재 기업 U의 주식 α를 가지고 있는 투자자가 있다면, 그 투자자는 보유하고 있는 기업 U의 주식을 매도하여 그 자금을 가지고 기업 L의 주식 α를 매입하고 동시에 기업 L의 부채 α를 매입하는 차익거래를 할 것이다.[4)] 이 거래의 결과, 투자자는 연간 수익의 변동없이(항상 동일한 연간 수익 αNOI를 얻으면서) 현재시점에서 $\alpha(V_U - V_L)$의 차익거래이익을 얻을 수 있다. 이와 같은 차익거래과정을 요약하면 〈표 12-2〉와 같다.

따라서 $V_U > V_L$이면, 기업 U의 주식을 가지고 있는 모든 투자자가 이와 같

표 12-2 $V_U > V_L$인 경우의 차익거래과정

차익거래	현재의 현금흐름	연간 수익
기업 U 주식 α 매도 기업 L 주식 α 매입 기업 L 부채 α 매입	$\alpha S_U = \alpha V_U$ $-\alpha S_L = -\alpha(V_L - B)$ $-\alpha B$	$-\alpha NOI$ $\alpha(NOI - r_B B)$ $\alpha r_B B$
합 계	$\alpha(V_U - V_L)$	0

4) 기업 U의 주식을 보유하지 않은 투자자도 공매(short sale, 空賣)를 이용하여 동일한 차익거래를 할 수 있다. 여기서 공매는 보유하지 않은 기업 U의 주식을 빌려서 매도하는 것을 의미한다.

은 차익거래에 참여할 것이기 때문에 결국 기업 U의 주식은 매도의 증가(공급의 증가)로 인하여 가격이 하락하고, 기업 L의 주식은 매입의 증가(수요의 증가)로 인하여 가격이 상승하게 된다. 이와 같은 차익거래는 $V_U = V_L$인 상태에 도달할 때까지 지속적으로 발생할 것이다. 그러므로 일련의 차익거래과정을 통하여 $V_U = V_L$이 성립하게 됨을 알 수 있다.

(2) $V_L > V_U$

만약 $V_L > V_U$이라면, 투자자는 추가적인 투자나 위험을 부담하지 않고서도 수익을 증가시킬 수 있는 새로운 포트폴리오를 구성할 수 있다. 먼저 다음과 같은 거래 Ⅲ과 거래 Ⅳ를 생각해 보자. 거래 Ⅲ은 기업 L의 주식 중 α에 해당하는 부분을 매입하는 거래로서 그 투자액은 αS_L이며, 이 투자로부터 벌어들이는 연간 수익은 $\alpha(NOI - r_B B)$가 될 것이다. 그리고 거래 Ⅳ는 기업 U의 주식 중 α에 해당하는 부분을 매입하고 동시에 기업 L의 부채 중 α에 해당하는 부분을 개인계좌(personal account)로 차입하는 거래로서 그 투자액은 $\alpha(V_U - B)$이며, 이 투자로부터 벌어들이는 연간 수익은 $\alpha(NOI - r_B B)$가 될 것이다. 여기서 개인은 기업과 동일한 이자율 r_B로 차입할 수 있다고 전제한다. 즉 개인이 자신의 레버리지(homemade leverage)로서 기업 L의 레버리지를 완전히 대체할 수 있다는 것을 의미한다. 이상의 두 거래를 요약하면 〈표 12-3〉과 같다.

이상의 두 거래로부터 발생하는 투자액과 연간 수익을 각각 비교하면 다음과 같다.

· 거래 Ⅲ의 투자액$[\alpha S_L = \alpha(V_L - B)]$ > 거래 Ⅳ의 투자액$[\alpha(V_U - B)]$
· 거래 Ⅲ의 연간 수익$[\alpha(NOI - r_B B)]$ = 거래 Ⅳ의 연간 수익$[\alpha(NOI - r_B B)]$

표 12-3 거래 Ⅲ, Ⅳ의 투자액과 연간 수익

	거 래	투 자 액	연간 수익
Ⅲ	기업 L의 주식 α 매입	$\alpha S_L = \alpha(V_L - B)$	$\alpha(NOI - r_B B)$
Ⅳ	ⓐ 기업 U의 주식 α 매입	$\alpha S_U = \alpha V_U$	αNOI
	ⓑ 기업 L의 부채 α를 개인계좌로 차입	$-\alpha B$	$-\alpha r_B B$
	ⓐ+ⓑ	$\alpha(V_U - B)$	$\alpha(NOI - r_B B)$

표 12-4 $V_L > V_U$인 경우의 차익거래과정

차익거래	현재의 현금흐름	연간 수익
기업 L 주식 α 매도 기업 U 주식 α 매입 기업 L 부채 α 차입	$\alpha S_L = \alpha(V_L - B)$ $-\alpha S_U = -\alpha V_U$ αB	$-\alpha(NOI - r_B B)$ αNOI $-\alpha r_B B$
합 계	$\alpha(V_L - V_U)$	0

이 경우 거래 Ⅲ의 투자액이 거래 Ⅳ의 투자액보다 크지만, 각각의 거래로 인하여 얻을 수 있는 연간 수익은 항상 동일하다. 그러므로 현재 기업 L의 주식 α를 가지고 있는 투자자가 있다면, 그 투자자는 가지고 있는 기업 L의 주식을 매도하고 동시에 기업 L의 부채 α에 해당하는 금액(αB)을 개인계좌로 차입하여 조성한 총자금 $\alpha(S_L + B)$를 가지고 기업 U의 주식 α를 매입하는 차익거래를 할 것이다. 이 거래의 결과, 투자자는 연간 수익의 변동없이(항상 동일한 연간 수익 $\alpha(NOI - r_B B)$를 얻으면서) 현재시점에서 $\alpha(V_L - V_U)$의 차익거래이익을 얻을 수 있다. 이와 같은 차익거래과정을 요약하면 〈표 12-4〉와 같다.

따라서 $V_L > V_U$이면, 기업 L의 주식을 가지고 있는 모든 투자자가 이와 같은 차익거래에 참여할 것이기 때문에 결국 기업 L의 주식은 매도의 증가로 인하여 가격이 하락하고, 기업 U의 주식은 매입의 증가로 인하여 가격이 상승하게 된다. 이와 같은 차익거래는 $V_L = V_U$인 상태에 도달할 때까지 지속적으로 발생할 것이다. 그러므로 일련의 차익거래과정을 통하여 $V_L = V_U$가 성립하게 됨을 알 수 있다.

예제 12-1 MM 명제 I (1958)과 차익거래

기대영업이익과 경영위험은 동일하나, 자본구조만이 상이한 U, L 두 기업의 상황은 다음과 같다.(단, 세금, 거래비용 등이 없는 완전자본시장이라고 가정한다.)

(단위: 억원)

구성항목	기업 U	기업 L
총기업가치	500	600
부 채	0	300
자기자본	500	300
기대영업이익	50	50
이자비용 (6%)	0	18
순 이 익	50	32

(1) 만약 당신이 기업 L 주식 10%를 보유하고 있다면 어떻게 하겠는가? (당신이 취할 수 있는 행동을 구체적으로 설명할 것.)

(2) 물음 (1)의 결과를 이용하여 MM 명제 I 을 설명하라.

☞ 해설

(1) 이 투자자의 현재상태(거래 Ⅲ)와 동일한 연간 수익을 얻을 수 있는 거래(거래Ⅳ)의 투자액과 연간 수익은 각각 다음과 같다.

	거 래	투 자 액	연간 수익
Ⅲ	기업 L의 주식 10% 매입	30억원	0.1×(50−18)=3.2억원
Ⅳ	ⓐ 기업 U의 주식 10% 매입	50억원	0.1×50=5억원
	ⓑ 기업 L의 부채 10%를 개인계좌로 차입	−30억원	−0.1×18=−1.8억원
	ⓐ+ⓑ	20억원	3.2억원

이 경우 거래 Ⅲ의 투자액이 거래 Ⅳ의 투자액보다 크지만, 각각의 거래로부터 얻을 수 있는 연간 수익 및 위험은 동일하다. 그러므로 현재 보유하고 있는 기업 L의 주식 10%를 30억원에 매도하고 동시에 기업 L의 부채 10%에 해당하는 30억원을 은행으로부터 기업 L과 동일한 이자율 6%로 차입하여 조성한 총자금 60억원을 가지고 기업 U의 주식 10%를 50억원에 매입하는 차익거래를 할 것이다. 이 거래의 결과 투자자는 위험과 연간 수익의 변동없이(위험의 변동없이 항상 동일한 연간 수익 3.2억원을 얻으면서) 현재시점에서 10억원의 차익거래이익을 얻을 수 있다. 이와 같은 차익거래과정을 요약하면 다음과 같다.

차익 거래	현재의 현금흐름	연간 수익
기업 L 주식 10% 매도	30억원	−3.2억원
기업 U 주식 10% 매입	−50억원	5억원
기업 L 부채 10% 차입	30억원	−1.8억원
합 계	10억원	0

(2) 기업 L의 주식을 가지고 있는 모든 투자자가 보유주식을 매도하고 기업 U의 주식을 매입할 것이다. 그러므로 기업 L의 주식은 매도의 증가로 인하여 가격이 하락하고, 기업 U의 주식은 매입의 증가로 인하여 가격이 상승하게 된다. 차익거래는 $V_L=V_U$인 상태에 도달할 때까지 계속될 것이다. 이와 같은 일련의 차익거래과정을 통하여 MM 명제 Ⅰ, 즉 $V_L=V_U$가 성립하게 된다.

2) 재무레버리지와 기업의 가치

재무레버리지와 기업가치의 관계를 보다 정확하게 살펴보기 위해서 다음과 같은 예를 생각해 보자. 현재 부채가 없는 ㈜태양은 채권을 발행하여 자사의 주식 중 일부를 매입하는 것을 고려하고 있다. 이 기업의 현재(자본구조 변경 전)와 가상(자본구조 변경 후)의 자본구조는 다음의 〈표 12-5〉와 같다.

그리고 기업의 현재 자본구조와 가상 자본구조하에서 발생가능한 상황(여기서는 불황, 기대되는 상황, 호황의 3가지 상황이며, 각 상황의 발생확률은 모두 동일하다고 가정함)에 따라 주당순이익(earning per share: EPS)을 계산하면 〈표 12-6〉과 같다.

〈표 12-6〉에서 재무레버리지의 효과는 기업의 영업이익에 따라 달라진다. 영업이익이 6,000만원이라면, 자기자본순이익률(return on equity: ROE)은 가상의 자본구조하에서 더 높게 나타난다. 그러나 영업이익(NOI)이 2,000만원이라면, 자기자본순이익률은 현재의 자본구조하에서 더 높다. 영업이익과 주당순이익의 관계를 나타내면 〈그림 12-1〉과 같다.

〈그림 12-1〉에서 주당순이익을 동일하게 하는 영업이익수준을 나타내는 점, 즉 자본조달분기점은 영업이익이 4,000만원인 점이다.[5] 영업이익이 4,000만원인 경우 현재 및 가상 자본구조하의 주당순이익은 모두 2,000원으로 동일하다. 영업이익이 4,000만원보다 높을 경우 주당순이익은 부채를 사용하는 가상의 자본구조하에서 보다 높게 나타난다. 영업이익이 4,000만원보다 낮을 경우 주당순이익은 부

표 12-5 ㈜태양의 자본구조

	현재(자본구조 변경 전)	가상(자본구조 변경 후)
자 산	40,000만원	40,000만원
부 채	0	20,000만원
자기자본	40,000만원	20,000만원
이 자 율	10%	10%
주 가	2만원	2만원
발행주식수	20,000주	10,000주

5) 자본조달분기점을 다음과 같이 구할 수 있다.

$$\frac{NOI-0}{20{,}000\text{주}} = \frac{NOI-2{,}000\text{만원}}{10{,}000\text{주}}$$

⇕ ⇕

(현재의 EPS) (가상의 EPS)

$\therefore\ NOI = 4{,}000$만원

표 12-6 자본구조와 주당순이익의 변화

(a) 현재의 자본구조(부채 = 0)

	불 황	기 대	호 황
영업이익률*	5%	15%	25%
영업이익	2,000만원	6,000만원	10,000만원
이자비용	0	0	0
순 이 익	2,000만원	6,000만원	10,000만원
자기자본순이익률**	5%	15%	25%
주당순이익	1,000원	3,000원	5,000원

(b) 가상의 자본구조 (부채 = 20,000만원)

	불 황	기 대	호 황
영업이익률*	5%	15%	25%
영업이익	2,000만원	6,000만원	10,000만원
이자비용	2,000만원	2,000만원	2,000만원
순 이 익	0	4,000만원	8,000만원
자기자본순이익률**	0	20%	40%
주당순이익	0	4,000원	8,000원

* 영업이익률 = 영업이익/총자산가치, ** 자기자본순이익률 = 순이익/자기자본가치

채가 없는 현재의 자본구조하에서 보다 높게 나타난다.

한편 기대되는 영업이익이 6,000만원이라 하더라도 가상의 자본구조하에서 주주의 부가 더 높아진다고는 볼 수 없다. 왜냐하면 ㈜태양의 주주들이 개인계좌로 차입함으로써 기업의 레버리지를 복제(replication)할 수 있기 때문이다. 예를 들어 투자자가 가상의 자본구조하에서 ㈜태양의 주식 100주를 매입하는 경우와, 현재의 자본구조하에서 ㈜태양의 주식 200주를 매입하고 동시에 200만원을 이자율 10%로 차입하는 경우를 생각해 보자. 투자자의 각 경우에 대한 투자액과 연간 수익을 계산하면 〈표 12-7〉과 같다.

〈표 12-7〉에서 볼 수 있는 바와 같이 두 경우의 투자액과 연간 수익은 정확하게 일치한다. 즉 기업이 자본구조를 변경하지 않은 경우에도 개별투자자가 자신의 레버리지를 취함으로써 자본구조를 변경한 기업에 투자하는 것과 동일한 투자성과를 얻을 수 있다. 투자자들은 자신의 레버리지에 의해서 원하는 레버리지 수준을 스스로 조정해 나갈 수 있기 때문에 기업의 자본구조정책에 가치를 부여하지 않는다. 결론적으로 기업이 자본구조를 변경한다 하더라도 주주의 부 또는 기업의

그림 12-1 재무레버리지에 따른 영업이익(NOI)과 주당순이익(EPS)의 관계

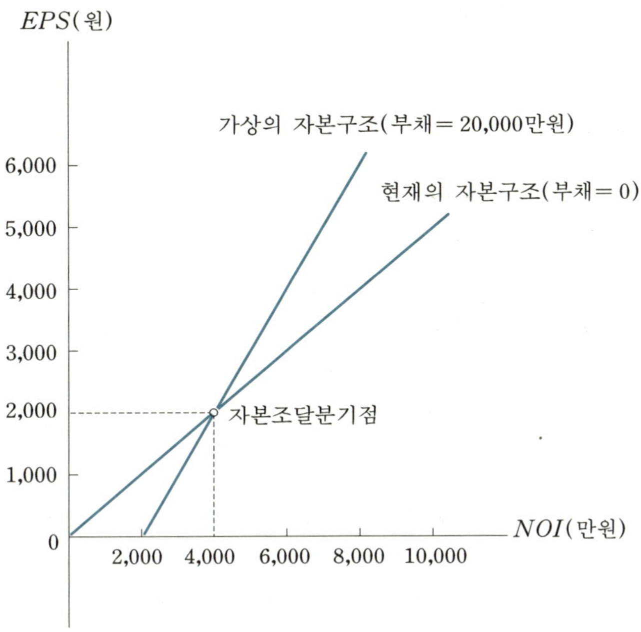

표 12-7 투자자의 투자액과 연간 수익

(a) 가상의 자본구조하에서 투자하는 경우

	투 자 액	연간 수익		
		불 황	기 대	호 황
100주 매입	200만원	0	400,000원	800,000원

(b) 현재의 자본구조하에서 투자하는 경우

	투 자 액	연간 수익		
		불 황	기 대	호 황
200주 매입	400만원	200,000원	600,000원	1,000,000원
200만원 차입	−200만원	−200,000원	−200,000원	−200,000원
합 계	200만원	0	400,000원	800,000원

가치는 변하지 않는다는 MM 명제 Ⅰ이 성립함을 알 수 있다. 그러나 MM 명제 Ⅰ이 성립하려면 개인이 기업과 동일한 이자율로 부채를 차입할 수 있다는 전제가 필요함을 유의하여야 한다.

1.3 MM 명제 II

앞의 〈표 12-6〉에서 부채가 없는 현재의 자본구조하에서는 자기자본순이익률이 5%에서 25% 사이로 변하는 반면에, 부채를 사용하는 경우 자기자본순이익률은 0%에서 40% 사이로 변한다. 이는 부채를 사용함으로써 증가된 레버리지로 인하여 자기자본의 위험이 증가함을 의미한다.[6] 다시 말하면 〈그림 12-1〉에서 부채를 사용하는 가상의 자본구조하에서 직선의 기울기가 더 크게 나타난다는 것이다. 그러므로 채권을 발행하여 자사주식을 매입함으로써 자기자본에 대한 기대수익률은 15%에서 20%로 5%포인트 증가하지만, 이것은 레버리지의 증가로 인하여 증가된 자기자본의 위험에 대한 보상이라 할 수 있다. 레버리지의 증가에 따라서 자기자본의 위험이 증가하며, 그것에 대한 보상으로 보다 높은 수익률을 요구하게 된다는 것이 MM 명제 Ⅱ이다. 〈표 12-6〉에서 부채를 사용하지 않을 경우 시장에서 요구하는 자기자본의 기대수익률(요구수익률)은 15%이지만, 부채를 사용하는 경우 시장에서 요구하는 자기자본의 기대수익률은 20%가 된다는 것이다.

일반적으로 타인자본을 사용하는 기업 L의 자기자본비용(자기자본에 대한 요구수익률) r_S는 다음과 같이 나타낼 수 있다.

$$r_S = \frac{E(NOI) - r_B B}{S_L} \tag{12-4}$$

앞의 식 (12-2)에서 $E(NOI) = V_U \cdot r_U$, MM 명제 Ⅰ에 의해서 $V_U = S_L + B$이므로 식 (12-4)는 다음과 같이 나타낼 수 있다.[7]

$$r_S = \frac{(S_L + B)r_U - r_B B}{S_L} = r_U + (r_U - r_B)(B/S_L) \tag{12-5}$$

식 (12-5)에서 볼 수 있는 바와 같이 기업의 자기자본비용 r_S는 부채비율

---

6) 레버리지와 자기자본의 위험(주식베타)에 대한 보다 정확한 관계는 제10장의 식 (10-17)과 같다.

7) ㈜태양이 채권 20,000만원을 발행하여 자사주를 매입하는 경우에 이 회사의 자기자본비용은 다음과 같이 20%가 됨을 확인할 수 있다.

$$r_S = r_U + (r_U - r_B)(B/S_L) = 0.15 + (0.15 - 0.10)(20{,}000/20{,}000) = 0.20$$

(B/S_L)에 비례함을 알 수 있다. 즉 타인자본을 사용하는 경우, 자기자본비용은 상대적으로 저렴한 비용으로 사용할 수 있는 타인자본의 이점을 완전히 상쇄할 정도로 증가하게 된다. 이를 MM 명제 Ⅱ라고 하며 그 내용을 요약하면 다음과 같다.

> MM 명제 Ⅱ: 자기자본비용 r_S는 부채비율(B/S_L)이 증가함에 따라 증가하여 상대적으로 저렴한 타인자본의 사용으로 얻을 수 있는 이점을 완전히 상쇄시킨다.
>
> $$r_S = r_U + (r_U - r_B)(B/S_L)$$

부채의 증가에 따른 상대적으로 저렴한 타인자본의 이점이 자기자본비용의 증가로 인하여 완전히 상쇄됨으로써 기업의 가중평균자본비용은 일정하게 되고, 결과적으로 기업가치는 자본구조에 의해서 영향을 받지 않게 된다. 이상에서 설명한 재무레버리지와 자본비용의 관계를 그림으로 나타내면 <그림 12-2>와 같다.[8)]

그림 12-2 재무레버리지와 자본비용의 관계: 법인세가 없는 경우

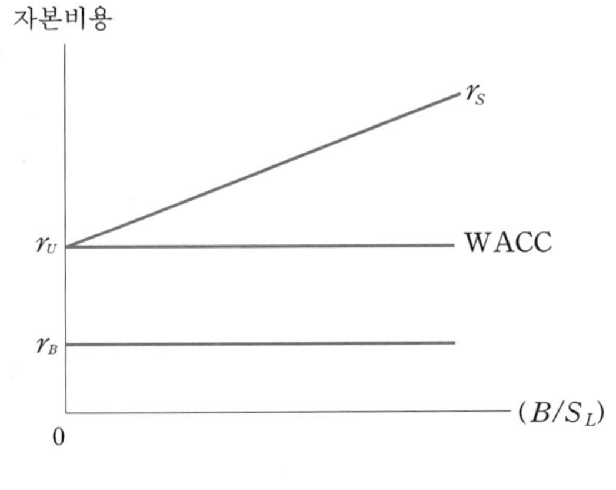

8) 기업이 위험부채를 사용하는 경우 주주들의 유한책임으로 인하여 채권자들이 기업위험의 일부를 부담하게 된다. 따라서 부채가 증가할수록 파산위험으로 인해 부채의 자본비용이 증가하지만, 주주들은 자신이 부담해야 하는 위험일부를 채권자에게 전가할 수 있기 때문에 자기자본비용은 오히려 하락할 수 있다. 그러므로 위험부채일 경우에도 가중평균자본비용이 일정하다는 MM의 무관련이론이 여전히 성립한다.

1.4 MM 명제 Ⅲ

기업이 새로운 투자안을 채택하기 위해서는 그 투자안 채택에 따른 기업가치의 증분 ΔV가 투자소요액 ΔI보다 커야 한다.

$$\frac{\Delta V}{\Delta I} \geq 1 \tag{12-6}$$

위의 식에 $\Delta V = \dfrac{\Delta E(NOI)}{WACC}$를 대입하여 정리하면,

$$\frac{\Delta E(NOI)}{\Delta I} \geq WACC \tag{12-7}$$

식 (12-7)에서 좌변은 새로운 투자안의 채택에 따른 기대영업이익의 증분 $\Delta E(NOI)$를 투자의 증분(투자소요액)으로 나눈 것으로서, 새로운 투자에 대한 기대수익률을 의미한다. 그리고 식 (12-7)의 우변은 투자안의 요구수익률, 즉 가중평균자본비용(WACC)으로서 다음과 같이 정의될 수 있다.

$$WACC = \left(\frac{S_L}{S_L + B}\right) r_S + \left(\frac{B}{S_L + B}\right) r_B \tag{12-8}$$

식 (12-5)를 식 (12-8)에 대입하여 정리하면, $WACC = r_U$이다. 즉 부채사용과 관계없이 항상 투자안의 가중평균자본비용은 r_U와 같으므로 투자결정문제가 투자안의 자본조달방법과는 무관함을 알 수 있다. 이를 MM 명제 Ⅲ이라 하며 그 내용은 다음과 같다.

> MM 명제 Ⅲ: 기업의 신규 투자안에 대한 요구수익률은 r_U이며, 이는 그 기업의 자본조달방법과 무관하다.
>
> $$\underbrace{\frac{\Delta E(NOI)}{\Delta I}}_{\text{투자수익률}} \geq \underbrace{WACC = r_U}_{\text{요구수익률}}$$

명제 Ⅲ에 의하면 기업의 투자결정은 그 투자안으로부터 벌어들일 수 있는 수익률이 그 투자안에 대한 요구수익률보다 클 때에만 채택되어야 하며, 이러한 투자안에 대한 요구수익률은 기업의 자본구조와 무관하다.

1.5 MM의 명제: 종합적인 예[9)]

부채가 없는 ㈜세계자동차는 매년 10억원의 영업이익을 영구적으로 기대하고 있다. 이 회사의 발행주식수는 100만주이며, 자본비용은 10%이다. 그리고 이 회사는 곧 4억원이 소요되는 새로운 공장을 건설할 예정이며, 그 공장으로 인하여 추가적인 영업이익이 매년 1억원씩 영구적으로 발생하리라 기대된다. 이 회사에 관한 자료를 요약하면 다음과 같다.

현재의 기업	새로운 공장
영업이익: 10억원 발행주식수: 100만주	초기의 투자액: 4억원 추가적인 영업이익: 1억원

새로운 공장의 투자에 대한 자본비용이 기업전체의 자본비용과 동일하다고 가정한다면, 그 투자안의 순현가는 다음과 같이 구할 수 있다.

$$NPV = -4\text{억원} + \frac{1\text{억원}}{0.1} = 6\text{억원}$$

㈜세계자동차가 새로운 투자안을 시작할 것이라는 정보가 시장에 알려지기 전, 시장가치로 작성된 이 회사의 대차대조표는 다음과 같이 나타낼 수 있다.

㈜세계자동차
대차대조표(무부채)

구자산: $\frac{10\text{억원}}{0.1} = 100\text{억원}$	자기자본: 100억원 (발행주식수: 100만주)

매년의 영구적인 영업이익 10억원을 자본비용 10%로 할인하여 구한 기업의 가치(기존 자산의 총가치)는 100억원이다. 그리고 이 회사의 주식은 주당 10,000원(100억원/100만주)에 거래된다.

기업은 새로운 공장에 소요되는 투자비용 4억원을 자기자본 또는 부채로 조달할 수 있다. 자기자본과 부채의 자금조달효과를 각각 살펴보자.

---

9) 여기서 제시된 사례는 다음을 참조한 것임.
S. A. Ross, R. W. Westerfield, and J. Jaffe, *Corporate Finance*, 4th ed.(Irwin, 1996), pp. 395～399.

1) 자금조달 : 주식발행

(1) 정보의 공시

기업이 가까운 미래에 새로운 공장을 건설하기 위하여 4억원의 주식을 발행할 것이라는 사실을 공시한다고 생각해 보자. 이 경우 주식가격은 그 공장에 대한 정(+)의 순현가를 반영하여 오를 것이다. 효율적 자본시장에 따라 주식가격은 그 사실을 공시하는 순간에 즉각적으로 상승할 것이다. 즉 주식가격의 상승은 새로운 공장의 건설을 시작하는 시점 또는 차후에 주식을 공모하는 시점이 아니라 그 사실을 공시하는 시점에 나타나게 된다. 시장가치에 의한 대차대조표는 다음과 같다.

㈜세계자동차
대차대조표
(공장의 건설을 위하여 주식을 발행한다고 공시하는 시점)

구자산	100억원	자기자본	106억원
			(발행주식수: 100만주)
공장의 NPV:			
$-4\text{억원}+\dfrac{1\text{억원}}{0.1}=6\text{억원}$			
총자산	106억원	총자본	106억원

시장가치로 작성된 앞의 대차대조표에는 공장의 순현가가 포함되어 있음을 유의하라. 새로운 주식은 아직 발행되지 않았기 때문에 발행주식수는 여전히 100만주이다. 그러나 지금 주당 주식가격은 새로운 공장에 대한 뉴스를 반영하여 10,600원(106억원/100만주)으로 올랐다.

(2) 주식의 발행

일정한 기간이 지난 후 실제로 4억원의 주식이 발행되는 경우를 생각해 보자. 주식은 주당 10,600원에 판매되기 때문에 공장의 건설자금을 조달하기 위해서 발행하여야 하는 주식수는 37,736주(4억원/10,600원)가 된다. 이와 같이 조달된 자금은 공장을 건설하기 위하여 사용되기 전에 일시적으로 은행에 예치된다고 가정한다면, 시장가치로 작성된 대차대조표는 다음과 같다.

㈜세계자동차
대차대조표
(주식을 발행하는 시점: 공장의 건설 전)

구자산	100억원	자기자본	110억원
		(발행주식수: 1,037,736주)	
공장의 NPV	6억원		
은행예금 (신주의 납입금)	4억원		
총자산	110억원	총자본	110억원

지금 37,736주의 신주가 발행되었기 때문에 총발행주식수는 1,037,736주가 된다. 그리고 주당 주식가격은 여전히 10,600원(110억원/1,037,736주)이다. 주식가격은 새로운 정보에 의해서만 움직이기 때문에 주식가격은 변하지 않으며, 이는 효율적 자본시장과 일치하는 것이다.

(3) 공장의 건설

신주발행에 의해서 조달된 자금은 은행에 아주 일시적으로 예치된 후 바로 공장의 건설에 사용된다. 한편 할인에 관한 문제를 피하기 위하여 공장은 즉시 건설된다고 가정한다. 공장의 건설이 완료된 후 시장가치로 작성된 대차대조표는 다음과 같다.

㈜세계자동차
대차대조표
(공장을 건설한 후)

구자산	100억원	자기자본	110억원
공장의 $PV = \dfrac{1억원}{0.1} = 10억원$		(발행주식수: 1,037,736주)	
총자산	110억원	총자본	110억원

공장건설이 완료된 후 총자산가치는 변하지 않지만 자산의 구성은 변한다. 은행예금은 건설대금으로 지급되어 없어지고, 그것은 공장의 현재가치에 포함되었다. 그리고 효율적 자본시장에 따라 주식가격은 여전히 10,600원임을 유의하기 바란다.

기업의 연간 기대영업이익은 구자산으로부터 10억원과 새로운 자산(공장)으로부터 1억원을 합하여 11억원이 된다. 그러므로 자기자본에 대한 기대수익률, 즉 자기자본비용을 다음과 같이 계산할 수 있다.

$$r_S = \frac{11\text{억원}}{110\text{억원}} = 0.10$$

이 기업은 부채를 사용하지 않으므로 $r_S = r_U = 10\%$이다.

2) 자금조달 : 채권발행

(1) 정보의 공시

이제 기업이 가까운 미래에 새로운 공장을 건설하기 위하여 4억원을 6%의 이자율로 차입할 것이라는 사실을 공시한다고 생각해 보자. 이 경우 연간 이자지급액은 2,400만원(4억원×6%)이 된다. 주식가격은 그 공장에 대한 정(+)의 순현가를 반영하여 즉각적으로 오를 것이다. 그러므로 시장가치에 의한 대차대조표는 다음과 같다.

㈜세계자동차
대차대조표
(공장의 건설을 위하여 채권을 발행한다고 공시하는 시점)

구자산	100억원	자기자본	106억원
			(발행주식수: 100만주)
공장의 NPV:			
$-4\text{억원} + \dfrac{1\text{억원}}{0.1} = 6\text{억원}$			
총자산	106억원	총자본	106억원

동일한 공장이 건설되며 MM에 의해서 부채 또는 주식에 의한 자금조달은 기업가치에 영향을 미치지 않음을 알고 있기 때문에, 기업의 가치는 주식에 의한 자금조달의 경우와 동일하게 된다.

공장건설에 소요되는 자금은 전액 채권을 발행하여 조달되기 때문에 그 자본비용은 부채의 자본비용, 즉 이자율 6%와 같아진다고 생각하는 오류를 범하기 쉽다. 그러나 투자안에 소요되는 자금을 전액 부채를 이용하여 조달한다면, 이것은 기존 주식에 대한 위험을 증가시키게 될 것이다. 그러므로 투자안의 자본비용을 계산할 때, 이와 같은 기존 주식의 증가된 위험까지 고려하여 계산하여야 한다. MM 명제 Ⅱ에 의하면 투자안에 소요되는 자금을 전액 부채로 조달한다 하더라도 상대적으로 저렴한 부채사용의 효과는 기존 주식의 요구수익률의 증가로 인해 완전하게 상쇄되기 때문에, 투자안의 자본비용은 주식을 발행하는 경우와 같이 10%가 된다. 결론적으로 투자안의 자본비용은 투자안 자체의 자본구조에 의해서 계산된 가중평균자본비용이 아니라, 항상 한계자본비용(marginal cost of capital)의 개념으로 이해하여야 한다는 사실을 유의하여야 한다.

(2) 채권의 발행

일정한 기간이 지난 후 실제로 4억원의 채권을 발행하는 경우를 생각해 보자. 그리고 이와 같이 조달된 자금은 공장을 건설하기 위하여 사용되기 전에 일시적으로 은행에 예치된다고 가정한다면, 시장가치로 작성된 대차대조표는 다음과 같다.

㈜세계자동차
대차대조표
(채권을 발행하는 시점: 공장의 건설 전)

구자산	100억원	부채	4억원
		자기자본	106억원
공장의 NPV	6억원	(발행주식수: 100만주)	
은행예금 (채권의 발행액)	4억원		
총자산	110억원	총자본	110억원

부채는 대변에 나타나며, 효율적 자본시장에 의해 주식가격은 여전히 10,600원임을 알 수 있다.

(3) 공장의 건설

최종적으로 공장의 건설이 완료된 후 시장가치로 작성된 대차대조표는 다음과 같다.

㈜세계자동차
대차대조표
(공장을 건설한 후)

구자산	100억원	부 채	4억원
공장의 PV	10억원	자기자본	106억원
		(발행주식수: 100만주)	
총자산	110억원	총자본	110억원

여기서 은행예금은 건설대금으로 지급되었기 때문에 삭제되었다. 주주들의 연간 기대수익은 다음과 같다.

$$\begin{aligned}\text{주주들의 연간 기대수익} &= \text{구자산의 영업이익} + \text{새 자산의 영업이익} \\ &\quad - \text{이자비용} \\ &= 100{,}000\text{만원} + 10{,}000\text{만원} - 2{,}400\text{만원} \\ &= 107{,}600\text{만원}\end{aligned}$$

그러므로 자기자본의 기대수익률은 다음과 같다.

$$r_S = \frac{107{,}600\text{만원}}{1{,}060{,}000\text{만원}} = 0.1015$$

부채를 사용하는 경우의 자기자본에 대한 기대수익률 10.15%는, 부채가 없는 경우의 자기자본에 대한 기대수익률 10%보다 높다. 이는 부채사용으로 인하여 주식의 위험이 증가되었기 때문이다. 이와 같은 10.15%는 정확하게 MM 명제 Ⅱ의 결과와 일치한다.

$$\begin{aligned}r_S &= r_U + (r_U - r_B)(B/S_L) \\ &= 10\% + (10\% - 6\%)\left(\frac{4\text{억원}}{106\text{억원}}\right) = 10.15\%\end{aligned}$$

그리고 기업의 가중평균자본비용은 다음과 같다.

$$\begin{aligned}WACC &= \left(\frac{S_L}{S_L + B}\right) r_S + \left(\frac{B}{S_L + B}\right) r_B \\ &= \left(\frac{106\text{억원}}{110\text{억원}}\right)(10.15\%) + \left(\frac{4\text{억원}}{110\text{억원}}\right)(6\%) = 10\% (= r_U)\end{aligned}$$

기업의 자본비용은 주식 또는 채권의 발행과 관계없이 항상 10%임을 알 수 있다.

이상의 결과를 요약하면 다음과 같다.

첫째, 주식 또는 채권의 발행과 관계없이 기업의 가치는 항상 110억으로 동일하다.(MM 명제 Ⅰ)

둘째, 주식의 가격은 주식 또는 채권의 발행과 관계없이 항상 10,600원으로 일치한다.

셋째, 채권을 발행하는 경우 자기자본의 기대수익률이 10%에서 10.15%로 증가하여 저렴한 부채사용의 효과가 완전히 상쇄되었다.(MM 명제 Ⅱ)

넷째, 투자안의 자본비용은 부채사용과 관계없이 항상 10%이다.(MM 명제 Ⅲ)

2 MM의 수정이론

MM의 무관련이론은 완전자본시장의 가정을 전제로 하고 있다. 그러나 자본시장이 불완전하다면 자본구조의 변경이 기업가치에 영향을 줄 수 있을 것이다. 이러한 생각하에서 MM은 기업의 법인세가 존재하는 완전자본시장하에서 앞의 세 가지 명제가 어떻게 달라지는지를 보였는데, 이를 MM의 수정이론이라 한다.[10] 특히 MM은 법인세가 존재하는 경우 부채로 인한 이자비용의 세금절감효과(tax shield effect)를 얻을 수 있으므로 부채가 증가함에 따라 비례적으로 기업가치가 증가한다고 주장하였다.

2.1 MM 명제 I

타인자본을 사용하고 있지 않은 기업 U의 가치는 기대현금흐름, 즉 세후 기대영업이익 $E(NOI)(1-T_C)$를 할인하여 다음과 같이 구할 수 있다.

$$V_U\,(=S_U)=\sum_{t=1}^{\infty}\frac{E(NOI)(1-T_C)}{(1+r_U)^t}=\frac{E(NOI)(1-T_C)}{r_U} \qquad (12\text{-}9)$$

여기서 T_C: 기업의 법인세율

그리고 타인자본을 사용하는 기업 L의 기대현금흐름 CF_L은 주주에게 지급될 수 있는 부분과 채권자에게 지급될 수 있는 부분을 합하여 다음과 같이 구할 수 있다.

10) F. Modigliani and M. H. Miller, "Taxes and Cost of Capital: A Correction," *American Economic Review*, Vol. 53 (June 1963), pp. 433~443.

$$
\begin{aligned}
CF_L &= \text{주주에게 지급되는 현금흐름} + \text{채권자에게 지급되는 현금흐름} \\
&= [E(NOI) - r_B B](1 - T_C) + r_B B \\
&= E(NOI)(1 - T_C) + T_C r_B B \qquad (12\text{-}10)
\end{aligned}
$$

식 (12-10)의 우변의 첫째항은 타인자본을 사용하지 않은 기업의 주주들이 받는 현금흐름과 동일하므로 r_U에 의해서 할인될 수 있다. 그리고 둘째항은 타인자본의 이용에 따른 법인세의 절감액으로서 타인자본비용 r_B로 할인되어야 한다. 그러므로 타인자본을 사용하고 있는 기업 L의 가치는 다음과 같이 구할 수 있다.[11)]

$$V_L(=S_L + B) = \frac{E(NOI)(1 - T_C)}{r_U} + \frac{T_C r_B B}{r_B} = V_U + T_C B \qquad (12\text{-}11)$$

식 (12-11)에서 법인세가 존재할 경우 타인자본을 사용하고 있는 기업의 가치 V_L은 자기자본만 사용하는 기업의 가치 V_U보다 이자비용의 법인세 절감액의 현가 $T_C B$만큼 크다. 따라서 부채가 증가함에 따라 V_L은 비례하여 증가하게 된다. 이를 MM 명제 Ⅰ이라 하며, 그 내용을 요약하면 다음과 같다.

> MM 명제 Ⅰ: 타인자본을 사용하는 기업의 가치 V_L은 타인자본을 전혀 사용하고 있지 않은 기업의 가치 V_U와 이자비용의 법인세 절감액의 현가 $T_C B$를 합한 것과 같다.
>
> $V_L = V_U + T_C B$

MM 명제 Ⅰ을 전절과 마찬가지로 차익거래과정을 이용하여 증명할 수 있다.[12)]

---

11) 이자비용의 세금절감효과를 현금흐름에 직접 고려해 주는 대신 할인율에 고려해 줄 수 있으며, 이와 같은 경우 V_L을 다음과 같이 구할 수 있다.

$$V_L = \frac{E(NOI)(1 - T_C)}{WACC} \qquad \text{단, } WACC = \left(\frac{S_L}{S_L + B}\right) r_S + \left(\frac{B}{S_L + B}\right) r_B (1 - T_C)$$

12) 이에 대한 증명은 본장의 보론1 참조.

2.2 MM 명제 Ⅱ

타인자본을 사용하는 기업 L의 자기자본비용은 다음과 같이 나타낼 수 있다.

$$r_S = \frac{[E(NOI) - r_B B](1 - T_C)}{S_L}$$
$$= \frac{E(NOI)(1 - T_C) - r_B B(1 - T_C)}{S_L} \qquad (12\text{-}12)$$

앞의 식 (12-9)와 식 (12-11)에 의해서

$$E(NOI)(1 - T_C) = V_U \cdot r_U, \quad V_U = S_L + B - T_C B$$

그러므로 식 (12-12)를 다음과 같이 변형할 수 있다.

$$r_S = \frac{(S_L + B - T_C B) r_U - r_B B(1 - T_C)}{S_L}$$
$$= r_U + (r_U - r_B)(1 - T_C)(B/S_L) \qquad (12\text{-}13)$$

식 (12-13)을 앞 절의 식 (12-5)와 비교해 보면, 부채비율(B/S_L)이 증가함에 따라 자기자본비용 r_S는 증가하나, $(1-T_C)$가 항상 1보다 작기 때문에 식 (12-13)에서의 r_S는 식 (12-5)의 경우보다 작게 증가함을 알 수 있다. 이는 부채비율이 증가하는 경우 자기자본비용은 상대적으로 저렴한 타인자본의 이점을 완전히 상쇄할 정도로 증가하지는 않는다는 것을 의미한다. 이를 MM 명제 Ⅱ라고 하며, 그 내용을 요약하면 다음과 같다.

> MM 명제 Ⅱ: 자기자본비용 r_S는 부채비율(B/S_L)이 증가함에 따라 증가하나, 상대적으로 저렴한 타인자본의 사용으로 얻을 수 있는 이점을 완전히 상쇄하지는 못한다.
>
> $$r_S = r_U + (r_U - r_B)(1 - T_C)(B/S_L)$$

부채의 증가에 따른 상대적으로 저렴한 타인자본의 이점은 자기자본비용의 증가에 의해서 완전히 상쇄되지 않기 때문에 부채비율이 증가함에 따라 기업가치가 증가하게 된다.

2.3 MM 명제 III

기업이 새로운 투자안을 채택하기 위해서는 그 투자안 채택에 따른 기업가치의 증분 ΔV가 투자소요액 ΔI보다 커야 한다.

$$\frac{\Delta V}{\Delta I} \geq 1$$

위의 식에 $\Delta V = \dfrac{\Delta E(NOI)(1-T_C)}{r_U} + T_C \Delta B$를 대입하여 정리하면,

$$\frac{\Delta E(NOI)(1-T_C)}{\Delta I} \geq r_U[1-T_C(\Delta B/\Delta I)] \qquad (12\text{-}14)$$

여기에서 MM은 모든 투자안의 $\Delta B/\Delta I$는 그 기업의 장기적인 목표자본구조(long-term target capital structure)와 같아야 한다고 주장하였다. 왜냐하면 장기적인 목표자본구조란 그 기업에 있어서 최적자본구조를 의미하며, 이것이 그대로 새로운 투자안에 적용되어야 투자안의 가치가 극대화될 것으로 생각하였기 때문이다. 따라서 $\Delta B/\Delta I = B/V_L$이라면,

$$\frac{\Delta E(NOI)(1-T_C)}{\Delta I} \geq r_U[1-T_C(B/V_L)] \qquad (12\text{-}15)$$

식 (12-15)에서 투자안의 자본비용을 나타내는 우측항은 가중평균자본비용(WACC)으로서 다음과 같이 나타낼 수 있다.[13)]

$$WACC = \left(\frac{S_L}{S_L+B}\right) r_S + \left(\frac{B}{S_L+B}\right) r_B(1-T_C) \qquad (12\text{-}16)$$

식 (12-15)에서 볼 수 있는 바와 같이 투자안의 요구수익률(가중평균자본비용)은 부채비율이 증가함에 따라 점점 감소한다. 이를 MM 명제 Ⅲ이라 하며, 그 내용은 다음과 같이 요약될 수 있다.

---

13) $r_U\left[1-T_C\left(\frac{B}{V_L}\right)\right] = \frac{E(NOI)(1-T_C)}{V_U}\left(\frac{V_L-T_CB}{V_L}\right) = \frac{E(NOI)(1-T_C)}{V_L}$

$= \frac{[E(NOI)-r_BB](1-T_C)+r_BB(1-T_C)}{V_L} = \frac{r_SS_L+r_BB(1-T_C)}{V_L}$

$= \left(\frac{S_L}{S_L+B}\right)r_S + \left(\frac{B}{S_L+B}\right)r_B(1-T_C)$

MM 명제 Ⅲ: 기업의 신규투자안에 대한 요구수익률은 다음과 같다.

$$\underbrace{\frac{\Delta E(NOI)(1-T_C)}{\Delta I}}_{\text{세후 투자수익률}} \geq \underbrace{r_U[1-T_C(B/V_L)]=WACC}_{\text{요구수익률}}$$

MM은 법인세가 존재하는 경우에도 각 기업은 나름대로의 최적자본구조(optimal capital structure)를 가지고 기업을 운영하고, 모든 투자안은 이에 따라 자금을 조달하기 때문에 투자결정문제와 자본구조는 무관하다고 주장하였다. 또한 현실적인 문제로서 투자안의 자금조달방법이 기업의 기존 자본구조와 다를 경우에는, 그 투자안의 자본조달방법이 기존 기업 주식의 위험에 미치는 효과를 정확히 계산하기는 어렵다.[14] 이와 같은 경우 투자안의 자본비용, 즉 한계자본비용을 정확하게 계산한다는 것은 어려운 일이다. 그러므로 일반적으로 새로운 투자안의 자본조달은 기업의 목표자본구조에 따라서 이루어진다고 가정한다.

지금까지의 결과를 종합하여 재무레버리지와 자본비용의 관계를 그림으로 나

그림 12-3 재무레버리지와 자본비용의 관계: 법인세가 있는 경우

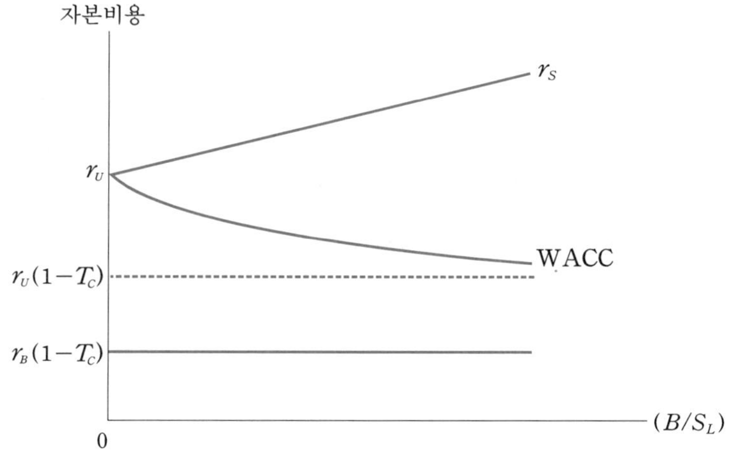

14) 법인세가 없는 완전자본시장하에서 새로운 투자안의 경영위험이 기존 기업의 경영위험과 다르지 않을 경우에는 투자안의 자본비용은 투자안의 자본조달방법에 관계없이 기업의 자본비용과 동일하게 된다.

타내면 〈그림 12-3〉과 같다.

2.4 법인세가 존재하는 경우의 주가와 레버리지의 관계

재무레버리지가 주식가격에 어떻게 영향을 미치는가를 보다 정확하게 살펴보기 위하여 다음과 같은 예를 생각해 보자. 현재 부채를 사용하고 있지 않은 ㈜종로는 앞으로 20억원의 채권을 발행한 후, 그 자금으로 자사주식을 매입하여 자본구조를 변경시키려고 한다. 이 경우 부채의 자본비용은 10%이다. 현재 ㈜종로의 총발행주식수는 10만주이며, 연간 10억원의 영업이익이 일정하게 영구적으로 발생하리라 기대된다. 부채를 사용하지 않을 경우의 자기자본비용은 20%이며, 법인세율은 40%이다.

먼저 ㈜종로의 현재 시장가치로 작성된 대차대조표는 다음과 같다.

㈜종로
대차대조표(무부채)

실물자산: $\dfrac{10(1-0.4)\text{억원}}{0.2}=30\text{억원}$	자기자본 30억원 (발행주식수: 10만주)

그러므로 현재의 주가는 30,000원(30억원/10만주)이다.

이제 이 기업이 조만간 채권을 발행하여 자사주식을 매입할 것이라는 것을 공시한다고 생각해 보자. 이 경우 기업의 가치는 부채의 법인세 절감효과를 반영하여 증가할 것이다. 효율적 자본시장하에서는 그 증가가 즉각 이루어진다. 즉 기업가치의 증가는 실제로 채권을 발행하여 자사주식을 매입한 시점이 아니라 그 사실을 공시하는 시점에서 나타나게 된다. 그러므로 시장가치에 의한 대차대조표는 다음과 같다.

㈜종로
대차대조표
(채권발행을 공시하는 시점)

실물자산:	30억원	자기자본 (발행주식수: 10만주)	38억원
법인세 절감액의 현가(T_CB): 0.4×20억원 $=8$억원			
총자산	38억원	총자본	38억원

여기서 채권이 아직 발행되지 않았음을 유의하기 바란다. 자기자본가치가 8억원만큼 증가함으로써 주가는 38,000원(38억원/10만주)으로 상승하게 된다.

일정한 기간이 지난 후 실제로 20억원의 채권을 발행하여 그 자금으로서 자사주식을 매입한다면 52,631.58주(20억원/38,000원)를 매입할 수 있다. 그러므로 발행주식수는 47,368.42주(100,000주 − 52,631.58주)가 된다. 이때 시장가치에 의한 대차대조표는 다음과 같다.

㈜종로
대차대조표
(채권을 발행하여 자사주식을 매입하는 시점)

실물자산:	30억원	부채	20억원
		자기자본	18억원
법인세 절감액의 현가: 8억원		(발행주식수: 47,368.42주)	
총자산	38억원	총자본	38억원

실제로 자본구조를 변경한 후의 주가는 38,000원(18억원/47,368.42주)으로서 공시된 시점에서의 주가와 동일하다. 앞에서 언급한 바와 같이 주가는 자본구조의 변경에 관한 정보가 공시된 시점에서만 상승하게 된다. 기업이 실제로 자사주식을 매입할 때, 소유주식을 매도하는 주주들은 자본구조가 변경된 후의 주가와 동일한 가격을 받을 수 있다. 그러므로 주주들은 자신의 주식을 언제 기업에 매도하여야 하는가에 대해서 염려하지 않아도 된다.

이상의 예에서 부채사용에 따른 기업가치의 증가는 주가를 상승시킨다는 것을 알 수 있다. 즉 법인세 절감액의 현가 8억원은 전액 주주들의 몫이 된다.

이제 자본구조의 변경에 따른 자본비용의 변화를 살펴보자. 먼저 자기자본비용을 구하면 다음과 같다.

$$\begin{aligned} r_S &= r_U + (r_U - r_B)(1-T_C)(B/S_L) \\ &= 0.2 + (0.2-0.1)(1-0.4)(20/18) = 0.2667 \end{aligned}$$

또는

$$r_S = \frac{[E(NOI) - r_B B](1-T_C)}{S_L} = \frac{(10-2)(1-0.4)}{18} = 0.2667$$

그리고 가중평균자본비용은 다음과 같다.

$$WACC = r_U[1-T_C(B/V_L)] = (0.2)[1-0.4(20/38)] = 0.1579$$

또는

$$WACC = \left(\frac{S_L}{S_L+B}\right)r_S + \left(\frac{B}{S_L+B}\right)r_B(1-T_C)$$
$$= \left(\frac{18}{38}\right)(0.2667) + \left(\frac{20}{38}\right)(0.1)(1-0.4) = 0.1579$$

이상의 결과를 그림으로 나타내면 다음과 같다.[15)]

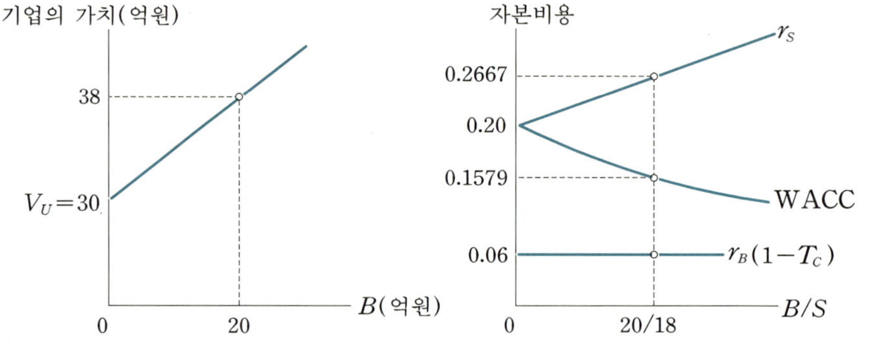

2.5 MM 이론의 한계

MM 자본구조이론의 결론은 그것의 기본적인 가정으로부터 논리적으로 도출된 것이기 때문에 그 기본적인 가정에 대한 현실적 타당성 여부를 살펴볼 필요가 있다. 여기서 일반적으로 지적되고 있는 MM의 가정에 대한 몇 가지 비판을 살펴보면 다음과 같다.

첫째, MM은 개인이 차입하는 것과 기업이 차입하는 것은 서로 완전대체(perfect substitute)가 가능하다고 가정한다. 그러나 개인이 개인계좌로 직접 차입하여 자신의 레버리지를 가지는 경우보다는 부채가 있는 기업 L에 투자하는 것이 개인으로 보아 유리하다. 왜냐하면 주주는 기업의 부채에 대해 유한책임(limited liability)을 지는 반면, 개인은 자신의 부채에 대해서 무한책임(unlimited

15) 자본구조를 변경한 후의 기업가치를 다음과 같이 구할 수도 있다.

$$V_L = \frac{E(NOI)(1-T_C)}{WACC} = \frac{(10)(1-0.4)}{0.1579} = 38\text{억원}$$

liability)을 져야 하기 때문이다. 따라서 차익거래의 핵심이 되는 기업의 부채와 개인의 부채의 완전대체는 거의 불가능한 것이라 할 수 있다.

둘째, MM은 중개수수료(brokerage cost) 등의 거래비용이 없다고 가정하여 기업 U의 주식을 기업 L의 주식으로 또는 그 반대로 언제든지 비용없이 전환할 수 있다고 하였다. 그러나 주식거래를 방해하는 거래비용이 존재한다면 그것에 의해서 차익거래과정이 방해를 받을 것이다.

셋째, MM은 기업이나 투자자가 무위험이자율로 얼마든지 차입이 가능하다고 가정하고 있다. 그러나 기업의 경우에는 무위험이자율로 차입이 가능할지 모르나 대부분의 개인투자자들에게는 어려운 일이다. 현실적으로 대부분의 개인투자자들은 기업보다 더 높은 차입이자율을 부담하고 있다.

넷째, MM은 개인소득세, 파산비용, 대리인비용 등 시장의 불완전요인을 무시하고 있다. 이와 같은 시장의 불완전요인에 대해서는 다음 장에서 자세히 설명할 것이다.

3 재무레버리지와 베타

MM은 체계적 위험의 개념을 도입하지 않았기 때문에 부채가 없는 기업의 자본비용 r_U를 어떻게 측정해야 하는지를 제시하지 못하였다. 그러므로 MM이론에 의해서는 기존 기업과 서로 다른 체계적 위험을 가지는 새로운 투자안을 평가할 때 어려움이 따르게 된다. 그러나 CAPM을 이용한다면 부채가 없는 기업의 자본비용 r_U를 그 기업의 체계적 위험 β_U에 의해서 측정할 수 있다. 그러므로 CAPM을 MM이론과 결합시킴으로써 MM이론의 한계점을 해결할 수 있을 것이다. 이를 위하여 자본비용에 대한 CAPM과 MM의 정의를 서로 비교하면 〈표 12-8〉과 같다.

표 12-8 자본비용에 대한 CAPM과 MM의 정의

CAPM의 정의	MM의 정의
$r_B = r_f + [E(r_M) - r_f]\beta_B$	$r_B = r_f,\ \beta_B = 0$
$r_U = r_f + [E(r_M) - r_f]\beta_U$	$r_U = r_U$
$r_S = r_f + [E(r_M) - r_f]\beta_S$	$r_S = r_U + (r_U - r_B)(1 - T_C)(B/S_L)$
$WACC = \left(\frac{S_L}{S_L + B}\right)r_S + \left(\frac{B}{S_L + B}\right)r_B(1 - T_C)$	$WACC = r_U\left[1 - \left(\frac{B}{S_L + B}\right)T_C\right]$

부채를 사용하는 기업에서 부채가 없는 경우의 체계적 위험을 나타내는 β_U를 직접적으로 측정하기는 어렵다. 그러나 부채를 사용하는 기업의 주식베타 β_S는 시장의 주가자료를 이용하여 쉽게 측정될 수 있을 것이다. β_U와 β_S가 일정한 관계를 가지고 있다면, β_S를 먼저 추정한 후 그 관계식에 의해서 간접적으로 β_U를 추정할 수 있다.

〈표 12-8〉에 의해서 부채가 없는 기업의 베타 β_U와 부채를 사용하는 경우의 주식베타 β_S의 관계를 도출할 수 있다. 먼저 자기자본비용 r_S에 대한 MM과 CAPM의 정의는 다음과 같이 서로 같아야 한다.

$$r_f + [E(r_M) - r_f]\beta_S = r_U + (r_U - r_B)(1-T_C)(B/S_L) \tag{12-17}$$

〈표 12-8〉에서 볼 수 있는 바와 같이 $r_B = r_f$, $r_U = r_f + [E(r_M) - r_f]\beta_U$이므로 이들을 식 (12-17)에 대입하여 정리하면 다음과 같은 관계식을 얻을 수 있다.[16)]

$$\beta_S = \beta_U + \beta_U(1-T_C)\left(\frac{B}{S_L}\right) \rightarrow \beta_U = \frac{\beta_S}{1+(1-T_C)\left(\dfrac{B}{S_L}\right)} \tag{12-18}$$

그러므로 증권시장에서 관찰할 수 있는 주식수익률을 이용하여 β_S를 측정할 수 있다면, 식 (12-18)에 의해서 부채가 없는 경우의 체계적 위험을 나타내는 β_U를 구할 수 있다.

예제 12-2 CAPM과 MM의 수정이론

현재 일산주식회사에 관한 자료는 다음과 같다.

> 부채구성비율$(B/V_L) = 20\%$, 무위험이자율 $= 7\%$
> $\beta_S = 0.5$, 시장의 기대수익률 $= 17\%$, 법인세율 $= 50\%$

위의 자료를 이용하여 다음의 물음에 답하라.

---

16) 식 (12-18)은 무위험부채$(\beta_B = 0)$를 가정하고 있음을 유의하여야 한다. β_B가 0이 아닌 경우 β_U와 β_S의 관계는 다음과 같이 나타낼 수 있다.

$$\beta_S = \beta_U + (\beta_U - \beta_B)(1-T_C)\left(\frac{B}{S_L}\right) \rightarrow \beta_U = \frac{\beta_S + \beta_B(1-T_C)\left(\dfrac{B}{S_L}\right)}{1+(1-T_C)\left(\dfrac{B}{S_L}\right)}$$

(1) 이 회사의 자기자본비용과 가중평균자본비용을 구하라.
(2) 이 회사의 무부채베타 β_U와 무부채자기자본비용 r_U를 구하라.
(3) 이 회사가 지금 목표자본구조를 변경하여 부채구성비율을 35%로 증가시킬 경우, 새로운 자기자본비용과 가중평균자본비용을 구하라.
(4) 이 회사는 기존 기업과 동일한 경영위험을 가지며, 기대수익률이 9.2%인 새로운 투자안을 고려하고 있다. 물음 (3)의 결과에 의해서 이 투자안을 평가하라.
(5) 새로운 투자안의 $\beta_U = 1.2$이고, 부채구성비율이 20%, 35%일 경우 각각의 부채구성비율에 따른 가중평균자본비용을 구하라.

☞ 해설

(1) $r_S = r_f + [E(r_M) - r_f]\beta_S = 0.07 + (0.17 - 0.07)(0.5) = 0.12$

$$WACC = \left(\frac{S_L}{S_L + B}\right) r_S + \left(\frac{B}{S_L + B}\right) r_B (1 - T_C)$$
$$= 0.8 \times 0.12 + 0.2 \times 0.07 \times (1 - 0.5) = 0.103$$

(2) 먼저 $\dfrac{B}{S_L + B} = 0.2$에 의해서 B/S_L를 구하면 다음과 같다.

$B = 0.2S_L + 0.2B$, $0.8B = 0.2S_L \rightarrow B/S_L = 0.25$

$$\beta_U = \frac{\beta_S}{1 + (1 - T_C)(B/S_L)} = \frac{0.5}{1 + (1 - 0.5)(0.25)} = 0.444$$

$r_U = r_f + [E(r_M) - r_f]\beta_U = 0.07 + (0.17 - 0.07)(0.444) = 0.1144$

(3) 먼저 $\dfrac{B}{S_L + B} = 0.35$에 의해서 B/S_L를 구하면 다음과 같다.

$B = 0.35S_L + 0.35B$, $0.65B = 0.35S_L \rightarrow B/S_L = 0.5385$

$$r_S = r_U + (r_U - r_B)(1 - T_C)(B/S_L)$$
$$= 0.1144 + (0.1144 - 0.07)(1 - 0.5)(0.5385) = 0.1264$$

$$WACC = r_U\left[1 - \left(\frac{B}{S_L + B}\right) T_C\right] = 0.1144 \times (1 - 0.35 \times 0.5) = 0.09438$$

(4) 이 투자안의 요구수익률(자본비용)은 물음 (3)에서 구한 기업의 가중평균자본비용과 동일하다. 투자안의 실제 기대수익률 9.2%는 그 요구수익률 9.438%보다 작으므로 이 투자안은 기각되어야 한다.

(5) 부채가 없는 경우의 새로운 투자안의 자본비용 r_U는 다음과 같다.

$r_U = r_f + [E(r_M) - r_f]\beta_U = 0.07 + (0.17 - 0.07)(1.2) = 0.19$

① 부채구성비율 = 20%일 때

$$WACC = r_U\left[1-\left(\frac{B}{S_L+B}\right)T_C\right] = 0.19\times(1-0.2\times0.5) = 0.171$$

② 부채구성비율 = 35%일 때

$$WACC = r_U\left[1-\left(\frac{B}{S_L+B}\right)T_C\right] = 0.19\times(1-0.35\times0.5) = 0.15675$$

주요용어

연 습 문 제

1 MM 명제 Ⅰ(1958)과 차익거래

부채가 없는 기업 U와 부채가 있는 기업 L은 자본구조를 제외한 모든 점에서 동일하다. 기업 U의 발행주식수는 5,000주이며, 주당 가격은 20,000원이다. 그리고 기업 L은 이자율 12%의 부채 2,500만원을 발행하고 있다. 각 기업의 영업이익은 3,500만원으로 기대된다. 두 기업은 모두 세금을 납부하지 않는다.

(1) 현재 기업 L의 가치가 13,000만원이고, 이 회사 주식의 10%를 가지고 있다면 당신은 어떻게 하겠는가?

(2) 당신이 물음 (1)과 같은 행동을 하지 않기 위해서는 기업 L의 가치는 얼마이어야 하는가?(단, 현재 기업 U의 주식가격은 적정하다고 가정한다.)

2 MM의 무관련이론

㈜바다식품은 수산물을 가공하는 새로운 공장을 건설하려고 계획하고 있다. 이 회사는 전통적으로 모든 이익을 주주에게 배당하고, 투자에 소요되는 자금을 보통주의 신규발행에 의해서 조달해 왔다. 현재 발행된 우선주 또는 부채는 없다. 기업과 새로운 공장에 대한 자료는 다음과 같으며, 모든 이익은 일정하게 영구적으로 발생된다.

(기업자료)
　현재의 연간 이익: 25억원
　발행주식수: 100만주
(새로운 공장)
　최초의 투자지출액: 20억원
　추가적인 연간 이익: 5억원

경영자는 새로운 공장의 위험이 현존하는 기업자산의 위험과 동일하다고 생각한다. 현재의 자기자본에 대한 요구수익률은 10%이다. 법인세가 없는 완전자본시장을 가정하여 다음의 물음에 답하라.

(1) 새로운 공장에 대한 자금을 조달하기 위하여 보통주를 발행한다면, ㈜바다식품의 총시장가치는 얼마인가?

(2) 이자율 8%로 영구사채 20억원을 발행하여 새로운 공장에 대한 자금을 조달하였다.
① ㈜바다식품의 총시장가치는 얼마인가?
② 자기자본의 요구수익률은 얼마인가?

3 차익거래와 이자율 (CPA 1993 수정)

현재 부채가 없는 ㈜서해의 장부가치는 8억원, 주가는 10,000원, 발행주식수는 10만주이다. ㈜서해는 매년 1억원의 일정한 영업이익을 영구적으로 기대하고 있다. 세금과 거래비용이 없다는 가정하에 아래의 물음에 답하라.

(1) ㈜서해와 동일한 ㈜동해는 8%의 이자비용으로 5억원의 부채를 조달하여 자사주를 매입・소각하였다. 이와 같은 거래의 결과, ㈜서해와 ㈜동해의 시장가치는 각각 9억원, 11억원이 되었다.
① ㈜동해의 주주 입장에서 차익거래를 하기 위하여 부담할 수 있는 최대이자율은 얼마인가?
② 이와 같은 차익거래가 현실적으로 일어나기 어려운 이유는 무엇인가?

(2) ㈜서해는 6억원의 투자액이 소요되고 기존기업과 동일한 영업위험을 가진 새로운 투자안을 고려하고 있다. ㈜서해는 필요한 투자자금 6억원 중 3억원은 이자율이 8%인 사채를 발행하여 조달하고, 나머지 3억원은 주식을 발행하여 조달하려고 한다. 이 투자안으로부터 매년 0.6억원의 영업이익을 영구적으로 얻을 수 있다고 예상된다. MM이론이 타당하다고 가정하여 물음에 답하라.
① ㈜서해는 신주의 발행가격을 얼마로 하여야 하는가?
② 새로운 투자 후 ㈜서해 주주들의 요구수익률은 얼마인가?

4 고급 부채기업간의 차익거래

영업위험이 같은 두 기업, 남북과 동서에 관한 자료는 다음과 같다.

구성항목	남북기업	동서기업
부채의 가치	2,000만원	4,000만원
기대영업이익	1,000만원	1,000만원
자기자본비용	20%	25%

이자율은 10%이며, MM의 무관련이론(1958)이 성립한다는 가정하에 다음의 물음에 답하라.

(1) 두 기업의 자기자본가치와 기업가치를 구하라.
(2) 동서기업의 주식 10%를 보유한 투자자의 차익거래과정을 설명하고, 차익거래이익

을 구하라.

5 MM의 무관련이론 종합

현재 ㈜태풍은 25,000주의 주식을 발행하고 있으며, 그것의 주당 가격은 20,000원이다. 그리고 현재 ㈜태풍은 부채를 사용하지 않고 있다. 이 회사에 대한 적절한 할인율은 15%이다. ㈜태풍의 지난 해 영업이익은 7,500만원이었으며, 이 회사의 경영자는 기업의 자산이 변하지 않는 한 앞으로도 그와 동일한 이익이 매년 영구적으로 발생하리라 기대하고 있다. ㈜태풍은 면세기업이다.

㈜태풍은 3,000만원의 비용이 소요되는 경쟁회사의 인수를 계획하고 있다. 경쟁회사를 인수하여 기존의 사업에 추가시킨다면, 경쟁회사의 시설에 의해서 ㈜태풍은 영구적으로 추가적인 1,200만원의 이익을 얻을 수 있다. 그 경쟁회사의 위험은 ㈜태풍과 동일하다.

(1) 경쟁회사의 인수에 관한 사실이 공시되기 이전 ㈜태풍의 시장가치 대차대조표를 작성하라.

(2) ㈜태풍이 경쟁회사의 인수에 소요되는 자금을 조달하기 위하여 주식을 발행한다고 가정하여 다음의 물음에 답하라.

① 효율적 시장가설에 의하면 ㈜태풍의 주가는 언제 그리고 어떻게 변하는가?

② 공시 후의 시장가치 대차대조표를 작성하라.

③ 소요자금을 조달하기 위하여 ㈜태풍이 발행하여야 하는 주식수는?

④ 신주가 발행된 후의 시장가치 대차대조표는?

⑤ 경쟁회사의 인수가 완료된 후의 시장가치 대차대조표는?

⑥ ㈜태풍 주주들의 요구수익률은 얼마인가?

(3) ㈜태풍이 경쟁회사의 인수에 소요되는 자금을 조달하기 위하여 이자율 10%의 채권을 발행한다고 가정하여 다음의 물음에 답하라.

① 공시 후의 시장가치 대차대조표를 작성하라.

② 채권이 발행된 후의 시장가치 대차대조표는?

③ 경쟁회사의 인수가 완료된 후의 시장가치 대차대조표는?

④ 자기자본비용은?

⑤ MM 명제 II를 이용하여 ④의 결과를 확인하라.

(4) 각 재무계획하에서 경쟁회사의 인수 후 다음을 비교하라.

① 기업가치

② 주가

③ 자기자본비용

④ 기업의 자본비용

6

고급 MM 명제 I (1963)과 차익거래

부채가 없는 기업 U에 관한 자료는 다음과 같다.

$$E(NOI) = 2{,}500\text{만원},\ r_S = 10\%,\ T_C = 40\%$$

MM의 가정이 성립한다고 가정하여 다음의 물음에 답하라.

(1) 기업 U의 시장가치를 구하라.

(2) 기업 U와 동일한 영업이익의 확률분포를 가지며 7%의 이자율로 12,000만원의 채권을 발행하고 있는 기업 L의 시장가치가 20,000만원이다. 만약 당신이 기업 L의 주식 10%를 가지고 있다면, 당신은 어떻게 행동하겠는가? 그리고 기업 L의 주식을 가지고 있는 다른 투자자들도 당신과 동일한 행동을 취한다면, 투자자들의 이와 같은 행동이 언제까지 계속되겠는가?

7

MM의 수정이론: 자기자본비용과 가중평균자본비용

부채를 사용하지 않으며, 영구적인 연간 기대영업이익이 2,000만원인 기업이 있다. 이 기업의 가치는 6,000만원으로 평가되며, 법인세율은 40%이다. 법인세가 존재하는 완전자본시장을 가정하여 다음의 물음에 답하라.

(1) 이 기업의 자본비용을 구하라.

(2) 현재 이 기업은 10%의 이자율로 3,000만원의 부채를 발행하려고 한다는 사실을 공시하였다. 그 후 채권을 발행하여 그 자금으로 자사주를 매입하여 자본구조를 변경시킨다면, 이 기업의 자기자본비용과 가중평균자본비용은 어떻게 되겠는가?

8

MM의 수정이론 (CPA 2005 기출)

한별소프트㈜는 자기자본만으로 자금을 조달하여 운영하는 회사인데, 매년 2억원의 기대영업이익이 영구적으로 예상되며 현재 자기자본비용은 15%이다. 이 회사는 자본구조를 바꾸기 위하여 8억원의 부채를 10%의 이자율로 조달하여 주식의 일부를 재매입하고자 한다. 부채 만기 후 부채는 동일한 조건으로 재조달할 수 있다고 가정한다. 법인세율은 25%이며, 법인세가 존재하는 것 이외에 자본시장은 완전하다고 가정한다.

(1) 자본구조 변경 후의 기업가치는 얼마인가?

(2) 자본구조 변경 후 이 기업의 자기자본비용과 가중평균자본비용을 각각 구하라. (퍼센트 기준으로 반올림하여 소수점 첫째 자리까지만 표시한다.)

(3) 만약 기업의 부채비율을 400%로 조정하고자 한다면 지문에서 제시된 8억원 대신

얼마의 부채를 조달하여 주식의 일부를 재매입해야 하는가? 부채의 조달조건은 금액에 관계없이 동일하다고 가정하라.

9 MM의 수정이론: 기업가치

300억원의 부채를 가지고 있는 와룡주식회사의 현재 시장가치는 1,500억원으로 평가된다. 이 기업의 기대영업이익은 성장없이 영구적으로 들어오며, 부채의 이자율은 10%이다. 이 기업이 100% 자기자본만으로 자본조달을 한다면, 주주의 요구수익률은 20%라고 한다. 법인세율이 40%인 완전자본시장을 가정하여 다음의 물음에 답하라.

(1) 와룡주식회사의 기대영업이익은 얼마인가?

(2) 주식을 발행하여 부채를 전부 상환하는 경우, 이 기업의 가치는 어떻게 되는가?

10 재무레버리지와 기업가치

㈜부산은 다음과 같은 두 개의 자본구조를 비교하고 있다.

- 자본구조Ⅰ : 주식 300,000주를 발행하여 자본을 조달함.
- 자본구조Ⅱ : 이자율이 10%인 채권 60억원과 주식 200,000주를 발행하여 자본을 조달함.

(1) 세금이 없는 완전자본시장을 가정하여 다음의 물음에 답하라.

① 만약 영업이익(NOI)이 9억원이라면, 어떤 자본구조하에서 주당순이익(EPS)이 더 높은가?

② 만약 영업이익(NOI)이 21억원이라면, 어떤 자본구조하에서 주당순이익(EPS)이 더 높은가?

③ 자본조달분기점과 그 점에서의 EPS는?

④ MM 명제Ⅰ(1958)을 이용하여 두 자본구조하에서의 주가와 기업가치를 계산하라.

(2) 법인세(세율=40%)가 존재하는 완전자본시장을 가정하여 다음의 물음에 답하라.

① 만약 영업이익(NOI)이 9억원이라면, 어떤 자본구조하에서 주당순이익(EPS)이 더 높은가?

② 만약 영업이익(NOI)이 21억원이라면, 어떤 자본구조하에서 주당순이익(EPS)이 더 높은가?

③ 자본조달분기점과 그 점에서의 EPS는?

④ MM 명제 I (1963)을 이용하여 두 자본구조하에서의 주가와 기업가치를 계산하라.

11 법인세가 존재하는 경우 주가와 레버리지의 관계

㈜우주공업은 이자율 6%의 영구사채 2억원을 발행하려고 한다는 것을 곧 공시할 예정이다. 현재 ㈜우주공업은 부채를 사용하고 있지 않다. 그리고 이 회사의 자기자본가치는 10억원이며, 발행주식수는 50,000주이다. 영구사채를 발행하여 자사주식을 매입함으로써 자본구조를 변경시킨 후, ㈜우주공업은 새로운 자본구조를 계속 유지해 나갈 예정이다. ㈜우주공업의 연간 기대영업이익은 1억 5천만원이며, 그 이익은 항상 일정하게 유지될 것으로 기대된다. 법인세가 존재하는 완전자본시장을 가정하며, 이 회사의 법인세율은 40%이다.

(1) ㈜우주공업에 대한 현재의 요구수익률은 얼마인가?

(2) 영구사채 발행에 대한 공시 이전 ㈜우주공업의 시장가치로 된 대차대조표를 작성하라.

(3) 영구사채 발행에 대한 공시 후 ㈜우주공업의 시장가치로 된 대차대조표는 어떻게 되겠는가?

(4) 영구사채 발행에 의해서 ㈜우주공업이 매입할 수 있는 주식의 수는?

(5) 실제로 영구사채를 발행하여 자사주식을 매입한 후 ㈜우주공업의 시장가치로 된 대차대조표는?

(6) 자본구조를 변경한 후 ㈜우주공업의 자기자본비용은?

12 자본구조와 투자안 평가

부채가 없는 기업 U와 목표부채비율(B/S)이 1인 기업 L이 있다. 두 기업은 모두 180만원의 영구적인 기대영업이익 $E(NOI)$를 얻을 수 있다. 법인세율은 50%이며, 두 기업에 관한 시장자료는 다음과 같다.

$$E(r_M)=0.12,\ \sigma_M^2=0.0144,\ r_f=0.06,\ \beta_U=1,\ \beta_L=1.5$$

(단, 부채의 위험은 없으며, MM의 가정이 성립한다고 가정한다.)

(1) 두 기업의 자본비용과 기업가치를 구하라.

(2) 두 기업에 다음과 같은 상호독립적인 4개의 투자안이 주어지는 경우, 이들 투자안을 각각 평가하라.($r_j=NOI_j(1-T_C)/\text{투자비용}_j$)

투 자 안	투자비용	$E(NOI_j)(1-T_C)$	$\sigma(r_j)$	$\text{Corr}(r_j, r_M)$
1	100만원	9만원	0.10	0.6
2	120만원	11만원	0.11	0.7
3	80만원	9만원	0.12	0.8
4	150만원	18만원	0.20	0.9

단, $\text{Corr}(r_j, r_M)$: r_j, r_M의 상관계수

13 재무레버리지와 베타

서울주식회사의 자기자본베타 β_S는 1.5이다. 그리고 이 회사의 현재 부채구성비율(B/V_L)은 50%이며, 이 부채구성비율은 목표자본구조로서 모든 투자안의 자금을 조달할 때 계속 유지될 것이다. 동사는 영업현금흐름에 대하여 25%의 수익률이 기대되는 새로운 투자안을 고려하고 있다. 무위험이자율 r_f는 6%이며, 시장포트폴리오의 기대수익률 $E(r_M)$은 18%이고, 모든 기업의 법인세율이 50%라고 할 때 다음의 물음에 답하라.(단, 법인세가 존재하는 완전자본시장이라고 가정한다.)

(1) 서울주식회사의 현재(새로운 투자안 고려 전) 자기자본비용 r_S와 가중평균자본비용 WACC는 각각 얼마인가?

(2) 위의 투자안과 동일한 경영위험을 갖는다고 추정되는 평양주식회사의 자기자본베타는 2.0이고, 부채구성비율은 10%이다. 이 경우 서울주식회사는 위의 투자안을 채택하여야 하는가?

(3) 위의 투자안의 β_U는 2.5라면, 서울주식회사는 이 투자안을 채택하여야 하는가?

14 MM의 수정이론과 CAPM (CPA 2007 기출)

자본구조를 제외하고 모든 점이 동일한 두 개의 기업 U와 L이 있다. 전액 자기자본만으로 조달된 기업 U의 자본비용은 20%이다. 기업 L의 자본구조는 총 액면가 2억원, 액면이자율 7%, 만기수익률 10%의 영구채와 총 10,000주의 주식으로 구성되어 있다. 매년 말 2억원의 세전영업이익(EBIT)이 영구적으로 발생할 것으로 기대된다. 무위험이자율은 10%, 시장포트폴리오의 기대수익률은 15%, 법인세율은 40%이다. MM 자본구조이론과 CAPM 환경하에서 다음에 답하라.(모든 수치는 소수점 다섯째 자리에서 반올림하라.)

(1) 기업 U의 총시장가치를 구하라.

(2) 기업 L의 부채의 시장가치를 구하라.

(3) 기업 L의 기업가치와 주당 시장가격을 각각 구하라.

(4) 기업 L의 자기자본비용 및 가중평균자본비용을 MM이론을 적용하여 각각 구하라.

(5) 기업 L은 현재의 시가기준 부채비율을 목표비율 50%로 조정하려고 한다. 이러한 자본구조조정에 따른 새로운 ① 자기자본비용, ② 가중평균자본비용 및 ③ 기업가치를 하마다(Hamada)모형을 이용하여 각각 산출하라.

(6) 물음 (3) ~ (5)의 결과에 근거하여 법인세를 고려한 MM(1963)이론이 시사하는 바를 언급하고, 지금까지 알려진 이론들에 근거하여 현실적용시 추가적으로 고려해야 할 요인 3개를 제시하라.

15 MM의 수정이론 종합

㈜경남은 현재 보통주를 10,000주 발행하여 자본금 전액을 조달하고 있다. 이 회사의 재무담당이사는 자본구조가 기업의 가치에 어떠한 영향을 미치는지를 살펴보기 위하여 다음과 같은 자료를 수집하였다.

주식베타 = 1.5, 기대영업이익 = 4,000만원, 법인세율 = 50%
시장포트폴리오의 기대수익률 = 15%, 무위험이자율 = 5%

이 회사는 영업이익을 전부 주주에게 배당하고 있으며, 그 결과 기대영업이익은 일정하게 영구히 계속되리라 전망된다.

(1) 다음을 계산하라.
① 자기자본비용은?
② 가중평균자본비용은?
③ 기업의 가치는?

(2) ㈜경남의 재무담당이사는 부채를 사용함으로써 기업의 가치를 증가시킬 수 있다고 믿고 있다. 그러므로 그는 기업의 부채수용능력을 고려하여 부채를 발행할 것을 제안하였다. 이 회사의 사장은 재무담당이사의 제안을 받아들여 이자율 5%인 영구채권 5,000만원을 발행한 후, 그 자금전액을 가지고 자사주를 매입하였다. 이 경우 다음을 계산하라.(단, 자본시장은 효율적이라고 가정한다. 즉 채권발행에 관한 정보가 즉각 모든 투자자들에게 알려져서 주가에 반영된다고 가정한다.)
① 기업의 가치는?
② 자기자본비용은?
③ 가중평균자본비용은?

16 고급 현금흐름과 이자비용의 세금절감효과 (CPA 2003 수정)

신설법인인 ㈜대한은 전자제품사업에 투자할 예정이다. ㈜대한이 부채를 조달하지 않고 투자하면 자본비용은 20%가 된다. ㈜대한은 최대한 부채를 사용하려 하지만, 정부의 정책에 적극 부응하기 위해 시장가격으로 환산한 부채비율(부채/자기자본)을 100%로 맞출 예정이다. 이 경우 주주와 채권자에게 귀속되는 현금흐름은 이자비용으로 인한 법인세 절감효과를 포함하여 9억원씩 매년 무한히 발생할 것으로 기대된다. 부채에 대한 이자율이 10%이며, 법인세율은 40%이다. 또한 무위험수익률은 10%이다. MM의 명제가 성립한다고 가정하여 다음의 물음에 답하라.

(1) ㈜대한의 현금흐름 9억원에 대한 할인율은 얼마인가?

(2) ㈜대한의 주주가 이 투자를 통해 얻게 되는 가치의 증가분은 10억원이다. 이 기업의 장부가격기준 부채비율(장부상 부채/장부상 자기자본)은 얼마인가?

보 론 1

MM의 수정이론과 차익거래과정

1. $V_U + T_C B > V_L$

만약 $V_U + T_C B > V_L$이라면, 투자자는 추가적인 투자나 위험을 부담하지 않고서도 수익을 증가시킬 수 있는 새로운 포트폴리오를 구성할 수 있다. 먼저 다음과 같은 거래 Ⅰ과 거래 Ⅱ를 생각해 보자. 거래 Ⅰ은 기업 U의 주식 중 α에 해당하는 부분을 매입하는 거래로서 그 투자액은 $\alpha V_U(=\alpha S_U)$이며, 이 투자로부터 벌어들이는 연간 수익은 $\alpha(1-T_C)NOI$가 될 것이다. 그리고 거래 Ⅱ는 기업 L의 주식 중 α에 해당하는 부분을 매입하고 동시에 기업 L의 부채 중 $\alpha(1-T_C)$에 해당하는 부분을 매입(대출)하는 거래로서 그 투자액은 $\alpha(V_L-T_C B)$이며, 이와 같은 투자로부터 벌어들이는 연간 수익은 $\alpha(1-T_C)NOI$가 될 것이다. 이상의 두 거래를 요약하면 〈표 12A-1〉과 같다.

이상의 두 거래로부터 발생하는 투자액과 연간 수익을 각각 비교하면 다음과 같다.

· 거래 Ⅰ의 투자액$[\alpha V_U]$ > 거래 Ⅱ의 투자액$[\alpha(V_L-T_C B)]$
· 거래 Ⅰ의 연간 수익$[\alpha(1-T_C)NOI]$ = 거래 Ⅱ의 연간 수익$[\alpha(1-T_C)NOI]$

이 경우 거래 Ⅰ의 투자액이 거래 Ⅱ의 투자액보다 크지만 각각의 거래로 인

표 12A-1 거래 Ⅰ, Ⅱ의 투자액과 연간 수익

거 래		투 자 액	연간 수익
Ⅰ	기업 U의 주식 α 매입	$\alpha S_U=\alpha V_U$	$\alpha(1-T_C)NOI$
Ⅱ	ⓐ 기업 L의 주식 α 매입	$\alpha S_L=\alpha(V_L-B)$	$\alpha(1-T_C)(NOI-r_B B)$
	ⓑ 기업 L의 부채 $\alpha(1-T_C)$매입	$\alpha(1-T_C)B$	$\alpha(1-T_C)r_B B$
	ⓐ+ⓑ	$\alpha(V_L-T_C B)$	$\alpha(1-T_C)NOI$

표 12A-2 $V_U + T_C B > V_L$인 경우의 차익거래과정

차익거래	현재의 현금흐름	연간 수익
기업 U 주식 α 매도	$\alpha S_U = \alpha V_U$	$-\alpha(1-T_C)NOI$
기업 L 주식 α 매입	$-\alpha S_L = -\alpha(V_L - B)$	$\alpha(1-T_C)(NOI - r_B B)$
기업 L 부채 $\alpha(1-T_C)$ 매입	$-\alpha(1-T_C)B$	$\alpha(1-T_C)r_B B$
합　계	$\alpha(V_U + T_C B - V_L)$	0

하여 얻을 수 있는 연간 수익은 동일하다. 그러므로 현재 기업 U의 주식 α를 가지고 있는 투자자가 있다면, 이 투자자는 가지고 있는 기업 U의 주식을 매도하여 그 자금으로써 기업 L의 주식 α를 매입하고 동시에 기업 L의 부채 $\alpha(1-T_C)$를 매입하는 차익거래를 할 것이다. 이 거래의 결과, 이 투자자는 연간 수익의 변동없이 (항상 동일한 연간 수익 $\alpha(1-T_C)NOI$를 얻으면서) 현재시점에서 $\alpha(V_U + T_C B - V_L)$의 차익거래이익을 얻을 수 있다. 이와 같은 차익거래과정을 요약하면 〈표 12A-2〉와 같다.

따라서 $V_U + T_C B > V_L$이면, 기업 U의 주식을 가지고 있는 모든 투자자가 이와 같은 차익거래에 참여할 것이기 때문에 결국 기업 U의 주식은 매도의 증가로 인하여 가격이 하락하고, 기업 L의 주식은 매입의 증가로 인하여 가격이 상승하게 된다. 이와 같은 차익거래는 $V_U + T_C B = V_L$인 상태에 도달할 때까지 계속될 것이다. 그러므로 일련의 차익거래과정을 통하여 $V_U + T_C B = V_L$이 성립하게 됨을 알 수 있다.

2. $V_L > V_U + T_C B$

만약 $V_L > V_U + T_C B$이라면, 투자자는 추가적인 투자나 위험을 부담하지 않고서도 수익을 증가시킬 수 있는 새로운 포트폴리오를 구성할 수 있다. 먼저 다음과 같은 거래 Ⅲ과 거래 Ⅳ를 생각해 보자. 거래 Ⅲ은 기업 L의 주식 중 α에 해당하는 부분을 매입하는 거래로서 그 투자액은 αS_L이며, 이 투자로부터 벌어들이는 연간 수익은 $\alpha(1-T_C)(NOI - r_B B)$가 될 것이다. 그리고 거래 Ⅳ는 기업 U의 주식 중 α에 해당하는 부분을 매입하고 동시에 기업 L의 부채 중 $\alpha(1-T_C)$에 해당하는 부분을 개인계좌로 차입하는 거래로서 그 투자액은 $\alpha(V_U - B + T_C B)$이며, 이 투자로부터 벌어들이는 연간 수익은 $\alpha(1-T_C)(NOI - r_B B)$가 될 것이다. 이러한 두

표 12A-3 거래 Ⅲ, Ⅳ의 투자액과 연간 수익

	거 래	투 자 액	연간 수익
Ⅲ	기업 L의 주식 α 매입	$\alpha S_L=\alpha(V_L-B)$	$\alpha(1-T_C)(NOI-r_BB)$
Ⅳ	ⓐ 기업 U의 주식 α 매입	$\alpha S_U=\alpha V_U$	$\alpha(1-T_C)NOI$
	ⓑ 기업 L의 부채 $\alpha(1-T_C)$를 개인계좌로 차입	$-\alpha(1-T_C)B$	$-\alpha(1-T_C)r_BB$
	ⓐ+ⓑ	$\alpha(V_U-B+T_CB)$	$\alpha(1-T_C)(NOI-r_BB)$

거래를 요약하면 〈표 12A-3〉과 같다.

이상의 두 거래로부터 발생하는 투자액과 연간 수익을 각각 비교하면 다음과 같다.

· 거래 Ⅲ의 투자액$[\alpha(V_L-B)] > $ 거래 Ⅳ의 투자액$[\alpha(V_U-B+T_CB)]$
· 거래 Ⅲ의 연간 수익$[\alpha(1-T_C)(NOI-r_BB)]=$거래 Ⅳ의 연간 수익$[\alpha(1-T_C)(NOI-r_BB)]$

이 경우 거래 Ⅲ의 투자액이 거래 Ⅳ의 투자액보다 크지만 각각의 거래로 인하여 얻을 수 있는 연간 수익은 동일하다. 그러므로 현재 기업 L의 주식 α를 가지고 있는 투자자가 있다면, 그 투자자는 가지고 있는 기업 L의 주식을 매도하고 동시에 기업 L의 부채 $\alpha(1-T_C)$에 해당하는 금액을 개인계좌로 차입하여 조성한 총자금 $\alpha(S_L+B-T_CB)$로써 기업 U의 주식 α를 매입하는 차익거래를 할 것이다. 이 거래의 결과, 이 투자자는 연간 수익의 변동없이(항상 동일한 연간 수익 $\alpha(1-T_C)(NOI-r_BB)$를 얻으면서) 현재시점에서 $\alpha(V_L-V_U-T_CB)$의 차익거래이익을 얻을 수 있다. 이와 같은 차익거래과정을 요약하면 〈표 12A-4〉와 같다.

따라서 $V_L > V_U+T_CB$이면, 기업 L의 주식을 가지고 있는 모든 투자자가 이와 같은 차익거래에 참여할 것이기 때문에 결국 기업 L의 주식은 매도의 증가

표 12A-4 $V_L > V_U+T_CB$인 경우의 차익거래과정

차익거래	현재의 현금흐름	연간 수익
기업 L 주식 α 매도	$\alpha S_L=\alpha(V_L-B)$	$-\alpha(1-T_C)(NOI-r_BB)$
기업 U 주식 α 매입	$-\alpha S_U=-\alpha V_U$	$\alpha(1-T_C)NOI$
기업 L 부채 $\alpha(1-T_C)$ 차입	$\alpha(1-T_C)B$	$-\alpha(1-T_C)r_BB$
합 계	$\alpha(V_L-V_U-T_CB)$	0

로 인하여 가격이 하락하고, 기업 U의 주식은 매입의 증가로 인하여 가격이 상승하게 된다. 이와 같은 차익거래는 $V_L = V_U + T_C B$인 상태에 도달할 때까지 계속될 것이다. 그러므로 일련의 차익거래과정을 통하여 $V_L = V_U + T_C B$가 성립하게 됨을 알 수 있다.

예제 12A-1 MM 명제 Ⅰ(1963)과 차익거래

영업이익은 동일하나 자본구조가 서로 상이한 U, L 두 기업의 현재 상황은 다음과 같다.

(단위: 억원)

구성항목	U 기 업	L 기 업
총기업가치	300	400
부 채	0	200
자 기 자 본	300	200

법인세가 존재하는 완전자본시장을 가정하여 다음의 물음에 답하라.(단, 법인세율은 40%이다.)

(1) 만약 당신이 기업 L 주식 10%를 보유하고 있다면 어떻게 하겠는가?(당신이 취할 수 있는 행동을 구체적으로 설명할 것.)

(2) 물음 (1)의 결과에 의해서 MM 명제 Ⅰ을 설명하라.

☞ 해설

(1) 400억원(V_L) > 300억원(V_U) + 80억원($T_C B$)이므로 다음과 같은 차익거래에 의해서 차익거래이익을 얻을 수 있다. 먼저 현재 상태(거래 Ⅲ)와 동일한 연간 수익을 얻을 수 있는 거래(거래 Ⅳ)의 투자액과 연간 수익은 각각 다음과 같다.

거 래		투 자 액	연간 수익
Ⅲ	기업 L의 주식 10% 매입	20억원	$0.06(NOI - r_B B)$
Ⅳ	ⓐ 기업 U의 주식 10% 매입	30억원	$0.06NOI$
	ⓑ 기업 L의 부채 6%를 개인계좌로 차입	−12억원	$-0.06 r_B B$
	ⓐ + ⓑ	18억원	$0.06(NOI - r_B B)$

이 경우 거래 Ⅲ의 투자액이 거래 Ⅳ의 투자액보다 크지만, 각각의 거래로부터 얻을 수 있는 연간 수익 및 위험은 동일하다. 그러므로 현재 보유하고 있는 기업 L의 주식 10%를 20억원에 매도하고 동시에 기업 L의 부채 6%에 해당하는 12억원을 차입하여 조성한 총자금 32억원을 가지고 기업 U의 주식 10%를 30억원에 매입하는 차익거래를 할 것이다. 이 거래의 결과, 이 투자자는 연간 수익의 변동없이(항상 동일한 연간 수익 $0.06(NOI-r_BB)$를 얻으면서) 현재시점에서 2억원의 차익거래이익을 얻을 수 있다. 이와 같은 차익거래과정을 요약하면 다음과 같다.

차익거래	현재의 현금흐름	연간 수익
기업 L 주식 10% 매도	20억원	$-0.06(NOI-r_BB)$
기업 U 주식 10% 매입	−30억원	$0.06NOI$
기업 L 부채 6% 차입	12억원	$-0.06r_BB$
합　계	2억원	0

(2) $V_L > V_U + T_CB$이면 기업 L의 주식을 가지고 있는 모든 투자자는 물음 (1)과 같은 행동을 취할 것이며, 그 결과 기업 L의 주식은 매도의 증가로 인하여 가격이 하락하고 기업 U의 주식은 매입의 증대로 인하여 가격이 상승하게 된다. 이와 같은 차익거래 과정을 거쳐 $V_L = V_U + T_CB$인 점에서 균형을 이룰 것이다. 그러므로 균형상태에서는 MM 명제 Ⅰ, 즉 $V_L = V_U + T_CB$가 성립하게 된다.

보론 2

기존 기업과 사업영역이 상이한 신규 투자안의 평가

기업이 기존의 사업영역이 아닌 새로운 사업에 진출하는 것을 고려하고 있다면, 이와 같은 신규 투자안을 평가하기 위하여 기존 기업의 자본비용을 사용할 수 없다. 이 경우에는 신규 투자안에 적합한 새로운 자본비용을 구해야 한다.

신규 투자안의 위험이 기존 기업의 위험과 다를 경우, 그 투자안을 평가하기 위한 자본비용은 다음과 같은 절차에 의해 추정될 수 있다.[17)]

첫째, 신규 투자안과 유사한 사업영역을 가진 대용기업(proxy company)을 선정한다.

둘째, 대용기업의 주식베타 $\beta_S{}^*$를 측정한다.

셋째, 부채가 없는 경우의 자산베타, 즉 무부채기업의 베타 β_U를 구한다. 무부채기업의 베타 β_U는 다음의 식에 의해 구할 수 있다.

$$\beta_U = \frac{\beta_S{}^*}{1+(1-T_C{}^*)(B/S_L)^*}$$

여기서 $(B/S_L)^*$: 대용기업의 부채비율
$T_C{}^*$: 대용기업의 법인세율

넷째, 대용기업에 대한 무부채기업의 베타를 이용하여 신규 투자안의 주식베타 β_S를 구한다. 주식베타는 신규 투자안의 자본조달방법 등을 고려하여 다음과 같이 구할 수 있다.

$$\beta_S = \beta_U[1+(1-T_C)(B/S_L)]$$

다섯째, 증권시장선을 이용하여 신규 투자안의 자기자본비용을 구한다.

$$r_S = r_f + [E(r_M) - r_f]\beta_S$$

17) 무위험 부채, 즉 $\beta_B = 0$이라고 가정한다.

여섯째, 신규 투자안의 가중평균자본비용을 구한다.

$$WACC = \left(\frac{S_L}{S_L + B}\right) r_S + \left(\frac{B}{S_L + B}\right) r_B (1 - T_C)$$

예제 12A-2 대용기업을 이용한 자본비용 측정

제약회사인 ㈜우주제약은 새로이 생수사업에 진출하는 것을 고려하고 있다. 그리고 이 회사는 현재 고려하고 있는 생수사업에 대한 자금을 목표자본구조와 동일하게 자기자본 75%, 부채 25%로 조달하려고 한다. 생수사업을 하고 있는 회사는 ㈜샘물뿐이며, 이 회사는 자기자본 60%, 부채 40%로 자본을 조달하고 있다. ㈜샘물의 주식베타는 2.8이다.

시장수익률 = 15%, 무위험이자율 = 7%, 법인세율 = 40%이며, 모든 부채는 위험이 없다고 가정하여 ㈜우주제약의 새로운 투자안, 즉 생수사업의 자본비용을 구하라.

☞ 해설

㈜우주제약의 새로운 투자안, 즉 생수사업의 자본비용은 다음과 같은 절차에 의해 구할 수 있다.

① 대용기업(proxy company): ㈜샘물

② ㈜샘물의 주식베타: $\beta_S{}^* = 2.8$

③ ㈜샘물의 무부채기업의 베타:

$$\beta_U = \frac{\beta_S{}^*}{1 + (1 - T_C{}^*)(B/S_L)^*} = \frac{2.8}{1 + (1 - 0.4)(2/3)} = 2.0$$

④ ㈜우주제약의 생수사업에 대한 주식베타:

$$\beta_S = \beta_U[1 + (1 - T_C)(B/S_L)] = 2.0[1 + (1 - 0.4)(1/3)] = 2.4$$

⑤ ㈜우주제약의 생수사업에 대한 자기자본비용:

$$r_S = r_f + [E(r_M) - r_f]\beta_S = 0.07 + (0.15 - 0.07)(2.4) = 0.262$$

⑥ ㈜우주제약의 생수사업에 대한 가중평균자본비용:

$$WACC = \left(\frac{S_L}{S_L + B}\right) r_S + \left(\frac{B}{S_L + B}\right) r_B (1 - T_C)$$
$$= 0.75 \times 0.262 + 0.25 \times 0.07 \times (1 - 0.4) = 0.207$$

〈별 해〉

이 문제는 앞에서 설명한 MM공식을 이용하여 다음과 같은 절차에 따라 풀면 훨씬 간단하게 된다.[18)]

① ㈜샘물의 자기자본비용:

$$r_S = r_f + [E(r_M) - r_f]\beta_S = 0.07 + (0.15 - 0.07)(2.8) = 0.294$$

② ㈜샘물의 무부채기업 자본비용 r_U:

$$r_S = r_U + (r_U - r_B)(1 - T_C{}^*)(B/S_L)^*$$
$$0.294 = r_U + (r_U - 0.07)(1 - 0.4)(2/3)$$
$$\therefore\ r_U = 0.23$$

③ ㈜우주제약의 생수사업에 대한 자기자본비용:

$$r_S = r_U + (r_U - r_B)(1 - T_C)(B/S_L)$$
$$= 0.23 + (0.23 - 0.07)(1 - 0.4)(1/3)$$
$$= 0.262$$

④ ㈜우주제약의 생수사업에 대한 가중평균자본비용:

$$WACC = r_U[1 - T_C(B/V_L)] = 0.23 \times (1 - 0.4 \times 0.25) = 0.207$$

18) 이 방법은 부채베타가 반드시 0이라는 것을 전제하지 않기 때문에 위험부채의 경우에도 적용할 수 있다는 장점이 있다.

제 13 장

자본구조 Ⅱ: 현실적 문제

1. 개인소득세와 밀러모형
2. 파산비용
3. 대리인비용
4. 부채사용기업의 투자안 평가

법인세가 존재하는 경우 MM은 부채를 많이 사용할수록 이자비용의 세금절감 효과에 의해서 기업의 가치가 증가할 수 있다고 주장한다. 이와 같은 MM의 주장에 의하면 모든 기업은 부채의 사용을 극대화시키기 위하여 노력하여야 할 것이다. 그러나 MM의 주장과는 달리 대부분의 기업은 적절한 수준의 부채를 사용하고 있다. MM이론이 현실과 맞지 않은 이유는 MM이론이 내세우고 있는 완전자본시장의 가정이 현실과 부합되지 않기 때문이라 할 수 있다.

본MM이론은 자본구조의 결정요인이 무엇인지를 찾을 수 있는 실마리를 제공한다. MM이 내세운 기본적인 가정을 완화시킴으로써 현실적으로 존재하는 여러 가지 기업의 자본구조를 설명할 수 있을 것이다. 현실적인 기업의 자본구조를 설명하기 위해서는 반드시 시장에서 존재하는 여러 가지 불완전요인들을 살펴보아야 한다. 그러므로 본장에서는 대표적인 시장의 불완전요인들(개인소득세, 파산비용, 대리인비용 등)이 기업의 자본구조결정에 어떠한 영향을 미치는지를 차례로 살펴보고자 한다.

1 개인소득세와 밀러모형

밀러(M. H. Miller)는 MM의 수정이론에서의 가정에 개인소득세(personal income taxes)가 존재한다는 추가적인 가정을 포함시켜 기업의 자본구조가 기업의 가치에 어떻게 영향을 미치는지를 분석하였다.[1)]

1.1 밀러모형 : 개인소득세와 기업의 가치

밀러모형을 설명하기 위하여 주식투자소득(배당과 자본이득)에 대한 개인소득세율은 T_{pS}, 사채투자소득(사채이자와 자본이득)에 대한 개인소득세율은 T_{pB}라고 정의하자. 전장에서 설명한 MM의 수정이론의 가정에 개인소득세를 포함시키는 경우, 타인자본을 전혀 사용하지 않는 기업 U의 가치는 법인세와 개인소득세를 모두 차감한 후의 기대영업이익 $E(NOI)(1-T_C)(1-T_{pS})$를 무부채기업의 자본비용(법인세 및 개인소득세후 할인율) r_U로 할인하여 다음과 같이 구할 수 있다.[2)]

$$V_U = \frac{E(NOI)(1-T_C)(1-T_{pS})}{r_U} \tag{13-1}$$

그리고 타인자본을 사용하는 기업 L의 기대현금흐름 CF_L은 다음과 같은 두 부분으로 구성되어 있다.

$$\begin{aligned} CF_L &= \text{주주들이 받는 현금흐름} + \text{채권자들이 받는 현금흐름} \\ &= [E(NOI)-r_B B](1-T_C)(1-T_{pS}) + r_B B(1-T_{pB}) \\ &= E(NOI)(1-T_C)(1-T_{pS}) + r_B B[(1-T_{pB})-(1-T_C)(1-T_{pS})] \end{aligned}$$

연간 현금흐름을 각각 적절한 할인율로 할인하여 기업의 가치 V_L을 구하면

---

1) M. H. Miller, "Debt and Taxes," *Journal of Finance*, Vol. 32 (May 1977), pp. 261∼275.

2) MM의 무관련이론, MM의 수정이론, 밀러모형에서 사용하는 무부채기업의 자본비용 r_U가 서로 다름을 유의하여야 한다. 각 모형에서의 r_U에 대한 정의는 각각 다음과 같다.

· MM의 무관련이론(1958년): $r_U = \frac{E(NOI)}{V_U}$

· MM의 수정이론(1963년): $r_U = \frac{E(NOI)(1-T_C)}{V_U}$

· 밀러모형(1977년): $r_U = \frac{E(NOI)(1-T_C)(1-T_{pS})}{V_U}$

그림 13-1 개인소득세와 기업의 가치

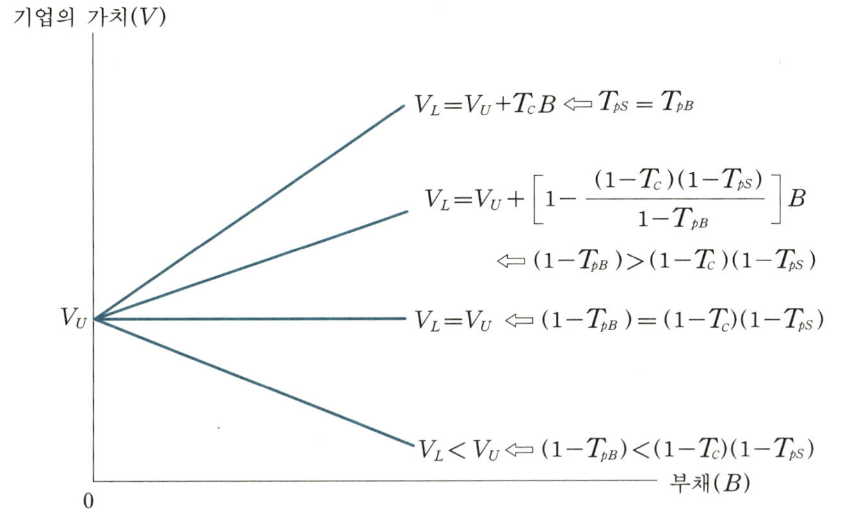

다음과 같다.

$$V_L = \frac{E(NOI)(1-T_C)(1-T_{pS})}{r_U} + \frac{r_B B[(1-T_{pB})-(1-T_C)(1-T_{pS})]}{r_B(1-T_{pB})}$$

$$= V_U + \left[1 - \frac{(1-T_C)(1-T_{pS})}{1-T_{pB}}\right]B \qquad (13\text{-}2)$$

식 (13-2)에서 이자항목에 대한 할인율은 개인소득세 후 이자율 $r_B(1-T_{pB})$를 사용하여야 함을 유의하여야 한다. 식 (13-2)는 법인세와 개인소득세가 존재할 경우 타인자본을 사용하는 기업의 가치 V_L을 나타내는 밀러모형이다.[3)]

만약 $T_{pS} = T_{pB}$이면, 식 (13-2)는 다음과 같이 된다.

$$V_L = V_U + T_C B \qquad (13\text{-}3)$$

식 (13-3)은 법인세가 존재하는 경우의 기업 L의 가치와 동일하다.

그러나 $T_{pS} < T_{pB}$일 때는 레버리지로 인한 이득은 $T_C B$보다 작아진다. 왜냐

3) 전장에서 설명한 차익거래과정에 의해서 이를 증명할 수 있다. 이에 대한 증명은 다음을 참조하기 바란다.
국찬표, 구본열, 현대재무론(비봉출판사, 2001), pp. 885~887.

하면 개인투자자의 입장에서 부채를 사용하지 않는 기업보다 부채를 사용하는 기업에 투자하는 경우 훨씬 많은 개인소득세를 납부하여야 하기 때문이다. 그리고 $(1-T_C)(1-T_{pS})=(1-T_{pB})$인 경우에는 식 (13-2)에서 볼 수 있는 바와 같이 레버리지로 인한 이득은 완전히 사라지게 된다. 다시 말하면 부채를 사용하는 기업의 가치는 부채를 사용하지 않는 기업의 가치와 같아지게 된다. 여기서 레버리지로 인한 이득이 사라지게 되는 이유는 부채를 사용하는 기업의 법인세 절감액이 보다 높은 사채투자소득에 대한 개인소득세에 의해서 정확히 상쇄되기 때문이다. 이상의 관계를 나타내면 〈그림 13-1〉과 같다.

예제 13-1 개인소득세와 기업가치

부산공업사는 자사의 영업이익이 영구적으로 매년 1,000만원씩 발생하리라 예상한다. 부산공업사의 법인세율은 40%이며, 투자자들은 이 회사의 법인세 후 현금흐름에 대해서 15%로 할인한다. 현재 부채를 사용하고 있지 않은 부산공업사는 10%의 이자율로 2,000만원을 차입하여 자사의 주식을 매입함으로써 자본구조를 변경하려고 한다.

주식 및 사채의 소득에 대한 개인소득세율이 각각 다음과 같이 주어질 때, 부산공업사는 자본구조를 변경하여야 하는가?

(1) $T_{pS}=T_{pB}=10\%$

(2) $T_{pS}=10\%,\ T_{pB}=20\%$

(3) $T_{pS}=10\%,\ T_{pB}=46\%$

(4) $T_{pS}=10\%,\ T_{pB}=50\%$

☞ 해설

먼저 부채를 발행하여 자본구조를 변경하기 전 부산공업사의 가치 V_U는 다음과 같다.[4)]

$$V_U=\frac{E(NOI)(1-T_C)(1-T_{pS})}{r_U}=\frac{1{,}000\text{만원}(1-0.4)(1-T_{pS})}{0.15(1-T_{pS})}$$

$$=\frac{1{,}000\text{만원}(1-0.4)}{0.15}=4{,}000\text{만원}$$

부채를 발행하기 전 부산공업사의 가치 V_U는 주식투자소득에 대한 개인소득세율에 관계없이 항상 4,000만원임을 알 수 있다.

4) 문제에서 주어진 부채를 발행하기 전의 할인율 15%는 법인세 후 할인율임을 유의하여야 한다. 그러므로 개인소득세까지 고려한 세후 할인율 $r_U=0.15(1-T_{pS})$가 된다.

(1) $T_{pS}=T_{pB}=10\%$일 때, 부채를 발행하여 자본구조를 변경한 후 부산공업사의 가치 V_L은 다음과 같다.

$$\begin{aligned} V_L &= V_U+\left[1-\frac{(1-T_C)(1-T_{pS})}{1-T_{pB}}\right]B \\ &= V_U+T_CB = 4{,}000\text{만원}+0.4\times 2{,}000\text{만원} = 4{,}800\text{만원} \end{aligned}$$

$V_L > V_U$이므로 부산공업사는 자본구조를 변경하여야 한다. 그리고 여기서의 레버리지로 인한 이득은 개인소득세가 존재하지 않을 경우와 동일한 800만원(=0.4×2,000만원)이다.

(2) $T_{pS}=10\%$, $T_{pB}=20\%$일 때, 부채를 발행하여 자본구조를 변경한 후 부산공업사의 가치 V_L은 다음과 같다.

$$\begin{aligned} V_L &= V_U+\left[1-\frac{(1-T_C)(1-T_{pS})}{1-T_{pB}}\right]B \\ &= 4{,}000\text{만원}+\left[1-\frac{(1-0.4)(1-0.1)}{1-0.2}\right](2{,}000\text{만원}) \\ &= 4{,}000\text{만원}+0.325\times 2{,}000\text{만원} = 4{,}650\text{만원} \end{aligned}$$

$V_L > V_U$이므로 부산공업사는 자본구조를 변경하여야 한다. 그러나 여기서의 레버리지로 인한 이득은 개인소득세가 존재하지 않을 경우의 800만원보다 약간 작은 650만원(=0.325×2,000만원)이 된다. 즉 상대적으로 높은 사채투자소득에 대한 개인소득세율에 의해서 레버리지로 인한 이득이 150만원만큼 감소됨을 알 수 있다.

(3) $T_{pS}=10\%$, $T_{pB}=46\%$일 때, 부채를 발행하여 자본구조를 변경한 후 부산공업사의 가치 V_L은 다음과 같다.

$$\begin{aligned} V_L &= V_U+\left[1-\frac{(1-T_C)(1-T_{pS})}{1-T_{pB}}\right]B \\ &= 4{,}000\text{만원}+\left[1-\frac{(1-0.4)(1-0.1)}{1-0.46}\right](2{,}000\text{만원}) \\ &= 4{,}000\text{만원}+0\times 2{,}000\text{만원} = 4{,}000\text{만원} \end{aligned}$$

$V_L = V_U$이므로 부산공업사는 자본구조의 변경에 대해서 무차별하다. 이와 같이 레버리지로 인한 이득이 사라지는 것은 부채를 사용하는 경우에 얻을 수 있는 기업의 법인세 절감액은 보다 높은 사채투자소득에 대한 개인소득세에 의해서 정확히 상쇄되기 때문이다.

(4) $T_{pS}=10\%$, $T_{pB}=50\%$일 때, 부채를 발행하여 자본구조를 변경한 후 부산공업사의 가치 V_L은 다음과 같다.

$$V_L = V_U + \left[1 - \frac{(1-T_C)(1-T_{pS})}{1-T_{pB}}\right]B$$
$$= 4{,}000\text{만원} + \left[1 - \frac{(1-0.4)(1-0.1)}{1-0.5}\right](2{,}000\text{만원})$$
$$= 4{,}000\text{만원} + (-0.08) \times 2{,}000\text{만원} = 3{,}840\text{만원}$$

$V_L < V_U$이므로 부산공업사는 자본구조를 변경하지 않아야 한다. 이와 같이 레버리지로 인한 이득이 음(−)의 값을 가지는 이유는 사채투자소득에 대한 개인소득세율이 주식투자소득에 대한 개인소득세율에 비해 아주 높기 때문이다. 다시 말하면 이 경우 레버리지에 의한 개인소득세의 증가액이 기업의 법인세 절감액보다 더 많아진다.

1.2 사채시장의 균형과 최적자본구조

일반적으로 볼 때 주식에 대한 개인소득세율 T_{pS}는 사채에 대한 개인소득세율 T_{pB}보다 상당히 낮다.[5] 그러므로 밀러는 $T_{pS}=0$이라고 가정하여 사채시장의 균형(bond market equilibrium)하에서 자본구조와 기업의 가치는 무관련하다고 주장하였다.

투자자들은 자신의 소득수준에 따라 서로 다른 개인소득세율을 가지며, 일반적으로 개인소득세율은 소득에 따라 누진적으로 증가한다. 그러므로 투자자들이 사채를 매입할 때 관심을 가지는 것은 세후 이자율이다. 사채에 대한 개인소득세율이 T^i_{pB}인 임의의 투자자 i가 사채투자에 대해서 요구하는 세후 이자율 $r_B(1-T^i_{pB})$는 면세채권(tax-exempt bonds)의 이자율 r_e와 동일하여야 한다. 만약 기업이 발행하는 사채의 세후 이자율이 면세채권의 이자율보다 작다면, 투자자들은 기업이 발행하는 채권을 매입하지 않을 것이다. 그러므로 투자자가 요구하는 세전 이자율 r_B는 다음과 같다.

$$r_B = \frac{r_e}{1-T_{pB}} \tag{13-4}$$

이와 같은 투자자들의 사채에 대한 수요곡선 $D(r_B)$는 〈그림 13-2〉에 나타나 있다. 〈그림 13-2〉에서 사채에 대한 수요곡선은 처음에 일정하다가 그 후 계속 증가하는 양상을 보인다. 그 이유는 투자자들의 개인소득세율 체계가 서로 상이하기

5) 주식보유로 인한 소득에는 배당과 자본이득이 있다. 자본이득에 대한 세금은 주식이 매각되어 그 소득이 실현될 때까지 납세가 연기된다. 기업이 이익을 배당하지 않고, 투자자 또한 주식을 매각하지 않는다면 주식보유로 인하여 나타나는 소득에 대한 유효세율은 0에 가까울 것이다.

그림 13-2 사채시장의 균형

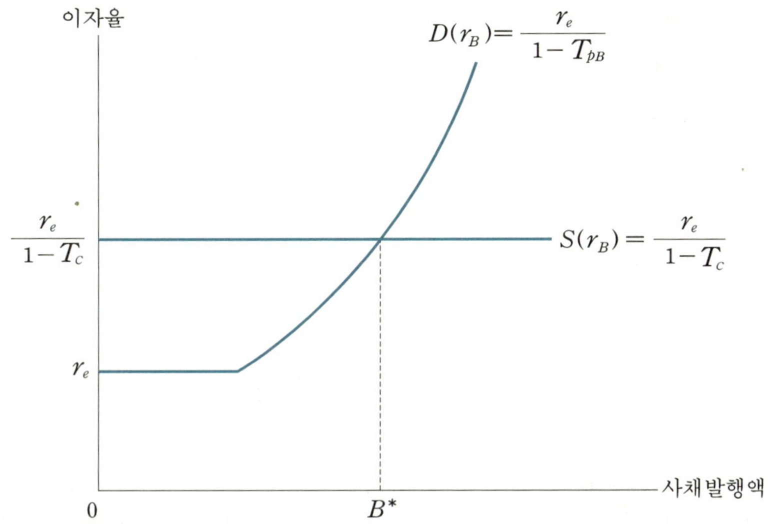

때문이다. 이를 자세히 설명하면 다음과 같다. 먼저 투자자들의 사채에 대한 수요를 충족시키기 위해 기업은 사채를 r_e의 이자율로 발행한다고 하자. 이렇게 기업이 r_e의 이자율로 발행한 사채에 대해서는 일차적으로 세금을 전혀 내지 않는 면세투자자 또는 면세기관들이 매입할 것이다. 왜냐하면 이들이 사채에 대해서 요구하는 세전 이자율이 기업이 지급하는 이자율 r_e와 같기 때문이다.[6] 이와 같은 면세투자자들의 수요가 충족된 후 남는 나머지 사채는 세금을 내는 일반투자자들에 의해서 매입되는데, 이러한 투자자들의 개인소득세율 체계는 서로 다르므로 각 투자자들이 요구하는 세전 이자율도 달라진다. 즉 높은 개인소득세율을 가진 투자자가 사채를 매입하기 위해서는 높은 세전 이자율을 요구할 것이다. 그러므로 사채에 대한 수요곡선 $D(r_B)$는 처음에 일정하다가 증가하는 형태를 가지게 된다.

법인세를 지급하는 기업의 입장에서는 기업이 지급할 수 있는 사채에 대한 이자율은 r_e가 아니라 법인세 절감효과를 고려한 이자율이 되어야 한다. 그러므로 균형상태하에서 기업이 사채에 대해서 지급할 수 있는 이자율은 다음과 같다.

$$r_B=\frac{r_e}{1-T_C} \tag{13-5}$$

6) 면세투자자의 경우 개인소득세를 납부하지 않으므로 세전 이자율은 세후 이자율과 같다.

기업의 법인세율은 일정한 것으로 가정할 수 있으므로 〈그림 13-2〉에서 볼 수 있는 바와 같이 사채에 대한 공급곡선 $S(r_B)$는 기울기가 0인 직선, 즉 수평선이 된다.

결국 사채시장의 균형은 사채에 대한 수요곡선과 공급곡선이 일치하는 점에서 이루어진다.

$$\frac{r_e}{1-T_{pB}}=\frac{r_e}{1-T_C} \tag{13-6}$$

따라서

$$T_{pB}=T_C \tag{13-7}$$

밀러의 가정 $T_{pS}=0$과 사채시장의 균형조건인 식 (13-7)을 앞의 식 (13-2)에 대입하여 정리하면 $V_L=V_U$가 되어 기업의 자본구조와 기업의 가치는 무관함을 알 수 있다. 그러나 시장전체로 볼 때 균형부채량은 존재하며, 그것은 사채에 대한 수요곡선과 공급곡선이 만나는 점에서의 사채발행량 B^*이다. 결론적으로 시장전체의 최적자본구조(B^*)는 존재하나, 균형상태하에서 개인기업의 최적자본구조는 존재하지 않는다. 이와 같이 자본구조와 기업가치가 무관련한 근거로서 밀러는 레버리지의 고객효과(leverage clientele effect)를 들고 있다. 서로 다른 세율구조를 가진 투자자는 그들의 선호와 일치하는 부채수준을 가진 기업을 선택한다는 것이다. 예를 들어 낮은 부채비율을 가진 기업들은 높은 세율구조를 가진 투자자들에 의해서 선호되고, 높은 부채비율을 가진 기업은 낮은 세율구조를 가진 투자자들에 의해서 선호되기 때문에 기업의 가치는 기업의 자본구조와 무관하다는 것이다. 이는 소득세율이 높은 계층일수록 기업 레버리지에 의한 세금절감효과보다는 자신이 직접 차입하여 세금절감효과를 얻는 개인 레버리지효과가 더 크기 때문이다. 반대로 소득세율이 낮은 계층은 개인 레버리지효과보다는 기업 레버리지에 의해 감세효과를 얻는 것이 더 크다고 할 수 있다.

그러나 이와 같은 밀러의 주장에 대해서 디안젤로와 마슬리스(H. DeAngelo and M. Masulis)는 기업의 감가상각비와 고정자산의 취득에 따른 투자세액공제 등에 의한 비부채성 세금절감효과(non-debt tax shield effect)를 고려하여 최적자본구조가 존재함을 주장하였다.[7] 기업이 타인자본에 대한 세금절감효과를 얻기 위해서는 이자비용을 상쇄할 수 있을 정도의 충분한 이익이 있어야 한다. 그러나 기

7) H. DeAngelo and M. Masulis, "Optimal Capital Structure under Corporate and Personal Taxation," *Journal of Financial Economics*, Vol. 8 (Mar. 1980), pp. 3~30.

업의 감가상각비와 고정자산의 취득에 따른 투자세액공제 등에 의해 기업의 과세대상이익(taxable income)이 감소하여 타인자본의 사용에 따른 세금절감효과를 얻지 못할 경우가 생길 수도 있다. 그러므로 이러한 비부채성 세금절감효과를 가진 기업은 이를 고려하여 타인자본을 조달하여야 하기 때문에 경우에 따라서는 타인자본을 많이 사용하지 않게 될 수 있다. 다시 말하면 기업은 자사의 비부채성 세금절감효과를 고려하여 적정한 부채를 사용하게 된다는 것이다.

예제 13-2 사채시장의 균형과 최적자본구조

광주전자는 500억원의 부채를 사용하고 있다. 이 기업의 현재 세율에 관한 자료는 다음과 같다.

$$T_C = 40\%,\ T_{pB} = 25\%,\ T_{pS} = 0\%$$

(1) 이 기업의 부채사용에 따른 법인세 절감액의 현가를 구하라.

(2) 사채시장이 균형상태에 도달한 후, 이 기업은 새로운 사채를 발행하여 자본을 조달하려고 한다. 이 경우 광주전자는 새로운 부채사용에 따른 세금절감효과를 얻을 수 있는가?

☞ 해설

(1) 법인세 절감액의 현가 $= \left[1 - \dfrac{(1-T_C)(1-T_{pS})}{1-T_{pB}}\right]B$

$$= \left[1 - \frac{(1-0.4)(1-0)}{1-0.25}\right](500\text{억원}) = 100\text{억원}$$

(2) 사채시장이 균형상태에 도달한 후에는 새로운 부채사용에 따른 세금절감효과를 얻을 수 없다.

2 파 산 비 용

2.1 파산비용의 의의

부채가 증가함에 따라 기업이 재무적 의무(financial obligation)를 다하지 못할 가능성은 커지게 된다. 만약 이와 같은 상황이 악화되면, 기업은 재무적 곤경(financial distress)에 처하게 될 것이다. 예를 들어 기업은 우선주에 대한 배당을 하지 못하며, 공급자 또는 은행 등은 기업에 대한 신용(credit)을 확대시키지 않을 것이다. 이와 같은 제약은 궁극적으로 기업에 영향을 미칠 수 있다. 만약 이러한 상황이 일정기간 동안 지속되면, 기업은 매력적인 투자기회도 어쩔 수 없이 포기하여야 하는 경우가 발생할 수 있기 때문에 기업의 수익성이 나빠질 수 있다. 극단적인 경우 재무적 곤경에 의해서 기업이 파산(bankruptcy)할 수도 있다.

파산할 경우 주주들은 기업의 자산을 채권자들에게 넘겨주게 된다. 주주들은 채권자들끼리 남아 있는 자산을 가지고 서로 다투도록 하면서 빠져 나오면 된다. 주주들은 기업자산의 가치가 채권자들의 청구권의 가치보다 작을 경우에만 이와 같은 행동을 할 것이다. 그래서 파산가능성에 의해서 채권자들은 항상 그들의 청구권 가치보다 작은 것을 얻게 될 위험에 직면하게 된다. 더구나 파산시 발생하게 되는 파산비용(bankruptcy costs)에 의해서 채권자들의 몫은 더 작아지게 된다. 그러므로 채권자들은 파산가능성이 클수록 파산시 그들이 입게 되는 손실을 보전하기 위하여 더 높은 수익률을 요구하게 된다. 결국 파산비용은 주주들이 부담하게 되는 비용으로서 기업의 가치를 감소시킨다. 여기서 파산으로 인하여 기업의 가치가 감소하는 것은 파산 그 자체의 위험에 의해서가 아니라 파산과 관련된 비용, 즉 파산비용 때문이라는 사실을 유의하여야 한다. 즉 파산가능성이 존재하더라도 파산비용이 발생하지 않는 경우에는 완전자본시장의 가정을 벗어난 것이 아니다.[8)]

파산비용은 부채를 과다하게 사용하는 기업이 부채의 원리금을 갚지 못해 파산하는 경우 발생하는 제반비용으로서 직접파산비용과 간접파산비용으로 구분될 수 있다.[9)] 직접파산비용은 파산이 선고된 기업의 청산과 재조직에 소요되는 법률비용과 관리비용을 의미한다. 즉 직접파산비용은 기업의 파산과정에서 기업이 제 3 자에게 지급하는 보수로서 변호사수수료, 회계사수수료, 소송비용 등을 말한다. 그리고 간접파산비용은 주요 직원의 기업이탈, 정상가격 이하로 기업자산 매각, 매출액 감소 등에 의해서 간접적으로 기업이 입게 되는 기회비용을 의미한다.[10)]

---

8) 이와 같은 경우 MM(1958년, 1963년)의 명제가 성립될 수 있다.

9) 재무적 곤경으로 인한 비용(financial distress costs)은 파산비용보다 포괄적인 의미를 가지는 일반적인 용어라 할 수 있지만 본서에서는 두 용어를 구분없이 사용할 것이다.

10) 간접파산비용에 주주와 채권자의 이해상충으로 인하여 발생하게 되는 부채의 대리인비용도 포함시킬 수 있다. 이에 대해서는 다음 절에서 자세히 설명할 것이다.

2.2 파산비용과 최적자본구조

부채로 인하여 파산비용이 나타나게 되며, 이와 같은 파산비용은 부채를 사용하는 기업의 가치를 감소시킨다. 부채가 증가할수록 실제로 파산한다는 것이 아니라 파산가능성이 커지는 것이므로 엄밀하게 말하면 파산비용은 기대파산비용을 의미하는 것이다. 대개의 경우 파산은 부채사용 후 수년 뒤에 나타날 것이기 때문에 이 파산비용의 현가만큼 기업의 가치가 감소할 것이다. 따라서 법인세와 파산비용을 동시에 고려할 경우 부채를 사용하고 있는 기업의 가치는 다음과 같이 나타낼 수 있다.

$$V_L = V_U + T_C B - PV(BC) \tag{13-8}$$

여기서 $PV(BC)$: 파산비용의 현가

식 (13-8)에서 볼 수 있는 바와 같이 부채의 사용을 증가시킴에 따라 부채의 세금절감효과에 의해 기업의 가치가 증가하는 반면, 파산비용의 증가로 인하여 기업의 가치가 감소하게 된다. 이와 같이 부채의 사용은 기업의 가치에 상반된 영향을 미칠 수 있다. 이와 같은 관계는 〈그림 13-3〉에 나타나 있다.

〈그림 13-3〉에서 볼 수 있는 바와 같이 부채의 사용에 의해서 나타나는 상반관계(trade-off relationship)에 의해서 최적자본구조가 존재할 수 있음을 알 수 있다. 이론적으로 최적자본구조는 부채사용으로 인한 한계이익(부채의 세금절감효과)과 한계비용(파산비용)이 같아지는 점에서 이루어진다.

그림 13-3 부채사용의 효과

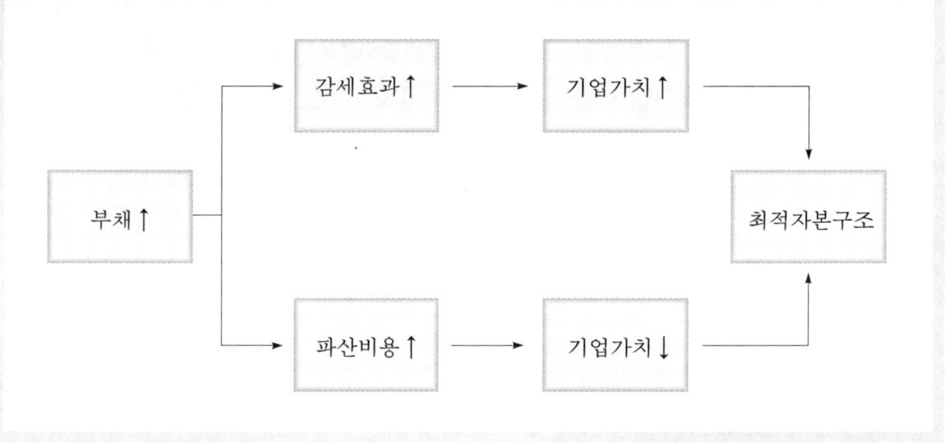

그림 13-4 파산비용과 기업의 가치

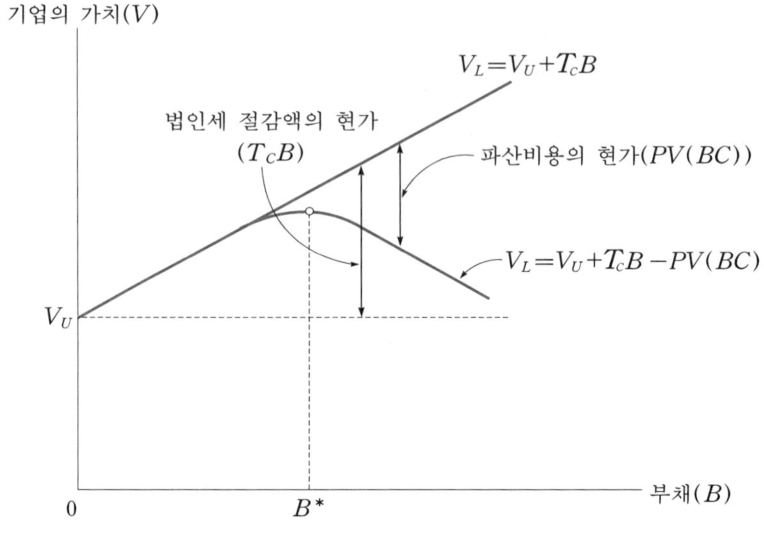

파산비용과 기업의 가치의 관계를 나타내면 〈그림 13-4〉와 같다. 〈그림 13-4〉에서 볼 수 있는 바와 같이 파산비용을 고려할 경우 기업의 가치는 부채를 사용함에 따라 부채발행액이 B^*일 때까지 증가하다가 그 이후부터는 오히려 감소함을 알 수 있다. 즉 B^* 이전에는 법인세 절감효과에 의한 기업가치의 증가액이 파산비용에 의한 기업가치의 감소액보다 크게 되어 기업의 가치가 증가하다가, B^*보다 많은 부채를 사용하는 경우 법인세 절감효과에 의한 기업가치의 증가액이 파산비용에 의한 기업가치의 감소액보다 작아져서 기업의 가치가 감소함을 의미한다. 따라서 기업이 부채를 B^*만큼 사용할 경우 그 기업은 최적자본구조에 도달하게 된다. 그러나 파산비용의 정확한 측정은 아주 어려운 일이기 때문에 최적부채수준을 결정하는 정확한 공식을 도출할 수는 없다.

3 대리인비용

3.1 대리인비용의 의의

대리인관계는 기업에 자금을 제공한 주체(principal: 외부주주 또는 채권자)가 자신을 대리하여 기업의 운영권을 대리인(agent: 소유경영자 또는 내부주주)에게 위임하는 계약관계를 말한다. 이와 같은 계약이 대리인에 의해서 행해질지 모를 모든 발생가능한 상황을 충분히 고려하여 체결된다면 대리인문제는 발생하지 않을 것이다. 그러나 계약사항이 불완전하여 대리인의 활동에 자의성이 게재될 소지가 있다면 주체와 대리인 사이에는 갈등이 생기기 쉽다. 이러한 갈등은 주체와 대리인들이 모두 자신들의 효용을 극대화시키는 방향으로 행동하려고 하기 때문에 생기는 것이다. 따라서 주체는 계약에 여러 가지 조항을 규정하여 대리인이 주체의 목적에 벗어나지 않도록 제약을 가하고 또한 대리인들의 활동을 감독하려고 할 것이다.

젠센과 멕클링(M. Jensen and W. Meckling)은 이와 같은 대리인문제로부터 발생하는 금전적 또는 비금전적 비용을 대리인비용(agency costs)이라 하고 이를 다음과 같은 세 가지로 분류하고 있다.[11)]

첫번째 비용은 감시비용(monitoring costs)으로서 이는 대리인의 행위가 주체의 이익으로부터 이탈하는 것을 제한하기 위하여 주체가 부담하는 비용이다.

두 번째 비용은 확증비용(bonding costs)으로서 이는 대리인이 주체에게 해가 되는 행위를 하지 않고 있음을 확증하기 위하여 대리인이 부담하는 비용이다.

세 번째 비용은 잔여손실(residual losses)로서 이는 이상과 같은 감시와 확증에도 불구하고 제거되지 않는 비용이다.

이와 같은 대리인비용들은 기업의 외부자금조달시에 발생하게 되는데, 젠센과 멕클링은 주식의 발행에 따른 대리인비용을 지분의 대리인비용(agency costs of equity)이라 하고, 사채의 발행에 따른 대리인비용을 부채의 대리인비용(agency costs of debt)이라 하였다.

---

11) M. Jensen and W. Meckling, "Theory of Firm: Managerial Behavior, Agency Costs and Ownership Structure," *Journal of Financial Economics*, Vol. 3 (Oct. 1976), pp. 305~360.

3.2 대리인비용의 유형

앞에서 언급한 바와 같이 기업의 소유구조, 즉 소유경영자, 외부주주 그리고 채권자의 3자 관계에 의해서 발생하는 대리인비용은 다음과 같이 분류될 수 있다.

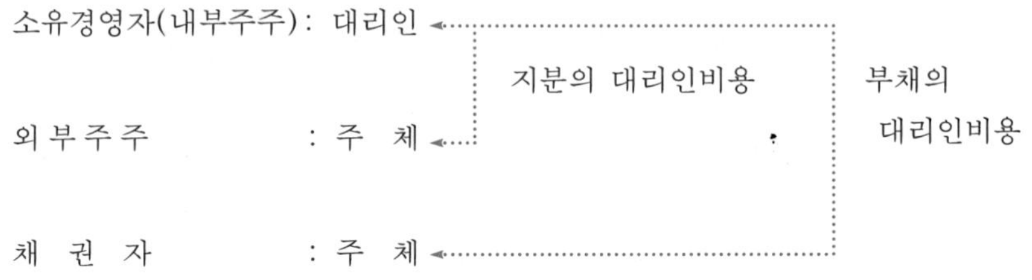

1) 지분의 대리인비용

지분의 대리인비용은 외부주주인 주체와 소유경영자(내부주주)인 대리인 사이의 갈등에 따라 발생하는 대리인비용을 의미한다. 만약 소유경영자가 기업의 지분을 100% 소유하고 있는 경우에는 소유경영자가 기업의 주체인 동시에 대리인이기 때문에 갈등의 소지가 없으며 지분의 대리인비용도 발생하지 않는다. 그러나 소유경영자가 자본시장을 통하여 자기자본의 일부를 조달하는 경우에는 이 주식을 매입한 외부주주와 소유경영자 사이에 대리인관계가 성립하게 된다. 따라서 이 경우에는 주체와 대리인 사이에 갈등이 일어날 수 있으며, 이로 인하여 지분의 대리인비용이 발생하게 된다.

개인은 자신이 종업원일 때보다는 소유자의 일원일 때, 기업의 작은 부분을 소유하고 있을 때보다는 많은 부분을 소유하고 있을 때, 기업을 위하여 훨씬 열심히 일할 것이다. 이와 같은 사실에 의해서 지분의 대리인비용이 발생하며, 이를 다음과 같은 예에 의해서 설명해 보자.

K씨는 현재 1억원의 가치가 있는 기업을 100% 소유하고 있는 소유경영자이다. 이제 그는 새로운 사업을 위하여 2억원의 외부자금을 조달하려고 한다. 이 경우 그는 채권 2억원을 발행하거나 또는 주식 2억원을 발행하는 방법 중 하나를 선택하여 소요자금을 조달할 수 있다. 두 대안하에서의 연간 현금흐름은 〈표 13-1〉과 같다.

다른 경영자와 같이 K씨는 자신의 근무시간을 선택할 수 있다. 여기에서 그는 하루에 6시간 또는 8시간 근무할 수 있다. 채권을 발행하는 경우 2시간의 추가적인 근무에 의해서 그는 1,000만원(1,600만원−600만원)의 수입을 더 얻을 수 있

표 13-1 지분의 대리인비용의 예 (단위: 만원)

	채권발행		주식발행*	
	6시간 근무	8시간 근무	6시간 근무	8시간 근무
현금흐름	3,000	4,000	3,000	4,000
이자비용(연리=12%)	2,400	2,400	0	0
지분의 현금흐름	600	1,600	3,000	4,000
K씨의 현금흐름	600	1,600	1,000	1,333

* K씨의 지분비율 $=\frac{1}{3}$

다. 그러나 주식을 발행하는 경우 그는 지분의 현금흐름 중 1/3만 얻을 수 있으며, 2시간의 추가적인 근무에 의해서 그는 333만원(1,333만원−1,000만원)의 수입을 더 얻을 수 있다. 그러므로 K씨는 채권을 발행할 경우 훨씬 열심히 일할 것이다. 다시 말하면 주식을 발행한다면 그는 게으름을 피우고 싶어하는 유인을 훨씬 더 많이 가지게 된다.

또한 그는 주식을 발행한다면 사치스러운 사무실, 최고급 승용차 구입, 값비싼 식사 등을 통하여 보다 많은 직무상의 특권(perquisite)을 누리려 할 것이다. 만약 그가 지분의 1/3을 소유하고 있다면, 직무상 특권을 누리는 데 소요되는 비용의 2/3는 다른 주주에 의해서 지불된다. 그러나 만약 그가 지분의 100%를 소유하고 있다면, 어떠한 추가적인 직무상의 특권행사도 전액 자신의 부담이 되어 지분가치를 감소시킨다. 그래서 기업이 자본시장에서 보다 많은 주식을 발행함에 따라 소유경영자는 여유시간과 직무상의 특권을 증가시킬 수 있다. 소유경영자의 여유시간의 향유와 직무상의 특권행사 등에 의해서 나타나는 기업가치의 감소를 지분의 대리인비용이라 한다.

이와 같은 예는 많은 양의 주식을 공모하려고 하는 소규모 기업의 경우에 잘 적용될 수 있다. 소유경영자는 전체 지분에서 자신의 지분이 차지하는 부분, 즉 지분비율을 대폭 감소시킬 수 있기 때문에 업무에 대한 열성의 현저한 감소 또는 특권적 소비의 현저한 증가가 가능하게 된다. 한편 소유와 경영이 분리된 대기업의 경우에는 이미 경영자의 지분이 상당히 희석되어 있기 때문에 추가적인 주식의 공모에 의해서 업무에 대한 열성의 감소나 특권적 소비의 증가가 현저하게 나타나지는 않을 것이다. 그러므로 외부주주의 비율이 증가함에 따라 지분의 대리인비용은 증가하나, 그 증가율은 점점 체감한다고 할 수 있다.

만약 새로운 주주가 합리적이어서 대리인비용이 발생한다는 사실을 알고 있다면, 그들은 지분의 대리인비용만큼 주가가 하락하지 않을 경우에는 그 주식에 투자하지 않을 것이다. 즉 새로운 주주들은 대리인비용을 부담하려 하지 않는다. 결과적으로 대리인비용에 의해서 손실을 입게 되는 사람은 소유경영자라 할 수 있다. 소유경영자는 지분의 대리인비용을 감소시키기 위해서 새로운 주주가 자신을 감시하도록 허용하며 동시에 자신의 경영활동을 보고한다. 그러나 적절한 보고와 감독에 의해서 지분의 대리인비용을 감소시킬 수 있지만 완전히 제거하지는 못할 것이다.

지분의 대리인비용을 상당히 감소시킬 수 있는 방법으로 차입매수(leveraged buyout: LBO)를 들 수 있다. LBO는 매수자(현재의 경영팀)가 위험이 아주 높은 정크본드(junk bond) 등을 발행하여 그 자금으로 기업의 주식을 모두 매입함으로써 기업을 비공개기업화(going private)시키는 것을 의미한다. 이 경우 경영팀은 기업의 실질적인 소유자이므로 자신들이 고용되었을 때보다 훨씬 더 열심히 일하게 된다.

2) 부채의 대리인비용

부채의 대리인비용은 주체인 채권자와 대리인인 소유경영자(주주) 사이의 갈등에 따라 발생하는 대리인비용을 말한다. 주주와 채권자 사이에 발생할 수 있는 갈등은 일반적으로 다음과 같은 세 가지로 구분될 수 있다.

(1) 위험선호유인

소유경영자들은 회사에 대하여 유한책임만을 지기 때문에 위험이 높은 투자안에 투자함으로써 채권자의 부를 감소시켜 주주들의 지분가치를 증가시키려는 유인을 가지고 있는데, 이를 위험선호유인(risk incentive)이라고 한다.

이제 이를 다음과 같은 예에 의해서 살펴보기로 하자.

채권자에게 10억원을 지불하여야 하는 기업 L은 지금 상호배타적인 두 투자안, 즉 위험이 낮은 투자안 A와 위험이 높은 투자안 B를 고려하고 있으며, 각 투자안을 선택하는 경우의 결과는 〈표 13-2〉와 같다.

이 경우 기업 L의 소유경영자는 기업의 기대가치를 증가시킬 수 있는 위험이 낮은 투자안 A를 선택하지 않고, 자신의 부를 극대화하기 위하여 주식의 가치가 높아질 수 있는 위험이 높은 투자안 B를 선택할 것이다. 이는 주주의 유한책임에 근거한다. 위험이 낮은 투자안 A를 선택하지 않고 위험이 높은 투자안 B를 선택하는 경우, 호황에서 기업가치의 증가액 4억원(24억원−20억원)은 주주가 전액 취

표 13-2 위험선호유인의 예

(a) 기업 L이 위험이 낮은 투자안 A를 선택하는 경우

	확 률	기업의 가치	=	주식의 가치	+	채권의 가치
불 황	0.5	10억원	=	0	+	10억원
호 황	0.5	20억원	=	10억원	+	10억원
	기대가치	15억원	=	5억원	+	10억원

(b) 기업 L이 위험이 높은 투자안 B를 선택하는 경우

	확 률	기업의 가치	=	주식의 가치	+	채권의 가치
불 황	0.5	5억원	=	0	+	5억원
호 황	0.5	24억원	=	14억원	+	10억원
	기대가치	14.5억원	=	7억원	+	7.5억원

하는 반면, 불황(이 경우 기업은 파산함)에서 기업가치의 감소액 5억원(5억원−10억원)은 주주대신 채권자가 부담하게 된다. 즉 위험이 높은 투자안을 선택함으로써 채권자의 부가 주주에게로 이전된다고 할 수 있다.

(2) 과소투자유인

파산가능성이 아주 높은 기업의 주주는 때때로 새로운 투자가 주주의 비용으로 채권자만을 이롭게 한다는 사실을 발견한다. 이와 같은 경우 기업은 투자안의 순현가가 0보다 크다 하더라도 이를 채택하지 않으려는 유인을 가지고 있는데, 이러한 유인을 과소투자유인(underinvestment incentive)이라 한다.

이를 설명하기 위하여 다음과 같은 예를 생각해 보자. 연말에 만기가 도래하여 사채에 대한 원금과 이자를 4,000만원 지급하여야 하는 기업이 있다. 이 기업의 현금흐름은 불황일 경우 2,400만원이며, 호황일 경우 5,000만원이 되며, 두 상황의 발생가능성은 동일하다. 이 기업의 현금흐름은 〈표 13-3〉의 왼쪽에 제시되어 있다.

이 기업은 신주에 의해 자금을 조달하여 새로운 투자를 함으로써 불황에서 파산을 피할 수 있다. 이 기업이 고려하고 있는 투자안은 그 비용이 1,000만원이며, 모든 상황에서의 성과는 1,700만원으로 정(+)의 순현가를 가진다. 부채를 사용하지 않는 기업은 명백히 정(+)의 순현가를 가지는 이와 같은 투자안을 채택할 것이다.

표 13-3 과소투자유인의 예 (단위: 만원)

	투자안을 실시하지 않는 경우		투자안을 실시하는 경우	
	호 황	불 황	호 황	불 황
기업현금흐름	5,000	2,400	6,700	4,100
채권자의 청구권	4,000	2,400	4,000	4,000
주주의 청구권	1,000	0	2,700	100

그러나 부채를 사용하는 기업의 경우 주주들은 정(+)의 순현가를 가지는 투자안에 의해서도 손해를 볼 수 있다. 이것을 보기 위하여 구주주들이 스스로 1,000만원을 출자한다고 생각해 보자. 투자안을 채택하지 않는 경우 주주들의 청구권의 기대가치는 500만원(0.5×1,000만원+0.5×0원)이다. 그리고 투자안을 채택하는 경우 주주들의 청구권의 기대가치는 1,400만원(0.5×2,700만원+0.5×100만원)이다. 투자안을 채택하는 경우 주주들의 청구권은 자신들의 출자액 1,000만원에도 못미치는 900만원(1,400만원−500만원)이 증가하게 되므로 소유경영자는 정(+)의 순현가를 가지는 새로운 투자안을 채택하지 않을 것이다. 이와 같은 결과는 주주들이 1,000만원을 전액 출자하나, 그 혜택은 주주와 채권자가 공유하기 때문에 나타난다.

(3) 과다한 배당

기업이 재무적 곤경에 처하여 파산가능성이 커지는 경우 과다한 배당을 지급함으로써 자사의 자산을 잠식하여 채권의 가치를 감소시킬 수 있다. 극단적으로 경영자가 기업의 전자산을 매각하여 주주에게 배당으로 지급한다면 채권의 청구권은 소멸될 것이다.

(4) 부채의 대리인비용

이상에서 설명한 주주와 채권자 사이의 갈등은 기업이 파산가능성 또는 재무적 곤경에 처할 경우 발생하게 된다.[12] 부채를 사용하여 파산가능성이 존재하는 경우 주주들은 채권자의 청구권을 감소시키려는 유인(위험선호유인, 과소투자유인, 과다한 배당 등)을 가지게 된다. 이 경우 채권자들이 합리적이라면, 이와 같은 유인을 사전에 알고서 높은 이자율을 요구하여 자신을 방어할 것이다. 결과적으로 왜

12) 부채의 대리인비용은 파산가능성에 의해서 나타나는 비용이므로 간접적인 파산비용으로 분류될 수 있다.

곡된 투자와 과다한 배당으로 인한 기업가치의 감소, 즉 부채의 대리인비용은 주주들이 부담하여야 한다. 그러나 이와 같은 부채의 대리인비용은 주주들의 행동을 제약하는 여러 가지 사항을 규정한 사채약정서(bond covenants)를 작성함으로써 부분적으로 감소될 수 있다.

3.3 대리인비용과 최적자본구조

기업의 부채가 증가할수록 부채의 대리인비용은 증가하고, 반대로 부채대신에 외부주식의 비율이 증가하면 지분의 대리인비용이 증가한다. 그러므로 이와 같은 두 가지 대리인비용의 합, 즉 총대리인비용이 최소가 되는 외부주식과 부채의 최적배합이 존재할 수 있으며, 이는 세금이 존재하지 않거나 파산비용이 아주 작은 사회에서도 대리인비용에 의해서 최적자본구조가 존재할 수 있음을 의미한다. 이와 같은 관계는 〈그림 13-5〉와 같이 나타낼 수 있다.[13)]

그림 13-5 외부주식과 부채의 대리인비용에 의한 최적자본구조

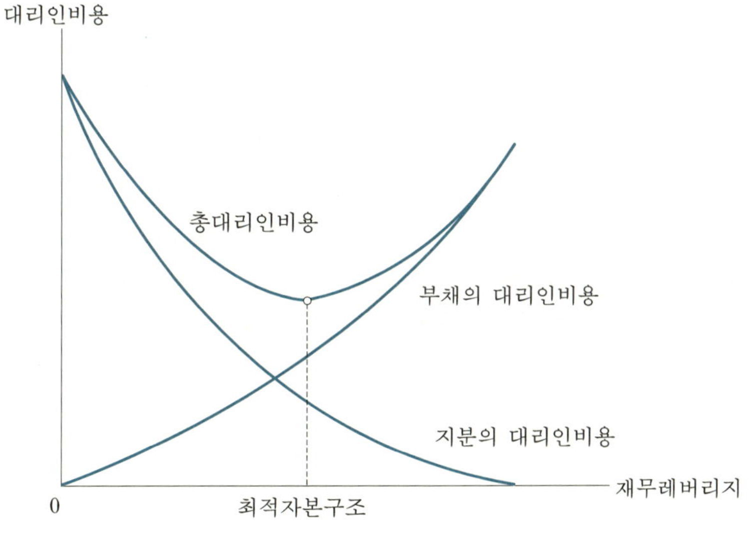

13) 대리인비용에 의해서 자기자본과 타인자본의 최적비율인 최적자본구조뿐만 아니라 더 포괄적인 개념인 소유경영자의 지분과 외부주주의 지분 그리고 타인자본 사이의 비율인 최적소유구조까지도 설명할 수 있다.

이제 법인세와 파산비용 그리고 대리인비용을 모두 동시에 고려할 경우 부채를 사용하는 기업의 가치는 다음과 같다.[14)]

$$V_L = V_U + T_C B - PV(BC) - PV(AC) \tag{13-9}$$

여기서 $PV(AC)$: 대리인비용의 현가

부채의 사용을 증가시킴에 따라 부채의 세금절감효과에 의해 기업의 가치가 증가하는 반면, 파산비용의 증가로 인하여 기업의 가치가 감소하고 동시에 대리인비용의 순효과(부채의 대리인비용의 증가로 인한 기업가치의 감소액에서 지분의 대리인비용의 감소로 인한 기업가치의 증가액을 차감한 것)만큼 기업의 가치는 감소할 수 있다. 이와 같이 부채의 사용은 기업의 가치에 상반된 영향을 미칠 수 있다. 그 관계를 구체적으로 나타내면 〈그림 13-6〉과 같다.

〈그림 13-6〉에서 볼 수 있는 바와 같이 부채의 증가에 따라 나타나는 상반효과에 의해서 최적자본구조가 존재할 수 있다. 최적자본구조는 이론적으로 부채사용으로 인한 한계이익(감세효과와 지분의 대리인비용의 감소로 인한 기업가치의 증가)과 한계비용(파산비용과 부채의 대리인비용의 증가로 인한 기업가치의 감소)이 같아지는 점

그림 13-6 부채사용의 효과

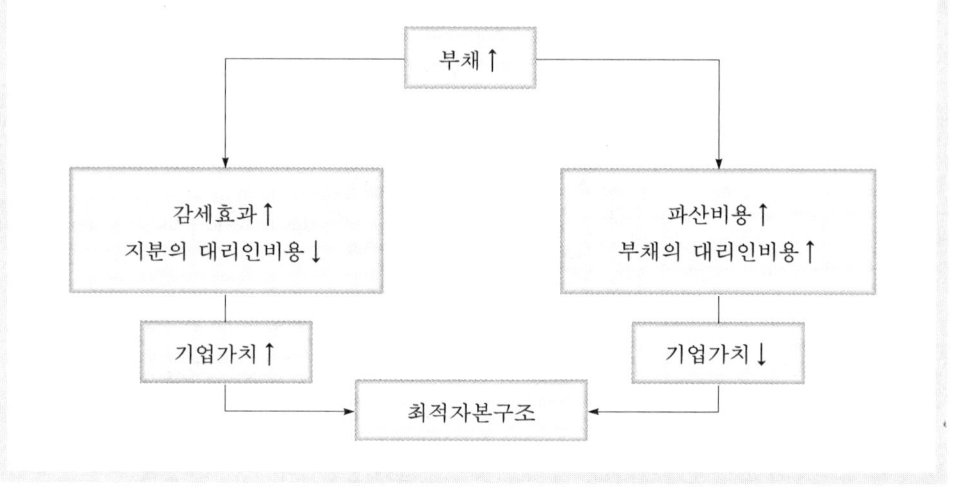

14) 개인소득세까지 고려하는 경우 V_L을 다음과 같이 나타낼 수 있다.

$$V_L = V_U + \left[1 - \frac{(1-T_C)(1-T_{pS})}{1-T_{pB}}\right]B - PV(BC) - PV(AC)$$

에서 이루어진다. 그러나 파산비용 또는 대리인비용의 정확한 측정이 어려운 현실에 비추어 볼 때 정확하게 최적자본구조를 도출한다는 것은 어려운 일이다.

4 부채사용기업의 투자안 평가

지금까지 사용하였던 가중평균자본비용법(WACC법)은 투자안의 위험과 자금조달의 효과를 모두 할인율에 반영하여 투자안의 가치를 평가하는 방법이다. 여기서는 대체적인 평가방법인 수정현재가치법과 지분가치평가법을 설명하고자 한다.

4.1 수정현재가치법

현실적으로 투자안의 가치는 투자결정뿐만 아니라 자본조달결정에 의해서도 영향을 받는다. 이와 같은 점을 고려하여 수정현재가치법은 투자안의 가치를 투자결정에 의한 부분과 자본조달결정에 의한 부분으로 분리하여 평가하는 데 기초를 두고 있다. 부채를 사용하는 기업에 있어서 투자안의 순현가, 즉 수정현재가치(adjusted present value: APV)는 부채를 사용하지 않을 경우의 순현가, 즉 기본순현가(base case NPV)와 부채사용으로 인한 부수적 효과의 순현가를 합하여 구할 수 있다.

$$APV = \text{기본 } NPV + \text{부채사용으로 인한 부수적 효과의 } NPV \qquad (13\text{-}10)$$

부채사용으로 인한 부수적 효과를 고려해 줄 때 WACC법은 할인율에 간접적으로 고려해 주는 반면, APV법은 분리시켜 직접 고려해 준다는 방법상의 차이는 있으나, 어느 방법을 사용하여도 그 결과는 동일하다.[15] 그러나 WACC법은 투자기간 내 부채비율이 일정하다는 전제를 하고 있는 반면, APV법은 투자기간 내 투자안의 부채수준이 일정하다는 전제를 하고 있음을 유의하여야 한다. 그리고 APV법은 이자비용에 대한 감세효과뿐만 아니라 발행비용, 재무적 곤경으로 인한

---

15) 부채사용으로 인한 부수적 효과(특히 세금절감 효과)를 할인율에 간접적으로 고려해 주는 WACC법에 의해 투자안의 순현가를 구하면 다음과 같다.

$$NPV = \sum_{t=1}^{n} \frac{E(CF_t)}{(1+WACC)^t} - I_0$$

단, $WACC = \left(\frac{S}{S+B}\right) r_S + \left(\frac{B}{S+B}\right) r_B (1 - T_C)$

비용, 특혜금융 등의 부채사용으로 인한 부수적 효과를 보다 구체적으로 반영해 준다.

1) 기본 NPV

투자안의 기본 NPV는 투자소요자금이 자기자본만으로 조달되었다는 전제하에서 계산된 투자안의 순현재가치이다. 즉 기본 NPV는 순수하게 투자결정에 의해 나타나는 투자가치의 순증분을 의미한다. 그러므로 기본 NPV는 다음과 같이 구할 수 있다.

$$\text{기본 } NPV(=\Delta V_U - \Delta I) = \sum_{t=1}^{n} \frac{E(CF_t)}{(1+r_U)^t} - I_0 \qquad (13\text{-}11)$$

여기서 $\Delta V_U\left(=\sum_{t=1}^{n}\frac{E(CF_t)}{(1+r_U)^t}\right)$: 부채를 사용하지 않을 경우 투자수익으로 인한 기업가치의 증분

$\Delta I(=I_0)$: 투자지출액의 증분

$E(CF_t)$: t시점에서의 투자안의 기대현금흐름($t=1, \cdots, n$)

r_U: 부채를 사용하지 않을 경우 투자안의 자본비용

I_0: 현재시점의 투자지출액

2) 부채사용으로 인한 부수적 효과의 NPV

투자액의 일부를 부채로 조달하는 경우 부채사용으로 인한 몇 가지 부수적 효과를 투자가치의 평가시 반영하여야 한다. 부채사용으로 인한 부수적 효과로는 일반적으로 다음과 같은 네 가지를 생각해 볼 수 있다.

① 부채사용으로 인한 세금절감액: 이것에 대해서는 제12장에서 이미 설명하였다. 부채사용으로 인한 세금절감액은 영구부채일 경우 $T_C B$(T_C: 법인세율, B: 부채의 가치)이다.

② 발행비용: 발행비용은 증권의 발행에 따라 발생하는 제경비를 의미한다. 회사채를 발행하는 경우 인수기관(underwriter)에 지급하는 인수수수료, 공인회계사 및 변호사에게 지급하는 자문료, 증권의 인쇄비 등의 비용이 지출된다. 은행에서 차입하는 경우에도 인지대 및 기타 잡비 등과 같은 발행비용이 수반된다.[16)]

③ 재무적 곤경으로 인한 비용: 본장 제2절에서 설명한 바와 같이 부채의 증가로 인해 기업은 재무적 곤경 또는 파산에 처하게 될 가능성이 증가하

16) 신주를 발행할 때도 발행비용이 소요된다. 신주의 발행비용은 기본 NPV에서 차감하는 방법으로 고려해 주어야 한다.

게 된다. 이로 인하여 기업의 가치가 감소하게 된다.

④ 특혜금융: 특혜금융은 시장이자율보다 낮은 이자율로 자금을 차입하는 경우를 의미한다. 일반적으로 특혜금융은 국가의 경제정책적 요구를 만족시키는 특정 투자안의 경우 나타나는 것으로 수출금융, 국민투자기금 대부 등의 예가 있다.

예제 13-3 수정현재가치(APV)법

㈜은하는 투자기간이 5년, 투자소요액이 10억원인 투자안을 고려하고 있다. 이 투자로 인한 순현금이익(수익−현금지출비용)은 매년 3억원이며, 초기의 투자액은 정액법으로 전액상각된다. 이 회사의 법인세율은 40%, 무위험이자율은 10%, 그리고 부채를 사용하지 않는 경우의 자본비용은 20%이다. 이 회사는 소요투자액 10억 중 8억원은 10%의 무위험이자율로 만기 5년인 사채를 발행하여 조달할 예정이다. 사채의 발행비용은 5천만원이며, 이는 5년에 걸쳐 균등하게 상각된다.

(1) APV법에 의해 이 투자안을 평가하라.

(2) ㈜은하가 고려하고 있는 투자안은 정부의 경제정책에 부합되는 투자안이어서 정부로부터 지원을 받아 5%의 저렴한 이자율로 조달할 수 있다고 한다. 이 경우 투자안을 평가하라.

☞ 해설

(1) $APV=$ 기본 $NPV+$ 부채사용으로 인한 부수적 효과의 NPV

① 기본 NPV

먼저 투자안의 현금흐름을 구하면 다음과 같다.

(단위: 억원)

연 도 말	0	1	2	3	4	5
투자지출	−10					
세후 순현금이익*		1.8	1.8	1.8	1.8	1.8
감가상각비의 세금절감액**		0.8	0.8	0.8	0.8	0.8

* 세후 순현금이익 = 순현금이익(1−세율) = 3억원×(1−0.4) = 1.8억원

** 감가상각비의 세금절감액 = 감가상각비×세율 $=\left(\dfrac{10\text{억원}-0}{5\text{년}}\right)\times 0.4=0.8$억원

기본 NPV를 구할 때, 세후 순현금이익은 부채를 사용하지 않을 경우 자본비용인 20%로 할인하여야 하나, 감가상각비의 세금절감액은 무위험현금흐름이므로 무위험이

자율인 10%로 할인한다는 것을 유의하여야 한다.[17)]

$$\text{기본 } NPV = -10\text{억원} + 1.8\text{억원}\left[\frac{1}{0.2} - \frac{1}{(0.2)(1+0.2)^5}\right]$$
$$+ 0.8\text{억원}\left[\frac{1}{0.1} - \frac{1}{(0.1)(1+0.1)^5}\right]$$
$$= -10\text{억원} + 1.8\text{억원} \times 2.9906 + 0.8\text{억원} \times 3.7908$$
$$= -15{,}843\text{만원}$$

이 투자안의 기본 NPV는 −15,843만원이므로, 부채를 사용하지 않을 경우 이 투자안을 기각하여야 한다.

② 부채사용으로 인한 부수적 효과의 NPV

(i) 발행비용

발행비용 5천만원은 현재시점에 지출되나 회계상으로는 5년에 걸쳐 1천만원씩 상각되어 비용으로 처리된다. 그러므로 사채발행비의 매년 상각액으로 인하여 매년 4백만원(=1천만원×0.4)의 세금절감효과가 나타나므로 이것들의 현재가치만큼 발행비용에서 제외시켜야 한다.

(단위: 만원)

연 도 말	0	1	2	3	4	5
발행비 지출	−5,000					
발행비상각액의 법인세 절감액		400	400	400	400	400

발행비상각액의 법인세 절감액은 사채를 발행하는 시점(현재)에 확정되므로 무위험이자율로 할인하여야 한다.

$$\text{순발행비용} = -5{,}000\text{만원} + 400\text{만원}\left[\frac{1}{0.1} - \frac{1}{(0.1)(1+0.1)^5}\right]$$
$$= -5{,}000\text{만원} + 400\text{만원} \times 3.7908 = -3{,}484\text{만원}$$

(ii) 부채사용으로 인한 세금절감액

부채발행으로 인한 세금절감액의 현재가치는 차입액에서 세후 이자지급액과 원금상환액의 현재가치를 차감하여 구한다.

$$PV(\text{부채사용으로 인한 세금절감액}) = \text{차입액} - PV(\text{세후 이자지급액})$$
$$- PV(\text{원금상환액})$$

17) $\left[\frac{1}{0.2} - \frac{1}{(0.2)(1+0.2)^5}\right] = PVIFA_{.2,\,5}$, $\left[\frac{1}{0.1} - \frac{1}{(0.1)(1+0.1)^5}\right] = PVIFA_{.1,\,5}$

(단위: 억원)

연 도 말	0	1	2	3	4	5
사채발행액	8					
세후 이자비용*		−0.48	−0.48	−0.48	−0.48	−0.48
원금 상환						−8

* 세후 이자비용 = 이자비용(1−세율) = (0.1)(8억원)(1−0.4) = 0.48억원

PV(부채사용으로 인한 세금절감액)

$$= 8억원 - 0.48억원\left[\frac{1}{0.1} - \frac{1}{(0.1)(1+0.1)^5}\right] - \frac{8억원}{(1+0.1)^5}$$

$$= 8억원 - 0.48억원 \times 3.7908 - 8억원 \times 0.6209 = 12,132만원$$

또는 특혜금융이 없는 경우 부채발행으로 인한 세금절감액의 현재가치는 5년 동안 매년 발생하는 이자비용의 세금절감액 0.32억원(=0.8억원×0.4)의 총현재가치를 직접 계산하여 구할 수도 있다.[18)]

PV(부채사용으로 인한 세금절감액) = 0.32억원 × 3.7908 = 12,131만원

(※ 약간의 금액 차이는 반올림 계산으로 인한 오차에 의한 것임.)

(iii) 부채사용으로 인한 부수적 효과의 NPV[(i)+(ii)]

NPV(부채사용으로 인한 부수적 효과) = −3,484만원 + 12,132만원
= 8,648만원

③ APV = 기본 NPV + NPV(부채사용으로 인한 부수적 효과)
= −15,843만원 + 8,648만원 = −7,195만원

이 투자안은 부채사용으로 인한 부수적 효과를 고려하여도 순현가가 −7,195만원이므로 기각하여야 한다.

(2) 특혜금융으로 인한 효과를 부채사용으로 인한 부수적 효과에 포함시켜 APV를 구하면 다음과 같다.

① 기본 NPV = −15,843만원

② 부채사용으로 인한 부수적 효과의 NPV

(i) 발행비용 = −3,484만원

(ii) 부채의 세금절감 및 특혜금융효과

18) 또한 이 방법은 이자율과 할인율이 동일하다는 것을 전제하고 있다.

(단위: 억원)

연 도 말	0	1	2	3	4	5
사채발행액	8					
세후 이자비용*		−0.24	−0.24	−0.24	−0.24	−0.24
원금 상환						−8

* 세후 이자비용 = 이자비용(1−세율) = (0.05)(8억원)(1−0.4) = 0.24억원

PV(부채의 세금절감 및 특혜금융효과)

$$= 8억원 - 0.24억원\left[\frac{1}{0.1} - \frac{1}{(0.1)(1+0.1)^5}\right] - \frac{8억원}{(1+0.1)^5}$$

$$= 8억원 - 0.24억원 \times 3.7908 - 8억원 \times 0.6209 = 21{,}230만원$$

(iii) 부채사용으로 인한 부수적 효과의 NPV[(i)+(ii)]

$$NPV(부채사용으로 인한 부수적 효과) = -3{,}484만원 + 21{,}230만원 = 17{,}746만원$$

③ APV = 기본 $NPV + NPV$(부채사용으로 인한 부수적 효과)

$$= -15{,}843만원 + 17{,}746만원 = 1{,}903만원$$

특혜금융을 고려하는 경우 투자안의 순현가가 1,903만원이므로 이 투자안을 채택하여야 한다.

4.2 지분가치평가법

투자안의 순현가는 결국 주주의 몫이기 때문에 부채와 관련된 부분을 제외시키고 주주에게 귀속되는 현금흐름과 자기자본비용을 이용하여 순현가를 구할 수 있다. 이와 같이 주주의 입장에서 투자안을 평가하는 방법을 지분가치평가법(flow to equity method: FTE법)이라 한다. 주주에게 귀속되는 현금흐름(cash flow to equity)이란 투자안으로부터 기대되는 미래의 현금흐름에서 채권자에게 지급되는 현금흐름을 차감한 후의 현금흐름을 의미하며, 이 현금흐름을 평가하는 데 적합한 할인율은 자기자본비용이다. 따라서 지분가치평가법에 의해 투자안의 순현가(NPV)를 구하는 식은 식 (13-12)와 같이 나타낼 수 있다.

$$NPV=\sum_{t=1}^{n}\frac{E(CFE_t)}{(1+r_S)^t}-(I_0-B) \tag{13-12}$$

여기서 $E(CFE_t)$: t시점에서의 투자안 현금흐름 중 주주에게 귀속되는 현금흐름 $(t=1, \cdots, n)$[19)]

r_S: 투자안의 자기자본비용

I_0: 현재시점의 투자지출액

B: 부채로 조달된 투자자금

FTE법은 WACC법과 동일하게 투자기간 내 부채비율(목표자본구조)이 일정하다는 전제를 하고 있다. 따라서 목표자본구조를 알 수 없고 투자안의 부채사용금액만 주어진 경우에는 FTE법(또는 WACC법)을 적용하기 어렵기 때문에 앞에서 설명한 APV법을 사용하는 것이 바람직하다.

예제 13-4 WACC법, APV법, FTE법의 비교

㈜청운전자는 현재 100억원을 투자하여 반도체사업을 시작하려고 한다. 반도체사업에 진출할 경우 매년 15억원의 영업이익이 영구적으로 발생하리라 예상된다. 이 회사는 대용기업으로 주식베타가 2.2, 부채비율(B/S_L)이 2.0인 S반도체를 선정하였다. ㈜청운전자는 목표부채비율(B/S_L)을 1.0으로 할 예정이고, 부채는 위험이 없으며, 무위험이자율은 6%이다. 그리고 시장수익률은 10%, 법인세율은 40%일 때 다음의 물음에 답하라.

(1) ㈜청운전자가 고려하고 있는 반도체사업의 경제성을 WACC법에 의해서 평가하라.

(2) ㈜청운전자가 고려하고 있는 반도체사업의 경제성을 APV법에 의해서 평가하라.

(3) ㈜청운전자가 고려하고 있는 반도체사업의 경제성을 FTE법에 의해서 평가하라.

(4) WACC법, APV법, FTE법에 의한 평가결과가 동일한지 확인하라.

☞ 해설

(1) 먼저 대용기업인 S반도체의 주식베타를 이용하여 ㈜청운전자의 무부채베타 β_U를 구하면 다음과 같다.

$$\beta_U=\frac{\beta_S{}^*}{1+(1-T_C{}^*)(B/S_L)^*}=\frac{2.2}{1+(1-0.4)(2)}=1.0$$

이제 β_U에 의해서 투자안의 무부채자본비용 r_U를 구하면 다음과 같다.

19) MM이론에 의하면, $E(CFE_t)=[E(NOI)-r_B\cdot B](1-T_C)$이다.

$$r_U = 0.06 + (0.10 - 0.06)(1.0) = 0.10$$

㈜청운전자의 목표부채비율(B/S_L)이 1.0인 경우, 투자안의 가중평균자본비용(WACC)은 다음과 같이 계산할 수 있다.

$$WACC = r_U\left[1-\left(\frac{B}{S_L+B}\right)T_C\right]=0.1\times(1-0.5\times0.4)=0.08$$

그러므로 WACC법에 의해 투자안의 순현가를 구하면 다음과 같다.

$$NPV = \frac{E(NOI)(1-T_C)}{WACC} - I_0 = \frac{15\text{억원}(1-0.4)}{0.08} - 100\text{억원} = 12.5\text{억원}$$

(2) 물음 (1)에서 반도체사업에 진출하는 경우 ㈜청운전자의 가치는 112.5억원(=100억원+12.5억원)이다. 따라서 ㈜청운전자의 목표부채비율(B/S_L)이 1.0이 되도록 하기 위해서는 부채로 56.25억원(=112.5억원/2)을 조달해야 한다.[20] 그리고 반도체사업에 대한 무부채자본비용 r_U는 10%이다.

APV법에 의해 투자안의 순현가를 구하면 다음과 같다.

· 기본 $NPV = \dfrac{E(NOI)(1-T_C)}{r_U} - I_0$

$$= \frac{15\text{억원}(1-0.4)}{0.1} - 100\text{억원} = -10\text{억원}$$

· 부채사용으로 인한 부수적 효과의 $NPV=PV$(이자비용의 세금절감효과)

$$= T_C \cdot B\left(= \frac{r_B \cdot T_C \cdot B}{r_B}\right)$$

$$= 0.4\times56.25\text{억원} = 22.5\text{억원}$$

∴ APV = 기본 NPV + 부채사용으로 인한 부수적 효과의 NPV

$$= -10\text{억원} + 22.5\text{억원} = 12.5\text{억원}$$

(3) 먼저 FTE법을 적용하기 위해 필요한 사항들을 정리하면 다음과 같다.

· 자기자본에 의한 투자지출액 $= I_0 - B = 100\text{억원} - 56.25\text{억원} = 43.75\text{억원}$

· 주주에게 귀속되는 현금흐름 $= [E(NOI) - r_B \cdot B](1-T_C)$

$$= (15\text{억원} - 0.06\times56.25\text{억원})(1-0.4)$$

$$= 6.975\text{억원}$$

20) 여기서 목표부채비율은 반도체사업에 진출한 후의 비율임을 유의해야 한다.

· 자기자본비용 :

$\beta_S = \beta_U[1+(1-T_C)(B/S_L)] = 1.0[1+(1-0.4)(1)] = 1.6$

$\rightarrow r_S = 0.06 + (0.10-0.06)(1.6) = 0.124$

이상의 자료에 의해 FTE법에 의해 순현가를 구하면 다음과 같다.

$$NPV = \frac{[E(NOI) - r_B \cdot B](1-T_C)}{r_S} - (I_0 - B)$$

$$= \frac{6.975\text{억원}}{0.124} - 43.75\text{억원} = 12.5\text{억원}$$

(4) 세 방법 모두 투자안의 순현가가 12.5억원으로 동일함을 알 수 있다.

주 요 용 어

밀러모형(390)
개인소득세(390)
사채시장의 균형(396)
레버리지의 고객효과(396)
비부채성 세금절감효과(396)
재무적 곤경(398)
파산비용(398)
대리인관계(401)
대리인비용(401)
감시비용(401)
확증비용(401)
잔여손실(401)
지분의 대리인비용(402)
차입매수(404)
부채의 대리인비용(404)
위험선호유인(404)
과소투자유인(405)
과다한 배당(406)
사채약정서(407)
가중평균자본비용법(409)
수정현재가치(409)
기본 NPV(410)
부채사용으로 인한 부수적 효과(410)
발행비용(410)
특혜금융(411)
지분가치평가법(414)

연 습 문 제

1

개인소득세와 기업가치

현재 자기자본만을 사용하고 있는 ㈜종로는 이자율 10%로 50억원의 영구사채를 발행하여 자사의 주식을 매입함으로써 자본구조를 변경하는 것을 검토하고 있다. 이 회사는 순이익을 전액 배당하는 정책을 가지고 있기 때문에 성장이 없으며, 그 이익은 매년 일정하게 영구적으로 발생한다. 각 자본구조하에서의 ㈜종로의 손익계산서는 다음과 같다.

	현 재 (자기자본 = 100%)	자본구조변경 후 (부채 = 50억원)
영업이익(EBIT)	30억원	30억원
이자비용	0	5억원
세전순이익(EBT)	30억원	25억원
법인세비용(법인세율 = 0.4)	12억원	10억원
순이익	18억원	15억원

(1) 배당에 대한 개인소득세율 = 30%, 이자에 대한 개인소득세율 = 30%일 경우 다음의 물음에 답하라.

① 주주와 채권자가 받을 수 있는 총현금흐름은 어느 자본구조하에서 더 많은가?

② 국세청의 입장에서는 두 가지 자본구조 중 어느 자본구조를 더 선호하겠는가?

③ 현재(자본구조변경 전) 주주들의 요구수익률이 20%라면, 두 자본구조하에서 기업의 가치는 각각 얼마인가?

(2) 배당에 대한 개인소득세율 = 20%, 이자에 대한 개인소득세율 = 55%일 경우 다음의 물음에 답하라.

① 주주와 채권자가 받을 수 있는 총현금흐름은 어느 자본구조하에서 더 많은가?

② 국세청의 입장에서는 두 가지 자본구조 중 어느 자본구조를 더 선호하겠는가?

③ 현재(자본구조변경 전) 주주들의 요구수익률이 20%라면, 두 자본구조하에서 기업의 가치는 각각 얼마인가?

2 유효법인세율과 기업가치

주식투자소득에 대한 개인소득세율 $T_{pS}=0$인 사회에서 부채를 사용하고 있는 기업의 가치는 일반적으로 다음과 같이 나타낼 수 있다.

$$V_L = V_U + \left[1 - \frac{(1-T_C)}{(1-T_{pB})}\right]B - C(B)$$

여기서 V_U : 부채를 사용하지 않는 기업의 가치
T_C : 기업에 대한 유효법인세율
T_{pB} : 한계채권자의 개인소득세율
B : 기업의 부채수준
$C(B)$: 기업이 부채를 사용함으로써 나타나는 재무적 곤경에 대한 비용의 현가 (레버리지가 기업가치에 미칠 수 있는 세금과 무관한 모든 효과를 포함)

모든 투자자들은 위험중립적이라고 가정하여 다음의 물음에 답하라.

(1) MM(1958년)은 법인세를 고려하지 않은 모형에서 T_C, T_{pB}, $C(B)$에 대해서 어떻게 가정하고 있는가? 그리고 이와 같은 가정들이 기업의 최적자본구조에 관해서 암시하고 있는 바는 무엇인가?

(2) MM(1963년)은 법인세를 고려한 모형에서 T_C, T_{pB}, $C(B)$에 대해서 어떻게 가정하고 있는가? 그리고 이와 같은 가정들이 기업의 최적자본구조에 관해서 암시하고 있는 바는 무엇인가?

(3) 갑사는 부채에 대한 이자비용에 의해 자사의 법인세를 감소시킬 수 있음을 확신하고 있다. 만약 갑사가 영구사채를 10억원 발행하여 자사주식을 매입하는 데 사용한다면, 이 기업의 가치는 얼마나 변하겠는가?(단, $T_{pB}=20\%$, $T_C=40\%$, $C(B)=0$이라고 가정한다.)

(4) 을사는 실제적으로 부채에 대한 이자비용에 의해 자사의 법인세를 감소시킬 수 없다고 한다. 만약 을사가 주식 1원을 발행하는 대신 영구사채 1원을 추가적으로 발행한다면, 이 기업의 가치는 얼마나 변하겠는가?(단, $T_{pB}=20\%$, $T_C=40\%$, $C(B)=0$이라고 가정한다.)

(5) 병사는 부채에 대한 이자비용에 의해 자사의 법인세를 감소시킬 수 있을 가능성이 65%이고, 감소시키지 못한 못할 가능성이 35%라고 예상하고 있다. 만약 병사가 주식 1원을 발행하는 대신 영구사채 1원을 추가적으로 발행한다면, 이 기업의 가치는 얼마나 변하겠는가?(단, $T_{pB}=20\%$, $T_C=40\%$, $C(B)=0$이라고 가정한다.)

3 고급 개인소득세와 사채시장의 균형

다음과 같은 네 투자자그룹만 존재하는 시장을 고려해 보자.

그 룹	이자소득에 대한 한계개인소득세율(%)	투자자금(억원)
A	50	1,200
B	34	300
C	20	150
D	0	50

모든 투자자들은 외국의 부동산에 투자함으로써 5.4%의 면세수익률을 얻을 수 있으며, 주식에 투자하는 경우에도 이와 동일한 수익률을 얻을 수 있다. 기업의 법인세율은 34%이며, 영업이익은 매년 일정하게 120억원씩 영구적으로 발생하리라 기대된다. 그리고 이자지급액은 기업차원에서 세금을 감소시킬 수 있으며, 개인차원에서는 과세된다. 모든 투자자들은 위험중립적이고, 감가상각은 없으며, 주식투자소득에 대한 개인소득세율은 0이라고 가정하여 다음의 물음에 답하라.

(1) 사채의 균형이자율은 얼마인가?

(2) 시장전체차원에서 부채비율(B/S)의 가능한 범위는?

(3) 법인세율이 40%일 경우 물음 (2)의 결과는 어떻게 되겠는가?

4 파산비용과 기업가치

㈜광주는 부채를 사용하고 있지 않으며, 매년 2억원의 일정한 영업이익을 기대하고 있다. 이 회사의 법인세율은 40%이며, 그 시장가치는 12억원이다. 경영자는 약간의 채권을 발행하여 조달한 자금으로 자사주식을 매입함으로써 자본구조를 변경시키는 것을 고려하고 있다. 부채를 사용하여 자본구조를 변경시키는 경우, 이자비용이 과세대상소득을 줄여 줌으로써 나타나는 감세효과에 의해 기업의 가치가 증가하는 경향이 있으나, 다른 한편으로는 재무적 곤경에 처할 위험이 증가함에 따라 부채사용으로 인한 감세효과가 상쇄될 수 있을 것이다. 기업의 재무분석가는 어떤 미래의 재무적 곤경으로 인하여 발생할 수 있는 비용의 현가가 8억원에 이를 것으로 추산하고 있으며, 재무적 곤경이 발생할 확률은 재무레버리지가 증가함에 따라 다음과 같이 증가될 것으로 추정하고 있다.

부채의 가치	재무적 곤경의 확률
2.5억원	0.00%
5.0억원	1.25%
7.5억원	2.50%
10.0억원	6.25%
12.5억원	12.50%
15.0억원	31.25%
20.0억원	75.00%

(1) 현재(자본구조를 변경하기 전) 이 회사의 자기자본비용과 가중평균자본비용을 구하라.
(2) 법인세를 고려한 MM의 수정이론에 의해서 이 회사의 최적부채수준을 구하라.
(3) 재무적 곤경비용이 포함될 때, 이 회사의 최적자본구조를 구하라.
(4) 재무적 곤경비용을 포함시키지 않는 경우와 포함시키는 경우에 부채수준에 따라 기업가치가 어떻게 변하는지를 각각 그림으로 나타내라.

5 부채의 대리인비용: 위험선호유인

㈜서울은 다음연도의 기업상황이 호전 또는 악화될 수 있으며, 각각의 발생가능성은 동일할 것으로 생각하고 있다. 이와 같은 상황하에서 ㈜서울은 상호배타적인 두 투자안을 고려하고 있다. 이 회사가 선택하는 투자안은 올해에 시행되는 유일한 투자안으로서 그 투자안의 성과가 기업의 가치를 결정하게 될 것이다. ㈜서울은 채권자에게 50억원을 지급하여야 한다. ㈜서울은 위험중립적이며, 두 투자안에 관한 자료는 다음과 같다.

위험이 낮은 투자안

	확 률	기업의 가치	=	주식의 가치	+	채권의 가치
악 화	0.5	50억원	=	0	+	50억원
호 전	0.5	70억원	=	20억원	+	50억원

위험이 높은 투자안

	확 률	기업의 가치	=	주식의 가치	+	채권의 가치
악 화	0.5	10억원	=	0	+	10억원
호 전	0.5	80억원	=	30억원	+	50억원

(1) ㈜서울의 주주들은 어느 투자안을 선택하려고 하는가? 그 이유는?
(2) ㈜서울의 채권자들은 기업이 어느 투자안을 선택해 주기를 원하는가? 그 이유는?
(3) 물음 (1)과 (2)의 결과가 서로 다르다면, 즉 주주와 채권자 사이에 갈등이 발생한다면, 이로 인하여 발생하는 대리인비용은 누가 부담하게 되는가?

6 위험선호유인과 채권자보호 (CPA 2004 기출)

상록기업은 다음과 같은 신규투자를 고려하고 있다. 신규투자안 A, B는 모두 100원의 투자원금을 필요로 하며, 투자기간은 1년이고 상호배타적이다. 이들 투자안의 1년 말 총현금흐름은 다음과 같다.

(단위: 원)

상황	확률	투자안 A	투자안 B
불황	0.5	110	50
호황	0.5	130	180

각 경제주체들은 위험중립적이며, 무위험이자율(혹은 시장이자율)은 10%이고, 부채조달시 채권만기는 투자기간과 동일하다. 아래의 각 물음에 근거와 함께 답하라.(단, 계산은 소수점 셋째 자리에서 반올림할 것.)

(1) 상록기업의 소유경영자가 투자원금 전액을 자기자본으로 조달한다면 어떤 투자안을 선택할 것인가?

(2) 상록기업은 투자안 선택에 상관없이 시장이자율로 투자원금 전액을 부채로 조달한다고 하자. 이때 상록기업의 소유경영자는 어떤 투자안을 선택할 것인가?

(3) 채권시장은 완전경쟁시장이므로, 채권은 순현가가 0이 되도록 시가발행된다. 상록기업의 소유경영자는 투자원금을 부채로 100% 조달할 예정이며, 각 투자안별로 별도의 가격조건으로 부채를 조달한다. 이때 상록기업의 소유경영자는 어떤 투자안을 선택할 것인가?

(4) 위의 물음 (3)에서와 동일한 상황이며, 단지 차이점은 상록기업이 최대한 부채조달을 통해 투자하려고 하지만 부채여력(debt capacity)이 제한되어 있어 투자원금의 나머지는 자기자본으로 조달해야 한다는 것이다. 현재 상록기업이 조달가능한 부채의 만기시 약속원리금은 두 투자안 모두 88원이며, 파산시에는 16원의 파산비용이 발생한다. 이때 상록기업의 소유경영자는 어떤 투자안을 선택할 것인가?

7 고급 이자율과 위험선호유인 (CPA 2000 수정)

㈜알파는 다음과 같은 상호배타적인 두 투자안을 고려하고 있으며, 현재시점에서 필요한 투자자금은 차입금으로 조달할 예정이다.

투자안 A	
시점	현금흐름(억원)
0	-100
1	120

투자안 B		
시점	확률	현금흐름(억원)
0	1.0	-100
1	1/3	150
	2/3	45

모든 투자자는 위험중립적이며, 무위험이자율은 0%라 가정한다.

(1) 각 투자안의 NPV를 구하라. ㈜알파의 주주는 어떤 투자안을 선택하는가?

(2) 채권자가 100억원을 대출해 주고 1시점에 102억원을 상환받기로 약정하는 것을 $f(100,\ 102)$라고 한다면, ㈜알파의 주주는 어떤 투자안을 선택할 것인가 ?

(3) ㈜알파와 채권자가 $f(100,\ 108)$로 약정을 하는 경우 주주는 어떤 투자안을 선택할 것인가? 또한 채권자의 손익은 어떻게 되는가?

(4) 물음 (1)~(3)을 종합하여 볼 때 이자율상승에 따른 채무불이행위험의 변화를 언급하고, 이에 대한 채권자의 대책으로 어떤 것이 있는지를 설명하라.

8 채권자간의 이해관계 (CPA 2000 수정)

현재시점을 기준으로 1년 전에 차입한 투자자금 80억원의 채무를 1년 후에 100억원으로 상환해야 하는 기업이 있다. 현재 이 기업이 100억원을 새로이 투자하는 경우 1년 후 150억원의 현금흐름이 발생하지만, 추가투자가 없는 경우에는 20억원의 현금흐름이 발생할 것으로 예상하고 있다. 무위험이자율은 0%이고, 위험중립형 투자자를 가정할 경우 다음의 물음에 답하라.

(1) 새로운 투자안의 NPV를 구하라.

(2) 현재 이 기업이 새로운 투자에 필요한 자금 100억원을 전액 차입하는 경우, 신규대출자는 이전의 대출자에 비해 후순위 채권자가 된다. 이때 신규대출자는 100억원을 대출해 주겠는가?

(3) 기존의 채권자가 당해 기업에 출자전환을 한다면, 신규채권자는 100억원을 대출해 줄 것이다. 기존의 채권자가 손해를 보지 않기 위해서 당해 기업에 요구할 최소한의 지분율은 얼마인가?

9 자본구조이론 종합

㈜부산은 현재 보통주 10,000주를 발행하여 자본금 전액을 조달하고 있다. 현재 ㈜부산의 주주들은 최소한 20%의 수익률을 요구하고 있으며, 이 회사는 모든 이익을 전액 배당으로 지급한다. 그리고 이 회사의 미래 영업이익의 확률분포는 다음과 같이 추정된다.

영업이익	확률
1,400만원	0.5
5,000만원	0.3
10,000만원	0.2

이와 같은 영업이익에 대한 기대는 변하지 않고 영구적으로 지속된다고 가정한다. 이제 ㈜부산의 경영자는 이자율 10%로 1억원의 영구사채를 발행하여 자사의 주식을 매

입함으로써 자본구조를 변경하려고 한다.

(1) 법인세와 개인소득세가 없는 경우.

① 현재(자본구조를 변경하기 전) ㈜부산의 가치, 자기자본비용, 가중평균자본비용을 구하라.

② 자본구조를 변경한 후 ㈜부산의 가치, 자기자본비용, 가중평균자본비용을 구하라.

③ 물음 ①과 ②의 결과에 의해서 MM 명제 Ⅰ과 Ⅱ를 설명하라.

(2) 법인세율 = 40%인 경우.

① 현재(자본구조를 변경하기 전) ㈜부산의 가치를 구하라.

② MM의 수정이론(1963년)하에서 자본구조를 변경한 후 ㈜부산의 가치, 자기자본비용, 가중평균자본비용을 구하라.

③ 물음 ①과 ②의 결과에 의해서 MM 명제 Ⅰ과 Ⅱ를 설명하라.

④ 만약 파산비용이 존재한다면, 부채사용이 기업가치에 어떻게 영향을 미치는지를 설명하라.

(3) 법인세율 = 40%, 이자소득에 대한 개인소득세율 = 40%,
배당소득에 대한 개인소득세율 = 0인 경우.

① 현재(자본구조를 변경하기 전) ㈜부산의 가치를 구하라.

② 자본구조를 변경한 후 ㈜부산의 가치를 구하라.

③ 밀러모형하에서 이자소득에 대한 개인소득세율이 증가함에 따라 ㈜부산의 가치(자본구조를 변경한 후)는 어떻게 되겠는가?

10 가중평균자본비용법과 확실성등가법 (CPA 1994 수정)

㈜회산은 현재 시장가치기준으로 자기자본 5억원과 부채 5억원으로 구성되어 있으며, 자기자본베타는 2.5이다. 이 기업은 현재 다음과 같은 투자안를 고려하고 있으며, 이 투자안의 자본구성도 기존 기업과 동일하게 유지할 것이다.

시점	현재	1년도 말	2년도 말	3년도 말	4년도 말
현금흐름(만원)	-30,000	10,000	15,000	15,000	20,000

㈜회산이 고려중인 투자안과 동일한 영업위험을 가진 ㈜창원의 자본구성은 부채 40%, 자기자본 60%이며, 주식베타는 2.1이다. 그리고 무위험이자율은 10%, 시장의 기대수익률은 20%, 법인세율은 40%이다.(단, 부채는 위험이 없다고 가정한다.)

(1) ㈜회산이 고려중인 투자안을 평가하라.

(2) ㈜회산이 고려중인 투자안을 채택할 경우 영업위험과 자기자본비용이 어떻게 변화

하는가?

(3) 확실성등가법을 이용하여 ㈜회산이 고려중인 투자안을 평가하라.

11 고급 수정현재가치법

현대자동차와 혼다자동차는 서울렌트카에 자동차를 판매하려고 서로 경쟁하고 있다. 서울렌트카는 구입한 렌트카들을 정액법에 의해서 5년에 걸쳐서 감가상각하며, 그것들의 5년 후의 잔존가치는 없는 것으로 기대된다. 서울렌트카는 30대의 차량에 의해서 얻을 수 있는 수익에서 현금지출비용을 차감하여 구한 순현금이익은 매년 1억원이 되리라 기대하고 있다. 서울렌트카의 법인세율은 40%이고, 이 기업의 요구수익률은 10%이다. 새로운 렌트카 30대의 추가에 의해서 기업의 위험은 변하지 않는다. 그리고 무위험이자율은 6%이다.

(1) 서울렌트카가 30대의 자동차에 대해서 지불할 수 있는 최대의 가격은 얼마인가?

(2) 두 자동차회사는 모두 30대의 자동차를 3억 4천만원에 판매하겠다고 한다. 서울렌트카는 투자자금을 조달하기 위하여 이자율 8%로 만기 5년인 사채 2억원을 액면발행할 수 있다. 서울렌트카는 사채발행비용과 재무적 곤경으로 인한 비용이 발생하지 않을 것으로 생각한다. 만약 서울렌트카가 자동차의 구입을 위하여 부채를 사용한다면, 이 투자안의 APV는 얼마가 되겠는가?

(3) 서울렌트카가 현대로부터 자동차를 구매하도록 장려하기 위하여 정부는 서울렌트카에 이자율 5%로 2억원을 대출하기로 하였다. 이 경우 서울렌트카가 30대의 자동차에 대해서 지불할 수 있는 최대의 가격은 얼마인가?

12 지분가치평가법

새로 설립될 ㈜금강산은 현재 6억원을 투자하여 관광사업을 시작하려고 한다. 관광사업에 진출할 경우 매년 1억원의 영업이익이 영구적으로 발생하리라 예상되며, 이 사업과 관련된 추가적인 자료는 다음과 같다.

- 목표부채비율(B/S_L) = 1.0
- 주식베타 = 1.4
- 부채베타 = 0
- 무위험이자율 = 5%
- 시장수익률 = 10%
- 법인세율 = 40%

(1) 가중평균자본비용법(WACC법)에 의해 ㈜금강산의 관광사업에 대한 경제성을 평가하라.

(2) ㈜금강산의 재무부장은 투자안의 순현가는 결국 주주의 몫이기 때문에 부채와 관련된 부분을 제외시키고, 주주에게 귀속되는 현금흐름과 자기자본비용을 이용하여 투자안을 평가하여도 WACC법과 동일한 결과를 얻을 수 있다고 주장한다. 이와 같은 주장의 타당성을 계산근거에 의해 밝혀라.

보 론

정보의 비대칭과 자본구조

일반적으로 경영자는 일반투자자보다 기업내용에 관해 우월한 정보를 가지고 있으며, 이를 정보의 비대칭(information asymmetry)이라 한다. 이는 경영자들이 일반투자자들에게 알려지지 않은 정보, 즉 내부정보(inside information)를 가지고 있음을 의미한다.

정보비대칭하에서의 자본구조이론으로는 로스(S. A. Ross)의 신호이론(signaling approach)과 마이어즈와 마즐루프(S.C. Myers and N.S. Majluf)의 자본조달순위이론(pecking order theory) 등이 있다.

1. 신호이론

먼저 신호이론이 성립하기 위해서는 다음과 같은 전제조건이 필요하다.

첫째, 경영자의 보수는 기업가치에 의존한다.

둘째, 경영자가 잘못된 신호를 보낸 경우 충분한 벌금이 부과된다. 따라서 경영자들이 항상 올바른 신호를 사용할 것이라고 가정한다.

이와 같은 가정하에서 로스는 기업의 자본조달정책이 그 기업의 미래성과(현금흐름)에 대한 정보를 일반투자자에게 전달하는 신호로 사용될 수 있다고 주장하였다.[21] 기업가치는 기업의 미래성과에 대한 자본시장에서의 기대에 의해서 결정되는데, 기업의 자본조달정책은 그 기대를 바꿀 수 있는 하나의 수단이 된다는 것이다.

일반적으로 경영자가 기업의 미래성과에 대한 좋은 정보를 가지고 있는 경우 기존 주주의 부를 보호하기 위해 가능한 한 많은 부채를 사용하는 반면, 경영자가 기업의 미래성과에 대한 좋지 않은 정보를 가지고 있는 경우 부채의 원리금을 변제하지 못함으로써 발생될 수 있는 파산가능성을 줄이기 위해 부채보다 주식발행을 선호하는 경향이 있다. 따라서 기업이 부채를 증가시킬 경우 투자자들은 이를 기업의 미래성과에 대한 좋은 신호로 받아들여 주가가 상승하는 반면, 기업이 부

21) S.A. Ross, "The Determination of Financial Structure : The Incentive Signalling Approach," *Bell Journal of Economics*(Spring 1977), pp. 23~40.

채를 감소시킬 경우 투자자들은 이를 기업의 미래성과에 대한 좋지 않은 신호로 받아들여 주가가 하락하게 된다는 것이다.

경영자들은 기업가치를 극대화함으로써 자신의 보상을 증가시킬 수 있다. 그러므로 경영자들이 기업의 미래성과에 좋지 않은 정보를 가지고 있는 경우에도 자신의 보상을 극대화시키기 위해서 부채를 증가시키려는 유인이 발생될 수 있을 것이다. 그러나 잘못된 신호에 대해서는 그 보상 이상의 벌금이 부과된다면, 경영자가 투자자를 속여 자신의 보수를 증가시킬 수는 없다. 즉 경영자가 가지고 있는 정보의 내용과 신호는 항상 일치하기 때문에 자본구조와 같은 신호수단을 통하여 불량기업과 우량기업을 구별할 수 있는 정보균형(signaling equilibrium)이 달성될 수 있다.

이상에서 설명한 바와 같이 기업의 자본구조가 기업의 미래성과에 대한 신호로서 기업가치에 영향을 미칠 수 있다. 그러나 자본구조는 기업의 미래성과에 대한 정보를 전달하는 수단일 뿐이며, 어디까지나 기업가치는 기업의 미래성과에 의해 결정된다는 것을 유의해야 한다.

2. 자본조달순위이론

마이어즈와 마즐루프는 정보비대칭이 존재하는 경우 기업은 투자소요자금을 유보이익, 부채, 우선주, 보통주 순으로 조달한다고 주장하였다.[22)]

기업이 좋은 투자기회를 가지고 있으나 투자자들이 그 정보를 모르고 있다면, 그 정보는 현재 주가에 반영되지 않는다. 따라서 경영자들은 투자소요자금을 조달할 때 기본적으로 내부금융(유보이익)을 외부금융보다 더 선호하게 된다. 왜냐하면 외부금융의 경우 발행비용이 소요될 뿐만 아니라 투자에 따른 성과(정(+)의 NPV)의 일부가 외부(신규주주 등)로 유출될 수 있기 때문이다. 이와 동일한 이유로 내부자금이 부족하여 외부금융에 의존해야 할 경우에도 주식보다는 부채를, 보통주보다는 우선주를 더 선호하게 된다.

이와 같은 자본조달순위이론에 의하면, 기업은 부채수용능력이 한계에 이르렀거나 신주의 발행가격이 내재가치보다 큰 경우가 아니면 신주발행에 의해 자금을 조달하지 않게 된다. 그러므로 기업의 자본조달원천이 기업의 내부정보를 전달하는 신호로서의 역할을 하게 됨을 알 수 있다.

22) S.C. Myers and N.S. Majluf, "Corporate Financing and Investment Decisions When Firms Have Information That Investors Do Not Have," *Journal of Financial Economics*, Vol. 13(June 1984), pp. 187~221.

제 14 장
배 당 정 책

1. 현금배당과 배당의 지급절차
2. 배당과 기업가치
3. 배당정책의 실제
4. 배당의 특수형태

기업이 주주에게 배당을 얼마나 지급하여야 하는가에 관한 문제는 경영자의 주요한 관심사 중 하나이다. 기업이 이익 중 일부를 배당의 형태로 지급할 때 주주들은 직접적인 이득을 취할 수 있다. 한편 기업이 새로운 성장기회를 얻기 위하여 배당을 지급하는 대신 이익을 유보시킨다면, 주주들은 주가상승을 통하여 간접적인 이득을 기대할 수 있을 것이다. 이 경우 주주들이 어느 방법을 통한 이득을 더 선호하느냐, 즉 배당 또는 자본이득 중 어느 것을 더 선호하느냐가 배당정책의 핵심이라 할 수 있다.

배당정책(dividend policy)이란 기업이 벌어들인 순이익을 기업의 소유주인 주주들에게 지급하는 배당과 미래의 투자기회에 대처하기 위하여 사내에 적립하는 유보이익(retained earnings)으로 구분하는 의사결정을 의미한다. 배당정책도 다른 재무의사결정과 마찬가지로 기업가치 또는 주주의 부를 극대화시킬 수 있는 차원에서 이루어져야 한다. 이를 위하여 본장에서는 배당정책이 기업가치에 어떠한 영향을 미치는지에 관해서 자세히 살펴보고자 한다.

1 현금배당과 배당의 지급절차

일반적으로 배당이란 주식회사가 주주에게 기업의 순이익을 배분하기 위하여 지급하는 현금을 의미한다.[1] 그리고 기업이 얼마나 배당하고 있는가를 나타내는 척도로는 다음과 같은 여러 가지가 사용되고 있다.

· 주당배당금(dividend per share): 1주의 주식에 대한 현금배당액

$$\text{주당배당금} = \frac{\text{총배당액}}{\text{총발행주식수}}$$

· 배당수익률(dividend yield): 주식의 시장가치에 대한 배당액의 비율

$$\text{배당수익률} = \frac{\text{총배당액}}{\text{주식의 총시장가치}} = \frac{\text{주당배당금}}{\text{주가}}$$

· 배당률(dividend ratio): 주식의 액면가치에 대한 배당액의 비율

$$\text{배당률} = \frac{\text{총배당액}}{\text{주식의 총액면가치}} = \frac{\text{주당배당금}}{\text{주당액면가치}}$$

· 배당성향(dividend payout ratio): 기업의 순이익 중 주주에게 배당으로 지급된 금액의 비율

$$\text{배당성향} = \frac{\text{주당배당금}}{\text{주당순이익}} = 1 - \frac{\text{주당유보액}}{\text{주당순이익}} = 1 - \text{유보비율}$$

1.1 현금배당의 유형

현금배당(cash dividend)은 지급방법에 따라 정규현금배당, 추가현금배당, 특별현금배당 등으로 분류된다.

---

1) 배당은 대부분 현금지급의 형태로 이루어지나 기업의 사정에 따라 주식배당, 주식분할, 자사주매입 등과 같이 특수한 형태를 취하는 경우가 있다. 이에 대해서는 본장의 제4절에서 자세히 설명할 것이다.

1) 정규현금배당

정규현금배당(regular cash dividend)은 매년 정기주주총회의 의결을 거쳐 정기적으로 지급되는 배당을 말한다. 일반적으로 정규현금배당은 기업의 일시적인 경영성과와 관계없이 일정하게 지급되는 경향이 있다. 대부분의 기업에서는 순이익이 일시적으로 증가하거나 감소하더라도 안정적인 배당을 위하여 매년 일정한 배당을 지급하고 있다. 특히 경영자들은 장기적으로 기업전망이 호전되어 적어도 배당압박에 대한 우려가 없다는 확신이 있을 때만 정규현금배당을 증가시키려 한다.

2) 추가현금배당

추가현금배당(extra cash dividend)은 경영자가 장기적으로 기업전망이 개선될 것이라고 확신할 수는 없지만, 일시적으로 많은 이익을 얻을 경우 정규현금배당 이외에 추가적으로 지급하는 현금배당을 의미한다. 따라서 추가현금배당은 순이익의 증가가 지속적으로 실현될 경우에는 계속 지급될 수 있으나, 순이익의 증가가 일시적일 때는 그 지급이 중단될 수 있다.

3) 특별현금배당

특별현금배당(special cash dividend)은 1회용 보너스의 형태로 지급되는 현금배당으로서 정상적인 배당지급시기 이외에 임시주주총회의 결의를 거쳐 지급되는 배당이다. 따라서 특별현금배당은 반복적으로 지급되지 않는 경향이 있다.

1.2 현금배당의 지급절차

우리나라의 상법에서는 배당지급에 관한 사항을 매회계연도 종료일로부터 3개월 내에 열리는 주주총회에서 의결하도록 규정하고 있다. 배당지급에 관한 사항은 주당배당금, 배당기준일, 배당지급일 등을 포함한다. 미국의 경우 우리나라와 달리 이사회의 결정에 의해 배당이 지급된다.

우리나라와 미국의 배당지급절차는 다소 상이하며, 양국의 지급절차를 단계별로 비교하여 정리하면 〈그림 14-1〉과 같다.[2] 〈그림 14-1〉에서 배당기준일(record date)은 배당을 지급받을 주주를 확정시키기 위하여 주주명부를 폐쇄시키는 날을 말한다. 따라서 배당기준일은 주식의 명의개서가 가능한 마지막 날이다. 12월말

2) 우춘식, 현대재무관리(삼영사, 1996), p. 419.

그림 14-1 한국과 미국의 배당지급절차 비교

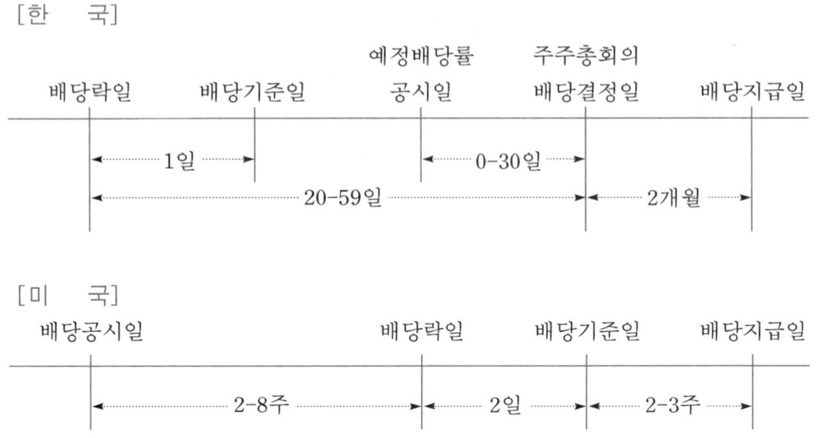

결산법인의 경우에는 당해 사업연도의 마지막 날인 12월 31일이 배당기준일이다. 그리고 배당락일(ex-dividend date)은 배당금에 대한 권리가 상실되는 날을 의미하며, 배당락일 이후에 주식을 구입하는 경우 배당을 받을 수 없다. 일반적으로 배당락일은 배당기준일 이전에 발생되는데, 그 이유는 투자자가 주식을 매입한 후 그 결제가 완료되거나 그 주식의 소유권 이전을 회사에 통고하기까지는 일정한 시간이 소요되기 때문이다. 우리나라의 경우에는 거래체결일을 포함하여 거래체결일로부터 3일째 되는 날에 결제가 이루어지므로 배당락일이 배당기준일 1일 전인 경우가 많다. 예를 들어 6월 30일 결산법인의 경우 배당락일은 6월 29일이다. 그리고 12월말 결산법인의 경우는 증권시장이 연말에 거래기준 1일간 휴장되어 결제가 허용되지 않기 때문에 배당락일은 12월 마지막 거래일의 하루 전날이 된다. 이와 같은 배당락조치는 배당을 받을 수 있는 주주를 확정시키기 위하여 증권선물거래소에서 이루어지는 시장조치로서 배당락일에 형성되는 주가를 배당락주가라고 한다. 우리나라에서는 결산기가 지난 후에 지급되는 배당 외에 영업연도 중 1회에 한하여 현금으로 배당할 수 있도록 하고 있다.

우리나라의 배당지급제도는 다음과 같은 몇 가지 문제점을 가지고 있다.

첫째로 미국에서는 배당금이 기업의 재무정책의 일환으로서 수시로(통상적으로 매분기마다, 즉 1년에 4번) 지급되고, 결산서류의 확정 및 이익배당결정권이 주주총회가 아닌 이사회에 부여되고 있다. 이는 회사경영전반에 정통한 이사들이 이익배당을 정하는 것이 합리적이라는 데 근거를 두고 있다. 우리나라에서는 주주의 이익을 보호한다는 취지에서 배당결정권을 주주총회에 부여하고 있으나, 이 경우 배당정책이 기업의 계속적인 성장을 위한 장기계획에 의거하여 실시되기보다는 주주들의 현금요구를 만족시키는 수준에서 근시안적으로 결정되기 쉽다는 문제점이 있다.

둘째로 우리나라의 경우 결산기 이후에 개최되는 주주총회에서 배당결의가 이루어지기 때문에 배당금이 확정되기 전에 배당락이 일어난다는 모순이 발생한다. 미국에서는 이사회의 결의로 배당금의 수준과 배당기준일이 정해지고 이에 의거하여 배당락가격이 형성되는 데 반하여, 우리나라에서는 배당금이 확정되지 않은 상태에서 배당락가격이 형성된다. 이 경우 배당락은 투자자들의 배당금에 대한 기대를 근거로 이루어지기 때문에 공정하고 정확한 배당락주가의 형성이 어렵고, 따라서 구주주와 신주주 사이에 이해상충의 가능성이 존재할 수 있다. 예를 들어 당초의 기대보다 더 높은 배당금이 지급된다면, 배당금에 대한 권리를 보유하고 있는 기존 주주들은 배당락 이후에 주식을 매입한 신주주들의 희생하에 부당이득을 취할 수 있게 된다.

2 배당과 기업가치

배당과 기업가치의 정확한 관계를 살펴보기 위해서는 먼저 기업의 투자결정이 이루어진 후에 배당정책이 결정되며, 배당으로 인한 추가적인 부채의 발행이 없다고 가정하여야 한다. 기업의 투자와 자본구조가 일정하다고 가정함으로써 배당이 기업가치에 미치는 순효과를 살펴볼 수 있을 것이다. 이와 같은 가정하에서는 기업이 배당을 증가시키려고 계획하고 있으나 자금이 부족한 경우 신주에 의해서만 그 자금을 조달할 수 있다. 따라서 기업의 선택가능한 배당정책은 이익을 유보하는 정책과 배당을 지급하고 신주를 발행하는 정책으로 구분할 수 있을 것이다. 이와 같은 점을 유의하면서 배당과 기업가치의 관계에 관한 여러 가지 이론들을 살펴보기로 하자.

2.1 완전자본시장과 배당무관련이론

밀러와 모디글리아니(M. H. Miller and F. Modigliani: 이하 MM이라 약칭함)는

1961년에 발표된 논문에서 완전자본시장하에서는 배당정책과 기업가치가 무관련하다고 주장하였다.[3)]

배당의 무관련성을 설명하기 위하여 MM이 설정한 기본적 가정은 다음과 같다.

첫째, 세금과 거래비용 등이 없으며, 소수의 투자자가 증권의 가격에 영향을 미칠 수 없다. 이와 같은 시장을 완전자본시장이라 한다.

둘째, 모든 개인들은 미래의 투자, 이익 그리고 배당에 관하여 동일한 기대를 가지고 있다. 즉 모든 개인들은 동질적 기대를 가진다.

셋째, 기업의 투자정책은 우선적으로 결정되며, 배당정책의 변화에 의해서 변경되지 않는다.[4)] 이는 경영자가 배당을 증가시키기 위하여 정(+)의 순현가를 가지는 투자안을 포기하지 않아야 한다는 것을 의미한다.

이와 같은 가정하에서 MM은 기업가치는 배당정책과 무관하며 그 기업의 수익력에 의해서 결정된다고 주장하였다.

MM의 배당무관련이론을 구체적으로 설명하기 위하여 다음과 같은 예를 생각해 보자. ㈜서울은 현재 자기자본만을 사용하고 있으며, 앞으로 1년 후에 해산될 예정이다. ㈜서울의 현재(0 시점)와 1년 후(1 시점)의 현금흐름은 각각 1,000만원으로 확실하게 예측된다. 그리고 이 회사는 정(+)의 순현가를 얻을 수 있는 추가적인 투자안을 가지고 있지 않다. 이 회사의 현재 발행주식수는 1,000주이며, 자기자본비용은 10%이다. 이 경우 ㈜서울은 다음과 같은 두 가지의 배당정책을 생각해 볼 수 있을 것이다.

1) 배당정책 1: 현금흐름과 동일하게 배당을 지급한다

이 경우 각 시점의 배당금은 현금흐름과 동일한 1,000만원씩이다. 기업의 가치는 각 시점의 배당금들을 할인하여 구할 수 있다. 즉 ㈜서울의 가치 V_0를 다음과 같이 구할 수 있다.

$$V_0 = 1{,}000\text{만원} + \frac{1{,}000\text{만원}}{1.1} = 1{,}909.09\text{만원}$$

그리고 ㈜서울의 현재 발행주식수는 1,000주이므로 이 회사의 주당주식가격

---

3) M. H. Miller and F. Modigliani, "Dividend Policy, Growth and the Valuation of Shares," *Journal of Business*, Vol. 34 (Oct. 1961), pp. 411~433.

4) 세금이 존재하지 않는 완전자본시장하에서는 자본구조에 의해서 기업의 가치가 변하지 않기 때문에 투자정책만 통제하면 배당의 순효과를 살펴볼 수 있다.

P_0는 다음과 같다.

$$P_0 = 10{,}000\text{원} + \frac{10{,}000\text{원}}{1.1} = 19{,}090.9\text{원} \tag{14-1}$$

식 (14-1)에서 구한 주식가격은 배당 전 가격이다. 그러므로 현재시점에서 주당 10,000원의 배당이 지급된 후에는 주가가 9,090.9원(19,090.9원−10,000원)으로 하락할 것이다.[5] 효율적 자본시장하에서는 정확히 배당만큼 주가가 하락할 것이다.

2) 배당정책 2: 초기의 배당을 그 시점의 현금흐름보다 더 많이 지급한다

㈜서울의 다른 배당정책으로서 현재 주당 11,000원씩 배당하는 경우를 살펴보자. 이 경우 현재시점에서 ㈜서울이 지급하여야 하는 총배당금은 1,100만원이다. 현재시점에서 ㈜서울의 현금흐름은 1,000만원이기 때문에 이 회사는 100만원의 추가적인 현금흐름이 필요하게 된다. 이 회사는 현재(0 시점) 100만원의 추가적인 자금을 조달하기 위하여 주식 또는 부채를 발행할 수 있을 것이다. 자금을 조달하기 위하여 주식이 발행되며, 새로운 주주는 현재시점에서의 투자에 대해 10%의 수익률을 요구한다고 가정하자. 즉 새로운 주주들은 현재시점에서 100만원을 투자할 경우 시점 1에서 110만원을 요구하게 된다. 이 경우 1 시점에서 새로운 주주들에게 110만원을 지급하여야 하므로 구주주들에게는 단지 890만원의 현금흐름만이 주어질 것이다.

구주주들의 배당금은 다음과 같다.

시점 :	0	1
구주주들의 총배당금 :	1,100만원	890만원
주당배당금 :	11,000원	8,900원

그러므로 주당배당금의 현재가치, 즉 주당주식가격은 다음과 같다.

$$P_0 = 11{,}000\text{원} + \frac{8{,}900\text{원}}{1.1} = 19{,}090.9\text{원} \tag{14-2}$$

5) 엄밀하게 말하면 배당의 효과가 나타나는 배당락일은 배당의 실제지급일보다 더 빠를 것이다. 그러나 여기서는 단순성을 위하여 배당락일과 배당지급일이 서로 같다고 가정하였다.

여기서 신주의 발행가격을 구해보자. 신주에는 현재의 배당을 지급받을 수 있는 권리가 없기 때문에 신주의 가격은 8,090.9원(8,900원/1.1)이 된다. 그러므로 신주는 123.60주(100만원/8,090.9원)가 발행된다.

3) 배당의 무관련성

앞에서 두 배당정책하의 주가, 즉 식 (14-1)과 식 (14-2)에서 구한 주가가 동일함을 알 수 있다. 이와 같은 사실은 배당정책의 변경이 주식가치에 영향을 미치지 못한다는 것을 의미한다. 이제 이와 같은 결과가 내포하고 있는 의미를 살펴보기로 하자.

새로운 주주들은 현재시점에서 자신의 돈을 투자(주식의 구입)하고 1 시점에서 적절한 수익률로 상환받을 수 있다. 그들은 순현가가 0인 투자안을 선택하는 것이다.[6] <그림 14-2>에서 예시된 바와 같이 배당정책 2에 의하면 구주주들은 현재시점에서 보다 많은 현금흐름(배당)을 얻을 수 있지만, 그들은 1시점에서 새로운 주주들에게 적절한 수익률로 상환하여야 한다. 구주주들은 현재의 추가적인 배당을 위하여 조달한 자금, 즉 원금과 그것에 대한 적절한 수익을 합한 금액만큼을 신주주들에게 상환(배당)하여야 하기 때문에 현재시점에서 새로운 주식을 발행하는 행위는 구주주들의 부를 증가 또는 감소시키지 못할 것이다. 구주주들이 새로운 주주들에게 순현가가 0인 투자안을 제공하는 것과 같다. 구주주에 대한 현재시점에서의 배당의 증가는 1시점에서 그와 상응하는 배당의 감소를 초래하므로 구주주가 소유하고 있는 주식의 가치는 변하지 않는다. 즉 현재 배당의 증가는 다른 시점에

그림 14-2 배당정책 1과 배당정책 2에서 주주들의 현금흐름

		0 시점	1 시점
배당정책 1 :		1,000만원	1,000만원
배당정책 2 :	(구주주)	1,100만원	890만원
	(신주주)	−100만원	110만원

6) 배당정책 2에서 신주주들의 순현가는 다음과 같다.

$$NPV = -100\text{만원} + \frac{110\text{만원}}{1.1} = 0$$

서의 배당의 감소에 의해서 정확히 상쇄되어 배당정책의 변경에 따른 순효과는 나타나지 않는다.

4) 자기배당

주주들이 자신의 취향에 맞는 배당수준을 스스로 조정할 수 있다는 자기배당(homemade dividend)의 논리에 의해서도 배당의 무관련성을 설명할 수 있다.

개인투자자 갑이 0 시점과 1 시점 모두 주당 10,000원씩 배당받는 것을 더 선호한다고 생각해 보자. 기업의 경영자가 배당정책 2(0 시점과 1 시점에서 각각 11,000원, 8,900원씩을 배당하는 정책)를 채택한다고 알려졌을 때, 이 투자자는 실망을 하겠는가? 투자자 갑은 현재시점에서 받게 되는 불필요한 자금 1,000원을 재투자하여 1 시점에서 1,100원의 추가적인 수입을 얻을 수 있기 때문에 경영자가 배당정책 2를 채택한다 하더라도 이 투자자가 반드시 실망하는 것은 아니다. 이 투자자는 자신이 원했던 현재시점에서 10,000원(11,000원－1,000원)과 1 시점에서 10,000원(8,900원＋1,100원)의 순현금흐름을 얻을 수 있다.

반대로 0 시점에서 11,000원, 1 시점에서 8,900원의 주당배당을 더 선호하는 개인투자자 을이 경영자가 정책 1(0 시점과 1 시점 모두 10,000원씩 배당하는 정책)을 채택하려고 한다는 것을 알고 있다고 가정해 보자. 이 경우 그는 원하는 현금흐름을 얻기 위하여 현재시점에서 주식 중 일부를 매도할 수 있다. 투자자 을이 1,000원만큼의 주식(주식의 일부)을 현재시점에서 매도한다면, 현재시점에서 그의 현금흐름은 11,000원(10,000원＋1,000원)이 된다. 그리고 투자자 을이 현재시점에서 1,000원만큼의 주식을 매도하였기 때문에, 1 시점에서는 그의 배당이 1,100원만큼 감소하여 그가 받을 수 있는 순현금흐름은 8,900원(10,000원－1,100원)이 될 것이다.

이상의 예는 투자자들이 자기배당을 어떻게 만들 수 있는가를 보여준다. 예에서 기업의 배당정책은 잠재적으로 만족하지 못하는 주주에 의해서 언제든지 변경될 수 있음을 알 수 있다. 이러한 자기배당은 〈그림 14-3〉에 예시되어 있다. 기업은 0 시점과 1 시점에서 모두 주당 10,000원씩을 배당하는 정책, 즉 배당정책 1을 채택할 수 있으며, 이 정책은 A점에 표시되어 있다. 그러나 앞에서 설명한 바와 같이 기업은 역시 현재시점에 신주를 발행하여 0 시점과 1 시점에서 각각 11,000원, 8,900원씩을 배당하는 정책도 채택할 수 있으며, 이 정책은 B점에 표시되어 있다. 또한 기업이 현재의 현금흐름 1,000만원을 가지고 주당 9,000원씩 총 900만원(9,000원×1,000주)을 배당한 후 남는 자금 100만원으로써 자사주식을 매입하는 경우 1 시점에서 주당 11,100원씩을 배당할 수 있으며, 이 배당정책은 C점에 표시

그림 14-3 자기배당: 0시점과 1시점에서의 주당배당간의 상반관계

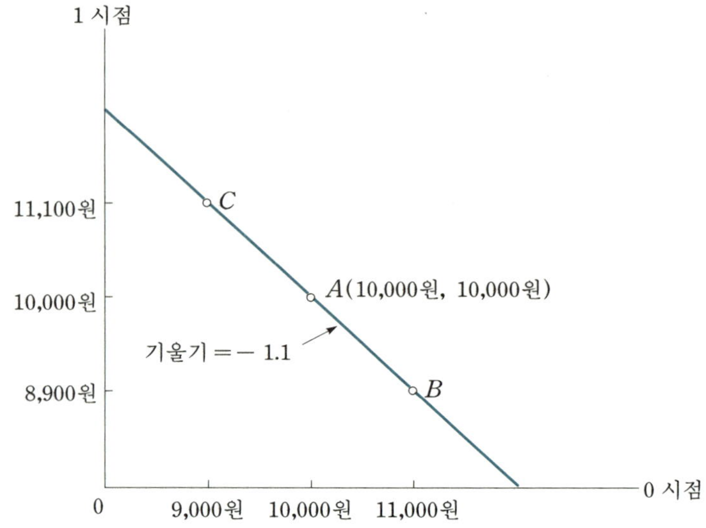

되어 있다.[7] 이와 같이 기업은 신주를 발행하거나 구주를 매입함으로써 대각선상 어떠한 점, 즉 배당정책도 채택할 수 있다.

기업과 마찬가지로 개별주주들도 자기배당에 의해서 대각선상의 어떠한 점(배당수준)이라도 스스로 선택할 수 있다. 예를 들어 만약 주주들이 B점(11,000원, 8,900원)과 같은 배당을 받는다면, 그들은 배당 중 일부를 재투자함으로써 대각선을 따라 왼쪽 위로 이동하거나, 보유하고 있는 주식 중 일부를 매도함으로써 오른쪽 아래로 이동할 수 있다. 주주들이 기업의 배당정책과 상이한 배당을 선호한다면, 그들은 주식을 매입 또는 매도함으로써 자신의 선호에 따라 배당을 스스로 조정해 나갈 수 있다. 주주들은 자기배당에 의해서 원하는 배당수준을 스스로 조정해 나갈 수 있기 때문에 주주들은 기업에 의해서 채택된 특정한 배당정책에 가치를 부여하지 않는다. 그러므로 배당정책은 주주의 부(또는 기업가치)와 무관련하게

---

7) 1 시점의 주당배당금의 계산과정은 다음과 같다.

$$\text{매입가격(배당락 가격)} = 1{,}000\text{원} + \frac{10{,}000\text{원}}{1.1} = 10{,}090.9\text{원}$$

$$\text{매입가능 주식수} = \frac{100\text{만원}}{10{,}090.9\text{원}} = 99.10\text{주}$$

$$\text{1 시점에서의 주당배당금} = \frac{1{,}000\text{만원}}{1{,}000\text{주} - 99.10\text{주}} = 11{,}100\text{원}$$

된다. 즉 경영자는 단순히 현재의 배당을 증가 또는 감소시킴으로써 기업의 가치에 영향을 미칠 수 없다.

완전자본시장이라는 아주 단순화된 사회를 전제하여 도출된 MM의 배당무관련이론은 배당정책에 관한 설명의 출발점이라 할 수 있다. 따라서 MM이 내세운 기본적인 가정을 완화함으로써 현실적으로 존재하는 다양한 배당정책들을 설명할 수 있을 것이다.

예제 14-1 배당과 기업가치의 무관련성

태평주식회사는 주당 10,000원인 주식 100,000주를 발행하고 있으며, 현재 주당 500원의 배당을 실시할 예정이다. 세금이 존재하지 않는 완전자본시장을 가정하여 다음의 물음에 답하라.

(1) 배당을 실시할 경우 주가는 어떻게 되겠는가?

(2) 배당을 실시하지 않을 경우 주가는 어떻게 되겠는가?

(3) 현재 이 회사는 2억원이 소요되는 투자안을 고려하고 있다. 태평주식회사가 순이익 1억원을 보유하고 있다가 주당 500원씩 배당하였다면, 이 회사는 투자안의 자본조달을 위해 신주를 몇 주 발행하여야 하는가?

☞ 해설

(1) 세금이 존재하지 않는 완전자본시장하에서는 배당만큼 주가가 하락한다. 그러므로 주당 500원의 배당 후 주가는 9,500원(=10,000원－500원)이 된다.

(2) 배당을 실시하지 않으면, 주가는 변하지 않는다. 그러므로 주가는 10,000원이 된다.

(3) 먼저 투자에 소요되는 자금 중 신주를 발행하여 조달하여야 하는 금액을 구하면 다음과 같다.

· 유보이익＝순이익－배당액

＝100,000,000원－500원×100,000주＝50,000,000원

· 신주발행액＝투자액－유보이익

＝200,000,000원－50,000,000원＝150,000,000원

주당 500원씩 배당하였으므로 주가는 9,500원으로 하락한다. 그러므로 1억 5천만원을 조달하기 위하여 발행하여야 하는 주식수는 다음과 같다.

$$\text{발행주식수} = \frac{\text{신주발행액}}{\text{주 가}} = \frac{150{,}000{,}000}{9{,}500} = 15{,}790\text{주}$$

2.2 저배당정책의 선호에 대한 현실적 요인

앞에서 설명한 MM의 배당무관련이론은 세금, 발행비용 등을 무시하였다. 그러나 이러한 요인들은 현실적으로 존재하며, 이들이 존재하는 경우에 주주들은 저배당 정책을 더 선호할 수도 있다.

1) 세 금

기업이 배당을 하게 되는 경우 주주는 배당소득 가운데 일부를 배당소득세로 내게 된다. 그러나 배당을 하지 않고 이를 미래투자를 위한 내부의 유보이익으로 남겨 둘 경우에는 그 결과가 주가에 반영되고, 이는 결국 주식매매로 인한 차익으로서 자본이득이 되기 때문에 주주는 자본이득세를 납부하게 된다. 만일 배당소득과 자본이득에 대한 유효세율이 동일하다면, 배당정책은 주주의 부에 직접적인 영향을 주지 못한다. 그러나 양자의 차이가 존재한다면 배당정책은 주주의 부에 직접적인 영향을 미칠 수 있다.

현실적으로 자본이득보다는 배당소득에 대하여 훨씬 높은 개인소득세율이 부과된다.[8] 우리나라에서 배당소득에 대해서는 소득세가 부과되고 있으나, 자본이득에 대해서는 소득세가 부과되지 않고 있다.[9] 이와 같은 소득세제하에서 세후 기준으로 보면 투자자에게는 자본이득 1원의 소득이 배당형태의 수입 1원보다 더 유리할 것이다. 그러므로 투자자들은 배당성향이 낮은 기업을 더 선호하게 되고, 따라서 기업들은 배당을 지급하기보다는 이익을 유보하려는 성향을 가질 것이다.[10]

8) 1986년에 개정된 미국의 세법에서는 자본이득과 배당소득이 동일한 세율로 과세되고 있지만, 이 경우에도 자본이득에 대한 세금은 주식이 매각되어 그 소득이 실현될 때까지 납세가 무한히 연기될 수 있으므로 그 유효세율은 훨씬 낮다고 할 수 있다.

9) 우리나라에서 소액주주와 대주주가 부담하는 배당소득세율은 다음과 같다.

	대 주 주	소액주주
소득세	종합소득세 과세	일정 세율 원천징수
주민세	소득세의 10%	소득세의 10%

10) 배당을 지급하기에 충분한 현금을 보유하고 있는 기업의 경우(정(+)의 순현가를 가지는 모든 투자안에 투자한 후에도 여유자금을 가지고 있는 기업의 경우)에는 배당을 함으로써 반드시 기업가치가 감소하는 것은 아니다. 그러므로 이와 같은 기업은 배당을 하는 경우와 배당을 하지 않고 그 대안으로서 고려할 수 있는 투자안(예를 들어 부(−)의 순현가를 가지는 투자안 선택, 자사주 매입, 타기업 인수, 금융자산 매입 등)을 선택하는 경우를 면밀히 비교검토하여 배당 여부를 결정하여야 한다.

예제 14-2 세금과 투자수익률

천하주식회사의 1년도 말 주가는 12,000원으로 기대된다. 자본이득에 대해서는 과세되지 않으나 배당소득에 대해서는 20%의 세율로 과세된다고 할 때, 천하주식회사가 1년도 말에 주당 2,000원씩 배당할 경우와 배당하지 않을 경우 각각의 현재 주가를 구하고 투자수익률을 비교하라.(단, 이 회사의 할인율은 20%이다.)

☞ 해설

(1) 주 가

① 배당을 하지 않을 경우

$$P_0 = \frac{12{,}000}{1+0.2} = 10{,}000\text{원}$$

② 주당 2,000원씩 배당할 경우

1년도 말에 주당 2,000원씩 배당할 경우, 배당락주가는 10,000원이며 세후 주당배당금은 1,600원(=2,000원(1−0.2))이 된다. 그러므로 현재의 주가는 다음과 같이 결정된다.

$$P_0 = \frac{10{,}000+1{,}600}{1+0.2} = 9{,}666.7\text{원}$$

이상에서 보는 바와 같이 천하주식회사의 경우 다음연도에 주당 2,000원씩 배당하는 경우의 주가(9,667원)보다 배당을 하지 않을 경우의 주가(10,000원)가 더 높게 된다.

(2) 투자수익률

$$\text{투자수익률} = \frac{\text{자본이득}+\text{배당금}}{\text{투자액(현재의 주가)}}$$

① 배당을 하지 않을 경우

$$\text{세전 투자수익률} = \frac{12{,}000-10{,}000}{10{,}000} = 0.20$$

$$\text{세후 투자수익률} = \frac{12{,}000-10{,}000}{10{,}000} = 0.20$$

② 주당 2,000원씩 배당할 경우

$$\text{세전 투자수익률} = \frac{(10{,}000-9{,}666.7)+2{,}000}{9{,}666.7} = 0.24$$

$$\text{세후 투자수익률} = \frac{(10{,}000-9{,}666.7)+1{,}600}{9{,}666.7} = 0.20$$

이상에서 보는 바와 같이 천하주식회사의 경우 다음연도에 주당 2,000원씩 배당하는 경우의 세전 투자수익률(24%)은 배당을 하지 않을 경우의 세전 투자수익률(20%)보다 더 높은 반면, 세후 투자수익률은 모두 20%로 동일하다. 따라서 기업이 배당을 증가시킬수록, 투자자들은 배당에 대한 소득세 부분을 보상받기 위하여 더 높은 세전 투자수익률을 요구하게 됨을 알 수 있다.

2) 발행비용

앞에서 설명하였던 세금효과 이외에 주주들의 저배당정책 선호에 대한 현실적 요인으로 발행비용(issuance costs)을 들 수 있다. 기업이 현금배당을 지급하게 되면 그만큼 신주를 발행하여 자금을 조달하여야 한다.[11] 이 경우 인수료, 주권인쇄비용 등의 발행비용이 소요되어 기업의 가치를 감소시키게 된다.

2.3 고배당정책의 선호에 대한 현실적 요인

앞서 살펴본 바와 같이 세금이나 발행비용이 존재하는 경우 기업의 재무담당자는 배당을 줄이려고 할 것이다. 그러나 현실적으로 주주들에게 높은 배당을 지급하는 기업이 존재하고 있다. 기업의 고배당정책 선호에 대한 현실적요인으로 주주들의 현재수입에 대한 선호, 배당에 의한 미래불확실성의 감소, 배당소득세의 회피, 지분의 대리인비용 감소 등을 들 수 있다.

1) 현재수입에 대한 선호

많은 개인들은 미래의 수입보다 현재의 수입을 더 선호한다는 것이다. 이와 같은 현재소비에 대한 실질적인 욕구 때문에 투자자들은 현재의 높은 배당을 더 선호하게 된다. 이러한 주장에 대하여 현재의 수입을 바란다면 소유하고 있는 주식을 매각하면 된다고 할 수도 있지만, 현실적으로 주식을 매각할 때 매매수수료와 증권거래세 등 거래비용이 수반하게 된다. 또한 소유하고 있는 주식을 매각하는 것은 투자원금을 없앤다는 심리적인 이유로 인하여 꺼리게 되는 경우도 있다.

---

11) 배당이 기업가치에 미치는 순효과를 살피기 위해서는 기업의 투자와 자본구조가 일정하다고 가정하여야 한다. 이와 같은 가정하에서는 기업이 배당을 증가시키려고 계획하고 있으나 자금이 부족한 경우 신주에 의해서만 그 자금을 조달할 수 있다.

2) 불확실성의 감소

고든(M. J. Gordon)은 현재의 높은 배당이 주주의 미래 불확실성에 대한 불안을 감소시키기 때문에 투자자들이 배당을 유보이익보다 높게 평가한다고 주장하였다.[12] 고든에 의하면, 미래의 배당은 현재의 배당에 비해 훨씬 불확실하기 때문에 현재의 배당을 희생하여 미래의 배당을 증가시키는 경우 증가된 위험에 의해 주주들의 요구수익률이 더 높아지고 그 결과 기업의 주가가 감소하게 된다는 것이다.

그러나 투자와 자본구조가 변하지 않는 한 기업의 전체 현금흐름은 배당정책에 따라 반드시 영향을 받는 것은 아니다. 또한 전체 현금흐름의 위험이 배당정책에 따라 어떻게 변하는지를 정확히 파악하는 것은 어려운 일이다.

3) 배당소득세의 회피

밀러와 숄즈(M. H. Miller and M. S. Scholes)는 다음과 같은 두 단계의 절차에 의해 배당소득세를 제거할 수 있다고 주장하였다.[13] 첫째로 높은 배당을 지급하는 주식을 구입한 후, 그 배당소득과 같은 크기의 이자를 부담하는 부채를 차입한다. 이 경우 배당소득만큼 이자비용이 지출되어 배당으로 인한 과세소득이 사라지므로 배당소득세를 납부할 필요가 없어지게 된다.[14] 그러나 이러한 전략은 부채의 증가에 따른 위험의 증가라는 문제가 발생하게 된다. 둘째로 부채의 증가로 인한 위험을 제거하기 위하여 차입한 금액만큼의 면세채권에 투자한다.

예를 들어 어떤 투자자가 당기말에 10만원의 배당소득을 기대한다고 하자. 배당소득세율이 20%라면 배당소득세를 납부하고 난 후의 세후 배당소득은 8만원이 된다. 그러나 무위험이자율 10%로 차입이 가능한 경우 이 투자자는 다음과 같은 두 단계의 절차에 의하여 2만원의 배당소득세를 회피할 수 있다.

첫째, 100만원$\left(\frac{10\text{만원}}{0.1}\right)$을 무위험이자율 10%로 차입한다.

둘째, 차입한 100만원 전액을 10%의 이자를 지급하는 면세채권에 투자한다.

두 단계의 절차를 동시에 실시하는 경우 이 투자자의 당기말 소득은 다음과 같이 계산된다.

---

12) M. J. Gordon, *The Investment, Financing, and Valuation of the Corporation* (Homewood, Ill.: Richard D. Irwin, 1961).

13) M. H. Miller and M. S. Scholes, "Dividends and Taxes," *Journal of Financial Economics*, Vol. 6 (Dec. 1978), pp. 333~364.

14) 우리나라의 경우 기업의 이자비용은 법인세 계산에서 손비로 인정되지만, 개인의 이자비용은 손비로 인정되지 않기 때문에 이와 같은 방법으로 배당소득세를 회피할 수 없다.

배당소득	10만원
이자비용	10만원(= 100만원×0.1)
과세소득	0원
비과세소득	10만원(= 100만원×0.1)
투자자의 소득	10만원

만약 이와 같은 전략을 투자자들이 충분히 이용할 수 있다면, 기업의 경영자가 배당소득세 때문에 저배당정책을 선호할 필요는 없을 것이다. 그러므로 주주들의 현재수입에 대한 선호와 배당에 의한 미래 불확실성의 감소효과가 아주 미세하게라도 존재한다면, 경영자들은 고배당정책을 더 선호하게 된다.

4) 지분의 대리인비용 감소

기업의 소유권이 분산될수록, 외부주주와 경영자간의 이해상충이 훨씬 빈번하게 발생되므로 지분의 대리인비용이 높아지게 된다. 그러나 기업의 잉여자금을 모두 배당으로 지급한다면, 경영자가 기업의 자원을 낭비할 가능성을 줄일 수 있다. 따라서 기업소유권의 분산 정도가 높은 기업의 경우 지분의 대리인비용을 줄이기 위해 높은 배당을 실시하는 경향이 있다.

2.4 배당정책에 대한 현실적 설명

앞에서 저배당정책의 선호에 대한 현실적 요인과 고배당정책의 선호에 대한 현실적 요인을 살펴보았다. 배당정책에 있어서 어느 요인이 더 지배적인 요인인지, 즉 배당과 주가가 정(+) 또는 부(−)의 관계를 갖는지는 아직까지 명확한 결론이 내려지지 않고 있다. 다시 말하면 배당정책문제는 아직 해결되지 않은 문제인 것이다.

최근 배당정책에 대한 연구는 주로 배당의 정보효과와 고객효과에 대해서 이루어지고 있는데 이를 살펴보자.

1) 배당의 정보효과

투자자들이 배당정책의 변화를 기업내용의 변화에 대한 신호로 인식한 결과, 주가가 변하는 것을 배당의 정보효과(information-content effect) 또는 신호효과(signaling effect)라 한다. 배당의 정보효과는 경영자가 일반투자자들보다 기업내용에 관해 우월한 정보를 가지고 있다는 정보의 비대칭성(information asymmetry) 때문에 성립된다. 정보비대칭하에서 경영자는 가지고 있는 정보를 투자자들에게 전달하는 수단으로 배당정책을 이용할 수 있다.[15)]

일반적으로 기업은 안정적인 배당을 유지하려는 경향이 있다. 미래의 현금흐름에 대한 기대가 극히 비관적이어서 현재의 배당수준을 지속적으로 유지하는 것이 불가능하기 전에는 경영자는 배당을 줄이기를 꺼린다. 반면에 향후 지속적으로 높은 배당을 유지할 만큼 미래 현금흐름이 증가되지 않는 한 경영자는 일시적으로 배당을 증가시키지 않는 경향이 있다. 따라서 기대하지 못한 배당의 증가가 이루어진 경우에 일반투자자들이 이를 기업에 관한 '좋은 소식'(good news)의 신호로 인식함으로써 주가가 상승하게 되며, 반대로 기대하지 못한 배당의 감소가 발생한 경우에는 기업에 관한 '나쁜 소식'(bad news)의 신호로 인식하여 주가가 하락하게 된다. 결론적으로 주가는 배당정책 자체에 의해서 변하는 것이 아니라 배당이 가지고 있는 정보내용에 의해서 변한다는 것이다.[16)]

2) 배당의 고객효과

자본시장의 모든 투자자들이 기업의 배당정책에 대하여 동일한 태도를 가지고 있다고 할 수 없다. 은퇴한 개인이나 사회단체 등은 당기의 소비가능한 소득을 원하기 때문에 현금배당을 훨씬 선호하게 된다. 한편 배당 이외의 다른 원천으로부터 충분한 소득을 얻어낼 수 있는 주주들은 상대적으로 높은 세율을 부담해야 하는 배당소득보다는 자본이득을 바라게 된다. 이와 같이 기업의 주주들이 어떻게 구성되어 있는가에 따라 그 기업의 배당정책은 달라지며, 이러한 효과를 배당의 고객효과(clientele effect)라 한다.

일반적으로 투자자의 유형에 따라 선호하는 주식은 다음과 같다.

투자자의 유형	주　식
고소득 계층	무배당~저배당 주식
저소득 계층	저배당~중간배당 주식
면세기관	중간배당~고배당 주식

일단 기업들의 배당정책이 주주들의 선호와 일치되면, 어떠한 기업도 단순히 배당정책을 변화시킴으로써 그 가치에 영향을 미칠 수 없을 것이다.

15) 제13장 보론에서 설명한 바와 같이 자본구조도 정보전달수단으로 사용될 수 있다.
16) S. Bhattacharya, "Imperfect Information, Dividend Policy, and 'the Bird in the Hand' Fallacy," *Bell Journal of Economics*, Vol. 10 (1979), pp. 259~279.

3 배당정책의 실제

지금까지 설명한 바로는 기업이 높은 배당을 지급해야 할 이유도 있는 반면, 낮은 배당을 지급해야 할 이유도 있다. 그러면 실제로 기업은 특정 기간에 지급할 배당수준을 어떻게 결정하여야 하는가? 어떤 요인들이 기업의 배당결정에 영향을 주는 것인가? 이를 명확히 설명한다는 것은 쉽지 않다. 그러므로 여기서는 배당정책의 실제적 특성을 강조하기 위하여 기업이 실제로 어떻게 배당정책을 결정하는가를 살펴보고, 그 밖의 고려사항들을 차례로 검토하기로 하자.

3.1 잔여배당정책

전절에서 언급한 바와 같이 높은 배당을 지급하려는 기업들은 그 재원조달을 위하여 빈번하게 신주를 발행하게 된다. 그러나 배당재원의 조달을 위한 신주발행은 상당한 발행비용을 발생시키므로 바람직하지 못하다. 이와 같은 관점에서 기업은 신주발행의 필요성을 최소화하기를 원한다고 가정하자. 또한 기업은 현행의 자본구조를 계속 유지하려 한다고 가정하자.

만약 기업이 신주발행을 가능한 한 피하려 한다면, 정(+)의 순현가를 가지는 새로운 투자안에 필요한 자금의 조달은 주로 유보이익 등 내부생성자금에 의존하게 될 것이다. 이 경우 내부자금 중 새로운 투자에 지출하고 남는 부분이 배당으로 지급될 수 있다. 이와 같이 남겨진 부분을 잔여자금이라 하고, 이를 배당으로 지급하는 정책을 잔여배당정책(residual dividend policy)이라 한다.

잔여배당정책하에서 기업의 목표는 배당을 지급하기 전에 투자수요를 충족시키고 바람직한 자본구조를 유지하는 것이다. 예를 들어 순이익이 10억원이며 목표부채비율(부채/자기자본)이 0.5인 기업을 생각해 보자.[17] 이 기업의 경우 수익성 있는 신규투자에 필요한 자금이 9억이라면, 목표부채비율을 유지하기 위해서는 투자소요자금 중 3억$\left(9\text{억}\times\frac{1}{3}\right)$은 부채로, 나머지 6억$\left(9\text{억}\times\frac{2}{3}\right)$은 자기자본으로 조달하여야 할 것이다. 그러므로 잔여배당정책에 의하면 이 기업은 순이익 10억 중 6억원을 투자소요자금으로 충당한 후, 잔여이익 4억원을 배당으로 지급할 수 있다.

이와 같은 논리에 의하면 많은 투자기회를 가지고 있는 기업의 경우에는 배당

17) 이 기업의 총자본은 부채 1/3, 자기자본 2/3로 구성되어 있다.

을 적게 할 것이고, 투자기회가 거의 없는 기업의 경우에는 높은 배당을 지급한다고 할 수 있다. 이와 같은 현상은 실제로도 흔히 볼 수 있다. 예를 들어 도입기 또는 성장기의 고속성장하는 기업의 경우 배당을 적게 하는 반면, 성숙기의 저성장 기업의 경우 보다 많은 배당을 지급하는 경향이 있다.

3.2 배당의 안정성

많은 기업들은 목표배당(target dividend)을 정하여 주당배당금을 일정하게 유지하려는 경향이 있다. 즉 기업의 이익이 일시적으로 변동할지라도 배당금을 이와 관계없이 일정하게 유지시키려고 한다. 기업이익의 일시적인 증가만으로 배당률을 변경시키지 않고, 이익의 증가가 미래에도 지속될 것이라는 판단이 내려졌을 때 비로소 주당배당금을 증가시키는 것이다.[18)]

많은 기업들이 배당의 안정성을 유지하려는 이유로는 다음 세 가지를 들 수 있다.

첫째, 비록 이익이 감소되었다 하더라도 기업이 일정 배당수준을 유지하면 투자자들은 비교적 확실하게 그들의 미래배당을 예측할 수 있다. 또한 특정 연도의 이익감소가 향후 지속적인 상황이 아니라 일시적인 현상이라는 것을 간접적으로 나타내는 정보전달의 효과를 지닌다.

둘째, 증권투자가 대중화됨에 따라 배당수입에 의하여 생활을 영위하는 투자자층이 많아지고 있으며, 불규칙적이고 불안정한 배당수입은 투자자들의 생활 자체를 위협할 수 있다. 물론 불안정한 배당의 경우에도 보유중인 주식을 매각하여 수입을 안정화시킬 수는 있으나, 이들 투자자들에 있어서 보유중인 주식의 처분은 투자원금 자체에 대한 감소라는 심리적 압박 때문에 용이하지가 않다.

셋째, 연금기금, 투자신탁, 보험회사 등 많은 기관투자자들은 공적인 자금을 운용하므로 수익도 중요하지만 미래 현금흐름의 확실성을 보다 더 요구한다.

---

18) 기업이 잔여배당정책을 채택하는 경우 배당의 안정성을 유지하기 어렵다. 이 문제는 잔여배당정책을 어떤 특정연도 배당지급액의 결정보다 기업의 장기적인 목표배당성향을 결정하는 데 활용함으로써 해결될 수 있다. 이 경우 잔여배당정책을 실시하더라도 일정기간 동안 배당의 안정성을 유지할 수 있다.

3.3 기타의 고려사항

1) 법률상의 제한

배당결정은 원칙적으로 기업의 자율적 의사결정이지만, 관련법규는 기업이 건전한 자본구조를 유지하도록 하기 위하여 배당재원을 일정한도로 제한하고 있다. 우리나라 현행 상법은 배당재원을 기업의 순재산액에서 자본금과 해당결산기까지 적립된 자본준비금 및 이익준비금의 합계액 그리고 해당결산기에 적립하여야 할 이익준비금을 모두 공제한 나머지 금액 범위로 제한하고 있다.

2) 사채약정서의 제한조항

기업이 사채를 발행하거나 금융기관에서 자금을 차입할 때 채권자들의 요구에 따라 배당금의 지급을 제한하는 조항을 사채약정서상에 명시하는 경우가 있다.

3) 기업의 유동성

기업의 대차대조표상에 나타나는 배당가능이익이나 유보이익은 기업이 실제로 현금을 보유하는 것이 아니라 영업활동을 위한 자산의 형태로 투자되어 있는 것이다. 따라서 배당은 대차대조표상의 숫자로 나타나는 배당가능이익에 의해 결정되는 것이 아니라 기업이 보유하고 있는 현금(유동성)에 의해 결정되는 경우가 많다. 그러므로 유동성이 좋지 않고 은행으로부터의 차입이 곤란한 경우에는 배당을 지급하지 않거나 배당을 축소하고 주식배당 등을 고려하여야 할 것이다.

4) 차입능력

기업이 현재 유동성을 풍부하게 유지해야만 자금사정의 융통성이 확보되는 것은 아니다. 기업이 원하는 시기에 원하는 금액을 빌릴 수 있다면, 그 경우에도 자금사정의 융통성은 확보될 수 있다. 따라서 기업의 차입능력이 클수록 자금사정의 융통성이 훨씬 커지며 현금배당의 가능성도 증가하게 된다.

5) 기업의 지배권

기업이 많은 배당금을 지급한다면, 향후 수익성 있는 투자기회에 대한 자금조달을 위하여 신주발행의 필요성이 더 커질 것이다. 이 경우 새로운 외부주주를 받아들이게 됨으로써 기존 기업의 경영지배권이 희석될 수 있기 때문에 배당을 줄이려는 경향이 있다.

4 배당의 특수형태

일반적으로 배당정책이란 현금배당의 수준에 관한 의사결정만을 나타내는 것으로 이해되고 있다. 그러나 주식배당, 주식분할, 자사주 매입 등도 배당정책의 일환으로 고려될 수 있다. 여기서는 배당의 특수형태로서 주식배당, 주식분할, 자사주 매입 등에 대해서 살펴보고자 한다.

4.1 주식배당

주식배당(stock dividend)은 현금배당 대신 주식을 추가로 발행하여 기존주주에게 무상으로 교부하는 것이다. 주식배당은 기업의 이익 중 주식배당액만큼 자본금으로 편입되기 때문에 발행주식수만 늘어날 뿐 기존 주주의 지분율은 그대로 유지되어 실질적인 주주 富의 증가를 가져오지는 않는다.

주식배당에 의한 자기자본구조의 변화를 살펴보기 위하여 다음과 같은 자본구조를 가진 청솔주식회사의 경우를 생각해 보자.

청솔주식회사의 자기자본구조(주식배당 전) (단위: 원)

자 본 금(액면 5,000원, 발행주식수 10만주)	500,000,000
자본잉여금	20,000,000
유보이익[19]	80,000,000
자기자본합계	600,000,000

청솔주식회사가 10%의 주식배당을 결정했다면, 10만주의 10%인 10,000주를 새로 발행하게 된다. 주식배당 후 청솔주식회사의 대차대조표상 자기자본구조는 다음과 같다.[20]

19) 유보이익(또는 이익잉여금)은 영업활동이나 재무활동 등 기업의 이익창출 활동에 의해서 얻어진 이익 중 사외에 유출되거나 자본계정 또는 자본잉여금계정에 대체되지 않고 기업 내부에 남아 있는 이익을 의미한다.

20) 주식배당은 액면가액법과 시가법에 의해 회계처리할 수 있다. 그러나 우리나라의 상법에서는 액면가액을 기준으로 하여 회계처리하도록 규정하고 있으므로 이에 근거하여 본 예에서는 액면가액법에 의해 회계처리한 결과를 제시하였다. 이에 대한 자세한 내용은 다음을 참조.
송인만, 이효익, 재무회계를 중심으로 한 회계원리(신영사, 1994), pp. 572~574.

청솔주식회사의 자기자본구조(주식배당 후) (단위: 원)

자 본 금(액면 5,000원, 발행주식수 11만주)	550,000,000
자본잉여금	20,000,000
유보이익	30,000,000
자기자본합계	600,000,000

주식배당을 실시하는 경우 주식배당에 해당하는 5천만원이 유보이익에서 자본금으로 옮겨갈 뿐이지 자기자본합계에는 전혀 변화가 없다. 또한 추가로 발행된 1만주는 기존주주의 지분율에 따라 배분되므로 개별주주의 지분율도 변함이 없다. 그러므로 이론적으로 볼 때 주식배당으로 인하여 주주의 부는 변하지 않을 것이다.[21)]

우리나라에서는 1984년의 상법개정에 의하여 주식배당제도가 도입되었다. 주식배당제도는 현금배당으로 인한 기업의 자금유출을 막고 사내유보를 증가시켜, 기업의 유동성을 유지하거나 필요한 투자재원을 확보하고자 하는 취지에서 도입된 것이다. 주식배당이 배당 그 자체로서는 긍정적인 효과가 없음에도 불구하고 현실적으로 기업에서 주식배당을 실시하는 이유는 다음과 같다.[22)]

첫째, 안정적인 배당을 유지하려고 하는 기업의 경우 주식배당 후에도 주당현금배당을 종전과 같이 유지하는 것이 보통이므로 결과적으로 현금배당이 증가하게 될 것이다. 이와 같은 측면에서 볼 때 주식배당은 기업의 미래 현금흐름 및 배당의 증가를 알려 주기 위한 유리한 신호로 해석될 수 있다.

둘째, 주식배당은 대체로 성장속도가 빠른 기업이 사외현금유출을 막고 수익성이 높은 투자기회에 대한 재투자를 위하여 실시하는 경향이 있다. 이 경우 주식배당은 투자자들에게 기업의 미래전망에 대한 좋은 뉴스를 전달하는 역할을 담당한다.

셋째, 주가가 높은 기업의 경우 주식배당을 함으로써 시장에서의 유동성을 높일 수 있다. 주가가 아주 높은 주식의 경우 일반투자자들이 쉽게 매매할 수 없다.

주식배당은 이상과 같은 몇 가지 이점이 있으나 다음의 몇 가지 단점 또한 무

21) 이론적으로 볼 때 주식배당으로 인하여 개별주주가 소유한 주식의 총가치는 변하지 않는다. 예를 들어 주식배당 전 청솔주식회사의 주가가 10,000원이라면, 이 회사 주식의 시가총액은 10억원(10,000원×10만주)이다. 주식배당 후에도 이 회사 주식의 시가총액이 10억원이기 위해서는 이론적으로 주가는 9,091원(10억원/11만주)으로 하락되어야 한다.

22) 우리나라의 경우 특히 고가주에 대한 주식배당은 투자자들에게 대체로 긍정적으로 받아들여지고 있다. 이는 우리나라의 비현실적인 현금배당제도, 즉 액면배당제도 때문이라 할 수 있다.

시할 수 없다.

첫째, 주식배당은 신주를 발행하여 지급하게 되는데, 신주발행에는 발행비용이 따르게 되어 동일한 금액의 현금배당보다 비용이 많이 든다.

둘째, 안정적인 배당을 유지하려는 기업의 경우 주식배당은 미래의 현금배당을 증가시켜 기업의 유동성을 감소시킬 수 있다.

셋째, 주식배당은 기업이 현금배당을 행할 수 없을 정도로 어려운 상황이라는 것을 알려 주는 신호로 해석되기도 한다. 특히 주당현금배당을 감소시키고 이를 보충하기 위한 수단으로 주식배당이 이용된 경우, 주식배당은 기업의 자금사정 악화를 알려 주는 신호로 해석될 수 있다.

4.2 주식분할

주식분할(stock split)은 엄밀히 말해 배당의 형태라고 할 수 없으나, 그 경제적 효과가 주식배당과 유사하므로 여기서 설명하고자 한다. 주식분할은 기존의 1주를 분할하여 그 이상의 배수로 만드는 것이다. 주식분할을 실시하는 경우 단순히 발행주식수가 증가하고 이에 따라 액면가가 줄어들게 되는 이외에 외형적으로 대차대조표의 자기자본란은 변하지 않는다. 예를 들어 청솔주식회사가 2:1로 주식분할을 실시하는 경우 자기자본구조의 변화를 살펴보면 다음과 같다.

청솔주식회사의 자기자본구조(주식분할 전) (단위: 원)

자 본 금(액면 5,000원, 발행주식수 10만주)	500,000,000
자본잉여금	20,000,000
유보이익	80,000,000
자기자본합계	600,000,000

청솔주식회사의 자기자본구조(2:1 분할 후) (단위: 원)

자 본 금(액면 2,500원, 발행주식수 20만주)	500,000,000
자본잉여금	20,000,000
유보이익	80,000,000
자기자본합계	600,000,000

이상과 같이 청솔주식회사는 주식분할에 의해 액면가와 발행주식수만 변하였

을 뿐 그 외에는 아무런 변화가 없다.

기업에서 주식분할을 실시하는 이유는 주로 기업의 성장과 함께 주가가 높아져서, 증권시장에서 원활히 거래가 되지 않을 때 주식분할을 통하여 적절한 가격으로 조절할 수 있기 때문이다. 즉 주식분할은 주식의 거래를 원활하게 하고, 주가의 안정을 얻을 목적으로 행하여진다.

이론적으로 주식분할은 주가를 분할배수만큼 하락시키지만 실제로 분할직후에 형성된 주가는 이론적 주가보다 약간 높게 형성되는 것이 일반적이다. 이는 주식배당에서와 같이 주식분할이 시장에서 일반투자자들에게 기업의 미래전망에 대한 좋은 뉴스를 전달해 주는 역할을 하는 것으로 해석할 수 있다.

주식분할과는 반대로 여러 주식을 하나의 주식으로 통합하는 것을 주식병합(reverse split)이라 한다. 주식병합은 주가가 너무 낮을 때 주가를 적절한 수준으로 올려놓기 위해서 실시된다.

4.3 자사주 매입

자사주 매입(stock repurchase)이란 기업이 발행한 보통주를 다시 매입하여 금고주(treasury stock)의 형태로 소유하는 것을 말하며, 우리나라에서는 과거 기업내부의 경영자가 악용할 우려가 있으므로 상법상 특별한 경우를 제외하고는 원칙적으로 금지하였으나, 개정된 증권거래법에서는 상장기업이 상법의 규정에 의한 이익배당을 할 수 있는 한도 내에서 자사주를 매입하도록 허용하고 있다. 이는 1997년부터 상장법인 주식의 대량 취득제한이 없어짐에 따라 상장법인들이 경영권을 보호할 수 있도록 자기주식 취득을 예외적으로 인정한 것이다.

자사주 매입은 주주들에게 배당지급과 같은 효과를 주게 된다. 기업이 배당을 지급할 자금으로 자사주를 매입하면 발행주식수가 줄어들게 되며, 시장에서 유통되는 나머지 주식의 가격은 배당부주가 수준으로 일정하게 유지될 것이다.[23] 이 경우 주주들은 배당금 대신에 주식매도로 인한 소득을 얻게 되며, 배당소득세를 회피할 수 있다.

완전자본시장의 경우에는 이상에서 설명한 주식배당, 주식분할, 자사주 매입 등에 의해 주주의 부는 변하지 않을 것이다. 이에 대한 사항을 요약하면 〈표 14-1〉과 같다.

23) 그러나 자본시장이 불완전할 경우 주식에 대한 수요가 증가하여 주가가 상승할 수도 있다.

표 14-1 주식배당, 주식분할, 자사주 매입의 효과

배당의 특수형태	발행주식수	주 가	주주의 부
주식배당	증 가	하 락	불 변
주식분할	증 가	하 락	불 변
자사주 매입	감 소	불 변	불 변*

* 발행주식수가 감소하여 주주들이 보유하고 있는 주식의 총시장가치는 감소하나, 그 감소된 가치는 주주들이 기업에 주식을 매도하여 얻게 되는 소득과 일치하게 되므로 주주의 부는 변하지 않는다.

주 요 용 어

배당정책(429)
주당배당금(430)
배당수익률(430)
배당률(430)
배당성향(430)
정규현금배당(431)
추가현금배당(431)
특별현금배당(431)
배당기준일(431)
배당락일(432)
MM의 배당무관련이론(434)
자기배당(437)
저배당정책(440)
고배당정책(442)
배당의 정보효과(444)
배당의 고객효과(445)
잔여배당정책(446)
목표배당(447)
주식배당(449)
주식분할(451)
자사주 매입(452)

연습문제

1

자기배당

㈜태양은 1년 후에 주당 1,000원 배당하고, 2년 후에는 그 수명이 다하여 문을 닫게 되어 주당 20,000원씩 청산배당할 것으로 예상된다. 그리고 이 회사 주식의 요구수익률은 15%이다. 현재 당신이 ㈜태양의 주식 500주를 가지고 있다고 가정하여 다음의 물음에 답하라.

(1) ㈜태양의 현재 주가는?

(2) 당신이 향후 2년에 걸쳐 매년 동일한 금액을 받기를 원하다면, 어떻게 하여야 하는가?

2

MM의 배당무관련이론

현재 발행주식수가 100만주이며, 순이익의 전부를 배당하는 정책을 채택하고 있는 ㈜태양의 순이익은 4억원으로 곧 배당을 실시할 예정이다. 그리고 이 회사의 1년 후 가치는 110억원으로 예상된다. 이 회사의 적절한 할인율이 10%이며, 완전자본시장을 가정하여 다음의 물음에 답하라.

(1) ㈜태양의 현재가치는?

(2) ㈜태양이 현재의 배당정책을 계속 유지하는 경우, 이 회사 주식의 배당락 가격은?

(3) 배당정책과 관련된 회의에서 이 회사의 일부 임원들은 배당이 너무 적어 주가가 낮게 형성된다고 주장하였다. 그러므로 그들은 신주발행에 의해 자금을 조달하여 주당 600원씩의 배당을 하자고 제안하였다.

① 낮은 배당으로 인해 주가가 저평가되었다는 주장에 대해 평가하라.

② 주당 600원씩 배당하자는 안이 채택된다면, 신주를 얼마에(발행가) 얼마만큼(발행주식수) 발행하여야 하는가?

3

세금과 투자수익률

배당정책을 제외하고는 모든 상황이 동일한 다음과 같은 갑, 을, 병 세 기업이 있다.

	기업 갑	기업 을	기업 병
1년도 말의 배당락 주가	22,000원	21,000원	20,000원
1년도 말의 주당배당금	0원	1,000원	2,000원

모든 투자자들의 배당소득세율은 25%로 동일하며, 갑의 주주들은 20%의 투자수익률을 기대하고 있다. 그리고 자본이득에 대해서는 과세되지 않고 있다. 이상의 자료를 이용하여 다음의 물음에 답하라.

(1) 세 기업의 현재 주가는 각각 얼마인가?

(2) 세 기업의 세전, 세후 투자수익률을 비교하라.

(3) 물음 (2)의 결과에 의해서 배당과 기대수익률의 관계를 설명하라.

4 주식배당

㈜은하의 현재 주가는 18,000원, 주당순이익은 1,000원이며, 자기자본은 다음과 같이 구성되어 있다.

㈜은하의 자기자본구조

자 본 금(액면 5,000원, 발행주식수 100만주)	50억원
자본잉여금	20억원
유보이익	10억원
자기자본합계	80억원

이 회사가 10%의 주식배당을 실시하였다고 가정하여 다음의 물음에 답하라.

(1) 이 회사의 자기자본구조는 어떻게 변하겠는가?

(2) 이 회사의 주가는?

(3) 이 회사의 주가수익비율(price/earning ratio: PER)은 어떻게 변하겠는가?

(4) 주식배당 전 100주를 가지고 있던 투자자가 있다면, 그의 부는 어떻게 되겠는가?

(5) 현실적으로 외부주주들은 기업의 내부정보를 잘 알지 못한다. 이 경우 주식배당은 정보를 전달하는 하나의 수단으로 사용될 수 있다. 이와 같은 논리하에서 긍정적인 정보로서의 주식배당을 설명하라.

5 완전자본시장하에서의 자본구조정책 비교

한솔기업은 10,000주의 주식을 발행하였으며, 그 주식가격은 10,000원이다. 이 회사의 부채의 시장가치는 2,500만원이다. 현재 한솔기업은 자사의 자본구조와 관련된 다음과 같은 정책을 검토하고 있다.

- 정책 1 : 주식을 2:1로 분할한다.
- 정책 2 : 주당 100원씩 배당을 실시한다.
- 정책 3 : 500만원의 새로운 부채를 발행한다.
- 정책 4 : 5%의 주식배당을 실시한다.

· 정책 5 : 100만원의 자사주식을 매입한다.

(단, 법인세가 존재하지 않는 완전자본시장을 가정한다.)

(1) 각 정책에 따라 다음을 계산하라.

① 부채의 시장가치

② 발행주식수

③ 주가

④ 자기자본의 가치

⑤ 기업의 시장가치

(2) 각 정책에 따라 주주의 부는 어떻게 변하는가?

6 잔여배당정책

다음은 ㈜건국이 고려하고 있는 투자안에 대한 자료이다.

투자안	투자규모(만원)	IRR(%)
A	1,000	12
B	1,200	11.5
C	1,200	11
D	1,200	10.5
E	1,000	10.0

현재 ㈜건국의 목표부채구성비율(B/V_L)은 50%이며, 올해의 순이익은 2,500만원으로 기대된다. 유보이익의 자본비용은 15.5%이고, 신주발행에 따른 자금조달비용은 16.5%이며, 부채사용에 따른 이자비용은 10%이다. ㈜건국의 법인세가 40%일 경우 다음의 물음에 답하라.

(1) ㈜건국이 잔여배당정책을 따른다면 배당성향은 얼마가 되겠는가?

(2) ㈜건국은 목표부채구성비율(B/V_L)을 30%로 변경하려고 한다. 그리고 이 회사가 올해의 순이익은 1,000만원, 배당성향은 40%로 예상되고 있다. ㈜건국이 신주를 발행하지 않을 경우 투자가능한 금액은 얼마인가?

7 고급 유상증자, 배당 (CPA 2002 수정)

상장기업인 ㈜설악레저의 대표이사는 우량기업이 되기 위해서는 무차입 경영을 추구해야 한다고 판단하여, 이를 실행에 옮기기 위해 ㈜설악레저는 이사회를 열어 주주배정(right offering) 방식에 의한 유상증자를 실시하기로 하고 주당 발행가액을 20,000원으로 정했다. 유상증자로 조달한 자금은 전액 ㈜설악레저의 모든 부채를 즉시 상환하는 데 사용하기로 결의한 후, 이 내용을 시장에 공시하였다. 공시 직전 ㈜설악레저의 총시장가치는 400억원이며, 이 중 부채의 시장가치는 100억원이다. 그리고 이 회사의 기발행 주식수는 100만주이며, 자기자본의 장부가치는 200억원이고, 부채의 장부가치는 100억원이다. 공시 직전 ㈜설악레저 주주의 요구수익률은 20%이며, 부채의 요구수익률은 10%이다.

법인세가 있는 MM이론과 준강형 효율적 시장가설이 성립한다고 가정한다. 그리고 ㈜설악레저의 이자 및 법인세차감전 순이익(EBIT)의 기대치는 동일하게 영구히 발생되며, 법인세율은 40%이다.

(1) ㈜설악레저의 시장공시에 따라 주가가 얼마나 변동하는지를 구하고, 주가가 변동하는 이유를 간단하게 설명하라.

(2) ㈜설악레저의 유상증자 실시 이전과 유상증자 및 부채상환 실시 이후에 다음의 값이 얼마나 변동하는지를 구하고, 변동하는 이유를 간단히 설명하라.

① 가중평균자본비용(WACC)

② 자기자본순이익률(ROE)

③ 경제적 부가가치(EVA)

(3) ㈜설악레저의 유상증자에서 권리락(ex-right)주가와 신주인수권의 가치를 구하라.

(4) 만일 ㈜설악레저가 유상증자를 실시하여 조달한 100억원의 자금을 부채상환에 사용하지 않고 전액 유상증자 후의 모든 주식에 대해 현금배당으로 지급한다면, 다른 것이 모두 동일하다고 할 때 배당락(ex-dividend)주가는 얼마가 되겠는가? (단, 배당금에 대한 세금은 없다고 가정한다.)

(5) 다른 가정은 그대로 유지하면서 배당금 및 자본이득에 대해 개인소득세를 부과한다고 하자. 자본시장이 균형상태에 있다고 가정할 때 유상증자를 통해 조달한 자금으로 배당금을 지급하는 경우 주주의 부에 미치는 영향을 설명하라.

8 고급 투자안 평가와 자사주 매입 (CPA 2006 기출)

새로운 회계연도 초인 현재(시점 0), 무부채기업인 ㈜트윈은 1만주의 주식을 발행하고 있고 직전 회계연도 말 세후순이익은 120만원이다. 시장의 무위험이자율은 6%이고, 시장포트폴리오의 기대수익률은 12%이며, 이후 변동이 없을 것으로 예상된다. 법인세(세율 40%) 외 개인소득세는 없으며 거래비용도 없고, 시장은 완전하다. 단, 계산은 소수점 아래 넷째 자리에서 반올림하라.

(1) ㈜트윈과 동일한 영업위험을 가진 ㈜쌍둥이 주식의 베타값이 1.95이고 부채대자기자본비율(B/S)이 0.5일 때, 자본자산가격결정모형(CAPM)을 이용하여 ㈜트윈의 자기자본비용을 구하라.

(2) ㈜트윈은 향후 영속적으로 동일한 세후 순이익이 기대되고 새로운 성장기회가 없어 직전 회계연도 순이익을 전액 현금배당으로 지급한 경우, ㈜트윈의 현재 주가를 배

당평가모형을 이용하여 구하라.

(3) 물음 (2)의 상황을 전제로, ㈜트윈이 내부자금 100만원을 1주당 833.333원의 조건으로 전액 자사주 매입에 사용할 것이라고 발표하였다. 만약 당신이 해당 주식을 10주 보유하고 있는 투자자라고 할 때, 제시된 조건으로 자사주 매입에 응할 것인지, 아니면 주식을 계속 보유할 것인지에 대한 의견을 두 경우간 최종 부의 차이를 통해 제시하라.

물음 (2)와 동일한 상황에서, 이번 회계연도 말에 100만원을 투자하면 매년 30만원의 영업이익이 영구히 발생하면서 기존의 투자와 동일한 영업위험을 갖지만 독립적인 신규투자기회가 ㈜트윈에게 발견되었다고 하자. 즉, 새로운 투자기회로 인한 매기말 예상현금흐름은 아래와 같으며, 더 이상의 투자기회는 없다고 한다.

시 점	1	2	3	…
투자금액	100만원	-	-	-
영업이익(EBIT)	-	30만원	30만원	…

(4) 투자금액을 전액 내부자금으로 조달하는 경우, 신규투자기회의 순현가(NPVGO)를 구하고, 이를 감안한 ㈜트윈의 주가도 함께 구하라.

(5) 투자금액의 절반은 영구부채를 통해 무위험이자율로 조달하고, 나머지는 내부자금으로 조달하는 경우, 신규투자기회를 감안한 ㈜트윈의 주가를 구하라.

제 5 편 파생상품과 위험관리

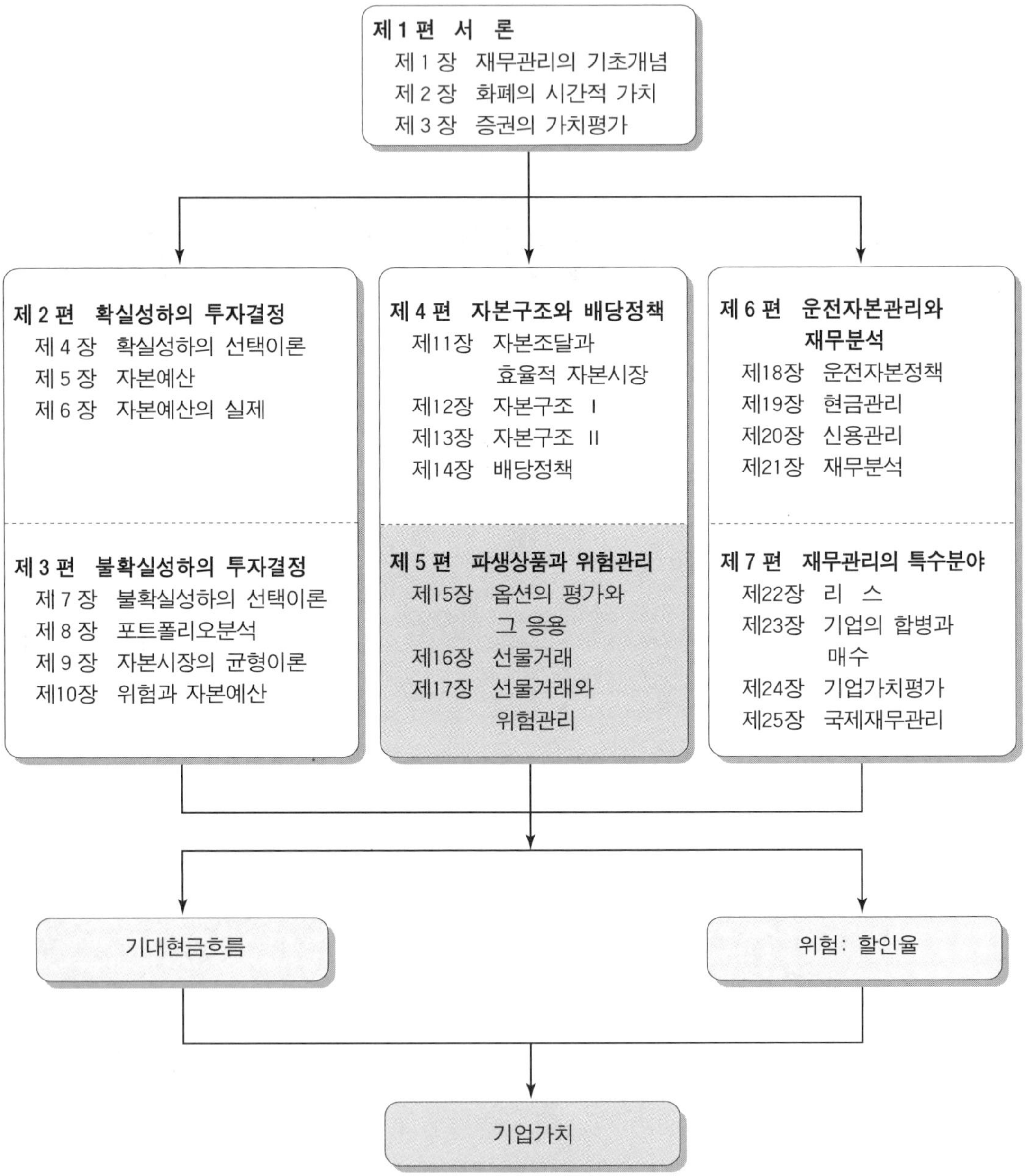
제 1 편 서 론
제 1 장 재무관리의 기초개념
제 2 장 화폐의 시간적 가치
제 3 장 증권의 가치평가
제 2 편 확실성하의 투자결정
제 4 장 확실성하의 선택이론
제 5 장 자본예산
제 6 장 자본예산의 실제
제 3 편 불확실성하의 투자결정
제 7 장 불확실성하의 선택이론
제 8 장 포트폴리오분석
제 9 장 자본시장의 균형이론
제10장 위험과 자본예산
제 4 편 자본구조와 배당정책
제11장 자본조달과 효율적 자본시장
제12장 자본구조 I
제13장 자본구조 II
제14장 배당정책
제 5 편 파생상품과 위험관리
제15장 옵션의 평가와 그 응용
제16장 선물거래
제17장 선물거래와 위험관리
제 6 편 운전자본관리와 재무분석
제18장 운전자본정책
제19장 현금관리
제20장 신용관리
제21장 재무분석
제 7 편 재무관리의 특수분야
제22장 리 스
제23장 기업의 합병과 매수
제24장 기업가치평가
제25장 국제재무관리
기대현금흐름
위험: 할인율
기업가치

제 15 장

옵션의 평가와 그 응용

1. 옵션의 기초개념
2. 옵션의 결합: 풋-콜 패리티
3. 옵션가치의 결정요인
4. 옵션가격결정모형
5. 옵션의 응용

옵션(option)은 그 소유자에게 정해진 시기 또는 그 시기 이내에 정해진 가격으로 어떤 자산을 사거나 팔 수 있는 권리를 주는 특별한 계약이다. 옵션의 가장 일반적인 형태로 주식(기초자산)을 사거나 팔 수 있는 권리가 주어진 주식옵션(stock option)을 들 수 있다. 대표적인 파생증권(derivative securities)의 하나인 옵션은 기초자산의 가격에 따라 그 성과가 달라지는 조건부청구권(contingent claim)이라 할 수 있다.

옵션이론은 앞에서 설명한 CAPM, APT 등과 같이 주식, 채권 등 증권의 가치평가에 이용될 수 있으며, 기업의 재무의사결정에 있어서도 유용한 방법론을 제공한다. 본장에서는 옵션의 가격결정원리와 옵션이론이 기업재무이론에 어떻게 응용되고 있는지를 살펴보고자 한다.

1 옵션의 기초개념

1.1 옵션의 의의

옵션은 특정 자산(주로 주식)을 지정된 날짜 또는 그 이전에 미리 약정된 가격으로 사거나 팔 수 있는 권리를 그 소유자에게 부여하는 계약을 의미한다.[1] 옵션은 반드시 이행할 의무는 없으며 유리할 경우에만 그 권리를 행사할 수 있는 독특한 형태의 재무적 계약이다.

이와 같은 옵션의 정의를 보다 명확하게 이해하기 위하여 몇 가지 용어를 살펴보자.

- 옵션의 행사(exercising the option): 옵션의 행사는 옵션계약을 통해 기초자산을 사거나 파는 행위를 의미한다.
- 기초자산(underlying asset): 기초자산이란 옵션계약의 대상이 되는 자산으로서 주식옵션일 경우 기초자산은 해당주식이 된다.
- 행사가격(striking or exercise price): 행사가격이란 옵션계약시 약정된 기초자산의 매입 또는 매도가격을 의미한다.
- 만기일(expiration date): 옵션의 만기일은 옵션을 행사하여야 하는 최종일로서 만기일이 지나면 그 옵션은 사라지게 된다.
- 미국형 옵션(American option)과 유럽형 옵션(European option): 미국형 옵션은 만기일 이내 언제든지 행사가 가능한 반면, 유럽형 옵션은 만기일에만 행사할 수 있다.[2]
- 콜옵션(call option)과 풋옵션(put option): 콜옵션은 기초자산을 살 수 있는 권리가 부여된 옵션이고, 풋옵션은 기초자산을 팔 수 있는 권리가 부여된 옵션이다.

---

1) 옵션은 주식을 대상으로 하는 주식옵션이 가장 보편적이지만, 주가지수에 대한 옵션(주가지수옵션), 외환에 대한 옵션(통화옵션), 채권에 대한 옵션(금리옵션), 선물계약에 대한 옵션(선물옵션), 스왑에 대한 옵션(스왑션, swaption) 등 특수한 형태의 옵션도 존재한다.

2) 유럽형 옵션이나 미국형 옵션은 모두 미국, 유럽 또는 기타 다른 국가에서 거래되고 있기 때문에 '유럽형' 또는 '미국형'은 옵션이 거래되는 지역을 지칭한 것이 아님을 유의하여야 한다.

그림 15-1 옵션의 매입자와 매도자간의 권리-의무관계

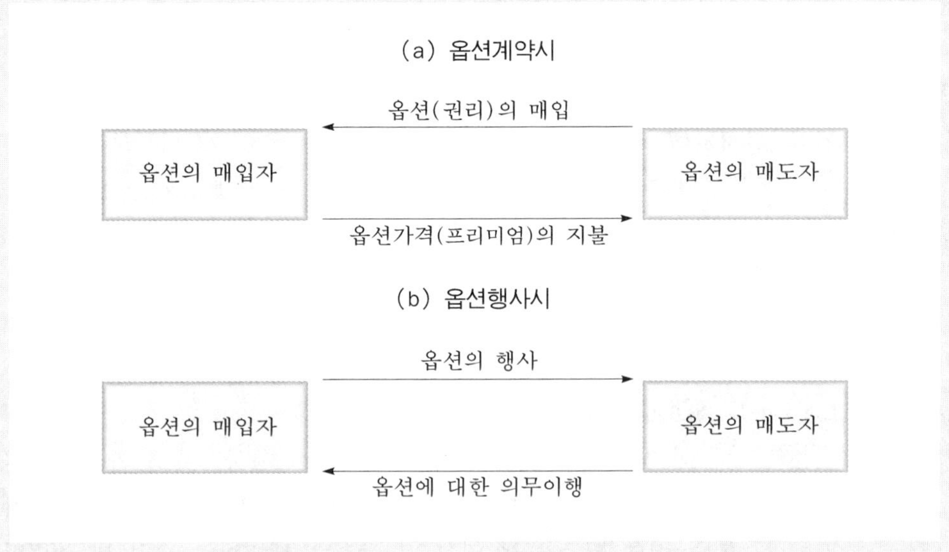

옵션거래에서 옵션을 매입한 사람을 매입자 또는 소유자(buyer, owner, holder)라 하며, 거래상대방, 즉 옵션을 매도한 사람을 매도자 또는 발행자(seller, writer)라 한다. 옵션거래는 기초자산인 주식의 발행자(해당기업)와 관계없이 옵션거래소를 통해 옵션의 매입자와 매도자간에 이루어지는 특별한 계약이다. 옵션의 매입자는 향후 옵션을 행사할 권리를 가지는 대가로서 일정한 금액(옵션가격 또는 프리미엄)을 옵션의 매도자에게 지불하게 된다. 이와 달리 옵션을 매도한 사람은 일정한 금액을 받게 되나, 향후 옵션의 매입자가 옵션을 행사할 때 반드시 이를 이행하여야 할 의무를 지게 된다. 이와 같은 관계는 〈그림 15-1〉에 나타나 있다.[3]

1.2 만기일에서의 옵션가치

1) 콜 옵 션

콜옵션은 그 소유자에게 기초자산(주식)을 지정된 날짜 또는 그 이전에 미리 약정된 가격으로 살 수 있는 권리를 부여한다. 예를 들어 어떤 사람이 옵션거래소를 통해 6개월 후 또는 그 이전에 A기업 주식 1주를 30,000원에 살 수 있는 콜옵

3) 옵션의 매입자와 매도자간의 손익관계는 매입자(또는 매도자)가 얻게 되는 이익만큼 매도자(또는 매입자)에게 손실이 발생하는 제로섬게임(zero-sum game)의 관계라 할 수 있다.

션을 매입하였다고 생각해 보자.[4] 이 경우 콜옵션의 기초자산은 'A주식 1주', 만기일은 '6개월 후', 행사가격은 '30,000원'으로서 이는 A기업과 전혀 관계없이 옵션거래소를 통해 개인간, 즉 콜옵션의 매입자와 매도자 사이에 이루어진 계약이다.

만기일에서의 옵션의 가치는 기초자산인 보통주의 만기일 가치에 의해 결정된다. 만기일(T)에 보통주의 가치(S_T)가 행사가격(X)보다 크다면, 콜옵션의 소유자가 보통주의 가격보다 낮은 행사가격으로 주식을 매입할 수 있기 때문에 콜옵션의 가치는 그 차이인 ($S_T - X$)가 된다. 예를 들어 만기일에 행사가격이 30,000원이며 기초자산인 보통주의 가격이 35,000원인 콜옵션이 있다면, 그 소유자는 콜옵션을 행사하여(콜옵션의 매도자에게 30,000원을 지불하여) 35,000원의 가치를 가진 보통주를 취득할 것이다. 따라서 만기일에서의 콜옵션의 가치는 그 차액인 5,000원(35,000원 − 30,000원)이 된다.

그러나 만기일(T)에 보통주의 가치(S_T)가 행사가격(X)보다 작다면, 콜옵션의 소유자는 보통주의 가격보다 높은 행사가격을 가진 콜옵션을 행사하여 주식을 매입하기보다는 직접 주식시장에서 그 주식을 매입하는 것이 더 유리하기 때문에 콜옵션을 행사하지 않을 것이다.[5] 따라서 그 옵션의 가치는 0이 된다. 예를 들어 만기일에 행사가격이 30,000원이며 기초자산인 보통주의 가격이 25,000원인 콜옵션이 있다면, 그 소유자는 콜옵션을 행사하여(콜옵션의 매도자에게 30,000원을 지불하여) 25,000원의 가치를 가진 보통주를 취득하지는 않을 것이다. 즉 콜옵션의 소유자는 그 권리를 포기하게 되므로 그 콜옵션의 가치는 0이 된다.

따라서 만기일에서의 보통주의 가치에 따라 콜옵션의 가치는 다음과 같이 나타낼 수 있다.

$$C_T \begin{cases} 0 & \text{, 만약 } S_T \le X \text{라면} \\ S_T - X, & \text{만약 } S_T > X \text{라면} \end{cases} \tag{15-1}$$

여기서 C_T: 만기일(T)에서의 콜옵션의 가치

위의 식 (15-1)을 수학적 기호를 사용하여 하나의 식으로 나타내면 다음과

4) 실제로 옵션이 옵션거래소에서 거래될 때 옵션은 표준화되어 있어 하나의 계약은 10주 또는 100주의 기초주식에 해당한다. 그리고 옵션의 기한 내 주식분할이나 주식배당이 있는 경우 이에 대한 조정이 이루어지나, 현금배당에 대해서는 조정이 되지 않는다.

5) 옵션의 소유자는 옵션을 반드시 행사해야 할 의무가 없음을 유의하여야 한다. 즉 옵션의 소유자는 옵션의 행사가 자신에게 불리할 경우 그 권리를 포기하면 된다.

그림 15-2 콜옵션의 만기일 가치

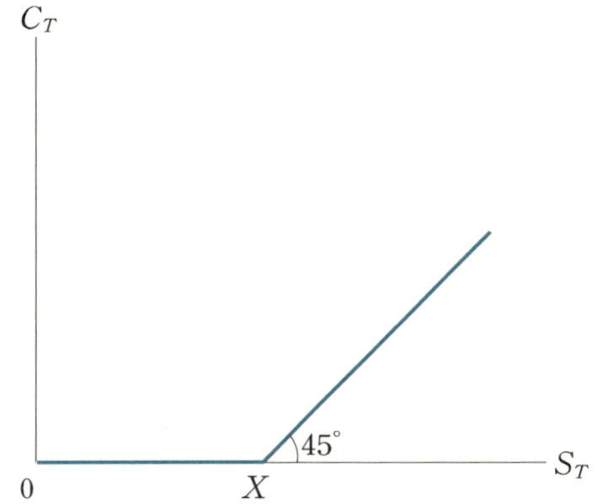

같다.[6)]

$$C_T = \text{Max}\,[\,0,\ S_T - X\,] \qquad (15\text{-}2)$$

이상에서 살펴본 만기일에서의 콜옵션의 가치를 그림으로 나타내면 〈그림 15-2〉와 같다. 〈그림 15-2〉에서 볼 수 있는 바와 같이 콜옵션의 가치는 결코 0보다 작을 수 없다는 점을 유의하여야 한다. 이는 콜옵션이 유한책임증권(limited-liability instrument)임을 나타내는 것으로 옵션매입자의 손실은 콜옵션의 매입가격에 한정되는 것이다.

2) 풋 옵 션

풋옵션은 콜옵션과 상반되는 것으로서 그 소유자에게 기초자산(주식)을 지정된 날짜 또는 그 이전에 미리 약정된 가격으로 팔 수 있는 권리를 부여한다. 예를 들어 어떤 사람이 옵션거래소를 통해 6개월 후 또는 그 이전에 A기업 주식 1주를 30,000원에 팔 수 있는 풋옵션을 매입하였다고 생각해 보자. 이 경우 풋옵션의 기초자산은 'A주식 1주', 만기일은 '6개월 후', 행사가격은 '30,000원'으로서 이는 A기업과 전혀 관계없이 옵션거래소를 통해 개인간, 즉 풋옵션의 매입자와 매도자 사이에 이루어진 계약이다.

---

6) Max $[0,\ S_T - X]$는 수학적 기호로서 괄호 안의 두 값 중 큰 것을 취한다는 것을 의미한다. 즉 $S_T \le X$인 경우 $(S_T - X) \le 0$이므로 0이 되며, 반대로 $S_T > X$인 경우 $(S_T - X) > 0$이므로 $(S_T - X)$가 된다.

만기일에서의 풋옵션의 가치를 결정하는 상황은 콜옵션의 경우와 상반된다. 만기일에 보통주의 가치(S_T)가 행사가격(X)보다 작다면, 풋옵션의 소유자가 보통주의 가격보다 높은 행사가격으로 풋옵션의 발행자(또는 매도자)에게 주식을 매도할 수 있기 때문에 풋옵션의 가치는 그 차이인 ($X - S_T$)가 된다. 예를 들어 만기일에 행사가격이 30,000원이며 기초자산인 보통주의 가격이 25,000원인 풋옵션이 있다면, 그 소유자는 풋옵션을 행사하여(풋옵션의 매도자로부터 30,000원을 받고서) 25,000원의 가치를 가진 보통주를 매도할 수 있다. 따라서 만기일에서의 풋옵션의 가치는 그 차액인 5,000원(30,000원 − 25,000원)이 된다.

그러나 만기일(T)에 보통주의 가치(S_T)가 행사가격(X)보다 크다면, 풋옵션의 소유자는 보통주의 가격보다 낮은 행사가격을 가진 풋옵션을 행사하여 주식을 매도하기보다는 직접 주식시장에서 그 주식을 매도하는 것이 더 유리하기 때문에 풋옵션을 행사하지 않을 것이다. 따라서 그 옵션의 가치는 0이 된다. 예를 들어 만기일에 행사가격이 30,000원이며 기초자산인 보통주의 가격이 35,000원인 풋옵션이 있다면, 그 소유자는 풋옵션을 행사하여(풋옵션의 매도자로부터 30,000원을 받고서) 35,000원의 가치를 가진 보통주를 매도하지는 않을 것이다. 즉 풋옵션의 소유자는 그 권리를 포기하게 되므로 그 풋옵션의 가치는 0이 된다.

따라서 만기일에서의 보통주의 가치에 따라 풋옵션의 가치는 다음과 같이 나타낼 수 있다.

$$P_T \begin{cases} X - S_T, & \text{만약 } S_T < X \text{라면} \\ 0, & \text{만약 } S_T \geq X \text{라면} \end{cases} \tag{15-3}$$

여기서 P_T : 만기일(T)에서의 풋옵션의 가치

위의 식 (15-3)을 앞의 식 (15-2)와 같이 수학적 기호를 사용하여 하나의 식으로 나타내면 다음과 같다.[7)]

$$P_T = \text{Max}\,[\,0,\ X - S_T\,] \tag{15-4}$$

이상에서 살펴본 만기일에서의 풋옵션의 가치를 그림으로 나타내면 〈그림

7) 콜옵션과 마찬가지로 풋옵션의 가치도 역시 0보다 작을 수 없다. 즉 풋옵션도 유한책임증권이다.

그림 15-3 풋옵션의 만기일 가치

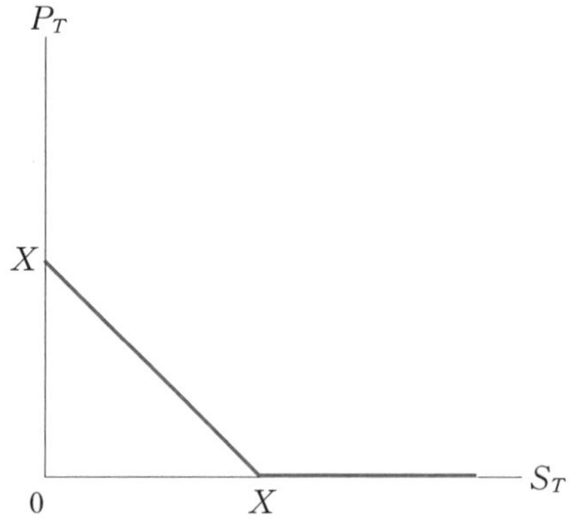

15-3〉과 같다. 〈그림 15-3〉을 앞의 〈그림 15-2〉와 비교해 보면, 콜옵션은 주가가 행사가격보다 높을 때 가치가 있는 반면, 풋옵션은 주가가 행사가격보다 낮을 때 가치가 있음을 알 수 있다. 즉 콜옵션은 향후 주가가 행사가격보다 높을 가능성이 있을 때 매입하는 반면, 풋옵션은 주가가 행사가격보다 낮을 가능성이 있을 때 매입하게 된다.

3) 옵션의 매도

콜옵션을 매도한 사람은 콜옵션 소유자가 그 옵션을 행사할 때 옵션계약상의 기초자산인 주식을 행사가격으로 인도할 의무를 져야 한다. 만기일에 보통주의 가격(S_T)이 행사가격(X)보다 낮으면, 콜옵션은 행사되지 않을 것이며 매도자의 의무는 없어진다. 그러나 만기일에 보통주의 가격(S_T)이 행사가격(X)보다 높으면, 콜옵션은 행사될 것이며 이 경우 매도자는 매입자가 얻게 되는 이익인 $(S_T - X)$ 만큼의 손실을 입게 된다.

한편 풋옵션을 매도한 사람은 풋옵션 소유자가 그 옵션을 행사할 때 옵션계약상의 기초자산인 주식을 행사가격으로 인수할 의무를 져야 한다. 만기일에 보통주의 가격(S_T)이 행사가격(X)보다 높으면, 풋옵션은 행사되지 않을 것이며 매도자의 의무는 없어진다. 그러나 만기일에 보통주의 가격(S_T)이 행사가격(X)보다 낮으면, 풋옵션은 행사될 것이며 이 경우 매도자는 매입자가 얻게 되는 이익인 $(X - S_T)$만큼의 손실을 입게 된다.

표 15-1 콜옵션과 풋옵션 매도자의 만기일 성과

	만기일 성과	
	$S_T < X$	$S_T \geq X$
콜옵션의 매도자	0	$-(S_T - X)$
풋옵션의 매도자	$-(X - S_T)$	0

그림 15-4 콜옵션과 풋옵션 매도자의 만기일 성과

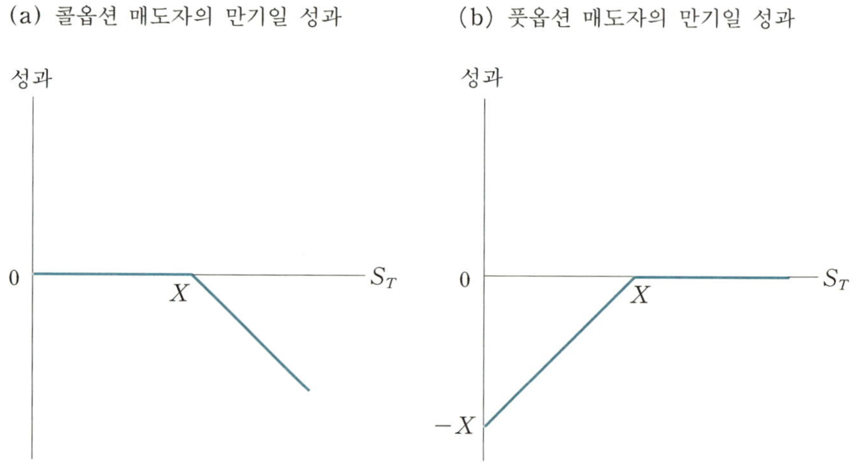

이상에서 설명한 콜옵션과 풋옵션 매도자의 만기일에서의 성과를 요약하면, 〈표 15-1〉과 같다.[8] 그리고 콜옵션과 풋옵션 매도자의 만기일에서의 성과를 그림으로 나타내면 〈그림 15-4〉와 같다.

1.3 우리나라의 옵션거래

현재 우리나라에서는 KOSPI 200 옵션, 개별주식옵션, 미국달러옵션 등이 거래되고 있다. 이 중 KOSPI 200 옵션은 실물이 없는 추상적인 주가지수를 대상으로

8) 옵션의 매도자는 옵션소유자가 옵션을 행사할 때 그 상대방으로서 의무를 이행해야 할 책임을 져야 한다. 따라서 옵션매도자의 만기일에서의 성과는 항상 0 이하의 값을 가지게 된다.

$$\text{콜옵션 매도자의 만기일 성과} = -C_T = -\text{Max}[0,\ S_T - X] = \text{Min}[0,\ -(S_T - X)]$$

$$\text{풋옵션 매도자의 만기일 성과} = -P_T = -\text{Max}[0,\ X - S_T] = \text{Min}[0,\ -(X - S_T)]$$

하고 있다.[9] KOSPI 200 옵션의 경우 실체가 없는 주가지수를 거래대상으로 하고 있기 때문에 권리행사시에 기초자산(주가지수)을 주고받을 수 없고, 당사자간에 사전 설정된 주가지수(행사가격)와 만기일에서의 주가지수와의 차이에 거래승수(1포인트당 10만원)를 곱한 금액으로 결제가 이루어진다. 우리나라에서 거래되고 있는 옵션들에 대한 거래제도의 개요는 〈표 15-2〉에 나타나 있다.

〈표 15-3〉은 KOSPI 200 옵션 시세표 일부를 예시한 것이다. 종가는 당일의 마지막 거래에 적용된 옵션가격으로 다음 날 거래의 기준가격이 된다. 시가는 당일의 첫 거래에 적용된 옵션가격이며, 고가와 저가는 각각 당일 거래 중 가장 높은 가격과 낮은 가격을 의미한다. 여기서 행사가격이 230.0포인트인 2007년 9월물 콜옵션 1계약을 종가로 매입하는 경우 매입금액은 525,000원(5.25×10만원)이며, 풋옵션 1계약을 종가로 매입하는 경우 매입금액은 1,500,000원(15.00×10만원)이

표 15-2 우리나라의 옵션거래제도

구 분	KOSPI 200 옵션	개별주식옵션	미국달러옵션
기초자산	KOSPI 200	국민은행, 삼성전자, 한국전력, 현대자동차, 포스코 등 30개 기업	미국달러(USD)
옵션의 종류	콜옵션과 풋옵션	콜옵션과 풋옵션	콜옵션과 풋옵션
옵션의 유형	유럽형	유럽형	유럽형
거래단위(승수)	1포인트당 10만원	10주	U$10,000
결제월*	4개 결제월	4개 결제월	4개 결제월
결제방법	현금결제	현금결제	실물인수・도

* 최근 월 3개 + 3월, 6월, 9월, 12월 중 1개

표 15-3 KOSPI 200 옵션 시세표 (2007년 8월 20일 현재) (단위: 포인트, 계약)

구분	결제월	행사가격	종가	전일대비	시가	고가	저가	거래량	미결제 약정
콜	0709	230.0	5.25	+2.60	4.45	5.40	3.80	54,162	47,123
풋	0709	230.0	15.00	−10.80	19.90	19.90	15.00	4,965	32,924

9) KOSPI 200은 한국거래소(Korea Exchange: KRX)가 선물・옵션 대상지수로 사용하기 위하여 새로 개발한 시가총액식 주가지수(기준시점: 1990년 1월 3일, 지수구성종목수: 200종목)로서 1994년 6월 15일부터 발표되었다.

된다. 그리고 미결제약정은 현재 만기일이 도래하지 않았거나, 반대매매에 의해서 청산되지 못한 옵션의 계약수를 의미한다.

2 옵션의 결합: 풋-콜 패리티

콜옵션과 풋옵션을 이용하면 다양한 형태의 금융상품을 만들 수 있다. 예를 들어 주식을 하나 매입하고 동시에 그 주식에 대한 풋옵션을 매입하여 새로운 금융상품(또는 포트폴리오)을 하나 만든다고 생각해 보자. 만약 만기일에서의 주가(S_T)가 행사가격(X)보다 더 크다면, 풋옵션은 가치가 없게 되어 주식과 풋옵션을 결합하여 만든 새로운 금융상품의 가치는 주식의 가치(S_T)와 동일하게 된다. 그러나 만약 만기일에서의 주가(S_T)가 행사가격(X)보다 작다면 풋옵션의 가치는 ($X-S_T$)가 되므로, 이것과 주식의 가치(S_T)를 합하여 새로운 금융상품의 가치를 구하면 행사가격(X)과 같게 된다. $S_T<X$일 경우 주식과 풋옵션의 결합가치가 일정한 값, 즉 행사가격을 갖게 되는 것은 주식가치의 하락이 풋옵션가치의 상승에 의해서 정확히 상쇄되기 때문이다. 이상의 결과를 요약하면 〈표 15-4〉와 같다.

그리고 이와 같은 관계를 그림으로 나타내면 〈그림 15-5〉와 같다.[10] 〈그림 15-5〉에서 제시된 주식과 풋옵션의 결합가치는 앞의 〈그림 15-2〉의 콜옵션 매입가치와 같은 형태이나, 〈그림 15-4〉 (a)의 콜옵션 매도가치와는 정반대 형태를 가지고 있다. 이는 옵션을 이용함으로써 위험을 제거할 수 있는 가능성을 보여 준다. 즉 주식과 풋옵션을 각각 하나씩 매입하고, 콜옵션을 하나 매도함으로써 무위험포트폴리오를 구성할 수 있다. 이 경우 콜옵션과 풋옵션은 유럽형 옵션으로서

표 15-4 주식과 풋옵션의 결합

포트폴리오	만기일 성과	
	$S_T<X$	$S_T \geq X$
주식 매입	S_T	S_T
풋옵션 매입	$X-S_T$	0
합 계	X	S_T

10) 주식과 풋옵션을 매입하는 전략을 방어적 풋(protective put)이라 하며, 이는 주가가 상승할 경우 이익을 그대로 취하나, 주가가 하락할 경우 손실을 일정수준으로 제한하는 전략이다.

그림 15-5 주식과 풋옵션의 결합

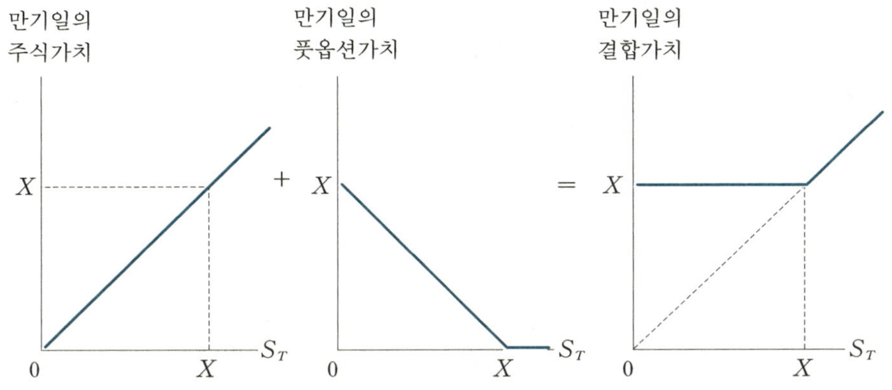

동일한 주식에 대하여 설정되며, 그 행사가격과 만기가 모두 같아야 한다. 이와 같이 구성된 포트폴리오의 성과는 〈표 15-5〉에 나타나 있다.

〈표 15-5〉에서 포트폴리오의 만기일 성과(또는 가치)는 미래의 주가변동에 관계없이 항상 일정한 값, 즉 행사가격(X)을 가지기 때문에 이 포트폴리오는 무위험포트폴리오이다.[11] 무위험포트폴리오의 구성을 위한 현재의 투자액은 $(S+P-C)$이며, 그것에 대한 만기일(T)에서의 투자성과는 행사가격(X)으로서 위험이 없다. 따라서 균형상태하에서(차익거래에 의한 이익이 존재하지 않는 상황하에서)는 다음과 같은 관계가 성립한다.[12]

$$S+P-C=\frac{X}{1+r_T} \tag{15-5}$$

여기서 r_T: 현재시점부터 만기일인 T시점까지 기간의 무위험이자율

11) 주식과 풋옵션을 매입하고 콜옵션을 매도함으로써 무위험포트폴리오를 구성할 수 있다는 사실은 다음과 같이 간단하게 생각해 볼 수 있다.

(i) $S_T < X$일 경우: 콜옵션은 가치가 없고 매입한 풋옵션을 행사한다. 즉 보유하고 있는 주식을 행사가격(X)으로 매도한다. 따라서 만기의 포트폴리오성과는 X이다.

(ii) $S_T \geq X$일 경우: 풋옵션은 가치가 없고 매도하였던 콜옵션이 상대방에 의해서 행사된다. 즉 보유하고 있던 주식을 행사가격(X)으로 매도하여야 한다. 따라서 이 경우에도 만기의 포트폴리오성과는 X이다.

12) 식 (15-5)에 의해서 다음과 같은 합성증권을 구성할 수 있다.

(i) 합성주식(synthetic stock)

$S=-P+C+\frac{X}{1+r_T}$: 1풋 매도, 1콜 매입, 무위험채권 $\frac{X}{1+r_T}$ 매입(대출)

표 15-5 무위험포트폴리오의 구성

포트폴리오	투 자 액	만기일 성과	
		$S_T < X$	$S_T \geq X$
주식 매입	S	S_T	S_T
풋옵션 매입	P	$X-S_T$	0
콜옵션 매도	$-C$	0	$-(S_T-X)$
합 계	$S+P-C$	X	X

* S: 주식의 현재가치, P: 풋옵션의 현재가치, C: 콜옵션의 현재가치

식 (15-5)를 풋-콜 패리티(put-call parity)라 하며, 이는 동일한 행사가격과 만기를 가진 유럽형 풋옵션과 콜옵션의 가치 사이의 균형관계를 말한다. 식 (15-5)를 약간 변형하면 다음과 같다.[13)]

$$P = C - S + \frac{X}{1+r_T} \tag{15-5)$'$}$$

콜옵션의 현재가치가 구해지면, 식 (15-5)′를 이용하여 풋옵션의 현재가치도 구할 수 있다.

지금까지의 설명은 배당이 없는 주식을 가정한 것이다. 그러나 옵션(유럽형)의 만기일 이전에 배당이 지급되는 경우, 〈표 15-5〉와 같이 구성된 무위험포트폴리오의 성과를 수정하면 〈표 15-6〉과 같다. 〈표 15-6〉에 의해서 만기일 이전에 배당이 지급되는 경우, 풋-콜 패리티는 다음과 같이 수정될 수 있다.[14)]

(ii) 합성풋(synthetic put)

$P = -S + C + \frac{X}{1+r_T}$: 1주식 공매, 1콜 매입, 무위험채권 $\frac{X}{1+r_T}$ 매입(대출)

(iii) 합성콜(synthetic call)

$C = S + P - \frac{X}{1+r_T}$: 1주식 매입, 1풋 매입, 무위험채권 $\frac{X}{1+r_T}$ 공매(차입)

(iv) 합성무위험채권(synthetic risk-free bond)

$\frac{X}{1+r_T} = S + P - C$: 1주식 매입, 1풋 매입, 1콜 매도

13) r_T의 연리가 r이고, T가 연단위로 환산된 만기라면 복리계산방법에 따라 다음과 같이 나타낼 수 있다.

· 이산복리의 경우 : $P = C - S + \frac{X}{(1+r)^T}$

· 연속복리의 경우 : $P = C - S + X \cdot e^{-rT}$

14) 미국형 콜옵션의 가격과 풋옵션의 가격간의 관계는 다음과 같이 나타낼 수 있다.

· 배당이 없는 경우 : $S - X \leq C - P \leq S - \frac{X}{1+r_T}$

표 15-6 배당이 지급되는 경우 무위험포트폴리오의 구성

포트폴리오	투자액	만기일(T) 성과	
		$S_T < X$	$S_T \geq X$
주식 매입	S	$S_T + D_T$	$S_T + D_T$
풋옵션 매입	P	$X - S_T$	0
콜옵션 매도	$-C$	0	$-(S_T - X)$
합 계	$S+P-C$	$X + D_T$	$X + D_T$

* D_T : 만기일 이전에 지급되는 배당금의 만기일(T)에서의 가치

$$S - PV(D) + P - C = \frac{X}{1+r_T} \tag{15-6}$$

여기서 $PV(D)$: 만기일 이전에 지급되는 배당금의 현재가치 $\left(\frac{D_T}{1+r_T}\right)$

예제 15-1 풋-콜 패리티

A기업의 주식에 대한 콜옵션과 풋옵션의 행사가격이 모두 33,000원으로 동일하며, 두 옵션은 유럽형 옵션으로 만기일 전에 행사할 수 없다고 가정하자. 그리고 만기일은 1년 후이며, 현재의 주가는 28,000원이며, 주식에 대한 배당은 없다. 또한 1년간의 무위험이자율은 10%로 알려져 있다.

(1) 주식, 풋옵션, 콜옵션을 이용하여 무위험포트폴리오를 구성하라.

(2) 콜옵션의 현재가격이 4,000원일 경우 풋옵션의 현재가치는 얼마인가?

☞ 해설

(1) 주식과 풋옵션을 각각 하나씩 매입하고, 콜옵션을 하나 매도함으로써 주가에 관계없이 만기일의 성과가 행사가격인 33,000원으로 일정한 무위험포트폴리오를 구성할 수 있다.

· 배당이 있는 경우 : $S - PV(D) - X \leq C - P \leq S - \frac{X}{1+r_T}$

두 식의 증명은 「김영규 · 감형규 · 신용재, 고급재무관리(박영사, 2007), pp. 472~474」 참조.

(단위: 원)

포트폴리오	투 자 액	만기일(T) 성과	
		$S_T < 33{,}000$	$S_T \geq 33{,}000$
주식 매입	28,000	S_T	S_T
풋옵션 매입	P	$33{,}000 - S_T$	0
콜옵션 매도	$-C$	0	$-(S_T - 33{,}000)$
합 계	$28{,}000 + P - C$	33,000	33,000

(2) 풋-콜 패리티를 이용하면, 다음과 같이 풋옵션의 가격을 구할 수 있다.

$$P = 4{,}000 - 28{,}000 + \frac{33{,}000}{1+0.1} = 6{,}000\text{원}$$

3 옵션가치의 결정요인

지금까지 만기일에서의 옵션가치에 대해서 살펴보았다. 그러면 현재시점에서의 옵션가치는 어떻게 결정되는가? 이와 같은 물음에 구체적으로 답하기 이전에 먼저 현재시점에서의 옵션가치가 어떠한 요인들에 의해서 결정될 것인가를 살펴보도록 하자.

3.1 콜옵션가치의 결정요인

먼저 콜옵션가치의 범위를 살펴보면 다음과 같다.

첫째, 콜옵션의 가격은 현재의 주식가격보다 더 클 수는 없다($C \leq S$). 콜옵션은 행사가격을 지불하고 주식을 살 수 있는 권리이다. 따라서 주식을 구입할 수 있는 권리의 가격이 주식 자체의 가격보다 클 수는 없다.

둘째, 콜옵션의 가격은 항상 0보다 크거나 같다($C \geq 0$). 콜옵션은 권리로서 주가가 행사가격보다 작을 경우 그 권리를 포기하면 되기 때문에 그 가격은 0보다 작을 수 없다.

셋째, 현재의 주가가 행사가격보다 높을 경우 미국형 콜옵션의 가격은 주가에서 행사가격을 뺀 것보다 더 작을 수 없다($C \geq S - X$).[15] 만약 콜옵션의 가격 C가

15) 유럽형 콜옵션의 경우 만기일에만 행사할 수 있기 때문에 그 가격은 주가에서 행사가격의 현재

$(S-X)$보다 작다면, 투자자가 콜옵션을 매입하고 그 즉시 행사함으로써 $[(S-X)-C]$의 차익거래이익을 얻을 수 있다. 이 경우 차익거래이익을 얻기 위한 투자자들의 차익거래(콜옵션을 매입하고 그 즉시 행사함)로 인하여 콜옵션의 가격이 상승하게 되고, 그 결과 콜옵션의 가격은 $(S-X)$보다 작지 않게 된다. 예를 들어 어떤 투자자가 행사가격이 30,000원인 미국형 콜옵션을 8,000원에 매입하였다고 하자. 만약 그 콜옵션의 기초증권인 주식의 현재 가격이 40,000원이라면 콜옵션의 매입자는 즉시 콜옵션을 행사함으로써 2,000원[(40,000원－30,000원)－8,000원]의 차익거래이익을 얻을 수 있다. 이와 같은 차익거래는 콜옵션의 가격이 적어도 10,000원은 넘어야 사라질 것이다.

이상에서 설명한 콜옵션가치의 범위를 나타내면 〈그림 15-6〉과 같다. 미국형 콜옵션의 가격은 반드시 〈그림 15-6〉에서 상한선과 하한선 사이의 채색된 영역 내에 존재하게 된다. 이제 콜옵션의 가격을 보다 더 구체적으로 알아보기 위하여 콜옵션의 가치에 영향을 미치는 요인에 대해서 살펴보도록 하자. 옵션의 가치를 결정하는 요인은 크게 두 부분으로 나눌 수 있다. 한 부분은 행사가격, 만기일

그림 15-6 콜옵션가치의 범위

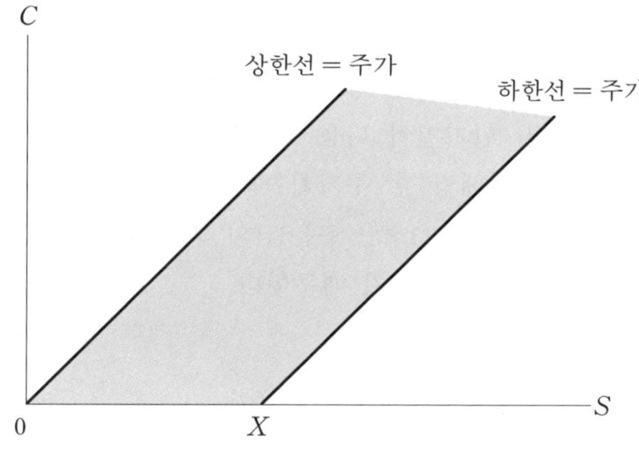

가치를 뺀 것보다 더 크다. 이와 같은 관계는 앞에서 설명한 풋-콜 패리티에 의해서 확인할 수 있다.

$$P=C-S+\frac{X}{1+r_T}\geq 0 \rightarrow C\geq S-\frac{X}{1+r_T}$$

그리고 배당이 없는 경우 미국형 콜옵션은 조기행사되지 않기 때문에 그 가격범위는 유럽형 콜옵션과 동일하게 된다.

등 옵션계약의 특성에 의한 부분이고, 또 다른 부분은 현재의 주식가격, 주식의 변동성, 무위험이자율 등 기초자산인 주식 및 시장의 특성과 관련된 부분이다.

1) 행사가격

행사가격은 콜옵션을 행사하여 주식을 매입할 때 지불하여야 하는 금액이다. 따라서 다른 모든 것이 일정하다면, 행사가격이 높을수록 콜옵션의 가치는 낮아지게 된다. 그러나 콜옵션의 행사가격이 아무리 높다 하여도 콜옵션의 가치는 음(−)의 값을 가지지 않는다. 만기일 이전에 기초자산의 가격이 행사가격을 초과할 가능성이 존재한다면 그 옵션은 가치를 가지게 된다.

2) 만 기 일

미국형 콜옵션은 만기일 이전에 언제든지 옵션의 행사가 가능하다. 따라서 미국형 콜옵션의 경우 만기가 길면 길수록 옵션을 행사할 수 있는 기회를 보다 더 많이 가지게 되므로 옵션의 가치는 증가하게 된다.

이러한 관계는 유럽형 콜옵션의 경우 성립하지 않을 수 있다. 예를 들어 다른 것은 모두 동일하지만 만기일이 11월인 유럽형 콜옵션과 그 다음 해 3월인 유럽형 콜옵션이 있으며, 이들의 기초자산인 주식을 발행한 기업이 12월 말에 대규모의 현금배당을 계획하고 있다고 하자. 이 경우 만기일이 11월인 콜옵션의 소유자는 현금배당 전인 11월에 옵션을 행사하여 주식을 보유할 수 있기 때문에 현금배당을 받을 수 있는 반면, 만기일이 다음 해 3월인 콜옵션의 소유자는 현금배당을 받을 수 없다. 따라서 현금배당 후 주가가 배당 전 주가를 회복하지 못할 경우 만기일이 짧은 콜옵션(만기일이 11월인 콜옵션)의 가치가 더 높을 수 있다. 이는 옵션의 경우 현금배당이 조정되지 않기 때문이다.

3) 주식가격

다른 모든 것이 동일하다면, 현재의 주식가격이 높을수록 콜옵션의 가치는 더 높게 된다. 콜옵션의 가격과 주가의 관계는 〈그림 15-7〉에 나타나 있다. 점선으로 된 곡선은 주가가 증가함에 따라 콜옵션의 가격이 증가하는 것을 보여 준다. 또한 그것은 원점에 대해서 볼록한(convex) 곡선으로서 주가의 증가에 따라 콜옵션의 가격이 체증적으로 증가한다는 것을 보여 준다. 이는 주가가 낮은 수준에서보다 높은 수준에서 주가의 증가에 따른 콜옵션의 가격증가가 더 크게 나타남을 의미한다.

그림 15-7 콜옵션가치와 주가의 관계

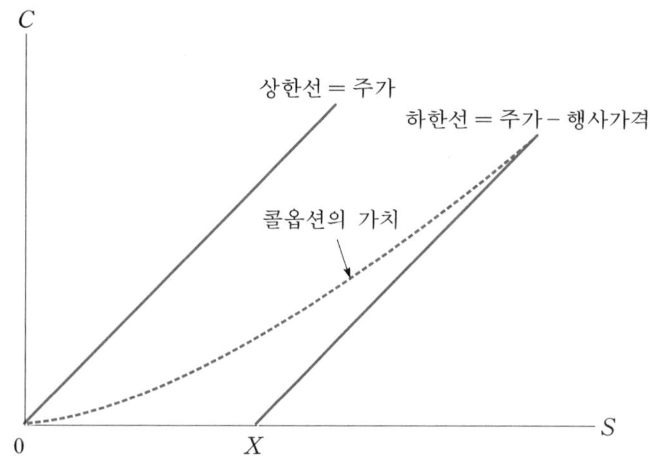

4) 주식의 변동성

주식의 변동성이 커지면, 콜옵션의 가치는 증가하게 된다. 앞에서 이미 설명하였듯이 옵션은 유한책임증권으로서 주식가격이 큰 폭으로 변동한다 하더라도 옵션가치가 있는 부분(주가가 행사가격보다 큰 경우)만 옵션의 가치에 영향을 미친다. 따라서 주식의 변동성이 증가하는 경우 주가가 크게 상승하거나 하락할 수 있으나, 크게 상승하는 부분만이 옵션의 가치에 영향을 미치게 되어 콜옵션의 가치는 증가하게 된다. 예를 들어 만기일에서 주가의 확률분포가 다음과 같은 두 주식을 생각해 보자.

주식 A	주식 B	확 률
24,000원	20,000원	50%
28,000원	32,000원	50%

주) 주식 A의 기대가치 = 24,000 × 0.5 + 28,000 × 0.5 = 26,000원
주식 B의 기대가치 = 20,000 × 0.5 + 32,000 × 0.5 = 26,000원

주식 A와 B는 모두 그 기대가치가 26,000원으로서 동일하나, 주식 B가 주식 A보다 그 변동폭이 더 크다. 여기서 두 주식 각각에 대하여 동일한 행사가격 30,000원으로 콜옵션이 설정되어 있다고 하자. 이와 같은 경우 변동폭이 작은 주

식 A에 대한 콜옵션은 만기일에서의 주식 A의 주가가 어떤 경우라도 모두 행사가격보다 작기 때문에 가치가 없다. 그러나 변동폭이 보다 큰 주식 B에 대한 콜옵션은 만기일에서의 주식 B의 주가가 행사가격 30,000원보다 높은 32,000원일 가능성이 50%이기 때문에 가치를 가진다. 이는 기초자산에 대한 옵션을 보유하는 것과 기초자산 그 자체를 보유하는 것이 근본적으로 다름을 의미하는 것이다. 따라서 위험회피형 투자자라 하더라도 주식에 직접 투자할 경우 위험이 작은 주식 A를 선택하나, 콜옵션을 매입할 경우 변동성이 더 높은 주식 B에 대한 콜옵션을 선택할 것이다.

5) 무위험이자율

콜옵션가격은 이자율의 수준에 의해서도 영향을 받는다. 콜옵션의 매입자는 옵션을 행사할 때까지 행사가격을 지불하지 않을 것이다. 이와 같은 경우 이자율이 낮을 때보다 높을 때 콜옵션 행사가격의 현재가치가 더 작아지기 때문에 콜옵션은 훨씬 큰 가치를 가진다. 그러므로 콜옵션의 가치는 이자율과 양(+)의 상관관계를 가진다.

3.2 풋옵션가치의 결정요인

풋옵션 가치의 범위를 살펴보면 다음과 같다.[16)]

첫째, 미국형 풋옵션을 행사가격으로 주식을 팔 수 있는 권리이므로 그 가격은 항상 행사가격보다 작을 것이다($P \leq X$).

둘째, 풋옵션도 콜옵션과 마찬가지로 권리이기 때문에 그 가격은 항상 0보다 크다($P \geq 0$).

셋째, 미국형 풋옵션은 언제든지 행사가능하므로 그 가격은 항상 행사가격에서 주가를 뺀 값보다 크다($P \geq X-S$).

이상에서 설명한 풋옵션가치의 범위를 나타내면 〈그림 15-8〉과 같다. 미국형 풋옵션의 가격은 〈그림 15-8〉에서 상한선과 하한선 사이의 채색된 영역 내에 존재하게 된다.

---

16) 유럽형 풋옵션의 경우 그 가격범위는 다음과 같다.

$$P \leq \frac{X}{1+r_T},\ P \geq 0,\ P \geq \frac{X}{1+r_T} - S$$

그림 15-8 풋옵션가치의 범위

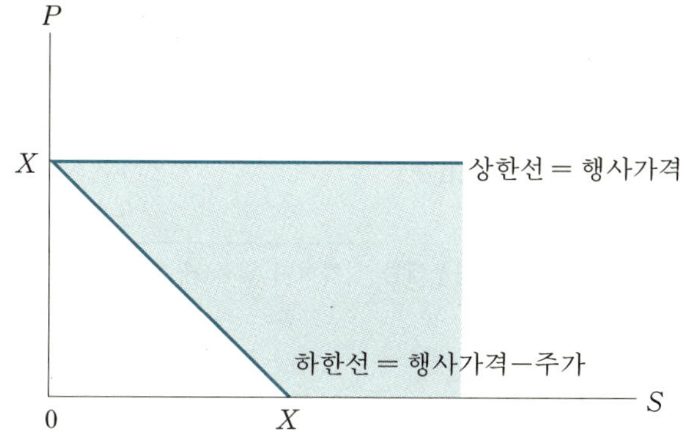

앞에서 설명한 콜옵션가치의 결정요인을 이용하여 풋옵션가치의 결정요인에 대해서도 설명해 보기로 하자.

1) 행사가격

행사가격은 풋옵션을 행사하여 주식을 매도할 때 받게 되는 금액이다. 따라서 다른 모든 것이 일정하다면, 행사가격이 높을수록 풋옵션의 가치는 높아지게 된다.

2) 만 기 일

미국형 풋옵션은 만기일 이전에 언제든지 옵션의 행사가 가능하다. 따라서 미국형 풋옵션의 경우 만기가 길면 길수록 옵션을 행사할 수 있는 기회를 보다 더 많이 가지게 되므로 옵션의 가치는 증가하게 된다.

이러한 관계는 유럽형 풋옵션의 경우 성립하지 않을 수 있다. 왜냐하면 유럽형 풋옵션은 만기일이 증가함에 따라 상반된 효과, 즉 '옵션의 행사기회 증가로 인한 옵션가치 증가'와 '행사가격의 현재가치 감소로 인한 옵션가치 감소'가 동시에 나타나기 때문이다.

3) 주식가격

다른 모든 것이 동일하다면, 풋옵션의 가치는 주가가 행사가격 이하일 때 가치를 가지기 때문에 현재의 주식가격이 낮을수록 풋옵션의 가치는 상승한다.

표 15-7 옵션가치에 영향을 미치는 요인

요 인	콜옵션	풋옵션
행사가격(X)	−	+
만기일*(T)	+	+
기초자산의 가치(주식가격)(S)	+	−
기초자산(주식)의 변동성(σ^2)	+	+
무위험이자율(r_T)	+	−

* 이 관계는 유럽형 옵션의 경우에는 성립하지 않을 수 있다.

4) 주식의 변동성

주식의 변동성이 커지면, 풋옵션의 가치는 증가하게 된다. 풋옵션도 콜옵션과 마찬가지로 유한책임증권으로서 주식가격이 큰 폭으로 변동한다 하더라도 옵션가치가 있는 부분(주가가 행사가격보다 낮은 경우)만 옵션의 가치에 영향을 미친다. 따라서 주식의 변동성이 증가하는 경우 주가가 크게 상승하거나 하락할 수 있으나, 크게 하락하는 부분만이 옵션의 가치에 영향을 미치게 되어 풋옵션의 가치는 증가하게 된다.

5) 무위험이자율

풋옵션의 매입자는 옵션이 행사될 때까지 행사가격을 받지 못할 것이다. 이자율이 높을 때 풋옵션의 매입자가 받게 되는 행사가격의 현재가치는 작아지기 때문에 풋옵션의 가치는 하락하게 된다. 그러므로 풋옵션의 가치는 이자율과 음(−)의 상관관계를 가진다.

지금까지 설명한 옵션가치에 영향을 미치는 다섯 가지 요인들이 옵션가치에 어떤 영향을 미치는지를 요약하면 〈표 15-7〉과 같다. 〈표 15-7〉에서 볼 수 있는 바와 같이 다섯 가지 요인 중 기초자산의 가치, 행사가격 및 이자율이 콜옵션가치와 풋옵션가치에 미치는 영향은 서로 상반됨을 알 수 있다.

3.3 옵션의 내재가치와 시간가치

옵션의 가격은 내재가치(intrinsic value)와 시간가치(time value)의 합이라 할 수

그림 15-9 옵션의 내재가치와 시간가치

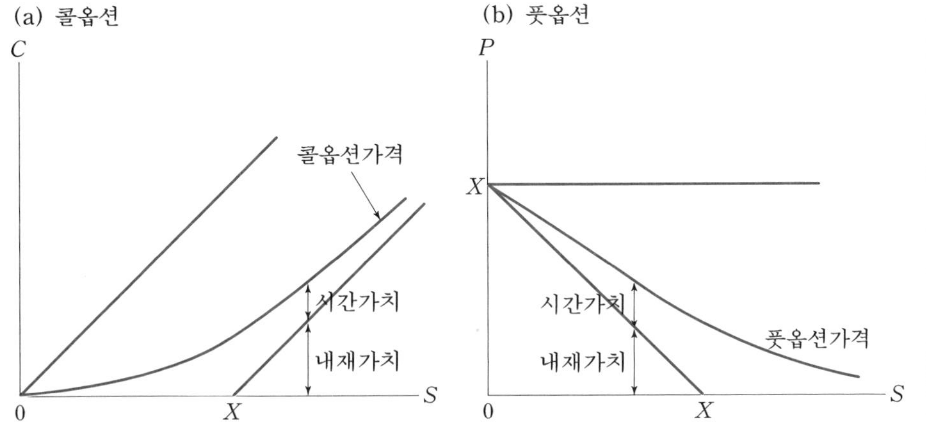

있다. 내재가치는 권리를 즉시 행사할 때의 가치와 0 중에서 큰 값을 의미하는 것으로서 콜옵션의 내재가치는 Max[0, $S-X$]이며, 풋옵션의 내재가치는 Max[0, $X-S$]이다. 옵션의 소유자가 옵션을 즉시 행사할 때 양(+)의 현금흐름이 발생되는 경우(콜: $S>X$, 풋: $S<X$)에는 내가격(in the money: ITM)이라 하며, 음(-)의 현금흐름이 발생되는 경우(콜: $S<X$, 풋: $S>X$)에는 외가격(out of the money: OTM)이라고 한다. 한편 $S=X$인 경우 등가격(at the money: ATM)이라 한다. 그러므로 옵션이 내가격일 경우에만 내재가치가 존재하게 된다. 그리고 시간가치 또는 시간프리미엄(time premium)은 옵션을 계속 보유할 경우 행사가치의 감소 또는 주가의 변동성 등에 의해 추가적으로 얻을 수 있는 가치이다. 옵션의 내재가치와 시간가치를 그림으로 나타내면 〈그림 15-9〉와 같다.

4 옵션가격결정모형

제9장에서 설명한 CAPM, APT 등과 달리 옵션은 기초자산에서 파생된 증권으로서, 독립적으로 평가되는 것이 아니라 주어진 기초자산의 가격에 근거하여 종속

적으로 평가된다. 옵션가격결정모형(option pricing model: OPM)에는 콕스, 로스, 루빈슈타인(J. Cox, S. Ross, and M. Rubinstein)에 의해서 개발된 이항옵션가격결정모형(binomial option pricing model)과 블랙과 숄즈(F. Black and M. Scholes)에 의해서 개발된 블랙-숄즈 옵션가격결정모형(Black-Scholes option pricing model)이 있다.[17)]

4.1 이항옵션가격결정모형

1) 기본 이항옵션가격결정모형

(1) 1기간 모형

이항옵션가격결정모형은 주가가 이산적(discrete)으로 변하며 그 변동은 두 가지로 한정된다는 가정, 즉 주가변동이 이항분포(binomial distribution)를 따른다는 가정하에서 도출된 모형이다. 예를 들어 현재 주가(S)가 20,000원인 주식이 콜옵션의 만기일(T)에 24,000원으로 상승하거나 18,000원으로 하락할 것이라고 가

그림 15-10 콜옵션의 만기일에서의 주가변동

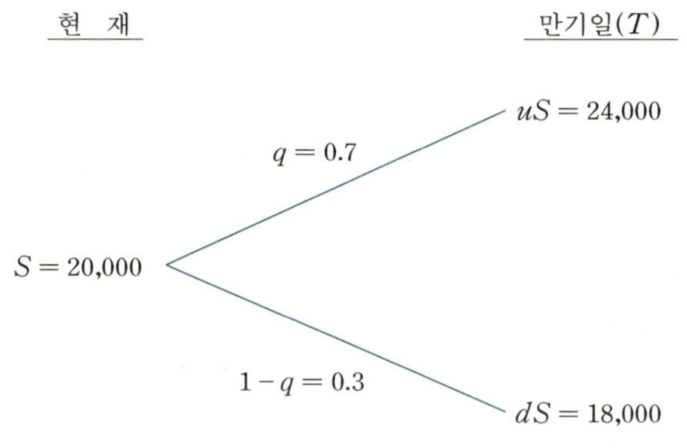

17) 두 모형에 대한 구체적인 유도과정은 다음의 두 논문을 참조.
J. Cox, S. Ross, and M. Rubinstein, "Option Pricing: A Simplified Approach," *Journal of Financial Economics*, Vol. 7 (Sep. 1979), pp. 229~263.
F. Black and M. Scholes, "The Pricing of Option and Corporate Liabilities," *Journal of Political Economy*, Vol. 81 (May-June 1973), pp. 637~659.

그림 15-11 주가변동에 따른 콜옵션의 가치

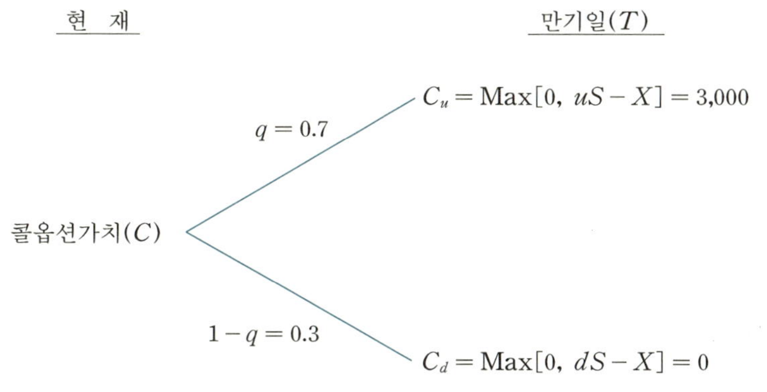

정하자. 그리고 주가가 상승할 확률은 70%이며 하락할 확률은 30%라고 하자. 이를 요약하여 나타내면 〈그림 15-10〉과 같다. 〈그림 15-10〉에서 u는 주가의 상승계수(24,000/20,000 = 1.2), d는 주가의 하락계수(18,000/20,000 = 0.9)를 의미한다.[18)]

이제 행사가격(X)이 21,000원인 콜옵션을 생각해 보자. 만기일에 주가가 24,000원으로 상승하면, 콜옵션의 가치(C_u)는 3,000원(24,000원 − 21,000원)이 된다. 그리고 주가가 18,000원으로 하락하면, 콜옵션은 행사되지 않으므로 콜옵션의 가치(C_d)는 0원이 된다. 이와 같이 주가변화에 따른 콜옵션의 가치는 〈그림 15-11〉에 나타나 있다.

〈그림 15-11〉에서 볼 수 있는 바와 같이 콜옵션의 가치가 만기일에서 3,000원(70%의 확률) 또는 0원(30%의 확률)이 될 때, 이 콜옵션의 현재가치(C)는 얼마인가? 이에 대한 해답을 얻기 위하여, 주식을 α주 매입하고 그 주식에 대한 콜옵션 1개를 매도하는 포트폴리오를 구성해 보자. 이와 같이 구성한 포트폴리오의 성과는 〈그림 15-12〉와 같다.

〈그림 15-12〉에서 $(\alpha S - C)$는 주식을 α주 매입하고 그 주식에 대한 콜옵션 1개를 매도하는 포트폴리오를 구성하기 위하여 필요한 금액(투자액)이며, $(\alpha uS - C_u)$와 $(\alpha dS - C_d)$는 각각 주가가 상승하거나 하락하였을 때 포트폴리오의 만기일에서의 성과를 의미한다.

위험이 없는 무위험포트폴리오, 즉 헤지포트폴리오(hedge portfolio)를 구성하

18) $u > (1 + \text{무위험이자율}) > d$

그림 15-12 **포트폴리오의 성과**

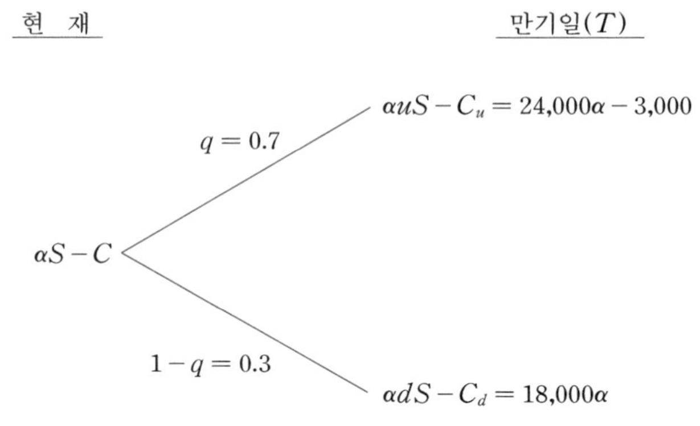

기 위해서는 주가의 상승 또는 하락과 관계없이 만기일에서의 포트폴리오의 성과가 항상 일정해야 한다.

$$\alpha uS - C_u = \alpha dS - C_d \tag{15-7}$$

식 (15-7)을 α에 관해서 풀면 다음과 같다.

$$\alpha = \frac{C_u - C_d}{(u-d)S} \tag{15-8}$$

식 (15-8)에서 α는 헤지비율(hedge ratio)로서 무위험포트폴리오를 구성하기 위해 콜옵션 1개를 매도(매입)할 때 매입(매도)하여야 하는 주식의 수를 의미한다.

위의 예에서 헤지비율 α를 구하면 다음과 같다.

$$24{,}000\alpha - 3{,}000 = 18{,}000\alpha \;\rightarrow\; \alpha = 0.5$$

또는

$$\alpha = \frac{3{,}000 - 0}{(1.2 - 0.9)(20{,}000)} = 0.5$$

20,000원 하는 주식 0.5주를 매입하고 이 주식에 대한 콜옵션 1개를 매도하여 구성한 포트폴리오의 만기성과는 주가의 변동에 관계없이 9,000원(24,000×

0.5−3,000 = 18,000 × 0.5)으로 항상 일정하게 된다.[19]

이와 같이 구성한 헤지포트폴리오의 수익률은 무위험이자율 r_T가 되어야 한다.

$$(\alpha S - C)(1 + r_T) = \alpha uS - C_u = \alpha dS - C_d \tag{15-9}$$

이제 식 (15-8)과 식 (15-9)를 이용하여 콜옵션의 가격 C를 구하면 다음과 같다.[20]

$$C = \left[C_u\left(\frac{(1 + r_T) - d}{u - d} \right) + C_d\left(\frac{u - (1 + r_T)}{u - d} \right) \right] \div (1 + r_T) \tag{15-10}$$

여기서

$$p = \frac{(1 + r_T) - d}{u - d},\ 1 - p = \frac{u - (1 + r_T)}{u - d}$$

로 놓는다면, 식 (15-10)을 다음과 같이 간단히 표현할 수 있다.

$$C = \frac{pC_u + (1 - p)C_d}{1 + r_T} \tag{15-11}$$

식 (15-11)에서 p는 확률과 유사한 성격을 가지는 것으로서 위험중립확률

---

19) 또는 주식 1주를 매입하고 동시에 콜옵션 2개를 매도하는 경우에도 헤지포트폴리오를 구성할 수 있다.

20) 주식을 α주 매입하고 그 주식에 대한 콜옵션 1개를 매도하여 구성한 헤지포트폴리오는 무위험채권을 복제한 것으로 볼 수 있다.

$\alpha S - C = B \rightarrow C = \alpha S - B$

따라서 주식 α주를 매입하고 무위험채권 B를 공매(차입)하여 콜옵션을 복제할 수 있으며, 그 성과는 다음과 같다.

$$\alpha S - B \left\langle \begin{array}{l} \alpha uS - B(1+r_T) \\ \\ \alpha dS - B(1+r_T) \end{array} \right.$$

콜옵션 복제포트폴리오의 만기일 성과는 콜옵션과 동일해야 한다.

$\alpha uS - B(1+r_T) = C_u$

$\alpha dS - B(1+r_T) = C_d$

위의 두 식에 의해 α와 B를 구하면 다음과 같다.

$$\alpha = \frac{C_u - C_d}{(u-d)S},\ B = \frac{\left(\frac{C_u - C_d}{u-d}\right)u - C_u}{1+r_T}$$

이제 α와 B를 대입하여 콜옵션의 현재가치를 구할 수 있으며, 이는 식 (15-11)과 동일하다.

$$C = \alpha S - B = \frac{pC_u + (1-p)C_d}{1 + r_T}$$

(risk-neutral probability) 또는 헤지확률(hedge probability)이라 한다.[21]

만기까지의 무위험이자율이 10%라고 한다면, 이상의 예에서 콜옵션의 가격은 식 (15-11)을 이용하여 다음과 같이 구할 수 있다.[22]

$$p=\frac{(1+0.1)-0.9}{1.2-0.9}=\frac{2}{3},\ 1-p=\frac{1.2-(1+0.1)}{1.2-0.9}=\frac{1}{3}$$

$$\therefore\ C=\frac{1}{1+0.1}\left[\frac{2}{3}(3{,}000)+\frac{1}{3}(0)\right]=1{,}818.18\text{원}$$

식 (15-11)은 옵션가격결정에 대한 몇 가지 중요한 특징을 내포하고 있다.

첫째, 식 (15-11)에서 볼 수 있는 바와 같이 옵션가격을 결정하는 변수에 주가가 상승할 확률(q) 또는 하락할 확률($1-q$)이 포함되어 있지 않다. 즉 현재의 주가가 주어진 상황하에서 옵션가격은 주가가 상승하거나 하락할 확률과 관계없이 결정된다.[23] 이는 옵션의 가치가 주어진 주가에 근거하여 상대적으로 평가되고, 주가의 상승 또는 하락확률은 이미 주가에 반영되어 있기 때문이다.

둘째, 위험에 대한 투자자들의 태도가 옵션가격에 영향을 주지 않는다. 식 (15-11)에서는 "富는 많을수록 더 좋다"는 가정만 하고 있다.

셋째, 옵션가격은 다른 주식들 특히 시장포트폴리오의 가격변동에 관계없이 기초주식 그 자체의 가격변동에 의해서 영향을 받는다. 옵션은 기초자산인 주식으로부터 파생된 자산으로서 주어진 주가에 근거하여 종속적으로 평가됨을 유의해야 한다.

이상의 특징들을 살펴볼 때, 콜옵션가격은 항상 무위험상태(hedge state)에서 유도되기 때문에 그 평가과정은 투자자의 위험선호형태와도 무관하게 된다는 사실

---

21) 만기일에서의 기대가치에서 위험부분을 제거한 가치, 즉 확실성등가가치(certainty equivalent value)를 만들어 주는 확률, 즉 위험중립확률 p를 이용하여 현재의 주가를 계산하면 다음과 같다.

$$S=\frac{puS+(1-p)dS}{1+r_T}$$

위의 식을 이용하여 다음과 같이 위험중립확률을 구할 수 있다.

$$1+r_T=pu+(1-p)d\ \rightarrow\ p=\frac{(1+r_T)-d}{u-d}$$

위험중립확률은 주식의 기대수익률과 무위험이자율이 같아지도록 만들어 주는 확률개념이라 할 수 있다.

22) 또는 식 (15-9)를 이용하여 콜옵션의 가치를 직접 구하면 다음과 같다.

$$(0.5\times 20{,}000-C)(1+0.1)=0.5\times 24{,}000-3{,}000\qquad \therefore\ C=1{,}818.18\text{원}$$

23) 확률의 변화에 따라 현재 주가가 변할 경우 옵션가격이 영향을 받을 수 있음을 유의해야 한다.

그림 15-13 2기간 동안의 주가변동

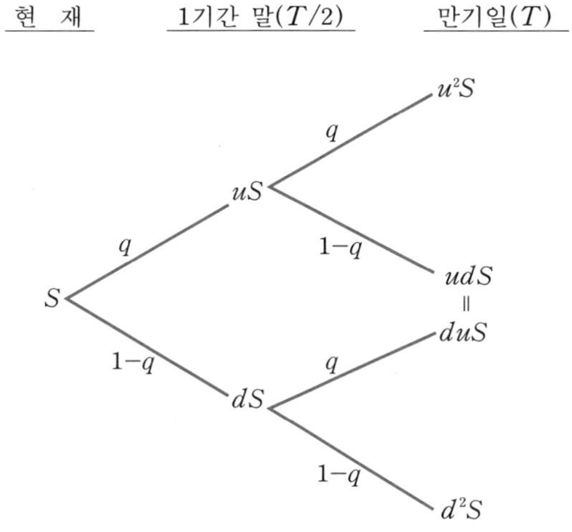

을 알 수 있다. 즉 콜옵션가격은 위험중립가격결정관계(risk-neutral valuation relationship)에 의해서 도출된다고 할 수 있다.[24)]

(2) 2기간 모형

지금까지는 만기일까지 주가가 한 번만 변동한다는 1기간 모형을 설명하였다. 이제 이를 확장하여 만기일까지 주가가 두 번 변동하는 경우를 살펴보자.

주식가격이 이항분포를 따른다면 2기간 동안 주가움직임은 〈그림 15-13〉과 같다. 〈그림 15-13〉에서 볼 수 있는 바와 같이 2기간 후의 주식가격은 결국 세 가지 형태로 나타낼 수 있다. 그리고 행사가격이 X인 콜옵션의 경우에 있어서 주가변화에 따른 콜옵션의 가치는 〈그림 15-14〉와 같다.

앞에서 도출한 옵션만기일까지 1기간이 남아 있는 경우의 콜옵션평가모형인 식 (15-11)을 이용하여 먼저 1기간 말($T/2$시점)에서의 콜옵션가치인 C_u와 C_d를 구하면 다음과 같다.

$$C_u = \frac{pC_{uu} + (1-p)C_{ud}}{1 + r_{T/2}}, \quad C_d = \frac{pC_{du} + (1-p)C_{dd}}{1 + r_{T/2}}$$

24) 옵션가격결정모형은 위험회피형 투자자 등 엄격한 가정에 기초한 CAPM보다 완화된 가정하에서 도출된 모형임을 알 수 있다.

그림 15-14 2기간 주가변동에 따른 콜옵션의 가치

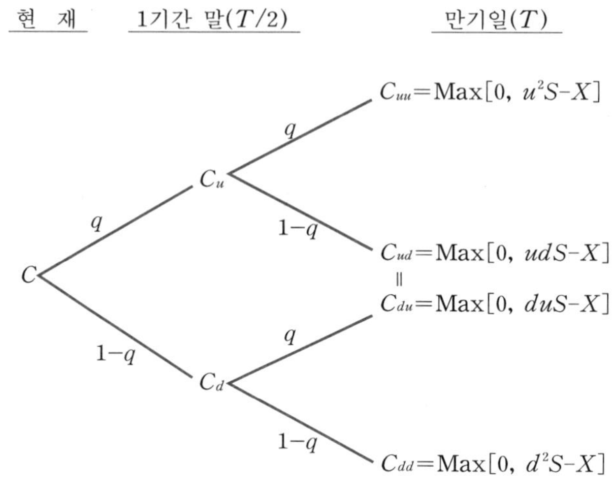

여기서 $r_{T/2}$: 1기간$(T/2)$ 동안의 무위험이자율

$$p=\frac{(1+r_{T/2})-d}{u-d},\ 1-p=\frac{u-(1+r_{T/2})}{u-d}$$

여기서 구한 C_u와 C_d를 식 (15-11)에 대입하여 정리하면, 다음과 같은 2기간 콜옵션가격결정모형을 도출할 수 있다.

$$C=\frac{p^2C_{uu}+2p(1-p)C_{ud}+(1-p)^2C_{dd}}{(1+r_{T/2})^2} \tag{15-12}$$

이상에서 살펴본 바와 같이 주가가 2기간 이상 변동할 경우 만기일에서부터 1기간씩 역순으로 콜옵션가치를 계속 추정해 나가는 방법을 이용하면 현재의 콜옵션가치를 구할 수 있을 것이다.

예제 15-2 2기간 콜옵션가격결정모형

현재 주가는 30,000원이며, 주가는 매 3개월마다 5% 상승하거나 5% 하락한다. 3개월간 무위험이자율은 3%이다. 행사가격이 28,000원이고 만기가 6개월인 유럽형 콜옵션의 가치를 구하라.

☞ 해설

만기일인 6개월 후의 콜옵션가치와 헤지확률 p를 각각 구하면 다음과 같다.

· $C_{uu} = \text{Max}[0,\ u^2S - X] = \text{Max}[0,\ (1.05)^2(30{,}000) - 28{,}000] = 5{,}075$

· $C_{ud}(=C_{du}) = \text{Max}[0,\ udS - X] = \text{Max}[0,\ (1.05)(0.95)(30{,}000) - 28{,}000]$
$= 1{,}925$

· $C_{dd} = \text{Max}[0,\ d^2S - X] = \text{Max}[0,\ (0.95)^2(30{,}000) - 28{,}000] = 0$

· $p = \dfrac{(1 + r_{T/2}) - d}{u - d} = \dfrac{1.03 - 0.95}{1.05 - 0.95} = 0.8,\ 1 - p = 0.2$

그러므로

$$C = \frac{p^2C_{uu} + 2p(1-p)C_{ud} + (1-p)^2C_{dd}}{(1+r_{T/2})^2}$$
$$= \frac{0.8^2 \times 5{,}075 + 2 \times 0.8 \times 0.2 \times 1{,}925 + 0.2^2 \times 0}{1.03^2} = 3{,}642.19\text{원}$$

2) 이항옵션가격결정모형의 확장

(1) 풋 옵 션

먼저 1기간 모형을 살펴보자. 주가가 앞의 〈그림 15-10〉과 같이 변동하는 경우 행사가격(X)이 21,000원인 풋옵션의 가치는 〈그림 15-15〉와 같이 나타낼 수 있다.

〈그림 15-15〉에서 볼 수 있는 바와 같이 풋옵션의 가치가 만기일에서 0원(70%의 확률) 또는 3,000원(30%의 확률)이 될 때, 이 풋옵션의 현재가치(P)는 얼

그림 15-15 주가변동에 따른 풋옵션의 가치

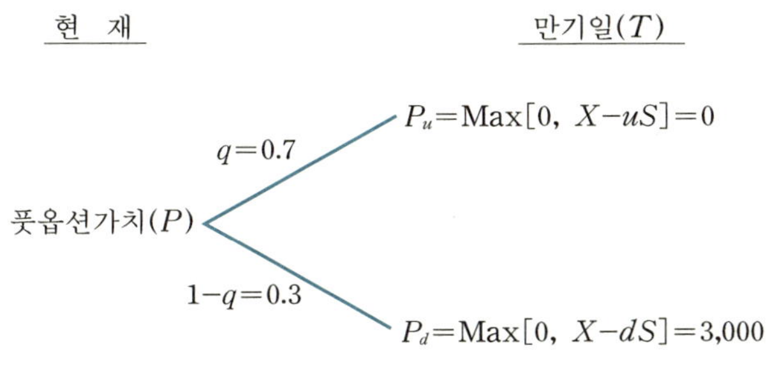

그림 15-16 **포트폴리오의 성과**

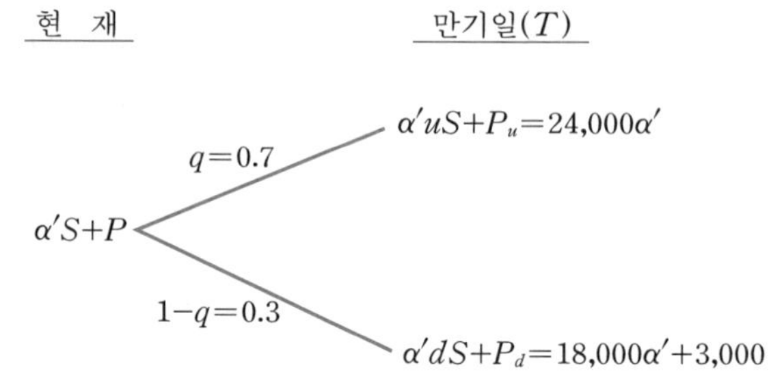

마인가? 이에 대한 해답을 얻기 위하여, 주식을 α'주 매입하고 동시에 그 주식에 대한 풋옵션 1개를 매입하는 포트폴리오를 구성해 보자. 이와 같이 구성한 포트폴리오의 성과는 〈그림 15-16〉과 같다.

헤지포트폴리오를 구성하기 위해서는 주가의 상승 또는 하락과 관계없이 만기일에서의 포트폴리오의 성과가 항상 일정해야 한다.

$$\alpha' uS + P_u = \alpha' dS + P_d \tag{15-13}$$

식 (15-13)을 α'에 관해서 풀면 다음과 같다.

$$\alpha' = \frac{P_d - P_u}{(u-d)S} \tag{15-14}$$

식 (15-14)에서 α'는 헤지비율로서 무위험포트폴리오를 구성하기 위해 풋옵션 1개를 매입할 때 매입하여야 하는 주식의 수를 의미한다.

위의 예에서 헤지비율 α'를 구하면 다음과 같다.

$$24{,}000\alpha' = 18{,}000\alpha' + 3{,}000 \rightarrow \alpha' = 0.5$$

또는

$$\alpha' = \frac{3{,}000 - 0}{(1.2-0.9)(20{,}000)} = 0.5$$

20,000원 하는 주식 0.5주를 매입하고 동시에 이 주식에 대한 풋옵션 1개를

매입하여 구성한 포트폴리오의 만기성과는 주가의 변동에 관계없이 12,000원 $(24{,}000 \times 0.5 = 18{,}000 \times 0.5 + 3{,}000)$으로 항상 일정하게 된다.

이와 같이 구성한 헤지포트폴리오의 수익률은 무위험이자율 r_T가 되어야 한다.

$$(\alpha' S + P)(1 + r_T) = \alpha' uS + P_u = \alpha' dS + P_d \tag{15-15}$$

이제 식 (15-14)와 식 (15-15)를 이용하여 풋옵션의 가격 P를 구하면 다음과 같다.[25)]

$$P = \left[P_u \left(\frac{(1 + r_T) - d}{u - d} \right) + P_d \left(\frac{u - (1 + r_T)}{u - d} \right) \right] \div (1 + r_T)$$

$$= \frac{pP_u + (1 - p)P_d}{1 + r_T} \tag{15-16}$$

여기서 $p = \dfrac{(1 + r_T) - d}{u - d}$, $1 - p = \dfrac{u - (1 + r_T)}{u - d}$

만기까지의 무위험이자율이 10%라고 한다면, 이상의 예에서 풋옵션의 가격은 식 (15-16)을 이용하여 다음과 같이 구할 수 있다.[26)]

$$p = \frac{(1 + 0.1) - 0.9}{1.2 - 0.9} = \frac{2}{3}, \quad 1 - p = \frac{1.2 - (1 + 0.1)}{1.2 - 0.9} = \frac{1}{3}$$

$$\therefore\ P = \frac{1}{1 + 0.1} \left[\frac{2}{3}(0) + \frac{1}{3}(3{,}000) \right] = 909.09\text{원}$$

이제 만기일까지 주가가 두 번 움직이는 경우, 즉 주가움직임이 앞의 〈그림 15-13〉과 같은 경우 주가변화에 따른 풋옵션의 가치는 〈그림 15-17〉과 같다. 이와 같은 경우 2기간 콜옵션과 동일한 방법으로 2기간 풋옵션가격결정모형을 도출하면 다음과 같다.

---

25) 주식을 α'주 매입하고 동시에 그 주식에 대한 풋옵션 1개를 매입하여 구성한 헤지포트폴리오는 무위험채권을 복제한 것으로 볼 수 있다.

$$\alpha' S + P = B' \rightarrow P = -\alpha' S + B'$$

따라서 주식 α'주를 공매하고 무위험채권 B'를 매입(대출)하여 풋옵션을 복제할 수 있다.

26) 식 (15-15)를 이용하여 풋옵션의 가치를 직접 구하면 다음과 같다.

$$(0.5 \times 20{,}000 + P)(1 + 0.1) = 0.5 \times 24{,}000 \qquad \therefore\ P = 909.09\text{원}$$

또는 풋-콜 패리티를 이용하여 풋옵션의 가치를 구할 수도 있다.

$$P = C - S + \frac{X}{1 + r_T} = 1{,}818.18 - 20{,}000 + \frac{21{,}000}{1 + 0.1} = 909.09$$

그림 15-17 2기간 주가변동에 따른 풋옵션의 가치

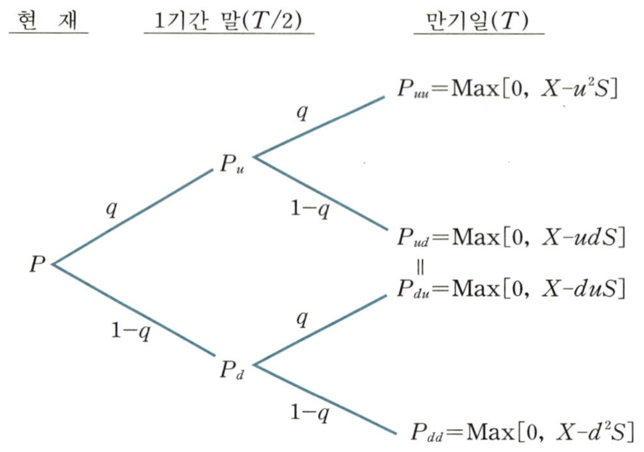

$$P=\frac{p^2P_{uu}+2p(1-p)P_{ud}+(1-p)^2P_{dd}}{(1+r_{T/2})^2} \qquad (15\text{-}17)$$

(2) 미국형 옵션과 조기행사

지금까지 도출한 옵션가격결정모형은 모두 유럽형 옵션에 대한 것이다. 미국형 옵션은 풋옵션 또는 배당이 존재하는 경우에 조기행사될 수 있다. 이와 같이 미국형 옵션의 경우 조기행사가 가능하기 때문에 유럽형 옵션과는 달리, 만기일부터 현재시점으로 이항과정을 역행하면서 매기간 말마다 옵션을 행사하는 것이 최적인지를 판단해야 한다. 즉 매기간 말마다 1기간 모형(식 (15-11) 또는 식 (15-16))에 의해서 계산된 옵션가치와 그 시점에서 옵션을 조기행사하여 얻을 수 있는 가치를 비교한 후, 큰 값을 그 시점에서의 옵션가치로 한다. 이와 같은 점을 유의하여 앞에서 설명한 이항과정을 반복하여 시행하면 미국형 옵션가치를 구할 수 있을 것이다.

예제 15-3 미국형 풋옵션의 가격결정

현재 주가는 20,000원이며, 주가는 매 3개월마다 5% 상승하거나 5% 하락한다. 3개월간 무위험이자율은 3%이다. 행사가격이 21,000원이고 만기가 6개월인 미국형 풋옵션의 가치를 구하라.

☞ 해설

먼저 만기일인 6개월 후의 옵션가치와 헤지확률 p를 각각 구하면 다음과 같다.

· $P_{uu} = \text{Max}[X - u^2S,\ 0] = \text{Max}[21{,}000 - (1.05)^2(20{,}000),\ 0] = 0$

· $P_{ud} = \text{Max}[X - udS,\ 0] = \text{Max}[21{,}000 - (1.05)(0.95)(20{,}000),\ 0] = 1{,}050$

· $P_{dd} = \text{Max}[X - d^2S,\ 0] = \text{Max}[21{,}000 - (0.95)^2(20{,}000),\ 0] = 2{,}950$

· $p = \dfrac{(1 + r_{T/2}) - d}{u - d} = \dfrac{1.03 - 0.95}{1.05 - 0.95} = 0.8,\ 1 - p = 0.2$

이제 풋옵션의 가치를 이항과정에 의해 나타내면 다음과 같다.

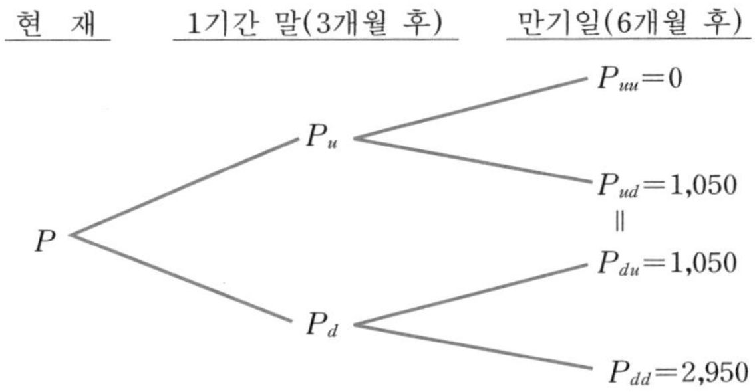

(1) 1기간 말(3개월 후)에서의 풋옵션가치평가

① 주가상승시

$$P_u = \frac{pP_{uu} + (1-p)P_{ud}}{1 + r_{T/2}} = \frac{0.8 \times 0 + 0.2 \times 1{,}050}{1.03} = 203.88\text{원}$$

$$P_u^{*} = \text{Max}[X - uS,\ 0] = \text{Max}[21{,}000 - (1.05)(20{,}000),\ 0] = 0\text{원}$$

계속 보유하는 경우의 미국형 풋옵션가치($P_u = 203.88$원)는 조기행사시의 가치($P_u^{*} = 0$원)보다 더 크기 때문에 이 옵션은 조기행사되지 않을 것이다. 따라서 이 시점에서의 미국형 풋옵션가치는 203.88원이 된다.

② 주가하락시

$$P_d = \frac{pP_{du} + (1-p)P_{dd}}{1 + r_{T/2}} = \frac{0.8 \times 1{,}050 + 0.2 \times 2{,}950}{1.03} = 1{,}388.35\text{원}$$

$$P_d^{*} = \text{Max}[X - dS,\ 0] = \text{Max}[21{,}000 - (0.95)(20{,}000),\ 0] = 2{,}000\text{원}$$

계속 보유하는 경우의 미국형 풋옵션가치($P_d = 1{,}388.35$원)는 조기행사시의 가치($P_d^{*} = 2{,}000$원)보다 작기 때문에 이 옵션은 조기행사될 것이다. 따라서 이 시점에서의 미국형 풋옵션가치는 2,000원이 된다.

(2) 현재시점에서의 풋옵션가치 평가

$$P = \frac{pP_u + (1-p)P_d^*}{1 + r_{T/2}} = \frac{0.8 \times 203.88 + 0.2 \times 2{,}000}{1.03} = 546.70\text{원}$$

$$P^* = \text{Max}[X - S,\ 0] = \text{Max}[21{,}000 - 20{,}000,\ 0] = 1{,}000\text{원}$$

계속 보유하는 경우의 미국형 풋옵션가치($P = 546.70$원)는 조기행사시의 가치($P^* = 1{,}000$원)보다 작기 때문에 이 옵션은 현재시점에서 바로 행사될 것이다. 따라서 현재시점에서의 미국형 풋옵션가치는 1,000원이라 할 수 있다.

(3) 통화옵션

통화옵션(currency option)에서 기초자산인 외국통화는 배당수익률을 지급하는 주식과 유사하다. 외국통화의 소유자는 외국의 무위험이자율 r_T^F와 같은 수준의 배당수익률을 받는 것으로 이해할 수 있다.

현물환율(spot exchange rate) S가 콜옵션의 만기일(T)에 uS로 상승하거나 또는 dS로 하락하는 경우 현물환율 및 통화콜옵션(행사가격$=X$)의 가치변동을 나타내면 〈그림 15-18〉과 같다.

외국통화 $\left(\frac{\alpha}{1+r_T^F}\right)$단위를 매입하고 그 외국통화에 대한 콜옵션 1개를 매도하여 구성한 헤지포트폴리오의 성과는 〈그림 15-19〉와 같다.[27)]

그림 15-18 현물환율(₩/U$) 및 통화콜옵션의 가치변동 : 1기간

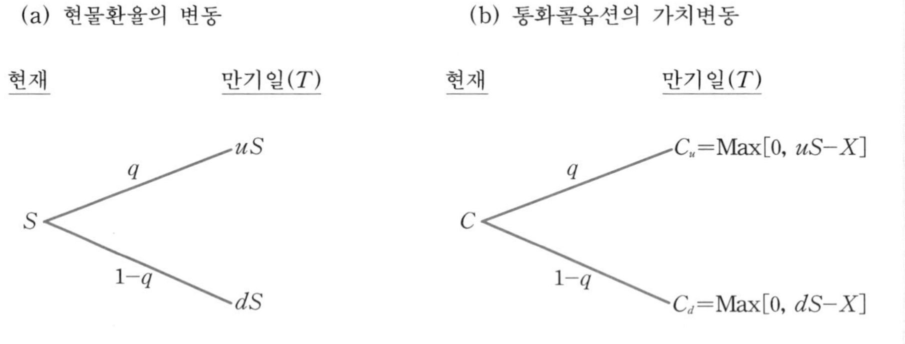

27) 외국통화의 경우 투자를 통해서 외국의 무위험이자율 r_T^F를 얻을 수 있다. 따라서 헤지포트폴리오를 구성할 때 외국통화의 투자액은 외국의 무위험이자율을 할인한 금액이 되어야 함을 유의해야 한다.

그림 15-19 **헤지포트폴리오의 성과**

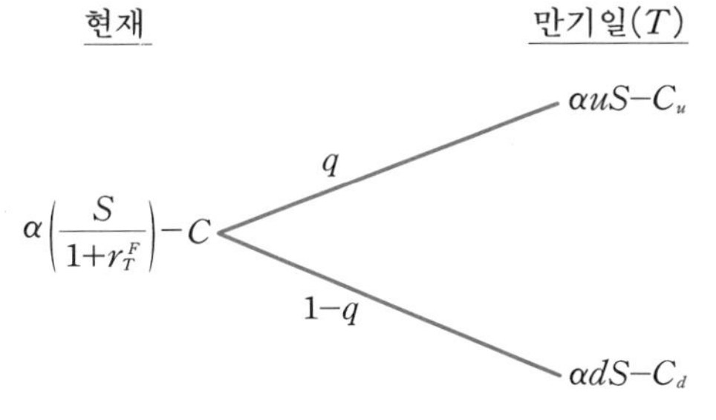

헤지포트폴리오를 구성하기 위해서는 현물환율의 상승 또는 하락과 관계없이 만기일에서의 포트폴리오의 성과가 항상 일정해야 한다.

$$\alpha uS-C_u=\alpha dS-C_d \rightarrow \alpha=\frac{C_u-C_d}{(u-d)S}$$

이와 같이 구성한 헤지포트폴리오의 수익률은 무위험이자율(국내) r_T가 되어야 할 것이다.

$$\left[\alpha\left(\frac{S}{1+r_T^F}\right)-C\right](1+r_T)=\alpha uS-C_u=\alpha dS-C_d$$

이상의 두 식에 의해 통화콜옵션의 가격 C를 구하면 다음과 같다.[28)]

$$C=\frac{pC_u+(1-p)C_d}{1+r_T} \tag{15-18}$$

$$\text{여기서 } p=\frac{\left(\frac{1+r_T}{1+r_T^F}\right)-d}{u-d}=\frac{(1+r_T)-d(1+r_T^F)}{u(1+r_T^F)-d(1+r_T^F)}$$

위험중립확률 p는 위험중립평가원칙에 의해서도 구할 수 있다.

$$\frac{S}{1+r_T^F}=\frac{puS+(1-p)dS}{1+r_T} \rightarrow p=\frac{\left(\frac{1+r_T}{1+r_T^F}\right)-d}{u-d}$$

그리고 유럽형 통화옵션의 풋-콜 패리티는 다음과 같다.

---

28) $p\cong\frac{(1+r_T-r_T^F)-d}{u-d}$

$$\frac{S}{1+r_T^F}+P-C=\frac{X}{1+r_T} \qquad (15\text{-}19)$$

배당수익률 r_{d_T}로 배당을 지급하며, 배당지급 후 주가 또는 주가지수가 S에서 S_T(단일 기간일 경우 uS 또는 dS)로 변할 경우 주식옵션 또는 주가지수옵션의 경우도 통화옵션과 동일한 방법으로 콜옵션의 가격과 풋-콜 패리티를 구할 수 있다.

$$C=\frac{pC_u+(1-p)C_d}{1+r_T},\ \text{여기서}\ p=\frac{\left(\frac{1+r_T}{1+r_{d_T}}\right)-d}{u-d} \qquad (15\text{-}18)'$$

$$\frac{S}{1+r_{d_T}}+P-C=\frac{X}{1+r_T} \qquad (15\text{-}19)'$$

4.2 블랙-숄즈 옵션가격결정모형과 확장

1) 블랙-숄즈 옵션가격결정모형

블랙과 숄즈는 몇 가지 엄격한 가정하에서 콜옵션의 가치를 계산하기 위한 다음과 같은 수학적 모형을 개발하였다.[29)]

$$C=SN(d_1)-Xe^{-rT}N(d_2) \qquad (15\text{-}20)$$

$$\text{여기서}\quad d_1=\frac{\ln\frac{S}{X}+\left(r+\frac{1}{2}\sigma^2\right)T}{\sigma\sqrt{T}},\quad d_2=d_1-\sigma\sqrt{T}$$

C: 콜옵션의 현재가치
S: 현재의 주가
X: 행사가격
e: 자연지수(2.71828……)
r: 무위험이자율(연리)
T: 연단위로 환산된 만기일까지의 잔여기간
$N(d)$: d에서의 누적정규확률분포의 값[30)]

---

29) 이 모형을 도출하기 위한 기본적인 가정은 다음과 같다.
1. 공매(short sale)에 대한 제약과 부담금은 없다.
2. 거래비용과 세금이 존재하지 않는다.
3. 유럽형 옵션을 전제로 한다.
4. 주식(기초자산)은 배당을 지불하지 않는다.
5. 주가는 갑작스러운 변동없이 연속적으로 변동한다.
6. 무위험이자율은 알려져 있으며 일정하다.
7. 주가는 로그노말분포(lognormal distribution)를 이룬다.

30) $N(d)$의 값은 다음의 표준정규분포 그래프에서 채색된 부분의 면적을 의미한다.

ln: 자연로그(natural logarithm)
σ: 주식 연간 수익률의 표준편차

식 (15-20)에서 옵션의 가치를 결정하는 요인은 현재의 주가(S), 행사가격(X), 만기(T), 무위험이자율(r), 주가의 변동성(σ)의 다섯 가지라는 것을 확인할 수 있다. 블랙-숄즈 옵션가격결정모형은 복잡한 식으로 표현되어 있지만 사실은 재무론의 다른 어떤 모형들보다 이용하기가 훨씬 간편하다. 왜냐하면 이 모형에서 콜옵션의 가치를 계산하는 데 필요한 5가지 변수들, 즉 S, X, T, r, σ 중에서 σ를 제외하고는 쉽게 그리고 확실하게 확인할 수 있기 때문이다.

그리고 식 (15-20)에서 제시된 콜옵션의 가격결정모형을 풋-콜 패리티, 즉 앞의 식 (15-5)′에 대입하여 정리하면, 다음과 같은 풋옵션의 가격결정모형을 도출할 수 있다.

$$\begin{aligned} P &= C - S + Xe^{-rT} = SN(d_1) - Xe^{-rT}N(d_2) - S + Xe^{-rT} \\ &= Xe^{-rT}[1 - N(d_2)] - S[1 - N(d_1)] \end{aligned} \quad (15\text{-}21)$$

이상에서 설명한 블랙-숄즈모형은 주식과 옵션을 이용하여 헤지포트폴리오를 구성하여 옵션의 가격을 도출한다는 점에서 이항모형과 동일하다. 그러나 블랙-숄즈모형은 이항모형과 달리 주가가 연속적으로 변한다고 가정하고 있기 때문에 헤지비율도 계속 변한다는 점을 유의해야 한다.

블랙-숄즈모형에서 헤지비율은 다음과 같이 나타낼 수 있다.[31]

$$\text{콜옵션의 헤지비율} = \frac{\partial C}{\partial S} = N(d_1) \quad (15\text{-}22)$$

$$\text{풋옵션의 헤지비율} = -\frac{\partial P}{\partial S} = 1 - N(d_1) = N(-d_1) \quad (15\text{-}23)$$

식 (15-22)에서 $N(d_1)$은 주가의 변화에 대한 콜옵션가격의 민감도를 나타내

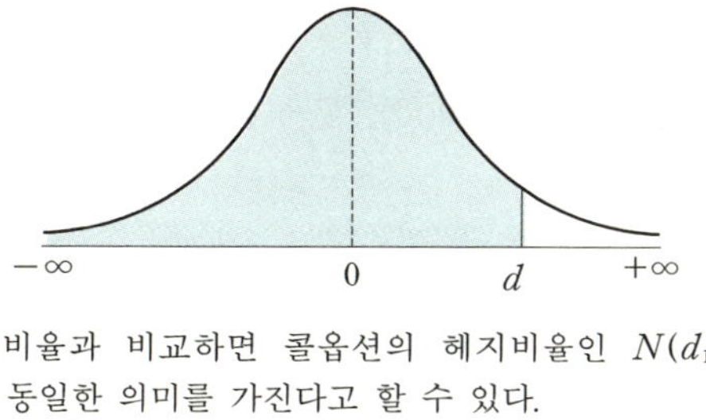

31) 이항모형의 헤지비율과 비교하면 콜옵션의 헤지비율인 $N(d_1)$은 α, 풋옵션의 헤지비율인 $1-N(d_1)$은 α'와 동일한 의미를 가진다고 할 수 있다.

는 값으로, 주가가 순간적으로 1원 변할 때 콜옵션가격은 $N(d_1)$만큼 변한다는 것을 의미한다. 따라서 콜옵션 1개를 매도하고 주식 $N(d_1)$주를 매입함으로써 헤지포트폴리오(무위험채권)를 구성할 수 있을 것이다. 그리고 식 (15-20)에 의하면 주식 $N(d_1)$주를 매입하고, 무위험채권 $Xe^{-rT}N(d_2)$를 공매(차입)함으로써 콜옵션을 복제할 수 있음을 알 수 있다.

식 (15-23)에서 $1-N(d_1)[=N(-d_1)]$은 주가의 변화에 대한 풋옵션가격의 민감도를 나타내는 값으로, 주가가 순간적으로 1원 변할 때 풋옵션가격은 $-[1-N(d_1)]$만큼 변한다는 것을 의미한다. 따라서 풋옵션 1개를 매입하고 주식 $1-N(d_1)$주를 매입함으로써 헤지포트폴리오(무위험채권)를 구성할 수 있을 것이다. 그리고 식 (15-21)에 의하면 주식 $1-N(d_1)$주를 공매하고, 무위험채권 $Xe^{-rT}[1-N(d_2)]$를 매입(대출)함으로써 풋옵션을 복제할 수 있음을 알 수 있다.

한편 식 (15-20), 식 (15-21)에서 $N(d_2)$와 $1-N(d_2)[=N(-d_2)]$는 각각 콜옵션과 풋옵션이 행사될 확률을 의미한다.

예제 15-4 B-S 옵션가격결정모형

청솔주식회사의 주가는 현재 20,000원이다. 이 주식에 대한 콜옵션이 존재하며, 그 콜옵션의 만기일은 6개월 후이고, 행사가격은 21,000원이다. 그리고 주식 연간 수익률의 표준편차는 0.8이고, 연간 무위험이자율은 10%이다.

(1) 블랙-숄즈의 옵션가격결정모형을 이용하여 콜옵션의 현재가치를 계산하라.

(2) 헤지비율은 얼마인가?

(3) 위의 콜옵션과 동일한 행사가격과 만기를 가지고 있는 풋옵션의 현재가치를 구하라.

☞ 해설

(1) 블랙-숄즈 옵션가격결정모형은 다음과 같다.

$$C=SN(d_1)-Xe^{-rT}N(d_2)$$

$S=20{,}000$원, $X=21{,}000$원, $T=0.5$년, $r=0.1$, $\sigma=0.8$이므로 먼저 d_1과 d_2의 값을 구하면 다음과 같다.

$$d_1=\frac{\ln\frac{S}{X}+\left(r+\frac{1}{2}\sigma^2\right)T}{\sigma\sqrt{T}}=\frac{\ln\left(\frac{20{,}000}{21{,}000}\right)+\left[0.1+\frac{1}{2}(0.8)^2\right](0.5)}{(0.8)\sqrt{0.5}}$$

$$= 0.2850$$

$$d_2 = d_1 - \sigma\sqrt{T} = 0.2850 - (0.8)\sqrt{0.5} = -0.2807$$

본서의 〈부표-5〉를 이용하여 $N(d_1)$과 $N(d_2)$의 값을 구하면 다음과 같다.[32]

$$N(d_1) = N(0.2850) \fallingdotseq N(0.29) = 0.5 + 0.1141 = 0.6141$$

$$N(d_2) = N(-0.2807) \fallingdotseq N(-0.28) = 0.5 - 0.1103 = 0.3897$$

따라서 콜옵션의 가치(C)를 다음과 같이 구할 수 있다.

$$C = SN(d_1) - Xe^{-rT}N(d_2)$$
$$= (20{,}000)(0.6141) - (21{,}000)e^{-(0.1)(0.5)}(0.3897) = 4{,}497.42\text{원}$$

(2) 헤지비율(α)은 $N(d_1)$이며, 그 값은 0.6141이다. 즉 콜옵션 1개를 매도하고 주식 0.6141주를 매입하면 헤지상태에 있게 된다.

(3) 풋-콜 패리티 공식을 이용하여 풋옵션의 가치를 구하면 다음과 같다.

$$P = C - S + Xe^{-rT} = 4{,}497.42 - 20{,}000 + (21{,}000)e^{-(0.1)(0.5)} = 4{,}473.24\text{원}$$

2) 배당과 블랙-숄즈모형

현금배당이 있는 경우 블랙-숄즈모형은 배당을 반영하여 수정되어야 한다. 옵션의 만기일 이전에 지급될 배당금과 지급시기를 알 수 있을 경우 현재 주가(S)에서 만기일 이전에 지급되는 배당금의 현재가치($PV(D)$)를 차감한 주가, 즉 배당조정주가(S')를 구할 수 있다. 그리고 배당조정주가를 블랙-숄즈모형에서 S값 대신 사용하여 콜옵션의 가치를 구한다.

$$C = S'N(d_1) - Xe^{-rT}N(d_2) \tag{15-24}$$

여기서 $S' = S - PV(D)$

$$d_1 = \frac{\ln\frac{S'}{X} + (r + \frac{1}{2}\sigma^2)T}{\sigma\sqrt{T}}, \quad d_2 = d_1 - \sigma\sqrt{T}$$

한편 배당금은 알려져 있지 않으나 옵션의 만기일 동안 발생하는 연속배당수

32) 보간법 또는 Excel 등을 이용하여 표준정규분포의 누적확률을 보다 정확히 계산할 수 있으나 여기서는 근사치를 사용한다.

익률(δ)을 알고 있는 경우에는 블랙-숄즈모형을 다음과 같이 수정하여 배당금을 고려해 줄 수 있다.[33)]

$$C = Se^{-\delta T}N(d_1) - Xe^{-rT}N(d_2) \tag{15-25}$$

여기서 $d_1 = \dfrac{\ln\left(\dfrac{Se^{-\delta T}}{X}\right) + (r + \frac{1}{2}\sigma^2)T}{\sigma\sqrt{T}} = \dfrac{\ln\left(\dfrac{S}{X}\right) + (r - \delta + \frac{1}{2}\sigma^2)T}{\sigma\sqrt{T}}$, $d_2 = d_1 - \sigma\sqrt{T}$

통화옵션은 외국통화를 기초자산으로 하는 옵션으로서, 기초자산인 외국통화는 연속배당수익률과 동일한 의미를 가지는 외국의 무위험이자율(r^F)을 지급 받을 수 있다. 따라서 연속배당수익률대신 외국의 무위험이자율(r^F)을 사용하여 식 (15-25)에 의해 통화옵션의 가치를 구할 수 있다.

5 옵션의 응용

5.1 주식과 부채의 가치평가

부채의 상환일(T)에서 기업자산의 가치(V_T)가 부채의 상환액(D)보다 클 경우 주주들은 부채를 상환하고 그 잔액($V_T - D$)을 가지게 된다. 그러나 부채의 상환일 (T)에 기업자산의 가치(V_T)가 부채의 상환액(D)보다 작을 경우 주주들은 부채를 상환하지 않고 파산하기 때문에 주식의 가치는 0이 된다.[34)] 이와 같이 주식은 유한책임증권으로서 부채의 상환일(T)에서 기업자산의 가치(V_T)에 따라 그 가치 (S_T)는 다음과 같이 나타낼 수 있다.

$$S_T \begin{cases} V_T - D & \text{, 만약 } V_T > D\text{이라면} \\ 0 & \text{, 만약 } V_T \le D\text{이라면} \end{cases} \tag{15-26}$$

여기서 D: 부채의 상환액(액면금액)

---

33) 배당을 지급하는 경우(연속배당수익률$=\delta$) 주가가 S에서 S_T로 변한다고 하면, 배당을 지급하지 않는 경우에는 S에서 $S_T \cdot e^{\delta T}$로 변하게 될 것이다. 배당을 지급하지 않는 경우에 만기일의 주가가 S_T로 되려면 현재 주가는 $S \cdot e^{-\delta T}$이어야 한다. 따라서 현재 주가를 S에서 $S \cdot e^{-\delta T}$로 감소시킨 후 마치 주식이 배당을 지급하지 않는 것처럼 블랙-숄즈모형을 이용하여 옵션의 가치를 평가할 수 있다.

34) 주주들은 유한책임을 지기 때문에 부채의 상환액이 기업자산의 가치보다 클 경우 주주들은 자신의 주식을 포기해 버리면 된다.

그림 15-20 부채의 상환일에서의 주식의 가치

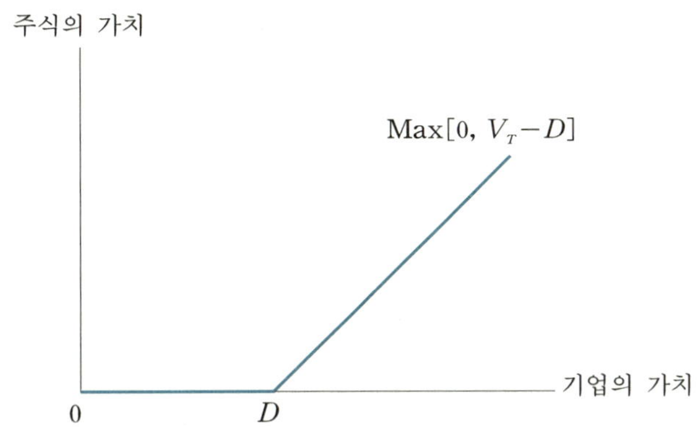

위의 식 (15-26)을 하나의 식으로 나타내면 다음과 같다.

$$S_T = \text{Max}\,[\,0,\ V_T - D\,] \tag{15-27}$$

따라서 주식은 기업자산을 기초자산으로 하는 일종의 콜옵션으로서 만기일은 부채의 상환일, 행사가격은 부채의 상환액이라 할 수 있다.

이상에서 살펴본 부채의 상환일에서의 주식의 가치를 나타내면 〈그림 15-20〉과 같다. 이는 콜옵션의 만기일 가치를 나타낸 앞의 〈그림 15-2〉와 같은 형태이다.

앞의 식 (15-5), 즉 풋-콜 패리티 등식에 의하면 다음과 같은 관계가 성립된다.

$$S + P - C = \frac{X}{1 + r_T} \tag{15-5}$$

식 (15-5)를 기업자산을 기초자산으로 하는 콜옵션으로서의 주식의 경우에 적용하여 변형시키면 다음과 같은 관계가 성립될 수 있다.

$$V + P - S = \frac{D}{(1 + r)^T} \tag{15-28}$$

여기서 V: 기업자산의 현재가치
P: 기업자산에 대한 풋옵션의 현재가치(만기일: T, 행사가격: D)
S: 주식의 현재가치
D: 부채의 상환액
r : 연간 무위험이자율

그림 15-21 상환일에서의 위험부채의 가치

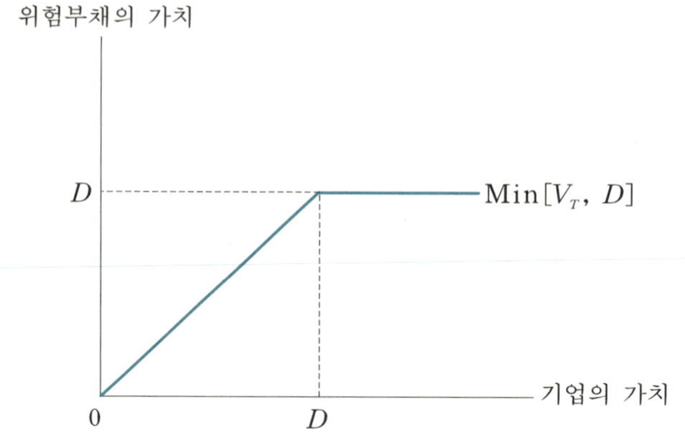

T: 부채의 상환일까지의 잔여기간(연수)

식 (15-28)을 다음과 같이 약간 변형해 보자.

$$V = S + \frac{D}{(1+r)^T} - P = S + [PV(D) - P] = S + B \qquad (15\text{-}28)'$$

여기서 $PV(D)$: 무위험부채(순수할인채)의 현재가치
B : 위험부채의 현재가치

즉

기업자산의 현재가치 = 자기자본의 현재가치 + 위험부채의 현재가치

식 (15-28)′에서 위험부채의 경우 채권자들이 주주에게 기업자산을 기초자산으로 하는 풋옵션을 하나 발행해 준 것으로 볼 수 있다. 이 경우 풋옵션의 가치는 지급불능위험으로 인한 부채가치의 감소액을 나타낸다.[35)]

그리고 행사일(부채의 상환일) T에서의 위험부채의 가치 B_T를 살펴보면 다음과 같다.[36)]

35) 은행이나 정부의 지급보증에 의해 지급불능위험이 없어진다면, 이때 지급보증의 가치는 풋옵션의 가치와 동일하다.

36) 부채의 상환일에서 위험부채의 가치는 V_T와 D 중에서 항상 작은 값을 취한다. 그러므로 이를 수학적 기호를 사용하여 나타내면 Min[V_T, D]가 된다.

$$B_T = D - P_T = D - \text{Max}[0, D - V_T] = \text{Min}[V_T, D] \quad (15\text{-}29)$$

이와 같은 부채의 상환일에서 위험부채의 가치를 그림으로 나타내면 〈그림 15-21〉과 같다.

한편 채권자(대출자)의 입장에서 기업의 부채는 기업자산을 담보물로 하는 담보부대출(collateralized loan)과 동일한 것으로 볼 수 있다. 따라서 식 (15-29)를 이용하여 채권자 입장에서 담보부대출의 가치를 나타내면 다음과 같다.[37)]

담보부대출의 가치 = 무위험대출의 가치 − 풋옵션의 가치 (15-30)

식 (15-30)에서 풋옵션의 기초자산은 담보물, 만기일은 대출기간, 행사가격은 대출금액(만기일의 상환가액)이라 할 수 있다. 그리고 풋-콜 패리티에 의해 식 (15-30)을 다음과 같이 나타낼 수 있다.

담보부대출의 가치 = 담보물의 가치 − 콜옵션의 가치 (15-31)

5.2 신주인수권의 가치평가

신주인수권(warrant)은 주어진 기간 내에 정해진 가격으로 기업으로부터 직접 보통주를 매입할 수 있는 권리가 부여된 증권이다. 신주인수권의 성질은 콜옵션과 유사하므로 콜옵션의 가치를 구하는 방법을 사용하여 신주인수권의 가치를 구할 수 있다. 그러나 신주인수권의 경우 행사일에 신주가 발행되므로 콜옵션과 달리 발행주식수가 증가하게 되며, 주가와 행사가격의 차이로 인하여 주가가 희석(dilution)될 수 있음을 유의하여야 한다.[38)]

만기일(T)에서의 신주인수권 1개의 가치(w_T)는 다음과 같이 구할 수 있다.

$$B_T = D - P_T = D - \text{Max}[0, D - V_T] = \begin{cases} D, & \text{만약 } V_T > D \\ V_T, & \text{만약 } V_T \le D \end{cases} \rightarrow B_T = \text{Min}[V_T, D]$$

37) 차입자입장에서 담보부대출의 가치는 다음과 같다.
담보부대출의 가치 = 담보물의 가치 + 풋옵션의 가치 = 무위험대출의 가치 + 콜옵션의 가치

38) 금융기관에 의해 발행되는 주식워런트(equity linked warrant: ELW)는 주식을 사거나(call) 팔(put) 수 있는 권리로서 권리행사시 신주가 발행되지 않는다는 점에서 신주인수권과 구분된다. 한편 한국거래소에 의해 결제가 보증되는 옵션과 달리 주식워런트는 발행자(금융기관)에 따라 결제위험이 존재할 수 있다.

$$w_T = \text{Max}[\text{주식가격} - \text{행사가격},\ 0] = \text{Max}\left[\frac{NS_T + N_w x}{N + N_w} - x,\ 0\right]$$

$$= \frac{N}{N + N_w}\text{Max}[S_T - x,\ 0] \qquad (15\text{-}32)$$

여기서 N : 기존(신주발행 전)의 발행주식수
N_w : 신주인수권의 행사에 의해 발행하여야 하는 주식수[39)]
S_T : 만기일에서의 주가
x : 신주인수권 1개의 행사가격

식 (15-32)에서 우변의 $N/(N+N_w)$는 신주발행으로 인한 희석효과를 반영한다. 그러므로 신주인수권의 가치는 발행주식수의 변화를 가져오지 않는 콜옵션의 가치보다 희석효과를 반영하여 그만큼 낮게 형성된다. 이와 같은 신주인수권의 현재가치를 구하기 위한 구체적인 절차는 다음과 같다.

첫째, 희석효과를 고려하지 않은 신주인수권의 가치(w_{nd})를 B-S모형 등에 의해 구해야 한다. 이 경우 기초자산의 현재가치로 신주인수권의 발행금액을 포함시킨 총지분가치와 동일한 가치를 가지나 신주인수권을 발행하지 않은 대체기업(alternative firm)의 주가를 사용하여야 한다.[40)]

$$w_{nd} = SN(d_1) - xe^{-rT}N(d_2) \qquad (15\text{-}33)$$

여기서 $d_1 = \dfrac{\ln\dfrac{S}{x} + (r + \dfrac{1}{2}\sigma^2)T}{\sigma\sqrt{T}}$, $d_2 = d_1 - \sigma\sqrt{T}$

기초자산의 현재가치$(S) = \dfrac{N \cdot S' + N_w \cdot w'}{N} = S' + \dfrac{N_w \cdot w'}{N}$

S' : 현재(신주인수권 발행 전)의 주가
w' : 신주인수권의 발행가격

둘째, 희석효과를 고려하여 신주인수권 1개의 가치를 구한다.

---

39) 기존주식 1주당 신주인수권의 발행비율이 q인 경우 $N_w = N \cdot q$, $\dfrac{N}{N+N_w} = \dfrac{N}{N+N \cdot q} = \dfrac{1}{1+q}$이다.

40) 신주인수권의 발행에 따라 위험도 변할 수 있기 때문에 주식수익률의 표준편차도 수정해 주어야 한다. 그러나 여기서는 주식수익률의 표준편차가 변하지 않는다고 가정하였다. 이에 대한 자세한 내용은 다음을 참조(R. A. Brealey and S. C. Myers, *Principles of Corporate Finance*, 6th ed.(McGraw-Hill, 2000), pp. 648～650).

한편 신주인수권의 발행금액을 모두 배당한다고 가정하여 신주인수권의 발행가격을 조정하지 않은 현재의 주가를 기초자산의 현재가치로 사용할 수도 있으며, 이에 대한 내용은 다음을 참조(S. A. Ross, R. W. Westerfield, and J. Jaffe, *Corporate Finance*, 4th ed.(Irwin, 1996), pp. 611～612).

$$w=\left(\frac{N}{N+N_w}\right)w_{nd} \tag{15-34}$$

셋째, 신주인수권 1개의 가치에 신주인수권의 행사에 의해 발행하여야 하는 주식의 수를 곱하면 신주인수권의 총현재가치(W)를 구할 수 있다.[41)]

$$W=N_w \cdot w \tag{15-35}$$

5.3 전환사채의 가치평가

전환사채(convertible bond)란 그 소유자에게 일정한 기간(전환기간) 내 일정한 조건(전환조건)에 따라 전환사채를 발행한 기업의 주식으로 전환할 수 있는 권리(전환권)를 부여한 사채이다. 전환사채의 소유자는 전환사채를 발행한 회사의 주가가 상승하는 경우 전환권을 행사하여 사채 대신 주식을 소유할 수 있으며, 주가가 하락하는 경우 전환권을 행사하지 않고 사채로 보유할 수도 있다. 따라서 전환사채는 일반사채와 주식으로 전환할 수 있는 전환권이 결합된 혼합증권(hybrid securities)으로 볼 수 있다. 전환사채는 주식을 취득할 수 있는 콜옵션적 성격을 가지고 있다는 점에서 신주인수권부사채(bond with warrants)와 유사하다. 그러나 전환사채의 경우 그 소유자가 전환권을 행사함으로써 사채를 포기하고 대신 주식을 취득하는 반면, 신주인수권부사채는 사채를 그대로 소유하면서 그 사채에 첨부된 신주인수권을 행사하여 주식을 취득한다는 점에서 서로 상이하다.

---

41) 신주인수권의 가치를 구하는 대체적 방법을 소개하면 다음과 같다.

- 만기일(T)에서의 신주인수권의 총가치(W_T)

  $W_T(=N_w \cdot w_T)=\text{Max}[a(V_T+X)-X,\ 0]=\text{Max}[aV_T-(1-a)X,\ 0]$

  여기서 V_T: 만기일에서의 신주인수권 행사 전 총지분가치($N \cdot S_T$)

  X : 신주인수권의 총행사가격 ($N_w \cdot x$)

  a : 신주인수권 행사 후 신주인수권자의 지분비율$\left(\frac{N_w}{N+N_w}\right)$

- 신주인수권의 총현재가치(W) : 만기일 가치를 고려하여 변수의 값(기초자산의 현재가치 $=aV$, 행사가격$=(1-a)X$ 등)을 결정한 후, B-S모형 등에 의해 신주인수권의 총현재가치를 구할 수 있음.

  $W=aV \cdot N(d_1)-(1-a)Xe^{-rT}N(d_2)$

  여기서 $d_1=\dfrac{\ln\left(\dfrac{aV}{(1-a)X}\right)+(r+\dfrac{1}{2}\sigma^2)T}{\sigma\sqrt{T}}$, $d_2=d_1-\sigma\sqrt{T}$

  V : 부채를 제외한 현재의 기업가치, 즉 총지분가치(신주인수권의 발행금액 포함)

전환사채와 관련된 몇 가지 용어들을 정리해 보면 다음과 같다.

· 전환비율(conversion ratio): 전환사채를 전환할 때 받게 되는 보통주의 수를 의미한다.
· 전환가격(conversion price): 보통주 1주로 전환하기 위하여 포기하여야 하는 사채의 액면가치로서 사채의 액면가를 전환비율로 나누어(사채의 액면가/전환비율) 구한다.
· 전환프리미엄(conversion premium): 보통주 1주를 얻기 위하여 포기하여야 하는 전환사채의 가치(전환가격)가 현재 주가를 초과하는 정도를 의미한다. $\left(\text{전환프리미엄} = \dfrac{\text{전환가격} - \text{현재 주가}}{\text{현재 주가}}\right)$

예를 들어 어떤 회사가 액면 100만원, 액면이자율 6%, 만기 5년의 전환사채를 발행한다고 하자. 이 전환사채는 50주의 보통주로 전환될 수 있으며, 발행기업의 현재 주가는 16,000원이다. 이 경우 전환비율, 전환가격, 전환프리미엄은 각각 다음과 같이 계산된다.

· 전환비율 = 50
· $\text{전환가격} = \dfrac{\text{사채의 액면가}}{\text{전환비율}} = \dfrac{\text{100만원}}{50} = 20{,}000\text{원}$
· $\text{전환프리미엄} = \dfrac{\text{전환가격} - \text{현재 주가}}{\text{현재 주가}} = \dfrac{20{,}000 - 16{,}000}{16{,}000} = 0.25$

만기일(T)에서 전환권의 가치(C_T)는 다음과 같이 구할 수 있다.

$$C_T = \text{Max}[aV_T - B_T,\ 0] \tag{15-36}$$

여기서 N_c : 전환권 행사에 의해 발행해야 할 주식의 수(전환비율)
a : 전환권 행사시 채권자의 지분비율$[N_c/(N+N_c)]$
V_T : 주식과 전환사채로만 자본을 조달한 기업의 가치
aV_T : 만기일의 전환가치
B_T : 일반사채의 만기일 가치($\text{Min}[V_T,\ D]$)

만기일에서 전환사채의 가치(CB_T)는 일반사채의 만기일 가치에 전환권의 만기일 가치를 합하여 다음과 같이 구할 수 있다.

$$CB_T = B_T + \text{Max}[aV_T - B_T,\ 0] = \text{Max}[aV_T,\ B_T] \tag{15-37}$$

식 (15-37)에서 구간별로 전환사채의 만기일 가치를 살펴보면 다음과 같다.

- $V_T < D$, $CB_T = V_T$
- $D \leq V_T < \dfrac{D}{a}$, $CB_T = D$
- $V_T \geq \dfrac{D}{a}$, $CB_T = aV_T$

이와 같이 구한 구간별 전환사채의 만기일 가치를 그림으로 나타내면 〈그림 15-22〉와 같다.

이상에서 살펴본 전환사채의 만기일 가치에 근거하면, 전환사채의 현재가치는 일반사채로서의 가치(straight bond value), 주식으로의 전환가치(conversion value) 그리고 옵션의 시간가치(option value)에 의해 결정됨을 알 수 있다.

- 일반사채가치: 일반사채가치는 전환권을 행사하지 않을 경우의 전환사채의 가치를 말하며, 이는 제 3 장에서 설명한 채권평가모형에 의해 구할 수 있다.
- 전환가치: 전환가치는 전환사채를 보통주로 전환하는 경우의 가치를 말하며, 이는 전환비율과 보통주의 가격을 곱하여 구한다.
- 옵션의 시간가치: 전환사채의 소유자는 만기일까지 전환권의 행사를 연기하여 자신에게 가장 유리한 행동을 취할 수 있는 선택권을 가지고 있다. 이와 같은 선택권은 가치를 가지며, 이를 옵션의 시간가치라 한다. 옵션의 시간가치는 만기일이 길수록 커진다.

그림 15-22 **전환사채의 만기일 가치**

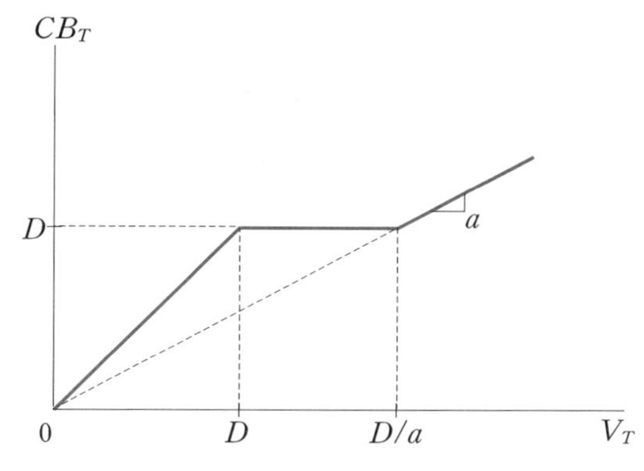

그러므로 전환사채의 현재가치는 일반적으로 다음과 같이 결정된다.

$$
\begin{aligned}
\text{전환사채의 현재가치} &= \text{일반사채가치} + \text{전환권의 현재가치} \\
&= \text{Max}\,[aV,\ B] + \text{옵션의 시간가치} \qquad (15\text{-}38)
\end{aligned}
$$

전환사채의 현재가치는 전환가치(aV 또는 전환비율×주가) 또는 일반사채가치(B) 중 큰 값을 하한으로 하여 그보다 높은 값으로 결정됨을 알 수 있다. 그리고 이와 같은 전환사채의 현재가치를 그림으로 나타내면 〈그림 15-23〉과 같다.

그림 15-23 **전환사채의 현재가치**

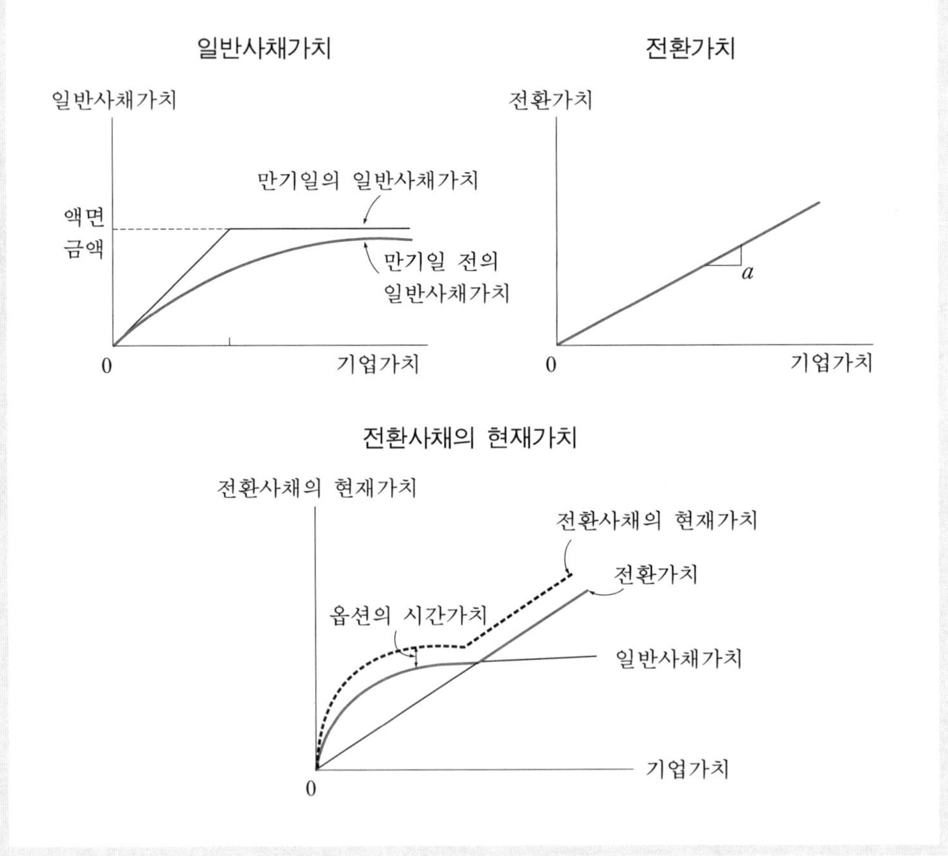

5.4 수의상환사채와 상환청구권부사채의 가치평가

1) 수의상환사채의 가치평가

수의상환사채(callable bond)란 사채의 발행회사가 사채의 만기일 이전에 미리 약정된 가격(상환가격)으로 사채를 상환할 수 있는 권리, 즉 수의상환권(call provision)을 가지고 있는 채권을 말한다. 현재 이자율이 높으나 향후 이자율이 하락할 것으로 예상되는 경우, 기업은 수의상환사채를 발행하여 우선 필요한 자금을 조달하고, 이자율이 하락하였을 때 이를 상환하여 높은 금리부담을 줄일 목적으로 수의상환사채를 발행한다.

수의상환권은 기초자산이 사채이고, 행사가격이 상환가격인 콜옵션(일종의 금리콜옵션)이라 할 수 있으며, 수의상환일(만기일=T)에서의 수의상환권의 가치는 다음과 같이 나타낼 수 있다.

$$\text{수의상환권의 만기일 가치} = \text{Max}[B_T - X,\ 0] \tag{15-39}$$

여기서 B_T : 수의상환일에서의 일반사채가치
X : 수의상환가격(행사가격)

수의상환권은 사채발행회사가 갖는 권리로서 사채발행회사는 콜옵션을 매입하고 채권자는 콜옵션을 매도한 것이라 할 수 있다. 투자자(채권자)입장에서는 수의상환사채가 일반사채에 비해 불리하기 때문에 일반사채의 가치에서 수의상환권의 가치만큼 차감되지 않으면 수의상환사채를 매입하지 않을 것이다. 따라서 수의상환사채의 만기일 가치는 일반사채의 만기일 가치에서 수의상환권의 만기일 가치를 차감한 것과 같아야 한다.

$$\begin{aligned}\text{수의상환사채의 만기일 가치} &= B_T - \text{Max}[B_T - X,\ 0] \\ &= \text{Min}[B_T,\ X]\end{aligned} \tag{15-40}$$

그리고 수의상환사채의 현재가치는 다음과 같이 나타낼 수 있다.

$$\begin{aligned}\text{수의상환사채의 현재가치} &= \text{일반사채가치} - \text{수의상환권의 현재가치} \\ &= \text{Min}[B,\ X] - \text{옵션의 시간가치}\end{aligned} \tag{15-41}$$

일반적으로 수의상환사채의 현재가치는 일반사채가치 또는 수의상환가격 중 작은 값을 상한으로 하여 그보다 낮은 값으로 결정될 것이다. 이는 수의상환사채의 발행회사가 지금 즉시 수의상환권을 행사하지 않고, 대신 만기일까지 기다림으

그림 15-24 수의상환사채의 현재가치

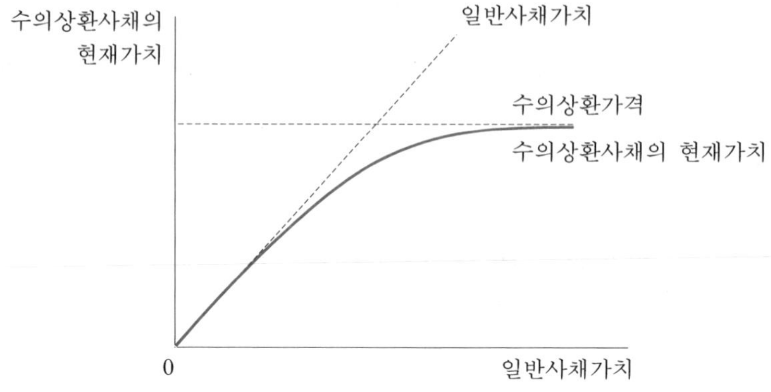

로써 가장 유리한 시점에서 수의상환권을 행사할 수 있는 기회, 즉 옵션의 시간가치를 가질 수 있기 때문이다. 이와 같은 수의상환사채의 현재가치를 나타내면 〈그림 15-24〉와 같다.

2) 상환청구권부사채의 가치평가

상환청구권부사채(putable bond)는 수의상환사채와는 달리 채권매입자가 사채의 만기일 이전에 미리 약정된 가격(상환청구가격)으로 사채의 상환을 요구할 수 있는 권리, 즉 상환청구권을 가지고 있는 채권을 말한다. 현재 이자율이 낮으나 향후 이자율이 상승할 것으로 예상되는 경우, 채권투자자들은 현재의 낮은 금리 때문에 채권을 매입하지 않으려 할 것이다. 이와 같은 경우 기업이 필요한 자금을 조달할 목적으로 채권매입자에게 상환청구권을 부여할 수 있다.

상환청구권은 기초자산이 사채이고, 행사가격이 상환청구가격인 풋옵션(일종의 금리풋옵션)이라 할 수 있으며, 상환청구일(만기일$=T$)에서의 상환청구권의 가치는 다음과 같이 나타낼 수 있다.

$$\text{상환청구권의 만기일 가치} = \text{Max}[X - B_T,\ 0] \qquad (15\text{-}42)$$

여기서 B_T: 상환청구일에서의 일반사채가치
X : 상환청구가격(행사가격)

상환청구권은 채권매입자가 갖는 권리로서 사채발행회사는 풋옵션을 매도하고 채권자는 풋옵션을 매입한 것이라 할 수 있다. 투자자(채권자)입장에서는 상환청구권부사채가 일반사채에 비해 유리하기 때문에 일반사채의 가치와 상환청구권의 가치를 합한 금액으로 매입할 수 있을 것이다. 따라서 상환청구권부사채의 만기일 가치는 일반사채의 만기일 가치에서 상환청구권의 만기일 가치를 합한 것과 같아야 한다.

$$\text{상환청구권부사채의 만기일 가치} = B_T + \mathrm{Max}[X - B_T,\ 0] = \mathrm{Max}[B_T,\ X] \qquad (15\text{-}43)$$

그리고 상환청구권부사채의 현재가치는 다음과 같이 나타낼 수 있다.

$$\text{상환청구권부사채의 현재가치} = \text{일반사채가치} + \text{상환청구권의 현재가치} = \mathrm{Max}[B,\ X] + \text{옵션의 시간가치} \qquad (15\text{-}44)$$

일반적으로 상환청구권부사채의 현재가치는 일반사채가치 또는 상환청구가격 중 큰 값을 하한으로 하여 그보다 높은 값으로 결정될 것이다. 이는 상환청구권부사채의 매입자가 지금 즉시 상환청구권을 행사하지 않고, 대신 만기일까지 기다림으로써 가장 유리한 시점에서 상환청구권을 행사할 수 있는 기회, 즉 옵션의 시간가치를 가질 수 있기 때문이다. 이와 같은 상환청구권부사채의 현재가치를 나타내면 〈그림 15-25〉와 같다.

그림 15-25 상환청구권부사채의 현재가치

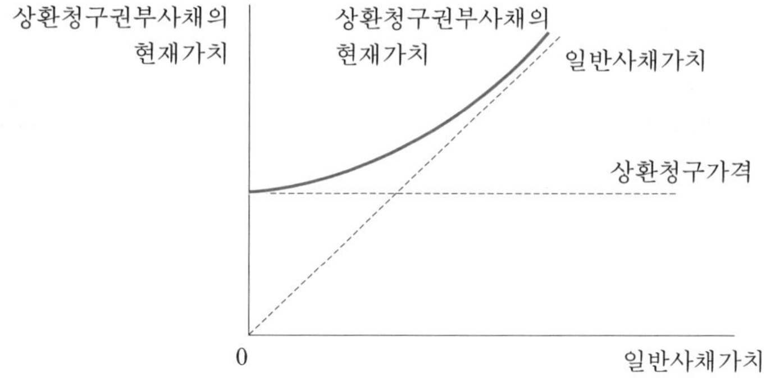

5.5 실물옵션을 이용한 투자안 평가

1) 실물옵션의 의의

전통적인 투자안 평가방법인 NPV법은 현재시점에서 주어진 정보를 바탕으로 투자결정이 내려지면, 그 후 투자안의 수명이 다할 때까지 처음 의사결정을 변경하지 못한다고 가정하고 있다. 전통적 NPV법은 미래상황의 안정성을 전제로 하며, 의사결정 이후 상황변화에 따른 의사결정의 변경가능성(연기, 확장, 포기, 축소 등), 즉 경영의 유연성(managerial flexibility)을 무시하고 있다. 경영의 유연성은 기업에 유리할 경우 취할 수 있는 경영자의 선택적 권리를 나타내기 때문에 옵션의 성격을 가진 것으로 볼 수 있으며, 이를 실물옵션(real option)이라 한다. 전통적 순현가법과 달리 실물옵션접근법은 이와 같은 경영의 유연성을 투자안의 가치평가에 반영하고 있다.

이상에서 설명한 두 가지 접근법은 정보를 다르게 활용하고 있다. NPV법은 미래의 정보를 현재시점에서 예측하여 투자안을 평가하는 반면, 실물옵션접근법은 정보가 활용가능한 미래시점에서 추가적인 의사결정을 할 수 있다는 유연성을 포함하여 투자안을 평가한다. 경영의 유연성의 가치는 다음과 같은 경우에 높아진다.[42]

- 미래의 높은 불확실성 : 시간에 따라 새로운 정보의 입수가능성이 매우 크다.
- 경영의 유연성을 발휘할 여지가 높음 : 새로운 정보에 적절히 대응하도록 경영자에게 허용한다.
- 유연성이 없는 NPV가 0에 근접함 : 투자안의 좋고 나쁨을 판단하기 어려울 경우 의사결정을 바꿀 수 있는 유연성이 높아지기 때문에 유연성의 가치가 훨씬 높아질 수 있다.

이와 같이 유연성의 가치가 높아지는 경우 전통적 순현가법에 의해 산출된 투자안의 가치와 실물옵션접근법에 의해 산출된 투자안의 가치간에는 상당한 차이가 발생될 수 있다. 따라서 투자안을 평가할 때 투자안에 내포된 옵션, 즉 실물옵션의 가치를 고려해 주어야 한다.

$$\text{투자안의 NPV} = \text{전통적 NPV} + \text{실물옵션의 가치}$$

---

42) T. Copeland and V. Antikarvv, *Real Options*, Texere LLC(2001), p. 14.

실물옵션의 가치는 옵션가격결정모형, 즉 이항모형 또는 블랙-숄즈모형 등에 의해 평가할 수 있으며, 유연성을 포함하지 않은 투자안을 기초자산으로 활용할 수 있다. 이 경우 기초자산인 투자안의 가치는 현재시점에서 주어진 정보에 근거하여 기대현금흐름을 측정한 후 위험조정할인율(자본비용)로 할인하여 평가하는 전통적인 현금흐름할인(discounted cash flow: DCF)법을 이용하여 구한다. 한편 실물옵션의 가치는 제10장에서 설명한 의사결정수분석(decision tree analysis: DTA)에 의해 평가할 수 있으나, 이는 유연성이 없는 투자안의 가치(기초자산)를 평가할 때 사용하는 자본비용을 그대로 사용하여 실물옵션의 가치를 평가하기 때문에 문제가 있다. 일반적으로 콜옵션(연기옵션, 확장옵션 등)의 성격을 가진 실물옵션을 평가할 때는 과대평가하는 문제가 발생하고, 풋옵션(포기옵션, 축소옵션 등)의 성격을 가진 실물옵션을 평가할 때는 과소평가하는 문제가 발생된다.[43)]

2) 실물옵션의 분류와 평가

(1) 투자안 연기에 대한 옵션

현재시점에서 순현가가 음(−)인 투자안이라 하더라도 일정한 기간이 지난 후 긍정적인 상황이 전개되어 사업성이 좋은 투자안으로 바뀔 수 있다. 그러므로 현재시점에서 투자결정을 하기보다는 긍정적인 상황(투자안의 가치>투자비용)이 확인될 때까지 일정기간 동안 투자결정을 연기할 수 있으며, 이와 같은 투자안 연기(delay)에 대한 선택권을 일종의 콜옵션으로 생각할 수 있을 것이다.

그러므로 투자안 연기에 대한 옵션의 만기일 가치 C_T는 다음과 같이 나타낼 수 있다.

$$C_T = \text{Max}[0,\ V_T - X] \qquad (15\text{-}45)$$

여기서 V_T: 투자안의 실행일(옵션의 만기일)에서의 투자안 가치
X : 초기(투자실행시점)의 투자비용

이상에서 설명한 투자안 연기에 대한 옵션의 결정요인을 살펴보면 다음과 같다.[44)]

43) 일반적으로 콜옵션의 경우 레버리지효과에 의해 기초자산보다 체계적 위험이 더 크게 나타나는 반면, 풋옵션의 경우 기초자산과 서로 다른 방향으로 움직이기 때문에 풋옵션의 베타가 음(-)이 될 수 있다.

44) 기간이 경과함에 따라 독점적 권한으로 인한 초과이익이 감소할 수 있으며, 이와 같이 감소된 초과이익을 연간 지연비용(annual cost of delay)이라 하며, 이는 배당수익률에 해당되는 부분으로 볼 수 있다.

· 기초자산의 현재가치: 투자안을 지금 실행할 경우 얻을 수 있는 현금흐름의 현재가치
· 행사가격: 초기의 투자비용
· 만기: 투자안에 대한 독점적 권리를 보유하고 있는 기간[45)]
· 기초자산의 변동성: 투자안 현재가치의 변동성

B-S모형 등에 의해 구해진 연기옵션의 가치는 연기에 대한 유연성(flexibility)을 가진 투자안의 NPV라 할 수 있다.[46)]

예제 15-5 투자안 연기에 대한 옵션

㈜경민제약은 새로운 비만치료제를 개발하여 20년동안 독점적 권리를 보장하는 특허권을 받았다. 그러나 막대한 투자비용에 비해 현재의 시장은 규모가 작다고 판단된다. 초기의 투자비용은 500억원이며, 현재 비만치료제를 생산하는 경우 얻을 수 있는 현금흐름의 현재가치는 350억원이다. 기술과 시장상황은 변동적이며, 시뮬레이션에 의해 추정된 투자안 현재가치의 연간 분산은 0.05이다. 그리고 연간 무위험이자율은 7%이다.

새로운 비만치료제사업의 연기에 대한 옵션의 가치를 구하라.(단, 기간이 경과함에 따라 독점적 권한으로 인한 초과이익은 감소되지 않는다고 가정함.)

☞ 해설

먼저 새로운 비만치료제사업의 연기에 대한 옵션결정요인을 살펴보면 다음과 같다.

· 기초자산의 현재가치(S)=350억원
· 행사가격(X)=500억원
· 만기(T)=20년
· 기초자산의 변동성(σ^2)=0.05
· 무위험이자율(r)=7%

이상의 자료를 이용하여 블랙-숄즈모형에 의해서 새로운 비만치료제사업의 연기에 대한 옵션, 즉 콜옵션의 가치를 구하면 다음과 같다.

---

45) 법적인 권한, 경쟁자에 대한 진입장벽 등에 의해 보유하고 있는 투자안에 대한 독점적 권리가 소멸하면 투자안 연기에 대한 옵션이 소멸되기 때문에 그 시점을 만기일로 볼 수 있다.

46) 연기자체의 가치를 분리하여 그 가치를 다음과 같이 구할 수도 있다.
연기의 가치=연기에 대한 유연성을 가진 투자안의 NPV−전통적 NPV
T. Copeland and V. Antikarvv, *Real Options*, Texere LLC(2001), p. 91.

$$d_1 = \frac{\ln\frac{S}{X} + (r + \frac{1}{2}\sigma^2)T}{\sigma\sqrt{T}} = \frac{\ln\left(\frac{350}{500}\right) + [0.07 + \frac{1}{2}(0.05)](20)}{\sqrt{0.05}\sqrt{20}} = 1.5433$$

$$d_2 = d_1 - \sigma\sqrt{T} = 1.5433 - \sqrt{0.05}\sqrt{20} = 0.5433$$

본서의 〈부표-5〉를 이용하여 $N(d_1)$과 $N(d_2)$의 값을 구하면 다음과 같다.

$$N(d_1) = N(1.5433) \fallingdotseq N(1.54) = 0.5 + 0.4382 = 0.9382$$

$$N(d_2) = N(0.5433) \fallingdotseq N(0.54) = 0.5 + 0.2504 = 0.7504$$

따라서 콜옵션의 가치(C)는 다음과 같이 구할 수 있다.

$$C = SN(d_1) - Xe^{-rT}N(d_2)$$
$$= (350)(0.9382) - (500)e^{-(0.07)(20)}(0.7504) = 241.40\text{억원}$$

㈜경민제약의 경우 새로운 비만치료제사업은 현재시점에서 볼 때는 순현가가 −150억원(=350억원−500억원)으로 가치가 없는 것처럼 보이나, 연기에 대한 옵션가치를 고려하면 이 사업은 241.40억원의 가치를 가지는 것으로 판단된다.

(2) 투자안 확장에 대한 옵션

기업은 향후 다른 사업 또는 시장에 진출하기 위한 교두보를 마련할 목적으로 현재시점에서 사업성이 없는 투자안을 채택하기도 한다. 이 경우 현재시점에서의 투자안은 기업이 다른 사업을 할 수 있도록 허용하는 선택권, 즉 옵션을 제공할 수 있다. 따라서 투자안을 평가할 때 이와 같은 추가적인 확장(expand)에 대한 옵션가치를 고려해야 할 것이다.

투자안 확장에 대한 옵션의 만기일 가치 C_T는 다음과 같이 나타낼 수 있다.

$$C_T = \text{Max}[0,\ V_T - X] \qquad (15\text{-}46)$$

여기서 V_T : 확장투자안의 실행일(옵션의 만기일)에서의 확장투자안 가치
X : 확장투자안의 초기 투자비용

이상에서 설명한 투자안 확장에 대한 옵션의 결정요인을 살펴보면 다음과 같다.

- 기초자산의 현재가치: 확장투자안을 지금 실행할 경우 얻을 수 있는 현금흐름의 현재가치
- 행사가격: 확장투자안의 초기 투자비용
- 만기: 투자안 확장에 대한 선택권을 보유하고 있는 기간
- 기초자산의 변동성: 확장투자안 현재가치의 변동성

B-S모형 등을 이용하여 구한 확장옵션의 가치는 기존투자안에 추가될 수 있는 가치이다.

$$\text{투자안의 } NPV = \text{전통적 } NPV + \text{확장옵션의 가치}$$

(3) 투자안 포기에 대한 옵션

경우에 따라서는 이미 시작된 투자안이라 하더라도 그 처분가치가 투자안의 잔여기간 동안 현금흐름의 가치보다 더 클 경우 그 투자안을 포기해야 할 것이다. 따라서 중도에 포기할 수 있는 선택권, 즉 옵션이 주어진 투자안의 경우 중도 포기(abandon)에 대한 옵션가치를 고려해야 한다. 투자안 포기에 대한 옵션은 행사가격인 처분가치(abandonment value)로 투자안을 포기(매도)할 수 있는 권리가 주어진 풋옵션이라 할 수 있다.

투자안 포기에 대한 옵션의 만기일 가치 P_T는 다음과 같이 나타낼 수 있다.

$$P_T = \text{Max}[0,\ X - V_T] \tag{15-47}$$

여기서 V_T : 투자안 포기일(옵션의 만기일)에서의 투자안의 잔여가치
X : 투자안의 처분가치

이상에서 설명한 투자안 포기에 대한 옵션의 결정요인을 살펴보면 다음과 같다.

- 기초자산의 현재가치: 투자안으로부터 발생하는 현금흐름의 현재가치
- 행사가격: 투자안 포기에 따른 처분가치
- 만기: 투자안 포기에 대한 선택권을 보유하고 있는 기간, 즉 투자안의 내용연수
- 기초자산의 변동성: 투자안 현재가치의 변동성

B-S모형 등을 이용하여 구해진 포기옵션의 가치는 기존투자안에 추가될 수 있는 가치이다.

$$\text{투자안의 } NPV = \text{전통적 } NPV + \text{포기옵션의 가치}$$

예제 15-6 투자안 포기에 대한 옵션

㈜청운은 1년 후 20억원의 가치를 가질 확률이 60%, 10억의 가치를 가질 확률이 40%인 투자안을 고려하고 있다. 이 투자안의 요구수익률은 10%이며, ㈜청운이 1년 후 이 투자안을 포기한다면 15억원을 받을 수 있다고 한다. 그리고 무위험이자율은

5%이다.

이 투자안의 포기에 대한 옵션가치를 구하라.

☞ 해설

먼저 포기기회가 없는 투자안의 현재가치를 구하면 다음과 같다.

$$PV(\text{투자안}) = \frac{20 \times 0.6 + 10 \times 0.4}{1.1} = 14.55\text{억원}$$

이 투자안은 1년 후 처분가치(행사가격)는 15억원이며, 1년 후(만기일) 투자안 가치는 20억원(기초자산인 투자안의 가치가 상승할 경우) 또는 10억원(기초자산인 투자안의 가치가 하락할 경우)이다. 그러므로 만기일인 1년 후 투자안 포기옵션, 즉 풋옵션의 가치와 헤지확률 p를 각각 구하면 다음과 같다.

· $P_u = \text{Max}[15\text{억원} - 20\text{억원},\ 0] = 0,\ P_d = \text{Max}[15\text{억원} - 10\text{억원},\ 0] = 5\text{억원}$

· $u = \dfrac{20}{14.55} = 1.37,\ d = \dfrac{10}{14.55} = 0.69$

$\rightarrow p = \dfrac{(1 + r_T) - d}{u - d} = \dfrac{1.05 - 0.69}{1.37 - 0.69} = 0.53,\ 1 - p = 0.47$

그러므로 1기간모형을 이용하여 투자안 포기옵션, 즉 풋옵션의 현재가치를 구하면 다음과 같다.

$$P = \frac{pP_u + (1-p)P_d}{1 + r_T} = \frac{0.53 \times 0 + 0.47 \times 5}{1.05} = 2.24\text{억원}$$

그리고 ㈜청운이 고려하고 있는 투자안의 가치를 구하면, 다음과 같다.

투자안의 가치 = 포기기회가 없는 경우의 투자안 가치 + 포기옵션의 가치
= 14.55 + 2.24 = 16.79억원

3) 실물옵션의 문제점

옵션 등 파생상품의 가치는 현물을 이용하여 파생상품의 복제가 가능하다는 전제하에 구할 수 있을 것이다. 그러나 금융자산과는 달리 활발하게 거래가 이루어지지 않는 실물자산은 유동성이 매우 낮기 때문에, 이를 기초자산으로 하는 실물옵션의 경우 현실적으로 복제포트폴리오의 구성이 어렵다. 그러므로 옵션모형을 이용하여 구해진 실물옵션의 가치는 이와 같은 문제점을 고려하여 해석되어야 한다.

또한 옵션모형에서는 기초자산의 분산은 알려져 있으며, 만기일까지 변하지 않는다고 가정하고 있다. 그러나 비교적 만기가 장기이고 가격의 형성도 효율적이지 못할 가능성이 큰 실물자산의 경우 분산의 추정 및 안정성에 문제가 있을 수 있다. 게다가 실물옵션의 행사가격(투자비용, 처분가치 등)이 일정하지 않거나 불확실한 경우가 대부분이다.

예제 15-7 실물옵션의 응용 및 문제점 (CPA 2003 수정)

앞으로의 상황은 불황과 호황의 두 가지 상황만 존재하며, 각각의 확률은 0.3과 0.7이다. 균형상황에서, ㈜K&K의 수익률과 무위험수익률은 다음과 같다.

상황	㈜K&K의 수익률(%)	무위험수익률(%)
불황	−10	10
호황	30	10

㈜K&K는 호황이 되면 152억원, 불황이 되면 90억원을 얻는 투자안에 100억원을 투자하려 한다.

(1) 옵션모형을 이용하여 이 투자안의 순현재가치를 구하라.(세금이나 거래비용 등은 존재하지 않는다.)

(2) 옵션모형을 이용하여 투자안의 가치를 구할 때 나타날 수 있는 대표적인 문제점을 설명하라.

☞ 해설

(1) ㈜K&K의 경우 불황일 때 −10%의 수익률을 얻고, 호황일 때는 30%의 수익률을 얻을 수 있다. 따라서 ㈜K&K가 현재 100억원을 투자한다면 향후 불황일 경우 90억원(=100×(1−0.1))을 얻을 수 있으며, 호황일 경우 130억원(=100×(1+0.3))을 얻을 수 있을 것이다. 이와 같은 경우 호황이 되면 152억원, 불황이 되면 90억원을 얻는 투자안의 현재가치(PV)를 옵션의 가격결정모형을 이용하여 다음과 같이 구할 수 있다.

100억원 < 130억원 / 90억원 : PV < 152억원 / 90억원

㈜K&K를 α개 매입하고 새로운 투자안을 1개 매도하여 헤지포트폴리오를 구성

하면 다음과 같다.

$$100\alpha - PV \left\langle \begin{array}{l} 130\alpha - 152 \\ \\ 90\alpha - 90 \end{array} \right.$$

$$130\alpha - 152 = 90\alpha - 90 \rightarrow \alpha = 1.55$$

그러므로 새로운 투자안의 현재가치는 다음과 같이 구할 수 있다.

$$100 \times 1.55 - PV = \frac{130 \times 1.55 - 152}{1.1} \rightarrow PV = 110\text{억원}$$

새로운 투자안의 현재가치가 110억원이고, 그 투자비용은 100억원이므로 순현재가치(NPV)는 10억원이 된다.

$$NPV = 110\text{억원} - 100\text{억원} = 10\text{억원}$$

☞ ㈜K&K가 실시하려는 새로운 투자안의 향후 현금흐름 양상이 기존기업과 다르기 때문에(위험이 서로 상이함), 기존기업의 기대수익률 18%(=−10%×0.3+30%×0.7)를 적용하여 새로운 투자안을 평가해서는 안됨을 유의해야 한다.

※ 별해 1 : 헤지확률(위험중립확률)을 이용하는 방법

$$u = 1 + 0.3 = 1.3,\ d = 1 - 0.1 = 0.9$$
$$\rightarrow p = \frac{(1 + r_T) - d}{u - d} = \frac{1.1 - 0.9}{1.3 - 0.9} = 0.5,\ 1 - p = 0.5$$

그러므로 옵션평가의 1기간 모형을 이용하여 ㈜K&K의 새로운 투자안의 가치(PV)를 구하면 다음과 같다.

$$PV = \frac{p \cdot C_u + (1-p) \cdot C_d}{1 + r_T} = \frac{0.5 \times 152 + 0.5 \times 90}{1 + 0.1} = 110\text{억원}$$

그러므로

$$NPV = 110\text{억원} - 100\text{억원} = 10\text{억원}$$

※ 별해 2 : 복제포트폴리오를 이용하는 방법

㈜K&K의 기존투자안(현재가치=100억원)과 무위험채권(현재가치=B)을 이용하여 다음과 같이 새로운 투자안(현재가치=PV)을 복제할 수 있다.

$$100\alpha - B = PV \left\langle \begin{array}{l} 130\alpha - B(1+0.1) = 152 \\ 90\alpha - B(1+0.1) = 90 \end{array} \right.$$

$$\alpha = 1.55,\ B = 45 \ \rightarrow PV = 100 \times 1.55 - 45 = 110\text{억원}$$

그러므로

$$NPV = 110\text{억원} - 100\text{억원} = 10\text{억원}$$

(2) ㈜K&K의 자산 또는 새로운 투자안은 유동성이 낮은 것으로 볼 수 있기 때문에, 이를 이용하여 헤지포트폴리오 또는 복제포트폴리오를 구성하는 것은 현실적으로 어려운 문제이다.

주 요 용 어

옵션(462)
옵션의 행사(462)
기초자산(462)
행사가격(462)
만기일(462)
미국형 옵션(462)
유럽형 옵션(462)
콜옵션(462)
풋옵션(462)
유한책임증권(465)
풋-콜 패리티(472)
이항옵션가격결정모형(482)
헤지포트폴리오(483)
헤지비율(484)
위험중립확률(485)
헤지확률(486)
위험중립가격결정관계(487)
통화옵션(494)
블랙-숄즈 옵션가격결정모형(497)
담보부대출(503)
신주인수권(503)
전환사채(505)
혼합증권(505)
신주인수권부사채(505)
전환비율(506)
전환가격(506)
전환프리미엄(506)
일반사채가치(507)
전환가치(507)
옵션의 시간가치(507)
수의상환사채(509)
상환청구권부사채(510)
실물옵션(512)

연 습 문 제

1 콜옵션의 가격범위

옵션과 주식의 시장가격이 다음과 같이 주어져 있다.

> 미국형 콜옵션(행사가격 = 20,000원)의 시장가격 = 3,000원
> 주식의 시장가격 = 25,000원

(1) 이 경우 당신은 어떻게 해야 하는가? 그것에 따른 당신의 이익 또는 손실은?
(2) 미국형 콜옵션가격의 하한값은?
(3) 미국형 콜옵션가격의 상한값은?

2 풋-콜 패리티

성실기업의 주식에 대한 콜옵션과 풋옵션의 행사가격이 모두 22,000원으로 동일하며, 두 옵션은 유럽형 옵션으로 만기일 전에 행사할 수 없다고 가정하자. 그리고 만기일은 2년 후이며, 현재의 주가는 20,000원이다. 또한 무위험이자율은 연간 6%로 알려져 있다.

(1) 주식, 풋옵션, 콜옵션을 이용하여 무위험포트폴리오를 구성하라.
(2) 콜옵션의 현재가격이 2,000원일 경우 풋옵션의 현재가치는 얼마인가?

3 금융상품과 옵션투자전략

KS은행은 KOSPI 200 지수에 따라 만기일 성과(가치)가 결정되는 6개월 만기의 새로운 금융상품을 개발하였다. 이 금융상품의 만기일 성과는 다음과 같다.

KOSPI 200 지수	만기일 성과(만원)
$S_T < 160$	$1{,}000 + (160 - S_T) \times 10$
$160 \leq S_T < 180$	$1{,}000$
$S_T \geq 180$	$1{,}000 + (S_T - 180) \times 10$

그리고 현재 만기가 6개월 후인 KOSPI 200 옵션은 다음과 같이 거래되고 있다.(단, KOSPI 200 옵션의 거래승수는 1포인트당 10만원이다.)

옵션의 종류	행사가격	옵션프리미엄
콜	160.0	2.4
콜	180.0	1.6
풋	160.0	4.0
풋	180.0	6.0

(1) KS은행이 개발한 새로운 금융상품의 만기일 성과를 그래프로 나타내라.

(2) KS은행이 개발한 새로운 금융상품의 적정가격을 계산하라.(단, 무위험이자율은 연 10%이다.)

4

1기간 이항옵션가격결정모형

새나라주식회사의 현재 주식가격은 10,000원이다. 이 회사의 지금으로부터 1년 후 주식가격은 다음과 같이 예상된다.

상 황	확 률	주식가격
1	0.6	15,000원
2	0.4	7,500원

이 회사의 주식에 대한 콜옵션은 12,000원의 행사가격으로 단지 1년 후에만 행사될 수 있다. 무위험이자율이 10%일 때 다음의 물음에 답하라.(단, 기초주식의 주가변동은 단일기간의 이항분포를 따른다고 가정한다.)

(1) 1년 후 콜옵션의 가치를 위의 각 상황에 따라 구하라.

(2) 콜옵션과 주식을 이용하여 헤지포트폴리오를 구성하려면, 하나의 콜옵션을 매도(write)할 때 주식을 몇 주 매입하여야 하는가?

(3) 콜옵션의 현재가치를 구하라.

(4) 위의 콜옵션과 동일한 기초자산, 행사가격, 만기를 가지는 풋옵션이 존재한다면 그것의 현재가치를 풋-콜 패리티를 이용하여 구하라.

(5) 상승확률이 0.6에서 0.7로 변할 경우 물음 (3)에서 구한 콜옵션의 현재가격은 어떻게 되겠는가?(단, 주식의 현재가격은 변하지 않는다고 가정한다.)

5

옵션의 결합 (CPA 2002 수정)

㈜서울전자 주가는 앞으로 1년 후에 각각 30%, 40%, 30%의 확률을 가지고 110, 100, 90이 될 것으로 예상된다. 한편 시장에서는 ㈜서울전자 주식을 기초자산으로 하고 만기가 1년인 다양한 유럽형 옵션이 존재하는데, 이와 같은 옵션들의 현재 시장에서의

프리미엄은 다음과 같다.

옵션의 유형	옵션프리미엄
행사가격 90의 콜옵션	7.2
행사가격 100의 콜옵션	1.6
행사가격 100의 풋옵션	2.4

현재 시장은 균형상태이므로 차익거래기회(arbitrage opportunity)가 존재하지 않는다고 할 때 아래의 물음에 답하라.(단, 수익률은 "(기말가격－기초가격)/기초가격"으로 계산한다.)

(1) 1년 동안의 무위험수익률은 얼마인가?

(2) ㈜서울전자 주식의 1년 동안의 기대수익률은 얼마인가?

6

풋-콜 패리티와 차익거래 (CPA 2007 기출)

현재 가격이 31,000원인 무배당 주식(S)에 대해 콜옵션과 풋옵션이 거래되고 있다. 유럽형 콜옵션(C)의 가격은 3,000원이며 유럽형 풋옵션(P)의 가격은 2,200원이다. 이들 옵션의 행사가격(X)은 30,000원, 만기(T)는 1년, 무위험이자율(r)은 3%이다.(모든 수치는 소수점 셋째 자리에서 반올림하라.)

(1) 콜옵션의 가격하한선 조건의 식을 쓰고 이 조건이 성립하는지 확인하라.

(2) 풋-콜 패리티(put-call parity)가 성립하는지 확인하라.

(3) 공매가 가능하며 무위험이자율로 차입과 대출이 가능하다고 가정하고 차익거래를 위한 전략을 기술하라.

(4) 차익거래전략을 통해 만기일에 얻게 되는 순이익을 계산하라.

7

고급 풋-콜 패리티와 차익거래 (CPA 2004 기출)

동일한 주식을 기초자산으로 하고 만기도 동일하지만, 행사가격이 다른 두 유럽형 풋옵션의 현재가격은 다음과 같다.

행사가격 40의 풋옵션 프리미엄	1.46
행사가격 50의 풋옵션 프리미엄	11.15

한편 만기가 위의 옵션들과 동일하며 액면이 100인 무위험할인채권의 현재가격은 95이다. 해당 투자자는 무위험이자율로 차입(borrowing)과 대출(lending)을 할 수 있

다고 가정한다.

이러한 경우 어떠한 포지션을 취하면 차익거래(arbitrage)를 만들어 낼 수 있는지 기술하라. 포지션을 구성함에 있어서, 차익(arbitrage profit)이 만기시점에서만 발생하도록 할 것이며, 행사가격 40의 풋옵션 1단위를 기준으로 표현하라. 답안에는 다음의 사항들이 포함되어야 한다.

> (i) 어떠한 포지션을 구성해야 하는가?
> (ii) 이러한 포지션을 구성했을 때 오늘의 현금흐름은 0이 된다는 것을 계산하여 보일 것.
> (iii) 이러한 포지션을 구성했을 때 만기에서의 현금흐름이 만기시점에서의 주가 S_T에 따라 어떻게 달라지는가에 대한 구체적 표현

8

2기간 이항옵션가격결정모형 : 배당이 존재하는 경우

현재 주가는 20,000원이고, 매 6개월마다 주가가 10% 상승하거나 5% 하락할 것으로 예상된다. 6개월간 무위험이자율은 4%이다.

(1) 현금배당은 6개월 후에 한 번 지급되며, 그 배당수익률은 4%이다.(단, 배당수익률은 배당이 지급될 시점에서의 주가를 기준으로 계산된다고 가정한다.)

① 행사가격이 19,000원인 1년 만기 유럽형 콜옵션의 현재가치를 계산하라.

② 행사가격이 19,000원인 1년 만기 미국형 콜옵션의 현재가치를 계산하라.

(2) 6개월 후 850원의 현금배당이 한 번 지급된다.

① 행사가격이 19,000원인 1년 만기 유럽형 콜옵션의 현재가치를 계산하라.

② 행사가격이 19,000원인 1년 만기 미국형 콜옵션의 현재가치를 계산하라.

③ 주가의 상승률 10% 또는 하락률 5%는 주가에서 배당의 현재가치를 차감한 값을 기준으로 계산된 것이라 가정하는 경우, 행사가격이 19,000원인 1년 만기 미국형 콜옵션의 현재가치를 계산하라.

9

2기간 이항모형과 배당수익률 (CPA 2006 수정)

통일증권거래소의 상장회사인 ㈜동남아의 현재 주가는 20,000원(액면가: 5,000원)이며, ㈜동남아의 주가는 6개월마다 20% 상승하거나 10% 하락하는 이항과정을 따른다고 한다. 그리고 무위험이자율은 연 12%, 이산(discrete)배당수익률은 연 8%라고 한다. 단, 이하 모든 계산과정 및 결과에서 금액은 소수점 아래 셋째 자리에서 반올림하여 소수점 아래 둘째 자리까지 표시하고, 백분율은 소수점 아래 다섯째 자리에서 반올림하

여 소수점 아래 넷째 자리까지 표시하라.

(1) 잔존기간(time to maturity)이 1년이고, ㈜동남아의 주식을 기초자산으로 하는 등가격(at-the-money) 유럽형 콜옵션의 가격은 얼마인가? 단, 문제풀이과정에 i) ㈜동남아의 주가(S)와 콜옵션(C)의 가치변화, ii) 배당수익률을 반영한 헤지확률(p), iii) 콜옵션의 가격 등이 반드시 나타나도록 하라.

(2) 잔존기간이 1년이고, ㈜동남아의 주식을 기초자산으로 하는 등가격 유럽형 풋옵션의 가격을 풋-콜 패리티(put-call parity)를 사용하여 구하라.

(3) 잔존기간이 1년이고, ㈜동남아의 주식을 기초자산으로 하는 등가격 미국형 콜옵션의 가격은 얼마인가?

10 고급 통화옵션 (CPA 2005 기출)

외환시장에서 1년 후 달러화의 현물환율이 각각 1,100원/$ 또는 950원/$으로 상승 또는 하락하는 두 가지 경우만 존재한다고 가정하자. 달러옵션과 달러선물의 잔존만기는 1년으로 동일하며, 달러선물은 현재 1,050원/$의 가격에 거래되고 있다. 이 기간 동안 국내 자본시장의 무위험이자율은 6%이다. 자본시장은 완전하고 차익거래의 기회는 존재하지 않는다고 가정하자. 달러선물과 달러옵션계약의 1계약 규모는 50만달러이다. 다음 질문에 답하라.

(1) 행사가격이 980원/$인 달러에 대한 풋옵션 1계약 매수포지션에 대하여 헤지해야 할 달러화의 규모를 밝히고 아울러 매수 또는 매도 여부를 제시하라.

(2) 위험중립자의 입장에서 환율이 1년 후 1,100원/$으로 상승할 확률은 얼마인가? (계산은 반올림하여 소수점 둘째 자리까지만 표시한다.)

(3) 옵션의 만기시 현물환율을 S_T라고 정의하고 만기시 옵션의 수익이 Min[S_T-920, 50]으로 나타나는 옵션의 적정 프리미엄을 제시하라.(계산은 반올림하여 천원 단위로 표시한다.)

11 고급 옵션을 이용한 자기자본 및 부채의 가치평가

㈜서울식품에 관한 자료는 다음과 같다.

> 자산의 총시장가치 = 120억원
> 자산의 연간 수익률의 분산 = 0.6
> 부채의 액면가(순수할인사채, 만기: 2년) = 70억원

그리고 연간 무위험이자율은 10%이며, ㈜서울식품은 현금배당을 실시하지 않는다.

(1) 블랙-숄즈의 옵션가격결정모형을 이용하여 ㈜서울식품의 자기자본 및 부채의 현재가치를 구하라.

(2) ㈜서울식품은 현재 다음과 같은 상호배타적인 두 사업에의 진출을 고려하고 있다.

	생수사업	화장품사업
순현가(NPV)	10억원	9억원
연간 투자수익률의 분산	0.02	1.2

각 사업(투자안)에 소요되는 투자지출액은 40억원으로 같으며, 그 자금은 신주를 발행하여 조달할 예정이다. 그리고 각 사업의 현금흐름은 ㈜서울식품의 기존 현금흐름과 독립적으로 발생된다고 가정한다.

① 생수사업에 진출하는 경우 ㈜서울식품의 자기자본 및 부채의 현재가치를 구하라.

② 화장품사업에 진출하는 경우 ㈜서울식품의 자기자본 및 부채의 현재가치를 구하라.

③ 물음 ①과 ②의 결과에 의해 주주의 위험선호유인을 설명하라.

12 옵션평가모형의 응용 (CPA 1995 수정)

㈜충남은 현재 장부가치가 300억원이나, 3년 후 시가가 800억원으로 추정되는 자산을 보유하고 있다. 이 회사는 현재 부채를 사용하고 있지 않으며, 총 발행주식수는 100만주이고, 주식의 베타는 1.4이다.

한편 이 회사는 현재 28억원의 순현가(NPV)를 가져다 줄 것으로 예상되는 다른 사업에 진출할 예정이며, 그 사업에 필요한 투자자금 150억원을 12%의 이자율로 3년 만기 순수할인채권을 발행하여 조달하려고 한다. 무위험이자율은 10%, 시장수익률은 15%이다.

(1) 새로운 사업에 진출할 경우 ㈜충남의 총자산가치는?

(2) ㈜충남이 새로운 사업에 진출하기 위하여 부채를 사용할 경우, 이 회사의 자기자본은 자산전체를 기초자산으로 하는 3년 만기 콜옵션이라 할 수 있다. 이와 같은 콜옵션의 현재가치와 행사가격을 구하라.

(3) 물음 (2)와 동일한 풋옵션이 존재한다면, 이 풋옵션의 가치는 얼마인가?

(4) 만기, 행사가격 및 기초자산이 물음 (2)와 동일하지만, 현재의 콜옵션의 가치는 500억원이고 풋옵션의 가치는 10억원이다. 이와 같은 경우 차익거래이익이 존재하지 않기 위한 무위험이자율을 구하라.

13 담보부대출의 가치

HK은행이 1년 후 10,000만원의 만기상환액을 받기로 하고 K씨에게 담보부대출을 하려고 한다. K씨는 현재 시가가 10,500만원인 아파트를 담보로 제공하며, 이 아파트는 1년 후 10% 상승하거나 10% 하락할 것으로 예상된다. 현재 시장의 무위험이자율이 5%일 경우 다음의 물음에 답하라. 단, 이하 모든 계산과정 및 결과에서 금액은 반올림하여 만원 단위까지 표시하고, 백분율(%)은 소수점 아래 셋째 자리에서 반올림하여 소수점 아래 둘째 자리까지 표시하라.

(1) 담보물인 아파트가 기초자산이며, 담보부대출의 만기상환액이 행사가격인 1년 만기 콜옵션과 풋옵션의 가치를 구하라.

(2) HK은행이 허용할 수 있는 담보부대출액은 얼마인가? 그리고 이 경우 이자율은 얼마가 되는가?

(3) HK은행이 무위험이자율을 적용하여 K씨에게 담보부대출을 해줄 경우 담보부족으로 인한 손실을 볼 수 있기 때문에 추가적인 지급보증을 요구하고 있다. 그리고 K씨는 추가적인 지급보증을 위해 보증보험을 이용하려고 한다. 이 경우 K씨가 보험료로 지급할 수 있는 최대금액은 얼마인가?

14 신주인수권부사채의 가치평가 (CPA 1999 수정)

만기가 4년인 신주인수권부사채의 발행가격은 20억원이고, 일반사채로서의 가치는 15억원이며, 무위험이자율은 10%이다. 신주인수권을 발행하기 전인 현재의 주가는 주당 11,500원이고, 총발행주식수는 100만주이며, 주식수익률의 표준편차는 0.4이다. 신주인수권의 행사가격은 10,000원이고, 신주인수권은 4년 후인 만기시에만 행사할 수 있으며, 신주인수권을 모두 행사할 경우 발행될 주식수는 총 10만주이다. 신주인수권의 행사시점까지 배당의 지급은 없으며, 블랙-숄즈모형을 이용하여 신주인수권의 가치를 평가한다고 할 때, 다음의 물음에 답하라.

(1) 신주인수권 행사시 발생될 수 있는 희석효과(dilution effect)를 고려하여 신주인수권의 총가치를 구하라.

(2) 신주인수권부사채의 과대평가 또는 과소평가 여부를 판단하라.

15 전환사채의 가치평가

다음은 전환사채에 관한 자료이다.

전환가격	:	50,000원/주
액면이자율	:	9%
액 면 가	:	1,000,000원
만 기	:	10년

위의 전환사채와 동일한 위험을 가지고 있는 비전환사채의 만기수익률은 10%이다. 그리고 위의 전환사채를 발행한 기업의 현재 주가는 49,000원이다. 이상의 자료를 이용하여 전환사채가 매각될 수 있는 최소한의 가격을 구하라.

16 투자안 연기에 대한 옵션

최근 ㈜HK전자는 HD DVD와 블루레이 DVD를 동시에 재생할 수 있는 듀얼포맷 DVD 플레이어를 개발하는 데 성공하였다. 현재 이 회사는 차세대 DVD 플레이어인 듀얼포맷 DVD 플레이어를 생산・판매하는 투자안을 고려하고 있다. 현재 듀얼포맷 DVD 플레이어에 대한 시장이 성숙되지 않았다고 판단되기 때문에 이 제품의 생산 첫해에는 10만대가 판매될 것으로 예상되나, 그 이후부터는 듀얼포맷 DVD 플레이어에 대한 시장에서의 평판에 따라 판매량이 결정될 것으로 판단된다. 만일 처음 1년 동안 이 제품에 대한 시장에서의 평판이 좋으면 그 이후부터의 판매량은 30만대로 늘어나서 영원히 유지되며, 나쁘면 10만대로 줄어들어 영원히 유지될 것으로 예상된다. 듀얼포맷 DVD 플레이어에 대한 시장에서의 평판이 좋거나 나쁠 가능성은 반반이며, 이 제품을 생산・판매하는 경우 대당 10만원의 현금흐름을 영원히 창출할 수 있을 것으로 예상된다. 이 투자안의 초기 투자비용은 투자시기와 관계없이 2,100억원이며, 적절한 할인율은 10%이다. 그리고 무위험이자율이 6%일 경우 다음의 물음에 답하라. (단, 이하 모든 계산과정 및 결과에서 금액은 반올림하여 억원 단위로 표시하고 비율은 반올림하여 소수점 아래 넷째 자리까지 표시하라.)

(1) 현재 ㈜HK전자는 이 사업을 추진해야 하는가?
(2) ㈜HK전자는 이 사업을 1년간 연기할 수 있는 기회를 가지고 있다고 한다. 이 사업의 연기에 대한 옵션가치를 구하여 이 투자안을 평가하라.

17 투자안 확장에 대한 옵션

㈜부산건설은 현재 서울시청에서 추진하고 있는 택지조성사업에 참여할 것을 고려하고 있다. 택지조성사업자체의 순현가(NPV)는 −20억원으로서 사업성이 없는 것으로 판단된다. 그러나 이 사업에 참여하는 경우 향후 5년 동안 언제라도 서울지역에서의 아파트 건설사업에 진출할 수 있는 옵션을 획득할 수 있다. 아파트 건설사업에 소요되는 초기 투자비용은 200억원이나, 현재시점에서는 아파트 건설사업으로부터 기대되는 현

금흐름의 현재가치는 150억원에 불과한 것으로 예상된다. 그러나 이와 같은 추정치는 향후 경기상황에 따라 달라질 수 있는 불확실한 것이며, 시뮬레이션에 의해 추정된 아파트 건설사업의 분산은 0.08이다. 그리고 연간 무위험이자율이 6%이다.

(1) 아파트 건설사업에 대한 옵션의 현재가치는?

(2) 이 회사는 현재시점에서 택지조성사업에 참여해야 하는가?

18 실물옵션 종합 (CPA 2000 기출)

ABC제약회사는 1년 전 신약품연구업체에 50억원의 자금을 지원하여 1년 동안의 시간이 소요되는 신약연구를 의뢰하였다. 현재 발표된 연구결과를 이용하여 신약을 생산하는 경우 1년 후 신약생산의 투자안 가치는 70%의 확률로 600억원이 되거나, 30%의 확률로 100억원이 될 것으로 예상된다. 그리고 신약생산에 필요한 초기 투자비용은 400억원이며, 이 투자안의 적절한 할인율은 50%이다. 무위험이자율이 20%라고 할 때 다음의 물음에 답하라.(단, 각 물음은 독립적이다.)

(1) 현재시점에서 신약생산 투자안의 순현재가치(NPV)는 얼마인가?

(2) ABC제약회사는 신약생산을 1년간 연기할 수 있는 기회를 가지고 있다고 한다. 신약생산의 연기에 대한 옵션가치를 구하여 이 투자안을 평가하라.

(3) 현재 ABC제약회사가 신약생산 투자안을 실시하는 경우 그 투자안을 1년 후 300억원에 처분할 수 있는 기회를 가질 수 있다고 한다. 이와 같이 주어진 처분기회의 옵션가치를 구하여 이 투자안을 평가하라.

19 고급 실물옵션을 고려한 투자안의 가치평가

프로젝트의 현재가치는 2,000억원이며, 그 가치는 매년 20% 상승하거나 20% 하락한다. 무위험이자율은 8%이다. 경영자는 향후 2년 동안 시점에 관계없이 다음과 같은 실물옵션들을 행사할 수 있다.

- 확장옵션: 추가적으로 300억원을 투자하여 프로젝트의 가치를 20% 증가시킬 수 있다.
- 축소옵션: 프로젝트의 가치를 20% 축소시킬 경우 500억원의 비용을 절감할 수 있다.
- 포기옵션: 프로젝트를 포기하면 2,000억원의 잔존가치가 발생한다.

(단, 모든 계산과정과 결과에서 금액은 반올림하여 억원 단위로 표시하라.)

(1) 프로젝트에 포함된 실물옵션을 모두 고려하여 프로젝트의 가치를 구하라.

(2) 프로젝트에 포함된 실물옵션의 가치는 얼마인가?

보 론 1

포트폴리오보험

포트폴리오보험(portfolio insurance)은 주가가 상승하는 경우 이익은 그대로 취하나, 하락할 경우 손실을 일정수준으로 제한하는 전략을 의미한다. 주식과 풋옵션을 매입하는 전략, 즉 방어적 풋(protective put)은 가장 단순한 형태의 포트폴리오보험이라 할 수 있다. 그러나 방어적 풋은 주가하락시 포트폴리오의 최소가치가 풋옵션의 행사가격으로 제한된다는 한계가 있다. 이와 같은 한계점을 해결하기 위하여 방어적 풋과 무위험채권을 결합함으로써 투자자가 원하는 만기일 가치의 최저수준을 정할 수 있게 된다.

현재 보유하고 있는 투자자금 W를 가지고 주가지수와 동일하게 구성된 주식 포트폴리오(S)와 주가지수 풋옵션(P)을 각각 N개씩 매입하고, 무위험이자율로 D만큼 대출하여 구성한 포트폴리오의 만기일(T)가치는 만기일에서의 주가지수의 가치(주가지수×거래승수) S_T에 따라 다음과 같이 나타낼 수 있다.[47)]

- 포트폴리오의 만기일가치 $= NX + D(1 + r_T)$, $S_T < X$ (15A-1a)
- 포트폴리오의 만기일가치 $= NS_T + D(1 + r_T)$, $S_T \geq X$ (15A-1b)

여기서 r_T : 현재시점부터 만기일(T)까지 기간의 무위험이자율

X : 주가지수 풋옵션의 행사가격

$$N(S+P)+D=W \rightarrow N=\frac{W-D}{S+P}$$

식 (15A-1a)에서 볼 수 있는 바와 같이 $S_T < X$일 때 보험이 작동되어(kick in), 포트폴리오의 가치가 일정한 수준으로 보장됨을 알 수 있다. 여기서 포트폴리오관리자가 원하는 포트폴리오 만기일가치의 최저수준(target floor value)이 F인 경우, 식 (15A-1a)에 N값을 대입한 후 풀면 무위험대출액 D를 다음과 같이 구할 수 있다.[48)]

47) 콜옵션을 N개 매입하고, 무위험이자율로 D'만큼 대출하여 포트폴리오보험전략을 구성할 수 있다. ($N \cdot C+D'=W$, $D'(1+r_T)=F$)

48) 일반적으로 포트폴리오관리자는 최소한 투자원금을 보존하고 싶어하므로 포트폴리오 만기일가치의 최저수준은 투자원금인 W가 되는 경우가 많다.

$$D=\frac{F(S+P)-WX}{(S+P)(1+r_T)-X} \tag{15A-2}$$

예제 15A-1 포트폴리오보험전략

현재 1억원의 투자자금을 가지고 있는 K씨는 3개월 동안 주식투자를 고려하고 있으나, 주가하락시 발생될 손실을 염려하고 있다. 따라서 K씨는 주식시장이 하락국면에 있을 경우 발생될 수 있는 손실을 회피하고자 다양한 포트폴리오보험 전략을 고려하고 있다. 이와 같은 전략에 이용될 수 있는 3개월 만기 KOSPI 200 콜옵션과 풋옵션에 관한 자료는 다음과 같다.

옵션의 종류	행사가격	옵션가격(프리미엄)
콜	198.9	5.0
풋	198.9	6.0

현재 KOSPI 200 지수는 194.0포인트, KOSPI 200 옵션의 거래승수는 1포인트당 10만원, 무위험이자율은 연 8%이며, 3개월 동안 배당은 지급되지 않는다. (단, 아래의 물음에서 요구하는 각 전략을 구성할 때 현재시점의 투자액(또는 현금흐름)과 만기일(3개월 후)의 성과를 각각 제시해야 하며, 모든 계산과정 및 결과에서 금액은 반올림하여 만원 단위로 표시하고 계약수는 반올림하여 소수점 아래 둘째 자리까지 표시하라.)

(1) K씨는 주식시장이 하락국면에 있을 경우 발생될 수 있는 손실을 회피하기 위하여 방어적 풋 전략을 고려하고 있다. K씨가 수립할 수 있는 방어적 풋 전략은?

(2) K씨는 KOSPI 200 콜옵션과 무위험채권을 이용하여 방어적 풋과 동일한 성과를 얻을 수 있다. 가능한 전략을 수립하라.

(3) K씨는 3개월 후 만기가 되는 KOSPI 200 선물을 이용하여 방어적 풋과 동일한 성과를 얻을 수 있다. 가능한 전략을 수립하라.(단, KOSPI 200 선물의 거래승수는 1포인트당 50만원이다.)

(4) K씨는 3개월 후 최소한 투자원금 1억원을 보장받고자 한다. 이와 같은 경우 취할 수 있는 전략은?

(5) 행사가격 198.9인 3개월 만기 KOSPI 200 풋옵션의 가격이 7.0으로 상승한다면, K씨는 차익거래이익을 얻을 수 있는 기회를 가질 수 있다. K씨가 KOSPI 200 풋옵션 1계약을 이용하여 얻을 수 차익거래이익을 구하고, 그 차익거래과정을 제시하라.

☞ 해설

(1) 1억원의 투자자금을 가지고 방어적 풋 전략을 수립하는 데 필요한 KOSPI 200 복제포트폴리오와 KOSPI 200 풋옵션의 매입수량 N을 구하면 다음과 같다.

$$(194.0\times 10\text{만원}+6.0\times 10\text{만원})N=10{,}000\text{만원} \rightarrow N=5\text{계약}$$

그러므로 KOSPI 200 복제포트폴리오 5계약, 즉 9,700만원(=194.0×10만원×5계약)과 풋옵션 5계약, 즉 300만원(=6.0×10만원×5계약)을 매입하여 방어적 풋 전략을 수립할 수 있으며, 그 투자액과 만기일인 3개월 후 투자성과는 다음과 같다.

(단위: 만원)

포트폴리오	투자액	만기일(3개월 후) 성과	
		$S_T<9{,}945$	$S_T\geq 9{,}945$
지수복제포트폴리오 매입	9,700	S_T	S_T
KOSPI 200 풋옵션 5계약 매입*	300	$9{,}945-S_T$	0
방어적 풋	10,000	9,945	S_T

* KOSPI 200 풋옵션 5계약에 대한 행사가격은 9,945만원(=198.9×10만원×5계약)임.

(2) 풋-콜 패리티: $S+P=C+\dfrac{X}{1+r_T}$

KOSPI 200 콜옵션을 5계약, 즉 250만원(=5.0×10만원×5계약) 매입하고, 나머지 자금 9,750만원으로 무위험채권을 매입(무위험이자율로 대출)하면 물음 (1)과 동일한 방어적 풋 전략을 수립할 수 있으며, 그 투자액과 만기일인 3개월 후의 투자성과는 다음과 같다.

(단위: 만원)

포트폴리오	투자액	만기일(3개월 후) 성과	
		$S_T<9{,}945$	$S_T\geq 9{,}945$
KOSPI 200 콜옵션 5계약 매입	250	0	$S_T-9{,}945$
무위험채권 매입(대출)	9,750	9,750(1+0.02)	93,750(1+0.02)
방어적 풋	10,000	9,945	S_T

(3) $F_{0,T}=194.0\left[1+0.08\left(\dfrac{3\text{개월}}{12\text{개월}}\right)\right]=197.88\text{포인트}$

선물 = 현물 − 무위험채권 → 현물 = 선물 + 무위험채권

그러므로 선물을 매입하고 동시에 무위험채권을 매입(무위험이자율로 대출)함으로써 현물매입을 복제할 수 있다. 이와 같은 결과를 이용하여 KOSPI 200 선물을 이용한 방어적 풋 전략을 수립할 수 있으며, 그 투자액과 만기일인 3개월 후의 투자성과는 다음과 같다.

(단위: 만원)

포트폴리오	투자액	만기일(3개월 후) 성과	
		$S_T<9,945$	$S_T\geq 9,945$
KOSPI 200 선물 1계약 매입*	0	$S_T-9,894$	$S_T-9,894$
무위험채권 매입(대출)	9,700	9,700(1+0.02)	9,700(1+0.02)
KOSPI 200 풋옵션 5계약 매입	300	$9,945-S_T$	0
방어적 풋	10,000	9,945	S_T

* KOSPI 200 선물의 거래승수는 50만원으로서 옵션의 거래승수 10만원의 5배가 되기 때문에 선물매입계약수는 옵션 매입계약수의 $\frac{1}{5}$, 즉 1계약이 되며, 선물 1계약의 가격은 9,894만원(=197.88×50만원)이 된다.

(4) 포트폴리오보험을 구성하기 위해서 KOSPI 200 복제포트폴리오와 KOSPI 200 풋옵션을 각각 N계약씩 매입하고, 무위험이자율로 D만큼 대출하는 전략을 취해야 한다.

$$10,000\text{만원}=(194.0\times 10\text{만원}+6.0\times 10\text{만원})N+D \quad \cdots (\text{i})$$

그리고 만기일의 KOSPI 200 지수가 KOSPI 200 풋옵션의 행사가격보다 작을 때 만기일에서 포트폴리오보험은 최저가치를 가지며, 그 값은 1억원이 되어야 한다.

$$10,000\text{만원}=(198.9\times 10\text{만원})N+D(1+0.02) \quad \cdots (\text{ii})$$

식 (i)과 (ii)에 의해서 N과 D를 구하면 다음과 같다.

$$\therefore\ N=3.92\text{계약},\ D=2,160\text{만원}$$

10,000만원 중 2,160만원을 무위험이자율로 대출(무위험채권 매입)한 후, 나머지 자금 7,840만원으로 KOSPI 200 복제포트폴리오 3.92계약, 즉 7,605만원(=194.0×10만원×3.92계약)과 풋옵션 3.92계약, 즉 235만원(=6.0×10만원×3.92계약)을 매입함으로써 최소 1억원의 가치를 보장받을 수 있는 포트폴리오보험을 구성할 수 있다.

(단위: 만원)

포트폴리오	투자액	만기일(3개월 후) 성과	
		S_T<7,797	S_T≥7,797
지수복제포트폴리오 매입	7,605	S_T	S_T
KOSPI 200 풋옵션 3.92계약 매입*	235	7,797−S_T	0
무위험채권 매입(대출)	2,160	2,160(1+0.02)	2,160(1+0.02)
포트폴리오보험	10,000	10,000	S_T+2,203

* KOSPI 200 풋옵션 3.92계약에 대한 행사가격은 7,797만원(=198.9×10만원×3.92계약)임.

※ 별해: 콜옵션과 무위험채권을 이용하는 방법

포트폴리오보험을 구성하기 위해서 KOSPI 200 콜옵션을 N계약 매입하고, 무위험이자율로 D'만큼 대출하는 전략을 취해야 한다.

$$10{,}000\text{만원} = (5.0\times 10\text{만원})N + D' \quad \cdots \text{(i)}$$

그리고 만기일의 KOSPI 200 지수가 KOSPI 200 콜옵션의 행사가격보다 작을 때 만기일에서 포트폴리오보험은 최저가치를 가지며, 그 값은 1억원이 되어야 한다.

$$10{,}000\text{만원} = D'(1+0.02) \quad \cdots \text{(ii)}$$

식 (i)과 (ii)에 의해서 N과 D'를 구하면 다음과 같다.

$$\therefore N=3.92\text{계약},\ D'=9{,}804\text{만원}$$

10,000만원 중 9,804만원을 무위험이자율로 대출(무위험채권 매입)한 후, 나머지 자금으로 콜옵션 3.92계약, 즉 196만원(=5.0×10만원×3.92계약)을 매입함으로써 최소 1억원의 가치를 보장받을 수 있는 포트폴리오보험을 구성할 수 있다.

(단위: 만원)

포트폴리오	투자액	만기일(3개월 후) 성과	
		S_T<7,797	S_T≥7,797만원
KOSPI 200 콜옵션 3.92계약 매입*	196	0	S_T−7,797
무위험채권 매입(대출)	9,804	9,804(1+0.02)	9,804(1+0.02)
포트폴리오보험	10,000	10,000	S_T+2,203

* KOSPI 200 콜옵션 3.92계약에 대한 행사가격은 7,797만원(=198.9×10만원×3.92계약)임.

(5) 풋-콜 패리티를 이용하여 다음과 같이 합성풋(synthetic put)(1 주식 공매, 1 콜 매입, 무위험채권 $X/(1+r_T)$ 매입(대출))을 구성하고, 그 가격을 구하면 다음과 같다.

$$P=-S+C+\frac{X}{1+r_T}=-194.0+5.0+\frac{198.9}{1+0.02}=6.0$$

「KOSPI 200 풋옵션가격(7.0포인트) > 합성풋(6.0포인트)」이므로 과대평가된 KOSPI 200 풋옵션 1계약을 매도하고, 과소평가된 합성풋을 매입함으로써 10만원의 차익거래이익을 얻을 수 있으며, 그 차익거래과정은 다음과 같다.

(단위: 만원)

차익거래	현재 현금흐름	만기일(3개월 후) 현금흐름	
		$S_T<1,989$	$S_T\geq 1,989$
KOSPI 200 풋옵션 1계약 매도	70	$-(1,989-S_T)$	0
지수복제포트폴리오 1계약 공매	1,940	$-S_T$	$-S_T$
KOSPI 200 콜옵션 1계약 매입	−50	0	$S_T-1,989$
무위험채권 매입(대출)*	−1,950	1,950(1+0.02)	1,950(1+0.02)
차익거래이익	10	0	0

* 무위험채권매입액 $=\frac{198.9\times 10\text{만원}}{1+0.02}=1,950$만원

보론 2

옵션가치의 민감도와 헤징

옵션가치의 변화는 다양한 요인들에 의해 이루어지며, 그 결정요인의 변화에 따른 옵션가치의 변화 정도를 측정하는 것을 민감도분석(sensitivity test)이라 한다. 이와 같은 민감도분석은 다양한 헤징전략의 기초가 된다.

1. 옵션가치의 민감도

옵션가치의 민감도분석은 기본적으로 기초자산의 가격(S), 만기(T), 기초자산의 변동성(σ), 무위험이자율(r) 등의 변화에 대한 옵션가치의 변화 정도를 측정하는 것이다.

1) 옵션델타

옵션델타(delta : Δ)는 기초자산의 가격변화에 대한 옵션가격의 변화를 나타내는 것으로서 다음과 같이 측정된다.

$$\Delta = \frac{\partial C}{\partial S} \tag{15A-3}$$

옵션델타는 기초자산가격의 함수인 옵션가격곡선의 기울기를 의미한다. 만약 옵션델타가 0.5이면 기초자산가격이 1원 변할 때 옵션가격은 0.5원 변하게 된다. 앞에서 설명한 블랙-숄즈 모형에 의하면 콜옵션델타는 $N(d_1)$이라 할 수 있다.

2) 옵션감마

옵션감마(gamma : Γ)는 기초자산의 가격변화에 대한 옵션델타의 변화를 나타내는 것으로서 다음과 같이 측정된다.

$$\Gamma = \frac{\partial \Delta}{\partial S} = \frac{\partial^2 C}{\partial S^2} \tag{15A-4}$$

식 (15A-4)에서 볼 수 있는 바와 같이 옵션감마는 옵션가격을 기초자산의 가격에 의해 2차 편미분한 것으로서 옵션의 곡률(option curvature)을 의미한다. 옵션감마의 값(절대치)이 클수록, 옵션델타는 기초자산의 가격변화에 민감해진다.

3) 옵션세타

옵션세타(theta : θ)는 시간경과에 대한(만기일까지의 기간이 감소함에 따른) 옵션가격의 변화를 나타내는 것으로서 다음과 같이 측정된다.

$$\theta = \frac{\partial C}{\partial t} \tag{15A-5}$$

만기일까지의 기간($T-t$)이 감소함에 따라 옵션가치가 감소하는 경향이 있으므로 대부분의 경우에 옵션세타의 부호는 음(−)일 것이다.

4) 옵션베가

옵션베가(vega : Λ)는 기초자산 변동성의 변화에 대한 옵션가격의 변화를 나타내는 것으로서 다음과 같이 측정된다.

$$\Lambda = \frac{\partial C}{\partial \sigma} \tag{15A-6}$$

옵션베가의 값이 클수록, 옵션가치는 기초자산의 변동성 변화에 민감해진다.

5) 옵 션 로

옵션로(rho : ρ)는 무위험이자율의 변화에 대한 옵션가격의 변화를 나타내는 것으로서 다음과 같이 측정된다.

$$\rho = \frac{\partial C}{\partial r} \tag{15A-7}$$

2. 주가지수옵션을 이용한 헤징

주식포트폴리오와 주가지수옵션으로 구성된 포트폴리오의 델타(Δ)를 0으로 만들면, 주가지수의 가치(I)가 변하더라도 포트폴리오의 가치는 변하지 않게 된다.[49] 이를 델타헤징(delta hedging)이라 하고, 그 포지션을 델타중립(delta neutral)이라 한다.

주식포트폴리오와 주가지수 콜옵션으로 구성된 헤지포트폴리오의 가치(V_H)는 다음과 같다.

$$V_H = V_S + n_C \cdot C \tag{15A-8}$$

여기서 V_S : 주식포트폴리오의 가치
C : 주가지수 콜옵션의 가치
n_C : 주가지수 콜옵션의 계약수

식 (15A-8)에 의해 헤지포트폴리오의 델타를 구하면 다음과 같다.[50]

$$\frac{\partial V_H}{\partial I} = \frac{\partial V_S}{\partial I} + n_C \frac{\partial C}{\partial I} = \frac{\partial V_S}{\partial I} + n_C \Delta_C = 0 \tag{15A-9}$$

여기서 Δ_C : 주가지수 콜옵션의 델타

그리고 주가지수에 대한 포트폴리오의 민감도, 즉 베타(β_S)는 다음과 같이 정의될 수 있다.

$$\beta_S = \frac{\text{주식포트폴리오 가치의 변화율}}{\text{주가지수 가치의 변화율}} = \frac{\dfrac{\partial V_S}{V_S}}{\dfrac{\partial I}{I}} = \frac{\partial V_S}{\partial I} \cdot \frac{I}{V_S} \tag{15A-10}$$

식 (15A-10)에서 $\dfrac{\partial V_S}{\partial I} = \dfrac{\beta_S V_S}{I}$이므로 이를 식 (15A-9)에 대입하여 정리하면, 델타헤징에 필요한 주가지수 콜옵션의 계약수를 다음과 같이 구할 수 있다.

$$n_C = -\frac{\beta_S V_S}{I \Delta_C} \tag{15A-11}$$

49) 주가지수의 가치는 「주가지수×주가지수옵션의 거래승수」이다. 예를 들어 현재 KOSPI 200 지수가 200포인트라면, 그 가치는 2,000만원(200×10만원)이다.

50) 포트폴리오의 델타는 주가지수의 가치변화에 대한 포트폴리오의 가치변화, 즉 민감도를 나타내며, 헤지포트폴리오의 경우 그 델타값은 0이다.

식 (15A-11)에서 n_C의 부호는 음(−)이며, 이는 약세시장에 대비하여 보유하고 있는 주식포트폴리오를 헤지하기 위해서는 주가지수 콜옵션을 $\frac{\beta_S V_S}{I \Delta_C}$만큼 매도하여야 한다는 것을 의미한다.

만약 헤지대상자산인 현물(주식포트폴리오)과 델타헤징에 사용하는 주가지수옵션의 기초자산이 동일하다면($V_S=I$), 델타헤징에 필요한 주가지수 콜옵션의 계약수는 다음과 같이 구할 수 있다.[51)]

$$n_C = -\frac{1}{\Delta_C} \tag{15A-12}$$

식 (15A-12)는 주식포트폴리오 1개에 대해 주가지수옵션을 $1/\Delta_C$개 매도(또는 주식포트폴리오 Δ_C개에 대해 주가지수옵션 1개를 매도)하여 헤지포트폴리오를 구성할 수 있음을 의미하는 것으로, 앞의 이항모형 또는 블랙-숄즈 모형에서 헤지포트폴리오를 구성하는 것과 동일함을 알 수 있다.

한편 시장상황에 따라 주식포트폴리오의 베타를 변화시키고자 할 때도 주가지수옵션을 이용할 수 있다. 식 (15A-8)에서 헤지포트폴리오의 베타를 구하면 다음과 같다.

$$\beta_H = \beta_S\left(\frac{V_S}{V_S + n_C \cdot C}\right) + \beta_C\left(\frac{n_C \cdot C}{V_S + n_C \cdot C}\right) \tag{15A-13}$$

여기서 β_H : 헤지포트폴리오의 베타

β_C : 주가지수 콜옵션의 베타

현재 보유하고 있는 주식포트폴리오의 베타(β_S)를 임의의 헤지포트폴리오의 베타(β_H)로 조정하기 위한 주가지수 콜옵션의 계약수는 식 (15A-13)에 의해서 다음과 같이 나타낼 수 있다.

$$n_C = \frac{V_S(\beta_H - \beta_S)}{C(\beta_C - \beta_H)} \tag{15A-14}$$

여기서 $\beta_C = \dfrac{\frac{\partial C}{C}}{\frac{\partial I}{I}} = \frac{\partial C}{\partial I} \cdot \frac{I}{C} = \Delta_C \cdot \frac{I}{C}$

51) 현물, 즉 헤지대상자산(주식포트폴리오)과 델타헤징에서 사용하는 주가지수옵션의 기초자산(주가지수)이 동일한 경우 완전헤지를 실현할 수 있으나, 서로 다를 경우 완전헤지를 달성하기 어려울 것이다.

식 (15A-14)에서 $\beta_H=0$인 경우에는 앞의 식 (15A-11)과 동일하게 된다. 따라서 식 (15A-11)에 의해 구성된 헤지포트폴리오는 체계적 위험(베타)을 0으로 만드는 것으로서, 이는 시장전체의 변동에 영향을 받지 않도록 하기 위해서 구성된 포트폴리오라 할 수 있다.

동일한 방법으로 델타헤징에 필요한 주가지수 풋옵션의 매입수량을 구할 수 있다. 주식포트폴리오와 주가지수 풋옵션으로 구성된 헤지포트폴리오의 가치(V_H)는 다음과 같다.

$$V_H = V_S + n_P P \tag{15A-15}$$

여기서 P : 주가지수 풋옵션의 가치
n_P : 주가지수 풋옵션의 계약수

식 (15A-15)에 의해 헤지포트폴리오의 델타를 구하면 다음과 같다.

$$\frac{\partial V_H}{\partial I} = \frac{\partial V_S}{\partial I} + n_P \frac{\partial P}{\partial I} = \frac{\partial V_S}{\partial I} + n_P \Delta_P = 0 \tag{15A-16}$$

여기서 Δ_P : 주가지수 풋옵션의 델타[52)]

그러므로

$$n_P = -\frac{\beta_S V_S}{I \Delta_P} \tag{15A-17}$$

식 (15A-17)에서 n_P의 부호는 양(+)이며, 이는 약세시장에 대비하여 보유하고 있는 주식포트폴리오를 헤지하기 위해서는 주가지수 풋옵션을 $-\frac{\beta_S V_S}{I \Delta_P}$만큼 매입하여야 한다는 것을 의미한다.

기초자산의 가격이 변하면 옵션의 델타도 변하기 때문에 그 때마다 포트폴리오포지션을 재조정해야 하며, 이를 동적헤징(dynamic hedging)이라 한다.

예제 15A-2 주가지수옵션을 이용한 헤징

현재 보유하고 있는 주식포트폴리오의 가치는 1억원이며, KOSPI 200에 대한 주식포트폴리오의 베타(β_S)는 1.5이다. KOSPI 200 콜옵션의 가격과 델타값은 각각 2.50, 0.50, KOSPI 200 풋옵션의 가격과 델타값은 각각 3.00, −0.60이다. 현재 KOSPI 200 지수는 200이며, KOSPI 200 옵션의 거래승수는 1포인트당 10만원이다.

52) 풋옵션 델타의 부호는 항상 음(−)이다.

(1) KOSPI 200 콜옵션을 이용하여 헤지전략을 수립하라.

(2) KOSPI 200 풋옵션을 이용하여 헤지전략을 수립하라.

☞ 해설

(1) $n_C = -\dfrac{\beta_S V_S}{I\Delta_C} = -\dfrac{1.5 \times 10{,}000\text{만원}}{200 \times 10\text{만원} \times 0.50} = -15$

지수하락에 대비하여 현재 보유하고 있는 주식포트폴리오를 헤지하기 위해서는 KOSPI 200 콜옵션 15계약을 매도하여야 한다.

(2) $n_P = -\dfrac{\beta_S V_S}{I\Delta_P} = -\dfrac{1.5 \times 10{,}000\text{만원}}{200 \times 10\text{만원} \times (-0.6)} = 12.5$

지수하락에 대비하여 현재 보유하고 있는 주식포트폴리오를 헤지하기 위해서는 KOSPI 200 풋옵션 12.5계약을 매입하여야 한다.

제 16 장

선 물 거 래

1. 선물거래의 기초개념
2. 선물의 가격결정
3. 스왑거래

선물계약(futures contract)은 미래의 일정한 시점에서 정해진 가격으로 자산을 사거나 팔기로 약정한 것이다. 선물계약(이하 선물이라 약칭함)은 전장에서 설명한 옵션과 더불어 가장 기본적인 파생상품(derivatives) 중의 하나이다. 선물은 실물상품(농산물, 축산물, 금속, 에너지 등)뿐만 아니라 금융상품(통화, 금리, 주가지수 등)을 대상으로 매우 다양하게 개발되고 있으며, 1970년대 이래로 특히 금융선물시장은 급격히 성장해 나가고 있다. 그리고 스왑(swap)은 미래 현금흐름을 교환하기로 약정을 맺는 것으로서 선물과 매우 유사하다.

본장에서는 선물거래에 대한 기초적인 개념, 선물의 가격결정, 스왑거래 등에 대해서 설명하고자 한다.

1 선물거래의 기초개념

선물의 역사는 아주 오래 전으로 거슬러 올라가야 되겠지만, 현재와 같은 조직화된 선물거래는 1848년에 설립된 미국의 시카고상품거래소(Chicago Board of Trade: CBOT)에서 시작되었다고 할 수 있다. 그리고 1972년 국제통화거래소(International Monetary Market: IMM)가 설립되어 금융선물이 도입되면서 선물거래는 획기적인 발전의 전기를 맞게 된다. 우리나라에서도 KOSPI 200에 대한 주가지수선물시장이 1996년 5월 3일부터 개설되어 선물거래가 시작되었으며, 1999년 4월 23일에 한국선물거래소(현재 한국거래소의 선물시장본부)가 개장되어 본격적인 발전의 전기를 맞이하였다.

1.1 선물거래의 의의와 종류

1) 선물거래의 의의

선물거래(futures trading)란 품질과 가격 등이 표준화된 일정량의 상품(현물)을 현재시점에서 약정된 가격으로 미래의 일정시점에 매입 또는 매도하기로 조직화된 거래소 내에서 약정하는 거래이다. 선물(futures)의 대상이 되는 특정상품을 기초자산(underlying asset), 시장에서 거래되고 있는 기초자산의 현재가격을 현물가격(spot price), 선물계약이 이행(결제)되는 미래의 일정시점을 만기일(maturity date) 또는 인도일(delivery date), 만기일의 약정된 가격을 선물가격(futures price)이라고 한다. 여기서 선물가격은 만기일에 기초자산을 거래하기로 약정한 가격을 의미하는 것이지, 선물계약 자체의 가치(내재가치)를 의미하는 것은 아니다. 다시 말하면 선물가격은 현재시점에서 약정된 만기일에서의 상품 인수·도가격으로 전장에서 설명한 옵션의 행사가격과 유사한 개념이라 할 수 있다.

선물거래는 매매계약의 체결과 동시에 매매대상물(상품)의 인수·도와 대금결제가 이루어지는 현물거래(spot trading)와 대비되는 개념이다.[1] 선물거래와 현물거래의 차이를 그림으로 나타내면 〈그림 16-1〉과 같다.

선도거래(forward trading)는 기초자산을 현재시점에서 약정된 가격으로 미래의 일정시점에 매입 또는 매도하기로 약정하는 거래라는 점에서 본질적으로 선물

1) 현재시점에 상품을 인수·도하고 일정한 기간이 지난 후 대금을 결제하는 거래를 외상거래 또는 신용거래라 하며, 이는 현물거래에 포함된다.

그림 16-1 **선물거래와 현물거래**

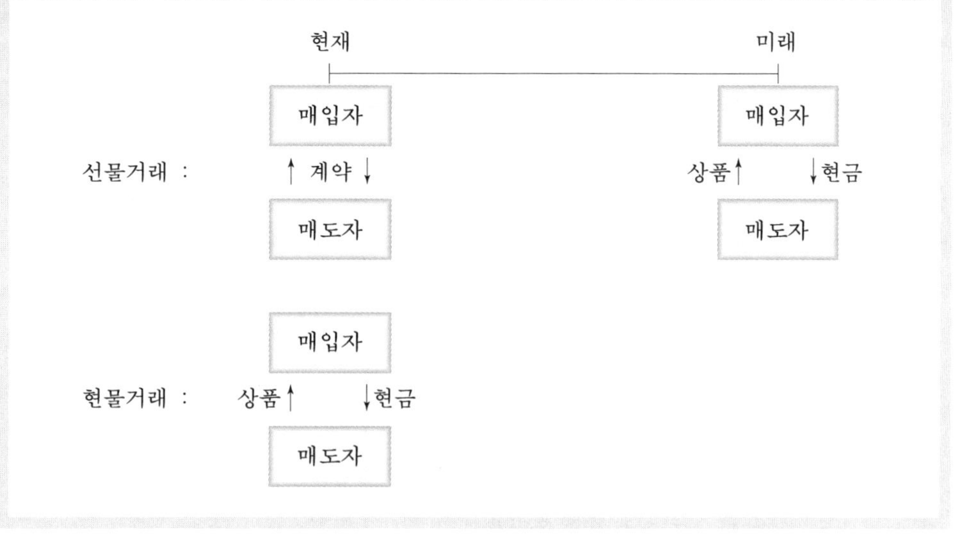

거래와 같다고 할 수 있다.[2] 그러나 선물거래와 선도거래는 다음과 같은 몇 가지 점에서 서로 구분된다. 첫째, 선도거래는 특정한 장소 없이 장외시장(over-the-counter market)에서 당사자간 직접 계약에 의해 이루어지는 반면, 선물거래는 조직화된 공식적인 시장, 즉 선물거래소에서 공개입찰을 통해 이루어진다. 따라서 선물거래는 선도거래에 비해 계약상대방을 훨씬 쉽게 찾을 수 있으며, 높은 시장성으로 인하여 선물가격은 수요와 공급이 일치하는 균형수준에서 보다 쉽게 결정될 수 있다. 둘째, 선물계약은 거래소가 정한 계약조건(거래상품, 거래단위, 만기일 등)에 의해 표준화되어 있지만, 선도계약은 거래당사자간 합의에 의해 거래조건이 결정된다. 선물거래는 거래조건을 표준화함으로써 계약체결을 용이하게 하고 거래 자체의 유동성을 높여, 만기일 이전이라도 언제든지 필요한 시점에서 계약을 제3자에게 양도할 수 있게 한다. 셋째, 선물거래에서는 결제소가 거래의 상대방으로서 모든 선물계약의 청산에 대하여 책임을 지며 계약의 이행을 보증하는 역할을 수행하기 때문에 청산위험이 거의 없으나, 선도거래의 경우 계약자 쌍방간의 직접 거래이므로 계약당사자의 신용도에 따른 위험이 존재한다. 선물거래에서는 계약의 이행을 보증하려는 제도적 장치로 일일정산, 증거금 등의 제도를 두고 있다.

2) 채소를 재배하는 농부가 수확기의 가격하락위험을 제거하기 위하여 채소판매상과 미리 정해진 가격으로 계약을 맺어 채소를 판매하는 방법, 속칭 '밭떼기' 등이 선도거래의 좋은 예라고 할 수 있다.

표 16-1 선물거래와 선도거래의 비교

구 분	선물거래	선도거래
거래장소	선물거래소	장외시장
거래조건	상품, 거래단위, 만기일 등이 표준화되어 있음	거래당사자간의 협의에 의해 결정됨
거래상대	알려져 있지 않음	직접 거래로 알려짐
증 거 금	있음	없음
가격변동	매일매일 가격변동(일일정산)	만기일까지 변동없음
상품인수 · 도	인수 · 도가 거의 없고 대부분 반대매매에 의해 청산됨	대부분 만기일에 인수 · 도됨
거래 신뢰도	결제소의 이행보증	거래당사자의 신용에 달려 있음
규제방식	엄격한 규제	자율적 규제
시장구조	완전시장	불완전시장

표 16-2 선물거래와 옵션거래의 비교

구 분	선물거래	옵션거래
거래대상	기초자산 그 자체에 대한 매매계약	기초자산의 매수 또는 매도에 대한 권리
거래대가	없음(선물의 가치 = 0)	옵션가격(프리미엄)
포지션 청산	반대매매 또는 실물인수 · 도	반대매매 또는 옵션행사
권리와 의무	매수자와 매도자 모두 선물계약 이행에 대한 권리 · 의무를 가짐	옵션행사에 대하여 매수자는 권리, 매도자는 의무를 가짐
증 거 금	매수자와 매도자 모두 납입	매도자만 납입

이상에서 설명한 선물거래와 선도거래의 차이점을 요약하면 〈표 16-1〉과 같다.

한편 선물거래를 통해서 이루어진 선물계약은 계약쌍방이 그 계약을 이행하여야 할 의무가 있다는 점에서 권리를 나타내고 있는 옵션과 근본적으로 다르다. 옵션의 소유자(매입자)는 옵션의 행사가 자신에게 불리한 경우 그 옵션의 행사를 포기할 수 있지만, 선물계약은 계약당사자가 임의적으로 그 계약을 파기할 수 없다. 이와 같은 선물거래와 옵션거래의 차이점을 요약하면 〈표 16-2〉와 같다.

2) 선물거래의 손익

선물거래는 선물의 매입(long position)과 매도(short position)로 구분된다. 선물의 매입은 만기일에 약정된 가격(선물가격)으로 기초자산을 매입할 것을 계약한 것이며, 선물의 매도는 만기일에 선물가격으로 기초자산을 매도할 것을 계약한 것이다. 선물의 매입자가 그 상태를 벗어나기 위해서는 만기일에 기초자산을 실제로 인수하거나, 만기일 이전에 매입했던 선물을 다시 매도하여야 한다. 반면에 선물의 매도자가 그 상태를 벗어나기 위해서는 만기일에 기초자산을 실제로 인도하거나, 만기일 이전에 매도했던 선물을 다시 매입하여야 한다. 선물포지션(futures position)을 마감하기 위하여 매입했던 선물을 만기일 이전에 재매도하는 것을 전매(轉賣) 또는 재매도청산(liquidation, long covering)이라 하고, 매도했던 선물을 만기일 이전에 재매입하는 것을 환매(還買) 또는 재매입청산(short covering)이라 한다. 이와 같이 반대매매(reversing trade)에 의해서 선물거래자가 선물포지션을 없애고 선물시장에서 빠져나오는 것을 선물포지션을 청산(close out)한다고 표현한다.

선물의 매입자는 기초자산의 가격이 오를수록 선물가격이 상승하여 이익을 보게 되는 반면, 선물의 매도자는 기초자산의 가격이 하락할수록 선물가격이 하락하여 이익을 보게 된다. 선물의 청산일에서의 선물거래에 따른 이익은 다음과 같다.

· 선물매입거래의 이익 $= F_{t,T} - F_{0,T}$
· 선물매도거래의 이익 $= F_{0,T} - F_{t,T}$

여기서 $F_{0,T}$: 현재시점(선물의 계약일)에서 만기가 T인 선물의 가격
$F_{t,T}$: t시점(선물의 청산일)에서 만기가 T인 선물의 가격[3)]

예를 들어 선물가격이 배럴(barrel)당 150,000원인 원유선물의 매입자와 매도자를 생각해 보자. 선물의 청산일에 원유의 선물가격이 배럴당 160,000원으로 상승하는 경우 원유선물 매입자와 매도자의 이익(배럴당)은 다음과 같이 계산된다.

원유선물 매입자의 이익 = 160,000원 − 150,000원 = 10,000원
원유선물 매도자의 이익 = 150,000원 − 160,000원 = −10,000원

원유선물의 매입자는 배럴당 160,000원인 선물을 150,000원에 매입할 수 있기 때문에 10,000원의 이익을 얻을 수 있다. 그러나 원유선물의 매도자는 배럴당

3) 선물가격은 만기일에 가까워질수록 현물가격에 수렴하며, 만기일에서 선물가격은 현물가격과 일치한다.

그림 16-2 선물거래 종료일, 즉 청산일(t)에서의 선물거래에 따른 손익

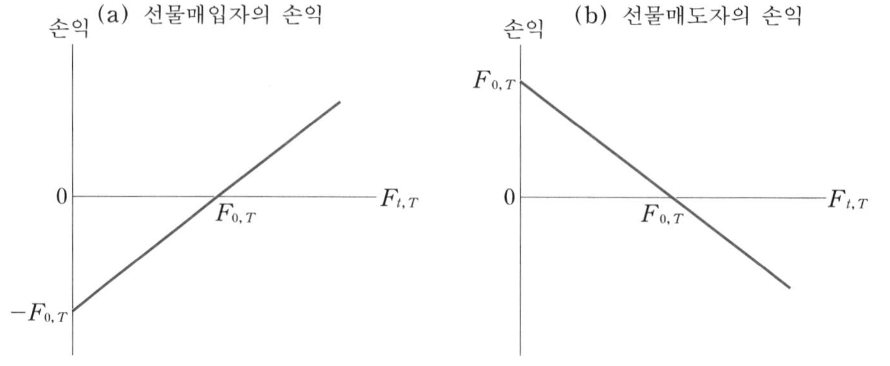

160,000원인 선물을 150,000원에 매도해야 하기 때문에 10,000원의 손실을 보게 된다. 한편 선물가격이 하락하는 경우에는 정반대로 원유선물의 매입자가 손실을 입는만큼 원유선물의 매도자는 이익을 보게 된다.

이상에서 보는 바와 같이 선물거래의 매입포지션에 따른 이익(또는 손실)과 매도포지션에 따른 손실(또는 이익)은 그 크기가 항상 동일하기 때문에 모든 선물거래의 손익은 정확하게 상쇄되어 0이 된다.[4] 따라서 선물거래를 제로섬게임(zero-sum game)이라고 할 수 있다. 선물거래에 따른 손익을 그림으로 나타내면 〈그림 16-2〉와 같다.

3) 선물거래의 종류

선물계약은 그 기초자산의 종류에 따라 크게 두 가지로 분류된다. 즉 주요 원자재인 원유, 구리, 금, 은, 옥수수, 밀, 대두 등 일반 상품을 기초자산으로 거래하는 상품선물과 주가지수, 금리, 통화 등을 기초자산으로 거래하는 금융선물로 구분될 수 있다. 우리나라의 경우 1996년부터 주가지수선물(KOSPI 200 선물)이 거래되기 시작되었으며, 현재 3년 국채선물, 5년 국채선물, CD금리선물, 통안증권금리선물, 스타지수선물, 미국달러선물, 엔선물, 유로선물, 금선물 등이 추가적으로 도입되었다. 선물계약에 대한 자세한 분류는 〈표 16-3〉과 같다.

---

4) 선물거래의 이익 = 선물매입거래의 이익 + 선물매도거래의 이익

$$= (F_{t,T} - F_{0,T}) + (F_{0,T} - F_{t,T}) = 0$$

표 16-3 선물계약의 분류

분 류			기 초 자 산
상품선물	농림산물선물		옥수수, 밀, 대두, 설탕, 고무, 원면, 목재 등
	축산물선물		생우, 생돈, 냉동삼겹살 등
	귀금속선물		금, 은, 백금 등
	비철금속선물		구리, 알루미늄, 납, 아연, 주석 등
	에너지선물		원유, 천연가스, 가솔린, 난방유, LPG 등
금융선물	금리선물	장기금리	미국 T-bonds, 한국 국채, 일본 국채, 독일 국채 등
		중기금리	미국 T-notes, 통안증권 등
		단기금리	미국 T-bills, Eurodollars, CD 등
	통화선물		미국 달러, 캐나다 달러, 일본 엔, 영국 파운드, 유럽연합 유로, 스위스 프랑 등
	주가지수선물		KOSPI 200, 스타지수, S&P 500, NYSE Index, Major Market Index(MMI), Value Line Index, Nikkei 225 등

1.2 선물시장의 구조와 증거금제도

1) 선물시장의 구조

선물시장은 선물거래소, 결제소, 선물중개회사 등으로 구성되어 있다. 선물시장의 구조를 그림으로 나타내면 〈그림 16-3〉과 같다.

(1) 선물거래소

선물거래소(futures exchange)는 거래소회원(exchange member)인 장내거래자가 고객의 선물거래 또는 자신의 계산에 의한 선물거래를 상호경쟁적으로 체결시키는 장소이다. 일반적으로 선물거래소는 일정액을 출자한 거래소회원에 의해 설립 · 운영되는 비영리회원 조직의 형태를 띤다. 선물거래소의 주요기능은 조직화된 선물시장을 개설 · 운영하며, 선물거래가 원활하고 공정하게 이루어질 수 있도록 각종 관련 규정이나 규칙 등을 제정 · 시행하는 것이다.

(2) 결 제 소

결제소(clearing house)는 선물거래소에서 이루어지는 모든 거래를 결제하는

그림 16-3 선물시장의 구조

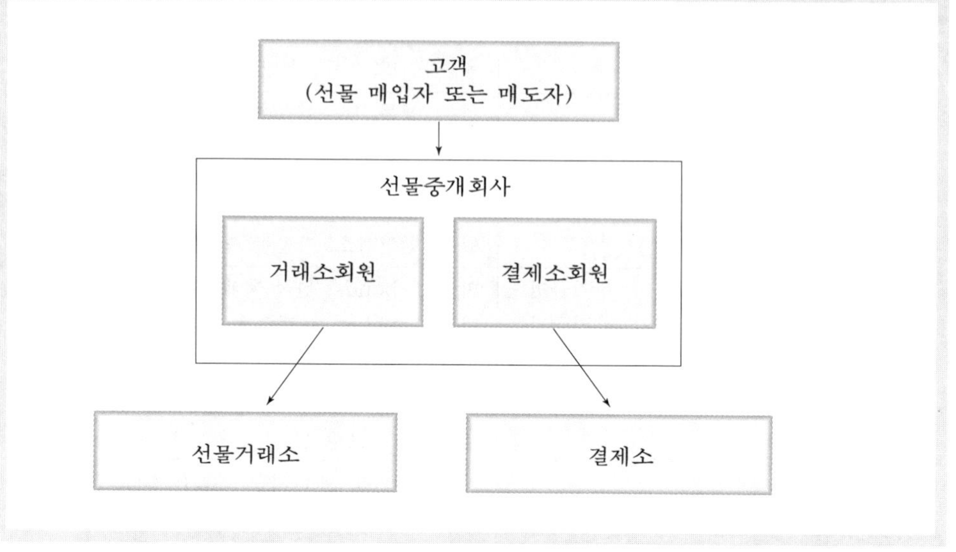

결제기관으로서 거래소와 동일하게 비영리회원 조직의 형태로 운영된다.[5] 결제소는 법적으로 선물매입자에 대하여 매도자 의무, 선물매도자에 대하여 매입자 의무를 진다. 즉 결제소는 선물거래소에서 이루어진 모든 선물계약에 대한 거래의 상대방으로서 선물계약의 이행을 보증하는 역할을 한다. 〈그림 16-4〉는 결제소의 역할을 보여 준다. 결제소가 없는 선도거래의 경우에는 매입자와 매도자가 직접적인 거래의 당사자가 되어야 하기 때문에 거래의 이행여부는 거래당사자의 신용여부에 좌우된다. 그러나 선물거래의 경우 결제소의 존재로 인하여 선물시장에서 성립되는 계약은 개인간의 계약이 아닌 개인과 결제소간의 계약으로 변하기 때문에, 선물거래 참여자들이 개개의 거래 상대방의 신용상태를 우려할 필요 없이 거래를 할 수 있게 되어 시장의 유동성이 제고된다.

결제소의 주요기능에는 일일정산기능, 청산기능, 실물인수·도기능 등이 있다.

일일정산기능

선물거래는 선도거래와 달리 시장에서 매일매일 거래가 이루어지고 그 가격이 변하게 된다. 따라서 결제소는 매일매일 형성되는 정산가격(settlement price)을 기준으로 모든 거래참여자들의 미결제약정(open interest)에 대한 손익을 계산

5) 결제소는 선물거래소의 한 부서조직으로 운영되거나, 몇 개의 거래소가 공동으로 설립하여 운영되기도 한다.

그림 16-4 결제소의 역할

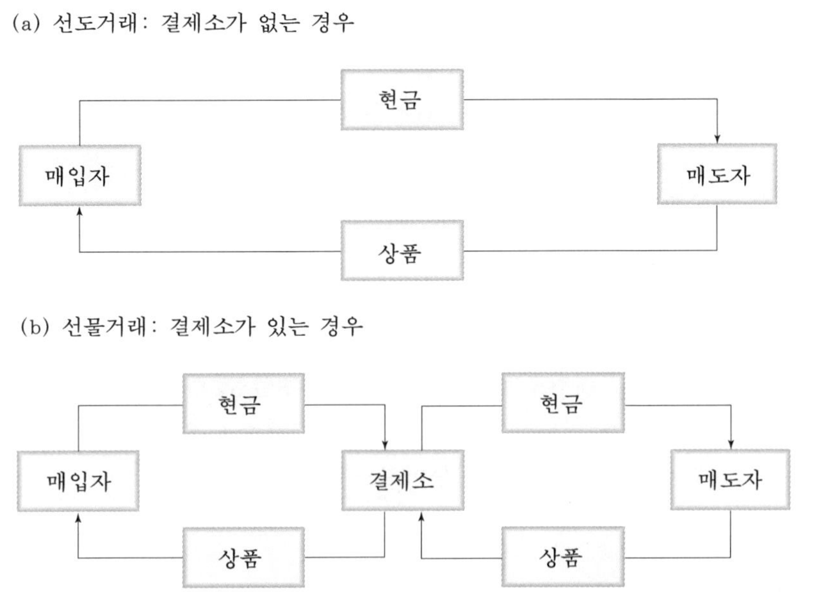

하여 반영하며, 이를 일일정산(marking to market)이라 한다. 선물의 정산가격은 시장마감 직전에 거래된 선물계약을 대표하는 가격(종가 또는 평균가격)이며, 미결제약정은 반대매매 또는 만기일의 인수·도 등에 의해서 청산되지 않고 남아 있는 선물계약을 의미한다.

이와 같은 일일정산을 통해 당일의 모든 선물 미결제약정에 대하여 매일 당일의 정산가격으로 재평가함으로써 실질적으로 매일 결제를 하는 것과 같은 효과를 볼 수 있다. 결제소의 일일정산제도에 의해 선물가격변동으로 인한 손실이 누적되지 않고 매일매일 정산되기 때문에 계약당사자들의 계약불이행위험을 줄일 수 있다. 그러나 만기일에 결제되는 선도거래와 달리 선물거래는 일일정산으로 인하여 수시로 현금의 유출입이 발생될 수 있기 때문에 선물거래자는 이에 필요한 현금을 확보해야 한다는 단점이 있다.[6)]

청산기능

결제소는 기존의 선물포지션을 쉽게 마감 또는 청산(liquidation)할 수 있도록

6) 선물계약이 만기일에 결제된다면 현재가치를 고려하지 않는 손익총계는 선도거래와 일치하여야 한다.

해 준다. 즉 선물거래자가 선물을 매입(매도)하였지만 이를 이행할 의도가 없는 경우 선물을 매도(매입), 즉 반대매매함으로써 계약이행의 의무를 벗어날 수 있다.[7] 이와 같이 반대매매를 통하여 선물거래가 청산될 때 결제소는 확정이익과 손실을 청산당일에 지급 또는 수취하게 된다. 확정이익이 났을 때는 예탁했던 증거금과 이익금을 함께 지급하며, 확정손실이 났을 때는 증거금과 손실액의 차액을 지급한다. 그러나 손실액이 예탁한 증거금을 초과할 때는 그 차액을 해당회원으로부터 징수한다.

실물인수 · 도기능

선물의 만기일까지 반대매매에 의해 청산되지 않은 선물포지션을 보유하고 있을 경우, 매입포지션에 있는 자는 현물을 인수하여야 하고 매도포지션에 있는 자는 현물을 인도하여야 한다. 이때 결제소는 인도자와 인수자를 연결하여 실물의 인수 · 도가 원활하게 이루어지도록 서류상 처리를 하고 실물을 직접 취급하지는 않는다.

(3) 선물중개회사

선물중개회사(futures commission merchant: FCM)는 고객의 주문에 따라 선물계약 체결, 증거금 및 계좌 관리 등의 서비스를 제공하고 수수료를 받는다. 선물중개회사는 먼저 거래소회원인 경우와 거래소회원이 아닌 경우로 구분되는데, 거래소회원만이 투자자의 주문을 직접 처리할 수 있고, 비회원인 중개회사는 거래소회원인 중개회사를 통해서 투자자의 주문을 처리할 수 있다. 그리고 이와 같은 회원제도의 운영은 결제제도에도 동일하게 적용된다. 즉 선물중개회사를 결제소의 회원(clearing member)이냐 비회원이냐로 구분하고, 비결제소회원일 경우에는 결제소회원에게 결제업무를 위임하여 수행토록 하고 있다.

2) 증거금제도

매매계약의 체결과 동시에 상품의 인수 · 도와 대금결제가 이루어지는 현물거래와 달리, 선물거래는 미래 일정시점에서 정해진 가격으로 상품을 인수 · 도하고 대금을 결제하기로 약속한 것이기 때문에 결제일에 계약당사자가 약속을 이행하지 않을지도 모른다는 우려가 있을 수 있다. 즉 선물을 매입한 후 선물가격이 하락하

7) 반대매매에 의해서 투자자의 순포지션(net position)이 0이 되기 때문에 계약이행 의무가 없어지게 된다.

그림 16-5 증거금의 구분: 위탁증거금과 거래증거금

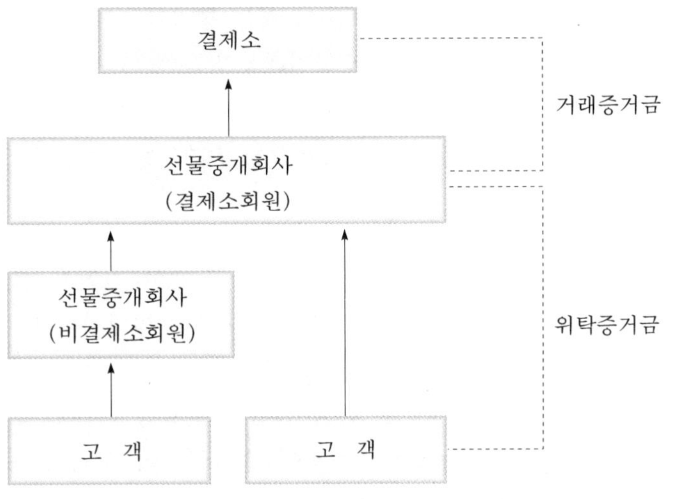

거나 선물을 매도한 후 선물가격이 상승한 경우, 계약자가 계약이행에 따른 손실을 회피하기 위하여 계약을 이행하지 않을 가능성이 있다. 따라서 선물거래에서는 계약의 이행을 제도적으로 보장하는 것이 필요하게 되며, 이와 같은 계약이행 보증을 위한 제도의 하나가 증거금제도이다.[8)]

증거금(margin)은 일일정산시 발생될 수 있는 계약불이행을 방지하기 위한 수단으로, 예치해야 하는 현금 또는 현금등가물(유동성이 높은 유가증권 등)을 의미한다.[9)] 증거금에는 〈그림 16-5〉에서 볼 수 있는 바와 같이 고객이 선물중개회사에 납부하는 위탁증거금(customer margin)과 결제소회원인 선물중개회사가 결제소에 납부하는 거래증거금(clearing margin)이 있다.

(1) 위탁증거금

위탁증거금은 개시증거금과 유지증거금으로 구분된다.

---

8) 앞에서 설명한 일일정산제도와 더불어 증거금제도를 실시함으로써 선물계약에 대한 이행을 거의 완벽하게 보장할 수 있게 된다.

9) 이와 같은 증거금제도로 인해 선물거래자는 큰 금액을 맡기지 않고도 많은 포지션을 가질 수 있어 선물은 다른 금융상품들보다 매우 큰 레버리지효과를 갖게 되는 것이다. 레버리지가 높다는 것은 계약불이행 등으로 인한 위험이 높다는 것을 의미하지만, 선물시장에서의 계약불이행 사례는 거의 없다. 레버리지가 높음에도 불구하고 계약불이행 사례가 거의 없는 것은 일일정산제도, 증거금제도 등의 제도적 장치에 기인한 것이라 할 수 있다.

개시증거금

개시증거금(initial margin)은 고객이 신규 또는 추가적으로 선물을 매입하거나 매도할 때 선물중개회사에 예치해야 하는 증거금을 의미한다. 개시증거금 수준은 기초자산의 가격수준과 변동성, 선물거래동기 등에 따라 다소 차이가 있지만, 일반적으로 개시증거금은 총계약금액의 5%~15% 수준에서 결정된다. 예를 들어 우리나라 KOSPI 200 선물의 경우 개시증거금은 총계약금액의 15%이다.[10)]

유지증거금

유지증거금(maintenance margin)은 고객이 자신의 선물거래포지션을 유지하는 데 필요한 최소한의 증거금을 의미하며, 우리나라의 KOSPI 200 선물의 경우 유지증거금은 총계약금액의 10%로 개시증거금의 2/3수준이다. 선물거래에서는 시장가격변동에 따라 발생하는 손익이 매일 일일정산되어 고객의 증거금에 반영되는데, 만일 선물가격이 크게 하락하여 손실금액이 고객의 증거금을 초과하게 되면 증거금은 그 기능을 상실하게 된다. 따라서 〈그림 16-6〉에서 볼 수 있는 바와 같

그림 16-6 위탁증거금: 개시증거금과 유지증거금

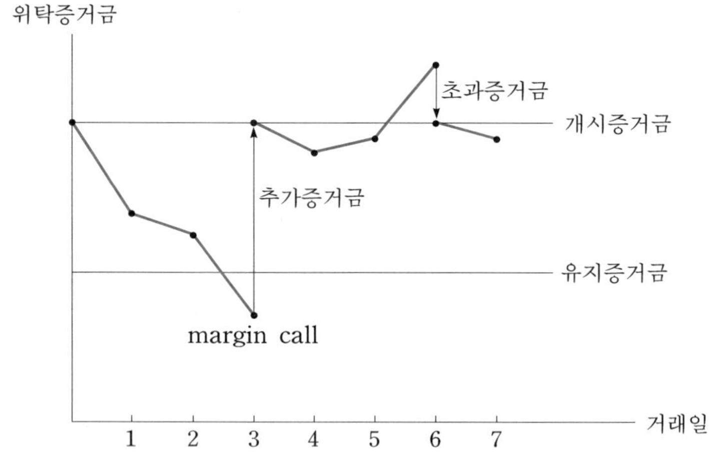

10) 우리나라 KOSPI 200 선물을 거래하기 위하여 계좌를 개설한 후, 미결제약정을 보유하지 않은 투자자가 신규의 매도 또는 매수를 위탁하는 때에는 사전에 1,500만원 이상의 현금 또는 당해 금액에 상당하는 유가증권(대용증권)을 선물의 기본예탁금으로 증권회사(선물중개회사)에 납입하여야 한다. 기본예탁금은 선물거래를 하기 위한 최소한의 기본금액을 설정한 것으로 투자자의 위탁증거금이 1,500만원 이하에서 결정되는 경우에도, 미결제약정을 보유하고 있는 한 기본예탁금을 인출할 수 없다.

이 증거금이 일정한 수준(유지증거금) 이하로 떨어지게 되면, 선물중개회사는 고객에게 증거금을 당초의 개시증거금 수준까지 현금으로 충당하도록 요구(margin call)한다. 이와 같이 증거금이 유지증거금 수준이하로 떨어지는 경우 개시증거금 수준으로 회복시키기 위하여 고객이 추가적으로 납부해야 하는 증거금을 추가증거금(variation margin)이라 한다. 만일 고객이 요구받은 증거금(추가증거금)을 충당하지 않을 경우 선물중개회사는 개시증거금 부족분에 해당하는 고객의 미결제약정을 임의로 반대매매한다. 한편 증거금이 개시증거금 수준을 초과하는 경우, 그 초과분을 초과증거금(excess margin)이라 한다. 이와 같은 초과증거금에 대한 인출은 일부 선물거래소에서 허용되고 있다.

(2) 거래증거금

거래증거금은 결제소회원인 선물중개회사가 자신 또는 고객의 미결제약정을 성실하게 이행하겠다는 증거로 결제소에 예치하는 것이며, 선물중개회사가 고객으로부터 납입받은 증거금 중에서 일부를 결제소에 예치하는 것이 일반적이다. 그리고 결제소회원이 아닌 선물중개회사는 결제소회원인 중개회사를 통하여 거래증거금을 결제소에 예치한다. 결제소회원의 거래증거금계좌도 고객의 위탁증거금계좌와 같은 방법으로 일일정산된다. 일일정산에 의해 거래증거금이 감소되는 경우 그 만큼을 보충해야 하며, 거래증거금을 초과하는 금액은 인출될 수 있다. 결제소회원의 경우 위탁증거금에서의 유지증거금제도는 없고 개시증거금(거래증거금)제도만 있다고 할 수 있다.

예제 16-1 일일정산과 증거금

이매입은 9월 6일, 9월 만기인 KOSPI 200 선물 10계약을 240.40포인트에 매입하였다. 반면 박매도는 9월 6일, 9월 만기인 KOSPI 200 선물 10계약을 240.40포인트에 매도하였다. 거래일 이후 9월물 KOSPI 200 선물의 가격(종가)은 다음과 같다.

(단위: 포인트)

일 자	9월물 KOSPI 200 선물가격
9월 6일	240.40
7일	232.20
8일	227.20
9일*	230.40

* 최종거래일

두 거래자 모두 최종거래일까지 포지션을 유지한다고 가정한다. 일일정산의 결과에 따른 이매입과 박매도의 일자별 손익, 그리고 위탁증거금변동 내역을 계산하라.(단, 선물 1계약의 크기는 「KOSPI 200 선물지수(가격)×50만원」이며, 개시증거금률은 15%, 유지증거금률은 10%이다.)

☞ 해설

(1) 이매입의 일자별 손익, 위탁증거금변동의 계산

9월 6일(선물계약일)에 이매입의 총거래금액(선물매입계약액), 개시증거금, 유지증거금은 다음과 같다.

· 총거래금액 = KOSPI 200 선물지수(가격)×50만원×10계약
= 240×50만원×10 = 120,200만원

· 개시증거금 = 총거래금액 × 0.15= 120,200만원 × 0.15 = 18,030만원

· 유지증거금 = 총거래금액 × 0.10= 120,200만원 × 0.10 = 12,020만원

그리고 일일정산에 따른 이매입(선물매입자)의 일일정산이익(또는 손실)은 다음과 같이 계산된다.

· 이매입의 일일정산이익 = 당일정산가격－전일정산가격

(단위: 포인트, 만원)

일 자	선물가격	일일정산이익(손실)	누적이익(손실)	증거금	추가증거금
9. 6	240.40			18,030	
9. 7	232.20	(4,100)[1]	(4,100)	13,930	
9. 8	227.20	(2,500)[2]	(6,600)	11,430	6,600[4]
9. 9	230.40	1,600[3]	(5,000)	19,630	

주) 1. (232.20－240.40)×50만원×10 = －4,100만원
2. (227.20－232.20)×50만원×10 = －2,500만원
3. (230.40－227.20)×50만원×10 = 1,600만원
4. 18,030－11,430 = 6,600만원

최종거래일(9. 9)에서 이매입의 총이익(또는 손실)은 다음과 같이 계산될 수 있다.

이매입의 총이익 = (최종결제가격－선물약정가격)×50만원×10계약
= (230.40－240.40)×50만원×10 = －5,000만원

이매입은 선물거래로 인해 5,000만원의 총손실이 발생하였다. 이는 최종거래일에서의 누적손실 5,000만원, 또는 증거금의 총감소액 5,000만원과 동일함을 알 수 있다.

증거금의 변동액 = 최종거래일의 증거금－(개시증거금＋추가증거금)

$$= 19{,}630-(18{,}030+6{,}600) = -5{,}000\text{만원}$$

(2) 박매도의 일자별 손익, 위탁증거금변동 내역

증거금은 포지션의 종류와 관계없이 동일하다. 따라서 9월 6일(선물계약일)에 박매도의 총거래금액(선물매도계약액)은 120,200만원, 개시증거금은 18,030만원, 유지증거금은 12,020만원으로 이매입의 경우와 같다.

그리고 일일정산에 따른 박매도(선물매도자)의 일일정산이익(또는 손실)은 다음과 같이 계산될 수 있다.

· 박매도의 일일정산이익 = 전일정산가격 − 당일정산가격

(단위: 포인트, 만원)

일 자	선물가격	일일정산이익(손실)	누적이익(손실)	증거금	추가증거금
9. 6	240.40			18,030	
9. 7	232.20	4,100[1]	4,100	22,130	
9. 8	227.20	2,500[2]	6,600	24,630	
9. 9	230.40	(1,600)[3]	5,000	23,030	

주) 1. (240.40 − 232.20) × 50만원 × 10 = 4,100만원
2. (232.20 − 227.20) × 50만원 × 10 = 2,500만원
3. (227.20 − 230.40) × 50만원 × 10 = −1,600만원

최종거래일(9. 9)에서 박매도의 총이익(또는 손실)은 다음과 같이 계산될 수 있다.

$$\text{박매도의 총이익} = (\text{선물약정가격} - \text{최종결제가격}) \times 50\text{만원} \times 10\text{계약}$$
$$= (240.40-230.40) \times 50\text{만원} \times 10 = 5{,}000\text{만원}$$

박매도는 선물거래로 인해 5,000만원의 총이익이 발생하였다. 이는 최종거래일에서의 누적이익 5,000만원, 또는 증거금의 총증가액 5,000만원과 동일함을 알 수 있다.

$$\text{증거금의 변동액} = \text{최종거래일의 증거금} - (\text{개시증거금} + \text{추가증거금})$$
$$= 23{,}030-(18{,}030+0) = 5{,}000\text{만원}$$

1.3 선물거래자의 유형과 선물시장의 경제적 기능

1) 선물거래자의 유형

선물거래의 동기에 따라 선물거래자는 헤저(hedger), 투기자(speculator), 차익거래자(arbitrageur) 등 세 가지 유형으로 구분될 수 있다.

(1) 헤 저

헤저는 선물의 매입 또는 매도를 통해서 예상하지 못한 현물의 가격변동으로 인해 발생될 수 있는 손실을 최소화시킬 목적으로 선물거래를 하는 사람을 의미한다. 헤저의 선물거래 목적은 현물의 가격변동에 따른 위험을 최소화하는 데 있다. 이 과정에서 헤저는 기회손실을 입을 수 있으나, 이는 현물포지션으로부터의 손실을 방어하기 위해 지불하는 대가로 보아야 한다.

(2) 투 기 자

투기자는 현물시장에서의 포지션과 관계없이 선물가격변동에 따른 시세차익을 얻기 위하여 선물거래를 하는 사람을 의미한다. 투기자의 선물거래 목적은 향후 기초자산 가격이 오를 것으로 전망되는 경우 선물 매입포지션을 취하고, 반대로 기초자산 가격이 내릴 것으로 예상되는 경우 선물 매도포지션을 취해 높은 투기적 이익을 얻는 데 있다. 그러나 예상이 빗나갈 경우 큰 손해를 볼 수도 있다. 이와 같이 투기자들은 보호되지 않은 포지션(uncovered posi-tion)을 보유함으로써 선물가격변동에 따른 위험을 감수하더라도 높은 투기적 이익을 얻고자 한다. 투기자는 선물시장에서 헤저의 위험을 떠맡을 뿐만 아니라 선물시장의 안정을 도모하는 중요한 경제적인 기능을 수행한다.[11)]

(3) 차익거래자

차익거래자는 현물가격과 선물가격간의 일시적인 불균형을 이용하여 무위험이익을 얻을 목적으로 선물거래를 하는 사람을 의미한다. 현물가격 또는 선물가격이 균형에서 이탈하여 차익거래이익(arbitrage profit)이 존재하는 경우 이를 얻기 위하여 차익거래(arbitrage)가 발생하게 되며, 이와 같은 차익거래과정에 의해 현물가격과 선물가격이 균형상태로 되돌아가게 된다.

2) 선물시장의 경제적 기능

선물시장은 다음과 같은 몇 가지 중요한 기능을 수행한다.

(1) 가격변동위험의 관리

시장에서는 미래의 가격변동에 따른 위험이 항상 존재한다. 예를 들어 특정

11) 투기와 도박은 위험을 대가로 수익을 얻고자 하는 점에서는 유사하지만, 투기는 사회적으로 유익한 기능을 수행할 수 있는 반면에 도박은 백해무익한 것이라는 점에서 다르다.

원재료를 계속적으로 필요로 하는 제조업자의 경우에는 원재료의 가격상승에 따른 위험에 직면하게 되는 반면, 농산물을 생산하는 농부의 경우에는 수확기 농산물의 가격하락에 따른 위험에 직면하게 된다.

선물시장은 예상하지 못한 가격변동으로 인한 손실위험을 사전에 방지할 수 있는 수단을 제공한다. 현물시장에서의 포지션과 반대되는 포지션(예를 들어, 현물: 매입(또는 매도) ↔ 선물: 매도(또는 매입))을 선물시장에서 취함으로써 위험을 회피할 수 있다. 이 경우 위험을 회피하려는 거래자, 즉 헤저로부터 위험을 부담하여 보다 큰 투기적 이익을 추구하려는 거래자, 즉 투기자에게로 위험이 전가된다. 이와 같이 선물시장은 가격변동에 따른 위험을 관리할 수 있는 수단을 제공함으로써 경영자는 경영계획과 투자계획을 보다 안정적으로 수립할 수 있고, 한정된 투자자금을 훨씬 효율적으로 활용할 수 있다.

(2) 가격의 예시

선물가격은 미래 특정시점에 있어서 현물의 수요·공급에 대한 예상에 의해 결정되기 때문에 이것에 의해서 미래 현물가격의 동향을 사전에 예측할 수 있다. 이와 같은 선물시장의 가격예시기능(price discovery)으로 인하여 현물시장의 생산자나 투자자가 미래에 대한 일정한 예측을 할 수 있게 되어 장기적으로 현물시장의 안정을 가져온다.

(3) 시장효율성의 제고

선물시장은 전문적으로 시장정보를 수집하고 평가하는 다수의 투기자를 시장에 참여시킴으로써 시장정보의 양과 질을 높이고 거래비용을 절감시킨다. 즉 선물거래는 시장효율성을 높이고 이에 따라 경제전체의 자원배분 효율성을 증대시킨다.

(4) 자본형성의 촉진

선물시장은 투기자의 부동자금을 헤저의 산업자금으로 이전시키는 자본형성기능(capital formation function)을 간접적으로 수행한다. 선물시장이 효율적인 투자장소로 운영되면 투기자의 부동자금이 금융시장으로 유입되고, 이 자금은 다시 건전한 산업자금으로 활용될 수 있다.

특히 금융선물은 은행, 증권회사, 투자신탁 등 금융기관이 직면하는 주가변동위험과 이자율변동위험을 관리하는 데 있어 중요한 수단을 제공함으로써 저축과 투자의 흐름을 개선시킨다. 즉 선물시장을 이용하여 주가와 이자율변동위험을 효과적으로 관리함으로써 주식과 채권 등 증권에 대한 수요가 증가하여 저축을 증대시킬 수 있다. 이 경우 기업의 자금조달이 용이해지고 자금조달비용이 감소하게 되기 때문에 투자가 촉진되어 궁극적으로 국가전체의 부를 증진시킬 수 있다.

2 선물의 가격결정

선물의 가격결정과정은 기초자산의 특성에 따라 차이가 있다. 즉 선물의 기초자산이 투자목적으로 보유하는 자산(예를 들어 금융상품, 귀금속 등)이냐 또는 소비목적으로 보유하는 자산(예를 들어 비철금속, 에너지, 농림산물, 축산물 등)이냐에 따라 선물가격의 결정과정은 차이가 있다. 투자자산(investment assets)에 대한 선물의 가격은 차익거래논리에 의해 도출될 수 있다. 그러나 소비자산(consumption assets)에 대한 선물의 가격결정에는 차익거래논리를 적용하기가 어렵다.

2.1 투자자산에 대한 선물의 가격결정

투자자산에 대한 선물의 이론적 가격은 차익거래기회가 존재하지 않는다는 전제하에서 도출되며, 이와 같은 선물가격결정모형을 보유비용모형(cost-of-carry model)이라 한다.[12] 차익거래는 추가적인 자금이나 위험을 부담하지 않고서 확실한 이익, 즉 차익거래이익을 얻기 위한 거래를 의미한다. 만약 선물가격이 일시적으로 이론적 가격을 이탈하면, 즉각적으로 차익거래자에 의해 차익거래가 일어나 선물가격은 이론적 가격으로 되돌아가고 더 이상 차익거래가 일어나지 않게 된다.

1) 보유비용모형

기본적인 보유비용모형을 도출하기 위하여 필요한 완전시장가정은 다음과 같다.

첫째, 일일정산 및 증거금이 존재하지 않는다.[13] (선물가격 = 선도가격)

---

12) 보유비용모형을 현물-선물 패리티이론(spot-futures parity theorem)이라고도 한다.

13) 선물의 일일정산제도가 존재하더라도 선물계약의 만기까지 이자율이 일정하다면, 선물가격과 선도가격은 일치하게 된다. 이에 대한 증명은 다음의 논문을 참조.

J.C. Cox, J.E. Ingersoll, and S.A. Ross, "The Relation between Forward Prices and Future Prices," *Journal of Finacial Economics*, Vol. 9(Dec. 1981),

둘째, 거래비용(예를 들어 위탁매매수수료, 거래소수수료, 매수-매도 호가차이 등)과 세금이 존재하지 않는다.

셋째, 공매(short sale)에 대한 제한이 없고, 공매에 의해 취득한 자금을 전액 사용할 수 있다.[14)]

넷째, 모든 투자자들은 무위험이자율로 얼마든지 자금을 차입하거나 대출할 수 있으며, 차입이자율과 대출이자율이 같다.[15)]

이와 같은 완전시장에서의 보유비용모형을 도출하기 위하여 다음과 같은 두 거래를 고려해 보자.

> · 거래 Ⅰ: 현재시점에서 만기일이 T인 선물을 $F_{0,T}$로 매입함.
> · 거래 Ⅱ: 현재시점에서 현금을 S_0 만큼 차입한 후, 그 자금으로 현물(기초자산)을 매입함.

이상과 같은 두 거래로 인한 현재 및 만기일에서의 현금흐름을 살펴보면 〈표 16-4〉와 같다. 거래 Ⅰ과 Ⅱ 모두 현재시점에서 추가적인 자금의 지출없이 만기에 현물을 보유하는 동일한 거래이다. 따라서 차익거래기회가 존재하지 않기 위해서는 만기일의 현금흐름이 같아야 한다.[16)]

---

pp. 321~346.

14) 공매(空賣)는 소유하지 않은 현물을 빌려서 매도하는 것으로 우리나라 주식시장에서의 대주(貸株)와 유사한 개념이다.

15) 선물시장에서 차익거래자들이 이용하는 무위험이자율은 환매이자율(repo rate)이다. 레포 또는 환매(조건부)계약(repo 또는 repurchase agreement)은 일정기간이 경과한 후에 다시 매입한다는 조건으로 증권을 금융기관에 매도하는 계약이다. 이와 같은 환매계약은 일종의 담보대출의 성격을 지니기 때문에 위험이 없다. 환매조건부계약에서 고객이 금융기관에게 증권을 매도하는 가격은 일정한 기간 후의 재매입가격보다 낮으며, 그 차이(재매입가격-매도가격)가 환매이자이다.

16) 만기일(T)에 거래 Ⅰ과 Ⅱ의 현금흐름을 일치시키는 방법에 의해서도 동일한 결과를 얻을 수 있다.

거 래		현 금 흐 름	
		현재(0시점)	만기일(T 시점)
거래Ⅰ	선물을 $F_{0,T}$로 매입	0	$F_{T,T}-F_{0,T}=S_T-F_{0,T}$
거래Ⅱ	현물을 S_0로 매입 현금차입	$-S_0$ $(F_{0,T}-C_T+D_T)/(1+r_T)$	$S_T-C_T+D_T$ $-(F_{0,T}-C_T+D_T)$
	합 계	$(F_{0,T}-C_T+D_T)/(1+r_T)-S_0$	$S_T-F_{0,T}$

차익거래기회가 존재하지 않기 위해서는 현재의 현금흐름이 동일해야 한다.

$(F_{0,T}-C_T+D_T)/(1+r_T)-S_0=0$

표 16-4 거래 I 과 II의 현금흐름

거 래		현금흐름	
		현재(0 시점)	만기일(T 시점)
거래 I	선물을 $F_{0,T}$로 매입	0	$F_{T,T}-F_{0,T}=S_T-F_{0,T}$
거래 II	현물을 S_0로 매입	$-S_0$	$S_T-C_T+D_T$
	현금 S_0 차입	S_0	$-S_0(1+r_T)$
	합 계	0	$S_T-S_0(1+r_T)-C_T+D_T$

단, S_0 : 현재시점에서의 현물가격, S_T : 만기일에서의 현물가격
$F_{0,T}$: 현재시점에서 만기일이 T인 선물가격, $F_{T,T}$: 만기일에서의 선물가격
r_T : 현재시점에서 만기일인 T시점까지 기간의 무위험이자율[17)]
C_T : 현물보유비용(보험료, 창고료, 수송비, 진부화 및 파손으로 인한 손실 등)의 T시점에서의 가치
D_T : 현물보유수익(이자수익, 배당금 등)의 T시점에서의 가치

$$S_T - F_{0,T} = S_T - S_0(1+r_T) - C_T + D_T$$

그러므로

$$F_{0,T} = S_0(1+r_T) + C_T - D_T \tag{16-1}$$

식 (16-1)에 의하면 이론적 선물가격은 현물가격에 만기일까지 발생한 모든 보유비용(carry costs)을 합한 후, 배당, 이자수익 등 보유수익(carry returns)을 차감한 값이라 할 수 있다.[18)] 기초자산이 금융상품인 경우에는 보유수익이 발생될 수 있으나, 보험료, 창고료, 수송비, 진부화 및 파손으로 인한 손실 등의 보유비용은 발생되지 않는다. 반면에, 기초자산이 실물상품인 경우에는 보험료, 창고료, 수송비, 진부화 및 파손으로 인한 손실 등의 보유비용이 발생될 수 있으나, 보유수익은 발생되지 않는 것이 일반적이다.

선물가격이 식 (16-1)의 이론적 선물가격과 다른 경우에는 차익거래가 발생하게 된다. 먼저 선물가격이 이론적 선물가격보다 높은 경우, 즉 「$F_{0,T}$

그러므로

$$F_{0,T}=S_0(1+r_T)+C_T-D_T$$

17) r_T를 연율로 환산한 이자율, 즉 연리(annual interest rate)를 r이라 하고, 만기 T를 연단위로 환산(예를 들어 3개월 = 0.25년)하여 나타낸다면, 복리계산방법에 따라 차입금의 원리합계를 $S_0(1+r)^T$ 또는 $S_0 \cdot e^{rT}$와 같이 나타낼 수도 있다. 이자계산방법에 대한 자세한 내용은 제2장을 참조.

18) 본서에서는 편의상 차입금에 대한 이자비용과 현물보유비용을 구분했지만, 이자비용도 현물보유에 따른 기회비용의 성격을 가지고 있으므로 현물보유비용에 포함된다고 할 수 있다.

표 16-5 「$F_{0,T} > S_0(1+r_T) + C_T - D_T$」일 경우의 차익거래: 매수차익거래

차익거래	현금흐름	
	현재(0 시점)	만기일(T 시점)
선물을 $F_{0,T}$로 매도 현물을 S_0로 매입 현금 S_0 차입	0 $-S_0$ S_0	$F_{0,T}-S_T$ $S_T-C_T+D_T$ $-S_0(1+r_T)$
차익거래이익	0	$F_{0,T}-S_0(1+r_T)-C_T+D_T$

$>S_0(1+r_T)+C_T-D_T$」인 경우에는 과대평가된(overpriced) 선물을 매도하고, 과소평가된(underpriced) 현물을 매입하여 보유하는 차익거래에 의해서 「$F_{0,T}-S_0(1+r_T)-C_T+D_T>0$」의 차익거래이익을 얻을 수 있다. 이와 같은 차익거래를 매수차익거래 또는 현물보유차익거래(cash-and-carry arbitrage)라 하며, 그 차익거래과정을 요약하면 〈표 16-5〉와 같다.

〈표 16-5〉와 같이 양(+)의 차익거래이익이 존재하는 경우에 모든 차익거래자들은 매수차익거래에 참여할 것이기 때문에, 선물매도가 증가하여 선물가격이 하락하고 현물매입이 증가하여 현물가격이 상승하게 된다. 매수차익거래는 선물가격이 이론적 선물가격과 같아질 때까지 지속적으로 발생하게 될 것이다.

한편 선물가격이 이론적 선물가격보다 낮은 경우, 즉 「$F_{0,T} < S_0(1+r_T)+C_T-D_T$」인 경우에는 과소평가된 선물을 매입하고, 과대평가된 현물을 공매하는 차익거래에 의해서 「$S_0(1+r_T)+C_T-D_T-F_{0,T}>0$」의 차익거래이익을 얻을 수 있다. 이와 같은 차익거래를 매도차익거래 또는 역현물보유차익거래(reverse cash-and-carry arbitrage)라 하며, 그 차익거래과정을 요약하면 〈표 16-6〉과 같다.

〈표 16-6〉과 같이 양(+)의 차익거래이익이 존재하는 경우에 모든 차익거래자들은 매도차익거래에 참여할 것이기 때문에, 선물매입이 증가하여 선물가격이 상승하고 현물공매가 증가하여 현물가격이 하락하게 된다. 매도차익거래는 선물가

표 16-6 「$F_{0,T} < S_0(1+r_T) + C_T - D_T$」일 경우의 차익거래: 매도차익거래

차익거래	현금흐름	
	현재(0 시점)	만기일(T 시점)
선물을 $F_{0,T}$로 매입 현물을 S_0로 공매 현금 S_0 대출	0 S_0 $-S_0$	$S_T-F_{0,T}$ $-S_T+C_T-D_T$ $S_0(1+r_T)$
차익거래이익	0	$S_0(1+r_T)+C_T-D_T-F_{0,T}$

격이 이론적 선물가격과 같아질 때까지 지속적으로 발생하게 될 것이다.

이상에서 설명한 바와 같이 선물가격이 이론적 선물가격과 다른 경우에는 차익거래가 발생하여 식 (16-1)이 성립하게 됨을 알 수 있다.

2) 주가지수선물의 가격결정

(1) 주가지수선물의 특성 및 거래조건

주가지수(stock price index)는 특정 주식시장에 상장된 주식들의 가격수준을 나타내는 지표로서 지수산정방법에 따라 시가총액가중지수(market value weighted index), 가격가중지수(price weighted index) 등으로 나눌 수 있다. 시가총액가중지수는 비교시점의 시가총액을 기준시점의 시가총액으로 나누어 구하는 반면, 가격가중지수는 비교시점의 단순주가평균을 기준시점의 단순주가평균으로 나누어 구한다.[19] 주가지수는 주식가격의 움직임을 나타내는 지수에 불과하지만 주가지수를 금액으로 환산하여 이를 선물거래의 대상으로 한 것이 주가지수선물(stock index futures)이다.

주가지수는 실체가 없는 추상적인 수치로서 만기일에 현물결제가 불가능하므

표 16-7 주요 주가지수선물의 거래제도

구 분	KOSPI 200 선물	스타지수 선물	S&P 500 선물	NYSE Index 선물
거 래 소[1]	KRX	KRX	CME	NYFE
거래승수[2]	1포인트당 ₩500,000	1포인트당 ₩10,000	1포인트당 $500	1포인트당 $500
최소가격변동폭 (최소가격변동금액)[3]	0.05포인트 (₩25,000)	0.05포인트 (₩10,000)	0.05포인트 ($25)	0.05포인트 ($25)
결 제 월	3, 6, 9, 12월	3, 6, 9, 12월	3, 6, 9, 12월	3, 6, 9, 12월

1. KRX(Korea Exchange), CME(Chicago Mercantile Exchange), NYFE(New York Futures Exchange)
2. 선물 1 계약의 가격(거래단위) = 해당 선물지수 × 거래승수
3. 최소가격변동금액(1 tick의 가치) = 최소가격변동폭(호가단위) × 거래승수

---

19) 시가총액가중지수인 KOSPI 200의 산출산식은 다음과 같다.

$$\text{KOSPI 200} = \frac{\text{KOSPI 200 구성종목의 비교시점 시가총액 합계}}{\text{KOSPI 200 구성종목의 기준시점 시가총액 합계}} \times 100$$

여기서 시가총액 = 보통주 주가 × 보통주 상장주식수

표 16-8 KOSPI 200 선물 시세표(2007년 8월 20일 현재) (단위: 포인트, 계약)

종 목	종가	전일대비	시가	고가	저가	거래량	미결제 약정
07년 9월물	220.40	+12.90	216.00	220.40	214.60	220,950	94,416
07년 12월물	222.75	+13.20	217.05	222.75	216.40	380	5,196
08년 3월물	218.70	+11.00	216.00	218.70	216.00	4	164
08년 6월물	221.25	+10.20	215.00	221.25	215.00	6	63

로 현금결제를 통하여 거래를 청산하게 된다. 주요 주가지수선물의 거래제도는 〈표 16-7〉과 같다.

〈표 16-8〉은 KOSPI 200 선물시세표를 예시한 것이다. 〈표 16-8〉에서 종가는 당일의 마지막 거래에 적용된 선물가격으로서 일일정산의 기준이 되며, 다음날 거래의 기준가격이 된다. 시가는 당일의 첫 거래에 적용된 선물가격이며, 고가와 저가는 각각 당일 거래 중 가장 높은 가격과 낮은 가격을 의미한다. 여기서 종가로 산출된 2007년 9월물 선물의 1계약금액은 11,020만원(220.40×50만원)이 된다. 그리고 미결제약정은 반대매매 또는 만기일의 인수·도 등에 의해서 청산되지 않고 남아 있는 선물계약을 의미한다.

(2) 주가지수선물의 가격결정

주가지수선물의 가격은 앞에서 설명한 보유비용모형에 의해서 결정될 수 있다. 주가지수의 경우 이자비용을 제외한 현물보유비용은 발생하지 않고, 보유수익인 배당이 발생하는 자산으로 볼 수 있다.[20] 그러므로 식 (16-1)에 의해서 완전시장에서의 주가지수선물의 가격을 구하면 다음과 같다.[21]

$$F_{0,T} = S_0(1 + r_T) - D_T \tag{16-2}$$

여기서 $F_{0,T}$: 현재시점에서 만기일이 T인 주가지수선물의 가격(지수)

S_0 : 현재시점에서의 주가지수

r_T : 현재시점에서 만기일까지 기간의 무위험이자율

D_T : 현재시점에서 만기일까지 기간 동안 지급된 배당(지수)의 T시점에서의 가치

20) 현금배당이 지급되는 경우 주가지수가 감소(배당락)하게 된다. 따라서 주가지수선물가격은 현금배당에 해당하는 만큼 감소하게 된다. 그러나 현물(주가지수와 동일한 포트폴리오)의 소유자는 현금배당을 받을 수 있으며, 이는 현물보유로 인한 수익, 즉 보유수익이라 할 수 있다.

21) KOSPI 200 선물의 이론가격은 다음과 같이 계산된다.

$$\text{이론 선물가격} = \text{KOSPI 200 지수} \times \left[1 + (\text{연간 이자율} - \text{연간 배당수익률}) \times \frac{\text{잔여만기일 수}}{365}\right]$$

또는

$$F_{0,T} = S_0(1 + r_T - d_T) \qquad (16\text{-}2)'$$

여기서 d_T: 현재시점에서 만기일까지 기간 동안 현물(주가지수)의 배당수익률(D_T/S_0)

식 (16-2) 또는 (16-2)′가 성립하지 않을 경우 차익거래가 발생하게 된다. 주가지수차익거래(index arbitrage)는 주가지수와 거의 같은 성격을 갖도록 만들어진 지수포트폴리오(indexed portfolio of stock) 또는 주가지수의 움직임을 잘 반영하는 소수의 대표적인 주식들로 구성한 포트폴리오 등을 이용함으로써 이루어진다. 그리고 대부분의 경우 주가지수차익거래는 프로그램거래(program trading)를 통해 이루어진다.[22)]

그러나 주가지수와 동일한 포트폴리오 구성의 어려움, 정확한 배당예측의 어려움, 다수의 거래로 인한 높은 거래비용 발생 등으로 인하여 완전한 주가지수차익거래가 어려울 수 있다. 따라서 선물가격과 이론적 선물가격 사이에 다소의 괴리가 있을 수 있음을 유의해야 한다.

예제 16-2 주가지수선물의 가격결정

최매입은 현재 만기가 3개월 남아 있는 KOSPI 200 선물 1계약을 매입하려고 한다. 현재 KOSPI 200 지수는 240포인트, 무위험이자율은 연 8%, 그리고 KOSPI 200 지수에 포함되어 있는 주식들의 가중평균배당수익률은 연 4%이다.(단, 배당은 연중 균등하게 지급되며, 1개월은 30일이라고 가정한다.)

(1) 최매입이 현재 매입하려고 하는 3개월만기인 KOSPI 200 선물 1계약의 이론적 가격은?(단, KOSPI 200 선물의 계약당 거래승수는 ₩500,000임.)

(2) 현재 3개월 만기인 KOSPI 200 선물지수가 246포인트이라면, 최매입은 차익거래를 하려고 할 것이다. 이와 같은 경우 최매입이 얻을 수 있는 계약당 차익거래이익은 얼마인가?

(3) 현재 3개월 만기인 KOSPI 200 선물지수가 236포인트라면, 최매입은 차익거래를 하려고 할 것이다. 이와 같은 경우 최매입이 얻을 수 있는 계약당 차익거래이익은 얼마인가?

---

22) 프로그램거래란 기관투자자들이 자신의 투자전략(예를 들어 차익거래전략 등)을 컴퓨터에 프로그래밍함으로써 시황변동시 컴퓨터가 자동적으로 매매시점을 포착하여 경보해 주면, 기관투자자들이 시장 내외의 상황을 종합적으로 판단한 후 주문을 발주하여 거래가 이루어지도록 하는 고도의 투자기법이다.

☞ 해설

(1) $F_{0,T}=S_0(1+r_T-d_T)=(240)\left[1+(0.08-0.04)\left(\dfrac{90일}{360일}\right)\right]=242.4$포인트

그러므로 3개월물 KOSPI 200 선물 1계약의 가격은 12,120만원(=242.4×₩500,000)이다.

(2) 「KOSPI 200 선물지수(246포인트)>이론적 KOSPI 200 선물지수(242.4포인트)」이므로 과대평가된 KOSPI 200 선물을 매도하고, 과소평가된 현물(KOSPI 200 복제포트폴리오)을 매입하는 매수차익거래에 의해서 다음과 같이 계약당 180만원의 차익거래이익을 얻을 수 있다.

차익거래	현 금 흐 름(만원)	
	현재(0 시점)	만기일(3개월 후)
KOSPI 200 선물 1계약 매도[1]	0	$12{,}300-S_T$
KOSPI 200 복제포트폴리오 매입[2]	−12,000	$S_T+12{,}000\times0.01$
현금 차입	12,000	$-12{,}000(1+0.02)=-12{,}240$
차익거래이익	0	180

1. 246포인트×50만원=12,300만원, 2. 240포인트×50만원=12,000만원

(3) 「KOSPI 200 선물지수(236포인트)<이론적 KOSPI 200 선물지수(242.4포인트)」이므로 과소평가된 KOSPI 200 선물을 매입하고, 과대평가된 현물(KOSPI 200 복제포트폴리오)을 공매하는 매도차익거래에 의해서 다음과 같이 계약당 320만원의 차익거래이익을 얻을 수 있다.

차익거래	현 금 흐 름(만원)	
	현재(0 시점)	만기일(3개월 후)
KOSPI 200 선물 1계약 매입	0	$S_T-11{,}800$
KOSPI 200 복제포트폴리오 공매	12,000	$-S_T-12{,}000\times0.01$
현금 대출	−12,000	$12{,}000(1+0.02)=12{,}240$
차익거래이익	0	320

3) 금리선물의 가격결정

(1) 금리선물의 거래제도

금리선물(interest rate futures)이란 이자율에 의해서 가격이 결정되는 기초자산(채권)에 대하여 거래되는 선물계약을 의미한다. 현재 우리나라에서 거래되고 있는 금리선물의 거래제도를 살펴보면 〈표 16-9〉와 같다.

(2) 금리선물의 가격결정

우리나라에서 거래되는 CD 금리선물의 호가방식은 다음과 같다.

$$\text{CD 금리선물의 호가} = 100.00 - \text{유통수익률}$$

위의 식에서 유통수익률은 단기수익률을 예고해 주는 지표인 내재선도금리(implied forward interest rate)를 의미한다. 여기서 내재선도금리는 현재의 장·

표 16-9 우리나라 금리선물의 거래제도

구 분	CD 금리선물[23]	통안증권금리선물	3년(5년) 국채선물
기 초 자 산	만기 91일의 CD	364일물 통안증권금리	3년(5년) 만기 국고채권 (표면금리 8%, 6개월 단위 이자지급)
거 래 단 위	액면가 5억원	액면가 2억원	액면가 1억원
가격표시방법	100－유통수익률(%)	100－유통수익률(%)	액면가 100원당 원화 (백분율 방식)
최소가격변동폭	0.01	0.01	0.01
최소가격변동금액*	12,500원	20,000원	10,000원
결 제 월**	3, 6, 9, 12월	3, 6, 9, 12월	3, 6, 9, 12월
결 제 방 법	현금결제	현금결제	현금결제

* CD 금리선물의 최소가격변동금액(1 tick의 가치) $= 0.01\% \times 5\text{억원} \times \frac{91\text{일}}{364\text{일}} = 12{,}500\text{원}$

(최소가격변동금액을 12,500원으로 단순화시키기 위하여 1년을 364일로 함.)

통안증권금리선물의 최소가격변동금액(1 tick의 가치) $= 0.01\% \times 2\text{억원} = 20{,}000\text{원}$

3년(5년) 국채선물의 최소가격변동금액(1 tick의 가치) $= 0.01\% \times 1\text{억원} = 10{,}000\text{원}$

** 국채선물의 경우 4개 결제월 중 6개월 이내 2개의 결제월만 상장함.

23) 양도성예금증서(CD)는 일정한 기간 동안 자금을 예치하기로 약정한 정기예금증서에 대하여 양도를 가능케 함으로써 유동성을 부여한 것이다. 우리나라의 CD는 91일에서 180일 사이의 만기를 가지며, 무기명 할인방식으로 발행된다.

단기금리에 내재된 선도금리(현재시점에서 결정된 미래 일정기간의 이자율)를 이론적으로 계산하여 산출해 낸 것이다.

CD 금리선물 1계약금액은 다음과 같이 정의된다.[24)25)]

$$\text{CD 금리선물 1계약금액} = 5\text{억원}\left(1 - \frac{\text{유통수익률} \times 91\text{일}}{364\text{일}}\right) \tag{16-3}$$

예를 들어 CD 금리선물의 호가가 94.00이라면, 유통수익률이 6%(100%−94.00%)임을 의미한다. 이 경우 CD 금리선물 1계약금액은 다음과 같이 계산된다.

$$\text{CD 금리선물 1계약금액} = 5\text{억원}\left(1 - \frac{0.06 \times 91\text{일}}{364\text{일}}\right) = 49{,}250\text{만원}$$

한편 우리나라에서 거래되고 있는 3년 국채선물의 가격($F_{0,T}$)은 다음과 같이 구할 수 있다.

$$F_{0,T} = \frac{4}{1+\frac{r}{2}} + \frac{4}{\left(1+\frac{r}{2}\right)^2} + \cdots + \frac{4}{\left(1+\frac{r}{2}\right)^6} + \frac{100}{\left(1+\frac{r}{2}\right)^6} \tag{16-4}$$

여기서 r : 유통수익률

유통수익률이 8%라면 3년 국채선물가격은 100.00(1계약금액=100.00%×1억원=10,000만원), 7.99%라면 3년 국채선물가격은 100.03(1계약금액=100.03%×1억원=10,003만원), 8.01%라면 3년 국채선물가격은 99.97(1계약금액=99.97%×1억원=9,997만원)이 된다.

4) 통화선물의 가격결정

외국통화를 기초자산으로 하는 통화선물(foreign exchange futures 또는 foreign currency futures)은 1970년대 초반 국제통화제도가 고정환율제도에서 변동환율제도로 변화됨에 따라 급격한 환율변동에 따른 위험을 회피하기 위한 수단

24) 유통수익률은 연간 수익률개념이기 때문에 식 (16-3)은 논리적인 모순이 있으나 원활한 선물거래를 위해 만들어진 식으로 이해하면 된다. 이에 대한 자세한 내용은 본장 보론 2의 주석 38) 참조.

25) 통안증권금리선물 1계약금액=2억원(1−유통수익률)

표 16-10 우리나라 통화선물의 거래제도

구 분	미국달러선물	엔선물	유로선물
기 초 자 산	미국달러	일본엔화	유로화
거 래 단 위	U$10,000	1,000,000엔	10,000유로
가격의 표시*	원/U$	100엔당 원화	원/€
최소가격변동폭	0.10원/U$	0.10원/100엔	0.10원/€
최소가격변동금액	1,000원 (U$10,000×0.10원/U$)	1,000원 (1,000,000엔×0.10원/100엔)	1,000원 (€10,000×0.10원/€)
결제월(8개 결제월)	최근 연속 6개월 + 3, 6, 9, 12월	최근 연속 6개월 + 3, 6, 9, 12월	최근 연속 6개월 + 3, 6, 9, 12월
결 제 방 법	실물인수·도	실물인수·도	실물인수·도

* 자국통화표시환율(외국통화 한 단위의 가격을 자국통화로 나타내는 방법)

으로 거래되기 시작하였다. 주요 통화선물시장인 CME의 IMM에서는 유럽연합 유로(EURO : €), 캐나다 달러(Canadian Dollar : C$), 영국 파운드(British Pound : £), 일본 엔(Japanese Yen : ¥), 스위스 프랑(Swiss Franc : CHF) 등 주요통화에 대한 통화선물이 거래되고 있다.

현재 우리나라에서 거래되고 있는 통화선물의 거래제도를 요약하면 〈표 16-10〉과 같다. 한국거래소(KRX)에서의 통화선물 매입자는 만기일에 원화를 지급하고 외국통화를 매입하게 되며, 통화선물 매도자는 만기일에 외국통화를 매도하고 원화를 받게 된다.

통화선물의 가격도 앞에서 설명한 보유비용모형에 의해서 결정될 수 있다. 통화선물의 경우 기초자산이 외화이므로 현물(외화)매입에 대한 기회비용인 이자비용을 제외한 현물보유비용은 발생하지 않으나, 현물(외화) 보유에 따른 보유수익(이자수익)이 발생한다. 그러므로 식 (16-1)에 의해서 완전시장에서의 통화선물의 가격을 구하면 다음과 같다.[26]

$$F_{0,T} = S_0(1+r_T) - D_T \qquad (16\text{-}5)$$

여기서 $F_{0,T}$: 현재시점에서 만기일이 T인 통화선물의 가격(환율)

S_0 : 현재시점에서의 현물(외화)의 가격(환율)

r_T : 현재시점에서 만기일까지 기간 동안의 무위험이자율(국내)

D_T : 현재시점에서 만기일까지 기간 동안 현물(외화)을 해당국(외국)에 투자하여 얻을 수 있는 무위험이자수익의 T시점에서의 가치($F_{0,T} \cdot r_T^F$)

26) 환율은 자국통화표시환율로 표시되었다고 가정한다.

표 16-11 통화선물거래와 현물거래

거 래		현금흐름	
		현재(0 시점)	만기일(T 시점)
거래 I	통화선물을 $F_{0,T}$로 매입	0	$S_T - F_{0,T}$
거래 II	현물(외화)을 S_0로 매입	$-\frac{S_0}{1+r_T^F}$	S_T
	현금차입	$\frac{S_0}{1+r_T^F}$	$-S_0\left(\frac{1+r_T}{1+r_T^F}\right)$
	합 계	0	$S_T - S_0\left(\frac{1+r_T}{1+r_T^F}\right)$

또는 보유수익부분을 차감한 가치, 즉 $S_0/(1+r_T{}^F)$를 현물로 하는 경우 통화선물의 가격을 다음과 같이 도출할 수 있다.[27)]

$$F_{0,T} = S_0\left(\frac{1+r_T}{1+r_T{}^F}\right) \tag{16-5)'}$$

여기서 $r_T{}^F$: 현재시점에서 만기일까지 기간의 무위험이자율(외국)

이는 앞의 〈표 16-4〉와 동일한 방법으로 구성된 〈표 16-11〉과 같은 두 개의 거래에 의해서 확인할 수 있음을 알 수 있다.

통화선물가격(환율)이 식 (16-5) 또는 (16-5)′에서 도출된 이론적 선물가격(환율)과 다를 경우, 매수차익거래 또는 매도차익거래가 지속적으로 발생하여 선물환율은 이론적 선물환율과 같아지게 된다.

예제 16-3 통화선물의 가격결정

대미달러화 현물환율은 ₩920.60/U$이고, 국내 이자율은 연리 8%이며, 미국내 이자율은 연리 5%이다. 1년 만기 미국달러선물 1계약의 가격은?

☞ 해설

먼저 1년 만기 미국달러선물의 환율을 구하면 다음과 같다.

$$F_{0,T} = S_0\left(\frac{1+r_T}{1+r_T{}^F}\right) = ₩920.60/U\$\left(\frac{1+0.08}{1+0.05}\right) = ₩946.90/U\$$$

27) 이와 같은 통화선물의 가격결정은 제25장에서 설명하는 이자율평가이론과 동일하다.

그러므로 1년 만기 미국달러선물 1계약의 가격은 ₩47,345,000(=₩946.90/U$ ×U$50,000)이 된다.

2.2 소비자산에 대한 선물의 가격결정

투자가치 때문이 아니라 소비가치를 생각해서 상품을 보유하는 투자자들은 상품(현물)을 매도하고 선물을 매입하는 거래를 꺼리게 된다. 왜냐하면 선물계약은 소비에 사용할 수 없기 때문이다. 따라서 차익거래논리에 의해서 도출된 보유비용모형을 그대로 적용하기는 어렵다.

1) 편의가치와 선물가격

소비목적으로 보유하는 상품의 경우 상품보유에 따른 혜택 또는 잠재적 효용, 즉 편의가치(convenience value)가 존재하며, 이를 보상받지 못한다면 그 자산을 매도하고 선물을 매입하는 거래를 하지 않을 것이다. 상품보유로 인한 편의가치는 앞에서 설명한 배당 또는 이자수익 등의 보유수익과 유사한 개념으로 볼 수 있다. 따라서 편의가치가 존재하는 경우 보유비용모형은 다음과 같이 수정될 수 있다.

$$F_{0,T} = S_0(1+r_T) + C_T - D_T - V_T \qquad (16\text{-}6)$$

여기서 V_T : 현재시점에서 T시점까지 기간 동안 발생한 편의수익의 T시점에서의 가치

그러나 편의가치는 측정이 용이하지 않고 자산보유자에 따라 그 가치가 달라질 수 있다는 점에서 보유수익과는 다르기 때문에 식 (16-6)을 실제로 적용하는 데는 문제가 있다.

2) 선물가격과 기대현물가격의 관계

시장의 불완전성과 선물거래대상인 기초자산의 특성상의 차이(예를 들어 보관이 불가능한 상품 등)로 인해 차익거래기회가 존재하지 않기 위한 선물가격의 범위는 확대된다.[28] 특히 농산물 등 보관이 불가능한 상품의 경우에는 차익거래논리를 적용하기 어렵기 때문에 보유비용모형에 의해서는 선물가격의 범위도 정할 수 없

28) 보유비용모형에서는 선물가격은 기대현물가격이 아닌 현물가격에 의해서 결정된다. 따라서 보유비용모형에 의해서 선물가격을 도출할 때는 투자자들의 위험에 대한 태도를 고려할 필요가 없음을 유의해야 한다.

을 것이다. 즉 지금까지 설명한 보유비용모형에 의해서 모든 선물의 가격을 제시하기는 어렵다.

이와 같은 경우 선물가격을 설명하는 대표적인 세 가지 가설은 다음과 같다.

첫째, 기대가설(expectation hypothesis)에 의하면 선물가격은 만기일의 기대현물가격과 일치한다.

$$F_{0,T} = E(S_T) \tag{16-7}$$

여기서 $E(S_T)$: 만기일의 기대현물가격

기대가설은 투자자들이 위험중립적이라는 다소 비현실적인 가정하에서 도출된 것이다.

둘째, 정상적 백워데이션가설(normal backwardation hypothesis)에 의하면 선물가격은 만기일의 기대현물가격보다 낮게 형성된다.

$$F_{0,T} < E(S_T) \tag{16-8}$$

이와 같은 상황은 헤저들이 선물시장에서 매도포지션을 취하여 선물의 매도초과현상이 발생되는 경우, 헤저들은 투기자들이 선물을 매입하도록 유인하기 위하여 선물가격을 기대현물가격보다 낮게 형성시킨다는 것을 의미한다. 기대현물가격과 선물가격간의 차이는 헤저가 자신의 위험헤징에 대한 대가(투기자에게 위험을 전가하는 대가)로서 투기자에게 지급하는 위험프리미엄의 성격을 가지고 있다.

셋째, 콘탱고가설(contango hypothesis)에 의하면 선물가격은 만기일의 기대현물가격보다 높게 형성된다.

$$F_{0,T} > E(S_T) \tag{16-9}$$

이와 같은 상황은 헤저들이 선물시장에서 매입포지션을 취하여 선물의 매입초과현상이 발생되는 경우, 헤저들은 투기자들이 선물을 매도하도록 유인하기 위하여 선물가격을 기대현물가격보다 높게 형성시킨다는 것을 의미한다. 선물가격과 기대현물가격간의 차이는 헤저가 자신의 위험헤징에 대한 대가(투기자에게 위험을 전가하는 대가)로서 투기자에게 지급하는 위험프리미엄의 성격을 가지고 있다.

선물가격은 만기가 다가옴에 따라 기대현물가격에 접근하는 경향이 있다. 왜냐하면 만기일의 선물가격은 바로 현물가격과 일치하기 때문이다. 정상적 백워데이션하에서는 선물가격이 계속 상승하여 만기일에 현물가격과 같게 되며, 콘탱고

그림 16-7 선물가격과 기대현물가격의 관계

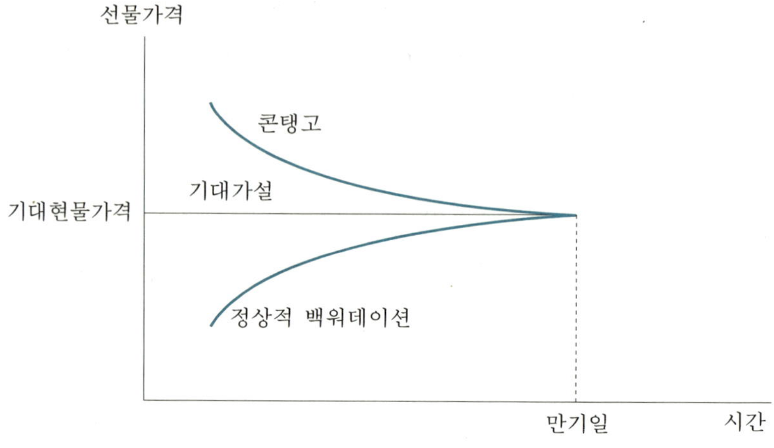

하에서는 선물가격이 계속 하락하여 만기일에 현물가격과 같게 된다. 이와 같은 관계를 그림으로 나타내면 〈그림 16-7〉과 같다.

3 스왑거래

3.1 스왑거래의 의의

스왑(swap)은 미래 현금흐름을 교환하기로 두 당사자간 약정을 맺는 것으로서 선도계약 또는 선물계약과 매우 유사하다. 1981년에 최초의 스왑계약이 이루어진 이후 스왑시장은 급속히 성장해 오고 있으며, 현재 매년 수천억달러의 스왑계약이 이루어지고 있다.

스왑거래는 매우 다양한 형태로 이루어지고 있으나, 가장 대표적인 두 형태는 금리스왑(interest-rate swap)과 통화스왑(currency swap)이라 할 수 있다.[29] 금

29) 전통적인 스왑거래는 외환시장에서 이종통화간의 현물환거래와 선물환거래가 서로 반대방향으로 동시에 이루어지는 이중환거래로서, 이들 거래는 주로 환포지션을 커버하여 환위험을 회피하거나 또는 통화간에 일시적인 자금수지불균형을 해소하기 위한 수단으로 널리 이용되어 왔다.

리스왑은 두 채무자가 각각의 채무에 대한 이자지급의무를 일정기간 동안 상호교환하기로 약정하는 거래이며, 통화스왑은 서로 다른 통화로 자금을 조달한 두 채무자가 채무에 대한 원리금상환의무를 상호교환하기로 약정한 거래이다.

스왑거래는 상대적 비교우위에 따른 이점을 활용하여 차입비용을 절감하거나, 금리 및 환위험을 헤지하기 위한 목적으로 사용된다. 또한 스왑거래는 선물과 옵션만으로 충족시키지 못하는 부분에 대한 보완적 상품이라 할 수 있다.

3.2 금리스왑

1) 금리스왑의 과정

금리스왑은 금융시장에서 차입자의 기존부채 또는 신규부채에 대한 금리변동위험의 헤지나 또는 차입비용의 절감을 위해서 두 차입자가 각자의 차입조건을 상호간에 교환하는 계약이다. 금리스왑의 기본형태는 고정금리와 변동금리를 상호교환하는 것이다.

일반적으로 변동금리부 금융자산보다 고정금리부 금융자산의 경우 투자자들은 차입자의 신용도에 대하여 훨씬 민감해 진다. 따라서 고정금리부 금융자산인 유로채권(Eurobond)의 경우 차입자의 신용도에 따라 금리는 2~3%포인트의 차이를 보이는 반면, 변동금리 자금시장에서는 차입자의 신용도에 따른 금리차가 상대적으로 작게 나타나는 경향이 있다. 이와 같은 경우 금리스왑의 당사자들은 각각 상대방보다 자금의 차입비용면에서 비교우위에 있는 시장에서 자금을 차입한 후, 각자의 이자지급의무를 서로 교환하기로 하는 금리스왑계약을 체결함으로써 차익거래이익을 얻을 수 있게 된다.

예를 들어 신용도 및 차입조건이 〈표 16-12〉와 같은 두 회사를 생각해 보자. A회사는 신용도가 높기 때문에 고정금리 및 변동금리 모두 B회사에 비해 저렴하다. 그러나 A회사는 고정금리에서 상대적으로 비교우위를 보이고 있는 반면, B회

표 16-12 두 회사의 신용도 및 차입조건

	A회사	B회사	금리차(B-A)
신 용 등 급	AAA	BBB	
고 정 금 리	11%	12%	1%포인트
변 동 금 리	LIBOR + 0.3%	LIBOR + 0.7%	0.4%포인트

그림 16-8 **금리스왑의 과정**

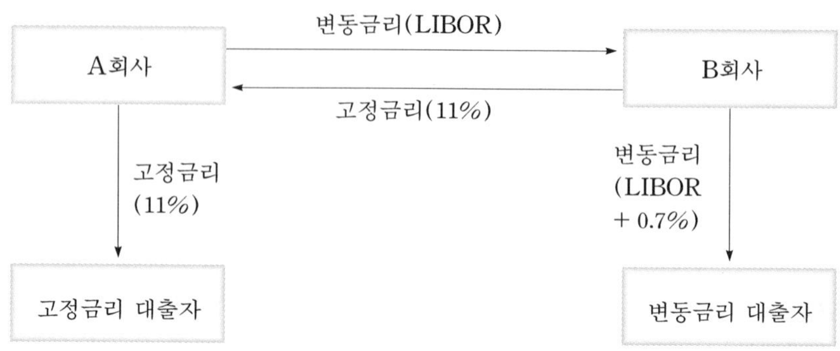

사는 변동금리에서 상대적으로 비교우위를 보이고 있다.

이와 같은 상황하에서 A회사는 고정금리 자금시장에서 차입을 하고 B회사는 변동금리 자금시장에서 자금을 차입한 후, 금리스왑계약을 체결하여 각자의 이자지급의무를 서로 교환함으로써 두 회사 모두 자금차입비용을 절감할 수 있다. 두 회사가 금리스왑거래를 함으로써 얻을 수 있는 금리절감효과는 0.6%포인트(1%포인트−0.4%포인트)이다. 이와 같은 금리절감효과는 A와 B 두 회사간에 배분되는데, 배분내용은 두 회사간의 신용도나 스왑거래에 대한 수요·공급사정에 따라 결정된다. 앞의 예에서 금리절감효과가 두 회사에 균등하게 배분되도록 스왑계약을 하려면, A회사의 경우 원래의 변동금리 「LIBOR + 0.3%」보다 0.3%포인트 낮은 LIBOR로, B회사는 원래의 고정금리인 12%보다 0.3%포인트 낮은 11.7%에 자금을 조달하는 것이 가능하도록 계약을 체결하면 된다. 이와 같은 금리스왑의 과정은 〈그림 16-8〉과 같다.

〈그림 16-8〉에서 A회사와 B회사가 각각 비교우위에 있는 자금시장에서 자금차입을 한 후 이자지급의무를 서로 교환하여, A회사는 B회사에게 변동금리 LIBOR를 지급하고 B회사는 A회사에게 고정금리 11%를 지급하는 스왑거래를 체결함으로써 두 회사 모두 0.3%포인트의 금리절감효과를 얻을 수 있음을 알 수 있다.

금리스왑은 자금차입비용의 절감뿐만 아니라 신용도 또는 과다한 자금차입 등의 이유로 특정자금시장에의 직접 접근이 어려울 경우 그 자금시장에 간접적으로 접근할 수 있는 수단을 제공한다고 할 수 있다.

스왑거래에 있어서 실제로는 적절한 거래상대방을 찾기가 어렵기 때문에 중개은행(intermediary bank)이 개입하게 되는데, 중개은행은 각 당사자와 별개의 계약을 체결하면 된다. 따라서 스왑거래의 참여자는 상대방의 기관명이나 차입조건 등을 모르며 신용상태에 신경을 쓰지 않고 중개은행과 직접거래를 하는 것이 일반적이다.

2) 금리스왑의 평가

지급불능위험이 없다면, 금리스왑은 한 채권에 매도포지션을 취하고 동시에 다른 채권에 매입포지션을 취한 포트폴리오 또는 선도계약의 포트폴리오로 볼 수 있다.

변동금리를 지급하고 고정금리를 받는 스왑을 생각해 보자. 이는 변동금리채권(floating-rate bond)에 매도포지션을 취하고 고정금리채권(fixed-rate bond)에 매입포지션을 취한 채권포트폴리오로 볼 수 있으며, 이와 같은 개념에 의해 스왑을 평가하면 다음과 같다.

$$V_S = B_{fx} - B_{fl} \tag{16-10}$$

여기서 V_S : 금리스왑의 가치

B_{fx} : 스왑의 기초가 되는 고정금리채권의 가치

$$\left(B_{fx} = \frac{C}{1+r_1} + \frac{C}{(1+r_2)^2} + \cdots + \frac{C}{(1+r_n)^n} + \frac{F}{(1+r_n)^n}\right)$$

B_{fl} : 스왑의 기초가 되는 변동금리채권의 가치(첫번째 이자지급일 후 변동금리채권의 가치는 항상 액면가액(F)이 되기 때문에 변동금리채권의 현재가치는 첫번째 이자지급일 시점에서 지급되는 변동금리이자지급액(C^*)과 액면가액(F)의 현재가치를 합하여 구할 수 있음.)

$$\left(B_{fl} = \frac{C^*}{1+r_1} + \frac{F}{1+r_1}\right)$$

또한 스왑은 이자지급 시점마다 변동금리를 지급하고 고정금리를 받는 선도계약을 체결하는 것, 즉 선도계약의 포트폴리오로 볼 수 있으며, 이와 같은 개념에 의해 스왑을 평가하면 다음과 같다.[30)]

$$V_S = \frac{C - C^*}{1+r_1} + \frac{C - f_{1,2} \cdot F}{(1+r_2)^2} + \cdots + \frac{C - f_{n-1,n} \cdot F}{(1+r_n)^n} \tag{16-11}$$

여기서 $f_{t-1,t}$: $t-1$ 시점과 t시점 사이의 선도이자율(t=2, 3, …, n)

30) 고정금리를 지급하고 변동금리를 받는 스왑의 가치는 다음과 같다.

$$V_S = B_{fl} - B_{fx} = \frac{C^* - C}{1+r_1} + \frac{f_{1,2} \cdot F - C}{(1+r_2)^2} + \cdots + \frac{f_{n-1,n} \cdot F - C}{(1+r_n)^n}$$

3.3 통화스왑

1) 통화스왑의 과정

통화스왑은 서로 다른 통화로 차입한 두 기업이 이자 및 원금을 서로 교환하는 거래이다. 통화스왑의 기본형태는 한 나라 통화기준의 차입원금 및 고정금리와 다른 나라 통화기준의 거의 동등한 차입원금과 고정금리를 서로 교환하는 것이다. 금리스왑의 경우와 마찬가지로 통화스왑시장이 성장하게 된 이유도 두 당사자가 모두 통화스왑을 통하여 각각의 자금차입비용을 절감할 수 있다는 점이다. 또한 통화스왑은 이와 같은 비용상의 이점 이외에도 기업에게 일반적인 경우에는 접근하기 어려운 외국의 자본시장에 접근할 수 있는 수단을 제공해 줄 수 있다는 이점이 있다.

예를 들어 원화 및 달러화의 차입조건이 〈표 16-13〉과 같은 두 회사를 생각해 보자. A회사는 원화와 달러화 모두 B회사보다 낮은 금리로 차입할 수 있기 때문에 신용도가 더 높음을 알 수 있다. 그러나 A회사는 한국 원화 시장에서 상대적으로 비교우위를 보이고 있는 반면, B회사는 미국 달러화 시장에서 상대적으로 비교우위를 보이고 있다. 그리고 A회사는 달러화를 차입하기를 원하고, B회사는 원화를 차입하기를 원한다고 하자. 이와 같은 상황하에서 A회사는 원화로 차입을 하고, B회사는 달러화로 차입한 후, 통화스왑계약을 체결함으로써 두 회사 모두 자금차입비용을 절감할 수 있을 것이다. 두 회사가 통화스왑거래를 함으로써 얻을 수 있는 금리절감효과는 1.6%포인트(2%포인트−0.4%포인트)이다. 이와 같은 금리절감효과를 A와 B 두 회사간에 공평하게 배분하기로 약정했다면, 그 통화스왑과정은 〈그림 16-9〉와 같다.

〈그림 16-9〉에서 볼 수 있는 바와 같이 스왑거래를 통해 A회사는 연 10.8%의 달러화 이자율로 차입하는 효과를 얻고, B회사는 연 9.2%의 원화 이자율로 차입하는 효과를 얻는다. 스왑은 각 회사가 원하는 자본시장을 직접 이용하는 것보다 0.8%포인트씩 낮은 이자율로 자금을 조달할 수 있게 해준다.

표 16-13 두 회사의 차입조건

	A회사	B회사	금리차(B-A)
원 화	8%	10%	2%포인트
달러화	11.6%	12%	0.4%포인트

그림 16-9 통화스왑의 과정

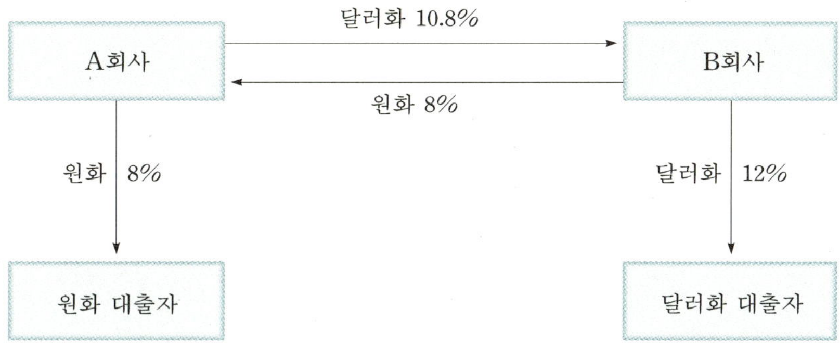

통화스왑계약에서는 원금이 두 통화로 각각 명시되어야 하며, 원금은 스왑 계약시점과 종료시점에서 교환된다. 두 통화로 표시되는 원금은 스왑 계약시점의 환율과 거의 같아지도록 결정된다.

2) 통화스왑의 평가

지급불능위험이 없다면, 통화스왑은 금리스왑에서와 마찬가지로 채권포트폴리오 또는 선도계약의 포트폴리오로 볼 수 있다. 자국통화표시 채권의 원리금을 지급하고 외국통화표시 채권의 원리금을 받는 통화스왑을 생각해 보자. 이는 자국통화표시 채권에 매도포지션을 취하고 외국통화표시 채권에 매입포지션을 취한 채권포트폴리오로 볼 수 있으며, 이와 같은 개념에 의해 스왑을 평가하면 다음과 같다.

$$V_S = S_0 B_F - B_D \tag{16-12}$$

여기서 V_S : 통화스왑의 가치
S_0 : 현물환율(자국통화표시환율)
B_F : 스왑의 기초가 되는 외국통화표시 채권의 가치
B_D : 스왑의 기초가 되는 자국통화표시 채권의 가치

또한 통화스왑을 선도계약의 포트폴리오로 볼 수 있으며, 이와 같은 개념에 의해 스왑을 평가하면 다음과 같다.[31]

31) 외국통화표시 채권의 원리금을 지급하고 자국통화표시 채권의 원리금을 받는 통화스왑의 가치는 다음과 같다.

$$V_S = B_D - S_0 B_F = \frac{C_D - F_{0,1} C_F}{1+r_1} + \frac{C_D - F_{0,2} C_F}{(1+r_2)^2} + \cdots + \frac{C_D - F_{0,n} C_F}{(1+r_n)^n} + \frac{F_D - F_{0,n} F_F}{(1+r_n)^n}$$

$$V_S=\frac{F_{0,\,1}C_F-C_D}{1+r_1}+\frac{F_{0,\,2}C_F-C_D}{(1+r_2)^2}+\cdots+\frac{F_{0,\,n}C_F-C_D}{(1+r_n)^n}+\frac{F_{0,\,n}F_F-F_D}{(1+r_n)^n} \qquad (16\text{-}13)$$

여기서 $F_{0,t}$: 선물환율($t=1,\cdots, n$)
C_F : 외국통화표시 채권의 이자지급액
C_D : 자국통화표시 채권의 이자지급액
F_F : 외국통화표시 채권의 원금
F_D : 자국통화표시 채권의 원금

주 요 용 어

선물거래(544)
현물거래(544)
선도거래(544)
반대매매(547)
상품선물(548)
금융선물(548)
선물거래소(549)
결제소(549)
일일정산(551)
청산(551)
선물중개회사(552)
증거금(553)
위탁증거금(553)
거래증거금(553)
개시증거금(554)
유지증거금(554)
추가증거금(555)
초과증거금(555)
해저(558)
투기자(558)
차익거래자(558)
보유비용모형(560)
이론적 선물가격(562)
매수차익거래(563)
매도차익거래(563)
시가총액가중지수(564)
가격가중지수(564)
주가지수선물(564)
주가지수차익거래(566)
프로그램거래(566)
금리선물(568)
통화선물(569)
편의가치(572)
기대가설(573)
정상적 백워데이션가설(573)
콘탱고가설(573)
스왑(574)
금리스왑(574)
통화스왑(575)

연 습 문 제

1 완전시장에서의 보유비용모형

현재 금가격은 ₩12,000/g이고, 현재시점에서 3개월간 무위험이자율이 3%이다.(단, 금선물의 거래단위는 1kg이다.)

(1) 3개월 만기 금선물 1계약의 이론적 가격을 구하라.

(2) 3개월 만기인 금선물 1계약금액이 1,300만원인 경우 차익거래이익을 구하라.

(3) 3개월 만기인 금선물 1계약금액이 1,200만원인 경우 차익거래이익을 구하라.

2 주가지수선물의 가격결정

최매입은 현재 만기가 3개월 남아 있는 KOSPI 200 선물 1계약을 매입하려고 한다. 현재 KOSPI 200 지수는 200포인트, 무위험이자율은 연 8%, 그리고 KOSPI 200 지수에 포함되어 있는 주식들의 가중평균배당수익률은 연 4%이다.(단, 배당은 연중 균등하게 지급되며, 1개월은 30일이라고 가정한다.)

(1) 최매입이 현재 매입하려고 하는 3개월 만기인 KOSPI 200 선물 1계약의 이론적 가격은?

(2) 현재 3개월 만기인 KOSPI 200 선물지수가 205포인트이라면, 최매입은 차익거래를 하려고 할 것이다. 이와 같은 경우 최매입이 얻을 수 있는 계약당 차익거래이익은 얼마인가?

(3) 현재 3개월 만기인 KOSPI 200 선물지수가 201포인트라면, 최매입은 차익거래를 하려고 할 것이다. 이와 같은 경우 최매입이 얻을 수 있는 계약당 차익거래이익은 얼마인가?

(4) 다음과 같은 불완전시장요인이 존재할 경우 3개월 만기 KOSPI 200 선물 1계약의 가격이 어떤 범위 내에 있어야 최매입이 차익거래를 할 수 없는가?

- 선물 1계약을 매입 또는 매도할 때와 선물포지션을 청산할 때의 수수료는 각각 8만원씩이다.
- KOSPI 200 복제포트폴리오를 매입 또는 매도할 때와 현물포지션을 청산할 때의 수수료는 각각 12만원씩이다.
- 차입이자율은 12%, 대출이자율은 8%이다.
- 공매자금 중 사용가능한 비율은 80%이다.

3 고급 금리선물의 가격결정

액면금액이 5억원이며, 현재로부터 80일 후에 만기가 되는 CD의 가격은 49,000만원이다. 한편 액면금액이 5억원이며, 현재로부터 171일 후에 만기가 되는 CD의 현재가격은 48,000만원이다.(단, 선물만기일(T)에서의 CD 금리선물가격($F_{T,T}$)과 현물가격(S_T)은 동일하다고 가정한다.)

(1) 현재시점에서 80일 이후부터 171일 사이의 내재선도이자율(선물수익률)은?

(2) 만기가 80일 후인 CD 금리선물 1 계약의 이론적 가격은?

(3) 만기가 80일 후인 CD 금리선물이 현재 92.50으로 호가되는 경우 계약당 차익거래이익은 얼마인가?

4 금리선물을 이용한 차익거래 (CPA 1995 수정)

현재 시장에서 거래되고 있는 1년 만기 할인채권 A와 2년 만기 할인채권 B에 대한 자료는 다음과 같다.

- 채권 A : 만기=1년, 액면가=100만원, 시장가격=93만원
- 채권 B : 만기=2년, 액면가=100만원, 시장가격=87만원

그리고 1년 후 인도되는 1년 만기 할인채권(액면가=100만원)은 선물시장에서 현재 95만원의 선물가격으로 거래되고 있다.

(1) 1년도 말부터 2년도 말까지 기간의 내재선도이자율은?

(2) 선물의 매도포지션과 동일한 현물의 투자전략은?

(3) 물음 (2)의 투자전략에 의해서 얻을 수 있는 차익거래이익은?

5 통화선물의 가격결정과 차익거래

대미달러화 현물환율은 ₩940.20/U$이고, 국내 이자율은 연리 5%이며, 미국 내 이자율은 연리 6%이다.

(1) 1년 만기 미국달러선물 1계약의 가격은?

(2) 1년 만기 선물환율이 ₩938.40/U$일 경우, 미국달러선물 1 계약을 이용하여 얻을 수 있는 차익거래이익은?

6 금리스왑의 평가 (CPA 2003 기출)

㈜가야는 2002년 1월 1일 100억원을 5년 만기, 고정금리 13.5%라는 조건으로 XY은행으로부터 차입하였다. 2004년 1월 1일 현재 ㈜가야의 재무담당자는 AB은행으로부터 변동금리로 이 채무를 스왑해 주겠다는 제의를 받았다. 1년 만기 현물이자율은 10%, 2년 만기 현물이자율은 12%, 3년 만기 현물이자율은 13%이다.(단, 이자는 매년 말에 1회 지급하고, 이자율 기간구조의 순수기대이론이 성립하며, 시장참가자들은 위험중립적이라고 가정한다.)

(1) ㈜가야의 입장에서 스왑거래에 따른 매년의 순현금흐름을 계산하라(백만원 단위 이하 절사).

(2) 스왑거래의 대가로 AB은행은 2억원의 수수료를 요구하고 있다. 이 제의를 받아들일 것인가를 평가하라.

보 론 1

선물거래의 만기간 스프레드

만기일이 T_1, T_2(단, $T_2 > T_1$)인 선물가격간의 관계를 살펴보기 위하여 T_2시점에 현물을 보유하기 위한 다음과 같은 두 거래를 고려해 보자.

- 거래 Ⅲ : 현재시점에서 만기일이 T_2인 원월물 선물(deferred futures)을 F_{0,T_2}로 매입함.
- 거래 Ⅳ : 현재시점에서 만기일이 T_1인 근월물 선물(nearby futures)을 F_{0,T_1}으로 매입한 후, T_1시점에서 F_{0,T_1}만큼 차입하여 그 자금으로 현물(기초자산)을 인수/보유함.

이상과 같은 두 거래로 인한 현재 및 만기일에서의 현금흐름을 살펴보면 〈표 16A-1〉과 같다.

표 16A-1 거래 Ⅲ과 Ⅳ의 현금흐름[32)]

거 래		현 금 흐 름		
		현재(0 시점)	T_1 시점	T_2 시점
거래 Ⅲ	원월물 선물을 F_{0,T_2}로 매입	0	0	$S_{T_2}-F_{0,T_2}$
거래 Ⅳ	근월물 선물을 F_{0,T_1}로 매입	0	$S_{T_1}-F_{0,T_1}$	0
	T_1시점에서 현물 S_{T_1} 매입	0	$-S_{T_1}$	$S_{T_2}-C_{T_1,T_2}+D_{T_1,T_2}$
	T_1시점에서 F_{0,T_1} 차입[33)]	0	F_{0,T_1}	$-F_{0,T_1}(1+f_{T_1,T_2})$
	합 계	0	0	$S_{T_2}-C_{T_1,T_2}+D_{T_1,T_2}$ $-F_{0,T_1}(1+f_{T_1,T_2})$

단, f_{T_1,T_2} : T_1에서 T_2까지 기간의 내재선도이자율
C_{T_1,T_2} : T_1에서 T_2까지 기간 동안 발생된 현물보유비용의 T_2 시점에서의 가치
D_{T_1,T_2} : T_1에서 T_2까지 기간 동안 발생된 현물보유수익의 T_2 시점에서의 가치

32) T_1 시점에서 근월물 선물매입계약을 이행하여 현물을 인수/보유하는 경우의 현금흐름($-F_{0,T_1}$)은 근월물 선물매입계약을 현금결제하고 현물을 매입하는 경우의 현금흐름($S_{T_1}-F_{0,T_1}-S_{T_1}=-F_{0,T_1}$)과 동일하다.

33) 현재시점에서 T_1시점의 이자율을 고정시키기 위해서는 만기가 T_1인 금리선물(기초자산인 채권

거래 Ⅲ과 Ⅳ 모두 현재시점과 T_1 시점에서 추가적인 자금의 지출 없이 T_2 시점에서 현물을 보유하는 동일한 거래이다. 따라서 차익거래기회가 존재하지 않기 위해서는 T_2 시점에서의 현금흐름도 같아야 한다.

$$S_{T_2}-F_{0,T_2}=S_{T_2}-C_{T_1,T_2}+D_{T_1,T_2}-F_{0,T_1}(1+f_{T_1,T_2})$$

그러므로

$$F_{0,T_2}=F_{0,T_1}(1+f_{T_1,T_2})+C_{T_1,T_2}-D_{T_1,T_2} \tag{16A-1}$$

식 (16A-1)에서 f_{T_1,T_2}를 내재선도이자율(implied forward rate)이라 한다.

그리고 식 (16A-1)에 의해서 만기일이 서로 다른 선물가격간의 차이, 즉 만기간 스프레드(calendar spread)를 구하면 다음과 같다.

$$F_{0,T_2}-F_{0,T_1}=F_{0,T_1}\cdot f_{T_1,T_2}+C_{T_1,T_2}-D_{T_1,T_2} \tag{16A-2}$$

만기간 스프레드가 식 (16A-2)와 같지 않을 경우에는 다음과 같은 차익거래가 발생하게 된다.

첫째, 「$F_{0,T_2}-F_{0,T_1}>F_{0,T_1}\cdot f_{T_1,T_2}+C_{T_1,T_2}-D_{T_1,T_2}$」일 경우 과대평가된 만기일이 T_2인 원월물 선물을 매도하고, 과소평가된 만기일이 T_1인 근월물 선물을 매입하는 차익거래를 함으로써 「$F_{0,T_2}-F_{0,T_1}(1+f_{T_1,T_2})-C_{T_1,T_2}+D_{T_1,T_2}>0$」인 차익거래이익을 얻을 수 있다. 이와 같은 차익거래를 근월물 선물보유차익거래

표 16A-2 「$F_{0,T_2}-F_{0,T_1}>F_{0,T_1}\cdot f_{T_1,T_2}+C_{T_1,T_2}-D_{T_1,T_2}$」일 경우의 차익거래과정 : 원월물($T_2$) 선물매도-근월물($T_1$) 선물매입 차익거래

차익거래	현 금 흐 름		
	현재(0 시점)	T_1 시점	T_2 시점
원월물 선물을 F_{0,T_2}로 매도	0	0	$F_{0,T_2}-S_{T_2}$
근월물 선물을 F_{0,T_1}로 매입	0	$S_{T_1}-F_{0,T_1}$	0
T_1시점에서 현물 S_{T_1} 매입	0	$-S_{T_1}$	$S_{T_2}-C_{T_1,T_2}+D_{T_1,T_2}$
T_1시점에서 F_{0,T_1} 차입	0	F_{0,T_1}	$-F_{0,T_1}(1+f_{T_1,T_2})$
차익거래이익	0	0	$F_{0,T_2}-F_{0,T_1}(1+f_{T_1,T_2})$ $-C_{T_1,T_2}+D_{T_1,T_2}$

의 만기는 T_2)을 매도하는 것으로 볼 수 있다.

표 16A-3 「$F_{0,T_2}-F_{0,T_1} < F_{0,T_1}\cdot f_{T_1,T_2}+C_{T_1,T_2}-D_{T_1,T_2}$」일 경우의 차익거래과정 : 원월물($T_2$) 선물매입－근월물($T_1$) 선물매도 차익거래

차익거래	현 금 흐 름		
	현재(0 시점)	T_1 시점	T_2 시점
원월물 선물을 F_{0,T_2}로 매입	0	0	$S_{T_2}-F_{0,T_2}$
근월물 선물을 F_{0,T_1}로 매도	0	$F_{0,T_1}-S_{T_1}$	0
T_1시점에서 현물 S_{T_1} 공매	0	S_{T_1}	$-S_{T_2}+C_{T_1,T_2}-D_{T_1,T_2}$
T_1 시점에서 F_{0,T_1} 대출	0	$-F_{0,T_1}$	$F_{0,T_1}(1+f_{T_1,T_2})$
차익거래이익	0	0	$F_{0,T_1}(1+f_{T_1,T_2})+C_{T_1,T_2}-D_{T_1,T_2}-F_{0,T_2}$

(forward cash-and-carry arbitrage)라 하며, 그 차익거래과정을 요약하면 〈표 16A-2〉와 같다.

둘째, 「$F_{0,T_2}-F_{0,T_1} < F_{0,T_1}\cdot f_{T_1,T_2}+C_{T_1,T_2}-D_{T_1,T_2}$」일 경우 과소평가된 만기일이 T_2인 원월물 선물을 매입하고, 과대평가된 만기일이 T_1인 근월물 선물을 매도하는 차익거래를 함으로써 「$F_{0,T_1}(1+f_{T_1,T_2})+C_{T_1,T_2}-D_{T_1,T_2}-F_{0,T_2}>0$」인 차익거래이익을 얻을 수 있다. 이와 같은 차익거래를 역근월물 선물보유차익거래(forward reverse cash-and-carry arbitrage)라 하며, 그 차익거래과정을 요약하면 〈표 16A-3〉과 같다.

결론적으로 차익거래기회가 존재하지 않기 위해서는 만기간 스프레드가 식(16A-2)와 같이 결정되어야 함을 알 수 있다.

예제 16A-1 만기간 스프레드를 이용한 내재선도이자율의 계산

4월 현재 6월물과 8월물 금선물의 가격이 각각 15,000원/g, 15,150원/g일 경우, 6월부터 8월까지 2개월간의 내재선도이자율을 구하라.(단, 금선물에 대한 보유비용(이자비용 제외) 및 보유수익은 0이다.)

☞ 해설

$$F_{0,T_2}=F_{0,T_1}(1+f_{T_1,T_2})+C_{T_1,T_2}-D_{T_1,T_2}$$

$$15{,}150=15{,}000(1+f_{T_1,T_2}) \quad \therefore\ f_{T_1,T_2}=0.01$$

2개월간 내재선도이자율을 연율로 환산하면, $6\%\left(=1\%\times\frac{12개월}{2개월}\right)$가 된다.

※우리나라 금선물의 거래제도

구 분	금 선 물
기초자산	순도 99.99% 이상의 금괴
거래단위	1kg(1,000g)
가격표시방법	원/g
호가단위	10원/g(최소가격변동금액=10원×1,000g=10,000원)
결제월	당월포함 연속 2개월+2, 4, 6, 8, 10, 12월
결제방법	실물인수·도

보 론 2

미국의 금리선물

1. 미국 금리선물의 거래제도

미국에서 거래되는 대표적인 금리선물로 T-bill(Treasury bill) 선물, 유로달러(Eurodollar) 선물, T-note(Treasury note) 선물, T-bond(Treasury bond) 선물 등이 있으며, 이와 같은 선물들의 거래제도를 살펴보면 〈표 16A-4〉와 같다.

표 16A-4 미국 금리선물의 거래제도

구 분	단기 금리선물	중장기 금리선물
기 초 자 산	T-bill(90일), 유로달러(3개월) 등	T-note(10년), T-bond 등
기초자산 특성	순수할인채권	확정이자부채권
거 래 단 위	액면금액 $1,000,000	액면금액 $100,000
가격표시방법	IMM 지수	액면금액에 대한 비율
최소가격변동폭 (최소가격변동금액)	1베이시스포인트 ($25)*	1/32% ($31.25)**
결 제 월	3월, 6월, 9월, 12월	3월, 6월, 9월, 12월

* 단기 금리선물의 최소가격변동금액(1 tick의 가치) $= 0.01\% \times \$1,000,000 \times \frac{90일}{360일} = \$25$
(1 베이시스포인트(basis point) = 0.01%)

** 중장기 금리선물의 최소가격변동금액(1 tick의 가치) $= 1/32\% \times \$100,000 = \$31.25$

2. 단기 금리선물의 가격결정

CME의 IMM(International Monetary Market)에서 거래되는 T-bill 선물의 호가(quote)는 다음과 같은 IMM지수를 이용하여 나타낸다.

$$\text{IMM 지수}(\%) = 100.00 - DY \qquad (16A\text{-}3)$$

여기서 $DY\left[=\left(\frac{\$1,000,000 - F_{0,T}}{\$1,000,000}\right)\left(\frac{360일}{90일}\right)\right]$: 연간 할인율(discount yield)

식 (16A-3)에서 결정된 DY에 의해 T-bill 선물 1계약금액($F_{0,T}$)을 구하면 다음과 같다.

$$\text{선물 1계약금액} = \$1{,}000{,}000\left(1-\frac{DY\times 90\text{일}}{360\text{일}}\right) \tag{16A-4}$$

예를 들어 T-bill(90일) 선물의 호가가 95.35이라면, 할인율이 4.65%(100%−95.35%)임을 의미한다. 이 경우 할인액이 $11,625(0.0465×$1,000,000 $\times\frac{90\text{일}}{360\text{일}}$)이므로 T-bill(90일) 선물 1계약에 대한 금액은 $988,375($1,000,000 −$11,625)이다.

IMM에서는 가상적인 90일만기 T-bill을 기초자산으로 선물가격 및 그 변동을 산출하지만, 인도일에 선물매도자가 실제로 인도하는 T-bill의 만기는 관례적으로 91일이다.[34] 따라서 선물매입자가 인도일에 실제로 지급해야 하는 금액, 즉 송장금액(invoice amount)은 다음과 같이 계산되어야 한다.[35]

$$\text{송장금액} = \$1{,}000{,}000\left(1-\frac{DY\times 91\text{일}}{360\text{일}}\right) \tag{16A-5}$$

이와 같은 송장금액은 인도일 이전에 반대매매 등에 의해서 선물포지션이 청산되지 않고 인도일에 현물의 인수·도에 의해서 거래가 종결될 때 적용될 수 있는 가격이다. 예를 들어 선물거래의 최종일에 T-bill(90일) 선물의 종가가 96.35라면, 인도일에 선물매입자가 T-bill(91일)을 인수하고 지불해야 하는 금액은 다음과 같다.

$$\text{송장금액} = \$1{,}000{,}000\left(1-\frac{0.0365\times 91\text{일}}{360\text{일}}\right) = \$990{,}773.61$$

T-bill 선물의 가격도 앞에서 설명한 보유비용모형에 의해서 결정될 수 있다. T-bill의 경우 순수할인채권이므로 현물매입에 대한 기회비용인 이자비용을 제외한 현물보유비용과 보유수익이 발생하지 않는다. 그러므로 식 (16-1)에 의해서 완

34) IMM에서는 T-bill(90일) 선물을 기준으로 일일정산을 한다. 예를 들어 IMM 지수가 95.23에서 95.43으로 20 베이시스포인트 증가한다면, T-bill 선물매입자는 $500(20 베이시스포인트× $25)의 일일정산이익을 얻게 된다.

35) 상품의 매매계약시의 계약대상자산과 인도시의 실제대상자산 사이에 차이가 있을 때 그 차이를 반영하여 상품의 매입자가 인도일에 실제로 지불하는 금액을 송장(送狀)금액이라 한다. 그러므로 선물의 송장금액은 인도일에서의 실질적인 기초자산인 91일 만기 T-bill을 기준으로 산정된 금액이다.

전시장에서의 T-bill 선물의 가격을 구하면 다음과 같다.[36)]

$$F_{0,T} = S_0(1 + r_T) \qquad (16A\text{-}6)$$

여기서 $F_{0,T}$: 현재시점에서 인도일이 T인 T-bill 선물의 가격
S_0 : 현재시점에서의 현물($T+91$일 만기 T-bill) 가격
r_T : 현재시점에서 인도일(T)까지 기간의 무위험이자율[37)]

식 (16A-6)에 의해서 도출된 T-bill 선물의 이론적 가격은 선물가격의 호가에 사용되는 IMM 지수와는 다르다. 따라서 이를 IMM 지수로 호가되는 선물가격과 비교하기 위해서는, IMM 지수를 이용하여 송장금액을 산출하는 과정을 이론적 선물가격에 역으로 적용시켜 이론적 IMM 지수를 산출하여야 할 것이다. 예를 들어 식 (16A-6)에 의해서 산출된 이론적 선물가격이 $986,000일 경우 이론적 IMM 지수는 다음과 같이 산출될 수 있다.

· 할인액 = $1,000,000 − $986,000 = $14,000

· 할인율(연간) $= \left(\dfrac{\$14{,}000}{\$1{,}000{,}000}\right) \times \left(\dfrac{360\text{일}}{91\text{일}}\right) = 0.0554(5.54\%)$

· 이론적 IMM 지수(%) = 100.00 − 5.54 = 94.46

유로달러선물은 유로달러(미국 밖의 미국은행 또는 외국은행에 예치된 달러)에서 얻는 이자율, 즉 런던은행간대출금리(London Inter-Bank Offered Rate: LIBOR)에 대한 선물계약으로서 T-bill 선물과 유사하게 다음과 같이 호가된다.

$$\text{IMM 지수}(\%) = 100.00 - LIBOR \qquad (16A\text{-}7)$$

그리고 유로달러선물 1계약금액은 다음과 같이 정의된다.[38)]

---

36) 식 (16A-6)에서 $F_{0,T}=\$1{,}000{,}000/(1+f_{T,T+91})$, $S_0=\$1{,}000{,}000/(1+r_{T+91})$을 대입하여 정리하면, 다음과 같은 관계가 성립한다.

$$1+r_{T+91}=(1+r_T)(1+f_{T,T+91})$$

일일정산이 없다는 가정하에서 선물이자율 $f_{T,T+91}$은 T시점과 $(T+91)$시점 사이의 선도이자율과 동일하다. 이는 제3장 보론에서 설명한 현물이자율과 선도이자율의 관계와 일치한다.

37) r_T는 현재의 선물가격에 반영된 단기금융비용으로서 내재환매이자율(implied repo rate)이라고도 한다.

38) LIBOR는 연간 수익률개념으로서 다음과 같이 정의될 수 있다.

$$LIBOR=\left(\frac{\$1{,}000{,}000 - F_{0,T}}{F_{0,T}}\right)\left(\frac{360\text{일}}{90\text{일}}\right)$$

이와 같은 LIBOR 의 개념을 정확하게 적용하여 유로달러선물 1계약금액($F_{0,T}$) 을 구하면 다음과 같다.

$$\text{선물 1계약금액} = \$1{,}000{,}000\left(1-\frac{LIBOR \times 90\text{일}}{360\text{일}}\right) \qquad (16A\text{-}8)$$

예를 들어 유로달러선물의 호가가 95.35이라면, LIBOR가 4.65%(100%−95.35%)임을 의미한다. 이 경우 유로달러(90일)선물 1계약에 대한 금액은 다음과 같이 계산된다.

$$\text{선물 1계약금액} = \$1{,}000{,}000\left(1-\frac{0.0465 \times 90\text{일}}{360\text{일}}\right) = \$988{,}375$$

유로달러선물은 금리(90일 LIBOR)에 대한 선물로 현금결제만 되기 때문에 선물 1계약금액과 송장금액이 일치한다는 점에서 T-bill의 가격에 대한 선물인 T-bill 선물과 다소 차이가 있다. 또한 유로달러선물은 할인율대신에 수익률(add-on yield)개념인 LIBOR를 사용한다는 점을 유의해야 한다.

예제 16A-2 T-bill 선물의 가격결정

6월 25일 현재, 9월물 T-bill 선물의 인도일은 9월 23일(현재로부터 90일 후)이며, 그 선물의 인도일에서 인도가능한 T-bill의 만기는 현재로부터 181일 후인 12월 23일이다. 6월 25일 현재, 현물인 9월 23일 만기 T-bill과 12월 23일 만기 T-bill의 할인율(DY)은 각각 5.80과 6.10으로 호가되고 있다.

(1) 9월 23일 만기와 12월 23일 만기 T-bill(액면금액 = $1,000,000)의 가격은?

(2) 9월물 T-bill 선물의 이론적 가격($)은?

(3) 현물 T-bill을 이용하여 현재로부터 90일 후에 존재할 91일물 T-bill에 대한 내재선도가격(implied forward price)을 구한 후, 물음 (2)의 결과와 같음을 확인하라.

(4) 현재 9월물 T-bill 선물이 94.30으로 호가되는 경우 계약당 차익거래이익은 얼마인가?

$$\text{선물 1계약금액} = \frac{\$1{,}000{,}000}{1+\dfrac{LIBOR \times 90\text{일}}{360\text{일}}}$$

그러나 위의 식에 의하면 LIBOR가 1베이시스포인트 변동할 때 그 변동금액(1 tick의 가치)이 일정하지 않다는 문제가 발생하게 된다. 이와 같은 문제를 보완해서 거래를 원활하게 이루어지도록 하기 위하여 실제 유로달러선물 1계약금액을 산출하는 식, 즉 식 (16A-8)은 할인율개념을 사용하는 T-bill 선물과 유사하게 정의됨을 유의해야 한다. 식 (16A-8)은 논리적인 모순이 있으나 거래를 위해 만들어진 식으로 이해하면 된다.

☞ 해설

(1) T-bill의 현물가격은 다음과 같이 구할 수 있다.

$$\text{T-bill의 가격(\$)} = \$1{,}000{,}000\left(1-\frac{DY \times \text{잔여만기일수}}{360\text{일}}\right)$$

① 9월 23일 만기 T-bill의 가격($) $= \$1{,}000{,}000\left(1-\frac{0.058 \times 90\text{일}}{360\text{일}}\right)$

$= \$985{,}500$

② 12월 23일 만기 T-bill의 가격($) $= \$1{,}000{,}000\left(1-\frac{0.061 \times 181\text{일}}{360\text{일}}\right)$

$= \$969{,}330.56$

(2) 현재로부터 90일 동안의 현물이자율(r_{90})을 구하면 다음과 같다.

$$985{,}500 = \frac{1{,}000{,}000}{1+r_{90}} \rightarrow r_{90} = 0.014713$$

그러므로

$$F_{0,90} = S_0(1+r_{90}) = 969{,}330.56(1+0.014713) = \$983{,}592$$

(3) 현재로부터 90일 동안의 현물이자율(r_{90})과 181일 동안의 현물이자율(r_{181})을 구하면 다음과 같다.

$$985{,}500 = \frac{1{,}000{,}000}{1+r_{90}} \rightarrow r_{90} = 0.014713$$

$$969{,}330.56 = \frac{1{,}000{,}000}{1+r_{181}} \rightarrow r_{181} = 0.031640$$

그리고 181일 만기인 T-bill에 투자하는 전략으로서 다음과 같은 두 전략을 생각해 보자.

- 전략 Ⅰ: 현재시점에서 181일 만기 T-bill을 매입
- 전략 Ⅱ: 현재시점에서 90일 만기 T-bill을 매입하고, 동시에 인도일이 90일 후인 T-bill(91일) 선물을 매입

두 투자전략은 181일 만기인 T-bill에 투자하는 동일한 전략이므로 두 전략의 투자수익률도 같아야 한다.

$$1 + r_{181} = (1 + r_{90})(1 + f_{90,181})$$

여기서 $f_{90,181}$: 90일 이후부터 181일까지 기간의 내재선도이자율

그러므로

$$f_{90,181} = \left(\frac{1 + r_{181}}{1 + r_{90}}\right) - 1 = \left(\frac{1 + 0.031640}{1 + 0.014713}\right) - 1 = 0.016682$$

$$91일물\ \text{T-bill에 대한 내재선도가격} = \frac{1{,}000{,}000}{1 + 0.016682} = \$983{,}592$$

따라서 물음 (2) 또는 (3) 중 어느 방법을 이용하더라도 동일한 T-bill 선물의 이론적 가격을 구할 수 있다.

(4) 9월물 T-bill 선물 1계약의 송장금액 $= \$1{,}000{,}000\left(1 - \frac{0.057 \times 91일}{360일}\right)$
$= \$985{,}592$

「선물가격, 즉 송장금액($985,592) > 이론적 선물가격($983,592)」이므로 과대평가된 9월물 T-bill 선물을 매도하고, 과소평가된 현물(181일 만기 T-bill)을 매입하는 현물보유차익거래에 의해서 다음과 같이 계약당 $2,000의 차익거래이익을 얻을 수 있다.

차익거래	현금흐름	
	현재(0 시점)	만기일(90일 후)
9월물 T-bill 선물 1계약 매도	0	$985,592 $- S_T$
181일 만기 T-bill 매입	−$969,330.56	S_T
현금 차입*	$969,330.56	−$983,592
차익거래이익	0	$2,000

* $969,330.56(1 + 0.014713) = $983,592

3. 중장기 금리선물의 가격결정

중장기 금리선물로 가장 보편적인 것은 CBOT(Chicago Board of Trade)에서 거래되는 T-bond와 T-note에 대한 선물계약이다.[39] T-note 선물에 대한 대부분의 내용들이 T-bond 선물과 일치하기 때문에 여기서는 T-bond 선물만 설명하

39) 일반적으로 T-bond의 표준물은 액면금액 $100,000, 표면금리 8%, 만기 20년인 것이며, T-note의 표준물은 액면금액 $100,000, 표면금리 8%, 만기 10년인 것이다.

기로 한다.

T-bond 선물의 호가는 표준물의 액면금액에 대한 비율로 표시된다. 예를 들어 T-bond 선물의 가격(호가)이 95-25라면, 표준 T-bond 선물 1계약의 금액은 \$95,781.25[$(95+\frac{25}{32})\% \times \$100,000$]이다. 호가된 선물가격에 의해 산정된 선물계약금액(표준 T-bond 선물계약금액)과 선물매입자가 인도일에 실제로 지불해야 하는 금액, 즉 송장금액은 다르다. 일반적으로 선물매입자가 T-bond 선물을 매입할 경우 인도일에서의 송장금액은 다음과 같이 계산된다.

$$\text{송장금액} = \text{표준 T-bond 선물계약금액} \times \text{전환계수} + \text{발생이자} \qquad (16A\text{-}9)$$

식 (16A-9)에서 전환계수(conversion factor)는 인도가능한 채권이 표준물이 아닐 경우에 이를 조정하기 위한 것으로서 다음과 같이 정의된다.

$$\text{전환계수} = \frac{\text{인도가능한 T-bond의 시장가격}}{\text{표준 T-bond의 시장가격}}$$

그리고 최종이자지급일과 인도일 사이에 발생된 이자(accrued interest)는 현물(T-bond 등)소유자에게 귀속되어야 하나, 선물매입자가 현물을 인수한 후(인도일 이후의 정기이자지급일)에 받게 된다.[40] 따라서 선물매입자가 인도일에서의 송장금액을 계산할 때 이를 포함시켜야 한다. 인도일에서의 발생된 이자는 다음과 같이 계산될 수 있다.

$$\text{발생이자} = (\text{6개월간 액면이자액}) \times \left(\frac{\text{최종 이자지급일로부터 경과된 일수}}{\text{6개월동안의 일수}}\right)$$

예를 들어 액면이자율이 12%, 전환계수가 1.3755, 그리고 인도일 30일전에 이자를 지급하는 T-bond 선물 1계약을 105-25로 매입하는 경우, 선물매입자가 인도일에서 지불해야 하는 금액, 즉 송장금액은 다음과 같이 계산될 수 있다.[41]

$$\begin{aligned}\text{송장금액} &= \left(105+\frac{25}{32}\right)\% \times \$100{,}000 \times 1.3755 + \left(\frac{\$100{,}000 \times 0.06 \times 30\text{일}}{180\text{일}}\right) \\ &= \$146{,}502.11\end{aligned}$$

40) T-bond, T-note 등은 1년에 두 번 이자를 지급한다.

41) 이자가 지급되는 6개월간 일수를 실제로 계산하여야 하나 여기서는 180일이라고 가정하였다.

CBOT에서 거래되는 T-bond 선물의 인도일에 인도할 수 있는 채권은 거의 30종이나 된다. 이 경우 선물매도자는 인도가능한 채권 중 가격이 가장 낮은 채권, 즉 최저인도가채권(cheapest-to-deliver bond)을 선택할 수 있다. 최저인도가채권은 선물매도자가 인도일에 채권을 인도하고 받게 되는 금액, 즉 송장금액과 현물(채권)의 매입금액(채권가격+발생이자)의 차이(π)가 가장 큰 채권을 의미한다.[42)]

$$\pi = \text{표준 T-bond 선물계약금액} \times \text{전환계수} - \text{채권가격} \qquad (16A\text{-}10)$$

T-bond 선물의 이론적 가격을 정확히 결정하는 것은 어려운 일이다. 왜냐하면 인도시기 및 인도채권의 선택과 관련된 선물매도자의 권리를 쉽게 평가할 수 없기 때문이다. 그러나 인도일과 최저인도가채권이 알려져 있다고 가정하는 경우에는 지금까지 설명한 보유비용모형에 의해서 T-bond 선물의 이론적 가격을 도출할 수 있다. T-bond의 경우 확정이자부채권이므로 현물매입에 대한 기회비용인 이자비용을 제외한 현물보유비용은 발생하지 않으나 보유수익(매6개월 지급 액면이자)이 발생한다. 그러므로 식 (16-1)에 의해서 완전시장에서의 T-bond 선물의 가격을 구하면 다음과 같다.

$$F_{0,T} = S_0(1+r_T) - D_T \qquad (16A\text{-}11)$$

여기서 $F_{0,T}$: 현재시점에서 인도일이 T인 T-bond 선물의 가격
S_0 : 현재시점에서의 현물(최저인도가채권) 매입가격[43)]
r_T : 현재시점에서 인도일까지 기간의 무위험이자율
D_T : 현재시점에서 인도일까지 기간 동안 지급되는 액면이자의 T시점에서의 가치

식 (16A-11)에 의해서 도출된 T-bond 선물의 이론적 가격은 선물가격의 호가(표준채권 액면금액에 대한 비율)와는 다르다. 따라서 이를 호가되는 선물가격과 비교하기 위해서는 앞의 T-bill 선물의 이론적 가격을 IMM 지수로 환산하는 것과 유사한 절차를 거쳐야 한다. 예를 들어 식 (16A-11)에 의해서 산출된 이론적 선물가격은 \$106,000, 전환계수는 1.2000, 최종이자지급일과 인도일 사이에 발생된 이자는 \$1,000이라고 한다면, 이론적 호가는 다음과 같이 산출될 수 있다.

---

42) T-bond의 호가단위 및 방식, 계약단위는 선물과 동일하다. 예를 들어 95-05로 호가된 T-bond의 채권가격은 \$95,156.25[$(95+\frac{5}{32})\% \times \$100,000$]이다. 이와 같이 산출된 채권가격에 채권매입일 이전 발생된 미지급이자를 더한 것이 채권의 실제 매입가격이다.

43) 채권매입일 이전에 발생된 미지급이자를 포함한 가격임.

· 표준 T-bond 선물 1계약의 금액 $= \dfrac{\text{이론적 선물가격} - \text{발생이자}}{\text{전환계수}}$

$$= \frac{\$106{,}000 - \$1{,}000}{1.2000} = \$87{,}500$$

· 표준물에 대한 액면금액비율 $= \dfrac{\$87{,}500}{\$100{,}000} = 0.875$

· 이론적 호가(%) = 87-16

제 17 장

선물거래와 위험관리

위험관리(risk management)는 기업의 경영활동에서 발생되는 불확실성의 원인을 파악하여 최소화함으로써 기업이 입을 수 있는 손실을 줄이거나 방지하는 활동이다. 옵션, 선물 등 파생상품은 효과적인 위험관리수단으로 이용되고 있다. 헤지(hedge)는 현물시장에서의 가격위험(price risk)을 줄이는 것을 의미한다. 선물 등을 이용함으로써 현물시장에서의 예측하지 못한 가격변동에 따른 위험을 저렴하고 효과적으로 제거할 수 있다. 한편 이자율위험 또는 환위험의 경우 파생상품이 아닌 현물(채권 또는 외환)을 이용하여 위험을 관리할 수 있는 방법이 있다. 특히 금융기관 등에서는 이자율변동에 따른 위험을 관리하기 위한 방법으로서 자산·부채관리(asset and liability management: ALM) 등을 사용하고 있다.

본장에서는 선물 또는 현물(채권)을 이용하여 위험을 관리하는 방법을 설명하고자 한다.

1 선물거래에 의한 위험의 헤징

헤지(hedge)는 현물시장에서의 가격위험(price risk)을 줄이는 것을 의미한다. 선물을 이용함으로써 현물시장에서의 예측하지 못한 가격변동에 따른 위험을 저렴하고 효율적으로 제거할 수 있다. 이는 선물의 주요한 존재이유 중의 하나이다.

1.1 헤지의 기본원리

1) 헤지의 의의

선물시장을 이용한 헤지는 현물시장에서의 가격위험을 제거하기 위해 현물시장에서의 포지션과 반대되는 포지션을 선물시장에서 취하는 것을 의미한다. 헤지를 선물시장에서 취하는 포지션에 따라 매입헤지(long hedge)와 매도헤지(short hedge)로 나눈다.

매입헤지는 미래에 구입할 예정인 현물의 가격상승으로 인한 손실을 방지하기 위하여 선물을 매입하는 것을 의미한다. 매입헤지로 인하여 미래 현물가격의 변동에 관계없이 미래에 구입할 현물의 가격을 현재시점에서 고정시킬 수 있다. 예를 들어 방적회사가 원면가격변동으로 인한 위험을 제거하기 위하여 앞으로 구입할 원면에 대하여 선물계약을 맺는 경우, 이를 매입헤지라 한다. 그러나 원재료인 원면가격의 변동에 따라 생산제품인 면사의 판매가격이 연동되어 변할 경우 원재료(원면)에 대한 헤징을 함으로써 오히려 제품(면사)의 가격변동에 따른 위험에 노출될 수 있다. 따라서 제품의 판매가격이 안정되어 있을 때 미래에 구입할 원재료에 대한 선물의 매입, 즉 매입헤지에 의해 위험을 제거할 수 있음을 유의해야 한다.

한편 매도헤지는 현재 보유하고 있는 현물의 미래 판매가격하락으로 인한 손실을 방지하기 위하여 선물을 매도하는 것을 의미한다. 매도헤지로 인하여 미래 현물가격의 변동에 관계없이 미래에 판매될 현물의 가격을 현재시점에서 고정시킬 수 있다. 예를 들어 농부가 농산물 가격변동으로 인한 위험을 제거하기 위하여 앞으로 수확할 농산물을 매도하는 선물계약을 맺는 경우, 이를 매도헤지라 한다.

선물을 이용한 헤징의 목적은 미래의 불확실한 현물가격을 현재시점에서 고정시키는 것이지, 보다 많은 이익을 보장받는 것은 아니라는 점을 유의해야 한다. 현물가격이 불리하게 변동했을 때는 선물의 이익으로 인하여 현물에서의 손실이 상쇄될 수 있지만, 현물가격이 유리하게 변동했을 때는 선물의 손실이 오히려 현물에서의 이익을 상쇄시킬 수 있다.

2) 베이시스위험

베이시스(basis)는 현물가격과 선물가격간의 차이를 말한다.[1)]

베이시스 = 선물가격 − 현물가격

선물가격이 현물가격으로 수렴하는 특성에 의해서 만기일의 베이시스는 0이 된다. 그러나 만기일 이전에는 베이시스가 0이 되지 않으며, 그 크기 또한 일정하지 않다. 시간변화에 따른 베이시스의 변동은 〈그림 17-1〉과 같다.

선물의 만기일(T) 이전인 헤지종료일(t)에서 헤저의 손익은 현물과 선물의 손익을 합하여 다음과 같이 구할 수 있다.

	현재(0)	헤지종료일(t)	선물의 만기일(T)
현물가격 :	S_0	S_t	S_T
선물가격 :	$F_{0,T}$	$F_{t,T}$	$F_{T,T}(=S_T)$

· 매입헤지의 손익 $=(S_0-S_t)+(F_{t,T}-F_{0,T})=(F_{t,T}-S_t)-(F_{0,T}-S_0)$

$=(\text{basis})_t-(\text{basis})_0$

· 매도헤지의 손익 $=(S_t-S_0)+(F_{0,T}-F_{t,T})=(F_{0,T}-S_0)-(F_{t,T}-S_t)$

$=(\text{basis})_0-(\text{basis})_t$

헤저의 손익은 현재와 헤지종료일간 베이시스의 차이라 할 수 있다.

현재시점(0 시점)의 베이시스는 알려져 있으나, 헤지종료일(t 시점)에서의 베이시스는 불확실하다.[2)] 따라서 베이시스가 변동하는 경우 헤저는 가격위험 대신에 베이시스위험(basis risk)을 부담하게 된다. 베이시스위험은 헤지포지션에 영향을 미친다. 베이시스가 예상보다 축소되는 경우 매도헤지가 유리한 반면, 베이시스가 예상보다 확대되는 경우 매입헤지가 유리하다. 그러나 베이시스가 일정하거나 헤지종료일과 선물의 만기일이 같은 경우 베이시스위험이 제거될 수 있다.[3)]

---

1) 베이시스를 「현물가격−선물가격」으로 정의하기도 한다.

2) S_t, $F_{t,T}$가 확률변수이므로 t 시점의 베이시스는 확률변수이다.

3) 베이시스가 일정하다면, '$(\text{basis})_0=(\text{basis})_t$' 이다. 따라서 헤저의 손익이 0, 즉 위험이 제거된

그림 17-1 시간변화에 따른 베이시스의 변동

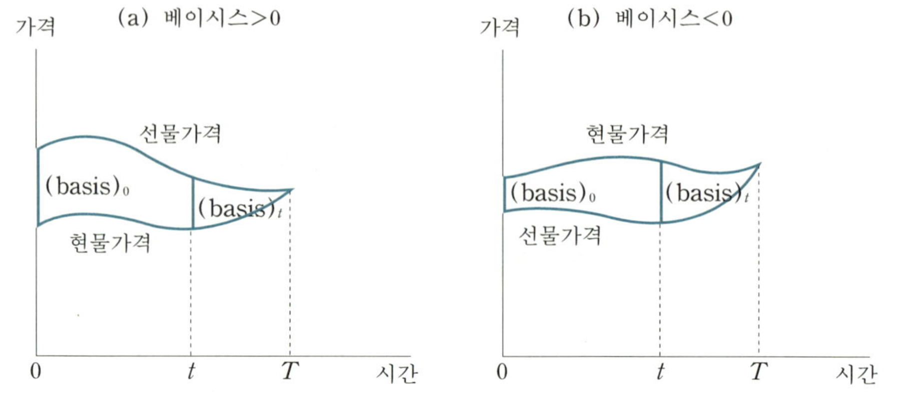

이상에서는 현물과 선물의 기초자산이 동일하다는 전제하에서의 베이시스 위험을 살펴보았다. 그러나 선물거래는 일부 표준화된 상품에 대해서만 이루어지고 있기 때문에 현물과 동일한 자산에 대한 선물을 발견하기 어렵다. 따라서 실제로는 현물과 선물의 기초자산이 정확하게 일치하지 않을 수 있으며, 이와 같은 경우의 헤지를 교차헤지(cross hedge)라 한다. 교차헤지에서는 현물과 선물의 기초자산간의 불일치로 인한 추가적인 베이시스위험이 발생하게 된다.

예제 17-1 헤저와 투기자의 손익

6월 1일 현재 상품 A에 대한 현물과 선물가격은 다음과 같다.

	(6. 1)
현물 A	: 100만원
선물 A	: 110만원

6월 30일의 상품 A에 대한 현물과 선물가격이 다음과 같을 경우 현물을 매입하고 선물을 매도한 헤저와 그 거래의 상대방인 투기자의 이익은 각각 어떻게 되겠는가?

다. 또는 헤지종료일이 선물의 만기일과 일치한다면, $(basis)_t = 0$이다. 따라서 헤저의 손익은 현재시점에서 확정된 값(상수)인 $(basis)_0=S_0r_T$ 또는 $-(basis)_0=-S_0r_T$이므로 역시 위험이 제거된다고 할 수 있다.

(1)

(6. 30)
현물 A : 130만원
선물 A : 140만원

(2)

(6. 30)
현물 A : 130만원
선물 A : 100만원

(3)

(6. 30)
현물 A : 130만원
선물 A : 145만원

☞ 해설

선물계약시점(6월 1일)의 베이시스 = 선물가격 − 현물가격

= 110만원 − 100만원 = 10만원

(1) 베이시스 = 140만원 − 130만원 = 10만원(베이시스 일정) → 완전헤지

구 분	헤저의 손익	투기자의 손익
현물 A	30만원(=130−100)	
선물 A	−30만원(=110−140)	30만원(=140−110)
합 계	0	30만원

* 헤저의 손익 = $(basis)_0 - (basis)_t$ = 10만원 − 10만원 = 0

(2) 베이시스 = 100만원 − 130만원 = −30만원(베이시스 축소) → 불완전헤지

구 분	헤저의 손익	투기자의 손익
현물 A	30만원(=130−100)	
선물 A	10만원(=110−100)	−10만원(=100−110)
합 계	40만원	−10만원

* 헤저의 손익 = $(basis)_0 - (basis)_t$ = 10만원 − (−30만원) = 40만원

(3) 베이시스 = 145만원 − 130만원 = 15만원(베이시스 확대) → 불완전헤지

구 분	헤저의 손익	투기자의 손익
현물 A	30만원(=130−100)	
선물 A	−35만원(=110−145)	35만원(=145−110)
합 계	−5만원	35만원

* 헤저의 손익 = $(basis)_0 - (basis)_t$ − 10만원 − 15만원 = −5만원

1.2 최소분산헤지비율

현물과 선물의 기초자산, 헤지기간과 선물의 만기일 등이 완전하게 일치하는 경우에만 완전헤지(perfect hedge)가 가능하다. 그러나 이는 현실적으로 어렵기 때문에 불완전헤지(imperfect hedge)를 전제로 위험을 최소화시키려는 노력이 중요하게 된다.

헤저가 현물 1단위와 선물 H단위를 결합하여 헤지포트폴리오를 구성하는 경우 이 포트폴리오의 가치변동(ΔV_H)은 다음과 같다.

$$\Delta V_H = \Delta S + H\Delta F \tag{17-1}$$

여기서 ΔS : 헤지기간 동안 현물의 가격변동($S_t - S_0$)
ΔF : 헤지기간 동안 선물의 가격변동($F_{t,T} - F_{0,T}$)
H : 현물 1단위에 대한 선물의 헤지비율

헤지포트폴리오의 가치변동에 따른 위험은 식 (17-1)에 분산을 취함으로써 구할 수 있다.

$$Var(\Delta V_H) = Var(\Delta S) + H^2 Var(\Delta F) + 2HCov(\Delta S, \Delta F) \tag{17-2}$$

헤지포트폴리오의 위험, 즉 $Var(\Delta V_H)$를 최소화하기 위한 헤지비율, 즉 최소분산헤지비율(minimum variance hedge ratio) H^*를 구하기 위해서는 H에 대하여 편미분한 후 0으로 두어 풀면 된다.

$$\frac{\partial Var(\Delta V_H)}{\partial H} = 2H \cdot Var(\Delta F) + 2Cov(\Delta S, \Delta F) = 0$$

위 식을 풀면,

$$H^* = -\frac{Cov(\Delta S, \Delta F)}{Var(\Delta F)} = -\frac{\rho(\Delta S, \Delta F)\sigma(\Delta S)}{\sigma(\Delta F)} \tag{17-3}$$

여기서 $\rho(\Delta S, \Delta F)$: ΔS와 ΔF간의 상관계수

식 (17-3)에서 최소분산헤지비율의 부호가 음(−)인 것은 선물의 포지션이 현물포지션과 정반대임을 의미한다. 그리고 식 (17-3)에서의 최소분산헤지비율은 과거자료(표본자료)를 이용하여 다음과 같은 회귀식에 의해 추정될 수 있다.

$$\Delta S_t = \alpha + \beta \Delta F_t + \varepsilon_t \tag{17-4}$$

여기서 ΔS_t : t 기간에서 현물의 가격변동
ΔF_t : t 기간에서 선물의 가격변동
α : 절편
β : 회귀계수
ε_t : 잔차항

식 (17-4)에 의해서 추정된 회귀계수($\hat{\beta}$)에 의해서 구한 최소분산헤지비율은 다음과 같다.

$$H^* \doteq -\hat{\beta} \tag{17-5}$$

한편 식 (17-3)을 식 (17-2)에 대입하여 정리하면, 헤지포트폴리오의 최소위험[$Var(\Delta V_H)^*$]을 구할 수 있다.[4)]

$$Var(\Delta V_H)^* = Var(\Delta S)[1-\rho^2(\Delta S,\ \Delta F)] \tag{17-6}$$

식 (17-6)에서 볼 수 있는 바와 같이 현물과 선물의 가격변동간 상관관계가 클수록(현물과 선물의 기초자산간 일치성이 높을수록) 헤지포트폴리오의 위험이 훨씬 작아짐을 알 수 있다. 예를 들어 $\rho^2(\Delta S,\ \Delta F) = 1$이면 위험은 0이 되어 완전헤지가 가능하나, $\rho^2(\Delta S,\ \Delta F) = 0$이면 위험은 $Var(\Delta S)$, 즉 현물의 가격위험과 동일하게 된다.

이상에서 설명한 최소분산헤지비율은 엄밀하게 말하면 헤징의 위험을 최소화하는 것이지, 투자자들의 기대효용을 극대화시키는 것은 아니라는 점을 유의해야 한다. 제8장 포트폴리오분석에서 설명한 바와 같이 선택가능한 헤지포트폴리오 중 투자자들의 기대효용을 가장 극대화하는 헤지비율을 최적헤지비율(optimal hedge ratio)이라 할 수 있다. 최소분산헤지비율과 최적헤지비율은 <그림 17-2>에 나타나 있다.

---

4) 최소분산헤지의 유효성(effectiveness of minimum variance hedge)은 다음과 같이 측정될 수 있다.

$$e^* = \frac{Var(\Delta S) - Var(\Delta V_H)^*}{Var(\Delta S)} = \rho^2(\Delta S,\ \Delta F)$$

그림 17-2 최적헤지포트폴리오의 선택

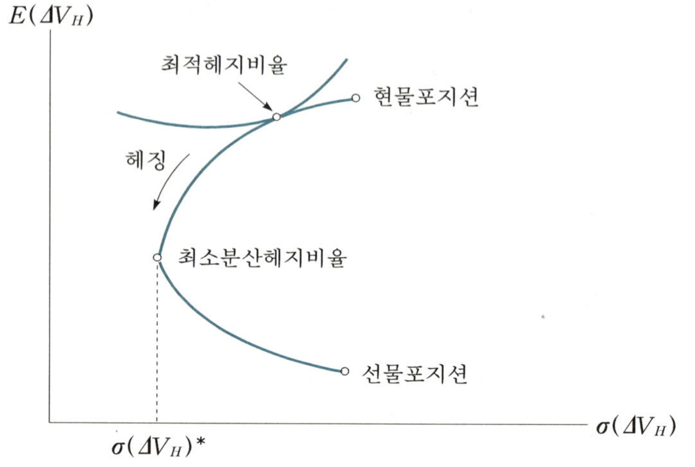

예제 17-2 최소분산헤지비율

㈜ABC정유는 3개월 후 1,000,000갤런의 난방용 연료를 매입할 예정이며, 현재 이 회사는 가솔린에 대한 선물을 매입하여 현물(난방용 연료)의 가격위험을 헤징하려고 한다. 다음의 자료를 이용하여 ㈜ABC정유의 최소분산헤지비율과 헤징에 필요한 선물의 최적계약수를 구하라.(단, 가솔린선물의 1 계약은 42,000갤런임.)

- 난방용 연료 갤런당 가격의 3개월간 변동액의 표준편차 = 0.06
- 가솔린선물 갤런당 가격의 3개월간 변동액의 표준편차 = 0.05
- 난방용 연료와 가솔린선물의 3개월동안 가격변동간 상관계수 = 0.8

☞ 해설

(1) $H^* = -\dfrac{\rho(\Delta S,\ \Delta F)\sigma(\Delta S)}{\sigma(\Delta F)} = -\dfrac{0.8 \times 0.06}{0.05} = -0.96$

현물(난방용연료) 1갤런당 가솔린선물 0.96갤런 매입해야 한다. 즉 ㈜ABC정유가 헤지포트폴리오의 위험을 최소화하기 위해서 총 960,000갤런(=0.96×1,000,000갤런)의 가솔린선물을 매입해야 함을 의미한다.

(2) 가솔린선물의 최적계약수(매입) $= \dfrac{960,000}{42,000} = 22.86$계약

헤징을 통해 헤지포트폴리오의 위험을 최소화하기 위해서는 가솔린선물을 22.86계약 매입해야 한다.(현실적으로 선물은 소수단위로 매입할 수 없기 때문에 가솔린선물을 23계약 매입할 것이다.)

1.3 주가지수선물을 이용한 헤징

개별주식이나 주식포트폴리오의 체계적 위험을 관리하기 위하여 주가지수선물을 이용할 수 있다.

1) 베타헤징 : 최소분산헤지비율

현물(주식포트폴리오)의 가격변화율(수익률), 즉 $r_S = \frac{\Delta S}{S_0}$, 주가지수선물의 가격변화율(수익률), 즉 $r_F = \frac{\Delta F}{F_{0,T}}$를 이용하여 식 (17-3)을 변형시키면 다음과 같다.

$$H^* = -\frac{S_0}{F_{0,T}}\left(\frac{Cov(r_S,\ r_F)}{Var(r_F)}\right) = -\frac{S_0}{F_{0,T}}\beta_{SF} \tag{17-7}$$

여기서 S_0 : 주식포트폴리오의 현재가치

$F_{0,T}$: 현재시점에서 만기가 T인 주가지수선물 1계약의 가격(선물지수×거래승수)

β_{SF} : 주가지수선물 수익률에 대한 주식포트폴리오 수익률의 민감도[5)]

식 (17-7)에서 주가지수선물 수익률(r_F)과 시장포트폴리오 수익률(r_M)이 동일하게 움직인다고 가정한다면, β_{SF} 대신 주식포트폴리오의 베타값 β_S를 이용하여 최소분산헤지비율(최소분산헤지에 필요한 최적계약수)을 구할 수 있다.

$$H^* = -\frac{S_0}{F_{0,T}}\beta_S \tag{17-8}$$

여기서 $\beta_S = \frac{Cov(r_S,\ r_M)}{Var(r_M)}$

주가지수선물을 이용하여 구성된 헤지포트폴리오의 수익률은 거의 무위험수익률에 가까워진다. 따라서 무위험수익률을 얻는 것이 헤저의 목적이라면 현재시

5) β_{SF}는 다음과 같은 회귀식에 의해서 추정될 수 있다.

$r_S = \alpha + \beta_{SF} r_F + \varepsilon_t$

점에서 보유하고 있는 주식들을 매도한 후, 그 대금을 무위험자산에 투자하는 방법이 훨씬 간단하다. 그럼에도 불구하고 헤징이 필요한 이유로 다음과 같은 두 가지를 들 수 있다.

첫째, 포트폴리오를 잘 구성하여 시장보다 더 좋은 성과를 얻을 수 있다고 예상되지만 시장전체의 불확실성으로 인한 위험이 걱정이 되는 경우에 주가지수선물을 이용하면, 시장에 대한 상대적인 성과는 그대로 유지하면서 시장의 불확실성에 따른 위험, 즉 체계적 위험을 제거할 수 있다.

둘째, 주식포트폴리오를 장기간 보유할 경우에 단기적인 시장위험을 제거하기 위하여 헤징을 한다. 단기적으로 포트폴리오를 매도하여 무위험자산에 투자한 후 포트폴리오를 재구성하려면 많은 비용이 발생하기 때문에 주가지수선물을 이용하여 헤징을 하는 것이 더 유리하다.

예제 17-3 베타헤징: 최소분산헤지비율

국민연금은 현재 다음과 같은 주식포트폴리오를 보유하고 있다.

주 식	투자액(억원)	베타
A	3	2.0
B	2	1.5
C	5	3.0

현재 KOSPI 200지수는 238.50포인트, 3개월물 주가지수선물은 240.00포인트이다. 국민연금은 향후 3개월간 주식포트폴리오의 가치변동에 따른 위험을 헤징하기 위하여 필요한 주가지수선물의 최적계약수는 얼마인가?(단, KOSPI 200 선물의 거래승수는 1포인트당 50만원임.)

☞ 해설

먼저 주식포트폴리오의 베타를 구하면 다음과 같다.

$$\beta_S = 2.0\left(\frac{3\text{억원}}{10\text{억원}}\right) + 1.5\left(\frac{2\text{억원}}{10\text{억원}}\right) + 3.0\left(\frac{5\text{억원}}{10\text{억원}}\right) = 2.4$$

그러므로

$$H^* = -\frac{S_0}{F_{0,T}}\beta_S = -\frac{10\text{억원}}{240.00 \times 500{,}000\text{원}} \times 2.4 = -20\text{계약}$$

위험을 헤징하기 위해서 국민연금은 주가지수선물 20계약을 매도하여야 한다.

2) 주가지수선물을 이용한 포트폴리오의 관리

(1) 체계적 위험의 조정

이상에서 설명한 바와 같이 주가지수선물을 이용하여 포트폴리오의 체계적 위험, 즉 베타를 최소화할 수 있다. 또한 시장상황에 따라 포트폴리오의 베타를 변화시키고자 할 때도 주가지수선물을 이용할 수 있다. 현재 S_0의 가치를 가지는 포트폴리오를 보유하고 있는 투자자가 임의의 헤지비율 H에 의해 헤지포트폴리오를 구성하는 경우 그 수익률은 다음과 같다.

$$r_H = \frac{\Delta S + H\Delta F}{S_0} = \frac{\Delta S}{S_0} + H \cdot \frac{F_{0,T}}{S_0} \cdot \frac{\Delta F}{F_{0,T}} = r_S + \frac{F_{0,T}}{S_0} \cdot H \cdot r_F$$

따라서 헤지포트폴리오의 베타(β_H)는 다음과 같이 구할 수 있다.

$$\beta_H = \beta_S + \frac{F_{0,T}}{S_0} \cdot H \cdot \beta_F \qquad (17\text{-}9)$$

식 (17-9)에서 주가지수선물 수익률(r_F)과 시장포트폴리오 수익률(r_M)이 동일하게 움직인다고 가정한다면, 주가지수선물의 베타(β_F)는 1이 된다. 그러므로 현재 보유하고 있는 주식포트폴리오 베타(β_S)를 임의의 헤지포트폴리오 베타(β_H)로 조정하기 위한 헤지비율은 다음과 같다.[6)]

$$H = (\beta_H - \beta_S)\frac{S_0}{F_{0,T}} \qquad (17\text{-}10)$$

시장상황이 좋을 경우에는 베타가 클수록 유리한 반면, 시장상황이 좋지 않으면 베타가 작을수록 유리하다. 그러므로 시장상황에 따라 다음과 같은 투자전략을 세울 수 있다.

> · 강세시장(bull market)이 예상되는 경우:
> $\beta_H > \beta_S \rightarrow H > 0$, 즉 주가지수선물을 매입함.
> · 약세시장(bear market)이 예상되는 경우:
> $\beta_H < \beta_S \rightarrow H < 0$, 즉 주가지수선물을 매도함.

---

6) 식 (17-10)에서 헤지포트폴리오의 베타(β_H)를 0으로 만들기 위한 헤지비율을 구하면, 그 헤지비율이 식 (17-8)의 최소분산헤지비율과 동일함을 알 수 있다.

이와 같이 주가지수선물을 이용하여 베타를 조정하는 방법은 주식(현물)시장을 이용하여 포트폴리오를 재구성하는 방법보다 거래비용이 훨씬 저렴하다.

예제 17-4 주가지수선물을 이용한 체계적 위험의 조정

[예제 17-3]에서 국민연금은 향후 주식시장이 호황일 것으로 예상하여 현재 주식포트폴리오의 베타보다 1.2만큼 더 높이려고 한다. 이때 매입하여야 하는 선물계약수는 얼마인가?

☞ 해설

주식포트폴리오의 베타를 2.4에서 1.2만큼 더 높인 3.6으로 조정하기 위해서 매입해야 하는 선물계약수는 다음과 같다.

$$H = (\beta_H - \beta_S)\frac{S_0}{F_{0,T}} = (3.6-2.4)\left(\frac{10\text{억원}}{240.00\times 500{,}000\text{원}}\right) = 10\text{계약}$$

주식포트폴리오의 베타를 3.6으로 조정하기 위해서 주가지수선물 10계약을 매입하여야 한다.

(2) **자산배분전략**

자산배분전략(asset allocation strategy)은 시장상황에 대한 예측을 근거로 보유하고 있는 자산포트폴리오를 적절하게 재구성하는 전략을 의미한다. 즉 약세시장이 예상되는 경우 주식의 투자비중을 줄이는 반면에 채권의 투자비중을 증대시키고, 강세시장이 예상되는 경우에는 채권의 투자비중을 줄이는 반면에 주식의 투자비중을 증대시키는 전략이다. 현물시장(주식 또는 채권)을 이용하는 것보다 주가지수선물을 이용하는 경우 상대적으로 저렴한 거래비용 때문에 효율적으로 자산배분전략을 수행할 수 있다.

주가지수선물을 이용한 자산배분전략에는 주가하락이 예상되는 경우 주가지수선물을 매도함으로써 주가하락에 따른 손실을 제거하는 전략, 즉 합성무위험채권(synthetic risk-free bond) 전환전략과 주가상승이 예상되는 경우 주가지수선물을 매입함으로써 주가상승으로 인한 이익을 얻으려는 전략, 즉 합성주식포트폴리오(synthetic stock portfolio) 전환전략이 있다.

먼저 합성무위험채권 전환전략은 보유하고 있는 주식포트폴리오 규모만큼 주가지수선물을 매도하는 전략으로서 〈표 17-1〉과 같다. 〈표 17-1〉에서 볼 수 있는

표 17-1 합성무위험채권(주식포트폴리오−주가지수선물) 전환전략

거 래	현 금 흐 름	
	현재(0 시점)	만기일(T 시점)
주가지수선물을 $F_{0,T}$로 매도	0	$F_{0,T}-S_T=S_0(1+r_T)-D_T-S_T$
주식포트폴리오 S_0로 매입	$-S_0$	S_T+D_T
합 계	$-S_0$	$S_0(1+r_T)$

표 17-2 합성주식포트폴리오(무위험채권+주가지수선물) 전환전략

거 래	현 금 흐 름	
	현재(0 시점)	만기일(T 시점)
주가지수선물을 $F_{0,T}$로 매입	0	$S_T-F_{0,T}=S_T-S_0(1+r_T)+D_T$
무위험채권을 S_0로 매입(대출)	$-S_0$	$S_0(1+r_T)$
합 계	$-S_0$	S_T+D_T

바와 같이 주식포트폴리오를 보유(매입)하고 동시에 주가지수선물을 매도함으로써 만기일에 주가에 관계없이 무위험채권과 동일한 수익률(무위험이자율) r_T를 얻게 됨을 알 수 있다.

한편 합성주식포트폴리오 전환전략은 보유하고 있는 무위험채권 규모만큼 주가지수선물을 매입하는 전략으로서 〈표 17-2〉와 같다. 〈표 17-2〉에서 볼 수 있는 바와 같이 무위험채권을 보유(매입)하고 동시에 주가지수선물을 매입함으로써 만기일에 주식포트폴리오를 매입한 것과 동일한 수익률을 얻게 됨을 알 수 있다.

이상에서 설명한 자산배분전략은 주가지수선물의 기초자산과 헤지대상자산인 현물이 동일한 경우에 가능한 전략이다. 따라서 자산배분전략에서 사용되는 주식포트폴리오는 주가지수선물의 기초자산과 동일하게 구성된 지수 복제포트폴리오임을 유의해야 한다.[7)]

예제 17-5 주가지수선물을 이용한 자산배분전략

무위험이자율은 연 12%, 가중평균배당수익률은 연 4%이며, 현재 KOSPI 200은 240.00포인트이고, 3개월물 주가지수선물은 이론적 가치와 동일한 244.80포인트

7) 지수 복제포트폴리오로서 상장지수펀드(exchange traded funds: ETF) 등을 이용할 수 있다. 상장지수펀드는 특정 주가지수와 연동되는 수익률을 얻을 수 있도록 설계된 지수연동형 펀드(index fund)로서 현물 주식으로 설정/해지되며, 거래소에서 주식처럼 거래되는 펀드를 말한다.

[=240.00(1+0.03−0.01)]이다. 다음의 물음에 답하라.

(1) ㈜청운투자신탁의 펀드매니저인 김펀드는 현재 KOSPI 200 지수 복제포트폴리오를 12억원 보유하고 있다. 향후 주가가 하락할 것으로 예상되는 경우 김펀드가 이 포트폴리오를 3개월 동안 무위험채권으로 전환시키기 위한 전략은?

(2) ㈜청운투자신탁의 펀드매니저인 김펀드는 현재 무위험채권을 12억원 보유하고 있다. 향후 주가가 상승할 것으로 예상되는 경우 김펀드가 무위험채권을 3개월 동안 KOSPI 200 지수 복제포트폴리오로 전환시키기 위한 전략은?

☞ 해설

(1) 먼저 보유하고 있는 주식포트폴리오를 합성 무위험채권으로 전환하기 위하여 매도해야 하는 주가지수선물 계약수는 다음과 같이 구할 수 있다.

$$\text{주가지수선물의 매도계약수} = \frac{\text{주식포트폴리오의 가치}}{\text{주가지수(현물)} \times \text{거래승수}} = \frac{1{,}200{,}000{,}000}{240.00 \times 500{,}000} = 10\text{계약}$$

그러므로 김펀드는 주가지수선물을 10계약 매도함으로써 현재의 주식포트폴리오를 다음과 같이 합성무위험채권으로 전환시킬 수 있다.

거 래	현금흐름(억원)	
	현재(0 시점)	만기일(3개월 후)
주가지수선물 10계약 매도*	0	$12.24-S_T$
주식포트폴리오 매입(보유)	−12	$S_T+12\times0.01$
합 계	−12	12.36

* 주가지수선물 10계약의 매도가격 = 244.80 × 500,000원 × 10계약 = 12.24억원

합성무위험채권을 구성한 김펀드의 투자성과는 만기일의 주식가치(S_T)에 관계없이 12억원을 무위험채권에 투자하는 경우 3개월 후에 얻을 수 있는 12.36억원[=12억원×(1+0.03)]과 동일함을 알 수 있다.

(2) 먼저 보유하고 있는 무위험채권을 합성주식포트폴리오로 전환하기 위하여 매입해야 하는 주가지수선물 계약수는 다음과 같이 구할 수 있다.

$$\text{주가지수선물의 매입계약수} = \frac{\text{무위험채권의 가치}}{\text{주가지수(현물)} \times \text{거래승수}} = \frac{1{,}200{,}000{,}000}{240.00 \times 500{,}000} = 10\text{계약}$$

그러므로 김펀드는 주가지수선물을 10계약 매입함으로써 현재의 무위험채권을 다음과 같이 합성주식포트폴리오로 전환시킬 수 있다.

거 래	현금흐름(억원)	
	현재(0 시점)	만기일(3개월 후)
주가지수선물 10계약 매입	0	$S_T-12.24$
무위험채권 매입(대출)	−12	$12(1+0.03)$
합 계	−12	$S_T+0.12$

합성주식포트폴리오를 구성하는 경우 김펀드는 만기일의 주식가치(S_T)에 향후 3개월 동안의 배당금 0.12억원(=12억원×0.01)을 합한 투자성과, 즉 주식포트폴리오를 보유하는 것과 동일한 투자성과를 얻을 수 있다.

1.4 금리선물을 이용한 헤징

이자율변동에 따른 위험은 주로 채권의 듀레이션(duration)에 기인한다. 따라서 이자율변동에 따른 위험을 제거하는 것을 듀레이션헤징이라 하며, 이는 현물(채권) 시장 또는 금리선물시장 등을 이용하여 이루어진다.

1) 듀레이션

(1) 듀레이션의 의의

듀레이션은 채권의 만기일까지의 각 기간을, 각 기간에 들어오는 현금흐름의 현재가치가 채권의 현재가치에서 차지하는 비율로 가중하여 합한 가중평균만기(weighted average maturity)를 의미한다. 듀레이션은 맥콜레이(F. Macaulay, 1938)에 의해서 제시되었으며, 이를 맥콜레이 듀레이션이라고도 한다.[8)]

다음과 같은 현금흐름유형을 가지고 있는 채권의 듀레이션을 구해 보자.

$$\text{가중치 :}\quad \frac{C_1(1+r)^{-1}}{B} \qquad \frac{C_2(1+r)^{-2}}{B} \qquad \frac{C_n(1+r)^{-n}}{B}$$

8) Fredrick R. Macaulay, *Some Theoretical Problems Suggested by the Movements of Interest Rates, Bond Yields, and Stock Prices in the United States since 1856*(New York : National Bureau of Economics Research, 1938).

각 현금흐름의 연수와 그 가중치를 곱한 후 모두 합하여 채권의 듀레이션 D를 구하면 다음과 같다.

$$D=\frac{1\cdot C_1(1+r)^{-1}}{B}+\frac{2\cdot C_2(1+r)^{-2}}{B}+\cdots+\frac{n\cdot C_n(1+r)^{-n}}{B}$$

$$=\sum_{t=1}^{n}\frac{t\cdot C_t(1+r)^{-t}}{B} \qquad (17\text{-}11)$$

여기서 C_t : t 시점에서의 현금흐름

r : 시장이자율(또는 만기수익률)

일반적으로 확정이자부채권의 듀레이션은 만기보다 작아진다. 한편, 순수할인채권의 듀레이션은 만기와 동일하고, 영구채권의 듀레이션은 $\left(\frac{1+r}{r}\right)$과 같다.[9)]

그리고 채권포트폴리오의 듀레이션은 각 채권의 시장가치에 의한 구성비율로 가중평균하여 구할 수 있다.[10)]

$$D_p=\sum_{j=1}^{n}W_jD_j \qquad (17\text{-}12)$$

여기서 D_p : 채권포트폴리오의 듀레이션

D_j : 채권 j의 듀레이션

W_j : 채권 j의 구성비율$\left(\frac{\text{채권 } j\text{의 시장가치}}{\text{채권포트폴리오의 시장가치}}\right)$

듀레이션은 다음과 같은 특성을 가지고 있다.

첫째, 다른 조건이 동일하다면 만기가 길수록 듀레이션이 증가한다.

둘째, 다른 조건이 동일하다면 액면이자율이 낮을수록 듀레이션이 증가한다. 이는 액면이자율이 낮을수록 만기일 원금상환액의 현재가치가 차지하는 상대적 비중, 즉 만기일의 가중치가 높아지기 때문이다.

셋째, 다른 조건이 동일하다면 시장이자율이 낮을수록 듀레이션이 증가한다. 이는 시장이자율이 낮을수록 만기일에 가까운 시점의 현금흐름의 현재가치가 높아

---

9) $D=\sum_{t=1}^{\infty}\frac{t\cdot C(1+r)^{-t}}{C/r}=r\cdot\sum_{t=1}^{\infty}\frac{t}{(1+r)^t},\ \frac{D}{1+r}=r\cdot\sum_{t=1}^{\infty}\frac{t}{(1+r)^{t+1}}$

$$D-\frac{D}{1+r}=r\left[\left(\frac{1}{1+r}+\frac{2}{(1+r)^2}+\frac{3}{(1+r)^3}+\cdots\right)-\left(\frac{1}{(1+r)^2}+\frac{2}{(1+r)^3}+\frac{3}{(1+r)^4}+\cdots\right)\right]$$

$$=r\left(\frac{1}{1+r}+\frac{1}{(1+r)^2}+\frac{1}{(1+r)^3}+\cdots\right)=r\left(\frac{1}{r}\right)=1$$

그러므로 영구채권의 듀레이션은 $(1+r)/r$이 된다.

10) 이는 제9장에서 설명한 포트폴리오 베타를 구하는 방법과 동일하다.

져서, 만기일에 가까운 시점의 가중치가 상대적으로 높아지기 때문이다.

(2) 채권의 가격변화와 듀레이션

시장이자율의 변화에 대한 채권가격의 변화정도, 즉 민감도를 나타내는 채권가격의 이자율탄력도(interest elasticity of bond price, $\varepsilon_{B,r}$)는 다음과 같이 측정될 수 있다.

$$\varepsilon_{B,r} = \frac{\text{채권가격의 변화율}}{\text{이자율의 변화율}} = \frac{dB/B}{dr/r} \tag{17-13}$$

채권가격의 이자율탄력도 $\varepsilon_{B,r}$는 언제나 음(−)의 값을 가진다. 그 이유는 이자율과 채권가격이 역의 관계를 가지기 때문이다.

그리고 듀레이션과 채권가격의 이자율탄력도는 다음과 같은 관계를 가진다.[11)]

$$D = -\frac{dB/B}{dr/(1+r)} = -\left(\frac{dB/B}{dr/r}\right)\left(\frac{1+r}{r}\right) = -\varepsilon_{B,r}\left(\frac{1+r}{r}\right) \tag{17-14}$$

또는

$$-\varepsilon_{B,r} = D\left(\frac{r}{1+r}\right) \tag{17-14}'$$

식 (17-14)′는 시장이자율의 변화가 극히 작을 경우(미분의 경우)에 정확하게 성립하는 식이다. 그러나 시장이자율의 변화가 어느 정도 있는 경우 이 식은 근사적(approximately)으로 성립하게 된다.

$$-\frac{\Delta B/B}{\Delta r/r} \cong D\left(\frac{r}{1+r}\right) \tag{17-15}$$

식 (17-15)에서 채권의 듀레이션이 길어질수록 채권가격의 이자율탄력도는 커지게 된다. 즉 듀레이션이 길어질수록 이자율변화에 대해서 채권은 보다 민감하

---

11) $B = \frac{C_1}{1+r} + \frac{C_2}{(1+r)^2} + \cdots + \frac{C_n}{(1+r)^n}$

B를 r에 대해서 미분하면,

$dB/dr = -\left[\frac{1C_1}{(1+r)^2} + \frac{2C_2}{(1+r)^3} + \cdots + \frac{nC_n}{(1+r)^{n+1}}\right]$

(양변)에 $-(1+r)/B$를 곱하면,

$-\frac{dB/B}{dr/(1+r)} = \left[\frac{1C_1}{1+r} + \frac{2C_2}{(1+r)^2} + \cdots + \frac{nC_n}{(1+r)^n}\right]/B = D$

게 변함을 의미한다. 일반적으로 만기가 길수록, 액면이자율이 낮을수록 듀레이션은 길어진다. 그러므로 듀레이션을 만기와 액면이자율을 동시에 고려한 상환기간으로 생각할 수 있다.

그리고 식 (17-15)에 의해 다음과 같이 이자율변동에 따른 채권가격변동액을 구할 수 있다.[12)]

$$\Delta B \cong -\frac{D}{1+r}\cdot \Delta r \cdot B \tag{17-16}$$

예제 17-6 채권가격변화와 듀레이션

액면금액이 10,000원이고, 액면이자율이 12%인 3년 만기의 채권이 있다. 시장이자율이 8%일 경우 다음의 물음에 답하라.

(1) 이 채권의 현재 시장가치는 얼마인가?
(2) 이 채권의 듀레이션을 구하라.
(3) 이자율이 8%에서 10%로 인상될 경우, 채권의 가격은 어느 정도 변동하겠는가?

☞ 해설

(1) $B=\frac{1{,}200}{1+0.08}+\frac{1{,}200}{(1+0.08)^2}+\frac{11{,}200}{(1+0.08)^3}=11{,}031$원

(2) $D=1\text{년}\times\frac{1{,}200/(1+0.08)}{11{,}031}+2\text{년}\times\frac{1{,}200/(1+0.08)^2}{11{,}031}+3\text{년}\times\frac{11{,}200/(1+0.08)^3}{11{,}031}$

$=2.7$년

(3) $\Delta B \cong -\frac{D}{1+r}\cdot \Delta r\cdot B$이므로 채권가치의 변화율, 즉 $\Delta B/B$는 다음과 같다.

$$\Delta B/B \cong -\frac{D}{1+r}\cdot \Delta r \cong -\left(\frac{2.7}{1.08}\right)(0.02) \cong -0.05$$

이자율이 8%에서 10%로 2%포인트 상승하면, 채권가격은 약 5% 하락한다.

(3) 채권의 가격변화와 볼록성

식 (17-16)과 같이 듀레이션에 의해서 채권가격변동액을 산출할 때 오차가

12) $\frac{D}{1+r}$를 수정듀레이션이라 한다. 한편 연간 m회 이자를 지급하는 경우 수정듀레이션은 $\frac{D}{1+r/m}$이 된다.

그림 17-3 채권가격의 볼록성

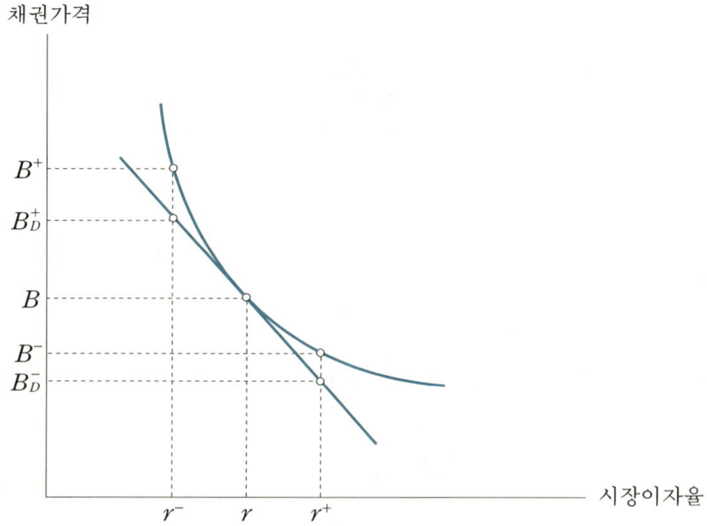

발생하게 되며, 이는 〈그림 17-3〉과 같이 채권가격이 원점에 대해 볼록한 형태를 갖기 때문이다. 〈그림 17-3〉에서 시장이자율이 r에서 r^+로 상승할 때 듀레이션에 의해서는 채권가격이 $(B-B_D^-)$만큼 하락한 것으로 측정되나, 실제로는 그것보다 작은 $(B-B^-)$만큼 하락하게 된다. 한편, 시장이자율이 r에서 r^-로 하락할 때 듀레이션에 의해서는 채권가격이 (B_D^+-B)만큼 상승한 것으로 측정되나, 실제로는 그것보다 큰 (B^+-B)만큼 상승하게 된다. 따라서 이자율변동시 듀레이션에 의해 측정된 채권가격은 항상 실제 채권가격보다 저평가되는 경향을 갖게 된다. 이와 같은 오차는 이자율변동폭이 커질수록 더 확대된다.

그러므로 채권가격변동액을 보다 정확하게 산출하기 위해서는 듀레이션뿐만 아니라 볼록성(convexity)도 고려해 주어야 한다.[13)]

13) 듀레이션과 볼록성을 모두 고려하여 채권가격변동액을 구하면 다음과 같다.

$$\Delta B \cong \frac{dB}{dr}\Delta r+\frac{1}{2}\left(\frac{d^2B}{dr^2}\right)\Delta r^2=-\left(\frac{D}{1+r}\right)\Delta r\cdot B+\frac{1}{2}\cdot V\cdot\Delta r^2\cdot B$$

여기서 볼록성$(V)=\frac{1}{(1+r)^2}\sum_{t=1}^{n}\frac{t(t+1)C_t(1+r)^{-t}}{B}$

듀레이션과 볼록성을 모두 고려한다 하더라도 약간의 오차는 존재하지만 볼록성을 고려할 경우 오차의 크기를 상당히 줄일 수 있다.

2) 듀레이션에 근거한 헤징전략

식 (17-3)을 이용하여 다음과 같은 최소분산헤지비율을 구할 수 있다.

$$H^* = -\frac{\rho(\Delta B_S,\ \Delta B_F)\sigma(\Delta B_S)}{\sigma(\Delta B_F)} \tag{17-17}$$

여기서 ΔB_S : 채권포트폴리오(헤지대상자산)의 가격변동
ΔB_F : 금리선물의 가격변동

금리선물을 헤징에 이용할 때 식 (17-17)을 사용할 수 있다. 그러나 듀레이션 개념도 헤징전략의 수립시 유용한 대체적 수단이 될 수 있다.

먼저 듀레이션을 이용한 식 (17-16)에 의해 채권포트폴리오, 즉 헤지대상자산의 가치변화를 측정하면 다음과 같다.

$$\Delta B_S = -\frac{D_S}{1+r_S}\cdot \Delta r_S \cdot B_S \tag{17-18}$$

여기서 B_S : 헤지대상자산의 가치
D_S : 헤지종료일에서 헤지대상자산의 듀레이션
r_S : 헤지대상자산의 수익률
Δr_S : 헤지대상자산의 수익률 변화

또한 같은 방법으로 금리선물의 계약당 가치변화를 측정하면 다음과 같다.

$$\Delta B_F = -\frac{D_F}{1+r_F}\cdot \Delta r_F \cdot B_F \tag{17-19}$$

여기서 B_F : 금리선물 1계약의 가격
D_F : 선물만기일에서 선물계약 기초자산의 듀레이션
r_F : 금리선물계약의 수익률
Δr_F : 금리선물계약의 수익률 변화

헤저가 H계약의 금리선물로 채권포트폴리오(헤지대상자산)를 헤지하기 위하여 구성한 헤지포트폴리오의 가치변화 ΔV_H는 다음과 같다.

$$\Delta V_H = \Delta B_S + H\Delta B_F \tag{17-20}$$

그러므로 식 (17-18)과 식 (17-19)를 식 (17-20)에 대입한 후, 헤지포트폴리오의 가치변화를 0으로 만드는 헤지비율 H^*를 구하면 다음과 같다.

$$H^* = -\frac{\Delta B_S}{\Delta B_F} = -\left(\frac{D_S}{D_F}\right)\left(\frac{B_S}{B_F}\right)\left(\frac{\Delta r_S}{\Delta r_F}\right)\left(\frac{1+r_F}{1+r_S}\right) \tag{17-21}$$

식 (17-21)에서 수익률 및 수익률 변화가 항상 일정하다고 가정한다면, 즉 $r_S = r_F$, $\Delta r_S = \Delta r_F$이라면 헤징을 위한 선물의 최적계약수 H^*는 다음과 같다.

$$H^* = -\left(\frac{D_S}{D_F}\right)\left(\frac{B_S}{B_F}\right) \tag{17-22}$$

식 (17-22)에서 H^*의 부호가 음(−)인 것은 선물포지션이 현물포지션과 반대임을 의미한다. 여기서는 현재 채권포트폴리오를 보유하고 있다는 전제하에서 구한 헤지비율이기 때문에 부호가 음(−), 즉 금리선물을 매도하는 것으로 나타나고 있다. 금리선물을 이용하여 헤지할 때, 이자율과 선물가격이 반대방향으로 움직인다는 것을 명심해야 한다. 따라서 이자율이 하락할 때 손실이 발생하는 기업(변동금리자산 또는 고정금리채무 보유)은 선물을 매입해야 하는 반면, 이자율이 상승할 때 손실이 발생하는 기업(고정금리자산 또는 변동금리채무 보유)은 선물을 매도해야 한다.

한편 이자율이 1 베이시스포인트, 즉 0.01%포인트 변동함에 따라 변동하는 금리포지션의 가치변동의 절대값을 BPV(basis point value)라고 하며, 주로 실무에서는 이를 이용하여 헤지비율을 산출한다. BPV를 이용하여 헤지비율을 구하면 다음과 같다.

$$H^* = -b\left(\frac{BPV_S}{BPV_F}\right) \tag{17-23}$$

여기서 b : 수익률베타(yield beta)($\because b = \frac{\Delta r_S}{\Delta r_F}$)[14]

식 (17-23)에서 이자율이 0.01%포인트 변동하는 경우 현물(채권포트폴리오)과 금리선물의 가격변동금액, 즉 BPV는 식 (17-18)과 식 (17-19)에 의해서 각각 다음과 같이 구할 수 있다.

$$\cdot\ BPV_S = \left(\frac{D_S}{1+r_S}\right)\cdot(0.01\%)\cdot B_S$$

$$\cdot\ BPV_F = \left(\frac{D_F}{1+r_F}\right)\cdot(0.01\%)\cdot B_F$$

14) 수익률베타 b는 다음과 같은 회귀식에 의해 구할 수 있다.
$r_S = a + br_F + e$

그러므로 앞의 식을 식 (17-23)에 대입하여 정리하면, 식 (17-22)와 동일함을 알 수 있다.

$$H^* = -\left(\frac{D_S}{D_F}\right)\left(\frac{B_S}{B_F}\right)\left(\frac{\Delta r_S}{\Delta r_F}\right)\left(\frac{1+r_F}{1+r_S}\right) \ (\because \Delta r_S = \Delta r_F, \text{ 즉 } b=1)$$

$$= -\left(\frac{D_S}{D_F}\right)\left(\frac{B_S}{B_F}\right)\left(\frac{1+r_F}{1+r_S}\right) \ (\because r_S = r_F)$$

$$= -\left(\frac{D_S}{D_F}\right)\left(\frac{B_S}{B_F}\right)$$

그리고 주가지수선물과 마찬가지로 현재 보유하고 있는 채권포트폴리오 듀레이션(D_S)을 임의의 헤지포트폴리오 듀레이션(D_H)으로 조정하기 위한 헤지비율을 다음과 같이 구할 수 있다.[15)]

$$H = \left(\frac{D_H - D_S}{D_F}\right)\left(\frac{B_S}{B_F}\right) \tag{17-24}$$

한편 식 (17-24)를 BPV를 이용하여 나타내면 다음과 같다.

$$H = \frac{BPV_H - BPV_S}{BPV_F} \tag{17-25}$$

예제 17-7 듀레이션에 근거한 헤징전략

ABC주식회사는 현재로부터 약 2개월 후 판매대금으로 10억원을 받을 예정이며, 이 자금은 현재로부터 8개월 후 실시되는 실물투자의 재원으로 활용할 계획이기 때문에 판매대금을 회수하는 즉시 6개월 만기인 CD에 투자할 계획이다. 2개월 만기인 CD 금리선물 1 계약의 가격은 현재 4억 8천만원이다. ABC주식회사는 현재로부터 2개월간 이자율하락에 따른 손실을 염려하여 CD 금리선물로 헤징을 하려고 한다. 이 경우 CD 금리선물의 최적계약수는?

15) 식 (17-20)을 이용하여 다음과 같이 나타낼 수 있다.

$$-\frac{D_H}{1+r}\cdot\Delta r\cdot B_S = \left(-\frac{D_S}{1+r_S}\cdot\Delta r_S\cdot B_S\right) + H\cdot\left(-\frac{D_F}{1+r_F}\cdot\Delta r_F\cdot B_F\right)$$

여기서 $\Delta r = \Delta r_S = \Delta r_F$, $r = r_S = r_F$이라면, 다음과 같이 정리할 수 있다.

$$B_S D_H = B_S D_S + H\cdot B_F D_F$$

위의 식을 풀면, 식 (17-24)를 도출할 수 있다. 그리고 $r_S \neq r_F$일 경우 수정듀레이션을 사용하여야 한다.

☞ 해설

CD는 순수할인채이므로 듀레이션과 만기가 동일하다. 즉 헤지대상자산인 6개월 만기 CD의 듀레이션은 0.5년이며, 선물의 기초자산인 CD(91일)의 듀레이션은 0.25년이다. 그러므로 이자율하락에 따른 손실위험을 제거하기 위해 매입해야 하는 CD 금리선물의 최적계약수는 다음과 같다.

$$H^* = \left(\frac{0.5\text{년}}{0.25\text{년}}\right)\left(\frac{10\text{억}}{4.8\text{억}}\right) = 4.17\text{계약}$$

2 채 권 관 리

앞에서 금리선물을 이용하여 이자율변동에 다른 위험을 관리하는 방법을 설명하였다. 그러나 현물시장을 이용하여 채권포트폴리오를 변경함으로써 이자율변동에 따른 위험을 관리할 수도 있다.

채권관리는 소극적 채권관리와 적극적 채권관리로 구분할 수 있다. 소극적 채권관리는 채권시장이 효율적이라는 전제하에서 채권투자위험을 최소화시키려는 채권투자전략이다. 반면에 적극적 채권관리는 채권시장이 비효율적일 수 있다는 전제하에서 과소평가된 채권을 발견하거나 미래이자율 동향을 예측함으로써 높은 투자성과를 얻고자 하는 채권투자전략이다.

2.1 소극적 채권관리

소극적 채권관리는 현물시장을 이용하여 채권포트폴리오를 변경함으로써 이자율변동에 따른 위험을 제거하는 전략을 의미한다.

1) 목표시기면역화전략

가장 단순한 방법으로 채권포트폴리오의 목표투자기간과 듀레이션을 일치시킴으로써 이자율변동에 따른 채권투자수익변동(이자율위험)을 없애는 전략, 즉 목표시기면역화전략(target date immunization strategy)이 있다. 이 전략에 의해서 이자율변동에 따른 채권가격변동(가격위험)과 액면이자의 재투자수익변동(재투자위험)이 서로 상쇄되어 순효과, 즉 채권투자수익변동은 0이 될 수 있다. 이를 요약하

표 17-3 목표시기면역화전략과 이자율위험

채권투자수익변동	이자율 상승	이자율 하락
채권가격변동	−	+
재투자수익변동	+	−
순효과	0	0

여 나타내면 〈표 17-3〉과 같다.

목표시기면역화전략은 연기금 등 기관투자자가 미래의 특정시점에 지급해야 할 채무액의 확실한 확보에 관심을 가질 경우 사용할 수 있다. 그러나 이 전략은 시간의 경과에 따라서 잔여 투자기간과 듀레이션이 일치하도록 채권포트폴리오를 계속 재구성(rebalancing)하는 작업이 필요하다.

2) 순자산면역화전략

은행 등 금융기관에서 자산과 부채의 만기구조가 다를 수 있다. 금융기관이 보유하고 있는 자산과 부채의 듀레이션이 서로 다른 경우, 이자율변동에 따라 순자산가치(자기자본가치)가 변동하게 된다. 순자산면역화전략(net worth immunization strategy)은 자산과 부채의 듀레이션을 적절히 조정하여 이자율변동에 따른 순자산가치의 변동위험을 제거하기 위한 전략이다. 가장 대표적인 순자산면역화전략은 은행 등 금융기관에서 주로 사용하는 듀레이션갭관리(duration gap management)라고 불리우는 자산·부채관리(asset and liability management: ALM)이다. 이는 자산과 부채의 듀레이션의 차이(gap)를 일정한 수준으로 제한하는 데 초점을 둔다. 듀레이션갭관리를 하는 하나의 효과적인 방법은 자산의 시장가치로 가중된 자산의 듀레이션과 부채의 시장가치로 가중된 부채의 듀레이션을 일치시킴으로써, 이자율변동에 따른 순자산가치의 변동위험을 면역화시키는 것이다. 이와 같은 자산과 부채의 구성을 가지고 있는 금융기관의 경우 순자산가치의 듀레이션이 0이 되며, 그 금융기관은 이자율변동에 관계없이 순자산가치를 유지할 수 있다.

이상에서 설명한 내용을 앞의 식 (17-16)을 이용하여 보다 구체적으로 살펴보자. 이를 위해 시장가치로 작성된 금융기관의 대차대조표는 다음과 같으며, 자산과 부채의 듀레이션은 각각 D_A, D_L이라고 하자.

대차대조표

자산의 가치(A)	부채의 가치(L) 자기자본가치(E)

이 경우 자기자본가치의 변동(ΔE)은 다음과 같이 측정될 수 있다.

$$\Delta E=\Delta A-\Delta L=\left(-\frac{D_A}{1+r_A}\cdot\Delta r_A\cdot A\right)-\left(-\frac{D_L}{1+r_L}\cdot\Delta r_L\cdot L\right) \qquad (17\text{-}26)$$

여기서 r_A : 자산의 수익률(대출이자율)

r_L : 부채의 이자율(예금이자율)

식 (17-26)에서 r_A와 r_L이 모두 시장이자율 r과 같다면, 식 (17-26)을 다음과 같이 나타낼 수 있다.

$$\Delta E=-(D_A\cdot A-D_L\cdot L)\left(\frac{\Delta r}{1+r}\right) \qquad (17\text{-}26)'$$

단, $r_A=r_L=r$

식 (17-26)′에서 자기자본가치의 변동(ΔE)을 0으로 만들기 위해서는, 즉 이자율변동에 따른 위험을 제거하기 위해서는 다음과 같은 관계를 가지도록 자산과 부채를 구성하면 된다.

$$D_A\cdot A=D_L\cdot L \qquad (17\text{-}27)$$

예제 17-8 순자산면역화전략 (CPA 1999 수정)

K은행의 대차대조표의 구성은 다음과 같으며, 만기가 3년인 장기채권은 10%의 이자를 매년 말 지급하고, 만기가 1년인 정기예금은 10%의 이자를 연말에 지급한다.

대차대조표 (단위 : 억원)

장기채권 1,000	정기예금 700 자 본 금 300

(1) 이자율이 11%로 상승할 경우 자기자본의 가치변화를 계산하라.

(2) 이자율이 11%로 상승할 경우 자산과 부채의 듀레이션을 이용하여 자기자본가치의 변화를 계산하라.

(3) 물음 (1)과 (2)의 가치변화에 차이가 있다면 그 이유에 대하여 설명하라.

(4) 이자율변동에 따른 위험을 제거하기 위해서는 부채의 듀레이션을 얼마로 하여야 하는가?(단, 자산의 듀레이션은 변경할 수 없다.)

☞ 해설

(1) 이자율이 11%로 상승하는 경우 K은행의 장기채권(A')과 정기예금(L')의 현재가치를 구하면 다음과 같다.

$$\cdot\ A' = \frac{100}{1+0.11} + \frac{100}{(1+0.11)^2} + \frac{1,100}{(1+0.11)^3} = 975.56\text{억원}$$

$$\cdot\ L' = \frac{770}{1+0.11} = 693.69\text{억원}$$

$$\rightarrow E' = A' - L' = 975.56 - 693.69 = 281.87\text{억원}$$

그러므로 자기자본가치의 변동액(ΔE)은 다음과 같이 구할 수 있다.

$$\Delta E = E' - E = 281.87 - 300 = -18.13\text{억원}$$

또는

$$\Delta E = \Delta A - \Delta L = (A' - A) - (L' - L)$$
$$= (975.56 - 1,000) - (693.69 - 700) = -18.13\text{억원}$$

(2) 자산과 부채의 듀레이션을 구하면 다음과 같다.

$$\cdot\ D_A = \frac{1\times\left(\frac{100}{1.1}\right) + 2\times\left(\frac{100}{1.1^2}\right) + 3\times\left(\frac{1,100}{1.1^3}\right)}{1,000} = 2.7355\text{년}$$

$$\cdot\ D_L = \frac{1\times\left(\frac{770}{1.1}\right)}{700} = 1\text{년}$$

따라서

$$\Delta E = -(D_A\cdot A - D_L\cdot L)\left(\frac{\Delta r}{1+r}\right)$$
$$= -(2.7355\times 1,000 - 1\times 700)\left(\frac{0.01}{1+0.1}\right) = -18.5\text{억원}$$

(3) 듀레이션에 의해서 채권가격변동액을 산출할 때는 이자율과 채권가격간의 함수가 선형이라는 가정이 포함되어 있다. 그러나 실제로는 이자율과 채권가격이 비선형 관계, 즉 원점에 대해 볼록한 형태를 갖기 때문에 오차가 발생하게 된다.

(4) ΔE가 0이 되기 위해서는 $D_A \cdot A - D_L \cdot L$이 성립해야 한다.

$2.7355 \times 1{,}000 = D_L \times 700 \rightarrow D_L = 3.9079$년

부채(정기예금)의 듀레이션을 3.9079년으로 늘릴 경우 이자율변동에 따른 위험을 제거할 수 있다.

3) 현금흐름대응전략

미래에 지급해야 할 채무(현금유출)와 미래에 얻게 될 채권의 현금흐름(현금유입)을 정확하게 일치시키는 전략을 현금흐름대응전략(cash flow dedication strategy)이라 한다. 이 전략은 듀레이션의 계산이나 포트폴리오의 재구성이 필요없다는 점에서 의미가 있으나, 현금유출시점과 정확하게 일치하는 만기를 가진 채권확보가 어렵다는 문제를 가지고 있다.

2.2 적극적 채권관리

적극적 채권관리는 채권시장의 비효율성을 이용하여 초과이익을 얻고자 하는 전략이다. 이는 주로 저평가된 채권을 발견하거나 이자율 예상에 따라 듀레이션을 조정함으로써 높은 투자성과를 얻고자 하는 채권투자전략이다.

적극적 채권관리는 채권스왑(bond swap), 투자기간분석(horizon analysis), 상황별 면역화(contingent immunization) 등으로 구분할 수 있다.

1) 채권스왑

(1) 대체스왑

대체스왑(substitution swap)은 위험, 만기 등이 동일하나 채권가격이 다른 경우 고평가 채권을 매도하고, 저평가 채권을 매입하는 전략이다. 이는 일시적인 채권가격 불균형을 이용하여 초과이익을 얻고자 하는 전략이다.

(2) 시장간 스프레드스왑

시장간 스프레드스왑(intermarket spread swap)은 채권시장에서 비정상적 스프레드가 일시적으로 형성될 때 유리한 채권으로 교체하는 전략이다. 예를 들어, 국채와 회사채의 수익률 스프레드가 비정상적으로 높을 경우 국채는 고평가되고 회사채는 저평가되었다고 볼 수 있다. 이 경우 국채를 회사채로 교체함으로써 초

과이익을 얻을 수 있다.

(3) 이자율예상스왑

이자율예상스왑(rate anticipation swap)은 이자율이 하락할 것으로 예상되는 경우 채권의 듀레이션을 크게 하고, 이자율이 상승할 것으로 예상되는 경우 채권의 듀레이션을 작게 하는 전략이다.

(4) 순수수익률취득스왑

순수수익률취득스왑(pure yield curve swap)은 수익률을 극대화(이자율 위험부담)하기 위하여 만기수익률이 낮은 채권을 매도하고 만기수익률이 높은 채권을 매입하는 전략이다.

(5) 세금스왑

세금스왑(tax swap)은 세금상의 이점을 활용하기 위한 채권교체전략으로서 세후 수익률을 극대화하려는 전략을 의미한다. 예를 들어, 자본손실이 세금절감 목적상 유리한 경우에는 가격이 하락한 채권을 매도하거나, 고소득세율 투자자인 경우 세금을 줄이기 위해서 과세채권을 비과세채권으로 전환한다.

2) 투자기간분석

투자기간분석은 수익률곡선 등에 의해 투자기간 말의 미래이자율을 예측하여 높은 수익률을 올리려는 전략이다. 대표적인 전략인 수익률곡선타기(riding yield curve)는 수익률곡선이 우상향하는 경우 채권의 잔존기간이 짧아지면서 수익률곡선을 타고 아래로 이동하여 수익률이 하락하게 되는데, 이로 인한 가격상승효과를 얻으려는 전략이다.

3) 상황별 면역화

상황별 면역화는 목표가치(trigger point), 즉 최소허용가치(minimum acceptable terminal value) 이상에서는 적극적 투자전략을 운용하다가 이 수준에 이르면 소극적 투자전략인 면역화전략으로 수정하는 전략을 말한다.

3 선물과 옵션의 결합

서로 다른 옵션을 결합하여 선물포지션을 만들거나, 선물과 옵션을 결합하여 새로운 형태의 옵션포지션을 만드는 것을 합성포지션(synthetic position)이라 한다. 풋-콜 패리티에 의하면 다음과 같은 식이 성립한다.

$$S-\frac{X}{1+r_T}+P=C \quad (17\text{-}28)$$

그리고 선물은 현금을 차입(무위험채권 공매)하여 현물을 매입하는 것과 동일하다. 즉

$$\text{선물}=\text{현물}-\text{무위험채권} \quad (17\text{-}29)$$

식 (17-28)과 식 (17-29)에 의해서 선물과 옵션은 다음과 같은 관계가 성립하게 된다.

$$F+P=C \quad (17\text{-}30)$$

식 (17-30)은 선물과 옵션의 만기일이 동일하고, 선물가격과 옵션의 행사가격이 같아야 성립함을 유의해야 한다.

3.1 옵션의 합성

1) 합 성 콜

식 (17-30)에 의해 합성콜(synthetic call)을 만들 수 있다.

$$\text{합성콜매입}(C)=\text{선물매입}(F)+\text{풋매입}(P) \quad (17\text{-}31)$$

〈표 17-4〉는 합성콜의 만기일 성과를 나타낸 표이다. 그리고 합성콜매입에 따른 손익은 만기일 성과에서 투자액을 차감한 것으로서, 이를 그림으로 나타내면 〈그림 17-4〉와 같다.

그리고 합성콜매도(발행)와 같은 효과를 얻기 위해서는 식 (17-31)과 반대의 포지션을 취하면 된다.

표 17-4 합성콜의 만기일 성과

포트폴리오	투자액	만기일 성과	
		$S_T < X$	$S_T \geq X$
선물매입 풋매입	0 P	$S_T - X$ $X - S_T$	$S_T - X$ 0
합성콜	P	0	$S_T - X$

그림 17-4 합성콜의 손익

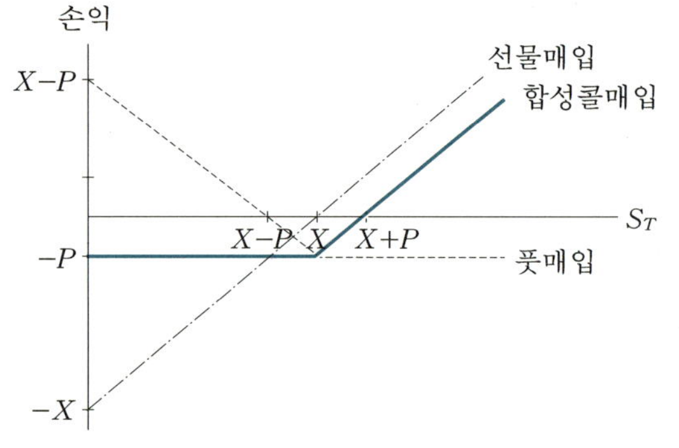

$$합성콜매도(-C)= 선물매도(-F)+풋매도(-P) \tag{17-32}$$

2) 합 성 풋

동일한 방법으로 합성풋(synthetic put)을 만들 수 있다.

$$합성풋매입(P)=선물매도(-F)+콜매입(C) \tag{17-33}$$

〈표 17-5〉는 합성풋의 만기일 성과를 나타낸 표이다. 그리고 합성풋매입에 따른 손익은 만기일 성과에서 투자액을 차감한 것으로서, 이를 그림으로 나타내면 〈그림 17-5〉와 같다.

그리고 합성풋매도(발행)와 같은 효과를 얻기 위해서는 식 (17-33)과 반대의 포지션을 취하면 된다.

$$합성풋매도(-P)=선물매입(F)+콜매도(-C) \tag{17-34}$$

표 17-5 합성풋의 만기일 성과

포트폴리오	투자액	만기일 성과	
		$S_T < X$	$S_T \geq X$
선물매도	0	$X-S_T$	$X-S_T$
콜매입	C	0	S_T-X
합성풋	C	$X-S_T$	0

그림 17-5 합성풋의 손익

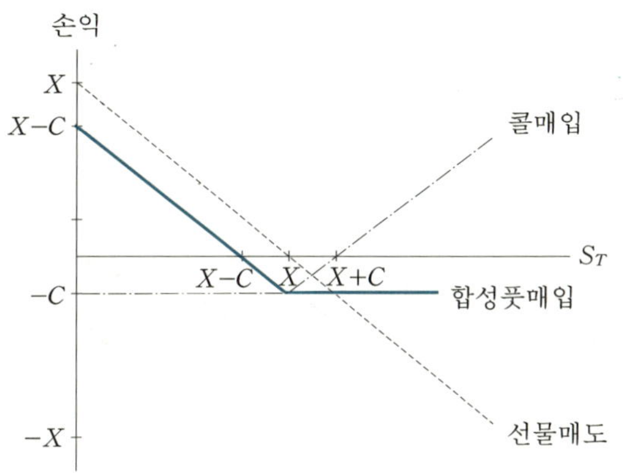

3.2 선물의 합성

합성선물(synthetic futures)을 만들면 다음과 같다.

$$합성선물매입(F)=콜매입(C)+풋매도(-P) \quad (17\text{-}35)$$

〈표 17-6〉은 합성선물의 만기일 성과를 나타낸 표이다. 그리고 합성풋매입에 따른 손익은 만기일 성과에서 투자액을 차감한 것으로서, 이를 그림으로 나타내면 〈그림 17-6〉과 같다.

그리고 합성선물매도와 같은 효과를 얻기 위해서는 식 (17-35)와 반대의 포지션을 취하면 된다.

$$합성선물매도(-F)=콜매도(-C)+풋매입(P) \quad (17\text{-}36)$$

표 17-6 합성선물의 만기일 성과[16)]

포트폴리오	투자액	만기일 성과	
		$S_T < X$	$S_T \geq X$
콜매입	C	0	$S_T - X$
풋매도	$-P$	$-(X - S_T)$	0
합성선물	$C-P$	$S_T - X$	$S_T - X$

그림 17-6 합성선물의 손익

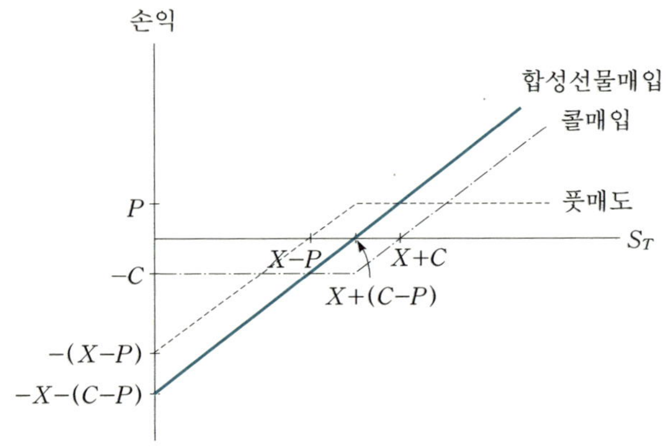

16) 콜의 가격이 풋의 가격보다 더 큰 경우, 즉 $C-P>0$인 경우 합성선물의 만기일 성과(S_T-X)는 실제 선물의 만기일 성과(S_T-F)보다 커야 한다.

$C-P>0 \rightarrow S_T-X>S_T-F \;\therefore\; X<F$

이와 동일한 논리로 다음의 관계도 성립한다.

· $C-P=0 \rightarrow S_T-X=S_T-F \;\therefore\; X=F$

· $C-P<0 \rightarrow S_T-X<S_T-F \;\therefore\; X>F$

이와 같은 관계는 풋-콜 패리티에서 $S=\frac{F}{1+r_T}$를 대입하여 도출한 선물-옵션 패리티(futures-options parity), 즉 $C-P=\frac{F-X}{1+r_T}$에 의해서도 확인할 수 있다.

주 요 용 어

매입헤지(598)
매도헤지(598)
베이시스(599)
교차헤지(600)
최소분산헤지비율(602)
최적헤지비율(603)
자산배분전략(608)
듀레이션(611)
채권가격의 이자율탄력도(613)
볼록성(615)
소극적 채권관리(619)
목표시기면역화전략(619)
순자산면역화전략(620)
듀레이션갭관리(620)
자산·부채관리(620)
현금흐름대응전략(623)
적극적 채권관리(623)
대체스왑(623)
시장간 스프레드스왑(623)
이자율예상스왑(624)
순수수익률취득스왑(624)
세금스왑(624)
수익률곡선타기(624)
상황별 면역화(624)
합성포지션(625)
합성콜(625)
합성풋(626)
합성선물(627)

연 습 문 제

1

주가지수선물을 이용한 헤징

국민연금은 현재 다음과 같은 주식포트폴리오를 보유하고 있다.

주식	투자액(억원)	베타
A	30	0.5
B	20	1.5
C	40	2.0
D	10	2.5

현재 KOSPI 200지수는 230.50포인트, 3개월물 주가지수선물은 240.00포인트이다.

(1) 국민연금이 향후 3개월간 주식포트폴리오의 가치변동에 따른 위험을 헤징하기 위하여 필요한 주가지수선물의 최적계약수는 얼마인가?

(2) 헤지거래 종료시점인 3개월 후 KOSPI 200지수는 233.00포인트, 주식포트폴리오의 가치는 97억원이 되었다. 물음 (1)에서 구성된 헤지포트폴리오의 총손익은?

(3) 국민연금은 향후 주식시장이 호황일 것으로 예상하여 현재 주식포트폴리오의 베타보다 1.0만큼 더 높이려고 한다. 이때 매입하여야 하는 선물계약수는 얼마인가?

2

주가지수선물을 이용한 헤징: 종합

교원공제회는 현재 다음과 같은 주식포트폴리오를 보유하고 있다.

주식	시가	보유주식수	베타
A	30,000원	10,000주	2.5
B	15,000원	20,000주	1.5
C	50,000원	4,000주	3.0
D	10,000원	20,000주	3.0

교원공제회는 향후 3개월간 주식포트폴리오의 위험을 관리하기 위하여 만기가 4개월 후인 KOSPI 200 선물을 이용하려고 한다. 무위험이자율은 연 10%, KOSPI 200의 가중배당수익률은 연 4%이며, 현재 KOSPI 200지수는 220.00포인트이다.

(1) 만기가 4개월 후인 KOSPI 200 선물의 이론적 가격은 얼마인가?

(2) 교원공제회가 주식포트폴리오를 헤징하기 위하여 매도해야 하는 선물의 최적계약수는 얼마인가?

(3) 3개월 후 KOSPI 200 지수가 210.00포인트로 예상되는 경우, 물음 (2)에서 구성된 헤지포트폴리오의 기대가치는?

(4) 교원공제회는 향후 주식시장이 호황일 것으로 예상하여 현재 주식포트폴리오의 베타보다 1.5만큼 더 높이려고 한다. 이때 매입하여야 하는 선물계약수는 얼마인가?

(5) "일반적으로 헤징의 결과 기대되는 수익은 무위험이자율이다. 따라서 교원공제회의 경우 주식포트폴리오를 매입하고 선물계약을 매도하여 헤징하는 복잡한 방법을 선택하기보다는, 단순히 주식포트폴리오를 매도한 후 그 대금을 무위험이자율로 투자하는 것이 더 좋다"라는 주장에 대하여 논평하라.

3 고급 듀레이션과 볼록성 (CPA 2006 기출)

갑 채권은 액면가가 10,000원인 무위험 이표채이다. 이 채권의 표면금리는 8%인데 이자는 매 6개월마다 후급으로 지급된다. 어제 이자가 지급되었고 현재 잔존만기는 2년이며 만기수익률(YTM)은 8%이다. 수익률곡선이 수평하고 또한 수평이동한다고 가정하고 다음 물음에 답하라

(1) 갑 채권의 맥콜레이 듀레이션(Macaulay duration: D)은 몇 년인가? (단, 계산과정 중 금액과 관련된 수치는 반올림하여 소수점 아래 두 자리까지 계산하고, 듀레이션은 반올림하여 소수점 아래 네 자리까지 표시하되 연 단위로 할 것.)

(2) 갑 채권의 수정듀레이션(modified duration: D_m)은 얼마인가? (맥콜레이 듀레이션을 이용하여 수정듀레이션을 구하되 그 식도 간단히 나타내라. 또한 수정듀레이션은 반올림하여 소수점 아래 네 자리까지 표시하되 단위는 물음 (1)과 동일하게 연 기준으로 할 것.)

(3) 갑 채권의 만기수익률이 오늘 8%에서 7%로 1%p. 하락한다면($\Delta r = -1\%$), 채권가격의 변동률은 수정듀레이션으로 계산한 가격변동률과 볼록성(convexity)에 기인한 오차조정부분의 합으로 나타낼 수 있다. 즉,

$$\text{채권가격변동률} = -D_m \cdot \Delta r + \text{볼록성에 기인한 오차조정부분}$$

이때, 볼록성에 기인한 오차조정부분은 얼마인가? (볼록성 계산공식을 이용하라. 단, 중간과정의 계산은 반올림하여 소수점 아래 6자리까지 구하고 답은 %단위로 표시하되 반올림하여 소수점 아래 네 자리까지 나타낼 것.)

4 듀레이션에 근거한 헤징전략

홍성주식회사는 5월 20일 현재, 8월 5일 판매대금으로 10억원을 받을 예정이며, 이 자금은 다음해 2월 실물투자의 재원으로 활용할 계획이다. 따라서 이 회사의 재무담당자는 판매대금을 회수하는 즉시 6개월 만기인 CD에 투자할 계획으로 있다. 6개월 만기

CD의 현재이자율은 연 8%이다.

(1) 홍성주식회사의 재무담당자는 5월 20일부터 8월 5일 사이의 CD 이자율 하락에 따른 손실을 염려하여 CD 금리선물로 헤징을 하려고 한다. 현재 9월 만기 CD 금리선물 1 계약의 가격은 4억 9천만원이다. 이 경우 CD 금리선물의 최적계약수는?

(2) 재무담당자가 우려했던 대로 5월 20일과 8월 5일 사이에 6개월 CD의 이자율(반년복리계산)이 1%포인트 하락하여 연 7%가 되었다. 또한 9월 만기 CD 금리선물 1 계약의 가격은 8월 5일에 4억 9천 1백만원이 되었다. 이와 같은 경우 물음 (1)에서 구성된 헤지포트폴리오의 총손익은?

(3) 한편 홍성주식회사가 이자율이 상승할 것으로 예상하고 있다면, 이 회사가 취할 수 있는 전략은?

5 장기 금리선물의 헤징전략과 듀레이션관리

현재 시장에서 거래되고 있는 채권과 채권선물자료는 다음과 같다.

구 분	가격(액면 100원당 가격)	만기수익률(%)	듀레이션(년)
국채 A	100.00	10	6.82
3개월 만기 국채 B 선물	96.40	12	7.84
AAA등급의 회사채	92.50	14	6.27

국채 B 선물의 거래단위는 액면가 1억원이다. 그리고 국채 B 선물에 대한 국채 A의 수익률의 변화비율은 1이며, 국채 B 선물에 대한 AAA등급 회사채의 수익률의 변화비율은 1.2이다.

(1) 국채 A에 50억원을 투자하고 있는 펀드매니저 갑은 이자율위험을 헤지하기 위해 3개월 만기 국채 B 선물을 이용하려고 한다. 이 경우 3개월 만기 국채 B 선물의 최적계약수는?

(2) 펀드매니저 을은 20억원의 펀드를 조성하여 AAA등급의 회사채에 투자하려고 한다. 펀드를 조성하는 데 2개월의 시간이 소요되며 그 사이에 이자율이 하락할 가능성이 높은 것으로 예상된다. 이 경우 펀드매니저 을이 취할 수 있는 헤지전략은?

(3) 국채 A에 10억원을 투자하고 있는 펀드매니저 병은 향후 이자율이 하락할 것으로 예상하고 있다. 따라서 펀드매니저 병은 보유하고 있는 국채 A의 수정듀레이션을 8년으로 증가시키려 한다. 이 경우 펀드매니저 병이 취할 수 있는 전략은?

6 목표시기면역화 전략 (CPA 2007 기출)

5년 후 채무를 상환해야 하는 한 투자자가 정부가 발행한 3년 만기 순수할인채권과 역시 정부가 발행한 영구채권을 이용하여 목표시기면역화전략(immunization strategy)

을 적용하기로 하였다. 채무액의 현재가치는 100원이며, 무위험이자율은 연 10%이다. 수익률곡선은 수평이라고 가정한다. (단, 영구채권의 듀레이션=(1+만기수익률)/만기수익률, 모든 수치는 소수점 셋째 자리에서 반올림하라.)

(1) 이자율위험을 면역화하기 위해서 순수할인채권과 영구채권에 대한 투자금액은 얼마이어야 하는지 계산하라.

(2) 순수할인채권과 영구채권을 매입한 직후 무위험이자율이 1% 포인트 상승하여 연 11%가 된다면 이자율위험을 면역화하기 위해서 각 채권에 대한 투자금액은 얼마이어야 하는지 계산하라.

(3) 이자율이 11%로 상승하였다고 가정한 물음 (2)를 무시하기로 하자. 면역화전략을 시작한 이후 무위험이자율이 계속 10%를 유지한 채 1년이 지났다면, 이자율위험을 면역화하기 위해서 각 채권에 대한 투자금액은 얼마이어야 하는지 계산하라.

(4) 물음 (1)~(3)의 결과들이 면역화전략에 어떤 시사점을 주는지 다섯 줄 이내로 기술하라.

7 순자산면역화전략 (CPA 1998 수정)

새나라은행은 현재 매년 말 1,000만원씩 3년 동안 균등분할상환조건으로 대출하려고 한다. 시장이자율이 10%일 경우 다음의 물음에 답하라.

(1) 대출(자산)의 현재가치는?

(2) 대출의 듀레이션을 구하라.

(3) 새나라은행은 이자율변동에 따른 위험을 제거하기 위하여 대출에 필요한 자금 중 일부는 만기 3년의 순수할인채권을 발행하여 조달하고, 나머지는 보유하고 있는 현금으로 조달하려고 한다. 이와 같은 경우 대출안의 면역을 위해서 3년 만기 순수할인채권을 어느 정도 발행하여야 하는가?

(4) 새나라은행은 미래에 이자율이 하락할 것으로 예상하고 있다. 이와 같은 경우 이 은행이 취할 수 있는 ALM전략은?

8 듀레이션과 ALM

장부가로 작성된 KS은행의 현재 대차대조표는 다음과 같으며, 시장에서 공통적으로 적용되는 예금이자율(부채의 이자율)과 대출이자율(자산의 수익률)은 각각 5%, 6%이다.

대차대조표 (단위: 억원)

항 목	금 액	이자율	만기(년)	항 목	금 액	이자율	만기(년)
현금	600	0%	0	요구불예금	400	0%	0
주택대출	400	7%	2	정기예금	300	4%	3
				자기자본	300	-	-

정기예금은 만기에 원리금이 상환되나, 주택대출은 매년 균등상환된다. 이와 같은 자료를 이용하여 다음의 물음에 답하라. (단, 모든 계산과정과 결과에서 반올림하여 금액은 억원 기준으로 소수점 아래 둘째 자리까지, 듀레이션은 소수점 아래 넷째 자리까지 표시하라.)

(1) KS은행의 자산과 부채의 듀레이션을 각각 구하라.

(2) 시장에서 공통적으로 적용되는 예금이자율과 대출이자율이 각각 1%포인트씩 동일하게 하락하였다.

① 듀레이션에 의한 변동부분만 고려한다면 KS은행의 자기자본가치는 얼마나 변화하겠는가?

② 이와 같이 측정된 자기자본가치의 변화는 실제 자기자본의 가치변화와 약간 차이가 날 수 있는데, 그 이유를 간단히 설명하라.

(3) KS은행은 보유하고 있는 현금으로 1년 만기의 신용대출을 실시하여 자기자본가치를 이자율변동으로부터 면역화시키는 방안을 고려중이다. 신용대출을 얼마나 해야 하는가?

9 고급 담보부대출과 듀레이션에 의한 가치변동 (CPA 2004 수정)

대한은행의 자금조달과 자산운용의 결과 현재의 대차대조표는 다음과 같다. 담보부대출은 만기 1년(듀레이션 1년)으로 무위험대출일 경우 1년 후의 원리금 상환규모는 1,260원이다. 채권 B의 만기시 원금상환총규모는 2,300원으로 이는 만기 3년, 연간 표면이자율 9%인 채권으로 액면가에 거래되고 있다. 연간 무위험이자율은 5%라고 가정하며, 부채의 듀레이션은 1.2년이고, 수익률은 6%라고 한다. 토지는 연 20%의 수익률을 영구적으로 제공하는 자산이며, 이자율이 변화하는 경우에 이는 모든 자산, 부채에 동일하게 적용된다고 가정한다. 또한 수익률변화에 따른 가격변화의 비대칭성은 무시하며, 대차대조표 금액은 시장가치 기준이고, 개별 자산의 금액은 공란으로 되어 있다. 단, 듀레이션은 맥콜레이 듀레이션을 의미한다. (계산은 소수 넷째 자리까지만 표시하되 다섯째 자리에서 반올림할 것.)

대한은행의 대차대조표

(단위: 원)

자산		부채 및 자본	
담보부대출(만기 1년)	(　　)	부채	3,450
채권 B (만기 3년, 1좌당 액면가 10원)	(　　)	자기자본	50
투자부동산(토지)	(　　)		
합계	3,500	합계	3,500

(1) 은행의 담보부대출은 옵션이 내포되어 있는 거래로 볼 수 있다. 차입자인 기업이

차입을 하면서 은행에 제공한 담보물의 현재 시가는 1,300원, 거래과정에 내포되어 있는 풋옵션의 가격은 50원이라고 가정하자. 대출자인 은행의 담보부대출이 차입자와의 거래에서 공정한 시장가치로 이루어졌다면, ① 담보부대출 채권의 공정한 시장가치를 평가하고(수식을 쓸 것), ② 이러한 거래에 포함되어 있는 옵션적 성격의 권리내용이 차입자의 입장에서는 무엇인지를 구체적으로 기술(2줄 이내)하고, 그 권리의 가치를 구하라.

(2) 이자율이 변화하는 경우, 채권 B의 가격에 미치는 영향과 이자의 재투자수익에 미치는 영향이 서로 균형을 이루게 되는 시점을 구하라.

(3) 금융위기상황을 맞아 중앙은행은 2%포인트의 큰 폭의 금리인상을 계획하고 있다고 하자. 만일 이 상황에서 구조조정을 하지 않고 현 상태의 구조를 그대로 유지한다고 할 경우 재무구조가 취약한 이 은행의 자본잠식은 어느 정도 일어나겠는가?

(4) 이자율 상승이 지속된다고 판단한 은행의 자산운용자가 자산간의 구성비율이나 부채의 조정은 불가능하고, 단기적으로 조정이 가능하다고 보는 채권 B의 종목을 다른 종목으로 적극 교체하기로 결정하였다. 어떤 특성의 채권으로 교체(swap)하여야 하는지를 답하고, 그 이유를 3줄 이내로 간단히 설명하라.

10 선물과 옵션의 결합 (CPA 1999 수정)

5월 1일 현재 KOSPI 200 지수는 100포인트이며, 현재로부터 40일 후에 만기가 되는 6월물 KOSPI 200 선물지수는 101.5포인트이다. 한편 선물과 동일한 만기를 갖는 KOSPI 200 옵션의 행사가격별 현재가격(프리미엄)은 다음과 같다.

(단위: 포인트)

옵션	행사가격	가격(프리미엄)
콜	97.5	3.00
콜	100.0	2.50
풋	100.0	2.50
풋	102.5	3.00

무위험이자율은 연 12%, 평균배당수익률은 연 3%이며 1년은 360일이라고 가정하여 아래의 물음에 답하라.

(1) 6월물 KOSPI 200 선물의 균형가격은 얼마인가?

(2) 6월물 KOSPI 200 선물의 매입과 동일한 손익효과를 얻을 수 있는 옵션전략을 구성하라.

(3) 6월물 KOSPI 200 선물의 한 단위를 이용해서 얻을 수 있는 차익거래이익을 구하라.(단, 현물은 이용할 수 없다고 가정한다.)

보 론

VaR

1. VaR의 의의

VaR(Value at Risk)는 정상적 시장상황하에서 주어진 신뢰수준으로 목표기간 동안에 발생될 수 있는 포트폴리오의 최대손실금액을 말한다. 예를 들어 어떤 금융기관의 1개월 동안 VaR가 신뢰수준 99%에서 10억원이라면, 이 금융기관은 정상적인 시장상황하에서 향후 1개월 동안 10억원 이상의 손실이 발생할 확률이 1%라는 것을 의미한다. VaR는 위험을 구체적인 금액으로 측정하기 때문에 누구나 쉽게 이해할 수 있으며, 기존의 위험관리기법에 비해 종합적인 개념이라 할 수 있다. 기존의 위험관리기법들은 특정 자산의 위험관리에 한정되는 데 비해, VaR는 주식, 채권, 외환, 파생금융상품 등 여러 자산으로 구성된 전체 포트폴리오의 위험을 관리하는 데 유용하다.

2. VaR의 측정

VaR를 측정할 때 포트폴리오 수익률의 확률분포를 가정해야 하는데, 일반적으로 정규분포(normal distribution)를 가정한다. 정규분포를 가정하는 경우 평균과 표준편차에 의해서 확률분포의 특성을 알 수 있으며, 이를 평균이 0, 표준편차가 1인 표준정규분포(standard normal distribution)로 변환하면 이용이 간편해진다.

정규분포를 이용하여 VaR를 계산하려면, 먼저 표준정규분포로 전환해서 최저수익률(r^*)을 표준정규분포변수(Z)로 변환해야 한다.[17)]

$$Z = \frac{r^* - E(r)}{\sigma} \tag{17A-1}$$

여기서 $E(r)$: 기대수익률
σ : 수익률의 표준편차

17) Z의 왼쪽부분 합은 「1－신뢰수준」이라 할 수 있다.

신뢰수준이 결정되면 Z값을 구할 수 있으며, 이 값을 식 (17A-1)에 대입하면 주어진 신뢰수준하에서의 최저수익률을 구할 수 있다.[18)]

$$r^* = E(r) + Z \cdot \sigma \qquad (17A\text{-}2)$$

단, 신뢰수준=90% → $Z = -1.28$
신뢰수준=95% → $Z = -1.65$
신뢰수준=99% → $Z = -2.33$

식 (17A-2)에 의해서 주어진 신뢰수준하에서의 최저수익률이 결정되면, 평균(기대값)에 대한 상대손실금액(평균기준 VaR) 또는 0 기준으로 계산된 절대적 손실금액(절대손실기준 VaR)을 구할 수 있다. 포트폴리오의 현재가치(현재의 총투자금액)가 W_0인 경우 두 기준에 의한 VaR를 각각 측정하면 다음과 같다.

$$\text{평균기준 } VaR = -W_0(r^* - E(r)) = -W_0 \cdot Z\sigma \qquad (17A\text{-}3)$$

$$\text{절대손실기준 } VaR = -W_0(r^* - 0) = -W_0 \cdot r^* \qquad (17A\text{-}4)$$

기대수익률 $E(r)$과 표준편차 σ가 1기간 기준으로 계산된 수치라면, 목표기간(Δt)에 따른 기대수익률 및 표준편차는 다음과 같이 조정되어야 한다.

· 목표기간(Δt)의 기대수익률 $= E(r) \cdot \Delta t$
· 목표기간(Δt)의 표준편차 $= \sigma\sqrt{\Delta t}$

18) 예를 들어 신뢰수준이 95%일 경우 Z값은 다음과 같이 찾을 수 있다.

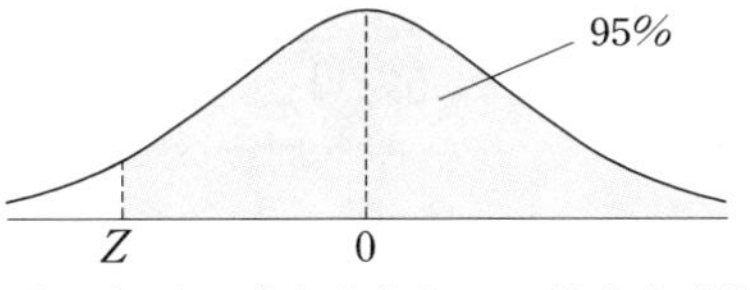

표준정규분포는 좌우대칭이므로 본서의 〈부표-5〉를 이용하여 먼저 45%의 값에 가까운 d값을 찾는다.

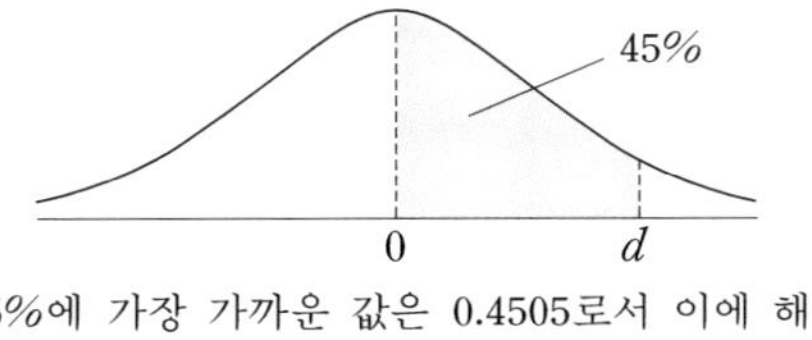

45%에 가장 가까운 값은 0.4505로서 이에 해당하는 d값을 읽으면, 그 값은 1.65이다. 따라서 0을 중심으로 대칭된 왼쪽 값, 즉 Z값은 -1.65이다.

예제 17A-1 VaR의 측정

현재의 투자금액은 100억원이고, 연간 기대수익률은 10%, 연간 수익률의 표준편차는 20%이다.

(1) 신뢰수준 95%에서 목표투자기간 3개월의 평균기준 VaR는 얼마인가?

(2) 신뢰수준 95%에서 목표투자기간 3개월의 절대기준 VaR는 얼마인가?

☞ 해설

(1) 95%의 신뢰수준에서는 $Z=-1.65$이다. 그리고 목표투자기간의 기대수익률과 표준편차를 구하면 다음과 같다.

- 목표기간(Δt)의 기대수익률($E(r)'$)$=E(r)\cdot\Delta t=$ $0.1\times(3/12)=0.025$
- 목표기간(Δt)의 표준편차(σ')$=\sigma\sqrt{\Delta t}=0.2\times\sqrt{3/12}=0.1$

따라서 최저수익률(r^*)은 다음과 같이 구할 수 있다.

$$r^*=E(r)'+Z\cdot\sigma'=0.025\ +(-1.65)\times 0.1=-0.14$$

그러므로

평균기준 $VaR=-100$억원$(-0.14-0.025)=16.5$억원

이는 정상적인 시장상황하에서 향후 3개월 동안 포트폴리오의 기대값 102.5억원(100억원×1.025)을 기준으로 16.5억원 이상의 손실이 발생될 확률이 5%라는 것을 의미한다

(2) 절대기준 $VaR=-100$억원$(-0.14-0)=14$억원

이는 정상적인 시장상황하에서 향후 3개월 동안 포트폴리오의 현재값 100억원을 기준으로 14억원 이상의 손실이 발생될 확률이 5%라는 것을 의미한다.

제 6 편 운전자본관리와 재무분석

제 18 장
운전자본정책

제 19 장
현 금 관 리

제 20 장
신 용 관 리

제 21 장
재 무 분 석

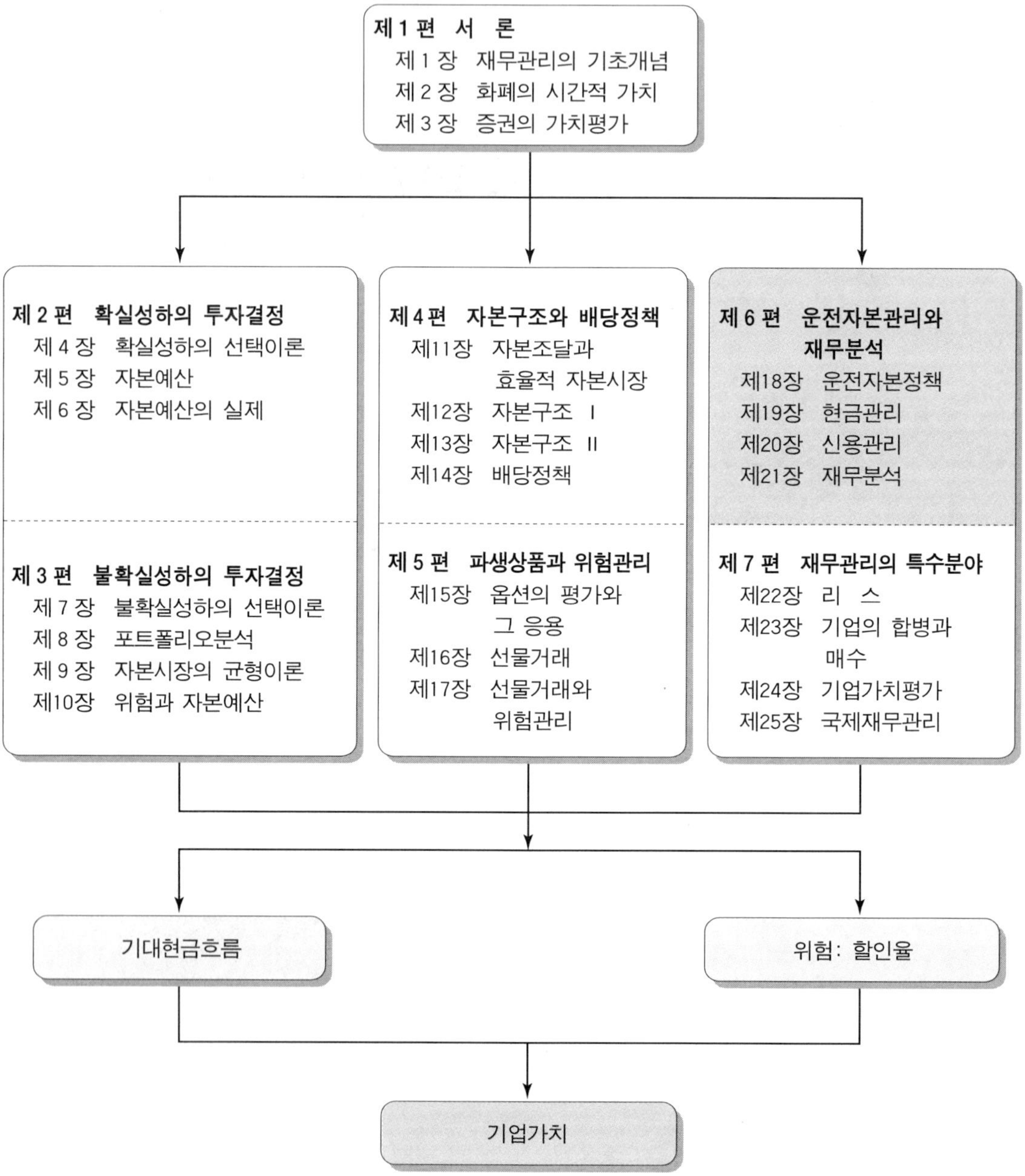

제 1 편 서 론
제 1 장 재무관리의 기초개념
제 2 장 화폐의 시간적 가치
제 3 장 증권의 가치평가
제 2 편 확실성하의 투자결정
제 4 장 확실성하의 선택이론
제 5 장 자본예산
제 6 장 자본예산의 실제
제 3 편 불확실성하의 투자결정
제 7 장 불확실성하의 선택이론
제 8 장 포트폴리오분석
제 9 장 자본시장의 균형이론
제10장 위험과 자본예산
제 4 편 자본구조와 배당정책
제11장 자본조달과 효율적 자본시장
제12장 자본구조 I
제13장 자본구조 II
제14장 배당정책
제 5 편 파생상품과 위험관리
제15장 옵션의 평가와 그 응용
제16장 선물거래
제17장 선물거래와 위험관리
제 6 편 운전자본관리와 재무분석
제18장 운전자본정책
제19장 현금관리
제20장 신용관리
제21장 재무분석
제 7 편 재무관리의 특수분야
제22장 리 스
제23장 기업의 합병과 매수
제24장 기업가치평가
제25장 국제재무관리
기대현금흐름
위험: 할인율
기업가치

제 18 장

운전자본정책

1. 단기적 재무의사결정과 순운전자본
2. 영업주기와 현금주기
3. 단기재무정책
4. 현금예산과 단기재무계획

지금까지 자본예산, 자본구조 그리고 배당정책 등 장기적 재무의사결정 문제를 살펴보았다. 이제 본장에서는 단기적 재무의사결정에 관한 사항을 소개하기로 한다. 단기적 재무의사결정(short-term financial decision making)은 주로 1년 이내 기업에 영향을 미치는 것으로서 순운전자본(net working capital), 즉 유동자산에서 유동부채를 차감한 부분에 관한 의사결정이다.

1 단기적 재무의사결정과 순운전자본

단기적 재무의사결정은 주로 1년 이내 발생되는 현금의 유입과 유출에 관련된 의사결정을 말한다. 예를 들면 〈그림 18-1〉에서 볼 수 있는 바와 같이 원재료의 주문 및 대금지급, 1년 이내의 기간에 현금회수가 가능한 제품의 판매 등과 관련되어 있다.

주요 단기적 재무의사결정은 다음과 같은 사항에 관한 것이다.

- 주기적인 대금결제를 위해 얼마만큼의 현금(또는 예금)을 보유해야 하는가?
- 원재료의 적정 주문규모는 얼마인가?
- 고객에게 외상판매를 얼마나 허용해야 하는가?

단기적 재무의사결정은 순운전자본에 관한 의사결정이다. 순운전자본의 두 가지 구성요소 중 첫번째 요소인 유동자산은 현금이나 1년 이내에 현금화가 가능한 유동성(liquidity)이 높은 자산을 말한다. 유동성이 높다는 것은 적정한 가격으로 신속하게 현금화될 수 있다는 것을 의미한다. 이들 유동자산은 대차대조표의 좌측 상단에 표시되는 항목들로서 현금 및 현금등가물, 단기금융상품, 유가증권, 매출채권(외상매출금, 받을어음), 재고자산 등을 의미한다. 순운전자본의 또 다른 항목인 유동부채는 1년 또는 영업주기 내에 지급하여야 하는 채무를 의미한다. 유동부채의 항목들은 매입채무(외상매입금, 지급어음), 단기차입금, 미지급금, 미지급법인세 등으로서 대차대조표의 우측 상단에 표시된다.

순운전자본은 기업의 유동성, 단기채무지급능력을 나타내는 것으로서 순운전자본이 증가하면 단기채무에 대한 지급능력이 보다 양호해졌음을 의미한다. 운전

그림 18-1 단기적 재무의사결정

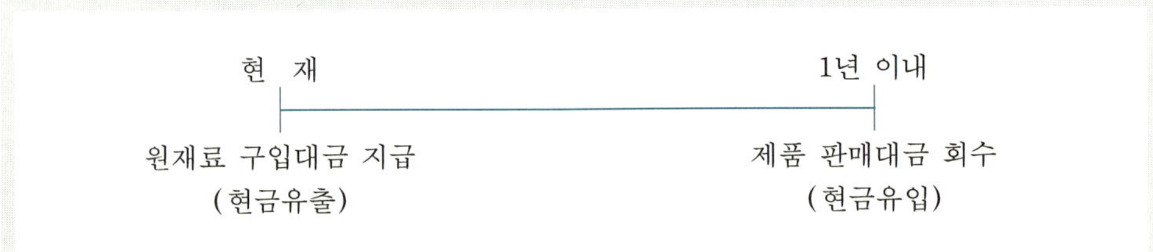

자본관리는 재무담당자의 일상적이고 반복적인 업무라 할 수 있지만, 기업의 총자산 중에서 유동자산이 차지하는 비중이 상당히 높기 때문에 자산의 효율적 이용 측면에서 중요하다. 특히 중소기업의 경우 고정자산에 대한 투자는 리스(lease)나 할부구입을 통해서 그 지출을 줄일 수 있지만, 유동자산에 대한 투자지출은 회피하기 어렵다. 또한 중소기업이 금융시장을 통해 장기적 자본조달원천을 이용하기란 대기업에 비해 상대적으로 어렵기 때문에 유동부채에 크게 의존하지 않을 수 없다. 따라서 중소기업의 경우 유동성을 유지하면서 수익성을 높이기 위해서는 운전자본의 효율적 관리가 필수적이라 할 수 있다.

2 영업주기와 현금주기

운전자본관리는 기업의 단기영업활동(short-run operating activities)과 관련된 것이다. 일반적으로 제조업체의 전형적인 단기영업활동은 〈표 18-1〉과 같이 구성된다.

〈표 18-1〉과 같은 단기영업활동은 일관성이 없거나 불확실한 현금의 유입과 유출을 초래하게 된다. 그 이유는 원재료 구입시의 현금지급과 제품판매시의 현금회수의 시점이 일치하지 않거나, 미래의 매출이나 매출원가의 수준과 발생시점을 사전에 정확히 예측할 수 없기 때문이다.

〈그림 18-2〉는 현금흐름 발생시기(cash flow time line)에 따라 제조업체의 전형적인 단기영업활동과 현금흐름을 나타낸 것이다. 영업주기(operating cycle)는 원재료의 도착에서 매출채권이 현금으로 회수되기까지의 기간으로 재고기간과 매출채권의 회수기간을 합한 것과 같다.[1)]

표 18-1 단기영업활동

구 분	의 사 결 정
1. 원재료 구입	1. 원재료를 얼마나 주문할 것인가?
2. 구입대금 지급	2. 현금지급 또는 외상으로 할 것인가?
3. 제품의 제조과정	3. 어떤 생산기법을 사용할 것인가?
4. 제품판매	4. 현금판매 또는 외상판매를 할 것인가?
5. 현금회수	5. 현금회수를 어떻게 할 것인가?

1) $\text{재고자산회전율(회)} = \dfrac{\text{매출액}}{\text{재고자산}}$, $\quad \text{재고기간(일)} = \dfrac{365}{\text{재고자산회전율}}$

그림 18-2 **현금흐름 발생시기와 단기영업활동**

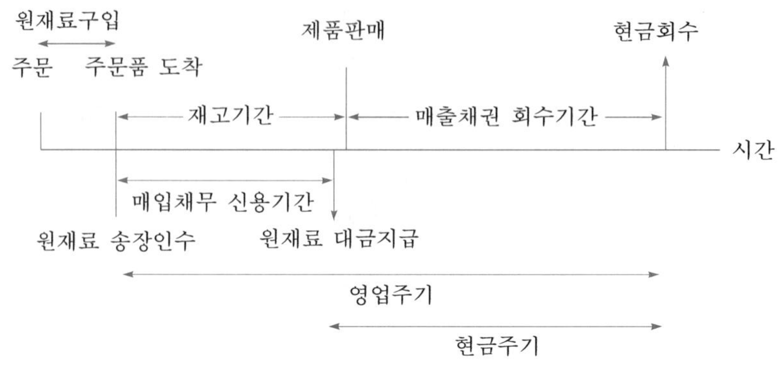

$$\text{영업주기} = \text{재고기간} + \text{매출채권의 회수기간}$$

그리고 현금주기(cash cycle)는 원재료의 대금지급(현금유출)으로부터 제품의 판매대금이 회수(현금유입)되기까지의 기간으로 영업주기에서 매입채무의 신용기간을 뺀 것과 같다.[2)]

$$\text{현금주기} = \text{영업주기} - \text{매입채무의 신용기간}$$

운전자본관리가 필요한 이유는 현금유출(원재료 구입대금 지급)과 현금유입(제품 판매대금 회수)의 발생시점이 서로 일치하지 않기 때문이다. 현금유출과 현금유입간의 간격(gap), 즉 현금주기는 영업주기 및 매입채무의 신용기간과 관련이 있다. 이 간격은 단기차입에 의존하거나 유동성이 높은 유가증권을 보유함으로써 메울 수 있다. 그리고 재고기간 또는 매출채권 회수기간을 단축하거나(영업주기를 단축하거나), 매입채무 신용기간을 길게 함으로써 그 간격을 줄일 수 있을 것이다. 현금주기가 단축됨으로써 기업은 추가적인 운전자본을 조달하지 않고도 유동성을 증

$$\text{매출채권회전율(회)} = \frac{\text{매출액}}{\text{매출채권}}, \qquad \text{매출채권의 회수기간(일)} = \frac{365}{\text{매출채권회전율}}$$

회전율을 계산할 때, 기초와 기말간 변동을 반영해 주기 위해서는 평균액을 사용하는 것이 좋다. 그리고 재고자산은 원가로 계산되는 반면, 매출액은 시장가치로 계산된다. 따라서 양쪽의 항목을 동일 기준으로 비교하기 위해 재고자산회전율을 계산할 때 분자의 매출액 대신 매출원가를 사용하는 것이 합리적일 것이다.

2) $\text{매입채무회전율(회)} = \dfrac{\text{매출원가}}{\text{매입채무}}, \qquad \text{매입채무의 신용기간(일)} = \dfrac{365}{\text{매입채무회전율}}$

가시킬 수 있게 된다.

예제 18-1 영업주기와 현금주기

㈜희망의 재무자료는 다음과 같다.

(단위: 만원)

항 목	20×1년	20×2년
매출채권	10,000	12,000
재고자산	14,000	16,000
매입채무	6,000	8,000
매 출 액	110,000	120,000
매출원가	80,000	84,000

위 자료를 이용하여 20×2년도 ㈜희망과 관련된 다음의 물음에 답하라.

(1) 재고기간은?

(2) 매출채권의 회수기간과 매입채무의 신용기간은?

(3) 영업주기와 현금주기는?

☞ 해설

(1) ㈜희망의 재고기간은 다음과 같은 절차에 의해 구할 수 있다.

$$\text{재고자산 회전율} = \frac{\text{매출원가}}{\text{평균재고}} = \frac{84{,}000\text{만원}}{(14{,}000\text{만원}+16{,}000\text{만원})/2} = 5.6\text{회}$$

재고자산회전율(매출원가기준)이 5.6회라는 것은 재고자산이 1년에 5.6번 현금 또는 매출채권으로 전환됨을 의미한다. 따라서 재고자산이 한번 현금 또는 매출채권으로 전환되는 데 소요되는 기간, 즉 재고기간은 다음과 같이 구할 수 있다.

$$\text{재고기간} = \frac{365}{5.6} = 65.2\text{일}$$

(2) 물음 (1)과 유사한 방법으로 매출채권의 회수기간과 매입채무의 신용기간을 구하면 다음과 같다.

$$\cdot\ \text{매출채권회전율} = \frac{\text{매출액}}{\text{평균매출채권}} = \frac{120{,}000\text{만원}}{(10{,}000\text{만원}+12{,}000\text{만원})/2} = 10.9\text{회}$$

$$\rightarrow \text{매출채권의 회수기간} = \frac{365}{10.9} = 33.5\text{일}$$

$$\cdot\ \text{매입채무회전율} = \frac{\text{매출원가}}{\text{평균매입채무}} = \frac{84{,}000\text{만원}}{(6{,}000\text{만원}+8{,}000\text{만원})/2} = 12\text{회}$$

$$\rightarrow \text{매입채무의 신용기간} = \frac{365}{12} = 30.4\text{일}$$

(3) 위의 물음 (1)과 (2)의 결과를 이용하여 영업주기와 현금주기를 구하면 다음과 같다.

· 영업주기 = 재고기간 + 매출채권의 회수기간 = 65.2일 + 33.5일 = 98.7일

· 현금주기 = 영업주기 − 매입채무의 신용기간 = 98.7일 − 30.4일 = 68.3일

㈜희망의 현금주기는 68.3일이다. 즉 현금유출과 현금유입 사이에는 약 68.3일의 시간간격이 존재한다.

3 단기재무정책

기업의 단기재무정책은 유동자산의 투자규모와 유동자산의 자금조달방법 등에 의해서 결정된다. 유동자산의 투자규모는 매출액에 대한 유동자산의 비율(유동자산/매출액)로 측정된다. 보수적 단기재무정책(conservative short-term financial policy)은 이 비율을 높게 유지하는 것인 반면, 공격적 단기재무정책(aggressive short-term financial policy)은 이 비율을 낮게 유지하는 것이다.[3] 그리고 유동자산의 자금조달방법은 고정부채에 대한 유동부채의 비율(유동부채/고정부채)로 측정된다. 보수적 단기재무정책은 유동부채보다 고정부채에 의해 상대적으로 많은 자

표 18-2 단기재무정책의 구분

구 분	측정비율	보수적 단기재무정책	공격적 단기재무정책
유동자산의 투자규모	$\frac{\text{유동자산}}{\text{매출액}}$	높 다	낮 다
유동자산의 자금조달방법	$\frac{\text{유동부채}}{\text{고정부채}}$	낮 다	높 다

3) 고정자산에 비해 유동자산은 상대적으로 수익성이 낮다. 따라서 유동자산에 대한 투자규모를 증가시키는 보수적 단기재무정책하에서는 단기채무지급능력이 높아져 안정성은 높아지나(위험이 낮아지나) 수익성이 낮아지게 된다. 이와는 반대로 유동자산에 대한 투자규모를 감소시키는 공격적 단기재무정책하에서는 안정성은 떨어지나(위험은 높아지나) 수익성이 높아지게 된다. 보수적 단기재무정책을 탄력적 단기재무정책(flexible short-term financial policy)이라 하며, 공격적 단기재무정책을 긴축적 단기재무정책(restrictive short-term financial policy)이라 하기도 한다.

금을 조달하는 정책인 반면, 공격적 단기재무정책은 고정부채보다 유동부채에 의해 상대적으로 많은 자금을 조달하는 정책이다.

3.1 유동자산의 투자규모

〈표 18-3〉은 보수적 단기재무정책과 공격적 단기재무정책의 유형을 나타내고 있다. 보수적 단기재무정책하에서는 유동자산에 대한 투자의 증가로 현재 많은 현금유출이 초래되지만, 향후 현금유입이 증가하게 된다. 예를 들어 외상매출을 확대시킴으로써 매출이 증대될 수 있으며, 안정적인 재고확보에 의해 고객에게 신속히 제품을 공급할 수 있으므로 매출이 늘어날 수 있다. 또한 외상매출의 확대와 제품의 신속한 공급 등 고객에 대한 서비스의 확대는 높은 가격을 부과할 수 있는 근거가 된다. 그리고 보수적 단기재무정책은 재고부족시 발생될 수 있는 생산중단으로 인한 비용을 감소시킬 수 있다.

유동자산에 대한 투자규모는 유동자산의 증가에 따라 증가하는 비용과 감소하는 비용 사이의 상반관계에 의해 결정된다. 유동자산에 대한 투자규모의 증가에 따라 증가하는 비용을 유지비용(carrying cost)이라 하며, 반대로 감소하는 비용을 부족비용(shortage cost)이라 한다. **유지비용**은 유동자산의 경제적 가치를 보존하기 위해 지출하는 비용(예를 들어 재고자산의 창고보관비용 등)과 상대적으로 수익성이 높은 고정자산에 대한 투자를 포기하기 때문에 발생되는 손실(기회비용)로 구성된다. 그리고 **부족비용**은 유동자산에 대한 투자규모가 적을 때 발생되는 비용이다. 예를 들어 이 비용은 현금잔고 부족(cash-out)시 현금확보를 위해 지출하는 추가적 거래비용(긴급하게 유가증권을 매각하거나 현금을 차입함으로써 발생될 수 있는 추가적 비용 등)과 외상매출의 축소로 인한 매출감소 손실, 그리고 재고부족(stock-out)으로 인한 기회비용(재고부족으로 인한 판매기회의 상실, 이로 인한 고객으로부터의 신용저하, 생산계획의 차질 등에 따른 비용) 등이다.

유동자산에 대한 최적투자규모는 〈그림 18-3〉에서 볼 수 있는 바와 같이 유

표 18-3 보수적 단기재무정책과 공격적 단기재무정책의 유형

보수적 단기재무정책	공격적 단기재무정책
· 현금, 유가증권의 잔고를 높임 · 재고자산에 대한 투자규모 확대 · 외상매출 확대	· 현금, 유가증권의 잔고를 줄임 · 재고자산에 대한 투자규모 축소 · 외상매출을 허용하지 않음

그림 18-3 유동자산의 최적투자규모의 결정

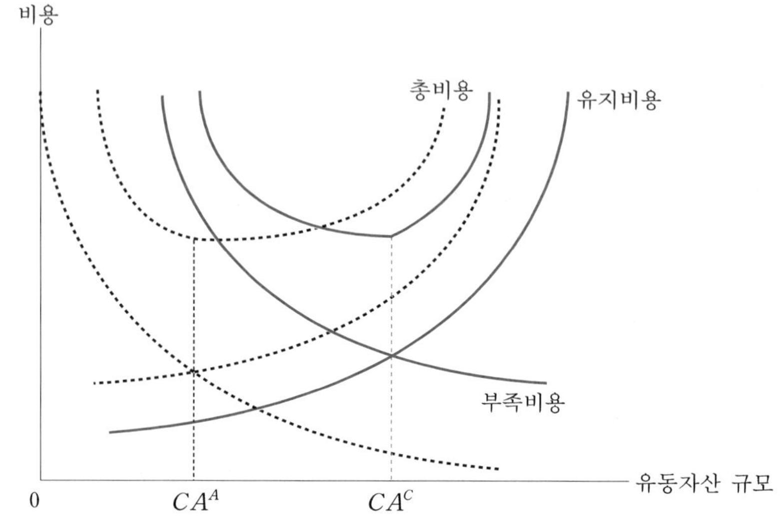

지비용과 부족비용을 합한 총비용이 최소가 되는 점에서 결정된다. 유지비용이 낮고, 부족비용이 높은 경우(실선으로 표시)에는 높은 수준의 유동자산을 보유하는 보수적 단기재무정책(CA^C)이 적절하다. 반대로 유지비용이 높고, 부족비용이 낮은 경우(점선으로 표시) 낮은 수준의 유동자산을 보유하는 공격적 단기재무정책(CA^A)이 바람직하다.

3.2 유동자산의 자금조달방법

유동자산에 대한 투자규모가 결정되면 이에 필요한 자금을 조달하여야 한다. 여기서는 유동자산에 대한 투자규모는 최적이라는 전제하에서 유동자산의 자금조달방법을 설명하고자 한다.

1) 이상적 모형

이상적인 자금조달방법은 유동자산은 유동부채에 의해, 고정자산은 고정부채와 자기자본 등 장기자본에 의해 자금이 조달되어야 한다는 것이다. 이 경우 순운전자본은 항상 0이 된다. 예를 들어 곡물회사가 수확 후 곡물을 구입 · 저장하여

그림 18-4 이상적인 자본조달정책

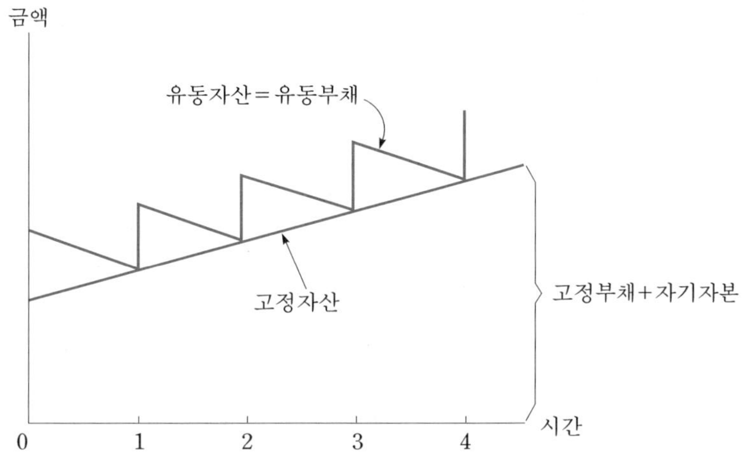

다음 수확 전까지 판매한다고 생각해 보자. 이 회사는 수확 직후에 곡물재고가 가장 많고, 다음 수확 직전에 곡물재고가 가장 적을 것이다. 그러므로 이 회사는 1년 미만의 만기를 가진 은행대출을 이용하여 곡물의 구입에 필요한 자금을 조달한 후 곡물의 매각대금으로 이를 상환할 수 있다.

이와 같은 상황은 〈그림 18-4〉에 예시되어 있다. 유동자산은 수확 직후에 증가하여 1년 동안에 걸쳐 감소하여 다음 수확 직전에 0이 되는 반면, 고정자산은 지속적으로 증가한다고 가정하고 있다. 따라서 유동자산은 유동부채로 조달하고 고정자산은 장기자본으로 조달하면 순운전자본은 항상 0이 될 수 있다.

2) 현실적 모형

매출액의 장기적인 성장은 유동자산에 대한 영구적인 투자를 초래하기 때문에 현실 세계에서 유동자산은 결코 0이 될 수 없다. 성장기업의 경우 〈그림 18-5〉에서 볼 수 있는 바와 같이 총자산의 투자규모는 장기적으로 증가하는 고정자산 및 영구적 유동자산과 계절적으로 변동하거나 매일 또는 매월 불규칙적으로 변동하는 변동적 유동자산으로 구성된다.

〈그림 18-6〉은 보수적 단기재무정책과 공격적 단기재무정책하의 자본조달정책을 예시하고 있다. 보수적 자본조달정책하에서는 장기자본(고정부채+자기자본)을 여유 있게 확보하여 총자산의 투자에 필요한 자금을 충당한 후 남는 여유자금을

그림 18-5 **시간에 따른 총자산의 투자규모**

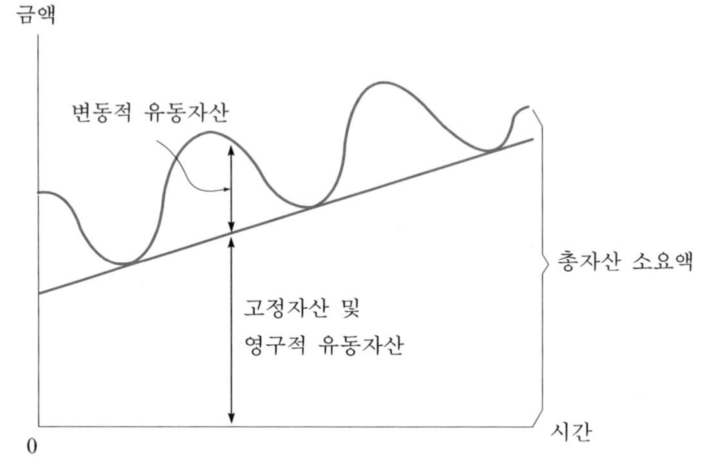

그림 18-6 **현실적 자본조달정책**

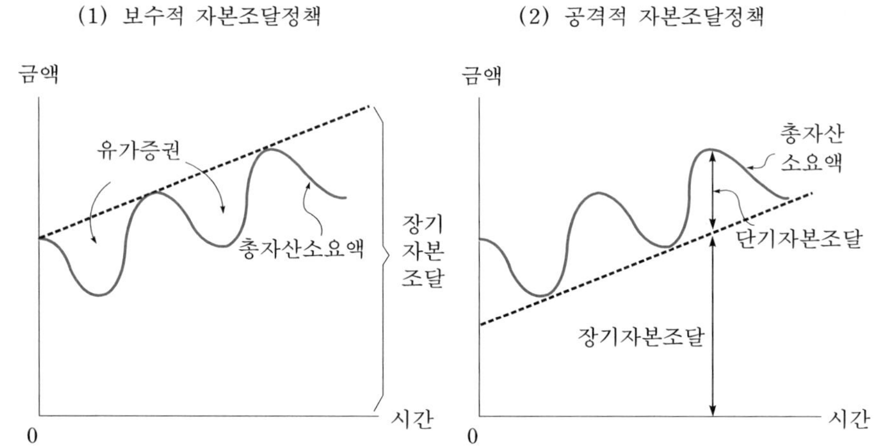

유동성이 높은 유가증권의 구입에 사용한다. 그러나 공격적 자본조달정책하에서는 총자산의 투자에 필요한 자금을 확보하기 위하여 수시로 단기자금을 차입해야 한다. 그리고 이 두 방법을 절충한 형태로 고정자산, 영구적 유동자산, 일부 변동적 유동자산 등을 장기자본으로 조달하고, 변동적 유동자산 중 장기자본으로 조달된 것을 제외한 나머지 부분은 단기자금을 차입하여 조달하는 중립적 자본조달정책을 사용할 수 있다.

3) 최적단기자본조달정책

어느 정도의 유동부채를 사용해야 하는가에 관해서 명확한 기준은 없으나, 다음과 같은 몇 가지 요인을 고려하여 적절한 수준을 정할 수 있다.

(1) 여유현금

보수적 자본조달정책하에서는 여유현금(cash reserves)이 충분하여 단기차입의 필요성이 거의 없으며, 기업이 재무적 곤경에 처할 가능성을 줄어든다. 기업은 반복적, 단기적인 채무를 상환하는 것에 관해서 걱정할 필요가 없을 것이다. 그러나 현금, 유가증권의 수익성이 낮음을 유의하여야 한다.

(2) 만기의 헤징

만기의 헤징(maturity hedging)이란 자산과 부채의 만기를 일치시켜서 이자율 변동에 따른 위험을 최소화한다는 것을 의미한다. 유동자산은 유동부채에 의해, 고정자산은 장기자본에 의해 조달하는 것이다. 유동부채에 의해 조달된 자금으로 고정자산에 투자하는 등 자산과 부채의 만기가 적절하게 연계되어 있지 않으면 빈번하게 자금을 조달하여야 하며, 장기이자율보다 단기이자율의 변동이 더 크기 때문에 그만큼 위험부담이 커지게 된다.

(3) 이자율의 기간구조

이자율의 기간구조(term structure of interest rates)에 의해 단기부채의 이자율은 대개 장기부채의 이자율보다 낮은 경향이 있다. 이는 장기자금을 사용하면 상대적으로 금융비용이 높아지는 것을 의미한다.

4 현금예산과 단기재무계획

현금은 기업이 원활한 경영활동을 수행하는 데 반드시 필요하다. 그러므로 기업의 미래 현금상태를 예측하고 계획하는 것은 기업의 미래활동을 위해 필수적이다. 현금예산(cash budget)은 미래 일정기간의 현금유출과 현금유입을 추정하여 기록한 것이다. 재무담당자는 현금예산을 통해 현금흐름의 규모와 시기를 파악하여 단기 재무계획을 수립할 수 있다. 현금예산은 주별, 월별, 분기별 또는 연도별로 작성될 수 있다. 현금예산의 수립기간은 기업의 경영환경과 예산제도에 의해 결정된다. 일반적으로 현금흐름이 매우 불규칙하고 변동이 심한 기업의 경우 짧은 기간의 현금예산을 수립하는 것이 좋으며, 현금흐름이 비교적 안정적인 기업의 경우 다소 긴 기간의 현금예산을 수립하는 것이 바람직하다.[4]

현금예산을 수립하기 위해서는 먼저 매출액에 대한 추정이 선행되어야 한다. 매출액 추정의 정확성은 현금예산의 정확성에 직접적인 영향을 미친다. 다음으로 현금유입과 유출을 예측하고, 이를 상호비교하여 최종적인 현금예산을 완성하게 된다.

현금예산의 수립과정을 설명하기 위해 다음과 같은 ㈜서울완구의 사례를 생각해 보자. ㈜서울완구의 2008년 1월 1일 현재 분기별 매출액의 추정치는 다음과 같다.

	08. 1분기	08. 2분기	08. 3분기	08. 4분기
매출액	10,000만원	20,000만원	15,000만원	10,000만원

㈜서울완구는 모든 매출을 외상으로 판매하고 매출채권의 회수기간은 90일이다. 예를 들어 1분기의 매출액은 2분기에 전액 현금으로 회수된다. 그리고 2007년도의 4분기 매출액(매출채권)은 1억원으로 가정한다. 분기 말의 매출채권 잔액은 다음과 같이 구할 수 있다.

분기 말 매출채권액 = 분기 초 매출채권액 + 당분기 매출액
−당분기 현금회수액

㈜서울완구의 다음 4분기 동안의 현금회수와 기초, 기말의 매출채권 내역은 〈표 18-4〉와 같다.[5]

현금유출은 〈표 18-5〉에 나타난 바와 같이 주로 다음의 네 가지 사항으로 인하여 발생하게 된다.

① 매입채무의 상환: 원재료를 외상으로 구입하여 일정기간이 지난 후에 현

4) 현금예산의 수립기간이 길수록 현금예산의 정확도는 낮아지지만, 현금흐름이 안정적인 기업의 경우 그 수립기간이 길어도 어느 정도의 정확성을 기할 수 있다.

5) 현금유입은 매출뿐만 아니라 자산매각, 투자수입 그리고 장기자금조달 등에 의해서도 발생할 수 있음을 유의하여야 한다.

표 18-4 현금유입액 추정 (단위: 만원)

	08. 1분기	08. 2분기	08. 3분기	08. 4분기
매 출 액	10,000	20,000	15,000	10,000
현금회수액	10,000	10,000	20,000	15,000
분기초 매출채권액	10,000	10,000	20,000	15,000
분기말 매출채권액	10,000	20,000	15,000	10,000
총현금유입액	10,000	10,000	20,000	15,000

표 18-5 현금유출액 추정 (단위: 만원)

	08. 1분기	08. 2분기	08. 3분기	08. 4분기
매 출 액	10,000	20,000	15,000	10,000
원재료 구입액(외상)	10,000	7,500	5,000	5,000*
현금지출:				
매입채무 상환액	5,000	10,000	7,500	5,000
임금, 세금, 제경비	2,000	4,000	3,000	2,000
자본적 지출액	0	0	0	10,000
이자비용과 배당금	1,000	1,000	1,000	1,000
총현금유출액	8,000	15,000	11,500	18,000

* 2009. 1분기의 예상매출액은 10,000만원임.

금으로 지급한다. 매입액은 예상매출액에 의해 결정되며, ㈜서울완구의 경우에는 다음과 같이 가정한다.

- 매입채무의 현금상환액 = 전분기의 원재료 구입액
- 원재료 구입액 = 다음 분기 예상매출액의 1/2

② 임금, 세금 및 기타 비용: 영업활동의 수행과정에서 발생되는 모든 정상적 현금지출비용을 포함한다.[6)]

③ 자본적 지출: 고정자산 등의 구입대금을 현금으로 지급하는 것이며, ㈜서울완구의 경우 4분기에 주요한 자본적 지출이 발생하는 것으로 가정하였다.

④ 장기자본조달로 인한 지출: 현존하는 고정부채의 원리금 지급과 주주에 대한 현금배당액 등을 포함한다.

6) 감가상각비 등 비현금지출비용은 현금유출에 포함시키지 않아야 한다.

표 18-6 현금예산 (단위: 만원)

	08. 1분기	08. 2분기	08. 3분기	08. 4분기
총현금유입액	10,000	10,000	20,000	15,000
총현금유출액	8,000	15,000	11,500	18,000
순현금흐름	2,000	−5,000	8,500	−3,000
누적현금잔고	2,000	−3,000	5,500	2,500
최소현금잔고	500	500	500	500
누적현금과부족	1,500	−3,500	5,000	2,000

현금유입과 현금유출이 추정되면, 이를 비교하여 순현금흐름을 계산할 수 있다. 이와 같이 작성된 현금예산은 〈표 18-6〉과 같다. 현금예산을 살펴보면 2분기에 큰 음(−)의 순현금흐름, 즉 현금부족이 나타나는데, 이는 2분기의 매출액에 대한 현금회수가 지연된 결과라 할 수 있다.

㈜서울완구는 일상적 거래, 예측불가능한 돌발사태, 그리고 은행계좌의 최소잔고 유지에 대비할 목적으로 5백만원의 최소현금잔고(minimum operating cash balance)가 필요하다고 한다. 이로 인해 2분기의 누적현금부족액은 총 3,500만원이다. 이와 같은 2분기의 현금부족분은 기업의 내부자금으로 조달될 수 없기 때문에 금융기관 등을 이용하여 단기차입하여야 할 것이다.

현금예산은 여러 가지 가정하에서 추정된 것으로서 미래의 실제상황은 이와 다르게 나올 수 있다. 그러므로 여러 가지 발생가능한 상황(낙관적 상황 또는 비관적 상황 등)을 고려하여 이에 대한 현금예산을 각각 작성한 후, 이를 대비함으로써 부정확한 예측에서 오는 많은 기회비용을 줄일 수 있을 것이다.

주 요 용 어

단기적 재무의사결정(642)
순운전자본(642)
유동자산(642)
유동부채(642)
영업주기(643)
현금주기(644)
보수적 단기재무정책(646)
공격적 단기재무정책(646)
유지비용(647)
부족비용(647)
보수적 자본조달정책(649)
공격적 자본조달정책(650)
중립적 자본조달정책(651)
만기의 헤징(651)
현금예산(651)
최소현금잔고(654)

연 습 문 제

1 다음의 기업활동이 영업주기와 현금주기에 미치는 영향을 밝혀라.

(1) 원재료의 구입시 공급자에 의해 제시되는 할인율이 감소함.

(2) 원재료 구입대금 중 현금지급비율을 높임.

(3) 고객에게 보다 좋은 할인조건을 제시함.

(4) 가격하락으로 보다 많은 원재료를 구입함.

(5) 많은 고객이 외상 대신에 현금으로 매입함.

2 영업주기와 현금주기

㈜소망의 재무비율자료는 다음과 같다.

재고자산회전율 = 6회
매출채권회전율 = 8.5회
매입채무회전율 = 10회

위 자료를 이용하여 다음의 물음에 답하라.

(1) ㈜소망의 재고기간은?

(2) ㈜소망의 매출채권의 회수기간과 매입채무의 신용기간은?

(3) ㈜소망의 영업주기와 현금주기는?

3 다음을 설명하라.

(1) 보수적 단기재무정책

(2) 공격적 단기재무정책

(3) 보수적 또는 공격적 단기재무정책은 각각 어느 경우에 유리한가?

4 현금예산

경민상사는 향후 3개월 동안(08년 1월, 08년 2월, 08년 3월)의 현금예산을 수립하기 위하여 다음과 같은 자료를 수집하였다.

① 월별 매출액에 대한 실적치 및 추정치는 다음과 같다.

(단위: 만원)

	07년 12월	08년 1월	08년 2월	08년 3월	08년 4월
매출액	800	900	1,000	850	900

② 매출액 중 40%는 당월에 수금되고, 나머지 60%는 다음 달에 수금된다.

③ 매월 원재료구입비는 다음 달 매출액의 60% 수준이며, 그 대금은 구입 후 1개월이 지나서 전액 현금으로 결제된다.

④ 노무비는 1월에 120만원, 2월에 150만원, 3월에 110만원이 각각 지출될 것으로 예상된다.

⑤ 판매비와 관리비, 각종 세금 등 제경비로 매월 130만원씩 지출된다.

⑥ 08년 2월에 200만원의 시설투자가 이루어질 예정이다.

이상의 자료를 이용하여 다음의 물음에 답하라.

(1) 2008년 1월부터 3월까지의 순현금흐름을 구하라.

(2) 매월의 최소현금잔고가 50만원일 경우, 향후 3개월 동안의 현금예산을 수립하라.

제 19 장

현 금 관 리

1. 적정현금보유수준의 결정
2. 현금흐름의 효율적 관리
3. 여유현금의 투자

현금은 기업이 지급수단으로 즉시 사용할 수 있는 자산으로서, 통화인 지폐와 동전을 포함할 뿐만 아니라 이를 대신하여 통화와 마찬가지로 사용할 수 있는 타인발행 수표, 자기앞수표, 송금환 등의 통화대용증권을 포함한다. 현금은 유동성이 가장 높은 자산으로서 기업이 효율적인 경영활동을 수행하는 데 어느 정도 필요하지만, 현금 그 자체는 타자산과 달리 수익성이 없다. 기업이 현금을 너무 많이 보유하면 유동성은 증가하지만 수익성이 저하된다. 반면에 기업이 현금을 너무 적게 보유하면 유동성 부족으로 인한 지급불능위험과 대내외적인 신뢰도의 저하를 초래할 수 있다.

현금관리의 목적은 기업활동을 효율적으로 수행하기 위하여 보유해야 하는 최소한의 현금수준을 유지하는 데 있다. 본장에서는 적정현금보유수준의 결정, 현금흐름(현금유입과 현금유출)의 효율적 관리, 여유현금의 투자 등에 관하여 설명하고자 한다.

1 적정현금보유수준의 결정

1.1 현금보유동기

현금을 보유하는 중요한 두 가지 이유는 다음과 같다.

첫째, 거래적 동기(transaction motive)를 위해 현금을 보유한다.[1] 거래적 동기는 기업이 정상적인 영업활동을 유지하기 위하여 현금을 보유하는 경우를 말한다. 임금이나 급료, 세금, 매입채무, 배당금 등의 지급시점(현금유출시점)과 매출, 자산매각, 신규차입 등에 의한 현금유입시점이 서로 일치하지 않기 때문에 현금보유가 필요하게 된다. 그리고 현금보유량이 너무 적으면 조만간 현금이 고갈될 우려가 있으며, 이를 보전하기 위해 유가증권을 매각하거나 추가로 차입함으로써 거래비용이 발생하게 된다.

둘째, 은행이 요구하는 보상잔고(compensating balance) 때문에 현금을 보유한다. 일반적으로 기업은 은행에서 제공하는 금융서비스(대출서비스 등)를 받기 위하여 최소한의 예금잔액, 즉 보상잔고를 유지하여야 한다. 보상잔고는 기업이 보유하여야 하는 최소한의 현금을 의미할 수도 있다.

1.2 현금보유의 제 비용

적정현금보유수준은 과다한 현금을 보유했을 때 발생하는 기회비용과 너무 적게 보유했을 때 발생하는 거래비용의 상반관계에 의해 결정된다. 현금보유량이 지나치게 적을 때는 유가증권을 자주 팔거나 추가적인 차입이 필요하므로 거래비용이 증가하게 된다. 그러나 현금보유량이 많을 때는 거래비용은 적어지지만, 수익성이 높은 다른 자산에 투자하지 못함으로써 잃게 되는 손실, 즉 미실현이자수입에 대한 기회비용이 증가하게 된다. 〈그림 19-1〉에서 C^*는 거래비용과 기회비용의 합인 총비용이 최소가 되는 점으로서 적정현금보유수준을 나타낸다.

---

1) 투기적 동기(speculative motive) 또는 예비적 동기(precautionary motive)에 의해 현금을 보유하기도 한다. 투기적 동기는 할인구매 등과 같이 추가적인 투자기회의 이점을 살리기 위해 현금을 보유하는 것이며, 예비적 동기는 예상하지 못한 상황에 대비하기 위해 여유현금을 보유하는 것이다.

그림 19-1 현금보유의 제비용

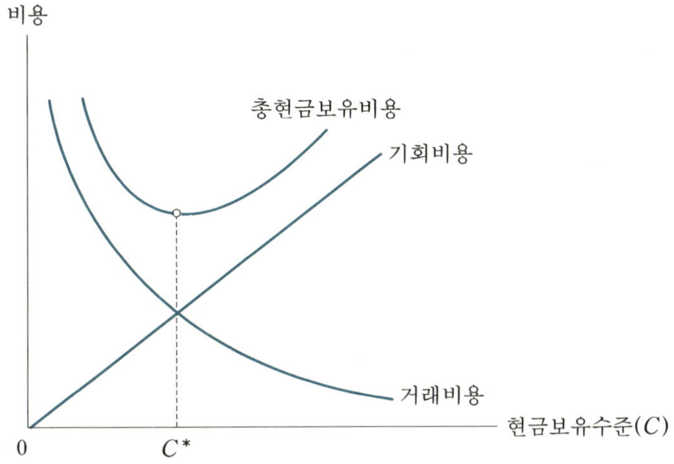

1.3 적정현금보유수준의 결정모형

1) 보몰모형

현금보유는 재고자산과 마찬가지로 기회비용과 거래비용을 수반한다. 이와 같은 점에 착안하여 보몰(W.S. Baumol)은 재고관리에서 이용되는 경제적 주문량 결정모형(economic order quantity model: EOQ 모형)을 이용하여 적정현금보유수준을 결정하는 모형을 도출하였다.[2] 보몰은 모형을 도출하기 위하여 다음과 같은 몇 가지 가정을 설정하였다.

첫째, 현금유출은 매기간 일정하게 발생된다.

둘째, 기업은 현금잔고가 0에 도달될 때, 보유 유가증권의 매각 또는 차입 등에 의해 일정금액을 즉시 보충한다.[3]

이와 같은 가정하에 기업의 현금흐름을 나타내면 〈그림 19-2〉와 같다.

기업이 일정기간(주로 1년)에 필요한 총현금액을 Z, 현금 1원 보유로 인한 기회비용(일반적으로 유가증권의 연간 수익률을 사용함)을 i, 유가증권의 1회 거래비용을

2) William S. Baumol, "The Transactions Demand for Cash: An Inventory Theoretic Approach," *Quarterly Journal of Economics*, Vol. 66 (Nov. 1952), pp. 545~556.

3) 따라서 현금부족으로 인한 기회비용(예를 들어 현금할인기회의 상실, 기업의 신용등급 저하, 높은 이자비용 및 지급불능위험 등에 따른 손실)은 발생하지 않는다.

그림 19-2 보몰모형하의 현금흐름

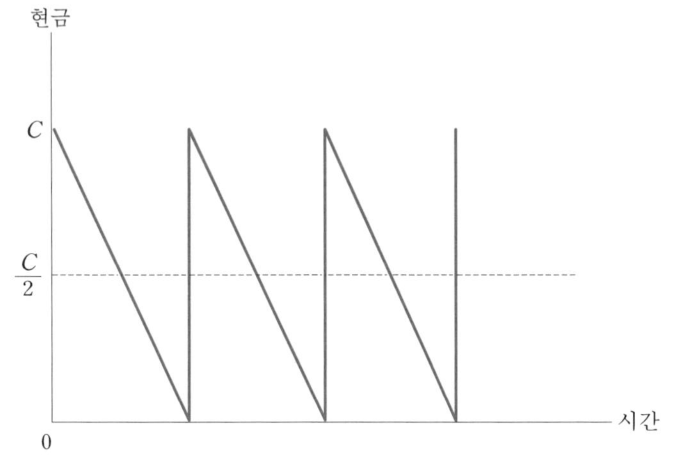

f, 그리고 1회 현금조달액을 C라고 하면, 기업이 일정기간 동안 현금을 관리하는 데 소요되는 총비용(TC)은 다음과 같이 나타낼 수 있다.

$$\begin{aligned} TC &= \text{기회비용} + \text{거래비용} \\ &= (\text{평균현금보유액} \times \text{단위당 기회비용}) + (\text{총거래횟수} \times \text{1회 거래비용}) \\ &= \left(\frac{C}{2} \times i\right) + \left(\frac{Z}{C} \times f\right) \end{aligned} \tag{19-1}$$

총비용(TC)을 최소화하는 C값(C^*)은 식 (19-1)을 C에 관하여 1차 미분하였을 때, 그 값을 0으로 만드는 값이다.

$$\frac{dTC}{dC} = \frac{i}{2} - \frac{Z}{C^2} \cdot f = 0$$

$$\therefore\ C^* = \sqrt{\frac{2Zf}{i}} \tag{19-2}$$

식 (19-2)에서 구한 C^*는 최적 1회 현금조달액이므로 최적평균현금잔고는 $C^*/2$가 된다.[4)]

4) C^*는 유가증권의 거래비용 f의 제곱근에 비례하고, 기회비용인 유가증권의 연간 수익률 i의 제곱근에 반비례한다. 즉 유가증권의 거래비용이 높을수록, 유가증권의 연간 수익률이 낮을수록

그리고 현금관리비용이 최소가 되는 점, 즉 총비용 TC^*는 식 (19-2)를 식 (19-1)에 대입하여 다음과 같이 구할 수 있다.

$$TC^* = \sqrt{2Zfi} \tag{19-3}$$

보몰모형은 가정의 비현실성 때문에 다음과 같은 몇 가지 문제점을 가지고 있다.

첫째, 현금유출이 매기간 일정하다고 가정하였으나, 실제로는 기업의 현금유출은 매우 불규칙적이고 통제하기 어렵다.

둘째, 현금유입이 일정기간 동안 없다고 가정하였으나, 실제적으로 기업에서는 매일매일 현금의 유입과 유출이 발생한다.

셋째, 예비현금잔고를 고려하지 않고 있는데, 기업은 현금부족을 방지하기 위하여 최소한의 예비현금잔고를 보유한다.

이상과 같은 몇 가지 문제점에도 불구하고 보몰모형은 기업의 기본적인 현금관리정책을 수립하는 데 유용한 기초자료를 제시해 줄 수 있다.

예제 19-1 보몰모형

㈜금강산은 연간 6,400만원의 현금을 필요로 한다. 이 기업의 현금유출은 일정하며, 현금잔고가 0이 될 때 보유하고 있는 유가증권을 매각하거나 신규차입에 의해 즉시 현금을 다시 보충한다. 유가증권의 1회 거래비용은 5만원이며, 유가증권의 연간 이자율은 10%이다.

이상의 자료를 이용하여 다음을 계산하라.

(1) 최적 1회 현금조달액

(2) 연간 현금조달횟수

(3) 최적평균현금잔고

(4) 현금관리의 총비용

☞ 해설

(1) ㈜금강산의 1년 동안 필요한 총현금액(Z)은 6,400만원, 유가증권의 연간 이자율(i)은 10%, 유가증권의 1회 거래비용(f)은 5만원이다. 이 경우 보몰모형에 의해 최

현금보유수준은 높아진다. 또한 C^*는 총현금소요액 Z의 제곱근에 비례한다. 이는 기업의 최적현금잔고의 증가율이 총현금소요액의 증가율보다 낮다는 것을 의미한다. 예를 들어 일정기간 동안의 총현금소요액이 100% 증가하여 $2Z$가 되면, 다른 조건이 일정한 경우 기업의 최적현금잔고는 식(19-2)에 의해 약 41.4% 정도 증가함을 알 수 있다. 이는 현금관리에 있어서 규모의 경제가 존재한다는 것을 의미한다.

적 1회 현금조달액(C^*)을 구하면 다음과 같다.

$$C^* = \sqrt{\frac{2Zf}{i}} = \sqrt{\frac{2 \times 6{,}400\text{만원} \times 5\text{만원}}{0.1}} = 800\text{만원}$$

(2) 연간 현금조달횟수 $= \dfrac{Z}{C^*} = \dfrac{6{,}400\text{만원}}{800\text{만원}} = 8$회

(3) 최적평균현금잔고 $= \dfrac{C^*}{2} = \dfrac{800\text{만원}}{2} = 400$만원

(4) 총비용(TC^*) $= \left(\dfrac{C^*}{2}\right)i + \left(\dfrac{Z}{C^*}\right)f = (400\text{만원} \times 0.1) + (8 \times 5\text{만원}) = 80$만원

또는

총비용(TC^*) $= \sqrt{2Zfi} = \sqrt{2 \times 6{,}400\text{만원} \times 5\text{만원} \times 0.1} = 80$만원

2) 밀러-오어모형

앞에서 설명한 보몰모형은 미래의 현금유입과 현금유출을 확실하게 예측할 수 있다는 가정하에서 도출된 확정적 모형(deterministic model)이다. 그러나 미래 현금흐름을 확실하게 예측할 수 없기 때문에 밀러와 오어(M. H. Miller and D. Orr)는 매일 무작위(random-walk)로 변동하는 현금의 유입과 유출을 고려하여 현금관리의 확률적 모형(stochastic model)을 개발하였다.[5)]

밀러-오어모형에서는 현금의 유·출입을 동시에 고려하며, 일별 순현금흐름(현금유입－현금유출)은 0의 기대치를 갖는 정규분포를 이루기 때문에 시간의 흐름에 따라 일정한 유형이나 추세를 보이지 않고 무작위로 변동한다고 가정한다. 이 경우 기업이 보유하는 현금잔고도 무작위로 변동하게 되며, 기업은 불규칙적인 현금흐름을 통제하기 위하여 현금잔고의 상한선(upper limit) U와 하한선(lower limit) L, 그리고 적정현금보유수준인 귀착점(return point) R을 정해야 한다.

〈그림 19-3〉은 밀러-오어모형이 어떻게 적용되는지를 설명하고 있다. 현금수준이 상한선과 하한선 사이에서 변동하는 한 유가증권의 매입 또는 매도에 의해 현금잔고를 변동시킬 필요가 없다. 그러나 그림의 X시점과 같이 현금잔고가 상한선인 U에 도달하면, $(U-R)$만큼의 유가증권을 매입하여 현금보유수준을 R로 낮추어야 한다. 반면에 그림의 Y시점과 같이 현금잔고가 하한선인 L에 도달하면, $(R-L)$만큼의 보유 유가증권을 매각하여 현금보유수준을 R로 높여야 한다. 두

5) M. H. Miller and D. Orr, "A Model of the Demand for Money by Firms," *Quarterly Journal of Economics*, Vol. 80 (Aug. 1966), pp. 413~435.

그림 19-3 **밀러-오어모형**

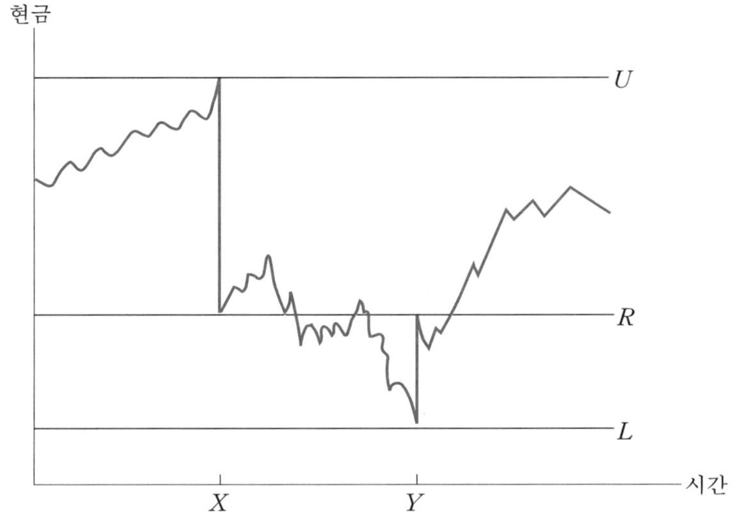

경우 모두 현금잔고는 R로 귀착된다. 하한선 L의 수준은 경영자의 판단에 의해 결정되는데, 이는 현금부족으로 인한 위험을 기업이 얼마나 견딜 수 있는가에 따라 좌우된다.

밀러-오어모형 역시 거래비용과 기회비용을 동시에 고려하고 있다. 유가증권을 한번 매각하거나 매입할 때의 거래비용(f)은 일정하다고 가정한다. 기회비용은 유가증권의 일간 이자율(k)에 의해 결정되며, 거래횟수는 현금유입과 현금유출의 양상에 따라 무작위적이라고 가정한다. 거래비용은 거래횟수가 많을수록 증가하며, 기회비용은 기간당 예상현금잔고가 많을수록 증가한다.

현금보유의 하한선 L이 기업에 의해 임의로 결정되면, 적정현금보유수준(또는 귀착점) R과 상한선 U는 기대 총비용을 최소화하는 수준에서 다음과 같이 결정된다.

$$R^* = \left(\frac{3f\sigma^2}{4k}\right)^{1/3} + L \tag{19-4}$$

$$U^* = 3\left(\frac{3f\sigma^2}{4k}\right)^{1/3} + L = 3R^* - 2L \tag{19-5}$$

여기서 $*$: 최적치를 나타냄

σ^2: 일별 순현금흐름의 분산

그리고 밀러-오어모형에 의한 평균현금잔고는 다음과 같다.[6)]

$$평균현금잔고 = \frac{4R-L}{3} \tag{19-6}$$

식 (19-4), 식 (19-5), 식 (19-6)에서 볼 수 있는 바와 같이 밀러-오어모형을 사용하기 위해서는 다음 네 가지를 먼저 결정하여야 한다.

① 현금보유수준의 하한선(L)

② 일별 현금흐름의 표준편차(σ)

③ 유가증권의 일간 이자율(k)

④ 유가증권의 매입과 매도에 따른 거래비용(f)

그리고 밀러-오어모형은 현금관리문제의 핵심을 명백히 밝히고 있다. 첫째, 적정현금보유수준(또는 귀착점) R은 거래비용(f)과 정(+)의 상관관계를, 또 기회비용(k)과는 음(−)의 상관관계를 가진다. 이는 보몰모형의 시사점과 일치하는 부분이다. 둘째, 적정현금보유수준과 평균현금잔고는 현금흐름의 변동성과 양(+)의 상관관계를 가진다. 따라서 현금흐름의 불확실성이 큰 기업일수록 보다 높은 평균현금잔고를 유지해야 한다. 그러나 밀러-오어모형은 경영자의 현금흐름예측능력과 기업 현금흐름의 추세 또는 계절성을 완전히 무시하고 있다는 문제점이 있다.

예제 19-2 밀러-오어모형

유가증권의 거래비용(f)은 10만원, 유가증권의 연간 이자율은 10%, 일별 순현금흐름의 표준편차(σ)는 20만원이며, 현금잔고의 하한선 L이 0인 기업의 적정현금보유수준(R^*), 현금잔고의 상한선(U^*), 그리고 평균현금잔고를 구하라.

☞ 해설

먼저 유가증권의 일간이자율(k)을 구하면 다음과 같다.

$$(1+k)^{365} = 1+0.1 \rightarrow k = \sqrt[365]{1.1}-1 = 0.000261$$

그리고

$$\sigma^2 = (20만원)^2 = 400(만원)^2$$

따라서

6) 적정현금보유수준 R이 $(U-L)$의 중간이 아닌 1/3지점에 있기 때문에 이는 평균현금잔고와 달라진다.

$$\cdot\ R^* = \left(\frac{3f\sigma^2}{4k}\right)^{1/3} + L = \left(\frac{3\times 10\text{만원}\times 400(\text{만원})^2}{4\times 0.000261}\right)^{1/3} + 0 = 225.68\text{만원}$$

$$\cdot\ U^* = 3R^* - 2L = 3\times 225.68\text{만원} = 677.04\text{만원}$$

$$\cdot\ \text{평균현금잔고} = \frac{4R-L}{3} = \frac{4\times 225.68\text{만원}}{3} = 300.91\text{만원}$$

1.4 적정현금보유수준에 영향을 미치는 기타 요인

1) 차 입 금

현금을 확보하기 위해 유가증권을 매각하는 것 이외에 은행으로부터의 차입을 활용할 수 있다. 그러나 차입은 다음의 몇 가지 특성을 가진다.

첫째, 일반적으로 차입비용은 유가증권의 거래에 따른 비용보다 높기 때문에 차입은 유가증권의 매각보다 불리하다.

둘째, 차입에 대한 필요성은 현금잔고를 낮게 유지하려는 경영자의 성향에 달려 있다. 특히 현금흐름의 변동성이 크고, 유가증권에 대한 투자가 작을수록 기업은 예상하지 못한 현금흐름 변동에 대응하기 위하여 차입의 필요성이 더 커진다.

2) 보상잔고

유가증권의 거래규모가 아주 큰 경우 유가증권의 거래비용(매매수수료 등)은 기회비용(유가증권의 이자율)에 비해 상대적으로 작을 것이다. 따라서 유가증권의 거래규모가 큰 대기업에 있어서 유가증권의 거래비용은 기회비용보다 저렴한 경향이 있기 때문에 일부 대기업은 현금보유수준을 낮추고 유가증권의 매매를 빈번하게 행할 수 있다. 한편 대부분의 대기업은 다음과 같은 이유 때문에 현금관리모형에서 제시하는 금액 이상으로 더 많은 현금을 보유하는 경향이 있다.

첫째, 은행으로부터 받는 금융서비스의 대가, 즉 보상잔고로 일정한 현금을 예치해야 한다.

둘째, 대기업은 여러 은행에 많은 계좌를 개설하고 있다. 이 경우 매일매일 많은 계좌의 현금을 개별적으로 관리하는 것은 아주 번거로운 일이므로 적당한 수준의 현금을 그대로 계좌에 둔다.

2 현금흐름의 효율적 관리

현금흐름을 효율적으로 관리하기 위해서는 현금유입은 가능한 한 신속하게 처리하도록 하고, 그 반면 현금유출은 가능한 한 지연시켜야 한다. 화폐의 시간적 가치 때문에 현금을 받는 입장에서는 되도록 빨리 받는 것이 유리하며, 현금을 지급하는 입장에서는 현금지급을 지연시킴으로써 실제 지급되는 가치를 감소시킬 수 있다.

2.1 현금의 표류

일반적으로 공급업자에게 원재료 구입대금을 지급하거나 또는 고객으로부터의 판매대금 회수시 수표를 이용하게 된다. 이 경우 수표의 지급 또는 회수에 따른 절차에 의해 다소간의 시간적 차이가 발생하고, 그 결과 기업 장부상의 당좌예금과 은행이 관리하고 있는 해당 기업계좌의 당좌예금잔액이 일치하지 않게 되며, 그 차이를 표류(float)라 한다.

먼저 현금유출을 통제하기 위해서는 거래처에 수표로 대금을 지불한 시점과 그 수표가 결제되어 기업의 은행당좌계좌의 잔액을 감소시키는 시점과의 시간적 차이를 늘여야 한다. 이와 같은 시간적 차이를 지급표류(disbursement float)라고 한다. 예를 들어 현재 부산은행에 1억원의 잔고를 갖고 있는 청운실업이 원자재를 구입하고 2월 8일에 당좌수표 1억원을 발행하여 거래처에 지급하였다고 하자. 이때 청운실업의 장부상 당좌예금은 이미 0으로 수정되었으나, 부산은행 계좌상에는 거래처가 자신의 거래은행인 광주은행에 당좌수표를 예치한 후, 부산은행으로 추심되는 2월 13일까지 1억이 남아 있게 된다.

· 2월 8일 이전의 상태:
  표류 = 은행당좌계좌 잔고 − 장부상 당좌예금 = 1억원 − 1억원 = 0
· 2월 8일에서 2월 13일까지 상태:
  지급표류 = 은행당좌계좌 잔고 − 장부상 당좌예금 = 1억원 − 0 = 1억원

기업이 수표를 발행하여 거래은행의 계좌에서 결제되기까지, 기업은 지급표류 1억원을 얻을 수 있다. 이것은 유가증권 등에 단기간 투자되어 수익을 창출하는 투자재원이 될 수 있다.

그리고 기업이 현금유입을 촉진시키기 위해서는 고객으로부터 수표로 대금을 받은 시점과 그 수표가 은행당좌계좌에 입금되어 그 현금을 이용할 수 있는 시점과의 시간적 차이를 단축하여야 한다. 이와 같은 시간적 차이를 회수표류(collection float)라 한다. 예를 들어 현재 부산은행의 당좌예금계좌에 1억원의 잔고를 가진 청운실업이 3월 10일 제품을 판매한 후, 고객으로부터 서울은행에서 발행된 수표로 매출대금 1억원을 받아서 그 즉시 당좌예금한 경우를 생각해 보자. 청운실업의 장부상 당좌예금은 이미 2억원으로 수정되었으나, 부산은행 계좌상의 잔고는 그 수표가 서울은행에 제시되어 결제시스템을 통해 부산은행으로 예입되는 3월 15일까지 여전히 1억원으로 남아 있게 된다. 이 경우 3월 10일 이후부터 3월 15일까지 회수표류가 된다.

· 3월 10일 이전 상태:
  표류 = 은행당좌계좌 잔고 − 장부상 당좌예금 = 1억원 − 1억원 = 0
· 3월 10일에서 3월 15일까지 상태:
  회수표류 = 은행당좌계좌 잔고 − 장부상 당좌예금 = 1억원 − 2억원 = −1억원

고객이 발행한 수표를 거래은행에 예입한 후 실제로 그 돈을 사용할 수 있기까지 1억원의 회수표류가 발생된다.

지급표류와 회수표류의 합을 순표류(net float)라 하며, 이것이 0보다 크다면 기업은 추가적인 현금의 투자없이 순표류만큼의 유동성을 확보할 수 있게 된다.[7] 하루에도 수백억원의 현금을 지급하거나 회수해야 하는 대기업은 순표류를 증가시켜 이를 유가증권의 투자에 이용함으로써 추가적인 수익을 올릴 수 있다. 현금흐름관리의 기본원칙은 순표류를 증가시키기 위해 가능한 한 현금유출을 지연시켜 지급표류를 늘리는 반면, 현금유입을 촉진시켜 회수표류를 줄이는 것이다. 그러나 이와 같은 현금흐름관리는 공급자와 고객의 희생을 전제로 한다. 따라서 지나치게 순표류를 증가시키는 현금관리정책을 채택함으로써 발생될 수 있는 공급자 및 고객과의 관계악화로 인한 기회비용과 추가 현금이용기회로 인한 이득의 상반관계를 고려하여 지급과 회수의 완급을 조절해야 할 것이다.

예제 19-3 현금의 표류

글로리아문구는 매월 다음의 두 가지 항목에 대한 현금회수를 아래와 같이 한다.

7) 지급표류는 양(+)인 반면, 회수표류는 음(−)의 부호를 가진다.

	금 액		지연일수		표류현금
항목 1	5,000만원	×	3일	=	15,000만원
항목 2	3,000만원	×	5일	=	15,000만원
	8,000만원				30,000만원

위의 자료를 이용하여 다음의 물음에 답하라.

(1) 글로리아문구의 1일 평균표류액(average daily float)은?

(2) 연간 부채비용이 10%인 경우 글로리아문구의 지연된 현금회수액의 현재가치와 순현재가치를 구하라.

☞ 해설

(1) 1일 평균표류액은 다음과 같은 두 가지 방법으로 구할 수 있다.

① $1\text{일 평균표류액} = \dfrac{\text{총표류액}}{\text{총일수}} = \dfrac{30{,}000\text{만원}}{30\text{일}} = 1{,}000\text{만원}$

② $1\text{일 평균회수액} = \dfrac{\text{총회수액}}{\text{총일수}} = \dfrac{8{,}000\text{만원}}{30\text{일}} = 266.67\text{만원}$

$$\text{가중평균지연일수} = \left(\frac{5{,}000\text{만원}}{8{,}000\text{만원}}\right) \times 3\text{일} + \left(\frac{3{,}000\text{만원}}{8{,}000\text{만원}}\right) \times 5\text{일} = 3.75\text{일}$$

$$\rightarrow 1\text{일 평균표류액} = 1\text{일 평균회수액} \times \text{가중평균지연일수}$$
$$= 266.67\text{만원} \times 3.75\text{일} = 1{,}000\text{만원}$$

(2) 글로리아문구의 경우 1일 평균회수액 266.67만원으로서 이것이 평균적으로 3.75일 지연된다. 따라서 지연된 현금회수액의 현재가치는 1일 평균회수액을 3.75일 동안의 이자율로 할인하여 구할 수 있다.

$$3.75\text{일간의 이자율} = 0.1 \times (3.75\text{일}/365\text{일}) = 0.00103$$

$$\rightarrow PV = \frac{266.67\text{만원}}{1 + 0.00103} = 266.40\text{만원}$$

그리고 지연된 현금회수의 순현재가치(1일)는 다음과 같이 구할 수 있다.[8)]

$$NPV = 266.40\text{만원} - 266.67\text{만원} = -0.27\text{만원}$$

8) 이 경우 연간 순현가는 다음과 같다.

$$NPV = -0.27\text{만원} \times 365\text{일} = -98.55\text{만원}$$

2.2 현금유입의 촉진

현금유입을 촉진하기 위해서는 가능한 한 회수표류를 줄여야 한다. 일반적으로 회수표류는 다음의 세 부분으로 구성된다.

첫째, 우편표류(mail float)로서 이는 고객이 지급한 수표가 우편제도 내에 묶여 있는 시간을 말한다.

둘째, 사내표류(in-house processing float)로서 이는 수표를 받아서 거래은행에 예입하기까지의 회사 내에서 낭비되는 시간을 의미한다.

셋째, 결제표류(clearing float or availability float)로서 은행간의 결제시스템하에서 수표가 결제되는 데 소요되는 시간을 말한다.

〈그림 19-4〉는 현금이 회수되기까지의 과정에서 회수표류의 각 부분이 어떻게 발생되는지를 나타내고 있다. 〈그림 19-4〉에서 각 단계별 표류시간은 고객과 은행의 위치와 현금회수의 효율성에 의해 좌우된다. 현금회수를 촉진시키며, 회수시간을 단축시키기 위해서는 사서함제도(lockbox system), 집중은행(concentration) 그리고 전신송금(wire transfer) 등을 이용할 수 있다.

1) 사서함제도

사서함제도는 우체국에 사서함을 만들어 고객이 수표를 사서함으로 우송시키면, 기업의 거래은행이 이를 수집하여 그 기업의 계좌에 입금시키는 방법이다. 이

그림 19-4 **현금회수과정과 회수표류**

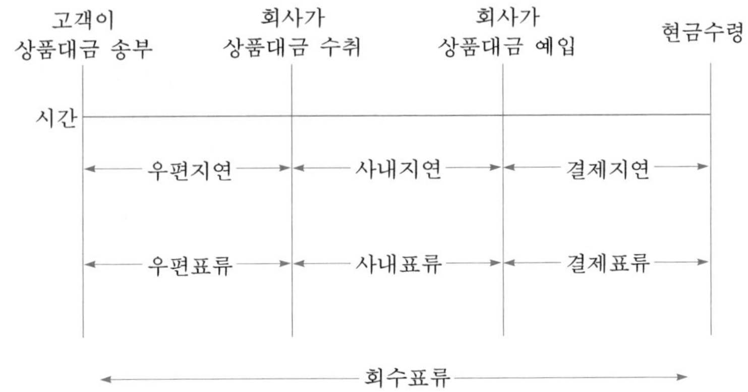

그림 19-5 사서함제도의 현금회수 절차

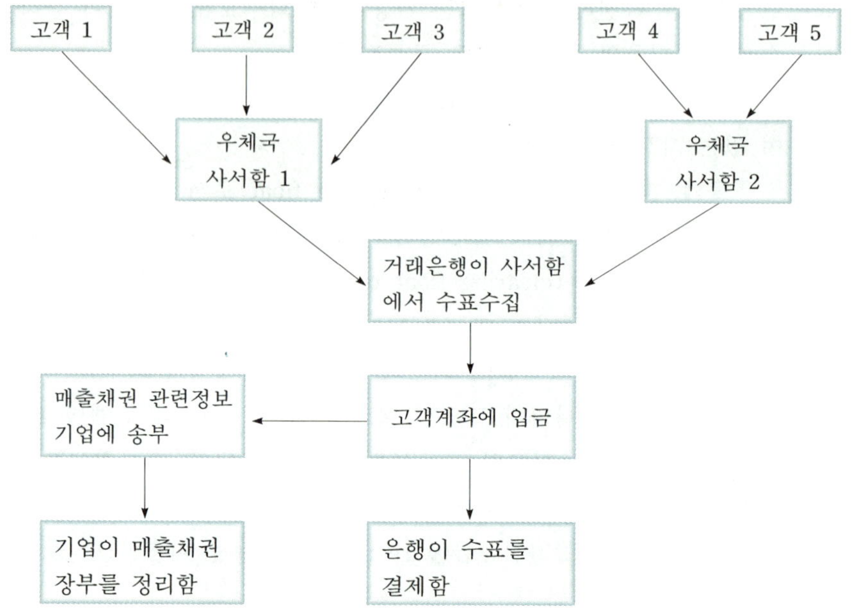

러한 제도를 이용함으로써 고객으로부터의 대금이 해당기업을 거치지 않고 직접 은행에 입금되기 때문에 고객에서 기업으로, 기업에서 은행으로 통하는 자금흐름의 시간을 단축시킬 수 있다. 이 제도는 우편지연, 사내지연 그리고 결제지연을 단축시켜 준다. 〈그림 19-5〉는 사서함제도의 개관을 나타내고 있다.

2) 집중은행

집중은행제도는 판매 및 수금지역이 널리 퍼져 있을 경우, 각 지역별로 전략적 수금센터인 집중은행을 두어 각 지역의 지점이나 지사를 통해 수금된 것을 집중은행에 예입하도록 하는 제도이다. 이 제도는 각 지점의 은행망을 온라인제도(on-line system)에 의해 거의 동시에 연결시켜 운영되고 있으므로, 고객이 직접 본사로 대금을 송금할 때 소요되는 우송시간을 단축시켜 현금회수를 촉진시킬 수 있다. 우리나라의 은행도 온라인제도를 사용하고 있어 어느 지역에서나 송금을 하면 즉시 해당계좌에 들어오게 된다.

3) 전신송금

고객들이 발행한 수표가 각 지점에 예치된 후, 이를 집중은행으로 이전시키는 가장 빠른 방법은 전신송금을 이용하는 것이다. 전신송금을 이용하면 우편지연시간과 결제지연시간을 완벽하게 제거할 수 있어서 기업은 현금을 즉시 이용할 수 있다. 그러나 이 제도는 비용이 많이 드는 단점이 있다.

예제 19-4 현금유입의 촉진 : 사서함제도

청해주조는 전국 각지에 소매상을 두고 있다. 이들 소매상이 발행한 수표는 8일 후에 현금화가 가능하다고 한다. 현금회수기간을 앞당기기 위해 청해주조는 주요 도시에 사서함을 개설하고 대한은행으로 하여금 사서함제도를 운영토록 위촉할 예정이다. 이를 이용하면 우편지연, 사내지연, 결제지연에 소요되는 시간을 2일간 단축할 수 있다고 한다. 하루 평균 200건이 사서함을 통해 예치되며, 각 예치건수의 평균금액은 50만원이다. 유가증권의 1일 투자수익률은 0.03%이며, 대한은행은 사서함제도의 서비스를 제공하는 대가로 연간 1,500만원의 고정비용과 수표 1건당 30원의 변동비를 요구하고 있다. 사서함제도는 이용가치가 있는가?

☞ 해설

이는 사서함제도를 이용함으로써 얻을 수 있는 수익과 비용을 고려하여 결정하여야 한다.

먼저 사서함제도로 인한 수익을 계산하면 다음과 같다.

· 1일 총 회수금액 = 50만원 × 200건 = 1억원

· 사서함제도 이용시 총회수표류 절감액 = 2일 × 1억원 = 2억원

총회수표류 절감액의 유가증권 투자시 얻을 수 있는 수익:

· 유가증권의 1일 투자수익 = 2억원 × 0.0003 = 60,000원

· 유가증권의 1년 총투자수익 = 60,000원 × 365일 = 2,190만원

그리고 사서함제도로 인해 발생하는 비용을 계산하면 다음과 같다.

· 고정비 = 1,500만원

· 변동비 = 30원 × 200건 × 365일 = 219만원

→ 연간 총비용 = 고정비 + 변동비 = 1,719만원

따라서 총수익(2,190만원) > 총비용(1,719만원)이므로 청해주조는 사서함제도를 이용하여야 한다.

2.3 현금유출의 지연

현금지급을 가능한 한 늦추는 것도 현금관리의 주요 내용이 된다. 현금지급의 지연에서는 우편지연시간과 결제지연시간을 최대한 늦추는 것이 핵심이다. 공급자에게서 멀리 떨어진 은행을 통해 수표를 발행하거나, 수표발행 후 며칠 뒤에 우편으로 부치는 방법이 이용되기도 한다.

1) 무잔고계좌

수표가 발행될 때에는 무잔고계좌(zero-balance account)에서 발행되지만 지급요구가 있을 땐 즉시 주계좌에서 자동이체되는 제도이다. 현금지급을 위해 최소잔고를 유지해야 하는 것을 피할 수 있으며, 자금을 활용할 수 있다는 이점이 있다.

2) 드래프트

드래프트(draft)제도는 고객에 의해 드래프트가 접수되면 은행은 수표와는 달리 기업에 지급의사를 문의하고, 기업이 지급을 수락하여 필요한 금액을 은행에 예치하면, 은행이 드래프트금액을 고객에게 지급하는 제도이다. 일반적으로 드래프트제도는 기업이 수표나 어음을 이용하는 것보다 비용이 더 들지만, 은행계좌에 현금잔액을 적게 유지할 수 있기 때문에 일시적으로 현금을 투자에 활용할 수 있다.

3) 윤리적 · 법적 문제

만약 재무담당자가 지급표류자금을 바탕으로 자금을 활용하는 것이 은행으로부터 발각되면, 은행은 이에 대한 벌금을 부과하는 것이 상례이다.

그러나 은행이 지급표류자금 현황을 완벽히 파악하고 있지 않다면, 이는 기업이 수표를 과다발행(over draft)하는 등 악용될 소지가 있다. 이 경우 기업에게는 도덕적 · 법적 책임문제가 발생된다.

3 여유현금의 투자

기업이 일시적인 여유자금을 가지고 있으면, 화폐시장(money market)이라 부르는 단기금융시장에서 만기가 1년 미만인 증권에 투자할 수 있다.[9] 기업의 재무담

9) 우리나라의 경우 단기금융시장에서 주로 거래되는 증권에는 기업어음(commercial paper:

당자가 독자적으로 투자할 수 있으나, 일정한 관리비용을 지급하여 투자전문회사에 의뢰하거나 은행의 자동이체계정(sweep account)을 이용하기도 한다. 자동이체계정이란 매영업일마다 기업의 초과자금이 생기면, 은행이 이를 모두 수집하여 수익성 자산에 투자하는 계정이다.[10] 기업은 계절적이며 주기적으로 발생되는 기업의 경영활동에 필요한 자금조달을 위해 또는 예정된 지출에 대비하기 위해, 그리고 돌발사태에 대비하기 위해 일시적인 여유자금(현금)을 필요로 하게 된다.

3.1 계절적 또는 주기적 활동

기업에 따라서는 연중 현금흐름 유형을 정확히 예측할 수 있다. 선풍기, 에어컨 등 계절성 상품을 생산하는 업체가 이에 해당된다. 이런 기업들은 여유자금이 있을 때 유가증권을 매입하고, 현금부족이 발생하면 유가증권을 매각하거나 은행에서 단기차입을 한다. 〈그림 19-6〉은 이와 같은 상황을 나타낸 것이다.

3.2 계획된 지출

기업은 공장의 건설, 배당지급 등을 위해 미리 준비한 자금으로 일정기간 동안 유가증권에 투자한 후, 이를 매각하여 사업목적의 재원으로 활용하는 경우가 있다. 유가증권에 대한 투자는 유가증권의 만기(maturity), 파산위험(default risk), 시장성(marketability) 등을 고려하여 이루어진다.

1) 만 기

만기는 원리금이 상환되는 기간을 말한다. 동일한 이자율의 변동에 대하여, 장기증권의 가격변화는 단기증권의 가격변화보다 크게 나타난다. 즉 장기증권에

CP), 양도성예금증서(negotiable certificate of deposits: CD), 환매조건부채권(repurchase agreement: RP), 어음관리구좌(cash management account: CMA), 기업금전신탁 등이 있다.

10) 대표적인 것으로 증권회사의 자동이체계정을 들 수 있는데, 현금이 이자부 화폐시장계정에 자동적으로 이체된다. 그 대표적인 예로, 메릴 린치(Merrill Lynch)의 Cash Management Account, 시어슨 리만(Shearson Lehman)의 Financial Management Account 등을 들 수 있다. 이는 1981년 미국상업은행에서 취급하고 있는 결제성 저축계정으로, 요구불예금과 이자부 요구불예금계정(negotiable order of withdrawal account: NOW계정)에 있어 최저한도액을 초과하는 잔고를 수익성 자산에 투자하고, 반대의 경우 수익성 자산으로부터 요구불예금계정으로 자동이체토록 되어 있는 신종상품이다.

그림 19-6 계절적 현금수요

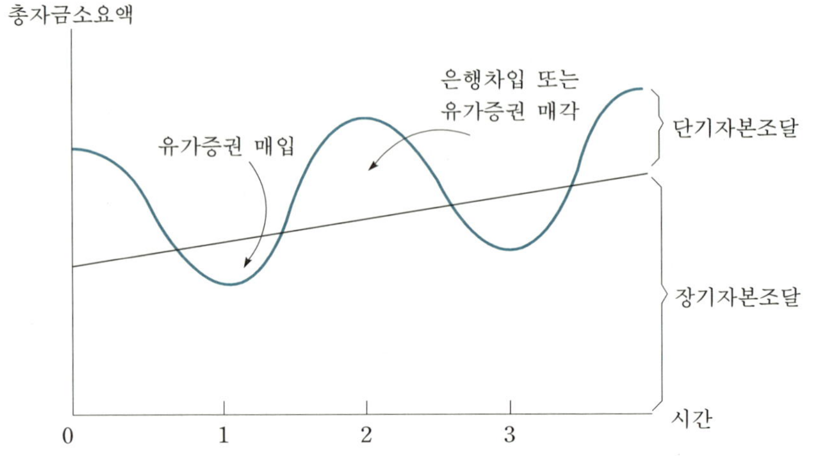

대한 투자는 단기증권의 투자에 비해 높은 위험을 초래한다. 이러한 위험을 이자율위험(interest-rate risk)이라 부른다. 이때 물론 장기증권의 기대수익률은 단기증권에 비해 높을 것이다.

2) 파산위험

파산위험이란 약속된 기간 내에 이자나 원금이 약속된 금액으로 지급되지 못할 가능성(확률)을 말한다. 신용평가기관들은 주로 파산위험도에 따라 증권들의 등급을 산정한다. 기업이 여유자금을 유가증권에 투자하고자 할 때 파산위험 정도가 현저히 높은 것은 피하는 것이 좋다.

3) 시 장 성

시장성은 유동성과 유사한 개념으로 가격손실 없이 신속히 현금화할 수 있는 정도를 말한다. 예를 들어 가격을 현저히 낮추어야 팔 수 있는 증권의 경우 시장성이 낮은 것이다.

주 요 용 어

거래적 동기(658)
보상잔고(658)
기회비용(658)
거래비용(658)
적정현금보유수준(658)
최적 1회 현금조달액(660)
최적평균현금잔고(660)
보몰모형(661)
밀러-오어모형(662)
귀착점(662)
평균현금잔고(664)
지급표류(666)
회수표류(667)
순표류(667)
우편표류(669)
사내표류(669)
결제표류(669)
사서함제도(669)
집중은행제도(670)
전신송금(671)
무잔고계좌(672)
드래프트(672)
자동이체계정(673)
파산위험(674)
시장성(674)

연 습 문 제

1

다음과 같은 사항이 기업의 현금잔고에 어떤 영향을 미치는지를 밝혀라.

(1) 단기금융시장에서 거래되는 증권의 이자율 상승

(2) 유가증권의 매매수수료 상승

(3) 은행의 보상잔고 요구액이 하향조정됨

(4) 차입비용의 감소

(5) 기업의 신용등급이 하락함

(6) 은행서비스에 대한 직접적인 수수료가 설정됨

2

보몰모형

㈜화성피아노는 현재 60,000만원의 현금을 갖고 있다. 향후 매월 30,000만원의 순현금 유출이 예상되며, 유가증권의 매매는 1번에 60만원씩의 고정비용을 물어야 한다. 그리고 유가증권의 연간 이자율은 8%이다.

(1) 현재 현금을 어느 정도 보유하여야 하는가?

(2) 유가증권에 투자할 수 있는 금액은?

(3) 여유자금을 최초로 유가증권에 투자한 이후, 1년 동안 몇 번이나 증권을 매각해야 하는가?

3

고급 밀러-오어모형

충무상사의 일별 현금흐름의 표준편차는 10만원이다. 현금보유의 기회비용은 연간 8%이며, 유가증권의 매매 1건당 거래비용은 8만원이다. 현금잔고의 하한선이 50만원으로 정해져 있다면, 현금잔고의 상한선과 적정현금보유수준(또는 귀착점), 그리고 평균현금잔고는 각각 얼마인가?

4

사서함제도의 경제적 효과

㈜부산은 사서함 개설을 고려중이다. 사서함 사용의 고정경비는 연간 50만원이며, 수표 1건당 변동처리비 200원이 부과된다. 사서함제도를 통해 회수표류일을 3일 단축시킬 수 있으며, 유가증권의 연간 수익률은 6%이다.

1건당 평균회수액이 50만원이라면, 하루 평균 몇 명의 고객(몇 건)이 사서함을 이용해야 사서함제도의 채산성이 있는가?

5 지급표류와 회수표류

서울슈퍼는 1일 평균 120만원의 수표를 우유공급자에게 발행하고 있다. 이 수표가 결제되기까지는 5일이 소요된다. 그리고 물건을 판 후 1일 평균 150만원의 가계수표를 고객으로부터 받고 있으며, 이것이 현금화되기까지 3일이 소요된다.

(1) 서울슈퍼의 지급표류, 회수표류, 그리고 순표류를 계산하라.

(2) 만약 고객에게 받은 수표가 4일 만에 현금화된다면, 지급, 회수, 순표류는 얼마나 되는가?

제 20 장

신 용 관 리

대부분의 기업은 제품이나 서비스를 현금 또는 외상으로 판매하고 있다. 외상판매는 제품이나 서비스의 판매대금을 일정한 기간이 경과한 후에 결제하는 조건으로 판매하는 것으로, 이를 흔히 신용판매(credit sales)라고도 한다. 고객에게 신용을 허용하는 경우에 발생하는 채권을 매출채권(accounts receivable)이라 하며, 이는 매출을 증대시키기 위하여 기업자금을 투자한 것으로 볼 수 있다. 매출채권은 다른 기업에게 허용하는 상업신용(trade credit)과 일반소비자에게 허용하는 소비자신용(consumer credit)을 포함한다.

매출채권에 대한 투자규모는 신용판매의 규모와 매출채권의 평균회수기간에 의해 결정된다. 예를 들어 하루 1,000만원의 외상매출이 있고 매출채권의 평균회수기간이 30일이라면, 매출채권에 대한 투자규모는 3억원이 된다. 따라서 기업의 매출채권에 대한 투자는 신용판매와 회수기간에 영향을 미치는 요인들에 의해 좌우되며, 이와 같은 요인들에 관한 기업의 정책을 신용정책(credit policy)이라 한다. 본장에서는 매출조건, 신용분석, 회수정책 등 신용정책에 관해 설명하고자 한다.

1 매 출 조 건

매출조건은 신용이 허용되는 기간, 현금할인 그리고 신용수단(credit instrument)의 유형을 말한다. 예를 들어 「3/10, net 30」이라는 조건으로 신용판매한다고 하자. 이 경우 고객은 상품이 발송된 후 30일 이내에 결제하여야 하며, 10일 이내에 결제한다면 3%의 현금할인을 받을 수 있다.

1.1 신용기간

신용기간(credit period)은 고객에게 허용된 매출채권의 상환기간이다. 신용기간은 업종에 따라 다양하다. 예를 들어 고가의 전자제품을 판매하는 회사의 신용기간은 「5/30, net 6개월」로 비교적 길며, 식품 도매업자는 7일 이내 정가판매, 즉 「net 7」로 짧을 수 있다. 신용기간을 연장하면, 실질적으로 고객에게 가격을 낮춘 것과 같은 효과를 제공하므로 매출이 증가할 수 있다. 일반적으로 기업은 다음과 같은 사항들을 고려하여 신용기간을 결정한다.

① 대손가능성: 신용상태가 좋지 못한 고객에 대해서는 신용기간을 짧게 한다.

② 매출채권의 규모: 금액이 작을 경우 신용기간을 짧게 한다. 소액의 매출채권은 관리하는 데 비용이 많이 들고 고객의 중요성도 낮기 때문이다.

③ 제품의 특성: 제품의 담보가치가 작고 수명이 짧다면, 신용기간을 짧게 한다.

1.2 현금할인

기업이 고객에게 현금할인을 제공하는 이유는 외상매출금의 현금회수를 앞당기기 위해서이다. 기업은 현금할인으로 인한 이득과 손실의 상반관계를 고려하여 할인조건을 결정해야 한다.

예제 20-1 현금할인

㈜금영사는 단골고객인 갑이 10,000만원의 상품을 구입하고 20일 이내에 결제를 마치는 경우에 3%의 할인을 고려하고 있다. 지금까지 이 고객은 현금할인 없이 30일 이내에 결제를 하였다. ㈜금영사의 부채비용은 연간 10%라고 한다.

(1) ㈜금영사는 갑에게 현금할인을 허용하여야 하는가?

(2) ㈜금영사는 10,000만원의 상품을 판매할 때 5,000만원의 변동비가 발생하고, 3%의 현금할인혜택을 줄 때 주문규모가 10% 증가하는 경우 갑에게 현금할인을 허용하여야 하는가?

☞ 해설

(1) 두 정책의 현금흐름과 그 현재가치(PV)는 다음과 같다.

· 현재정책: 「net 30」

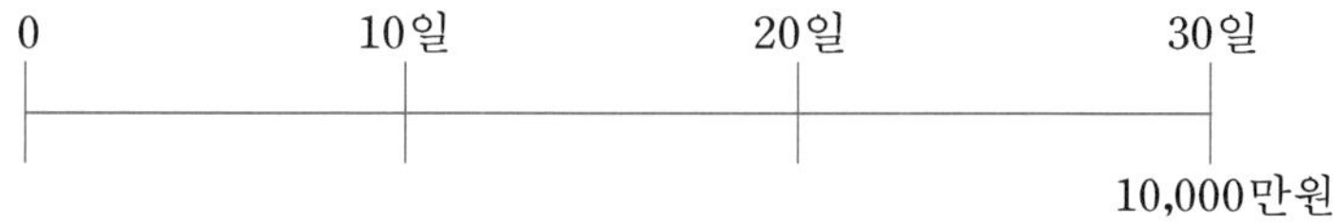

$$PV = \frac{10,000\text{만원}}{1 + (0.1 \times 30/365)} = 9,918.48\text{만원}$$

· 할인정책: 「3/20, net 30」

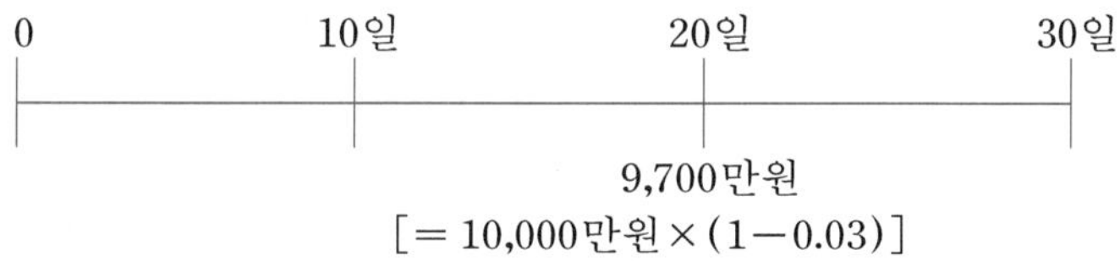

$$PV = \frac{9,700\text{만원}}{1 + (0.1 \times 20/365)} = 9,647.14\text{만원}$$

현재정책이 할인정책에 비해 271.34만원(=9,918.48만원−9,647.14만원) 높은 가치를 제공하므로 ㈜금영사는 현재의 신용정책을 고수해야 한다. 즉 ㈜금영사는 갑에게 현금할인을 허용하지 않아야 한다.

(2) 10,000만원의 상품을 판매할 때 5,000만원의 변동비가 발생하고, 3%의 현금할인혜택을 줄 때 주문규모가 10% 증가하는 경우, 두 정책의 현금흐름과 순현가(NPV)는 다음과 같다.

· 현재정책: 「net 30」

$$NPV = \frac{10,000\text{만원}}{1 + (0.1 \times 30/365)} - 5,000\text{만원} = 4,918.48\text{만원}$$

· 할인정책: 「3/20, net 30」

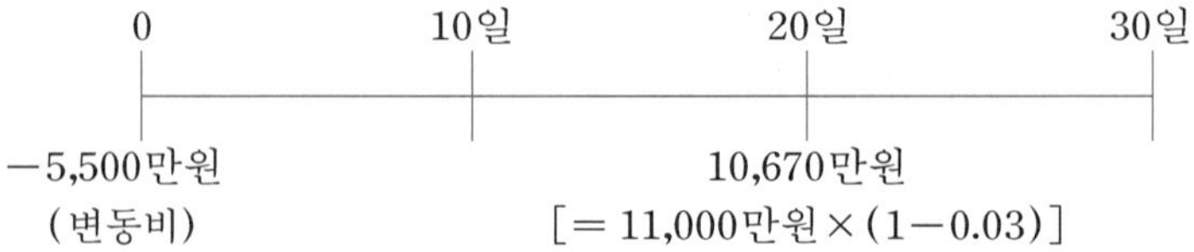

$$NPV = \frac{10{,}670\text{만원}}{1 + (0.1 \times 20/365)} - 5{,}500\text{만원} = 5{,}111.85\text{만원}$$

할인정책의 순현가가 현재정책의 순현가보다 193.37만원(=5,111.85만원−4,918.48만원) 더 높다. 따라서 ㈜금영사는 할인정책을 채택하여야 한다. 즉 이 회사는 갑에게 현금할인을 허용해 주어야 한다. 할인정책의 가치가 높아진 것은 현금유입의 조기회수, 할인제공에 따른 매출확대 등에 의한 것이다.

1.3 신용수단

신용판매의 대부분은 물건이 배달될 때 송장(invoice)도 동시에 전달되어 고객이 물건을 수령하고 이에 서명하는 외상계정(open account)형태로 제공된다. 그러나 고객의 채무변제가 의심스럽거나 고액거래인 경우, 판매자는 약속어음(promissory note)을 발행해 줄 것을 요구하는 경향이 있다.

약속어음이 안고 있는 문제는 제품이 인도된 후에 발행된다는 점이다. 고객에게 제품을 인도하기 전에 제품대금 지급을 확인받는 방법으로는 상업환어음(commercial draft)이 있다. 전형적으로 기업은 고객이 특정 일자에 상품대금을 지급하도록 요구하는 상업환어음을 발행한다. 그 환어음은 송장과 함께 고객의 은행으로 보내진다. 은행은 고객이 서명을 한 후에 송장을 고객에게 넘겨주며, 제품이 고객에게 인도된다. 상품이 인도되기 전 즉각적인 지급이 요구되면, 이를 일람불어음(sight draft)이라 부른다.

고객이 어음에 서명을 하는 것으로 충분하지 않는 경우에 기업은 은행이 상품대금을 지급하고, 그 대금을 고객으로부터 회수하도록 요구하게 된다. 은행이 이러한 조건을 받아들여 서류에 서명하는 경우 이 서류를 은행인수어음(banker's acceptance)이라 부른다. 즉 은행이 상품대금 지급에 대한 책임을 지는 것이다. 은행인수어음은 공신력 있는 은행으로부터의 지급보증을 받은 것이기 때문에 기업은 유통시장에서 할인하여 이를 매각할 수 있다.

기업은 또한 조건부판매계약(conditional sales contract)을 맺어 고객이 현금지급을 완료하기까지 물건에 대한 법적 소유권을 지닐 수 있다. 이와 같은 계약은 항상 이자를 포함하는 할부지급의 형태로 체결된다.

2 신용분석

2.1 신용정책의 결정

신용정책을 결정함에 있어 기업이 선택할 수 있는 두 가지 방법은 고객에게 외상매입을 허용하지 않는 것과 허용하는 것이다. 외상매입을 허용하는 경우 다소 높은 가격에 매출량도 증가할 것이다.

예를 들어 컴퓨터 소프트웨어를 개발하고 있는 ㈜첨단컴퓨터는 외상매입(신용)을 허용하지 않는 경우 기존 프로그램을 개당 5만원에 판매할 수 있으며, 그 비용은 개당 2만원이 소요된다고 하자. 이 회사가 만약 신용거래를 허용한다면, 상품대금은 1 기간이 지난 후 회수하게 되지만 매출이 증가하고 또한 보다 높은 가격을 부과할 수 있을 것이다. 신용거래의 허용 여부는 신용거래를 허용하지 않는 전략(전략 1)과 신용거래를 허용하는 전략(전략 2)의 순현가(NPV)를 비교하여 결정될 수 있다.

이 회사가 취할 수 있는 두 가지 전략의 순현가를 살펴보면 다음과 같다.

■ 전략 1: 신용거래를 허용하지 않음

신용거래를 허용하지 않는 경우, 즉 현금판매인 경우 판매시점(0 시점)에서의 순현금흐름(net cash flow: NCF)은 다음과 같이 구할 수 있다.

$$NCF = P_0Q_0 - C_0Q_0 \tag{20-1}$$

여기서 P_0: 0 시점에서의 단위당 판매가격
C_0: 0 시점에서의 단위당 비용
Q_0: 0 시점에서의 판매량

신용을 허용하지 않는 경우(전략 1)의 현금흐름을 나타내면 다음과 같다.

따라서 판매시점, 즉 0 시점에서의 ㈜첨단컴퓨터의 순현가(NPV)는 단순히 0

시점에서의 순현금흐름과 같다.

$$NPV(\text{신용허용 않음}) = NCF$$

예를 들어 신용거래가 허용되지 않을 경우의 판매량 $Q_0 = 100$개라면, ㈜첨단컴퓨터의 NPV는 다음과 같이 계산된다.

$$NPV(\text{신용허용 않음}) = (50{,}000\text{원} \times 100\text{개}) - (20{,}000\text{원} \times 100\text{개}) = 3{,}000{,}000\text{원}$$

전략 2: 신용거래를 허용함

신용거래를 허용하는 경우와 허용하지 않는 경우를 비교하면 다음과 같다.

	전략 1: 신용허용하지 않음	전략 2: 신용허용
단위당 가격	$P_0 = 50{,}000$원	$P_0' = 50{,}000$원
매 출 량	$Q_0 = 100$개	$Q_0' = 200$개
단위당 비용	$C_0 = 20{,}000$원	$C_0' = 25{,}000$원
대금회수율	$h = 1$	$h = 0.9$
신용기간	0	1 기간
요구수익률(1기간의 부채비용)	0	$r_B = 0.01$

주)(′) 표시는 신용거래허용전략하의 변수를 나타냄.

고객에게 신용을 허용하면, 판매대금이 회수될 가능성은 90%(h)로서 이 경우 매출액 $P_0' Q_0'$는 1 기간 후에 회수되지만, $C_0' Q_0'$ 만큼의 비용은 0 시점에서 발생한다. 그리고 1 기간이 지난 후에도 고객이 대금을 지급하지 않을 가능성은 10%($1-h$)로서 이 경우에는 판매대금의 회수없이 $C_0' Q_0'$ 만큼의 비용만 0 시점에서 발생하게 된다. 신용을 허용하면 신규고객이 유입되어 매출량이 증가하지만, 신용정책을 수행하기 위한 비용이 추가적으로 발생할 수 있다.

신용을 허용하는 경우의 기대현금흐름은 다음과 같다.

	0	1
판매대금 회수(h) :	$-C_0' Q_0'$	$P_0' Q_0'$
판매대금 회수 못함($1-h$) :	$-C_0' Q_0'$	0
기대현금흐름 :	$-C_0' Q_0'$	$hP_0' Q_0'$

따라서 신용을 허용하는 경우 ㈜첨단컴퓨터의 순현가는 다음과 같다.

$$
\begin{aligned}
NPV(\text{신용허용}) &= \frac{hP_0' Q_0'}{1+r_B} - C_0' Q_0' \\
&= \frac{0.9 \times 50{,}000\text{원} \times 200\text{개}}{1+0.01} - 25{,}000\text{원} \times 200\text{개} \\
&= 3{,}910{,}891\text{원}
\end{aligned}
$$

이상에서 살펴본 바와 같이 신용을 허용하면 NPV가 3,910,891원이 되지만, 허용하지 않는 경우는 3,000,000원이 된다. 따라서 이와 같은 경우 ㈜첨단컴퓨터는 신용을 허용하는 편이 유리하다. 즉 ㈜첨단컴퓨터는 신용을 허용하는 전략 2를 선택하여야 한다.[1)]

신용거래의 허용 여부에 관한 의사결정은 다음의 네 가지 요인에 의해 결정된다.

① 신용거래를 허용함으로써 지연된 수익($P_0' Q_0'$)

② 신용거래 허용에 따른 현재비용($C_0' Q_0'$)

③ 판매대금이 회수될 확률(h)

④ 지연된 현금흐름에 대한 적절한 요구수익률(r_B)

1) 신용위험에 관한 새로운 정보의 가치

신용거래에 관한 의사결정을 합리적으로 하기 위해서는 고객의 지급불능가능성을 정확하게 추정하여야 한다. 따라서 ㈜첨단컴퓨터의 경우 어느 고객이 대금을 지급하지 않을 것인가에 대한 분석을 실시하는 것은 의미 있는 일이다. 신용거래시 전체 고객중 지급불능이 될 확률은 10%였다. 그러나 고객의 지급불능가능성에 대한 보다 구체적인 분석결과, 과거 5년 동안의 수익성이 양호한 고객은 모두 대금을 지급하였으며, 이들은 전체 고객의 90%를 점하고 있다. 한편 수익성이 불량한 고객은 모두 대금 전액을 지급하지 못하였으며, 이들은 전체 고객의 10%였다. 이와 같은 새로운 정보를 요약하면 다음과 같다.

---

1) 신용을 허용하지 않는 전략(전략 1)과 허용하는 전략(전략 2)을 무차별하게 해주는 h를 구하면 다음과 같다.

$$3{,}000{,}000\text{원} = \frac{h \times 50{,}000\text{원} \times 200\text{개}}{1+0.01} - 25{,}000\text{원} \times 200\text{개}$$

$$\therefore\ h = 80.8\%$$

따라서 신용거래시 1기간 후 판매대금의 회수율이 80.8%이면, 신용을 허용하는 것과 허용하지 않는 것의 NPV 차이는 없을 것이다.

고객의 유형	고객수	지급불능확률	지급불능이 될 예상고객수
수익성 양호	180	0	0
수익성 불량	20	100%	20
총고객	200	10%*	20

* 전체 고객중 지급불능이 될 확률$=\left(\frac{180}{200}\right)(0\%)+\left(\frac{20}{200}\right)(100\%)=10\%$

매입채무를 상환하지 못할 고객 20명에게 신용거래를 허용하는 경우의 순현가는 다음과 같다.[2)]

$$\begin{aligned} NPV(\text{신용허용}) &= \frac{h \times P_0' Q_0'}{1+r_B} - C_0' Q_0' \\ &= \frac{0 \times 50{,}000\text{원} \times 20\text{개}}{1+0.01} - 25{,}000\text{원} \times 20\text{개} \\ &= -500{,}000\text{원} \end{aligned}$$

수익성이 불량하여 대금을 지급하지 못할 고객에게 신용거래를 허용하면 총 500,000원의 손해를 보게 된다. 만약 200명의 신용허용대상 고객들의 과거 영업실적을 조사하는 데 고객당 3,000원의 비용이 든다고 가정할 때, 신용조사의 기대성과는 다음과 같다.

신용조사의 기대성과
= 불량고객에게 신용을 허용하지 않을 경우의 이득 − 신용조사비용
= 500,000원 − 3,000원 × 200명 = −100,000원

이와 같은 경우 ㈜첨단컴퓨터는 신용조사를 하지 않는 편이 유리하다. 왜냐하면, 불량고객에게 신용을 허용하는 경우 발생할 수 있는 손실 500,000원을 회피하기 위하여 신용조사비용 600,000원을 지출해야 하기 때문이다.

2) 신용거래 : 반복적 매출

지금까지 ㈜첨단컴퓨터의 예는 신용허용이 장래의 매출수준을 영구적으로 증가시킬 수 있음을 무시하고 있다. 또한 당기간의 지급 또는 지급불능의 유형은 향후 고객의 신용정보에 대해 유용한 정보를 제공한다. 따라서 ㈜첨단컴퓨터의 신용허용 여부에 관한 의사결정시 이와 같은 요인들을 반드시 고려하여야 할 것이다.

---

2) 1명의 고객에게 1개씩의 상품을 판매한다고 가정한다.

그림 20-1 신용정책의 결정과 의사결정수

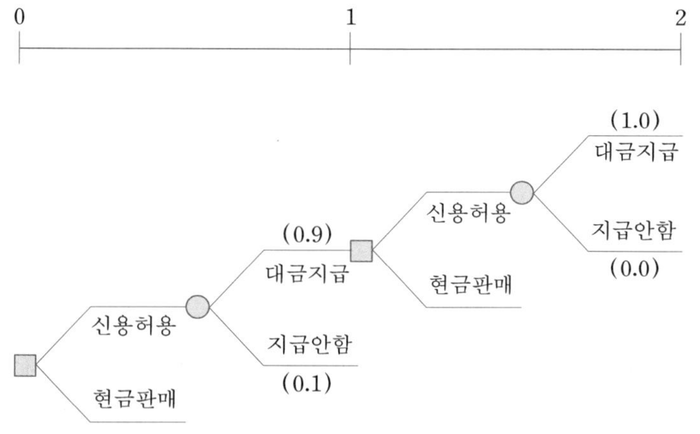

㈜첨단컴퓨터의 경우 1 시점에서 고객이 대금을 지급할 확률은 90%이며, 실제로 지급하였다고 가정하자. 그리고 대금을 지급한 고객 180명(200명×0.9)에 대해서 다시 2 시점에서도 신용이 허용되고, 이 고객이 대금을 지급할 확률은 100%라고 한다. 이와 같은 사항을 의사결정수를 이용하여 나타내면 〈그림 20-1〉과 같다.[3)]

의사결정수에서는 항상 역순으로 의사결정을 한다. 즉 1 시점에서 신용거래의 허용 여부를 먼저 결정한 후, 판매시점(0 시점)에서 신용허용 여부를 최종적으로 결정하여야 한다.[4)]

---

3) ■ 는 의사결정을 내려야 하는 시점, 즉 의사결정마디를 나타내며, ● 는 확률적 상황이 분기되는 시점, 즉 상황마디를 나타낸다. 의사결정수에 관한 자세한 설명은 제10장을 참조할 것.

4) 신용판매에 의해 두 기간 동안 첨단컴퓨터가 얻을 수 있는 총순현가는 다음과 같은 두 단계로 구할 수 있다.

■ 단계 1: 1 시점에서의 순현가(NPV_1) 계산

$$NPV_1(\text{신용허용}) = \frac{1 \times 50{,}000\text{원} \times 180\text{개}}{1+0.01} - 25{,}000\text{원} \times 180\text{개} = 4{,}410{,}891\text{원}$$

※ 1 시점에서는 신용을 허용하는 경우의 순현가가 현금판매의 순현가보다 높아서 신용을 허용한다고 가정함.

■ 단계 2: 1시점에서의 순현가를 포함하여 0 시점에서의 총순현가(NPV) 계산

$$NPV(\text{신용허용}) = \frac{0.9 \times (50{,}000\text{원} \times 200\text{개}) + 4{,}410{,}891\text{원}}{1+0.01} - 25{,}000\text{원} \times 200\text{개}$$

$$= 8{,}278{,}110\text{원}$$

2.2 최적신용정책

최적신용수준은 기회비용(opportunity cost)과 유지비용(carrying cost)을 합한 총 비용이 최소인 점에서 결정된다.[5] 기회비용은 신용을 허용하지 않음으로써 발생될 수 있는 매출감소에 따른 손실을 말하며, 이 비용은 신용허용을 확대할수록 작아진다. 유지비용은 신용을 허용하는 경우에 발생하는 비용으로서 현금회수의 지연, 회수불능으로 인한 손실(대손상각비용), 신용관리비용 등이 포함된다. 유지비용은 신용허용을 확대할수록 커진다. 기업의 최적신용수준을 그림으로 나타내면 〈그림 20-2〉와 같다.

최적신용정책의 개념은 본서의 앞부분에서 설명한 최적자본정책의 개념과 유사하다. 자본시장이 완전하다면 신용규모에 의해 기업가치가 영향을 받지 않기 때문에 최적신용정책은 무의미하다. 그러나 시장이 불완전한 현실세계에 있어서는 세금의 존재, 파산비용, 대리인비용 등으로 인하여 최적신용수준을 결정하는 것이 중요한 의미를 갖게 된다. 예를 들어 낮은 소득세율을 부담하는 고객들에 비해 높은 소득세율을 부담하는 고객들은 차입한 자금으로 기업에 의해 제시된 현금할인

그림 20-2 **최적신용수준의 결정**

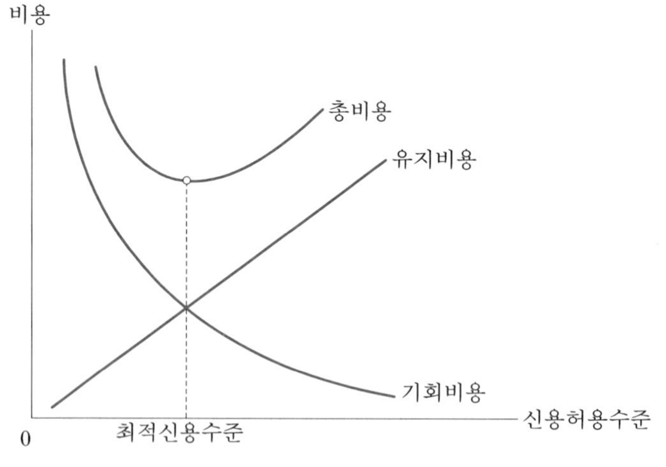

5) 그리고 최적신용수준에서는 신용확대시의 추가적인 매출액 증가에 따른 현금흐름의 증분(한계이익)과 매출채권의 증가에 의해 발생되는 유지비용(한계비용)이 일치한다.

을 받는 것이 유리하다. 그리고 낮은 법인세율을 부담하는 기업은 높은 법인세율을 부담하는 기업보다 차입시 이자비용의 감세효과가 적게 나타나 상대적으로 높은 이자비용을 부담하여야 하기 때문에 신용을 적게 허용할 수 있다.[6)]

최적신용정책은 특정 기업의 특성에 의해서 영향을 받는다. 가격보다 신용정책에 상대적으로 융통성을 가진 기업을 가정한다면, 초과생산능력의 존재, 낮은 변동비, 높은 법인세율 부담, 그리고 단골고객 등을 고려하여 신용을 보다 확대할 수 있다.

2.3 신용분석

신용거래를 고려할 때 이용가능한 정보를 이용하여 고객의 파산가능성을 다각도로 분석하여야 한다. 이와 같이 고객의 파산가능성을 측정하기 위해서 기업은 고객의 신용도에 대한 점수를 부과할 수 있다. 일반적으로 이 점수는 고객의 성격이나 행동양상을 관찰하여 부과된다.

1) 신용정보

고객의 신용을 확인하기 위해 사용하는 정보에는 다음과 같은 것이 있다.

① 고객의 재무제표: 고객의 재무제표는 가장 쉽게 구할 수 있는 정보의 원천이다. 재무제표를 근거로 유동성비율 등을 살펴봄으로써 고객의 유동성을 어느 정도 확인할 수 있다.

② 금융기관조회: 은행, 단자회사 등의 금융기관을 통해 고객의 신용상태를 조사할 수 있다.[7)]

③ 기업간의 정보교환: 고객이 동일한 기업들은 서로 고객에 대한 신용정보를 교환할 수 있다.

④ 고객의 지급내역에 관한 과거 자료: 과거 매출채권의 변제내용에 관한 자료를 활용하는 것으로 상당히 신빙성 있는 정보를 제공할 수 있다.

2) 신용평가

고객의 신용과 관련된 각종 정보가 수집되면, 신용의 5C로 불리는 다음과 같은 정보에 의거하여 신용허용 여부를 확정지어야 한다.

6) 신용이 증가하면, 매출채권에 대한 투자가 증가하므로 기업의 자금부담은 늘어날 것이다. 따라서 기업은 추가적인 자금을 조달하기 위해 차입을 이용할 수 있다.

7) 그러나 우리나라의 경우 금융실명제가 실시된 이후, 금융기관을 통해 고객의 신용도를 관찰하는 것은 거의 불가능하다.

① 인격(character): 고객이 대출금을 상환하려고 하는 의지로서 고객의 과거신용을 살펴보거나 고객과의 대면접촉 등을 통해 알아볼 수 있다.

② 능력(capacity): 고객의 매입채무 상환능력(현금동원능력)으로서 고객의 재무제표에 대한 분석과 예측을 통해 기대현금흐름을 추정하여 판단한다.

③ 자본(capital): 고객의 순재산규모(자산−부채)로서 이는 장기적으로 대금상환을 보증해 준다.[8)]

④ 담보(collateral): 고객의 채무불이행시 확보할 수 있는 자산으로서 물적담보가 여의치 않을 경우 인적 보증(personal guarantees)으로 대체할 수 있다.

⑤ 상황(condition): 일반적 경제상황이나, 고객의 매입채무 상환능력에 영향을 줄 수 있는 특별한 상황변화를 의미하는 것으로서 고객의 상환능력에 대하여 몇 가지의 가능한 시나리오를 가정해 보고 최악의 상황에 대비해야 한다.

이상의 5개 신용요인을 고려하여 고객의 신용도를 측정할 수 있다. 기업은 고객의 신용도를 객관적으로 평가할 수 있도록 5개의 신용평가요인을 계량화하는 것이 좋다. 예를 들어 신용카드회사처럼 고객의 신용도를 철저히 조사할 필요가 있는 경우, 복잡한 통계모형을 활용하여 신용허용 여부를 결정하기도 한다.

3 회 수 정 책

회수정책은 매출채권을 회수하는 정책을 말한다. 매출채권을 회수하기 위하여 우편 또는 전화를 이용하거나, 수금원이 직접 방문하여 회수하거나, 수금대행기관에게 수금을 의뢰하거나, 또는 대금체납에 대한 법적 조치를 취할 수 있다. 이와 같은 방법들은 모두 회수활동에 수반되는 각종 비용을 발생시킨다. 따라서 회수정책을 결정할 때 회수비용과 대손상각비용을 고려하여야 한다. 매출채권의 회수를 촉진시키면, 회수비용이 증가하지만 대손상각비용은 감소하게 된다. 그러나 회수비용의 증가에 따라 대손상각비용은 비례하여 계속 감소하지는 않는다. 〈그림 20-3〉에서 볼 수 있는 바와 같이 회수비용이 증가함에 따라 대손상각비용이 계속 감

8) 장부가치와 시장가치가 현저하게 다를 수 있다. 따라서 가능하다면 고객의 자본은 시장가치에 의해 측정되어야 한다.

그림 20-3 회수비용과 대손상각비용의 관계

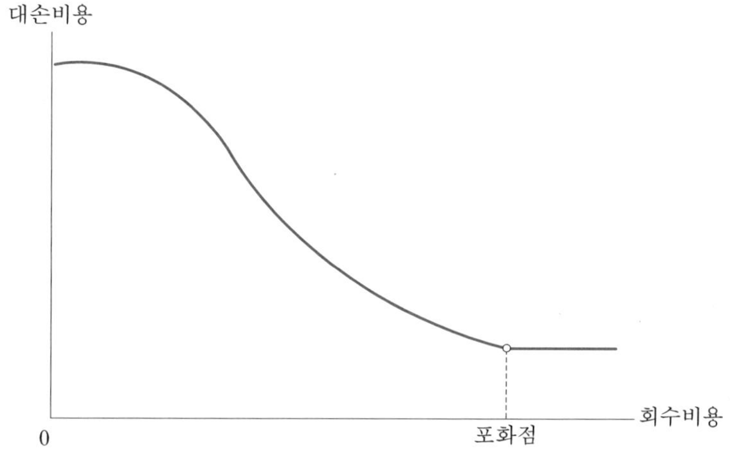

소하다가 어느 점에 이르면 회수비용이 증가하더라도 더 이상 대손상각비용은 감소하지 않는다. 이러한 점을 포화점(saturation point)이라고 한다. 포화점에 이르러서는 회수비용을 증가시키더라도 아무런 한계효과가 없기 때문에 더 이상 회수비용을 지출하지 않아야 한다.

재무담당자는 매출채권의 회수상태를 정기적으로 점검하여 적절한 회수대책을 강구하여야 한다. 매출채권평균회수기간(average collection period: ACP)과 경과기간표(aging schedule) 등을 이용하여 대금회수를 통제할 수 있다.

3.1 매출채권평균회수기간

기쁜소리사는 개당 300원씩 하는 테이프를 연간 100,000개 판매하고 있으며, 판매조건은 「2/20, net 60」이다. 고객의 80%는 현금할인을 택하여 20일 후에 대금을 상환하며, 나머지 20%는 60일 후에 지급한다. 매출채권평균회수기간은 매출채권을 회수하는 데 소요되는 평균기간을 의미한다. 기쁜소리사의 매출채권평균회수기간은 28일이 된다.

$$\text{매출채권평균회수기간} = 0.8 \times 20\text{일} + 0.2 \times 60\text{일} = 28\text{일}$$

이상의 예는 고객이 매출채권을 두 날짜(20일 후, 또는 60일 후) 중 하나에 상환한다는 이상적인 경우를 전제로 한다. 그러나 매출채권의 실제 지급형태는 거의 무작위적으로 일어난다. 따라서 매출채권평균회수기간도 다르게 계산되어야 할 것이다.

매출채권평균회수기간을 계산하기 위해서는 먼저 1일 평균매출액(average daily sales: ADS)을 구해야 하는데, 이는 연간 매출액을 365일로 나누어서 구한다.

$$\text{1일 평균매출액} = \frac{\text{연간 매출액}}{\text{365일}} = \frac{\text{300원} \times \text{100,000개}}{\text{365일}} = \text{82,192원}$$

현재의 매출채권잔액이 2,301,376원이라면 매출채권평균회수기간을 다음과 같이 구할 수 있다.[9)]

$$\text{매출채권평균회수기간} = \frac{\text{매출채권}}{\text{1일 평균매출액}} = \frac{\text{2,301,376원}}{\text{82,192원}} = \text{28일}$$

실제로 기업은 매출과 매출채권잔액 상황을 일별 기준으로 관찰할 수 있기 때문에 매출채권평균회수기간을 신용조건과 수시로 비교할 수 있다. 예를 들어 여러 주 동안의 기쁜소리사의 매출채권평균회수기간이 40일로 계산되었다면, 이는 판매조건 「2/20, net 60」과 비교해서 일부 고객에 대한 매출채권의 회수가 지연된 결과라 할 수 있다.

그러나 계절적 상품을 판매하는 기업의 경우 성수기 직후 매출채권평균회수기간이 아주 높아질 수 있다. 이와 같이 매출채권평균회수기간 자체가 계절성이나 경기변동에 따라 변하기 때문에 이를 보완할 수 있도록 매출채권의 경과기간을 확인할 필요가 있다.

3.2 경과기간표

경과기간표는 신용을 제공한 시점부터 경과일수에 따라 매출채권을 분류한 표이다. 다음에 제시된 경과기간표는 고객의 75%는 정해진 기간 내에 상품대금을 상환하지만, 60일 이상 경과된 매출채권의 비중도 25%나 됨을 보여 준다.

---

9) 매출채권평균회수기간을 다음과 같이 구할 수도 있다.

$$\text{매출채권평균회수기간(일)} = \frac{\text{365일}}{\text{매출채권회전율}}$$

경과기간표

매출채권의 경과기간	매출채권의 구성비
0~20일	50%
21~60일	25%
61~80일	20%
80일 이상	5%
	100%

기업의 경우 경과기간에 따라 서로 다른 회수조치를 취할 수 있다.

3.3 팩 토 링

팩토링(factoring)은 매출채권의 관리를 전담하는 전문기관, 즉 팩터(factor)가 기업의 매출채권을 할인매입하여 매출채권 만기일에 고객으로부터 대금을 직접 회수하는 것을 말한다. 이 경우 팩터는 고객의 지급불능위험을 부담하게 된다. 팩토링에 대한 거래절차를 요약하면 〈그림 20-4〉와 같다. 기업이 팩토링제도를 이용하는 목적은 매출채권관리를 팩터에게 맡김으로써 매출채권의 회수를 촉진시키고 대손의 위험을 줄이기 위해서이다.

그림 20-4 **팩토링에 의한 거래절차**

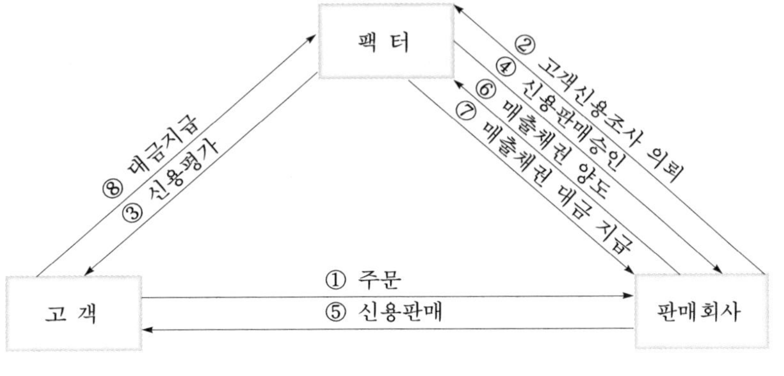

주 요 용 어

매출조건(680)
신용기간(680)
현금할인(680)
상업환어음(682)
일람불어음(682)
은행인수어음(682)
조건부판매계약(682)
최적신용수준(688)
기회비용(688)
유지비용(688)
신용의 5C(689)
회수정책(690)
포화점(691)
매출채권평균회수기간(691)
경과기간표(692)
팩토링(693)

연 습 문 제

1 매출조건의 비교

청운교역의 기존 신용판매에 관한 자료는 다음과 같다.

연간 신용판매액	7,300만원
매출채권평균회수기간	30일
신용조건	net 20
연간 이자율	10%

청운교역은 새로운 신용조건 「2/10, net 20」을 고객에게 제시하는 것을 고려중이다. 그리고 새로운 신용조건을 채택하는 경우 고객의 50%가 할인조건을 선택할 것으로 예상되며, 그 결과 매출채권평균회수기간은 20일로 줄어들 것이다. 청운교역은 새로운 신용조건을 고객에게 제시하여야 하는가?

2 신용정책의 결정

광주피혁은 가죽지갑을 통신판매하는 기업으로서 현금판매를 고집하던 기존의 정책을 변경하여 신용판매의 실시를 고려하고 있다. 이 회사의 재무담당자는 신용허용 여부에 대한 의사결정을 위해 다음과 같은 자료를 수집하였다.

	현금판매	신용판매
단위당 판매가격	20,000원	30,000원
단위당 비용	15,000원	20,000원
매 출 량	2,000개	2,500개
대금회수율	100%	80%
신용기간	0	1 기간
기간당 할인율	0	3%

(1) 광주피혁은 고객에게 신용판매를 허용해야 하는가?

(2) 광주피혁이 신용판매를 허용할 수 있으려면, 대금회수율이 얼마이어야 하는가?

3

고급 의사결정수를 이용한 신용거래 평가

㈜서해조선은 최근 ㈜충남해운으로부터 1년 후에 5억원을 전액 지불하는 조건으로 선박 1척을 구입한 후, 대금상환시점에서 다시 동일한 조건으로 선박 1척을 추가 구입하겠다는 제의를 받았다. ㈜서해조선이 선박 1척을 건조하는 데 4억원의 비용이 소요되며, 대금회수기간까지의 관리비용으로 대금회수와 관계없이 대금회수시점에서 2,000만원의 추가비용이 소요될 것으로 예상하고 있다. ㈜서해조선의 신용관리부서는 ㈜충남해운이 첫번째 외상판매에 대하여 대금을 상환할 확률은 90%이며, 그리고 두 번째 외상판매에 대하여 대금을 상환할 확률은 95%인 것으로 평가하고 있다. 만일 ㈜충남해운이 대금을 상환하지 못할 경우 ㈜서해조선은 중고선박을 회수할 수 있으며, 그 가치는 2억원으로 추정된다. 그리고 연간 이자율은 10%이다. ㈜서해조선은 ㈜충남해운의 제의를 수락하여야 하는가?

4

신용정보의 가치평가

한국자동차가 신용판매를 채택하는 경우, 매출은 4,000대로 늘어날 전망이다. 자동차 1대당 비용은 500만원이며, 95%의 고객이 대금상환의무를 이행할 것이다. 그러나 5%의 고객은 대금을 상환하지 않을 것으로 보이기 때문에, 이와 같은 고객을 확인하기 위해 신용평가기관을 이용하려고 한다. 이 서비스를 이용하기 위해서는 최초의 착수금으로 1,500만원을 부담하고, 개인 고객 1명당 추가로 20만원이 조사비용으로 부과된다. 한국자동차는 신용평가기관을 이용해야 하는가?

5

매출채권의 평가

광성전자는 개당 1,000원에 전구를 연간 80,000개 팔고 있다. 모든 매출은 신용이며, 현재의 신용조건은 「3/15, net 40」이다. 그리고 현금할인은 고객의 40%가 채택한다고 한다.

(1) 이 회사의 매출채권에 대한 투자는 얼마인가?

(2) 이 회사가 경쟁사에 대항하기 위해 현금할인율을 3%에서 5%로 증가시킨다면, 즉 신용조건을 「5/15, net 40」으로 변경한다면, 이로 인해 매출채권의 투자가 어떠한 영향을 받는지를 설명하라.

제 21 장 재 무 분 석

1. 재무제표
2. 재무비율분석
3. 재무비율의 종합적 평가방법

재무제표(financial statements: F/S)는 기업이 회계기간 동안에 수행한 경영활동의 결과를 간결하게 요약한 재무보고서이다. 재무제표의 작성목적은 기업의 이해관계자들에게 다양한 형태의 재무정보를 제공하는 데 있다. 기업의 이해관계자들이 요구하는 정보욕구를 충족시켜 주기 위하여 작성되고 있는 가장 보편적인 재무보고서로 대차대조표, 손익계산서, 현금흐름표 등이 있다. 재무제표에는 기업의 미래 이익과 배당, 현금흐름 등 기업의 재무의사결정에 필요한 많은 정보가 포함되어 있다.

본장에서는 먼저 주요 재무제표인 대차대조표, 손익계산서, 현금흐름표 등에 대해서 살펴본 후, 기업의 재무상태와 경영성과를 평가하는 주요 수단인 재무비율분석에 대하여 설명하고자 한다.

1 재 무 제 표

재무제표는 기업의 이해관계자에게 재무정보를 제공하기 위해 작성되는 회계보고서로서 재무상태에 대한 정보를 제공하는 대차대조표, 경영성과에 대한 정보를 제공하는 손익계산서, 현금흐름에 대한 정보를 제공하는 현금흐름표 등으로 구성된다.

1.1 대차대조표

대차대조표(balance sheet: B/S)는 일정시점(결산기 말)에서 기업의 자산, 부채, 자본에 관한 정보를 제공하는 재무상태보고서이다. 대차대조표의 양식은 계정식과 보고식이 있다. 계정식에서는 차변에 자산이, 대변에 부채와 자본이 기재된다. 보고식에서는 위에서 아래 방향으로 자산, 부채, 자본의 순서로 기재된다.

대차대조표는 자금의 운용상태(자산)와 조달원천(부채와 자본)의 관계, 즉 재무상태를 나타낸다. 대차대조표에서 자산항목은 기업이 조달한 자금을 어떻게 활용하고 있는가 하는 자금의 운용상태(투자활동)를 나타내며, 부채와 자본항목은 기업이 자금을 어떻게 조달하였는가 하는 자금의 조달원천, 즉 자본구조(자금조달활동)를 나타내고 있다. 따라서 대차대조표는 기업의 투자활동과 자금조달활동의 결과를 한 시점에서 정리한 보고서를 의미한다. 〈표 21-1〉은 삼성전자의 보고식 대차대조표를 예시한 것이다.

대차대조표에 기재되는 자산의 항목은 유동성이 높은 순서에 따라 배열함을 원칙으로 한다. 유동성(liquidity)은 자산의 현금화 정도를 의미한다. 따라서 현금화가 용이한 자산을 유동성이 높은 자산이라고 한다. 〈표 21-1〉에서 볼 수 있는 바와 같이 자산항목으로 유동자산과 고정자산(또는 비유동자산)이 배열되어 있다. 유동자산은 유동성의 정도에 따라 현금 및 현금등가물, 단기투자자산, 매출채권, 재고자산의 순으로 배열되어 있으며, 고정자산은 투자자산, 유형자산, 무형자산의 순으로 배열된다.[1] 유동자산의 구분표시는 유동성이 높은 자산부터 낮은 순서로 배열하는 것을 원칙으로 한다. 고정자산 중 유형자산의 구분표시는 이와 반대로 유동성이 낮은 자산부터 높은 순으로 배열하는 고정성 배열법이 적용되는데, 이는 중요성의 원칙과 회계관행에 따라 정해진 것이다.

---

1) 금융리스채권, 운용리스자산 등 리스자산이 존재할 경우 이를 유동자산과 고정자산 사이에 별도의 항목으로 기재한다.

표 21-1 대차대조표

회사명 : 삼성전자 (단위: 백만원)

과 목	2004년 12월 말	2005년 12월 말	2006년 12월 말
Ⅰ. 유동자산	13,958,491	14,223,311	14,644,809
(1) 당좌자산	10,804,173	11,313,864	11,425,335
1. 현금 및 현금등가물	957,819	1,053,552	977,989
2. 단기금융상품	4,186,706	3,897,931	3,335,141
3. 단기매도가능증권	2,289,365	1,917,122	2,058,781
4. 매출채권	1,331,587	1,496,939	1,842,439
5. 기타 당좌자산	2,038,696	2,948,320	3,210,985
(2) 재고자산	3,154,318	2,909,447	3,219,474
Ⅱ. 리스자산	312,034	269,179	223,488
Ⅲ. 고정자산	29,546,018	36,046,280	42,940,831
(1) 투자자산	9,418,835	10,930,285	13,598,011
(2) 유형자산	19,727,807	24,650,194	28,820,442
1. 토지	2,058,816	2,573,232	2,787,127
2. 건물 · 구축물	4,128,235	4,813,243	5,714,950
3. 기계장치	11,354,149	12,655,057	16,222,039
4. 건설중인 자산	1,422,097	3,789,273	3,137,662
5. 기타 유형자산	764,510	819,389	958,664
(3) 무형자산	399,376	465,801	522,378
자 산 총 계	43,816,543	50,538,770	57,809,128
Ⅰ. 유동부채	8,720,903	8,345,275	9,635,015
1. 매입채무	1,823,316	1,867,185	1,869,101
2. 미지급금	2,595,557	2,917,659	3,291,797
3. 선수금	171,130	67,669	331,029
4. 기타 유동부채	4,130,900	3,492,762	4,143,088
Ⅱ. 고정부채	655,231	2,536,885	2,913,516
1. 사채	98,545	95,557	87,317
2. 장기차입금	139,619	437,381	432,368
3. 퇴직급여충당금	397,084	498,488	620,469
4. 기타 고정부채	19,983	1,505,459	1,773,362
(부채총계)	9,376,134	10,882,160	12,548,531
Ⅰ. 자본금	897,514	897,514	897,514
Ⅱ. 자본잉여금	6,331,666	6,365,315	6,367,244
Ⅲ. 이익잉여금	30,575,041	37,365,892	44,460,189
Ⅳ. 자본조정	(3,363,812)	(4,972,111)	(6,464,350)
(자본총계)	34,440,409	39,656,610	45,260,597
부채와 자본총계	43,816,543	50,538,770	57,809,128

유동자산(current assets)은 대차대조표 작성일로부터 1년 이내에 현금으로 전환되거나 전환이 예상되는 자산을 말하며, 현금화의 용이성에 따라 당좌자산(quick assets), 재고자산(inventories)으로 분류된다.

고정자산 또는 비유동자산(non-current assets)는 정상적인 영업활동에 투자되어 1년 이내 현금화하기 어려운 자산으로서 그 사용형태가 급격하게 변하지 않는 자산이다. 고정자산은 투자자산, 유형자산, 무형자산으로 분류되며, 토지를 제외한 대부분의 유·무형자산은 감가상각(depreciation)이라는 절차를 통해 장기간에 걸쳐 비용으로 처리된다. 투자자산(investment assets)은 정상적인 경영활동과 관계없이 다른 회사를 지배·통제하기 위한 목적에서 투자한 다른 회사의 유가증권, 여유자금을 활용하기 위한 목적에서 장기간 투자하거나 시장성이 없는 다른 회사의 유가증권, 투자목적은 아니지만 예치보증금과 같이 고정적 성격을 지닌 자산, 1년 이상에 걸쳐 예치된 예금 등을 말한다. 유형자산(tangible assets)은 판매목적이 아닌 것으로 기업의 정상적인 영업활동과정에서 장기간(1년 이상) 사용하기 위하여 소유하고 있는 자산을 말하며, 토지, 건물, 구축물, 기계장치, 선박, 차량운반구, 건설중인 자산 등을 포함한다. 무형자산(intangible assets)은 물리적 형태는 없으나 기업의 수익창출에 기여할 것으로 예상되는 자산으로 영업권, 산업재산권(특허권, 실용신안권, 의장권 및 상표권 등), 광업권, 어업권, 차지권(임차료 또는 지대를 지급하고 타인이 소유하는 토지를 사용·수익할 수 있는 권리), 창업비, 개발비 등을 포함한다.

부채와 자본항목도 유동성 배열의 원칙에 따라 구분·표시되고 있다. 부채(liabilities)는 상환만기가 빠른 순으로 기록되며, 상환기간이 1년 이내인 유동부채와 1년 이상인 고정부채로 구분된다. 유동부채(current liabilities)는 일상적인 상거래에서 발생하는 영업상의 채무와 만기가 1년 이내인 지급채무로 구성된다. 고정부채 또는 비유동부채(non-current liabilities)는 만기가 1년 이상인 장기성부채로서 사채, 장기차입금 등이 포함된다.

자본(stockholders' equity)은 기업의 소유자인 주주에게 귀속될 소유자지분을 의미한다. 자산총액에서 부채총액을 차감한 잔여지분인 자본은 자본금, 자본잉여금, 이익잉여금, 자본조정으로 분류된다. 자본금(capital stock)은 1주당 액면금액에 발행주식총수를 곱하여 산출되며, 우선주자본금(preferred stock), 보통주자본금(common stock)으로 구분된다. 자본잉여금(capital surplus)은 자본거래(증자, 감자 등)에서 발생된 잉여금이며, 이익잉여금 또는 유보이익(retained earnings)은 기업의 이익 중 사외에 유출되거나 자본금계정에 대체되지 않고 사내에 유보된 부분이다. 자본조정(capital adjustment)은 자본의 성격이 결정되지 않은 임시항목으로서 자본총계에 가감하는 형식으로 기재되며, 일반적으로 자본과 부채의 양면적 성격을 가진다.

1.2 손익계산서

손익계산서(income statements: I/S)는 일정기간 동안 기업에서 발생한 수익과 비용을 대응시켜 당해 기간의 손익을 표시한 보고서로서 기업의 종합적인 경영성과를 나타내는 재무제표이다.

우리나라 기업회계기준에서는 이익항목을 매출총이익, 영업이익, 경상이익, 법인세비용차감전순이익, 당기순이익으로 구분·표시하도록 규정하고 있다.[2] 이와 같이 이익항목을 구분·표시함으로써 해당이익이 기업경영의 어떤 활동에서 발생하였는지를 파악할 수 있다. 삼성전자의 손익계산서를 예시하면 〈표 21-2〉와 같다.

매출액(sales)은 주된 영업활동을 통하여 재화 또는 용역을 제조·판매한 대가로 발생하는 수익을 말한다. 매출원가(cost of sales)는 재화 또는 용역을 생산하는 과정에서 발생하는 비용으로서 재화 또는 용역의 취득원가를 의미한다.

매출총이익(gross margin)은 매출액에서 매출원가를 차감한 것이며, 생산효율성을 측정하는 근거가 된다. 영업이익(operating income)은 영업활동의 결과 발생된 이익으로서 매출총이익에서 판매비와 관리비를 차감하여 산출된다. 경상이익(ordinary income)은 기업의 경상거래(영업거래와 비영업거래)에 의하여 발생된 이익으로서 영업이익에 영업외수익을 가산하고 영업외비용을 차감하여 산출된다. 법인세비용차감전순이익(income before income tax expenses)은 경상이익에 특별이익을 가산하고 특별손실을 차감하여 측정된다. 특별손익은 기업의 주된 영업활동과 관련이 없으며, 비경상적이고 비반복적인 거래에서 발생한 것들로서 금액적으로 중요한 손익항목을 말한다. 당기순이익(net income)은 최종적인 경영활동의 결과로서 주주에게 귀속되는 이익이며, 법인세비용차감전순이익에서 법인세비용을 차감하여 측정된다.

2) 향후 적용될 기업회계기준서에 의하면 손익계산서를 매출총이익, 영업이익, 법인세비용차감전계속사업이익(법인세비용차감전경상이익), 계속사업이익(경상이익), 당기순이익으로 보고하도록 하고 있다.

표 21-2 손익계산서

회사명 : 삼성전자 (단위: 백만원)

과 목	2004년도	2005년도	2006년도
Ⅰ. 매출액	57,632,359	57,457,670	58,972,765
Ⅱ. 매출원가	37,279,686	40,158,150	42,359,753
Ⅲ. 매출총이익	20,352,673	17,299,520	16,613,012
Ⅳ. 판매비와 관리비	8,335,796	9,239,745	9,679,079
1. 급여	856,739	784,163	745,413
2. 퇴직급여	61,690	81,736	86,522
3. 지급수수료	1,202,134	1,446,124	1,594,768
4. 감가상각비	122,955	145,170	144,455
5. 광고선전비	655,030	704,665	1,155,111
6. 판촉비	544,232	654,287	465,034
7. 운반비	599,445	688,513	664,989
8. 애프터서비스비	513,120	368,066	402,266
9. 기업홍보비	391,836	364,722	359,926
10. 경상개발비	861,608	962,697	1,052,604
11. 연구비	1,825,810	2,170,519	2,249,733
12. 기타 판매비와 관리비	701,197	869,083	758,258
Ⅴ. 영업이익	12,016,877	8,059,775	6,933,933
Ⅵ. 영업외수익	2,136,741	2,671,359	3,409,422
1. 이자수익	280,241	209,580	238,722
2. 배당금수익	15,187	20,074	18,695
3. 수수료수익	205,287	366,519	315,172
4. 외환차익	402,774	399,624	403,701
5. 외화환산이익	138,528	90,187	124,998
6. 기타 영업외수익	1,094,724	1,585,375	2,308,134
Ⅶ. 영업외비용	1,029,092	1,860,662	1,127,158
1. 이자비용	65,970	42,214	48,877
2. 외환차손	364,867	348,804	391,831
3. 외화환산손실	41,903	31,244	28,988
4. 기타 영업외비용	556,352	1,438,400	657,462
Ⅷ. 경상이익	13,124,526	8,870,472	9,216,197
Ⅸ. 특별이익	-	-	-
Ⅹ. 특별손실	-	-	-
XI. 법인세비용차감전순이익	13,124,526	8,870,472	9,216,197
XII. 법인세비용	2,337,784	1,230,259	1,290,110
XIII. 당기순이익	10,786,742	7,640,213	7,926,087

1.3 현금흐름표

현금흐름표(statement of cash flow)는 일정한 기간에 기업이 조성한 현금과 사용한 현금의 내역을 정리한 보고서이다. 현금흐름표에서는 현금의 변동내용을 명확하게 보고하기 위하여 당해 회계기간에 속하는 현금유입과 현금유출의 내용을 영업활동, 투자활동, 재무활동 등 3가지 활동부문으로 구분하여 표시하고 있다. 현금흐름표는 일정한 기간 동안에 발생된 현금흐름의 변동원인, 미래의 현금흐름창출능력, 현금결제능력 등에 관한 유용한 정보를 제공해 준다.

현금흐름표는 직접법과 간접법 등 두 가지 방법으로 작성된다. 두 방법은 영업활동으로 인한 현금흐름의 표시방법에 차이가 있다. 〈표 21-3〉은 간접법으로 작성된 삼성전자의 현금흐름표를 예시한 것이다.

표 21-3 현금흐름표

회사명 : 삼성전자 (단위: 백만원)

과 목	2004년도	2005년도	2006년도
Ⅰ. 영업활동으로 인한 현금흐름	14,804,345	12,790,401	12,874,156
1. 당기순이익	10,786,742	7,640,213	7,926,087
2. 현금의 유출이 없는 비용 등의 가산	5,780,437	6,983,871	6,819,784
3. 현금의 유입이 없는 수익 등의 차감	(849,575)	(1,517,233)	(1,756,217)
4. 영업활동으로 인한 자산·부채의 변동	(913,259)	(316,450)	(115,498)
Ⅱ. 투자활동으로 인한 현금흐름	(8,791,658)	(9,945,264)	(10,481,229)
1. 투자활동으로 인한 현금유입액	3,599,690	4,550,236	4,779,987
2. 투자활동으로 인한 현금유출액	(12,391,348)	(14,495,500)	(15,261,216)
Ⅲ. 재무활동으로 인한 현금흐름	(6,323,077)	(2,749,404)	(2,468,490)
1. 재무활동으로 인한 현금유입액	115,924	249,329	176,179
2. 재무활동으로 인한 현금유출액	(6,439,001)	(2,998,733)	(2,644,669)
Ⅳ. 현금의 증가(감소)(Ⅰ+Ⅱ+Ⅲ)	(310,390)	95,733	(75,563)
Ⅴ. 기초의 현금	1,268,209	957,819	1,053,552
Ⅵ. 기말의 현금(Ⅳ+Ⅴ)	957,819	1,053,552	977,989

2 재무비율분석

2.1 재무비율분석의 의의

대차대조표, 손익계산서, 현금흐름표 등과 같은 재무제표를 분석하여 기업의 재무상태와 경영성과를 파악할 수 있다. 그러나 재무제표의 내용이 매우 복잡하기 때문에 재무제표를 직접 분석하여 의사결정에 필요한 정보를 얻는 것은 쉬운 일이 아니다. 따라서 재무제표에 포함된 유용한 정보를 쉽게 파악할 수 있는 수단이 필요하며, 이를 위해 고안된 것이 재무비율이다.

재무비율(financial ratio)은 경제적 의미와 논리적 관계가 분명한 재무제표의 두 항목을 상대적 비율로 나타낸 것이다. 따라서 재무비율분석은 재무비율의 경제적 의미를 분석하여 기업의 재무상태와 경영성과를 평가하는 기법이라 할 수 있다. 재무비율분석의 기본목적은 기업의 다양한 이해관계자에게 목적적합한 정보를 제공하는 데 있다.

인간과 마찬가지로 기업에 있어서도 건강문제는 중요하다. 급격한 환경변화와 증대된 불확실성 그리고 소비구조의 변화와 판매경쟁의 격화로 인해 기업이 감지하고 처리해야 할 정보의 양은 급증하고 있다. 정보를 분석·평가·처리할 수 있는 능력이 저하되면, 경영의사결정의 시점이 늦어지거나 적절하지 못한 의사결정을 하게 되어 변화된 요구에 적절히 대응할 수 없게 된다. 이러한 현상은 결국 기업의 건강을 위협하고, 이러한 상황이 개선되지 않을 때 기업은 치유하기 어려운 중병에 걸리게 되는 것이다. 따라서 기업을 건강하게 성장·발전시키려면 환경변화를 바르게 감지할 수 있는 정보감지체계, 변화에 신속하게 대응할 수 있는 신축적인 변신체계, 연구개발 및 생산성 향상을 위한 관리체계가 잘 갖추어져야 한다. 그리고 경영성과를 분석하여 이들 체계가 원활하게 작동되고 있는지에 대한 주기적인 진단과 처방을 해야 한다.

재무비율분석은 기업의 재무적 건강상태에 대한 신호(signal) 또는 징후(symptom)를 제공하는 수단이다. 따라서 적절히 재무비율을 해석함으로써 추가적인 분석이 필요한 분야가 어떤 분야인지를 파악할 수 있다. 비율분석은 재무비율을 구성하는 개별항목에 대한 분석을 통하여 탐지될 수 없는 재무적 건강상태와 건강상태의 변화가능성을 파악하는 데 이용된다.[3)]

3) 이석규, 신경영분석론(학문사, 1996), pp. 25~26.

2.2 재무비율의 분류와 표준비율

1) 재무비율의 분류

재무비율을 〈표 21-4〉와 같이 경제적 의미에 따라 유동성비율, 자본구조비율, 효율성비율, 수익성비율, 성장성비율, 생산성비율, 시장가치비율 등으로 분류할 수 있다.

표 21-4 재무비율의 분류 및 경제적 의미

분 류	경제적 의미	관련비율
유동성비율	단기채무지급능력을 측정	유동비율, 당좌비율, 순운전자본구성비율 등
자본구조비율	부채의존도를 나타내는 것으로 기업의 장기채무지급능력을 측정	부채비율, 자기자본비율, 고정비율, 이자보상비율 등
효율성비율	보유자산의 이용효율성을 측정	매출채권회전율, 재고자산회전율, 유형자산회전율, 총자산회전율 등
수익성비율	매출 또는 투자에 대한 수익성을 나타내는 것으로 경영의 총괄적 효율성을 측정	총자산순이익률, 자기자본순이익률, 매출액순이익률 등
성장성비율	외형 및 수익의 성장가능성을 측정	총자산증가율, 매출액증가율, 순이익증가율 등
생산성비율	생산요소의 성과를 측정	부가가치율, 노동생산성, 자본생산성 등
시장가치비율	주식시장에서의 평가를 측정	주가수익비율, 주가장부가치비율, q비율 등

2) 표준비율

재무비율을 이용하여 기업의 재무상태와 경영성과를 평가할 때 비교·평가의 기준이 되는 재무비율이 필요하게 된다. 비교·평가의 기준이 되는 재무비율을 표준비율(standard ratio)이라 한다. 표준비율로는 분석기업의 과거비율, 경험적 재무비율, 산업평균비율, 경쟁기업의 재무비율 등이 있다.

(1) 분석기업의 과거비율

현재 개별기업의 재무비율을 계산한 후 이에 대한 경영실태를 평가하고자 할 때 그 기업의 과거 재무비율을 표준비율로 선택할 수 있다. 과거비율을 표준비율로 사용하는 경우에는 기업의 각종 재무비율을 기간별로 비교하여 경영성과의 변동추이뿐만 아니라 특정비율의 변동원인도 쉽게 파악할 수 있다.

(2) 경험적 재무비율

경험적 재무비율은 오랜 기간에 걸쳐 체험적으로 터득된 이상적인 재무비율을 의미한다. 예를 들어 자금을 대출해 준 기업이 파산하여 금융기관이 원리금을 회수할 목적으로 유동자산을 처분할 때 절반정도의 값을 받을 수 있다는 사실은 경험을 통해서 알려져 있다. 따라서 금융기관에서는 기업의 유동비율이 200% 이상 되어야 유동성이 양호하다고 평가한다. 또한 당좌비율이 100% 이상, 자기자본비율이 50% 이상, 고정비율이 100% 이하 등도 경험적으로 설정된 비율이다.[4)]

그러나 경험적 비율은 특정국가의 정치 · 경제적 특성, 사회 · 문화적 특성, 금융환경, 그 국가의 특정기업이 속해 있는 산업, 기업규모 등에 따라 영향을 받을 수 있다. 그리고 분석자의 입장에 따라 경험적 비율의 적정수준이 다를 수 있기 때문에 절대적인 기준에 따라 경험적 비율을 설정하는 것이 오히려 적합하지 않을 수도 있다.

(3) 산업평균비율

산업평균비율은 표준산업분류와 같은 일정한 기준에 따라 산업을 분류한 후, 그 산업에 속해 있는 기업들의 재무비율을 평균한 값이다. 산업평균비율은 재무비율의 비교기준인 표준비율로 가장 널리 사용되고 있다. 산업평균비율을 표준비율로 이용하는 경우 재무비율을 산업평균비율과 비교함으로써 양호한지 또는 불량한지를 평가할 수 있다.

우리나라의 산업별 평균비율은 한국은행의 「기업경영분석」과 한국산업은행의 「재무분석」 자료를 이용할 수 있다. 「기업경영분석」과 「재무분석」에 수록된 산업평균비율은 기업규모에 따라 가중평균된 비율이다. 〈표 21-5〉는 한국은행의 「기업경영분석」에 수록된 '전자부품, 영상, 음향 및 통신장비(대기업)' 의 산업평균비율 자료에서 추출한 것이다.

(4) 경쟁기업의 재무비율

경쟁기업의 재무비율 또는 산업 내 대표적인 기업의 재무비율을 표준비율로

---

4) 이와 같은 경험적 비율은 미국 실무계에서 경험적으로 설정되어 온 것으로 한국은행 「기업경영분석」에서도 동일한 경험적 비율을 제시하고 있다.

표 21-5 전자부품, 영상, 음향 및 통신장비(대기업)의 산업평균비율 : 한국은행의 「기업경영분석」

재 무 비 율	2005	2006
1. 유동성비율		
유동비율(%)	134.38	122.70
당좌비율(%)	104.24	94.86
순운전자본구성비율(%)	7.57	5.19
2. 자본구조비율		
부채비율(%)	57.36	58.70
자기자본비율(%)	63.55	63.01
고정비율(%)	110.82	114.21
이자보상비율(배)	11.56	7.91
3. 효율성비율		
매출채권회전율(회)	16.35	14.26
매출채권평균회수기간(일)	22.32	25.60
재고자산회전율(회)	15.95	16.63
재고기간(일)	22.88	21.95
유형자산회전율(회)	2.52	2.28
총자산회전율(회)	1.16	1.09
4. 수익성비율		
총자산순이익률(%)	9.63	6.96
자기자본순이익률(%)	15.24	11.08
매출액순이익률(%)	8.32	6.39
5. 성장성비율		
총자산증가율(%)	13.65	7.82
매출액증가율(%)	−1.52	3.16
순이익증가율(%)*	−42.07	−17.57
6. 생산성비율		
부가가치율(%)	24.77	24.13
노동생산성(천원)	148,550	138,290
총자본투자효율(%)	28.67	26.28

* 「기업경영분석」에 수록되지 않은 재무비율로 산업종합재무제표를 이용하여 직접 계산함.

이용할 수 있다. 다양한 업종의 사업부를 운영하고 있는 기업의 경우 특정산업의 평균비율을 표준비율로 이용하는 데 어려움이 있다. 이와 같은 경우 산업평균비율보다 영업활동의 특성이나 규모면에서 유사한 경쟁업체의 재무비율을 표준비율로 이용하는 것이 바람직할 것이다.

한편 산업을 선도하는 대표적인 기업의 재무비율을 표준비율로 이용할 수 있다. 기업들은 산업을 선도하는 기업으로 성장하기를 원한다. 따라서 선도기업의 재무비율을 기준으로 자사의 재무비율을 분석하여 취약한 부분과 우위에 있는 부분을 파악할 수 있으며, 선도기업으로 성장하는 데 필요한 경영전략수립에 대한 정보를 얻을 수 있다.

2.3 주요 재무비율의 경제적 의미

1) 유동성비율

유동성비율(liquidity ratios)은 단기채무를 상환할 수 있는 능력을 측정하는 재무비율로 단기채무지급능력비율(short-term solvency ratios)이라고도 한다. 유동성은 단기간에 자산을 현금화시킬 수 있는 정도를 의미한다. 여기서 단기(short-term)란 기업의 정상적인 영업주기(operating cycle), 즉 원재료구입, 생산, 판매, 대금회수가 이루어지는 기간으로서 통상 1년을 의미한다.

단기채무를 상환할 수 있는 능력을 나타내는 유동성비율에 가장 많은 관심을 갖는 이해관계자는 운영자금을 대출해 주는 금융기관, 신용으로 원재료 등을 판매하는 공급회사 등이다. 현금 및 현금등가물, 단기금융상품, 유가증권, 매출채권, 재고자산 등과 같은 유동자산은 판매활동을 지원하기 위하여 보유하는 자산이기 때문에 수익성이 아주 낮고, 유동성이 높은 자산이다. 따라서 유동성을 높이기 위해서 유동자산을 과다하게 보유하는 경우에는 기업의 수익성이 낮아지게 됨을 유의해야 한다. 그러므로 기업은 유동성 부족으로 인한 손실과 높은 유동성 확보로 인한 수익성 감소의 두 측면을 충분히 고려하여 적절한 수준에서 유동성을 유지하도록 하여야 한다.

(1) 유동비율

유동비율(current ratio)은 유동자산을 유동부채로 나눈 비율로 기업의 단기채무지급능력을 측정하는 재무비율이며, 은행가비율(banker's ratio)이라고도 한다.

즉 유동비율은 단기채권자의 청구권이 유동자산에 의해 어느 정도 충당될 수 있는지를 나타내는 지표로서 다음과 같이 계산된다.

$$유동비율(\%) = \frac{유동자산}{유동부채} \times 100$$

유동비율이 높을수록 단기채무지급능력이 양호하다고 평가되며, 일반적인 기준으로 유동비율이 200% 이상이면 바람직한 것으로 평가된다. 그러나 유동비율의 적정수준에 대한 판단은 분석주체에 따라 상이할 수 있다. 채권자의 입장에서 보면 유동비율이 높을수록 청구권의 회수가능성이 높아짐을 의미하지만, 경영자의 입장에서 보면 유동비율이 높을수록 수익성이 낮아짐을 의미한다. 유동자산을 과다하게 보유함으로써 수익성이 떨어지기 때문이다. 이와 같이 유동비율은 이용자의 입장에 따라 달리 평가될 수 있음을 유의하여야 한다.

앞에서 제시한 삼성전자의 재무제표를 이용하여 유동비율을 구하면 〈표 21-6〉과 같다. 〈표 21-6〉에서 볼 수 있는 바와 같이 삼성전자의 경우 유동비율이 2005년, 2006년 모두 산업평균비율에 비해 양호하나, 2006년에는 약간 감소하고 있다. 이 회사의 단기채무지급능력에 문제는 없는 것으로 판단되며, 이 비율이 최근 감소한 이유는 유동부채의 증가에 의한 것으로 판단된다.

표 21-6 삼성전자의 유동비율(%)

연 도	삼성전자	산업평균
2005	$\frac{14,223,311}{8,345,275} \times 100 = 170.44$	134.38
2006	$\frac{14,644,809}{9,635,015} \times 100 = 152.00$	122.70

(2) 당좌비율

당좌비율(quick ratio)은 산성시험비율(acid-test ratio)이라고도 하며, 유동자산에서 재고자산을 차감한 당좌자산을 유동부채로 나눈 비율로 다음과 같이 계산된다.

$$당좌비율(\%) = \frac{당좌자산}{유동부채} \times 100$$

재고자산은 판매과정을 통해서 현금으로 전환되는 속도가 비교적 늦을 뿐만 아니라 현금화되지 못할 가능성도 있으며, 또한 청산(liquidation)시 손실의 발생위험이 가장 큰 자산이다. 따라서 당좌비율은 재고자산의 처분을 고려하지 않은 상황에서 단기채무를 상환할 수 있는 단기채무지급능력을 측정하는 비율이기 때문에 유동비율보다 유동성 측면을 더 강조하는 비율이라 할 수 있다.

당좌비율이 높을수록 단기채무지급능력이 양호하다고 평가되며, 일반적인 기준으로 당좌비율이 100% 이상이어야 바람직한 것으로 평가된다. 당좌비율은 유동비율의 보조비율로서 중요하며, 특히 경기에 민감한 재고자산 또는 진부화 위험이 높은 재고자산을 보유하는 기업의 단기채무지급능력을 평가하는 데 유용한 지표이다. 유동비율은 양호한데도 불구하고 당좌비율이 불량한 경우에는 그 원인이 주로 재고자산의 과다한 보유 때문인 것으로 추정해 볼 수 있다.

삼성전자의 당좌비율을 구하면 〈표 21-7〉과 같다. 〈표 21-7〉에서 볼 수 있는 바와 같이 삼성전자의 경우 당좌비율도 유동비율과 마찬가지로 양호한 것으로 판단된다.

표 21-7 삼성전자의 당좌비율(%)

연 도	삼성전자	산업평균
2005	$\frac{11,313,864}{8,345,275} \times 100 = 135.57$	104.24
2006	$\frac{11,425,335}{9,635,015} \times 100 = 118.58$	94.86

(3) 순운전자본구성비율

순운전자본(net working capital)은 유동자산에서 유동부채를 차감한 금액으로 측정된다. 따라서 순운전자본이 양(+)의 값을 갖는다는 것은 유동자산으로 유동부채를 상환한 후 여유가 있다는 것을 의미한다. 순운전자본이 음(-)의 값을 갖는다는 것은 유동자산으로 유동부채를 충분히 상환할 수 없음을 나타낸다.

기업규모에 따라 필요한 순운전자본의 크기가 달라질 수 있기 때문에 총자산에서 순운전자본이 차지하는 비율인 순운전자본구성비율(net working capital to total assets)로 단기유동성을 측정할 수 있다. 순운전자본구성비율은 주로 기업의 파산예측에서 많이 이용되고 있는 재무비율이다. 순운전자본구성비율은 다음과 같이 계산된다.

$$순운전자본구성비율(\%) = \frac{순운전자본}{총자산} \times 100$$

삼성전자의 순운전자본구성비율을 구하면 〈표 21-8〉과 같다. 〈표 21-8〉에서 볼 수 있는 바와 같이 삼성전자의 경우 순운전자본구성비율은 산업의 평균비율보다는 높으나, 2006년에는 약간 감소한 것으로 나타나고 있다.

표 21-8 삼성전자의 순운전자본구성비율(%)

연 도	삼성전자	산업평균
2005	$\frac{14{,}223{,}311-8{,}345{,}275}{50{,}538{,}770} \times 100=11.63$	7.57
2006	$\frac{14{,}644{,}809-9{,}635{,}015}{57{,}809{,}128} \times 100=8.67$	5.19

2) 자본구조비율

자본구조비율(capital structure ratios) 기업의 장기채무지급능력을 나타내는 비율로 타인자본의존도에 의해 측정된다. 부채를 이용하는 것을 레버리지(leverage)라 하기 때문에 자본구조비율을 레버리지비율(leverage ratios)이라고도 한다. 부채의 비중이 높을수록 채무에 대한 원리금상환능력이 낮아진다. 따라서 채권자의 입장에서 보면 기업의 부채의존도는 채권회수에 대한 위험부담의 정도를 나타내기 때문에 기업의 부채의존도가 낮을수록 안전하다고 평가하게 된다. 자본구조비율은 기업의 장기채무에 대한 안전도를 평가하는 데 유용한 정보를 제공한다.

한편 주주의 입장에서 보면 타인자본의 비중이 커질수록 적은 자본으로 기업지배권을 행사할 수 있으며, 이자비용으로 인한 법인세절감효과를 얻을 수 있다는 이점이 있다.

(1) 부채비율

부채비율(debt ratio, debt to equity ratio)은 기업의 부채(부채총계)를 자기자

본(자본총계)으로 나누어 다음과 같이 계산된다.

$$\text{부채비율}(\%) = \frac{\text{부채}}{\text{자기자본}} \times 100$$

부채비율이 낮을수록 장기채무지급능력이 양호하며, 일반적인 기준으로 부채비율이 100% 이하이어야 바람직한 것으로 평가된다. 채권자 입장에서는 부채비율이 낮을수록 채권회수의 안전도가 높아지기 때문에 낮은 부채비율을 선호한다. 그러나 주주 입장에서는 높은 부채비율을 선호할 수도 있다. 왜냐하면 경기가 호전되어 투자수익이 이자비용을 초과할 것으로 예상되는 경우에는 주주들의 몫이 확대되는 효과를 기대할 수 있으며, 보통주 발행은 기존주주들의 기업지배권을 약화시킬 우려가 있으나 부채사용은 기업지배권에 영향을 미치지 않기 때문이다.

삼성전자의 부채비율을 구하면 〈표 21-9〉와 같다. 〈표 21-9〉에서 볼 수 있는 바와 같이 삼성전자의 경우 산업평균에 비해서 2005년, 2006년 모두 상당히 낮게 나타나고 있다. 따라서 이 회사의 장기채무지급능력은 매우 양호하다고 평가할 수 있다.

표 21-9 삼성전자의 부채비율(%)

연 도	삼성전자	산업평균
2005	$\frac{10,882,160}{39,656,610} \times 100 = 27.44$	57.36
2006	$\frac{12,548,531}{45,260,597} \times 100 = 27.73$	58.70

(2) 자기자본비율

가장 대표적인 자본구조비율은 부채비율과 자기자본비율(stockholders' equity to total assets)이다. 자기자본비율은 총자본(부채와 자본총계) 중에서 자기자본이 차지하는 비중을 나타내는 비율로 다음과 같이 계산된다.

$$\text{자기자본비율}(\%) = \frac{\text{자기자본}}{\text{총자본}} \times 100$$

자기자본은 금융비용을 부담하지 않고 이용할 수 있는 자본이다. 따라서 자기자본비율이 높을수록 기업의 재무안정성이 높아진다고 볼 수 있으며, 일반적으로 50% 이상일 경우 바람직한 것으로 평가된다.

삼성전자의 자기자본비율을 구하면 〈표 21-10〉과 같다. 〈표 21-10〉에서 볼 수 있는 바와 같이 삼성전자의 경우 산업평균에 비해서도 2005년, 2006년 모두 높게 나타나고 있다.

표 21-10 삼성전자의 자기자본비율(%)

연 도	삼성전자	산업평균
2005	$\frac{39,656,610}{50,538,770} \times 100 = 78.47$	63.55
2006	$\frac{45,260,597}{57,809,128} \times 100 = 78.29$	63.01

금융기관의 경우 일반제조업과는 다른 영업특성을 가지고 있기 때문에 금융기관의 안정성(대출업체의 부도 등으로 영업과정에서 손실이 발생하더라도 이를 잘 감당하고, 예금자의 지급청구에 충분히 응할 수 있는 능력)을 측정하는 비율로 국제결제은행(Bank for International Settlements: BIS)기준 자기자본비율(이하 BIS비율이라 함)을 사용한다. 금융기관의 BIS비율은 금융기관의 자본적정성(capital adequacy) 여부를 평가하는 것으로 다음과 같이 계산된다.

$$\text{BIS 비율(\%)} = \frac{\text{BIS기준 자기자본}}{\text{위험가중자산}} \times 100$$

BIS기준 자기자본(분자 부분)은 기본자본(자본금, 자본준비금, 이익잉여금 등)에 보완자본(재평가적립금, 대손충당금, 후순위채무 등)을 더한 후, 공제항목(주식할인발행차금, 영업권상당액, 자사주 등)을 차감하여 산출한다. 그리고 자산별로 거래상대방의 신용도, 담보, 보증의 유무 등 위험도를 고려하여 가중치가 부여되고, 그 위험가중치에 의해 가중평균된 자산이 위험가중자산(분모부분)이다. 예를 들어 현금의 경우 위험이 전혀 없으므로 0%, 공공기관에 대한 채권에는 10%, OECD 국가의 은행에 대한 채권에는 20%, 주거용주택에 대한 저당권이 설정된 채권에는 50%, 기타 민간부문에 대한 채권이나 주식에는 100% 등의 위험가중치를 부여하게 된다.

국제결제은행 산하 바젤은행감독위원회는 1988년 2월 「은행 자기자본비율 규제에 관한 국제적 통일기준」을 만들어 회원국 은행으로 하여금 1992년 말부터 BIS비율을 8% 이상 유지하도록 의무화하였다. 이에 따라 BIS비율이 8%에 미치지 못하는 은행 등은 해외차입이 곤란하거나 차입을 하더라도 높은 자금조달비용을 부담해야 한다.

(3) 고정비율

고정비율(fixed ratio)은 기업자산의 고정화 위험을 측정하는 대표적인 비율로서 자기자본이 고정자산(또는 비유동자산)에 어느 정도 투입되어 운용되고 있는가를 나타내는 지표이다. 고정비율은 고정자산을 자기자본으로 나눈 비율이다.

$$\text{고정비율}(\%) = \frac{\text{고정자산}}{\text{자기자본}} \times 100$$

고정비율이 낮을수록 기업의 장기적 재무안정성이 좋은 것으로 평가된다. 일반적으로 고정비율이 100% 이하이면 양호한 것으로 보고 있다. 그 이유는 고정자산은 기업활동에서 계속 사용되는 자산이기 때문에 상환부담이 없는 자기자본으로 투자하는 것이 재무안정성 측면에서 바람직하다고 판단되기 때문이다.

삼성전자의 고정비율을 구하면 〈표 21-11〉과 같다. 삼성전자의 경우 2005년과 2006년 모두 고정비율이 산업평균비율보다 낮기 때문에 산업 내 타기업에 비해서는 안정성이 있으나, 2005년에는 약간 나빠졌다. 고정설비에 대한 대규모 투자가 소요되는 산업의 특성을 고려해 볼 때 이 회사의 고정비율은 경험적 비율인 100% 미만의 양호한 수준을 보이고 있는 것으로 평가된다.

표 21-11 삼성전자의 고정비율(%)

연 도	삼성전자	산업평균
2005	$\frac{36,046,280}{39,656,610} \times 100 = 90.90$	110.82
2006	$\frac{42,940,831}{45,260,597} \times 100 = 94.87$	114.21

(4) 이자보상비율

이자보상비율(times interest earned, interest coverage ratio)은 경상이익과 이자비용을 합한 금액, 즉 이자비용 및 법인세차감전 순이익(earnings before interest and taxes : EBIT)을 이자비용으로 나눈 비율로 다음과 같이 계산된다.[5)]

$$\text{이자보상비율(배)} = \frac{EBIT}{\text{이자비용}} = \frac{\text{경상이익}+\text{이자비용}}{\text{이자비용}}$$

이자보상비율은 이자지급에 필요한 수익을 창출할 수 있는 능력을 측정하기 위한 지표로 기업의 이자부담능력을 판단하는 데 유용한 지표이다. 이자보상비율은 이자비용 및 법인세차감전 순이익으로 이자비용의 몇 배까지 지급할 수 있는가를 측정하는 비율이기 때문에 적정수준 이상의 이자보상비율을 유지해야만 이자비용의 지급능력이 양호한 것으로 평가받게 된다. 이 비율이 1보다 작을 경우 채권자들의 법적 대응으로 인하여 기업이 파산할 수도 있다.

삼성전자의 이자보상비율을 구하면 〈표 21-12〉와 같다. 삼성전자의 이자보상비율은 2005년, 2006년 모두 산업평균비율에 비해 매우 높기 때문에 장기채무지급능력이 매우 양호한 것으로 평가된다.

표 21-12 삼성전자의 이자보상비율(배)

연 도	삼성전자	산업평균
2005	$\frac{8{,}870{,}472+42{,}214}{42{,}214}\times 100=211.13$	11.56
2006	$\frac{9{,}216{,}197+48{,}877}{48{,}877}\times 100=189.56$	7.91

3) 효율성비율

효율성비율(efficiency ratios)은 자산의 효율적 이용도를 측정하는 비율로 회전율에 의하여 측정되며, 활동성비율(activity ratios) 또는 자산관리비율(asset

5) EBIT로 '영업이익' 또는 '법인세차감전 순이익+이자비용' 등을 사용하기도 한다. 그러나 여기서는 한국은행의 「기업경영분석」 등 실무에서 사용하고 있는 방법과 같이 EBIT로 「경상이익+이자비용」을 사용하였다. 한편 감가상각비 등 비현금지출비용은 이자비용을 충당하는 데 사용될 수 있다. 이와 같은 점을 반영하여 EBIT에 감가상각비를 더한 금액을 이자비용으로 나누어 이자보상비율을 계산할 수도 있다.

management ratios)이라고도 한다. 수익의 발생원천이 매출액이기 때문에 자산의 이용도는 매출액을 기준으로 측정된다. 효율성비율은 자산을 몇 번 회전시켜 매출액을 달성했느냐를 나타내는 비율로 매출액을 자산항목으로 나누어 계산된다.[6)]

$$\text{회전율(회)} = \frac{\text{매출액}}{\text{자산항목}}$$

회전율이 높을수록 투자자산에 비하여 매출액이 상대적으로 높다는 것을 의미한다. 이는 적은 자산을 투입하여 많은 매출을 실현하고 있다는 것을 의미하기 때문에 판매활동이 잘 이루어지고 있거나 자산을 효율적으로 운용하고 있다는 증거가 된다.

(1) 매출채권회전율, 매출채권평균회수기간

매출채권회전율(receivables turnover)은 매출액을 매출채권으로 나눈 비율로 매출채권의 현금화 속도를 측정하는 지표이다. 매출채권회전율은 매출채권이 1년 동안 몇 번 회전되었는가를 나타내기 때문에 매출채권관리의 효율성을 측정하는 데 이용된다.

$$\text{매출채권회전율(회)} = \frac{\text{매출액}}{\text{매출채권}}$$

매출채권회전율이 높을수록 매출채권의 현금화 속도가 빠르다는 것을 의미한다. 그러나 과다한 신용판매 확대, 고객의 지급불능, 매출채권의 회수부진 등은 매출채권회전율을 떨어뜨리는 원인이 되기도 한다.

매출채권의 현금화 속도는 매출채권평균회수기간(average collection period of accounts receivable)에 의해서도 측정된다. 매출채권평균회수기간은 매출채권을 회수하는 데 걸리는 평균기간으로 매출채권회전율의 역수에 365를 곱하거나 매출채권을 1일 평균매출액으로 나누어 다음과 같이 계산된다.

6) 일정기간 동안 자산의 중대한 변동이 있는 경우에는 기초자산과 기말자산의 평균을 이용하여 회전율을 계산하는 것이 합리적일 수 있다.

$$\text{매출채권평균회수기간(일)} = \frac{365}{\text{매출채권회전율}} = \frac{\text{매출채권}}{\text{1일 평균매출액}}$$

$$\text{1일 평균매출액} = \frac{\text{매출액}}{365}$$

일반적으로 매출채권평균회수기간이 짧을수록 매출채권이 효율적으로 관리되고 있다고 말할 수 있다. 그러나 보다 객관적인 평가를 위하여 기업의 목표회수기간이나 판매조건 등을 함께 고려하는 것이 합리적이다.

삼성전자의 매출채권회전율을 구하면 〈표 21-13〉과 같다. 〈표 21-13〉에서 볼 수 있는 바와 같이 삼성전자의 경우 매출채권회전율은 2006년에 약간 감소하였으나, 산업평균에 비해 2005년, 2006년 모두 매우 높게 나타나고 있다. 그러므로 이 회사는 매출채권을 효율적으로 관리하고 있는 것으로 판단된다.

표 21-13 삼성전자의 매출채권회전율(회)

연 도	삼성전자	산업평균
2005	$\frac{57,457,670}{(1,331,587+1,496,939)/2}=40.63$	16.35
2006	$\frac{58,972,765}{(1,496,939+1,842,439)/2}=35.32$	14.26

* 삼성전자의 매출채권평균회수기간(2005년) $= \frac{365}{40.63} = 8.98$일

삼성전자의 매출채권평균회수기간(2006년) $= \frac{365}{35.32} = 10.33$일

(2) 재고자산회전율, 재고기간

재고자산회전율(inventories turnover)은 매출액을 재고자산으로 나눈 비율로 재고자산의 회전속도, 즉 재고자산이 당좌자산으로 변화하는 속도를 나타내는 지표이다.

$$\text{재고자산회전율(회)} = \frac{\text{매출액}}{\text{재고자산}}$$

재고자산회전율이 낮다는 것은 매출에 비해 재고자산이 과다하다는 것을 의미하며, 재고자산회전율이 높다는 것은 적은 재고자산으로 생산 및 판매활동을 효율적으로 수행하고 있다는 것을 의미한다. 그러나 재고자산회전율이 과도하게 높고 그 원인이 적정재고수준을 유지하지 못한 결과라면, 재고부족으로 인한 기회비용(재고부족으로 인한 판매기회 및 고객의 상실, 생산계획의 차질 등에 의하여 발생하는 손실)이 문제가 될 수 있다.

재고기간(days to sell inventory)은 재고자산을 판매하는 데 걸리는 평균기간으로 재고자산회전율의 역수에 365를 곱하거나 재고자산을 1일 평균매출액으로 나누어 구할 수도 있다.

$$\text{재고기간(일)} = \frac{365}{\text{재고자산회전율}} = \frac{\text{재고자산}}{\text{1일 평균매출액}}$$

삼성전자의 재고자산회전율을 구하면 〈표 21-14〉와 같다. 〈표 21-14〉에서 볼 수 있는 바와 같이 삼성전자의 경우 재고자산회전율은 2006년에 약간 증가하였으며, 산업평균에 비해서도 2005년, 2006년 모두 높게 나타나고 있다. 그러므로 이 회사는 재고자산을 효율적으로 관리하고 있는 것으로 판단된다.

표 21-14 삼성전자의 재고자산회전율(회)

연 도	삼성전자	산업평균
2005	$\frac{57,457,670}{(3,154,318+2,909,447)/2}=18.95$	15.95
2006	$\frac{58,972,765}{(2,909,447+3,219,474)/2}=19.24$	16.63

* 삼성전자의 재고기간(2005년) $= \frac{365}{18.95} = 19.26$일

삼성전자의 재고기간(2006년) $= \frac{365}{19.24} = 18.97$일

(3) 유형자산회전율

유형자산회전율(tangible assets turnover)은 유형자산이 1년 동안 몇 번 회전되어 매출을 실현하고 있느냐를 측정하는 것으로 매출액을 유형자산으로 나누어 계산된다.

$$유형자산회전율(회) = \frac{매출액}{유형자산}$$

유형자산회전율은 유형자산의 이용효율성을 측정하는 지표이다. 유형자산회전율이 높다는 것은 보유하고 있는 유형자산에 비해 높은 매출을 실현하고 있음을 의미하므로 유형자산이 효율적으로 이용되고 있다고 해석할 수 있다. 그러나 고정설비의 장기간 이용에 따른 과다한 감가상각 때문에 유형자산이 낮게 계상되어 유형자산회전율이 높게 나타날 수도 있다. 그러므로 이 비율이 높은 원인이 어디에 있는지를 면밀히 검토한 후 유형자산에 대한 이용효율성을 평가해야 한다.

삼성전자의 유형자산회전율을 구하면 〈표 21-15〉와 같다. 〈표 21-15〉에서 볼 수 있는 바와 같이 삼성전자의 경우 유형자산회전율은 2006년에 약간 감소하였으며, 산업평균과 거의 비슷한 수준으로 나타나고 있다. 그러므로 이 회사는 유형자산에 대한 투자가 적정한지에 대한 추가적인 분석이 필요하다고 판단된다.

표 21-15 삼성전자의 유형자산회전율(회)

연 도	삼성전자	산업평균
2005	$\frac{57,457,670}{(19,727,807+24,650,194)/2}=2.59$	2.52
2006	$\frac{58,972,765}{(24,650,194+28,820,442)/2}=2.21$	2.28

(4) 총자산회전율

총자산회전율(total assets turnover)은 매출액을 총자산(자산총계)으로 나누어 구하는 비율로 기업이 보유하고 있는 전체 자산의 효율적 이용도를 측정하는 지표이다.[7)]

$$총자산회전율(회) = \frac{매출액}{총자산}$$

7) 기업의 영업활동에 직접 투입하여 활용되고 있는 경영자산의 효율성을 평가하는 지표로 다음과 같은 경영자산회전율을 이용할 수 있다.

$$경영자산회전율(회) = \frac{매출액}{총자산-건설중인\ 자산-투자자산}$$

총자산회전율이 높을수록 총자산에 비하여 상대적으로 높은 매출을 실현하고 있음을 의미하므로 총자산이 효율적으로 이용되고 있다고 해석할 수 있다. 반면에 총자산회전율이 낮을수록 자산규모에 비하여 매출액이 상대적으로 낮다는 것을 의미하기 때문에 자산이 비효율적으로 이용되고 있음을 알 수 있다. 이 경우에는 매출액을 증대시키는 방안을 모색하거나 또는 불필요한 자산을 매각하여 총자산 규모를 줄일 필요가 있다.

삼성전자의 총자산회전율을 구하면 〈표 21-16〉과 같다. 〈표 21-16〉에서 볼 수 있는 바와 같이 삼성전자의 경우 총자산회전율은 2006년에 감소하였으며, 산업평균에 비해서 2005년, 2006년에 약간 높거나 비슷한 수준으로 나타나고 있다. 그러므로 이 회사는 총자산을 어느 정도 효율적으로 활용하고 있는 것으로 판단되나, 이 비율이 계속 나빠질 경우 그 원인에 대해 세밀한 분석이 필요하다고 판단된다.

표 21-16 삼성전자의 총자산회전율(회)

연 도	삼성전자	산업평균
2005	$\frac{57{,}457{,}670}{(43{,}816{,}543+50{,}538{,}770)/2}=1.22$	1.16
2006	$\frac{58{,}972{,}765}{(50{,}538{,}770+57{,}809{,}128)/2}=1.09$	1.09

4) 수익성비율

수익성비율(profitability ratios)은 기업의 이익창출능력을 나타내는 지표로 기업활동의 결과를 집약한 경영성과를 측정하는 재무비율이다. 수익성비율은 기업이 주주와 채권자로부터 조달한 자본을 영업활동, 투자활동, 재무활동 등에 투자하여 얼마나 효율적으로 이용하였는가를 나타내므로 이해관계자들의 의사결정에서 중요한 정보원으로 이용된다. 경영자는 사업확장이나 신규사업 참여에 대한 의사결정을 위한 정보로, 투자자는 투자종목의 선택기준으로, 채권자는 장기적 안정성의 판단기준으로, 종업원은 임금교섭의 기준으로, 세무당국은 조세부담능력평가의 기준으로 활용한다.

그러나 수익성비율은 손익계산서상의 회계이익에 기초하여 측정되기 때문에 기업의 실질적인 현금흐름에 관한 정보가 반영되지 않고 있다는 문제가 있다. 순이익이 큰 경우에도 일시적인 유동성의 부족으로 흑자도산이 발생할 수 있으나 수익성분석을 통하여 이와 같은 징후를 발견하기 어렵다. 따라서 단기채무지급능력을 나타내는 유동성분석, 현금흐름분석 등을 병행함으로써 기업의 수익성에 대해 균형 있는 판단을 해야 한다.

(1) 총자산순이익률

총자산순이익률(return on total assets)은 총자산을 수익창출에 얼마나 효율적으로 이용하고 있는가를 측정하는 비율로 순이익을 총자산으로 나누어 구한다.

$$\text{총자산순이익률}(\%) = \frac{\text{순이익}}{\text{총자산}} \times 100$$

삼성전자의 총자산순이익률을 구하면 〈표 21-17〉과 같다. 〈표 21-17〉에서 볼 수 있는 바와 같이 삼성전자의 경우 총자산순이익률은 2006년에 약간 감소하였으나, 산업평균에 비해 2005년, 2006년 모두 상당히 높게 나타나고 있다. 그러므로 이 회사는 총자산을 수익창출에 효율적으로 활용하고 있는 것으로 판단된다.

표 21-17 삼성전자의 총자산순이익률(%)

연 도	삼성전자	산업평균
2005	$\frac{7,640,213}{(43,816,543+50,538,770)/2} \times 100 = 16.19$	9.63
2006	$\frac{7,926,087}{(50,538,770+57,809,128)/2} \times 100 = 14.63$	6.96

(2) 자기자본순이익률

자기자본순이익률(return on equity)은 자기자본의 성과를 나타내는 비율로 순이익을 자기자본으로 나누어 계산된다.[8)]

$$\text{자기자본순이익률}(\%) = \frac{\text{순이익}}{\text{자기자본}} \times 100$$

8) 보통주 소유주에 의해서 출자된 자기자본의 효율성을 측정하기 위해서 자기자본순이익률을 계산할 때 우선주에 대한 부분을 제거하여 다음과 같이 계산하기도 한다.

$$\text{자기자본(보통주)순이익률}(\%) = \frac{\text{순이익} - \text{우선주 배당금}}{\text{자기자본(보통주)}} \times 100$$

자기자본순이익률은 주주들이 요구하는 투자수익률을 의미하며, 자기자본순이익률이 높다는 것은 자기자본이 매우 효율적으로 운용되고 있음을 의미한다. 자기자본순이익률이 주주들의 기대에 미치지 못하는 경우 주주들이 자금을 더 이상 기업에 투자하지 않을 것이기 때문에 기업의 경영활동이 위축되어 주가를 하락시키는 원인으로 작용하게 된다. 그러므로 자기자본순이익률은 기업이나 주주 모두의 입장에서 수익성을 측정하는 중요한 지표라 할 수 있다.

삼성전자의 자기자본순이익률을 구하면 〈표 21-18〉과 같다. 〈표 21-18〉에서 볼 수 있는 바와 같이 삼성전자의 경우 자기자본순이익률은 2006년에 약간 감소하였으나, 산업평균에 비해 2005년, 2006년 모두 상당히 높게 나타나고 있다. 그러므로 이 회사는 자기자본을 수익창출에 효율적으로 활용하고 있는 것으로 판단된다.

표 21-18 삼성전자의 자기자본순이익률(%)

연 도	삼성전자	산업평균
2005	$\frac{7,640,213}{(34,440,409+39,656,610)/2}\times 100=20.62$	15.24
2006	$\frac{7,926,087}{(39,656,610+45,260,597)/2}\times 100=18.67$	11.08

(3) 매출액순이익률

매출액순이익률(net margin on sales)은 순이익과 매출액의 관계를 측정한 것으로 다음과 같이 측정된다.

$$\text{매출액순이익률}(\%)=\frac{\text{순이익}}{\text{매출액}}\times 100$$

매출액순이익률은 기업의 경영성과를 총괄적으로 나타내는 지표로서, 이 비율이 높을수록 경영성과가 양호하다고 평가할 수 있다.

삼성전자의 매출액순이익률을 구하면 〈표 21-19〉와 같다. 〈표 21-19〉에서 볼 수 있는 바와 같이 삼성전자의 경우 매출액순이익률은 산업평균에 비해 2005년, 2006년 모두 매우 높게 나타나고 있다. 그러므로 이 회사의 경영성과는 상당히 양호한 것으로 판단된다.

표 21-19 삼성전자의 매출액순이익률(%)

연 도	삼성전자	산업평균
2005	$\frac{7,640,213}{57,457,670} \times 100 = 13.30$	8.32
2006	$\frac{7,926,087}{58,972,765} \times 100 = 13.44$	6.39

5) 성장성비율

성장성비율(growth ratios)은 기업의 경영규모와 경영성과가 얼마나 증대되었는가를 나타내는 비율로서, 재무제표 각 항목에 대한 일정기간 동안의 증가율로 측정된다. 성장률을 측정하는 대표적인 항목으로는 총자산, 매출액, 순이익 등이 있다.

산업의 성장률은 그 산업이 성장산업인지 또는 사양산업인지에 대한 통찰력을 제공하고, 기업의 외형적 성장과 실질적 성장에 관한 정보는 산업 내의 상대적 지위와 경쟁력을 나타낸다. 성장성비율을 분석할 때 유의하여야 할 사항은 물가상승시에는 명목성장률보다 실질성장률이 더 의미가 있으며, 일반적으로 성장성이 높은 기업은 유동성이 부족하므로 성장성과 유동성의 상반관계를 적절하게 고려하여야 한다.

(1) 총자산증가율

총자산증가율(growth rate of total assets)은 일정기간 동안 총자산이 얼마나 증가하였는가를 나타내는 비율로 기업의 전체적인 성장규모를 측정하는 지표이다.

$$\text{총자산증가율}(\%) = \frac{\text{기말 총자산} - \text{기초 총자산}}{\text{기초 총자산}} \times 100$$

총자산증가율이 높다는 것은 투자활동이 적극적으로 이루어져 기업규모가 빠른 속도로 증가하고 있다는 것을 의미한다. 그러나 자산재평가가 이루어진 경우에는 새로운 자산의 취득 없이도 자산규모가 증가됨을 유의하여야 한다.

삼성전자의 총자산증가율을 구하면 〈표 21-20〉과 같다. 〈표 21-20〉에서 볼 수 있는 바와 같이 총자산증가율은 2005년, 2006년 모두 산업평균에 비해 상당히 양호하다. 따라서 삼성전자는 성장추세를 견고하게 유지하고 있는 것으로 판단된다.

표 21-20 삼성전자의 총자산증가율(%)

연 도	삼성전자	산업평균
2005	$\frac{50{,}538{,}770-43{,}816{,}543}{43{,}816{,}543}\times 100=15.34$	13.65
2006	$\frac{57{,}809{,}128-50{,}538{,}770}{50{,}538{,}770}\times 100=14.39$	7.82

(2) 매출액증가율

매출액증가율(growth rate of sales)은 일정기간 동안 매출액이 얼마나 증가하였는가를 나타내는 비율로 기업의 외형적인 신장세를 나타내는 대표적인 지표이다.

$$\text{매출액증가율}(\%)=\frac{\text{당기매출액}-\text{전기매출액}}{\text{전기매출액}}\times 100$$

판매단가의 인상이나 판매량의 증가에 따라 매출액이 증가하기 때문에 증가원인에 대한 분석이 필요하며, 매출액이 증가하여도 순이익이 감소하는 경우가 있으므로 외형적인 성장과 실질적인 성장지표인 순이익증가율에 대한 분석이 병행되어야 한다.

삼성전자의 매출액증가율을 구하면 〈표 21-21〉과 같다. 〈표 21-21〉에서 볼 수 있는 바와 같이 삼성전자의 경우 매출액증가율은 2006년에 증가하였으며, 산업평균에 비해서 2005년에는 약간 높으나 2006년에는 약간 낮은 수준으로 나타나고 있다.

표 21-21 삼성전자의 매출액증가율(%)

연 도	삼성전자	산업평균
2005	$\frac{57{,}457{,}670-57{,}632{,}359}{57{,}632{,}359}\times 100=-0.30$	−1.52
2006	$\frac{58{,}972{,}765-57{,}457{,}670}{57{,}457{,}670}\times 100=2.64$	3.16

(3) 순이익증가율

순이익증가율(growth rate of net income)은 일정기간 동안 순이익이 얼마나 증가하였는가를 나타내는 비율로 실질적인 성장의 지표가 된다. 그러나 일정기간 동안 자본금의 변화가 있는 경우에는 순이익증가율이 왜곡될 수 있다. 따라서 주주에게 귀속되는 주당순이익의 증가율이 더 바람직한 실질적인 성장지표라 할 수 있다.

$$\text{순이익증가율}(\%) = \frac{\text{당기순이익} - \text{전기순이익}}{\text{전기순이익}} \times 100$$

$$\text{주당순이익증가율}(\%) = \frac{\text{당기주당순이익} - \text{전기주당순이익}}{\text{전기주당순이익}} \times 100$$

삼성전자의 순이익증가율을 구하면 〈표 21-22〉와 같다. 〈표 21-22〉에서 볼 수 있는 바와 같이 삼성전자의 순이익은 D램의 수요부진, 가격하락 등으로 인하여 2005년에 큰 폭으로 감소한 후 2006년에 약간 회복하고 있음을 알 수 있다. 한편 산업평균에 비해서는 2005년, 2006년 모두 양호한 것으로 나타나고 있다. 삼성전자의 경우 순이익의 변동성이 상당히 크게 나타나고 있기 때문에 보다 안정적인 성장추세를 유지하기 위한 전략(다양한 사업포트폴리오의 구축 등)을 검토해 보아야 할 것으로 판단된다.

표 21-22 삼성전자의 순이익증가율(%)

연 도	삼성전자	산업평균
2005	$\frac{7{,}640{,}213 - 10{,}786{,}742}{10{,}786{,}742} \times 100 = -29.17$	−42.07
2006	$\frac{7{,}926{,}087 - 7{,}640{,}213}{7{,}640{,}213} \times 100 = 3.74$	−17.57

6) 생산성비율

생산성비율(productivity ratios)은 기업활동의 성과 및 효율을 측정하여 개별 생산요소의 기여도 및 성과배분의 합리성 여부를 평가하는 지표이다. 그러므로 생산성에 관한 지표는 경영합리화의 척도라 할 수 있으며, 생산성 향상으로 얻은 성과에 대한 분배기준이 된다. 생산성이란 투입량(input)에 대한 산출량(output)의 정도를 의미하는 것으로 기업의 자본, 노동, 경영 등의 생산요소를 결합하는 방법에 따라 산출량이 어느 정도 달성되었는지를 측정하는 데 이용된다. 생산성을 측정하는 지표로는 매출액에 대한 부가가치의 비율을 나타내는 부가가치율과 생산요소별로 생산성을 측정하는 노동생산성, 자본생산성 등이 사용된다.

생산성비율의 분석시 유의해야 할 점은 부가가치율이 증가한 경우에도 이익은 변하지 않고 임금, 금융비용, 임차료 등이 더 증가하였다면 생산성의 증가로 기업의 성과가 향상되었다고 보기는 어렵다. 따라서 수익성과 연계하여 분석하여야 생산성에 대한 보다 명확한 평가를 할 수 있을 것이다.

(1) 부가가치율

부가가치율(value added ratio)은 일정기간 동안 기업이 창출한 부가가치를 같은 기간 동안의 매출액으로 나눈 비율이다. 이 비율은 매출액 중 생산활동에 투입된 생산요소에 귀속되는 소득의 비율을 나타내므로 소득률이라고도 한다.[9]

$$\text{부가가치율}(\%) = \frac{\text{부가가치}}{\text{매출액}} \times 100$$

삼성전자의 부가가치율을 구하면 〈표 21-23〉과 같다. 〈표 21-23〉에서 볼 수 있는 바와 같이 삼성전자의 부가가치율은 산업평균에 비해 2005년, 2006년 모두 높은 것으로 나타났다. 그러므로 이 회사의 부가가치 창출능력은 상당히 양호하다고 평가할 수 있다.

표 21-23 삼성전자의 부가가치율(%)

연 도	삼성전자	산업평균
2005	$\frac{18,819,074}{57,457,670} \times 100 = 32.75$	24.77
2006	$\frac{20,302,418}{58,972,765} \times 100 = 34.43$	24.13

9) 부가가치(value added)는 최종생산자가 중간생산자로부터 구입한 원재료에 자본과 노동 등의 생산요소를 투입하여 새로이 창출한 증식된 가치로서 다음과 같이 산출된다.

부가가치 = 경상이익 + (이자비용 − 이자수익) + 인건비 + 임차료 + 감가상각비 + 조세공과

부가가치계산에 필요한 계정(인건비, 임차료, 감가상각비, 조세공과)은 삼성전자의 2006년도 감사보고서 주석 25 참조.

(2) 노동생산성

노동생산성(productivity of labor)은 노동력의 단위당 성과를 나타내는 지표로 종업원 1인당 부가가치(value added per employee)를 의미한다.

$$노동생산성 = \frac{부가가치}{종업원수}$$

노동생산성이 높다는 것은 노동력이 효율적으로 이용되어 부가가치를 보다 많이 창출했음을 의미하며, 나아가 경영합리화를 통한 생산성 향상이 경쟁력 제고에 중요한 역할을 한 것으로 해석할 수 있다.

삼성전자의 노동생산성(종업원 1인당 부가가치)은 〈표 21-24〉와 같다. 〈표 21-24〉에서 볼 수 있는 바와 같이 삼성전자의 노동생산성은 산업평균에 비해 상당히 높은 수준을 유지하고 있다. 그러므로 이 회사의 노동생산성은 상당히 양호하다고 평가할 수 있다.

표 21-24 삼성전자의 노동생산성(천원)

연 도	삼성전자	산업평균
2005	$\frac{18,819,074백만원}{75,439명} = 249,461$	148,550
2006	$\frac{20,302,418백만원}{82,909명} = 244,876$	138,290

(3) 자본생산성

자본생산성(productivity of capital)은 생산요소의 하나인 자본의 단위당 투자효율을 나타내는 것으로서 가장 대표적인 자본생산성비율은 총자본투자효율이다. 총자본투자효율은 기업에 투자된 총자본이 1년 동안 어느 정도의 부가가치를 창출하였는가를 나타내는 비율로 다음과 같이 계산된다.

$$총자본투자효율(\%) = \frac{부가가치}{총자본} \times 100$$

자본생산성이 높다는 것은 총자본이 효율적으로 운영되었음을 의미하며, 이 경우에는 대체로 노동생산성도 높게 나타난다.

삼성전자의 총자본투자효율은 〈표 21-25〉와 같다. 〈표 21-25〉에서 볼 수 있는 바와 같이 삼성전자의 총자본투자효율은 산업평균에 비해 2005년, 2006년에 모두 높게 나타나고 있다. 그러므로 이 회사의 자본생산성은 상당히 양호하다고 평가할 수 있다.

표 21-25 삼성전자의 총자본투자효율(%)

연 도	삼성전자	산업평균
2005	$\frac{18,819,074}{(43,816,543+50,538,770)/2}\times 100=39.89$	28.67
2006	$\frac{20,302,418}{(50,538,770+57,809,128)/2}\times 100=37.48$	26.28

7) 시장가치비율

시장가치비율(market value ratios)은 기업의 시장가치를 나타내는 주가와 주당순이익, 장부가치 등의 관계를 분석하는 비율로 시장에서 특정기업의 과거성과 및 미래전망이 어떻게 평가되고 있는지를 보여 주는 지표이다. 기업의 유동성, 안정성, 효율성, 수익성, 성장성 등에 대한 과거성과가 양호하다면 시장가치비율도 높아지기 때문에 주가상승과 더불어 기업가치도 높아질 것으로 기대할 수 있다.

(1) 주가수익비율

주가수익비율(price-earnings ratio: PER)은 주가를 주당순이익(earnings per share: EPS)으로 나눈 것으로 P/E비율이라고 한다. PER은 주가가 주당순이익의 몇 배인가를 나타내는 것으로 기업의 주당순이익 1원에 대한 질적인 가치 또는 시장에서의 평가를 의미한다.[10)]

$$\text{주가수익비율} = \frac{\text{주가}}{\text{주당순이익}}$$

일반적으로 PER은 성장성이 높거나 위험이 낮을수록 높아진다. 또한 회계처리방법에 의해서도 영향을 받을 수 있다. 회계이익을 가능한 적게 계상하려는 보

10) $\text{주당순이익} = \frac{\text{순이익} - \text{우선주 배당금}}{\text{평균발행주식수(보통주)}}$

수적인 회계처리를 하는 기업의 PER이 높게 나타날 수 있다.

(2) 주가장부가치비율

주가장부가치비율(price-book value ratio: PBR)은 주가를 주당순자산(장부가치)으로 나눈 비율로 주가순자산비율이라고도 한다.[11)]

$$\text{주가장부가치비율} = \frac{\text{주가}}{\text{주당순자산}}$$

기업의 미래 수익전망이 밝고 경영이 효율적일수록 주식의 장부가치와 시장가치 사이의 차이가 커져서 주가장부가치비율이 높아진다. 따라서 주식의 장부가치보다 시장가치가 훨씬 높게 평가되고 있는 기업은 시장에서 그 기업의 성장전망이 클 것으로 기대하고 있다는 증거로 해석할 수 있다. 그러나 물가상승으로 장부가치가 낮게 평가되어 있는 경우에도 이 비율이 커질 가능성이 있다.

(3) 토빈의 q비율

토빈의 q비율(Tobin's q ratio)은 기업이 보유하고 있는 자산의 시장가치를 그 자산에 대한 대체원가(replacement cost)로 나눈 비율이다.

$$q\text{비율} = \frac{\text{자산의 시장가치}}{\text{자산의 대체원가}}$$

토빈의 q비율은 주가장부가치비율과 유사하다. 그러나 q비율의 경우 분자가 주식과 부채 모두를 시장가격으로 평가한 값이며, 분모는 그 기업의 보유자산을 장부상의 취득원가가 아닌 대체원가로 측정한 것이라는 점에서 주가장부가치비율과 다르다. 인플레이션을 고려한다면 대체원가가 취득원가를 초과하게 되며, 이 경우 대체원가를 추정하는 것이 중요하게 된다.

일반적으로 q비율이 1보다 큰 경우에는 자본설비(capital equipment)의 시장가치가 대체원가보다 큰 가치를 가지므로 기업들이 투자하려는 유인(incentive)을 갖게 되며, q비율이 1보다 적으면 투자유인이 없다고 할 수 있다. 이는 q비율을 투

---

11) $\text{주당순자산} = \frac{\text{자본총계} - \text{무형자산}}{\text{기말발행주식주(보통주+우선주)}}$

자결정기준으로 활용할 수 있음을 시사한다.

(4) 삼성전자의 시장가치비율

삼성전자의 시장가치비율을 제시하면 〈표 21-26〉과 같다. 〈표 21-26〉에서 볼 수 있는 바와 같이 주가는 계속 상승하고 있으나 순이익이 감소하여 PER은 약간 증가하고 있는 반면, 순자산의 증가로 인해 PBR은 약간 감소하는 것으로 나타나고 있다.

표 21-26 삼성전자의 시장가치비율[12)]

항 목		2004년도	2005년도	2006년도
주가(원)	최고	637,000	662,000	740,000
	최저	402,000	435,000	549,000
주당	순이익(원)	77,020	57,013	61,209
	순자산(원)	224,535	265,449	307,162
	현금흐름(원)	91,727	77,039	76,350
PER(배)	최 고	8.3	11.6	12.1
	최 저	5.2	7.6	9.0
PBR(배)	최 고	2.8	2.5	2.4
	최 저	1.8	1.6	1.8

8) 종합적 평가

〈표 21-27〉은 삼성전자의 재무비율과 산업평균비율을 비교하여 요약한 표이다. 삼성전자는 국내의 최우량 기업답게 유동성비율, 자본구조비율, 효율성비율, 수익성비율, 성장성비율, 생산성비율 등 대부분의 재무비율이 양호한 것으로 판단된다.

12) $\text{주당현금흐름} = \dfrac{\text{순이익} + \text{감가상각비} - \text{우선주 배당금}}{\text{평균발행주식수(보통주)}}$

표 21-27 삼성전자의 재무비율과 산업평균비율의 비교

재 무 비 율	2005	2006
1. 유동성 비율		
유동비율(%)	+	+
당좌비율(%)	+	+
순운전자본구성비율(%)	+	+
2. 자본구조비율		
부채비율(%)*	+	+
자기자본비율(%)	+	+
고정비율(%)*	+	+
이자보상비율(배)	+	+
3. 효율성비율		
매출채권회전율(회)	+	+
재고자산회전율(회)	+	+
유형자산회전율(회)	+	−
총자산회전율(회)	+	·
4. 수익성비율		
총자산순이익률(%)	+	+
자기자본순이익률(%)	+	+
매출액순이익률(%)	+	+
5. 성장성비율		
총자산증가율(%)	+	+
매출액증가율(%)	+	−
순이익증가율(%)	+	+
6. 생산성비율		
부가가치율(%)	+	+
노동생산성(천원)	+	+
총자본투자효율(%)	+	+

주) 1. + : 양호, − : 불량
2. * : 산업평균에 비해 작을수록 양호함

2.4 비율분석의 한계점

비율분석은 재무제표를 이용하여 기업의 이해관계자들이 합리적 의사결정을 내리는 데 유용한 정보를 제공하기 때문에 가장 널리 이용되는 분석방법이다. 이용자의 분석목적에 따라 재무제표상의 두 항목을 선택하여 다양한 종류의 비율구성이

가능하다. 그리고 분석자료로 이용되는 재무제표는 수집이 용이할 뿐만 아니라 계산방법과 이해가 쉽다는 장점이 있는 반면에 다음과 같은 한계점을 가지고 있다.

첫째, 비율분석은 역사적 자료인 재무제표를 근거로 하여 과거 일정기간의 경영성과와 재무상태가 미래에도 계속될 것이라는 가정하에서 분석된다. 경영분석의 실질적인 목적은 정책수행의 결과로 나타나는 미래의 재무상태와 경영성과를 예측하는 데 있다. 그러나 미래의 상황이 불확실할 뿐만 아니라 경영환경이 빠른 속도로 변하기 때문에 과거자료를 이용하여 미래를 예측하는 것은 여러 가지 점에서 한계가 있다.

둘째, 개별기업마다 회계처리방법이 서로 다르기 때문에 비율분석을 통하여 상호비교하는 것만으로 충분하지 않다. 비교기업간에 감가상각방법 및 재고자산평가방법이 다르게 적용되는 경우에는 정확한 정보를 얻기가 어렵다.

셋째, 비율분석은 재무제표를 근간으로 하여 분석되는데, 이중 대차대조표는 일정시점을 기준으로 작성되어 회계기간 동안의 계절적 변동에 따른 영향이 큰 산업에 대한 고려뿐만 아니라 인플레이션에 의한 가치변동 등이 반영되지 않기 때문에 이를 기계적으로 적용한다면 비율분석이 왜곡될 수 있다.

넷째, 특정한 재무비율이 양호한지 또는 불량한지의 여부를 일반화하기가 어렵다. 예를 들어 한 기업의 유동비율이 높다는 것은 유동성 측면에서는 양호한 상태로 평가될 수 있으나, 과도한 현금의 보유는 수익성 측면에서 오히려 비효율적일 수도 있다. 마찬가지로 자산회전율이 높다는 것은 그 기업이 자산을 효율적으로 사용한다는 것을 의미하지만, 한편으로는 자산에 대한 추가적인 투자가 어려운 기업임을 의미하기도 한다.

다섯째, 특정기업에 있어서 일부 재무비율은 양호하고 다른 재무비율은 불량한 경우 그 결과를 종합적으로 판단하기가 어렵다. 이 경우에 재무비율들의 순효과(net effects)를 분석하기 위해서는 다른 추가적인 분석방법을 이용하여야 한다.[13)]

여섯째, 비율분석에서 비교기준이 되는 표준비율로 어느 것을 선택하느냐에 따라 평가가 달라질 수 있다. 그러나 선택된 표준비율이 특정기업에 가장 적합한 최선의 비교기준이라고 판단할 근거가 없다. 또한 서로 다른 산업에 속하는 사업부를 운영하는 경우에는 특정산업의 평균비율을 적용할 수 없기 때문에 이에 적합한 산업평균값을 산출하기가 어렵다.

일곱째, 기업의 유동성, 안정성, 효율성, 수익성, 성장성, 생산성 외에도 기업가

---

13) 재무비율의 종합적 평가방법으로는 듀폰의 ROI분석, 지수법 등이 있으며, 이에 대한 내용은 본장의 제3절에서 설명함.

치평가에 영향을 미치는 요인으로 경영자의 자질, 조직의 효율성, 시장점유율, 기업의 신용, 종업원의 기술정도 등을 들 수 있다. 이러한 질적인 요인들은 재무제표상에 수치화될 수 없으므로 비율분석만으로 평가를 한다는 것은 한계가 있다.

3 재무비율의 종합적 평가방법

3.1 ROI분석

ROI분석은 1950년대 미국의 듀폰(Du Pont)사에 의하여 개발된 재무통제를 위한 관리시스템으로 듀폰시스템(Du Pont System)이라고도 부른다. ROI분석은 기업의 경영성과를 여러 부분의 재무요인으로 분해하여 경영성과의 변동원인을 분석하는 것으로서 재무활동을 통제하는 수단으로 이용된다.

기업은 이익을 얻기 위하여 경영활동을 하며, 경영성과에 따라 기업의 재무적 생존능력, 자금제공자에 대한 유인 및 보상능력이 결정된다. 경영성과는 기업이 경영활동을 통하여 창출한 이익으로 투자자본에 대한 상대적인 크기에 의해 측정된다. ROI(return on investment: ROI)는 투자수익률을 나타내며 경영성과를 종합적으로 측정하는 데 이용되는 가장 대표적인 재무비율이다.

ROI분석은 ROI의 구성요인을 여러 재무요인별로 분해하고 경영성과의 변동원인을 찾아내어, 재무통제가 필요한 부문이 어느 부문인가를 파악하는 데 이용되고 있다. ROI를 총자산(총자본)순이익률로 정의하느냐 또는 자기자본순이익률로 정의하느냐에 따라 그 내용이 다소 달라진다.

ROI를 총자산순이익률(return on total assets: ROA)로 정의하는 경우 다음과 같이 수익성비율과 효율성비율로 분해된다.

$$\text{총자산순이익률} = \frac{\text{순이익}}{\text{매출액}} \times \frac{\text{매출액}}{\text{총자산}}$$

$$= \underset{(\text{수익성비율})}{\text{매출액순이익률}} \times \underset{(\text{효율성비율})}{\text{총자산회전율}}$$

한편 ROI를 자기자본순이익률(return on equity: ROE)로 정의하는 경우 다음과 같이 수익성비율, 효율성비율과 자본구조비율로 분해된다.

$$자기자본순이익률 = \frac{순이익}{매출액} \times \frac{매출액}{총자산} \times \frac{총자산}{자기자본}$$
$$= 매출액순이익률 \times 총자산회전율 \times \frac{1}{자기자본비율}$$
$$(수익성비율) \quad (효율성비율) \quad (자본구조비율)$$

이와 같이 ROI를 여러 개의 구성요인별로 분해하여 이들 요인에 영향을 미치는 세부항목을 분석함으로써 경영성과를 종합적으로 평가할 수 있으며, 경영성과의 변동원인이 어느 항목과 연관되어 있는가를 판단할 수 있다.

ROI는 경영성과의 종합적인 지표로서 다음과 같은 점에서 중요한 의미를 갖는다.

첫째, ROI는 경영관리의 효율성을 나타내는 지표이다. 일정한 자본으로 적정수준 이상의 이익을 실현하고 있는가는 무엇보다도 경영관리기법, 경영전략, 동기유발 등에 따라 좌우된다. 따라서 ROI는 경영관리의 질을 평가하는 중요한 정보를 제공하기 때문에 중요한 의미를 갖는다.

둘째, ROI는 기업이 추구하는 달성가능한 기업목표에 대한 지표이다. 장기적인 ROI의 수준은 경영관리의 유효성에 대한 지표로서 중요한 의미를 갖지만, 그 밖에 기업의 장기적인 재무건전성에 대한 정보를 제공하기 때문에 장기채권자와 주주들에게 특히 중요한 의미를 갖는다.

셋째, ROI는 내부의사결정과 통제수단으로 이용된다. ROI는 개개의 투자결정뿐만 아니라 경영활동 및 경영성과에 대한 계획, 예산편성, 조정, 평가, 통제에서도 중요한 역할을 한다. 기업의 경영성과는 여러 사업부문의 성과로 구성되어 있다. 따라서 각 사업부문의 성과를 분석하여 어느 사업부문의 성과가 우수한지를 평가할 수 있으며, 이와 같은 부문성과에 따라 부문관리자에 대한 보상을 결정할 수 있다. 또한 성과가 좋지 않은 사업부문을 파악하여 통제함으로써 기업전체의 경영성과를 높일 수 있다.

〈그림 21-1〉에서 삼성전자에 대한 ROI분석의 기본체계를 보여 주고 있다. ROI의 첫번째 분석단계는 수익성비율과 효율성비율의 상호관계를 분석하는 단계이다. 두 번째 단계는 수익성비율과 효율성비율에 영향을 미치는 요인에 대한 세부적인 분석단계이다. 이와 같은 분석체계에 의해 삼성전자의 총자산순이익률(ROA)을 보다 향상시킬 수 있는 방안을 모색할 수 있을 것이다. 삼성전자는 높은

매출액순이익률로 인해 수익성이 상당히 양호하지만, 총자산회전율은 1.09회로 높지 않기 때문에 개선할 여지가 있는 것으로 판단된다. 특히 이 회사는 생산과 직접 관련이 없는 투자유가증권 등 투자자산의 규모를 줄임으로써 총자산회전율을 개선할 수 있을 것으로 보인다.

그림 21-1 ROI분석의 기본체계: 삼성전자의 2006년도 (단위: 억원)

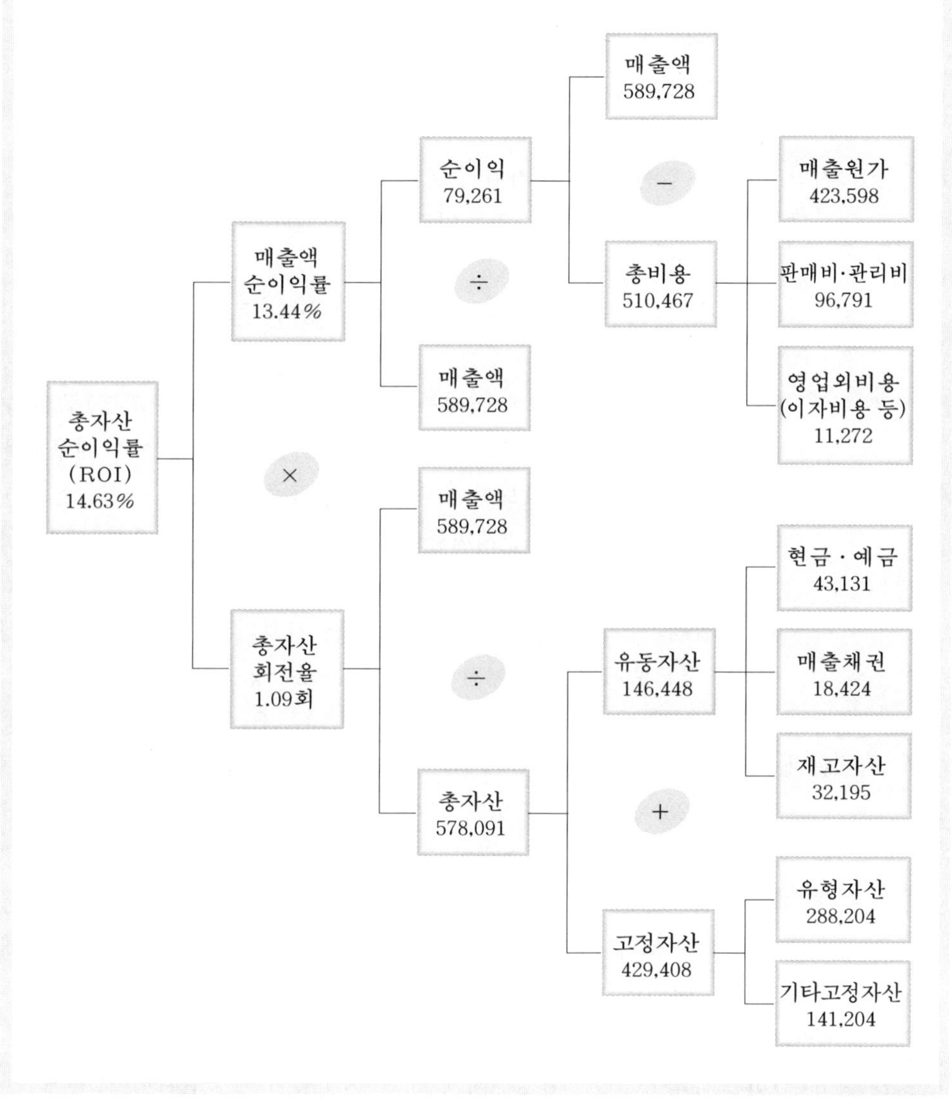

3.2 지 수 법

재무비율에 기초하여 기업의 재무상태나 경영성과를 평가하는 경우에 문제가 되는 것은 각 재무비율의 평가결과가 상이한 경우 종합적으로 평가하기가 곤란하다는 점이다. 따라서 하나의 단일지표로서 평가근거가 되는 종합지수가 필요하게 된다. 지수법(index method)은 여러 재무비율을 동시에 고려하여 기업의 재무상태와 경영성과를 종합적으로 평가하는 데 이용되는 분석방법으로서, 각 재무비율에 가중치를 부여하여 지수를 산출하기 때문에 가중비율종합법(weighted ratio method)이라고도 한다.

분석목적에 따라 주요 재무비율의 선정, 가중치의 크기, 표준비율에 차이가 있지만, 다음과 같은 절차를 거쳐 종합지수를 계산할 수 있다.

① 주요 재무비율의 선정: 여러 종류의 재무비율 중에서 분석목적에 적합한 재무비율을 선정한다.

② 가중치의 부여: 선정된 주요 재무비율의 중요도에 따라 각각 가중치를 부여한다.

③ 관계비율의 계산: 실제 재무비율을 표준비율(산업평균 등)로 나누어 관계비율을 계산한다. 관계비율이 1보다 높다는 것은 기업의 재무비율이 표준비율보다 양호하고, 1보다 낮다는 것은 표준비율보다 불량함을 의미한다.

④ 종합지수의 산출: 관계비율에 가중치를 곱하여 비율별 평점을 계산한 후 이들을 합산하여 종합지수를 구한다.

⑤ 종합평가: 종합지수가 100 이상이면 기업의 재무상태 및 경영성과가 양호한 것으로, 100 이하이면 불량한 것으로 평가한다.

지수법은 월(A. Wall)의 지수법, 트랜트(J. B. Trant)의 지수법 등으로 구분된다. 〈표 21-28〉에서 월의 지수법, 트랜트의 지수법을 비교하여 보여 주고 있다.

〈표 21-28〉에서 볼 수 있는 바와 같이 월의 지수법에서는 정태비율인 유동비율, 부채비율, 고정비율 등 3개의 재무비율에 65%의 가중치를 부여하고 있는 한편, 매출채권회전율, 재고자산회전율, 고정자산회전율, 자기자본회전율 등 4개의 효율성비율에 35%의 가중치를 부여하고 있다. 반면에 트랜트의 지수법에서는 자기자본회전율 대신에 매입채무회전율로 대체한 효율성비율에 65%의 높은 가중치를 부여하고 있는 한편, 정태비율에 35%의 가중치를 부여하고 있다.

〈표 21-29〉에서는 삼성전자에 대한 지수법의 적용결과를 보여 주고 있다. 월의 지수법에 의하면 삼성전자의 2006년 종합지수는 152.01로서 경영상태가 매우 양호

표 21-28 지수법의 주요비율과 가중치 (단위: %)

주요비율	월의 지수법	트랜트의 지수법
유동비율	25	15
부채비율	25	10
고정비율	15	10
매출채권회전율	10	10
재고자산회전율	10	20
고정자산회전율	10	20
자기자본회전율	5	—
매입채무회전율	—	15
합계	100	100

한 것으로 평가된다. 한편 트랜트의 지수법에 의하면 삼성전자의 2006년 종합지수는 147.83으로 나타나, 월의 지수법과 유사한 결과를 얻을 수 있음을 알 수 있다.

그러나 월 또는 트랜트의 지수법에 의한 분석결과를 해석하는 경우 주요 재무비율의 구성이 유동성, 자본구조, 효율성비율 중심이며 수익성 등 다른 요인들이 고려되지 않고 있다는 점을 유의해야 한다. 그리고 지수법은 다음과 같은 몇 가지 문제점을 가지고 있다.

표 21-29 삼성전자의 평점표(2006년도)

주요비율	재무비율 (A)	표준비율 (B)	관계비율 (C = A/B)	가중치(D) Wall	가중치(D) Trant	평점(E = C×D) Wall	평점(E = C×D) Trant
유동비율	152.00	122.70	1.2388	25	15	30.97	18.58
부채비율	27.73	58.7	2.1172	25	10	52.93	21.17
고정비율	94.87	114.21	1.2038	15	10	18.06	12.04
매출채권회전율	35.32	14.26	2.4768	10	10	24.77	24.77
재고자산회전율	19.24	16.63	1.1572	10	20	11.57	23.14
고정자산회전율	1.49	1.54	0.9696	10	20	9.70	19.39
자기자본회전율	1.39	1.73	0.8029	5	—	4.01	—
매입채무회전율	31.57	16.48	1.9155	—	15	—	28.73
합계						152.01	147.83

주: 1. 고정비율과 부채비율은 낮을수록 양호하므로, 표준비율을 재무비율로 나누어 관계비율($C = B/A$)을 구한다.

2. 고정자산회전율 = 매출액/고정자산, 자기자본회전율 = 매출액/자본총계, 매입채무회전율 = 매출액/매입채무

첫째, 주요 재무비율의 선정과 가중치가 체계적 이론이나 실증적 증거 없이 분석자의 경험에 의해서 임의로 결정되기 때문에 매우 주관적이라 할 수 있다.

둘째, 평가의 기준이 되는 표준비율의 선정에 대한 명확한 기준이 없다. 일반적으로 산업평균비율을 이용하지만 상황에 따라 경쟁기업의 재무비율, 목표 재무비율 등이 보다 적절한 표준비율이 될 수 있다.

셋째, 분석대상이 되는 비율이 한정되기 때문에 재무분석에서 고려하여야 할 지표들이 모두 반영되지 못하고 있다.

주 요 용 어

재무제표(698)
대차대조표(698)
손익계산서(701)
현금흐름표(703)
재무비율(704)
표준비율(705)
유동성비율(708)
유동비율(708)
당좌비율(709)
순운전자본구성비율(710)
자본구조비율(711)
부채비율(711)
자기자본비율(712)
금융기관의 BIS비율(713)
고정비율(714)
이자보상비율(715)
효율성비율(715)
매출채권회전율(716)
매출채권평균회수기간(716)
재고자산회전율(717)
재고기간(718)
유형자산회전율(718)
총자산회전율(719)
수익성비율(720)
총자산순이익률(721)
자기자본순이익률(721)
매출액순이익률(722)
성장성비율(723)
총자산증가율(723)
매출액증가율(724)
순이익증가율(724)
생산성비율(725)
부가가치율(726)
노동생산성(727)
자본생산성(727)
시장가치비율(728)
주가수익비율(728)
주가장부가치비율(729)
토빈의 q비율(729)
ROI 분석(733)
지수법(736)

연 습 문 제

1 재무비율분석

㈜청운의 대차대조표와 손익계산서는 다음과 같다.

대차대조표

㈜청운 20×1년 12월 31일 현재 (단위: 천원)

자 산	금 액	부채와 자본	금 액
Ⅰ. 유 동 자 산	1,028,500	(부 채)	
1. 현금 및 현금등가물	10,000	Ⅰ. 유동부채	557,600
2. 유가증권	7,000	1. 매입채무	493,000
3. 매출채권	323,000	2. 단기차입금	64,600
4. 재고자산	688,500	Ⅱ. 고정부채	30,000
		1. 사 채	15,000
Ⅱ. 고 정 자 산	192,100	2. 장기차입금	15,000
1. 토 지	102,000	부채총계	587,600
2. 건 물	55,000		
3. 기계장치	30,000	(자 본)	
4. 기타 유형자산	5,100	Ⅰ. 자 본 금	200,000
		Ⅱ. 자본잉여금	106,000
		Ⅲ. 이익잉여금	327,000
		자본총계	633,000
자 산 총 계	1,220,600	부채 · 자본총계	1,220,600

손익계산서

㈜청운　　20×1년 1월 1일~20×1년 12월 31일　　(단위: 천원)

과 목	금 액
Ⅰ. 매 출 액	2,380,000
Ⅱ. 매출원가	1,904,000
Ⅲ. 매출총이익	476,000
Ⅳ. 판매비와 관리비	394,000
Ⅴ. 영업이익	82,000
Ⅵ. 영업외비용(이자비용)	64,000
Ⅶ. 법인세비용차감전순이익	18,000
Ⅷ. 법인세비용(50%)	9,000
Ⅸ. 당기순이익	9,000

(1) 다음의 표를 완성하여 ㈜청운의 단기채무지급능력, 장기채무지급능력, 효율성, 수익성을 평가하라.

재무비율	실제비율	표준비율
유 동 비 율		126%
당 좌 비 율		68%
부 채 비 율		225%
고 정 비 율		120%
이자보상비율		2.4배
재고자산회전율		4.2회
매출채권회전율		3.5회
유형자산회전율		4.1회
자기자본회전율		2.0회
총자산회전율		1.2회
매출액순이익률		4.74%
총자산순이익률		6.43%
자기자본순이익률		10.24%

(2) ㈜청운의 재무상태 및 경영성과를 지수법에 의해서 종합적으로 평가하라.(단, 지수법에 사용할 주요비율과 가중치는 다음과 같다.)

주요 비율	가중치
유 동 비 율(%)	25%
부 채 비 율(%)	25%
고 정 비 율(%)	15%
매출채권회전율(회)	10%
재고자산회전율(회)	10%
유형자산회전율(회)	10%
자기자본회전율(회)	5%

2 재무비율과 재무제표의 관계

다음의 자료를 이용하여 대차대조표와 손익계산서를 완성하라.

재무비율	실제비율
유 동 비 율(%)	120%
당 좌 비 율(%)	80%
부 채 비 율(%)	150%
매출채권 평균회수기간(일)	40일
총자산회전율(회)	2.92회
매출액순이익률(%)	10%

대차대조표

(단위: 만원)

자 산	금 액	부채와 자본	금 액
		(부 채)	
I. 유 동 자 산	( )	I. 유동부채	( )
1. 현금 및 현금등가물	( )	1. 매입채무	( )
2. 매출채권	( )	2. 단기차입금	20,000
3. 재고자산	( )	II. 고정부채	30,000
		1. 사 채	15,000
II. 고 정 자 산	( )	2. 장기차입금	15,000
		부채총계	( )
		(자 본)	
		I. 자 본 금	60,000
		II. 자본잉여금	20,000
		III. 이익잉여금	20,000
		자본총계	100,000
자 산 총 계	( )	부채 · 자본총계	( )

손익계산서 (단위: 만원)

과 목	금 액
Ⅰ. 매 출 액	(　　)
Ⅱ. 매출원가	(　　)
Ⅲ. 매출총이익	(　　)
Ⅳ. 판매비와 관리비	94,000
Ⅴ. 영업이익	(　　)
Ⅵ. 영업외비용(이자비용)	64,000
Ⅶ. 법인세비용차감전순이익	(　　)
Ⅷ. 법인세비용(50%)	(　　)
Ⅸ. 당기순이익	(　　)

3

ROI 분석

다음은 ㈜광주기계의 지난 3년간 재무비율 중 일부이다.

재무비율	실제비율			표준비율 (20×3년)
	20×1년	20×2년	20×3년	
유 동 비 율(%)	420%	260	180	200
부 채 비 율(%)	88.7%	127.2	212.5	100
고정장기적합률(%)	95%	97	98	93
총자산회전율(회)	3.2회	2.6	2	4.4
매출액순이익률(%)	3.9%	2.5	1.4	3.5
자기자본순이익률(%)	23.6%	14.8	8.8	12

위 자료를 이용하여 다음의 물음에 답하라.

(1) ROI분석을 이용하여 자기자본순이익률의 감소이유를 설명하라.

(2) 부채의 증가는 고정부채 또는 유동부채 중 어느 것에 의한 것인가?

4

다음을 간단히 약술하라.

(1) 재무비율분석의 의의와 한계

(2) 표준비율

보 론

재 무 예 측

1. 재무예측의 의의

재무예측(financial forecasting)은 기업의 미래자금수요를 추정하여 이에 적합한 자본조달계획을 수립하는 전 과정을 의미한다. 재무예측에서 먼저 고려되어야 할 점은 그 기업의 성장성이다. 즉 계획기간 동안 얼마만큼 성장을 하느냐에 따라 기업의 자산과 부채의 변동성을 예측할 수 있으며, 이에 따라 소요되는 자금을 추정할 수 있게 된다. 따라서 기업의 성장성에 대한 예측은 매출액의 변화로서 측정하는 것이 일반적이다.

재무예측에서 가장 중요한 부분이 매출액을 예측하는 일이지만, 매출액을 정확하게 예측하기는 상당히 어렵다. 매출액예측이 잘못되는 경우 기업활동에 매우 큰 영향을 미칠 수 있다. 만약 기업이 예상한 것보다 시장수요가 더 크다면 고객의 요구에 대처할 수 없을 것이고, 반면에 예측을 낙관적으로 하였다면 과다한 설비 및 재고를 갖게 될 것이다. 이 경우에 확장을 위한 자본조달을 부채로 충당하였다면 보다 심각한 문제점이 나타날 것이다. 따라서 매출액예측은 기업의 재무예측의 출발점이 된다고 볼 수 있다.

재무관리적 측면에서의 기업활동은 불확실한 미래상황하에서 소요자금의 예측, 자금의 조달, 그리고 투자활동을 수행하는 순환과정으로 볼 수 있다. 이 과정에서 소요자금의 예측이 첫번째 단계가 된다. 일반적으로 매출액이 증가하면 자산투자가 확대되므로 소요자금에 대한 추정은 매출액 증가에 따른 자산투자규모의 예측을 통하여 파악될 수 있다. 소요자금을 추정하는 보편적인 방법으로 매출액백분율법을 들 수 있다.

2. 매출액백분율법

매출액백분율법(percentage of sales method)은 매출액에 대한 각 대차대조표 항목의 백분율이 일정하다는 가정하에서 목표매출액을 달성하기 위하여 필요한 외부자금조달액을 추정하는 데 이용된다.

매출액백분율법으로 기업의 소요자금을 예측하기 위하여 다음의 예를 들어 보기로 하자. 〈표 21A-1〉은 ㈜H전자의 20×1년도 말 대차대조표이다.

20×1년 중 ㈜H전자는 매출액 400,000백만원을 실현하기 위하여 현재의 고정시설을 완전가동(full capacity)하였으며, 불필요한 여유자금을 보유하지 않고 있다고 가정한다. 그리고 이 기업의 매출액순이익률은 10%이며, 순이익의 60%는 배당으로서 주주에게 지급된다. ㈜H전자의 20×2년도 예상매출액이 600,000백만원으로 200,000백만원의 매출액이 증가될 것으로 예상된다면, 이 기업이 20×2년도에 추가로 얼마의 자금을 조달해야 할 것인지를 매출액백분율법으로 예측해 보자.

매출액백분율법에 의한 소요자금액의 추정은 다음의 순서에 따라 이루어진다.

첫째, 대차대조표의 각 항목을 매출액에 따라 영향을 받는 항목과 영향을 받지 않는 항목으로 구분하여, 영향을 받는 항목의 매출액백분율을 구한다. 대차대조표 항목들과 매출액간의 관계를 다음과 같이 요약할 수 있다.

· 매출액규모에 비례하여 변화하는 항목: 현금, 매출채권, 재고자산, 매입채무, 미지급금 등
· 매출액에 따라 변하지만 불규칙적으로 변하는 항목[14]: 유형자산, 유보이익 등

표 21A-1 ㈜H전자 대차대조표

대차대조표

㈜H전자 20×1년 12월 31일 현재 (단위: 백만원)

과 목	금 액	과 목	금 액
현 금	10,000	매 입 채 무	40,000
매 출 채 권	90,000	단기 차입금	10,000
재 고 자 산	200,000	미 지 급 금	50,000
순 유형자산	300,000	사 채	150,000
		자 본 금	50,000
		유 보 이 익	300,000
총 자 산	600,000	부채와 자본	600,000

14) 현재 ㈜H전자는 고정시설을 완전가동하고 있으므로 순유형자산도 매출액의 증가와 같은 비율

· 매출액 변화와 무관한 항목: 단기 차입금, 사채, 자본금 등

둘째, 예상매출액에 매출액백분율을 곱하여 매출액에 따라 영향을 받는 각 항목의 수치를 추정한다.

셋째, 유보이익의 증가액을 구한다. 20×2년도 유보이익 증가액은 다음과 같이 구할 수 있다.

· 예상순이익 = 예상매출액 × 매출액순이익률
= 600,000백만원 × 10% = 60,000백만원

· 유보이익 증가액 = 예상순이익 − 예상배당금
= 60,000백만원 − 60,000백만원 × 60% = 24,000백만원

넷째, 총자산의 추정액에서 부채와 자본의 추정액을 차감하여 외부자본조달액을 추정한다.

표 21A-2 매출액백분율법에 의한 소요자금액의 추정

㈜H전자 (단위: 백만원)

과 목	대차대조표 (20×1. 12. 31)	매출액백분율(%)	20×2년도 추정액
현 금	10,000	2.5	15,000
매 출 채 권	90,000	22.5	135,000
재 고 자 산	200,000	50.0	300,000
순 유형자산	300,000	75.0	450,000
총 자 산	600,000	150.0	900,000
매 입 채 무	40,000	10.0	60,000
단 기 차 입 금	10,000	—	10,000*
미 지 급 금	50,000	12.5	75,000
사 채	150,000	—	150,000*
자 본 금	50,000	—	50,000*
유 보 이 익	300,000	—	324,000**
부채와 자본	600,000	22.5	669,000
			추가조달자금 231,000***
			부채와 자본 900,000

* 표시항목은 매출액변동에 영향을 받지 않는 항목임.
** 20×1년도 말 유보이익 + 유보이익의 증가액 = 300,000 + 24,000
*** 추가조달자금액 = 900,000 − 669,000 = 231,000

로 증가하는 항목에 포함된다고 할 수 있다.

이와 같은 과정에 의해서 소요자금액을 추정하면 〈표 21A-2〉와 같다.

이상에서 설명한 외부자금조달액(external fund needed: EFN)은 식 (21A-1)에 의해서 간편하게 추정될 수 있다.

$$외부자금조달액(EFN) = 자산의 증가액 - 부채의 증가액 - 유보이익의 증가액$$
$$= \frac{A}{S_0}(\Delta S) + \Delta F - \frac{L}{S_0}(\Delta S) - MS_1(1-d) \qquad (21A\text{-}1)$$

여기서 S_0 : 기준연도의 매출액
A : 매출액에 비례하여 변하는 자산총액
ΔF : 고정자산의 증가액
L : 매출액에 비례하여 변하는 부채총액
ΔS : 매출액의 증가액(S_1-S_0)
M : 매출액순이익률
S_1 : 계획연도의 예상매출액
d : 배당성향

식 (21A-1)을 이용하여 ㈜H전자의 20×2년도의 매출액증가에 따른 추가 외부자금조달액을 구하면 다음과 같다.

$$EFN = 1.5(200{,}000) - 0.225(200{,}000) - 0.1(600{,}000)(1 - 0.6)$$
$$= 231{,}000백만원$$

기업의 재무예측에서 매출액성장률은 중요한 역할을 한다. 특히 외부자금조달과는 높은 상관관계가 존재한다고 볼 수 있다. 지금까지의 분석에서 이용한 매출액증가액을 그 성장률로 환산하면, 매출액성장률과 소요자금액과의 관계를 다음 식과 같이 보다 일반화할 수 있다.

매출액증가액을 기준연도의 매출액에다 성장률을 곱하여 다음과 같이 나타낸다.

$$\Delta S = S_0 \cdot g$$
$$S_1 = S_0 + \Delta S = S_0(1+g)$$

여기서 g : 매출액성장률

위 식을 식 (21A-1)에 대입하여 ㈜H전자의 매출액성장률 g와 외부자금조달액간 관계식을 구하면 다음과 같다.

$$EFN = \frac{A}{S_0}(\Delta S) + \Delta F - \frac{L}{S_0}(\Delta S) - MS_1(1-d)$$

$$= -16{,}000 + 494{,}000g$$

그리고 매출액성장률 g와 외부자금조달액간의 관계를 나타내면 〈그림 21A-1〉과 같다.

〈그림 21A-1〉에서 볼 수 있는 바와 같이 매출액성장률에 근거하여 외부자금조달액을 추정할 수 있으며, 배당정책 등 기업의 외부자금조달액에 영향을 미치는 요인을 확인할 수 있다. 예를 들어 ㈜H전자의 경우에는 배당성향이 고정된 값으로 주어졌으나, 이는 기업의 재무적 상황에 따라 조절이 가능한 변수이다. 이 기업의 배당성향을 낮추게 되면 〈그림 21A-1〉의 EFN선은 오른쪽으로 이동하면서 기울기는 낮아지게 된다. 따라서 각 매출액성장률(g)에 대응하는 외부자금조달액은 감소하게 된다.

그림 21A-1 **매출액성장률과 외부자금조달액**

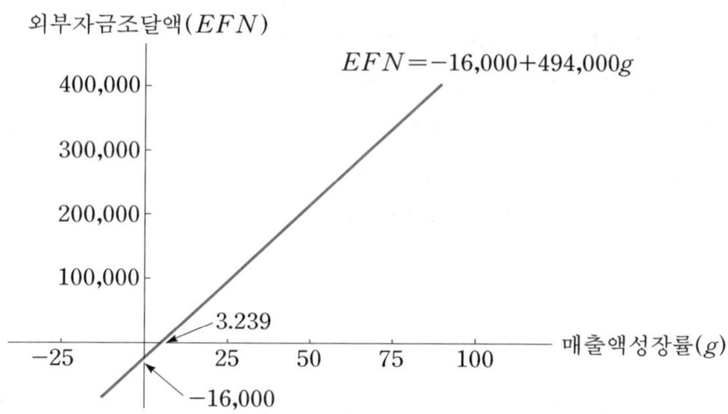

예제 21A-1 외부자금조달액의 추정

㈜S전자 20×1년도 말 대차대조표는 다음과 같다.

대차대조표

㈜S전자 20×1년 12월 31일 현재 (단위: 백만원)

과 목	금 액	과 목	금 액
현 금	10,000	매 입 채 무	20,000
매 출 채 권	20,000	단기 차입금	10,000
재 고 자 산	30,000	미 지 급 금	20,000
순 유형자산	200,000	사 채	50,000
		자 본 금	100,000
		유 보 이 익	60,000
총자산	260,000	부채 및 자본	260,000

20×1년 중 ㈜S전자는 매출액 100,000백만원을 실현하기 위하여 현재의 고정시설을 완전가동(full capacity)하였으며, 불필요한 여유자금을 보유하지 않고 있다. 이 기업의 매출액순이익률은 10%이며, 순이익의 50%는 배당으로서 주주에게 지급된다. ㈜S전자의 20×2년도 예상매출액이 150,000백만원으로 50,000백만원의 매출액이 증가될 것으로 예상된다면, 이 기업의 20×2년도에 추가로 조달해야 될 자금이 얼마가 될 것인지를 매출액백분율법으로 예측하라.

☞ 해설

매출액백분율법에 의해서 외부자금조달액을 구하는 식은 다음과 같다.

$$외부자금조달액(EFN) = 자산의\ 증가액 - 부채의\ 증가액 - 유보이익의\ 증가액$$
$$= \frac{A}{S_0}(\varDelta S) + \varDelta F - \frac{L}{S_0}(\varDelta S) - MS_1(1-d)$$

여기서 기업이 현재 100% 조업을 하고 있으므로 유동자산뿐만 아니라 고정자산도 매출액에 비례해서 변한다고 볼 수 있다. 그리고 부채 중 매출액과 비례해서 변동하는 것은 매입채무와 미지급금이다. 따라서 외부자금조달액(EFN)은 다음과 같이 구할 수 있다.

$$EFN = \left(\frac{260{,}000}{100{,}000}\right)(50{,}000) - \left(\frac{40{,}000}{100{,}000}\right)(50{,}000) - (0.1)(150{,}000)(1-0.5)$$
$$= 102{,}500백만원$$

제 7 편 재무관리의 특수분야

제 22장

리　　스

제 23장

기업의 합병과 매수

제 24장

기업가치평가

제 25장

국제재무관리

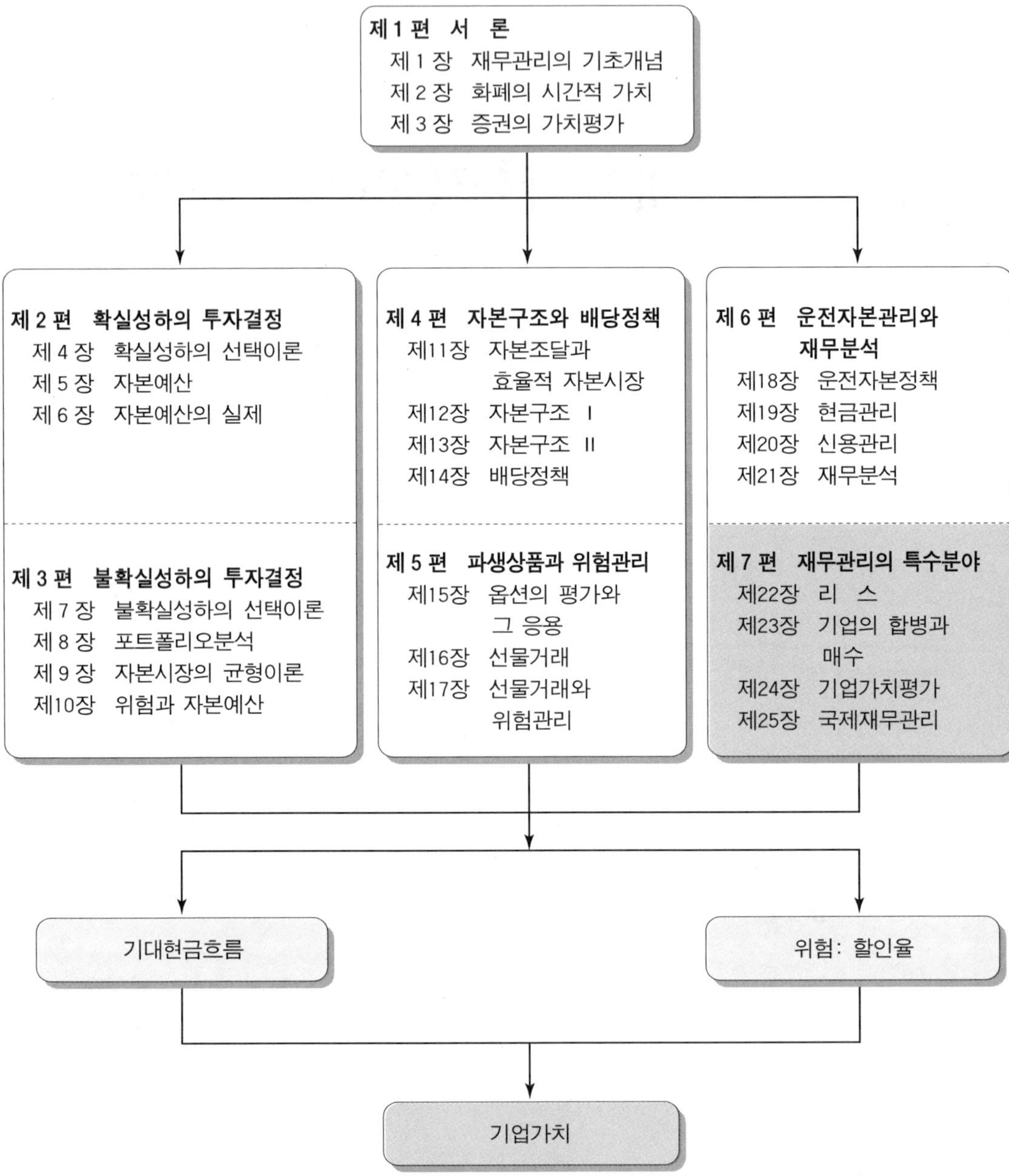
제 1 편 서 론
제 1 장 재무관리의 기초개념
제 2 장 화폐의 시간적 가치
제 3 장 증권의 가치평가
제 2 편 확실성하의 투자결정
제 4 장 확실성하의 선택이론
제 5 장 자본예산
제 6 장 자본예산의 실제
제 3 편 불확실성하의 투자결정
제 7 장 불확실성하의 선택이론
제 8 장 포트폴리오분석
제 9 장 자본시장의 균형이론
제10장 위험과 자본예산
제 4 편 자본구조와 배당정책
제11장 자본조달과 효율적 자본시장
제12장 자본구조 I
제13장 자본구조 II
제14장 배당정책
제 5 편 파생상품과 위험관리
제15장 옵션의 평가와 그 응용
제16장 선물거래
제17장 선물거래와 위험관리
제 6 편 운전자본관리와 재무분석
제18장 운전자본정책
제19장 현금관리
제20장 신용관리
제21장 재무분석
제 7 편 재무관리의 특수분야
제22장 리 스
제23장 기업의 합병과 매수
제24장 기업가치평가
제25장 국제재무관리
기대현금흐름
위험: 할인율
기업가치

제 22 장 리스

1. 리스의 의의와 유형
2. 리스의 경제성 평가
3. 리스의 동기

기업이 자산을 보유하는 근본적인 이유는 제품과 서비스의 생산과 판매를 통해 이익을 창출하기 위한 것이다. 그러나 기업은 제품과 서비스의 생산과 판매에 필요한 자산을 반드시 직접 구입할 필요는 없다. 왜냐하면 기업은 임차료를 지급하고 필요한 자산을 임차하여 사용하는 리스(lease)라는 금융거래를 통해 자산의 사용권을 얻을 수 있기 때문이다. 대부분의 리스는 고정설비자산을 구입하기 위한 자금을 조달하는 수단으로 사용된다.

모든 리스계약에서는 임차인(lessee)과 임대인(lessor)의 두 당사자가 존재한다. 임차인은 자산의 사용자(user)이고 임대인은 그 소유주(owner)이다. 임차인의 관점에서 리스는 담보부대출(secured loan)로 고정설비자산을 구입하는 것과 유사하다. 그러므로 리스는 자금조달수단의 한 형태로 간주될 수 있다. 본장에서는 리스의 의의와 유형, 리스의 경제성평가, 리스의 이용동기 등을 살펴보고자 한다.

1 리스의 의의와 유형

1.1 리스의 의의

리스는 임차인(리스이용자)이 자산의 사용권을 갖는 대가로 임대인(리스회사)에게 일정한 임차료(리스료)를 지급하는 계약을 의미한다.[1] 임대인은 주로 제조업자이거나 독립된 리스회사이다. 만약 임대인이 독립된 리스회사일 경우에는 제조업체로부터 임차인이 필요로 하는 자산을 구입한 후, 그 자산의 사용권을 임차인에게 이전시킴으로써 리스계약이 성립된다. 임차인은 자산의 이용자이나, 자산의 소유자는 아니다. 자산의 이용은 리스계약으로 이루어진다.

그리고 자산의 이용자가 자산을 직접 구입할 수도 있기 때문에, 리스와 구입은 자산이용을 위한 대체적인 수단이라 할 수 있다. 자산의 구입과 리스를 상호 비교하면 〈그림 22-1〉과 같다. 〈그림 22-1〉의 좌측은 구입(buy)을 나타내는데, 이는 자산의 이용자가 주식 또는 채권을 발행하여 필요한 자산을 직접 구입하는 것으로 자산의 소유자와 이용자가 일치한다. 그리고 〈그림 22-1〉의 우측은 리스를 나타내는데, 이는 임대인이 주식 또는 채권을 발행하여 제조업체로부터 자산을 구

그림 22-1 구입과 리스의 비교

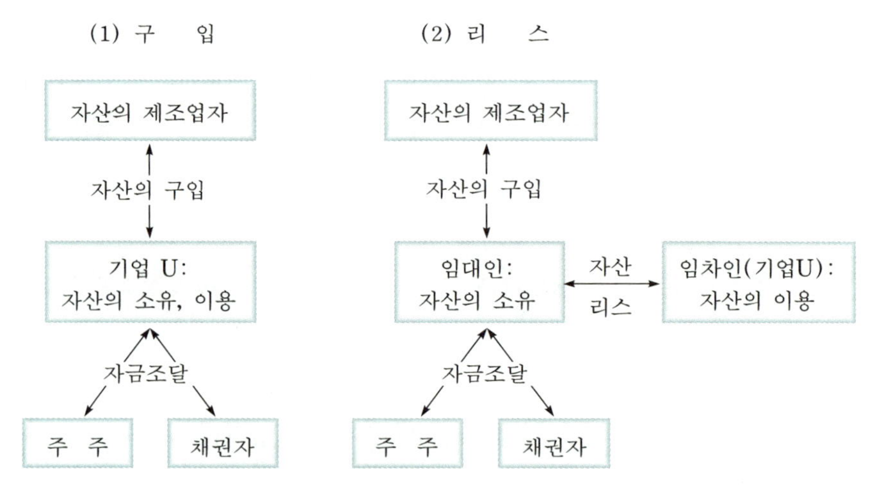

1) 호텔방, 승용차, 예복, 산업용 계기나 공구 등의 일시적 임대는 렌탈(rental)이라고 부른다. 렌탈은 리스와 같은 성격의 경제행위이지만 보통 단기계약이라는 점에서 리스와는 구별된다.

입한 후 임차인에게 자산의 이용권을 넘겨 주는 것으로서 자산의 소유자(임대인)와 자산의 사용자(임차인)가 서로 다르다.[2] 리스의 구체적인 예는 주로 컴퓨터산업에서 발견된다. 임차인인 기업 U는 병원, 법률회사, 또는 컴퓨터를 이용하는 다른 회사가 될 수 있다. 그리고 임대인은 IBM, Apple 등과 같은 컴퓨터 제조회사로부터 컴퓨터를 구입한 독립된 리스회사이다.[3]

1.2 리스의 유형

오늘날 리스는 매우 광범위하게 활용되고 있다. 복사가게의 복사기로부터 항공회사의 항공기에 이르기까지 다양한 종류의 물건이 리스의 대상이 되고 있다. 리스는 다양한 물건을 대상으로 이루어질 뿐만 아니라 그 조건 역시 매우 다양하다. 그러나 이러한 다양성에도 불구하고, 대체로 리스는 그 기능적 성격에 따라 운용리스(operating lease)와 금융리스(financial lease)로 나누어진다.

1) 운용리스

운용리스는 임차인이 리스기간 동안 일정한 리스료를 정기적으로 지불하면서 리스자산을 이용하다가 더 이상 이용할 필요가 없을 때는 언제라도 임대인에게 리스자산을 되돌려 줄 수 있는 선택권이 부여된 것으로서, 그 계약기간이 통상 자산의 내용연수에 비해 짧은 단기리스를 말한다.[4] 운용리스는 자산확보를 위한 자금조달 측면보다는 자산의 효율적 이용이라는 성격이 강한 리스형태이다. 운용리스는 다음과 같은 몇 가지 중요한 특성을 갖고 있다.

첫째, 리스자산의 상각(amortization)이 완전히 이루어지지 않는다. 운용리스의 경우 그 계약기간이 통상 자산의 내용연수에 비해 짧기 때문에 임대인은 운용리스에 의해 자산의 원가를 완전히 보상받을 수 없다. 즉 임차인이 지급하는 리스료의 총합계는 자산의 취득가액보다 작다. 따라서 임대인은 리스계약만료시 그 계

---

2) 제조업체와 리스회사가 다른 경우를 직접리스(direct lease)라 하며, 제조업체가 직접 리스회사가 되는 경우를 판매형 리스(sales type lease)라 한다. 예를 들어 IBM과 같은 회사는 총매출액의 60%를 자사제품의 리스로부터 얻고 있으며, 복사기로 유명한 제록스(Xerox) 역시 IBM과 유사한 형태의 판매형 리스방법을 사용하고 있다.

3) 리스회사는 독립리스회사 또는 리스전업사(independent lessor), 금융기관의 자회사(bank affiliates), 종합금융기업(universal service finance companies), 설비제조업자의 종속리스사(captives or captive lessor) 중의 어느 하나에 속하게 된다.

4) 일반적으로 운용리스의 경우 자산의 유지보수 서비스가 기본적으로 리스회사에 의해 제공되며, 이와 같은 측면에서 이를 서비스 리스(service lease)라고도 한다.

약을 재갱신하거나 리스자산을 매각하여 미상각잔액을 회수하여야 한다.

둘째, 일반적으로 임대인이 리스자산의 유지, 보수 및 보험 등 제반관리에 대한 서비스를 부담한다.

셋째, 운용리스의 가장 중요한 특징은 계약기간만료 전이라도 계약을 해지할 수 있는 권리, 즉 중도해지권(cancellation option)을 임차인에게 부여하고 있다는 점이다. 그러므로 임차인은 기술적, 경제적 변화에 따른 자산의 진부화 위험을 피할 수 있게 된다.

일반적으로 운용리스의 대상자산은 그 성격상 컴퓨터, 복사기, 의료기기, 항공기 등과 같이 지속적인 관리가 필요하거나 기술적·경제적 진부화의 위험이 높은 자산이다. 그리고 운용리스의 경우 중도해지 등에 따른 위험을 임대인이 지게 되므로 리스료는 다소 높게 책정된다.

2) 금융리스

금융리스는 운용리스와 그 성격이 상이한 것으로서 임차인이 리스자산에 대한 관리의무를 부담하는 동시에 중도해지가 원칙적으로 허용되지 않는 장기리스를 말한다. 금융리스는 그 성격상 자산구입을 위한 자금조달의 대체적 수단으로 이용되는 리스로서 자본리스(capital lease)라고도 한다. 금융리스의 중요한 특성을 살펴보면 다음과 같다.

첫째, 리스자산이 완전히 상각된다. 즉 리스자산의 취득가액이 리스계약기간 동안의 리스료에 의해 완전히 회수된다.

둘째, 임대인은 리스자산의 유지, 보수 및 보험 등 제반관리 서비스를 부담하지 않는다.

셋째, 일반적으로 금융리스는 중도해지될 수 없다.

넷째, 임차인은 계약종료 후에 리스계약을 갱신하여 그 자산을 계속 사용하거나 매입할 수 있는 권리, 즉 염가구매권을 갖는다.

금융리스는 운용리스에 비하여 내용연수가 길고 고가인 기계설비 등을 주대상으로 하고 있다. 운용리스와 금융리스 사이의 특성상 차이점을 요약하면 〈표 22-1〉과 같다.

금융리스의 특수한 형태로는 매각 후 재리스(sale and lease-back)와 레버리지 리스(leveraged lease) 등이 있다.

매각 후 재리스는 기업이 이미 보유하고 있는 자산이나 일단 필요에 따라 취득한 자산을 다른 기업(임대인 또는 리스회사)에게 매각한 후, 즉시 그 자산을 다시

표 22-1 운용리스와 금융리스의 특성비교

구 분	운용리스	금융리스
계약기간	비교적 단기(자산의 경제적 수명보다 짧은 기간)	장기(자산의 경제적 수명에 가까운 기간)
리스자산의 취득가액	부분 상환	완전 상환
유지관리책임	임대인(리스회사)	임차인(리스이용자)
중도해지권	인정함	원칙적으로 인정하지 않음
염가구매권	없음	있음

임차하는 것을 말한다. 매각 후 재리스는 임차인이 보유자산을 매각하여 임대인(리스회사)으로부터 자금을 조달하는 동시에, 임차인은 정기적인 리스료를 지급하고 그 자산을 계속 이용할 수 있다는 특징이 있다.

레버리지 리스는 임대인이 자금의 일부를 차입하여 리스자산을 구입한 후, 그 자산을 임차인에게 임대해 주는 것을 말한다. 일반적으로 리스계약은 임대인과 임차인 두 당사자간의 관계인 반면, 레버리지 리스는 임차인, 임대인, 대출자 등 3자가 개입된 계약이다. 레버리지 리스의 경우 일반적인 리스와 마찬가지로 임차인은 자산을 이용하고, 정기적으로 리스료를 임대인에게 지급한다. 그러나 임대인은 리스자산의 구입시 구입가격의 40~50%만을 자기자본으로 지급하고, 나머지는 그 자산을 담보로 제 3 자로부터 차입한다. 이 경우 대출자는 잔여자금을 융자해 주고 임대인으로부터 원금과 이자를 수령한다. 만약 자산의 구입자금 일부를 임대인이 채권을 발행하여 조달하는 경우 〈그림 22-1〉의 우측은 레버리지 리스가 된다. 임대인인 리스회사는 레버리지 리스를 이용하여 리스료 수입을 얻는 동시에 자산의 소유 및 타인자본사용에 따른 이중의 법인세절감효과(감가상각비의 법인세 절감효과와 이자비용의 법인세 절감효과)를 누릴 수 있다. 레버리지 리스는 임대인에게 유리한 리스방식이라 할 수 있지만, 경쟁적 시장에서 이와 같은 법인세 절감효과는 낮은 리스료 산정의 근거가 되므로 임차인도 그 혜택을 누릴 수 있다.

운용리스는 대차대조표상에 나타나지 않으나, 금융리스의 경우 이를 고정부채로 간주하여 자본화한 금액을 대차대조표상에 고정자산 및 고정부채로 표시하도록 의무화하고 있다. 따라서 운용리스를 이용하는 회사는 금융리스를 이용하는 회사보다 대차대조표상에 고정부채가 상대적으로 작게 나타나므로 유리하다.[5] 그러므

5) 그러나 준강형 효율적 시장하에서는 대차대조표상 부채로 표시되지 않는 운용리스가 주가에 긍정적인 영향을 주지 못한다.

로 대부분의 회사는 리스자산을 운용리스로 구분하려는 경향이 있기 때문에, 세법 및 리스회계기준은 운용리스의 판정기준을 엄격히 적용하고 있다.[6)]

2 리스의 경제성 평가

리스의 경제성은 리스의 현금흐름을 적절한 할인율로 할인하여 구해진 순현가에 의해 평가될 수 있다. 리스의 경제성을 평가할 때 유의해야 하는 사항은 리스를 차입에 의한 구입과 비교해야 한다는 점이다. 리스는 고정금융비용인 이자비용과 유사한 성격을 가진 리스료를 부담해야 하기 때문에 기업의 부채수용능력을 감소시키며, 그 결과 주주들은 보다 높은 재무위험을 부담해야 한다. 따라서 리스의 평가시 추가적인 재무위험의 증가에 따른 효과를 고려해야 하는데, 이를 정확히 측정한다는 것은 현실적으로 매우 어려운 일이다. 한편 리스는 차입에 의한 구입과 유사한 성격을 가지기 때문에 양자는 기업의 재무위험에 동일한 영향을 미친다고 할 수 있다. 그러므로 리스가 기업의 재무위험에 미치는 영향을 제거하기 위하여, 리스의 경제성 평가시 리스와 차입에 의한 구입을 상호 비교한다고 가정한다.

2.1 리스의 현금흐름 추정

리스로 인한 현금흐름을 추정하기 위하여 리스료, 리스자산의 구입비용, 그리고 리스료 및 감가상각비의 세금절감액 등을 고려해야 한다. 예를 들어 ㈜새한공업은 새 기계를 도입하여 생산성을 향상시키려 하고 있다. 새 기계의 구입가격은 9,000만원, 내용연수는 3년이며, 이 기계이용시 매년 6,000만원의 원가가 절감될 수 있다고 한다. 그리고 이 기계는 정액법으로 완전상각되며, 법인세율은 34%이다. 이 기계에 대하여 ㈜경민리스가 3년 동안 매년 말에 4,000만원의 리스료를 지급하는 조건으로 리스해 주겠다고 제의해 왔다. 이 경우 ㈜새한공업이 이 기계를 직접 구

---

6) 법인세법(기본통칙 2-3-56…9) 및 리스회계처리기준(제4조)에 의하면 다음 요건 중 하나만 충족하면 반드시 금융리스로 구분시켜야 한다.
  1. 리스종료시 리스물건의 소유권을 임차인에게 이전하기로 약정한 경우.
  2. 리스물건의 염가구매선택권(리스기간 종료시 취득원가의 10%미만으로 구매 또는 재리스할 권리)이 임차인에게 주어진 경우.
  3. 리스기간이 자산의 경제적 내용연수(세법상 내용연수)를 초과하는 경우.

표 22-2 ㈜새한공업의 새 기계구입에 따른 현금흐름 (단위: 만원)

	현 재	1년도 말	2년도 말	3년도 말
기계의 구입가격	−9,000			
세후 영업비용절감액*		3,960	3,960	3,960
감가상각비의 세금절감액**		1,020	1,020	1,020
합 계	−9,000	4,980	4,980	4,980

* $6{,}000(1-0.34)=3{,}960$, ** $\left(\frac{9{,}000-0}{3}\right)\times 0.34 = 1{,}020$

표 22-3 ㈜새한공업의 새 기계리스에 따른 현금흐름 (단위: 만원)

	현 재	1년도 말	2년도 말	3년도 말
리스료		−4,000	−4,000	−4,000
리스료의 세금절감액*		1,360	1,360	1,360
세후 영업비용절감액		3,960	3,960	3,960
합 계		1,320	1,320	1,320

* $4{,}000\times 0.34 = 1{,}360$

입하는 경우와 리스하는 경우의 현금흐름은 각각 〈표 22-2〉, 〈표 22-3〉과 같다.

㈜새한공업이 고려하고 있는 두 대안(새 기계의 구입 또는 리스)을 비교하기 위하여 증분기준(리스−구입)에 의한 현금흐름을 계산하면 〈표 22-4〉와 같다.[7] 〈표 22-4〉에서 증분현금흐름은 리스에 따른 순효과를 나타낸 것으로서 이는 다음과 같은 사항을 포함하고 있다.

첫째, 리스와 구입은 모두 동일한 기계에 대한 것이므로 운영비절감액은 리스에 따른 증분현금흐름에 직접 영향을 미치지 않는다.

둘째, 새 기계를 리스하면, 현재시점에서 기계구입비용 9,000만원을 지출하지 않아도 된다. 따라서 리스로 인해 현재시점에서 9,000만원의 현금유입효과를 얻을 수 있다.

7) 이는 리스의 현금흐름에서 구입의 현금흐름을 직접 차감하여 구할 수도 있다.

	현 재	1년도 말	2년도 말	3년도 말
리스의 현금흐름		1,320	1,320	1,320
(−) 구입의 현금흐름	−9,000	4,980	4,980	4,980
증분현금흐름	9,000	−3,660	−3,660	−3,660

표 22-4 ㈜새한공업의 증분현금흐름(리스－구입) (단위: 만원)

	현 재	1년도 말	2년도 말	3년도 말
리스:				
리스료		−4,000	−4,000	−4,000
리스료의 세금절감액		1,360	1,360	1,360
구입(차감):				
기계의 구입가격	−9,000			
감가상각비의 세금절감액		1,020	1,020	1,020
증분현금흐름	9,000	−3,660	−3,660	−3,660

셋째, 새 기계를 리스하는 경우, 감가상각비의 세금절감효과를 얻을 수 없다. 이는 현금유출로 나타난다.

넷째, 새 기계를 리스하면, ㈜새한공업은 3년 동안 매년 4,000만원의 리스료를 ㈜경민리스에게 지불해야 하며, 이는 현금유출로 나타난다. 그러나 리스료는 비용항목으로 매년 1,360만원의 세금절감효과를 얻을 수 있으며, 이는 현금유입으로 나타난다.

〈표 22-4〉에서 리스로 인한 증분현금흐름을 구성하는 항목들은 대부분 현재시점에서 확실하게 예측가능한 값이다. 즉 무위험현금흐름이라 할 수 있다.

2.2 리스의 평가

리스를 평가하기 위해서는 증분현금흐름을 측정한 다음, 이를 적절한 할인율로 할인하여야 한다. 리스는 임차인이 담보부채권을 발행하여 자산을 구입하는 것과 그 성격이 유사하다. 따라서 리스로 인한 현금흐름의 적절한 할인율은 이러한 부채의 이자율과 동일해야 한다.[8] 즉 리스의 증분현금흐름은 담보부채권의 세후 이자율(또는 세후 무위험이자율)로 할인되어야 할 것이다.[9] ㈜새한공업이 담보부채권을 발행

8) 리스의 평가는 리스와 차입에 의한 구입간의 비교이므로 리스로 인한 재무위험의 증가는 무시해도 된다. 왜냐하면 증분개념에서는 양자간 동일하게 발생하는 효과(재무위험의 증가)는 서로 상쇄될 수 있기 때문이다.

9) 보다 엄격히 말하면 리스로 인한 현금흐름은 다음과 같은 두 가지 이유 때문에 무위험현금흐름으로 보기 어렵다.

첫째, 감가상각비의 세금혜택은 충분한 과세소득을 만들어 낼 수 있는 기업의 능력에 좌우된다. 둘째, 법인세율은 정부의 정책에 따라 변할 수 있다.

그러므로 이론적으로 리스의 할인율은 무위험이자율보다 약간 높을 것이다. 그러나 그 차이는 무시할 수 있을 정도로 작기 때문에 실무에서는 적절한 할인율로 무위험이자율을 사용한다.

하는 경우 그 채권의 세전 이자율이 7.57576%라 한다면, 리스의 현금흐름의 적절한 할인율은 5%[7.57576%×(1−0.34)]이다.[10] 이 세후 할인율로 증분현금흐름을 할인하여 순현재가치(NPV)를 계산하면 다음과 같다.

$$NPV = 9{,}000\text{만원} - \frac{3{,}660\text{만원}}{1+0.05} - \frac{3{,}660\text{만원}}{(1+0.05)^2} - \frac{3{,}660\text{만원}}{(1+0.05)^3}$$
$$= 9{,}000\text{만원} - 3{,}660\text{만원} \times PVIFA_{.05,\ 3} = -967.09\text{만원}$$

새 기계의 직접 구입과 비교한 리스의 순현가가 −967.09만원으로서 음(−)의 값을 가지므로, ㈜새한공업은 새 기계를 리스하지 않고 직접 구입해야 할 것이다.[11]

자산의 구입가격을 제외한 증분현금흐름(현금유출)은 리스로 인해 대체된 부채의 원리금 상환액이라 할 수 있다. 그러므로 ㈜새한공업의 경우 리스의 부채대체액(debt displacement)을 다음과 같이 구할 수 있다.

$$\text{리스의 부채대체액} = 3{,}660\text{만원} \times PVIFA_{.05,\ 3} = 9{,}967.09\text{만원}$$

㈜새한공업이 리스를 하는 경우 현재 시점에서 설비구입가격(9,000만원)을 절약하지만, 리스의 부채대체액(9,967.09만원)에 해당하는 원리금을 향후 3년 동안 상환해야 할 것이다. 이와 같은 관점에서 구입에 대한 리스의 순현가를 다음과 같이 나타낼 수도 있다.

$$NPV = \text{구입가격} - \text{리스의 부채대체액}$$
$$= 9{,}000\text{만원} - 9{,}967.09\text{만원} = -967.09\text{만원}$$

일반적으로 구입에 대한 리스의 순현가는 다음과 같다.[12]

$$NPV = NPV(\text{리스}) - NPV(\text{구입}) = I_0 - \sum_{t=1}^{n} \frac{L_t(1-T_C) + T_C dep_t}{(1+r)^t} \quad (22\text{-}1)$$

여기서 I_0 : 리스대상자산의 취득원가
L_t : t시점의 리스료
dep_t : t시점의 감가상각비
T_C : 법인세율
r : 담보부채권의 세후 이자율

10) 차입에 의한 구입시 발생될 수 있는 이자비용의 세금절감효과를 할인율에 간접적으로 반영해 주는 것이다.

11) 또 다른 리스의 경제성 평가방법으로는 제13장에서 설명한 수정현재가치법에 의한 평가법이 있다. 이 방법에 관한 내용은 본장의 보론을 참조하기 바람.

12) 자산의 잔존가치는 없다고 가정한다.

2.3 리스료의 산정

지금까지 임차인인 ㈜새한공업의 관점에서 리스-구입의사결정을 살펴보았다. 이제 임대인인 ㈜경민리스의 관점에서 의사결정을 생각해 보자. ㈜경민리스의 경우 기계를 구입하여 ㈜새한공업에 리스해 줄 경우 다음과 같은 세 가지 현금흐름을 고려해야 한다. 첫째, ㈜경민리스는 현재시점에서 기계의 구입에 의해 9,000만원의 현금지출이 발생한다. 둘째, 기계는 3년 동안 정액법으로 완전상각되기 때문에 매 년도 말 감가상각비는 3,000만원이다. 따라서 매년 감가상각비로 인한 세금절감액 1,020만원(3,000만원×0.34)만큼 현금유입효과가 나타난다. 그리고 셋째, 매년 리스료수입은 4,000만원이기 때문에 세후 리스료수입은 2,640만원[4,000만원×(1−0.34)]이다. 이들을 고려하여 임대인, 즉 ㈜경민리스의 관점에서 현금흐름을 구하면 〈표 22-5〉와 같다.

〈표 22-5〉에서 볼 수 있는 바와 같이 임대인의 현금흐름은 임차인의 현금흐름과 정반대로 나타난다. 이와 같이 임대인의 현금흐름과 임차인의 현금흐름이 정반대라면, 두 집단의 현금흐름의 합은 0이 된다. 그러므로 리스에 의한 결합이득은 없다고 할 수 있다. 임차인의 NPV가 −967.09만원이기 때문에 임대인의 NPV는 967.09만원이 될 것이다. 즉 두 당사자 NPV의 합은 0이다.

앞의 예에서 임대인은 967.09만원의 이익을 보는 반면, 임차인은 동일한 금액만큼 손해를 보게 된다. 그러나 이와 같은 경우 임차인이 리스계약을 하지 않을 것이기 때문에 리스계약이 이루어질 수 없을 것이다. 따라서 리스료는 임대인 또는 임차인 모두에게 불만이 없는 수준에서 결정되어야 한다. 앞의 예에서는 임대인과 임차인의 세율구조가 같고 감가상각방법이 동일하며, 거래비용이 없다고 묵시적으로 가정하고 있다. 이 경우 임대인이나 임차인 모두에게 불만이 없는 리스료, 즉 균형리스료는 NPV가 0이라는 조건하에서 산출될 수 있다. 즉 NPV가 0이 되는 리스료는 다음과 같은 식에 의해 구할 수 있다.

표 22-5 ㈜경민리스의 증분현금흐름(구입−리스) (단위: 만원)

	현 재	1년도 말	2년도 말	3년도 말
기계의 구입가격	−9,000			
감가상각비의 세금절감액		1,020	1,020	1,020
세후 리스료		2,640	2,640	2,640
증분현금흐름	−9,000	3,660	3,660	3,660

$$9{,}000\text{만원} = \sum_{t=1}^{3} \frac{L(1-0.34)+1{,}020\text{만원}}{(1+0.05)^t}$$

$$\rightarrow 9{,}000\text{만원} = PVIFA_{.05,\ 3} \times (0.66L+1{,}020\text{만원})$$

$$\therefore\ L = 3{,}461.93\text{만원}$$

즉 균형리스료는 3,461.93만원이 된다. 이 경우 임대인 또는 임차인의 순현가는 모두 0이 된다. 그러나 현실적으로 임차인과 임대인의 세율구조 및 감가상각방법의 차이, 거래비용의 존재 등으로 인하여 양 당사자 모두가 정(+)의 순현가, 즉 리스로 인한 혜택을 얻을 수 있다.

3 리스의 동기

리스에 따른 이점으로는 세제상의 이점, 불확실성의 감소, 거래비용의 감소 등을 들 수 있다.

3.1 세제상의 이점

장기적인 리스에 대한 가장 중요한 이유는 세금절감효과이다. 만약 법인세가 존재하지 않으면 장기리스는 존재할 수 없을 것이다. 리스의 세금혜택은 기업이 다양한 세율구조를 가지고 있기 때문이다. 만약 낮은 세율구조하에 있는 기업이 자산을 차입에 의해 구입할 경우, 감가상각비나 이자비용에 의한 세금절감효과는 낮을 것이다. 그러나 이 기업이 구입 대신에 리스를 이용한다면, 임대인은 감가상각비와 이자비용에 따른 세금절감효과를 얻게 되고 경쟁적 시장에서는 이와 같은 임대인의 이득 중 일부가 임차인에게도 돌아갈 수 있다. 즉 임대인이 세금절감에 따른 이득을 고려하여 리스료를 낮게 산정함으로써 임차인은 구입할 경우보다 더 큰 혜택을 얻을 수 있다. 이와 같은 이유로 기업은 구입보다 리스를 더 선호하게 된다.

앞의 ㈜새한공업과 ㈜경민리스간의 리스 예에서 ㈜경민리스의 리스의 가치는 967.09만원이었다. 그러나 ㈜새한공업의 리스의 가치는 정반대로 −967.09만원이었다. 이 경우 임대인의 이득은 임차인의 비용하에 얻어지기 때문에 리스계약이 성립될 수 없을 것이다.

표 22-6 ㈜새한공업의 현금흐름 (단위: 만원)

	현 재	1년도 말	2년도 말	3년도 말
리스 :				
리스료		−3,465	−3,465	−3,465
구입(차감):				
기계의 구입가격	−9,000			
증분현금흐름	9,000	−3,465	−3,465	−3,465

그러나 ㈜새한공업의 법인세율이 0%이고 리스료가 4,000만원에서 3,465만원으로 감소할 경우, ㈜경민리스와 ㈜새한공업 모두 리스로부터 정(+)의 순현가를 얻을 수 있다.

먼저 ㈜새한공업에 적용되는 법인세율이 0%이고 리스료가 3,465만원으로 낮아질 경우, 앞의 〈표 22-4〉를 재작성하여 리스를 구입과 비교할 때의 증분현금흐름을 구하면 〈표 22-6〉과 같다.

따라서 ㈜새한공업에 대한 리스의 가치는 다음과 같다.

$$\text{리스의 가치} = 9{,}000\text{만원} - \sum_{t=1}^{3} \frac{3{,}465\text{만원}}{(1+0.0757576)^t} = 1.56\text{만원}$$

여기서 이 회사의 법인세율이 0%이기 때문에 세후 할인율은 세전 할인율과 같은 7.57576%이며, 리스료와 감가상각비로 인한 세금절감효과가 나타나지 않는다는 점을 유의하여야 한다.

그리고 ㈜경민리스에 적용되는 법인세율이 34%이고, 리스료가 3,465만원일 때, 이 회사의 리스로 인한 현금흐름은 〈표 22-7〉과 같다.

따라서 ㈜경민리스에 대한 리스의 가치는 다음과 같이 구할 수 있다.

$$\text{리스의 가치} = -9{,}000\text{만원} + \sum_{t=1}^{3} \frac{3{,}306.9\text{만원}}{(1+0.05)^t} = 5.51\text{만원}$$

이상의 예와 같이 서로 다른 법인세율하에서 임차인은 1.56만원, 임대인은 5.51만원의 이득을 얻을 수 있다.

임차인이 얻을 수 없는 감가상각비와 이자비용에 따른 세금절감효과를 임대인은 얻을 수 있기 때문에, 법인세율이 서로 다른 경우 리스료를 협의를 통해 산

표 22-7 ㈜경민리스의 현금흐름 (단위: 만원)

	현 재	1년도 말	2년도 말	3년도 말
기계의 구입가격	−9,000			
감가상각비의 세금절감액		1,020	1,020	1,020
세후 리스료*		2,286.9	2,286.9	2,286.9
증분현금흐름	−9,000	3,306.9	3,306.9	3,306.9

* 3,465(1−0.34) = 2,286.9

정함으로써 두 당사자 모두 정(+)의 순현가를 얻을 수 있을 것이다. 리스료산정을 위한 협의가 시작되기 전에 각 당사자는 리스료의 유보지급액(reservation payment)을 알 필요가 있다. 유보지급액은 각 당사자가 리스계약에 대하여 무차별하게 느끼도록 하는 리스료로서 임차인의 경우 리스료로 지급할 수 있는 최대금액이며, 임대인의 경우 리스료로 받아야 하는 최소한의 금액이다.

먼저 임차인이 지급할 수 있는 최대리스료 L_{MAX}를 구해 보자. 임차인이 0%의 세율하에 있을 때 현금흐름은 〈표 22-8〉과 같다.

따라서 ㈜새한공업에 대한 리스의 가치는 다음과 같다.

$$\text{리스의 가치} = 9{,}000\text{만원} - \sum_{t=1}^{3} \frac{L_{MAX}}{(1+0.0757576)^t}$$

리스의 가치를 0으로 만드는 리스료, 즉 임차인이 지급할 수 있는 최대리스료 L_{MAX}를 다음과 같이 구할 수 있다.

$$9{,}000\text{만원} - \sum_{t=1}^{3} \frac{L_{MAX}}{(1+0.0757576)^t} = 0$$

표 22-8 ㈜새한공업의 현금흐름 (단위: 만원)

	현 재	1년도 말	2년도 말	3년도 말
리스:				
리스료		$-L_{MAX}$	$-L_{MAX}$	$-L_{MAX}$
구입(차감):				
기계의 구입가격	−9,000			
증분현금흐름	9,000	$-L_{MAX}$	$-L_{MAX}$	$-L_{MAX}$

표 22-9 ㈜경민리스의 현금흐름 (단위: 만원)

	현 재	1년도 말	2년도 말	3년도 말
기계의 구입가격	−9,000			
감가상각비의 세금절감액		1,020	1,020	1,020
세후 리스료		$L_{MIN}\times 0.66$	$L_{MIN}\times 0.66$	$L_{MIN}\times 0.66$
증분현금흐름	−9,000	$0.66L_{MIN}$+1,020	$0.66L_{MIN}$+1,020	$0.66L_{MIN}$+1,020

$$\therefore\ L_{MAX}=\frac{9{,}000\text{만원}}{PVIFA_{.0757576,\ 3}}=3{,}465.60\text{만원}$$

따라서 임차인은 3,465.60만원 이상의 리스료를 지급할 수 없다.

그리고 ㈜경민리스에 적용되는 법인세율이 34%일 때 임대인이 받아야 하는 최소리스료 L_{MIN}을 구해 보자. 이 회사의 리스로 인한 현금흐름은 〈표 22-9〉와 같다.

따라서 ㈜경민리스에 대한 리스의 가치는 다음과 같다.

$$\text{리스의 가치}=-9{,}000\text{만원}+\sum_{t=1}^{3}\frac{0.66L_{MIN}+1{,}020\text{만원}}{(1+0.05)^t}$$

리스의 가치를 0으로 만드는 리스료, 즉 임대인이 받아야 하는 최소리스료 L_{MIN}을 다음과 같이 구할 수 있다.

$$-9{,}000\text{만원}+\sum_{t=1}^{3}\frac{0.66L_{MIN}+1{,}020\text{만원}}{(1+0.05)^t}=0$$

$$\therefore\ L_{MIN}=\frac{1}{0.66}\times\left(\frac{9{,}000\text{만원}}{PVIFA_{.05,\ 3}}-1{,}020\text{만원}\right)=3{,}461.93\text{만원}$$

이 경우 임대인은 최소한 3,461.93만원 이상의 리스료를 받아야 한다.

그러므로 양 당사자 협의에 의해 임대인의 최소리스료 3,461.93만원과 임차인의 최대리스료 3,465.60만원 사이에서 리스료가 결정될 것이다.

3.2 불확실성의 감소

리스기간이 만료될 때까지 임차인이 그 재산을 소유하지 않고 임차하는 것이므로,

기술혁신 등으로 인하여 리스기간 중에 발생되는 자산의 진부화 또는 자산가격의 하락과 같은 자본손실의 위험을 회피할 수 있다. 이 경우는 주로 운용리스에 해당되며, 금융리스의 경우에는 임차인이 진부화의 위험을 부담하게 된다.

3.3 거래비용의 감소

자산의 소유권을 이전할 경우 소요되는 거래비용은 리스계약에 따른 비용보다 크게 나타난다. 예를 들어 몇 일 동안 여행을 위하여 자동차가 필요한 경우에 그 자동차를 구입하여 재판매하는 데 소요되는 거래비용은, 리스에 의해 그 자동차를 단기간 사용하는 데 지급되는 비용보다 클 것이다.

그러나 리스의 경우 대리인비용이 나타날 수 있다. 예를 들어 임차인은 자산의 잔존가치에 무관심하기 때문에 자산을 잘못 또는 무리하게 사용할 수 있다. 이와 같은 비용은 높은 리스료에 의해 임차인에게 부과될 것이다. 임대인은 감시에 의해 이와 같은 대리인비용을 감소시킬 수는 있지만 이 또한 비용이 소요된다.

따라서 구입과 재판매의 거래비용이 리스의 대리인비용과 감시비용보다 높을 경우 리스는 가치를 가지게 된다.

3.4 리스의 동기에 대한 그릇된 설명

1) 리스와 회계적 이익

자산을 리스할 때 금융리스보다 운용리스로 처리하는 경우 대차대조표상에 부채가 더 적게 표시될 수 있다. 따라서 기업은 상대적으로 재무구조가 양호한 대차대조표를 보여 주고자 운용리스를 선호한다. 또한 기업의 총자산순이익률은 금융리스나 차입을 통해 구입할 경우보다 운용리스할 경우에 일반적으로 더 높다. 이는 총자산순이익률 공식의 분자와 분모를 비교해 보면 알 수 있다.[13)]

그러나 리스로 인해 이러한 총자산순이익률이 증가되는 효과는 기업의 가치 또는 주가에 영향을 미치지 않을 것이다. 효율적인 자본시장에서는 경제적 가치의

---

13) 먼저 분자부분을 살펴보면, 운용리스에서는 리스료만이 비용으로 처리된다. 반면에 차입에 의해 자산을 구입하면 감가상각비와 이자비용이 발생한다. 그러므로 대부분의 경우 초기에는 리스료가 감가상각비와 이자비용의 총액보다 적기 때문에 회계적 이익은 운용리스를 이용할 때 더 높게 나타난다. 그리고 분모부분을 살펴보면, 운용리스의 경우 대차대조표상에서 자산과 부채의 변동이 나타나지 않는다. 그래서 회사의 총자산가치는 구입이나 금융리스 때보다 운용리스를 이용할 때 더 적다.

변화없이 장부상 수치인 회계적 이익의 단순한 증감은 투자자들에게 중요하지 않고, 기업가치에도 영향을 주지 않는다.

2) 100%의 자금조달효과

일반적으로 리스는 100%의 자본조달효과를 제공하므로 자금조달상에 이점이 있다고 주장된다. 그러나 리스는 부채를 대체하는 효과를 가져오기 때문에 현금으로 설비를 먼저 구입하고 이 설비를 담보로 하여 차입하는 경우와 자본조달 측면에서 별 차이가 없을 것이다.

3) 자본지출규제의 회피수단

리스는 자산을 구입하는 것이 아니기 때문에 본사의 승인없이도 리스결정에 의해 사업부문에서 자산의 사용이 가능하게 된다. 예를 들어 미 해군은 국회에 탱크구입 정부지출승인을 요청하는 것이 매우 번거로울 수 있다. 그러나 탱크를 리스하게 되면 정부지출승인없이 자산을 쉽게 이용할 수 있다. 따라서 리스는 관료적인 회사에서 자본지출통제시스템을 회피하는 수단으로 악용될 수 있다.

주 요 용 어

리스(752)
임대인(752)
임차인(752)
운용리스(753)
중도해지권(754)
금융리스(754)
자본리스(754)
염가구매권(754)
매각 후 재리스(754)
레버리지 리스(755)
리스의 부채대체액(759)
구입에 대한 리스의 순현가(759)
균형리스료(760)
유보지급액(763)
최대리스료(763)
최소리스료(764)

연 습 문 제

1 운용리스와 금융리스를 비교 설명하라.

2 다음의 각 사항에 대한 타당성을 논하라.

(1) 리스는 기업의 위험을 줄여 주고, 기업의 자본비용을 감소시킬 수 있다.

(2) 리스는 100%의 자금조달효과를 제공해 준다.

(3) 리스를 많이 하는 기업들은 차입을 많이 하지 않을 것이다.

(4) 리스에 대한 세금혜택이 없다면 리스는 사라질 것이다.

3 리스의 경제성 평가와 균형리스료

백두주식회사는 취득가격이 6,000만원인 새로운 기계를 구입할 것을 결정하였다. 이 기계는 5년에 걸쳐 정액법으로 상각되며, 그 잔존가치는 1,000만원으로 추정된다. 한일리스회사는 5회에 걸쳐 매년 초 1,200만원의 리스료를 지급하는 조건으로 백두주식회사에게 동일한 기계를 리스해 주겠다고 제안했다. 한계법인세율은 34%이며, 담보부사채의 이자율은 10%이다.(단, 리스료의 세금절감효과는 리스료 지급시점에서 이루어진다고 가정한다.)

(1) 백두주식회사는 이 기계를 리스해야 하는가 또는 차입에 의해 구입하여야 하는가?

(2) 백두주식회사가 이 기계를 리스 또는 차입에 의해 구입하는 두 대안에 대해 무차별하게 생각하기 위해서는 매년 초에 지급하는 리스료는 얼마이어야 하는가?

4 최대리스료와 최소리스료

계룡주식회사는 신규회사로서 최초 몇년 동안의 누적된 이월손실로 인하여 향후 3년간의 한계법인세율은 0%로 예상된다. 계룡주식회사는 한솔리스회사로부터 새로운 장비에 대한 리스를 계획하고 있다. 이 장비를 구입할 경우 취득가액은 6,000만원이고, 경제적 내용연수는 3년이며, 정액법으로 완전상각된다. 한솔리스회사는 매년 말 일정한 리스료를 받고 이 기계를 리스할 예정이다. 한솔리스회사의 한계법인세율은 20%이며, 리스와 관련된 거래비용은 없다. 그리고 각 회사는 10%로 자금을 차입할 수 있다.

(1) 계룡주식회사가 최대로 지급할 수 있는 리스료는?
(2) 한솔리스회사가 최소한 받아야 하는 리스료는?
(3) 물음 (1)과 (2)의 결과에 의해 리스료의 결정범위를 설명하라.

5 두 투자안(리스 또는 구입)의 경제성 평가

한라주식회사는 기존 기계의 노후화로 인하여 새 기계의 도입을 추진하고 있는데 다음과 같은 두 대안이 제시되었다.

- 대안 1: A회사 제품의 기계를 리스로 도입한다. 이 기계는 리스만 가능하며, 5년 동안 매년 말에 2,100만원의 리스료를 지급해야 한다. 이 기계를 도입하는 경우 한라주식회사는 5년 동안 매년 6,000만원의 운영비를 절감할 수 있다.
- 대안 2: B회사 제품을 은행으로부터 차입하여 구입한다. 이 기계의 취득원가는 15,000만원으로 5년 동안 매년 9,000만원의 운영비를 절감시켜 줄 수 있다. 그리고 은행으로부터 차입한 자금의 이자율은 연 10%이다.

한라주식회사의 목표 부채구성비율(부채/자산)은 67%이며, 한계법인세율은 34%이다. 그리고 5년 후 두 기계 모두 잔존가치가 없으며, 새 기계에 대한 상각방법은 정액법만 인정된다.

(1) 한라주식회사는 두 대안(리스 또는 구입) 중 어느 대안을 선택해야 하는가?
(2) 직접 구입에 대한 자금조달방법이 물음 (1)의 결과에 영향을 미치는가?
(3) 리스에 의해 대체되는 부채금액은?

6 리스의 경제성 평가: 종합 (CPA 1994 수정)

㈜ABC는 현재 사용하고 있는 노후한 기계를 대체하기 위하여 다음과 같은 두 대안을 고려하고 있다.

- 대안 1: 리스를 이용한다. 리스회사는 1회당 6,400만원의 리스료를 총 6회에 걸쳐 지급하되, 첫회분은 리스계약과 동시에 지급하고 그 이후 1년이 경과할 때마다 리스료를 지급해야 한다는 리스조건을 제시하였다.
- 대안 2: 사채를 발행하여 새 기계를 3억원에 구입한다. 새 기계의 감가상각방법은 정률법(상각률= 0.369)으로 내용연수는 5년, 잔존가치는 구입가격의 10%로 예상된다.

㈜ABC의 한계법인세율은 25%이며, 사채이자율은 12%이다. 다음 물음에 답하라.

(1) ㈜ABC가 리스를 이용할 경우(대안 1)와 새 기계를 직접 구입할 경우(대안 2)의 현금흐름과 그 NPV를 구하여 어느 대안을 선택해야 하는지를 결정하라.

(2) 리스이용자(임차인)가 결손누적으로 세금효과를 얻을 수 없다고 가정할 경우, 리스이용자는 어느 대안을 선택해야 하는가?

(3) 주식으로 자금을 조달하여 새 기계를 구입할 경우의 NPV가 −300만원일 경우, MM 논리하에서 물음 (1)의 대안 2(사채를 발행하여 새 기계 구입)에 대한 수정현재가치(APV)를 구하라. 또한 세금효과가 없을 경우의 APV는?

(4) 리스회사(임대인)가 제시한 조건이 임차인에 의해 받아들여질 경우, 리스회사의 NPV는?(단, 리스회사의 한계법인세율은 25%이다.) 또한 리스회사의 NPV가 정(+)의 값을 가진다면, 그 발생원인은?

(5) 리스이용과 관련된 몇 가지 가정이 다음과 같이 완화될 경우, 리스이용자의 입장에서 리스가치가 어떻게 달라질 것인지를 증가, 감소, 또는 불확실로 구분하여 판단하고, 그 이유를 설명하라.

① 임차인이 세금효과를 받을 수 있는지 여부가 불확실한 경우

② 잔존가치가 불확실한 경우

③ 임차인이 감가상각방법을 정률법에서 정액법으로 변경하는 경우

④ 임대인이 리스자산의 사용으로 인하여 발생하는 부대비용을 부담하는 경우

보 론

수정현재가치(APV)법에 의한 리스 평가

제13장에서 설명한 수정현재가치법에 의하면 투자안의 수정현재가치(APV)는 다음과 같다.

$$APV = \text{기본 } NPV + \text{부채사용으로 인한 부수적 효과}$$

즉 투자안의 수정현재가치는 자기자본만으로 자본이 조달되었을 경우의 순현가(기본 NPV)와 부채사용으로 인한 부수적 효과를 합한 것이다.

이와 같은 APV의 개념을 적용하여 구입에 대한 리스의 APV를 구하면 다음과 같다.

$$APV(\text{리스}-\text{구입}) = \text{기본 } NPV - \text{부채로 구입할 경우의 부수적 효과}$$

구입에 대한 리스의 APV를 구할 때, 자기자본으로 자금을 조달할 경우의 구입에 대한 리스의 순현가(기본 NPV)에서 부채로 구입할 경우의 부수적 효과(이자비용의 세금절감 효과 등)를 차감함을 유의해야 한다. 구입 대신 리스를 이용하는 경우 이자비용의 세금절감효과를 얻지 못하기 때문에, 구입에 대한 리스의 순현가를 구할 때 부채로 구입할 경우의 부수적 효과의 부호는 음(−)이 된다.[14]

본장 제2절에서 예시된 ㈜새한공업의 APV를 구해 보자.

1. 기본 NPV

자기자본으로 자금이 조달될 경우 이자비용의 감세효과를 얻을 수 없기 때문에 현금흐름의 순현가를 구할 때 세전 이자율을 사용해야 한다. ㈜새한공업의 경우 구입에 대한 리스의 증분현금흐름은 앞의 〈표 22-4〉와 같기 때문에 그 순현가, 즉 기본 NPV를 구하면 다음과 같다.

14) 이자비용의 세금절감효과는 차입에 의한 구입시 얻을 수 있는 혜택이다. 따라서 리스의 현금흐름에서 구입의 현금흐름을 차감한 증분개념의 현금흐름에 대한 APV를 구할 때 차입에 의한 구입시 얻을 수 있는 이자비용의 세금절감효과, 즉 부수적 효과는 차감되어야 한다.

$$\text{기본 NPV} = 9{,}000\text{만원} - 3{,}660\text{만원} \times PVIFA_{.0757576,\ 3} = -504.85\text{만원}$$

2. 부채로 구입할 경우의 부수적 효과

부채로 구입할 경우의 부수적 효과를 계산하기 위해서는 먼저 리스로 인한 부채대체액(9,967.09만원)의 매년 말 이자비용을 계산해야 한다. ㈜새한공업의 리스로 인한 매년 말 이자비용 및 원금상환액을 추정하면 〈표 22A-1〉과 같다.

표 22A-1 ㈜새한공업의 리스로 인한 매년 말 이자비용 및 원금상환액 추정 (단위: 만원)

	현재	1년도 말	2년도 말	3년도 말
연도 말 부채잔액	9,967.09	6,805.44	3,485.71	0
이자비용		755.08	515.56	264.07
이자비용의 세금절감액		256.73	175.29	89.78
세후 이자비용		498.35	340.27	174.29
리스로 인한 지출액		3,660	3,660	3,660
원금상환액		3,161.65	3,319.73	3,485.71

주) · 이자비용=전년도말 부채잔액×이자율(7.57576%)
· 이자비용의 세금절감액=이자비용×법인세율(34%)
· 세후 이자비용=이자비용−이자비용의 세금절감액
· 원금상환액=리스로 인한 지출액(부채대체액의 원리금 균등상환액)−세후 이자비용
· 연도 말 부채잔액=전년도 말 부채잔액−당해연도 말 원금상환액

그러므로 부채로 구입할 경우의 부수적 효과는 이자비용의 세금절감효과로서 다음과 같이 구할 수 있다.[15)]

$$\text{부수적 효과} = \frac{256.73}{1+0.0757576} + \frac{175.29}{(1+0.0757576)^2} + \frac{89.78}{(1+0.0757576)^3}$$
$$= 462.24\text{만원}$$

3. 구입에 대한 리스의 APV

구입에 대한 리스의 APV를 구하면 다음과 같다.

15) 할인율에 이자비용의 감세효과를 간접적으로 반영해 주는 NPV법과 달리, APV법에서는 이자비용의 감세효과를 직접 현금흐름에서 고려해 준다. 그러므로 APV법의 경우 할인율로 세후 이자율이 아닌 세전 이자율이 사용됨을 유의해야 한다.

$$APV(\text{리스}-\text{구입}) = \text{기본 } NPV - \text{부채로 구입할 경우의 부수적 효과}$$
$$= -504.85\text{만원} - 462.24\text{만원} = -967.09\text{만원}$$

이상의 결과는 앞에서 사용한 방법과 정확하게 일치된다. 그러나 APV법에 의해 리스를 평가할 때는 부채대체액을 계산한 후, 매년 말 이자비용을 추정해야 하는 번거로움이 따른다.

제 23 장

기업의 합병과 매수

기업은 급변하는 환경 속에서 살아남기 위하여 지속적으로 성장을 추구하여야 한다. 기업의 성장은 합리적인 투자결정, 자금조달결정 등을 통하여 기존의 사업을 점진적으로 확대해 나가는 내적 성장과 타기업을 합병하거나 매수함으로써 일시에 사업영역을 확대하려는 외적 성장으로 구분된다. 기업의 합병과 매수(merger and acquisition: 이하 M&A로 약칭함)는 외적 성장의 주요한 수단으로 최근 국·내외에서 그 관심이 높아지고 있다.

본장에서는 M&A의 의의와 유형, M&A의 시너지효과, M&A의 평가, 적대적 M&A의 방어전략 등에 관하여 설명하고자 한다.

1 M&A의 의의와 종류

1.1 M&A의 의의

M&A는 한 기업이 다른 기업을 합병(merger)하거나 취득 또는 매수(acquisition)하는 것으로서, 일반적으로 신규사업의 진출이나 기업확장의 수단으로 이용된다. M&A는 불확실성하에서 이루어진 투자결정이라 할 수 있다. 따라서 M&A의 궁극적인 목표는 순현가법에 의해 인수기업(acquiring firm)의 주주에게 정(+)의 순현가(NPV)를 가져다 주는 인수대상기업(acquired firm, target firm)을 탐색하는데 있다.

그러나 인수대상기업의 순현가를 결정하는 것은 매우 어려운 일이기 때문에 M&A는 그 자체로서 흥미 있는 과제라 할 수 있으며, 다음과 같은 몇 가지 특징을 가지고 있다.

첫째, M&A로부터 얻을 수 있는 이득을 시너지(synergy)라 하며, 이를 정확히 추정하기는 어렵다.[1)]

둘째, M&A에 의해 복잡한 회계, 세무, 법적인 효과가 발생한다.

셋째, M&A는 주주들이 기업에 대해 취할 수 있는 주요한 통제수단이다. 현재의 경영자와 주주 사이의 이해관계가 서로 상충될 때 M&A가 이루어질 수도 있다. 예를 들어 주주들은 자신과 불편한 관계에 있는 경영자를 제거해 버리기 위해 다른 기업이 자신의 기업을 인수하도록 할 수 있다.

넷째, M&A분석은 주로 기업가치에 초점을 맞추어 이루어지나, M&A는 기업가치뿐만 아니라 주식과 부채의 상대적 가치에도 영향을 미친다.

다섯째, M&A는 때때로 비우호적인 거래를 포함하기 때문에 인수대상기업들에 의해 방어전략이 사용되기도 한다.

1.2 M&A의 유형

M&A는 협의의 개념으로 흡수합병(merger) 또는 신설합병(consolidation), 주식매수(acquisition of stock), 자산매수(acquisition of asset) 등 세 가지에 의해서 이루어지는 기업매수(acquisition)로 볼 수 있으나, 광의의 개념으로 기업매수뿐만 아니라 위임장투쟁(proxy contest), 비공개기업화(going private) 등도 포함하는

1) 시너지는 $1+1>2$가 되는 것을 의미하며, 이를 상승효과라 하기도 한다.

그림 23-1 기업인수의 형태

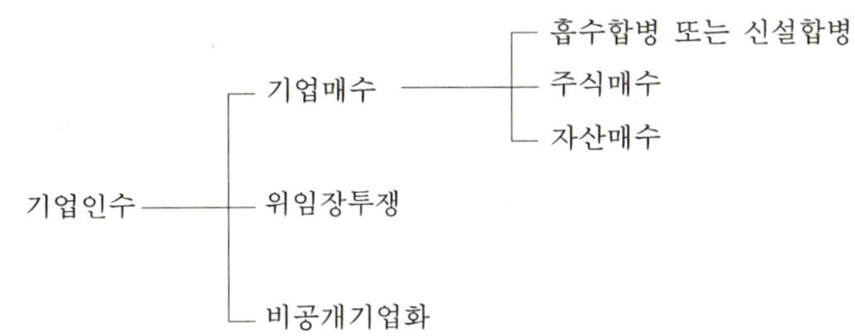

기업인수(takeover)로 볼 수 있다.[2] 기업인수의 형태를 나타내면 〈그림 23-1〉과 같다.

1) 흡수합병 또는 신설합병

흡수합병은 한 기업(합병회사)이 다른 기업(피합병회사)을 흡수하여 결합하는 것을 의미한다. 이 경우 합병회사가 피합병회사의 모든 자산과 채무를 인수함으로써 피합병회사가 없어지고 하나의 회사로 결합된다. 그리고 신설합병은 다수의 기업들이 새로운 하나의 기업으로 결합되는 것을 의미한다. 이 경우 결합하려고 하는 기업은 모두 해산되고 새로운 하나의 기업이 설립되어, 이 신설기업에게 해산된 기업들의 모든 자산과 부채가 승계된다.

흡수합병과 신설합병은 법률적인 관계에 있어서 차이가 있지만, 경제적인 측면에 있어서는 두 개 이상의 기업이 하나의 기업으로 합쳐지는 것으로 동일하다. 새로운 회사의 설립에는 시간과 경비가 소요되고, 세법상으로 불리한 경우가 많기 때문에 실제로 신설합병은 거의 이용되지 않는다. 따라서 일반적으로 합병은 흡수합병을 의미한다.

결합되는 기업의 형태별로 합병을 분류하면 동종기업간에 이루어지는 수평적 합병(horizontal merger), 생산 및 유통과정의 수직적 흐름에 있어서 인접한 단계에 있는 기업간에 이루어지는 수직적 합병(vertical merger), 수평적 또는 수직적 관계가 없는 이종기업간에 이루어지는 다각적 합병(conglomerate merger) 등이 있다.

2) 기업인수는 기업의 지배권행사에 충분한 지분을 매입하는 모든 행위를 의미한다.

2) 주식매수

주식매수는 인수기업이 현금, 주식 또는 다른 증권 등을 이용하여 인수대상기업의 의결권 주식을 매입함으로써 인수대상기업의 지배권을 획득하는 것을 의미한다. 주식매수의 방법에는 대주주 주식지분의 매입, 주식시장에서의 매입및 공개매수(tender offer, takeover bid: TOB) 등이 있다.

공개매수는 단기간에 의도한 가격으로 인수대상기업의 주식을 주주들로부터 공개적으로 매입하는 행위이다. 이는 인수대상기업의 경영진과의 합의에 의해 이루어지는 경우도 있으나, 대부분의 경우 경영진의 의사와는 관계없이 주주들을 상대로 직접 주식을 매입하는 적대적인 인수의 형태를 띠고 있다.

주식매수는 다음과 같은 몇 가지 점에서 합병과 다르다.

첫째, 주식매수는 주주총회의 승인 또는 인수대상기업의 경영진이나 이사회를 거치지 않고 직접 주주들을 대상으로 이루어진다.

둘째, 대부분의 경우 주식매수는 인수대상기업 경영자의 저항하에서 이루어지므로 합병보다 많은 비용이 소요된다.

셋째, 공개매수에 대한 소액주주들의 반발 때문에 인수대상기업을 완전히 인수하기 어려울 때가 많다.

넷째, 주식매수는 인수기업이 인수대상기업의 주식을 매입하여 인수대상기업을 지배하는 형태로서 인수대상기업의 법률적인 실체는 계속 유지된다.[3)]

3) 자산매수

자산매수는 인수기업이 인수대상기업의 경영지배권을 획득하기 위하여 인수대상기업 자산(또는 영업)의 전부 또는 주요한 일부분을 취득하는 것이다. 자산매수는 인수대상기업의 경영진과 협의하에 이루어지는 경우가 대부분이기 때문에 소액주주들의 반발을 피할 수 있다는 장점은 있으나, 자산소유권의 이전에 따른 법적 절차가 번거롭고 법률적인 비용이 크다는 단점이 있다.[4)]

4) 위임장투쟁

위임장투쟁은 일부의 주주집단이 주로 자기가 지지하는 이사를 선임하여 기업

3) 인수대상기업의 완전한 흡수는 합병에 의해서 이루어지므로 대부분의 주식매수는 결국 형식적인 합병절차를 거쳐 합병에 이르게 된다.

4) 우리나라의 경우 인수대상기업의 자산매각이 그 기업의 영업에 중요한 영향을 미칠 수 있을 때, 이에 반대하는 주주들은 당해기업에게 주식매수청구권을 행사할 수 있다(증권거래법 제191조).

의 지배권을 획득하기 위한 것으로서, 다른 주주들로부터 의결권을 위임받아 주주총회에서 선임권을 대리행사하는 것을 의미한다.[5] 이와 같은 위임장투쟁은 현재의 경영진에게 기업을 보다 효율적으로 경영할 수 있도록 압력을 가하는 수단이 될 수 있다.

5) 비공개기업화

비공개기업화(또는 사기업화)는 일부 주주가 상장된 주식의 대부분을 매입함으로써 사실상의 개인기업으로 만들고, 그 결과 상장이 폐지되어 비공개기업으로 전락시키는 것을 의미한다. 비공개기업이 되면 우호적인 경우 외에는 M&A가 원칙적으로 일어날 수 없게 된다. 또한 공개회사에 대해서 요구되는 각종의 보고의무 등에서도 면제되어 경영진은 경영에만 주력할 수 있다.[6]

비공개기업화를 위해서는 상장된 대부분의 주식을 매입하여야 하기 때문에 대규모의 자금이 필요하게 된다. 따라서 이 경우 회사자산을 담보로 채권을 발행하여 조달한 자금에 의해 주식을 인수하는 차입매수(leveraged buyout: LBO)가 자주 사용된다.[7] LBO를 위해 발행되는 채권은 위험도가 아주 높은 저등급사채로 정크본드(junk bond)라 한다. 특히 LBO가 현재의 경영자에 의해 주도될 때, 이를 경영자매수(management buyout: MBO)라고 한다.

2 M&A의 시너지효과

기업이 M&A를 하는 주된 이유는 M&A로부터 얻을 수 있는 시너지효과 때문일 것이다. 여기서는 M&A의 시너지효과와 그 원천에 대하여 살펴보고자 한다.

---

5) 미국 등에서는 통상적으로 제2, 3대 주주 등이 소액주주의 의결권을 모아 1대 주주에 대항 경영권을 장악하는 수단으로 활용되고 있다. 그러나 우리나라의 경우 증권거래법 제199조에 의결권 대리행사의 권유를 엄격히 규제하고 있으며, 또한 실질적으로 주식이 제대로 분산되어 있지 않기 때문에 위임장투쟁에 의한 기업지배권획득은 어렵다.

6) 기업을 공개하여 불특정 다수의 주주로부터 자금조달하는 것을 지향하는 기업공개(going public)에는 역행되지만, 1980년대에 들어서 미국에서는 비우호적인 기업매수가 빈번하게 이루어지면서 상장회사의 경영자가 기업을 비공개화하는 경우가 많았다.

7) LBO에 의한 비공개기업화는 지분의 대리인비용을 감소시킬 수 있다. 이에 대한 자세한 설명은 제13장을 참조.

2.1 M&A의 시너지효과

시너지효과(synergy effect)란 두 기업이 하나의 기업으로 합병하는 경우에 합병 후의 기업가치가 합병 전 개별기업가치의 합계보다 더 커지는 효과를 말하며, 상승효과라고도 한다. 예를 들어 기업 A가 기업 B를 인수하여 합병하는 경우 나타날 수 있는 시너지는 다음과 같다.

$$\text{시너지} = PV(A+B) - [PV(A) + PV(B)] \tag{23-1}$$

여기서 $PV(A+B)$: 합병 후의 기업가치
$PV(A)$, $PV(B)$: 합병 전 A, B기업의 개별가치

M&A로 인한 시너지효과는 현금흐름할인모형을 이용하여 다음과 같이 측정될 수 있다.

$$\text{시너지} = \sum_{t=1}^{n} \frac{\Delta CF_t}{(1+r)^t} \tag{23-2}$$

여기서 ΔCF_t : 합병으로 인한 t 시점의 증분현금흐름[8)]
r : 할인율[9)]

그리고 식 (23-2)에서의 증분현금흐름은 다음과 같이 4개의 부분으로 분해될 수 있다.

$$\Delta CF_t = \Delta R_t - \Delta C_t - \Delta T_t - (\Delta WC_t + \Delta CI_t) \tag{23-3}$$

여기서 ΔR_t : 합병으로 인한 t 시점의 증분수익
ΔC_t : 합병으로 인한 t 시점의 증분비용
ΔT_t : 합병으로 인한 t 시점의 세금의 증분
ΔWC_t: 합병으로 인한 t 시점의 순운전자본의 증분
ΔCI_t : 합병으로 인한 t 시점의 자본적 지출의 증분

2.2 시너지효과의 원천

M&A에 의한 시너지효과의 원천은 합병의 시너지효과를 구하는 식 (23-2)에서 살펴볼 수 있다. 즉 시너지는 수익의 증대, 비용의 절감, 세금의 절감 등에 의해서

---

8) ΔCF_t = (합병 후 현금흐름) − (합병 전 개별기업 현금흐름의 합)
$= CF_t(A+B) - [CF_t(A) + CF_t(B)]$

9) 할인율은 자금의 원천이 아니라 자금의 사용에 따른 위험을 반영해야 한다. 따라서 합병시너지에 의해 발생되는 증분현금흐름(두 기업의 합병에 따른 추가적인 현금흐름)의 적절한 할인율로 인수대상기업의 자기자본비용을 사용하는 것이 합리적이다.

합병으로 인한 증분현금흐름을 증가시키거나 또는 자본비용(할인율)을 감소시킴으로써 보다 크게 나타난다.[10] 그러므로 M&A에 의해 가능한 시너지효과의 원천은 수익의 증대, 비용의 절감, 세금의 절감, 자본비용의 감소 등이라 할 수 있다.[11]

1) 수익의 증대

합병의 가장 중요한 이유 중의 하나는 합병 후의 기업수익이 합병 전 개별기업의 수익을 합한 것보다 크게 된다는 것이다. 합병으로 인한 수익의 증대는 마케팅이득(marketing gains), 전략적 이득(strategic benefits), 시장 또는 독점적 지배력(market or monopoly power) 등으로부터 발생된다.

(1) 마케팅이득

합병에 의해서 마케팅능력을 향상시킬 수 있으며, 이를 통해 보다 큰 영업이익을 창출할 수 있다. 예를 들어 합병을 통해 비효율적인 광고전략을 개선할 수 있고, 빈약한 유통채널을 강화할 수 있으며, 불균형상태의 제품믹스(product mix)를 개선할 수 있다.

(2) 전략적 이득

합병으로 인하여 경쟁기업에 비해 전략적 우위를 확보할 수 있다. 예를 들어 출판사가 컴퓨터회사를 인수하는 경우, 경쟁출판사에 비해 컴퓨터를 이용한 전자출판에 있어서의 전략적 우위를 점할 수 있다. 특히 유·무형의 진입장벽이 가로막고 있는 경우 M&A를 통해 새로운 사업에 쉽게 진출할 수 있다.

(3) 시장 또는 독점적 지배력

동종산업에 속하는 다른 기업을 합병함으로써 시장에서의 경쟁적 지위를 높일 수 있으며, 극단적으로는 독점적 지위를 확보할 수도 있다. 이 경우 합병기업은 제품가격을 선도할 수 있으며, 독점적 이윤을 획득할 수 있다. 그러나 단순히 경쟁을 억제하기 위한 합병은 사회적으로 이득이 없으며, 정부의 규제를 받는 대상이 되기도 한다.

---

10) 수익의 증대, 비용의 절감, 세금의 절감 등에 의한 시너지는 기업의 운영상 나타나는 것으로서 이를 운영시너지(operating synergy)라 하며, 할인율의 감소에 의한 시너지는 기업의 재무정책, 즉 자본구조와 관련된 것으로서 재무시너지(financial synergy)라 한다.

11) S. A. Ross, R. W. Westerfield, and J. Jaffe, *Corporate Finance*, 4th ed.(Irwin, 1996), pp. 776~781.

2) 비용의 절감

합병의 가장 기본적인 이유 중의 하나는 두 개의 기업을 독자적으로 운영하는 것보다 합병을 통해 운영효율성을 높임으로써 운영비용을 크게 절감할 수 있다는 점이다. 비용의 절감에 의한 시너지효과는 규모의 경제(economies of scale), 수직적 통합의 경제(economies of vertical integration), 자원의 상호보완(complementary resources), 비효율적인 경영의 제거(elimination of inefficient management) 등을 통해서 나타난다.

(1) 규모의 경제

최적규모(optimal size)에 도달할 때까지 평균생산비용은 생산량의 증가에 따라 점점 감소하게 된다. 따라서 최적규모에 도달하지 못한 기업이 다른 기업을 인수함으로써 최적규모에 도달할 수 있다면, 합병으로 인해 단위당 생산비용을 감소시킬 수 있다. 이와 같은 규모의 경제에 의한 비용의 절감은 수평적 합병에서 나타난다.

(2) 수직적 통합의 경제

생산과정의 전 단계 또는 다음 단계에 있는 기업을 통합하여 보다 협조적인 생산 또는 판매단계를 갖추고, 품질관리와 가격 등 거래조건의 협상을 유리하게 함으로써 거래비용을 절감시킬 수 있다. 예를 들어 보다 저렴하고 안정적인 자동차부품의 확보를 위해 자동차회사가 자동차 부품회사를 인수하거나, 보다 광범위한 PC판매망의 확보를 위해 PC제조업체가 PC판매회사를 인수하기도 한다.

(3) 자원의 상호보완

기업은 현존하는 자원을 효과적으로 이용하거나 성공적인 영업에 필요한 요소를 확보하기 위하여 다른 기업을 인수한다. 예를 들어 스키용품 상점이 테니스용품 상점을 인수함으로써 겨울과 여름에 걸쳐 안정된 판매를 할 수 있으며, 또한 상점의 활용도도 높일 수 있을 것이다.

(4) 비효율적인 경영의 제거

합병을 통해 비효율적인 기업의 경영진을 제거할 수 있으며, 중복되는 경영진의 수를 감소시킴으로써 기업의 운영비를 상대적으로 절감시킬 수 있다.[12]

---

12) M&A는 전문경영자가 주주의 이익과 배치된 행위(예를 들어 특권적 소비, 무사안일주의 등)를 함으로써 발생하게 되는 지분의 대리인문제를 해결하기 위한 수단으로 사용될 수 있다.

3) 세금의 절감

합병은 세금을 절감할 수 있는 하나의 수단이 될 수 있다. 이는 인수대상기업의 영업손실(net operating losses), 부채수용능력의 향상(unused debt capacity), 잉여자금(surplus fund)의 이용 등에 의해서 발생된다.

(1) 영업손실

누적된 영업손실로 인하여 이월결손금을 갖고 있는 회사를 인수하는 경우, 합병회사는 그 이월결손금을 승계하여 법인세를 절감할 수 있다.[13)]

(2) 부채수용능력의 향상

두 개의 기업이 합병하는 경우 합병 전 개별기업의 채무에 대하여 공동으로 지급보증하는 것이 되므로 파산위험은 감소하게 된다. 이와 같이 합병으로 인하여 공동보험효과(coinsurance effect)가 발생하기 때문에 파산비용은 두 개의 개별기업으로 존재할 때보다 합병한 후에 상대적으로 적게 나타날 수 있다. 따라서 인수회사는 합병 후 부채비율을 보다 높일 수 있으며, 이로 인하여 추가적인 세금혜택을 얻을 수 있기 때문에 새로운 가치를 창출할 수 있다.

(3) 잉여자금의 이용

현실적으로 배당소득세율은 자본이득세율보다 높다. 기업이 충분한 잉여현금흐름(free cash flow)을 갖고 있을 때, 이를 배당으로 지급하지 않고 기업을 인수하는 데 이용함으로써 주주들은 배당소득 대신 주가의 상승에 따른 자본이득을 얻을 수 있다.[14)] 즉 주주들은 상대적으로 높은 배당소득세 대신 자본이득세를 부담함으로써 세금을 절감할 수 있게 된다.

4) 자본비용의 감소

두 기업을 합병할 때 증권발행비용 측면에서 규모의 경제가 발생하기 때문에 자본비용을 감소시킬 수 있다. 일반적으로 주식 또는 채권의 발행비용은 소규모기

---

13) 우리나라의 「합병회계준칙」에 의하면 다른 기업을 M&A하였을 경우 합병회사는 피인수기업의 이월결손금을 승계하지 못한다. 따라서 우리나라의 경우 이월결손금이 있는 기업을 합병함으로써 법인세 절감효과를 얻을 수 없다.

14) 잉여현금흐름은 정(+)의 순현가를 가지는 모든 투자안에 투자하고 또한 세금 등을 지급한 후 이용가능한 잔여현금흐름을 말한다.

업보다 대규모기업에서 더 적게 나타난다.[15)]

3 M&A의 평가

M&A는 본질적으로 투자결정문제와 연관이 있다. 따라서 M&A의 평가는 전형적으로 순현가법에 의해 이루어진다. 예를 들어 기업 A가 기업 B의 인수를 고려하고 있다고 하자. 이 경우 인수기업 A가 인수대상기업 B를 M&A함으로써 얻을 수 있는 순현가(NPV)는 기업 B를 인수함으로써 얻을 수 있는 이득의 현재가치(시너지)에서 기업 B를 인수한 대가로 지불한 비용(프리미엄)을 차감하여 구할 수 있다. 이를 관계식으로 나타내면 식(23-4)와 같다.

$$
\begin{aligned}
NPV &= \text{시너지} - \text{프리미엄} \\
&= [PV(A+B) - (PV(A) + PV(B))] - [\text{기업 B의 매수가격} - PV(B)]
\end{aligned}
\tag{23-4}
$$

또는 M&A에 따른 NPV는 합병으로 인한 인수기업의 증분가치로서 다음과 같이 구할 수 있다.[16)]

$$
\begin{aligned}
NPV &= \text{합병후 기업 A의 가치} - \text{합병전 기업 A의 가치} \\
&= [PV(A+B) - \text{기업 B의 매수가격}] - PV(A)
\end{aligned}
\tag{23-5}
$$

기업 B를 M&A하는 것에 대한 평가는 식 (23-4) 또는 식 (23-5)에 의해 계산된 NPV에 의해서 이루어진다. 즉 NPV가 양(+)의 값을 가지면 기업 A는 기업 B를 인수하여야 하고, NPV가 음(−)의 값을 가지면 기업 A는 기업 B를 인수하지 않아야 한다.

이와 같은 분석은 현금에 의한 M&A일 경우에는 비교적 단순하나, 보통주에 의한 M&A일 경우에는 복잡해진다.

---

15) 합병으로 인해 분산효과가 발생하게 되어 자본비용이 감소하는 것으로 생각하기 쉬운데, 이는 효율적 시장하에서는 불가능한 일이다. 왜냐하면 합병으로 인해 감소되는 위험은 비체계적 위험이기 때문이다. 이에 대한 자세한 설명은 제9장을 참조할 것.

16) M&A에 따른 NPV는 식 (23-5)를 약간 변형하여 다음과 같이 구할 수도 있다.

$$
\begin{aligned}
NPV &= \text{합병 후 기업 B의 가치} - \text{기업 B의 매수가격} \\
&= [PV(A+B) - PV(A)] - \text{기업 B의 매수가격}
\end{aligned}
$$

3.1 현금에 의한 M&A

예를 들어 현재 기업 A와 기업 B의 가치가 각각 800억원, 100억원이며, 두 기업은 모두 부채없이 자기자본에 의해 자본을 조달한다고 가정하자. 그리고 만약 기업 A가 유보이익을 이용하여 기업 B를 인수한다면, 합병 후 결합기업가치는 100억원의 시너지가 발생하여 1,000억원의 가치를 갖는다. 기업 B의 이사회는 현금으로 140억원을 준다면 기업 B를 매각할 수 있다는 의사를 제시하였다. 이와 같은 경우 기업 A는 기업 B를 인수하여야 하는가?

기업 A가 기업 B를 인수하는 경우 얻을 수 있는 순현가는 식 (23-4) 또는 식 (23-5)에 의해 다음과 같이 구할 수 있다.

$$\begin{aligned} NPV &= [PV(A+B)-(PV(A)+PV(B))]-[\text{기업 B의 현금가격}-PV(B)] \\ &= [1{,}000\text{억원}-(800\text{억원}+100\text{억원})]-(140\text{억원}-100\text{억원}) \\ &= 100\text{억원}-40\text{억원}=60\text{억원} \end{aligned}$$

또는

$$\begin{aligned} NPV &= \text{합병후 기업 A의 가치}-\text{합병전 기업 A의 가치} \\ &= [PV(A+B)-\text{기업 B의 현금가격}]-PV(A) \\ &= (1{,}000\text{억원}-140\text{억원})-800\text{억원} \\ &= 860\text{억원}-800\text{억원}=60\text{억원} \end{aligned}$$

기업 A가 기업 B를 인수하는 경우의 순현가는 60억원이므로 기업 A는 기업 B를 인수하여야 한다. 그리고 만약 기업 A의 총발행주식수가 200만주라고 한다면, 합병 전 기업 A의 주가는 40,000원(800억원/200만주)이나, 합병 후 기업 A의 주가는 43,000원(860억원/200만주)으로 상승하게 된다. 이와 같은 계산과정은 〈표 23-1〉에 나타나 있다.

표 23-1 현금에 의한 M&A의 평가

구 분	합병 전		합병 후
	기업 A	기업 B	
시 장 가 치	800억원	100억원	860억원
총발행주식수	200만주	50만주	200만주
주 가	40,000원	20,000원	43,000원

3.2 보통주에 의한 M&A

이제 기업 A가 현금대신 보통주를 발행하여 기업 B를 인수하는 경우를 생각해 보자. 예를 들어 기업 B의 총발행주식수는 50만주이며, 합병시 기업 A는 기업 B의 주식 50만주에 대하여 자사주식 35만주를 교환해 준다고 하자. 즉 기업 A와 기업 B의 주식교환비율은 0.7 : 1이다. 합병 후 기업 A의 총발행주식수는 235만주(200만주+35만주)가 되므로, 기업 B 주주들의 합병 후 합병기업에 대한 지분비율은 약 14.89%(35만주/235만주)가 된다. 따라서 합병 후 기업 B 주주들의 지분가치는 148.9억원(1,000억원×0.1489)이 된다.[17] 즉 기업 B의 실제 매수가격은 148.9억원이다.[18] 이는 〈표 23-2〉의 (1)열에 나타나 있다.

기업 B를 현금매수가격 140억원과 동일한 가격으로 인수하기 위해서는 기업 A는 기업 B의 주주에게 몇 주를 발행해 주어야 하겠는가? 기업 B 주주들의 합병 후 합병기업에 대한 지분비율을 α라 하면, 합병 후 기업 B 주주들의 지분가치는 다음과 같다.

$$\text{합병 후 기업 B 주주들의 지분가치} = \alpha \times 1{,}000\text{억원}$$

여기서 합병 후 기업 B 주주들의 지분가치를 현금매수가격과 동일한 140억원

표 23-2 보통주에 의한 M&A의 평가

구 분	합병 전		합병 후	
	기업 A	기업 B	(1)보통주 교환비율 (0.7:1)	(2)보통주 교환비율 (0.651:1)
시 장 가 치	800억원	100억원	1,000억원	1,000억원
총발행주식수	200만주	50만주	235만주	232.558만주
주 가	40,000원	20,000원	42,553원	43,000원

17) 흔히 합병 전 기업 A의 주가가 40,000원이므로 기업 B를 140억원(40,000원×35만주)에 매입한 것과 같다고 생각하기 쉽다. 그러나 합병 후 기업 A의 주가가 42,553원(1,000억원/235만주)으로 상승하므로 기업 B의 실제 매수가격은 현금매수가격 140억원보다 큰 148.9억원이 됨을 유의하여야 한다.

18) 이 경우 M&A에 의한 순현가는 기업 B를 140억원에 현금매수할 때보다 다음과 같이 약간 감소한다.

$$\begin{aligned} NPV &= [PV(A+B) - (PV(A) + PV(B))] - [\text{기업 B의 매수가격} - PV(B)] \\ &= [1{,}000\text{억원} - (800\text{억원} + 100\text{억원})] - (148.9\text{억원} - 100\text{억원}) \\ &= 100\text{억원} - 48.9\text{억원} = 51.1\text{억원} \end{aligned}$$

으로 놓으면 α는 14%(140억원/1,000억원)가 된다. 이 경우 기업 B의 주주에게 발행해 주어야 할 주식수는 다음과 같이 계산할 수 있다.

$$\alpha = \frac{\text{신주발행수}}{\text{구주식수} + \text{신주발행수}} \rightarrow 0.14 = \frac{\text{신주발행수}}{\text{200만주} + \text{신주발행수}}$$

위의 식을 풀어 신주발행수, 즉 기업 B의 주주에게 발행해 주어야 할 주식수를 구하면 다음과 같다.

$$\text{신주발행수} = \frac{0.14 \times \text{200만주}}{1 - 0.14} = \text{32.558만주}$$

따라서 합병 후 총발행주식수는 232.558만주(200만주+32.558만주)가 된다. 기업 A의 주식 32.558만주가 기업 B의 주주에게 교부되므로, 이는 기업 B 주식 1주에 대해 기업 A 주식 0.651주를 교환해 주는 것이다. 즉 기업 A와 기업 B의 주식교환비율은 0.651:1이다. 이와 같이 기업 B의 이사회가 기업을 140억원에 매각하기로 하였다면, 주식의 공정교환비율은 0.651:1이 된다. 이 계산과정은 〈표 23-2〉의 (2)열에 나타나 있다.

M&A를 할 때 현금 또는 보통주 중 어느 방법에 의한 것이 더 유리한지는 다음과 같은 몇 가지 요인에 달려 있다.

첫째, 인수기업의 주식이 과대평가되어 있다면, 주식에 의한 방법이 현금에 의한 방법보다 비용이 더 저렴할 것이다.

둘째, 현금에 의한 인수는 과세대상이 되는 반면, 보통주에 의한 인수는 과세되지 않으므로 보통주에 의한 인수가 더 유리할 수 있다.

셋째, 현금에 의한 인수의 경우 인수대상기업의 주주들은 합병의 성과 여부에 따라 영향을 받지 않는다. 그러나 보통주에 의한 인수의 경우 인수대상기업의 주주들은 합병으로 인한 이득 또는 손실을 같이 공유하게 된다. 따라서 인수기업의 입장에서는 합병성과가 좋게 나타날 가능성이 높을 경우에는 현금에 의한 인수가 유리하며, 합병성과가 나쁘게 나타날 가능성이 높을 경우에는 보통주에 의한 인수가 유리할 것이다.

4 M&A의 방어전략

인수기업과 인수대상기업 경영자간의 합의에 의하지 않는 적대적 M&A가 시도될 경우 인수대상기업의 경영자는 이에 저항하게 된다. 일반적으로 적대적 M&A에 대한 저항은 경영자의 입장을 공시 또는 우편 등을 통하여 주주들에게 전달하는 것으로 시작되며, 궁극적으로 가능한 법적인 행동을 취하도록 유도하거나 경쟁적인 입찰에 의한 주식매도를 권유하게 된다. 기업인수를 저지하려는 경영자의 행동이 인수기업 또는 다른 기업으로부터 높은 프리미엄을 얻어낼 수 있는 경우 인수대상기업의 주주들에게 유리할 수 있다. 그러나 인수대상기업의 경영자는 주주의 이익과 관계없이 단순히 자신의 직위를 유지하기 위해서 M&A에 저항할지 모른다.

일반적으로 인수기업측에서는 공개매수 또는 위임장투쟁 등을 통해 적대적 M&A를 시도한다. 이에 대해 인수대상기업의 경영자가 취할 수 있는 전략은 매우 다양하나, 여기서는 일반적으로 알려진 몇 가지 방어전략을 소개하기로 한다.

4.1 정관수정

기업정관을 수정하여 적대적 M&A를 어렵게 만들 수 있다. 예를 들어 일반적으로 주주총회에서 합병이 승인되기 위해서는 주주들의 2/3가 찬성하도록 되어 있으나, 이를 상향조정하여 80% 이상의 주주들의 찬성을 얻어야 합병이 가능하도록 정관을 수정함으로써 적대적 M&A로부터 벗어날 수 있다. 이와 같은 정관의 수정을 초다수결수정(super-majority amendment)이라 한다. 또 다른 방법으로 신속하게 신규이사를 선출하는 것이 어렵도록 이사의 선출시기를 지연시킬 수도 있다.[19)]

4.2 재매입정지협정

재매입정지협정(repurchase standstill agreements)은 적대적 인수를 시도할 것으로 예상되는 특정 주주와 앞으로 일정기간 동안 자사주를 매입하지 않도록 약정을

19) 이에 대한 구체적인 전략으로 이사들의 임기만료 시점을 다르게 하는 것이다. 이 경우 인수자는 빠른 시일 내에 인수대상기업의 경영진을 자신이 원하는 경영진으로 모두 교체하기 어렵게 된다. 따라서 인수자가 실질적으로 기업의 지배권을 행사하는 데는 상당한 시일이 걸린다.

맺는 것을 의미한다. 이를 통해 인수대상기업은 적대적 인수가 시도되지 않음을 보장받을 수 있지만, 그 대가로서 프리미엄이 더해진 시가보다 높은 가격을 지불하여 특정 주주가 그 동안 매집한 주식을 매입하여야 한다. 이와 같이 목표기업의 주식을 매집한 후, 그 기업으로 하여금 프리미엄가격에 그 주식을 되사게 만들어 이익을 얻는 것을 그린메일(greenmail)이라 한다.[20)]

4.3 비공개기업화와 차입매수

비공개기업화는 일부 주주가 상장된 주식의 대부분을 매입함으로써 사실상의 개인기업으로 만들고, 그 결과 상장이 폐지되어 비공개기업으로 전락시키는 것을 의미한다. 비공개기업이 되면 우호적인 경우 외에는 M&A가 원칙적으로 일어날 수 없게 된다. 이와 같은 비공개기업화는 대개의 경우 회사자산을 담보로 채권을 발행하여 조달한 자금에 의해 주식을 인수하는 차입매수(LBO)가 사용된다. LBO로 인하여 기업가치가 증가할 수 있는데, 그 이유는 다음의 두 가지로 요약될 수 있다. 첫째, 추가적인 부채사용으로 인한 세금절감효과에 의해 기업가치가 증가한다. 둘째, 일반적으로 경영자가 대부분의 지분을 인수하여 소유자가 되므로 보다 효율적인 경영활동에 대한 인센티브를 가져 열심히 일하려 할 것이다. 이로 인해 기업의 가치가 증가한다.

4.4 기타 방법

1) 황금낙하산

황금낙하산(golden parachute)은 기업이 매수되어 경영자가 해임될 경우 그에게 거액의 퇴직금 또는 일정기간의 보수를 지급한다는 내용을 고용계약에 규정하는 것을 의미한다. 이는 직접적으로 경영자의 신분을 보장하는 동시에 매수비용을 상승시키는 원인이 되기 때문에 M&A의 시도를 어렵게 한다. 또한 합병시 인수대상기업의 경영자에게 지급되는 보상금은, 그 경영자가 인수기업의 매수제의를 고려할 때 자신의 이익보다는 주주의 부에 보다 더 관심을 가지고 협상에 임할 수 있도록 하는 보상으로 볼 수 있다.

---

20) 그린메일은 공갈(blackmail)을 풍자한 것으로 그린은 초록색의 달러지폐를 의미한다.

2) 왕관보석

왕관보석(crown jewel)은 인수대상기업이 가지고 있는 가장 중요한 자산을 의미하는 것으로서, 기업이 M&A될 위험에 처할 때 이를 사전에 매각하여 타기업에 의한 적대적 M&A의 시도를 와해시킬 수 있다. 이는 기업을 빈 껍데기로 만들어 적대적 M&A에 대응하는 전략으로 초토화전략(scorched earth strategy)이라고도 한다.

3) 독　약

독약(poison pill)은 적대적 M&A시도에 대한 가장 강력한 방어전략의 하나로서, 이 전략을 취하는 기업은 독약이라고 불리는 증권(신주인수권 또는 전환사채 등 특수한 권리가 부여된 증권)을 보통주주에게 배당의 형태로 나누어 준다. 그 증권은 합병시 자기회사 또는 합병회사의 주식을 극히 낮은 가격으로 매입할 수 있는 권리를 나타낸 것으로 인수기업에 큰 손실을 입히게 된다.

4) 황 금 주

황금주(golden share)는 정부 등이 M&A 거부권을 행사할 수 있는 특별주식을 의미한다. 1984년 영국의 통신사업자 브리티시텔레콤(British Telecom)을 민영화할 때, 영국정부가 처음으로 채택했다. 이는 공공성이 강하고 네트워크로 연결된 거대한 독점기업을 민영화하면서 민영화 독점으로 인한 소비자 피해와 공익의 손실이 우려되지만 그러한 우려만으로 민영화를 중단할 수 없다는 대처리즘의 산물이다. 이후 유럽 전역에서 황금주를 도입하였다.

5) 백 기 사

적대적 M&A의 대상이 된 기업이 적당한 방어수단이 없을 경우 우호적인 제 3 의 매수희망기업을 찾아서 매수결정에 필요한 정보 등을 제공해 주고 매수오퍼를 내도록 하는데, 이때 인수대상기업의 경영자에게 우호적인 제 3 자 매수 측을 백기사(white knight)라고 한다.

주 요 용 어

흡수합병(775)
신설합병(775)
주식매수(776)
공개매수(776)
자산매수(776)
위임장투쟁(776)
비공개기업화(777)
차입매수(777)
시너지효과(778)
공동보험효과(781)
초다수결수정(786)
재매입정지협정(786)
그린메일(787)
황금낙하산(787)
왕관보석(788)
초토화전략(788)
독약(788)
황금주(788)
백기사(788)

연 습 문 제

1 합병과 EPS

㈜홍성산업은 통신산업에 진출하기 위하여 ㈜소리통신의 인수를 고려하고 있으며, 두 회사에 관한 정보는 다음과 같다.

구 분	㈜홍성산업	㈜소리통신
주 가	30,000원	12,000원
주당순이익(EPS)	2,000원	1,000원
총발행주식수	100만주	50만주

(1) ㈜홍성산업이 현재의 주가를 기준으로 주식을 교부하여 ㈜소리통신을 인수한다면, 합병 후 EPS는 얼마인가? 또한 EPS의 변화가 합병 후 ㈜홍성산업의 기존 주주들에게 미치는 영향을 설명하라.

(2) ㈜홍성산업이 ㈜소리통신을 현재 주가에 25%의 프리미엄을 추가로 지불하여 인수한다면, ㈜홍성산업은 ㈜소리통신의 주주들에게 주식을 몇 주 교부해 주어야 하는가?

2 현금 또는 보통주에 의한 M&A 평가 (CPA 2007 기출)

다음은 합병 논의가 있기 전 개별 기업 ㈜산라와 ㈜가야에 대한 정보이다.

구 분	㈜산라	㈜가야
시장가치	80,000원	20,000원
발행주식수	40주	20주
주가	2,000원	1,000원

㈜산라와 ㈜가야는 모두 부채가 없이 자기자본만으로 구성되어 있다. ㈜산라가 ㈜가야를 합병하면 20,000원의 시너지가 발생하여 합병 후 기업의 시장가치는 120,000원이 될 것이다. (모든 수치는 소수점 셋째 자리에서 반올림하라.)

(1) ㈜산라가 ㈜가야에 인수 제의를 하자 ㈜가야는 ㈜산라에게 현금으로 30,000원을 지급해 줄 것을 제안했다. 이 제안을 받아들인다면 ㈜산라의 주주 입장에서 합병의 순현가(NPV)는 얼마인가?

(2) ㈜산라가 ㈜가야를 인수하기 위해 현금대신 30,000원에 해당하는 ㈜산라의 주식으로 교환해 주려고 한다. ㈜산라가 ㈜가야에게 합병 논의 전 ㈜산라의 주가인 2,000원을 적용해 ㈜가야의 주식 20주와 새로 발행한 ㈜산라의 주식 15주를 교환한다면 ㈜산라의 주주 입장에서 합병의 순현가(NPV)는 얼마인가?

(3) ㈜산라가 ㈜가야에게 현금 30,000원을 주는 것과 동일한 순현가(NPV) 효과가 있기 위해서는 ㈜가야 주식 1주에 대해 ㈜산라 주식 몇 주를 발행해 교환해 주어야 하는가?

(4) 현금매수 금액이나 주식교환비율은 합병논의가 있기 전 시장가치를 기준으로 하되, 시너지는 ㈜산라와 ㈜가야에게 동등하게 배분되도록 결정한다. 또한, 합병 후 시장가치는 실제가치를 반영한다고 하자. ㈜산라의 경영진이 다음과 같이 판단할 때 각각의 경우 현금매수방식과 주식교환방식 중 어느 것을 더 선호하겠는가? 제시된 표의 칸을 채워 답하라.

① 합병으로 인한 시너지가 시장에 알려진 20,000원보다 작은 15,000원이다.
② ㈜산라 자산의 실제가치는 시장가치인 80,000원보다 작은 75,000원이다.
③ ㈜가야 자산의 실제가치는 시장가치인 20,000원보다 큰 25,000원이다.

문항	㈜산라 주주 입장에서의 합병 NPV		선호방식
	현금매수	주식교환	
①			
②			
③			

3

현금에 의한 M&A 평가

㈜청산실업은 현재 ㈜녹수전자의 인수를 고려하고 있다. ㈜녹수전자를 합병할 경우 ㈜청산실업은 매년 말 다음과 같은 추가적인 현금흐름을 얻을 수 있을 것으로 예상하고 있다.

시 점	현금흐름
1년도 말	1,500만원
2년도 말	2,000만원
3년도 말	2,000만원
4년도 말 이후	매년 4%의 성장률

현재 ㈜녹수전자의 부채의 시장가치는 15,000만원이고, 이 기업의 베타는 1.2이다. 그리고 무위험이자율은 6%, 시장수익률은 10%라 할 때 다음의 물음에 답하라.(단, 법인세율은 0이라고 가정한다.)

(1) ㈜청산실업이 ㈜녹수전자의 주주들에게 지급할 수 있는 최대금액은?

(2) 만약 ㈜녹수전자의 총주식가치가 10,000만원이고 이 회사의 주주들이 인수시 20%의 프리미엄을 추가로 요구한다면, 이 회사를 인수하여야 하는가?

4

보통주에 의한 M&A: 주식교환비율 결정

㈜ABC는 보통주를 발행하여 ㈜XYZ를 인수할 예정이다. 두 회사의 합병 전 자료는 다음과 같다.

구 분	㈜ABC	㈜XYZ
주 가	30,000원	15,000원
주당순이익(EPS)	1,500원	1,000원
주가수익비율(PER)	20	15
총발행주식수	100만주	80만주

합병이 성공적인 것으로 평가되어, 합병기업의 PER이 20으로 예상된다. 이상의 자료를 이용하여 다음의 물음에 답하라.

(1) 인수기업인 ㈜ABC가 제시할 수 있는 주식교환비율은?

(2) 인수대상기업인 ㈜XYZ가 원하는 주식교환비율은?

(3) 합병이 이루어지려면 주식교환비율은 얼마가 되어야 하는가?

5

보통주에 의한 M&A: 주식교환비율 결정 (CPA 2000 수정)

㈜서울은 ㈜평양을 주식교환방식으로 흡수합병할 예정이다. 다음과 같은 두 기업의 합병 전 자료를 이용하여 아래의 물음에 답하라.

구 분	㈜서울	㈜평양
당기순이익	10억원	1억원
주 식 수	500,000주	250,000주
주 가	20,000원	4,000원

(1) ㈜평양의 합병 전 PER은 얼마인가?

(2) ㈜서울이 ㈜평양의 주가에 대하여 30%의 프리미엄을 인정하여 합병할 경우, 합병시 ㈜평양의 주식 1주에 대하여 교환하게 될 ㈜서울의 주식 수, 즉 주식교환비율은 얼마인가?(단, 합병에 의한 시너지효과는 없다.)

(3) 물음 (2)와 같은 조건으로 합병한다고 할 때, 합병 후 각 기업 주주의 EPS는 어떻게 변화하는가 ?

(4) ㈜서울의 주주 입장에서 합병 후의 EPS를 동일하게 하는 주식교환비율은 얼마인가?(단, 합병에 의한 시너지효과는 없다.)

(5) 중복비용의 절감으로 1억원의 시너지효과가 있다고 하면, 합병기업인 ㈜서울의 주주가 수용할 수 있는 최대의 주식교환비율과 피합병기업인 ㈜평양의 주주가 수용할 수 있는 최소의 주식교환비율은 각각 얼마인가?(단, 주주들은 EPS로 합병의사결정을 한다고 가정한다.)

6 현금 또는 보통주에 의한 M&A 평가

현재 ㈜청솔기계는 ㈜경민산업의 인수를 검토하고 있다. 이를 위해 ㈜청솔기계의 재무담당자는 다음과 같은 정보를 수집하였다.

구 분	㈜청솔기계	㈜경민산업
주가수익비율(PER)	20	15
총발행주식수	100만주	20만주
당기순이익	10억원	4.5억원

그리고 ㈜청솔기계의 재무담당자는 ㈜경민산업의 현재 주당배당금이 1,800원이며, 매년 5%씩 일정하게 성장할 것으로 예상하고 있다. 또한 재무담당자의 분석에 의하면 ㈜청솔기계가 ㈜경민산업을 인수하는 경우, 규모의 경제로 인하여 ㈜경민산업의 배당금의 성장률이 매년 7%씩으로 향상될 수 있을 것이다.

(1) 합병시 ㈜경민산업의 가치는 얼마인가?

(2) ㈜청솔기계가 ㈜경민산업의 주식에 대하여 주당 40,000원씩 지불하여 인수하는 경우, 이 인수의 순현가는 얼마인가?

(3) ㈜청솔기계가 ㈜경민산업의 주주들에게 자사주 38만주를 교부하여 인수하는 경우, 이 인수의 순현가는 얼마인가?

(4) 인수가 시도된다면, 현금 또는 주식교부 중 어느 것이 더 유리한가? 위의 물음 (2)와 (3)의 결과를 비교하여 답하라.

(5) ㈜청솔기계의 경영자는 합병시 ㈜경민산업의 배당금성장률 7%는 너무 낙관적이며, 6%의 성장률이 보다 현실적이라고 생각한다. 이 경우 위의 물음 (4)의 결과는 어떻게 되겠는가?

7 고급 M&A의 평가

현재 ㈜알파는 ㈜베타를 인수하려고 한다. ㈜베타는 상장기업이며, 이 회사의 주식베타는 1.30이다. 그리고 ㈜베타는 이익을 거의 내지 못하여 최근 몇 년 동안 적용 받았던 법인세율은 평균 20%로 낮은 수준이며, 또한 이 회사의 부채비율(부채/총자산)은 25%이다.

인수 후에 ㈜알파는 ㈜베타를 100% 지분의 자회사로 분리하여 운영할 계획이다. 지배회사인 ㈜알파는 연결기준으로 법인세를 납부하며, 이 경우 종속회사인 ㈜베타에 적용되는 법인세율은 35%로 증가한다. 또한 인수 후 ㈜알파는 ㈜베타의 부채수용능력을 향상시킬 수 있으며, 그 결과 ㈜베타의 부채비율(부채/총자산)을 40%로 높일 수 있다. ㈜알파의 인수담당부서는 ㈜베타의 인수로 인해 ㈜알파의 주주들이 추가적으로 얻을 수 있는 순현금흐름을 다음과 같이 추정하였으며, 이 현금흐름은 인수에 따른 모든 효과를 포함한 것이다.

시 점	순현금흐름(백만원)
1년도 말	1,300
2년도 말	1,500
3년도 말	1,750
4년도 말	2,000
5년도 말 …	매년 6%의 성장률

㈜알파의 자기자본비용은 14%, 주식베타는 1.0이다. 무위험이자율이 8%일 경우 다음의 물음에 답하라.

(1) ㈜알파가 ㈜베타를 인수한 후 ㈜베타의 주식베타를 구하라.

(2) ㈜베타의 인수로 인해 ㈜알파의 주주들이 추가적으로 얻을 수 있는 순현금흐름을 할인하는 데 적절한 할인율을 구하라.

(3) ㈜알파가 ㈜베타를 인수하는 경우 지급할 수 있는 최대금액은?

(4) 현재 ㈜베타의 발행주식수는 120만주이다. ㈜알파가 ㈜베타의 주주들에게 제시할 수 있는 주가는 최대 얼마인가? 만약 공개매수(tender offer)가 이 가격으로 이루어진다면, ㈜알파의 주가는 어떻게 되겠는가?

8 고급 M&A의 평가 (CPA 2003 기출)

㈜제일은 기업가치 500억원의 우량회사로 ㈜서해를 흡수합병하려고 한다. ㈜서해는 작년 말 기준으로 기업에 귀속되는 현금흐름(free cash flow to the firm: FCFF)이 1억원이며, 앞으로 매년 5%씩 증가할 것으로 예상된다. 무위험수익률은 5%, 시장포트폴리오의 기대수익률은 8%이며, 이후 모든 기간에도 계속 적용된다고 가정한다. 합병 전·후의 ㈜제일과 ㈜서해에 대한 자료는 다음과 같다.

구　분	합병 전 ㈜제일	㈜서해	합병 후 ㈜제일
부채/자기자본(시장가치기준)	0.8	1	0.9
주식 베타	1.5	1.5	-
타인자본비용(%)	—	5	5
법인세율(%)	40	40	40

(1) ㈜서해의 기업가치는 얼마인가?(억 단위 미만 절사)

(2) 합병 후 ㈜제일의 주식베타를 계산하라.(소수점 셋째 자리 이하 절사)

(3) ㈜제일은 합병 후 기업에 귀속되는 현금흐름이 2년도 말부터 매년 말 10억원씩 추가적으로 영구히 발생할 것으로 예상하고 있다.

① 만약 ㈜서해가 제시한 90억원의 현금을 지불하고 합병을 한다면, ㈜제일 입장에서의 합병의 순현재가치는 얼마인가?(억원 단위 미만 절사)

② ㈜서해가 제시한 90억원을 현금으로 지급하는 대신에 동일 금액의 보통주를 발행하여 지급(합병 후 주가기준)하려 한다면, 발행 후 ㈜제일 주식의 주당 시장가치는 얼마인가? 합병 전 ㈜제일의 발행주식수는 250만주이다.(금액은 원단위 미만, 주식수는 만주 미만 절사)

9 합병조건과 M&A의 평가 (CPA 2005 기출)

대영㈜는 이테크㈜의 흡수합병을 검토하고 있다. 모두 무부채기업인 두 기업의 재무정보는 다음과 같다.

구　분	대영㈜	이테크㈜
주식수	200만주	50만주
당기순이익	60억원	16.5억원
당시 주가	30,000원	21,000원
베타	0.8	1.4

합병 검토 당시 무위험자산수익률은 4%, 시장포트폴리오 수익률은 10%이고 법인세율은 합병 전후 두 기업 모두 40%로 같다.

(1) 피합병기업인 이테크㈜의 주주의 입장에서 더 유리한 합병조건은 주당순이익(EPS) 기준인가 아니면 주당가격 기준인가? 단, 합병 여부 판단은 주식교환비율에 따른 EPS크기의 변화로 측정하고 합병시너지는 없다고 가정한다.

(2) 이테크㈜의 주주는 당시 주가에 6,000원의 프리미엄을 추가한 주당가격 기준으로 대영㈜와 주식교환비율을 결정하자고 요구하고 있다. 대영㈜ 주주의 입장에서 이 제안을 수용할 것인지를 판단하라. 단, 합병 여부 판단은 주식교환비율에 따른 EPS 크기의 변화로 측정하고 합병시너지는 없다고 가정한다.

(3) 이테크㈜는 당시 주가에 6,000원의 프리미엄을 추가한 주당가격으로 전체 발행주식을 현금으로 인수해 줄 것을 대영㈜에게 요구하고 있다.

① 대영㈜는 합병 당시의 주가가 가장 적절한 주당 인수금액이라고 판단한다. 이 경우 합병 후 대영㈜의 주주가 요구하는 요구수익률은 얼마인가? (퍼센트기준 소수점 둘째 자리까지만 표시한다.)

② 합병에 따른 매년 말 기준 증분현금흐름은 다음과 같이 예상된다. 주어진 증분현금흐름만을 고려하여 이테크㈜의 요구가 적절한지 대영㈜ 주주의 입장에서 판단하라.

기간(t)	증분현금흐름
1	12억원
2	10억원
3	7억원
4	6억원

③ 위의 물음에서와 같은 증분현금흐름을 예상할 때 대영㈜가 합병요구를 수용할 수 있게 하려면 이테크㈜가 당시 주가에 추가할 수 있는 최대한의 프리미엄은 얼마인가? (가격은 1원단위까지 구하며, 소수점은 절사한다.)

제 24 장

기업가치평가

1. 기업가치의 의의와 중요성
2. 기업DCF모형
3. EVA모형

기업가치는 미래에 실현되는 기업의 기대현금흐름을 적절한 할인율로 할인한 현재가치를 의미한다. 그러나 기업가치를 정확하게 평가하는 것은 현실적으로 어려운 일이다. 본장에서는 기업가치를 평가하는 데 이용되는 대표적 모형으로 기업현금흐름할인모형과 경제적 부가가치모형 등에 대해서 설명한다.

1 기업가치의 의의와 중요성

1.1 기업가치의 의의

자산가치는 자산을 보유함으로써 실현되는 미래현금흐름의 크기와 위험(불확실성)에 의해 결정된다. 즉 자산가치는 그 자산으로부터 얻을 수 있는 미래의 기대현금흐름을 적절한 할인율(위험을 반영한 할인율)로 할인한 현재가치를 의미하며, 그 가치를 구하는 식은 식 (24-1)과 같다.

$$\text{자산가치} = \frac{CF_1}{1+r} + \frac{CF_2}{(1+r)^2} + \cdots + \frac{CF_n}{(1+r)^n} \tag{24-1}$$

여기서 CF_t : t시점에서 자산의 기대현금흐름
n : 자산의 수명(내용연수)
r : 현금흐름의 위험을 반영한 할인율

현금흐름의 유형은 보유자산의 형태에 따라 다르다. 예를 들어 주식을 보유하는 경우에는 배당수익으로, 채권을 보유하는 경우에는 이자수익과 원금회수액(액면가액)으로 현금흐름을 얻을 수 있다. 한편 할인율은 현금흐름의 위험에 따라 결정되며, 위험이 높을수록 할인율이 높아진다.

생명이 무한한 계속기업(going concern)을 전제로 이상과 같은 방법을 적용하면 기업전체의 가치를 측정할 수 있다. 기업가치는 기업이 창출할 수 있는 미래의 기대현금흐름을 적절한 할인율로 할인하여 구할 수 있으며, 그 식은 식 (24-2)와 같다.

$$\text{기업가치} = \frac{CF_1}{1+r} + \frac{CF_2}{(1+r)^2} + \frac{CF_3}{(1+r)^3} + \cdots \tag{24-2}$$

여기서 CF_t : t시점에서 기업의 기대현금흐름
r : 현금흐름의 위험을 반영한 할인율[1)]

기업가치는 기업이 보유하고 있는 모든 자산에 대한 청구권의 가치를 합한 것으로 자기자본가치와 부채가치를 합한 것과 같다. 한편 기업가치는 투자결정, 자본조달결정 등에 따라 영향을 받는다. 고정자산에 대한 투자를 늘릴수록 영업현금흐름이 증가하는 한편 경영위험이 증가하며, 부채의존도가 높을수록 재무위험이 증가한다. 따라서 기업가치는 영업현금흐름과 기업위험(경영위험과 재무위험으로 구성

1) 기업가치를 평가할 때 적절한 할인율은 가중평균자본비용(WACC)이다.

그림 24-1 재무의사결정과 기업가치의 관계

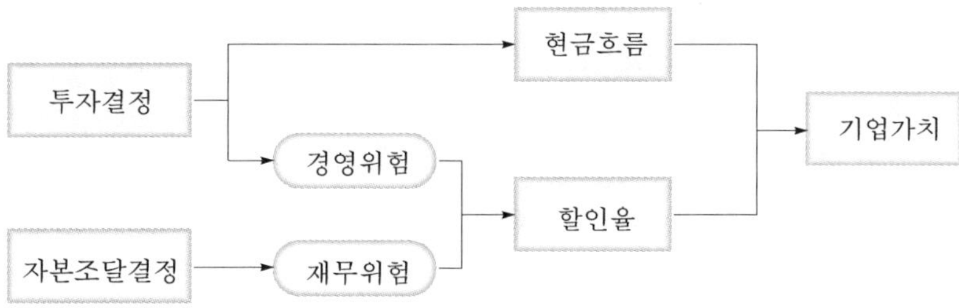

됨)에 따라 결정된다. 이와 같은 관계를 그림으로 나타내면 〈그림 24-1〉과 같다.

1.2 기업가치의 중요성

대부분의 경영자들은 순현가법을 이용하여 투자결정을 한다. 그러나 경영전략의 수립 또는 경영성과의 평가에서는 순현가 이외의 다른 지표가 이용되기도 한다.[2] 개별사업의 경제성을 평가할 때는 순현가법이 이용되지만, 경영성과를 평가할 때는 회계적 성과지표인 주당순이익(earning per share: EPS)의 성장률, 자기자본순이익률(return on equity: ROE), 총자산순이익률(return on assets: ROA), 매출액순이익률(return on sales: ROS) 등이 이용되기도 한다. 이처럼 경영자들이 일관성 없는 성과지표를 이용하는 것은 모순된 것이라 할 수 있다.

순현가(NPV)는 완전한 정보(재무제표정보를 포함한 모든 정보)를 필요로 하는 유일한 척도이며, 다양한 이해관계자들의 장기적인 이익이 서로 상충되지 않고 미래 지향적으로 결정되기 때문에 가장 합리적인 성과지표라 할 수 있다. 이와는 달리 EPS성장률, ROE, ROA, ROS 등 손익계산서만을 이용하여 산출되는 회계적 지표는 대차대조표정보를 무시하고 있으며, 과거지향적이고 근시안적이라는 점에서 문제가 있다.

앞서 언급한 바와 같이 기업가치는 미래에 실현되는 기업의 기대현금흐름을 적절한 할인율로 할인한 현재가치와 같다. 그러나 이와 같은 방법으로 기업가치를

2) J. F. Weston and T. E. Copeland, *Managerial Finance*, 9th ed.(The Dryden Press, 1992), pp. 704~708.

추정하는 경우 여러 가지 문제가 제기될 수 있다. 예를 들어 "현금흐름을 어떻게 정의할 것인가? 적절한 할인율은 얼마인가?"와 같은 문제를 정확하게 해결하기는 쉽지 않을 것이다.

현금흐름할인(discounted cash flow: DCF)의 개념을 이용하여 기업가치를 추정하는 대표적인 모형으로는 기업현금흐름할인모형(기업DCF모형)과 경제적 부가가치(economic value added: EVA)모형(EVA모형)이 있다. 두 모형은 사용하기 쉽고, 경제적인 측면에서 기업에 대한 통찰력을 제공하고 있다는 장점을 지니고 있다.[3)]

2 기업DCF모형

2.1 기업DCF모형의 의의

기업가치는 정상적인 영업활동을 통해서 실현되는 영업가치(operating value)를 의미하며, 미래에 기대되는 잉여현금흐름(free cash flow: FCF)을 적절한 할인율, 즉 가중평균자본비용(WACC)으로 할인하여 계산된다. 잉여현금흐름은 기업의 세후 영업이익에 비현금지출비용(감가상각비 등)을 가산한 후, 영업용 운전자본, 유형자산, 기타자산 등에 대한 투자지출액을 차감한 것이다. 잉여현금흐름은 기업의 영업활동을 통해 생성되는 것으로서 기업의 모든 자본제공자(주주와 채권자)에게 제공될 수 있는 현금흐름이기 때문에 가치평가에 적합한 현금흐름이라 할 수 있다. 이와 같은 현금흐름을 바탕으로 기업가치를 평가하는 모형을 기업DCF모형(enterprise discounted cash flow model)이라고 한다.

2.2 잉여현금흐름의 추정

잉여현금흐름(FCF)은 채권자와 주주에게 분배할 수 있는 현금흐름으로서 정상적인 영업활동을 통해 얻을 수 있는 현금흐름, 즉 영업현금흐름(operating cash flow)에서 투자지출액을 차감하여 구할 수 있다.

3) T. Copeland, T. Koller, and J. Murrin, *Valuation : Measuring and Managing the Value of Companies*, 3rd ed.(John Wiley & Sons, Inc., 2000), pp. 131～146.

표 24-1 ㈜서해의 요약재무제표

손익계산서
20×1. 1. 1~20×1. 12. 31

㈜서해 (단위: 백만원)

매출액	20,000
현금지출비용*	(17,000)
감가상각비	(1,000)
영업이익	2,000
이자수익	100
이자비용	(400)
법인세비용차감전순이익	1,700
법인세비용(법인세율=40%)	(680)
순이익	1,020
배당금	(500)
차기이월이익잉여금	520

* 현금지출비용=매출원가+판매비와 관리비−비현금지출비용(감가상각비 등)

대차대조표
20×1년 12월 31일 현재

㈜서해 (단위: 백만원)

	20×0. 12. 31	20×1. 12. 31
현금	180	200
유가증권	450	400
매출채권	3,800	4,000
재고자산	4,100	4,500
순유형자산	6,820	7,000
자산총계	15,350	16,100
단기차입금	1,800	1,730
매입채무	3,100	3,000
미지급비용	1,200	1,500
장기차입금	4,300	4,500
자본금(보통주)	2,100	2,000
유보이익	2,850	3,370
부채와 자본총계	15,350	16,100

$$FCF = \text{영업현금흐름} - \text{총투자액}$$
$$= \text{세후 영업이익} + \text{감가상각비} - \text{총투자액}$$

양(+)의 FCF는 기업이 채권자와 주주에게 분배할 수 있는 현금흐름을 가지고 있다는 것을 의미하며, 반대로 음(-)의 FCF는 채권자와 주주가 기업에 그만큼의 자금을 공급해야 한다는 것을 의미한다.

〈표 24-1〉에서 보여 주는 ㈜서해의 요약재무제표를 이용하여 FCF의 측정절차에 대하여 살펴보자.

1) 잉여현금흐름의 구성항목

잉여현금흐름(FCF)은 영업현금흐름(세후 영업이익+감가상각비)에서 총투자액을 차감하여 구할 수 있으며, 그 구성항목을 살펴보면 다음과 같다.

(1) 세후 영업이익

세후 영업이익(net operating profit less adjusted taxes : NOPLAT)은 정상적인 영업활동으로부터 얻어지는 영업이익(earning before interest and taxes : EBIT)에서 법인세를 공제한 차액으로 측정된다. 여기서 말하는 법인세는 영업이익에 대해서 부과되어야 하는 법인세를 의미한다.[4] 다시 말하면 부채, 유가증권, 기타 영업외수익이나 비용항목이 없다는 가정에서 지급해야 하는 세금을 말한다. 따라서 다음과 같은 두 가지 방법을 이용하여 측정할 수 있다.

첫번째의 방법은 영업이익에 법인세율을 곱하여 계산하는 방법이다.

$$NOPLAT = \text{영업이익}(1 - \text{법인세율})$$

㈜서해의 자료를 이용하여 세후 영업이익을 계산하면 다음과 같다.

$$NOPLAT = 2{,}000(1 - 0.4) = 1{,}200\text{백만원}$$

두 번째의 방법은 이자비용, 이자수익, 영업활동과 관련 없는 항목 등에 의해

4) 영업이익에 대한 법인세를 계산할 때, 이연법인세 부분이 있다면 이를 조정해 주어야 한다. 즉 영업이익에 대한 법인세에서 이연법인세부채(자산)의 증가액만큼을 차감(가산)하여 실제 납세액과 일치시켜야 한다.

서 발생되는 세금부분을 조정하여 측정하는 방법이다.[5)]

$NOPLAT$=영업이익－손익계산서상의 법인세비용
－이자비용으로 인한 세금절감액+이자수익에 대한 세금지급액
+영업활동과 관련없는 항목에 대한 세금지급액

이자비용, 이자수익, 영업외항목 등과 관련된 세금은 해당항목에 한계법인세율(marginal tax rate)을 곱하여 산출한다. ㈜서해의 자료를 이용하여 세후 영업이익을 계산하면 다음과 같다.[6)]

$$NOPLAT = 2{,}000 - 680 - 160 + 40 = 1{,}200\text{백만원}$$

(2) 감가상각비

감가상각비는 매출원가, 판매비와 관리비 등에 포함되어 있다. 감가상각비에 관한 자료는 현금흐름표상의 감가상각비 항목 등을 이용하여 얻을 수 있다.

(3) 총투자액

총투자액(gross investment)은 영업용 운전자본, 유형자산 등 자본적 지출, 기타자산 등에 대한 추가적인 투자액을 말하며, 이는 해당자산의 변동으로 측정될 수 있다. 먼저 영업용 운전자본의 변동을 측정할 때는 해당기간 동안 영업활동과 관련된 운전자본만을 고려해야 한다. 따라서 적정보유수준 이상의 현금 및 유가증권, 이자부유동부채(단기차입금, 장기차입금 중 당해연도에 만기가 도래하는 부분 등)는 영업활동과 관계없이 영업외 또는 재무적 활동으로부터 조성되는 현금흐름이기 때문에 운전자본의 변동액을 계산할 때 제외시켜야 한다.

20×1년도 ㈜서해의 영업용 운전자본 변동액을 계산하면 다음과 같다.[7)]

---

5) 이와 같이 세금을 조정하는 이유는 자금조달방법에 따른 영향(세금효과 등)이 WACC에 반영되어 결정되기 때문이다. 다시 말하면 WACC의 측정에서 자금조달효과가 반영되기 때문에 중복적인 반영을 피하기 위하여 FCF를 측정할 때 자금조달효과를 고려해서는 안 된다.

6) ㈜서해의 경우 법인세율이 40%로 일정하다고 가정하였기 때문에 이자비용의 세금절감액은 160백만원(400백만원×0.4), 이자수익에 대한 세금은 40백만원(100백만원×0.4)이 된다.

7) 실무적으로 현금 및 유가증권의 적정보유수준을 정확하게 파악하기는 힘들다. 여기서는 운전자본의 변동을 계산할 때 현금증가액은 영업활동과 관련하여 발생한 것으로 보고 포함시켰으나, 유가증권의 증가액은 영업외활동 또는 재무활동으로 분류하여 포함시키지 않았다.

운전자본의 변동=유동자산(유가증권 등 제외)의 증가액
　　　　　　　−유동부채(단기차입금 등 제외)의 증가액
　　　　　　=(200+4,000+4,500−180−3,800−4,100)
　　　　　　　−(3,000+1,500−3,100−1,200)
　　　　　　=620−200=420백만원

한편 자본적 지출(capital expenditures)은 유형자산의 신규투자, 대체투자, 개량 및 증설 등을 위한 투자액을 포함한다. 자본적 지출은 순유형자산(유형자산−감가상각누계액)의 증가액에 당해기간의 감가상각비를 더하여 산출된다. 20×1년 ㈜서해의 자본적 지출액을 계산하면 다음과 같다.

자본적 지출=순유형자산의 증가액+유형자산의 감가상각비
　　　　　=(7,000−6,820)+1,000=1,180백만원

마지막으로 기타자산의 순투자액은 영업용 무형자산 등 모든 기타자산에 대한 투자액에서 이자비용이 없는 고정부채(noncurrent, noninterest-bearing liabilities)의 증가분을 차감한 것으로 다음과 같다.[8)]

기타자산의 순투자액=순기타자산의 증가액+기타자산상각비
　　　　　　　　　−비이자발생고정부채의 증가액

이상에서 설명한 자료를 이용하여 ㈜서해의 잉여현금흐름을 계산하면 다음과 같다.[9)]

$$FCF = NOPLAT + \text{감가상각비} - \text{총투자액}$$
$$= 1{,}200 + 1{,}000 - 420 - 1{,}180 = 600\text{백만원}$$

2) 영업외현금흐름

영업외현금흐름(non-operating cash flow)은 정상적인 영업활동과 관련이 없는 자산항목들로부터 발생되는 현금흐름을 의미한다. 영업외현금흐름은 앞에서 설

---

8) 기업이 성장추세에 있는 경우 현재의 이연법인세부채, 부채성충당금(퇴직급여충당금 등)은 지속적으로 이연될 수 있다. 이와 같은 항목들은 회계적으로 부채처럼 처리되나, 경제적으로는 자기자본에 가깝다고 할 수 있다. 따라서 이연법인세부채, 부채성충당금 등을 유사자기자본(quasi-equity)으로 분류하여 비이자발생고정부채에 포함시키지 않을 수도 있다.

9) 감가상각비를 영업현금흐름과 총투자 양쪽에서 차감하면, FCF는 세후 영업이익(NOPLAT)에서 순투자(net investment)를 차감한 것과 같다.
$FCF = NOPLAT -$ 순투자

명한 잉여현금흐름(FCF)에는 포함되지 않는다. 그러나 영업외현금흐름이 존재한다면, 이를 기업가치에 반영하여야 한다. 이와 같은 관점에서 총기업가치(total value of company)는 다음과 같이 나타낼 수 있다.

총기업가치$=FCF$의 현재가치+영업외현금흐름 및 유가증권의 현재가치

영업외현금흐름으로 분류될 수 있는 항목들은 중단된 영업부문으로부터 발생되는 현금흐름, 특별손익, 영업과 관련 없는 자회사에 대한 투자로부터 발생되는 현금흐름 등이다. 일반적으로 매년 반복적으로 발생하는 현금흐름을 영업외현금흐름으로 분류하는 것은 바람직하지 못하다. 우리나라의 경우 주요 영업활동(생산, 판매, 관리 등) 이외의 부수적 영업활동과 관련된 부분을 영업외손익으로 처리하고 있다. 그러나 영업외수익과 비용 중 상당부분은 매년 반복적으로 발생되기 때문에 이와 같은 항목의 경우 영업현금흐름 측정시 반영해 주어야 한다.[10)]

3) 초과보유하고 있는 유가증권의 변동과 세후 이자수익

기업이 보유하고 있는 유가증권 초과보유분(excess marketable securities)과 이와 관련된 이자수익은 운전자본 및 세후 영업이익(NOPLAT)을 측정할 때 제외되었다. 따라서 이 항목들은 앞에서 측정된 잉여현금흐름(FCF)에는 포함되지 않지만 영업외현금흐름 또는 재무적 현금흐름(음(-)의 부호를 갖는 부채)으로 처리되어야 한다.

20×1년도 ㈜서해가 초과보유하고 있는 유가증권의 변동 및 세후 이자수익을 계산하면 다음과 같다.

· 유가증권의 변동=400−450=−50백만원
· 세후 이자수익=세전 이자수익×(1−한계법인세율)=100(1−0.4)=60백만원

4) 재무적 현금흐름

기업의 영업활동을 통해 창출한 잉여현금흐름(영업외현금흐름 등이 있다면 이를 포함함)은 투자자(주주 및 채권자)들에게 귀속될 수 있는 총자금과 일치한다. 앞서 설명한 바와 같이 양(+)의 FCF는 기업이 채권자와 주주들에게 제공할 수 있는 현금흐름을 가지고 있다는 것을 의미하며, 반대로 음(-)의 FCF는 채권자와 주주

10) 세후 영업이익=(영업이익±영업외수익·비용 중 영업관련 항목의 조정)(1−법인세율)

들이 기업에 그만큼의 자금을 공급해야 한다는 것을 의미한다.

(1) 부채의 변동과 세후 이자비용

부채의 변동(change in debt)은 유동부채를 포함하는 기업의 모든 이자부 부채(interest bearing debt)의 변동(신규차입 또는 상환)을 의미한다. 부채의 감소(부채의 상환), 세후 이자비용 등은 채권자들에게 제공된 현금흐름으로서 재무적 현금흐름(financing cash flow) 측면에서는 가산항목이 된다. 반면에 부채의 증가(신규차입)는 채권자들에 의해 기업에 공급된 현금흐름으로서 재무적 현금흐름 측면에서는 차감 항목이 된다. 20×1년 ㈜서해에 대한 부채의 변동 및 세후 이자비용을 계산하면 다음과 같다.

· 부채의 변동=단기차입금의 변동액+장기차입금의 변동액
=(1,730−1,800)+(4,500−4,300)=130백만원
· 세후 이자비용=세전 이자비용×(1−한계법인세율)=400(1−0.4)=240백만원

(2) 주식의 발행 및 자사주 매입과 배당금

주식의 발행 및 자사주 매입은 보통주 및 우선주, 그리고 부채의 주식으로의 전환을 모두 포함하며, 이와 같은 지분의 변동은 유보이익을 제외한 자기자본의 변동으로 측정될 수 있다.[11] 배당금은 보통주 및 우선주를 소유하고 있는 주주에게 지급되는 모든 현금배당을 포함한다. 한편 주식배당은 기업의 현금흐름에 영향을 미치지 않기 때문에 고려해서는 안 된다.

지분의 감소(자사주 매입 등), 배당금 등은 주주들에게 제공된 현금흐름으로서 재무현금흐름 측면에서는 가산항목이 된다. 반면에 지분의 증가(주식의 발행 등) 등은 주주들에 의해 기업에 공급된 현금흐름으로서 재무적 현금흐름 측면에서는 차감 항목이 된다. 20×1년 ㈜서해에 대한 지분의 변동 및 배당금을 계산하면 다음과 같다.

· 지분의 변동=2,000−2,100=−100백만원
· 배당금=500백만원

이상에서 설명한 ㈜서해의 잉여현금흐름을 계산하는 과정을 정리하면 〈표 24-2〉와 같다.

---

11) 지분의 변동은 총자기자본의 변동에서 당기의 유보액(당기순이익−배당금)을 차감하여 구할 수 있다. 즉 지분의 변동=총자기자본의 변동−당기순이익+배당금

표 24-2 ㈜서해의 잉여현금흐름(FCF)

㈜서해 (단위: 백만원)

구 분	200×1
영업이익	2,000
영업이익에 대한 세금	(800)
세후 영업이익	1,200
감가상각비	1,000
영업현금흐름	2,200
운전자본의 (증가)/감소	(420)
자본적 지출	(1,180)
기타자산의 (증가)/감소	0
총투자액	(1,600)
잉여현금흐름(FCF)	600
영업외현금흐름	0
유가증권의 (증가)/감소	50
세후 이자수익	60
투자자에게 귀속될 현금흐름(cash flow available to investors)	710
부채의 감소/(증가)	(130)
세후 이자비용	240
배당금	500
자사주 매입/(주식발행)	100
재무적 현금흐름(financing flow)	710

2.3 가중평균자본비용의 추정

투자자들(주주 또는 채권자)이 기업에 투자하는 경우 그것과 동일한 위험을 갖는 다른 투자대상에 투자함으로써 얻을 수 있는 수익률을 포기해야 한다. 이와 같이 포기해야 하는 수익률을 기회비용(opportunity cost of capital)이라 한다. 따라서 기회비용은 기업이 벌어들여야 하는 최소한의 수익률로 자본비용이 된다. 기업이 자기자본과 타인자본으로 자본을 조달하는 경우 자기자본비용과 타인자본비용을 각각의 시장가치비율에 따라 가중평균한 가중평균자본비용(WACC)을 계산함으로써 기업의 자본비용을 추정할 수 있다.

타인자본비용을 추정하는 일은 비교적 쉽다. 그러나 평균차입금리를 타인자본비용으로 전용하면 안 된다.[12] 평균차입금리는 손익계산서상의 이자비용을 단순히 대차대조표의 부채잔액으로 나눈 회계상의 비율로 타인자본비용의 적절한 측정치라고 보기가 어렵기 때문이다. 일반적으로 해당기업이 발행한 회사채의 유통수익률(만기수익률)은 시장에서 그 기업의 경영위험과 재무위험에 따라 형성되는 실세금리라 할 수 있다. 따라서 회사채의 유통수익률을 타인자본비용으로 활용하는 것이 바람직하다. 그리고 타인자본을 이용하는 경우 세금절감효과를 얻을 수 있기 때문에 이자비용의 세금절감효과를 적절하게 감안하여 타인자본비용을 계산하여야 한다. 한편 자기자본비용을 추정하는 대표적인 모형으로 제9장에서 설명한 자본자산가격결정모형(CAPM), 차익거래가격결정모형(APT) 등이 있으나, 실무적으로 적용하기에는 여러 가지 문제가 있다.

WACC를 추정할 때 고려해야 할 가장 중요한 원칙은 가치평가방법과 할인의 대상이 되는 현금흐름의 정의에 부합하도록 WACC를 추정해야 한다는 것이다.[13] 기업 DCF모형과 부합되는 WACC를 추정하기 위해서 다음 몇 가지 사항이 충족되어야 한다.

첫째, FCF는 기업의 모든 투자자에게 귀속되기 때문에 타인자본, 자기자본 등 모든 자본원천의 한계비용에 기초하여 가중평균자본비용을 측정하여야 한다. 둘째, FCF는 세후 측정치이기 때문에 세후 기준으로 WACC를 계산하여야 한다. 셋째, FCF가 명목가치로 측정되는 경우 명목개념의 WACC를 사용하여야 한다. 넷째, 원천별 자본비용을 측정할 때 각 자본공급자들이 부담하는 체계적 위험(systematic risk)을 고려하여야 한다. 다섯째, 시장가치는 각 자본조달항목의 실질적인 경제적 가치를 반영하고 있기 때문에 시장가치에 근거한 가중치를 이용하여야 한다. 여섯째, 인플레이션, 체계적 위험, 자본구조의 변화에 따라 WACC를 조정해야 한다.

2.4 기업가치의 평가

기업가치는 미래에 기대되는 잉여현금흐름(FCF)을 적절한 할인율인 가중평균자본비용(WACC)으로 할인한 현재가치라 할 수 있다. 기업가치를 평가하기 위하여 기업 영업활동의 수명에 대한 가정이 필요하다. 이에 대한 현실적인 가정은 기업가치가 발생하는 시기를 예측기간(explicit forecast period)과 잔여기간으로 구분하

12) 강효석 · 이원흠 · 조장연, 기업가치평가론 : EVA와 가치창조경영, 제3판(홍문사, 2001), pp. 82~86.

13) T. Copeland, T. Koller, and J. Murrin, *op. cit.*, pp. 201~202.

는 것이다.[14)] 이 경우 일반적으로 예측기간 이후에는 현금흐름이 일정한 비율로 성장한다고 가정한다. 잉여현금흐름의 예측기간을 그림으로 나타내면 다음과 같다.

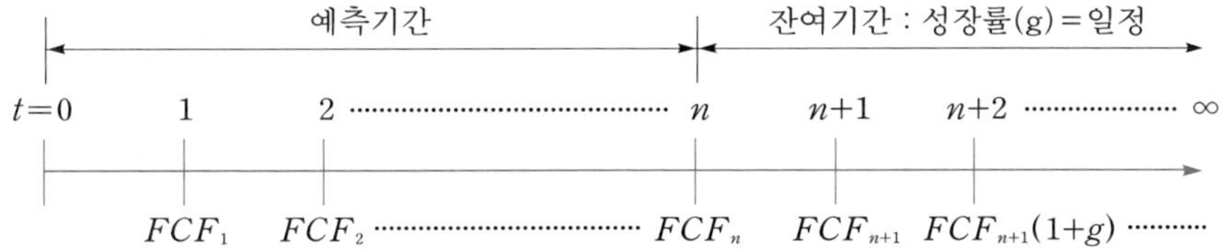

따라서 기업가치는 식 (24-3)과 같다.[15)]

$$\text{기업가치} = \text{예측기간에서 } FCF\text{의 현재가치} + \text{잔여기간에서 } FCF\text{의 현재가치}$$

$$= \sum_{t=1}^{n} \frac{FCF_t}{(1+WACC)^t} + \frac{CV}{(1+WACC)^n} \qquad (24\text{-}3)$$

여기서 $CV = \dfrac{FCF_{n+1}}{WACC - g}$

예측기간 이후의 기업가치를 잔여연속가치(continuing value : CV)라고 한다. 예측기간을 어느 정도로 설정할 것인가에 대한 선택은 예측기간에서 기대되는 FCF의 현재가치와 잔여기간에서 기대되는 FCF의 현재가치 사이의 배분문제에 영향을 미칠 뿐, 기업가치 자체에는 영향을 미치지 않는다.

이와 같은 방법으로 추정된 기업가치에서 부채가치를 공제하여 자기자본가치를 구할 수 있다.

자기자본가치 = 기업가치 − 부채가치

기업의 잉여현금흐름(FCF)에서 채권자에게 제공될 현금흐름(원금상환액과 세후 이자비용을 합한 금액에서 신규차입액을 차감한 금액)을 차감한 잔액, 즉 주주들에게 제공될 수 있는 현금흐름인 주주잉여현금흐름(free cash flow to equity: FCFE)을 추정할 수 있다.[16)]

14) 아주 먼 미래 현금흐름의 할인가치는 무시할 정도로 작기 때문에 현금흐름의 추정기간을 아주 길게 하여(예를 들어 100년 정도) FCF를 추정하고 그 후에 발생할 현금흐름을 무시할 수도 있다.

15) 영업외현금흐름 또는 유가증권 등이 존재하는 경우 이것들의 현재가치를 포함하여 기업가치를 추정해야 한다.

16) 기업의 잉여현금흐름(FCF)을 주주잉여현금흐름인 FCFE에 대비되는 용어로 FCFF(free

$$FCFE = FCF - (\text{원금상환액} + \text{세후 이자비용} - \text{신규차입액})$$
$$= FCF + \text{신규차입액} - \text{원금상환액} - \text{세후 이자비용}$$

이와 같이 추정된 주주잉여현금흐름(FCFE)을 자기자본비용으로 할인하여 자기자본가치를 구할 수 있으며, 이와 같은 가치평가모형을 지분DCF모형(equity discounted cash flow model)이라 한다.[17)]

3 EVA모형

3.1 EVA의 개념 및 측정

기업가치를 측정하는 데 이용되는 또 다른 모형은 EVA모형이다. 경제적 부가가치개념은 경제학자인 마샬(Alfred Marshall)에 의해서 처음으로 사용된 경제적 이익(economic profit: EP)과 같은 개념이다.[18)] 마샬은 1890년에 "기업소유주 또는 경영자가 얻은 이윤에서 현재 이자율수준으로 계산된 투자자본에 대한 이자를 차감한 나머지가 기업을 경영함으로써 얻게 되는 이익이다"라고 서술하였다.[19)] 즉 마샬은 기업이 어느 일정기간 동안 창출한 경제적 이익(EP)은 회계상 기록된 비용뿐만 아니라 투자된 자본에 대한 기회비용까지도 감안한 결과이어야 한다고 역설하였다.

경제적 부가가치(EVA)는 기업이 영업활동을 통하여 얻은 이익에서 자본비용을 차감한 것과 같다.

$$EVA = IC \times (ROIC - WACC) = NOPLAT - IC \times WACC \qquad (24\text{-}4)$$

여기서 IC: 투자자본
$ROIC$: 투자수익률($NOPLAT/IC$)
$NOPLAT$: 세후 영업이익, 즉 $EBIT \times (1-\text{법인세율})$
$WACC$: 가중평균자본비용

---

cash flow to the firm)라고 한다.

17) 지분DCF모형은 제13장에서 설명한 지분가치평가법(FTE법)과 동일한 개념이라 할 수 있다.

18) Stern Stewart & Company는 EVA라는 용어를 사용하는 반면, Mckinsey & Company는 EP라는 용어를 주로 사용하고 있다.

19) Alfred Marshall, *Principles of Economics*, Vol. 1(New York : Macmillan & Co., 1890), p. 142.

EVA를 계산할 때 사용되는 투자자본(invested capital: IC)은 기업의 본연의 활동인 생산·영업활동에 투자된 금액으로서 기업의 본연의 활동과 관련된 운전자본(영업용 유동자산−비이자부유동부채), 순유형자산, 순기타자산의 합계에서 비이자부고정부채(장기공사선수금, 장기미지급금 등)를 차감하여 측정할 수 있다. 대차대조표에 근거하여 투자자본의 산출과정을 살펴보면 〈그림 24-2〉와 같다.

투자자본을 측정할 때 역사적 원가에 기준을 둔 장부가치를 기준으로 하여야 하는지 또는 시장가치를 기준으로 해야 하는지가 의문이 되는 경우가 많다. 원칙적으로는 투자자본은 시장가치(대체원가 등)에 의해 측정되어야 하나, 이와 관련된 모든 자산에 대한 시장가치를 측정하는 것은 객관성 또는 비용 등의 문제 때문에 현실적으로 어려운 일이다. 따라서 투자자본의 시장가치에 대한 대용치(proxy)로서 장부가치를 사용하는 것이 일반적이라 할 수 있다.

EVA의 창출에 필요한 조치를 다음과 같이 단순화시킬 수 있기 때문에 EVA는 하나의 매력적인 지표라 할 수 있다.

그림 24-2 대차대조표에 근거한 투자자본의 산출과정

		Ⅳ. 비이자발생부채 (1) 유동부채 (2) 고정부채	
투자자본	Ⅰ. 영업관련 자산 (1) 영업용 유동자산 (2) 영업관련 순유형자산 (3) 영업관련 순기타자산	Ⅴ. 이자발생부채 (1) 유동부채 (2) 고정부채	투자자본
		Ⅵ. 자기자본	
Ⅱ. 적정보유수준 이상의 현금 및 유가증권			
Ⅲ. 비영업용 고정자산 (건설중인 자산, 투자부동산, 출자금 등)			

☞ 투자자본＝영업관련 자산(Ⅰ)－비이자발생부채(Ⅳ)
＝이자발생부채(Ⅴ)＋자기자본(Ⅵ)－초과보유 현금 및 유가증권(Ⅱ)
－비영업용 고정자산(Ⅲ)

첫째, 영업비용을 감소시키거나 매출을 증가시킴으로써 세후 영업이익(NOPLAT)을 증가시켜야 한다. 둘째, 자본구조를 변경함으로써 가중평균자본비용(WACC)을 감소시켜야 한다. 셋째, 운전자본에 대한 투자 또는 불필요한 자산을 줄이는 등 영업이익에 영향을 미치지 않는 범위 내에서 투자자본(IC)을 축소시켜야 한다.

이와 같은 접근법에 의하면 정(+)의 스프레드(ROIC > WACC)를 갖는 사업에 대한 투자를 증가시키는 한편, 부(-)의 스프레드(ROIC < WACC)를 갖는 사업으로부터 자본을 철수시킴으로써 효율적으로 투자자본을 재배치할 수 있다.

EVA는 단기성과를 측정하는 데 유용한 척도로 사용될 수 있으나, 장기성과를 측정하는 데 다소 문제가 될 수 있다. 예를 들어 단기적인 EVA를 너무 강조하는 경우 당장은 수익성이 떨어지나 향후 잠재적 이익이 매우 높을 것으로 기대되는 사업을 포기하는 등 미래의 성장기회를 희생시킬 가능성이 높아진다.

3.2 EVA모형에 의한 기업가치평가

EVA모형에 의하면 기업가치는 투자자본(IC)에 예상EVA의 현재가치를 합한 것과 같다.[20]

$$\text{기업가치} = IC + \text{예상}EVA\text{의 현재가치} \tag{24-5}$$

자본시장이 효율적일 경우 예상EVA의 현재가치는 자기자본의 시장가치에서 자기자본의 장부가치를 차감한 값, 즉 시장부가가치(market value added: MVA)와 같다.[21]

투자수익률(return on invested capital: ROIC)과 자본비용(WACC) 사이의 관계에 따라 다음과 같이 나타낼 수 있다.

- $ROIC > WACC$ ⇒ 예상EVA의 현재가치 > 0 ⇒ 기업가치 > IC
- $ROIC = WACC$ ⇒ 예상EVA의 현재가치 = 0 ⇒ 기업가치 = IC
- $ROIC < WACC$ ⇒ 예상EVA의 현재가치 < 0 ⇒ 기업가치 < IC

20) 예상EVA의 현재가치는 투자로 인해 얻을 수 있는 성장기회의 순현재가치(NPVGO)와 동일한 개념이다.

21) 기업의 총시장가치에서 주주와 채권자의 총투자액(장부가치)을 차감하여 예상EVA의 현재가치, 즉 시장부가가치(MVA)를 구할 수도 있다.

기업DCF모형과 마찬가지로 예측기간과 잔여기간으로 구분하여 각 기간에서 예상되는 EVA를 WACC로 할인한 현재가치를 구함으로써 기업가치를 추정할 수 있다. 잔여기간에서 EVA의 성장률이 일정하다고 가정하는 경우 EVA모형을 그림으로 나타내면 다음과 같다.

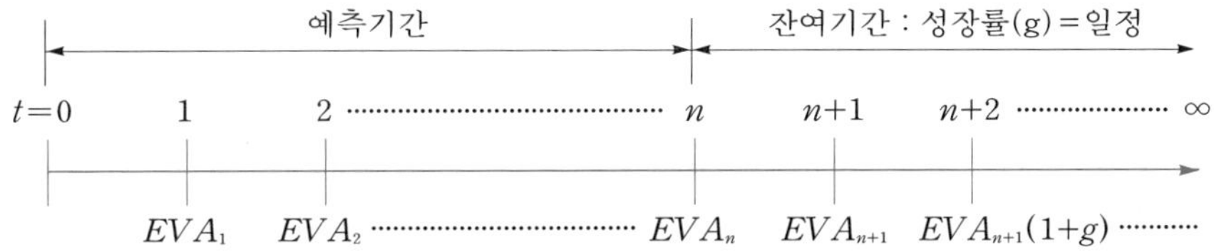

그러므로 EVA의 현재가치를 다음과 같이 구할 수 있다.

$$EVA\text{의 현재가치} = \text{예측기간에서 } EVA\text{의 현재가치} + \text{잔여기간에서 } EVA\text{의 현재가치}$$

$$= \sum_{t=1}^{n} \frac{EVA_t}{(1+WACC)^t} + \frac{CV}{(1+WACC)^n} \qquad (24\text{-}6)$$

여기서 $CV = \dfrac{EVA_{n+1}}{WACC-g}$

3.3 가치창조경영과 EVA

가치창조경영(value based management: VBM)은 기업가치창출의 핵심요인에 초점을 맞춤으로써 전체 조직분야에 대한 전략적 또는 운영적 의사결정을 개선시키기 위해 고안된 통합과정이다. VBM에 사용되는 직접적인 성과지표는 기업가치이지만 보다 단기적이고 객관적인 재무지표는 EVA라 할 수 있다.

VBM에서 중요한 일은 가치창출의 핵심요인(key value drivers)을 철저히 이해하는 것이다. 그 이유로는 다음과 같은 두 가지가 있다. 첫째, 기업가치에 영향을 미치는 요소 중에서 각 하위조직의 영향력하에 있는 요소들을 관리함으로써 가치창출에 기여할 수 있다. 예를 들어 고객만족, 비용, 자본적 지출 등 직접 영향을 미칠 수 있는 부분에 대하여 필요한 조치를 취함으로써 기업가치를 증대시킬 수 있다. 둘째, 경영자가 가치창출요인을 통하여 각 하위조직을 이해하게 되고 달성하고자 하는 목표에 관해 의견을 교환할 수 있다.

가치창출요인은 경제적 부가가치에 영향을 미치는 모든 요인을 의미한다. 따라서 가치창출요인을 체계적으로 정의함으로써 어느 요인이 부가가치에 가장 큰 영향을 미치는지를 파악하여 각 구성원들에게 달성해야 할 목표를 할당할 수 있어야 한다. 〈그림 24-3〉은 EVA에 의해 도출된 핵심가치창출요인을 나타낸 것이다.[22] 예를 들어 매출액영업이익률은 경쟁사와 유사하지만 투자자본회전율이 떨어진다고 가정해 보자. 투자자본회전율이 낮은 것은 다시 여러 가지 요인으로 분해할 수 있다. 경쟁사보다 운전자본이 과다하거나, 비싼 기계장치를 사용하거나 하는 등의 원인을 생각해 볼 수 있다. 만약 운전자본의 관리에 문제가 있다면 이것은 다시 매출채권 및 매입채무의 관리, 재고자산의 관리로 구분할 수 있다. 이러한 운전자본의 관리문제는 결국 마케팅전략과의 관계에서 발생한다고 볼 수 있기 때문에 마케팅전략을 수정하거나, 판매활동수단을 변화시키는 등의 조치를 모색할 수 있다. 이와 같은 과정을 통하여 문제의 발생원인을 찾아내어 이것이 기업가치에 어떻게 기여하는가를 보다 정확하게 파악할 수 있다.

기업가치극대화와 직결되는 EVA의 체계적이고 유기적인 분해를 통해서 각 사업부의 대차대조표와 손익계산서상의 구체적인 계정과목과 만나게 된다. 개선여지가 발견되거나 시계열적으로 악화경향을 보이는 대차대조표와 손익계산서상의 구체적인 항목들이 찾고자 하는 가치창출요인이 될 것이다. 이와 같은 과정을 거쳐 도출된 가치창출요인들은 개선조치를 취해야 하는 책임사업부서, 담당기능, 담당자 등을 확인하는 데 유용하게 활용된다.

기업가치의 개선 또는 극대화에 직결되는 개선포인트와 혁신과제의 도출이 두 번째 요구되는 VBM의 전개과정이다. VBM이 성공적으로 전개되기 위해서는 다음과 같은 전제조건이 필요하다.

첫째, 새로운 경영환경에 적합하도록 경영자의 의식이 변화되어야 한다.

둘째, VBM에 적합한 회계정보시스템의 체계적인 재구축이 필수적이다.

최근 우리 나라에서도 포항제철, 삼성그룹, LG그룹 등이 EVA를 경영관리지표로 사용하고 있으며, EVA에 대한 관심이 기업경영관리지표뿐만 아니라 증권시장의 투자지표로서 각광을 받고 있다. 특히 정부에서도 기업이 신규로 공개하거나 유상증자를 실시할 때는 투자자들이 기업의 미래 수익성을 용이하게 평가할 수 있도록 EVA지표를 참고자료로 제출하게 하고 있다.

---

22) 강효석, 이원흠, 조장연, 앞의 책, pp. 483～488.

그림 24-3 EVA에 의해 도출된 부가가치창출의 핵심요인

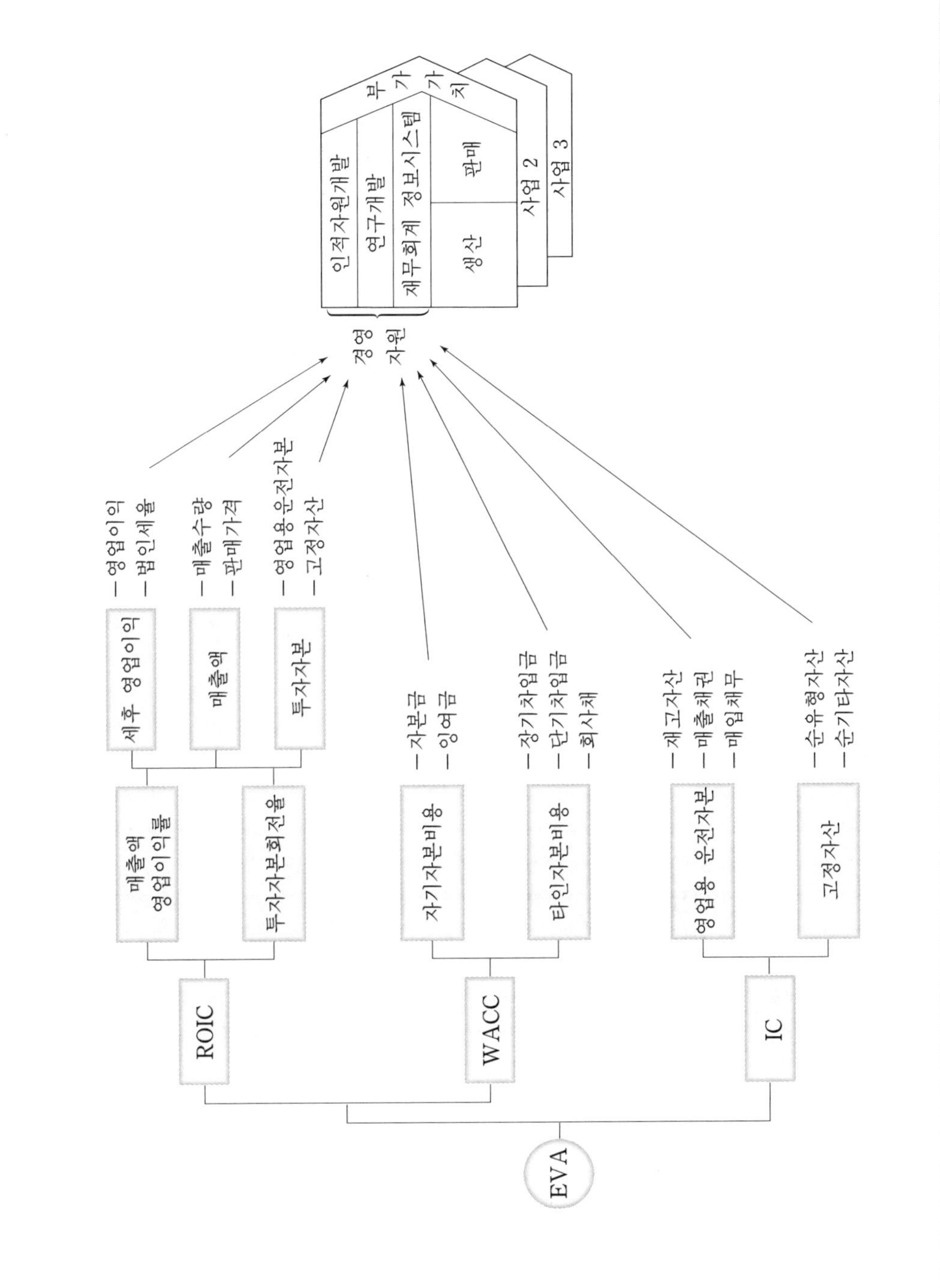

주 요 용 어

기업가치(798)
기업DCF모형(800)
잉여현금흐름(FCF)(800)
세후 영업이익(802)
감가상각비(803)
총투자액(803)
영업외현금흐름(804)
가중평균자본비용(WACC)(807)
지분DCF모형(810)
경제적 부가가치(EVA)(810)
투자자본(811)
EVA모형(812)
가치창조경영(813)

연 습 문 제

1 재무제표와 현금흐름 (CPA 2001 수정)

다음은 ㈜동해의 재무제표자료이다.

대차대조표 (단위: 천원)

자산	20×1.12.31	20×2.12.31	부채와 자본	20×1.12.31	20×2.12.31
유동자산	200,000	600,000	유동부채	120,000	400,000
고정자산	800,000	1,300,000	고정부채	300,000	800,000
			자 본	580,000	700,000
자산총계	1,000,000	1,900,000	부채와 자본총계	1,000,000	1,900,000

손익계산서 (단위: 천원)

과 목	20×2.1.1~20×2.12.31
매출액	20,000,000
매출원가	(9,000,000)
감가상각비	(500,000)
영업이익	10,500,000
이자비용	(1,500,000)
법인세차감전순이익	9,000,000
법인세(법인세율=20%)	(1,800,000)
당기순이익	7,200,000
배당금	(3,000,000)
유보이익	4,200,000

재무제표를 이용하여 측정할 수 있는 현금흐름을 다음과 같이 정의한다고 가정한다.

- 영업현금흐름=세후 영업이익+감가상각비+이자비용의 법인세 절감액
- 자산에 의해 창출된 현금흐름=채권자에게 귀속될 현금흐름+주주에게 귀속될 현금흐름

이상의 자료를 이용하여 다음의 물음에 답하라.

(1) ㈜동해의 영업현금흐름을 구하라.

(2) ㈜동해의 운전자본, 고정자산 등에 대한 총투자액을 구한 후, 자산에 의해 창출된 현금흐름을 구하라.

(3) ㈜동해는 20×2년도에 새로운 부채 700,000천원을 차입하였다. 이와 같은 경우 ㈜동해의 20×2년도 부채상환액은 얼마인가? 또한 채권자에게 귀속될 현금흐름은 얼마인가?

(4) ㈜동해의 20×2년도 신주발행액 또는 자사주매입액을 구하라. 그리고 주주에게 귀속될 현금흐름을 구하고, 자산으로 인한 현금흐름이 주주와 채권자에게 귀속될 현금흐름의 합이 됨을 보여라.

2

EVA와 기업가치 (CPA 2003 기출)

㈜삼천리는 100억원을 모두 자기자본으로 조달하여 건물임대업을 시작하였다. 이를 위해 이 기업은 70억원 상당의 건물을 구입하였으며, 건물임대로 인한 순수입은 매년 21억원으로 예상된다. ㈜삼천리의 사장이 판단해 본 결과 건물임대로 인한 수익률의 분산은 종합주가지수 수익률 분산의 4배이며, 두 수익률간의 상관계수는 0.5이다. 한편 이 기업은 나머지 30억원을 다음과 같이 투자하였다.

① 10억원은 5년만기 국채에 투자하였다. 이 채권의 만기수익률은 10%이다.

② 20억원은 종합주가지수연동형 펀드에 투자하였다. 이 펀드의 수익률은 향후 20%로 계속 유지될 것으로 예상된다.

시장의 상황이 유지되며, 기업의 자산구조가 일정하다는 가정하에 이 기업의 경제적 부가가치(EVA), 시장부가가치(MVA), 기업가치를 구하라. 세금은 없다.

3

주가와 FCF, EVA

20×1년도 말 현재 장부가액을 기준으로 한 ㈜광주의 대차대조표는 다음과 같다.

대차대조표

㈜광주 20×1년 12월 31일 현재 (단위: 억원)

자산	100	부채	40
		자기자본	60
총자산	100	부채 및 자기자본	100

㈜광주의 자산은 모두 영업자산이며, 부채는 무위험이자율 10%로 차입한 것이다. 이 회사는 매년 5억원의 감가상각비가 발생하며, 추가적인 투자 없이 감가상각비에 해당하는 금액만큼 매년 재투자를 실시한다. 그 결과 이 회사는 매년 24억원의 영업이익을

영구히 얻을 수 있을 것으로 기대된다. 이 기업의 자기자본에 대한 적절한 할인율은 16%이고, 60만주의 보통주를 발행하고 있으며, 법인세율은 40%이다.

(1) ㈜광주의 현재 주가는 얼마인가?

(2) ㈜광주의 경영자는 잉여현금흐름(FCF)을 이용한 가치평가에 관심을 가지고 있다. 이와 관련하여 아래 물음에 답하라.

① 다음연도 말 기업에 귀속되는 잉여현금흐름(FCFF), 주주에게 귀속되는 잉여현금흐름(FCFE) 및 채권자에 귀속되는 현금흐름을 구하라.

② 주주에게 귀속되는 잉여현금흐름(FCFE)을 이용하여 이 회사의 현재 주가를 계산하라.

(3) ㈜광주의 경영자는 경제적 가치 개념에 근거한 가치평가도 아울러 실시하고자 한다. (단, 가중평균자본비용은 반올림하여 소수점 아래 여섯째 자리까지 표시하고, 금액은 억원기준으로 소수점 아래 셋째 자리까지 표시하라.)

① 이 회사의 가중평균자본비용(WACC)을 구하라.

② 다음연도 말에 기대되는 경제적 부가가치(EVA)와 시장부가가치(MVA)는 각각 얼마인가?

4 고급 주주현금흐름에 의한 합병가치평가 (CPA 1999 기출)

현재 ㈜태백은 잉여자금을 다량 보유하고 있어서 투자기회를 찾던 중, 마땅한 투자기회가 존재하지 않아 ㈜설악을 흡수합병하려고 검토하고 있다. 무위험부채를 사용하고 있는 ㈜설악의 합병 전 자본구조(B/V)는 30%이고, 법인세율은 30%이며, 보통주 베타계수는 1.56이다. ㈜태백은 합병 후 ㈜설악의 자본구조(B/V)를 50%로 유지하려고 한다. 시장수익률은 16%이고, 무위험이자율은 10%이며, 합병 후 법인세율은 40%가 될 것으로 예상되고 있다. ㈜설악을 흡수합병할 경우 ㈜태백의 증분현금흐름과 관련된 자료가 다음과 같을 때 아래의 물음에 답하라.

(단위: 백만원)

구 분	1년도 말	2년도 말	3년도 말	비 고
매출액	2,000	3,000	5,000	3년도 말 이후 매년 5%의 현금흐름 증가가 예상됨
영업비용(감가상각비 제외)	600	800	1,600	
이자비용	200	100	100	
감가상각비	300	100	200	
증분투자금액	0	400	500	

(1) ㈜설악의 인수로 인한 합병 후 ㈜태백 주주의 증분현금흐름을 연도별로 추정하라.

(2) 합병 후 주주의 증분현금흐름을 할인할 자기자본비용을 계산하라.

(3) 3년도 말 이후의 현금흐름을 항상성장모형을 이용하여 3년도 말 기준으로 계산하고, 이를 토대로 합병 후 주주의 입장에서 현금흐름의 총현재가치를 추정하라.

(4) 합병 전 ㈜설악의 주가는 12,000원이고, 발행주식수가 40만주일 때, 합병대가로 ㈜설악의 주주에게 주당 지급할 수 있는 최대금액을 구하라.

(5) 합병에 의한 경제적 부가가치(EVA)는 150백만원이다. 투자자본이 3,000백만원이고, 투자수익률이 20%인 투자안이 존재한다고 할 때, EVA기준에 의한 합병의사결정을 하라.(단, 투자안의 가중평균자본비용은 ㈜설악과 동일하다고 가정한다.)

제 25 장

국제재무관리

1. 외환시장과 환율
2. 환위험관리
3. 국제자본예산
4. 국제자금조달

지금까지는 한 국가 내에서의 재무관리에 관하여 설명하였다. 그러나 오늘날 대부분의 기업들은 한 나라 이상의 국가에서 경영활동을 하는 국제기업의 형태를 취하고 있다. 따라서 기업의 국제경영활동에 있어서의 자금의 조달과 운용을 다루는 국제재무관리에 관한 관심이 점점 높아지고 있는 실정이다. 재무관리의 기본원칙, 즉 NPV의 원칙은 국내기업뿐만 아니라 국제기업에도 여전히 성립한다. 그러나 국제기업은 환율, 국가간의 이자율 차이, 해외영업에 대한 복잡한 회계처리방법, 국제조세 그리고 외국정부의 개입 등 국내기업에는 전혀 영향을 미치는 않는 여러 가지 재무적 요인들을 추가적으로 고려하여야 할 것이다. 그러므로 본장에서는 국제재무관리의 기본적 문제인 외환시장과 환율, 환위험관리, 국제자본예산, 국제자금조달 등을 차례로 설명하고자 한다.

1 외환시장과 환율

1.1 외환시장

외환시장(foreign exchange market)은 한 국가의 통화와 다른 국가의 통화가 서로 교환되는 시장, 즉 외환의 수요와 공급을 연결하는 기능적 의미에서의 시장 또는 거래메커니즘을 말한다. 국제무역과 다국적기업의 활동이 활발해지면서 외환시장의 규모가 크게 증가되어, 외환시장은 세계최대의 금융시장으로 성장하였다. 외환거래의 대부분은 미국 달러(U$), 유럽연합 유로(EURO €), 영국 파운드스털링(£), 일본 엔(¥), 스위스 프랑(CHF) 등 몇 개의 통화에 의해 이루어지고 있다.

일반적으로 외환거래는 특정 거래소를 통해 이루어지지 않고, 컴퓨터 단말기, 전화, 텔렉스 등 통신망을 이용하여 거래자들이 직접 거래를 성사시키는 장외시장(over-the-counter market)의 형태로 이루어진다. 외환시장의 참여자는 개인 및 기업, 은행 등의 금융기관, 각국의 중앙은행과 정부의 부처, 그리고 외환브로커 등이다. 개인과 기업은 외환서비스의 수요자들이다. 특히 기업은 국제적인 상품교역과 자본거래를 수행할 때 외환의 수취 또는 지불이 필요하게 되어 이 시장을 이용하게 된다.

환율(exchange rate)은 한 나라의 통화(currency)가 다른 나라의 통화로 교환되는 비율을 의미한다. 환율은 자국통화와 외국통화 둘 중 어느 하나를 기준으로 표시될 수 있는데, 어느 통화를 기준으로 하느냐에 따라 직접표시환율(direct quotation) 또는 자국통화표시환율, 간접표시환율(indirect quotation) 또는 외국통화표시환율로 구분된다. 직접표시환율은 외국통화 한 단위의 가격을 자국통화로 표시하는 방법이며, 이와 반대로 간접표시환율은 자국통화 한 단위의 가격을 외국통화로 표시하는 방법이다. 예를 들어 우리나라의 경우 1달러 = 1,000원 또는 ₩1,000/U$은 직접표시환율이며, 1원 = 0.001달러 또는 U$0.001/₩은 간접표시환율이다.[1] 일반적으로 환율은 직접표시방법에 의해 표시된다. 직접표시환율을 사용하는 우리나라의 경우 달러환율의 절대치가 커지는 경우(예, 달러당 1,000원에서 1,200원), 환율이 상승하였다고 한다.[2] 이것은 달러가치가 원화에 비해 상승한 반면, 원화가치는 달러에 비해 하락하였음을 뜻한다.

1) 직접표시환율과 간접표시환율은 상호 역수의 관계에 있다.

2) 환율의 변동을 나타낼 때 통화의 상대적 가치상승과 가치하락을, 고정환율제도하에서는 각각 평가절상(revaluation), 평가절하(devaluation)라는 표현을 사용하나, 변동환율제도하에서는 환율상승(appreciation), 환율하락(depreciation)이라고 표현한다.

그러나 외환시장에서는 여러 나라의 통화가 거래되므로 자국통화와 외국통화의 교환비율뿐만 아니라 외국통화 상호간의 교환비율도 나타낼 수 있다. 일반적으로 외국통화 1단위에 대한 미달러화의 교환비율을 나타내는 방법, 즉 £1 = U$1.50 또는 U$1.50/£를 미국식(American terms)이라 하며, 미국 달러 1단위에 대한 외국통화의 교환비율인 U$1 = £0.67 또는 £0.67/U$를 유럽식(European terms)이라고 한다. 미달러화가 세계 기축통화(vehicle currency)의 역할을 담당하면서부터 국제외환거래의 대부분은 미달러화와의 매매거래를 통하여 이루어지고 있어, 국제외환시장에서 환율은 대부분 미달러화 1단위에 대한 외국통화의 비율인 유럽식으로 표시되고 있다. 그러나 영국 파운드화와 호주 달러화 등 몇 개 통화는 미국식으로 표시되기도 한다.

외환시장에서의 거래는 크게 현물환거래(spot trade), 선물환거래(forward trade), 스왑거래(swap trade) 등 세 가지로 구분된다. 현물환거래는 외환거래계약 후 통상 2영업일 이내에 현금결제(cash settlement)가 이루어지는 거래를 말하며, 이때 적용되는 환율을 현물환율(spot-exchange rate)이라 한다.[3] 일반적으로 환율이라 하면 현물환율을 말한다.

그리고 선물환거래는 외환매매계약 체결일로부터 일정기간(통상 2영업일) 경과 후 특정일에 외환을 결제하기로 약정한 거래를 말하며, 이와 같은 거래에 적용되는 환율을 선물환율(forward-exchange rate)이라 한다. 선물환거래와 유사한 것으로서 통화선물거래(foreign currency futures)가 있다. 통화선물거래는 선물환거래와 마찬가지로 미래의 일정시점에서 외환을 인도 또는 인수하겠다는 계약이지만, 세계주요 통화에 대해서만 표준화되어 조직화된 시장에서 거래되고 만기 이전에 청산거래가 가능하다는 점이 다르다.

선물환율은 현물환율보다 높을 수도 있고 낮을 수도 있다. 만약 선물환율이 현물환율보다 높다면, 외국통화의 선물환이 할증(premium)되어 거래된다고 말한다.[4] 반대로 만약 선물환율이 현물환율보다 낮으면, 외국통화의 선물환이 할인(discount)되어 거래된다고 말한다. 선물환할증(또는 선물환할인)은 현물환율에 대한 선물환율의 변화율(보통 연율)로 다음과 같이 나타낼 수 있다.

$$\text{선물환할증(또는 할인)} = \frac{\text{선물환율} - \text{현물환율}}{\text{현물환율}} \times \frac{12}{\text{선물계약기간(월)}} \times 100(\%)$$

3) 현물환거래에 따른 지불지시(수표 등)가 은행제도를 통해서 결제되는 데는 보통 2영업일이 소요된다.

4) 이는 선물환거래시 자국통화가 할인(discount)됨을 의미한다.

예를 들어 대미달러화 현물환율이 ₩1,000/U$이고 3개월 선물환율이 ₩1,020/U$인 경우, 선물환할증은 다음과 같이 구할 수 있다.

$$\text{선물환할증} = \frac{1{,}020 - 1{,}000}{1{,}000} \times \frac{12}{3} \times 100(\%) = 8\%$$

즉 미달러화의 선물환은 현물환율에 비해 8% 할증거래됨을 알 수 있다.[5]

스왑거래는 미래의 일정시점에서 재매입(재매도)한다는 계약을 체결하면서 외환을 매도(매입)하는 거래를 말하며, 이때 재매입가격(선물환율)과 매도가격(현물환율)의 차이를 스왑률(swap rate)이라 한다. 스왑거래의 핵심은 결제일을 달리하는 두 개의 거래(현물환거래와 선물환거래)를 하나의 거래로 묶어서 체결한다는 것이다. 예를 들어 은행 A가 은행 B로부터 1백만달러를 원화로 매입하고, 은행 B와 3개월 만기의 선물환 1백만달러를 매도하는 계약을 동시에 체결하는 것이 스왑거래이다. 이 경우 은행 A는 지금 필요한 1백만달러를 확보하고, 나중에 이를 되팔 수 있다.

예제 25-1 교차환율

현재 한국 외환시장에서의 대미달러화 환율은 ₩920/U$이며, 일본 외환시장에서의 대미달러화 환율은 ¥110/U$이다. 외환시장은 효율적이고, 거래비용이 존재하지 않는다.

(1) ¥100에 대한 원화환율, 즉 교차환율(cross rate)은 어떻게 되겠는가?

(2) 물음 (1)에서 구한 교차환율과 실제환율이 일치하지 않을 경우 어떻게 되겠는가?

☞ 해설

(1)

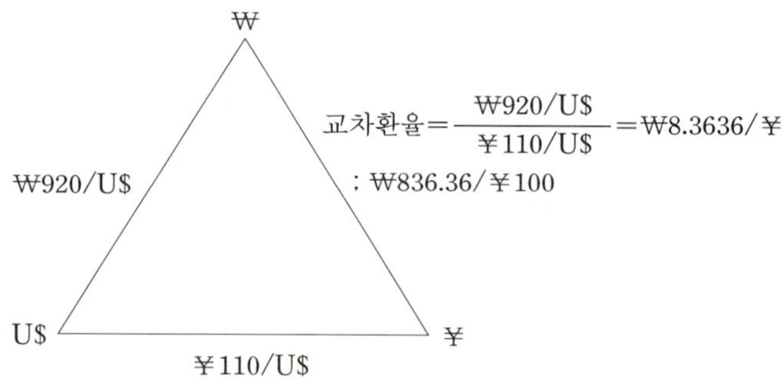

5) 반면 원화의 선물환은 7.84% 할인거래된다.

$$\frac{(1/1{,}020) - (1/1{,}000)}{(1/1{,}000)} \times \frac{12}{3} \times 100(\%) = -7.84\%$$

(2) 외환시장이 효율적이고 거래비용이 존재하지 않을 경우, 교차환율이 실제환율과 서로 상이하다면 시장간 삼각차익거래(intermarket triangular arbitrage)가 발생되어 교차환율과 실제환율이 같아지게 될 것이다.

1.2 일물일가의 법칙과 구매력평가

현물환율의 결정에 관한 가장 단순한 이론으로서 일물일가의 법칙(law of one price)을 들 수 있다. 이는 동일한 상품은 어느 나라에서 구매하는가에 관계없이 그 가격이 같아야 한다는 주장이다.

$$P_t = S_t \cdot P_t^F \qquad (25\text{-}1)$$

여기서 S_t : t 시점의 현물환율(자국통화표시환율)
P_t : t 시점의 특정 상품의 국내가격
P_t^F : t 시점의 동일한 특정 상품에 대한 외국에서의 외국통화표시가격

일물일가의 법칙을 적용한 대표적인 사례로는 전세계 각국에서 판매되고 있는 맥도날드사 햄버거인 빅맥(Big Mac)의 가격을 기준으로 계산된 환율, 즉 「빅맥지수」를 들 수 있다. 예를 들어 빅맥의 가격이 국내에서는 개당 2,500원이고, 미국에서는 개당 2.5달러라고 하자. 이 경우 빅맥의 가격을 기준으로 환산된 미달러화에 대한 원화의 환율, 즉 「빅맥지수」를 구하면 다음과 같다.

$$S_t = \frac{P_t}{P_t^F} = \frac{₩2{,}500}{\$2.5} = ₩1{,}000/\text{U\$}$$

일물일가의 법칙은 자유롭고 완전한 국제적 상품 차익거래를 통하여 이루어진다. 국제적 상품 차익거래란 두 나라간에 있어서의 특정 상품의 가격 차이가 있는 경우, 가격이 낮은 나라에서 그 특정 상품을 매입한 후 가격이 높은 나라에서 매각함으로써 이익을 얻는 것을 말하며, 이와 같은 거래는 일물일가의 법칙이 성립할 때까지 계속될 것이다. 일물일가의 법칙은 운송비 및 기타 거래비용이 없고, 관세 등의 무역장벽이 존재하지 않으며, 양국에서 거래되는 특정 상품이 완전히 동질적이어야 성립될 것이다. 그러나 현실적으로 운송비 및 기타 거래비용, 관세, 제품의 차별성 등으로 인하여 실제환율은 일물일가의 법칙에 의해 산출되는 환율과 차이가 난다.

소비자들은 여러 상품을 구매하기 때문에 앞에서 설명한 일물일가의 법칙을

하나의 상품뿐만 아니라 다수의 상품에 적용시킨 것을 구매력평가이론(purchasing-power parity theorem)이라 한다. 즉 구매력평가이론은 구매되는 나라에 관계없이 다수의 상품으로 구성된 상품의 시장바스켓(market basket) 가격이 동일해지도록 환율이 조정된다는 것을 의미한다.[6] 또한 구매력평가를 상대적인 개념으로 발전시킨 것을 상대적 구매력평가이론(relative purchasing-power parity theorem)이라 하는데, 이는 양국간 물가상승률의 상대적인 차이가 양국간 환율의 변화율을 결정한다는 것이다.

$$\frac{P_{t+1}}{P_t} = \frac{S_{t+1}}{S_t} \times \frac{P^F_{t+1}}{P^F_t} \qquad (25\text{-}2)$$

또는

$$1 + \pi = (1+s) \times (1 + \pi^F) \qquad (25\text{-}3)$$

여기서 s : 자국통화표시환율의 변화율
π : 국내의 물가상승률
π^F: 외국의 물가상승률

식 (25-3)에 의해 자국통화표시환율의 변화율 s를 구하면 다음과 같다.

$$s = \frac{1+\pi}{1+\pi^F} - 1 \qquad (25\text{-}4)$$

그리고 $s \cdot \pi^F$가 무시할 정도로 아주 작다면, 식 (25-3)은 다음과 같은 근사식으로 나타낼 수 있다.

$$\pi \cong s + \pi^F \qquad (25\text{-}5)$$

그러므로 식 (25-5)에 의해 s는 다음과 같이 나타낼 수도 있다.

$$s \cong \pi - \pi^F \qquad (25\text{-}6)$$

근사식인 식 (25-6)에 의하면 자국통화표시환율의 변화율은 국내와 외국의 물가상승률의 차와 같게 됨을 알 수 있다. 상대적 구매력평가이론에 의하면 국내의 물가상승률이 외국에 비해 높은 경우, 자국통화표시환율의 변화율이 증가(환율이 상승)하여 자국통화의 가치가 감소하게 됨을 알 수 있다.

6) 이를 절대적 구매력평가이론이라 하기도 한다.

구매력평가가 성립한다는 것은 동일한 어떤 자산에 대한 실질수익률이 어느 나라의 투자자들에게나 모두 같음을 의미한다. 예를 들어 미국의 어떤 자산이 달러로 연 12%의 수익률을 나타내고 있으며, 연간 물가상승률이 미국과 한국에서 각각 6%, 10%라고 하자. 또한 양국간에 구매력평가가 성립하여 연간 달러화가 원화에 비해 4% 정도 가치가 상승하였다고 하자. 그러면 이 자산에 대한 원화표시의 연간 수익률은 약 16%(12%+4%)가 될 것이다. 이 경우 물가상승률을 감안한 연간 실질수익률은 약 6%로 미국의 투자자(12%−6%) 또는 한국의 투자자(16%−10%)에게 모두 동일할 것이다. 이와 같이 환율변동은 단지 양국의 물가상승률의 차이를 반영하여 양국간의 실질수익률을 동일하게 만드는 데 불과하므로 동일한 자산에 대한 투자결정에 어떠한 영향도 미치지 않는다.

예제 25-2 구매력평가이론

향후 1년 동안 국내의 물가상승률은 10%, 미국의 물가상승률은 6%가 되리라 예상된다. 현재 대미달러화 환율이 1달러당 1,000원이라고 할 때, 1년 후 대미달러화 환율은 어떻게 되겠는가?

☞ 해설

$$s = \frac{S_{t+1}}{S_t} - 1 = \frac{1+\pi}{1+\pi^F} - 1 = \frac{1+0.1}{1+0.06} - 1 = 0.0377$$

$$\frac{S_{t+1}}{1{,}000} = 1.0377$$

따라서 1년 후 대미달러화 환율 S_{t+1}은 다음과 같이 구할 수 있다.[7)]

$$S_{t+1} = ₩1{,}000/U\$ \times 1.0377 = ₩1{,}037.7/U\$$$

1년 후 대미달러화 환율은 1달러당 1,037.7원으로 인상되어 원화가치가 하락할 것으로 예상된다.

1.3 이자율과 환율: 이자율평가이론

일물일가의 법칙을 금융시장에도 적용할 수 있는데, 이는 동일한 금융상품의 가격은 완전한 금융시장을 가정할 때 국제적으로 동일한 가격(환율을 조정한 이자율)을

7) 근사식에 의해 1년 후 대미달러화 환율 S_{t+1}을 구하면 다음과 같다.

$$s \cong \pi - \pi^F = 0.1 - 0.06 = 0.04$$

$$S_{t+1} \cong ₩1{,}000/U\$ \times 1.04 = ₩1{,}040/U\$$$

가지게 됨을 의미한다.[8] 이와 같은 전제하에서 이자율평가이론(interest rate parity theorem)은 선물환율의 할증(또는 할인)은 두 국가간의 상대적 이자율 차이에 의해 결정된다는 것이다. 이 이론은 국내 이자율이 외국의 이자율보다 높다면 외국통화의 선물환이 할증거래되며, 그리고 국내 이자율이 외국의 이자율보다 낮다면 외국통화의 선물환이 할인거래된다는 것을 의미한다.

이자율평가이론을 설명하기 위하여 다음의 두 투자를 생각해 보자.

■ 투자 1: 국내통화 1단위를 국내에 기간당 이자율 r로 1기간 투자함.

■ 투자 2:

① 외국통화로 환전한 자금 $[1/S_0]$을 해외에 이자율 r^F로 1기간 투자함.[9]

② 동시에 1기간 후 상환받는 투자의 원리금 $(1/S_0)(1+r^F)$를 자국통화로 환전하기 위하여 선물환율 $F_{0,1}$로 1기간 후에 만기가 되는 선물환 매도계약을 체결함.

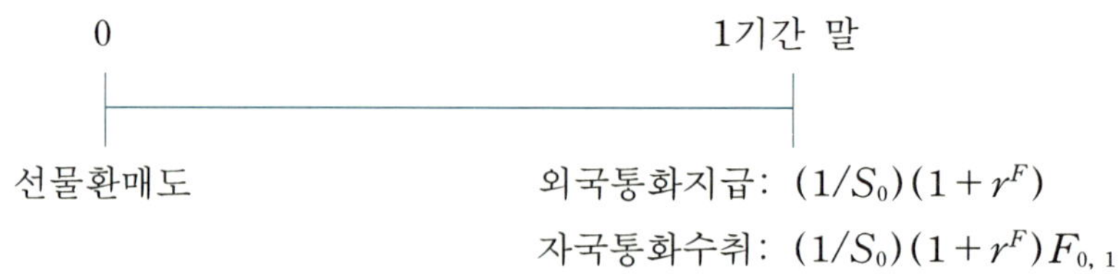

금융시장에서의 일물일가의 법칙에 의해 1기간 후 국내투자와 해외투자의 성과는 같아야 한다.

---

8) 동일한 금융상품이란 만기와 위험이 동일함을 의미한다.

9) S_0는 자국통화표시 현물환율이며, 자국통화 1단위에 대한 외국통화의 교환비율은 그 역수인 $1/S_0$이 된다.

국내 투자성과 = 해외 투자성과

$$1+r=(1/S_0)(1+r^F)F_{0,1}$$

그러므로

$$\frac{F_{0,1}}{S_0}=\frac{1+r}{1+r^F} \qquad (25\text{-}7)$$

또는

$$\frac{F_{0,1}-S_0}{S_0}=\frac{1+r}{1+r^F}-1 \qquad (25\text{-}8)$$

그리고 식 (25-8)을 근사식으로 표현하면 다음과 같다.

$$\frac{F_{0,1}-S_0}{S_0}\cong r-r^F \qquad (25\text{-}9)$$

식 (25-9)에 의하면, 선물환율의 할증(또는 할인)은 국내의 이자율에서 외국의 이자율을 차감한 값임을 알 수 있다. 국내의 이자율이 외국의 이자율보다 높을 때($r-r^F>0$) 외국통화의 선물환은 할증거래되며, 반대로 국내의 이자율이 외국의 이자율보다 낮을 때($r-r^F<0$) 외국통화의 선물환은 할인거래된다. 이자율평가이론에 의하면 금융시장과 외환시장이 서로 상충관계에 있음을 알 수 있다. 상대적으로 명목금리가 낮은 통화에 투자하는 경우 단기금융시장에서는 금리차만큼 수익률이 낮으나, 외환시장에서의 선물환할증에 의해 보상을 받게 된다. 반대로 금리가 높은 통화에 투자하여 단기금융시장에서 상대적으로 높은 수익률을 얻게 되는 경우에는 외환시장에서 그만큼 선물환할인으로 상쇄된다.

예제 25-3 이자율평가이론

대미달러화 현물환율은 ₩940/U$이고, 국내 이자율은 연리 6%이며, 미국 내 이자율은 연리 5%이다. 1년 만기 선물환율을 구하라.

☞ 해설

$$\frac{F_{0,1}-S_0}{S_0}=\frac{1+r}{1+r^F}-1 \rightarrow \frac{F_{0,1}-940}{940}=\frac{1+0.06}{1+0.05}-1$$

위 식을 풀어 1년 만기 선물환율 $F_{0,1}$을 구하면 다음과 같다.

$F_{0,1}=$ ₩948.95/U$

1.4 피셔효과와 국제피셔효과

1) 피셔효과

피셔효과(Fisher effect)에 의하면 국내의 명목이자율은 실질이자율과 예상물가상승률의 합과 같다.[10)]

$$r \cong R + \pi \tag{25-10}$$

여기서 r : 국내의 명목이자율
R : 국내의 실질이자율
π : 국내의 예상물가상승률

그리고 외국에 있어서의 명목이자율(r^F), 실질이자율(R^F), 예상물가상승률(π^F)의 관계도 또한 피셔효과에 의해 다음과 같이 나타낼 수 있다.

$$r^F \cong R^F + \pi^F \tag{25-11}$$

식 (25-10)에서 식 (25-11)을 빼면 다음과 같은 식을 얻을 수 있다.

$$r - r^F \cong (R - R^F) + (\pi - \pi^F) \tag{25-12}$$

식 (25-12)는 국내와 해외의 명목이자율의 차는 국내와 해외의 실질이자율의 차와 예상물가상승률의 차를 합한 것과 같다는 것을 말해 준다. 그런데 장기적으로 국내와 해외의 실질이자율이 서로 같아지는, 즉 $R - R^F = 0$이 되는 경향이 있다. 따라서 장기적으로 국내와 해외의 명목이자율의 차는 국내와 해외의 예상물가상승률의 차와 같게 된다.

$$r - r^F \cong \pi - \pi^F \tag{25-13}$$

2) 국제피셔효과

국제피셔효과(international Fisher effect)는 상대적 구매력평가이론, 즉 식(25-6)에 피셔효과, 즉 식(25-13)을 대입하여 다음과 같이 구할 수 있다.[11)]

---

10) 이 식은 근사식이며, 정확한 식은 다음과 같다.

$$r = R + \pi + R \cdot \pi$$

11) 이 식을 보다 정확한 관계식으로 표현하면 다음과 같다.

$$\frac{E(S_1) - S_0}{S_0} = \frac{1 + r}{1 + r^F} - 1$$

$$\frac{E(S_1)-S_0}{S_0} \cong r-r^F \tag{25-14}$$

여기서 $E(S_1)$: 미래(1 시점) 현물환율의 기대치

식 (25-14)는 근사식이며, 왼쪽항 $\frac{E(S_1)-S_0}{S_0}$은 현재(0시점)로부터 1기간 후 (1시점)의 자국통화표시환율의 예상변화율(s)을 나타낸다. 식 (25-14)에서 볼 수 있는 바와 같이 국제피셔효과는 예상되는 현물환율의 변화율이 양국간 명목이자율의 차이와 같다는 것이다. 국내의 이자율이 외국의 이자율보다 높을 때($r-r^F>0$) 미래의 예상현물환율이 상승하며(국내 통화가치가 감소하며), 국내의 이자율이 외국의 이자율보다 낮을 때($r-r^F<0$) 미래의 예상현물환율이 하락하게(국내 통화가치가 증가하게) 된다. 국제피셔효과에 의해서도 금융시장과 외환시장이 서로 상충관계에 있음을 알 수 있다. 다시 말하면, 단기금융시장에서의 이자율 차이가 현물환시장에서의 예상환율변화에 의해 정확히 상쇄된다는 것이다.[12)]

예제 25-4 국제피셔효과

1년만기 정부채의 수익률이 국내와 미국에서 각각 12%, 8%이며, 대미달러화 현물환율이 ₩1,000/U$라고 할 때, 1년 후의 대미달러화 현물환율수준은 어떻게 되리라고 예상할 수 있는가?

☞ 해설

$$\frac{E(S_1)-S_0}{S_0} = r-r^F \rightarrow \frac{E(S_1)-1{,}000}{1{,}000} = 0.12-0.08=0.04$$

위 식을 풀어 1년 후의 대미달러화 예상현물환율 $E(S_1)$을 구하면 다음과 같다.

$E(S_1)$ = ₩1,040/U$

선물환율은 미래의 현물환율의 기대값과 밀접한 관계를 가지고 있다. 선물환계약의 매입 및 매도 의사결정은 미래의 현물환율의 기대에 달려 있다. 따라서 외환시장이 균형상태에 있다고 할 때, 선물환율은 미래 현물환율에 대한 불편추정치가 될 수 있을 것이다. 이자율평가이론을 나타내는 식 (25-9)와 국제피셔효과를 나타내는 식 (25-14)를 비교해 보면, 선물환율과 미래 예상현물환율이 같아짐을

12) 이것이 성립하지 않으면, 이자율 차이에 따른 초과이득을 얻기 위하여 차익거래가 발생할 것이다.

그림 25-1 환율결정이론

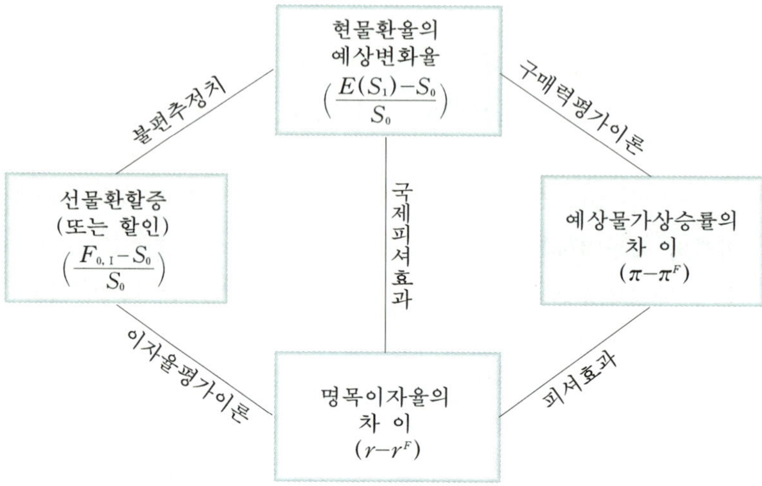

알 수 있다. 지금까지 설명한 환율결정이론들의 관계를 그림으로 나타내면 〈그림 25-1〉과 같다.

2 환위험관리

기업들은 국내뿐만 아니라 외국에서도 영업활동을 하기 때문에 기업의 재무상태 및 경영성과는 환율변동에 따라 영향을 받을 수 있다. 따라서 재무담당자의 주요한 역할은 환위험을 측정한 후, 기업가치가 극대화될 수 있도록 이에 대한 관리를 하는 것이다.

2.1 환위험의 의의 및 측정

환위험(foreign exchange risk)이란 환율이 변동함으로써 기업의 재무적 성과가 변동할 가능성을 말하며, 흔히 환노출(foreign exchange exposure)이라 하기도 한다.

그림 25-2 환노출의 종류

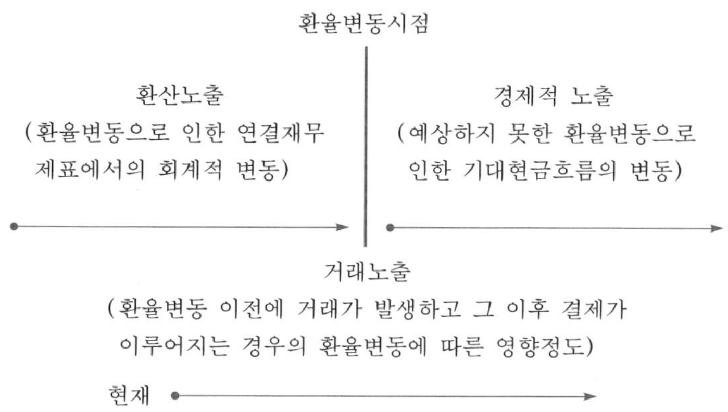

1) 환노출의 의의와 종류

환노출은 환율변동으로 인한 기업의 수익성, 순현금흐름, 그리고 시장가치의 변동가능성을 측정하는 것으로서, 거래노출(transaction exposure), 환산노출(translation exposure), 경제적 노출(economic exposure) 등 세 가지로 구분된다. 이들을 비교하여 나타내면 〈그림 25-2〉와 같다.

〈그림 25-2〉에서 볼 수 있는 바와 같이 환산노출은 환율변동 이전에 완료된 거래에 의해서 나타나며, 거래노출은 환율변동 이전에 거래가 발생되었으나 대금결제가 이루어지 않은 경우에 나타난다. 그리고 경제적 노출은 환율변동 이후의 거래와 관련된 것이다.

2) 환노출의 측정

(1) 거래노출의 측정

거래노출은 환율변동 이전에 거래가 발생되었으나, 환율변동 이후에 결제가 이루어지는 외화표시 자산 또는 부채의 가치변동을 측정하는 것이다. 이와 같은 거래노출은 외화표시 매출채권 또는 매입채무, 외화표시 자금의 차입 또는 대출 등을 발생시키는 거래에 의해서 나타난다. 기업은 외화표시 채무(매입채무 또는 차입금)를 보유하는 경우 환율상승시 손실을 보는 반면, 외화표시 채권(매출채권 또는 대출금)을 보유하는 경우 환율하락시 손실을 보게 된다.

(2) 환산노출의 측정

환산노출은 다국적 연결재무제표작성시 외국 자회사의 외화표시 재무제표를 보고통화(reporting currency), 즉 모기업 국가통화로 환산해야 하기 때문에 발생되는 소유주지분의 회계적 변동가능성으로서, 환율변동으로 인해 가치의 변동이 초래되는 외화표시 자산과 부채의 차로써 측정된다. 이와 같은 의미에서 환산노출을 회계적 노출(accounting exposure)이라 하기도 한다.

환산노출은 외화표시 재무제표를 자국통화로 환산할 때 환율의 환산방법에 따라 영향을 받게 되며, 환산방법에는 다음과 같은 네 가지가 있다.

첫째, 화폐성/비화폐성법(monetary/nonmonetary method)은 화폐성 자산·부채는 현행환율을 적용하고, 비화폐성 항목에 대해서는 역사적 환율을 적용하는 방법이다.

둘째, 현행환율법(current rate method)은 모든 자산·부채에 대해서 대차대조표 작성일 현재의 현행환율을 적용하고, 자본항목만 예외적으로 역사적 환율을 적용하는 방법이다. 이 방법 하에서는 모든 외화자산 및 부채가 환산노출의 대상이 된다.

셋째, 유동성/비유동성법(current/noncurrent method)은 유동성 자산·부채에 대해서는 현행환율을 적용하고, 비유동성 자산·부채에 대해서는 역사적 환율을 적용하는 방법이다.

표 25-1 외화환산방법의 비교

항 목	화폐성/비화폐성법	현행환율법	유동성/비유동성법	시제법
〈유동자산·부채〉				
-당좌자산	현 행	현 행	현 행	현 행
-재고자산	역사적	현 행	현 행	현행·역사적
-유동부채(선수금 제외)	현 행	현 행	현 행	현 행
〈고정자산·부채〉				
-투자자산	역사적	현 행	역사적	현행·역사적
-유형자산 등	역사적	현 행	역사적	현행·역사적
-고정부채	현 행	현 행	역사적	현 행
〈자본금〉				
-자본금	역사적	역사적	역사적	역사적
-자본잉여금	역사적	역사적	역사적	역사적
-이익잉여금	(잔 액)	(잔 액)	(잔 액)	(잔 액)

넷째, 시제법(temporal method)은 역사적 원가로 계상된 자산 · 부채 항목은 역사적 환율로, 시장가치로 계상된 자산 · 부채는 현행환율을 적용하는 방법이다.

이상에서 설명한 네 가지 환산방법을 비교하면 〈표 25-1〉과 같다.[13] 우리나라 기업회계기준에서는 화폐성/비화폐성법에 따라 외화환산을 하도록 규정하고 있다.

(3) 경제적 노출의 측정

경제적 노출은 예상하지 못한 환율변동으로 인하여 기업의 미래 영업현금흐름이 변동하게 되며, 그 결과 발생하는 기업 현재가치에서의 변동을 측정하는 것이다. 이와 같은 경제적 노출을 운영적 노출(operating exposure), 경쟁적 노출(competitive exposure), 또는 전략적 노출(strategic exposure)이라고도 한다. 환율변동이 미래 매출량, 판매가격, 또는 원가에 미치는 영향에 의해 기업가치의 변동정도가 결정된다고 할 수 있다.

2.2 환위험의 관리

환노출에 의해 기업의 재무성과가 불확실하게 되기 때문에 기업은 여러 가지 다양한 환위험관리기법을 동원하여 환율변동에 따른 불확실성을 줄이려고 노력하게 된다. 그러나 환위험을 감소 또는 제거시키는 데는 비용이 수반될 수 있으며, 환위험관리의 궁극적인 목표는 환위험 최소화가 아니라 기업가치극대화임을 유의해야 한다.

거래노출, 환산노출, 경제적 노출 등 환노출을 측정한 후, 그 환위험을 관리하기 위한 다양한 전략이 사용될 수 있다. 거래노출은 기업이 다양한 변화를 줄 수 있는 여지가 있으므로 전략적인 환위험관리가 가능한 반면, 환산노출 또는 경제적 노출은 적극적으로 대응하기에는 여러 가지 한계가 있다.

1) 거래노출의 관리

(1) 대내적 환노출관리방법

대내적 환노출관리방법으로는 네팅(netting), 매칭(matching), 리딩(leading)과 래깅(lagging) 등이 사용된다. 네팅은 다국적기업의 본사 및 현지자회사들간에 발생하는 채권과 채무의 차액만을 일정한 기간마다 결제하는 방법으로서, 각 채권 · 채무의 이행비용을 절감하고, 자금결제의 효율성을 제고할 수 있다. 매칭은 다

13) 유재규, 이항수, 신기업회계기준 해설(이나우스, 1999), p. 234.

국적기업의 사내거래뿐만 아니라 제3자와의 거래에도 이용할 수 있는 것으로서, 통화별로 현금흐름의 규모 및 시기를 의도적으로 일치시키는 방법이다. 리딩과 래깅은 각종 대금지급시기를 인위적으로 앞당기거나 지연시키는 방법이다. 예를 들어 자국통화의 평가절하가 예상되는 경우 외화채권의 수취는 늦추고, 외화부채의 지급은 가급적 빨리 하는 반면, 자국통화의 평가절상이 예상되는 경우 외화채권의 수취는 빨리 하고, 외화부채의 지급은 가급적 늦게 한다. 이 방법은 주로 본사와 현지자회사간에 많이 이용되며, 제3자와의 거래에서는 당사자간의 이해대립으로 인해 이용되기 어렵다.

(2) 대외적 환노출관리방법

대외적으로 환노출을 관리하는 대표적인 방법으로는 선물환 또는 통화선물시장을 이용하는 방법, 금융시장을 이용하는 방법 등이 있다.

선물환시장을 이용한 헤징은 선물환매매계약에 의해 미래 일정시점의 불확실한 미래 현물환율을 현재시점의 선물환율로 고정시킴으로써 환율변동에 따른 위험을 없애는 방법이다. 즉 외화표시 채권을 보유하고 있는 경우 현재시점에서 선물환을 매도하는 반면, 외화표시 채무를 보유하고 있는 경우 현재시점에서 선물환을 매입하는 전략이다.[14)]

금융시장을 이용한 헤징은 외화자산이 있는 경우에는 외화부채를 조달하여 환위험을 없애고, 외화부채가 있는 경우에는 외화자산을 취득하여 환위험을 제거하는 방법이다. 예를 들어 외화표시 채무(채권)를 보유하고 있는 경우 국내금융시장에서 자금을 차입(대출)하고, 동시에 외환시장에서 대출(차입)함으로써 환위험을 제거하는 방법이다. 이 방법은 금융계약에 의해 환위험을 없앤다는 점에서 원칙적으로 선물환시장을 이용하는 방법과 차이가 없으나, 이용시장이 국내금융시장과 국제 외환현물시장이라는 점에서 서로 다르다. 이 방법은 선물환시장을 이용하는 방법보다 장기계약체결이 가능하며, 선물환시장이 발달하지 못한 지역과의 거래에 대해 사용될 수 있다. 그러나 금융시장을 이용한 헤징은 외환시장과 금융시장을 동시에 이용해야 하므로 상대적으로 비용이 많이 든다. 외환 및 금융시장이 효율적이고 일체의 거래비용이 존재하지 않는 경우에는 이자율평가이론이 성립하기 때

14) 통화선물은 선물환과는 달리 미래의 외화자금 결제일이 불확정적인 거래에 이용될 수 있고, 환율변동의 추이에 따라 결제일 이전이라도 유리한 시점에서 쉽게 반대매매를 할 수 있으며, 거래비용이 저렴하다는 장점이 있다. 그러나 통화선물시장에서 제시된 몇 개의 통화에 대해서만 거래가 가능하며, 거래형태도 표준화되어 있기 때문에 개별적인 요구를 충족시키기 어렵다는 단점이 있다.

문에 선물환시장을 이용한 헤징과 금융시장을 이용한 헤징은 동일한 효과를 가져다 줄 수 있다.

이상에서 설명한 방법 외에 통화옵션시장 또는 통화스왑시장 등을 이용할 수도 있다.

2) 환산노출의 관리

환산노출을 관리하는 대표적인 기법은 대차대조표헤지(balance sheet hedge)로서, 이는 다국적기업의 연결대차대조표상의 항목 중 환위험에 노출된 특정 외화표시 자산 항목들의 합계가 동일 통화표시 부채항목들의 합계와 일치하도록 하는 방법이다. 이와 같은 경우 순환산노출액은 0이 되며, 특정 외국통화의 가치가 변하더라도 환차손 또는 환차익이 발생하지 않게 된다. 대차대조표헤지를 하려면 대차대조표상의 항목들의 표시통화를 변경시켜야 하는데, 이는 자금차입비용 또는 영업활동의 효율성 측면에서 부담이 될 수 있다.

3) 경제적 노출의 관리

경제적 환노출을 관리하는 가장 효율적인 방법은 영업활동 및 자본조달원천을 다변화하여 분산효과를 도모하는 것이다. 즉 수출시장, 수입선, 생산거점, 차입통화 등을 다변화할 경우 환율이 변동하더라도 손실과 이익이 서로 상쇄되어 안정적인 기업가치를 유지할 수 있다.

예제 25-5 환위험관리: 선물환시장 또는 금융시장을 이용한 헤징

한국의 D전자는 5월 1일 현재 미국에 TV를 수출하고, 6개월 후인 10월 30일에 1,000만달러를 받기로 하였다. 5월 1일 현재 환율 및 이자율에 관한 자료는 다음과 같다.

- 현물환율 = ₩1,150/U$
- 6개월물 선물환율 = ₩1,200/U$
- 한국의 이자율 = 8%
- 미국의 이자율 = 6%

D전자의 재무담당자는 환율변동에 따른 위험을 제거하기 위하여 다음과 같은 두 가지 방안을 고려하고 있다.

■ 제1 안: 6개월물 선물환을 매도함.

■ 제2 안: 미국소재 은행에서 차입하여 조달한 자금을 국내통화로 환전하여 국내 은행에 예금함.

(1) 두 가지 방안 중 어느 것이 더 유리한가?

(2) 두 방안이 무차별하려면, 6개월만기 선물환율은 얼마가 되어야 하는가?

☞ 해설

(1) 두 안에 의해 6개월 후 받을 수 있는 TV 판매대금을 계산하면 다음과 같다.

① 제1 안: 6개월물 미달러화 선물환 1,000만달러 매도

6개월 후 총수입액＝1,000만달러×₩1,200/U$＝1,200,000만원

② 제2 안:

· (미국내 은행에서의 차입금액)$\left(1+\frac{0.06}{2}\right)$＝1,000만달러

→ 미국내 은행에서의 차입금액＝970.87만달러

· 국내 은행에서의 예금액＝970.87만달러×₩1,150/U$＝1,116,500.5만원

∴ 6개월 후 총수입액(: 국내은행 예금액의 원리합계)

＝1,116,500.5만원×$\left(1+\frac{0.08}{2}\right)$＝1,161,160.52만원

따라서 6개월 후 총수입액이 더 많은 제1안을 선택하는 것이 유리하다.

※ 두 안의 성과가 서로 다를 경우 차익거래(과대평가된 미달러선물을 매도하고 과소평가된 현물을 매입함)를 할 수 있으며, 그 차익거래과정은 다음과 같다.

거 래	현 금 흐 름(만원)	
	현재(0시점)	만기일(6개월 후)
미달러선물 매도	0	1,000(1,200)－S_T
현물(미달러화) 매입*	－1,150×(1,000/1.03)	S_T
현금차입	1,150×(1,000/1.03)	－1,150×(1,000/1.03)(1.04)
합 계	0	38,839.48

* 현물인 미달러화는 매입 후 현지은행에 예금함.

(2) 두 안이 차이가 나는 것은 선물환율이 국내와 미국간의 이자율차이를 완전히 반영하지 못하기 때문이다. 따라서 이자율평가이론에 의해 6개월물의 선물환율을 구하면 다음과 같다.

$$\frac{F_{0,6개월}-1{,}150}{1{,}150}=\frac{1+0.04}{1+0.03}-1=0.009709$$

$$\therefore\ F_{0,6개월}=₩1{,}161.17/U\$$$

3 국제자본예산

해외투자안의 경제성 평가는 기본적으로 국내 투자안과 같은 방법으로 이루어진다. 그러나 해외투자안을 평가할 때 환율변동에 따른 위험, 정치적 위험, 송금제한 등의 각종 해외투자위험과 현지정부가 제공하는 보조금, 조세특혜 등 여러 가지 요인을 추가적으로 고려하여야 할 것이다.

3.1 해외투자안의 평가

해외투자안은 앞에서 설명한 순현가법(NPV법)에 의해 평가되며, 그 평가는 통상 다음과 같은 세 단계를 거쳐 이루어진다.[15)]

첫째, 해외투자안의 모든 미래 현금흐름을 현지통화로 추정한다.

둘째, 예상환율을 이용하여 국내통화로 환산한다.

셋째, 국내의 적절한 자본비용을 사용하여 NPV를 계산한다.

예를 들어 국내의 ㈜한성전자가 미국현지에 반도체공장을 설립하는 것을 검토하고 있다고 하자. 이 회사가 반도체공장을 설립할 때의 총투자액은 8,000만달러이고, 이 투자로 인하여 향후 3년간 매년 3,000만달러의 순현금흐름이 예상된다. 이 경우 ㈜한성전자는 미국현지에 반도체공장을 설립하여야 하는가?

이와 같은 해외투자안을 평가하기 위해서는 현지통화로 추정된 미래 현금흐름을 국내 통화로 환산하여야 한다. 이를 위해서는 미래의 기대현물환율을 추정하여야 하는데, 이는 전절에서 설명한 환율결정이론을 이용할 수 있다. 현재의 대미달러화 환율은 ₩1,200/U$이고, 향후 3년간 국내와 미국의 연평균 물가상승률이

---

15) 해외투자안을 평가할 때 다음과 같은 외국통화접근법에 의해서도 동일한 결과를 얻을 수 있다.
첫째, 해외투자안의 모든 미래 현금흐름을 현지통화(외국통화)로 추정한다.
둘째, 외국통화로 추정된 현금흐름을 외국의 적절한 할인율로 할인하여 NPV(외국통화)를 계산한다.
셋째, 외국통화로 계산된 NPV를 현물환율에 의해 국내통화로 환산한다.

각각 10%, 6%일 것으로 예상된다고 하자. 이 경우 향후 3년간의 대미달러화의 기대현물환율은 구매력평가이론을 이용하여 다음과 같이 추정될 수 있다.

· 1년도 말 대미달러화의 기대현물환율: $E(S_1)$

$$\frac{E(S_1)}{S_0}=\frac{1+\pi}{1+\pi^F}=\frac{1+0.1}{1+0.06}$$

$$E(S_1)=S_0\left(\frac{1+0.1}{1+0.06}\right)=1{,}200\times\left(\frac{1+0.1}{1+0.06}\right)=₩1{,}245.28/U\$$$

· 2년도 말 대미달러화의 기대현물환율[16]: $E(S_2)$

$$\frac{E(S_2)}{E(S_1)}=\frac{1+\pi}{1+\pi^F}=\frac{1+0.1}{1+0.06}$$

$$E(S_2)=E(S_1)\left(\frac{1+0.1}{1+0.06}\right)=1{,}245.28\times\left(\frac{1+0.1}{1+0.06}\right)=₩1{,}292.27/U\$$$

· 3년도 말 대미달러화의 기대현물환율[17]: $E(S_3)$

$$\frac{E(S_3)}{E(S_2)}=\frac{1+\pi}{1+\pi^F}=\frac{1+0.1}{1+0.06}$$

$$E(S_3)=E(S_2)\left(\frac{1+0.1}{1+0.06}\right)=1{,}292.27\times\left(\frac{1+0.1}{1+0.06}\right)=₩1{,}341.03/U\$$$

㈜한성전자의 해외투자로부터 발생하는 현금흐름을 대미달러화 기대현물환율에 의해 원화로 환산하면 〈표 25-2〉와 같다.

표 25-2 ㈜한성전자의 현금흐름

항 목	0	1년도 말	2년도 말	3년도 말
현 금 흐 름(만달러)	−8,000	3,000	3,000	3,000
기대현물환율(₩/U$)	1,200	1,245.28	1,292.27	1,341.03
현 금 흐 름(만원)	−9,600,000	3,735,840	3,876,810	4,023,090

16) $E(S_2)=S_0\left(\frac{1+0.1}{1+0.06}\right)^2=1{,}200\times\left(\frac{1+0.1}{1+0.06}\right)^2=₩1{,}292.27/U\$$

17) $E(S_3)=S_0\left(\frac{1+0.1}{1+0.06}\right)^3=1{,}200\times\left(\frac{1+0.1}{1+0.06}\right)^3=₩1{,}341.03/U\$$

투자안의 자본비용이 15%라면, ㈜한성전자가 고려하고 있는 미국현지의 반도체공장설립안의 순현가를 다음과 같이 계산할 수 있다.

$$NPV = -9{,}600{,}000 + \frac{3{,}735{,}840}{1.15} + \frac{3{,}876{,}810}{1.15^2} + \frac{4{,}023{,}090}{1.15^3}$$
$$= -774{,}771.17\text{만원}$$

순현가가 0보다 작으므로 ㈜한성전자는 미국현지에 반도체공장을 설립하지 않아야 한다.

해외투자안의 순현가를 계산할 때 반드시 시장에서 추정된 환율을 사용해야 한다는 것을 유의하여야 한다. 예를 들어 ㈜한성전자의 재무담당자는 시장에서 예상되는 것보다 달러화가 훨씬 더 강세를 보일 것으로 생각하고 이를 이용하여 달러화를 원화로 환산한다면, 위 투자안의 원화기준 현금흐름이 증가하여 순현가가 0보다 커질 수도 있다. 그러나 ㈜한성전자는 자체의 환율예상을 해외투자안 평가에 이용하지 않아야 한다. 이 경우 ㈜한성전자가 자체의 달러화 강세라는 환율전망에 의해서 취할 수 있는 현명한 행동은 선물환시장에서 달러화를 보다 많이(투기적으로) 매입하는 것이다. 기업은 선물환시장 등을 이용하여 현재시점에서 미래의 환율을 고정시킬 수 있기 때문에 해외투자결정과 미래 환율변동에 관한 전망은 독립적이라 할 수 있다. 즉 현재시점에서 투자안으로부터 발생되는 미국 달러화의 현금흐름을 토대로 선물환계약을 체결하여 선물환율로 고정시키면, 원화로 환산된 현금흐름은 대미달러화의 환율변동에 관계없이 확실한 값을 가질 수 있다.

3.2 국제기업의 자본비용

해외투자안의 평가에 사용해야 하는 자본비용은 유사한 국내투자안과 다소 차이가 있는데, 그 차이는 국제금융시장의 분리(국제분산투자의 가능성)와 재산몰수, 외환통제, 세금 등 정치적 위험에 의해 발생한다.

1) 국제분산투자

포트폴리오이론에 의하면 개별주식의 위험은 분산투자로 제거가 가능한 비체계적 위험과 분산투자로도 제거될 수 없는 체계적 위험으로 나누어진다. 그러나 체계적 위험이라고 해서 더 이상 제거가 불가능한 것이 아니며, 투자대상을 외국증권으로 확대하여 국제적으로 분산투자할 경우에는 체계적 위험도 상당부분이 제거될 수 있다. 즉 개별국가에 소재한 기업에 전반적인 영향을 미치는 요인이 국가간에 서로 상이하여 국제적으로 분산투자할 경우 개별국가 특유의 요인이 서로 상쇄된다. 따라서 국내주식에만 분산투자할 경우 제거할 수 없는 체계적 위험도 국제분산투자에 의해 어느 정도 제거할 수 있을 것이다. 예를 들어 특정 국가에 국한된 전쟁, 내란, 정변 등의 정치적 위험이나 각국의 독립적인 금융·재정정책, 자연자원의 편재, 상이한 산업기반, 상이한 경기변동주기 등 여러 가지 요인으로 인한 특정 국가의 체계적 위험은 국제분산투자에 의해 부분적으로 제거될 수 있다. 솔닉(B. Solnik)의 연구에 의하면 〈그림 25-3〉에서 볼 수 있는 바와 같이 미국 내의 주식만으로 분산투자를 했을 경우에는 제거할 수 없는 체계적 위험이 27.0%이던 것이, 국제분산투자를 했을 경우 체계적 위험은 50% 이상 감소된 11.7%로 하락하였다.[18] 그러나 국제금융시장이 분리되어 있는 경우 일반투자자는 직접 외국주식을 취득할 수 없기 때문에 국제분산투자의 효과를 얻을 수 없다. 이 경우 기업의 해외투자는 국내투자자에게 간접적인 국제분산투자기회를 제공하기 때문에 해외투자의 자본비용을 감소시킬 수 있다.

그림 25-3 국제분산투자의 위험감소효과

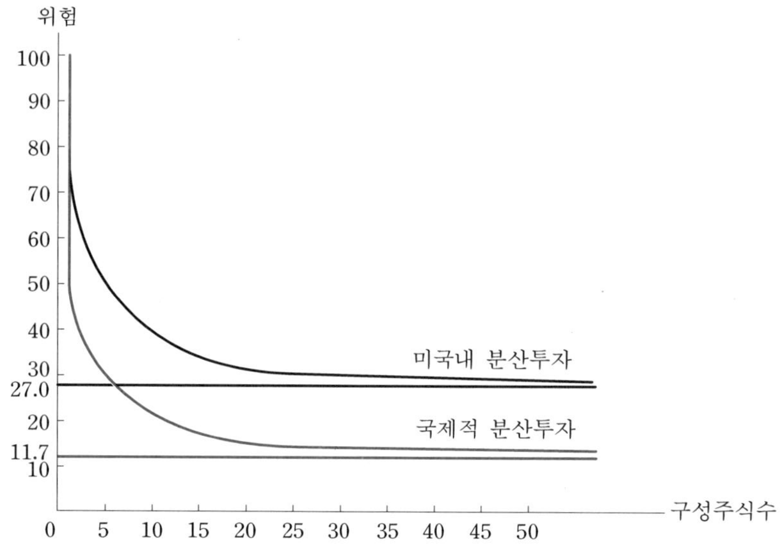

18) B. Solnik, "Why Not Diversify Internationally Rather Than Domestically?" *Financial Analysts Journal*(July-August 1974), p. 17.

2) 정치적 위험

재산몰수, 과실송금제한 등의 외환통제, 그리고 불리한 세금정책 등의 정치적 위험(political risk)이 증가할수록 해외투자안의 자본비용은 증가될 것이다. 앞에서 설명한 ㈜한성전자의 투자안에서는 세금을 제외한 모든 현금흐름이 본국으로 송금된다고 가정하였다. 그러나 현지정부는 과실송금에 매우 민감하게 반응하며, 실제로 과실송금에 대하여 제약을 가할 수 있다. 또한 해외투자를 할 경우 대부분 양국정부 사이에 이중과세방지협정을 맺어 세금이 이중으로 부과되지 않도록 하지만, 경제 및 문화제도 등의 차이로 인한 여러 가지 제약요인이 존재할 수 있다. 이와 같은 정치적 위험으로 인해 해외투자안의 자본비용은 국내투자안의 자본비용보다 클 수 있다.

4 국제자금조달

국제기업은 해외투자자금을 조달하기 위하여 다음과 같은 세 가지 기본적 방법을 사용할 수 있다.

첫째, 국내에서 해외투자자금을 조달하여 해외현지에 송금한다.

둘째, 해외현지에서 투자소요자금을 차입한다.

셋째, 부채비용이 가장 낮은 제 3 국에서 투자소요자금을 차입한다.

국내에서 해외투자자금을 조달할 경우 환율변동에 따른 위험이 나타날 수 있다. 그리고 해외투자자금을 현지에서 차입하여 조달할 수 있는데, 이는 환위험을 피할 수 있는 방법이다. 또 다른 대안으로 제 3 국에서 차입하여 조달할 경우 명목이자율보다 물가상승률을 감안한 실질이자율을 고려해야 함을 유의하여야 한다.

국제자금조달이 가능한 국제금융시장은 자금조달방법상 역내금융인가 역외금융인가, 또는 간접금융인가 직접금융인가에 따라 〈표 25-3〉과 같은 분류가 가능하다. 역내시장(internal market or foreign market)이란 외국의 금융시장에서 그 나라 통화표시의 자금을 조달하는 방법을 말하며, 역외시장(external market, offshore market)이란 일국의 자금조달자가 일정통화표시의 자금을 표시통화국 이외의 나라에서 조달하는 방식을 말한다. 그리고 간접금융은 은행 등 금융중개기관을 통해서 자금을 조달하는 것이며, 직접금융은 주식, 채권 등을 발행하여 자본시장에서 투자자로부터 직접 자금을 조달하는 것을 말한다.

표 25-3 국제자금조달방법의 분류

금융방법 \ 금융시장	역 내 시 장	역 외 시 장
간 접 금 융	현지금융시장	유로금융시장
직 접 금 융	현지자본시장	유로자본시장

4.1 현지금융시장

현지금융시장은 외국의 소재은행 등을 통해 그 나라의 통화로 자금을 차입하는 시장을 말한다. 예를 들어 한국기업의 미국지사가 미국소재 은행으로부터 미달러화를 차입하거나, 또는 한국기업의 일본지사가 일본소재 은행으로부터 엔화를 차입하는 경우 등은 현지금융시장에서의 간접금융조달에 속한다.

4.2 현지자본시장

현지자본시장은 외국에서 그 나라 통화표시의 채권이나 주식을 발행하여 자금을 조달하는 시장을 말한다. 현지자본시장에서 발행되는 채권, 즉 외국인이 현지국통화로 통화의 발행국에서 발행한 채권을 외국채권(foreign bond)이라 한다. 예를 들어 한국기업이 미국시장에서 미달러표시로 채권을 발행하였을 경우 이를 외국채권이라 할 수 있다. 특히 미국에서 발행된 미달러표시 외국채권을 양키본드(yankee bond), 일본에서 발행된 일본 엔화표시 외국채권을 사무라이본드(samurai bond), 영국에서 발행되는 파운드표시 외국채권을 불독본드(bulldog bond), 한국에서 발행된 원화표시 외국채권을 아리랑본드(arirang bond)라 부른다.

4.3 유로금융시장

유로금융시장이란 통화의 발행국 이외의 지역에서 금융거래가 이루어지는 시장을 말한다. 예를 들어 미국 외(특히 유럽) 소재은행에 미달러화를 예치하거나 미국 외 소재은행으로부터 미달러화를 차입하는 거래가 이루어지는 시장을 들 수 있다. 미국 외 소재은행에서 거래가 이루어지는 미달러화를 유로달러(Eurodollar), 일본 외 소재은행에서 거래가 이루어지는 엔화를 유로엔(Euroyen), 영국 외 소재은행에서 거래가 이루어지는 파운드화를 유로파운드(Europound)라 하며, 이들을 통칭해서 유로통화(Eurocurrency)라고 부른다.

유로통화를 거래하는 유로통화시장은 세계의 다국적은행들로 구성되어 있으며, 대부분의 차입자들은 각국의 대기업이나 정부이다.[19] 이 유로통화시장에서 제공되는 대출은 중기자금으로서 3년 내지 8년의 만기를 가지고 있다. 유로통화시장이 갖는 중요한 특징은 대출이 변동금리조건으로 이루어지고 있다는 점이다. 일반적으로 유로통화의 이자율은 대출기간, 표시통화 및 차입자의 신용도에 따라 런던은행간대출금리(London Inter-Bank Offered Rate: LIBOR)에 일정률의 가산금리인 스프레드(spread)를 합하여 결정된다.[20]

유로달러 중 싱가포르에서 거래되는 것을 특히 아시아달러(Asiadollar)라고 한다.[21] 그러나 아시아달러는 약간 특이한 성격을 갖는데, 이때 아시아달러를 역외자금(offshore fund)이라 부른다. 역외금융(offshore banking)이란 금융기관이 어느 특정 나라에 물리적으로 위치하고 있으나, 그 나라의 금융제도와는 아무 관계를 가지지 않고 금융기능을 수행하는 것을 말한다. 즉 이것은 한 나라의 예금취급기관이 비거주자(외국인 등)로부터 외화자금을 받아 비거주자에게만 대출할 수 있고 그 외화자금이 국내로 유입되는 것을 금하는 금융방식이다. 이때의 외화자금을 역외자금이라 한다. 세계적으로 유명한 역외금융센터(Offshore Banking Unit: OBU)로는 룩셈부르크, 홍콩, 싱가포르 등이 있다.

4.4 유로자본시장

유로자본시장은 일국의 차입자가 일정통화표시의 주식 또는 채권을 표시통화국 이외의 나라에서 발행하여 자금을 조달하는 시장을 말한다. 유로자본시장에서 거래되는 채권을 유로채권(Eurobond)이라 한다.[22] 유로채권에는 미달러표시로 발행되어 미국 이외의 나라에서 상장·거래되는 채권인 유로달러채권(Eurodollar bond), 유럽금융시장에서 엔화표시로 발행된 채권인 유로엔채권(Euroyen bond) 등이 있다. 유로채권의 인수단 및 판매그룹은 수개국의 은행, 증권회사 등으로 구성되고 수개국의 투자자들에게 판매된다.

---

19) 우리나라 차관의 대부분은 유로통화시장을 통해서 들어온다.

20) LIBOR는 런던시장에서 거래하는 국제은행 중 가장 신용도가 높은 은행들간에 자금을 대출할 때 적용되는 기준금리이다.

21) 아시아달러시장에서 차입자에게 적용되는 이자율은 보통 싱가포르은행간이자율(Singapore Inter-Bank Offered Rate: SIBOR)이라고 하는 기준금리에 일정률의 가산금리인 스프레드를 합해서 결정된다.

22) 유로주식(Euroequity)은 국제적인 유통시장의 부재로 활발하게 거래되지 못하고 있다.

주 요 용 어

연 습 문 제

1 외환거래의 종류를 열거하고, 이들을 각각 설명하라.

2 교차환율과 삼각차익거래

현물환 시장에서 환율이 다음과 같이 형성되어 있다.

> 서울 : U$ 1 = ₩1,260.00
> 동경 : U$ 1 = ¥ 120.00

외환시장은 효율적이며, 거래비용이 존재하지 않는다고 가정한다.

(1) 일본엔화에 대한 원화환율, 즉 교차환율(cross rate)을 구하라.

(2) 현재 서울에서 일본엔화에 대한 원화환율이 ₩10.0/¥으로 형성되어 있다. 차익거래가 가능한가? 가능하다면 당신이 지금 ₩10,000,000을 가지고 있다고 가정하고 얼마만큼의 이익을 얻을 수 있는지 계산해 보라.

3 구매력평가이론

향후 1년 동안 국내의 물가상승률은 10%, 일본의 물가상승률은 6%가 되리라 예상된다. 현재 대일엔화 환율이 100엔당 1,040원이라고 할 때, 1년 후 대일엔화 환율은 어떻게 되겠는가?

4 이자율평가이론과 차익거래

대미달러화 현물환율은 ₩1,100/U$이고, 1년만기 선물환율은 ₩1,145/U$이다. 그리고 국내 이자율은 연리 12%이며, 미국내 이자율은 연리 8%이다. 당신이 현재 차입할 수 있는 금액은 11,000만원(또는 10만달러)이고 차익거래에 따른 거래비용은 없다고 가정한다.

(1) 당신이 차익거래를 하는 경우 얻을 수 있는 이익을 계산하라.

(2) 대미달러화 현물환율, 국내와 미국내 이자율이 적정하다고 가정한다면, 1년만기 선물환율은 어떻게 되겠는가?

5 환위험관리: 선물환시장 또는 금융시장을 이용한 헤징

한국의 H 종합상사는 7월 1일 현재 미국으로부터 옥수수를 수입하고, 3개월 후인 9월 30일에 2,000만달러를 지급하기로 하였다. 7월 1일 현재 환율 및 이자율에 관한 자료는 다음과 같다.

- 현물환율 = ₩1,200/U$
- 3개월물 선물환율 = ₩1,240/U$
- 한국의 이자율 = 12%
- 미국의 이자율 = 8%

H 종합상사의 재무담당자는 환율변동에 따른 위험을 제거하기 위하여 다음과 같은 두 가지 방안을 고려하고 있다.

■ 제 1 안: 3개월물 선물환을 매입하여 대금을 지급함.

■ 제 2 안: 국내은행에서 차입하여 환전한 후, 미국 소재은행에 예금하여 대금을 지급함.

(1) 두 가지 방안 중 어느 것이 더 유리한가?

(2) 두 방안이 무차별하려면, 3개월만기 선물환율은 얼마가 되어야 하는가?

6 고급 선물환시장 또는 금융시장을 이용한 환위험관리 (CPA 2002 수정)

지금까지 국내 수요에만 의존하던 S전자는 올해 처음으로 미국에 전자제품을 수출하고 수출대금 $10,000,000를 3개월 후에 받기로 하였다. 환율 하락으로 인하여 3개월 후에 받을 수출대금의 원화가치가 감소할 위험을 방지하기 위해서 S전자는 헤징을 하기로 결정하였다. 현재 환율 및 이자율에 관한 자료는 다음과 같다.

- 달러화 현물(spot) 매입환율 : ₩1,245/U$
- 달러화 현물(spot) 매도환율 : ₩1,235/U$
- 달러화 3개월 선물환(forward) 매입환율 : ₩1,242/U$
- 달러화 3개월 선물환(forward) 매도환율 : ₩1,230/U$
- 원화 예금이자율 : 연 5.6%
- 원화 차입이자율 : 연 6.4%
- 달러화 예금이자율 : 연 7.6%
- 달러화 차입이자율 : 연 8.4%

※ 매입 또는 매도환율은 S전자가 달러화를 매입 또는 매도할 때 적용되는 환율을 의미함.

예를 들어 이자율이 연 5.6%라고 하면, 현재시점에서 100의 3개월 후 미래가치가 「100×(1+0.056÷4)=101.4」와 같은 방식으로 계산된다고 할 때 다음의 물음에 답하라.

(1) 달러 선물환 매도를 통한 헤징과, 단기금융시장(money market)을 이용한 헤징 중 어떤 것이 S전자에게 더 유리한지 3개월 후에 확보되는 원화 금액을 비교하라. 단기금융시장을 이용한다는 것은 단기간에 걸쳐 달러화 또는 원화로 차입하거나 예금할 수 있음을 의미한다.

(2) 위의 물음 (1)에서 어느 한 쪽이 유리하다면 차익거래(arbitrage)의 가능성을 생각해 볼 수도 있을 것이다. 앞에서의 헤징과 별도로, S전자가 외환시장과 단기금융시장의 불균형을 이용한 차익거래이익을 만들어 낼 수 있는지 여부를 구체적으로 계산을 통해서 제시하라.

7 고급 통화선물과 차익거래

한국의 ㈜HK자동차는 미국에 자동차를 수출하고, 1년 후에 1,000만달러를 받기로 하였다. 현재 환율 및 이자율에 관한 자료는 다음과 같다.

- 대미달러화 현물환율 = ₩980/U$
- 한국의 이자율 = 연 6%
- 미국의 이자율 = 연 5%

한국거래소(KRX)에서 거래되고 있는 미국달러선물, 미국달러옵션의 거래단위는 각각 U$50,000, U$10,000이다. 이상의 자료를 이용하여 다음의 물음에 답하라.

(1) 1년 만기 미국달러선물 1계약의 가격은? (계산과정에서 선물환율은 반올림하여 소수점 아래 셋째 자리까지 계산하여 사용할 것.)

(2) ㈜HK자동차의 재무담당자는 통화선물시장 또는 단기금융시장을 이용하여 환율변동에 따른 위험을 제거하려고 한다. 이 회사의 재무담당자가 현재 취할 수 있는 두 가지 전략을 구체적으로 설명하고, 그 결과를 비교하라. (금액은 반올림하여 만원단위로 표시할 것.)

(3) 현재 행사가격이 ₩1,000/U$이고, 1년 만기인 미국달러 콜옵션과 풋옵션의 가격(프리미엄)은 ₩10/U$로 동일하다. 이와 같은 경우 차익거래이익을 얻을 수 있는가? 차익거래이익을 얻을 수 있다면, 그 과정을 구체적으로 제시하라. (단, 미국달러선물 1계약을 기준으로 차익거래과정을 제시할 것.)

8

국제자본예산

국내의 ㈜K자동차는 미국현지에 자동차 부품공장을 설립하는 것을 검토하고 있다. 이 회사가 자동차 부품공장을 설립할 때 총투자액은 5,000만달러이고, 이 투자로 인하여 향후 3년간 매년 2,000만달러의 순현금흐름이 예상된다. 그리고 현재의 대미달러화 환율은 ₩1,200/U$이고, 향후 3년간 국내와 미국의 연평균이자율은 각각 10%, 6%일 것으로 예상된다고 하자. 또한 이 투자안에 대한 할인율은 10%가 타당한 것으로 분석되었다.

(1) 이 경우 ㈜K자동차는 미국현지에 자동차 부품공장을 설립하여야 하는가?

(2) ㈜K자동차의 재무담당자는 향후 달러화 가치가 시장에서 예상하는 것보다 약세를 보일 것으로 예상한다면, 물음 (1)의 결과는 어떻게 달라지는가?

9

환율결정이론과 국제자본예산 (CPA 2003 기출)

금리평가이론, 피셔이론, 구매력평가이론, 금리기간구조에 관한 순수기대이론, 불편선물환이론이 모두 성립하는 국제금융시장을 가정한다. 현재 한국의 원화채권수익률이 1년, 2년, 3년 만기별로 각각 연 10%, 12% 16%이고, 미국의 달러화 채권수익률은 1년, 2년, 3년 만기별로 각각 연 6%, 5%, 4%라고 알려져 있다. 현재 외환시장에서 거래되는 원/달러 현물환율(S_0)은 US1$=1,000₩이다.

(1) 한국과 미국 채권의 수익률곡선을 같은 좌표평면 위에 나타내고, 곡선의 모양이 금리 및 환율에 대해 갖는 의미를 세 줄 이내로 간략히 설명하라.

(2) 각국 채권의 수익률 기간구조에 반영되어 있는 내년과 내후년에 예상되는 1년 만기 내재선도금리를 계산하고, 순수기대이론에 입각하여 한국과 미국의 미래 단기금리의 방향을 예측하라(백분율 기준으로 소수점 이하 절사).

(3) 금리평가이론과 불편선물환이론을 적용하여 내년(시점 1)의 예상현물환율(S_1^e)과 내후년(시점 2)의 예상현물환율(S_2^e)을 구하라(소수점 이하 절사).

(4) 한국에 본사를 둔 ㈜K&K는 이러한 예상환율을 기초로 미국에 지점을 설치하여 2년간 운영하는 투자안의 경제적 타당성을 검토하고자 한다. 이 투자안 시행을 위해서는 미화 4,000만달러의 초기 투자가 소요되고, 향후 2년간에 걸쳐 매년 2,200만달러의 현금유입이 예상된다. 이 투자안을 평가하기 위한 할인율은 15%이다. 또한 현금흐름은 발생된 시점의 환율을 사용하여 원화로 환산하되, 이에 따른 추가비용은 없다고 가정한다. 투자안의 순현재가치를 산출하고, 그 결과에 근거하여 투자안의 채택여부를 결정하라(백만원 단위 미만 절사).

10 통화옵션을 이용한 헤지전략 (CPA 2000 수정)

㈜KM은 현재 엔화로 표시된 1년만기 일본국채 3,000만엔과 달러표시 1년만기 미국국채 100만달러를 매입하였다. 현재 현물환율은 1엔당 10원, 1달러당 1,200원이고, 미국의 1년 이자율은 6%, 일본의 1년 이자율은 3%이다. ㈜KM은 투자원금에 대해 환율변동으로 인한 손실을 헤지하기 위해 고심하고 있다. 이 회사는 주로 선물거래를 이용하여 헤지전략을 구사해 왔으나, 적합한 통화선물을 발견하기 어려워 통화옵션을 이용하고자 한다. 그러나 ㈜KM은 현재 옵션시장에서 옵션프리미엄에 대한 지출을 매우 꺼려하고 있으며, 이를 피하고자 한다. 또한 현재의 환율과 행사가격이 동일한 상태, 즉 등가격(at the money)상태인 엔화에 대한 통화옵션의 가격(프리미엄)은 콜옵션이 80만원 풋옵션이 60만원이다.

(1) 엔화에 대한 1년 후 현물환율이 1엔당 12원일 때, 투자수익률 10%를 획득하기 위한 1년 후 원/달러 환율을 구하라.

(2) 현재 ㈜KM은 엔화가치의 하락을 염려하고 있다. 이러한 환위험에 대비하여 Zero Cost Option전략(옵션에 대한 프리미엄이 0이 되도록 하는 옵션거래전략)을 취하려고 한다. 이러한 헤지전략을 구성하고 이 전략의 문제점을 서술하라.

11 다음의 용어를 설명하라.

(1) 외국채권(foreign bond)

(2) 유로통화(Eurocurrency)

(3) 역외금융(offshore banking)

(4) 유로채권(Eurobond)

부 록

<부표-1> 복리이자요소
<부표-2> 연금의 복리이자요소
<부표-3> 현가이자요소
<부표-4> 연금의 현가이자요소
<부표-5> 표준정규분포표

〈부표-1〉 복리이자요소($CVIF_{r,n}$) = $(1 + r)^n$

기간	이 자 율									
	1%	2%	3%	4%	5%	6%	7%	8%	9%	10%
1	1.0100	1.0200	1.0300	1.0400	1.0500	1.0600	1.0700	1.0800	1.0900	1.1000
2	1.0201	1.0404	1.0609	1.0816	1.1025	1.1236	1.1449	1.1664	1.1881	1.2100
3	1.0303	1.0612	1.0927	1.1249	1.1576	1.1910	1.2250	1.2597	1.2950	1.3310
4	1.0406	1.0824	1.1255	1.1699	1.2155	1.2625	1.3108	1.3605	1.4116	1.4641
5	1.0510	1.1041	1.1593	1.2167	1.2763	1.3382	1.4026	1.4693	1.5386	1.6105
6	1.0615	1.1262	1.1941	1.2653	1.3401	1.4185	1.5007	1.5869	1.6771	1.7716
7	1.0721	1.1487	1.2299	1.3159	1.4071	1.5036	1.6058	1.7138	1.8280	1.9487
8	1.0829	1.1717	1.2668	1.3686	1.4775	1.5938	1.7182	1.8509	1.9926	2.1436
9	1.0937	1.1951	1.3048	1.4233	1.5513	1.6895	1.8385	1.9990	2.1719	2.3579
10	1.1046	1.2190	1.3439	1.4802	1.6289	1.7908	1.9672	2.1589	2.3674	2.5937
11	1.1157	1.2434	1.3842	1.5395	1.7103	1.8983	2.1049	2.3316	2.5804	2.8531
12	1.1268	1.2682	1.4258	1.6010	1.7959	2.0122	2.2522	2.5182	2.8127	3.1384
13	1.1381	1.2936	1.4685	1.6651	1.8856	2.1329	2.4098	2.7196	3.0658	3.4523
14	1.1495	1.3195	1.5126	1.7317	1.9799	2.2609	2.5785	2.9372	3.3417	3.7975
15	1.1610	1.3459	1.5580	1.8009	2.0789	2.3966	2.7590	3.1722	3.6425	4.1772
16	1.1726	1.3728	1.6047	1.8730	2.1829	2.5404	2.9522	3.4259	3.9703	4.5950
17	1.1843	1.4002	1.6528	1.9479	2.2920	2.6928	3.1588	3.7000	4.3276	5.0545
18	1.1961	1.4282	1.7024	2.0258	2.4066	2.8543	3.3799	3.9960	4.7171	5.5599
19	1.2081	1.4568	1.7535	2.1068	2.5270	3.0256	3.6165	4.3157	5.1417	6.1159
20	1.2202	1.4859	1.8061	2.1911	2.6533	3.2071	3.8697	4.6610	5.6044	6.7275
21	1.2324	1.5157	1.8603	2.2788	2.7860	3.3996	4.1406	5.0338	6.1088	7.4002
22	1.2447	1.5460	1.9161	2.3699	2.9253	3.6035	4.4304	5.4365	6.6586	8.1403
23	1.2572	1.5769	1.9736	2.4647	3.0715	3.8197	4.7405	5.8715	7.2579	8.9543
24	1.2697	1.6084	2.0328	2.5633	3.2251	4.0489	5.0724	6.3412	7.9111	9.8497
25	1.2824	1.6406	2.0938	2.6658	3.3864	4.2919	5.4274	6.8485	8.6231	10.835
30	1.3478	1.8114	2.4273	3.2434	4.3219	5.7435	7.6123	10.063	13.268	17.449
40	1.4889	2.2080	3.2620	4.8010	7.0400	10.286	14.974	21.725	31.409	45.259
50	1.6446	2.6916	4.3839	7.1067	11.467	18.420	29.457	46.902	74.358	117.39
60	1.8167	3.2810	5.8916	10.520	18.679	32.988	57.946	101.26	176.03	304.48

* $CVIF >$ 99,999

기간	이 자 율									
	12%	14%	15%	16%	18%	20%	24%	28%	32%	36%
1	1.1200	1.1400	1.1500	1.1600	1.1800	1.2000	1.2400	1.2800	1.3200	1.3600
2	1.2544	1.2996	1.3225	1.3456	1.3924	1.4400	1.5376	1.6384	1.7424	1.8496
3	1.4049	1.4815	1.5209	1.5609	1.6430	1.7280	1.9066	2.0972	2.3000	2.5155
4	1.5735	1.6890	1.7490	1.8106	1.9388	2.0736	2.3642	2.6844	3.0360	3.4210
5	1.7623	1.9254	2.0114	2.1003	2.2878	2.4883	2.9316	3.4360	4.0075	4.6526
6	1.9738	2.1950	2.3131	2.4364	2.6996	2.9860	3.6352	4.3980	5.2899	6.3275
7	2.2107	2.5023	2.6600	2.8262	3.1855	3.5832	4.5077	5.6295	6.9826	8.6054
8	2.4760	2.8526	3.0590	3.2784	3.7589	4.2998	5.5895	7.2058	9.2170	11.703
9	2.7731	3.2519	3.5179	3.8030	4.4355	5.1598	6.9310	9.2234	12.166	15.917
10	3.1058	3.7072	4.0456	4.4114	5.2338	6.1917	8.5944	11.806	16.060	21.647
11	3.4785	4.2262	4.6524	5.1173	6.1759	7.4301	10.657	15.112	21.199	29.439
12	3.8960	4.8179	5.3503	5.9360	7.2876	8.9161	13.215	19.343	27.983	40.037
13	4.3635	5.4924	6.1528	6.8858	8.5994	10.699	16.386	24.759	36.937	54.451
14	4.8871	6.2613	7.0757	7.9875	10.147	12.839	20.319	31.691	48.757	74.053
15	5.4736	7.1379	8.1371	9.2655	11.974	15.407	25.196	40.565	64.359	100.71
16	6.1304	8.1372	9.3576	10.748	14.129	18.488	31.243	51.923	84.954	136.97
17	6.8660	9.2765	10.761	12.468	16.672	22.186	38.741	66.461	112.14	186.28
18	7.6900	10.575	12.375	14.463	19.673	26.623	48.039	85.071	148.02	253.34
19	8.6128	12.056	14.232	16.777	23.214	31.948	59.568	108.89	195.39	344.54
20	9.6463	13.743	16.367	19.461	27.393	38.338	73.864	139.38	257.92	468.57
21	10.804	15.668	18.822	22.574	32.324	46.005	91.592	178.41	340.45	637.26
22	12.100	17.861	21.645	26.186	38.142	55.206	113.57	228.36	449.39	866.67
23	13.522	20.362	24.891	30.376	45.008	66.247	140.83	292.30	593.20	1178.7
24	15.179	23.212	28.625	35.236	53.109	79.497	174.63	374.14	783.02	1603.0
25	17.000	26.462	32.919	40.874	62.669	95.396	216.54	478.90	1033.6	2180.1
30	29.960	50.950	66.212	85.850	143.37	237.38	634.82	1645.5	4142.1	10143.
40	93.051	188.88	267.86	378.72	750.38	1469.8	5455.9	19427.	66521.	*
50	289.00	700.23	1083.7	1670.7	3927.4	9100.4	46890.	*	*	*
60	897.60	2595.9	4384.0	7370.2	20555.	56348.	*	*	*	*

〈부표-2〉 연금의 복리이자요소$(CVIFA_{r,n}) = \left[\frac{(1+r)^n}{r} - \frac{1}{r}\right]$

기간	이 자 율									
	1%	2%	3%	4%	5%	6%	7%	8%	9%	10%
1	1.0000	1.0000	1.0000	1.0000	1.0000	1.0000	1.0000	1.0000	1.0000	1.0000
2	2.0100	2.0200	2.0300	2.0400	2.0500	2.0600	2.0700	2.0800	2.0900	2.1000
3	3.0301	3.0604	3.0909	3.1216	3.1525	3.1836	3.2149	3.2464	3.2781	3.3100
4	4.0604	4.1216	4.1836	4.2465	4.3101	4.3746	4.4399	4.5061	4.5731	4.6410
5	5.1010	5.2040	5.3091	5.4163	5.5256	5.6371	5.7507	5.8666	5.9847	6.1051
6	6.1520	6.3081	6.4684	6.6330	6.8019	6.9753	7.1533	7.3359	7.5233	7.7156
7	7.2135	7.4343	7.6625	7.8983	8.1420	8.3938	8.6540	8.9228	9.2004	9.4872
8	8.2857	8.5830	8.8932	9.2142	9.5491	9.8975	10.260	10.637	11.028	11.436
9	9.3685	9.7546	10.159	10.583	11.027	11.491	11.978	12.488	13.021	13.570
10	10.462	10.950	11.464	12.006	12.578	13.181	13.816	14.487	15.193	15.937
11	11.567	12.169	12.808	13.486	14.207	14.972	15.784	16.645	17.560	18.531
12	12.683	13.412	14.192	15.026	15.917	16.870	17.888	18.977	20.141	21.384
13	13.809	14.680	15.618	16.627	17.713	18.882	20.141	21.495	22.953	24.523
14	14.947	15.974	17.086	18.292	19.599	21.015	22.550	24.215	26.019	27.975
15	16.097	17.293	18.599	20.024	21.579	23.276	25.129	27.152	29.361	31.772
16	17.258	18.639	20.157	21.825	23.657	25.673	27.888	30.324	33.003	35.950
17	18.430	20.012	21.762	23.698	25.840	28.213	30.840	33.750	36.974	40.545
18	19.615	21.412	23.414	25.645	28.132	30.906	33.999	37.450	41.301	45.599
19	20.811	22.841	25.117	27.671	30.539	33.760	37.379	41.446	46.018	51.159
20	22.019	24.297	26.870	29.778	33.066	36.786	40.995	45.762	51.160	57.275
21	23.239	25.783	28.676	31.969	35.719	39.993	44.865	50.423	56.765	64.002
22	24.472	27.299	30.537	34.248	38.505	43.392	49.006	55.457	62.873	71.403
23	25.716	28.845	32.453	36.618	41.430	46.996	53.436	60.893	69.532	79.543
24	26.973	30.422	34.426	39.083	44.502	50.816	58.177	66.765	76.790	88.497
25	28.243	32.030	36.459	41.646	47.727	54.865	63.249	73.106	84.701	98.347
30	34.785	40.568	47.575	56.085	66.439	79.058	94.461	113.28	136.31	164.49
40	48.886	60.402	75.401	95.026	120.80	154.76	199.64	259.06	337.88	442.59
50	64.463	84.579	112.80	152.67	209.35	290.34	406.53	573.77	815.08	1163.9
60	81.670	114.05	163.05	237.99	353.58	533.13	813.52	1253.2	1944.8	3034.8

* $CVIFA > 99{,}999$

기간	이 자 율									
	12%	14%	15%	16%	18%	20%	24%	28%	32%	36%
1	1.0000	1.0000	1.0000	1.0000	1.0000	1.0000	1.0000	1.0000	1.0000	1.0000
2	2.1200	2.1400	2.1500	2.1600	2.1800	2.2000	2.2400	2.2800	2.3200	2.3600
3	3.3744	3.4396	3.4725	3.5056	3.5724	3.6400	3.7776	3.9184	4.0624	4.2096
4	4.7793	4.9211	4.9934	5.0665	5.2154	5.3680	5.6842	6.0156	6.3624	6.7251
5	6.3528	6.6101	6.7424	6.8771	7.1542	7.4416	8.0484	8.6999	9.3983	10.146
6	8.1152	8.5355	8.7537	8.9775	9.4420	9.9299	10.980	12.136	13.406	14.799
7	10.089	10.730	11.067	11.414	12.142	12.916	14.615	16.534	18.696	21.126
8	12.300	13.233	13.727	14.240	15.327	16.499	19.123	22.163	25.678	29.732
9	14.776	16.085	16.786	17.519	19.086	20.799	24.712	29.369	34.895	41.435
10	17.549	19.337	20.304	21.321	23.521	25.959	31.643	38.593	47.062	57.352
11	20.655	23.045	23.349	25.733	28.755	32.150	40.238	50.398	63.122	78.998
12	24.133	27.271	29.002	30.850	34.931	39.581	50.895	65.510	84.320	108.44
13	28.029	32.089	34.352	36.786	42.219	48.497	64.110	84.853	112.30	148.47
14	32.393	37.581	40.505	43.672	50.818	59.196	80.496	109.61	149.24	202.93
15	37.280	43.842	47.580	51.660	60.965	72.035	100.82	141.30	198.00	276.98
16	42.753	50.980	55.717	60.925	72.939	87.442	126.01	181.87	262.36	377.69
17	48.884	59.118	65.075	71.673	87.068	105.93	157.25	233.79	347.31	514.66
18	55.750	68.394	75.836	84.141	103.74	128.12	195.99	300.25	459.45	700.94
19	63.440	78.969	88.212	98.603	123.41	154.74	244.03	385.32	607.47	954.28
20	72.052	91.025	102.44	115.38	146.63	186.69	303.60	494.21	802.86	1298.8
21	81.699	104.77	118.81	134.84	174.02	225.03	377.46	633.59	1060.8	1767.4
22	92.503	120.44	137.63	157.41	206.34	271.03	469.06	812.00	1401.2	2404.7
23	104.60	138.30	159.28	183.60	244.49	326.24	582.63	1040.4	1850.6	3271.3
24	118.16	158.66	184.17	213.98	289.49	392.48	723.46	1332.7	2443.8	4450.0
25	133.33	181.87	212.79	249.21	342.60	471.98	898.09	1706.8	3226.8	6053.0
30	241.33	356.79	434.75	530.31	790.95	1181.9	2640.9	5873.2	12941.	28172.3
40	767.09	1342.0	1779.1	2360.8	4163.2	7343.9	22729.	69377.	*	*
50	2400.0	4994.5	7217.7	10436.	21813	45497	*	*	*	*
60	7471.6	18535.	29220.	46058.	*	*	*	*	*	*

〈부표-3〉 현가이자요소$(PVIF_{r,\,n}) = \dfrac{1}{(1+r)^n}$

기간	이자율									
	1%	2%	3%	4%	5%	6%	7%	8%	9%	10%
1	0.9901	0.9804	0.9709	0.9615	0.9524	0.9434	0.9346	0.9259	0.9174	0.9091
2	0.9803	0.9612	0.9426	0.9246	0.9070	0.8900	0.8734	0.8573	0.8417	0.8264
3	0.9706	0.9423	0.9151	0.8890	0.8638	0.8396	0.8163	0.7938	0.7722	0.7513
4	0.9610	0.9238	0.8885	0.8548	0.8227	0.7921	0.7629	0.7350	0.7084	0.6830
5	0.9515	0.9057	0.8626	0.8219	0.7835	0.7473	0.7130	0.6806	0.6499	0.6209
6	0.9420	0.8880	0.8375	0.7903	0.7462	0.7050	0.6663	0.6302	0.5963	0.5645
7	0.9327	0.8706	0.8131	0.7599	0.7107	0.6651	0.6227	0.5835	0.5470	0.5132
8	0.9235	0.8535	0.7894	0.7307	0.6768	0.6274	0.5820	0.5403	0.5019	0.4665
9	0.9143	0.8368	0.7664	0.7026	0.6446	0.5919	0.5439	0.5002	0.4604	0.4241
10	0.9053	0.8203	0.7441	0.6756	0.6139	0.5584	0.5083	0.4632	0.4224	0.3855
11	0.8963	0.8043	0.7224	0.6496	0.5847	0.5268	0.4751	0.4289	0.3875	0.3505
12	0.8874	0.7885	0.7014	0.6246	0.5568	0.4970	0.4440	0.3971	0.3555	0.3186
13	0.8787	0.7730	0.6810	0.6006	0.5303	0.4688	0.4150	0.3677	0.3262	0.2897
14	0.8700	0.7579	0.6611	0.5775	0.5051	0.4423	0.3878	0.3405	0.2992	0.2633
15	0.8613	0.7430	0.6419	0.5553	0.4810	0.4173	0.3624	0.3152	0.2745	0.2394
16	0.8528	0.7284	0.6232	0.5339	0.4581	0.3936	0.3387	0.2919	0.2519	0.2176
17	0.8444	0.7142	0.6050	0.5134	0.4346	0.3714	0.3166	0.2703	0.2311	0.1978
18	0.8360	0.7002	0.5874	0.4936	0.4155	0.3503	0.2959	0.2502	0.2120	0.1799
19	0.8277	0.6864	0.5703	0.4746	0.3957	0.3305	0.2765	0.2317	0.1945	0.1635
20	0.8195	0.6730	0.5537	0.4564	0.3769	0.3118	0.2584	0.2145	0.1784	0.1486
21	0.8114	0.6598	0.5375	0.4388	0.3589	0.2942	0.2415	0.1987	0.1637	0.1351
22	0.8034	0.6468	0.5219	0.4220	0.3418	0.2775	0.2257	0.1839	0.1502	0.1228
23	0.7954	0.6342	0.5067	0.4057	0.3256	0.2618	0.2109	0.1703	0.1378	0.1117
24	0.7876	0.6217	0.4919	0.3901	0.3101	0.2470	0.1971	0.1577	0.1264	0.1015
25	0.7798	0.6095	0.4776	0.3751	0.2953	0.2330	0.1842	0.1460	0.1160	0.0923
30	0.7419	0.5521	0.4120	0.3083	0.2314	0.1741	0.1314	0.0994	0.0754	0.0573
40	0.6717	0.4529	0.3066	0.2083	0.1420	0.0972	0.0668	0.0460	0.0318	0.0221
50	0.6080	0.3715	0.2281	0.1407	0.0872	0.0543	0.0339	0.0213	0.0134	0.0085

* 소수 넷째 자리까지 0임

기간	이 자 율									
	12%	14%	15%	16%	18%	20%	24%	28%	32%	36%
1	0.8929	0.8772	0.8696	0.8621	0.8475	0.8333	0.8065	0.7813	0.7576	0.7353
2	0.7972	0.7695	0.7561	0.7432	0.7182	0.6944	0.6504	0.6104	0.5739	0.5407
3	0.7118	0.6750	0.6575	0.6407	0.6086	0.5787	0.5245	0.4768	0.4348	0.3975
4	0.6355	0.5921	0.5718	0.5523	0.5158	0.4823	0.4230	0.3725	0.3294	0.2923
5	0.5674	0.5194	0.4972	0.4761	0.4371	0.4019	0.3411	0.2910	0.2495	0.2149
6	0.5066	0.4556	0.4323	0.4104	0.3704	0.3349	0.2751	0.2274	0.1890	0.1580
7	0.4523	0.3996	0.3759	0.3538	0.3139	0.2791	0.2218	0.1776	0.1432	0.1162
8	0.4039	0.3506	0.3269	0.3050	0.2660	0.2326	0.1789	0.1388	0.1085	0.0854
9	0.3606	0.3075	0.2843	0.2630	0.2255	0.1938	0.1443	0.1084	0.0822	0.0628
10	0.3220	0.2697	0.2472	0.2267	0.1911	0.1615	0.1164	0.0847	0.0623	0.0462
11	0.2875	0.2366	0.2149	0.1954	0.1619	0.1346	0.0938	0.0662	0.0472	0.0340
12	0.2567	0.2076	0.1869	0.1685	0.1372	0.1122	0.0757	0.0517	0.0357	0.0250
13	0.2292	0.1821	0.1625	0.1452	0.1163	0.0935	0.0610	0.0404	0.0271	0.0184
14	0.2046	0.1597	0.1413	0.1252	0.0985	0.0779	0.0492	0.0316	0.0205	0.0135
15	0.1827	0.1401	0.1229	0.1079	0.0835	0.0649	0.0397	0.0247	0.0155	0.0099
16	0.1631	0.1229	0.1069	0.0930	0.0708	0.0541	0.0320	0.0193	0.0118	0.0073
17	0.1456	0.1078	0.0929	0.0802	0.0600	0.0451	0.0258	0.0150	0.0089	0.0054
18	0.1300	0.0946	0.0808	0.0691	0.0508	0.0376	0.0208	0.0118	0.0068	0.0039
19	0.1161	0.0829	0.0703	0.0596	0.0431	0.0313	0.0168	0.0092	0.0051	0.0029
20	0.1037	0.0728	0.0611	0.0514	0.0365	0.0261	0.0135	0.0072	0.0039	0.0021
21	0.0926	0.0638	0.0531	0.0443	0.0309	0.0217	0.0109	0.0056	0.0029	0.0016
22	0.0826	0.0560	0.0462	0.0382	0.0262	0.0181	0.0088	0.0044	0.0022	0.0012
23	0.0738	0.0491	0.0402	0.0329	0.0222	0.0151	0.0071	0.0034	0.0017	0.0008
24	0.0659	0.0431	0.0349	0.0284	0.0188	0.0126	0.0057	0.0027	0.0013	0.0006
25	0.0588	0.0378	0.0304	0.0245	0.0160	0.0105	0.0046	0.0021	0.0010	0.0005
30	0.0334	0.0196	0.0151	0.0116	0.0070	0.0042	0.0016	0.0006	0.0002	0.0001
40	0.0107	0.0053	0.0037	0.0026	0.0013	0.0007	0.0002	0.0001	*	*
50	0.0035	0.0014	0.0009	0.0006	0.0003	0.0001	*	*	*	*

〈부표-4〉 연금의 현가이자요소($PVIFA_{r,n}$) = $\left[\frac{1}{r} - \frac{1}{r(1+r)^{n}}\right]$

기간	이자율									
	1%	2%	3%	4%	5%	6%	7%	8%	9%	10%
1	0.9901	0.9804	0.9709	0.9615	0.9524	0.9434	0.9346	0.9259	0.9174	0.9091
2	1.9704	1.9416	1.9135	1.8861	1.8594	1.8334	1.8080	1.7833	1.7591	1.7355
3	2.9410	2.8839	2.8286	2.7751	2.7232	2.6730	2.6243	2.5771	2.5313	2.4869
4	3.9020	3.8077	3.7171	3.6299	3.5460	3.4651	3.3872	3.3121	3.2397	3.1699
5	4.8534	4.7135	4.5797	4.4518	4.3295	4.2124	4.1002	3.9927	3.8897	3.7908
6	5.7955	5.6014	5.4172	5.2421	5.0757	4.9173	4.7665	4.6229	4.4859	4.3553
7	6.7282	6.4720	6.2303	6.0021	5.7864	5.5824	5.3893	5.2064	5.0330	4.8684
8	7.6517	7.3255	7.0197	6.7327	6.4632	6.2098	5.9713	5.7466	5.5348	5.3349
9	8.5660	8.1622	7.7861	7.4353	7.1078	6.8017	6.5152	6.2469	5.9952	5.7590
10	9.4713	8.9826	8.5302	8.1109	7.7217	7.3601	7.0236	6.7101	6.4177	6.1446
11	10.3676	9.7868	9.2526	8.7605	8.3064	7.8869	7.4987	7.1390	6.8052	6.4951
12	11.2551	10.5753	9.9540	9.3851	8.8633	8.3838	7.9427	7.5361	7.1607	6.8137
13	12.1337	11.3484	10.6350	9.9856	9.3936	8.8527	8.3577	7.9038	7.4869	7.1034
14	13.0037	12.1062	11.2961	10.5631	9.8986	9.2950	8.7455	8.2442	7.7862	7.3667
15	13.8651	12.8493	11.9379	11.1184	10.3797	9.7122	9.1079	8.5595	8.0607	7.6061
16	14.7179	13.5777	12.5611	11.6523	10.8378	10.1059	9.4466	8.8514	8.3126	7.8237
17	15.5623	14.2919	13.1661	12.1657	11.2741	10.4773	9.7632	9.1216	8.5436	8.0216
18	16.3983	14.9920	13.7535	12.6593	11.6896	10.8276	10.0591	9.3719	8.7556	8.2014
19	17.2260	15.6785	14.3238	13.1339	12.0853	11.1581	10.3356	9.6036	8.9501	8.3649
20	18.0456	16.3514	14.8775	13.5903	12.4622	11.4699	10.5940	9.8181	9.1285	8.5136
21	18.8570	17.0112	15.4150	14.0292	12.8212	11.7641	10.8355	10.0168	9.2922	8.6487
22	19.6604	17.6580	15.9369	14.4511	13.1630	12.0416	11.0612	10.2007	9.4424	8.7715
23	20.4558	18.2922	16.4436	14.8568	13.4886	12.3034	11.2722	10.3741	9.5802	8.8832
24	21.2434	18.9139	16.9355	15.2470	13.7986	12.5504	11.4693	10.5288	9.7066	8.9847
25	22.0232	19.5235	17.4131	15.6221	14.0939	12.7834	11.6536	10.6748	9.8226	9.0770
30	25.8077	22.3965	19.6004	17.2920	15.3725	13.7648	12.4090	11.2578	10.2737	9.4269
40	32.8347	27.3555	23.1148	19.7928	17.1591	15.0463	13.3317	11.9246	10.7574	9.7791
50	39.1961	31.4236	25.7298	21.4822	18.2559	15.7619	13.8007	12.2335	10.9617	9.9148

기간	이 자 율								
	12%	14%	15%	16%	18%	20%	24%	28%	32%
1	0.8929	0.8772	0.8696	0.8621	0.8475	0.8333	0.8065	0.7813	0.7576
2	1.6901	1.6467	1.6257	1.6052	1.5656	1.5278	1.4568	1.3916	1.3315
3	2.4018	2.3216	2.2832	2.2459	2.1743	2.1065	1.9813	1.8684	1.7663
4	3.0373	2.9137	2.8550	2.7982	2.6901	2.5887	2.4043	2.2410	2.0957
5	3.6048	3.4331	3.3522	3.2743	3.1272	2.9906	2.7454	2.5320	2.3452
6	4.1114	3.8887	3.7845	3.6847	3.4976	3.3255	3.0205	2.7594	2.5342
7	4.5638	4.2883	4.1604	4.0386	3.8115	3.6046	3.2423	2.9370	2.6775
8	4.9676	4.6389	4.4873	4.3436	4.0776	3.8372	3.4212	3.0758	2.7860
9	5.3282	4.9464	4.7716	4.6065	4.3030	4.0310	3.5655	3.1842	2.8681
10	5.6502	5.2161	5.0188	4.8332	4.4941	4.1925	3.6819	3.2689	2.9304
11	5.9377	5.4527	5.2337	5.0286	4.6560	4.3271	3.7757	3.3351	2.9776
12	6.1944	5.6603	5.4206	5.1971	4.7932	4.4392	3.8514	3.3868	3.0133
13	6.4235	5.8424	5.5831	5.3423	4.9095	4.5327	3.9124	3.4272	3.0404
14	6.6282	6.0021	5.7245	5.4675	5.0081	4.6106	3.9616	3.4587	3.0609
15	6.8109	6.1422	5.8474	5.5755	5.0916	4.6755	4.0013	3.4834	3.0764
16	6.9740	6.2651	5.9542	5.6685	5.1624	4.7296	4.0333	3.5026	3.0882
17	7.1196	6.3729	6.0472	5.7487	5.2223	4.7746	4.0591	3.5177	3.0971
18	7.2497	6.4674	6.1280	5.8178	5.2732	4.8122	4.0799	3.5294	3.1039
19	7.3658	6.5504	6.1982	5.8775	5.3162	4.8435	4.0967	3.5386	3.1090
20	7.4694	6.6231	6.2593	5.9288	5.3527	4.8696	4.1103	3.5458	3.1129
21	7.5620	6.6870	6.3125	5.9731	5.3837	4.8913	4.1212	3.5514	3.1158
22	7.6446	6.7429	6.3587	6.0113	5.4099	4.9094	4.1300	3.5558	3.1180
23	7.7184	6.7921	6.3988	6.0442	5.4321	4.9245	4.1371	3.5592	3.1197
24	7.7843	6.8351	6.4338	6.0726	5.4509	4.9371	4.1428	3.5619	3.1210
25	7.8431	6.8729	6.4641	6.0971	5.4669	4.9476	4.1474	3.5640	3.1220
30	8.0552	7.0027	6.5660	6.1772	5.5168	4.9789	4.1601	3.5693	3.1242
40	8.2438	7.1050	6.6418	6.2335	5.5482	4.9966	4.1659	3.5712	3.1250
50	8.3045	7.1327	6.6605	6.2463	5.5541	4.9995	4.1666	3.5714	3.1250

〈부표-5〉 표준정규분포표

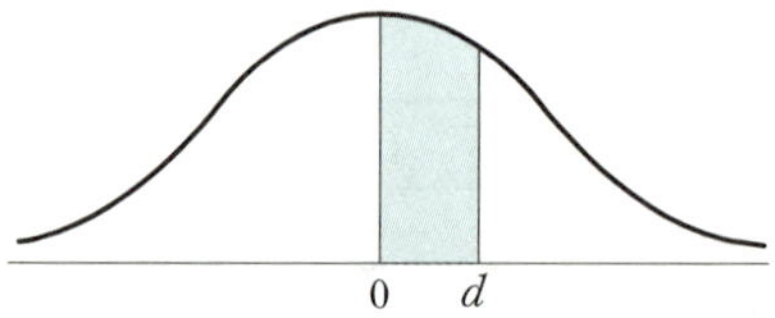

d	0.00	0.01	0.02	0.03	0.04	0.05	0.06	0.07	0.08	0.09
0.0	0.0000	0.0040	0.0080	0.0120	0.0160	0.0199	0.0239	0.0279	0.0319	0.0359
0.1	.0398	.0438	.0478	.0517	.0557	.0596	.0636	.0675	.0714	.0753
0.2	.0793	.0832	.0871	.0910	.0948	.0987	.1026	.1064	.1103	.1141
0.3	.1179	.1217	.1255	.1293	.1331	.1368	.1406	.1443	.1480	.1517
0.4	.1554	.1591	.1628	.1664	.1700	.1736	.1772	.1808	.1844	.1879
0.5	.1915	.1950	.1985	.2019	.2054	.2088	.2123	.2157	.2190	.2224
0.6	.2257	.2291	.2324	.2357	.2389	.2422	.2454	.2486	.2517	.2549
0.7	.2580	.2611	.2642	.2673	.2704	.2734	.2764	.2794	.2823	.2852
0.8	.2881	.2910	.2939	.2967	.2995	.3023	.3051	.3078	.3106	.3133
0.9	.3159	.3186	.3212	.3238	.3264	.3289	.3315	.3340	.3365	.3389
1.0	.3413	.3438	.3461	.3485	.3508	.3531	.3554	.3577	.3599	.3621
1.1	.3643	.3665	.3686	.3708	.3729	3749	.3770	.3790	.3810	3830
1.2	.3849	.3869	.3888	.3907	.3925	.3944	.3962	.3980	.3997	.4015
1.3	.4032	.4049	.4066	.4082	.4099	.4115	.4131	.4147	.4162	.4177
1.4	.4192	.4207	.4222	.4236	.4251	.4265	.4279	.4292	.4306	.4319
1.5	.4332	.4345	.4357	.4370	.4382	.4394	.4406	.4418	.4429	.4441
1.6	.4452	.4463	.4474	.4484	.4495	.4505	.4515	.4525	.4535	.4545
1.7	.4554	.4564	.4573	.4582	.4591	.4599	.4608	.4616	.4625	.4633
1.8	.4641	.4649	.4656	.4664	.4671	.4678	.4686	.4693	.4699	.4706
1.9	.4713	.4719	.4726	.4732	.4738	.4744	.4750	.4756	.4761	.4767
2.0	.4772	.4778	.4783	.4788	.4793	.4798	.4803	.4808	.4812	.4817
2.1	.4821	.4826	.4830	.4834	.4838	.4842	.4846	.4850	.4854	.4857
2.2	.4861	.4864	.4868	.4871	.4875	.4878	.4881	.4884	.4887	.4890
2.3	.4893	.4896	.4898	.4901	.4904	.4906	.4909	.4911	.4913	.4916
2.4	.4918	.4920	.4922	.4925	.4927	.4929	.4931	.4932	.4934	.4936
2.5	.4938	.4940	.4941	.4943	.4945	.4946	.4948	.4949	.4951	.4952
2.6	.4953	.4955	.4956	.4957	.4959	.4960	.4961	.4962	.4963	.4964
2.7	.4965	.4966	.4967	.4968	.4969	.4970	.4971	.4972	.4973	.4974
2.8	.4974	.4975	.4976	.4977	.4977	.4978	.4979	.4979	.4980	.4981
2.9	.4981	.4982	.4982	.4983	.4984	.4984	.4985	.4985	.4986	.4986
3.0	.4987	.4987	.4987	.4988	.4988	.4989	.4989	.4989	.4990	.4990
3.1	4990	.4991	.4991	.4991	.4992	.4992	.4992	.4992	.4993	.4993
3.2	.4993	.4993	.4994	.4994	.4994	.4994	.4994	.4995	.4995	.4995
3.3	.4995	.4995	.4995	.4996	.4996	.4996	.4996	.4996	.4996	.4997
3.4	.4997	.4997	.4997	.4997	.4997	.4997	.4997	.4997	.4997	.4998
3.6	.4998	.4998	.4999	.4999	.4999	.4999	.4999	.4999	.4999	.4999
3.9	.5000									

국문색인

ㅇ

ㅈ

영문색인

D

G

H

I

J

K

L

M

N

O

S

T

U

V

W

Y

Z

공저자약력

김 영 규(金暎圭)
성균관대학교 경제학과 졸업
미 U. of Illinois-Urbana 대학원 졸업(경제학 석사, M.A., 재무학 석사, M.S.)
미 Texas Tech U. 대학원 졸업(경영학 박사, Ph.D.)
미 Wayland Baptist U. 교수 역임
공인회계사, 사법시험, 행정고시 출제위원
한국재무관리학회 회장
한국재무학회 회장
성균관대학교 경영학부장 겸 경영대학원장
현 성균관대학교 경영학부 교수

주요저서
고급재무관리(공저, 박영사)
에센스 재무관리(제3판, 공저, 박영사)
증권투자론(공저, 율곡출판사)
경영학원론(제2판, 박영사)
객관식 경영학(공저, 박영사)
재무이론과 기업정책(공역, 대영사)

감 형 규(甘炯奎)
성균관대학교 경영학과 졸업
성균관대학교 대학원 경영학과 졸업(경영학 석사, 경영학 박사)
선경경제연구소 경영연구실 실장
한국재무학회 상임이사
한국재무관리학회 이사
청운대학교 기획처장
현 청운대학교 경영학과 교수

주요저서
고급재무관리(공저, 박영사)
에센스 재무관리(제3판, 공저, 박영사)
현대경영분석(공저, 삼영사)
증권투자론(공저, 율곡출판사)
옵션과 금융선물(공저, 아이디아이)

제 4 판
재무관리

1996년 9월 20일 초판 발행
1999년 9월 10일 제 2 판 발행
2004년 3월 10일 제 3 판 발행
2008년 3월 10일 제 4 판 발행
2011년 3월 10일 중판 발행

공저자 김영규 · 감형규
발행인 안 종 만
발행처 (株) 博 英 社
서울특별시 종로구 평동 13-31번지
전화 (733)6771 FAX (736)4818
등록 1959. 3. 11. 제300-1959-1호(倫)

www.pakyoungsa.co.kr e-mail: pys@pakyoungsa.co.kr

정 가 40,000원 ISBN 978-89-6454-148-7